Manual COMPLETO de
DIREITO ELEITORAL

SAVIO CHALITA

Manual COMPLETO de
DIREITO ELEITORAL

COMPLETO PORQUE TEM:

1. TEORIA ALTAMENTE SISTEMATIZADA
2. JURISPRUDÊNCIA Classificada e Destacada
3. QUESTÕES COMENTADAS + de 500
4. MODELOS DE PEÇAS PRÁTICAS
5. QUADROS SINÓTICOS para Leitura Rápida
6. OBRA ATUALIZADÍSSIMA – Lei 12.891/2013 (Minirreforma Eleitoral), Lei 12.875/2013, Resolução TSE 23.390/2014, Resolução TSE 23.396/2014, Resolução TSE 23.397/2014, Resolução TSE 23.398/2014, Resolução TSE 23.404/2014, Resolução TSE 23.405/2014, Resolução TSE 23.406/2014, Resolução TSE 23.424/2014

WANDER GARCIA
coordenador da coleção

2014 © Wander Garcia

Coordenador: Wander Garcia
Autor: Savio Chalita
Editor: Márcio Dompieri
Gerente Editorial: Paula Tseng
Equipe Editora Foco: Erica Coutinho, Georgia Dias e Ivo Shigueru Tomita
Capa: Linotec
Projeto Gráfico e Diagramação: Linotec

Dados Internacionais de Catalogação na Publicação (CIP)
(Câmara Brasileira do Livro, SP, Brasil)

Chalita, Savio
   Manual completo de direito eleitoral / Savio Chalita. -- Indaiatuba, SP : Editora Foco Jurídico, 2014. -- (Manual completo de / coordenador Wander Garcia)

   Bibliografia.

   1. Direito eleitoral - Concursos - Brasil 2. Direito eleitoral - Jurisprudência - Brasil 3. Direito eleitoral - Legislação - Brasil I. Garcia, Wander. II. Título. III. Série.

14-07435   CDU-342.8(81)(094.56)(079

Índices para Catálogo Sistemático:

1. Brasil : Leis : Comentários : Direito eleitoral : Provas e concursos   342.8(81)(094.56)(079)

DIREITOS AUTORAIS: É proibida a reprodução parcial ou total desta publicação, por qualquer forma ou meio, sem a prévia autorização da Editora Foco, com exceção do teor das questões de concursos públicos que, por serem atos oficiais, não são protegidas como Direitos Autorais, na forma do Artigo 8º, IV, da Lei 9.610/1998. Referida vedação se estende às características gráficas da obra e sua editoração. A punição para a violação dos Direitos Autorais é crime previsto no Artigo 184 do Código Penal e as sanções civis às violações dos Direitos Autorais estão previstas nos Artigos 101 a 110 da Lei 9.610/1998.

Atualizações e erratas: a presente obra é vendida como está, sem garantia de atualização futura. Porém, atualizações voluntárias e erratas são disponibilizadas no *site* www.editorafoco.com.br, na seção *Atualizações*. Esforçamo-nos ao máximo para entregar ao leitor uma obra com a melhor qualidade possível e sem erros técnicos ou de conteúdo. No entanto, nem sempre isso ocorre, seja por motivo de alteração de software, interpretação ou falhas de diagramação e revisão. Sendo assim, disponibilizamos em nosso *site* a seção mencionada (*Atualizações*), na qual relataremos, com a devida correção, os erros encontrados na obra. Solicitamos, outrossim, que o leitor faça a gentileza de colaborar com a perfeição da obra, comunicando eventual erro encontrado por meio de mensagem para contato@editorafoco.com.br.

Impresso no Brasil (07.2014)

Data de Fechamento (07.2014)

2014
Todos os direitos reservados à
Editora Foco Jurídico Ltda.
Al. Júpiter 578 - Galpão 01 – American Park Distrito Industrial
CEP 13347-653 – Indaiatuba – SP
E-mail: contato@editorafoco.com.br
www.editorafoco.com.br

Sobre o Autor

SAVIO CHALITA

Advogado. Graduado em Direito pela Faculdade de Direito Damásio de Jesus (FDDJ). Mestrando em Direitos Sociais, Difusos e Coletivos. Professor especializado em Exame de Ordem e Concursos Públicos. Autor de diversas obras da Editora FOCO.

Editor do *blog* Como Passar na OAB (www.comopassarnaoab.com.br).

Twitter: @savio_chalita

facebook.com/profsaviochalita

Dedicatória

Dedico este livro a duas pessoas.
Uma menina, outra mulher.

Samya,
Minha filha. Minha princesa, minha flor menina, minha cara (e é mesmo), carne da minha, sangue do meu. Filha sonhada. Esperada. Imaginada. Minha experiência finita de Deus.
Dona de um amor que nasceu antes dela... por sua causa.
Obrigado por existir e transformar minha vida, por mudar o meu mundo e entusiasmar minh'alma.

Marina,
Amada esposa, minha linda mulher... eterna namorada.
Me fez pai, realiza e faz feliz.
Exemplo de determinação, de mãe, de mulher, de esposa. Meu presente de Deus.
Nada seria possível sem o seu amor e companheirismo. Sem o nosso amor.
Obrigado por caminhar sempre ao meu lado. Por mim, comigo, por nós.
E assim será, enquanto eu respirar.

Dedico este livro a vocês, razões da minha vida.

Obrigado pela compreensão e me permitir dedicar tantas horas a estes humildes escritos. E de tantas formas, dele participar.

Obrigado!

AGRADECIMENTOS

A Deus, acima de tudo.

Ao Professor **Wander Garcia**, pelo exemplo de obstinação e dedicação à carreira acadêmica, respeito pelas pessoas e pelos sonhos de cada um. Obrigado por acreditar no êxito de mais este projeto de extrema vanguarda que muito me honro em fazer parte.

Aos amigos e colaboradores da **Editora Foco**, pela caminhada conjunta e por toda contribuição. De modo especial ao **Márcio Dompieri, Wilton Garcia, Lourdes Dompieri, Maria do Carmo e Rafael Fortuna de Aguiar**. Muito obrigado pela confiança e amizade!

Ao amigo **Bruno de Paula Pires**, grande profissional, pelo companheirismo e lealdade. Obrigado por toda contribuição incansável!

A todos os meus **alunos**, estudiosos, concurseiros, guerreiros, vitoriosos, que abrem mão de horas de lazer e convívio com os seus em busca de um sonho!

Nunca deixem que a chama da perseverança se apague.

Só alcança... aquele que acredita!

HOMENAGENS ESPECIAIS

*Homenagem Especial à minha família. Aos meus pais **Antônio José (Toni)** e **Rosângela**. Papai e Mamãe, como carinhosamente os chamo. Obrigado por transfigurar meus medos e orientar cada passo. Obrigado pela vida!*

Sem vocês não haveria minha vida, a escolha pelo Direito (meus primeiros mestres do Direito), os sonhos e realizações... frutos da formação, paciência, destemor, amor sem medidas e integridade que recebi/recebo de vocês. Meus heróis!

Obrigado por tê-los sempre comigo, ao meu lado!

*Aos meus irmãos **Tony** e **Gabrielle**. Amizade antiga. Também colegas de profissão. Que estejamos sempre unidos em que história for, como personagens essenciais ao outro.*

Obrigado pelo amor, convivência e crescimento conjunto nesta paixão familiar, que é o Direito.

Muito obrigado!

*Aos meus "pais duas vezes" **Anisse** e **José Chalita** (in memoriam), **Aparecida** e **José Fernandes**. Base firme da minha árvore. Escritores das minhas primeiras histórias. Obrigado pelo amor, por me ensinarem sobre ele. Obrigado pelos meus heróis e pelo exemplo de respeito.*

Seguirei firme aos meus escritos toda demonstração concreta que me dão acerca do que realmente tem valor.

*À **Tia Leila**, avó, mãe, tia, tia-avó... a querida Tia Leila.*

*À **Rosa**. Mãe, avó, rara flor, uma rosa... Obrigado pelo incentivo em desenvolver meus dons. Sua simplicidade grandiosa. Seu amor desinteressado. Que a saudade sempre traga lugar aos momentos eternizados de convívio, dolorosamente distantes a cada dia.*

Muito obrigado!

Prefácio

Quando somos jovens, temos manhãs triunfantes.
Victor Hugo

Juventude.

É esse o tema que me move a escrever algumas reflexões sobre esta obra, seu escritor e seus leitores.

A obra é um Manual completo de direito eleitoral. Composta de doutrina, quadro-síntese, jurisprudência classificada e questões comentadas. Reflexões corretas sobre "direito eleitoral", que se dispõe dentro do "direito público", que tem por finalidade fazer valer vários princípios constitucionais. Afinal, é a eleição um instrumento essencial para a democracia. É o povo quem decide sobre seus governantes. Merece o povo, entretanto, ter todas as informações necessárias. Tem direito, o povo, de não ser iludido, enganado, de não assistir a incorreções, a engodos, a dissimulações. Por mais subjetivas que sejam as ações humanas, preocupam-se legisladores e juristas em objetivar elementos que garantam não apenas que a vontade do eleitor seja soberana, mas também que ações ilegais, incorretas sejam combatidas no processo eleitoral.

A tecnologia tem atuado a favor dos que defendem um processo eleitoral ético e transparente. Faz não muito tempo que falávamos em "votos de cabresto", em "corrupção eleitoral", em "currais" e "apurações" pouco honestas, controlados pelo poder político ou econômico. A urna eletrônica deu celeridade e decência ao dia das eleições. Mas ainda é preciso mais. Denúncias constantes de "compras de voto", de malversação dos recursos públicos na tentativa de favorecimento de uma candidatura, de recursos não compatibilizados, entre outros, mostram o quanto é preciso avançar.

Merece um registro a incompatibilidade entre o número de partidos e o número de ideologias possíveis. Partidos proliferam sem mostrar razão de existir. Não há como o eleitor compreender o que difere um de outro. Há excesso de partidos e ausência de programas reais que cuidem de enfrentar como os principais temas serão tratados quando este ou aquele partido chegar ao poder. Outra questão é a ausência de democracia interna partidária. Caciques políticos vão se eternizando no comando de siglas partidárias, e as eleições internas, bem como a escolha de candidatos, são mais arranjos de um pequeno grupo do que um debate que envolva os filiados. Há, ainda, as alianças em tempos eleitorais. Impossível qualquer explicação sobre a ausência absoluta de coerência.

Mas esses são temas que nos desafiam de tal ordem que não cabem em um prefácio nem mesmo em um manual de direito eleitoral. Apenas os trouxe porque um manual se destina a jovens que sonham em aprender mais e serem aprovados em um concurso público ou no exame da OAB. Jovens, de todas as idades, que aspiram à carreira jurídica. E são esses jovens que mantêm acesa nossa chama de esperança. Que não tenham apenas a preocupação em ingressar em uma carreira que lhes dê segurança financeira, estabilidade profissional. Que tenham aspiração de fazer com que a justiça seja possível. Que usem a autoridade, o poder para servir. Servir ao que há de mais belo na justiça, a capacidade de harmonizar, de fazer o que é correto, de buscar a verdade como uma decisão de vida. Não há justiça sem verdade. Há tanto engodo, tanta dissimulação, que não será fácil a missão de quem quer percorrer a vida fazendo justiça. Mas vale a pena. É por isso que creio no magistério como a ponte que liga os desejos às realizações, que abre as janelas das possibilidades, que prepara jovens para a luta corriqueira de construir um tema para se viver. É a educação que se ocupa de revelar à juventude os sabores, as cores, os saberes da vida. Como dizia Chateaubriand, escritor das paixões, *"A alma da mocidade, arrancando voo, liba em todas as flores, experimenta todas as sensações, saboreia de todas as taças, quer doces quer amargas, e, só à custa de experimentar, saberá o que é a vida"*. Esse desvelamento do que é viver é aprendizado que não se atalha, que não se apressa, que não se esgota.

O autor desta obra, Savio Chalita, meu jovem sobrinho, é um apaixonado pelas letras e pelo direito. E pela vida. Falo não apenas como tio, mas como observador e incentivador de talentos. Esta é sua primeira obra. Que fôlego! Que pesquisa! Que determinação em servir de instrumento para os que querem aprender, crescer. Jovem advogado, professor, estudioso incansável. Promete. Continue sua trajetória sem jamais negligenciar os valores que o embalam desde sempre. É possível crescer sendo correto. É esse o meu desejo. E essa é a constatação que tenho por ter o privilégio da convivência.

Que esta obra cumpra sua finalidade. Que seu escritor continue nesse intento de fazer tremular a bandeira da justiça. Que seus leitores se preparem para o que virá; afinal, a vida é um desafio constante. Sejam valentes.

GABRIEL CHALITA
Doutor em Filosofia do Direito e em Comunicação e Semiótica. Mestre em Direito e Ciências Sociais.
Professor Universitário (Professor Titular PUC-SP, Universidade Presbiteriana Mackenzie).
Membro da Academia Brasileira de Educação e da Academia Paulista de Letras. Presidente do CONSED (Conselho Nacional de Secretários de Educação) (2003/2006).
Presidente da Comissão de Educação da Câmara dos Deputados (2013).
Deputado Federal (SP).

Apresentação

Por que você está diante de um Manual **COMPLETO** de Direito Eleitoral?

Porque este Manual não se limita a trazer a **DOUTRINA** Eleitoral. Ele vai além e traz, também, muita **JURISPRUDÊNCIA**, muita **PRÁTICA** e muitas **QUESTÕES COMENTADAS**.

Quanto à **JURISPRUDÊNCIA**, esta nunca foi tão importante como é hoje. Foi-se o tempo em que bastava que conhecêssemos a doutrina. Estamos na era do ativismo judicial, das decisões vinculantes e da disseminação da jurisprudência produzida pelos Tribunais. Nesse sentido, o livro oferece inúmeros apontamentos jurisprudenciais, seja no corpo do texto, seja ao final do capítulo, abrangendo importantes e atualizados julgados, mais as principais súmulas dos tribunais superiores e resoluções do TSE.

Quanto à **PRÁTICA**, o livro contém modelos das principais peças práticas eleitorais. São modelos de grande utilidade para o profissional, o estudante de graduação e o examinando de concursos públicos.

Quanto às **QUESTÕES COMENTADAS**, essenciais ao desenvolvimento do raciocínio jurídico e à fixação da matéria, a obra traz centenas de questões objetivas e subjetivas, sendo que todas elas são devidamente comentadas, item por item, e foram escolhidas dentre os principais concursos jurídicos e de tribunais, além de a maioria ser bem recente.

Não bastasse, o leitor contará, ainda, com um **QUADRO SINÓTICO** com o resumo de cada capítulo, proporcionando uma revisão rápida da matéria, seja para aqueles que precisam de uma informação condensada das temáticas para uso profissional, seja para aquele que precisa fazer uma passagem de olhos na matéria estudada pouco antes de se submeter a um exame.

A obra também é escrita numa **LINGUAGEM DIRETA**, sem exageros linguísticos e com foco constante na melhor e mais atualizada informação, de modo que se tem um texto que, de um lado, vai direto ao ponto e, de outro, traz o maior número possível de informações úteis para o leitor.

No decorrer do texto há também **GRIFOS**, **NEGRITOS** e uso de **CORES DIFERENCIADAS**, proporcionando ao leitor verificação fácil do início de cada ponto, e das palavras, expressões e informações-chave, facilitando ao máximo a leitura, a compreensão e a fixação das matérias.

Tudo isso sem contar que a obra foi escrita por um **AUTOR CONSAGRADO**, que já vendeu mais de 100.000 livros na área jurídica.

Em resumo, os profissionais, estudantes universitários, examinandos de concursos públicos e demais interessados têm em mãos um verdadeiro **MANUAL COMPLETO DE DIREITO ELEITORAL**, que certamente será decisivo nas pesquisas e estudos com vista ao enfrentamento dos desafios profissionais, bem como das provas e concursos.

Boa leitura e sucesso!

Sumário

DEDICATÓRIA.. 7

AGRADECIMENTOS 9

HOMENAGENS ESPECIAIS 11

PREFÁCIO.. 13

APRESENTAÇÃO.. 15

CAPÍTULO 1. DIREITO ELEITORAL... 23
1.1. CONCEITO... 23
1.2. OBJETO E FONTE.. 25
    1.2.1. OBJETO 25
    1.2.2. FONTE... 25
1.3. COMPETÊNCIA LEGISLATIVA 28
1.4. PRINCÍPIOS DO DIREITO ELEITORAL.. 29
    1.4.1. PRINCÍPIO DA VEDAÇÃO DA RESTRIÇÃO DE DIREITOS POLÍTICOS... 30
    1.4.2. PRINCÍPIO DA DEMOCRACIA 30
    1.4.3. PRINCÍPIO DA DEMOCRACIA PARTIDÁRIA.................... 30
    1.4.4. PRINCÍPIO DA ANUALIDADE ELEITORAL OU DA ANTERIORIDADE DA LEI ELEITORAL............................... 31
    1.4.5. PRINCÍPIO DA CELERIDADE DA JUSTIÇA ELEITORAL.................. 33
    1.4.6. PRINCÍPIO DA PERIODICIDADE DA INVESTIDURA NAS FUNÇÕES ELEITORAIS.. 33

	1.4.7.	PRINCÍPIO DA RESPONSABILIDADE SOLIDÁRIA ENTRE CANDIDATOS E PARTIDOS POLÍTICOS	33
1.5.	QUADRO SINÓTICO..		35
1.6.	JURISPRUDÊNCIA SELECIONADA..		36
1.7.	QUESTÕES COMENTADAS		38

CAPÍTULO 2. DIREITOS POLÍTICOS 41

2.1.	CONCEITO..		41
	2.1.1.	DIREITOS POLÍTICOS ATIVOS...	41
	2.1.2.	DIREITOS POLÍTICOS PASSIVOS	42
2.2.	CONDIÇÕES DE ELEGIBILIDADE (ART. 14, § 3º, DA CF).............................		42
	2.2.1.	NACIONALIDADE BRASILEIRA	42
	2.2.2.	PLENO EXERCÍCIO DOS DIREITOS POLÍTICOS.............................	43
	2.2.3.	ALISTAMENTO ELEITORAL	43
	2.2.4.	DOMICÍLIO ELEITORAL NA CIRCUNSCRIÇÃO..............................	44
	2.2.5.	FILIAÇÃO PARTIDÁRIA	44
	2.2.6.	IDADES MÍNIMAS..	45
	2.2.7.	ELEGIBILIDADE DO MILITAR (EXCEÇÃO ÀS CONDIÇÕES DE ELEGIBILIDADE)	45
2.3.	INELEGIBILIDADES...		46
	2.3.1.	HIPÓTESES CONSTITUCIONAIS	46
	2.3.2.	HIPÓTESES INFRACONSTITUCIONAIS	49
		2.3.2.1. INELEGIBILIDADES ABSOLUTAS	49
		2.3.2.2. INELEGIBILIDADES RELATIVAS......................................	51
2.4.	QUADRO SINÓTICO..		53
2.5.	JURISPRUDÊNCIA CLASSIFICADA		59
2.6.	QUESTÕES COMENTADAS		76

CAPÍTULO 3. JUSTIÇA ELEITORAL 97

3.1.	INTRODUÇÃO		97
	3.1.1.	PODER NORMATIVO	97
	3.1.2.	PODER DE POLÍCIA	98
	3.1.3.	JUSTIÇA ESPECIAL	98
3.2.	ÓRGÃOS DA JUSTIÇA ELEITORAL E SUA COMPOSIÇÃO		98
	3.2.1.	TRIBUNAL SUPERIOR ELEITORAL (TSE)	99
		3.2.1.1. COMPOSIÇÃO	99
		3.2.1.2. MANDATO	99
		3.2.1.3. COMPETÊNCIA..	99
	3.2.2.	TRIBUNAL REGIONAL ELEITORAL (TRE).......................................	101
		3.2.2.1. COMPOSIÇÃO	101

		3.2.2.2.	MANDATO	101
		3.2.2.3.	COMPETÊNCIA	101
	3.2.3.	JUIZ ELEITORAL		103
		3.2.3.1.	COMPETÊNCIA	104
	3.2.4.	JUNTA ELEITORAL		105
3.3.	GARANTIAS E VEDAÇÕES			106
	3.3.1.	GARANTIAS		107
	3.3.2.	VEDAÇÕES		108
3.4.	MINISTÉRIO PÚBLICO			109
	3.4.1.	CONCEITO		110
	3.4.2.	NATUREZA DO MINISTÉRIO PÚBLICO		111
	3.4.3.	ORGANIZAÇÃO DO MINISTÉRIO PÚBLICO		111
	3.4.4.	PRINCÍPIOS CONSTITUCIONAIS DO MINISTÉRIO PÚBLICO		111
3.5.	QUADRO SINÓTICO			114
3.6.	JURISPRUDÊNCIA SELECIONADA			116
3.7.	QUESTÕES COMENTADAS			120

CAPÍTULO 4. DOS PARTIDOS POLÍTICOS 143

4.1.	CONCEITO E NATUREZA JURÍDICA			143
	4.1.1.	GARANTIAS		143
4.2.	DA ORGANIZAÇÃO E FUNCIONAMENTO DOS PARTIDOS POLÍTICOS			145
	4.2.1.	DA CRIAÇÃO E DO REGISTRO DOS PARTIDOS POLÍTICOS		145
		4.2.1.1.	DA FILIAÇÃO PARTIDÁRIA	147
		4.2.1.2.	DA FIDELIDADE PARTIDÁRIA	148
	4.2.2.	DA FUSÃO, INCORPORAÇÃO E EXTINÇÃO DOS PARTIDOS POLÍTICOS		149
		4.2.2.1.	EXTINÇÃO	149
		4.2.2.2.	FUSÃO E INCORPORAÇÃO	150
4.3.	DAS FINANÇAS E CONTABILIDADE DOS PARTIDOS			150
	4.3.1.	DA PRESTAÇÃO DE CONTAS		150
4.4.	DO ACESSO GRATUITO AO RÁDIO E À TELEVISÃO			152
	4.4.1.	DAS TRANSMISSÕES E INSERÇÕES		153
4.5.	QUADRO SINÓTICO			155
4.6.	JURISPRUDÊNCIA SELECIONADA			157
4.7.	QUESTÕES COMENTADAS			163

CAPÍTULO 5. DA CONVENÇÃO PARTIDÁRIA E PEDIDO DE REGISTRO DE CANDIDATURA 185

5.1.	CONVENÇÃO PARTIDÁRIA			185
	5.1.1.	COLIGAÇÕES PARTIDÁRIAS		187

5.2.	PEDIDO DE REGISTRO DE CANDIDATO		188
	5.2.1.	RITO DO PEDIDO DE REGISTRO	189
	5.2.2.	NÚMERO DE CANDIDATOS POR PARTIDO OU COLIGAÇÃO	189
	5.2.3.	SUBSTITUIÇÃO DE CANDIDATOS	190
		5.2.3.1. CARGO MAJORITÁRIO	190
		5.2.3.2. CARGO PROPORCIONAL	190
5.3.	QUADRO SINÓTICO		193
5.4.	JURISPRUDÊNCIA SELECIONADA		195
5.5.	QUESTÕES COMENTADAS		198

CAPÍTULO 6. FINANCIAMENTOS DE CAMPANHAS ELEITORAIS 213

6.1.	INTRODUÇÃO		213
6.2.	FINANCIAMENTO PÚBLICO		213
6.3.	FINANCIAMENTO PRIVADO		214
	6.3.1.	DOAÇÕES DE PESSOA FÍSICA	216
	6.3.2.	DOAÇÕES DE PESSOA JURÍDICA	216
	6.3.3.	DOAÇÕES IRREGULARES	217
	6.3.4.	REALIZAÇÃO DE EVENTOS PARA ANGARIAR FUNDOS	217
	6.3.5.	FONTES VEDADAS (ART. 24 DA LEI DAS ELEIÇÕES)	217
6.4.	GASTOS ELEITORAIS		218
6.5.	IMPORTANTES ALTERAÇÕES (MINIRREFORMA ELEITORAL 2013 – LEI 12.891/2013)		218
6.6.	PRESTAÇÃO DE CONTAS (ARTS. 28 AO 32 DA LEI DAS ELEIÇÕES)		218
6.7.	REPRESENTAÇÃO E RECLAMAÇÕES RELATIVAS À ARRECADAÇÃO E AOS GASTOS DE RECURSOS E CONTRA CAPTAÇÃO IRREGULAR DE SUFRÁGIO		219
	6.7.1.	REPRESENTAÇÃO	219
	6.7.2.	RECLAMAÇÕES	220
	6.7.3.	IMPUGNAÇÕES CONTRA A DIPLOMAÇÃO	221
	6.7.4.	INVESTIGAÇÕES JUDICIAIS ELEITORAIS (LC 64/1990)	221
6.8.	QUADRO SINÓTICO		223
6.9.	JURISPRUDÊNCIA SELECIONADA		226
6.10.	QUESTÕES COMENTADAS		231

CAPÍTULO 7. PROPAGANDA ELEITORAL 239

7.1.	INTRODUÇÃO		239
7.2.	IMPORTANTES ALTERAÇÕES TRAZIDAS PELA MINIRREFORMA ELEITORAL (LEI 12.891/2013)		241
	7.2.1.	INSERÇÕES IDÊNTICAS	241
	7.2.2.	ENTREGA DE MÍDIAS	241

	7.2.3.	USO DE CAVALETES E BONECOS..	241
	7.2.4.	ADESIVOS	242
	7.2.5.	PROPAGANDA EM VEÍCULOS	242
	7.2.6.	ENTREVISTAS, PROGRAMAS, ENCONTROS E DEBATES	242
	7.2.7.	CONVOCAÇÃO DE REDES DE RADIODIFUSÃO	242
	7.2.8.	COMÍCIOS..	242
	7.2.9.	USO DE REDES SOCIAIS: PERMITE EXPRESSAMENTE A CAMPANHA NAS REDES SOCIAIS	242
	7.2.10.	PESQUISAS ELEITORAIS...	244
		7.2.10.1. DA DIVULGAÇÃO DOS RESULTADOS DAS PESQUISAS.	245
7.3.	ABUSOS E O DIREITO DE RESPOSTA...		247
7.4.	QUADRO SINÓTICO..		250
7.5.	JURISPRUDÊNCIA SELECIONADA...		254
7.6.	QUESTÕES COMENTADAS...		256

CAPÍTULO 8. SISTEMAS ELEITORAIS 273
8.1. INTRODUÇÃO 273
8.2. MAJORITÁRIO... 274
8.3. PROPORCIONAL... 274
8.4. QUADRO SINÓTICO... 278
8.5. JURISPRUDÊNCIA SELECIONADA... 281
8.6. QUESTÕES COMENTADAS... 285

CAPÍTULO 9. CRIMES ELEITORAIS E O PROCESSO PENAL NOS CRIMES ELEITORAIS.. 289
9.1. INTRODUÇÃO 289
9.2. CONSIDERAÇÕES GERAIS.. 290
9.3. CLASSIFICAÇÃO DOS CRIMES ELEITORAIS 290

	9.3.1.	CRIMES ELEITORAIS PROPRIAMENTE DITOS...............................	291
	9.3.2.	CRIMES ELEITORAIS RELATIVOS AO FORNECIMENTO DE TRANSPORTE GRATUITO (LEI 6.091/1974)	298
	9.3.3.	CRIMES ELEITORAIS – INELEGIBILIDADES (LC 64/1990)..............	299
	9.3.4.	CRIMES ELEITORAIS CONTIDOS NA LEI DAS ELEIÇÕES (LEI 9.504/1997)..	299
	9.3.5.	DOS CRIMES CONTRA A HONRA: CÓDIGO PENAL X CÓDIGO ELEITORAL	302

9.4. DO PROCESSO DAS INFRAÇÕES (ARTS. 355 AO 364 DO CÓDIGO ELEITORAL).. 303

	9.4.1.	RESOLUÇÃO TSE 23.396/2014	304
	9.4.2.	PRINCÍPIOS IMPORTANTES DA AÇÃO PENAL ELEITORAL...........	307

9.5.	DAS CONDUTAS VEDADAS AOS AGENTES PÚBLICOS EM CAMPANHAS ELEITORAIS (ART. 73 DA LEI DAS ELEIÇÕES)	308
9.6.	QUADRO SINÓTICO	309
9.7.	JURISPRUDÊNCIA SELECIONADA	311
9.8.	QUESTÕES COMENTADAS	313

CAPÍTULO 10. AÇÕES E RECURSOS ELEITORAIS 329

10.1.	INTRODUÇÃO	329
10.2.	AÇÃO DE IMPUGNAÇÃO DE REGISTRO DE CANDIDATURA – AIRC	330
10.3.	REPRESENTAÇÃO PARA INSTAURAÇÃO DE AÇÃO DE INVESTIGAÇÃO JUDICIAL ELEITORAL – AIJE	331
10.4.	RECURSO CONTRA EXPEDIÇÃO DE DIPLOMA – RCED	332
10.5.	AÇÃO DE IMPUGNAÇÃO DE MANDATO ELETIVO – AIME	333
10.6.	PRINCIPAIS DISPOSIÇÕES DA LEI 6.091/1974	334
10.7.	QUADRO SINÓTICO	336
10.8.	JURISPRUDÊNCIA SELECIONADA	337
10.9.	QUESTÕES COMENTADAS	339

ANEXO I. PRINCIPAIS PEÇAS PRÁTICAS 351

1.	AÇÃO DE IMPUGNAÇÃO DE REGISTRO DE CANDIDATURA – AIRC	351
2.	REPRESENTAÇÃO ELEITORAL PARA INSTAURAÇÃO DE AÇÃO DE INVESTIGAÇÃO JUDICIAL ELEITORAL	353
3.	RECURSO CONTRA EXPEDIÇÃO DE DIPLOMA	353
4.	RECURSO INOMINADO ELEITORAL	354
5.	RECURSO ORDINÁRIO ELEITORAL	355

ANEXO II. RESOLUÇÕES TSE – ELEIÇÕES 2014 357

RESOLUÇÃO Nº 23.390/2014	357
RESOLUÇÃO Nº 23.396/2014	374
RESOLUÇÃO Nº 23.398/2014	376
RESOLUÇÃO Nº 23.399/2014	385
RESOLUÇÃO Nº 23.400/2014	421
RESOLUÇÃO Nº 23.404/2014	425
RESOLUÇÃO Nº 23.405/2014	442
RESOLUÇÃO Nº 23.406/2014	455
RESOLUÇÃO Nº 23.424/2014	471

BIBLIOGRAFIA 473

CAPÍTULO 1

DIREITO ELEITORAL

1.1. CONCEITO

É recorrente, ao iniciarmos os estudos de qualquer área do direito, compreendermos qual a sua localização dentro do ordenamento jurídico, como um todo. Urge tal necessidade não apenas como um mecanismo de compreensão do objeto de estudo, mas para que possamos, de fato, enxergar qual das inúmeras engrenagens de nosso ordenamento estamos analisando, trazendo sentido de existência para suas funções e desempenhos esperados num universo de tutelas específicas.

O jurisconsulto Ulpiano[1] colaborou com uma divisão inicial, que de maneira ampla utilizamos até hoje, ao distinguir duas ramificações do direito: Direito Público e Direito Privado. Na ideia de Direito Público estariam compreendidos todos aqueles assuntos que ligassem diretamente o interesse do Estado, envolvendo-o como poder político soberano. Na mesma lógica, o Direito Privado compreenderia aqueles assuntos que fizessem ligação direta com a coisa privada, os particulares, seus interesses, conflitos e relações interpessoais.

Apenas como complemento, visto que não nos interessa aqui aprofundar as questões de introdução ao estudo do Direito, mas vale trazer uma reflexão mais contemporânea, como a de Tércio Sampaio Ferraz Jr. ao lecionar que *"a distinção entre Direito Público e Privado não é apenas um critério classificatório de ordenação dos tipos normativos. Com sua ajuda pode-se, é verdade, classificar as normas, com seus diferentes tipos, em dois grandes grupos. O interesse da classificação, porém, é mais extenso. A distinção permite uma sistematização, isto é, o estabelecimento de princípios teóricos, básicos para operar as normas de um e outro grupo, ou seja, princípios diretores do trato*

---

1. ULPIANO. Digesto, 1.1.1.2, no trecho: "Publicum jus est quod ad statum rei romanae spectat, privatum, quod ad singulorum utilitatem". (tradução: "O direito público diz respeito ao estado da coisa romana, à *polis* ou *civitas*, o privado à utilidade dos particulares".)

com as normas, com as suas consequências, com as instituições que elas referem, os elementos congregados em sua estrutura."[2]

Neste pensar, o Direito Eleitoral estaria compreendido dentro da ramificação pública, uma vez que comporta grande relação com assuntos ligados ao interesse do estado, como por exemplo, as leis e regramentos específicos quanto ao processo eleitoral, o ingresso do indivíduo no corpo de cidadãos (eleitores e possíveis candidatos), criação e funcionamento dos partidos políticos, entre outros tantos tratos que a área cuida.

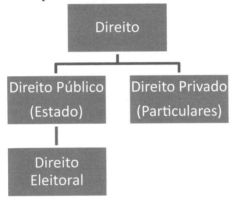

Assim, fundamental observar a relação intrínseca que este ramo possui com a manutenção da democracia (chamada por alguns autores como "antecedente lógico do Direito Eleitoral"), justamente pelos mecanismos que proporciona de exercício e tutela dos direitos políticos, de modo amplo.

Podemos ainda emprestar algumas conceituações da Doutrina especializada para destacar que "O Direito Eleitoral é o campo do Direito que tem por finalidade disciplinar as regras que determinam a forma, o modelo e as características dessa representatividade política, tão indispensável para a consolidação do Estado Democrático de Direito".[3]

De acordo com José Jairo Gomes, "Direito Eleitoral é o ramo do Direito Público cujo objeto são os institutos, as normas e os procedimentos regularizadores dos direitos políticos. Normatiza o exercício do sufrágio com vistas à concretização da soberania popular".[4]

Gomes cita Djalma Pinto, que complementa a conceituação do ramo ao dizer que o Direito Eleitoral "disciplina a criação dos partidos, o ingresso do cidadão no corpo eleitoral para a fruição dos direitos políticos, o registro das candidaturas, a propaganda eleitoral, o processo e a investidura no mandato eletivo".

Portanto, podemos definir em poucas palavras que o Direito Eleitoral é ramo do Direito Público que visa tutelar e regular, respectivamente, o direito ao sufrágio e o

---

2. FERRAZ JÚNIOR, Tércio Sampaio. **Introdução ao estudo do direito. Técnica, decisão, dominação**. 2. ed. São Paulo: Atlas, 1994. p. 138.
3. PINHO, Cristiano Vilela de; CAETANO, Flávio Crocce Caetano; GOMES, Wilton Luis da Silva. **Elementos do direito eleitoral**. São Paulo: Suplegraf, 2010. p. 17.
4. GOMES, José Jairo. **Direito eleitoral**. 8. ed. São Paulo: Atlas, 2012. p. 19.

exercício da soberania popular, além de organizar e disciplinar o processo eleitoral, objetivando a concretização os direitos políticos (ativos e passivos, como será visto), que por sua vez, são direitos humanos declarados e constitucionalmente insculpidos em nosso Texto (Direitos Fundamentais). Ou seja, trataremos nas linhas seguintes acerca de todo regulatório tutelar de um importantíssimo Direito Fundamental, princípio fundamental do regime democrático de direito, como estampado pelo art. 1º da CF:

"Art. 1º A República Federativa do Brasil, formada pela união indissolúvel dos Estados e Municípios e do Distrito Federal, constitui-se em *Estado Democrático de Direito* e tem como *fundamentos*:

I – *a soberania;*

II – *a cidadania;*

III – a dignidade da pessoa humana;

IV – os valores sociais do trabalho e da livre iniciativa;

V – *o pluralismo político.*

Parágrafo único. Todo o poder emana do povo, que o exerce por meio de representantes eleitos ou diretamente, nos termos desta Constituição."

1.2. OBJETO E FONTE

1.2.1. Objeto

O objeto, do ponto de vista jurídico, é trazer adequadas formas de garantia efetiva ao exercício dos direitos políticos e seus reflexos no processo eleitoral, tornando-o, por esta razão, um dos ramos de maior atualização legislativa, adequando-se constantemente aos novos paradigmas, tanto do ponto de vista social como tecnológico. Razão esta que traz grande dificuldade àqueles que se debruçam a um estado mais detalhado do Direito Eleitoral, pelo volumoso acervo de regramentos e "efemeridades" jurisprudenciais, por assim dizer.

Por exemplo: hoje no Brasil percebemos o processo eleitoral 100% eletrônico, informatizado (urnas eletrônicas, apuração no mesmo dia da eleição, acesso às informações dos candidatos via internet, etc.), e a cada eleição temos sido testemunhas de novas leis (nem sempre atingindo todas nossas expectativas, como é o caso da atual minirreforma eleitoral representada pela Lei 12.891/2013) e Resoluções editadas pelos nossos Tribunais (Tribunais Regionais Eleitorais e Tribunal Superior Eleitoral).

1.2.2. Fonte

José Jairo Gomes leciona que a palavra fonte "designa o local onde algo é produzido, indicando, portanto, sua procedência, sua origem. Nesse sentido, por exemplo, significa a nascente, o olho ou a mina d'água. Na doutrina jurídica, expressa a origem ou o fundamento do direito".[5]

---

5. *Idem*, p. 22.

Compreendendo, portanto, as fontes do Direito Eleitoral como sendo o que nos remete à sua origem, especificamente normativa e de disposição, podemos classificá-las entre Fontes Primárias (Diretas) e Fontes Secundárias (Indiretas).

Encontraremos na doutrina sensível diferença quanto a esta classificação. Em alguns manuais e cursos de direito eleitoral a divisão é feita de forma a identificar a Constituição Federal (arts. 14 ao 17 e 118 ao 121) como a Fonte Primária (Direta) e todas as demais como Fontes Secundárias. Inclusive, em escritos pretéritos, havia posicionado compreensão neste sentido.

Contudo, sob um olhar mais aprofundado desta questão introdutória e conceitual do Direito Eleitoral, passo a acolher uma classificação um pouco diferente:

Por Fontes Primárias (Diretas) do Direito Eleitoral poderíamos compreender, dentre outras:

a) Constituição Federal. Fonte maior do Direito Eleitoral Brasileiro, pois é nela que se funda o processo de validação jurídica de todas as outras normas, ou seja, é na Constituição Federal que as demais normas encontram seu pressuposto de validade (dogmática jurídica). Além disso, o Texto Constitucional trata, especificamente, nos arts. 14 ao 17 e arts. 118 ao 121 sobre matéria ligada ao nosso objeto de estudos.

b) Código Eleitoral (Lei 4.737/1965) e alterações vigentes. Muito embora o Código Eleitoral seja Lei ordinária, após sua recepção pela Constituição Federal de 1988, passou a ser classificado como Lei Complementar. Em sua redação trata da organização e composição da Justiça Eleitoral, procedimento a ser observado no alistamento eleitoral, transferência, segunda via, cancelamento e exclusão. Dispõe também acerca das eleições (atos preparatórios e dia das eleições, dia das eleições, locais de votação, apuração dos votos, contagem, publicação etc.), bem como garantias eleitorais, diplomação, recursos eleitorais, procedimentos penais eleitorais, crimes eleitorais, dentre outras disposições gerais.

c) Lei das Eleições (Lei 9.504/1997). De maneira mais específica e detalhada, traz as normas gerais para as eleições, como cronologicamente observaremos, convenções partidárias, coligações e registro de candidatura, arrecadação e aplicação de recursos durante a campanha eleitoral, prestação de contas, pesquisas eleitorais, a propaganda eleitoral em seus diversos meios (com suas limitações, conforme se verá mais a frente), direito de resposta, sistema eletrônico de votação e suas implicâncias, condutas vedadas aos agentes públicos durante o período de campanhas eleitorais, sobretudo.

d) Lei Orgânica dos Partidos Políticos (LOPP – Lei 9.096/1995). Também de maneira mais específica, a LOPP tratará sobre questões próprias de organização, criação, fusão e extinção dos partidos políticos, procedimentos a serem observados em cada uma destas fases. Também dispõe acerca do funcionamento parlamentar, estatuto, filiação partidária, acesso gratuito aos meios de comunicação pelas agremiações políticas, fidelidade partidária etc.

e) Lei das Inelegibilidades (LC 64/1990). Como se verá, a LC 64/1990 estabelecerá as hipóteses infraconstitucionais de inelegibilidade, em acordo com o art. 14, § 9º da CF ("Lei complementar estabelecerá outros casos de inelegibilidade e os prazos de sua cessação, a fim de proteger a probidade administrativa, a moralidade para exercício de mandato considerada vida pregressa do candidato, e a normalidade e legitimidade das eleições contra a influência do poder econômico ou o abuso do exercício de função, cargo ou emprego na administração direta ou indireta."), além de trazer prazos de cessação destas hipóteses, prazos de desincompatibilização e procedimento a ser adotado (art. 22 da LC 64/1990). Importante ressaltar que a Lei da Ficha Limpa (Lei Complementar 135/2010) alterou a LC 64/1990, estando, portanto, inserida nesta legislação, razão pela qual não destacamos um item especial para ela.

Por Fontes Secundárias (Indiretas ou Subsidiárias) do Direito Eleitoral poderíamos compreender, dentre outras:

a) Resoluções do Tribunal Superior Eleitoral. Trata-se de ato normativo do órgão Pleno do Tribunal Superior Eleitoral, com competência fixada pelo parágrafo único do art. 1º e art. 23, ambos do Código Eleitoral, com a limitação do art. 105 da Lei das Eleições ("Até o dia 5 de março do ano da eleição, o Tribunal Superior Eleitoral, atendendo ao caráter regulamentar e sem restringir direitos ou estabelecer sanções distintas das previstas nesta Lei, poderá expedir todas as instruções necessárias para sua fiel execução, ouvidos, previamente, em audiência pública, os delegados ou representantes dos partidos políticos.").

Com relação às eleições de 2014, podemos citar as seguintes Resoluções editadas pelo TSE:

- Resolução TSE 23.390/2014: Calendário Eleitoral (Eleições de 2014).
- Resolução TSE 23.395/2014: Dispõe sobre os modelos de lacres para as urnas, etiquetas de segurança e envelopes com lacres de segurança e seu uso nas eleições de 2014.
- Resolução TSE 23.396/2014: Dispõe sobre a apuração de crimes eleitorais
- Resolução TSE 23.397/2014: Dispõe sobre a cerimônia de assinatura digital e fiscalização do sistema eletrônico de votação, do registro digital, do voto, da votação paralela e dos procedimentos de segurança dos dados dos sistemas eleitorais.
- Resolução TSE 23.398/2014: Dispõe sobre representações, reclamações e pedidos de direito de resposta previstos na Lei 9.504/1997.
- Resolução 23.399/2014: Dispõe sobre os atos preparatórios para as Eleições de 2014.
- Resolução TSE 23.400/2014: Dispõe sobre pesquisas eleitorais para as eleições de 2014.
- Resolução TSE 23.404/2014: Dispõe sobre propaganda eleitoral e condutas ilícitas em campanha eleitoral nas Eleições de 2014.
- Resolução TSE 23.405/2014: Dispõe sobre a escolha e o registro de candidatos nas Eleições de 2014.
- Resolução TSE 23.406/2014: Dispõe sobre a arrecadação e os gastos de recursos por partidos políticos, candidatos e comitês financeiros e, ainda, sobre a prestação de contas nas Eleições de 2014.

- Resolução TSE 23.424/2014: Altera o art. 8º da Resolução-TSE nº 23.396, de 17 de dezembro de 2013, que dispõe sobre a apuração de crimes eleitorais.

b) Consultas. Esta fonte, bastante peculiar, refere-se às consultas a serem direcionadas ao Tribunal Superior Eleitoral, acerca de matéria eleitoral, sempre em tese (não em caso concreto, pois admitiria a condição de pré-julgamento da questão duvidosa), a ser formulada por autoridade com jurisdição federal ou por órgão nacional de partido político (conforme art. 23, XII, do Código Eleitoral). Ou seja, esta fonte secundária necessita que sejam observados dois requisitos: elaboração por autoridade competente e consulta em tese, nunca em caso concreto. Importante dizer que as respostas serão dadas também em tese, não olvidando-se que não possuem caráter vinculante, podendo ou não ter seu conteúdo confirmado por uma decisão na Justiça Eleitoral. Portanto, trata-se de "ato normativo em tese, sem efeitos concretos, por se tratar de orientação sem força executiva com referência a situação jurídica de qualquer pessoa em particular" (STF, RMS 21.185-7/DF, Pleno, j. 14.12.1990, rel. Min. Moreira Alves, *DJ* 22.02.1991).[6] Por fim, cabe esclarecer, também, que as consultas poderão ser direcionadas aos Tribunais Regionais Eleitorais, conforme depreendemos da leitura do art. 30, VIII, do Código Eleitoral, sobre matéria eleitoral, às consultas que lhe forem feitas, também em tese, por autoridade pública ou partido político.

c) Código Civil. Esclarece sobre graus de parentesco, bens de "uso comum" (Lei das Eleições, no tocante às propagandas), hipóteses de incapacidade etc.

d) Código de Processo Civil. Contagem de prazos, diretrizes recursais. Aplicação subsidiária ao processo eleitoral.

e) Código Penal. Parte Geral do Código Penal, especificamente sobre questões ligadas a tempo e lugar do crime, concurso de agentes etc.

f) Código de Processo Penal. Será aplicado subsidiariamente ao processo penal eleitoral, conforme dispõe neste sentido o art. 364 do Código Eleitoral: "No processo e julgamento dos crimes eleitorais e dos comuns que lhes forem conexos, assim como nos recursos e na execução, que lhes digam respeito, aplicar-se-á, como lei subsidiária ou supletiva, o Código de Processo Penal."

1.3. COMPETÊNCIA LEGISLATIVA

Cabe privativamente à União legislar sobre matéria eleitoral (inteligência do art. 22, I, da CF). Bem podemos observar, como exemplo, as legislações que nos referimos no item anterior. No entanto, busquemos compreender, inicialmente, um conceito necessário sobre "União".

Emprestando aqui as lições de José Afonso da Silva, União é "a entidade federal formada pela reunião das partes componentes, constituindo pessoa jurídica de

---

6. *Apud* GOMES, José Jairo. 2012, p. 23.

Direito Público interno, autônoma em relação às unidades federadas (ela é unidade federativa, mas não é unidade federada) e a que cabe exercer as prerrogativas da soberania do Estado brasileiro".[7]

Diferentemente do que ocorre nas competências enumeradas pelo art. 21 da CF (competências exclusivas), quanto ao art. 22 da CF observamos casos de competência privativa, e como visto no início deste tópico, o Direito Eleitoral.

O Presidente da República, bem como o Tribunal Superior Eleitoral, poderão expedir instruções que julgarem convenientes à boa execução das leis eleitorais (art. 84, IV, da CF e art. 23, IX, da Lei 4.737/1965).

Importante esclarecer que Medida Provisória não pode dispor sobre direitos políticos, direito eleitoral e partidário, conforme dispõe o art. 62, § 1º, I, "a", da CF. Quanto às leis delegadas, também observamos a impossibilidade de possuírem como objeto direitos eleitorais e políticos, disposição também encontrada na Constituição Federal (art. 68, § 1º, II).

NÃO ESQUECER:

A) Competência privativa da União;

B) Direitos Políticos e Direito Eleitoral são matérias que não podem ser objeto de medida provisória ou de Lei delegada;

C) Não cabe Medida Provisória acerca de Direitos Políticos.

1.4. PRINCÍPIOS DO DIREITO ELEITORAL

Relevante destacarmos a conceituação de que os *princípios* são verdadeiros alicerces do ordenamento jurídico, servindo como inspiração à elaboração e interpretação das normas, trazendo em sua essência não só uma característica filosófica, mas alta carga valorativa e histórica de uma sociedade.

A palavra "princípio", neste enfoque, não deve refletir a ideia de início ou começo, mas sim a noção de "mandamento nuclear de um sistema".[8]

Citando Miguel Reale, GOMES leciona que "sob o enfoque lógico, os princípios são identificados como verdades ou juízos fundamentais, que servem de alicerce ou de garantia de certeza a um conjunto de juízos, ordenados em um sistema de conceitos relativos a dada porção da realidade".[9]

Ainda que a doutrina cuide de explorar características e classificações dos princípios, bem como elencar inúmeros outros já conhecidos em diversos ramos (princípios da oralidade, contraditório, isonomia, identidade física do juiz, publicidade etc.) trataremos aqui, de maneira objetiva, dos principais princípios do direito eleitoral, que facilmente poderemos visualizá-los neste pré-conceito de "mandamento nuclear de um sistema". Vejamos:

---

7. SILVA, José Afonso da. **Curso de direito constitucional positivo**. 36. ed. São Paulo: Malheiros, 2013. p. 495.
8. *Idem*, p. 93.
9. *Idem*, p. 33.

1.4.1. Princípio da vedação da restrição de direitos políticos

Este princípio possui conceituação semelhante ao do já conhecido *in dubio pro reo*, amplamente abordado no Direito Processual Penal e no estudo do Direito Constitucional (Direitos e Garantias, art. 5º da CF), uma vez que traz a ideia de que não poderá o intérprete da lei estender sua aplicação além do que efetivamente se presta, de maneira a aumentar restrição de direitos políticos do indivíduo (seja do candidato ou do eleitor).

Diante da dúvida deverá o intérprete ou julgador (juiz ou tribunal) prezar pela não restrição de direitos políticos, aplicando-se a norma restritivamente.

1.4.2. Princípio da democracia

Como bem assevera a melhor doutrina, ainda que a democracia tenha sido experimentada por diversos povos e culturas, é reservada à Grécia a identificação de berço da democracia. Pelo sentido do vocábulo, originado de *demokratia*, compreendemos "o poder ao povo".

Caberiam laudas numerosas em interpretação aprofundada sobre a democracia propriamente. No entanto, alcançando a objetividade compreendemos que não se trata tão somente de um princípio, mas um verdadeiro fundamento e valor essencial das sociedades ocidentais, como assinala Jairo José Gomes.[10]

O princípio da democracia estaria associado a esta verdadeira premissa da sociedade, vez que a partir dele é que se desenvolverá diversos institutos e objetos de estudo que são comportados pelo Direito Eleitoral.

Historicamente percebemos notável citação de Habermas, onde na oportunidade comemorativa de seus 80 anos, classificou a democracia como sendo a responsável necessária da existência de suas grandes obras (*Teoria do Agir Comunicativo* e *Democracia e Direito*), pois foi quem possibilitou que tudo transcorresse como fora. Aliás, uma das maiores contribuições deste grande pensador contemporâneo é construído sobre os fundamentos e reflexões democráticos (HABERMAS, Jürgen. *Direito e democracia: entre facticidade e validade*. Rio de Janeiro: Edições Tempo brasileiro, 1997).

1.4.3. Princípio da democracia partidária

Como vimos, a democracia remonta a concepção grega de "o poder ao povo". Desta forma podemos compreender a efetividade da democracia implantada sob 3 óticas distintas: Democracia direta, indireta e semidireta (ou temperada).

A democracia direta é ilustrada pela organização, deveras eficiente, observada em Atenas durante os séculos V e VI, onde efetivamente os cidadãos participavam das decisões, o chamado autogoverno, completamente inviável se pensarmos nossa realidade.

---

10. *Idem*, p. 35.

Na democracia indireta os cidadãos elegem seus representantes, que investidos em um mandato específico, desempenharão a respectiva função pública, representando seu eleitorado até o final do seu mandato.

Na democracia semidireta ou temperada ocorre um temperamento, como sugere sua classificação, sendo o modelo que experimentamos no Brasil.

Aqui os cidadãos não encerram participação na vida pública simplesmente na escolha de seus representantes, mas têm a seu dispor outros instrumentos representativos como a participação em plebiscitos, referendos e iniciativa popular.

Contudo, tanto na democracia indireta como na semidireta (adotada no Brasil), necessariamente percebemos a figura do partido político (criado e difundido pelos movimentos socialistas na Inglaterra) como um intermediário ao complexo funcionamento do sistema democrático.

1.4.4. Princípio da anualidade eleitoral ou da anterioridade da lei eleitoral

Também podemos encontrá-lo na nomenclatura de "antinomia eleitoral" ou "conflito de leis no tempo". É a expressão do princípio do *rules of game* (traz a ideia de que não se pode mudar as "regras do jogo" durante o campeonato).

O art. 16 da CF consolida o princípio da anualidade ao dispor que "a lei que alterar o processo eleitoral entrará em vigor na data de sua publicação, não se aplicando à eleição que ocorra até um ano da data de sua vigência". Por este princípio, toda lei que vier a alterar o processo eleitoral entrará em vigor na data de sua publicação, porém apenas será aplicada ao pleito que correr até um ano após a data de sua vigência.

Segundo o STF, a concepção de lei abrangeria tanto leis infraconstitucionais quanto leis constitucionais (Emendas Constitucionais).

Importante discussão podemos observar em razão da aplicação da minirreforma Eleitoral (Lei 12.891/2013) às eleições de 2014. Há significativa divisão de opiniões entre a aplicação ou não da minirreforma.

Aqueles que entendem pela aplicação às eleições de 2014 das alterações trazidas pela Lei 12.891/2013, sustentam que as mudanças foram ínfimas e alterariam apenas questões formais de prestação de contas, propaganda eleitoral etc., não atingindo o processo eleitoral, como orienta o princípio e seu reflexo pelo art. 16 da CF.

A opinião formada pelos que defendem a não aplicação da minirreforma às eleições de 2014, funda-se, sobretudo, na compreensão que ainda que as alterações, de fato, não sejam significativas (principalmente do ponto de vista dos cidadãos, que assim ansiavam) há alteração no processo eleitoral e, portanto, não deveria ser aplicada às eleições que ocorrerem em lapso temporal menor do que um ano, como dispõe o art. 16 da CF.

Destacamos a Consulta (relembrando as fontes secundárias do Direito Eleitoral) CTA nº 100075/DF, protocolada pelo Senador Sérgio de Souza (PR) junto ao Tribunal Superior Eleitoral, questionando: "1 - Aplicar-se-á a Lei Federal 12.891/2013 para as eleições gerais de 2014? 2 - Em caso afirmativo, a Lei Federal 12.891/2013 será totalmente ou parcialmente aplicada? 3 - No caso de parcial aplicação para as eleições gerais de 2014, quais serão os dispositivos que valerão para o ano que vem?".

Cabe destacar, por início, que primeira premissa a se estabelecer é quanto ao que vem a significar "processo eleitoral". Nos idos de 1992, em ocasião do julgamento do RE 129.392-6/DF, o então Relator Min. Sepúlveda Pertence, posicionou-se sobre o tema:

"O processo eleitoral consiste num complexo de atos que visa a receber e transmitir a vontade do povo e que pode ser subdividido em três fases: a fase pré-eleitoral, que vai desde a escolha e apresentação das candidaturas até a realização da propaganda eleitoral; a fase eleitoral propriamente dita, que compreende o início, a realização e o encerramento da votação; e a fase pós-eleitoral, que se inicia com a apuração e a contagem dos votos e finaliza com a diplomação dos eleitos."

Ou seja, se compreendermos o processo eleitoral como este grande e complexo conjunto de ocorrências, na lúcida e acertada visão do ex Min. Pertence, não poderíamos jamais aplicar a minirreforma eleitoral às eleições de 2014.

O texto contido no art. 16 da Constituição Federal não traz ressalvas quanto à aplicação parcial de lei (o que é defendido pela corrente que compreende que deveriam se aplicados os dispositivos que não atingissem o processo eleitoral), muito embora pela visão tríplice deste processo não enxergaríamos qualquer modificação que não atingisse o processo eleitoral.

Referida Consulta foi respondida após julgamento, em 24.06.2014 (sessão administrativa). O relator da consulta, Min. João Otávio de Noronha, votou em defesa da parcial aplicação da Lei 12.891/2013, exceto no que diz respeito aos arts. 44, § 6º, da Lei 9.096/1995 (Lei dos Partidos Políticos), e aos arts. 8º, *caput*, e 28, § 4º, da Lei 9.504/1997 (Lei das Eleições), pois compreendeu que a norma poderia ser parcialmente aplicável às Eleições 2014 com base em jurisprudência já fixada pelo Tribunal.

O Min. Gilmar Mendes pediu vista dos autos da consulta, manifestando, em sessão definitiva de julgamento (24.06.2014), contra a aplicação da minirreforma às eleições presidenciais de 2014 pelos fundamentos trazidos pelo art. 16 da CF, ou seja, o princípio da anualidade da lei eleitoral. Acompanharam, Gilmar Mendes, o presidente do TSE, Min. Dias Toffoli, e os Min. Luiz Fux e Luciana Lóssio.

"Estou me manifestando no sentido contrário [ao do relator, ministro João Otávio de Noronha], entendendo que, no caso, as alterações que envolvam procedimento eleitoral têm que estar jungidas aos princípios da anterioridade e anualidade do art. 16 [da Constituição]", destacou o ministro Gilmar Mendes em seu voto.

Deste modo, seguramente e em total e particular concordância com o julgamento que citamos, podemos afirmar que a minirreforma eleitoral apenas será aplicada às eleições de 2016, justamente pelo princípio da anualidade da lei eleitoral, nosso objeto em destaque.

A solução, não mais alcançável por razões temporais, seria garantir que a minirreforma eleitoral fosse aprovada com anterioridade mínima exigida pelo princípio da Anualidade da Lei Eleitoral, e não uma inócua discussão posterior.

De fato a minirreforma teve origem no calor intenso das manifestações de junho de 2013 ("Jornadas de Junho", "Manifestações de Junho", "Manifestações dos vinte centavos"). Buscou-se uma resposta imediata para algo que demandava algo muito mais reflexivo.

Por essas e outras podemos encontrar a denominação "microrreforma", dentre os críticos das alterações, no rol dos quais me considero.

1.4.5. Princípio da celeridade da justiça eleitoral

Quando tratamos de Direito Eleitoral, especificamente quanto aos mandatos, exigências e etc., verificamos a questão temporal como grande constante. Por esta razão, o Poder Judiciário (Justiça Eleitoral) tratará com maior prioridade, aos demais casos, as questões que tratem acerca de matéria eleitoral, com exceção da natural prioridade do *habeas corpus* e mandado de segurança.

Como reflexo deste princípio na norma eleitoral, podemos destacar o prazo de 3 dias para a interposição da maioria dos Recursos (art. 258 do Código Eleitoral), o prazo de 24 horas para recorrer às instâncias superiores no caso de decisão sobre o exercício do direito de resposta (art. 58, § 5º, da Lei das Eleições), a irrecorribilidade da decisões do Tribunal Superior Eleitoral (observadas as exceções: art. 121, § 3º, da CF), bem como a preclusão instantânea, salvo matéria de ordem constitucional ou legal de ordem pública (concluída uma fase, dentre as previstas a um assunto hipotético – registro de candidatura, propaganda eleitoral, votação etc., não se pode mais impugnar ocorridos pretéritos).

1.4.6. Princípio da periodicidade da investidura nas funções eleitorais

O § 2º art. 121 da CF dispõe que "os juízes dos tribunais eleitorais, salvo motivo justificado, servirão por dois anos, no mínimo, e nunca por mais de dois biênios consecutivos, sendo os substitutos escolhidos na mesma ocasião e pelo mesmo processo, em número igual para cada categoria".

Ou seja, os magistrados são "emprestados" à Justiça Eleitoral ao serem investidos nas funções eleitorais, pelo interregno de 2 anos, sendo admitidos uma recondução consecutiva (ele poderá servir por mais que dois biênios, desde que respeitado o limite de única recondução consecutiva).

Por esta razão, quando tratamos das garantias aos juízes eleitorais (e aqui compreendemos os advogados nomeados para esta função) dizemos que gozarão, no exercício de suas funções, de plenas garantias, com algumas exceções, além de vedações, como se verá ao destacarmos especificidades acerca da justiça eleitoral e sua composição orgânica.

1.4.7. Princípio da responsabilidade solidária entre candidatos e partidos políticos

O art. 241 do Código Eleitoral ilustra o princípio da responsabilidade solidária entre os candidatos e seus respectivos partidos políticos, especificamente quanto à propaganda eleitoral, ao dispor que: "Toda propaganda eleitoral será realizada sob a responsabilidade dos partidos e por eles paga, imputando-lhes solidariedade nos excessos praticados pelos seus candidatos e adeptos."

Importante notar que tal responsabilidade não é extensiva às coligações partidárias, não apenas pela falta de previsão legal neste sentido (sabemos que a solidariedade não pode ser presumida), mas também pela confirmação trazida pelo legislador através da minirreforma eleitoral (Lei 12.891/2013) ao incluir o parágrafo único naquele dispositivo do Código Eleitoral no sentido de que "A solidariedade prevista neste artigo é restrita aos candidatos e aos respectivos partidos, não alcançando outros partidos, mesmo quando integrantes de uma mesma coligação".

Podemos observar outras incidências deste princípio na Lei das Eleições (Lei 9.504/1997) quando na ocasião dos arts. 17, 21 e 38, *caput*, por exemplo.

A minirreforma eleitoral (Lei 12.891/2013) além de introduzir limitação quanto à solidariedade tratada no art. 241 do Código Eleitoral, também alterou o disposto no art. 15-A da LOPP (Lei 9.096/1995), incluindo solidariedade quanto à responsabilidade trabalhista e inserindo o parágrafo único, como se vê com nossos grifos:

"Art. 15-A. A responsabilidade, inclusive civil e *trabalhista*, cabe exclusivamente ao órgão partidário municipal, estadual ou nacional que tiver dado causa ao não cumprimento da obrigação, à violação de direito, a dano a outrem ou a qualquer ato ilícito, excluída a solidariedade de outros órgãos de direção partidária. (Redação dada pela Lei 12.034, de 2009)

Parágrafo único. O órgão nacional do partido político, quando responsável, somente poderá ser demandado judicialmente na circunscrição especial judiciária da sua sede, inclusive nas ações de natureza cível ou trabalhista. (Incluído pela Lei nº 12.891, de 2013)

Importante consideração é feita por Roberto Moreira de Almeida ao tratar sobre a eventualidade de responsabilidade criminal e a impossibilidade de ser assumida pelo partido político (pessoa jurídica de direito privado, nos termos do art. 1º da Lei 9.096/1995): "Incumbe acrescentar, por último, que, eventual responsabilidade penal por crime eleitoral será individual do infrator (sempre pessoa física), pois não há previsão legal de punição por prática de aludido delito por pessoa jurídica."[11]

---

11. ALMEIDA, Roberto Moreira de. **Curso de direito eleitoral**. 8. ed. Salvador: JusPodivm, 2014. p. 57.

1.5. QUADRO SINÓTICO

1. Conceito

O Direito Eleitoral é ramo do Direito Público, envolve questões atinentes ao Estado (*Ulpiano*); Constituído por normas e princípios. Organiza e disciplina o processo eleitoral com vistas a concretização dos direitos políticos*.

2. Objeto

As normas e os procedimentos regularizadores dos direitos políticos (procedimento para o alistamento, escolha e registro de candidatos, transferência de domicílio eleitoral, doações, lei das eleições etc.)

*Direitos Políticos ou Direitos Cívicos: Conjunto de normas (prerrogativas e deveres) inerentes à cidadania.

3. Princípios do direito eleitoral

a) Vedação da Restrição de Direitos Políticos - não poderá o interprete da lei estender interpretação da norma, de maneira a aumentar a restrição de direitos.

b) Anualidade Eleitoral - art. 16 da CF. Lei que alterar o processo eleitoral terá vigência imediata e eficácia condicionada a aspecto temporal (antecedência mínima de publicação: 1 ano anterior à eleição. Assim será possível que seja aplicada às eleições próximas).

c) Democracia e Democracia Partidária - O poder ao povo. No Brasil, Democracia semidireta (através de partidos políticos).

d) Periodicidade da investidura nas funções eleitorais - magistrados são emprestados à Justiça Eleitoral. Investidura de um biênio, sendo admitido única recondução consecutiva.

e) Responsabilidade Solidária - Responsabilidade Civil trabalhista entre partidos e candidatos é solidária.

Não há solidariedade criminal.

4. Fontes do direito eleitoral

a) Fonte Primária:

- Constituição Federal (arts. 14 ao 17 e 118 ao 121).

- Código Eleitoral (Lei 4.737/1965) e alterações vigentes.

- Lei das Eleições (Lei 9.504/1997)

- Lei Orgânica dos Partidos Políticos (LOPP - Lei nº 9.096/1995).

- Lei das Inelegibilidades (LC 64/1990)

b) Fontes Secundárias:

- Resoluções TSE

- Consultas (TSE/TRE)

- Código Civil e Processo Civil

- Código Penal e Processo Penal

5. Competência legislativa

- Cabe privativamente à União legislar sobre matéria eleitoral (inteligência do art. 22, I, da CF).

- Presidente da República e o TSE poderão expedir instruções que julgarem convenientes à boa execução das leis eleitorais (art. 84, IV, da CF e art. 23, IV, do Código Eleitoral).

- Medida Provisória não pode dispor sobre direitos políticos, direito eleitoral e partidário (art. 62, § 1º, I, "a", da CF).

- Quanto às Leis Delegadas também observamos a mesma impossibilidade de trazerem como objeto de edição direitos eleitorais e políticos, conforme se verifica no art. 68, § 1º, II, da CF).

1.6. JURISPRUDÊNCIA SELECIONADA

Legislação Eleitoral: Direito à Informação e Princípio da Anterioridade - 1

O Tribunal julgou **procedente**, em parte, pedido formulado em três **ações diretas** ajuizadas pelo Partido Social Cristão - PSC, pelo Partido Democrático Trabalhista - PDT e pelo Partido da Frente Liberal - PFL, para **declarar a inconstitucionalidade do art. 35-A da Lei 11.300/2006, que dispõe sobre propaganda, financiamento e prestação de contas das despesas com campanhas eleitorais, alterando a Lei 9.504/97.** Preliminarmente, afastaram-se as alegações de inépcia da inicial, porquanto a deficiência na sua fundamentação não impedira que o tema jurídico estivesse claro, e de ilegitimidade passiva do Presidente da República, dado que os autores impugnaram, sustentando **ofensa ao art. 16 da CF**, a lei por ele sancionada, embora invocando, de forma transversa, a **Resolução TSE 22.205/2006**. No ponto, ressaltou-se que a ação abrangeria também, implicitamente, a resolução, haja vista ter ela conferido aplicabilidade imediata a diversos dispositivos da Lei 11.300/2006, superando o óbice temporal imposto à legislação eleitoral. **(g.n)**

Legislação Eleitoral: Direito à Informação e Princípio da Anterioridade - 2

Quanto ao mérito, considerou-se, inicialmente, que os artigos impugnados aos quais a resolução deu aplicabilidade imediata não ofendem o **princípio da anterioridade da lei eleitoral, inscrito no art. 16 da CF ("A lei que alterar o processo eleitoral entrará em vigor na data de sua publicação, não se aplicando à eleição que ocorra até um ano da data de sua vigência"),** já que **não alteram o processo eleitoral propriamente dito, e sim estabelecem regras de caráter eminentemente procedimental que visam promover maior equilíbrio entre os partidos políticos e os candidatos.** No que tange aos arts. 17-A, 18, e 47, § 3º, da Lei 11.300/2006, não contemplados pela resolução, julgou-se improcedente, da mesma forma, o argumento de violação ao art. 16 da CF, tendo em conta que os primeiros dependem de regulamentação ainda inexistente e o último teve sua eficácia protraída no tempo. Por outro lado, entendeu-se que o **art. 35-A da Lei 11.300/2006, também não previsto na resolução, ao vedar a divulgação de pesquisas eleitorais por qualquer meio de comunicação, a partir do décimo quinto dia anterior, até às dezoito horas do dia do pleito, violou o direito à informação garantido pela Constituição Federal.** Asseverou-se que a **referida proibição, além de estimular a divulgação de boatos e dados apócrifos, provocando manipulações indevidas que levariam ao descrédito do povo no processo eleitoral, seria, à luz dos princípios da razoabilidade e da proporcionalidade, inadequada, desnecessária e desproporcional quando confrontada com o objetivo pretendido pela legislação eleitoral que é, em última análise, o de permitir que o cidadão, antes de votar, forme sua convicção da maneira mais ampla e livre possível.** O Min. Eros Grau fez ressalva quanto aos fundamentos concernentes aos princípios da razoabilidade e da proporcionalidade. ADI 3.741-2/DF, Pleno, j. 06.08.2006, rel. Min. Ricardo Lewandowski, DJ 23.02.2007. ADI 3742/DF, rel. Min. Ricardo Lewandowski, 6.9.2006. (ADI-3742). ADI 3743/DF, rel. Min. Ricardo Lewandowski, 6.9.2006. (ADI-3743) (Inform. STF 439) **(g.n)**

EC 52/2006: "Verticalização" e Princípio da Anualidade - 1

O Tribunal, por maioria, julgou procedente pedido formulado em ação direta ajuizada pelo Conselho Federal da Ordem dos Advogados do Brasil para declarar a **inconstitucionalidade do art. 2º da EC 52/2006, que alterou a redação do art. 17, § 1º, da CF, para inserir em seu texto, no que se refere à disciplina relativa às coligações partidárias eleitorais, a regra da não obrigatoriedade de vinculação entre as candidaturas em âmbito nacional, estadual, distrital ou municipal, e determinou a aplicação dos efeitos da referida Emenda "às eleições que ocorrerão no ano de 2002".** Inicialmente, tendo em conta que a requerente demonstrara de forma suficiente como a inovação impugnada teria infringido a Constituição Federal, afastou-se a preliminar da Advocacia-Geral da União quanto à ausência de fundamentação da pretensão exposta na inicial. Rejeitou-se, da mesma maneira, a alegação de que a regra inscrita no art. 2º da EC teria por objeto as eleições realizadas no ano de 2002, uma vez que, se essa fosse a finalidade da norma, certamente dela constaria a forma verbal pretérita. Também não se acolheu o argumento de que a aludida referência às eleições já consumadas em 2002 serviria para contornar **a imposição disposta no art. 16 da CF**, visto que, se a alteração tivesse valido nas eleições passadas, não haveria razão para se analisar a ocorrência do lapso de um ano entre a data da vigência dessa inovação normativa e as próximas eleições **(CF: "Art. 16. A lei que alterar o processo eleitoral entrará em vigor na data de sua publicação, não se aplicando à eleição que ocorra até um ano da data de sua vigência.").** ADI 3.685-8/DF, j. 22.3.2006, rel. Min. Ellen Gracie, DJ 10.08.2006 (ADI-3685) **(g.n)**

EC 52/2006: "Verticalização" e Princípio da Anualidade - 2

Quanto ao mérito, afirmou-se, de início, que o **princípio da anterioridade eleitoral**, extraído da norma inscrita no **art. 16 da CF, consubstancia garantia individual do cidadão-eleitor – detentor originário do poder exercido por seus representantes eleitos (CF, art. 1º, parágrafo único) – e protege o processo eleitoral.** Asseverou-se que esse princípio contém elementos que o caracterizam como uma **garantia fundamental oponível inclusive à atividade do legislador constituinte derivado (CF, arts. 5º, § 2º, e 60, § 4º, IV),** e que sua transgressão viola os **direitos individuais da segurança jurídica (CF, art. 5º, *caput*) e do devido processo legal (CF, art. 5º, LIV).** Com base nisso, salientando-se que a temática das coligações está ligada ao processo eleitoral e que a alteração a ela concernente interfere na correlação das forças políticas e no equilíbrio das posições de partidos e candidatos e, portanto, da própria competição, entendeu-se que a norma impugnada afronta o art. 60, § 4º, IV, c/c art. 5º, LIV e § 2º, todos da CF. **Por essa razão, deu-se interpretação conforme à Constituição, no sentido de que o § 1º do art. 17 da CF, com a redação dada pela EC 52/2006, não se aplica às eleições de 2006,** remanescendo aplicável a estas a redação original do mesmo artigo. Vencidos, nessa parte, os Ministros Marco Aurélio e Sepúlveda Pertence que julgavam o pedido improcedente, sendo que o Min. Marco Aurélio entendeu prejudicada a ação, no que diz respeito à segunda parte do art. 2º, da referida Emenda, quanto à expressão "aplicando-se às eleições que ocorrerão no ano de 2002". ADI 3.685-8/DF, j. 22.03.2006, rel. Min. Ellen Gracie, *DJ* 10.08.2006 (ADI-3685) (Inform. STF 420) **(g.n)**

1.7. QUESTÕES COMENTADAS

(Ministério Público/MG – 2010 – FUNDEP) Analise as afirmativas abaixo.

I. A lei que alterar o processo eleitoral entrará em vigor na data de sua publicação, não se aplicando à eleição que ocorra até um ano da data de sua vigência (princípio da anualidade).

II. São inelegíveis, no território de jurisdição do titular, o cônjuge e os parentes consanguíneos ou afins, até o segundo grau ou por adoção, do Presidente da República, de Governador de Estado ou Território, do Distrito Federal, de Prefeito ou de quem os haja substituído dentro dos seis meses anteriores ao pleito, salvo se já titular de mandato eletivo e candidato à reeleição.

III. Para concorrerem a outros cargos, faculta-se ao Presidente da República, aos Governadores de Estado e do Distrito Federal e aos Prefeitos, renunciar aos seus respectivos mandatos até seis meses antes do pleito.

IV. Não obstante a garantia da presunção de não culpabilidade, a norma inscrita no art. 14, § 9º, da CF autoriza restringir o direito fundamental à elegibilidade, em reverência aos postulados da moralidade e da probidade administrativas.

É INCORRETO o que se afirma

(A) apenas em I.
(B) apenas em I e II.
(C) apenas em III.
(D) apenas em III e IV.

I: assertiva correta, pois reflete o princípio da anualidade eleitoral previsto no art. 16 da CF; II: assertiva correta, pois a vedação é prevista no art. 14, § 7º, da CF. Vale anotar o entendimento do TSE, no sentido de que o cônjuge e os parentes do Chefe do Executivo são elegíveis para o mesmo cargo do titular, quando este for reelegível e tiver se afastado definitivamente até seis meses antes do pleito – ver Resolução 20.931/2001 do TSE; III: assertiva incorreta, devendo ser assinalada, pois o afastamento não é faculdade, mas imposição constitucional para que os detentores desses cargos possam concorrer a outros – art. 14, § 6º, da CF; IV: correta, pois o dispositivo constitucional é bastante amplo, permitindo que a lei complementar estabeleça casos de inelegibilidade a fim de proteger a probidade administrativa, a moralidade para exercício de mandato, considerada a vida pregressa do candidato, e a normalidade e legitimidade das eleições contra a influência do poder econômico ou o abuso do exercício de função, cargo ou emprego na administração direta ou indireta – ver a LC 135/2010 (Lei da Ficha Limpa), que alterou a Lei da Inelegibilidade.

Gabarito "C"

(Ministério Público/MG – 2010.2) Analise as afirmativas abaixo.

I. A lei que alterar o processo eleitoral entrará em vigor na data de sua publicação, não se aplicando à eleição que ocorra até um ano da data de sua vigência (princípio da anualidade).

II. São inelegíveis, no território de jurisdição do titular, o cônjuge e os parentes consanguíneos ou afins, até o segundo grau ou por adoção, do Presidente da República, de Governador de Estado ou Território, do Distrito Federal, de Prefeito ou de quem os haja substituído dentro dos seis meses anteriores ao pleito, salvo se já titular de mandato eletivo e candidato à reeleição.

III. Para concorrerem a outros cargos, faculta-se ao Presidente da República, aos Governadores de Estado e do Distrito Federal e aos Prefeitos, renunciar aos seus respectivos mandatos até seis meses antes do pleito.

IV. Não obstante a garantia da presunção de não culpabilidade, a norma inscrita no artigo 14, § 9º, da CF autoriza restringir o direito fundamental à elegibilidade, em reverência aos postulados da moralidade e da probidade administrativas.

É INCORRETO o que se afirma

(A) apenas em I.
(B) apenas em I e II.
(C) apenas em III.
(D) apenas em III e IV.

I: assertiva correta, pois reflete o princípio da anualidade previsto no art. 16 da CF; II: assertiva correta, pois reflete exatamente a inelegibilidade inata prevista no art. 14, § 7º, da CF. É interessante anotar o entendimento do TSE, no sentido de que o cônjuge e os parentes do chefe do Executivo são elegíveis para o mesmo cargo do titular, quando este for reelegível e tiver se afastado definitivamente até seis meses antes do pleito – ver Resolução nº 20.931/2001-TSE; III: assertiva incorreta, pois não se trata de faculdade, mas sim imposição constitucional. Ou seja, caso não renunciem aos respectivos cargos, os chefes do Executivo não podem concorrer a outros – art. 14, § 6º, da CF; IV: assertiva correta, pois, de fato, o art. 14, § 9º, da CF dispõe que a lei complementar estabelecerá outros casos de inelegibilidade e os prazos de sua cessação, a fim de proteger a probidade administrativa, a moralidade para exercício de mandato, considerada a vida pregressa do candidato, e a normalidade e legitimidade das eleições contra a influência do poder econômico ou o abuso do exercício de função, cargo ou emprego na administração direta ou indireta. A LC 135/2010 (Lei da Ficha Limpa) alterou a Lei da Inelegibilidade, prevendo hipóteses de inelegibilidade por condenações ainda não transitadas em julgado, desde que haja decisão por órgão colegiado.

Gabarito "C"

(Procurador da República – 15º) A lei que alterar o processo eleitoral:

(A) terá vigência imediata, aplicando-se às eleições em curso e às que venham a ser realizadas em breve, se já escolhidos os candidatos em convenções partidárias;

(B) somente entrará em vigor um ano após sua promulgação;

(C) não prejudicará o recurso cabível, segundo a Constituição, para o Tribunal Superior Eleitoral, de decisões dos Tribunais Regionais Eleitorais que anulem diplomas ou versem sobre inelegibilidades nas eleições municipais;

(D) entrará em vigor na data de sua publicação, não se aplicando à eleição que ocorra até um ano da data de sua vigência.

De fato a alternativa "D" é a única correta. O princípio da anualidade da lei eleitoral orienta que a lei que alterar o processo eleitoral entrará em vigor na data de sua publicação, mas não se aplicará à eleição que ocorra até um ano da data de sua vigência, em plena consonância com o que dispõe o art. 16 da CF.

Gabarito "D"

(Procurador da República – 17º) A lei que alterar o processo eleitoral:

(A) entrará em vigor na data de sua publicação, retroagindo apenas para beneficiar as candidaturas já registradas na Justiça Eleitoral;

(B) terá vigência imediata, valendo para as eleições em curso de forma isonômica para todos os Partidos Políticos;

(C) entrará em vigor na data de sua publicação, não se aplicando à eleição que ocorra até um ano da data de sua vigência;

(D) deverá sempre aprimorar o regime democrático sob pena de inconstitucionalidade moral.

De fato a alternativa "C" é a única correta. O princípio da anualidade da lei eleitoral orienta que a lei que alterar o processo eleitoral entrará em vigor na data de sua publicação, mas não se aplicará à eleição que ocorra até um ano da data de sua vigência, em plena consonância com o que dispõe o art. 16 da CF.

Gabarito "C"

(Procurador da República – 19º) A lei que alterar o processo eleitoral:

(A) entrará em vigor na data de sua publicação e terá aplicação imediata, devendo o Tribunal Superior Eleitoral comunicar aos Partidos Políticos as alterações ocorridas em até seis meses antes da data das eleições;

(B) somente entrará em vigor um ano após a sua publicação, não tendo qualquer efeito durante o período de *vacatio legis,*

(C) entrará em vigor na data de sua publicação, não se aplicando à eleição que ocorra até um ano da data de sua vigência;

(D) terá vigência imediata se vier a aprimorar o sistema político partidário, de acordo com entendimento do Tribunal Superior Eleitoral.

De fato a alternativa "C" é a única correta. O princípio da anualidade da lei eleitoral orienta que a lei que alterar o processo eleitoral entrará em vigor na data de sua publicação, mas não se aplicará à eleição que ocorra até um ano da data de sua vigência, em plena consonância com o que dispõe o art. 16 da CF. Referido princípio foi debatido perante o STF, sobretudo diante da do julgamento da incidência da EC 52/2006 (verticalização das coligações partidárias) e a aplicação da Lei da Ficha Limpa (LC 135/2010), respectivamente os julgados ADIN 3.685-8/DF e RE nº 633.703/MG.

Gabarito "C"

(Magistratura/RR – 2008 – FCC) A respeito dos direitos políticos, é correto afirmar:

(A) A lei que alterar o processo eleitoral entrará em vigor na data de sua publicação, mas não se aplicará à eleição que ocorra até um ano da data de sua vigência.

(B) Para candidatar-se a Governador de Estado, dentre outras condições de elegibilidade na forma da lei, exige-se a idade mínima de 21 anos.

(C) O mandato eletivo poderá ser impugnado ante a Justiça Eleitoral no prazo máximo de 30 dias contados da diplomação.

(D) A condenação criminal ainda não transitada em julgado implica em suspensão dos direitos políticos.

(E) A ação de impugnação de mandato, por força do princípio da transparência, não tramitará em segredo de justiça e o autor não responderá por litigância de má-fé.

A: assertiva correta, conforme disposição do art. 16 da CF, que dispõe sobre o princípio da anualidade da Lei Eleitoral; **B:** assertiva incorreta, uma vez que a exigência constitucional é de 30 anos para o cargo de Governador e Vice Governador de Estado ou do Distrito Federal, como bem dispõe o art. 14, § 3º, VI, da CF; **C:** assertiva incorreta, pois o prazo para a impugnação do mandato eletivo é de 15 dias contados da diplomação, instruída com provas de abuso do poder econômico, corrupção ou fraude, conforme disposição do art. 14, § 10, da CF; **D:** assertiva incorreta, uma vez que a suspensão dos direitos políticos somente se dará nos casos elencados no art. 15 da CF, entre eles a condenação criminal transitada em julgado, enquanto durarem seus efeitos; **E:** assertiva incorreta, uma vez que o art. 14, § 11 dispõe que "a ação de impugnação de mandato tramitará em segredo de justiça, respondendo o autor, na forma da lei, se temerária ou de manifesta má-fé".

Gabarito "A"

CAPÍTULO 2

DIREITOS POLÍTICOS

2.1. CONCEITO

Direitos Políticos são aqueles direitos subjetivos (Direito Público, segundo a divisão de Ulpiano) que concedem ao cidadão (aquele devidamente inscrito junto à justiça eleitoral = possuem o título de eleitor) o direito-prerrogativa (pode exercer ou não, art. 14, § 1º, II, da CF) e impõe o direito-obrigação (é cogente, imposto, sob pena de sanções, art. 14, § 1º, I, da CF) de participar ativamente da organização do Estado.

José Jairo Gomes leciona que "denomina-se direitos políticos ou cívicos as prerrogativas e os deveres inerentes à cidadania. Englobam o direito de participar direta ou indiretamente do governo, da organização e do funcionamento do Estado".[1]

Desta forma, compreendo se tratar do direito subjetivo de participar direta ou indiretamente do governo, podemos dividi-lo em Direitos Políticos Ativos e Direitos Políticos Passivos. Vejamos detalhadamente:

2.1.1. Direitos políticos ativos

São aqueles que, regra geral, atingem a todos os cidadãos, pois se trata de um direito obrigação em alistar-se (título de eleitor) e votar (eleições, plebiscito e referendo), salvo algumas situações (facultatividade por idade, militares conscritos, analfabetos). Incluem-se aqui casos especiais como os portugueses (Tratado da Amizade entre Portugal e Brasil, regido pelo princípio da reciprocidade).

Em razão do Tratado da Amizade, que garante os direitos políticos aos portugueses residentes por mais de 3 anos, foi editada a Resolução TSE 21.538/2003, a dispor especificamente em seu § 4º, art. 51, que: "a outorga a brasileiros do gozo dos direitos políticos em Portugal, devidamente comunicada ao Tribunal Superior Eleitoral, importará suspensão desses mesmos direitos no Brasil."

---

1. GOMES, José Jairo. **Direito eleitoral**. 8ª ed. São Paulo: Atlas, 2012. p. 4.

2.1.2. Direitos políticos passivos

Constituem aqueles casos em que o cidadão submete-se à escolha daqueles outros cidadãos que exercem seus Direitos Políticos Ativos (como classificamos brevemente acima). Trata-se de direitos-prerrogativas, pois o cidadão pode ou não exercê-los. É o caso dos candidatos. O ato de candidatar-se constitui verdadeiro exemplo de direitos políticos passivos (ou negativos), devendo ser obedecidas as condições de elegibilidade (preenchimento obrigatório, salvo alguns casos, como militares, por exemplo) e a inexistência de hipóteses de inelegibilidades (hipóteses constitucionais e infraconstitucionais – LC 64/1990 c.c. LC 135/2010).

2.2. CONDIÇÕES DE ELEGIBILIDADE (ART. 14, § 3º, DA CF)

As condições de elegibilidade são requisitos obrigatórios a serem cumpridos pelo cidadão que anseia candidatar-se a um cargo eletivo. São elas:

a) nacionalidade brasileira;

b) pleno exercício dos direitos políticos;

c) alistamento eleitoral;

d) domicílio eleitoral na circunscrição;

e) filiação partidária;

f) idades mínimas a variar do cargo pretendido;

2.2.1. Nacionalidade brasileira

É o vínculo entre o indivíduo e o Estado. Não se confunde com naturalidade (local onde nasceu o indivíduo). O art. 12 da Constituição Federal dispõe acerca do que podemos compreender como brasileiros natos (art. 12, I, da CF) e os naturalizados (art. 12, II, da CF).

Roberto Moreira de Almeida, em sua obra, cita lições precisas de Gilmar Ferreira Mendes ao dizer que "a nacionalidade configura vínculo político e pessoal que se estabelece entre o Estado e o indivíduo, fazendo com que este integre uma dada comunidade política, o que faz com que o Estado distinga o nacional do estrangeiro para diversos fins".[2]

Deste modo, podemos afirmar que nacionalidade é o vínculo político, não se confundindo com o vínculo de nascença (naturalidade), sendo possível ao indivíduo manter mais que uma nacionalidade (caso de dupla cidadania), no entanto, não é possível a dupla naturalidade.

Outra distinção que se destaca é quanto à nacionalidade e à cidadania. Como já dito anteriormente, ao direito eleitoral importa saber se o indivíduo é cidadão para que se verifique o seu direito a exercer ativamente o poder soberano (soberania popular).

---

2. ALMEIDA, Roberto Moreira de. **Curso de Direito Eleitoral**. 8. ed. Salvador: Juspodivm, 2014. p. 65.

É por meio da cidadania, obtida pelo devido e regular alistamento eleitoral, que o nacional (ou naturalizado) alcança a condição de detentor de direitos políticos no Brasil.

Destaca-se exceção trazida pelo Tratado da Amizade (*Vide* Decreto 3.927/2001), que entre outras importantes disposições, garante aos portugueses residentes há mais de 3 anos os mesmos direitos do brasileiro naturalizado (se mantida a reciprocidade de tratamento), porém, com a mesma ressalva para os cargos privativos de brasileiros natos.

Não é necessário fazer prova, uma vez que já é feito no momento do alistamento eleitoral (lembrando que são inalistáveis os estrangeiros, art. 14, § 2º, da CF).

Importante mencionar, também, que o art. 12, § 2º, da CF, dispõe que a lei não poderá estabelecer distinção entre brasileiros natos e naturalizados, salvo nos casos previstos na Constituição Federal, como o próprio § 3º, art. 12, da CF, ao trazer elencado os cargos privativos de brasileiros natos:

a) Presidente e Vice-Presidente da República;

b) Presidente da Câmara dos Deputados;

c) Presidente do Senado Federal;

d) Ministro do Supremo Tribunal Federal;

e) carreira diplomática;

f) oficial das Forças Armadas;

g) Ministro de Estado da Defesa.

2.2.2. Pleno exercício dos direitos políticos

Para candidatar-se é necessário que o cidadão esteja em pleno gozo/exercício dos seus direitos políticos. Relembramos aqui o que dispõe o art. 15 da CF:

Art. 15. É vedada a cassação de direitos políticos, cuja perda ou suspensão só se dará nos casos de:

I – cancelamento da naturalização por sentença transitada em julgado;

II – incapacidade civil absoluta;

III – condenação criminal transitada em julgado, enquanto durarem seus efeitos;

IV – recusa de cumprir obrigação a todos imposta ou prestação alternativa, nos termos do art. 5º, VIII;

V – improbidade administrativa, nos termos do art. 37, § 4º.

Impõe-nos compreender que àquele que por qualquer motivo (não há exceções) perder ou tiver suspensos os direitos políticos não preencherá a condição de elegibilidade prevista na Constituição Federal (pleno exercício dos Direitos Políticos).

2.2.3. Alistamento eleitoral

É o alistamento eleitoral que confere ao indivíduo a cidadania e seus direitos (direitos cívicos ou direitos políticos). O alistamento eleitoral é comprovado pelo título eleitoral ou número de inscrição obtido em qualquer cartório eleitoral ou site do TSE.

Observa-se que com o advento da Lei 12.891/2013 (minirreforma eleitoral) a apresentação do título eleitoral no momento do pedido de registro de candidatura tornou-se dispensável, vez se tratar de informações detidas pela própria Justiça Eleitoral.

Assevera-se, no entanto, que a dispensabilidade de apresentação do título não exclui o necessário cumprimento desta condição de elegibilidade, podendo ainda ser exigida pela justiça eleitoral como forma de cumprimento de diligência (divergência de dados etc.).

2.2.4. Domicílio eleitoral na circunscrição

Para poder concorrer às eleições o cidadão deverá estar domiciliado na localidade há pelo menos um ano antes do pleito (art. 9º da Lei 9.504/1997).

Para os cargos de Prefeito, Vice e Vereador: domicílio no Município. Para os cargos de Governador, Vice, Senador e Deputados: domicílio no Estado. Para o cargo de Presidente e Vice, em qualquer município do território nacional.

IMPORTANTE: Não devemos confundir o conceito de domicílio eleitoral com domicílio civil.

No domicílio civil (art. 70 e seguintes do Código Civil) observamos o lugar em que a pessoa natural estabelece sua residência com a intenção manifesta de permanecer, centralizar sua vida, fixar suas atividades e negócios. Ou seja, há um evidente e latente ânimo de permanência.

Na situação da pessoa natural possuir várias residências onde alternadamente viva, será considerado como seu domicílio qualquer uma das localidades onde mantenha residência.

Já no domicílio eleitoral (art. 42, parágrafo único, do CE), não há tanta "rigidez" na conceituação, uma vez que se trata do lugar da residência ou moradia do cidadão. Não é exigido um ânimo de permanência, como no trazido pelo art. 70 do Código Civil.

Na situação do cidadão possuir mais de uma residência, onde alternadamente viva, obviamente também será assim considerado seu domicílio qualquer delas.

Prova do domicílio eleitoral será feito pelo próprio Título Eleitoral do cidadão.

2.2.5. Filiação partidária

Em razão de ter sido adotado em nosso ordenamento o Princípio da Democracia Partidária (democracia semidireta), consideramos que o sistema brasileiro desconhece candidaturas avulsas, portanto é necessária a filiação partidária a uma agremiação política como forma de cumprir a exigência (condição de elegibilidade).

A filiação estabelece o vínculo entre o cidadão e o partido político, teoricamente por razões de afeição de ideais e bandeiras defendidas. É regulada pelos arts. 16 a 22 da Lei 9.096/1995 (LOPP – Lei Orgânica dos Partidos Políticos).

Apenas aqueles que estejam em pleno gozo dos direitos políticos podem filiar-se a partido político (art. 16 da LOPP). Para concorrer a cargo eletivo, o cidadão deverá ter deferida a filiação a partido político há pelo menos 1 ano (art. 9º da Lei 9.504/1997), sendo que o partido poderá prever prazo superior a este, desde que não o altere durante o curso do ano eleitoral. Em caso de fusão e incorporação, conta-se o tempo de filiação desde o deferimento no partido de origem.

A minirreforma eleitoral (Lei 12.891/2013) alterou dispositivo anterior esclarecendo que no caso de pluralidade de filiações partidárias serão excluídas as mais antigas e mantida a mais recente, evitando a impossibilidade de que eventual candidato seja impedido de exercer seus direitos políticos passivos, nesta ocorrência fática.

2.2.6. Idades mínimas

A elegibilidade do cidadão é atingida por etapas, paulatinamente, e não instantaneamente, por exata razão da necessidade de idades mínimas àqueles que pretendem ocupar cargos eletivos específicos.

A verificação desta condição de elegibilidade (idades mínimas) deve ser aferida tendo-se como parâmetro o momento da posse do respectivo cargo, e não do pedido de registro (art. 11, § 2º, da Lei 9.504/1997 e TSE, REsp 22.900/MA).

As idades mínimas estabelecidas são as de:

a) 35 anos: Presidente, Vice Presidente e Senador;

b) 30 anos: Governador, Vice Governador;

c) 21 anos: Deputado (federal e estadual), Prefeito e Vice, juiz de paz;

d) 18 anos: Vereador

IMPORTANTE: Podemos dizer que o brasileiro nato, ao completar 35 anos, atinge a plenitude de sua elegibilidade, tendo em vista que a maior idade prevista é de "35 anos para Presidente, Vice Presidente e Senador"?

A resposta é sim, desde que presentes as demais condições de elegibilidade e inexistente qualquer hipótese de inelegibilidade (constitucional ou infraconstitucional).

Por outro lado o brasileiro naturalizado, e o assim considerado (caso dos portugueses sob as disposições do Tratado da Amizade) jamais atingirão esta plenitude, pois há em nosso ordenamento cargos eletivos públicos privativos dos brasileiros natos.

2.2.7. Elegibilidade do militar (exceção às condições de elegibilidade)

Considera-se militar o integrante das Forças Armadas (Exército, Marinha e Aeronáutica). Com exceção do militar conscrito (art. 14, § 2º, da CF), o militar é alistável e elegível.

Dispõe o art. 142, § 3º, V, da CF: "o militar, enquanto em serviço ativo, não pode estar filiado a partido político." Por esta razão, ao militar alistável e elegível, não é necessária a filiação partidária no lapso temporal de um ano anterior ao pleito, bastando que detenha cidadania (esteja inscrito como eleitor – alistamento eleitoral) e tenha seu nome escolhido em convenção partidária do partido político pelo qual pretende concorrer (Resolução TSE 21.787/2004).

O art. 14, § 8º, da CF dispõe que: "O militar alistável é elegível, atendidas as seguintes condições: I – se contar menos de dez anos de serviço, deverá afastar-se da atividade; II – se contar mais de dez anos de serviço, será agregado pela autoridade superior e, se eleito, passará automaticamente, no ato da diplomação, para a inatividade."

IMPORTANTE: Na hipótese do inciso II, se não for eleito, o militar volta ao seu posto anteriormente ocupado. O militar que já estiver na reserva deverá cumprir a condição de filiação partidária.

2.3. INELEGIBILIDADES

Podemos compreender inelegibilidade como a impossibilidade de o cidadão exercer seus direitos políticos passivos ou negativos (exercer cargo público eletivo) em razão de circunstâncias impeditivas elencadas na Constituição Federal e também pela Lei Complementar 64/1990, com as alterações acertadas da Lei Complementar 135/2010 (Lei da Ficha Limpa).

Deste modo, já podemos dizer que as hipóteses de inelegibilidades serão divididas entre hipóteses constitucionais e hipóteses infraconstitucionais.

2.3.1. Hipóteses constitucionais

As hipóteses constitucionais estão previstas ao longo do art. 14, §§ 4º a 7º, da Constituição Federal, que dispõe serem inelegíveis os inalistáveis e os analfabetos.

Lembrando:

Inalistáveis: o art. 14, § 2º, da Constituição Federal dispõe que são inalistáveis os estrangeiros e, durante o período do serviço militar obrigatório, os conscritos. Pode-se, ainda, considerar inalistáveis os que tiveram seus direitos políticos perdidos ou suspensos.

O inalistável não preenche todas as condições de elegibilidade (art. 14, § 3º, III, da CF), sendo naturalmente inelegível.

Analfabetos (art. 14, § 4º, da CF): Não há um critério unânime para se determinar o conceito legal de "analfabeto". Mas são considerados "analfabetos" aqueles que não dominam a escrita e a compreensão de textos, ainda que singelos, em seu próprio idioma. De outro lado, o domínio em algum grau justifica o *status* de alfabetizado ou semialfabetizado.

Para fins eleitorais, a pouca instrução não pode ser considerada como analfabetismo. Alguns juízes fazem ditados para aferir se o candidato é alfabetizado ou não, porém não há respaldo jurídico para este método, sendo, inclusive, combatido por violar o princípio da dignidade da pessoa humana (TSE, REsp 21.707/PB, rel. Humberto Gomes de Barros).

A jurisprudência tem admitido as seguintes premissas para se considerar inelegível um candidato em razão da hipótese de analfabetismo:

I) Não demonstre habilidades mínimas (leitura e escrita) (TSE, REsp 13.180/1996);

II) É incapaz de esboçar sinais gráficos compreensíveis (REsp 10.499/1992);

III) Não mostre aptidão para leitura (REsp 10.845/1992);

IV) Não tenha êxito na prova a que se submeteu, mesmo já tendo exercido a vereança (REsp 21.958/2004).

De maneira sintética o art. 14, § 1º, II, "a", da Constituição Federal dispõe que o alistamento e voto são facultativos aos analfabetos (faculta-se o exercício dos direitos políticos ativos), ou seja, trata-se de um direito-prerrogativa (lembrando que para os alistáveis trata-se de um direito-dever).

De outro lado, os analfabetos não podem exercer seus direitos políticos passivos (não podem ser votados), conforme hipótese de inelegibilidade constitucional do art. 14, § 4º, da Constituição Federal.

IMPORTANTE: a condição de analfabeto pode ser, logicamente, provisória, uma vez que o indivíduo pode vir a ser alfabetizado, afastando esta hipóteses de inelegibilidade.

A Constituição Federal também dispõe que "são inelegíveis, no território de jurisdição do titular, o cônjuge e os parentes consanguíneos ou afins, até o segundo grau ou por adoção, do Presidente da República, de Governador de Estado ou Território, do Distrito Federal, de Prefeito ou de quem os haja substituído dentro dos seis meses anteriores ao pleito, salvo se já titular de mandato eletivo e candidato à reeleição" (§ 7º do art. 14 da CF).

Neste cenário, é imperioso destacar e relembrar alguns conceitos pontuais:

Cônjuge e companheiros (união estável): Compreende-se por cônjuge também o companheiro/convivente na constância da união estável (registrada ou reconhecida judicialmente), incluindo também os casais de mesmo sexo, não havendo qualquer distinção.

Parentes consanguíneos e afins ou por adoção até o 2º grau: Parentes consanguíneos até o 2º grau de um cidadão compreendem os seus os avós, pais, irmãos, filhos (não havendo distinção entre adotivos e não adotivos) e netos. Parentes por afinidade até o 2º grau de um cidadão compreendem o sogro, sogra, sogro-avô, sogra-avó, genro, nora, genro-neto, nora-neta, cunhado e cunhada.

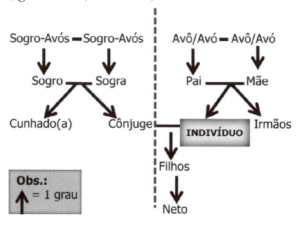

Quanto ao § 8º do art. 14 da CF, ao dispor sobre a inelegibilidade dos militares, ressaltamos de maneira reiterada o que destacado no item anterior o intento do Constituinte:

Militares com menos de 10 anos de serviço: Deverá afastar-se da carreira, deixando de integrar os quadros efetivos das Forças Armadas.

Militares com mais de 10 anos de serviço: Será agregado pela autoridade superior. Se eleito, passará, no ato da diplomação, à inatividade (reserva). Se não eleito, retornará às atividades originais.

Por fim, destacamos especial atenção aos §§ 5º e 6º do art. 14 da CF que, nitidamente, tratam de estabelecer a possibilidade de uma única recondução ao cargo de chefe do Executivo, não limitando aos ocupantes de cargos legislativos, e trazendo a ideia do que conceituamos como descompatibilização,[3] vejamos:

a) Os chefes do Executivo, para concorrerem a outros cargos, devem renunciar aos seus mandatos até 6 meses antes do pleito.

b) Os chefes do Executivo, concorrendo à reeleição (mesmo cargo), não precisam renunciar aos seus mandatos por falta de previsão legal, muito embora seja incoerência lógica se tutelar a lisura das eleições, uma vez que a previsão de desincompatibilização até 6 meses anteriores ao pleito intenta evitar o abuso do poder em razão de função frente à chefia do Executivo.

IMPORTANTE: Titular e Vice são cargos diferentes, no entanto, quem ocupar o cargo de titular por 2 mandatos consecutivos, fica impedido de candidatar-se a Vice, consecutivamente, pois haveria a possibilidade de se tornar titular nas hipóteses de substituição (caráter temporário, ex.: titular em viagem, enfermo etc.) e sucessão (caráter definitivo, ex.: morte do titular).

Quem ocupar o cargo de Vice por 2 mandatos consecutivos poderá candidatar-se a Titular numa terceira eleição consecutiva, desde que não tenha substituído o titular nos 6 meses anteriores ao pleito. (TSE, REsp 19.939).

---

3. Art. 14, § 6º, da CF: "Para concorrerem a outros cargos, o Presidente da República, os Governadores de Estado e do Distrito Federal e os Prefeitos devem renunciar aos respectivos mandatos até seis meses antes do pleito."

IMPORTANTE: As inelegibilidades constitucionais não precluem, podendo ser arguidas tanto na impugnação de candidatura (AIRC – Ação de Impugnação ao Registro de Candidatura) quanto no recurso contra expedição de diploma (RCED – Recurso Contra a Expedição do Diploma).

2.3.2. Hipóteses infraconstitucionais

São aquelas previstas na LC 64/1990 e visam proteger a probidade administrativa, a moralidade no exercício do mandato, considerando a vida pregressa do candidato, e a normalidade das eleições contra a influência do poder econômico ou o abuso do exercício de função ou emprego na administração direta ou indireta, como bem dispõe o § 9º do art. 14 da CF.[4]

A LC 64/1990 é extensa em hipóteses de inelegibilidade, trazendo inúmeras situações onde o legislador compreendeu ser plausível que fixasse um impedimento ao cidadão pretenso a concorrer a um determinado cargo público eletivo.

Sua extensão também pode ser justificada pelo fato de que não é possível ao intérprete da lei eleitoral ampliar a restrição de exercício de um direito político (no caso, direitos políticos passivos ou negativos), deste modo, cuidou o legislador de "não pecar pelo excesso", muito embora a vida prática nos faça perceber a necessidade de algumas novas hipóteses.

Importante observação é feita com relação à Lei da Ficha Limpa, que ainda é vista como se fosse uma legislação autônoma. Ocorre que a LC 135/2010 (Lei da Ficha Limpa) altera significativas tratativas textuais já dispostas pela própria LC 64/1990. Portanto, quando falamos em hipóteses de inelegibilidades devemos pensar na LC 64/1990 com redação alterada pela LC 135/2010 e não duas legislações com hipóteses de inelegibilidades autônomas.

Inicialmente, dado o volume de hipóteses, podemos dividi-las em inelegibilidade infraconstitucionais absolutas e relativas.

Nas hipóteses absolutas há impedimento para o exercício de qualquer cargo político eletivo (eleições federais, estaduais e municipais), enquanto que nas relativas o impedimento é pontual para alguns cargos públicos eletivos.

Em posse desta premissa, cabe elencar uma divisão com base na natureza de cada impedimento previsto:

2.3.2.1. Inelegibilidades absolutas

Poderão ser arguidas por qualquer candidato, partido político, coligação e pelo Ministério Público Eleitoral. São elas:

a) Perda de mandato legislativo (art. 1º, I, "b", da LC 64/1990)
b) Perda de mandato executivo (art. 1º, I, "c", da LC 64/1990)
c) Renúncia a mandato eletivo (art. 1º, I, "k", da LC 64/1990)

---

4. Art. 14, § 9º, da CF: "Lei complementar estabelecerá outros casos de inelegibilidade e os prazos de sua cessação, a fim de proteger a probidade administrativa, a moralidade para exercício de mandato considerada vida pregressa do candidato, e a normalidade e legitimidade das eleições contra a influência do poder econômico ou o abuso do exercício de função, cargo ou emprego na administração direta ou indireta."

Nessas situações, o ocupante do respectivo cargo que vier a perder seu mandato por infringência a dispositivo da Constituição Federal (art. 55, I e II, aos membros do Congresso Nacional), Constituições Estaduais e Lei Orgânica será inelegível até o remanescente do fim de sua legislatura e nos 8 anos seguintes ao término do período para que tenha sido eleito.

Também terá a mesma sanção aquele que simplesmente renunciar a mandato após o oferecimento de representação ou petição que tenha aptidão para instaurar processo (evitar que o indivíduo "fuja da inelegibilidade"). A alínea "k" foi inserida pela LC 135/2010 – Lei da Ficha Limpa.

d) Abuso de poder econômico e político (art. 1º, I, "d", da LC 64/1990)

e) Abuso de poder político (art. 1º, I, "h", da LC 64/1990)

Nesses casos são considerados inelegíveis aqueles cidadãos comuns e os detentores de cargos na administração pública (direta, indireta ou fundação) que tenham representação julgada procedente (transitada em julgado) por abuso de poder econômico ou político.

No caso do detentor de cargo na administração, o benefício poderá ser próprio ou em favor de terceiro. A inelegibilidade sanção prevista será de 8 anos.

f) Abuso de poder: corrupção eleitoral, captação ilícita de sufrágio, captação ou gasto ilícito de recursos em campanha, conduta vedada a agente público (art. 1º, I, "j", da LC 64/1990)

No mesmo sentido, aqueles condenados por a) corrupção eleitoral, b) captação ilícita de sufrágio, c) doação/captação/gastos ilícitos de recursos de campanha ou d) por conduta vedada a agente público em campanhas eleitorais, <u>desde que impliquem em cassação de registro ou diploma.</u>

g) Condenação criminal (art. 1º, I, "e", da LC 64/1990)

Com a condenação criminal, transitada em julgado, o indivíduo tem seus direitos políticos suspensos até que cessem os efeitos da condenação. Esta hipótese prevê ainda a inelegibilidade por 8 anos, a contar da cessação dos efeitos da condenação.

O dispositivo elenca especificamente os delitos que, se o indivíduo for condenado em sentença transitada em julgado, será considerado inelegível.

h) Rejeição de contas (art. 1º, I, "g", da LC 64/1990)

Essa hipótese considera inelegível quem tiver suas contas relativas ao exercício de cargos ou funções públicas rejeitadas por irregularidade insanável por ato doloso de improbidade administrativa, por decisão irrecorrível do órgão competente (Poder Legislativo e Tribunal de Contas), salvo se a decisão for suspensa por determinação judicial. A inelegibilidade sanção prevista será de 8 anos.

i) Cargo ou função em instituição financeira em liquidação judicial/extrajudicial (art. 1º, I, "i", da LC 64/1990)

São considerados inelegíveis aqueles que tenham exercido cargo ou função de direção, administração ou representação em instituições que estejam em liquidação judicial ou extrajudicial, nos 12 meses anteriores à decretação de liquidação. A inelegibilidade cessará com a exoneração de responsabilidade.

j) Improbidade administrativa (art. 1º, I, "l", da LC 64/1990)

Serão inelegíveis aqueles condenados à suspensão dos direitos políticos, em decisão transitada em julgada ou por órgão colegiado, por improbidade administrativa. Prazo de inelegibilidade de 8 anos, a iniciar após o cumprimento da pena de suspensão dos direitos políticos.

k) Exclusão do exercício profissional (art. 1º, I, "m", da LC 64/1990)

É inelegível aquele que for excluído do exercício de sua profissão por decisão do órgão profissional competente, salvo se o ato houver sido anulado ou suspenso pelo Poder Judiciário. A inelegibilidade sanção prevista será de 8 anos.

l) Simulação conjugal (art. 1º, I, "n", da LC 64/1990)

É inelegível aquele que for condenado, após trânsito em julgado, por simular desfazer vínculo conjugal (casamento ou união estável) a fim de afastar a caracterização de inelegibilidade. A inelegibilidade sanção prevista será de 8 anos.

m) Demissão do serviço público (art. 1º, I, "o", da LC 64/1990)

É inelegível aquele demitido do serviço público em decorrência de processo administrativo ou judicial, salvo se o ato houver sido suspenso ou anulado pelo Poder Judiciário. A inelegibilidade sanção prevista será de 8 anos.

n) Doação ilegal (art. 1º, I, "p", da LC 64/1990)

É inelegível pessoa física ou dirigente de pessoa jurídica que tenha feito doação eleitoral ilegal, após decisão transitada em julgado. A inelegibilidade sanção prevista será de 8 anos.

o) Aposentadoria compulsória e perda de cargo: Magistrados e Membros do MP (art. 1º, I, "q", da LC 64/1990)

Será inelegível o magistrado ou membro do MP que tenha perdido seu cargo por sentença, aposentado compulsoriamente ou se exonerado/aposentado na pendência de processo disciplinar. A inelegibilidade sanção prevista será de 8 anos.

2.3.2.2. Inelegibilidades relativas

a) Para Presidente e Vice-Presidente da República

É necessário a desincompatibilização de agentes públicos e membros de certas categorias que intentem candidatar-se aos cargos de Presidente e Vice-Presidente da República (v. art. 1º, II, da LC 64/1990).

b) Demais cargos: Governador e Vice; Prefeito e Vice; Senador; Deputado Federal e Estadual; Vereador

Aplicam-se, no que couber, as regras para o cargo de Presidente e Vice-Presidente da República, por identidade de situações (art. 1º, III a VII, da LC 64/1990).

c) Casos específicos

A LC 64/1990 enumera ainda casos específicos nos quais é necessário a descompatibilização a depender do cargo a que se pretende. Abaixo os 3 principais:

Magistrados: Afastamento definitivo (exoneração ou aposentadoria) 6 meses antes do pleito.

Membro do MP: Ingressantes na carreira antes da EC 45/2004 não necessitam afastar-se definitivamente. Ingressantes na carreira após a referida EC deverão afastar-se definitivamente, por aposentadoria ou exoneração, obedecendo a mesma regra aplicada aos magistrados.

Os membros do Ministério Público, ingressantes nos quadros da instituição antes de 05.10.1988 (promulgação da Constituição Federal vigente), poderão se candidatar a cargos eletivos, observando-se os prazos contidos na LC 64/1990, desde que tenham feito a opção pelo regime anterior (vide disposição legal contida no art. 29, § 3º, do ADCT: "Poderá optar pelo regime anterior, no que respeita às garantias e vantagens, o membro do Ministério Público admitido antes da promulgação da Constituição, observando-se, quanto às vedações, a situação jurídica na data desta").

Deste modo, podemos compreender que aos membros do Ministério Público que pretendam se candidatar a cargo público eletivo, não será necessário o preenchimento do requisito de um ano de filiação partidária, mas sim de 06 meses, independentemente se seja caso de exoneração, licença ou aposentadoria.

IMPORTANTE: Acerca da arguição de inelegibilidade, a competência será absoluta da Justiça Eleitoral em suas 3 instâncias, a ser definida pelo tipo de eleição (federal, estadual ou municipal), e dar-se-ão nas seguintes formas:

Inelegibilidade infraconstitucional: Ação de Impugnação de Registro de Candidatura – AIRC (prazo preclusivo), podendo resultar em negação ou cassação do registro do candidato. As inelegibilidades infraconstitucionais devem ser arguidas na ocasião do registro de candidatura, sob pena de preclusão (TSE, AgRg em AgIn 3.328/MG; REsp 19.985/SP).

Inelegibilidade constitucional: Recurso contra Expedição do Diploma – RCED, podendo resultar na cassação do diploma ou perda de mandato eletivo. A arguição de inelegibilidade constitucional não preclue, podendo ser suscitada tanto na impugnação de candidatura quanto no recurso contra expedição de diploma.

2.4. QUADRO SINÓTICO

1. Conceito

Direitos políticos ou cívicos são as prerrogativas e os deveres inerentes à cidadania, incluindo o direito de participar direta ou indiretamente do governo, da organização e do funcionamento do Estado.

Direitos políticos *são os meios e a possibilidade do cidadão participar do governo, ajudando na criação da ordem jurídica* (Kelsen)

Apenas podem exercer direitos políticos os cidadãos brasileiros, uma vez que são nacionais e possuem vínculo de direitos e obrigações com o país (estão exclusos os estrangeiros).

São divididos em **direitos políticos positivos** e **direitos políticos negativos**.

2. Direitos políticos positivos/ativos

Consiste no direito-dever do cidadão (brasileiro nato ou naturalizado) escolher livremente seus representantes, participar dos plebiscitos/referendos, emitir sua opinião em todas as possibilidades.

Diz-se direito-dever vez que, embora o cidadão tenha o direito de escolher seu representante, o alistamento eleitoral e o voto são obrigatórios no Brasil.

Alistamento eleitoral e o voto são obrigatórios para os maiores de 18 anos.

Alistamento eleitoral e o voto são facultativos para o maior de 16 e menor de 18 anos, analfabetos e maiores de 70 anos.

Não podem alistar-se o estrangeiro e os conscritos (durante o serviço militar obrigatório).

3. Direitos políticos negativos/passivos

<u>Direito-prerrogativa do cidadão</u> em candidatar-se a cargo público eletivo e receber votos de seus concidadãos.

a) Para o exercício desta prerrogativa, o cidadão deve preencher as condições de elegibilidade:

I – a nacionalidade brasileira;

II – o pleno exercício dos direitos políticos;

III – o alistamento eleitoral;

IV – o domicílio eleitoral na circunscrição;

V – a filiação partidária;

VI – idades mínimas previstas no art. 14, § 3º, VI, da CF.

b) Não incorrer nas hipóteses de inelegibilidade trazidas pela CF (art. 14, §§ 4º ao 8º, da CF) e Lei Complementar (LC 64/1990).

4. Perda e suspensão dos direitos políticos

A cassação de direitos políticos é expressamente vedada pela CF, como expressão de repulsa à arbitrariedade que reveste o ato (período militar), distante do Estado Democrático de Direito adotado pela CF/1988 (art. 15).

Contudo, é admitida a perda e suspensão dos direitos políticos, que se dará nos seguintes casos:

a) Perda dos direitos políticos: há apenas duas hipóteses em nosso ordenamento (previstos na CF):

a.1) Cancelamento da naturalização por sentença transitada em julgado

Obviamente, esta situação apenas atingirá o brasileiro naturalizado. Para que isto ocorra, o naturalizado deve praticar condutas nocivas aos interesses nacionais e ser condenado por sentença transitada em julgado, declarando a perda da nacionalidade.

Também será declarada a perda da nacionalidade brasileira, e consequentemente a perda dos direitos políticos, ao brasileiro nato que adquirir nova nacionalidade, salvo nos casos de:

(a) Lei estrangeira reconhecer a nacionalidade brasileira (dupla cidadania);

(b) Imposição da naturalização, por lei estrangeira, ao brasileiro residente em Estado estrangeiro, como condição para permanência em seu território ou como condição para o exercício dos direitos civis;

a.2) Recusa de cumprir obrigação alternativa na escusa de consciência

A escusa de consciência é prerrogativa do cidadão para se eximir de uma obrigação a todos imposta, alegando motivos políticos, filosóficos ou religiosos, cumprindo, no entanto, obrigação alternativa.

O não cumprimento da obrigação alternativa resulta na perda dos direitos políticos.

Se a obrigação for cumprida posteriormente, deixa de ser caso de perda e passa a ser de suspensão dos direitos políticos.

As razões devem ser exclusivamente de cunho político, filosófico ou religioso e não pode ser alegado em caso de guerra declarada, estado de defesa e estado de sítio.

b) Suspensão dos direitos políticos

b.1) Incapacidade civil absoluta:

São absolutamente incapazes os menores de 16 anos, aqueles que por enfermidade ou deficiência mental não tenham o necessário discernimento para a prática dos atos da vida civil, os que, mesmo por causa transitória, não possam exprimir sua vontade (interdição suspende os direitos políticos).

O juiz cível que decretar a interdição deverá comunicar o fato ao juiz eleitoral ou ao TRE.

Retomada a capacidade de exercício (discernimento aos atos da vida civil), os direitos políticos serão restabelecidos.

b.2) Condenação criminal transitada em julgado

A condenação criminal transitada em julgado determina a suspensão dos direitos políticos enquanto perdurarem seus efeitos (da condenação).

IMPORTANTE 1:

A suspensão de direitos políticos decorrente de condenação criminal transitada em julgado implica a perda automática de mandato eletivo?

a) Deputado Estadual (art. 27, § 1º) / Distrital (art. 32, § 3º) / Federal e Senador (art. 55, VI, § 2º): a perda dos respectivos mandatos será decidida pelas respectivas Casas, por voto secreto e de maioria absoluta, mediante provocação da Mesa ou partido político representado no Congresso Nacional (indicações dos dispositivos contidos na CF/1988).

b) Presidente da República, Governadores, Prefeitos e Vereadores: Não existem regras excepcionais como as aludidas nos art. 27, § 1º; art. 32, § 3º e art. 55, VI, § 2º, todos da CF.

Quanto a estes cargos, o trânsito em julgado da condenação criminal implica a suspensão de direitos políticos e perda de mandato.

IMPORTANTE 2:

Suspensão dos Direitos Políticos na Transação Penal:

Na **transação penal** (art. 76 da Lei 9.099/1995), não haverá suspensão dos direitos políticos, uma vez que a proposta transacional é feita antes da denúncia. A aceitação e homologação não gera reincidência, o registro é feito apenas para impedir nova concessão do benefício no lapso de 5 anos.

A homologação judicial da transação não significa condenação criminal. Se não há condenação criminal, não há suspensão dos direitos políticos.

IMPORTANTE 3:

Suspensão dos Direitos Políticos na *sursis processual* e *sursis penal*.

Na *sursis* **processual** (art. 89 da Lei 9.099/1995) susta-se o curso do processo (o MP propõe ao oferecer denúncia). Caso o prazo da suspensão processual venha a expirar sem qualquer revogação, deve ser decretada a extinção do processo.

O beneficiário da *sursis* processual não tem seus direitos políticos suspensos, vez que não há condenação criminal transitada em julgado.

Se houver revogação, o processo terá seu curso normal podendo ou não haver condenação criminal.

Na *sursis* **penal** (art. 77 do Código Penal) susta-se a execução da pena. Caso o prazo da suspensão venha a se expirar sem qualquer revogação, deve ser decretada a extinção da pena e consequentemente a suspensão dos direitos políticos.

O beneficiário da *sursis* penal tem seus direitos políticos suspensos, uma vez que ainda não cessaram os efeitos condenatórios da sentença criminal.

IMPORTANTE 4:

1. "Preso pode votar?":

a) Presos provisórios: Podem se alistar e votar desde que haja a montagem de uma estrutura eleitoral no sistema carcerário e não ocasione transtornos à segurança prisional;

b) Presos que cumpram pena por sentença transitada em julgado: Não, pois possuem seus direitos políticos suspensos (art. 15, III, da CF e Resolução TSE 23.219).

2. "E o menor de idade em unidade de internação?"

– Sim, como dispõe a Resolução TSE 23.219;

– Não há **condenação criminal** transitada em julgado;

– Menor comete ato infracional.

a.3) Improbidade Administrativa

O art. 37 da CF elenca os princípios da Administração Pública: Legalidade, Impessoalidade, Moralidade, Publicidade e Eficiência (LIMPE).

Improbidade administrativa são atos despidos de boa-fé, honestidade e lealdade cometidos por agentes públicos em detrimento do ente estatal.

Dispõe o art. 37, § 4º, da CF: "Os atos de improbidade administrativa importarão a suspensão dos direitos políticos, a perda da função pública, a indisponibilidade dos bens e o ressarcimento ao erário, na forma e gradação previstas em lei, sem prejuízo da ação penal cabível".

A regulamentação trazida pela Lei 8.429/1992 (Lei da Improbidade Administrativa) disciplina 3 espécies de atos de improbidade, respectivamente nos arts. 9º, 10 e 11 da referida Lei:

a) os que importam enriquecimento ilícito;

b) os que causam lesão ao patrimônio público;

c) os que atentam contra os princípios da Administração Pública (LIMPE).

INELEGIBILIDADES

1. Conceito

Impossibilidade de o cidadão exercer seus direitos políticos passivos ou negativos (exercer cargo público) em razão de circunstâncias impeditivas elencadas na CF e LC 64/1990.

As hipóteses de inelegibilidade previstas na **LC 64/1990** visam proteger a **probidade administrativa**, a **moralidade** no exercício do mandato, considerando a **vida pregressa do candidato** e a **normalidade das eleições** contra a **influência do poder econômico** ou o **abuso do exercício de função ou emprego** na administração direta ou indireta (art. 14, § 9º, da CF).

Podem ser absolutas ou relativas:

a) Absolutas: impedimento eleitoral para qualquer cargo eletivo, independentemente da circunscrição em que ocorra a eleição (inalistáveis, analfabetos, por exemplo);

b) Relativas: obstáculo à elegibilidade apenas para alguns cargos ou ante a presença de determinadas circunstâncias (cônjuge de chefe do executivo municipal, inelegível a cargos eletivos municipais, por exemplo).

2. Inelegibilidades Constitucionais:

São hipóteses previstas pela CF/1988 (art. 14, §§ 4º ao 7º):

"§ 4º São inelegíveis os **inalistáveis** e os **analfabetos**."

a) Inalistáveis: o art. 14, § 2º, da CF dispõe que são inalistáveis os **estrangeiros** e, durante o período do serviço militar obrigatório, os <u>conscritos</u>. Pode-se ainda considerar INALISTÁVEL <u>os que tiveram seus direitos políticos perdidos ou suspensos</u>.

O inalistável não preenche todas as condições de elegibilidade (art. 14, § 3º, III, da CF), sendo **naturalmente inelegível.**

Estrangeiros: não possuem nacionalidade brasileira. Não possuem direitos políticos (ativos e passivos). Lembrar a exceção prevista pelo Tratado da Amizade (Decreto 3.927/2001);

Conscritos: trata-se de uma restrição provisória, pois atinge apenas o período obrigatório de serviços. O conscrito alistado não terá anulada sua inscrição já realizada, mas irá suspendê-la até o término do serviço obrigatório.

IMPORTANTE:

Conscritos são, em regra, os brasileiros do sexo masculino (o alistamento para o serviço militar é obrigatório a todos os brasileiros do sexo masculino que completam 18 anos de idade. Vide art. 143 da Constituição Federal e art. 5º da Lei 4.375, de 17 de agosto de 1964) e alistados obrigatoriamente junto às forças armadas (Aeronáutica, Marinha ou Exército).

Incluem-se no conceito:

– Aqueles que estiverem prestando serviço alternativo;

– Profissionais de saúde (médicos, dentistas, farmacêuticos e veterinários) que estejam a prestar o serviço militar obrigatório após o encerramento da faculdade (art. 7.º da Lei 5.292, de 08.06.1967);

– Resolução TSE 15.850/1989 – aqueles que estiverem matriculados em órgãos de formação de reserva (Ex.: CPOR – Centro de Preparação de Oficiais da Reserva).

b) Analfabetos (art. 14, § 4º, da CF): não há um critério unânime para se determinar o conceito legal de "analfabeto".

São considerados analfabetos aqueles que não dominam a escrita e a compreensão de textos, ainda que singelos, em seu próprio idioma.

– De outro lado, o domínio em algum grau justifica o status de alfabetizado ou semialfabetizado.

– Para fins eleitorais, pouca instrução não pode ser considerado analfabetismo;

– Alguns juízes fazem ditados para aferir se o candidato é alfabetizado ou não, porém não há respaldo jurídico para este método, sendo inclusive combatido por violar o princípio da dignidade da pessoa humana (REsp 21707/PB, rel. Humberto Gomes de Barros).

*Posicionamentos do TSE:

Considera-se analfabeto, então inelegível, o candidato que:

I) Não demonstre habilidades mínimas (leitura e escrita) (REsp 13.180/1996);

II) É incapaz de esboçar sinais gráficos compreensíveis (REsp 12.804/1992);

III) Não mostre aptidão para leitura (REsp 12.952/1992);

IV) Não tenha êxito na prova a que se submeteu, mesmo já tendo exercido a vereança (REsp 21.958/2004).

IMPORTANTE:

*Os analfabetos possuem direitos políticos?

Resposta: Sim! O art. 14, § 1º, II, "a", da Constituição Federal dispõe que o alistamento e voto **são facultativos** aos analfabetos; é um **direito-prerrogativa** (lembrando que para os alistáveis, trata-se de um direito-dever);

-No entanto, é importante lembrar que **os analfabetos não podem exercer seus direitos políticos passivos** (não podem ser votados), conforme hipótese de inelegibilidade constitucional do art. 14, § 4º, da Constituição Federal;

OBSERVAÇÃO: A condição de **analfabeto** é, logicamente, provisória, uma vez que o indivíduo pode vir a ser alfabetizado, afastando a hipóteses de inelegibilidade;

c) Motivos funcionais (art. 14, §§ 5º e 6º, da CF):

Alteração introduzida pela EC 16/1997 que veio prever a possibilidade de reeleição dos chefes do Executivo.

Fixa-se hipótese de inelegibilidade aos chefes de Executivo para um terceiro mandato sucessivo, relativamente ao mesmo cargo.

Dispõe o art. 14, § 5º, da CF: "O Presidente da República, os Governadores de Estado e do Distrito Federal, os Prefeitos e quem os houver sucedido, ou substituído no curso dos mandatos poderão ser reeleitos para um único período subsequente".

Prevê o art. 14, § 6º, da CF: "Para concorrerem a **outros cargos**, o Presidente da República, os Governadores de Estado e do Distrito Federal e os Prefeitos devem renunciar aos respectivos mandatos até seis meses antes do pleito."

RELEMBRANDO 1:

Os chefes do Executivo, **para concorrerem a outros cargos**, devem renunciar aos seus mandatos até 6 meses antes do pleito.

Os chefes do Executivo, **concorrendo à reeleição (mesmo cargo)**, não precisam renunciar aos seus mandatos por **falta de previsão legal**, muito embora seja incoerência lógica se tutelar a lisura das eleições, uma vez que a previsão de desincompatibilização até 6 meses anteriores ao pleito intenta evitar o abuso do poder em razão de função frente à chefia do executivo.

RELEMBRANDO 2:

Titular e Vice são cargos diferentes, no entanto, quem ocupar o cargo de titular por 2 mandatos consecutivos, fica impedido de candidatar-se a vice, consecutivamente, pois haveria a possibilidade de se tornar titular nas hipóteses de substituição (caráter temporário, ex: titular em viagem, enfermo etc.) e sucessão (caráter definitivo, ex: morte do titular).

RELEMBRANDO 3:

Quem ocupar o cargo de Vice por 2 mandatos consecutivos poderá candidatar-se a Titular numa terceira eleição consecutiva, **desde que** não tenha substituído o titular nos 6 meses anteriores ao pleito.

d) Inelegibilidade reflexa (art. 14, § 7º, da CF):

São inelegíveis, no território de jurisdição do titular, o cônjuge e os parentes consanguíneos ou afins, até o segundo grau ou por adoção, do Presidente da República, de Governador de Estado ou Território, do Distrito Federal, de Prefeito **(Chefes Executivo)** ou de quem os haja substituído dentro dos seis meses anteriores ao pleito, salvo se já titular de mandato eletivo e candidato à reeleição.

Conhecendo em detalhes:

d.1) Cônjuge e companheiros (união estável):

Compreende-se por cônjuge também o companheiro/convivente na constância da união estável.

União estável deve ser registrada ou reconhecida judicialmente.

IMPORTANTE:

O **STF** posicionou-se a favor do reconhecimento da união estável entre casais de mesmo sexo. Na mesma esteira, o **CNJ** publicou a **Resolução 175/2013**, dispondo sobre o processo de habilitação e casamento entre casais de mesmo sexo.

Deste modo, reconhecido o vínculo entre pessoas do mesmo sexo, indubitável o reflexo quanto à **inelegibilidade reflexa** para cônjuges ou companheiros (união estável), **independentemente da orientação sexual do casal**;

d.2) Parentes consanguíneos e afins ou por adoção até o 2º Grau:

– Parentes consanguíneos até o 2º Grau: Avós, pais, irmãos, filhos (não havendo distinção entre adotivos e não adotivos) e netos;

– Parentes por afinidade até o 2º Grau: Sogro, sogra, sogro-avô, sogra-avó, genro, nora, genro-neto, nora-neta, cunhado e cunhada.

3. Inelegibilidade dos Militares

A Constituição Federal permite que o militar candidate-se a cargos públicos. Há soluções diferentes a depender do tempo de carreira:

a) menos de 10 anos: Deverá afastar-se da carreira, deixando de integrar os quadros efetivos das Forças Armadas;

b) mais de 10 anos: Será agregado pela autoridade superior. Se eleito, passará, no ato da diplomação, à inatividade (reserva). Se não eleito, retoma-se as atividades originais.

INELEGIBILIDADES INFRACONSTITUCIONAIS

1. Introdução

"*Lei complementar estabelecerá outros casos de inelegibilidade e os prazos de sua cessação, a fim de proteger a probidade administrativa, a moralidade para exercício de mandato considerada vida pregressa do candidato, e a normalidade e legitimidade das eleições contra a influência do poder econômico ou o abuso do exercício de função*, cargo ou emprego na administração direta ou indireta" (art. 14, § 9º, da CF)

A Lei Complementar deve pautar-se basicamente na proteção à **PROBIDADE** administrativa; na **MORALIDADE** para o exercício do mandato eletivo; preservação das eleições contra **INFLUÊNCIA** do **PODER ECONÔMICO** e **ABUSO DE FUNÇÃO, CARGO OU EMPREGO** junto à Administração.

IMPORTANTE 1:

-As **inelegibilidades constitucionais** não precluem, podem ser arguidas tanto na Ação de Impugnação ao Registro de Candidatura (AIRC) quanto no Recurso Contra Expedição de Diploma (RCED).

As **inelegibilidades infraconstitucionais** devem ser arguidas na ocasião do registro de candidatura, sob pena de preclusão (TSE, Ac 3328/MG; REsp 19.985/SP).

IMPORTANTE 2:

a) Inelegibilidade sanção: Em regra, cessa-se no prazo de 8 anos;

b) Inelegibilidade decorrente da situação jurídica do cidadão: esta inelegibilidade perdurará enquanto durar a hipótese que a gerou (os inalistáveis e os analfabetos).

2. Lei Complementar 64/1990

Traz inelegibilidades absolutas e relativas:

a) Absolutas:

– Art. 1º, I, "a" a "q".

b) Relativas:
- Presidente e Vice (art. 1º, II, "a" a "l");
- Governador e Vice (art. 1º, III, "a" e "b");
- Prefeito e Vice (art. 1º, IV, "a", "b" e "c");
- Senador (art. 1º, V, "a" e "b");
- Deputado Federal, Distrital e Estadual (art. 1º, VI);
- Vereador (art. 1º, VII, "a" e "b");

2.1. Inelegibilidades absolutas

São hipóteses de impedimento para qualquer cargo político eletivo (eleições federais, estaduais e municipais).

Poderá resultar no **indeferimento** ou **cancelamento** de registro de candidatura ou **cassação** do diploma.

São legitimados a impugnar:

a) Qualquer candidato;

b) Partido Político;

c) Coligação;

d) Ministério Público.

RELEMBRANDO:

São inúmeras as hipóteses de inelegibilidade trazidas pela LC 64/1990, sendo **imprescindível** a leitura do seu art. 1º.

A partir da divisão inelegibilidades absolutas e relativas, faremos uma análise geral das hipóteses, de maneira organizada e na mesma sequência trazida pela Lei.

a) Perda de mandato legislativo (art. 1º, I, "b")

b) Perda de mandato Executivo (art. 1º, I, "c")

c) Renúncia a mandato eletivo (art. 1º, I, "k")

Nessas situações, o ocupante do respectivo cargo que vier a perder seu mandato por infringência a dispositivo da Constituição Federal (art. 55, I e II, aos membros do Congresso Nacional), Constituições Estaduais e Lei Orgânica será inelegível até o remanescente do fim de sua legislatura e nos 8 anos seguintes ao término do período para que tenham sido eleitos.

Também terá a mesma sanção aquele que simplesmente renunciar a mandato após o oferecimento de representação ou petição que tenha aptidão para instaurar processo (evitar que o indivíduo "fuja da inelegibilidade"). A alínea "k" foi inserida pela LC 135/2010 – Lei da Ficha Limpa.

d) Abuso de poder econômico e político (art. 1º, I, "d")

e) Abuso de poder político (art. 1º, I, "h")

Nesses casos são considerados inelegíveis aqueles cidadãos comuns e os detentores de cargos na administração pública (direta, indireta ou fundação) que tenham representação julgada procedente (transitada em julgado) por abuso de poder econômico ou político;

No caso do detentor de cargo na administração, o benefício poderá ser próprio ou em favor de terceiro. A inelegibilidade será por 8 anos.

f) Abuso de poder: Corrupção eleitoral, captação ilícita de sufrágio, captação ou gasto ilícito de recursos em campanha, conduta vedada a agente público (art. 1º, I, "j")

No mesmo sentido, aqueles condenados por corrupção eleitoral, captação ilícita de sufrágio, doação/captação/gastos ilícitos de recursos de campanha ou por conduta vedada a agente público em campanhas eleitorais, **desde que** impliquem em cassação de registro ou diploma.

g) Condenação criminal (art. 1º, I, "e")

Com a condenação criminal, transitada em julgado, o indivíduo tem seus direitos políticos suspensos até que cessem os efeitos da condenação.

Esta hipótese prevê ainda a inelegibilidade por 8 anos, a contar da cessação dos efeitos da condenação.

O dispositivo elenca especificamente os delitos que, se o indivíduo for condenado em sentença transitada em julgado, será considerado inelegível.

h) Rejeição de contas (art. 1º, I, "g")

Essa hipótese considera inelegível quem tiver suas contas relativas ao exercício de cargos ou funções públicas rejeitadas por irregularidade insanável por ato doloso de improbidade administrativa, por decisão irrecorrível do órgão competente (Poder Legislativo e Tribunal de Contas), salvo se a decisão for suspensa por determinação judicial. A inelegibilidade será por 8 anos.

i) Cargo ou função em instituição financeira em liquidação judicial/extrajudicial (art. 1º, I, "i")

São considerados inelegíveis aqueles que tenham exercido cargo ou função de direção, administração ou representação em instituições que estejam em liquidação judicial ou extrajudicial, nos 12 meses anteriores à decretação de liquidação.

A inelegibilidade cessará com a exoneração de responsabilidade.

j) Improbidade Administrativa (art. 1º, I, "l")

Serão inelegíveis aqueles condenados à suspensão dos direitos políticos, em decisão transitada em julgada ou por órgão colegiado, por improbidade administrativa.

O prazo de inelegibilidade de 8 anos se inicia **após o cumprimento da pena** de suspensão dos direitos políticos.

k) Exclusão do exercício profissional (art. 1º, I, "m")

É inelegível aquele que fora excluído do exercício de sua profissão por decisão do órgão profissional competente.

l) Simulação conjugal (art. 1º, I, "n")

É inelegível aquele que for condenado, após transito em julgado, por simular desfazer vínculo conjugal (casamento ou união estável) a fim de afastar caracterização de inelegibilidade.

m) Demissão do serviço público (art. 1º, I, "o")

É inelegível aquele demitido do serviço público em decorrência de processo administrativo ou judicial.

n) Doação ilegal (art. 1º, I, "p")

É inelegível pessoa física ou dirigente de pessoa jurídica que tenha feito doação eleitoral ilegal, após decisão transitada em julgado. A inelegibilidade será de 8 anos para estes casos.

o) Aposentadoria compulsória e perda de cargo: Magistrados e Membros do MP (art. 1º, I, "q")

Será inelegível o magistrado ou membro do MP que tenha perdido seu cargo por sentença, aposentado compulsoriamente ou se exonerado/aposentado na pendência de processo disciplinar. O prazo de inelegibilidade será de 8 anos.

2.2. Inelegibilidades relativas

a) Para Presidente e Vice Presidente da República

É necessário a desincompatibilização de agentes públicos e membros de certas categorias que intentem candidatar-se aos cargos de Presidente e Vice da República (v. art. 1º, II).

b) Demais cargos: Governador e Vice; Prefeito e Vice; Senado; Câmara e Assembleias; Câmaras Municipais

Aplicam-se, no que couber, as regras para o cargo de Presidente e Vice Presidente da República, por identidade de situações (art. 1º, III a VII).

c) Casos específicos

A LC 64/1990 enumera ainda casos específicos onde é necessário a descompatibilização a depender do cargo a que se pretende. Abaixo os 3 principais:

Magistrados: Afastamento definitivo (exoneração ou aposentadoria) 6 meses antes do pleito;

Membro do MP: Ingressantes na carreira antes da EC 45/2004 não necessitam afastar-se definitivamente. Ingressantes na carreira após a referida EC deverão afastar-se definitivamente.

3. Arguição de inelegibilidade

Competência absoluta da Justiça Eleitoral em suas 3 instâncias, a ser definida pelo tipo de eleição.

As arguições dar-se-ão das seguintes formas:

– **Inelegibilidade infraconstitucional**: Ação de Impugnação de Registro de Candidatura – AIRC (prazo preclusivo), podendo resultar em negação ou cassação do registro do candidato;

– **Inelegibilidade constitucional:** Recurso Contra Expedição do Diploma – RCED, podendo resultar na cassação do diploma ou perda de mandato eletivo.

2.5. JURISPRUDÊNCIA CLASSIFICADA

"Prefeito itinerante" e princípio republicano – 1
O Plenário iniciou julgamento de agravo regimental interposto de decisão indeferitória de medida liminar em ação cautelar, na qual se pretende atribuição de efeito suspensivo a recurso extraordinário em que se discute **a possibilidade, ou não, de candidatura ao cargo de Prefeito em Município diverso, após o exercício de 2 mandatos em municipalidade contígua.** Na origem, pretende-se a recondução ao cargo de Prefeito, para o qual fora eleito em 2004, e posteriormente reeleito em 2008. Ocorre que o ora **agravante já exercera o cargo de Prefeito, por 2 mandatos, em Município contíguo, nos anos de 1997 a 2004, razão pela qual se determinara a cassação do atual diploma**. Afirma, em síntese, que a **inelegibilidade deve se restringir ao âmbito do Município em que exercido o cargo de Prefeito, e não a qualquer outro**. Alega, ademais, violação à garantia da coisa julgada, pois o primeiro mandato no Município contíguo fora exercido normalmente, visto que a Justiça Eleitoral decidira pela validade de sua candidatura e, desse modo, seu novo posicionamento jurisprudencial, firmado em 2008, a reputar que o § 5º do art. 14 da CF **("§ 5º O Presidente da República, os Governadores de Estado e do Distrito Federal, os Prefeitos e quem os houver sucedido, ou substituído no curso dos mandatos poderão ser reeleitos para um único período subsequente") impediria reeleição para o cargo de Prefeito, por mais de uma vez, para quaisquer outros Municípios, não poderia ser aplicado à situação dos autos.** AC 2821 MC-AgR/AM, rel. Min. Luiz Fux, 25.08.2011. (AC-2821) **(g.n)**

"Prefeito itinerante" e princípio republicano – 2
O Min. Luiz Fux, relator, desproveu o agravo, para confirmar o indeferimento da medida liminar. **Aduziu que, de acordo com a interpretação do art. 14, § 5º, da CF, à luz do princípio republicano (CF, art. 1º, *caput*), não seria permitida a reeleição do requerente ao cargo de Chefe do Poder Executivo municipal, pois o novo Município teria surgido, em 1988, como desmembramento do primeiro, onde já exercido o mesmo cargo em 2 gestões**. Dessa forma, assinalou estar presente a figura do **"Prefeito itinerante", caracterizada pela alteração do domicílio eleitoral com a finalidade de burla à regra constitucional que tolera a reeleição por uma única vez**. Ademais, afirmou que a assertiva relativa à segurança jurídica não mereceria acolhida, visto que o preenchimento de requisitos para candidatura em determinado pleito não teria o condão de assegurar, *ad infinitum*, suposto direito adquirido à elegibilidade em eleições futuras. Após, pediu vista o Min. Gilmar Mendes. AC 2821 MC-AgR/AM, rel. Min. Luiz Fux, 25.08.2011. (AC-2821) **(g.n)**

"Prefeito itinerante" e princípio republicano – 3
Em conclusão, o Plenário julgou prejudicado agravo regimental interposto de decisão indeferitória de medida liminar em ação cautelar, na qual se pretendia atribuir efeito suspensivo a recurso extraordinário em que se discute a possibilidade, ou não, de candidatura ao cargo de Prefeito em Município diverso, após o exercício de dois mandatos em municipalidade contígua. Na origem, o ora agravante pretendia sua recondução ao cargo de Prefeito, para o qual fora eleito em 2004, e posteriormente reeleito em 2008. **Ocorre que ele já exercera o cargo de Prefeito, por dois mandatos, em município contíguo, nos anos de 1997 a 2004, razão pela qual se determinara a cassação do atual diploma** – v. Informativo 637. Registrou-se o prejuízo da cautelar em virtude do término do mandato eletivo em análise. AC 2821 MC-AgR/AM, rel. Min. Luiz Fux, 29.05.2013. (AC-2821) (Inform. STF 708) **(g.n)**

Recurso extraordinário. Repercussão geral. Reeleição. Prefeito. Interpretação do art. 14, § 5º, da Constituição. Mudança da jurisprudência em matéria eleitoral. Segurança jurídica.
I. Reeleição. Municípios. Interpretação do art. 14, § 5º, da Constituição. Prefeito. Proibição de terceira eleição em cargo da mesma natureza, ainda que em município diverso. O instituto da reeleição tem fundamento não somente no postulado da continuidade administrativa, mas também no princípio republicano, que impede a perpetuação de uma mesma pessoa ou grupo no poder. O princípio republicano condiciona a interpretação e a aplicação do próprio comando da norma constitucional, de modo que a reeleição é permitida por apenas uma única vez. Esse princípio impede a terceira eleição não apenas no mesmo município, mas em relação a qualquer outro município da federação. Entendimento contrário tornaria possível a figura do denominado "prefeito itinerante" ou do "prefeito profissional", o que claramente é incompatível com esse princípio, que também traduz um postulado de temporariedade/alternância do exercício do poder. **Portanto, ambos os princípios – continuidade administrativa e republicanismo – condicionam a interpretação e a aplicação teleológicas do art. 14, § 5º, da Constituição. O cidadão que exerce dois mandatos consecutivos como prefeito de determinado município fica inelegível para o cargo da mesma natureza em qualquer outro município da federação.**

II. Mudança da jurisprudência em matéria eleitoral. Segurança jurídica. Anterioridade eleitoral. Necessidade de ajuste dos efeitos da decisão. **Mudanças radicais na interpretação da Constituição devem ser acompanhadas da devida e cuidadosa reflexão sobre** suas consequências, tendo em vista o postulado da segurança jurídica. Não só a Corte Constitucional, mas também o Tribunal que exerce o papel de órgão de cúpula da Justiça Eleitoral devem adotar tais cautelas por ocasião das chamadas viragens jurisprudenciais na interpretação dos preceitos constitucionais que dizem respeito aos direitos políticos e ao processo eleitoral. Não se pode deixar de considerar o peculiar caráter normativo dos atos judiciais emanados do Tribunal Superior Eleitoral, que regem todo o processo eleitoral. Mudanças na jurisprudência eleitoral, portanto, têm efeitos normativos diretos sobre os pleitos eleitorais, com sérias repercussões sobre os direitos fundamentais dos cidadãos (eleitores e candidatos) e partidos políticos. No âmbito eleitoral, a segurança jurídica assume a sua face de princípio da confiança para proteger a estabilização das expectativas de todos aqueles que de alguma forma participam dos prélios eleitorais. **A importância fundamental do princípio da segurança jurídica para o regular transcurso dos processos eleitorais está plasmada no princípio da anterioridade eleitoral positivado no art. 16 da Constituição. O Supremo Tribunal Federal fixou a interpretação desse artigo 16, entendendo-o como uma garantia constitucional (1) do devido processo legal eleitoral, (2) da igualdade de chances e (3) das minorias (RE 633.703).** Em razão do caráter especialmente peculiar dos atos judiciais emanados do Tribunal Superior Eleitoral, os quais regem normativamente todo o processo eleitoral, é razoável concluir que a Constituição também alberga uma norma, ainda que implícita, que traduz o postulado da segurança jurídica como princípio da anterioridade ou anualidade em relação à alteração da jurisprudência do TSE. Assim, as decisões do Tribunal Superior Eleitoral que, no curso do pleito eleitoral (ou logo após o seu encerramento), impliquem mudança de jurisprudência (e dessa forma repercutam sobre a segurança jurídica), não têm aplicabilidade imediata ao caso concreto e somente terão eficácia sobre outros casos no pleito eleitoral posterior.

III. Repercussão geral. **Reconhecida a repercussão geral das questões constitucionais atinentes à (1) elegibilidade para o cargo de Prefeito de cidadão que já exerceu dois mandatos consecutivos em cargo da mesma natureza em Município diverso (interpretação do art. 14, § 5º, da Constituição) e (2) retroatividade ou aplicabilidade imediata no curso do período eleitoral da decisão do Tribunal Superior Eleitoral que implica mudança de sua jurisprudência, de modo a permitir aos Tribunais a adoção dos procedimentos relacionados ao exercício de retratação ou declaração de inadmissibilidade dos recursos repetitivos, sempre que as decisões recorridas contrariarem ou se pautarem pela orientação ora firmada.**

IV. Efeitos do provimento do recurso extraordinário. Recurso extraordinário provido para: (1) resolver o caso concreto no sentido de que a decisão do TSE no REsp 41.980-06, apesar de ter entendido corretamente que é inelegível para o cargo de Prefeito o cidadão que exerceu por dois mandatos consecutivos cargo de mesma natureza em Município diverso, não pode incidir sobre o diploma regularmente concedido ao recorrente, vencedor das eleições de 2008 para Prefeito do Município de Valença-RJ; (2) deixar assentados, sob o regime da repercussão geral, os seguintes entendimentos: (2.1) o art. 14, § 5º, da Constituição, deve ser interpretado no sentido de que a proibição da segunda reeleição é absoluta e torna inelegível para determinado cargo de Chefe do Poder Executivo o cidadão que já exerceu dois mandatos consecutivos (reeleito uma única vez) em cargo da mesma natureza, ainda que em ente da federação diverso; (2.2) as decisões do Tribunal Superior Eleitoral que, no curso do pleito eleitoral ou logo após o seu encerramento, impliquem mudança de jurisprudência, não têm aplicabilidade imediata ao caso concreto e somente terão eficácia sobre outros casos no pleito eleitoral posterior. RE 637.485-RJ, rel. Min. Gilmar Mendes (Inform. STF 707) **(g.n)**

Ação cautelar e efeito suspensivo a RE não interposto
Em face da relevância e urgência da questão, a 2ª Turma negou provimento a agravo regimental interposto de decisão deferitória de medida liminar em ação cautelar, na qual atribuído efeito suspensivo a acórdão do TSE que indeferira o registro de candidatura da agravada, sem que recurso extraordinário tivesse sido interposto. **A questão constitucional discutida nos autos consistiria em saber se o § 7º do art. 14 da CF ("§ 7º São inelegíveis, no território de jurisdição do titular, o cônjuge e os parentes consanguíneos ou afins, até o segundo grau ou por adoção, do Presidente da República, de Governador de Estado ou Território, do Distrito Federal, de Prefeito ou de quem os haja substituído dentro dos seis meses anteriores ao pleito, salvo se já titular de mandato eletivo e candidato à reeleição") alcançaria, ou não, o cônjuge supérstite quando o falecimento tivesse ocorrido no curso do mandato, com regular sucessão do vice-prefeito.** Na espécie, a requerente, prefeita eleita em 2008 e reeleita em 2012, fora afastada de seu mandato em 2013, pelo TSE, em face de impugnação de coligação partidária adversária, ora agravante. Posteriormente, fora ela mantida no cargo em face de liminar na presente ação. Neste recurso, a agravante alega que: a) não seria admissível a cautelar, nos termos dos Enunciados 634 e 635 da Súmula da Corte, porquanto proposta antes da interposição do recurso extraordinário; e b) não haveria plausibilidade do direito arguido na ação cautelar, porque em confronto com os termos da Súmula Vinculante 18. Reconheceu-se risco de dano irreparável e plausibilidade do direito invocado pela prefeita. Asseverou-se que a cassação da liminar, neste momento, resultaria indesejável alternância na chefia do Poder Executivo municipal, com graves prejuí-

zos à segurança jurídica, à paz social e à prestação de serviços públicos essenciais. Pontuou-se **que a morte do detentor do mandato, no curso deste, tornaria distinta a situação em análise daquelas que levaram o TSE e o STF a firmar jurisprudência no sentido de que a dissolução da sociedade ou do vínculo conjugal não afastaria a inelegibilidade do cônjuge**. Observou-se que a circunstância descrita nos autos não se enquadraria no teor da Súmula Vinculante 18, uma vez que o referido verbete teria cuidado da dissolução da sociedade conjugal por separação de fato, para fins de vedar ao cônjuge a possibilidade de burlar e fraudar o dispositivo constitucional da inelegibilidade, por meio de separações fictícias que garantissem um terceiro mandato inconstitucional. Registrou-se, ademais, ser distinta a dissolução do vínculo conjugal por morte, matéria não tratada na Súmula Vinculante 18. Por fim, realçou-se que a prefeita constituíra novo núcleo familiar. AC 3298 AgR/PB, rel. Min. Teori Zavascki, 24.04.2013. (AC-3298) (Inform. STF 703) **(g.n)**

Lei da "Ficha Limpa" e hipóteses de inelegibilidade – 1
O Plenário iniciou julgamento conjunto de 2 ações declaratórias de constitucionalidade e de ação direta de inconstitucionalidade nas quais se aprecia a denominada **Lei da "Ficha Limpa"**. As 2 primeiras ações foram ajuizadas uma pelo Partido Popular Socialista – PPS e outra pelo Conselho Federal da Ordem dos Advogados do Brasil, tendo por objeto a integralidade da LC 135/2010 – que alterou a LC 64/1990, para instituir hipóteses de inelegibilidade – e a última, proposta pela Confederação Nacional das Profissões Liberais – CNPL em face do art. 1º, I, "m", do mesmo diploma ["Art. 1º São inelegíveis: I – para qualquer cargo: ... m) os que forem excluídos do exercício da profissão, por decisão sancionatória do órgão profissional competente, em decorrência de infração ético-profissional, pelo prazo de 8 (oito) anos, salvo se o ato houver sido anulado ou suspenso pelo Poder Judiciário"]. O Min. Luiz Fux, relator, conheceu em parte das ações declaratórias e, nessa parte, julgou os pedidos parcialmente procedentes. No que se refere à ação direta, **reputou o pleito improcedente**. ADC 29/DF, rel. Min. Luiz Fux, 09.11.2011. (ADC-29) ADC 30/DF, rel. Min. Luiz Fux, 09.11.2011. (ADC-30) ADI 4578/DF, rel. Min. Luiz Fux, 09.11.2011. (ADC-4578) (Inform. STF 647) **(g.n)**

Lei da "Ficha Limpa" e hipóteses de inelegibilidade – 2
Preliminarmente, conheceu da ação direta, porquanto admitida em julgados da Corte a legitimidade ativa da CNPL. Além disso, salientou a pertinência temática, visto que envolvidos interesses vinculados às finalidades institucionais da requerente. Em seguida, registrou que o Colegiado deveria apreciar se as inelegibilidades introduzidas pela da LC 135/2010 alcançariam atos ou fatos ocorridos antes da edição da lei, bem como se o art. 1º, I, "m", da LC 64/1990 seria constitucional. Contudo, advertiu que **a análise dessas questões demandaria previamente a discussão sobre a constitucionalidade de todas as hipóteses de inelegibilidade, as quais poderiam ser divididas em 5 grupos: 1) condenações judiciais (eleitorais, criminais ou por improbidade administrativa) proferidas por órgão colegiado; 2) rejeição de contas relativas ao exercício do cargo ou função pública; 3) perda de cargo (eletivo ou de provimento efetivo), incluindo-se as aposentadorias compulsórias de magistrados e membros do Ministério Público e, para os militares, a indignidade ou incompatibilidade com o oficialato; 4) renúncia a cargo político eletivo diante da iminência da instauração de processo capaz de ocasionar a perda do cargo; e 5) exclusão do exercício de profissão regulamentada, por decisão do órgão profissional respectivo, por violação de dever ético-profissional**. ADC 29/DF, rel. Min. Luiz Fux, 09.11.2011. (ADC-29) ADC 30/DF, rel. Min. Luiz Fux, 09.11.2011. (ADC-30) ADI 4578/DF, rel. Min. Luiz Fux, 09.11.2011. (ADC-4578) (Inform. STF 647) **(g.n)**

Lei da "Ficha Limpa" e hipóteses de inelegibilidade – 3
Afirmou que a consideração de fatos anteriores, **para fins de aplicação da LC 135/2010, não transgrediria o princípio constitucional da irretroatividade das leis. Distinguiu retroatividade mínima de retrospectividade, ao definir que, nesta, a lei atribuiria novos efeitos jurídicos, a partir de sua edição, a fatos ocorridos anteriormente, ao passo que, naquela, seriam alteradas, por lei, as consequências jurídicas desses fatos.** No ponto, assinalou que a norma adversada configuraria caso de retrospectividade, já admitido na jurisprudência do Supremo. Mencionou que a adequação ao estatuto jurídico eleitoral caracterizaria relação continuativa – que operaria sob a cláusula *rebus sic stantibus* – e não integrante de patrimônio jurídico individual (direito adquirido), de modo a permitir a extensão, para 8 anos, dos prazos de inelegibilidade originariamente previstos. Aduziu que a imposição de novo requisito negativo (inelegibilidade) não se confundiria com agravamento de pena e tampouco com *bis in idem*. Assim, **em virtude da exigência constitucional de moralidade, realçou ser razoável entender-se que um cidadão que se enquadrasse nas situações dispostas na lei questionada não estaria**, *a priori*, **apto a exercer mandato eletivo**. ADC 29/DF, rel. Min. Luiz Fux, 09.11.2011. (ADC-29) ADC 30/DF, rel. Min. Luiz Fux, 09.11.2011. (ADC-30) ADI 4578/DF, rel. Min. Luiz Fux, 09.11.2011. (ADC-4578) (Inform. STF 647) **(g.n)**

Lei da "Ficha Limpa" e hipóteses de inelegibilidade – 4
De igual modo, **repeliu a alegação de que a norma em comento ofenderia a presunção constitucional**

de inocência. **Destacou que o exame desse princípio não deveria ser feito sob enfoque penal e processual penal, mas sim no âmbito eleitoral, em que poderia ser relativizado.** Dessa maneira, propôs a superação de precedentes sobre a matéria, para que se reconhecesse a legitimidade da previsão legal de inelegibilidades decorrentes de condenações não definitivas. **Ao frisar que o legislador fora cuidadoso ao definir os requisitos de inelegibilidade, para que fossem evitadas perseguições políticas, e que a sociedade civil cobraria ética no manejo da coisa pública, sinalizou descompasso entre a jurisprudência e a opinião popular sobre o tema "ficha limpa".** Nesse contexto, considerou que se conceber o art. 5º, LVII, da CF como impeditivo à imposição de inelegibilidade a indivíduos condenados criminalmente por decisões não transitadas em julgado esvaziaria o art. 14, § 9º, da CF, a frustrar o propósito do constituinte reformador de exigir idoneidade moral para o exercício de mandato eletivo. **Afastou eventual invocação ao princípio da vedação do retrocesso, uma vez que inexistiria pressuposto indispensável à sua aplicação, qual seja, sedimentação na consciência jurídica geral a demonstrar que a presunção de inocência estender-se-ia para além da esfera criminal.** Ademais, não haveria que se falar em arbitrariedade na restrição legislativa. ADC 29/DF, rel. Min. Luiz Fux, 09.11.2011. (ADC-29) ADC 30/DF, rel. Min. Luiz Fux, 09.11.2011. (ADC-30) ADI 4578/DF, rel. Min. Luiz Fux, 09.11.2011. (ADC-4578) (Inform. STF 647) **(g.n)**

Lei da "Ficha Limpa" e hipóteses de inelegibilidade – 5
Vislumbrou, também, proporcionalidade nas **hipóteses legais de inelegibilidade**. Reconheceu tanto a adequação da norma (**à consecução dos fins consagrados nos princípios relacionados no art. 14, § 9º, da CF**) quanto a necessidade ou a exigibilidade (pois impostos requisitos qualificados de inelegibilidade a ser declarada por órgão colegiado, não obstante a desnecessidade de decisão judicial com trânsito em julgado). **No que concerne ao sub-princípio da proporcionalidade em sentido estrito, consignou que o sacrifício exigido à liberdade individual de se candidatar a cargo público eletivo não superaria os benefícios socialmente desejados em termos de moralidade e de probidade para o exercício de cargos públicos.** Aludiu que deveriam ser sopesados moralidade e democracia, de um lado, e direitos políticos passivos, de outro. **Evidenciou não haver lesão ao núcleo essencial dos direitos políticos, haja vista que apenas o direito passivo seria restringido, porquanto o cidadão permaneceria em pleno gozo dos seus direitos ativos de participação política.** Reiterou tratar-se de mera validação de ponderação efetuada pelo próprio legislador que, ante a indeterminação jurídica da expressão "vida pregressa", densificaria seu conceito. Nesse aspecto, correto concluir-se por interpretação da Constituição conforme a lei, de modo a prestigiar a solução legislativa para o preenchimento da conceituação de vida pregressa do candidato. ADC 29/DF, rel. Min. Luiz Fux, 09.11.2011. (ADC-29) ADC 30/DF, rel. Min. Luiz Fux, 09.11.2011. (ADC-30) ADI 4578/DF, rel. Min. Luiz Fux, 09.11.2011. (ADC-4578) (Inform. STF 647) **(g.n)**

Lei da "Ficha Limpa" e hipóteses de inelegibilidade – 6
Nesse panorama, asseverou que da leitura das alíneas "e" ["os que forem condenados, em decisão transitada em julgado ou proferida por órgão judicial colegiado, desde a condenação até o transcurso do prazo de 8 (oito) anos após o cumprimento da pena, pelos crimes: ..."] e "l" ["os que forem condenados à suspensão dos direitos políticos, em decisão transitada em julgado ou proferida por órgão judicial colegiado, por ato doloso de improbidade administrativa que importe lesão ao patrimônio público e enriquecimento ilícito, desde a condenação ou o trânsito em julgado até o transcurso do prazo de 8 (oito) anos após o cumprimento da pena"] do inciso I do art. 1º da LC 64/1990, com a redação conferida pela LC 135/2010, poder-se-ia inferir que, **condenado o indivíduo em decisão colegiada recorrível, ele permaneceria inelegível desde então, por todo o tempo de duração do processo criminal e por mais outros 8 anos após o cumprimento da pena. Tendo isso em conta, declarou os referidos dispositivos inconstitucionais, em parte, para, em interpretação conforme a Constituição, admitir a redução, do prazo de 8 anos de inelegibilidades posteriores ao cumprimento da pena, do prazo de inelegibilidade decorrido entre a condenação e o seu trânsito em julgado**. ADC 29/DF, rel. Min. Luiz Fux, 09.11.2011. (ADC-29) ADC 30/DF, rel. Min. Luiz Fux, 09.11.2011. (ADC-30) ADI 4578/DF, rel. Min. Luiz Fux, 09.11.2011. (ADC-4578) (Inform. STF 647) **(g.n)**

Lei da "Ficha Limpa" e hipóteses de inelegibilidade – 7
Por fim, relativamente à alínea "k" do mesmo diploma, observou que a renúncia caracterizaria abuso de direito e que o Direito Eleitoral também deveria instituir norma que o impedisse. Ressurtiu que, no preceito em tela, haveria afronta ao subprincípio da proibição de excesso, porque não se exigiria a instauração de processo de perda ou de cassação de mandato, porém mera representação. Motivo pelo qual assentou a inconstitucionalidade da expressão "o oferecimento de representação ou petição capaz de autorizar", de modo a que fossem inelegíveis o Presidente da República, o governador de Estado e do Distrito Federal, o prefeito, os membros do Congresso Nacional, das Assembleias Legislativas, da Câmara Legislativa, das Câmaras Municipais, que renunciassem a seus mandatos desde a abertura de processo por infringência a

dispositivo da Constituição Federal, da Constituição estadual, da Lei Orgânica do Distrito Federal ou da lei orgânica do município, para as eleições que se realizassem durante o período remanescente do mandato para o qual fossem eleitos e nos 8 anos subsequentes ao término da legislatura. Após, pediu vista o Min. Joaquim Barbosa. ADC 29/DF, rel. Min. Luiz Fux, 09.11.2011. (ADC-29) ADC 30/DF, rel. Min. Luiz Fux, 09.11.2011. (ADC-30) ADI 4578/DF, rel. Min. Luiz Fux, 09.11.2011. (ADC-4578) (Inform. STF 647) **(g.n)**

Lei da "Ficha Limpa" e hipóteses de inelegibilidade – 8
O Plenário retomou julgamento conjunto de duas ações declaratórias de constitucionalidade e de ação direta de inconstitucionalidade nas quais se aprecia a denominada Lei da "Ficha Limpa" – v. Informativo 647. O Min. Joaquim Barbosa, em voto-vista, julgou procedentes os pedidos formulados nas primeiras e improcedente o requerido na última. Preliminarmente, acompanhou o Min. Luiz Fux, relator, quanto ao conhecimento das ações apenas no tocante às causas de inelegibilidade. No mérito, destacou que a **Constituição erigira à condição de critérios absolutos para o exercício de cargos públicos a probidade, a moralidade e a legitimidade das eleições. Nessa linha, reafirmou que a LC 135/2010 seria compatível com a Constituição, em especial com o que disposto no seu art. 14, § 9º** ("Lei complementar estabelecerá outros casos de inelegibilidade e os prazos de sua cessação, a fim de proteger a probidade administrativa, a moralidade para exercício de mandato considerada vida pregressa do candidato, e a normalidade e legitimidade das eleições contra a influência do poder econômico ou o abuso do exercício de função, cargo ou emprego na administração direta ou indireta"), **a formar um todo que poderia ser qualificado como Estatuto da Ética e da Moralidade da Cidadania Política Brasileira.** Relembrou que inelegibilidade não seria pena, razão pela qual incabível incidir o princípio da irretroatividade da lei, notadamente, do postulado da presunção de inocência às hipóteses de inelegibilidade. No ponto, alertou sobre o empréstimo desse princípio à seara eleitoral, em que prevaleceriam outros valores, cuja primazia diria respeito ao eleitor, que não se veria representado por pessoas que ostentariam em seu currículo nódoas como as previstas na lei em comento. ADC 29/DF, rel. Min. Luiz Fux, 01.12.2011. (ADC-29) ADC 30/DF, rel. Min. Luiz Fux, 01.12.2011. (ADC-30) ADI 4578/DF, rel. Min. Luiz Fux, 01.12.2011. (ADI-4578) (Inform. STF 650) **(g.n)**

Lei da "Ficha Limpa" e hipóteses de inelegibilidade – 9
Após breve histórico sobre as inelegibilidades, reputou insustentável tese que afastaria a imposição de inelegibilidades a pessoas que se enquadrariam nas situações da Lei da "Ficha Limpa", quais sejam, as comprovadamente corruptas, ímprobas, que responderam ou que foram condenadas sob o devido processo legal por fatos extremamente graves, que não mais poderiam ser legalmente revistos, revisitados ou revertidos por qualquer tribunal do país. No que concerne à alínea "k" do inciso I do art. 1º, divergiu do relator para assentar a constitucionalidade do dispositivo. **Asseverou que a Constituição já conteria preceito que vedaria a renúncia como burla ao enfrentamento de processo que visasse ou pudesse levar à perda do mandato.** Consignou que não seria simples petição ou requerimento que ocasionaria a renúncia, sendo esta fruto da valoração feita pelo parlamentar acerca dos fatos a ele imputados e de sua decisão livre e autônoma de rejeitar o mandato eletivo. Assim, entendeu que **a lei impugnada não retroagiria para atingir os efeitos da renúncia, que se encontraria perfeita e acabada, mas concederia efeitos futuros a ato ocorrido no passado. Concluiu que essa manobra parlamentar para fugir à elucidação pública mereceria ser incluída entre os atos que manchariam a vida pregressa do candidato.** Por derradeiro, repeliu a alegação de inconstitucionalidade da alínea "m", pleiteada na ADI 4578/DF, ao fundamento de que a condenação por infração ético-profissional demonstraria sua inaptidão para interferência na gestão da coisa pública. Após o reajuste de voto do Min. Luiz Fux para também declarar a constitucionalidade da aludida alínea "k", pediu vista o Min. Dias Toffoli. ADC 29/DF, rel. Min. Luiz Fux, 01.12.2011. (ADC-29) ADC 30/DF, rel. Min. Luiz Fux, 01.12.2011. (ADC-30) ADI 4578/DF, rel. Min. Luiz Fux, 01.12.2011. (ADI-4578) (Inform. STF 650) **(g.n)**

Lei da "Ficha Limpa" e hipóteses de inelegibilidade – 10
A Lei da "Ficha Limpa" é compatível com a Constituição e pode ser aplicada a atos e fatos ocorridos anteriormente à edição da LC 135/2010. Essa a conclusão do Plenário ao julgar procedente pedido formulado em duas ações declaratórias de constitucionalidade e improcedente o em ação direta de inconstitucionalidade, todas por votação majoritária. As primeiras foram ajuizadas pelo Partido Popular Socialista – PPS e pelo Conselho Federal da Ordem dos Advogados do Brasil, tendo por objeto a integralidade da LC 135/2010 – que alterou a LC 64/1990, para instituir hipóteses de inelegibilidade –, e a última, pela Confederação Nacional das Profissões Liberais – CNPL, em face do art. 1º, I, "m", do mesmo diploma ["Art. 1º São inelegíveis: I – para qualquer cargo: ... m) os que forem excluídos do exercício da profissão, por decisão sancionatória do órgão profissional competente, em decorrência de infração ético-profissional, pelo prazo de 8 (oito) anos, salvo se o ato houver sido anulado ou suspenso pelo Poder Judiciário"] – v. Informativos 647 e 650. Preliminarmente, reiterou-se que a análise do Colegiado cingir-se-ia às hipóteses de inelegibilidade

introduzidas pela LC 135/2010. **ADC 29/DF, rel. Min. Luiz Fux, 15 e 16.02.2012. (ADC-29). ADC 30/DF, rel. Min. Luiz Fux, 15 e 16.2.2012. (ADC-30). ADI 4578/DF, rel. Min. Luiz Fux, 15 e 16.2.2012. (ADI-4578)** (Inform. STF 655) **(g.n)**

Lei da "Ficha Limpa" e hipóteses de inelegibilidade – 11
No mérito, ressaltou-se que o diploma normativo em comento representaria significativo avanço democrático com o escopo de viabilizar o banimento da vida pública de pessoas que não atenderiam às exigências de moralidade e probidade, considerada a vida pregressa, em observância ao que disposto no art. 14, § 9º, da CF ("Lei complementar estabelecerá outros casos de inelegibilidade e os prazos de sua cessação, a fim de proteger a probidade administrativa, a moralidade para exercício de mandato considerada vida pregressa do candidato, e a normalidade e legitimidade das eleições contra a influência do poder econômico ou o abuso do exercício de função, cargo ou emprego na administração direta ou indireta"). Enfatizou-se, outrossim, que a norma seria fruto de iniciativa popular, a evidenciar o esforço da população brasileira em trazer norma de aspecto moralizador para a seara política. Não obstante, assinalou-se eventual caráter contramajoritário do Supremo, o qual não estaria vinculado às aspirações populares. ADC 29/DF, rel. Min. Luiz Fux, 15 e 16.02.2012. **(ADC-29). ADC 30/DF, rel. Min. Luiz Fux, 15 e 16.2.2012. (ADC-30). ADI 4578/DF, rel. Min. Luiz Fux, 15 e 16.2.2012. (ADI-4578)** (Inform. STF 655) **(g.n)**

Lei da "Ficha Limpa" e hipóteses de inelegibilidade – 12
Assentou-se que os critérios eleitos pelo legislador complementar estariam em harmonia com a Constituição e que a LC 135/2010 deveria ser apreciada sob a ótica da valorização da moralidade e da probidade no trato da coisa pública, da proteção ao interesse público. Além disso, os dispositivos adversados ostentariam o beneplácito da adequação, da necessidade e da razoabilidade. O Min. Luiz Fux, relator, teceu considerações sobre o princípio da presunção de inocência e repeliu a alegação de que a norma o ofenderia. **Aduziu que o exame desse postulado não deveria ser feito sob enfoque penal e processual penal, e sim no âmbito eleitoral, em que poderia ser relativizado. O Min. Joaquim Barbosa, na assentada anterior, relembrara que inelegibilidade não seria pena, motivo pelo qual incabível a incidência do princípio da irretroatividade da lei, notadamente, da presunção de inocência às hipóteses de inelegibilidade.** A Min. Rosa Weber, após escorço histórico sobre o tema, discorreu que o princípio estaria relacionado à questão probatória no processo penal, a obstar a imposição de restrições aos direitos dos processados antes de um julgamento. Sinalizou, todavia, que a presunção de inocência admitiria exceções por não ser absoluta. Ademais, frisou **que o postulado não seria universalmente compreendido como garantia que perdurasse até o trânsito em julgado e que irradiaria efeitos para outros ramos do direito. No campo eleitoral, especialmente no que se refere à elegibilidade, consignou a prevalência da proteção do público e da coletividade.** Explicitou, ainda, que as inelegibilidades decorreriam de julgamento por órgão colegiado, sem necessidade de trânsito em julgado. Esclareceu, no ponto, que a própria lei complementar teria previsto a possibilidade de correção, por órgão recursal, de eventuais irregularidades na decisão ("Art. 26-C. O órgão colegiado do tribunal ao qual couber a apreciação do recurso contra as decisões colegiadas a que se referem as alíneas "d", "e", "h", "j", "l" e "n" do inciso I do art. 1º poderá, em caráter cautelar, suspender a inelegibilidade sempre que existir plausibilidade da pretensão recursal e desde que a providência tenha sido expressamente requerida, sob pena de preclusão, por ocasião da interposição do recurso"). **ADC 29/DF, rel. Min. Luiz Fux, 15 e 16.02.2012. (ADC-29). ADC 30/DF, rel. Min. Luiz Fux, 15 e 16.2.2012. (ADC-30). ADI 4578/DF, rel. Min. Luiz Fux, 15 e 16.2.2012. (ADI-4578)** (Inform. STF 655) **(g.n)**

Lei da "Ficha Limpa" e hipóteses de inelegibilidade – 13
Na sequência, a **Min. Cármen Lúcia ressurtiu que nos debates da constituinte, adotara-se o princípio da não culpabilidade penal e que, no caso, estar-se-ia em sede de direito eleitoral.** Relativamente à não exigência de trânsito em julgado, o Min. Ricardo Lewandowski rechaçou eventual conflito com o art. 15, III, da CF, ao ponderar que o legislador escolhera por sobrelevar os direitos previstos no art. 14, § 9º, do mesmo diploma. **O Min. Ayres Britto asseverou que a Constituição, na defesa da probidade administrativa, teria criado uma espécie de processo legal eleitoral substantivo, que possuiria dois conteúdos: o princípio da respeitabilidade para a representação da coletividade e o direito que tem o eleitor de escolher candidatos honráveis. Arrematou que a lei complementar seria decorrência da saturação do povo com os maus-tratos infligidos à coisa pública e que as matérias relativas a retroação, corporação, órgão colegiado, presunção de inocência já teriam sido exaustivamente debatidas no Congresso Nacional quando da análise da lei.** O Min. Marco Aurélio, por sua vez, anotou que o conceito alusivo à vida pregressa seria aberto. Aquiesceu ao elastecimento do prazo de inelegibilidade previsto em alíneas da lei vergastada e salientou tratar-se de opção político-normativa – a não implicar inelegibilidade por prazo indeterminado –, a qual não permitiria ao STF atuar como legislador positivo e adotar, impropriamente, a detração. Mencionou, ainda, que esta Corte proclamara não poder haver a execução da pena antes do trânsito em julgado da decisão condenatória e que o

preceito não versaria sobre inelegibilidade. **ADC 29/ DF, rel. Min. Luiz Fux, 15 e 16.02.2012. (ADC-29).** (Inform. STF 655) **(g.n)**

Lei da "Ficha Limpa" e hipóteses de inelegibilidade – 14
Assim, no pertinente à ação declaratória proposta pelo Conselho Federal da Ordem dos Advogados do Brasil (ADC 30/DF), ficaram parcialmente vencidos os Ministros Luiz Fux, Dias Toffoli, Gilmar Mendes, Celso de Mello e Cezar Peluso, Presidente. O relator declarava inconstitucionais, em parte, as alíneas "e" ["os que forem condenados, em decisão transitada em julgado ou proferida por órgão judicial colegiado, desde a condenação até o transcurso do prazo de 8 (oito) anos após o cumprimento da pena, pelos crimes: ..."] e "l" ["os que forem condenados à suspensão dos direitos políticos, em decisão transitada em julgado ou proferida por órgão judicial colegiado, por ato doloso de improbidade administrativa que importe lesão ao patrimônio público e enriquecimento ilícito, desde a condenação ou o trânsito em julgado até o transcurso do prazo de 8 (oito) anos após o cumprimento da pena"] do inciso I do art. 1º da LC 64/1990, **com a redação conferida pela LC 135/2010, para, em interpretação conforme a Constituição, admitir a redução, do prazo de 8 anos de inelegibilidades posteriores ao cumprimento da pena, do prazo de inelegibilidade decorrido entre a condenação e o seu trânsito em julgado (detração). ADC 29/DF, rel. Min. Luiz Fux, 15 e 16.02.2012. (ADC-29). ADC 30/DF, rel. Min. Luiz Fux, 15 e 16.02.2012. (ADC-30). ADI 4578/DF, rel. Min. Luiz Fux, 15 e 16.02.2012. (ADI-4578)** (Inform. STF 655) **(g.n)**

Lei da "Ficha Limpa" e hipóteses de inelegibilidade – 15
O Min. Dias Toffoli, tendo em conta a aplicação do princípio da presunção de inocência às causas de inelegibilidade previstas na LC 135/2010, entendia incompatível com a Constituição vedar a participação no pleito eleitoral de condenados por suposta prática de ilícitos criminais, eleitorais ou administrativos, por órgãos judicantes colegiados, mesmo antes da definitividade do julgado. Razão pela qual declarava a inconstitucionalidade das expressões "ou proferida por órgão colegiado" contidas nas alíneas "d", ["os que tenham contra sua pessoa representação julgada procedente pela Justiça Eleitoral, em decisão transitada em julgado ou proferida por órgão colegiado, em processo de apuração de abuso do poder econômico ou político, para a eleição na qual concorrem ou tenham sido diplomados, bem como para as que se realizarem nos 8 (oito) anos seguintes"], **"e", "h"** ["os detentores de cargo na administração pública direta, indireta ou fundacional, que beneficiarem a si ou a terceiros, pelo abuso do poder econômico ou político, que forem condenados em decisão transitada em julgado ou proferida por órgão judicial colegiado, para a eleição na qual concorrem ou tenham sido diplomados, bem como para as que se realizarem nos 8 (oito) anos seguintes"] e **"l" do inciso I do art. 1º e "ou proferida por órgão colegiado da Justiça Eleitoral" dispostas nas alíneas "j"** ["os que forem condenados, em decisão transitada em julgado ou proferida por órgão colegiado da Justiça Eleitoral, por corrupção eleitoral, por captação ilícita de sufrágio, por doação, captação ou gastos ilícitos de recursos de campanha ou por conduta vedada aos agentes públicos em campanhas eleitorais que impliquem cassação do registro ou do diploma, pelo prazo de 8 (oito) anos a contar da eleição"] e "p" ["a pessoa física e os dirigentes de pessoas jurídicas responsáveis por doações eleitorais tidas por ilegais por decisão transitada em julgado ou proferida por órgão colegiado da Justiça Eleitoral, pelo prazo de 8 (oito) anos após a decisão, observando-se o procedimento previsto no art. 22"] do preceito. Em consequência, enunciava a inconstitucionalidade, por arrastamento: a) do *caput* do art. 15; b) da expressão "independente da apresentação de recurso" inserida no parágrafo único do art. 15; c) dos artigos 26-A e 26-C, *caput* e §§ 1º, 2º e 3º, todos da LC 64/1990, com as alterações promovidas pela LC 135/2010; e d) do art. 3º da LC 135/2010. **ADC 29/ DF, rel. Min. Luiz Fux, 15 e 16.2.2012. (ADC-29). ADC 30/DF, rel. Min. Luiz Fux, 15 e 16.02.2012. (ADC-30). ADI 4578/DF, rel. Min. Luiz Fux, 15 e 16.02.2012. (ADI-4578)** (Inform. STF 655) **(g.n)**

Lei da "Ficha Limpa" e hipóteses de inelegibilidade – 16
Além disso, conferia interpretação conforme as alíneas "m" e "o" ["os que forem demitidos do serviço público em decorrência de processo administrativo ou judicial, pelo prazo de 8 (oito) anos, contado da decisão, salvo se o ato houver sido suspenso ou anulado pelo Poder Judiciário"] do inciso I do art. 1º, I, para esclarecer que a causa de inelegibilidade somente incidiria após a condenação definitiva no âmbito administrativo, de forma que o prazo de inelegibilidade começaria a contar a partir da decisão final administrativa definitiva. Igual solução propugnava quanto à alínea "q" ["os magistrados e os membros do Ministério Público que forem aposentados compulsoriamente por decisão sancionatória, que tenham perdido o cargo por sentença ou que tenham pedido exoneração ou aposentadoria voluntária na pendência de processo administrativo disciplinar, pelo prazo de 8 (oito) anos"], no intuito de que: a) a expressão "por decisão sancionatória" pressupusesse decisão administrativa definitiva e b) o termo "sentença" fosse interpretado como decisão judicial transitada em julgado, consoante o art. 95, I, da CF. **Atribuía interpretação conforme à expressão "aplicando-se o disposto no inciso II do art. 71 da Constituição Federal, a todos os ordenadores de despesa, sem exclusão de mandatários que houverem agido nessa condição", prevista na parte fi-**

nal da alínea "g" ["os que tiverem suas contas relativas ao exercício de cargos ou funções públicas rejeitadas por irregularidade insanável que configure ato doloso de improbidade administrativa, e por decisão irrecorrível do órgão competente, salvo se esta houver sido suspensa ou anulada pelo Poder Judiciário, para as eleições que se realizarem nos 8 (oito) anos seguintes, contados a partir da data da decisão, aplicando-se o disposto no inciso II do art. 71 da Constituição Federal, a todos os ordenadores de despesa, sem exclusão de mandatários que houverem agido nessa condição"], **com o objetivo de explicar que os Chefes do Poder Executivo, ainda quando atuassem como ordenadores de despesas, submeter-se-iam aos termos do art. 71, I, da CF**. Por fim, declarava a inconstitucionalidade da alínea "n" ["os que forem condenados, em decisão transitada em julgado ou proferida por órgão judicial colegiado, em razão de terem desfeito ou simulado desfazer vínculo conjugal ou de união estável para evitar caracterização de inelegibilidade, pelo prazo de 8 (oito) anos após a decisão que reconhecer a fraude"], uma vez que instituíra ilícito autônomo capaz de gerar, por si, espécie de condenação ou hipótese autônoma de inelegibilidade. **ADC 29/DF, rel. Min. Luiz Fux, 15 e 16.02.2012. (ADC-29). ADC 30/DF, rel. Min. Luiz Fux, 15 e 16.02.2012. (ADC-30). ADI 4578/DF, rel. Min. Luiz Fux, 15 e 16.02.2012. (ADI-4578)** (Inform. STF 655) **(g.n)**

Lei da "Ficha Limpa" e hipóteses de inelegibilidade – 17
O Min. Gilmar Mendes, de início, enfatizava o **forte teor simbólico da lei complementar e, no ponto, vislumbrava não ser possível relativizar princípios constitucionais para atender anseios populares. Ressaltava a existência de outros mecanismos postos à disposição dos cidadãos e dos diversos grupos com o fulcro de impedir a candidatura e a consequente eleição de pessoas inaptas, sob o enfoque da probidade administrativa e da moralidade para o exercício do mandato eletivo, a saber: o voto, a escolha de candidatos no âmbito dos partidos políticos e o controle das candidaturas pelos cidadãos eleitores, cidadãos candidatos e partidos. Reprochava a dispensa do trânsito em julgado. Enaltecia que a exigência de coisa julgada para a suspensão de direitos políticos como sanção em ação de probidade não significaria dispensa da probidade administrativa ou da moralidade para o exercício de mandato eletivo**. Todavia, consagraria a segurança jurídica como fundamento estruturante do Estado Democrático de Direito. Em passo seguinte, também dava interpretação conforme a Constituição à parte final da alínea "g", no sentido de que o Chefe do Poder Executivo, ainda quando atuasse como ordenador despesa, sujeitar-se-ia aos termos do art. 71, I, da CF. Quanto à alínea "m", registrava que essa disposição traria restrição grave a direito político essencial a ser praticada por órgãos que não possuiriam competência constitucional para fazê-lo e que operariam segundo uma miríade de regras disciplinares a dificultar fiscalização segura e eficiente por parte do Estado. Relativamente à alínea "o", asseverava que, para que se amoldasse à dogmática constitucional de restrição de direito fundamental, impenderia emprestar interpretação conforme a Constituição ao dispositivo a fim de restringir a pena de inelegibilidade às hipóteses de demissão que guardassem conexão direta com a sanção de improbidade administrativa. Acompanhava o Min. Dias Toffoli no que se referia à alínea "n". No mesmo diapasão, declarava a inconstitucionalidade da expressão "ou proferida por órgão colegiado" inserta nas alíneas "e" e "l", pois necessário o trânsito em julgado, além de caracterizado o excesso do legislador, em ofensa ao princípio da proporcionalidade. Vencido no tópico, acatava a detração sugerida pelo relator. **ADC 29/DF, rel. Min. Luiz Fux, 15 e 16.02.2012. (ADC-29). ADC 30/DF, rel. Min. Luiz Fux, 15 e 16.02.2012. (ADC-30). ADI 4578/DF, rel. Min. Luiz Fux, 15 e 16.02.2012. (ADI-4578)** (Inform. STF 655) **(g.n)**

Lei da "Ficha Limpa" e hipóteses de inelegibilidade – 18
Ao seu turno, o Min. Celso de Mello observava que **a iniciativa popular não poderia legitimar nem justificar a formulação de leis que transgredissem a Constituição e que pudessem implicar, a partir de sua incidência, supressão ou limitação de direitos fundamentais, já que estes compoririam núcleo insuscetível de reforma, até mesmo por efeito de deliberação do Congresso Nacional quando no desempenho de seu poder reformador**. Em seguida, distinguia inelegibilidade inata – resultante diretamente da existência de certas situações, a exemplo das relações de parentesco ou conjugais – da cominada – típica sanção de direito eleitoral que restringiria a capacidade eleitoral passiva de qualquer cidadão, na medida em que o privaria, mesmo que temporariamente, do exercício de um direito fundamental, qual seja, o de participação política. Abordava a questão da presunção de inocência, no sentido de não admitir a possibilidade de que decisão ainda recorrível pudesse gerar inelegibilidade. Confirmava a validade constitucional das alíneas "c", "d", "f", "h", "j", "p" e "q" do inciso I do art. 1º da LC 135/2010. Relativamente à alínea "g", na mesma linha dos votos proferidos pelos Ministros Dias Toffoli e Gilmar Mendes, dava interpretação conforme, de sorte que o inciso II do art. 71 da CF fosse aplicado a todos os ordenadores de despesa, mas elucidava que o Chefe do Executivo, ainda quando atuasse nessa condição de ordenador de despesas, submeter-se-ia ao tribunal de contas e ao Poder Legislativo, nos termos do inciso I da citada norma constitucional. **Acatava a interpretação conforme atribuída pelo Min. Dias Toffoli no que dizia respeito às alíneas m e o, contudo, acrescentava a esta última, consoante**

defendido pelo Min. Gilmar Mendes, a necessidade de que a demissão do serviço público guardasse conexão com atos de improbidade administrativa. Assentava, ainda, a inconstitucionalidade das alíneas "e" e "l". Por derradeiro, vencido na parte referente à presunção de inocência, acolhia a proposta do relator no tocante à detração, bem como sua formulação original quanto à alínea "k" ["o Presidente da República, o Governador de Estado e do Distrito Federal, o Prefeito, os membros do Congresso Nacional, das Assembleias Legislativas, da Câmara Legislativa, das Câmaras Municipais, que renunciarem a seus mandatos desde o oferecimento de representação ou petição capaz de autorizar a abertura de processo por infringência a dispositivo da Constituição Federal, da Constituição Estadual, da Lei Orgânica do Distrito Federal ou da Lei Orgânica do Município, para as eleições que se realizarem durante o período remanescente do mandato para o qual foram eleitos e nos 8 (oito) anos subsequentes ao término da legislatura"] com o fito de que compreendesse somente a renúncia efetivada após a instauração de processo, não em face de mera representação ou de simples denúncia que qualquer cidadão pudesse fazer à Câmara contra o Presidente da República ou deputado. **ADC 29/DF, rel. Min. Luiz Fux, 15 e 16.02.2012. (ADC-29). ADC 30/DF, rel. Min. Luiz Fux, 15 e 16.02.2012. (ADC-30). ADI 4578/DF, rel. Min. Luiz Fux, 15 e 16.02.2012. (ADI-4578)** (Inform. STF 655) **(g.n)**

Lei da "Ficha Limpa" e hipóteses de inelegibilidade – 19
O Presidente dessumiu que, para a presunção de inocência, não importaria que as medidas gravosas ou lesivas fossem de ordem criminal ou não, haja vista que se objetivaria preservar a condição do réu, enquanto não julgado, de não ser tratado como coisa. Logo, se não condenado, nenhuma medida restritiva em sua esfera jurídica lhe poderia ser imposta com base em juízo de culpabilidade ainda não formado em caráter definitivo. Seguia o Min. Gilmar Mendes, no concernente à alínea "m", ao fundamento de que a causa de inelegibilidade vinculada a decisões de órgãos corporativos e profissionais conferiria a ente não estatal o poder de retirar um direito público subjetivo, que deveria ser tratado no campo da área pública. Assentia com as inconstitucionalidades por arrastamento sugeridas pelo Min. Dias Tofolli e, no mais, acompanhava-o integralmente. **ADC 29/DF, rel. Min. Luiz Fux, 15 e 16.02.2012. (ADC-29). ADC 30/DF, rel. Min. Luiz Fux, 15 e 16.02.2012. (ADC-30). ADI 4578/DF, rel. Min. Luiz Fux, 15 e 16.02.2012. (ADI-4578)** (Inform. STF 655) **(g.n)**

Lei da "Ficha Limpa" e hipóteses de inelegibilidade – 20
No tocante à ação declaratória ajuizada pelo PPS (ADC 29/DF) – na qual requerida também a incidência do diploma adversado a atos e fatos jurídicos anteriores ao seu advento –, o Min. Luiz Fux afirmou que a consideração desses, para fins de aplicação da LC 135/2010, não macularia o princípio constitucional da irretroatividade das leis. O Min. Dias Toffoli, ao destacar a inexistência de direito adquirido a regime jurídico de elegibilidade, reputou que a aplicação do diploma não diria respeito à retroatividade ou a novas causas de inelegibilidade, mas sim à incidência em processos eleitorais vindouros, cujo marco temporal único para o exame das condições de elegibilidade seria o registro da candidatura. Se assim não fosse, ter-se-ia duplo regime jurídico de inelegibilidades num mesmo processo eleitoral, a concorrer candidatos submetidos à LC 135/2010 e outros, à legislação anterior. Sublinhou que, **se uma norma passasse a exigir novas condições para que alguém fosse candidato, essa inovação, não obstante pautada em fato pretérito, somente deveria valer para processos eleitorais futuros, visto que a criação de novo critério selecionador de condições subjetivas de elegibilidade – que, necessariamente, operar-se-ia para o futuro –, buscaria esses requisitos no passado. Concluiu que o princípio da anterioridade eleitoral (CF, art. 16) evitaria a criação de cláusulas de inelegibilidade casuísticas**. Nesse contexto, a Min. Rosa Weber vislumbrou que a elegibilidade seria condição a ser averiguada por ocasião de cada pleito eleitoral segundo a lei da época, não havendo que se falar em direito adquirido. Ademais, as hipóteses de inelegibilidade consagradas na norma em tela teriam caráter geral e aplicar-se-iam a todos, para o futuro, ou seja, apenas para as próximas eleições. **ADC 29/DF, rel. Min. Luiz Fux, 15 e 16.02.2012. (ADC-29). ADC 30/DF, rel. Min. Luiz Fux, 15 e 16.02.2012. (ADC-30). ADI 4578/DF, rel. Min. Luiz Fux, 15 e 16.02.2012. (ADI-4578)** (Inform. STF 655) **(g.n)**

Lei da "Ficha Limpa" e hipóteses de inelegibilidade – 21
A Min. Cármen Lúcia realçou que o que se passaria na vida de alguém não se desapegaria de sua história, de forma que, quando um cidadão se propusesse a ser o representante dos demais, a vida pregressa comporia a persona que se ofereceria ao eleitor e seu conhecimento haveria de ser de interesse público, a fim de se chegar à conclusão de sua aptidão – que a Constituição diria moral e proba – para esse mister. O direito marcaria, traçaria a etapa e os dados dessa vida passada que precisariam ser levados em conta. Apontou que a norma impugnada pregaria e confirmaria cada qual dos princípios constitucionais. O Min. Ricardo Lewandowski rememorou inexistir retroatividade, porquanto não se cuidaria de sanção, porém de condição de elegibilidade. O Min. Ayres Britto citou que a Constituição, em seu § 9º do art. 14, teria autorizado a lei complementar a criar, estabelecer requisitos (pré-requisitos) de configuração

do direito de se candidatar. Não dissera restrições ao exercício de direito. Seriam, ao contrário, pressupostos que, se não preenchidos, afastariam o próprio direito à candidatura. **ADC 29/DF, rel. Min. Luiz Fux, 15 e 16.02.2012. (ADC-29). ADC 30/DF, rel. Min. Luiz Fux, 15 e 16.02.2012. (ADC-30). ADI 4578/DF, rel. Min. Luiz Fux, 15 e 16.02.2012. (ADI-4578)** (Inform. STF 655) **(g.n)**

Lei da "Ficha Limpa" e hipóteses de inelegibilidade – 22

Vencido o relator, que julgava o pleito parcialmente procedente, nos termos já explicitados. **Vencidos, em maior extensão, os Ministros Gilmar Mendes, Marco Aurélio, Celso de Mello e Presidente, que, por rejeitarem a retroação, reputavam-no improcedente.** O primeiro acentuava **o caráter retroativo da lei complementar e determinava sua aplicação apenas aos fatos ocorridos após a sua vigência, respeitada a anualidade eleitoral (CF, art. 16).** O segundo, tendo em conta o princípio da segurança jurídica, aludia ser cláusula pétrea o respeito às situações aperfeiçoadas nos termos da legislação da época, de forma que a lei seria válida e abarcaria atos e fatos que tivessem ocorrido após junho de 2010. Abordava que, se assim não fosse, aqueles que claudicaram deveriam ter tido uma premonição quanto a vinda à balha dessa lei. O terceiro **afastava a incidência dessas novas hipóteses de inelegibilidade a contextos pretéritos, bem como desses novos prazos, dilatados de três para oito anos. Advertia que o reconhecimento da possibilidade de o legislador imputar a situações já consumadas e aperfeiçoadas no passado, conforme o ordenamento positivo então vigente, a irradiação de novo e superveniente efeito limitador do direito fundamental de participação política, importaria em ofensa à cláusula inscrita no art. 5º, XXXV, da CF.** Reconhecia que esta teria por finalidade impedir formulações casuísticas *ad personam* ou *ad hoc* de leis, considerados fatos pretéritos conhecidos do legislador. Por sua vez, o último manifestava que a extensão de efeitos restritivos para atos jurídicos *stricto sensu* cometidos no passado trataria os sujeitos desses atos como absolutamente incapazes, ao abstrair a vontade na sua prática e a esta atribuir um efeito jurídico. Além disso, transformar-se-ia a lei em ato estatal de caráter pessoal, de privação de bem jurídico de pessoas determinadas, a caracterizar confisco de cidadania. **ADC 29/DF, rel. Min. Luiz Fux, 15 e 16.02.2012. (ADC-29). ADC 30/DF, rel. Min. Luiz Fux, 15 e 16.02.2012. (ADC-30). ADI 4578/DF, rel. Min. Luiz Fux, 15 e 16.02.2012. (ADI-4578)** (Inform. STF 655) **(g.n)**

Lei da "Ficha Limpa" e hipóteses de inelegibilidade – 23

Ao cabo, no que concerne à ação direta, repeliu-se a alegação de inconstitucionalidade da alínea "m", ao fundamento de que, em suma, a condenação por infração ético-profissional demonstraria a inaptidão para interferência em gestão da coisa pública. Vencidos os Ministros Dias Toffoli, Celso de Mello e Presidente, que julgavam o pedido parcialmente procedente pelas razões já referidas. **Vencido, integralmente, o Min. Gilmar Mendes, que declarava a pretensão procedente, na íntegra, pois a permissão concedida atentaria contra o direito, pela insegurança jurídica que geraria, ao conferir a decisão disciplinar de órgão de controle profissional eficácia de restrição a direitos políticos. ADC 29/DF, rel. Min. Luiz Fux, 15 e 16.02.2012. (ADC-29). ADC 30/DF, rel. Min. Luiz Fux, 15 e 16.02.2012. (ADC-30). ADI 4578/DF, rel. Min. Luiz Fux, 15 e 16.02.2012. (ADI-4578)** (Inform. STF 655) **(g.n)**

Lei da "Ficha Limpa" e segurança jurídica – 1

O Plenário iniciou julgamento de embargos de declaração opostos de acórdão que desprovera recurso extraordinário interposto, pelo ora embargante, de aresto proferido pelo Tribunal Superior Eleitoral – TSE. Na espécie, a decisão embargada mantivera a inelegibilidade do embargante – declarada pelo TSE com fundamento na LC 64/1990, art. 1º, I, "k", alínea introduzida pela LC 135/2010 (Lei da "Ficha Limpa"). O embargante requer a retratação do julgamento do aludido extraordinário diante do que decidido pela Corte, em processo com repercussão geral reconhecida, no sentido da inaplicabilidade da LC 135/2010 às eleições que ocorreriam no mesmo ano (RE 633703/MG, acórdão pendente de publicação, v. Informativo 620). Invoca, para tanto, o § 3º do art. 543-B do CPC ("Art. 543-B. Quando houver multiplicidade de recursos com fundamento em idêntica controvérsia, a análise da repercussão geral será processada nos termos do Regimento Interno do Supremo Tribunal Federal, observado o disposto neste artigo ... § 3º Julgado o mérito do recurso extraordinário, os recursos sobrestados serão apreciados pelos Tribunais, Turmas de Uniformização ou Turmas Recursais, que poderão declará-los prejudicados ou retratar-se"). **Aponta, ademais, omissões que teriam ocorrido por ocasião do exame do acórdão embargado em razão de a Corte haver: a) deixado de apreciar as circunstâncias da renúncia ao mandato do embargante; b) desconsiderado suposta violação ao princípio da segurança jurídica, ao se conceder efeito novo a ato de renúncia cujos efeitos já teriam se extinguido à época da promulgação da LC 135/2010; e c) silenciado acerca do princípio da irretroatividade.** RE 631102 ED/PA, rel. Min. Joaquim Barbosa, 09.11.2011. (RE-631102) **(g.n)**

Lei da "Ficha Limpa" e segurança jurídica – 2

O Min. Joaquim Barbosa, relator, rejeitou os embargos, no que foi acompanhado pelos Ministros Luiz Fux, Cármen Lúcia, Ricardo Lewandowski e Ayres Britto. Em relação ao primeiro argumento suscitado, reputou que o § 3º do art. 543-B do CPC não seria aplicável à espécie, uma vez que o seu texto literal restringiria a possibilidade de retratação a recursos não julgados. O extraordinário de que se cuida, por sua vez, teria sido devidamente apreciado. Dessumiu que o sistema de repercussão geral não possuiria, portanto, o alcance pretendido nos embargos. Nesse sentido, a uniformidade de decisões e a isonomia entre recorrentes, valores tutelados pela reforma processual que criara o requisito da repercussão geral, não autorizariam rompimento com o instituto da preclusão, por meio do qual se estabilizaria o conteúdo do processo, de forma a atingir outro valor relevante, o da segurança jurídica. Aduziu que entendimento contrário conduziria à possibilidade teórica de alteração de todo e qualquer julgamento, bastando à parte, para assegurá-la, valer-se de qualquer tipo de recurso capaz de manter ativo o processo judicial. Considerou, ademais, que a circunstância de ter havido empate no julgamento que resultara no acórdão embargado não teria como consequência necessária a revisão do que decidido. Lembrou que o empate na questão de mérito fora resolvido pela própria Corte, que concluíra, por maioria, que aquela circunstância levaria ao desprovimento do extraordinário. Assim, quanto ao impasse surgido, não houvera empate. RE 631102 ED/PA, rel. Min. Joaquim Barbosa, 09.11.2011. (RE-631102)

Lei da "Ficha Limpa" e segurança jurídica – 3
Quanto às supostas omissões apontadas, verificou não existirem. Reputou que todos os pontos mencionados pelo embargante teriam sido devida e exaustivamente abordados na oportunidade. Em relação às circunstâncias da renúncia do mandato, fato que originara a hipótese de inelegibilidade, frisou que teriam sido enfrentadas, a apontar tentativa de burla a enfrentamento de processo que possa levar à perda do mandato. Asseverou que a Constituição conteria preceito implícito que vedaria essa prática, ou seja, repudiaria artifícios utilizados para impedir que fossem devidamente apurados atos contrários a seus preceitos. **Destacou que o caso não revelaria antagonismo entre o candidato e o seu partido, de modo que a renúncia decorreria de juízo personalíssimo, que o Judiciário não poderia avaliar. Ressurtiu, dessa maneira, que a renúncia seria ato a desabonar a conduta do candidato, e que demonstraria maior preocupação com sua própria carreira política e com mandatos futuros**. RE 631102 ED/PA, rel. Min. Joaquim Barbosa, 09.11.2011. (RE-631102) **(g.n)**

Lei da "Ficha Limpa" e segurança jurídica – 4
No que se refere à suposta ofensa ao princípio da segurança jurídica, afirmou que se manifestara, no julgamento do extraordinário, no sentido de que a Lei da "Ficha Limpa" não atingiria qualquer dos efeitos da renúncia, perfeita e acabada. **Assim, a citada lei complementar não retroagira, mas apenas dera efeitos futuros a atos praticados no passado, com o objetivo de ajustar a realidade da representação política nacional às exigências de probidade, moralidade administrativa e não abuso no exercício da função pública.** A LC 135/2010 limitar-se-ia, pois, a valorar negativamente um histórico de renúncias a mandatos eletivos. **A respeito do princípio da irretroatividade, rememorou que o tópico fora abordado em seu voto, no qual destacara que, às hipóteses de inelegibilidade, não incidiria o aludido postulado, uma vez não configurarem penas decorrentes de persecução processual estatal. Elas partiriam de fatos públicos, notórios e conhecidos.** RE 631102 ED/PA, rel. Min. Joaquim Barbosa, 09.11.2011. (RE-631102) **(g.n)**

Lei da "Ficha Limpa" e segurança jurídica – 5
Em divergência, os Ministros Dias Toffoli, Gilmar Mendes, Marco Aurélio, Celso de Mello e Cezar Peluso, Presidente, acolheram os embargos para, ao dar-lhes efeitos infringentes, prover o apelo extremo e reformar o acórdão proferido pelo TSE, a fim de deferir o registro eleitoral do embargante. O Min. Dias Toffoli lembrou haver precedentes da Corte segundo os quais determinada a baixa dos autos para que o juízo *a quo* procedesse à retratação de acórdão proferido pelo STF, em virtude do prévio julgamento da matéria em recurso extraordinário ou em agravo – emanado por Turma – em decorrência da aplicabilidade do instituto da repercussão geral. O Min Marco Aurélio reputou que, ao se proceder dessa maneira, provocar-se-ia a revisão do pronunciamento do tribunal de origem – e não do STF – para adaptá-lo à decisão, que se espera una, do próprio Supremo. O Min. Celso de Mello sublinhou, nesse sentido, que o direito de o embargante impugnar a decisão atacada não estaria precluso, visto que o acórdão não transitara em julgado. RE 631102 ED/PA, rel. Min. Joaquim Barbosa, 09.11.2011. (RE-631102) **(g.n)**

Lei da "Ficha Limpa" e segurança jurídica – 6
O Min. Dias Toffoli salientou o julgamento do RE 633703/MG, submetido à repercussão geral, em que se deliberara, por 6 votos a 5, pela não incidência da LC 135/2010 a caso análogo. **Concluiu que, se transitada em julgado decisão contrária nos presentes autos, a parte utilizar-se-ia da ação rescisória em casos de inelegibilidade (Código Eleitoral, art. 22, "j") e sagrar-se-ia vencedora, visto que a Corte, no citado recurso extraordinário, decidira pela inaplicabilidade da LC 135/2010 às eleições daquele ano**. Frisou que, inclusive, após o aludido julgamento, houvera decisões monocráticas a aplicar a orientação da Corte, considerada a repercussão geral da matéria, o que reforçaria a necessidade de conferir efeitos modificativos aos declaratórios e promover retratação, em respeito aos princípios da segurança jurídica e da isonomia. O Min. Gilmar Mendes realçou, ainda, que esse direcionamento respeitaria o princípio da nulidade da

lei inconstitucional. RE 631102 ED/PA, rel. Min. Joaquim Barbosa, 09.11.2011. (RE-631102) (g.n)

Lei da "Ficha Limpa" e segurança jurídica – 7
O Min. Marco Aurélio asseverou, ademais, que a renúncia do embargante, à maneira com que fora efetuada, não implicaria inelegibilidade, porque prevista no art. 14, § 9º, da CF e implementada antes da entrada em vigor da LC 135/2010. **Não se poderia, portanto, dar a esse ato de vontade a consequência drástica do afastamento da cidadania, quanto a ser sujeito passivo em eleições. Afirmou, de igual modo, que se chegara a situação esdrúxula, visto que o embargante – vencedor das eleições de 2010 – tivera a inelegibilidade declarada com base na LC 135/2010 e o terceiro colocado no pleito, por sua vez, lograra êxito ao manter sua candidatura válida quando impugnara o mesmo dispositivo no STF.** Após, deliberou-se suspender o julgamento a fim de aguardar a nomeação e a posse da nova Ministra para decidir a causa. RE 631102 ED/PA, rel. Min. Joaquim Barbosa, 09.11.2011. (RE-631102) (g.n)

Lei da "Ficha Limpa" e segurança jurídica – 8
Em conclusão, o Plenário deferiu pleito formulado em petição para aplicar o art. 13, IX, b, do RISTF ("Art. 13. São atribuições do Presidente: ... IX – proferir voto de qualidade nas decisões do Plenário, para as quais o Regimento Interno não preveja solução diversa, quando o empate na votação decorra de ausência de Ministro em virtude de: ... b) vaga ou licença médica superior a trinta dias, quando seja urgente a matéria e não se possa convocar o Ministro licenciado"), de modo a acolher, com efeitos infringentes, embargos de declaração e deferir o registro eleitoral do embargante. Tratava-se, na espécie, de embargos opostos de acórdão que desprovera recurso extraordinário interposto, pelo ora embargante, de aresto proferido pelo Tribunal Superior Eleitoral – TSE. Na espécie, a decisão embargada mantivera a inelegibilidade do embargante – declarada pelo TSE com fundamento na LC 64/1990, art. 1º, I, "k", alínea introduzida pela LC 135/2010 (Lei da "Ficha Limpa"). O embargante requeria a retratação do julgamento do aludido extraordinário diante do que decidido pela Corte, em processo com repercussão geral reconhecida, no sentido da inaplicabilidade da LC 135/2010 às eleições que ocorreriam no mesmo ano – v. Informativo 647. RE 631102 ED/PA, rel. orig. Min. Joaquim Barbosa, red. p/o acórdão Min. Dias Toffoli, 14.12.2011. (Inform. STF 652) (g.n)

Lei da "Ficha Limpa" e art. 16 da CF – 1
A Lei Complementar 135/2010 – que altera a Lei Complementar 64/1990, que estabelece, de acordo com o § 9º do art. 14 da CF, casos de inelegibilidade, prazos de cessação e determina outras providências, para incluir hipóteses de inelegibilidade que visam a proteger a probidade administrativa e a moralidade no exercício do mandato – não se aplica às eleições gerais de 2010. Essa a conclusão do Plenário ao prover, por maioria, recurso extraordinário em que discutido o indeferimento do registro de candidatura do recorrente ao cargo de deputado estadual nas eleições de 2010, ante sua condenação por improbidade administrativa, nos termos do art. 1º, I, "l", da LC 64/1990, com redação dada pela LC 135/2010 ["Art. 1º São inelegíveis: I – para qualquer cargo: ... l) os que forem condenados à suspensão dos direitos políticos, em decisão transitada em julgado ou proferida por órgão judicial colegiado, por ato doloso de improbidade administrativa que importe lesão ao patrimônio público e enriquecimento ilícito, desde a condenação ou o trânsito em julgado até o transcurso do prazo de 8 (oito) anos após o cumprimento da pena"]. **Preliminarmente, reconheceu-se a repercussão geral da questão constitucional relativa à incidência da norma vergastada às eleições de 2010, em face do princípio da anterioridade eleitoral (CF, art. 16).** Tendo em conta que já assentada por esta Corte a repercussão geral concernente à alínea "k" do mesmo diploma, aduziu-se que igual tratamento deveria ser conferido à alínea "l" que, embora aborde o tema com nuança diferenciada, ambas fariam parte da mesma lei, cuja aplicabilidade total fora contestada. RE 633703/MG, rel. Min. Gilmar Mendes, 23.03.2011. (RE-633703) (g.n)

Lei da "Ficha Limpa" e art. 16 da CF – 2
No mérito, prevaleceu o voto do Min. Gilmar Mendes, relator. Após fazer breve retrospecto histórico sobre o princípio da anterioridade eleitoral na jurisprudência **do STF, reafirmou que tal postulado constituiria uma garantia fundamental do cidadão-eleitor, do cidadão-candidato e dos partidos políticos e, qualificada como cláusula pétrea, seria oponível, inclusive, em relação ao exercício do poder constituinte derivado. No tocante à LC 135/2010, asseverou a sua interferência em fase específica do processo eleitoral – fase pré-eleitoral –, a qual se iniciaria com a escolha e a apresentação de candidaturas pelos partidos políticos e encerrar-se-ia até o registro das candidaturas na Justiça Eleitoral.** No entanto, enfatizou que a controvérsia estaria em saber se o referido diploma limitaria os direitos e garantias fundamentais do cidadão-eleitor, do cidadão-candidato e dos partidos políticos e, dessa forma, afetaria a igualdade de chances na competição eleitoral, com consequências diretas sobre a participação eleitoral das minorias. Consignou que, se a resposta fosse positiva, dever-se-ia observar o princípio da anterioridade. RE 633703/MG, rel. Min. Gilmar Mendes, 23.03.2011. (RE-633703) (g.n)

Lei da "Ficha Limpa" e art. 16 da CF – 3
O relator acrescentou que a escolha de candidatos para as eleições seria resultado de um longo e complexo processo em que mescladas diversas forças po-

líticas. Rejeitou, assim, o argumento de que **a lei impugnada seria aplicável às eleições de 2010 porque publicada antes das convenções partidárias, data em que se iniciaria o processo eleitoral**. Nesse sentido, ressaltou que o **princípio da anterioridade eleitoral funcionaria como garantia constitucional do devido processo legal eleitoral**. Registrou, ainda, que esse mesmo princípio também teria um viés de proteção das minorias, uma vez que a inclusão de novas causas de inelegibilidades diversas das originalmente previstas na legislação, além de afetar a segurança jurídica e a isonomia inerentes ao devido processo eleitoral, influenciaria a possibilidade de que as minorias partidárias exercessem suas estratégias de articulação política em conformidade com as balizas inicialmente instituídas. No ponto, assinalou que o **art. 16 da CF seria uma barreira objetiva contra abusos e desvios da maioria e, nesse contexto, destacou o papel da jurisdição constitucional que, em situações como a presente, estaria em estado de tensão com a democracia, haja vista a expectativa da "opinião pública" quanto ao pronunciamento do Supremo sobre a incidência imediata da "Lei da Ficha Limpa", como solução para todas as mazelas da vida política.** Ponderou que a missão desta Corte seria aplicar a Constituição, mesmo que contra a opinião majoritária. RE 633703/MG, rel. Min. Gilmar Mendes, 23.03.2011. (RE-633703) **(g.n)**

Lei da "Ficha Limpa" e art. 16 da CF – 4
Nessa linha, manifestou-se o Min. Luiz Fux. Reputou que a lei adversada fixara novas causas de inelegibilidade em 2010, as quais não poderiam ser aplicadas no mesmo ano da eleição. Embora reconhecesse que a "Lei da Ficha Limpa" fosse um dos mais belos espetáculos democráticos, mencionou que a iniciativa popular deveria observância às garantias constitucionais. Realçou que o art. 16 da CF teria como escopo evitar surpresas no ano eleitoral, mas não disporia sobre o termo *a quo* específico para o início da contagem desse prazo ânuo. No ponto, afirmou que a expressão **"processo eleitoral", contida em tal preceito, referir-se-ia à dinâmica das eleições, à escolha dos candidatos e às fases eleitorais (pré-eleitoral, eleitoral e pós-eleitoral)**. Dessa forma, considerou que o acórdão recorrido teria afrontado a cláusula da anterioridade eleitoral e a garantia da segurança jurídica inerente à necessidade de estabilidade do regime democrático, não sendo admissível a criação, no meio do jogo democrático, de novas causas de inelegibilidade que, para além de desigualar os concorrentes, surpreenderá a todos. Registrou, por derradeiro, que exsurgiria da *ratio essendi* da norma em apreço o princípio da proteção da confiança, o qual seria o próprio postulado da segurança jurídica, em sua dimensão subjetiva. Vencidos os Ministros Carmen Lúcia, Ricardo Lewandowski, Joaquim Barbosa, Ayres Britto e Ellen Gracie que, ao reiterar os fundamentos dos votos proferidos no julgamento do RE 630147/DF e do RE 631102/PA (acórdãos pendentes de publicação), desproviam o recurso. Por fim, autorizou-se que os relatores apliquem monocraticamente o art. 543-B do CPC. RE 633703/MG, rel. Min. Gilmar Mendes, 23.03.2011. (RE-633703) (Inform. STF 620) **(g.n)**

Registro de candidatura. Lei Complementar 135, de 04 de junho de 2010. A questão de sua aplicabilidade imediata. Incidência, *na espécie*, **relativamente às eleições de 2010, do postulado da anterioridade eleitoral (CF, art. 16), que suspende, pelo período de 01 (um) ano, o início da eficácia da** *"lei que alterar o processo eleitoral"*. **Entendimento do relator amplamente exposto em votos proferidos no julgamento plenário do RE 630.147/DF e do RE 631.102/PA. Presunção constitucional de inocência: um direito fundamental que assiste a qualquer pessoa (ADPF 144/DF, rel. Min. Celso de Mello). Prerrogativa essencial, impregnada de eficácia irradiante, especialmente amparada, em tema de direitos políticos, pela cláusula tutelar inscrita no art. 15, III, da Carta Política, que exige, para efeito** *de válida* **suspensão das dimensões** (*ativa* e *passiva*) **da cidadania, o trânsito em julgado da condenação criminal. O alto significado político-social e o valor jurídico da exigência da coisa julgada. Impossibilidade de lei complementar, mesmo que fundada no § 9º do art. 14 da Constituição, transgredir a presunção de inocência, pelo fato de referida espécie normativa qualificar-se como ato** *hierarquicamente subordinado* **à autoridade do texto e dos princípios constitucionais. Decisão do e. Tribunal superior eleitoral que denegou registro de candidatura, sob o fundamento da mera existência,** *contra o candidato*, **de condenação penal emanada de órgão colegiado, embora questionada esta em sede recursal extraordinária. Consequente inexistência do trânsito em julgado de referida condenação criminal. Presença,** *na espécie*, **dos requisitos autorizadores do exercício do poder geral de cautela. Medida cautelar deferida. AC 2763-MC/RO. rel. Min. Celso de Mello. (Inform. STF 616) (g.n)**

Lei da "Ficha Limpa": inelegibilidade e renúncia – 1
O Plenário, ante o empate na votação, manteve acórdão do Tribunal Superior Eleitoral – TSE que, ao enfatizar a aplicabilidade imediata das alterações introduzidas pela LC 135/2010, concluíra pela inelegibilidade de candidato a cargo de Senador da República. O acórdão impugnado assentara a **inelegibilidade do candidato para as eleições que se realizassem durante o período remanescente do mandato para o qual ele fora eleito e para os 8 anos subsequentes ao término da legislatura**, nos termos da alínea "k" do inciso I do art. 1º da LC 64/1990, acrescentado pela aludida LC 135/2010 ["Art. 1º São inelegíveis: I – para qualquer cargo: ... k) o Presidente da República, o Governador de Estado e do Distrito Federal,

o Prefeito, os membros do Congresso Nacional, das Assembleias Legislativas, da Câmara Legislativa, das Câmaras Municipais, que renunciarem a seus mandatos desde o oferecimento de representação ou petição capaz de autorizar a abertura de processo por infringência a dispositivo da Constituição Federal, da Constituição Estadual, da Lei Orgânica do Distrito Federal ou da Lei Orgânica do Município, para as eleições que se realizarem durante o período remanescente do mandato para o qual foram eleitos e nos 8 (oito) anos subsequentes ao término da legislatura."]. **Considerara o fato de o candidato ter renunciado a mandato de igual natureza, em 2001, após o oferecimento de representação capaz de autorizar a abertura de processo por infração a dispositivo da Constituição.** Na espécie, passados 9 anos da data da renúncia e tendo sido o candidato eleito, nesse ínterim, Deputado Federal, por duas vezes, a ele fora negado o registro de sua candidatura às eleições de 03.10.2010. No presente recurso extraordinário, alegava-se ofensa: **a) ao princípio da anualidade eleitoral (CF, art. 16); b) aos princípios da segurança jurídica e da irretroatividade das leis (CF, art. 5º, XXXVI); c) ao art. 14, § 9º, da CF, pois a cláusula de inelegibilidade em questão não se amoldaria aos pressupostos constitucionais autorizadores de novas hipóteses de inelegibilidade e d) ao princípio da presunção de inocência ou de não culpabilidade** (CF, art. 5º, LVII). RE 631102/PA, rel. Min. Joaquim Barbosa, 27.10.2010. (RE-631102) **(g.n)**

Lei da "Ficha Limpa": inelegibilidade e renúncia – 2
O Min. Joaquim Barbosa, relator, na linha do voto proferido no julgamento do RE 630147/DF – em que reconhecida a repercussão geral da matéria –, desproveu o recurso. Inicialmente, salientou que apreciaria o caso a partir da perspectiva de valorização da moralidade e da probidade no trato da coisa pública, sob uma ótica de proteção dos interesses públicos e não dos puramente individuais. Em passo seguinte, rejeitou a assertiva de ofensa ao art. 16 da CF. Afirmou que a norma adversada não se inseriria no campo temático de processo eleitoral e que a "Lei de Inelegibilidade" não se qualificaria como lei de processo eleitoral. Consignou que as condições de elegibilidade seriam examinadas na data do registro da candidatura, sendo que a lei em comento fora publicada antes do período fixado para a realização das convenções partidárias, de modo a inexistir surpresa ou quebra ao princípio da isonomia para os partidos políticos. Repeliu, de igual maneira, o argumento de ofensa ao art. 5º, XXXVI, da CF, ao fundamento de que a referida lei complementar não teria aplicação retroativa, mas concedera efeitos futuros a fatos desabonadores praticados no passado. Enfatizou que retroação ocorreria se os cargos exercidos posteriormente à renúncia do recorrente tivessem sido declarados nulos. No que concerne ao art. 14, § 9º, da CF, assinalou haver expectativa do corpo eleitoral de que os parlamentares não venham a renunciar, configurando a renúncia um ato desabonador do candidato, o qual demonstraria não se preocupar com seu eleitorado. Ademais, registrou que a norma em comento teria dado concretude à opção constitucional pela avaliação da vida pregressa do candidato. Por fim, relativamente ao art. 5º, LVII, da CF, assevrou que inelegibilidade não seria pena ou punição e não caracterizaria repercussão prática da culpa ou do dolo do agente político, mas uma reprovação prévia, anterior e prejudicial às eleições, por comportamento objetivamente descrito como contrário às normas de organização política. Acompanharam o relator os Ministros Carmen Lúcia, Ricardo Lewandowski, Ayres Britto e Ellen Gracie. RE 631102/PA, rel. Min. Joaquim Barbosa, 27.10.2010. (RE-631102)

Lei da "Ficha Limpa": inelegibilidade e renúncia – 3
Em divergência, os Ministros Dias Toffoli, Gilmar Mendes, Marco Aurélio, Celso de Mello e Cezar Peluso, Presidente, ao também reiterar posição firmada no julgamento do aludido RE 630147/DF, proveram o recurso. Reputaram **que a lei complementar repercutiria em inúmeros julgamentos no processo eleitoral.** Acrescentaram que a alínea "k" da citada LC 135/2010 não seria fruto de iniciativa popular, mas resultado de emenda a projeto de lei. Registraram que, quando da renúncia do recorrente em 2001, dentre as consequências previstas para tal ato, não havia a inelegibilidade e que uma lei posterior não poderia buscar um fato pretérito para dele extrair consequências no presente. Realçaram que a concessão de eficácia retroativa à lei implicaria aplicação casuística e personalizada. Observaram que, na situação dos autos, após a renúncia, o recorrente obtivera da Justiça Eleitoral o deferimento dos registros e respectivas diplomações nas 2 eleições seguintes, sendo o candidato a Deputado Federal mais votado no Brasil. Indagaram como, à época, ele seria elegível e atenderia às formalidades legais e, nos dias atuais, considerado inelegível para exercer mandato, por essa mesma Justiça Eleitoral, tendo em conta aquela mesma renúncia que não o impedira de exercer os cargos de parlamentar federal. Assim, entendiam que a norma impugnada teria atribuído a um ato lícito um caráter de ilicitude para efeito de privação da elegibilidade passiva, haja vista que a inelegibilidade, dessa forma, configuraria sanção de direito eleitoral restritiva do exercício ao direito fundamental de participação política. Concluíram que **a interpretação conferida pelo TSE afrontaria não só o postulado fundamental inscrito no art. 16 da CF, bem como aquele que busca prestigiar a incolumidade de situações já consolidadas no passado.** RE 631102/PA, rel. Min. Joaquim Barbosa, 27.10.2010. (RE-631102) **(g.n)**

Lei da "Ficha Limpa": inelegibilidade e renúncia – 4
Em seguida, o Plenário rejeitou questão de ordem suscitada da tribuna pelo patrono do recorrente no

sentido de suspender o julgamento até a nomeação de novo Ministro para compor o Tribunal. A defesa informava a peculiaridade das eleições no Estado-membro pelo qual concorrera o recorrente, porquanto lá haveria outro candidato ao Senado Federal com idêntica causa de inelegibilidade, cujo processo estaria aguardando apreciação pelo TSE. Considerou-se que o exame do processo deveria prosseguir para que o impasse fosse solucionado e efetivada a prestação jurisdicional. Vencidos os Ministros Dias Toffoli, Gilmar Mendes e Marco Aurélio que acolhiam o pleito de suspensão para evitar decisões díspares. O Min. Cezar Peluso fez ressalva de sua posição pessoal. Dessa forma, deliberou-se sobre a existência de critérios impessoais, objetivos e apriorísticos para a resolução do empate. Por maioria, acatou-se proposta formulada pelo Min. Celso de Mello para que fosse aplicado, por analogia, **o inciso II do parágrafo único do art. 205 do Regimento Interno do Supremo e, com isso, mantida a decisão recorrida** ("Art. 205. ... Parágrafo único. O julgamento de mandado de segurança contra ato do Presidente do Supremo Tribunal Federal ou do Conselho Nacional da Magistratura será presidido pelo Vice-Presidente ou, no caso de ausência ou impedimento, pelo Ministro mais antigo dentre os presentes à sessão. Se lhe couber votar, nos termos do art. 146, I a III, e seu voto produzir empate, observar-se-á o seguinte: ... II – havendo votado todos os Ministros, salvo os impedidos ou licenciados por período remanescente superior a três meses, prevalecerá o ato impugnado."). **Considerou-se a presunção de legitimidade dos atos estatais e o fato de que esse critério já teria sido adotado no julgamento da ADPF 46/DF (DJe de 26.2.2010). O Min. Celso de Mello salientou que a sugestão poderia ser adotada sem prejuízo da convicção de cada membro da Corte, haja vista que em discussão a superação do impasse.** Foram rejeitados outros critérios, tais como o voto de qualidade do Presidente (RISTF, art. 13, IX), a convocação de Ministros do STJ e o art. 146, *caput*, do RISTF. Vencidos os Ministros Dias Toffoli, Gilmar Mendes e Marco Aurélio, que determinavam a aplicação do voto de qualidade do Presidente. RE 631102/PA, rel. Min. Joaquim Barbosa, 27.10.2010. (RE-631102) (Inform. STF 606) **(g.n)**

Promotor: exercício de atividade político-partidária e reeleição após a EC 45/2004 – 1

O Tribunal, por maioria, deu provimento a recurso extraordinário interposto contra acórdão do Tribunal Superior Eleitoral – TSE que, dando provimento a recursos especiais eleitorais, indeferira o registro da candidatura da ora recorrente ao cargo de Prefeita, ao fundamento de ser ela inelegível, em razão de pertencer a Ministério Público estadual, estando dele licenciada, mas não afastada definitivamente. Alegava a recorrente ofensa aos artigos 5°, XXXVI, 14, § 5°, e 128, § 5°, II, "e", da CF. Sustentava, em síntese, que **os membros do Ministério Público que ingressaram na carreira após 1988 e que já estavam no exercício de mandato eletivo quando do advento da EC 45/2004 possuiriam direito adquirido à reeleição, e que referida emenda, ao estabelecer limitações à atividade político-partidária de membros do Ministério Público, não poderia comprometer esse direito adquirido. Na espécie, a ora recorrente ingressara na carreira do Ministério Público em 14.08.1990.** Tendo se licenciado do cargo para concorrer às eleições de 2004, exercera o mandato de Prefeita no período de 2005 a 2008. Em 2008, concorrera à reeleição ao cargo, ainda vinculada ao Ministério Público, saindo-se vencedora. O registro da candidatura fora deferido perante o juízo eleitoral e mantido pelo Tribunal Regional Eleitoral – TRE, tendo o TSE cassado essas decisões. **RE 597994/PA, rel. orig. Min. Ellen Gracie, rel. p/ o acórdão Min. Eros Grau, 04.06.2009.** (RE-597994) (Inform. STF 549) **(g.n)**

Promotor: exercício de atividade político-partidária e reeleição após a EC 45/2004 – 2

Preliminarmente, por votação majoritária, reconheceu-se a repercussão geral da matéria debatida. Asseverou-se haver uma questão constitucional evidente, já que tudo teria sido decidido com base em normas constitucionais, que repercutiria para além dos direitos subjetivos questionados. Considerou-se que não só poderia haver repetição em outros casos, como que, na situação dos autos, cuidar-se-ia, também, do direito de eleitores que exerceram seu direito/dever de votar, acreditando no sistema então vigente. Vencidos, no ponto, a Min. Ellen Gracie, relatora, e os Ministros Ricardo Lewandowski, Joaquim Barbosa e Cezar Peluso, que não vislumbravam a existência dessa repercussão geral e, salientando tratar-se de hipótese excepcionalíssima e irreproduzível, reputavam que a análise do direito adquirido questionado estaria limitada pelo aspecto temporal, não sendo aplicável a eleições posteriores à citada emenda constitucional. Quanto ao mérito, entendeu-se estar-se diante de uma situação especial, ante a ausência de regras de transição para disciplinar a situação fática em questão, não abrangida pelo novo regime jurídico instituído pela EC 45/2004. Tendo em conta que a recorrente estava licenciada, filiada a partido político, já tendo sido eleita para exercer o cargo de Prefeita na data da publicação dessa emenda, concluiu-se que ela teria direito, não adquirido, mas atual à recandidatura, nos termos do § 5° do art. 14 da CF ("O Presidente da República, os Governadores de Estado e do Distrito Federal, os Prefeitos e quem os houver sucedido, ou substituído no curso dos mandatos poderão ser reeleitos para um único período subsequente."). Vencidos, no mérito, a Min. Ellen Gracie, relatora, e os Ministros Joaquim Barbosa, Cezar Peluso e Celso de Mello, que negavam provimento ao recurso. Ressaltaram que, **antes da EC 45/2004, admitia-se que, licenciado, o** membro do *parquet* podia se filiar e concorrer, mas que, após tal emenda, em face da absoluta proibição da atividade político-partidária por membros do Ministério Público, prevista no art. 128, § 5º, II, "e", da CF, de aplicação imediata e linear, se desejasse exercer atividade político-partidária, deveria exonerar-se ou aposentar-se, não havendo se falar em direito adquirido ao regime anterior à emenda, para beneficiar a recorrente, nem em direito dela ou do eleitorado assegurado pela norma viabilizadora da reeleição. Aduziram que, a cada eleição, para requerer o registro de sua candidatura, o postulante a cargo eletivo deveria demonstrar a satisfação das condições de elegibilidade, o que não se dera no caso. RE 597994/PA, rel. orig. Min. Ellen Gracie, rel. p/ o acórdão Min. Eros Grau, 04.06.2009. (RE-597994) (Inform. STF 549) **(g.n)**

Dissolução do casamento no curso de mandato e inelegibilidade de ex-cônjuge
A dissolução da sociedade conjugal, durante o exercício do mandato, não afasta a regra da inelegibilidade, prevista no art. 14, § 7º, da CF ("São inelegíveis, no território de jurisdição do titular, o cônjuge e os parentes consanguíneos ou afins, até o segundo grau ou por adoção, do Presidente da República, de Governador de Estado ou Território, do Distrito Federal, de Prefeito ou de quem os haja substituído dentro dos seis meses anteriores ao pleito, salvo se já titular de mandato eletivo e candidato à reeleição."). Com base nesse entendimento, o Tribunal, por maioria, desproveu recurso extraordinário interposto contra acórdão do TSE e cassou liminar, que suspendera os efeitos do recurso extraordinário, deferida em favor de ex-cônjuge de prefeito (eleito no período de 1997 a 2000, e reeleito no período de 2001 a 2004), que fora eleita vereadora, em 2004, para o período de 2005 a 2008. Na espécie, **a separação de fato da vereadora, ora recorrida, ocorrera em 2000, a judicial em 2001, tendo o divórcio se dado em 2003, antes do registro de sua candidatura.** Asseverou-se, na linha de precedentes da Corte, que o vínculo de parentesco persiste para fins de inelegibilidade até o fim do mandato, inviabilizando a candidatura do ex-cônjuge ao pleito subsequente, na mesma circunscrição, a não ser que o titular se afaste do cargo seis meses antes da eleição. Aduziu-se que, apesar de o aludido dispositivo constitucional se referir à inelegibilidade de cônjuges, a restrição nele contida se estende aos ex-cônjuges, haja vista a própria teleologia do preceito, qual seja, a de impedir a eternização de determinada família ou clã no poder, e a habitualidade da prática de separações fraudulentas com o objetivo de contornar essa vedação. Citou-se, ainda, a resposta à consulta formulada ao TSE, da qual resultou a Resolução 21.775/2004, nesse sentido. Vencido o Min. Marco Aurélio, que, salientando **que o parentesco civil é afastado com a dissolução do casamento, provia o recurso, por** considerar que o vício na manifestação da vontade não se presume, devendo ser provado caso a caso, e que as normas que implicam cerceio à cidadania têm de receber interpretação estrita. Por fim, o Tribunal determinou o imediato cumprimento da presente decisão, ficando vencido, neste ponto, o Min. Marco Aurélio, que averbava a necessidade da tramitação natural do processo, aguardando-se a confecção do acórdão e a possível interposição de embargos declaratórios. **Precedentes citados: RE 433460/PR (DJU de 19.10.2006); RE 446999/PE (DJU de 09.09.2005). RE 568596/MG, rel. Min. Ricardo Lewandowski, 01.10.2008.** (RE-568596) (Inform. STF 522) **(g.n)**

Juiz de TRE e recondução para segundo biênio
O Tribunal, por maioria, julgou procedente, em parte, reclamação proposta contra decisão do Tribunal Superior Eleitoral – TSE que, com base no art. 102 da LOMAN (LC 35/1979), concedera liminar para suspender os efeitos de eleição realizada pelo Tribunal Regional Eleitoral da Bahia – TRE-BA (LOMAN: "Art. 102. Os Tribunais... elegerão dentre seus Juízes mais antigos, em número correspondente ao dos cargos de direção, os titulares destes, com mandato por dois anos, proibida a reeleição. Quem tiver exercido quaisquer cargos de direção por quatro anos, ou o de Presidente, não figurará mais entre os elegíveis, até que se esgotem todos os nomes, na ordem de antiguidade..."). Na espécie, o TRE-BA, à vista da recusa à eleição para presidente da desembargadora vice-presidente, reelegera o seu presidente, que fora reconduzido pelo TJ do Estado para cumprir o segundo biênio naquele órgão da justiça eleitoral. Inicialmente, considerou-se o pedido improcedente relativamente à parte da decisão reclamada que afirmara a irreelegibilidade do presidente do TRE, em razão de nenhum dos acórdãos do STF invocados como paradigmas ter enfrentado a questão. De outro lado, entendeu-se que a aplicação ao caso do preceito da LOMAN em que se fundara o TSE violaria o § 2º do art. 121 da CF, segundo a leitura que lhe dera o STF numa das decisões paradigmas (ADI 2993/MG, DJU de 12.03.2004), quando nela se assentara ser inadmissível vedar-se a juiz de TRE a possibilidade da recondução para um segundo biênio (CF: "Art. 121... § 2º Os juízes dos tribunais eleitorais, salvo motivo justificado, servirão por dois anos, no mínimo, e nunca por mais de dois biênios consecutivos, sendo os substitutos escolhidos na mesma ocasião e pelo mesmo processo, em número igual para cada categoria."). Vencido o Min. Marco Aurélio, que julgava improcedente a reclamação. Rcl 4587/BA, rel. Min. Sepúlveda Pertence, 19.12.2006. (Rcl-4587) (Inform. STF 453)

Candidatos a Cargos do Poder Executivo e Proibição de Participação de Inauguração de Obras
O Tribunal julgou improcedente pedido formulado em ação direta de inconstitucionalidade ajuizada pelo

Partido Liberal – PL contra o art. 77 e seu parágrafo único da Lei federal 9.504/1997, que, respectivamente, **proíbe os candidatos a cargos do Poder Executivo de participar, no trimestre que antecede o pleito, de inaugurações de obras públicas, e comina, ao infrator, a pena de cassação do registro da candidatura. Sustentava-se, na espécie, ofensa ao art. 14, § 9º, da CF, por se ter estabelecido, sem lei complementar, nova hipótese de inelegibilidade, bem como a inobservância do princípio da isonomia, já que a norma alcançaria exclusivamente os candidatos a cargo do Poder Executivo.** Entendeu-se que a referida vedação não afronta o disposto no art. 14, § 9º, da CF, porquanto **não consubstancia nova condição de elegibilidade, destinando-se apenas a garantir igual tratamento a todos os candidatos e a impedir a existência de abusos.** Além disso, concluiu-se pela inocorrência de violação ao princípio da isonomia, por se considerar haver razão adequada para a diferenciação legal, qual seja, a de exercer o Poder Executivo função, diversa da do Poder Legislativo, de gerir a Administração Pública e de, consequentemente, decidir sobre a realização de obras. Precedente citado: ADI 1062 MC/DF (DJU de 01.07.1994). ADI 3305/DF, rel. Min Eros Grau 13.09.2006. (ADI-3305) (Inform. STF 440) **(g.n)**

Inelegibilidade: Contas Irregulares e Competência
O Tribunal denegou mandado de segurança impetrado contra decisão do Presidente do Tribunal de Contas da União – TCU que determinara a **inclusão do nome do impetrante, no respectivo *site*, na Relação de Responsáveis com Contas Julgadas Irregulares pelo TCU para Fins de Inelegibilidade, em face do art. 1º, I, "g", da Lei Complementar 64/1990.** Alegava-se, na espécie, que referida anotação possibilitaria a impugnação da candidatura do impetrante ao cargo de prefeito e que ele já teria sanado a mencionada irregularidade, pois concluíra as obras que resultaram no processo de Tomada de Contas Especial, bem como recolhera a multa que lhe fora aplicada pelo TCU. Entendeu-se que a decisão hostilizada não incorrera em nenhuma ilegalidade, por ser de natureza meramente declaratória e não constituir penalidade. **Ressaltou-se, também, ser incabível a análise do acórdão do TCU, tendo em conta orientação fixada pelo Supremo no sentido de ser da Justiça Eleitoral a competência para emitir juízo de valor a respeito das irregularidades apontadas pela Corte de Contas, e decidir se as mesmas configuram ou não inelegibilidade.** Por fim, asseverou-se, com base em consulta ao Sistema de Divulgação de Dados de Candidatos, no *site* do Tribunal Superior Eleitoral, que o registro da candidatura do impetrante não fora prejudicado pela decisão do TCU. Precedente citado: MS 22087/DF (DJU de 10.05.96). MS 24991/DF, rel. Min. Gilmar Mendes, 22.06.2006. (MS-24991) (Inform. STF 432) **(g.n)**

2.6. QUESTÕES COMENTADAS

(Procurador da República – 13º) Tratando-se de perda e suspensão de direitos políticos, pode-se afirmar que:

(A) a perda equivale à cassação;

(B) os efeitos de uma condenação criminal transitada em julgado são causa de suspensão;

(C) a condenação judicial, por ato de improbidade administrativa, nos termos do artigo 37, 4º, da Constituição Federal, é causa de perda;

(D) a aquisição voluntária de outra nacionalidade é causa de perda.

A: incorreta. O art. 15 da Constituição Federal dispõe que é vedada a cassação de direitos políticos, historicamente, como própria resposta dada às condutas semelhantes que se perfaziam ao longo do período da ditadura militar em nosso país. Contudo a perda ou suspensão dos direitos políticos é possível e previsto pelo próprio art. 15 da CF e só se dará nos casos elencados nos incisos de I a V (I – cancelamento da naturalização por sentença transitada em julgado; II – incapacidade civil absoluta; III – condenação criminal transitada em julgado, enquanto durarem seus efeitos; IV – recusa de cumprir obrigação a todos imposta ou prestação alternativa, nos termos do art. 5º, VIII; V – improbidade administrativa, nos termos do art. 37, § 4º). Sinteticamente a diferença está na possibilidade, no caso da perda e suspensão, de se "readquirir" os direitos políticos. No caso da suspensão, até que se encerre a circunstância suspensiva. No caso de perda, através de procedimento próprio regulado pela Lei 818/49 (Regula a aquisição, a perda e a reaquisição da nacionalidade, e a perda dos direitos políticos); **B:** correta, conforme expressa disposição do art. 15, III, da Constituição Federal; **C:** incorreta, em atenção à previsão contida no art. 15, V, que ao descrever a circunstância do art. 37, § 4º, da Constituição Federal, traz clareza que aos atos de improbidade administrativa importarão a suspensão dos direitos políticos. Ocorrerá também a perda da função pública (e não dos direitos políticos), a indisponibilidade dos bens e o ressarcimento ao erário; **D:** incorreta. Importante notar que a perspicácia da questão encontra-se em conferir à "aquisição voluntária de outra nacionalidade" a causa da perda dos direitos políticos. O art. 12, § 4º, da CF dispõe que será declarada a perda da nacionalidade do brasileiro que adquirir outra nacionalidade (observar exceções das alíneas do dispositivo). Tendo em vista que a nacionalidade é pressuposto essencial da cidadania e o exercício dos direitos atrelados, a perda da nacionalidade (este sim, consequência da nova nacionalidade) acarretará a perda dos direitos inerentes à cidadania, ou seja, os direitos políticos do indivíduo.

Gabarito "B"

(Procurador da República – 13º) Tendo em vista os direitos políticos, pode-se dizer que:

(A) a inelegibilidade acarreta a suspensão dos direitos políticos;

(B) a suspensão dos direitos políticos pode ser decretada por sentença judicial, em ação ordinária, de caráter não penal;

(C) a reaquisição dos direitos políticos suspensos depende de declaração judicial;

(D) a inelegibilidade acarreta a inalistabilidade.

A: incorreta, uma vez que a inelegibilidade recai sobre aquele que pretende candidatar-se a um cargo eletivo (direito político passivo), não alcançando a totalidade dos direitos políticos, como os direitos políticos ativos (direito de votar, por exemplo); **B:** correta, como dispõe o art. 15, I, da Constituição Federal; **C:** incorreta, vez que na situação de suspensão dos direitos políticos, basta que a circunstância que fundamente sua suspensão chegue a termo. Importante mencionar que no caso de perda dos direitos políticos o procedimento para que se readquira-os está contido na Lei 818/49, nos artigos 38 e seguintes, que se dará administrativamente perante o Ministério da Justiça; **D:** incorreta. Os ditos "inalistáveis" são aqueles previstos no art. 14, § 2º, da Constituição Federal, ou seja, os estrangeiros e, durante o período do serviço militar obrigatório, os conscritos. A inelegibilidade, disposta no art. 14, § 4º, da Constituição Federal, abrange os inalistáveis e analfabetos, além das demais previsões contidas na LC 64/1990, ou seja, de forma direta, a assertiva seria correta se apresentasse que a inalistabilidade acarreta a inelegibilidade.

Gabarito "B"

(Procurador da República – 15º) A soberania popular, segundo a constituição, é exercida:

I. pelo sufrágio universal e pelo voto direto e secreto, com valor igual para todos, em eleições periódicas para o Legislativo e o Executivo;

II. mediante plebiscito ou referendo;

III. pela liberdade sindical, o direito de greve e a dispensa temporária de trabalhadores;

IV. através de iniciativa popular, pela apresentação à Câmara dos Deputados de projeto de lei subscrito por, no mínimo, um por cento do eleitorado nacional, distribuído pelo menos por cinco Estados, com não menos de três décimos por cento dos eleitores de cada um deles.

Analisando as assertivas acima, pode-se afirmar que:

(A) todas estão corretas:

(B) somente as de números I, II e III estão corretas;

(C) estão corretas apenas as de números II, III e IV;

(D) apenas as de números I, II e IV estão corretas.

I: correta, conforme dispõe o art. 14 da Constituição Federal; **II:** correta, conforme art. 14, I e II, Constituição Federal; **III:** incorreta, vez que se trata de direitos inclusos no rol dos direitos sociais, bem como sobre disposições gerais da administração pública, vide arts. 9º e 37, VII, ambos da Constituição Federal; **IV:** correta, conforme dispõe o art. 14, III, da Constituição Federal regulamentado pela Lei 9.709/1998 (Regulamenta a execução do disposto nos incisos I, II e III do art. 14 da Constituição Federal).

Gabarito "D"

(Procurador da República – 17º) Os direitos políticos:

(A) não podem ser cassados ou suspensos em nenhuma hipótese no regime democrático;

(B) podem ser suspensos nos casos de improbidade administrativa e de condenação criminal transitada em julgado, enquanto durarem seus efeitos;

(C) serão cancelados, por decisão do Tribunal Superior Eleitoral, nas hipóteses de cassação de mandato de Parlamentar por violação do decoro;

(D) podem ser cassados definitivamente, nos casos de prática de crimes hediondos e terrorismo.

A: incorreta, uma vez que o art. 15 da Constituição Federal dispõe ser vedada a cassação dos direitos políticos, muito embora prescreva situações de perda e suspensão destes direitos; B: correta, conforme dispõe o art. 15, III e V, da Constituição Federal; C: incorreta, vez que a Constituição, especificamente em seu art. 15, dispõe apenas sobre a possibilidade de perda e suspensão dos direitos políticos, sendo que na situação de cassação de mandato parlamentar os direitos políticos passivos (capacidade de candidatar-se), e não a totalidade dos direitos políticos, estarão suspensos por atenção ao que reza o art. 1º, I, "b", da LC 64/1990 ao dispor que aos parlamentares que tenham perdido os respectivos mandatos por infringência do disposto nos incisos I e II do art. 55 da Constituição Federal (violação ao decoro parlamentar, no tocante ao inciso II) para as eleições que se realizarem durante o período remanescente do mandato para ao qual foram eleitos e nos oito anos subsequente ao término da legislatura. Importante observar que a inelegibilidade prevista no dispositivo da LC 64/1990 não é compreendida como suspensão dos direitos políticos. Contudo, cabe asseverar que por se tratar de uma limitação temporária de inelegibilidade (suspensão do direito de candidatar-se a cargo público – direito político passivo), pode-se dizer que parte do direito político e/ou prerrogativa de seu direito estará suspensa pelo prazo previsto. No interregno da sua inelegibilidade permanecerá apto a exercer seus demais direitos (direito político ativo); D: incorreta, uma vez que o art. 15 da Constituição Federal veda a cassação dos direitos políticos, ato essencialmente arbitrário e completamente incompatível com o Estado Democrático de Direito vigente no Brasil.

Gabarito "B"

(Procurador da República – 15º) Os direitos políticos, segundo a Constituição:

I. não poderão ter sua perda ou suspensão decretadas em nenhuma hipótese, sob pena de violação de princípio fundamental do Estado Democrático de Direito;

II. ficarão suspensos na hipótese de condenação criminal transitada em julgado, enquanto durarem seus efeitos;

III. terão sua perda ou suspensão decretada nos casos, respectivamente, de inelegibilidade absoluta ou relativa;

IV. terão sua perda decretada nos casos de incapacidade civil absoluta e de cancelamento de naturalização por sentença transitada em julgado.

Analisando as asserções acima, pode-se afirmar que:

(A) somente de número I está correta;
(B) as de números II, III e IV estão corretas;
(C) estão corretas apenas as de números II e IV;
(D) apenas as de números III e IV estão corretas.

I: incorreta, vez que a previsão de suspensão e perda dos direitos políticos está disposta no art. 15 da Constituição Federal; II: correta, vez que em consonância com o que dispor o art. 15, III, da Constituição Federal; III: incorreta, vez que serão casos de perda dos direitos políticos o cancelamento da naturalização por sentença transitada em julgado e a recusa em cumprir prestação alternativa estipulada nos termos do art. 5º, VIII, da Constituição Federal. Serão casos de suspensão dos direitos políticos a incapacidade civil absoluta, a condenação criminal (enquanto perdurarem seus efeitos) e improbidade administrativa, nos termos do art. 37, § 4º; IV: correta, vez que em conformidade com o que dispõe o art. 15, II, da Constituição Federal.

Gabarito "C"

(Procurador da República – 15º) São condições de elegibilidade, segundo a Constituição:

(A) ter o candidato concluído curso de nível superior ou, pelo menos, de nível médio, e ter a idade mínima prevista para o cargo eletivo;

(B) estar o eleitor no pleno exercício dos direitos políticos, ter no mínimo vinte e um anos de idade se brasileiro e se estrangeiro, deve ainda falar influentemente o idioma oficial do País e não pode concorrer a cargos privativos de brasileiro nato;

(C) o alistamento eleitoral, a filiação partidária e o domicílio eleitoral na circunscrição;

(D) a capacidade de persuasão do candidato e os meios materiais usados na campanha, mesmo que não seja filiado a qualquer Partido Político.

De fato a única alternativa correta é apresentada pela assertiva C, vez que representa o que dispõe o art. 14, § 3º, III, IV e V, da Constituição Federal, ao dispor sobre condições de elegibilidade.

Gabarito "C"

(Procurador da República – 17º) São condições de elegibilidade:

(A) o registro da candidatura, intensa propaganda eleitoral e votos;

(B) alistamento eleitoral, filiação partidária e domicílio eleitoral na circunscrição;

(C) aquelas estabelecidas em lei complementar a fim de proteger a probidade administrativa e a moralidade para o exercício do mandato;

(D) as que, nos termos do Código Eleitoral, são estabelecidas por resolução do Tribunal Superior Eleitoral.

De fato a única alternativa correta é apresentada pela assertiva B, vez que representa o que dispõe o art. 14, § 3º, III, IV e V, da Constituição Federal, ao dispor sobre condições de elegibilidade.

Gabarito "B"

(Procurador da República – 18º) São condições de elegibilidade, na forma da lei:

(A) a obtenção de votos válidos nas eleições e ter sido registrada a candidatura;

(B) a filiação partidária e o domicílio eleitoral na circunscrição:

(C) para Presidente da República, Governadores de Estados, Senadores e Deputados Federais, a condição de Brasileiro nato, em pleno exercício dos direitos políticos, e a idade mínima prevista para os respectivos cargos eletivos;

(D) a não configuração de hipótese de inelegibilidade e o registro do candidato na Justiça Eleitoral.

De fato a única alternativa correta é apresentada pela assertiva B, vez que representa o que dispõe o art. 14, § 3º, IV e V, da Constituição Federal, ao dispor sobre condições de elegibilidade.

Gabarito "B"

(**Procurador da República – 19º**) Na democracia brasileira:

I. a soberania popular é exercida pelo sufrágio universal e pelo voto direto e secreto, cláusula pétrea na Constituição;

II. todo o poder emana do povo, que o exerce por meio de representantes eleitos ou diretamente, mediante plebiscito, referendo ou iniciativa popular;

III. adota-se sistema parlamentarista, não podendo o Presidente da República realizar o seu programa de governo sem o apoio de maiorias eventuais na composição partidária do Congresso Nacional.

Analisando-se as assertivas acima, pode-se afirmar que:

(A) estão corretas as de números I e II;
(B) somente as de números II e III estão corretas;
(C) todas estão corretas;
(D) apenas as de números corretas.

I: correta, conforme arts. 14 e 60, § 4º, II, ambos da Constituição Federal; II: correta, conforme preceitua o art. 1º, parágrafo único, da Constituição Federal; III: incorreta, vez que após plebiscito realizado em 21.04.1993, em atenção ao mandamento expresso no art. 2º dos Atos das Disposições Constitucionais Transitórias e em razão da EC 02/1992, o sistema adotado no Brasil é o presidencialista.

Gabarito "A"

(**Procurador da República – 19º**) Os direitos políticos, segundo a Constituição da República:

(A) não podem ser cassados, nem suspensos em nenhuma hipótese, porque essenciais à consolidação do regime democrático no País;
(B) podem ser cassados nas hipóteses de corrupção e subversão, visando a garantir a lisura nos pleitos e a probidade na administração pública;
(C) podem ser suspensos, ou ter decretada a sua perda, nas hipóteses de condenação criminal transitada em julgado, enquanto durarem seus efeitos, incapacidade civil absoluta, cancelamento de naturalização por sentença transitada em julgado, recusa de cumprir obrigação a todos imposta ou prestação alternativa e improbidade administrativa;
(D) não podem ser cassados, nem suspensos, nem ter sua perda decretada, salvo nas hipóteses de estado de sítio e estado de emergência.

A: incorreta, uma vez que os direitos políticos não poderão ser cassados, no entanto a previsão contida no art. 15 autoriza a perda e suspensão dos direitos políticos nas situações elencadas em seus incisos; B: incorreta, uma vez que o art. 15 da Constituição Federal veda a cassação de direitos políticos; C: correta, conforme art. 15 da Constituição Federal; D: incorreta, vez que a suspensão e perda encontra autorização expressa no art. 15 da Constituição Federal.

Gabarito "C"

(**Procurador da República – 19º**) São condições de elegibilidade, segundo a Constituição:

(A) a receptividade pelo eleitorado de acordo com pesquisas registradas, nos termos da lei, no Tribunal Superior Eleitoral;
(B) para Deputado Federal, Senador e Presidente da República ser Brasileiro nato, ser filiado a partido político e ter domicílio eleitoral na circunscrição;
(C) as condições impostas pelos Partidos Políticos para aprovação em convenção partidária da escolha do candidato, isoladamente ou em coligação com outros Partidos, considerando os princípios da democracia interna e da autonomia para definir sua estrutura interna, organização e funcionamento;
(D) a nacionalidade Brasileira, o pleno exercício dos direitos políticos, o alistamento eleitoral, o domicílio eleitoral na circunscrição, a filiação partidária e a idade mínima prevista para os respectivos cargos eletivos.

De fato a alternativa D é a única correta, vez que o art. 14, § 3º, elenca em seus incisos quais são as condições de elegibilidade trazida pela própria Constituição Federal, quais sejam elas: I – a nacionalidade brasileira; II – o pleno exercício dos direitos políticos; III – o alistamento eleitoral; IV – o domicílio eleitoral na circunscrição; V – a filiação partidária; VI – idades mínimas previstas de: a) trinta e cinco anos para Presidente e Vice-Presidente da República e Senador; b) trinta anos para Governador e Vice-Governador de Estado e do Distrito Federal; c) vinte e um anos para Deputado Federal, Deputado Estadual ou Distrital, Prefeito, Vice-Prefeito e juiz de paz; d) dezoito anos para Vereador.

Gabarito "D"

(**Procurador da República – 20º**) A soberania popular, segundo a Constituição:

(A) é fundamento da democracia representativa e manifesta-se apenas nas eleições dos representantes do povo;
(B) é exercida unicamente por meio dos seus representantes e nunca diretamente pelo próprio povo;
(C) significa que o povo tem poderes inerentes ao soberano e sempre diretamente exercido por ele próprio;
(D) será exercida pelo sufrágio universal e pelo voto direto e secreto, com valor igual para todos, e, nos termos da lei, mediante plebiscito, referendo e iniciativa popular.

De fato a única alternativa correta está contida na assertiva D, uma vez que em consonância com o art. 14 da Constituição Federal.

Gabarito "D".

(Procurador da República – 20º) São condições de elegibilidade, na forma da lei:

(A) atender aos anseios populares e ter votos suficientes nas eleições;

(B) ser íntegro e ter a competência e experiência necessárias para o cargo eletivo pretendido;

(C) a nacionalidade brasileira, o pleno exercício dos direitos políticos, o alistamento eleitoral, o domicílio eleitoral na circunscrição, a filiação partidária e a idade mínima para os cargos eletivos, nos termos da Constituição;

(D) as exigidas pelos Partidos Políticos para as candidaturas, dentre outras as de moralidade administrativa e competência, além das cotas para as mulheres nas hipóteses de eleições proporcionais para Deputados Federais e Estaduais;

De fato a alternativa C é a única correta, vez que o art. 14, § 3º, elenca em seus incisos quais são as condições de elegibilidade trazida pela própria Constituição Federal, quais sejam elas: I – a nacionalidade brasileira; II – o pleno exercício dos direitos políticos; III – o alistamento eleitoral; IV – o domicílio eleitoral na circunscrição; V – a filiação partidária; VI – idades mínimas previstas de: a) trinta e cinco anos para Presidente e Vice-Presidente da República e Senador; b) trinta anos para Governador e Vice-Governador de Estado e do Distrito Federal; c) vinte e um anos para Deputado Federal, Deputado Estadual ou Distrital, Prefeito, Vice-Prefeito e juiz de paz; d) dezoito anos para Vereador.

Gabarito "C".

(Procurador da República – 21º) As condições de elegibilidade, segundo a Constituição:

(A) somente permitem que os candidatos sejam eleitos se forem competentes e íntegros e obtiverem apoio partidário e popular;

(B) são condições impostas a todos, partidos políticos e candidatos, sob pena de inelegibilidade absoluta;

(C) condicionam a votação do eleitorado à verificação futura da moralidade administrativa do candidato pela Justiça Eleitoral;

(D) são pré-requisitos para a candidatura a cargos eletivos, como filiação partidária e domicílio eleitoral, sendo as inelegibilidades restrições à capacidade eleitoral passiva.

A única alternativa correta é a D, pois se associa ao que dispõe o art. 14, §§ 3º e 4º, da Constituição Federal. A doutrina orienta que a Constituição Federal elencou, no referido dispositivo, requisitos que precisam ser atendidos para se permitir que o cidadão possa vir a exercer um mandato político. Por outra banda, a inelegibilidade é a impossibilidade de o cidadão ser eleito para cargo público, em razão de não poder ser votado, impendindo-o de exercer seus direito políticos de forma passiva.

Gabarito "D".

(Procurador da República – 24º) Os direitos políticos no sistema constitucional-eleitoral do Brasil:

(A) Compreendem o alistamento não obrigatório e o voto obrigatório, porém o eleitor deve se vincular a uma circunscrição eleitoral havendo relação com o seu domicílio, o qual não se confunde com o domicílio civil.

(B) São exercidos apenas pelos Brasileiros natos, desde que presentes os requisitos de domicílio eleitoral, alistamento, idade mínima, ausência de condenação criminal, condições de elegibilidade e ausência de hipóteses de inelegibilidade.

(C) Estão entre os direitos fundamentais e se manifestam, além das eleições para os cargos públicos, através do plebiscito e referendo e a necessidade de prévia consulta á população para a elaboração das resoluções do Tribunal Superior Eleitoral.

(D) Envolve a cidadania ativa e passiva, sendo um dos pilares do Estado democrático de direito, inexistindo possibilidade de cassação.

A alternativa D é a única correta, pois reúne de maneira global, superficial e sintética a conceituação mais acertada dentre as elencadas. O conceito de direitos políticos envolve seus aspectos ativos e passivos (direito político ativo e direito político passivo) respectivamente quanto aos direitos de votar e ser votado, obedecendo-se os regramentos específicos a cada caso, diante das previsões contidas na Constituição Federal e legislação eleitoral específica. Também, como resquício à avessa mostrada pela Constituição a posturas adotadas perante a ditadura militar (anterior ao Texto), há a expressa vedação à cassação dos direitos políticos, como sendo inerente ao regime democrático de direito.

Gabarito "D".

(Procurador da República – 24º) As condições de elegibilidade:

(A) confundem-se com as hipóteses de inelegibilidade, envolvendo as mesmas situações jurídicas. As condições de elegibilidade podem ser examinadas em recurso contra a expedição de diploma e em ação de investigação judicial eleitoral.

(B) são fixadas na Constituição Federal e tratam da filiação partidária apesar da natureza jurídica dos partidos políticos no Brasil. A filiação como condição de elegibilidade obedece a prazo definido e o procedimento de filiação é feito segundo as regras estabelecidas no partido.

(C) são fixadas na Constituição Federal e abordam a idade mínima, prevista no texto constitucional, tendo como referência, segundo a lei, a data da eleição, sendo de 18 anos para vereador, 21 anos para Prefeito, 30 anos para Governador e 35 para Senador.

(D) são aferidas pela Justiça eleitoral quando do pedido de registro de candidatos. A suspensão dos direitos políticos, por condenação criminal com trânsito em julgado, é efeito da sentença penal, com repercussão eleitoral, dependendo de pronunciamento expresso do juiz criminal.

A: incorreta, vez que há tratamento diverso às condições de elegibilidade e hipóteses de inelegibilidades. Na primeira situação, das condições de elebigilidade, há expresso na Constituição todas elas, quais sejam as elencadas pelo art. 14, § 3º, I a VI. Na segunda situação, quanto às hipóteses de inelegibilidade, além das trazidas pelo art. 14, §§ 4º ao 8º, observamos a LC 64/1990 (em observância ao art. 14, § 9º CF), onde existem inúmeros outros casos de inelegibilidade e os prazos de sua cessação.

Gabarito "B"

(Procurador da República – 26º) A suspensão dos direitos políticos em virtude de condenação criminal transitada em julgado:

(A) só ocorre quando a sentença condenatória expressamente a declarar, não constituindo seu efeito automático;

(B) para cessar depende do cumprimento da pena, da declaração da reabilitação do condenado e, quando for o caso, da comprovação da reparação dos danos causados à vítima;

(C) não ocorre quando a sentença condenatória aplicar exclusivamente pena de multa;

(D) perdura durante o período de prova da suspensão condicional da pena.

O art. 15, III, da Constituição Federal dispõe que a condenação criminal transitada em julgado determina a suspensão de direitos políticos enquanto perdurarem seus efeitos. A doutrina atenta para o fato da expressão genérica "condenação criminal" contida no dispositivo, de modo que não importa a natureza da pena aplicada, pois em qualquer caso os direitos políticos ficarão suspensos até o findar daqueles efeitos. Desta sorte, irrelevante que o réu seja beneficiado pelo sursis (art. 77 do Código Penal), vez que ainda assim estaríamos diante dos efeitos condenatórios, ainda que suspensos em razão do benefício. Assim, a alternativa D é a única correta.

Gabarito "D"

(Procurador da República – 13º) Tratando-se de inelegibilidade, pode-se afirmar que:

(A) o Vereador é inelegível para o mesmo cargo, no período subsequente, no mesmo Município;

(B) o Prefeito é inelegível para o cargo de Vice- Prefeito, no mesmo Município, no período subsequente;

(C) é inelegível o Vereador, filho de Prefeito do mesmo Município, para o mesmo cargo de Vereador;

(D) é inelegível para Deputado Estadual o filho de Prefeito, do mesmo Estado-membro.

A: incorreta, vez que se trata da situação de reeleição do vereador no mesmo município, não havendo impedimento para tanto, como ocorre nos cargos majoritários, que possuem limitação de única reeleição, conforme art. 14, § 5º, da Constituição Federal (EC 16/1997); B: correta, o § 6º do art. 14 da Constituição Federal estabelece que, para concorrerem a outros cargos, o Presidente da República, os Governadores de Estado e do Distrito Federal e os Prefeitos devem renunciar aos respectivos mandatos até seis meses antes do pleito. Desse modo, o prefeito, em primeiro mandato, não pode candidatar-se ao cargo de vice-prefeito se não houver se desincompatibilizado no período de seis meses que antecede o pleito. A alternativa B, apresentada como correta pelo gabarito, é incompleta no sentido de não fornecer ao candidato informação quanto à desincompatibilização, se ocorreu (e quando) ou não. C: incorreta, uma vez que não há previsão de inelegibilidade da situação descrita. D: incorreta, pela falta de previsão do caso descrito como hipótese de inelegibilidade.

Gabarito "B"

(Procurador da República – 13º) Oficial, da ativa, de qualquer das forças armadas, com mais de dez anos de serviço:

(A) é inelegível, porque proibida constitucionalmente sua filiação a partido político;

(B) é elegível, não se lhe aplicando o prazo de filiação partidária, mas, apenas, o de registro de candidato;

(C) se eleito Deputado Estadual, torna-se agregado, no ato de diplomação;

(D) se eleito Senador, passa para a inatividade, independentemente do ato de diplomação.

De fato a alternativa B é a única correta. Inicialmente importante notar o que dispõe o art. 14, § 8º, da Constituição Federal. Especificamente o art. 12, § 1º, da Resolução 22.156/2006 do TSE, que reproduz a totalidade do dispositivo constitucional, a condição de elegibilidade relativa à filiação partidária não é exigível ao militar da ativa de qualquer das forças armadas que pretenda concorrer a cargo eletivo, bastando o pedido de registro de candidatura após prévia escolha em convenção partidária.

Gabarito "B"

(Procurador da República – 14º) São inelegíveis:

I. os analfabetos, os estrangeiros e, durante o período do serviço militar obrigatório, os conscritos;

II. no território da jurisdição do titular, os parentes consanguíneos ou afins, até o segundo grau ou por adoção, do Vice-Prefeito ou do Vice-Governador que tenham substituído o Chefe do Executivo dentro dos seis meses anteriores ao pleito, salvo se já titular de mandato eletivo e candidato à reeleição;

III. para os mesmos cargos de Presidente da República, Governadores de Estado e do Distrito Federal, e Prefeitos, os que tiverem exercido em qualquer época e os titulares ou quem os houver sucedido ou substituído no período de seis meses anteriores ao pleito;

IV. os que incidirem nas hipóteses previstas em lei complementar, visando a proteger a probidade na administração pública, a moralidade no exercício do mandato, considerada a vida pregressa do candidato, e a normalidade das eleições contra o abuso do poder econômico ou de autoridade.

Analisando as assertivas acima, pode-se afirmar que:

(A) todas estão corretas;
(B) somente as de números I e IV estão corretas;
(C) estão corretas apenas as de número II e III;
(D) as de números I, II e IV estão corretas.

I: correta, conforme art. 14, § 4º, da Constituição Federal. Em relação aos estrangeiros e os conscritos (em período do serviço militar obrigatório) tornam-se inelegíveis uma vez que pelo art. 14, § 2º, da Constituição Federal, tornam-se inalistáveis, implicando na proibição contida no primeiro dispositivo referido (art. 14, § 4º, CF: "São inelegíveis os inalistáveis e os analfabetos."); **II:** correta, conforme art. 14, § 7º, da Constituição Federal; **III:** incorreta, observadas as seguintes afirmações: a- O art. 14, § 5º, da Constituição Federal admite única reeleição aos cargos majoritários; b- O art. 14, § 6º, da Constituição Federal prevê que para concorrerem a outros cargos, o Presidente da República, os Governadores de Estado e do Distrito Federal e os Prefeitos devem renunciar aos respectivos mandatos até seis meses antes do pleito, porém não há previsão legal de afastamento ou renúncia na situação dos detentores daqueles cargos concorrerem à reeleição (Curiosidade: PEC 44/1999 e 392/2006 propunham a alteração do dispositivo Constitucional fazendo inserir a necessidade da renúncia na situação de reeleição. Ambas PECs foram arquivadas); **IV:** correta, pois conforme o art. 14, § 9º, da Constituição Federal.

Gabarito "D"

(Procurador da República – 15º) São inelegíveis:

I. os inalistáveis e os analfabetos;

II. o cônjuge e os parentes consanguíneos ou afins, até o segundo grau ou por adoção, do Presidente da República, do Governador ou do Prefeito, no território da jurisdição do titular, em qualquer hipótese;

III. os que forem condenados criminalmente, com sentença transitada em julgado, pela prática de crime contra a administração pública, pelo prazo de três anos após o cumprimento da pena;

IV. aqueles que não se tenham afastado de determinados cargos públicos mencionados na lei das inelegibilidades, a que se refere a Constituição Federal, nos prazos legais para desincompatibilização.

Analisando as assertivas acima, pode-se afirmar que:

(A) as de números I, II e III estão corretas;
(B) estão corretas apenas as de números II, III e IV;
(C) somente as de números I, III e IV estão corretas;
(D) todas estão corretas.

I: correta, conforme art. 14, § 4º, da Constituição Federal; **II:** incorreta, vez que o art. 14, § 7º, da Constituição Federal traz em seu preceito a exceção da inelegibilidade descrita na assertiva, ou seja, serão aqueles inelegíveis salvo se já titulares de mandato eletivo e candidatos à reeleição; **III:** incorreta, vez que o art. 1º, I, "e", 1, da LC 64/1990 dispõe que o prazo será de 8 (oito) anos; **IV:** correta, uma vez que desta forma o indivíduo estaria incurso nas hipóteses legais de inelegibilidade. O gabarito apresentado é o de alternativa C, porém a questão abordada pelo item III foi atualizada pela LC 135/2010, aumentando o prazo de 03 para 08 anos, conforme enunciado e comentários.

Gabarito "C"

(Procurador da República – 16º) As inelegibilidades, conforme a constituição:

(A) são condições de elegibilidade que têm caráter absoluto, em todas as hipóteses, visando a assegurar a lisura no processo eleitoral;

(B) distinguem-se das condições de elegibilidade e, além das inelegibilidades constitucionais, outras hipóteses de inelegibilidade, de natureza infraconstitucional, são estabelecidas em lei complementar;

(C) podem ser absolutas ou relativas, constitucionais ou infraconstitucionais, implicando restrições a direitos políticos somente nas hipóteses definidas pelo Ministério Público diante da gravidade das violações à lisura do pleito;

(D) não permitem a reelegibilidade para os cargos de Chefia dos Poderes Executivo Federal, Estadual e Municipal, salvo na hipóteses de plebiscito.

A: incorreta, pois condições de elegibilidade, elencadas pela própria Constituição no art. 14, § 3º, diferenciam-se das hipóteses de inelegibilidade, previstas tanto na Constituição (art. 14, § 4º e seguintes), como na LC 64/1990, onde são estabelecidos outros casos de inelegibilidade, bem como prazos de sua cessão, a fim de proteger a probidade administrativa, a moralidade para exercício de mandato considerada a vida pregressa do candidato, e a normalidade e legitimidade das eleições contra a influência do poder econômico ou o abuso do exercício de função, cargo ou emprego na administração direta ou indireta, como preceitua o art. 14, § 9º, da CF; **B:** correta, conforme art. 14, § 9º, da CF e LC 64/1990; **C:** incorreta, uma vez que apenas a Constituição Federal e a Lei Complementar (conforme art. 14, § 9º, CF) disporão sobre as hipóteses de inelegibilidade, não havendo atribuição ao Ministério Público definir tais situações; **D:** incorreta, vez que inexistente a assertiva em nosso ordenamento.

Gabarito "B"

(Procurador da República – 17º) São inelegíveis:

(A) o cônjuge e os parentes consanguíneos ou afins, até o segundo grau ou por adoção, dos Senadores e Deputados;
(B) os inalistáveis e os analfabetos;
(C) os brasileiros naturalizados;
(D) os militares, os magistrados e os membros do Ministério Público.

De fato a alternativa B é a única correta, vez que faz relação direta com o disposto no art. 14, § 4º, da Constituição Federal.

Gabarito "B"

(Procurador da República – 18º) As inelegibilidades:

(A) se não arguidas na impugnação do registro de candidatura, podem ser opostas a qualquer momento, mesmo as de natureza infraconstitucional;

(B) estão previstas na própria Constituição e no Código Eleitoral;

(C) são restrições impostas a pessoas que tiveram seus direitos políticos suspensos por decisão da Justiça Eleitoral;

(D) estão previstas na Constituição Federal e em Lei Complementar, estabelecendo esta outros casos e os prazos de sua cessação.

A: incorreta. O art. 3º da LC 64/1990 dispõe que caberá a qualquer candidato, a partido político, coligação ou ao Ministério Público, no prazo de 5 (cinco) dias, contados da publicação do pedido de registro do candidato, impugná-lo em petição fundamentada. Ocorre que o prazo, em atenção ao que também dispõe o art. 16 da LC 64/1990, é peremptório, ou seja, improrrogável. Desta forma é cediço compreender que ultrapassado o prazo de 05 dias mencionado pelo art. 3º da LC 64/1990, não haverá outra oportunidade de se arguir acerca da inelegibilidade do indivíduo; **B**: incorreta, uma vez que as hipóteses de inelegibilidade estão previstas na Constituição Federal (art. 14, § 4º e seguintes) e na Legislação Complementar (LC 64/1990); **C**: incorreta, uma vez que as hipóteses de inelegibilidade trata-se de fatores negativos que subtraem a capacidade eleitoral passiva do indivíduo. Minoria da doutrina entende que poderia se tratar de uma situação forçosamente compreendida como suspensão dos direitos políticos de maneira ampla, vez que a capacidade eleitoral passiva é elemento dos direitos políticos, porém, entendimento correto está em compreender a inelegibilidade como impedimento momentâneo ao exercício amplo da cidadania, especialmente a cidadania passiva; **D**: correta, nos exatos termos do que dispõe o art. 14, § 9º, da Constituição Federal.

Gabarito "D"

(Procurador da República – 19º) As inelegibilidades:

(A) são restrições a direitos políticos que somente podem ser estabelecidas no próprio texto da Constituição ou no Código Eleitoral;

(B) podem ser constitucionais ou infraconstitucionais, sendo que estas são previstas em lei complementar para proteger a probidade administrativa, a moralidade para o exercício do mandato e a normalidade e legitimidade das eleições contra a influência do poder econômico ou o abuso do exercício de função, cargo ou emprego na administração direta ou indireta;

(C) implicam restrições à capacidade eleitoral ativa e passiva, impedindo, como restrições dos direitos políticos, o direito de votar e de ser votado;

(D) devem ser interpretadas de forma extensiva e analógica visando a restringir direitos políticos ativos e passivos de participação no processo eleitoral, inclusive o alistamento e o voto.

A: incorreta, uma vez que as hipóteses de inelegibilidade estão previstas na Constituição Federal (art. 14, § 4º e seguintes) e na Legislação Complementar (LC 64/1990); **B**: correta, nos exatos termos do que dispõe o art. 14, § 9º, da Constituição Federal; **C**: incorreta, vez que a inelegibilidade em nada atinge a capacidade eleitoral ativa, visando apenas incapacitar passivamente o indivíduo que se enquadre nas hipóteses elencadas na Constituição Federal e na LC 64/1990; **D**: incorreta, as hipóteses de inelegibilidade contidas na CF e na LC 64/1990 são taxativas e visam proteger a probidade administrativa, a moralidade para o exercício do mandato e a normalidade e legitimidade das eleições contra a influência do poder econômico ou o abuso do exercício de função, cargo ou emprego na administração direta ou indireta, em nada atingindo a capacidade eleitoral ativa, qual seja o direito ao alistamento e voto.

Gabarito "B"

(Procurador da República – 20º) As hipóteses de inelegibilidades:

I. estão previstas no Código Eleitoral e resultam de decisões da justiça Eleitoral nele baseadas;

II. são situações fáticas, sem previsão legal, apuradas em representações por abuso de poder econômico e político;

III. estão previstas na Constituição Federal e ainda em lei complementar a fim de proteger a probidade administrativa, a moralidade para o exercício do mandato, considerada a vida pregressa do candidato, a normalidade e legitimidade das eleições contra a influência do poder econômico ou o abuso do exercício de função, cargo ou emprego na administração direta ou indireta;

IV. são situações de direito eleitoral, tipificadas como crimes eleitorais, tendo em vista a improbidade administrativa e as ilegalidades nos gastos nas campanhas, corrupção, fraude e abuso do poder econômico.

Analisando-se as assertivas acima, pode-se afirmar que:

(A) somente as de números I e IV estão corretas;

(B) estão corretas as de número II e III;

(C) apenas a de número III está correta;

(D) somente a de número I correta.

I: incorreta, visto que as hipóteses de inelegibilidade estão elencadas na Constituição Federal (art. 14, § 4º e seguintes) e em Legislação Complementar (LC 64/1990); **II**: incorreta, pois se trata de previsão legal de hipóteses taxativas contidas na Constituição Federal e Legislação Complementar; **III**: correta, conforme art. 14, § 9º, da Constituição Federal; **IV**: incorreta, vez que as hipóteses de inelegibilidade trazidas pela Constituição e pela LC 64/1990 possuem fim de proteger a probidade administrativa, a moralidade para exercício de mandato.

Gabarito "C"

(Procurador da República – 21º) São inelegíveis:

I. os candidatos que incidirem nas hipóteses de inelegibilidade previstas na Constituição Federal e na Lei Complementar 64/90;

II. os candidatos declarados como tais pela Justiça Eleitoral, em decisão transitada em julgado, julgando procedente representação por abuso de poder econômico, de poder de autoridade ou utilização indevida de veículos ou meios de comunicação social;

III. os candidatos à reeleição para a Chefia do Executivo, e quem os houver sucedido ou substituído no curso dos mandatos, para mais de um período subsequente;

IV. os candidatos à reeleição para o Poder Legislativo, por mais de dois mandatos, seja pelo sistema proporcional ou segundo o princípio majoritário.

Analisando-se as assertivas acima, pode-se afirmar que:

(A) todas estão corretas;
(B) apenas as de números I e II estão corretas;
(C) estão corretas as de números I, II e III;
(D) todas estão incorretas.

A única assertiva que traz afirmação incorreta é a IV, uma vez que inexiste previsão legal que limite a reeleição do ocupante de cargo legislativo.

Gabarito "C"

(Procurador da República – 22º) Para o membro do Ministério Público concorrer a cargo eletivo:

(A) deve afastar-se definitivamente do cargo e filiar-se a Partido Político até 6 (seis) meses antes da data fixada para o pleito eleitoral, além de observar as exigências previstas na legislação eleitoral, concernentes, dentre outras, ao domicílio eleitoral e aos prazos de desincompatibilização;
(B) deve licenciar-se de suas funções institucionais, nos termos da lei, quando de sua filiação a partido político, que deve ocorrer até 1 (um) ano antes da data das eleições;
(C) deve, além de estar filiado ao partido político há pelo menos 1 (um) ano da data das eleições, observar os prazos de desincompatibilização previstos na legislação eleitoral, ficando impedido de exercer as suas funções institucionais desde essa época até o término de seu mandato eletivo, cabendo-lhe cancelar a sua filiação partidária para reassumir suas funções ministeriais, quedando impedido, neste caso, de desempenhar as pertinentes ao Ministério Público Eleitoral pelo prazo de 2 (dois) anos contados do cancelamento de sua filiação ao partido;
(D) nenhuma das alternativas acima está correta.

A única resposta correta é encontrada na alternativa A. Membros do Ministério Público podem se candidatar a cargo eletivo, mas para tanto deverão se afastar definitivamente (se exonerar) dos cargos que ocupam; nesse caso, são dispensados de ostentar filiação partidária por mais de um ano antes do pleito, como impõe o art. 9º da Lei 9.504/1997. A necessidade de se afastar definitivamente do cargo ocupado foi introduzida pela EC 45/2004, que alterou a parte final da alínea "e", II, § 5º, do art. 128 da CF.

Gabarito "A"

(Procurador da República – 26º) Assinale a alternativa correta:

(A) ao contrário do Presidente da República, dos Governadores de Estado e do Distrito Federal e dos Prefeitos, que para concorrerem a outros cargos devem renunciar aos respectivos mandatos até seis meses antes do pleito, o Vice-Presidente, o Vice-Governador e o Vice-Prefeito poderão se candidatar a outros cargos, preservando seus mandatos respectivos, desde que, nos últimos 6 (seis) meses anteriores ao pleito, não tenham sucedido ou substituído o titular;
(B) o sobrinho do prefeito é inelegível para o cargo de vereador no mesmo município, salvo se for candidato à reeleição ou se o prefeito se afastar definitivamente do seu cargo até seis meses antes da eleição;
(C) aos originários de países de língua portuguesa com residência permanente no país. Se houver reciprocidade em favor dos brasileiros no respectivo país de origem, poderá ser atribuído pela lei, independentemente de naturalização, os direitos inerentes ao brasileiro, inclusive o gozo dos direitos políticos, respeitados os cargos reservados pela Constituição aos brasileiros natos;
(D) será declarada a perda da nacionalidade, e a consequente perda dos direitos políticos, ao brasileiro que adquirir outra nacionalidade em face de reconhecimento de nacionalidade originária pela lei estrangeira.

A: correta, em atenção ao que dispõe o art. 1º, § 2º, da LC 64/1990; **B:** incorreta, uma vez que a hipótese de inelegibilidade disposta no art. 14, § 7º, é taxativa quanto ao parentesco até 2º grau, distante do que ilustra a assertiva, vez que o sobrinho do prefeito encerra parentesco de 3º grau, consanguíneo, linha colateral.

Gabarito "A"

(Ministério Público/BA – 2008) Assinale a alternativa correta:

(A) Para concorrerem a outros cargos eletivos, os Governadores de Estado e os Prefeitos devem renunciar aos respectivos mandatos até seis meses antes do pleito.
(B) Para concorrer a cargo eletivo somente os servidores públicos estatutários das administrações direta ou indireta, dos entes da Federação, deverão afastar-se de seu cargo três meses antes do pleito.
(C) Para concorrer ao cargo de prefeito ou vice-prefeito, o secretário de estado deverá observar o prazo de seis meses para desincompatibilizar-se.
(D) Os magistrados e membros do Ministério Público necessitam de licença de suas funções institucionais para dedicar-se à atividade político partidária.
(E) São inelegíveis, apenas para cargos no território de jurisdição do titular, o cônjuge, parentes consanguíneos ou afins até o terceiro grau, do Prefeito e do Vice-Prefeito, salvo se titular de mandato eletivo ou candidato à reeleição.

A: correta, uma vez que em plena consonância com o que dispõe o art. 1º, § 1º, da LC 64/1990; **B:** incorreta, uma vez que o dispositivo legal a que se é feito menção nesta assertiva, art. 1º, II, "l", da LC 64/1990, dispõe, na realidade, acerca de servidores públicos estatutários ou não estatutários; **C:** incorreta, uma vez que quanto à candidatura do secretário de estado a necessidade de descompatibilização refere-se aos cargos de Presidente e Vice-Presidente da República, como bem assegura o art. 1º, II, item 12, da LC 64/1990; **D:** incorreta, uma vez que é necessário o afastamento definitivo e não licença de suas funções, como é possível verificar no art. 1º, II, "a", item 8, da LC 64/1990. Quanto aos membros do Ministério Público resta válido ressaltar o dispositivo inaugurado pela Emenda Constitucional 45, de 08 de dezembro de 2004, a qual, dentre outras providências, conferiu nova redação ao inciso II, "e", do § 5º do artigo 128 da Constituição Federal, passando a vedar aos membros do Ministério Público o exercício de qualquer atividade político-partidária. Caso emblemático é o do Deputado Estadual Fernando Capez, que trouxe à baila a discussão acerca da inatingibilidade da EC 45/2004 àqueles membros do Ministério Público diplomados em período anterior a 1988, o que lhe concederia o benefício de dedicar-se a atividades político-partidárias sem o afastamento, bastando a licença de suas funções institucionais. Situação esta expressamente vedada aos magistrados, em atenção ao que disciplina a Constituição Federal no art. 95, parágrafo único, III; **E:** incorreta, uma vez que a assertiva não representa o disposto pelo art. 1º, § 3º, da LC 64/1990.

Gabarito "A".

(Ministério Público/CE – 2011 – FCC) Segundo a Constituição Federal o alistamento eleitoral e o voto são:

(A) obrigatórios para os maiores de dezesseis anos.

(B) facultativos para os estrangeiros residentes no país há mais de três anos.

(C) facultativos para os analfabetos e os conscritos durante o serviço militar obrigatório.

(D) obrigatório o alistamento e facultativo o voto dos maiores de dezesseis e menores de dezoito anos.

(E) facultativos para os maiores de setenta anos.

De fato a única alternativa correta é a trazida pela assertiva E, uma vez que o art. 14, § 1º, da Constituição Federal dispõe que o alistamento eleitoral e o voto são obrigatórios para os maiores de dezoito anos e facultativos para os analfabetos, maiores de setenta anos e maiores de dezesseis e menores de dezoito anos.

Gabarito "E".

(Ministério Público/CE – 2011 – FCC) São condições de elegibilidade para o cargo de Vice-Governador de Estado:

(A) nacionalidade brasileira, pleno exercício dos direitos políticos, alistamento eleitoral, domicílio eleitoral na circunscrição, filiação partidária e idade mínima de trinta anos.

(B) naturalidade brasileira, pleno exercício dos direitos políticos, domicílio eleitoral na circunscrição, filiação partidária e idade mínima de trinta anos.

(C) nacionalidade brasileira, pleno exercício dos direitos políticos, alistamento eleitoral, domicílio eleitoral no território nacional, filiação partidária e idade mínima de trinta e cinco anos.

(D) nacionalidade brasileira, pleno exercício dos direitos políticos, alistamento eleitoral, domicílio eleitoral na circunscrição e idade mínima de vinte e cinco anos.

(E) naturalidade brasileira, pleno exercício dos direitos políticos, alistamento eleitoral, filiação partidária e idade mínima de trinta e cinco anos.

De fato, em atenção ao que questiona o enunciado, as condições de elegibilidade do pretendente ao cargo de Vice-Governador de Estado são encontradas ao longo do art. 14, § 3º, c.c art. 14, § 3º, VI, "b", da CF.

Gabarito "A".

(Ministério Público/MA – 2009) Assinale a alternativa **incorreta**.

(A) Exercer plenamente os direitos políticos significa estar habilitado a ser eleitor e a ser candidato a cargos eletivos. Enquanto a perda ou suspensão dos direitos políticos implica na restrição a ser eleitor e a ser candidato, a inelegibilidade restringe apenas parcela dos direitos políticos relativa a de se candidatar a cargos públicos eletivos.

(B) Há perda dos direitos políticos nos casos de cancelamento da naturalização por sentença transitada em julgado e perda voluntária da nacionalidade brasileira.

(C) A suspensão dos direitos políticos só se dará nos casos de incapacidade civil absoluta, condenação criminal transitada em julgado, enquanto durarem seus efeitos, recusa de cumprir obrigação a todos imposta ou prestação alternativa e improbidade administrativa.

(D) A suspensão da inscrição eleitoral dar-se-á, ainda, nos casos de conscrição e outorga a brasileiros do gozo dos direitos políticos em Portugal, de acordo com o Estatuto da Igualdade entre Brasileiros e Portugueses.

(E) São inelegíveis para qualquer cargo os que tenham contra sua pessoa representação julgada procedente pela Justiça Eleitoral, transitada em julgado, em processo de apuração de abuso do poder econômico ou político, para a eleição na qual concorrem ou tenham sido diplomados, bem como para as que se realizarem 3 (três) anos seguintes; e os que forem condenados criminalmente, com sentença transitada em julgado, pela prática de crime contra a economia popular, a fé pública, a administração pública, o patrimônio público, o mercado financeiro, pelo tráfico de entorpecentes e por crimes eleitorais, pelo prazo de 3 (três) anos, após o cumprimento da pena.

A: correta, conforme os arts. 14 e 15 da CF; **B:** correta, conforme os arts. 14, § 3º, I, e 15, I, da CF; **C:** incorreta (devendo esta ser assinalada), pois, para a doutrina majoritária, a recusa de cumprir obrigação a todos impostas é considerada causa de **perda** de direitos políticos, assim como o cancelamento da naturalização por sentença transitada em julgado e a perda voluntária da nacionalidade, e não simples **suspensão** dos direitos políticos – art. 15 da CF; **D:** correta, conforme o art. 7º, § 3º, do Estatuto da Igualdade (promulgado pelo Decreto 70.391/1972); **E:** correta. Muitíssimo importante, com a chamada Lei da Ficha Limpa (LC 135/2010, que alterou a LC 64/1990), a simples decisão proferida por órgão colegiado do Judiciário torna a pessoa inelegível – art. 1º, I, "d" e "e", da Lei da Inelegibilidade – LI (LC 64/1990).

Gabarito "C"

(Ministério Público/MA – 2002) Sobre as condições constitucionais de elegibilidade é incorreto afirmar:

(A) O candidato deverá possuir domicílio eleitoral na respectiva circunscrição pelo prazo de, pelo menos, um ano antes do pleito.

(B) O candidato a Presidente da República deverá ter, no mínimo, trinta e cinco anos de idade.

(C) O candidato a Deputado Federal e a Senador da República deve ser brasileiro nato.

(D) O candidato deverá estar com filiação deferida pelo partido político no prazo de um ano antes do pleito, se por um tempo maior não estiver previsto no estatuto da agremiação.

(E) O candidato a Deputado Estadual deverá ter, no mínimo, vinte e um anos de idade.

A: correta, art. 14, § 3º, IV, da CF e art. 9º da Lei 9.504/1997; **B:** correta, art. 14, § 3º, VI, "a", da CF; **C:** incorreta (devendo ser assinalada), pois somente as presidências da Câmara e do Senado são privativas de brasileiros natos (não o cargo de deputado ou de senador) – art. 12, § 3º, II e III, da CF; **D:** correta, arts. 18 e 20 da Lei dos Partidos Políticos – LPP (Lei 9.096/1995); **E:** correta, art. 14, § 3º, VI, "c", da CF.

Gabarito "C"

(Ministério Público/MS – 2011 – FADEMS) Assinale a alternativa **incorreta**. É vedada a cassação de direitos políticos,

(A) salvo se for decretada a incapacidade civil absoluta;

(B) salvo escusa de consciência, invocada por quem pretende eximir-se do adimplemento de obrigação legal a todos imposta (art. 5º, VIII, da CF);

(C) salvo se houver condenação criminal transitada em julgado, enquanto durarem seus efeitos;

(D) salvo condenação por improbidade administrativa, nos termos do art. 37, § 4º, da CF;

(E) todas as alternativas são corretas.

É vedada a cassação de direitos políticos, cuja perda ou suspensão só se dará nos casos de: (i) cancelamento da naturalização por sentença transitada em julgado, (ii) incapacidade civil absoluta, (iii) condenação criminal transitada em julgado, enquanto durarem seus efeitos, (iv) recusa de cumprir obrigação a todos imposta ou prestação alternativa, nos termos do art. 5º, VIII, da CF, (v) improbidade administrativa, nos termos do art. 37, § 4º, da CF – art. 15 da CF. Como visto, todas as alternativas são corretas, de modo que a "E" deve ser indicada.

Gabarito "E"

(Ministério Público/MS – 2011 – FADEMS) Analise as assertivas abaixo.

I. A perda ou suspensão dos direitos políticos pode acarretar várias consequências jurídicas, e será automática, não cabendo mais recurso visando à manutenção dos direitos políticos do cidadão.

II. Uma das consequências jurídicas da perda ou a suspensão de direitos políticos é o cancelamento do alistamento.

III. Não é automática a exclusão do corpo de eleitores, em caso de perda ou suspensão dos direitos políticos, devendo seguir um procedimento próprio na Justiça Eleitoral.

IV. O eleitor que teve suspenso seus direitos políticos não tem legitimidade para propor ação popular, enquanto perdurar esta situação.

V. O cidadão tem direito a ampla defesa, antes de ser excluído do corpo de eleitores, podendo, se for o caso, requerer produção de prova visando manter os seus direitos políticos.

(A) todos os itens estão corretos;

(B) somente os itens I, III e V estão incorretos;

(C) somente os itens II, III, IV e V estão corretos;

(D) somente os itens I, II e IV estão incorretos;

(E) todos os itens estão incorretos.

I: incorreta, pois da decisão do juiz eleitoral de exclusão do eleitor cabe recurso no prazo de três dias para o Tribunal Regional – art. 80 do CE; **II:** correta, conforme o art. 71, II, do CE; **III:** correta, conforme o art. 77 do CE; **IV:** correta, pois a propositura da ação popular depende do pleno exercício da cidadania – art. 1º, § 3º, da Lei 4.717/1965; **V:** correta, conforme o art. 77, III, do CE.

Gabarito "C"

(Ministério Público/MS – 2011 – FADEMS) Embora eleitores, não podem votar:

(A) os eleitores analfabetos;

(B) os oficiais, aspirantes a oficiais, subtenentes ou suboficiais, sargentos ou alunos das escolas militares de ensino superior para formação de oficiais;

(C) os eleitores conscritos;

(D) os estrangeiros naturalizados;

(E) nenhuma das alternativas anteriores.

A: incorreta, pois os analfabetos podem votar – art. 14, § 1º, II, "a", da CF; **B:** incorreta, pois, atualmente, qualquer militar é, em princípio, alistável, com exceção dos conscritos (convocados para o serviço militar obrigatório), já que essa é a única vedação prevista na Constituição atual – art. 14, § 2º, da CF. Ver o art. 5º, parágrafo único, do CE, que refletia restrições vigentes antes da atual Constituição; **C:** correta, pois o conscrito (aquele convocado para o serviço militar obrigatório) que já possuía título de eleitor não pode votar durante o serviço militar obrigatório – ver Resolução 20.165/1998 do TSE. Se o cidadão ainda não possuía o título, não poderá se alistar como eleitor durante o período do serviço militar obrigatório – art. 14, § 2º, da CF; **D:** incorreta, pois o brasileiro naturalizado pode votar e ser votado – arts. 12, § 2º, e 14, § 3º, da CF, embora não para determinados cargos – art. 12, § 3º, da CF. Os estrangeiros, é bom lembrar, não podem se alistar como eleitores nem, muito menos, serem eleitos – art. 14, §§ 2º, e 3º, I, da CF; **E:** incorreta, pois a alternativa "C" é verdadeira.

Gabarito "C"

(Ministério Público/RN – 2009 – CESPE) A CF e as leis eleitorais brasileiras estabelecem a disciplina da nacionalidade do candidato, que pode ter particularidades conforme o cargo pretendido. A esse respeito, assinale a opção correta.

(A) Um cidadão português que goze do estatuto da reciprocidade pode ser candidato a presidente da República.

(B) Em qualquer caso, a dupla nacionalidade de um cidadão brasileiro impõe a inelegibilidade.

(C) Brasileiro que se naturalizar alemão em virtude de imposição legal da Alemanha perde a capacidade eleitoral passiva.

(D) Estrangeiro nacionalizado brasileiro somente pode ser candidato a cargos legislativos.

(E) Cidadão brasileiro nascido no exterior e registrado no consulado do Brasil pode ser candidato a presidente da República.

A: incorreta, uma vez que para concorrer ao cargo de Presidente da República é necessário mais do que a nacionalidade ou o *status* de nacionalidade garantido pela reciprocidade estatutária de tratamento. O art. 12, § 3º, I, da Constituição Federal dispõe que será privativo ao brasileiro nato o cargo de Presidente da República; **B:** incorreta, pois o art. 12, § 4º, da CF dispõe sobre situações em que, mesmo o cidadão de nacionalidade brasileira vindo a adquirir nova nacionalidade, não perderá a nacionalidade brasileira; **C:** incorreta, uma vez que nesta situação o cidadão não perderá sua nacionalidade em atenção ao que lhe garante o art. 12, § 4º, da CF; **D:** incorreta, pois o cidadão naturalizado brasileiro poderá concorrer a todos os cargos, observadas as vedações constantes no art. 12, § 3º, da CF; **E:** correta, já que estamos diante de um cidadão brasileiro nato, em conformidade com o que dispõe o art. 12, I, "c", da CF.

Gabarito "E"

(Ministério Público/SP – 2011) Constituem garantias eleitorais:

I. a prioridade postal aos partidos políticos nos 60 (sessenta) dias anteriores à realização das eleições;

II. o exercício do sufrágio;

III. o salvo-conduto em favor do eleitor;

IV. a presença de força pública no edifício em que funcionar mesa receptora;

V. a proibição da prisão em flagrante de candidatos nos 15 (quinze) dias que antecedem a eleição.

Está correto apenas o que se afirma em:

(A) I, II e III.
(B) I, IV e V.
(C) II, III e IV.
(D) II, IV e V.
(E) III, IV e V.

I: assertiva correta, conforme o art. 239 do Código Eleitoral – CE (Lei 4.737/1965); **II:** correta, pois ninguém poderá impedir ou embaraçar o exercício do sufrágio – art. 234 do CE; **III:** assertiva correta, pois o juiz eleitoral, ou o presidente da mesa receptora, pode expedir salvo-conduto com a cominação de prisão por desobediência de até 5 dias, em favor do eleitor que sofrer violência, moral ou física, na sua liberdade de votar, ou pelo fato de haver votado; **IV:** incorreta, pois é proibida, durante o ato eleitoral, a presença de força pública no edifício em que funcionar mesa receptora, ou nas imediações – art. 238 do CE. A força armada conservar-se-á a cem metros da seção eleitoral e não poderá aproximar-se do lugar da votação, ou dele penetrar, sem ordem do presidente da mesa – art. 141 do CE; **V:** incorreta, pois a garantia de impossibilidade de detenção ou prisão em favor dos candidatos, desde 15 dias antes da eleição, não se aplica em caso de flagrante delito – art. 236, § 1º, do CE.

Gabarito "A"

(Ministério Público/MS – 2013 – FADEMS) É incorreto afirmar sobre as hipóteses de inelegibilidades contidas na Lei Complementar Federal 64/1990, após suas seguidas alterações legislativas:

(A) são inelegíveis para quaisquer cargos os que forem condenados, em decisão transitada em julgado ou proferida por órgão judicial colegiado, desde a condenação até o transcurso do prazo de 8 anos após o cumprimento da pena, pelos crimes (dentre outros) contra o meio ambiente e a saúde pública, eleitorais, para os quais a Lei comine pena privativa de liberdade; de redução à condição análoga à de escravo; contra a vida e a dignidade sexual; praticados por organização criminosa, quadrilha ou bando.

(B) são inelegíveis para quaisquer cargos os que tiverem suas contas relativas ao exercício de cargos ou funções públicas rejeitadas por irregularidade insanável que configure ato de improbidade administrativa, e por decisão irrecorrível do órgão competente, salvo se esta houver sido suspensa ou anulada pelo Poder Judiciário, para as eleições que se realizarem nos 8 anos seguintes, contados a partir da data da decisão.

(C) os detentores de cargo na administração pública direta, indireta ou fundacional, que beneficiarem a si ou a terceiros, pelo abuso do poder econômico ou político, que forem condenados em decisão transitada em julgado ou proferida por órgão judicial colegiado, para a eleição na qual concorrem ou tenham sido diplomados, bem como para as que se realizarem nos 8 anos seguintes.

(D) os que forem condenados, em decisão transitada em julgado ou proferida por órgão colegiado da Justiça Eleitoral, por corrupção eleitoral, por captação ilícita de sufrágio, por doação, captação ou gastos ilícitos de recursos de campanha ou por conduta vedada aos agentes públicos em campanhas eleitorais que impliquem cassação do registro ou do diploma, pelo prazo de 8 anos a contar da eleição.

(E) os que forem excluídos do exercício da profissão, por decisão sancionatória do órgão profissional competente, em decorrência de infração ético-profissional, pelo prazo de 8 anos, salvo se o ato houver sido anulado ou suspenso pelo Poder Judiciário.

A: correta, uma vez que a assertiva faz referência expressamente à hipótese trazida pelo art. 1º, I, e, itens 1, 3, 4, 8, 9 e 10 da LC 64/1990; B: incorreta, devendo ser assinalada, uma vez que se trata da hipótese de inelegibilidade trazida pelo art. 1º, I, "g", da LC 64/1990, onde em seu texto observa-se a necessidade de que as irregularidades insanáveis ensejadoras da rejeição de contas do candidato configure ato doloso de improbidade administrativa, ou seja, é necessário que haja a presença do dolo. Lembrando que a inexigibilidade encerra-se como verdadeira limitação aos direitos políticos do cidadão, não é possível estender interpretativamente a hipótese trazida pelo referido dispositivo, sendo necessário que, para que incorra na hipótese do caso em questão, haja configurado o dolo no ato; C: correta, conforme disposto no art. 1º, I, "h", da LC 64/1990; D: correta, conforme o disposto no art. 1º, I, "j", da LC 64/1990; E: correta, conforme disposto no art. 1º, I, "m", da LC 64/1990.

Gabarito "B"

(Ministério Público/GO – 2012) Considerando o disposto na Lei Complementar 64/90, que estabelece, de acordo com a Constituição da República, os casos de inelegibilidade, a qual foi recentemente alterada pela Lei Complementar 135/2010, qual das alternativas abaixo é incorreta:

(A) São inelegíveis, para qualquer cargo, os que tenham contra sua pessoa representação julgada procedente pela Justiça Eleitoral, em decisão transitada em julgado ou proferida por órgão colegiado, em processo de apuração de abuso do poder econômico ou político, para a eleição na qual concorrem ou tenham sido diplomados, bem como para as que se realizarem nos 8 (oito) anos seguintes.

(B) Não poderão se candidatar os que forem condenados, em decisão transitada em julgado ou proferida por órgão judicial colegiado, desde a condenação até o transcurso do prazo de 8 (oito) anos após o cumprimento da pena, pelos crimes, dolosos ou culposos, contra a economia popular, a fé pública, a administração pública e o patrimônio público, contra o patrimônio privado, o sistema financeiro, o mercado de capitais e os previstos na lei que regula a falência e contra o meio ambiente e a saúde pública, os eleitorais, para os quais a lei comine pena privativa de liberdade e os de abuso de autoridade, nos casos em que houver condenação à perda do cargo ou à inabilitação para o exercício de função pública, dentre outros.

(C) São inelegíveis os que, em estabelecimentos de crédito, financiamento ou seguro, que tenham sido ou estejam sendo objeto de processo de liquidação judicial ou extrajudicial, hajam exercido, nos 12 (doze) meses anteriores à respectiva decretação, cargo ou função de direção, administração ou representação, enquanto não forem exonerados de qualquer responsabilidade.

(D) Não poderão se candidatar os magistrados e os membros do Ministério Público que forem aposentados compulsoriamente por decisão sancionatória, que tenham perdido o cargo por sentença ou que tenham pedido exoneração ou aposentadoria voluntária na pendência de processo administrativo disciplinar, pelo prazo de 8 (oito) anos.

A: correta (art. 1º, I, "d", da LC 64/1990); B: incorreta, uma vez que a correta previsão legal é encontrada no art. 1º, I, "e", itens de 1 a 10 da LC 64/1990. Importantíssimo ressaltar a disposição contida no art. 1º, § 4º, da LC 64/1990 que traz clareza quanto à inelegibilidade prevista neste excerto (art. 1º, I, "e", da LC 64/1990) ao dispor que não se aplica aos crimes culposos e àqueles definidos em lei como de menor potencial ofensivo, nem aos crimes de ação penal privada; C: correta, conforme art. 1º, I, "i", da LC 64/1990; D: correta, conforme disposto no art. 1º, I, "q", da LC 64/1990.

Gabarito "B"

(Ministério Público/MA – 2002) Com relação à inelegibilidade, no Direito Brasileiro, é correto afirmar:

(A) Decorre exclusivamente da Constituição Federal e do Código Eleitoral.

(B) Decorre exclusivamente da Constituição Federal e de Lei Complementar.

(C) Decorre exclusivamente da Constituição Federal.

(D) Decorre exclusivamente de Lei Complementar.

(E) Decorre exclusivamente do Código Eleitoral.

A Constituição Federal traz hipóteses de inelegibilidade, em seu art. 14, e prevê que a lei complementar federal estabelecerá outros casos e os prazos de sua cessação, a fim de proteger a probidade administrativa, a moralidade para exercício de mandato, considerada a vida pregressa do candidato, e a normalidade e legitimidade das eleições contra a influência do poder econômico ou o abuso do exercício de função, cargo ou emprego na administração direta ou indireta – art. 14, § 9º, da CF e LC 64/1990 (Lei de Inelegibilidade).

Gabarito "B"

(Ministério Público/MG – 2006) Com base na Lei Complementar Federal 64, de 18.05.90, é CORRETO afirmar:

(A) a arguição de inelegibilidade do candidato ao Senado será feita perante o Tribunal Superior Eleitoral.

(B) a impugnação de pedido de registro do candidato, por parte de candidato, do partido político ou da coligação, impede que o Ministério Público Eleitoral promova a impugnação no mesmo sentido.

(C) a declaração de inelegibilidade do candidato à Presidência da República, Governador de Estado e do Distrito Federal, e Prefeito Municipal atingirá, de igual modo, o candidato a Vice-Presidente, Vice-Governador, ou Vice-Prefeito.

(D) não se permite que o partido político ou coligação que requerer o registro de candidato considerado inelegível lhe dê substituto, caso a decisão passada em julgado tenha sido proferida após o término do prazo de registro.

(E) nas eleições municipais, o Juiz Eleitoral será competente para conhecer e processar a representação que determine a instauração de investigação judicial para apurar uso indevido, desvio ou abuso de poder econômico.

A: incorreta, pois a competência é do TRE – art. 2º, parágrafo único, II, da LC 64/1990; **B:** incorreta, pois não há esse impedimento – art. 3º, § 1º, da LC 64/1990; **C:** incorreta, já que a inelegibilidade não atinge o vice – art. 18 da LC 64/1990; **D:** incorreta, pois é possível a substituição – art. 17 da LC 64/1990, observados o art. 13, § 3º, da Lei 9.504/1997 e o art. 101, § § 1º e 5º, do Código Eleitoral; **E:** essa é a assertiva correta, nos termos do art. 24 da LC 64/1990.

Gabarito "E"

(Ministério Público/MG – 2010.1) As inelegibilidades em matéria eleitoral são disciplinamentos, regras restritivas que vão implicar condições obstativas ou excludentes da participação passiva na atividade de sufrágio, reconhecidos privados de concorrer a cargos eletivos. Dentre essas, é INCORRETO afirmar:

(A) O Presidente da República, os Governadores de Estado e do Distrito Federal, os Prefeitos e quem os houver sucedido, ou substituído no curso dos mandatos poderão ser reeleitos para um único período subsequente.

(B) Inata é a inelegibilidade resultante do ordenamento jurídico, que apanha o nacional em situação para as quais não tenha contribuído com um comportamento antijurídico. Não se trata de sanção, mas meio de equilíbrio da disputa eleitoral. Tal impedimento alcança os parentes do Chefe do Poder Executivo, até 3º grau.

(C) Cominada é a inelegibilidade sanção. Quem comete um crime de tráfico de entorpecentes e tem contra si sentença condenatória transitada em julgado não pode se candidatar.

(D) Os conscritos não podem sequer se alistarem.

(E) Na inelegibilidade cominada potencial há projeção de inelegibilidade por algum tempo no futuro, caso em que o impedimento alcançará outras eleições, além daquela em que o ilícito foi cometido.

A: assertiva correta, conforme o art. 14, § 5º, da CF; **B:** incorreta (devendo esta ser assinalada), pois a inelegibilidade atinge os parentes do chefe do Executivo até o segundo grau (não terceiro, como consta da assertiva) – art. 14, § 7º, da CF; **C:** assertiva correta. A inelegibilidade pode ser inata ou cominada. A inata refere-se à pessoa que não preenche algum requisito ou condição para elegibilidade (por exemplo, art. 14, § 3º, da CF). A inelegibilidade cominada é sanção pelo cometimento de ilícito. A inelegibilidade cominada simples restringe-se à eleição em que o ilícito foi cometido, enquanto a inelegibilidade cominada potenciada estende-se a outras eleições, posteriores ao pleito em que o ilícito foi cometido. Entretanto, é muito importante lembrar que, com a chamada Lei da Ficha Limpa (LC 135/2010, que alterou a Lei da Inelegibilidade – LC 64/1990), a simples decisão proferida por órgão colegiado do Judiciário (não é preciso trânsito em julgado) torna a pessoa inelegível – art. 1º, I, e, 7, da Lei da Inelegibilidade (LC 64/1990); **D:** correta, pois o conscrito (aquele convocado para o serviço militar obrigatório) não poderá se alistar como eleitor durante o período do serviço militar obrigatório – art. 14, § 2º, da CF. Se o cidadão já possuía título de eleitor, não poderá votar durante o serviço militar obrigatório – ver Resolução TSE 20.165/1998; **E:** assertiva correta, conforme o art. 1º da LC 64/1990.

Gabarito "B"

(Ministério Público/MG – 2010.2) Analise as afirmativas abaixo.

I. A lei que alterar o processo eleitoral entrará em vigor na data de sua publicação, não se aplicando à eleição que ocorra até um ano da data de sua vigência (princípio da anualidade).

II. São inelegíveis, no território de jurisdição do titular, o cônjuge e os parentes consanguíneos ou afins, até o segundo grau ou por adoção, do Presidente da República, de Governador de Estado ou Território, do Distrito Federal, de Prefeito ou de quem os haja substituído dentro dos seis meses anteriores ao pleito, salvo se já titular de mandato eletivo e candidato à reeleição.

III. Para concorrerem a outros cargos, faculta-se ao Presidente da República, aos Governadores de Estado e do Distrito Federal e aos Prefeitos, renunciar aos seus respectivos mandatos até seis meses antes do pleito.

IV. Não obstante a garantia da presunção de não culpabilidade, a norma inscrita no artigo 14, § 9º, CF autoriza restringir o direito fundamental à elegibilidade, em reverência aos postulados da moralidade e da probidade administrativas.

É INCORRETO o que se afirma:

(A) apenas em I.

(B) apenas em I e II.

(C) apenas em III.

(D) apenas em III e IV.

I: assertiva correta, pois reflete o princípio da anualidade previsto no art. 16 da CF; **II:** correta, pois reflete exatamente a inelegibilidade inata prevista no art. 14, § 7º, da CF. É interessante anotar o entendimento do TSE, no sentido de que o cônjuge e os parentes do chefe do Executivo são elegíveis para o mesmo cargo do titular, quando este for reelegível e tiver se afastado definitivamente até seis meses antes do pleito – ver Resolução 20.931/2001-TSE; **III:** incorreta, pois não se trata de faculdade, mas sim imposição constitucional. Ou seja, caso não renunciem aos respectivos cargos, os chefes do Executivo não podem concorrer a outros – art. 14, § 6º, da CF; **IV:** correta, pois, de fato, o art. 14, § 9º, da CF dispõe que a lei complementar estabelecerá outros casos de inelegibilidade e os prazos de sua cessação, a fim de proteger a probidade administrativa, a moralidade para exercício de mandato, considerada a vida pregressa do candidato, e a normalidade e legitimidade das eleições contra a influência do poder econômico ou o abuso do exercício de função, cargo ou emprego na administração direta ou indireta. A LC 135/2010 (Lei da Ficha Limpa) alterou a LC 64/1990 prevendo hipóteses de inelegibilidade por condenações ainda não transitadas em julgado, desde que haja decisão por órgão colegiado.

Gabarito "C"

(Ministério Público/MS – 2011 – FADEMS) Um eleitor pretende ser candidato a prefeito de uma determinada cidade, porém, ele teve suspenso seus direitos políticos pelo prazo de cinco anos por ter sido condenado por ato doloso de improbidade administrativa, com sentença confirmada por órgão colegiado. Analise as assertivas abaixo.

I.   Ele poderá candidatar-se a cargo eletivo se na sentença da ação de improbidade administrativa não tenha constado expressamente a condenação relativa a suspensão dos direitos políticos.

II. Ele somente poderá candidatar-se ao cargo majoritário de prefeito depois de transcorridos cinco anos da data de cumprimento da pena aplicada no processo judicial.

III. Ele não poderá ser candidato a prefeito se ele foi condenado por ter enriquecido ilicitamente e ainda não tenha transcorrido o período de 13 anos da data de cumprimento da pena aplicada no processo judicial.

IV. Ele poderá ser candidato a prefeito se ele foi condenado por ter infringido o disposto no art. 11 da Lei 8.429/92.

V.   Ele não poderá candidatar-se ao cargo de prefeito se for condenado por ato doloso de improbidade administrativa que importe lesão ao patrimônio público.

(A) todos os itens estão corretos;
(B) somente os itens I e V estão incorretos;
(C) somente os itens II e V estão incorretos;
(D) somente os itens I, IV e V estão corretos;
(E) todos os itens estão incorretos.

São inelegíveis para qualquer cargo os que forem condenados à suspensão dos direitos políticos, em decisão transitada em julgado ou proferida por órgão judicial colegiado, por ato doloso de improbidade administrativa que importe lesão ao patrimônio público (art. 10 da Lei de Improbidade Administrativa – LIA – Lei 8.429/1992) e enriquecimento ilícito (art. 9º da LIA), desde a condenação ou o trânsito em julgado até o transcurso do prazo de 8 anos após o cumprimento da pena – art. 1º, I, "l", da LC 64/1990. I: correta, pois a inelegibilidade, no caso, ocorre apenas se houver condenação à suspensão dos direitos políticos; II e III: incorretas, pois o prazo da inelegibilidade vai até 8 anos após o cumprimento da pena; IV: assertiva correta, pois o art. 11 da LIA trata dos atos de improbidade que atentam contra os princípios da administração pública, e não aqueles que importam enriquecimento ilícito (art. 9º da LIA) ou prejuízo ao erário (art. 10 da LIA); V: correta, conforme comentário inicial.

Gabarito "D"

(Ministério Público/MS – 2011 – FADEMS) Assinale a alternativa **incorreta**.

(A) De acordo com a Lei Complementar 64/90, os magistrados, se pretenderem concorrer ao cargo de Presidente ou de Vice-Presidente da República, somente são considerados elegíveis se afastarem temporariamente das suas funções até seis meses anteriores ao pleito;

(B) Os membros do Ministério Público que ingressaram na carreira antes de 5 de outubro de 1988 podem exercer a atividade político-partidária, desde que tenham exercido a opção pelo regime anterior;

(C) Os membros do Ministério Público que ingressaram na carreira antes da aprovação da EC 45/2004 podem exercer atividade política partidária, em face da interpretação extraída da Resolução 5 do Conselho Nacional do Ministério Público;

(D) No regime anterior a CF 88, não eram considerados inelegíveis os membros do Ministério Público;

(E) Os membros do Ministério Público, com a aprovação da EC 45/2004, foram equiparados aos magistrados quanto à atividade político-partidária.

A: incorreta (devendo esta ser assinalada), pois o magistrado deve se afastar definitivamente (não temporariamente) de seus cargos e funções até 6 meses antes do pleito, conforme o art. 1º, II, "a", 8, da LC 64/1990; **B:** correta, nos termos do art. 29, § 3º, do ADCT; **C:** correta, pois, nos termos da Resolução 5/2006 do Conselho Nacional do Ministério Público – CNMP, estão proibidos de exercer atividade político-partidária os membros do Ministério Público que ingressaram na carreira após a publicação da EC 45/2004 (art. 1º da Resolução). Ademais, estão proibidos de exercer qualquer outra função pública, salvo uma de magistério, exceto aqueles que integravam o *parquet* em 05.10.1988 e que tenham manifestado a opção pelo regime anterior (art. 2º da Resolução); **D:** assertiva correta – ver art. 29, § 3º, do ADCT e Resolução 5/2006 do CNMP; **E:** assertiva correta, pois a EC 45/2004 excluiu a ressalva "salvo exceções previstas em lei" do art. 128, § 5º, II, "e", da CF, que veda o exercício de atividade político-partidária pelo membro do *parquet*. Atualmente, portanto, vige em relação aos membros do Ministério Público a mesma vedação absoluta imposta aos magistrados (art. 95, parágrafo único, III, da CF).

Gabarito "A"

(Ministério Público/MS – 2011 – FADEMS) Recentemente o Supremo Tribunal Federal decidiu pela não aplicação da Lei da Ficha Limpa, referente aos candidatos considerados fichas sujas, e que foram eleitos no processo eleitoral de 2010. Não obstante tratar-se de decisão judicial recente, qual seria o principal embasamento jurídico para impedir a aplicação da Lei Complementar 135/2010, nas eleições para presidente, federal e estadual de 2010?

(A) Por conta do processo eleitoral já ter sido deflagrado, e não haveria tempo de os partidos escolherem outros candidatos, considerados ficha limpa, desrespeitando, assim, o procedimento estabelecido na Lei 9.504/97;

(B) Ofensa aos princípios individuais da segurança jurídica (CF, art. 5º, *caput*);

(C) Ofensa ao princípio do devido processo legal (CF, art. 5º, LIV);

(D) Ofensa ao princípio da anterioridade eleitoral, disposto no art. 16 da Constituição Federal;

(E) Nenhuma das alternativas anteriores.

O STF, ao julgar o RE 633.703/MG, afastou a aplicação da LC 135/2010 às eleições gerais de 2010, em face do princípio da anterioridade eleitoral (art. 16 da CF). Por essa razão, a alternativa "D" é a correta.

Gabarito "D"

(Ministério Público/MS – 2009) Em matéria de inelegibilidade, assinale a opção correta.

(A) Compete privativamente ao Ministério Público, após provocação de partido, coligação ou terceiro interessado, a arguição de inelegibilidade de candidato a ser conhecida e decidida pela Justiça Eleitoral.

(B) A arguição de inelegibilidade de candidato a Prefeito e Vice-Prefeito será feita diretamente perante o Tribunal Regional Eleitoral.

(C) Para concorrer a outros cargos, o Presidente da República, os Governadores de Estado e do Distrito Federal e os Prefeitos devem licenciar-se dos respectivos cargos até seis meses antes do pleito.

(D) São inelegíveis, no território de jurisdição do titular, o cônjuge e os parentes, consanguíneos até o terceiro grau e os afins até o primeiro grau, do Presidente da República, de Governador de Estado ou Território, do Distrito Federal, de Prefeito ou de quem os substituiu dentro dos seis meses anteriores ao pleito, salvo se já titular de mandato eletivo e candidato à reeleição.

(E) O Vice-Presidente, o Vice-Governador e o Vice-Prefeito poderão candidatar-se a outros cargos, preservando os seus mandatos respectivos, desde que, nos últimos seis meses anteriores ao pleito, não tenham sucedido ou substituído o titular.

A: incorreta, uma vez que o art. 3º da LC 64/1990 dispõe que caberá a qualquer candidato, a partido político, coligação ou ao Ministério Público, no prazo de 5 (cinco) dias, contados da publicação do pedido de registro do candidato, impugná-lo em petição fundamentada; **B:** incorreta, pois o art. 2º, III, da LC 64/1990 disciplina que serão competentes os Juízes Eleitorais, quando a arguição perseguir candidato a Prefeito, Vice-Prefeito e Vereador; **C:** incorreta, uma vez que o dispositivo legal determina que seja renunciado o cargo e não simplesmente licenciado, conforme se denota do art. 1º, § 1º, da LC 64/1990; **D:** incorreta, vez que a vedação estende-se até o cônjuge e os parentes, consanguíneos ou afins, até o segundo grau ou por adoção, conforme art. 1º, § 3º, da LC 64/1990; **E:** correta, conforme art. 1º, § 2º, da LC 64/1990.

Gabarito "E"

(Ministério Público/PB – 2010) Analise as assertivas abaixo e assinale a alternativa que sobre elas contenha o devido julgamento:

I. De acordo com entendimento pacífico do Tribunal Superior Eleitoral, não se exige do militar da ativa a condição de elegibilidade referente à necessidade de filiação partidária há pelo menos um ano da data das eleições, bastando o pedido de registro de candidatura, após prévia escolha em convenção partidária.

II. A suspensão dos direitos políticos, decorrente de condenação criminal transitada em julgado, cessa com o cumprimento ou a extinção da pena, desde que o condenado se reabilite ou, em sendo o caso, comprove a reparação dos danos causados pelo ilícito penal.

III. A investigação judicial eleitoral julgada antes da eleição possui os efeitos de inelegibilidade e cassação do registro e, eventualmente, desde que fundamentado na captação ou gastos ilícitos de recursos para fins eleitorais, a negação do diploma.

(A) Todas as assertivas estão corretas.

(B) Apenas as assertivas I e III estão corretas.

(C) Todas as assertivas estão erradas.

(D) Apenas as assertivas II e III estão corretas.

(E) Apenas a assertiva III está correta.

I: assertiva correta, conforme a jurisprudência do TSE – ver REsp 20.285/AM; **II:** incorreta, pois, nos casos dos crimes indicados no art. 1º, I, "e", da LC 64/1990, a inelegibilidade vai até 8 anos após o cumprimento da pena; **III:** correta, conforme o art. 1º, I, "j", da LC 64/1990.

Gabarito "B"

(Ministério Público/PR – 2009 – adaptada) *A Lei Complementar 64/90 estabelece, de acordo com o art. 14, § 9º, da Constituição Federal, casos de inelegibilidade, prazos de cessação e determina outras providências. Em relação ao tema, assinale a alternativa INCORRETA:*

(A) são inelegíveis para qualquer cargo os que tiverem suas contas relativas ao exercício de cargos ou funções públicas rejeitadas por irregularidade insanável e por decisão irrecorrível do órgão competente, salvo se a questão houver sido ou estiver sendo submetida à apreciação do Poder Judiciário, para as eleições que se realizarem nos 8 (oito) anos seguintes, contados a partir da data da decisão.

(B) o Vice-Presidente, o Vice-Governador e o Vice-Prefeito poderão candidatar-se a outros cargos, preservando os seus mandatos respectivos, desde que, nos últimos 6 (seis) meses anteriores ao pleito, não tenham sucedido ou substituído o titular.

(C) caberá a qualquer candidato, a partido político, coligação ou ao Ministério Público, no prazo de 5 (cinco) dias, contados da publicação do pedido de registro do candidato, impugná-lo em petição fundamentada.

(D) a declaração de inelegibilidade do candidato à Presidência da República, Governador de Estado e do Distrito Federal e Prefeito Municipal não atingirá o candidato a Vice-Presidente, Vice-Governador ou Vice-Prefeito, assim como a destes não atingirá aqueles.

(E) caberá exclusivamente ao Ministério Público Eleitoral representar à Justiça Eleitoral, diretamente ao Corregedor-Geral ou Regional, relatando fatos e indicando provas, indícios e circunstâncias e pedir abertura de investigação judicial para apurar uso indevido, desvio ou abuso do poder econômico ou do poder de autoridade, ou utilização indevida de veículos ou meios de comunicação social, em benefício de candidato ou de partido político.

A: correta, pois essa inelegibilidade cominada é prevista no art. 1º, I, "g", da LC 64/1990. Com a Lei da Ficha Limpa, o prazo aumentou para 8 anos (o texto original referia-se a 5 anos, razão pela qual a questão foi adaptada); **B:** correta, conforme o art. 1º, § 2º, da LC 64/1990; **C:** correta, pois reflete exatamente o disposto no art. 3º da LC 64/1990; **D:** assertiva correta, nos termos do art. 18 da LC 64/1990; **E:** incorreta, pois a abertura de investigação judicial pode ser pedida por qualquer partido político, coligação ou candidato, além do Ministério Público Eleitoral (= legitimados para propor a ação de investigação judicial eleitoral – AIJE) – art. 22 da LC 64/1990.

Gabarito "E".

(Ministério Público/RS – 2009 – adaptada) São considerados inelegíveis frente à legislação vigente:

I. Na eleição municipal, para o cargo de vereador, o sobrinho – não detentor de mandato eletivo – do Chefe do Poder Executivo.

II. Na eleição municipal, para o cargo de vereador, a cunhada – titular do mandato na Câmara Municipal – do Chefe do Poder Executivo.

III. O condenado criminalmente pela prática de peculato, passados dois anos após o efetivo cumprimento da pena.

IV. O Presidente de uma autarquia cujas contas foram rejeitadas pelo Tribunal de Contas, sob o fundamento de ter ocorrido desvio de verbas públicas, passados oito anos do trânsito em julgado desta decisão, sem que, entretanto, os valores desviados tenham sido devolvidos ao erário.

V. Para o cargo de vice-prefeito, no mesmo município, o irmão do Prefeito reeleito.

(A) Estão corretas apenas respostas III e V.

(B) Apenas as respostas dos itens I e III se apresentam corretas.

(C) Estão corretas as assertivas IV e V.

(D) Apenas as respostas II e IV podem ser tidas como corretas.

(E) Apenas as respostas I e IV podem ser tidas como corretas.

I: incorreta, pois o sobrinho é parente de 3º grau do Prefeito, e a inelegibilidade inata prevista no art. 14, § 7º, da CF atinge apenas os parentes até o 2º grau; **II:** incorreta, pois o parente que já seja titular de mandato eletivo e candidato à reeleição não é inelegível – art. 14, § 7º, *in fine*, da CF; **III:** correta, pois a inelegibilidade do condenado por crime contra a administração pública (caso do peculato – art. 312 do CP) estende-se até 8 anos após o cumprimento da pena – art. 1º, I, "e", da LC 64/1990; **IV:** incorreta, pois a inelegibilidade daquele que teve suas contas rejeitadas por irregularidade insanável que configure ato doloso de improbidade administrativa, e por decisão irrecorrível do órgão competente, estende-se por até 8 anos contados da decisão (a Lei da Ficha Limpa aumentou o prazo que era, anteriormente, de 5 anos, como constava da assertiva, razão pela qual ela foi adaptada) – art. 1º, I, "g", da LC 64/1990; **V:** correta, pois o irmão do Prefeito é inelegível no território do Município, nos termos do art. 14, § 7º, da CF.

Gabarito "A".

(Ministério Público/SP – 2011) Com relação à inelegibilidade, analise os seguintes itens:

I. os conscritos, durante o serviço militar obrigatório, são inelegíveis;

II. o membro do Ministério Público, que tenha pedido exoneração, é inelegível, para qualquer cargo, pelo prazo de 8 (oito) anos;

III. o condenado por assédio sexual em decisão transitada em julgado, é inelegível para qualquer cargo até 8 (oito) anos após o cumprimento da pena;

IV. a declaração de inelegibilidade do candidato a Prefeito não atingirá o candidato a Vice-Prefeito;

V. o cônjuge do Vice-Prefeito é inelegível no território da circunscrição deste.

Está correto apenas o que se afirma em:

(A) I e II.

(B) I e IV.

(C) II e III.

(C) III e V.

(E) IV e V.

I: correta, conforme o art. 14, § 2º, da CF; **II:** incorreta, pois a inelegibilidade por 8 anos para qualquer cargo, em desfavor do membro do Ministério Público que pede exoneração, refere-se aos casos em que o pedido ocorra na pendência de processo administrativo disciplinar – art. 1º, I, "q", da LC 64/1990; **III:** incorreta, pois não há essa hipótese de inelegibilidade – art. 1º da LC 64/1990; **IV:** correta, pois a declaração de inelegibilidade do candidato à Presidência da República, Governador de Estado e do Distrito Federal e Prefeito Municipal não atingirá o candidato a Vice-Presidente, Vice-Governador ou Vice-Prefeito, assim como a destes não atingirá aqueles – art. 18 da LC 64/1990; **V:** incorreta, pois a inelegibilidade do cônjuge e dos parentes consanguíneos ou afins, até o segundo grau ou por adoção, no território de jurisdição do titular, refere-se apenas ao Presidente da República, ao Governador de Estado ou Território, do Distrito Federal, ao Prefeito ou de quem os haja substituído dentro dos 6 meses anteriores ao pleito, salvo se já titular de mandato eletivo e candidato à reeleição (não, portanto, ao Vice-Prefeito) – art. 14, § 7º, da CF e art. 1º, § 3º, da LC 64/1990. É interessante anotar o entendimento do TSE, no sentido de que o cônjuge e os parentes do chefe do Executivo são elegíveis para o mesmo cargo do titular, quando este for reelegível e tiver se afastado definitivamente até seis meses antes do pleito – ver Resolução 20.931/2001 –TSE.

Gabarito "B"

(Magistratura/BA – 2012 – CESPE) Com relação às disposições constitucionais e legais acerca das condições de elegibilidade, cuja aplicação é disciplinada pela justiça eleitoral, assinale a opção correta.

(A) O candidato a senador da República deve ser aprovado em convenção partidária e contar com mais de trinta e cinco anos de idade na data das eleições.

(B) Candidato a presidente da República deve contar com mais de trinta anos de idade na data da inscrição da candidatura.

(C) Candidato a prefeito deve contar com vinte e um anos de idade na data das eleições.

(D) Candidato a vereador deve ter domicílio eleitoral no município e, pelo menos, dezoito anos de idade na data da convenção partidária.

(E) Candidato a governador de estado deve ser filiado a partido político e ter, na data da posse, trinta anos de idade.

O art. 14, § 3º, da Constituição Federal dispõe sobre as condições de elegibilidade, especificamente no inciso VI, quanto à idade mínima a ser obedecida para cada cargo elencado. **A:** incorreta, pois o candidato a senador da República deverá ser eleito pelo voto direto e majoritário, como bem disciplina o art. 83 do Código Eleitoral (Lei 4.737/1965); **B:** incorreta, as condições de elegibilidade são inerentes a três lapsos temporais distintos: condições necessárias no momento do registro, condições necessárias um ano antes da data da eleição e condições necessárias no momento da posse. Sendo assim, obediência à idade mínima trata-se de condição de elegibilidade necessária no momento da posse; **C:** incorreta, conforme exposto na alternativa anterior, trata-se de condição necessária a ser cumprida na data da posse; **D:** incorreta, por se tratar de caso semelhante às alternativas anteriores, por se tratar, a idade, de condição necessária a ser cumprida na data da posse; **E:** correta, pois a alternativa explicita a condição de elegibilidade necessária à data da posse do candidato a governador eleito, qual seja ter a idade mínima de 30 anos de idade e a filiação em partido político (art. 14, § 3º, V e VI, "b").

Gabarito "E"

(Magistratura/GO – 2005) Assinale a alternativa correta:

(A) o brasileiro naturalizado não pode ser magistrado;

(B) o brasileiro naturalizado pode ser ministro do Supremo Tribunal Federal;

(C) a soberania nacional é exercida pelo sufrágio universal, direto, secreto e igual;

(D) o juiz de direito que praticar fato típico eleitoral será julgado pelo Tribunal de Justiça do Estado.

A e **B:** incorretas, pois de acordo com o art. 12, § 3º, da Constituição Federal, ao longo dos incisos, restam claras as exceções à proibição de distinção entre brasileiros natos e naturalizados, entre elas a de que é privativo ao brasileiro nato ocupar o cargo de Ministro do Supremo Tribunal Federal (inciso VI). No entanto, não há vedação ao cargo de magistrado; **C:** correta, trata-se do caput do art. 14 Constituição Federal; **D:** incorreta, uma vez que o foro competente para o julgamento será o da Justiça Eleitoral. Importante observação na situação em que o juiz estiver nas atribuições da justiça eleitoral, situação em que a competência será do Tribunal Regional Eleitoral, conforme art. 29, I, "d", da Lei 4.737/1965.

Gabarito "C"

(Magistratura/MA – 2008 – IESIS) Assinale a alternativa **incorreta**:

(A) A idade mínima constitucionalmente estabelecida como condição de elegibilidade é verificada tendo por referência a data do registro da candidatura.

(B) A dissolução da sociedade conjugal no curso do mandato não afasta a inelegibilidade.

(C) São condições de elegibilidade a nacionalidade brasileira, a filiação partidária há mais de ano do pleito e o alistamento eleitoral.

(D) Os magistrados, os membros dos tribunais de contas e os do Ministério Público devem filiar-se a partido político e afastar-se definitivamente de suas funções para se candidatarem a cargo eletivo. Todavia, estão dispensados de cumprir o prazo de filiação partidária de, no mínimo, um ano, devendo satisfazer tal condição de elegibilidade até seis meses antes do pleito para o cargo de vereador e até quatro meses antes do pleito para o cargo de prefeito.

De fato a única alternativa incorreta é a "A", uma vez que a idade mínima é verificada no momento da posse e não da data do registro de candidatura.

Gabarito "A"

(Magistratura/MT – 2006 – VUNESP) O direito de sufrágio compreende:

(A) a capacidade eleitoral ativa, chamada de elegibilidade.

(B) a capacidade eleitoral passiva, chamada de alistabilidade.

(C) os direitos políticos.

(D) o direito de voto.

A, B e **C:** incorretas, uma vez que o direito de sufrágio, ainda que corresponda a um dos direitos políticos, compreende o direito de voto, conforme se depreende da leitura do art. 14 da CF, sendo que este direito de voto será exercido pelo voto direto e secreto, com valor igual a todos. **D:** correta, pois o direito de sufrágio compreende o direito de voto, nos termos do art. 14 CF.

Gabarito "D"

(Magistratura/RR – 2008 – FCC) A respeito dos direitos políticos, é correto afirmar:

(A) A lei que alterar o processo eleitoral entrará em vigor na data de sua publicação, mas não se aplicará à eleição que ocorra até um ano da data de sua vigência.

(B) Para candidatar-se a Governador de Estado, dentre outras condições de elegibilidade na forma da lei, exige-se a idade mínima de 21 anos.

(C) O mandato eletivo poderá ser impugnado ante a Justiça Eleitoral no prazo máximo de 30 dias contados da diplomação.

(D) A condenação criminal ainda não transitada em julgado implica em suspensão dos direitos políticos.

(E) A ação de impugnação de mandato, por força do princípio da transparência, não tramitará em segredo de justiça e o autor não responderá por litigância de má-fé.

A: correta, conforme disposição do art. 16 CF que dispõe sobre o princípio da anualidade da Lei Eleitoral; B: incorreta, uma vez que a exigência constitucional é de 30 anos para o cargo de Governador e Vice-Governador de Estado ou do Distrito Federal, como bem dispõe o art. 14, § 3º, VI, da CF; C: incorreta, pois o prazo para a impugnação do mandato eletivo é de 15 dias contados da diplomação, instruída com provas de abuso do poder econômico, corrupção ou fraude, conforme disposição do art. 14, § 10, da CF; D: incorreta, uma vez que a suspensão dos direitos políticos somente se dará nos casos elencados no art. 15 da CF, entre eles a condenação criminal transitada em julgado, enquanto durarem seus efeitos; E: incorreta, uma vez que o art. 14, § 11, da CF dispõe que a ação de impugnação de mandato tramitará em segredo de justiça, respondendo o autor, na forma da lei, se temerária ou de manifesta má-fé.

Gabarito "A".

(Magistratura/RR – 2008 – FCC) A recusa de cumprimento de obrigação a todos imposta ou prestação alternativa, acarreta:

(A) somente a imposição de pena pecuniária.

(B) a cassação dos direitos políticos.

(C) a perda dos direitos políticos.

(D) a suspensão dos direitos políticos.

(E) somente a aplicação de pena privativa de liberdade.

A resposta apresentada como correta é encontrada na alternativa "D", uma vez que encontra perfeita harmonia com o que dispõe o art. 15, IV, da CF no tocante à suspensão dos direitos políticos. No entanto é de se ponderar que a alternativa "C" também poderia ser compreendida como correta, já que o referido art. 15 da CF elenca exceções à vedação de cassação dos direitos políticos, orientando nos incisos seguintes situações de admissibilidade de perda e suspensão destes direitos.

Gabarito "D".

(Magistratura/DF – 2011) De acordo com a Lei Complementar 64/90 (Lei de Inelegibilidades), é correto afirmar:

(A) A impugnação, por parte de candidato, partido político ou coligação, impede a ação do Ministério Público no mesmo sentido, que, nada obstante, pode recorrer da decisão judicial de improcedência;

(B) São inelegíveis, para qualquer cargo, os membros da Câmara Legislativa que hajam perdido os respectivos mandatos por procedimento declarado incompatível com o decoro parlamentar, para as eleições que se realizarem durante o período remanescente do mandato para o qual foram eleitos e nos 8 (oito) anos subsequentes ao término da legislatura;

(C) Admite execução provisória a decisão que declarar a inelegibilidade de candidato para fins de negativa de registro ou de cancelamento, se já tiver sido feito;

(D) São inelegíveis, para qualquer cargo, os que, dentro de 6 (seis) meses anteriores ao pleito, hajam exercido cargo ou função de direção, administração ou representação em pessoa jurídica ou em empresa que mantenha contrato de execução de obras, de prestação de serviços ou de fornecimento de bens com órgão do Poder Público ou sob seu controle, mesmo no caso de contratos que obedeçam a cláusulas uniformes.

A: incorreta, em atenção à possibilidade de ação do Ministério Público, no mesmo sentido, conforme disposição do art. 3º, § 1º, da LC 64/1990; B: correta, em atenção ao que dispõe o art. 1º, I, "b", da LC 64/1990, onde resta esclarecida a inelegibilidade para situações em que haja perda de mandato por infringência ao disposto nos incisos I e II do art. 55 da CF, entre eles, procedimento declarado incompatível com o decoro parlamentar; C: incorreta, uma vez que não é possível a execução provisória, sendo necessário o trânsito em julgado da decisão, situação em que será negado registro, ou cancelado, se já tiver sido feito, ou declarado nulo o diploma, se já expedido, segundo disposto no art. 15 da LC 64/1990; D: incorreta, uma vez que a inelegibilidade prevista na assertiva corresponde aos pretendentes a cargo de Presidente e Vice-Presidente da República, conforme art. 1º, II, "i", da LC 64/1990.

Gabarito "B".

(Magistratura/PA – 2012 – CESPE) Assinale a opção correta acerca das condições de elegibilidade e inelegibilidade, à luz da CF e da legislação pertinente.

(A) Deve ser indeferido o pedido de registro de candidatura para o cargo de prefeito de município, nas eleições de 2012, de magistrado que tenha se aposentado voluntariamente em 2003 na pendência de processo administrativo disciplinar.

(B) Deve ser indeferido o pedido de registro de candidatura, nas eleições municipais de 2012, de vereador contra o qual haja representação julgada procedente, em 2012, pela justiça eleitoral, em decisão de primeira instância, pendente de recurso, relativa a processo de apuração de abuso do poder político.

(C) Deve-se indeferir o pedido de registro de candidatura para o cargo de prefeito de município, nas eleições de 2012, de conselheiro tutelar condenado à suspensão dos direitos políticos por ato doloso de improbidade administrativa que tenha importado lesão ao patrimônio público e enriquecimento ilícito, com pena cumprida até 2003.

(D) Considere que um senador da República que tenha renunciado ao mandato, em 2003, após ter sido protocolada contra ele petição capaz de autorizar a abertura de processo por infringência a dispositivo da CF, formalize pedido de registro de candidatura a prefeito de município nas eleições de 2012. Nessa situação, o referido pedido deve ser indeferido.

(E) Deve-se indeferir a solicitação de registro de candidatura a vereador de município, nas eleições de 2012, de assistente social que tenha sido excluído, em 2009, do exercício da profissão por decisão sancionatória, posteriormente suspensa pelo Poder Judiciário, do respectivo conselho regional de serviço social, em decorrência de infração ético-profissional.

A: incorreta, uma vez que o prazo previsto no art. 1º, I, "q", da LC 64/1990 fora cumprido, qual seja o de 8 anos; **B:** incorreta, pois o art. 1º, I, "d", exige que a representação julgada procedente tenha transitado em julgado; **C:** incorreta, pois o art. 1º, I, "l", da LC 64/1990 dispõe a inelegibilidade durante o prazo de 8 anos após o cumprimento da pena. Sendo assim, tomando a premissa de que a pena fora cumprida em 2003, a inelegibilidade não obstará o pedido de registro do conselheiro; **D:** correta, em atenção ao que dispõe o art. 1º, I, "k", da LC 64/1990; **E:** incorreta, pois a assertiva traz exatamente a situação de exceção disposta no art. 1º, I, "m", da LC 64/1990.

Gabarito "D"

(Magistratura/PA – 2012 – CESPE) Assinale a opção correta em relação às eleições.

(A) A substituição de candidato que seja considerado inelegível, renuncie ou faleça após o término do prazo do registro ou, ainda, do candidato cujo registro seja indeferido ou cancelado deverá ser requerida em até 15 dias após o fato ou após a notificação do partido da decisão judicial que tenha dado origem à substituição.

(B) O candidato cujo registro esteja *sub judice* não pode utilizar o horário eleitoral gratuito no rádio ou na televisão, mas seu nome pode ser mantido na urna eletrônica, estando a validade dos votos eventualmente a ele atribuídos condicionada ao deferimento de seu registro por instância superior.

(C) Nas eleições de 2010, aos então detentores de mandato de deputado federal, estadual ou distrital, bem como aos que exercem esses cargos em qualquer período da legislatura em curso, foi assegurado o registro de candidatura para o mesmo cargo, pelo partido a que estavam filiados.

(D) As condições de elegibilidade e as causas de inelegibilidade devem ser aferidas no momento da formalização do pedido de registro da candidatura, ressalvadas as alterações fáticas ou jurídicas supervenientes ao registro que afastem a inelegibilidade.

(E) O juiz eleitoral deve indeferir pedido de variação de nome de candidato a vereador coincidente com nome de candidato a eleição a prefeito, ainda que o candidato esteja exercendo mandato eletivo ou que, nos quatro anos anteriores ao pleito, tenha concorrido em eleição com o nome coincidente.

A: incorreta, pois o prazo será de 15 dias, conforme dispõe o art. 13, § 1º, da Lei 9.504/1997; **B:** incorreta, pois o art. 16-A da Lei 9.504/1997 dispõe que o candidato cujo registro esteja *sub judice* poderá efetuar todos os atos relativos à campanha eleitoral, inclusive utilizar o horário eleitoral gratuito no rádio e na televisão e ter seu nome mantido na urna eletrônica enquanto estiver sob essa condição, ficando a validade dos votos a ele atribuídos condicionada ao deferimento de seu registro por instância superior; **C:** incorreta, pois a assertiva apresenta distorção ao que dispõe o art. 8º, § 1º, da Lei 9.504/1997; **D:** correta, conforme art. 11, § 10, da Lei 9.504/1997; **E:** incorreta, pois o art. 12, § 3º, da Lei 9.504/1997 dispõe que a Justiça Eleitoral indeferirá todo pedido de variação de nome coincidente com nome de candidato a eleição majoritária, salvo para candidato que esteja exercendo mandato eletivo ou o tenha exercido nos últimos quatro anos, ou que, nesse mesmo prazo, tenha concorrido em eleição com o nome coincidente.

Gabarito "D"

(Magistratura/PI – 2011 – CESPE) Com relação às inelegibilidades, assinale a opção correta.

(A) O candidato condenado, em decisão transitada em julgado ou proferida por órgão colegiado da justiça eleitoral, por conduta vedada a agente público em campanha eleitoral somente será considerado inelegível se a conduta implicar a cassação do registro ou do diploma.

(B) O prefeito que perder o mandato por infringência a dispositivo da lei orgânica municipal ficará inelegível, para qualquer cargo, nas eleições a serem realizadas no período remanescente do mandato para o qual tenha sido eleito e nos três anos subsequentes ao término do mandato, reavendo a sua elegibilidade imediatamente após esse período.

(C) O prazo da inelegibilidade do indivíduo condenado por crime contra o meio ambiente por decisão transitada em julgado ou proferida por órgão judicial colegiado perdura enquanto durarem os efeitos da condenação.

(D) A inelegibilidade não se aplica a membro de assembleia legislativa que renunciar ao mandato após o oferecimento de representação capaz de autorizar a abertura de processo por infringência a dispositivo da constituição estadual.

(E) O indivíduo excluído do exercício da profissão por decisão sancionatória do órgão profissional competente em decorrência de infração ético-profissional ficará inelegível, para qualquer cargo, pelo prazo de quatro anos, salvo se o ato houver sido anulado ou suspenso pelo Poder Judiciário.

A: correta, conforme ar. 1º, I, "j", LC 64/1990; **B:** incorreta, pois o art. 1º, I, "c", LC 64/1990 dispõe que Prefeito e o Vice-Prefeito que perderem seus cargos eletivos por infringência a dispositivo da Constituição Estadual, da Lei Orgânica do Distrito Federal ou da Lei Orgânica do Município, para as eleições que se realizarem durante o período remanescente e nos 8 (oito) anos subsequentes ao término do mandato para o qual tenham sido eleitos; **C:** incorreta, pois o art. 1º, I, "e", linha 3, dispõe que a inelegibilidade atingirá desde a condenação até o transcurso do prazo de 8 (oito) anos após o cumprimento da pena; **D:** incorreta, pois a inelegibilidade é aplicada com base no que dispõe o art. 1º, I, "k", LC 64/1990; **E:** incorreta, pois o prazo será de 8 anos, conforme art. 1º, I, "m", LC 64/1990.

Gabarito "A"

(Magistratura/RJ – 2011 – VUNESP) Sobre as inelegibilidades, assinale a alternativa correta.

(A) A inelegibilidade de Prefeito que concorre à cadeira no Poder Legislativo sem renunciar ao cargo seis meses antes do pleito deverá ser arguida na fase de registro da candidatura, sob pena de preclusão.

(B) Vice-Prefeito que não tenha substituído o titular em ambos os mandatos pode se candidatar ao cargo de Prefeito, sendo-lhe facultada, ainda, a reeleição ao cargo de Chefe do Poder Executivo por um único período.

(C) Na hipótese de rejeição de contas relativas ao exercício de cargo se funções públicas, a Justiça Eleitoral só poderá decidir pela não incidência de causa de inelegibilidade mediante prévia desconstituição da decisão de rejeição das contas, obtida na Justiça Comum.

(D) Independentemente de eventual decisão desconstitutiva do Poder Judiciário, a demissão do serviço público, imposta em processo administrativo, não constitui causa de inelegibilidade.

A: incorreta, o prazo é de 5 dias conforme dispõe o art. 66, § 3º, da Lei 9.504/1997 "No prazo de cinco dias a contar da data da apresentação referida no § 2º, o partido político e a coligação poderão apresentar impugnação fundamentada à Justiça Eleitoral."; **B:** correta, conforme art. 1º, VII, § 2º, da LC 64/1990; **C:** incorreta, conforme art. 26-C, § 2º, da LC 64/1990; **D:** incorreta, pois a exceção está prevista no art. 1º, I, "o", da Lc 64/1990, aos dispor que "os que forem demitidos do serviço público em decorrência de processo administrativo ou judicial, pelo prazo de 8 (oito) anos, contado da decisão, salvo se o ato houver sido suspenso ou anulado pelo Poder Judiciário".

Gabarito "B"

CAPÍTULO 3

JUSTIÇA ELEITORAL

3.1. INTRODUÇÃO

A Justiça Eleitoral surgiu nos idos de 1930, com a revolução que deu origem ao Código Eleitoral de 1932 (Dec. 21.076/1932), inspirada pelo ideal de moralização do sistema eleitoral.

É uma ramificação especializada do Poder Judiciário, não havendo submissão (nem ao Poder Judiciário, nem ao Poder Executivo), mas sim autonomia no exercício de suas competências.

De maneira conceitual, pode ser compreendida como um instrumento garantidor da lisura em todo processo eleitoral, preservando direitos subjetivos como o sufrágio, garantindo a ordem e o melhor transcorrer de todos os atos, principalmente em razão de seus atributos de Poder Normativo e Poder de Polícia.

3.1.1. Poder normativo

Quanto ao pode normativo da Justiça Eleitoral identificamos alguns dispositivos, a se destacar:

a) Estampado pelo art. 23, IX, do Código Eleitoral, ao dispor que competirá ao Tribunal Superior Eleitoral expedir as instruções que julgar convenientes à execução das normas eleitorais (previstas no Código);

b) Art. 61 da Lei 9.096/1995, ao determinar que competirá ao Tribunal Superior Eleitoral a expedição de instruções para seu fiel cumprimento;

Quanto à possibilidade de um conflito normativo, dentro destas competências fixadas pela legislação, esclarece a doutrina de Flávio Crocce Caetano (e outros), que: "A princípio, não há colisão entre estas duas espécies normativas, cada um possui seu *locus* próprio. Evidentemente que, em caso de conflito, a Lei deverá prevalecer por ser norma hierarquicamente superior. Entretanto, certas situações não são tão claras, trazendo uma enorme dificuldade para o operador do Direito."[1]

3.1.2. Poder de polícia

Diferentemente do que nos remete a conceituar, o poder de polícia atribuído à Justiça Eleitoral mantém estreita relação com o Direito Administrativo, dadas as suas inúmeras "funções administrativas" (burocráticas), não mantendo relação com a ideia de polícia judiciária.

Álvaro Lazzarini leciona, neste sentido, que: "uma das atribuições desta Justiça Especializada é a de coibir práticas nocivas à igualdade entre os candidatos, tais como a realização de propaganda eleitoral irregular e o abuso de poder político, econômico ou de autoridade, e o uso indevido dos meios de comunicação social, atividades de efeito maléficos quase irreversíveis, garantindo, assim, o equilíbrio da disputa eleitoral."[2]

3.1.3. Justiça especial

É uma Justiça Especial, não possuindo corpo permanente, mas, sim, exercício de mandato por seus membros. Seus órgãos estão previstos nos arts. 92, V, e 118, da CF, além de correspondências no Código Eleitoral que serão vistos adiante.

O STF e STJ não integram a base piramidal da Justiça Eleitoral, porém conhecem de matérias em alguns casos:

STF: O Supremo Tribunal Federal conhecerá de matérias eleitorais, porém na condição de "guardião constitucional", tratando também de resolver conflitos de competência entre o TSE e outro Tribunal Superior (art. 102 da CF).

STJ: O Superior Tribunal de Justiça integrará matérias eleitorais nas situações previstas no art. 105 da CF, como, por exemplo, no julgamento de crimes cometidos por pessoas com foro de prerrogativa de função e também resolvendo conflitos de competência na situação do art. 105, I, "d", da CF.

3.2. ÓRGÃOS DA JUSTIÇA ELEITORAL E SUA COMPOSIÇÃO

Segundo a Constituição Federal, especificamente o art. 118, a Justiça Eleitoral é composta pelos seguintes órgãos:

a) Tribunal Superior Eleitoral (TSE)

b) Tribunais Regionais Eleitorais (TREs)

c) Juízes Eleitorais

d) Juntas Eleitorais

---

1. PINHO, Cristiano Vilela de; CAETANO, Flávio Crocce; GOMES, Wilston Luisa da Silva. **Elementos de direito eleitoral**. São Paulo: Suplegraf, 2010. p. 38.
2. LAZZARINI, Álvaro. Poder polícia eleitoral, a força policial. Disponível em: [http://www.lexml.gov.br/urn/urn:lex:br:rede.virtual.bibliotecas:artigo.revista:2002;1000671463]. Acesso em: 11.07.2014.

3.2.1. Tribunal Superior Eleitoral (TSE)

3.2.1.1. Composição

É o órgão máximo dentro da Justiça Eleitoral, consubstanciando-se na última instância sobre matéria eleitoral, propriamente. Diz-se desta forma uma vez que suas decisões são irrecorríveis, salvo nos casos onde haja contrariedade à Constituição Federal, denegação de *habeas corpus*, mandado de segurança, mandado de injunção ou *habeas data* (art. 281 do Código Eleitoral).

Composto por 7 Ministros, dos quais:

– 3 Ministros eleitos entre os membros do STF;

– 2 Ministros eleitos entre os membros do STJ;

– 2 Ministros nomeados pelo Presidente da República a partir de duas listas, contendo 3 nomes cada, de advogados de notório saber jurídico e reputação ilibada (formação das listas é feita por indicação do STF).

3.2.1.2. Mandato

O mandato dos Ministros corresponderá a 2 anos, admitindo-se uma única recondução consecutiva. Não exclui-se a possibilidade de que os ministros venham a compor tantas outras vezes, quanto possível, bastando que sejam indicados, escolhidos e não ultrapasse a limitação de dois biênios seguidos.

3.2.1.3. Competência

A competência de julgamento do Tribunal Superior Eleitoral abrange as eleições presidenciais, além das fixadas pelos arts. 22 e 23 do Código Eleitoral, a saber:

I – Competência privativa e originária

Conforme dispõe o art. 22 do Código Eleitoral, é de competência originária do Tribunal Superior Eleitoral processar e julgar:

a) o registro e a cassação de registro de partidos políticos, dos seus diretórios nacionais e de candidatos à Presidência e vice-presidência da República;

b) os conflitos de jurisdição entre Tribunais Regionais e juízes eleitorais de Estados diferentes;

c) a suspeição ou impedimento aos seus membros, ao Procurador-Geral e aos funcionários da sua Secretaria;

d) os crimes eleitorais e os comuns que lhes forem conexos cometidos pelos seus próprios juízes e pelos juízes dos Tribunais Regionais;

e) o *habeas corpus* ou mandado de segurança, em matéria eleitoral, relativos a atos do Presidente da República, dos Ministros de Estado e dos Tribunais Regionais; ou, ainda, o *habeas corpus*, quando houver perigo de se consumar a violência antes que o juiz competente possa prover sobre a impetração;

f) as reclamações relativas a obrigações impostas por lei aos partidos políticos, quanto à sua contabilidade e à apuração da origem dos seus recursos;

g) as impugnações á apuração do resultado geral, proclamação dos eleitos e expedição de diploma na eleição de Presidente e Vice-Presidente da República;

h) os pedidos de desaforamento dos feitos não decididos nos Tribunais Regionais dentro de trinta dias da conclusão ao relator, formulados por partido, candidato, Ministério Público ou parte legitimamente interessada.

i) as reclamações contra os seus próprios juízes que, no prazo de trinta dias a contar da conclusão, não houverem julgado os feitos a eles distribuídos.

j) a ação rescisória, nos casos de inelegibilidade, desde que intentada dentro de cento e vinte dias de decisão irrecorrível, possibilitando-se o exercício do mandato eletivo até o seu trânsito em julgado.

k) julgar os recursos interpostos das decisões dos Tribunais Regionais nos termos do art. 276 do Código Eleitoral, inclusive os que versarem matéria administrativa.

II – Compete ainda (art. 23 do Código Eleitoral):

a) elaborar o seu regimento interno;

b) organizar a sua Secretaria e a Corregedoria-Geral, propondo ao Congresso Nacional a criação ou extinção dos cargos administrativos e a fixação dos respectivos vencimentos, provendo-os na forma da lei;

c) conceder aos seus membros licença e férias assim como afastamento do exercício dos cargos efetivos;

d) aprovar o afastamento do exercício dos cargos efetivos dos juízes dos Tribunais Regionais Eleitorais;

e) propor a criação de Tribunal Regional na sede de qualquer dos Territórios;

f) propor ao Poder Legislativo o aumento do número dos juízes de qualquer Tribunal Eleitoral, indicando a forma desse aumento;

g) fixar as datas para as eleições de Presidente e Vice-Presidente da República, senadores e deputados federais, quando não o tiverem sido por lei:

h) aprovar a divisão dos Estados em zonas eleitorais ou a criação de novas zonas;

i) expedir as instruções que julgar convenientes à execução deste Código;

j) fixar a diária do Corregedor-Geral, dos Corregedores Regionais e auxiliares em diligência fora da sede;

k) enviar ao Presidente da República a lista tríplice organizada pelos Tribunais de Justiça nos termos do art. 25 do Código Eleitoral (quanto à escolha de magistrados para a composição dos TREs);

l) responder, sobre matéria eleitoral, às consultas que lhe forem feitas em tese por autoridade com jurisdição, federal ou órgão nacional de partido político;

m) autorizar a contagem dos votos pelas mesas receptoras nos Estados em que essa providência for solicitada pelo Tribunal Regional respectivo;

n) requisitar a força federal necessária ao cumprimento da lei, de suas próprias decisões ou das decisões dos Tribunais Regionais que o solicitarem, e para garantir a votação e a apuração;

o) organizar e divulgar a Súmula de sua jurisprudência;

p) requisitar funcionários da União e do Distrito Federal quando o exigir o acúmulo ocasional do serviço de sua Secretaria;

q) publicar um boletim eleitoral;

r) tomar quaisquer outras providências que julgar convenientes à execução da legislação eleitoral.

3.2.2. Tribunal Regional Eleitoral (TRE)

3.2.2.1. Composição

Trata-se do tribunal de segundo grau com sede nas capitais dos Estados e no Distrito Federal, com jurisdição respectiva em cada área. Assim como ocorre no Tribunal Superior Eleitoral, suas decisões são irrecorríveis, exceto nos casos enumerados no art. 276 do Código Eleitoral.

Podemos classificá-lo como órgão jurisdicional de segundo grau, tribunais de apelação.

É composto por 7 magistrados, dos quais:

– 2 Desembargadores do Tribunal de Justiça;

– 2 Juízes de Direito escolhidos pelo plenário do Tribunal de Justiça; 1 Juiz do Tribunal Regional Federal e 2 advogados de notório saber jurídico e reputação ilibada escolhidos pelo Presidente da República a partir de duas listas tríplices formadas pelo Tribunal de Justiça.

3.2.2.2. Mandato

O mandato dos Ministros corresponderá a 2 anos, admitindo-se uma única recondução consecutiva. Não exclui-se a possibilidade de que os ministros venham a compor tantas outras vezes, quanto possível, bastando que sejam indicados, escolhidos, e não ultrapasse a limitação de dois biênios seguidos. A mesma regra aplicada aos ministros do Tribunal Superior Eleitoral.

3.2.2.3. Competência

Sua competência abrange as eleições gerais (majoritária e proporcional em âmbito estadual e municipal), em especial as disposições dos arts. 29 e 30 do Código Eleitoral, vejamos:

III – Competência privativa e originária

Conforme dispõe o art. 29 do Código Eleitoral, é de competência originária do Tribunal Regional Eleitoral processar e julgar:

a) o registro e o cancelamento do registro dos diretórios estaduais e municipais de partidos políticos, bem como de candidatos a Governador, Vice-Governadores, e membro do Congresso Nacional e das Assembleias Legislativas;

b) os conflitos de jurisdição entre juízes eleitorais do respectivo Estado;

c) a suspeição ou impedimentos aos seus membros ao Procurador Regional e aos funcionários da sua Secretaria assim como aos juízes e escrivães eleitorais;

d) os crimes eleitorais cometidos pelos juízes eleitorais;

e) o *habeas corpus* ou mandado de segurança, em matéria eleitoral, contra ato de autoridades que respondam perante os Tribunais de Justiça por crime de responsabilidade e, em grau de recurso, os denegados ou concedidos pelos juízes eleitorais; ou, ainda, o *habeas corpus* quando houver perigo de se consumar a violência antes que o juiz competente possa prover sobre a impetração;

f) as reclamações relativas a obrigações impostas por lei aos partidos políticos, quanto à sua contabilidade e à apuração da origem dos seus recursos;

g) os pedidos de desaforamento dos feitos não decididos pelos juízes eleitorais em trinta dias da sua conclusão para julgamento, formulados por partido candidato Ministério Público ou parte legitimamente interessada sem prejuízo das sanções decorrentes do excesso de prazo.

h) recursos interpostos dos atos e das decisões proferidas pelos juízes e juntas eleitorais.

i) recursos interpostos das decisões dos juízes eleitorais que concederem ou denegarem habeas corpus ou mandado de segurança.

IV – Compete ainda (art. 30 do Código Eleitoral):

a) elaborar o seu regimento interno;

b) organizar a sua Secretaria e a Corregedoria Regional provendo-lhes os cargos na forma da lei, e propor ao Congresso Nacional, por intermédio do Tribunal Superior a criação ou supressão de cargos e a fixação dos respectivos vencimentos;

c) conceder aos seus membros e aos juízes eleitorais licença e férias, assim como afastamento do exercício dos cargos efetivos submetendo, quanto aqueles, a decisão à aprovação do Tribunal Superior Eleitoral;

d) fixar a data das eleições de Governador e Vice-Governador, deputados estaduais, prefeitos, vice-prefeitos, vereadores e juízes de paz, quando não determinada por disposição constitucional ou legal;

e) constituir as juntas eleitorais e designar a respectiva sede e jurisdição;

f) indicar ao tribunal Superior as zonas eleitorais ou seções em que a contagem dos votos deva ser feita pela mesa receptora;

g) apurar com os resultados parciais enviados pelas juntas eleitorais, os resultados finais das eleições de Governador e Vice-Governador de membros do Congresso Nacional e expedir os respectivos diplomas, remetendo dentro do prazo de 10 (dez) dias após a diplomação, ao Tribunal Superior, cópia das atas de seus trabalhos;

h) responder, sobre matéria eleitoral, às consultas que lhe forem feitas, em tese, por autoridade pública ou partido político;

i) dividir a respectiva circunscrição em zonas eleitorais, submetendo essa divisão, assim como a criação de novas zonas, à aprovação do Tribunal Superior;

j) aprovar a designação do Ofício de Justiça que deva responder pela escrivania eleitoral durante o biênio;

k) requisitar a força necessária ao cumprimento de suas decisões solicitar ao Tribunal Superior a requisição de força federal;

l) autorizar, no Distrito Federal e nas capitais dos Estados, ao seu presidente e, no interior, aos juízes eleitorais, a requisição de funcionários federais, estaduais ou municipais para auxiliarem os escrivães eleitorais, quando o exigir o acúmulo ocasional do serviço;

m) requisitar funcionários da União e, ainda, no Distrito Federal e em cada Estado ou Território, funcionários dos respectivos quadros administrativos, no caso de acúmulo ocasional de serviço de suas Secretarias;

n) aplicar as penas disciplinares de advertência e de suspensão até 30 (trinta) dias aos juízes eleitorais;

o) cumprir e fazer cumprir as decisões e instruções do Tribunal Superior;

p) determinar, em caso de urgência, providências para a execução da lei na respectiva circunscrição;

q) organizar o fichário dos eleitores do Estado;

r) suprimir os mapas parciais de apuração mandando utilizar apenas os boletins e os mapas totalizadores, desde que o menor número de candidatos às eleições proporcionais justifique a supressão, observadas as seguintes normas:

i. qualquer candidato ou partido poderá requerer ao Tribunal Regional que suprima a exigência dos mapas parciais de apuração;

ii. da decisão do Tribunal Regional qualquer candidato ou partido poderá, no prazo de três dias, recorrer para o Tribunal Superior, que decidirá em cinco dias;

iii. a supressão dos mapas parciais de apuração só será admitida até seis meses antes da data da eleição;

iv. os boletins e mapas de apuração serão impressos pelos Tribunais Regionais, depois de aprovados pelo Tribunal Superior;

v. o Tribunal Regional ouvira os partidos na elaboração dos modelos dos boletins e mapas de apuração a fim de que estes atendam às peculiaridade locais, encaminhando os modelos que aprovar, acompanhados das sugestões ou impugnações formuladas pelos partidos, à decisão do Tribunal Superior.

3.2.3. Juiz eleitoral

Trata-se do primeiro grau de jurisdição em matéria eleitoral. Cada Estado, e o Distrito Federal, será dividido por zonas eleitorais. Em cada zona eleitoral haverá um Juiz de Direito nomeado pelo Tribunal Regional Eleitoral para exercer as funções eleitorais, não sendo necessário, sequer preciso, que venha a se afastar de suas funções originárias (o Juiz de Direito da comarca acumulará suas funções originais e as eleitorais da área determinada).

Para tanto, a título deste "empréstimo" de Juízes de Direito estaduais delegados à função de Juiz da Justiça Especial caberá perceber uma remuneração chamada de gratificação *pro labore*, disposta especificamente pela Lei 8.350/1991.

Em cidades, sobretudo do interior, onde há apenas uma Vara na Comarca, ficará esta incumbida de realizar os serviços eleitorais. Havendo mais de uma, o TRE da circunscrição irá designar qual Vara ficará responsável (e respectivamente o Juiz). Sua competência abrange as eleições municipais, em especial as disposições do art. 35 do Código Eleitoral.

3.2.3.1. Competência

Nos termos do art. 32 do Código Eleitoral, cabe a jurisdição de cada uma das zonas eleitorais a um Juiz de Direito em efetivo exercício e, na falta deste, ao seu substituto legal que goze das prerrogativas do art. 95 da CF. Dentre suas competências está:

a) cumprir e fazer cumprir as decisões e determinações do Tribunal Superior e do Regional;

b) processar e julgar os crimes eleitorais e os comuns que lhe forem conexos, ressalvada a competência originária do Tribunal Superior e dos Tribunais Regionais;

c) decidir *habeas corpus* e mandado de segurança, em matéria eleitoral, desde que essa competência não esteja atribuída privativamente à instância superior.

d) fazer as diligências que julgar necessárias a ordem e presteza do serviço eleitoral;

e) tomar conhecimento das reclamações que lhe forem feitas verbalmente ou por escrito, reduzindo-as a termo, e determinando as providências que cada caso exigir;

f) indicar, para aprovação do Tribunal Regional, a serventia de justiça que deve ter o anexo da escrivania eleitoral;

g) dirigir os processos eleitorais e determinar a inscrição e a exclusão de eleitores;

h) expedir títulos eleitorais e conceder transferência de eleitor;

i) dividir a zona em seções eleitorais;

j) mandar organizar, em ordem alfabética, relação dos eleitores de cada seção, para remessa a mesa receptora, juntamente com a pasta das folhas individuais de votação;

k) ordenar o registro e cassação do registro dos candidatos aos cargos eletivos municiais e comunicá-los ao Tribunal Regional;

l) designar, até 60 (sessenta) dias antes das eleições os locais das seções;

m) nomear, 60 (sessenta) dias antes da eleição, em audiência pública anunciada com pelo menos 5 (cinco) dias de antecedência, os membros das mesas receptoras;

n) instruir os membros das mesas receptoras sobre as suas funções;

o) providenciar para a solução das ocorrências que se verificarem nas mesas receptoras;

p) tomar todas as providências ao seu alcance para evitar os atos viciosos das eleições;

q) fornecer aos que não votaram por motivo justificado e aos não alistados, por dispensados do alistamento, um certificado que os isente das sanções legais;

r) comunicar, até às 12 horas do dia seguinte a realização da eleição, ao Tribunal Regional e aos delegados de partidos credenciados, o número de eleitores que votarem em cada uma das seções da zona sob sua jurisdição, bem como o total de votantes da zona.

3.2.4. Junta eleitoral

A junta eleitoral é naturalmente formada por um juiz eleitoral (nas comarcas com Vara única, será o próprio juiz) além de 2 a 4 cidadãos (de modo que, juntamente com o Juiz Eleitoral, formem um colegiado de número ímpar) de reputação ilibada indicados pelo Juiz Eleitoral e nomeados pelo presidente do TRE, num prazo de até 60 dias antes da eleições.

Neste caso, não se fala em competência, mas em função a ser realizada, todas elas previstas nos arts. 36 a 41 do Código Eleitoral, em especial a apuração das eleições nas zonas eleitorais após o encerramento das votações.

Contudo, o Código Eleitoral elenca aquelas que serão as "competências" da Junta Eleitoral, a saber:

a) apurar, no prazo de 10 (dez) dias, as eleições realizadas nas zonas eleitorais sob a sua jurisdição.

b) resolver as impugnações e demais incidentes verificados durante os trabalhos da contagem e da apuração;

c) expedir os boletins de apuração mencionados no art. 179 do Código Eleitoral (Boletins de apuração por seção, após a apuração respectiva);

d) expedir diploma aos eleitos para cargos municipais.

E o Ministério Público?

Ainda que não haja expressa previsão pela Constituição Federal, a atuação do Ministério Público vem disposta especialmente pela LC 75/1993 (arts. 72 ao 80).

Em 1ª instância atuarão os membros do Ministério Público Estadual, por indicação do Procurador-Geral de Justiça e designados pelo Procurador Regional Eleitoral.

Em 2ª instância (TREs) atuarão os Procuradores da República, por designação do Procurador-Geral da República.

No Tribunal Superior (TSE) a atuação é por conta do Procurador-Geral da República, sob a denominação de Procurador-Geral Eleitoral.

Trataremos com maiores detalhes acerca da estruturação adiante.

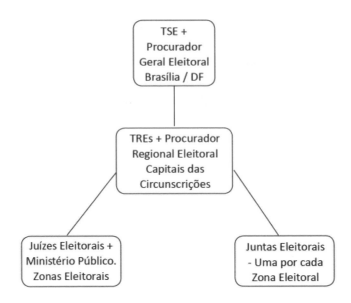

3.3. GARANTIAS E VEDAÇÕES

A Constituição Federal, em seu art. 95, traz previstas as garantias e vedações à magistratura geral. Destacaremos isoladamente com vistas àquele que vier a exercer funções como órgão da Justiça Eleitoral.

"Art. 95. Os juízes gozam das seguintes garantias:

I – vitaliciedade, que, no primeiro grau, só será adquirida após dois anos de exercício, dependendo a perda do cargo, nesse período, de deliberação do tribunal a que o juiz estiver vinculado, e, nos demais casos, de sentença judicial transitada em julgado;

II – inamovibilidade, salvo por motivo de interesse público, na forma do art. 93, VIII;

III – irredutibilidade de subsídio, ressalvado o disposto nos arts. 37, X e XI, 39, § 4º, 150, II, 153, III, e 153, § 2º, I.

Parágrafo único. Aos juízes é vedado:

I – exercer, ainda que em disponibilidade, outro cargo ou função, salvo uma de magistério;

II – receber, a qualquer título ou pretexto, custas ou participação em processo;

III – dedicar-se à atividade político-partidária.

IV – receber, a qualquer título ou pretexto, auxílios ou contribuições de pessoas físicas, entidades públicas ou privadas, ressalvadas as exceções previstas em lei;

V – exercer a advocacia no juízo ou tribunal do qual se afastou, antes de decorridos três anos do afastamento do cargo por aposentadoria ou exoneração".

3.3.1. Garantias

Previstas no art. 95, I a III, da CF. Asseguram garantias de vitaliciedade, inamovibilidade e irredutibilidade de subsídios, vejamos cada uma separadamente:

a) Vitaliciedade (art. 95, I, da CF):

É obtida apenas após 2 anos de exercício da função, sendo aplicado desta forma aos magistrados de 1º grau. No tocante aos tribunais (2ª instância) e tribunais superiores, a vitaliciedade é adquirida com a investidura no cargo, não sendo necessário o transcurso de tempo. Exemplo disso se dá aos Desembargadores e Ministros nomeados em razão do quinto constitucional (Advogados e Membros do Ministério Público).

IMPORTANTE: A garantia da vitaliciedade não se estenderá aos magistrados da Justiça Eleitoral, prevalecendo, neste caso, o princípio da "periodicidade da investidura das funções eleitorais" (Res. TSE 20.958/2011).

Não? Por quê?

Pelas seguintes razões:

I) Uma vez que há a previsão de preenchimento de vagas (magistrados eleitorais – Tribunais) por advogados, que servirão temporariamente (um biênio com possibilidade de única recondução consecutiva), não há como garantir a vitaliciedade no cargo (por isso diz-se em princípio da periodicidade da investidura nas funções eleitorais);

II) Aqueles magistrados (de primeiro grau) que por ventura vierem a desenvolver a função de juízes eleitorais, e que ainda não tenham atingido o lapso temporal de dois anos e, portanto, não tendo garantida à vitaliciedade, nos termos do art. 95, I, da CF, atingiriam a tamanha garantia antes mesmo do interregno mínimo estabelecido (dois anos);

III) Aos demais magistrados (de primeiro grau, após dois anos e aos magistrados de segundo grau – onde a vitaliciedade é adquirida com a investidura, como vimos) já lhes é garantido a vitaliciedade em razão de suas funções originárias. Sendo assim, mesmo que não mantenham-se vitalícios em razão das funções eleitorais, manter-se-ão assistidos pela garantia Constitucional em razão de suas funções originais.

b) Inamovibilidade (art. 95, II, da CF):

A remoção, disponibilidade ou aposentadoria do magistrado vitalício (pelo conceito que estudamos anteriormente), além de sua aposentadoria, dependerá de sua própria vontade, ou, por motivo de interesse público, por maioria absoluta do tribunal ou órgão especial a que estiver vinculado, assegurada a ampla defesa, sendo ainda sempre por fundamentado interesse público.

c) Irredutibilidade de subsídio (art. 95, III, da CF):

É também garantia do magistrado a irredutibilidade de seus subsídios, excetuando-se aqui a incidência tributária que seja legalmente estabelecida.

Quanto aos magistrados da Justiça Eleitoral, não há remuneração mediante subsídios, mas sim a chamada gratificação *pro labore*, disposta especificamente pela Lei 8.350/1991, a ser compreendida na seguinte razão, sendo o cálculo a estabelecer o valor por sessão (no máximo de oito por mês):

Tribunal Superior Eleitoral / Procurador-Geral Eleitoral (atuante no Tribunal): 3% do vencimento básico de Ministro do STF

Tribunais Regionais Eleitorais / Procurador Regional Eleitoral (atuante no Tribunal): 3% do vencimento básico de Juiz do TRF.

Juízes Eleitorais: corresponderá a 18% do subsídio de Juiz Federal.

3.3.2. Vedações

O art. 95, parágrafo único, da CF fixou as vedações, vejamos cada uma:

"Art. 95. Os juízes gozam das seguintes garantias:

(...)

Parágrafo único. Aos juízes é vedado:

I – exercer, ainda que em disponibilidade, outro cargo ou função, salvo uma de magistério;

II – receber, a qualquer título ou pretexto, custas ou participação em processo;

III – dedicar-se à atividade político-partidária.

IV – receber, a qualquer título ou pretexto, auxílios ou contribuições de pessoas físicas, entidades públicas ou privadas, ressalvadas as exceções previstas em lei;

V – exercer a advocacia no juízo ou tribunal do qual se afastou, antes de decorridos três anos do afastamento do cargo por aposentadoria ou exoneração."

a) Exercer, ainda que em disponibilidade, outro cargo ou função, salvo uma de magistério:

A única função que é admitida, ao magistrado, é o exercício do magistério (lecionar). Roberto Moreira de Almeida destaca relevante lição extraída do voto do Ministro Gilmar Mendes, em oportunidade de relatoria da MC em ADI 3.126-1/DF ao dizer que:

"Ser professor, em qualquer grau, é permitido ao juiz. O constituinte entendeu que a magistratura e o magistério são missões correlatas. Com efeito, a imposição de que haja apenas uma única função de magistério não atende, a princípio, ao objetivo da Constituição Federal que, ao usar, na ressalva constante no Inciso I do parágrafo único do seu art. 95, a expressão uma de magistério, visa impedir que a cumulação autorizada prejudique, em termos de horas destinadas ao magistério, o exercício da magistratura, sendo que a questão, portanto, de compatibilização de horários, a ser resolvida caso a caso."[3]

IMPORTANTE:

Quanto aos juízes eleitorais, a vedação permanece idêntica. Já aos magistrados eleitorais oriundos da advocacia (tribunais), a vedação somente lhes atingirá se a atividade de cargo ou função pública vier a se tornar incompatível com a magistratura.

---

3. ALMEIDA, Roberto Moreira de. **Curso de direito eleitoral**. 8. ed. Salvador: JusPodivm, 2014. p. 193.

Ao "magistrado advogado", enquanto durar o biênio, ou quatriênio (no caso de recondução) à frente das funções da Justiça Eleitoral, não poderá exercer a advocacia perante a Justiça Eleitoral. Obviamente que após o mandato referido, suas atividades retornarão ao normal, sem qualquer impedimento.

b) Receber, a qualquer título ou pretexto, custas ou participação em processo, bem como, a qualquer título ou pretexto, auxílios ou contribuições de pessoas físicas, entidades públicas ou privadas, ressalvadas as exceções previstas em lei

É vedado ao magistrado receber qualquer quantia ou custas em razão de sua participação no processo. Diferentemente da atuação do advogado, não há que se falar em "sucumbências" ou qualquer verba desta natureza. Trata-se de uma vedação que nos soa como "lógica", mas talvez assim seja pelo fato de mentalizarmos as possibilidades e impossibilidades jurídicas, do nosso ordenamento como um todo, como algo absolutamente cognitivo. De qualquer forma, resta estabelecida mais esta vedação.

Aos "magistrados advogados" eleitorais, também não haverá aplicação desta vedação, uma vez que sua limitação de advocacia restringir-se-á à Justiça Eleitoral. Vejamos lição de Almeida: "No que concerne aos Juízes Eleitorais oriundos da classe dos advogados (juristas), (...) podem continuar o exercício do mister advocatício (salvo perante a Justiça Eleitoral), e, como retribuição dessa relevante atividade, receber os respectivos honorários regularmente fixados."[4]

c) Dedicar-se à atividade político-partidária e exercer a advocacia no juízo ou tribunal do qual se afastou, antes de decorridos três anos do afastamento do cargo por aposentadoria ou exoneração;

O magistrado que pretender se dedicar à advocacia ou à atividade político-partidária deverá se afastar por definitivo do exercício da magistratura através da aposentadoria ou mesmo pedido de exoneração (caso não seja possível a aposentadoria).

Importante mencionar ainda que, quanto à atividade da advocacia, muito comum em exemplos concretos, é necessário que se transcorra um lapso de pelo menos 3 anos a contar da data efetiva do seu afastamento definitivo. Este interregno temporal é também classificada como *quarentena obrigatória* ou *quarentena de saída*, pela doutrina.

3.4. MINISTÉRIO PÚBLICO

O art. 127 da CF conceitua o Ministério Público como "instituição permanente, essencial à função jurisdicional do Estado, incumbindo-lhe a defesa da ordem jurídica, do regime democrático e dos interesses sociais e individuais indisponíveis".

O dispositivo Constitucional ainda trata de suas garantias, princípios, além de sua estruturação administrativa, reservando à Lei Complementar que viesse a tratar com propriedade específica acerca de sua organização, as atribuições e o estatuto (art. 128, § 5º, da CF).

---

4. *Idem, ibidem.*

3.4.1. Conceito

Instituição criada em 1609 na figura do Procurador dos Feitos da Coroa e do Promotor de Justiça. A Constituição Federal de 1988 posicionou o Ministério Público em capítulo atinente às funções essenciais à justiça, dotando-o de prerrogativas que o torna autônomo e em condições de realizar as funções expostas na Constituição. Vênia a repetir a reprodução do dispositivo constitucional:

Art. 127 da CF: "O Ministério Público é instituição permanente, essencial à função jurisdicional do Estado, incumbindo-lhe a defesa da *ordem jurídica*, do *regime democrático* e dos *interesses sociais e individuais indisponíveis*."

Abordemos separadamente:

a) A defesa da ordem jurídica se perfaz em sua atenção como *custus legis* (Fiscal da Lei), fiscalizando de forma imparcial a fim de que sejam resguardados os interesses amparados pelos dispositivos legais;

b) A Garantia do Regime Democrático é realizada na fiscalização dos mandatários (ocupantes de cargos públicos eletivos) com a coisa pública. Assume papel importante nas ACPs, Impugnações de Mandatos Eletivos etc. Nas eleições, o Ministério Público atua a fim de manter não apenas a lisura do processo eleitoral, mas também para que não seja maculada a vontade do popular;

IMPORTANTE:

Constituição Federal:

– "Art. 1º A República Federativa do Brasil, formada pela união indissolúvel dos Estados e Municípios e do Distrito Federal, constitui-se em Estado Democrático de Direito e tem como fundamentos:

I – *a soberania*;"

– "Art. 14. A *soberania popular* será exercida pelo *sufrágio universal* e pelo *voto direto e secreto*, com valor igual para todos, e, nos termos da lei, mediante:

I – plebiscito;

II – referendo;

III – iniciativa popular"

A Constituição incumbe à esta instituição essencial à justiça, a defesa da ordem jurídica, do regime democrático e dos interesses sociais e individuais indisponíveis. Especialmente o *regime democrático*.

Este destaque dá-se em razão de se tratar do regime de poder estabelecido em nossa Constituição. Como já vimos no início, a Democracia traduz-se, objetivamente, no poder ao povo (Soberania Popular, poder supremo do povo), através de sua participação (Sufrágio Universal: votar e ser votado – Direitos Políticos), ou seja, direitos comportados dentro do conceito de Direitos Políticos, por seu turno, Direito Fundamental insculpido em nossa Ordem.

c) A Defesa dos Interesses sociais (1) e Individuais indisponíveis (2), ou seja, (1) interesses de uma coletividade determinada ou indeterminada e a defesa daqueles interesses (2) que não pertençam à esfera de deliberação de particular (inerentes à personalidade).

3.4.2. Natureza do Ministério Público

Órgão do Poder Executivo dotado de significativa autonomia para suas funções (José Afonso da Silva). Não pode ser considerado 4º poder (como é comumente referido), uma vez que é muito claro em nossa Constituição apenas os 3 Poderes (Legislativo, Judiciário e Executivo).

3.4.3. Organização do Ministério Público

De iniciativa concorrente do Presidente da República e do Procurador-Geral da República. O Ministério Público não é regulamentado como poder específico, mas sim dentro das funções essenciais à justiça (Capítulo IV da Constituição Federal de 1988), juntamente com a Advocacia Pública, a Advocacia e a Defensoria Pública;

3.4.4. Princípios constitucionais do Ministério Público

O *Parquet* brasileiro é regido por 3 princípios constitucionais: unidade, indivisibilidade e independência funcional, vejamos:

Curiosidade: A designação *parquet* ao Ministério Público tem origem na França, onde os procuradores do rei ficavam sobre o assoalho (*parquet*) da sala de audiências, e não sobre o estrado do lado do magistrado como acontece nos dias atuais.

Princípio da Unidade:

Todos membros do Ministério Público (federal ou estadual) possuem a mesma natureza, mesmas prerrogativas funcionais, muito embora não haja unidade entre MPs diversos (entre representantes dos diversos estados ou entre estadual e federal). A "unidade" compreenderá aqueles integrantes da mesma estruturação.

a) Estruturação Federal (art. 128, I, da CF): MPF, MP Eleitoral, MPT, MP Militar, MPDF e Territórios e MP atuante junto ao TCU. O chefe do MPU é o *Procurador-Geral da República*;

Procurador-Geral da República (chefe do Ministério Público da União – *Estruturação Federal*)

É nomeado pelo Presidente da República dentre os integrantes da carreira (integrantes da estruturação federal), maiores de 35 anos, após aprovação de maioria absoluta do Senado (votação secreta). Mandato de 02 anos sem limite de reconduções.

Não pode ser destituído livremente pelo Presidente da República. Para destituí-lo, após iniciativa exclusiva do Presidente, o Senado deve consentir com quórum de maioria absoluta, em votação secreta.

b) Estruturação Estadual (art. 128, II, da CF): MPE, MP atuante junto ao TCE. O chefe do MPE é o *Procurador-Geral de Justiça*;

Procurador-Geral de Justiça (chefe do Ministério Público Estadual – *Estruturação Estadual*)

O PGJ será escolhido, dentre uma lista tríplice formada por integrantes da carreira, pelo Presidente da República. Mandato de 02 anos, permitida apenas uma recondução.

Obs.: Representantes do MP do DF e Territórios fazem parte da Estruturação Federal, conforme art. 128, I, "d", da CF.

Princípio da indivisibilidade

Significa dizer que um membro do Ministério Público pode substituir o outro, sem interrupção no processo ou mesmo modificação de sua natureza.

O princípio da indivisibilidade nasce do princípio da unidade, de forma a transparecer um único corpo representando todos os membros do Ministério Público, exercendo as mesmas prerrogativas e desfrutando da mesma liberdade funcional.

Princípio da independência funcional

Os membros do Ministério Público são livres para atuar conforme suas convicções jurídicas, com plena liberdade de agir, não havendo dependência com relação a seus superiores (Chefe do Ministério Público correspondente).

Não há controle hierárquico dos seus atos. Administrativamente sua conduta está sujeita ao controle de órgão superior diretivo.

A independência funcional garante liberdade necessária para a atuação do membro do Ministério Público dentro de sua estrutura.

5. Ministério Público Eleitoral

Podemos destacar a origem do Ministério Público Eleitoral a partir da LC 75/1993, ao tratar da organização, atribuições e o estatuto do Ministério Público da União:

a) "Art. 37. O Ministério Público Federal exercerá as suas funções:

I – nas causas de competência do Supremo Tribunal Federal, do Superior Tribunal de Justiça, dos Tribunais Regionais Federais e dos Juízes Federais, e dos Tribunais e Juízes Eleitorais;"

b) "Art. 72. Compete ao Ministério Público Federal exercer, no que couber, junto à Justiça Eleitoral, as funções do Ministério Público, atuando em todas as fases e instâncias do processo eleitoral.

Parágrafo único: O Ministério Público Federal tem legitimação para propor, perante o juízo competente, as ações para declarar ou decretar a nulidade de negócios jurídicos ou atos da administração pública, infringentes de vedações legais destinadas a proteger a normalidade e a legitimidade das eleições, contra a influência do poder econômico ou o abuso do poder político ou administrativo."

Obedecendo à estruturação Federal, vista acima, podemos identificar os "chefes" da Justiça Especializada Eleitoral, vejamos:

Procurador-Geral Eleitoral:

– O Procurador-Geral da República (chefe MPU) é o Procurador-Geral Eleitoral, e por sintonia de representação, atuará perante o TSE, em suas competências (art. 74 da LC 75/1993);

– O PGE designará, dentre os Subprocuradores-Gerais da República, o Vice-Procurador-Geral Eleitoral, que o substituirá em seus impedimentos e exercerá o cargo em caso de vacância, até o provimento definitivo;

– O PGE poderá, por necessidade de serviço, requisitar membros do Ministério Público Federal para oficiarem, com sua aprovação, perante o Tribunal Superior Eleitoral.

Procurador Regional Eleitoral:

– Incumbe ao PGE designar o Procurador Regional Eleitoral em cada Estado e no Distrito Federal;

– O PRE, juntamente com o seu substituto, será designado pelo PGE, dentre os Procuradores Regionais da República no Estado e no Distrito Federal, ou, onde não houver, dentre os Procuradores da República vitalícios, para um mandato de dois anos, podendo haver uma recondução;

– O PRE atuará perante o TRE as mesmas competências pertinentes ao PGE, dentro de sua esfera de competência;

Promotor Eleitoral:

– As funções eleitorais do MPF perante os Juízes e Juntas Eleitorais serão exercidas pelo Promotor Eleitoral;

– O Promotor Eleitoral será o membro do MP local que oficie junto ao Juízo incumbido do serviço eleitoral de cada Zona.

– Na inexistência de Promotor que oficie perante a Zona Eleitoral, ou havendo impedimento ou recusa justificada, o Chefe do MP local indicará ao PRE o substituto a ser designado.

– A filiação a partido político impede o exercício de funções eleitorais por membro do Ministério Público até dois anos do seu cancelamento;

– O promotor eleitoral tem as mesmas competências que o PRE contudo, limitado ao respectivo juízo eleitoral;

IMPORTANTE:

O Ministério Público Eleitoral é o titular da Ação Penal Pública Incondicionada prevista nos arts. 355 e 357 do Código Eleitoral c/c art. 72 da LC 75/1993.

"Art. 72. Compete ao Ministério Público Federal exercer, no que couber, junto à Justiça Eleitoral, as funções do Ministério Público, atuando em todas as fases e instâncias do processo eleitoral."

3.5. QUADRO SINÓTICO

1. Justiça Eleitoral

– Surge em 1932, após a Revolução de 1930 (moralização do sistema eleitoral) e constitucionalizada pela Constituição de 1934.

– Possui natureza federal (efeitos quanto aos servidores, polícia Judiciária, orçamento pelo Congresso Nacional etc.), sendo mantida pela União.

– Não possui corpo próprio. Outros órgãos (STF, STJ, Justiça comum Federal/Estadual) disponibilizam seus integrantes para seu regular funcionamento (princípio cooperativo no federalismo brasileiro).

– Justiça Eleitoral desempenha Funções de natureza:

a) Administrativa; b) Jurisdicional; c) Normativa; d) Consultiva.

2. Órgãos da Justiça Eleitoral

– O art. 118 da CF define os Órgãos da Justiça Eleitoral, cada qual com suas atribuições, composição e localização.

"Art. 118. São órgãos da Justiça Eleitoral:

I – o Tribunal Superior Eleitoral;

II – os Tribunais Regionais Eleitorais;

III – os Juízes Eleitorais;

IV – as Juntas Eleitorais"

IMPORTANTE I:

– A Constituição refere-se aos integrantes do TSE como juízes (art. 119 da CF), muito embora sejam chamados Ministros, como maneira enfatizar a importância do cargo. Portanto, do ponto de vista jurídico, e para todos os efeitos, são juízes.

IMPORTANTE II:

E o quinto Constitucional (Ministério Público)?

– Legislador Constituinte não reservou cadeira para o Ministério Público, nem no Tribunal Superior Eleitoral, nem nos Tribunais Regionais Eleitorais.

– Postura afronta o disposto no art. 94 da CF, segundo o qual 1/5 das vagas deve ser preenchido por advogados e representante do Ministério Público.

– Objetivo do quinto constitucional: Democratizar e ampliar a visão do julgador.

b) Competência TSE:

– Eleições Presidenciais;

– Registro dos Partidos Políticos;

– Conflitos de Jurisdição

– Outras competências: arts. 22 e 23 do Código Eleitoral;

c) Localização:

– Brasília/DF

d) Mandato:

– Mandato será exercido por 02 (dois) anos, podendo haver uma recondução.

2.2 Tribunal Regional Eleitoral

a) Composição:

– 2 Desembargadores do TJ (mediante eleição por voto secreto);

– 2 Juízes de Direito (mediante eleição), escolhidos pelo Plenário do TJ;

– 1 Juiz do TRF (desembargador federal) com sede na capital ou DF. Não havendo sede na capital, um juiz federal escolhido pelo presidente do TRF;

– 2 advogados com notável saber jurídico e ilibada reputação, indicados pelo TJ do Estado Membro ou DF, em duas listas tríplices (uma para cada vaga), a ser escolhido pelo Presidente da República.

b) Competência TRE:

– Competência Revisional (Juízes Eleitorais e Juntas Eleitorais);

– Eleições Gerais (Eleições para Governador e Vice, Senador, Deputado Federal/Estadual/Distrital), Registro, Impugnação, Direito de Resposta, até a diplomação dos eleitos;

– Arts. 29 e 30 do Código Eleitoral.

c) Localização:

– Nas Capitais de cada estado e no DF.

d) Mandato:

– Mandato será exercido por 02 (dois) anos, podendo haver uma recondução.

2.3 Juízes Eleitorais

– São os juízes de direito do Poder Judiciário Estadual, agindo por delegação de cunho federal;

– Nas comarcas onde houver mais de uma Vara da Justiça Comum Estadual será designado, pelo TRE respectivo, em qual (ou quais) destas varas serão realizados os serviços eleitorais, bem como o respectivo juiz eleitoral.

a) Competência:

– Eleições Municipais;

– Art. 35 do Código Eleitoral.

b) Localização:

– Zonas Eleitorais

c) Mandato:

– Nas zonas eleitorais onde existam comarcas com mais de 01 vara, haverá o rodízio de mandato eleitoral entre os juízes (2 anos). Nas zonas onde haja vara única, será exercido pelo juiz até que seja destituído, promovido ou se aposente (observar o princípio da inamovibilidade e vitaliciedade).

2.4 Juntas Eleitorais

– Formada 60 dias antes das eleições

a) Composição: (3 ou 5 integrantes)

– 01 Juiz Eleitoral (Presidente da Junta);

– 02 ou 04 cidadãos (deve-se formar número ímpar, junto com o presidente da Junta) de notória idoneidade indicados pelo Juiz Presidente da Junta e nomeados pelo Presidente do respectivo TRE. (Art. 36 do Código Eleitoral).

b) Competência:

– Função precípua de apuração de eleições nas zonas eleitorais;

– Art. 40 do Código Eleitoral.

c) Localização:

– O presidente do TRE designará a sede da Junta Eleitoral (uma junta eleitoral por zona eleitoral).

3.6. JURISPRUDÊNCIA SELECIONADA

Inelegibilidade: Contas Irregulares e Competência
O Tribunal denegou mandado de segurança impetrado contra decisão do Presidente do Tribunal de Contas da União – TCU que determinara a **inclusão do nome do impetrante, no respectivo *site*, na Relação de Responsáveis com Contas Julgadas Irregulares pelo TCU para Fins de Inelegibilidade**, em face do art. 1º, I, *g* da LC 64/1990. Alegava-se, na espécie, que **referida anotação possibilitaria a impugnação da candidatura do impetrante ao cargo de prefeito e que ele já teria sanado a mencionada irregularidade**, pois concluíra as obras que resultaram no processo de Tomada de Contas Especial, bem como recolhera a multa que lhe fora aplicada pelo TCU. Entendeu-se que **a decisão hostilizada não incorrera em nenhuma ilegalidade, por ser de natureza meramente declaratória e não constituir penalidade.** Ressaltou-se, também, ser incabível a análise do acórdão do TCU, tendo em conta **orientação fixada pelo Supremo no sentido de ser da Justiça Eleitoral a competência para emitir juízo de valor a respeito das irregularidades apontadas pela Corte de Contas**, e decidir se as mesmas configuram ou não inelegibilidade. Por fim, asseverou-se, com base em consulta ao Sistema de Divulgação de Dados de Candidatos, no *site* do Tribunal Superior Eleitoral, que o registro da candidatura do impetrante não fora prejudicado pela decisão do TCU. Precedente citado: MS 22087/DF (DJU de 10.5.96).

MS 24.991-9/DF, Pleno, j. 22.6.2006, rel. Min. Gilmar Mendes, DJ 20.10.2006. (MS-24991) (Inform. STF 432) **(g.n)**

EMENTA: AÇÃO DIRETA DE INCONSTITUCIONALIDADE. RESOLUÇÕES DO TRIBUNAL SUPERIOR ELEITORAL 22.610/2007 e 22.733/2008. DISCIPLINA DOS PROCEDIMENTOS DE JUSTIFICAÇÃO DA DESFILIAÇÃO PARTIDÁRIA E DA PERDA DO CARGO ELETIVO. FIDELIDADE PARTIDÁRIA.
1. Ação direta de inconstitucionalidade ajuizada contra as Resoluções 22.610/2007 e 22.733/2008, que disciplinam a perda do cargo eletivo e o processo de justificação da desfiliação partidária. 2. Síntese das violações constitucionais arguidas. Alegada contrariedade do art. 2º da Resolução ao art. 121 da CF, que ao atribuir a competência para examinar os pedidos de perda de cargo eletivo por infidelidade partidária ao TSE e aos Tribunais Regionais Eleitorais, teria contrariado a reserva de lei complementar para definição das competências de Tribunais, Juízes e Juntas Eleitorais (art. 121 da CF). **Suposta usurpação de competência do Legislativo e do Executivo para dispor sobre matéria eleitoral (arts. 22, I, 48 e 84, IV, da CF), em virtude de o art. 1º da Resolução disciplinar de maneira inovadora a perda do cargo eletivo.** Por estabelecer normas de caráter processual, como a forma da petição inicial e das provas (art. 3º), o prazo para a resposta e as consequências da revelia (art. 3º, *caput* e parágrafo único), os requisitos e direitos da defesa (art. 5º), o julgamento antecipado da lide (art. 6º), a disciplina e o ônus da prova (arts. 7º, *caput* e parágrafo único, 8º), a Resolução também teria violado a reserva prevista nos arts. 22, I, 48 e 84, IV, da CF. Ainda segundo os requerentes, o texto impugnado discrepa da orientação firmada pelo Supremo Tribunal Federal nos precedentes que inspiraram a Resolução, no que se refere à atribuição ao Ministério Público eleitoral e ao terceiro interessado para, ante a omissão do Partido Político, postular a perda do cargo eletivo (art. 1º, § 2º). Para eles, **a criação de nova atribuição ao MP por resolução dissocia-se da necessária reserva de lei em sentido estrito (arts. 128, § 5º e 129, IX, da CF).** Por outro lado, o suplente não estaria autorizado a postular, em nome próprio, a aplicação da sanção que assegura a fidelidade partidária, uma vez que o mandato "pertenceria" ao Partido.) Por fim, dizem os requerentes que o ato impugnado invadiu competência legislativa, violando o princípio da separação dos poderes (arts. 2º, 60, § 4º, III, da CF). 3. O Supremo Tribunal Federal, por ocasião do julgamento dos MS 26.602, 26.603 e 26.604 **reconheceu a existência do dever constitucional de observância do princípio da fidelidade partidária.** Ressalva do entendimento então manifestado pelo ministro relator. 4. Não faria sentido a Corte reconhecer a existência de um direito constitucional sem prever um instrumento para assegurá-lo. 5. **As resoluções impugnadas surgem em contexto excepcional e transitório, tão somente como mecanismos para salvaguardar a observância da fidelidade partidária enquanto o Poder Legislativo, órgão legitimado para resolver as tensões típicas da matéria, não se pronuncian.** 6. São constitucionais as Resoluções 22.610/2007 e 22.733/2008 do TSE. Ação direta de inconstitucionalidade conhecida, mas julgada improcedente. **ADI 3.999-7/DF, Pleno, j. 12.11.2008, rel. Min. Joaquim Barbosa, DJe 17.04.2009.** (Inform. STF 542) **(g.n)**

Fidelidade Partidária e Perda de Mandato
A Turma desproveu agravo de instrumento interposto por parlamentar contra decisão da Presidência do Tribunal Superior Eleitoral – TSE que não admitira o processamento de recurso extraordinário o qual impugnava acórdão que consubstanciara a perda de mandato do ora agravante em virtude de **desfiliação partidária sem justa causa**. Sustentava-se, no caso, que **o TSE desrespeitara diversos preceitos inscritos na Constituição**, tais como aqueles que contemplam a democracia representativa, a divisão funcional do poder, o princípio da legalidade, a inafastabilidade do controle jurisdicional, a vedação da retroatividade e intangibilidade de situações definitivamente consoli-

dadas, a preservação da segurança jurídica, a proibição de instituição de tribunais de exceção, a reserva constitucional de lei complementar, a taxatividade do rol definidor das hipóteses de perda de mandato, a usurpação da competência legislativa do Congresso Nacional, a garantia do devido processo legal e o direito à plenitude de defesa. Preliminarmente, reconheceu-se **a competência das Turmas do STF para processar e julgar recursos extraordinários e respectivos incidentes de agravos de instrumento quando interpostos, como na espécie, contra o TSE, conforme disposto no art. 9º, III, do Regimento Interno do STF – RISTF.** Em seguida, registrou-se, também, que a apreciação de agravo de instrumento independe de pauta, por efeito de expressa norma regimental (art. 83, § 1º, III) e que incabível sustentação oral em tal pleito. Salientou-se, outrossim, que, no fundo, o que se buscava era refutar as decisões do TSE sob a alegação da inconstitucionalidade da resolução daquela Corte a respeito da matéria. Ocorre, todavia, que o Plenário do STF confirmou a constitucionalidade das Resoluções 22.610/2007 e 22.733/2008, ambas do TSE, entendendo-as compatíveis com a Constituição (ADI 3999/DF e ADI 4086/DF, j. em 12.11.2008). Enfatizou-se, ainda, que essas resoluções foram editadas pelo TSE a partir de recomendações feitas pelo próprio STF (MS 26602/DF, *DJe* 17.10.2008; MS 26603/DF, *DJe* 19.12.2008; e MS 26604/DF, *DJe* de 3.10.2008). Por derradeiro, deliberou-se a imediata execução dos acórdãos emanados do TSE, independentemente de publicação do acórdão consubstanciador do julgamento do presente agravo de instrumento. **AI 733.387/DF, 2ª T., j. 16.12.2008, rel. Min. Celso de Mello.** (AI-733387) (Inform. STF 533) **(g.n)**

Resoluções do TSE: Infidelidade Partidária e Perda do Cargo Eletivo
O Tribunal, por maioria, julgou improcedente pedido formulado em duas ações diretas de inconstitucionalidade, a primeira ajuizada contra a Resolução 22.610/2007, pelo Partido Social Cristão – PSC, e a segunda, também contra a Resolução 22.733/2008, pelo Procurador-Geral da República, ambas do Tribunal Superior Eleitoral – TSE, as quais disciplinam o processo de perda de cargo eletivo em decorrência de desfiliação partidária sem justa causa, bem como de justificação de desfiliação partidária. Preliminarmente, o Tribunal, por maioria, conheceu das ações. Vencido, no ponto, o Min. Marco Aurélio que delas não conhecia por reputar não se estar diante de atos normativos abstratos e autônomos. No mérito, julgaram-se válidas as resoluções impugnadas até que o Congresso Nacional disponha sobre a matéria. Considerou-se a orientação fixada pelo Supremo no julgamento dos MS 26602/DF (*DJe* 17.10.2008), 26603/DF (j. 04.10.2007) e 26604/DF (*DJe* 03.10.2008), no sentido de reconhecer aos partidos políticos o direito de postular o respeito ao princípio da fidelidade partidária perante o Judiciário, e de, a fim de conferir-lhes um meio processual para assegurar concretamente as consequências decorrentes de eventual desrespeito ao referido princípio, declarar a competência do TSE para dispor sobre a matéria durante o silêncio do Legislativo. Asseverou-se que **de pouco adiantaria a Corte admitir a existência de um dever, qual seja, a fidelidade partidária, mas não colocar à disposição um mecanismo ou um instrumental legal para garantir sua observância. Salientando que a ausência do mecanismo leva a quadro de exceção, interpretou-se a adequação das resoluções atacadas ao art. 23, IX, do Código Eleitoral, este interpretado conforme a Constituição Federal. Concluiu-se que a atividade normativa do TSE recebeu seu amparo da extraordinária circunstância de o Supremo ter reconhecido a fidelidade partidária como requisito para permanência em cargo eletivo e a ausência expressa de mecanismo destinado a assegurá-lo.** Vencidos os Ministros Marco Aurélio e Eros Grau, que julgavam procedente o pleito, ao fundamento de que as citadas resoluções seriam inconstitucionais, haja vista não caber ao TSE dispor normas senão tendo em vista a execução do Código Eleitoral e da legislação eleitoral, que não trataram da perda de cargo eletivo em razão de infidelidade partidária, e, ainda, porque avançam sobre áreas normativas expressamente atribuídas, pela Constituição, à lei. **ADI 3.999-7/DF, Pleno, j. 12.11.2008, rel. Min. Joaquim Barbosa,** *DJe* **17.04.2009. (ADI-3.999); ADI 4.086-3/DF, Pleno, j. 12.11.2008, rel. Min. Joaquim Barbosa,** *DJe* **17.04.2009.** (ADI-4086) (Inform. STF 528) **(g.n)**

Infidelidade Partidária e Vacância de Mandato – 4
Os Ministros Eros Grau, Ricardo Lewandowski e Joaquim Barbosa indeferiram a ordem por fundamentos diversos. O Min. Eros Grau considerou haver dúvida razoável a comprometer a liquidez e certeza do direito alegado pelo impetrante, haja vista que os parlamentares teriam informado que deixaram os quadros do partido por mudança do ideário da agremiação e de perseguições políticas internas, cuja apuração demandaria adequada instrução probatória, incabível na via eleita. Aduziu, ademais, não encontrar, na Constituição Federal, tendo em conta o disposto no seu art. 55, seus incisos e §§ 2º e 3º, preceito do qual se pudesse extrair a afirmação da competência do Presidente da Câmara dos Deputados para declarar a vacância e convocar os suplentes, sem prévia manifestação do Plenário ou da Mesa dessa Casa Legislativa, e após o pleno exercício, pelos parlamentares, de ampla defesa, aos quais, ainda que não se aplicassem aqueles dispositivos, acudiria o previsto no art. 5º, LV, da CF. Ressaltou, ainda, que **a Constituição não prescreve a perda de mandato ao parlamentar que solicite cancelamento de filiação partidária ou, eleito por uma legenda, transfira-se para outra. No ponto, esclareceu que a EC 1/1969 estabelecia o princípio**

da fidelidade partidária, o qual veio a ser suprimido pela EC 25/1985, não o tendo adotado a vigente Constituição, que, no rol taxativo de causas de perda de mandato elencadas no seu art. 55, não inseriu a desfiliação partidária. Concluiu que a criação de hipótese de perda de mandato parlamentar pelo Judiciário, fazendo as vezes de Poder Constituinte derivado, afrontaria os valores fundamentais do Estado de Direito.

Recursos contra a Expedição de Diplomas e Competência – 1
O Tribunal, por maioria, negou referendo à decisão do Min. Eros Grau que concedera liminar em arguição de descumprimento de preceito fundamental, da qual relator, proposta pelo Partido Democrático Trabalhista – PDT contra o Tribunal Superior Eleitoral – TSE, em razão de decisões judiciais que reconheceram a competência originária desse tribunal **para processar e julgar recursos contra a expedição de diplomas decorrentes de eleições federais e estaduais.** A liminar fora concedida para o efeito de sobrestar o julgamento de qualquer recurso contra a expedição de diploma ou feitos correlatos por aquela Corte, até a decisão do mérito desta ADPF. Sustenta o arguente que essas decisões contrariam o disposto nos incs. LIII, LIV e LV do art. 5º, além dos textos dos incs. III e IV do § 4º do art. 121, todos da CF, visto **que o encaminhamento de recursos ao TSE pressuporia a existência de decisão do tribunal regional competente, resultando vedada à Corte Especial a impugnação do diploma quando não observado esse procedimento.** Afirma, ainda, **violação do princípio do juiz natural, uma vez que as ações de que se trata haveriam de ser propostas nos tribunais regionais, e que a apreciação direta da impugnação do diploma pelo TSE consubstanciaria supressão da garantia do duplo grau de jurisdição ordinária.** Alega, por fim, a inexistência de outro meio processual eficaz para sanar a lesividade apontada. **Referendo em MC em ADPF 167/DF, Pleno, j. 01.10.2009, rel. Min. Eros Grau, DJe 26.02.2010.** (ADPF-167) **(g.n)**

Recursos contra a Expedição de Diplomas e Competência – 2
O Tribunal, por maioria, admitiu a ação. Rejeitaram-se, de início, as preliminares quanto ao não cabimento da ADPF suscitadas pelo Min. Carlos Britto. Entendeu-se mostrar-se passível de veiculação em sede de ADPF a interpretação judicial alegadamente **violadora de preceitos fundamentais** e de não ser necessária para o cabimento da ADPF autônoma a **demonstração da existência de controvérsia judicial sobre a questão discutida.** O Min. Marco Aurélio, no ponto, referiu-se à condição inscrita no art. 3º, V, da Lei 9.882/1999 ("Art. 3º A petição inicial deverá conter: ... V – se for o caso, a comprovação da existência de controvérsia judicial relevante sobre a aplicação do preceito fundamental que se considera violado."). O Min. Celso de Mello, por sua vez, aduziu que o fato de a orientação do TSE impugnada nesta ação não ser controvertida na jurisprudência daquela Corte, mas antes reiterada e consolidada, em nada afetaria a alegação de **suposta violação a preceitos fundamentais** contida na petição inicial, isso porque o partido arguente não fundamentaria o seu pleito numa suposta insegurança jurídica decorrente de oscilação jurisprudencial do TSE, e sim sustentaria, na linha do que também colocado pelo Min. Eros Grau, relator, que a orientação questionada ofenderia **normas constitucionais não apenas definidoras da competência da Justiça Eleitoral,** mas postulados impregnados de caráter fundamental, tais como o do juiz natural, da representação popular e do respeito ao devido processo eleitoral. **Referendo em MC em ADPF 167/DF, Pleno, j. 01.10.2009, rel. Min. Eros Grau, DJe 26.02.2010.** (ADPF-167) **(g.n)**

Recursos contra a Expedição de Diplomas e Competência – 3
Reputou-se, ademais, devidamente observado o princípio da subsidiariedade, por não haver outro meio eficaz de sanar a lesividade sustentada aos preceitos fundamentais. Nessa parte, o Min. Marco Aurélio observou que – quanto à alegação de que se poderia interpor recurso extraordinário servido por ajuizamento de medida cautelar que lhe pudesse imprimir efeito suspensivo –, tendo em **conta o fato de a jurisprudência do TSE estar sedimentada há 40 anos – no sentido de ser da sua competência julgar os recursos manejados contra a expedição, pelos Tribunais Regionais Eleitorais, de diplomas de investiduras em cargos eletivos de natureza estadual e federal –, o TSE não imprimiria, considerada uma cautelar, a eficácia suspensiva ao apelo extremo interposto.** Registrou, ainda, a jurisprudência pacífica do TSE, presente o art. 216 do Código Eleitoral ("Enquanto o Tribunal Superior não decidir o recurso interposto contra a expedição do diploma, poderá o diplomado exercer o mandato em toda a sua plenitude."), segundo a qual, havendo pronunciamento cessando a jurisdição do TSE, tem-se o afastamento do cargo. O Min. Celso de Mello, afirmando que a subsidiariedade não deve ser analisada tendo como foco um determinado processo específico, mas sim a tutela da ordem jurídica de forma global, verificou inexistir no ordenamento processual qualquer outro meio para sanar a suposta lesão a preceito fundamental apontada pelo partido arguente, muito menos no âmbito da fiscalização abstrata de constitucionalidade. O Min. Gilmar Mendes, Presidente, ao perfilhar essas manifestações, lembrou que a Corte firmou orientação, a partir do julgamento da ADPF 33/PA (*DJU* 16.12.2005), relativamente à leitura que se faz do art. 4º, § 1º, da Lei 9.882/1999, no sentido de que **não é a simples existência de um meio outro que afasta a utilização da ADPF, porque**

ela, como processo objetivo, visa sanar, de uma vez por todas, a lesão causada pelo Poder Público. Assim, a existência de mecanismos eventuais de proteção de caráter individual não elidiria a utilização da ADPF. Quanto a essas preliminares, ficaram vencidos integralmente o suscitante e os Ministros Cezar Peluso e Ellen Gracie que consideravam não haver controvérsia jurídica relevante ou preceito fundamental envolvido e também não estar atendido o princípio da subsidiariedade. Vencido, ainda, o Min. Joaquim Barbosa, parcialmente, que apenas não vislumbrava a existência da controvérsia jurídica. **Referendo em MC em ADPF 167/DF, Pleno, j. 01.10.2009, rel. Min. Eros Grau, DJe 26.02.2010.** (ADPF-167) **(g.n)**

Recursos contra a Expedição de Diplomas e Competência – 4
Em seguida, o Tribunal, de igual modo, afastou a preliminar de não conhecimento suscitada pelo Advogado-Geral da União por ausência de procuração com poderes especiais e específicos para o ajuizamento da ADPF. Não obstante fazendo menção à orientação jurisprudencial da Corte acerca da matéria, no sentido de que **são necessários poderes específicos para o ajuizamento da ADPF** (ADI 2187 QO/BA, *DJU* 27.6.2000 e ADPF 110/RJ, *DJU* 28.6.2007), afastou-se sua aplicação ao caso sob análise, concedeu-se o prazo de 5 dias para a complementação dos elementos faltantes na procuração apresentada nos autos e deliberou-se prosseguir no exame do referendo da cautelar, mormente diante do conhecimento de que o procurador seria, de fato, o representante da agremiação e, salientando a seriedade da controvérsia, a fim de permitir que o Tribunal cumprisse a finalidade para a qual se reunira pela segunda vez. Vencidos, relativamente a essa questão, os Ministros Marco Aurélio, Eros Grau, relator, Joaquim Barbosa e Cezar Peluso, que, com base no art. 13 do CPC ("Verificando a incapacidade processual ou a irregularidade da representação das partes, o juiz, suspendendo o processo, marcará prazo razoável para ser sanado o defeito."), **determinavam a baixa dos autos em diligência para que fosse devidamente cumprida a regularização da representação processual antes de se prosseguir com o julgamento. Referendo em MC em ADPF 167/DF, Pleno, j. 01.10.2009, rel. Min. Eros Grau, DJe 26.02.2010.** (ADPF-167) **(g.n)**

Recursos contra a Expedição de Diplomas e Competência – 5
Quanto ao referendo da cautelar, reputou-se não estarem presentes os requisitos autorizadores da sua concessão. Não se vislumbrou a plausibilidade jurídica do pedido, considerada a **jurisprudência pacífica**, em torno de 4 décadas, assentando **a competência originária do TSE para o julgamento dos recursos contra a expedição de diplomas decorrentes de eleições federais e estaduais.** Também se entendeu que o *periculum in mora*, no caso, militaria no sentido inverso, já que, se fossem paralisados os julgamentos em trâmite e devolvidos os processos para os Tribunais Regionais Eleitorais, haveria grande probabilidade de esses processos não terminarem no curso da duração dos respectivos mandatos. Além disso, a manutenção da liminar geraria considerável insegurança jurídica. Vencidos, quanto ao referendo, os Ministros Eros Grau, relator, Cezar Peluso, e Gilmar Mendes, que referendavam a cautelar integralmente, asseverando a razoabilidade jurídica da pretensão, e o Min. Marco Aurélio, que a referendava em menor extensão, para que os processos que hoje estão originariamente no TSE fossem remetidos aos Tribunais Regionais Eleitorais para que ocorresse a sequência pelos regionais e a interposição, se assim decidissem os prejudicados, do recurso ordinário para o TSE. **Referendo em MC em ADPF 167/DF, Pleno, j. 01.10.2009, rel. Min. Eros Grau, DJe 26.02.2010.** (ADPF-167) (Inform. STF 561) **(g.n)**

3.7. QUESTÕES COMENTADAS

(Ministério Público/AM – 2005) Sobre o Ministério Público Eleitoral é correto afirmar:

(A) Compete ao Procurador-Geral de Justiça indicar ao Procurador Regional Eleitoral, Promotor de Justiça para oficiar perante zona eleitoral, pelo prazo mínimo de dois anos, permitida uma recondução.

(B) As atribuições de Corregedor Regional Eleitoral, em cada Estado, são exercidas pelo Corregedor-Geral do Ministério Público.

(C) Cabe ao partido político, coligação, candidato e ao Ministério Público Eleitoral representar diretamente ao Juiz Presidente da Junta Eleitoral, relatando fatos e indicando provas, indícios e circunstâncias, pedindo abertura de investigação judicial para apurar abuso do poder econômico, nas eleições municipais.

(D) A interposição de recurso contra diplomação interposto pelo autor da representação, impede a atuação do Ministério Público Eleitoral no mesmo sentido.

A: assertiva incorreta, pois a indicação ocorre apenas quando não há Promotor de Justiça que oficie perante a zona eleitoral, ou há impedimento ou recusa justificada – art. 79, parágrafo único, da LC 75/1993; **B:** assertiva incorreta, pois o Corregedor Regional é um dos desembargadores do TRE – art. 26 do Código Eleitoral; **C:** assertiva correta, conforme dispõem os arts. 22 e 24 da LI e arts. 35, V, e 237, § 2º, do Código Eleitoral; **D:** assertiva incorreta, pois não há esse impedimento – art. 22, parágrafo único, da LI.

Gabarito "C"

(Ministério Público/AM – 2008 – CESPE) Com relação à composição e às atribuições do TSE, conforme definição constitucional e legal, assinale a opção correta.

(A) O Corregedor-Geral eleitoral deve ser um ministro oriundo do MPF.

(B) O Procurador-Geral deve ser um ministro indicado pelo STJ.

(C) O Vice-presidente do TSE deve sempre ser ministro do STF.

(D) O MPF deve indicar dois ministros do TSE.

(E) As reuniões do TSE devem ser secretas, salvo deliberação em contrário da maioria dos seus integrantes.

A: assertiva incorreta, pois o Corregedor-Geral será escolhido pelo TSE dentre seus membros – art. 17 do Código Eleitoral; **B:** assertiva incorreta. A função de Procurador-Geral junto ao TSE é exercida pelo Procurador-Geral da República – art. 18 do Código Eleitoral; **C:** assertiva incorreta, conforme estabelece o art. 17 do Código Eleitoral; **D:** assertiva incorreta, pois não há essa indicação – art. 16 do Código Eleitoral; **E:** assertiva incorreta, vez que as sessões são públicas – art. 19 do Código Eleitoral.

Gabarito "C"

(Ministério Público/ES – 2010 – CESPE – adaptada) Assinale a opção correta acerca do MPF.

(A) O procurador regional eleitoral poderá ser reconduzido ao cargo, em caso de necessidade de serviço, por mais de uma vez.

(B) Caso membro do MPF decida candidatar-se a cargo eletivo previsto em lei, durante o período entre a escolha como candidato a cargo eletivo em convenção partidária e a véspera do registro da candidatura na Justiça Eleitoral, o afastamento do exercício de suas funções será facultativo e sem remuneração.

(C) O procurador regional eleitoral pode ser destituído, antes do término do mandato, por decisão exclusiva do procurador-geral eleitoral.

(D) As funções eleitorais do MPF perante os juízes e as juntas eleitorais são exercidas pelo procurador regional eleitoral.

(E) O procurador regional eleitoral, juntamente com o seu substituto, deve ser designado para um mandato de dois anos pelo Procurador-Geral eleitoral. Sua escolha ocorre entre os procuradores regionais da República no Estado e no DF, ou, onde não os houver, entre os procuradores da República substitutos.

A: assertiva incorreta, pois o procurador regional eleitoral poderá ser reconduzido apenas uma vez ao cargo – art. 76, § 1º, da LC 75/1993; **B:** assertiva correta, conforme o art. 204, IV, "a", da LC 75/1993; **C:** assertiva incorreta, pois a destituição do procurador regional eleitoral, antes do término do mandato, poderá ocorrer por iniciativa do procurador-geral eleitoral, mas dependerá da anuência da maioria absoluta do Conselho Superior do Ministério Público Federal – art. 76, § 2º, da LC 75/1993; **D:** assertiva incorreta, pois as funções eleitorais perante o juiz e a junta eleitorais serão exercidas pelo promotor eleitoral (membro do Ministério Público Estadual local) – art. 78 da LC 75/1993; **E:** assertiva incorreta, pois o Procurador da República deve ser vitalício (não simples substituto), para que possa ser nomeado excepcionalmente procurador regional eleitoral (na falta de procuradores regionais) – art. 76, caput, da LC 75/1993. Obs.: a questão havia sido anulada, por incongruência entre o enunciado e as alternativas, razão pela qual foi adaptada.

Gabarito "B"

(Ministério Público/MG – 2012 – CONSULPLAN) O Ministério Público Eleitoral exerce suas funções perante os órgãos da Justiça Eleitoral, incumbindo-lhe atuar nas causas de sua competência, velar pela fiel observância da legislação eleitoral e partidária e promover a ação penal nos casos de crimes eleitorais. Assim, assinale a alternativa **INCORRETA**:

(A) O Promotor de Justiça, no exercício de suas funções eleitorais, atua na primeira instância e perante o Tribunal Regional Eleitoral e poderá, ainda, ser designado pelo Procurador-Geral Eleitoral, por necessidade de serviço, para oficiar, sob sua coordenação, perante o Tribunal Superior Eleitoral.

(B) O Promotor de Justiça, no exercício de suas funções eleitorais, tem atribuição para propor ação de investigação judicial eleitoral (AIJE), a qual poderá ser ajuizada até a data da diplomação dos eleitos e intervirá como autor ou *custos legis* nas representações por propaganda eleitoral ilícita.

(C) O Promotor de Justiça, no exercício de suas funções eleitorais, tem atribuição para propor, no prazo de quinze dias contados da diplomação, a ação de impugnação ao mandato eletivo, que tramitará em segredo de justiça e será instruída com provas do abuso do poder econômico, corrupção ou fraude.

(D) O Promotor de Justiça, no exercício de suas funções eleitorais, tem atribuição para propor ação de impugnação de registro de candidatura no prazo de cinco dias, contados da publicação do pedido do registro.

De fato, apenas a alternativa "A" apresente resposta incorreta, devendo ser assinalada, uma vez que perante o Tribunal Regional Eleitoral atuará o Procurador Regional, conforme disciplina o art. 27 do Código Eleitoral.

Gabarito "A"

(MINISTÉRIO PÚBLICO/MT – 2012 – UFMT) Quanto aos órgãos que compõem a Justiça Eleitoral, assinale a assertiva correta.

(A) O Tribunal Superior Eleitoral é composto por sete membros: três Ministros do Supremo Tribunal Federal; dois Ministros do Superior Tribunal de Justiça; e dois advogados que ocuparão as vagas destinadas à classe dos juristas, nomeados pelo Presidente da República, de uma lista sêxtupla elaborada pelo Supremo Tribunal Federal.

(B) Os dois advogados integrantes do Tribunal Superior Eleitoral, que devem ser detentores de notável saber jurídico e indiscutível idoneidade moral, não podem ser recrutados dentre profissionais com mais de setenta anos.

(C) Cada Estado da Federação e o Distrito Federal possuem um Tribunal Regional Eleitoral, com jurisdição em seus respectivos territórios e composto por sete membros: dois desembargadores do Tribunal de Justiça; dois juízes estaduais, dentre juízes de direito escolhidos pelo Tribunal de Justiça; um desembargador ou, na falta deste, um juiz do Tribunal Regional Federal com sede na Capital do Estado ou no Distrito Federal; e dois advogados nomeados pelo Governador do Estado, dentre seis advogados de notável saber jurídico e idoneidade moral, indicados pelo Tribunal de Justiça local.

(D) O desembargador ou juiz do Tribunal Regional Federal integrante do Tribunal Regional Eleitoral poderá exercer a Presidência, a Vice-Presidência ou a Corregedoria dos Tribunais Regionais Eleitorais.

(E) As Juntas Eleitorais são presididas por um juiz de direito, integradas por cidadãos de notória idoneidade e pelo Promotor Eleitoral. São inelegíveis as pessoas que ocuparam cargos ou função de administração, direção ou representação de estabelecimento de crédito, financiamento ou seguro por _____ antes da data de decretação da liquidação judicial ou extrajudicial do empreendimento, enquanto não forem exonerados de qualquer responsabilidade.

Assinale a alternativa que preenche corretamente a lacuna do texto.

(A) seis meses
(B) doze meses
(C) dezoito meses
(D) vinte e quatro meses
(E) trinta e seis meses

A alternativa que complementa a assertiva "E" é a apresentada na letra "B", ou seja, conforme o art. 1º, I, "i" da LC 64/1990.

Gabarito "B"

(MINISTÉRIO PÚBLICO/MT – 2012 – UFMT) Segundo a Constituição Federal de 1988, antes do final do seu mandato, o Procurador-Geral da República pode ser destituído pelo Presidente da República. Para que isso ocorra, o Senado Federal precisa emitir autorização

(A) por maioria simples.
(B) por maioria de dois terços de seus componentes.
(C) por maioria de três quintos de seus componentes.
(D) por maioria absoluta.
(E) por maioria de três quartos de seus integrantes.

De fato, a única alternativa correta é encontrada na assertiva "D", vez que em acordo com o que dispõe o art. 52, XI, da CF.

Gabarito "D"

(MINISTÉRIO PÚBLICO/PB – 2010) Considere as proposições abaixo, assinalando, em seguida, a alternativa correta:

I. As Zonas Eleitorais não são órgãos da Justiça Eleitoral.

II. Para cada Zona Eleitoral somente pode haver uma Junta Eleitoral.

III. Desde a diplomação, é vedado ao parlamentar contratar com pessoa jurídica de direito público, autarquia, empresa pública, sociedade de economia mista ou empresa do serviço público, ainda que o contrato estabeleça cláusulas uniformes.

(A) Todas as proposições estão erradas.
(B) Todas as proposições estão corretas.
(C) Estão erradas apenas as proposições II e III.

(D) Estão erradas apenas as proposições I e II.
(E) Somente a proposição II está errada.

I: assertiva correta, conforme art. 118, da CF; **II:** assertiva incorreta, pois o art. 37 do Código Eleitoral dispõe que poderão ser organizadas tantas Juntas quantas permitir o número de Juízes de Direito que gozem das garantias do art. 95 da CF, mesmo que não sejam juízes eleitorais; **III:** assertiva incorreta, uma vez que o art. 54, I, "a", da CF, o qual dispõe sobre tal proibição, prevê, em sua parte final a exceção justamente de contratos com cláusulas uniformes.

Gabarito "C"

(Ministério Público/PB – 2010) Considere as proposições abaixo, assinalando, em seguida, a alternativa correta:

I. As Zonas Eleitorais não são órgãos da Justiça Eleitoral.

II. Para cada Zona Eleitoral somente pode haver uma Junta Eleitoral.

III. Desde a diplomação, é vedado ao parlamentar contratar com pessoa jurídica de direito público, autarquia, empresa pública, sociedade de economia mista ou empresa do serviço público, ainda que o contrato estabeleça cláusulas uniformes.

(A) Todas as proposições estão erradas.
(B) Todas as proposições estão corretas.
(C) Estão erradas apenas as proposições II e III.
(D) Estão erradas apenas as proposições I e II.
(E) Somente a proposição II está errada.

I: assertiva correta, pois as zonas eleitorais decorrem da divisão territorial dos Estados, aprovada pelo TSE, para fins eleitorais – arts. 23, VIII, e 30, IX, do Código Eleitoral; **II:** assertiva incorreta, pois a junta eleitoral pode abranger mais de uma zona eleitoral – art. 40, I, do Código Eleitoral; **III:** assertiva incorreta, pois não há essa vedação em caso de contrato com cláusulas uniformes – art. 54, I, "a", da CF.

Gabarito "C"

(Ministério Público/PB – 2010) Considere as proposições abaixo, assinalando, em seguida, a alternativa correta:

I. As Zonas Eleitorais não são órgãos da Justiça Eleitoral.

II. Para cada Zona Eleitoral somente pode haver uma Junta Eleitoral.

III. Desde a diplomação, é vedado ao parlamentar contratar com pessoa jurídica de direito público, autarquia, empresa pública, sociedade de economia mista ou empresa do serviço público, ainda que o contrato estabeleça cláusulas uniformes.

(A) Todas as proposições estão erradas.
(B) Todas as proposições estão corretas.
(C) Estão erradas apenas as proposições II e III.
(D) Estão erradas apenas as proposições I e II.
(E) Somente a proposição II está errada.

I: assertiva correta, pois a zona eleitoral é uma delimitação geográfica do Estado, não órgão da Justiça Eleitoral – ver art. 23, VIII, do Código Eleitoral; **II:** assertiva incorreta, pois poderão ser organizadas tantas Juntas quantas permitir o número de juízes de direito, mesmo que não sejam juízes eleitorais – art. 37 do Código Eleitoral; **III:** assertiva incorreta, pois não há vedação no caso de contrato com cláusulas uniformes – art. 54, I, "a", da CF.

Gabarito "C"

(Ministério Público/RO – 2008 – CESPE) Acerca da organização e do funcionamento da Justiça Eleitoral e do Ministério Público Eleitoral, assinale a opção correta.

(A) O Procurador-geral da República acumula o cargo de Procurador-geral eleitoral.

(B) Juiz eleitoral irmão de candidato a vereador na circunscrição poderá permanecer no cargo caso tenha sido nomeado antes da convenção partidária que indicou o candidato.

(C) Advogado indicado pelo STF ocupará a vice-presidência do TSE.

(D) Todos os tribunais eleitorais terão, no mínimo, um integrante indicado pelo MP.

(E) O mandato dos juízes eleitorais, inclusive no TSE, é de três anos, vedada a recondução.

A: assertiva correta, pois de acordo com o art. 18 do Código Eleitoral; **B:** assertiva incorreta. Isso não é possível – art. 14, § 3º, do Código Eleitoral; **C:** assertiva incorreta. A vice-presidência do TSE é ocupada por Ministro do STF – art. 17 do Código Eleitoral; **D:** assertiva incorreta, pois não há essa previsão – arts. 16 e 25, ambos do Código Eleitoral; **E:** assertiva incorreta, tendo em vista que o mandato é de 2 anos, permitida uma única recondução – art. 14 do Código Eleitoral.

Gabarito "A"

(Ministério Público/RN – 2004) O promotor eleitoral é o membro do Ministério Público local que oficia junto ao juízo incumbido do serviço eleitoral de cada Zona. Na inexistência do promotor de justiça que oficie perante a Zona Eleitoral, é correto afirmar que:

(A) O Procurador Regional Eleitoral indicará outro membro;

(B) O Procurador-Geral da República, como chefe do Ministério Público Eleitoral indicará um Procurador Regional;

(C) O chefe do Ministério Público local indicará ao Procurador Regional Eleitoral o substituto a ser designado;

(D) O Procurador Regional Eleitoral designará um promotor *ad hoc* para a respectiva Zona Eleitoral;

(E) O Presidente do Tribunal Regional Eleitoral designará um promotor de justiça para a respectiva Zona Eleitoral.

O chefe do Ministério Público local indicará substituto ao Procurador Regional Eleitoral quando não houver Promotor de Justiça que oficie perante a zona eleitoral, ou houver impedimento ou recusa justificada – art. 79, parágrafo único, da LC 75/1993.

Gabarito "C"

(Ministério Público/SP – 2012 –VUNESP) Nos termos da Constituição Federal de 1988, são órgãos da Justiça Eleitoral:

(A) O Tribunal Superior Eleitoral, os Tribunais Regionais Eleitorais, os Juízes e Promotores Eleitorais e as Seções Eleitorais.

(B) O Tribunal Superior Eleitoral, os Tribunais Regionais Eleitorais, os Juízes Eleitorais, os Cartórios Eleitorais e as Seções Eleitorais.

(C) O Supremo Tribunal Federal, o Tribunal Superior Eleitoral, os Tribunais Regionais Eleitorais, as Zonas Eleitorais e as Juntas Eleitorais.

(D) O Tribunal Superior Eleitoral, os Tribunais Regionais Eleitorais, as Zonas Eleitorais e as Juntas Eleitorais.

(E) O Tribunal Superior Eleitoral, os Tribunais Regionais Eleitorais, os Juízes Eleitorais e as Juntas Eleitorais.

De fato a única alternativa correta é apresentada pela assertiva "E", conforme se verifica na leitura do disposto no art. 118, I a IV, da CF.

Gabarito "E"

(Ministério Público/BA – 2010) A ação de impugnação de mandato eletivo:

(A) Não pode ser ajuizada pelo Ministério Público, por falta de previsão legal.

(B) Depende de prova pré-constituída.

(C) Pode ser ajuizada antes ou depois da eleição.

(D) Não pode ser ajuizada por conduta vedada aos agentes públicos.

(E) Segue o rito ordinário do CPC, por falta de previsão constitucional.

A: assertiva incorreta, pois se aplica o art. 22 da LI em relação à legitimidade ativa para a Ação de Impugnação de Mandato Eletivo – AIME – prevista no art. 14, § 10, da CF, podendo ser ajuizada por partido político, coligação, candidato ou Ministério Público Eleitoral – ver: TSE, RESPE 11.835/PR, j. 09.06. 1964, rel. Min. Torquato Lorena Jardim, *DJ* 29.07.1964; **B:** assertiva incorreta. A AIME deve ser instruída com provas de abuso do poder econômico, corrupção ou fraude, mas o TSE tem entendimento de que não se trata de prova pré-constituída, sendo exigidos apenas indícios idôneos do cometimento desses ilícitos – ver: TSE, RESPE 16.257/PE, j. 20.06.2000, rel. Min. Edson Carvalho Vidigal, *DJ* 11.08.2000; **C:** assertiva incorreta, pois a AIME serve exatamente para impugnar o mandado eletivo (após a eleição, portanto), devendo ser ajuizada até 15 dias após a diplomação – art. 14, § 10, da CF; **D:** assertiva correta. Essa é a melhor alternativa, pois a AIME refere-se especificamente a casos de abuso do poder econômico, corrupção ou fraude (art. 14, § 10, da CF) e não, especificamente, a condutas vedadas aos agentes públicos (art. 73 da Lei 9.504/1997 – LE), para as quais cabe a Representação prevista no art. 30-A da LE; **E:** assertiva incorreta, pois a AIME segue o rito

da LI, embora a cassação de mandato tenha efeito imediato (não se aplica o art. 15 da Lei de Inelegibilidade).

Gabarito "D"

(Ministério Público/CE – 2011 – FCC) O candidato a prefeito eleito, assim como o seu vice, receberá diploma assinado pela autoridade judiciária competente. Sobre a expedição do diploma é correto afirmar:

(A) Para os prefeitos das capitais será expedido pelo Presidente do Tribunal Superior Eleitoral.

(B) Enquanto o Tribunal Superior não decidir o recurso interposto contra a expedição do diploma, poderá o diplomado exercer o mandato em toda a sua plenitude.

(C) Para os prefeitos das capitais será expedido pelo Presidente do Tribunal Regional Eleitoral, não havendo previsão de recurso contra sua expedição.

(D) Admite recurso com efeito suspensivo se demonstrado abuso de poder econômico no curso da campanha ou em prestação de contas.

(E) Pode ter sua expedição suspensa pela propositura de ação penal por crime doloso cometido anteriormente ao registro da candidatura.

A: assertiva incorreta, uma vez que o art. 215 do Código Eleitoral disciplina que os candidatos eleitos, assim como os suplentes, receberão diploma assinado pelo Presidente do Tribunal Regional ou da Junta Eleitoral, conforme o caso; **B:** assertiva correta, conforme o art. 216 do Código Eleitoral; **C:** assertiva incorreta, uma vez que a diplomação é regida pelos dispositivos contidos no art. 215 do Código Eleitoral; **D:** assertiva incorreta, uma vez que se admite efeito suspensivo ao recurso do candidato face à impugnação contra sua diplomação e não à própria impugnação, vez que o art. 216 do Código Eleitoral garante o diploma, posse e exercício do mandato eletivo até que seja provido definitivamente a demanda; **E:** assertiva incorreta, apenas se julgada procedente a ação penal poderá ter cassado seu diploma bem como declarada sua inelegibilidade pelo prazo 8 anos, conforme art. 22, XIV, da LC 64/1990.

Gabarito "B"

(Ministério Público/ES – 2010 – CESPE) Em relação à diplomação, ao registro de candidaturas e à impugnação, assinale a opção correta.

(A) O eleitor em regular situação eleitoral, o MP, qualquer candidato, partido político e coligação têm legitimidade para oferecer impugnação de registro de candidatura.

(B) Caso um indivíduo requeira o cancelamento do registro do seu nome como candidato, o presidente de tribunal eleitoral ou o juiz, conforme o caso, deve dar ciência imediata do ocorrido ao partido que tenha feito a inscrição, ao qual ficará ressalvado o direito de substituir por outro o nome cancelado, observadas todas as formalidades exigidas para o registro e desde que o novo pedido seja apresentado até sessenta dias antes do pleito.

(C) Considerando que, das quinhentas e treze cadeiras da Câmara dos Deputados, o estado do Espírito Santo tenha direito a preencher dez cadeiras, então, para concorrer a elas, cada partido pode registrar até vinte candidatos a cargo de deputado federal e, cada coligação, até trinta candidatos para esse mesmo cargo.

(D) As propostas defendidas pelo candidato não constituem documentação obrigatória à instrução de pedido de registro de candidatura para governador de estado.

(E) Na hipótese de o partido ou a coligação não requererem o registro de seus candidatos, estes poderão fazê-lo perante a Justiça Eleitoral nas quarenta e oito horas seguintes ao encerramento do prazo previsto em lei, qual seja, dezenove horas do dia cinco de julho do ano eleitoral.

A: assertiva incorreta, pois o eleitor, que não seja candidato, não tem legitimidade ativa para a impugnação do pedido de registro – art. 3º da LI; B: assertiva incorreta, pois o prazo de 60 dias antes do pleito, para substituição do candidato, aplica-se apenas às eleições proporcionais, não às majoritárias – art. 101, §§ 1º e 2º, do Código Eleitoral e art. 13, § 3º, da LE; C: assertiva correta, pois, nos termos do art. 10, § 2º, da LE, nas unidades da Federação em que o número de lugares a preencher para a Câmara dos Deputados não exceder de vinte, cada partido poderá registrar candidatos a Deputado Federal e a Deputado Estadual ou Distrital até o dobro das respectivas vagas. Havendo coligação, estes números poderão ser acrescidos de até mais cinquenta por cento; D: assertiva incorreta, pois o documento com as propostas defendidas pelos candidatos a Prefeito, Governador e Presidente deve instruir o pedido de registro da candidatura – art. 11, § 1º, IX, da LE; E: assertiva incorreta, pois o prazo de 48 horas para os candidatos requererem o registro, no caso de omissão do partido ou coligação, é contado a partir da publicação da lista dos candidatos pela Justiça Eleitoral – art. 11, § 4º, da LE.

Gabarito "C"

(Ministério Público/GO – 2010) Assinale a alternativa correta:

(A) No processo de registro de candidatos, o partido que não o impugnou não tem legitimidade para recorrer da sentença que o deferiu, salvo se se cuidar de matéria constitucional.

(B) Das decisões das juntas eleitorais não cabem recursos.

(C) Enquanto o Tribunal Superior não decidir o recurso interposto contra a expedição do diploma, não poderá o diplomado exercer o mandato em toda sua plenitude.

(D) Sempre que a lei não fixar prazo especial, o recurso deverá ser interposto em 5 (cinco) dias da publicação do ato, resolução ou despacho.

A: assertiva correta, uma vez que não se consubstanciará como parte na impugnação ao registro de candidatura, conforme lhe atribui legitimidade o art. 3º da LC 64/1990; B: assertiva incorreta, uma vez que o art. 265 do Código Eleitoral dispõe que dos atos, resoluções ou despachos dos juízes ou juntas eleitorais caberá recurso para o Tribunal Regional; C: assertiva incorreta, uma vez que o art. 216 do Código Eleitoral dispõe que enquanto o Tribunal Superior não decidir o recurso interposto contra a expedição do diploma, poderá o diplomado exercer o mandato em toda a sua plenitude; D: assertiva incorreta, uma vez que o art. 264 do Código Eleitoral fixa o prazo em 3 dias.

Gabarito "A"

(Ministério Público/MA – 2002) Em relação à Ação Rescisória Eleitoral é correto afirmar:

(A) É admitida no prazo de 30 (trinta) dias perante o juiz eleitoral.

(B) É admitida no prazo de 120 (cento e vinte) dias perante Tribunal Regional Eleitoral.

(C) É admitida no prazo de 180 (cento e oitenta dias) perante o Tribunal Superior Eleitoral.

(D) Não é admitida na Justiça Eleitoral em nenhuma hipótese, em razão do princípio da celeridade.

(E) É admitida somente em casos de inelegibilidade.

Admite-se Ação Rescisória Eleitoral proposta no TSE nos casos de inelegibilidade, desde que intentada dentro de 120 dias da decisão irrecorrível, possibilitando-se o exercício do mandato eletivo até o seu trânsito em julgado – art. 22, I, "j", do Código Eleitoral.

Gabarito "E"

(Ministério Público/MA – 2002) Dadas as proposições:

I. No processo de registro de candidatura, se o Ministério Público não impugnou não tem legitimidade para recorrer da sentença que o indeferiu.

II. Pode ser objeto de recurso contra a expedição de diploma inelegibilidade de natureza constitucional não arguida no momento do registro da candidatura.

III. Na impugnação de registro de candidatura e no recurso contra a diplomação, a atuação de partido político ou coligação impede a ação do Ministério Público no mesmo sentido.

IV. Proposta a ação para desconstituir a decisão que rejeitou as contas do candidato, anteriormente à ação de impugnação de registro de candidatura, fica suspensa a inelegibilidade.

V. O rito da ação constitucional de impugnação de mandato eletivo, segundo entendimento doutrinário e jurisprudencial, é o ordinário.

VI. Enquanto o Tribunal Superior não decidir o recurso interposto contra a expedição do diploma poderá o diplomado exercer o mandato em toda a sua plenitude.

É correto afirmar:

(A) Todas as alternativas estão corretas.

(B) As alternativas I e III estão corretas.

(C) Todas as alternativas estão incorretas.

(D) As alternativas II, IV, V e VI estão corretas.

(E) Somente as alternativas III e V estão corretas.

I: assertiva incorreta. Se o Ministério Público pretende recorrer do indeferimento, é porque entende viável o registro, razão pela qual não teria sentido exigir que tivesse previamente impugnado esse mesmo registro – ver Súmula 11 do TSE, que veda recurso contra deferimento (não indeferimento) do registro por partido que não o impugnou anteriormente (salvo no caso de matéria constitucional); **II:** assertiva correta. Não há preclusão quanto à matéria constitucional – art. 259, *in fine*, do Código Eleitoral, ver: TSE, ARCED 667/CE, j. 14.02.2008, rel. Min. José Gerardo Grossi, *DJ* 18.03.2008; **III:** assertiva incorreta. Não há impedimento à atuação do Ministério Público – arts. 3º, § 1º e 22, parágrafo único, ambos da LI; **IV:** assertiva correta. Ver: RESPE 33.799/BA-TSE; **V:** assertiva correta. O TSE fixou o entendimento de que se aplica à ação de impugnação de mandato eletivo (art. 14, § 10, da CF) o rito da LI (não do CPC) – ver Resolução TSE 21.634/2004 e TSE, ERESPE 28.391/CE, j. 05.06.2008, rel. Min. Felix Fischer, *DJ* 08.08.2008; **VI:** assertiva correta. Art. 216 do Código Eleitoral.

Gabarito "D"

(Ministério Público/MA – 2009) Assinale a alternativa *INCORRETA*.

(A) Não sendo aceita ou homologada a transação ou suspensão condicional do processo, ou sendo revogado o benefício, o processo seguirá em seus ulteriores termos nos moldes previstos no processo criminal eleitoral, com depoimento pessoal do acusado e citação para contestar em dez (10) dias. As citações e intimações seguirão o disposto no Código de Processo Penal. A citação deve ser feita diretamente ao acusado, mas também se admite seja feita ao seu representante legal.

(B) As sentenças no processo eleitoral devem ser proferidas no prazo de dez (10) dias. Das decisões finais de condenação ou absolvição cabe recurso para o Tribunal Regional, a ser interposto no prazo de dez (10) dias. Os prazos relativos às representações da Lei Eleitoral são contínuos e peremptórios, não se suspendendo aos sábados, domingos e feriados, desde a data do encerramento do prazo para registro de candidatos e a proclamação dos eleitos, inclusive em segundo turno.

(C) Os feitos eleitorais, no período entre o registro das candidaturas até cinco dias após a realização do segundo turno das eleições, terão prioridade para a participação do Ministério Público e dos Juízes de todas as Justiças e instâncias, ressalvados os processos de habeas corpus e mandado de segurança, sendo defeso às mencionadas autoridades deixar de cumprir qualquer prazo legal em razão do exercício das funções regulares, sob pena de crime de responsabilidade sujeito a anotação funcional para efeito de promoção na carreira.

(D) No processamento das representações, reclamações e pedidos de resposta previstos na Lei das Eleições, o prazo para o representado apresentar defesa é de 48 horas, exceto quando se tratar de pedido de resposta, cujo prazo será de vinte e quatro (24) horas. Apresentada a resposta ou decorrido o respectivo prazo, é de vinte e quatro (24) horas o prazo para o Ministério Público emitir parecer. Findo o prazo, com ou sem parecer do Ministério Público, o juiz dever decidir no prazo de vinte e quatro (24) horas, exceto quando se tratar de pedido de resposta, cuja decisão deverá ser proferida no prazo máximo de setenta e duas setenta (72) horas da data em que for protocolado o pedido.

(E) A inobservância dos prazos previstos para as decisões da autoridade judiciária constitui crime eleitoral e sujeitará a autoridade judiciária às penas previstas no Código Eleitoral.

A: assertiva incorreta, devendo ser assinalada, conforme o art. 89, § 7º, da Lei 9.099/1995 e arts. 359 e ss. do Código Eleitoral; **B:** assertiva correta, conforme os arts. 361 e 362 do Código Eleitoral e art. 16 da LI; **C:** assertiva correta, conforme o art. 94 da LE; **D:** assertiva correta, conforme os arts. 96, §§ 5º e 7º, e 58, § 2º, da LE; **E:** assertiva correta, conforme o art. 345 do CE e o art. 58, § 7º, da LE.

Gabarito "A"

(Ministério Público/PB – 2010) São incorretas as seguintes asserções, exceto:

(A) A demonstração da potencialidade lesiva é necessária tanto para a prova do abuso do poder econômico, como para a comprovação da captação ilícita de sufrágio.

(B) É assente no Supremo Tribunal Federal o entendimento de que as sanções de cassação do registro ou do diploma previstas na Lei Federal nº 9.504/1997 constituem novas hipóteses de inelegibilidade.

(C) A prova pré-constituída é exigida, tanto para a propositura da Ação de Impugnação de Mandato Eletivo, quanto para o Recurso contra a Diplomação.

(D) Declarada a nulidade de mais da metade dos votos válidos no pleito majoritário, a realização de novas eleições municipais, nos últimos dois anos do quadriênio mandatício, deve ocorrer na forma indireta, esclarecendo-se que, para a caracterização de tal percentual, dever-se-ão somar aos votos nulificados por terem sido atribuídos a candidatos inelegíveis os votos nulos decorrentes de expressa vontade do eleitor.

(E) Durante o período eleitoral, é permitido aos agentes públicos usar serviços custeados pelos Governos e Casas Legislativas, desde que não excedam as prerrogativas consignadas nos regimentos e normas dos órgãos que integram.

A: assertiva incorreta, pois a demonstração da potencialidade lesiva é exigida apenas para a prova do abuso do poder econômico, mas não para a comprovação de captação ilícita de sufrágio (= compra de votos) – ver: TSE, RCED 774/SP, j. 18.05.2010, rel. Min. Marcelo Henriques Ribeiro de Oliveira, DJe 05.10.2010 e RO 1.461/GO, j. 04.02.2010, rel. Min. Enrique Ricardo Lewandowski, DJe 24.03.2010; **B:** assertiva incorreta. É o oposto, pois o STF entende que as sanções de cassação de registro ou de diploma, previstas no art. 41-A da LE, não constituem novas hipóteses de inelegibilidade, até porque não foram veiculadas por lei complementar federal. Por essa razão, a captação ilícita de sufrágio é apurada por meio de representação processada de acordo com o art. 22, I a XIII, da LI, que não se confunde com a ação de investigação judicial eleitoral – AIJE, nem com a ação de impugnação de mandato eletivo – AIME, pois não implica a declaração de inelegibilidade, mas apenas a cassação do registro ou do diploma – ver ADI 3.592-4/DF, Pleno, j. 26.10.2006, rel. Min. Gilmar Mendes, DJ 02.02.2007; **C:** assertiva incorreta. A ação de impugnação de mandato deve ser instruída com provas de abuso do poder econômico, corrupção ou fraude – art. 14, § 10, da CF, mas o TSE tem entendimento no sentido de que não se trata de prova pré-constituída, sendo exigidos apenas indícios idôneos do cometimento desses ilícitos – ver: TSE, RESPE 16.257/PE, j. 20.06.2000, rel. Min. Edson Carvalho Vidigal, DJ 11.08.2000. No caso do recurso contra expedição de diploma, não há, tampouco, o requisito da prova pré-constituída – ver TSE, RCED 767/SP, j. 04.02.2010, rel. Min. Marcelo Henriques Ribeiro de Oliveira, DJe 25.02.2010; **D:** assertiva incorreta, pois "a nulidade dos votos dados a candidato inelegível não se confunde com os votos nulos decorrentes de manifestação apolítica do eleitor, a que se refere o art. 77, § 2º, da CF, e nem a eles se somam, para fins de novas eleições" TSE, AgR-RESPE 35.888/AM, j. 25.11.2010, rel. Min. Marcelo Henriques Ribeiro de Oliveira, DJe 15.12.2010. Ver também o art. 224 do Código Eleitoral, e o art. 81, § 1º, da CF, aplicável a eleições municipais e estaduais, conforme o ARESPE 27.104/PI-TSE, j. 17.04.2008, rel. Min. Marcelo Henriques Ribeiro de Oliveira, DJe 14.05.2008; **E:** assertiva correta, pois o uso de materiais ou serviços somente será considerado conduta vedada se exceder as prerrogativas consignadas nos regimentos e normas dos órgãos respectivos – art. 73, II, da LE.

Gabarito "E"

(Ministério Público/PR – 2011) Sobre elegibilidade e inelegibilidade e ações judiciais eleitorais, assinale a alternativa correta:

(A) a Lei Complementar 135/2010 (Lei da Ficha Limpa) – não aplicável às eleições de 2010, conforme precedentes do STF – estabeleceu que são inelegíveis para qualquer cargo os que forem condenados, em decisão transitada em julgado ou proferida por órgão judicial colegiado, por prática, dentre outros, de crimes contra a economia popular, a fé pública, a administração pública e o patrimônio público, não se aplicando tal regra, entretanto, aos crimes ambientais;

(B) as ações de impugnação de registro de candidatura aos cargos de Prefeito Municipal e Vereador deverão ser dirigidas ao Tribunal Regional Eleitoral e, ao cargo de Senador, por exemplo, deverão ser dirigidas ao Superior Tribunal Eleitoral;

(C) qualquer eleitor possui legitimidade ativa para ingressar em juízo com ação de impugnação de registro de candidatura, desde que esteja em situação regular perante a justiça eleitoral;

(D) a ação de impugnação de mandato eletivo possui previsão na Lei Complementar 64/1990, e deve ser ajuizada no prazo de até 3 (três) meses, contados da diplomação, com fundamento em provas de abuso do poder econômico, corrupção ou fraude;

(E) o recurso contra a diplomação possui previsão no Código Eleitoral, e também pode ter por fundamento, dentre outras hipóteses, inelegibilidade ou incompatibilidade de candidato.

A: assertiva incorreta, pois a condenação por crime contra o meio ambiente é também causa de inelegibilidade, conforme o art. 1º, I, "e", 3, da LI (alterado pela LC 135/2010); **B:** assertiva incorreta, pois a competência em relação ao candidato a prefeito ou vereador é do juiz eleitoral, e a competência em relação ao candidato a Senador é do TRF – art. 2º, parágrafo único, II e III, da LI; **C:** assertiva incorreta, pois a legitimidade ativa para a Ação de Impugnação de Registro de Candidatura – AIRC – é de candidato, partido político, coligação ou Ministério Público – art. 3º da LI; **D:** assertiva incorreta, pois o prazo para ajuizamento da Ação de Impugnação de Mandato Eletivo – AIME – é de até 15 dias contados da diplomação – art. 14, § 10, da CF; **E:** assertiva correta, pois o Recurso contra a Expedição de Diploma – RCED – é previsto no art. 262 do Código Eleitoral, incluindo a hipótese indicada (inelegibilidade ou incompatibilidade do candidato – inc. I do dispositivo).

Gabarito "E"

(Ministério Público/GO – 2005) Contra decisão cível do juiz eleitoral cabe:

(A) apelação cível eleitoral

(B) agravo de instrumento eleitoral, em se tratando de decisão interlocutória

(C) recurso inominado

(D) recurso de revista eleitoral

Cabe recurso inominado – art. 29, II, do Código Eleitoral.

Gabarito "C"

(Ministério Público/GO – 2005) Assinale a alternativa incorreta:

(A) os partidos políticos ou coligações não estão legitimados à propositura da ação de investigação judicial eleitoral, restando a legitimação exclusiva do Ministério Público

(B) a ação de impugnação de pedido de registro de candidatura poderá discutir fatos que tenham envolvimento com o candidato, até a data do registro de sua candidatura, não podendo ser manejada antes de se efetivar o registro

(C) o recurso contra diplomação poderá ter como causa de pedir fatos ocorridos antes e depois da eleição, porém só poderá ser manejada após a diplomação

(D) a ação de investigação judicial eleitoral poderá apurar fatos que envolvam o candidato antes do registro de sua candidatura até a eleição, importando a sua decisão, antes da eleição, em decretação de inelegibilidade e cassação de seu registro, nos termos do artigo 22, inciso XIV, da Lei Complementar nº 64/1990

A: assertiva incorreta, devendo ser assinalada, pois qualquer partido político, coligação, candidato ou o Ministério Público Eleitoral poderá pedir abertura de investigação judicial – art. 22 da LI; **B:** assertiva correta, art. 3º da LI; **C:** assertiva correta, art. 262 do Código Eleitoral; **D:** assertiva correta, art. 22 da LI. Quanto ao cabimento das ações eleitorais, ver TSE, RO 1.540/PA, j. 28.04.2009, rel. Min. Felix Fischer, *DJe* 01.06.2009.

Gabarito "A"

(Ministério Público/RJ – 2011) Com relação às ações, aos recursos e a outras medidas judiciais eleitorais, analise as seguintes afirmações:

I. A ação de impugnação de pedido de registro de candidatura se fundamenta na ausência de condições de elegibilidade com relação àquele que pretende o registro, ou na presença de causas que o tornem inelegível.

II. A prática de atos que configurem abuso de poder econômico em benefício de candidato pode ensejar o ajuizamento de investigação judicial eleitoral, bem como de ação de impugnação de mandato eletivo, cada qual em seu momento oportuno.

III. As causas de inelegibilidade não suscitadas em sede de ação de impugnação de pedido de registro de candidatura sujeitam-se, como regra, à preclusão, ressalvadas aquelas que versem sobre matéria de ordem constitucional, as quais ainda podem ser suscitadas, juntamente com as causas de inelegibilidade supervenientes, em sede de recurso contra a diplomação.

IV. As ações de impugnação de pedido de registro de candidatura e de investigação judicial eleitoral podem ser propostas por quaisquer candidatos, eleitores, partidos políticos ou coligações, bem como pelo Ministério Público Eleitoral.

V. Ao Tribunal Superior Eleitoral e aos Tribunais Regionais Eleitorais compete o processo e julgamento de ação rescisória de seus próprios julgados, nos casos de inelegibilidade, desde que intentada no prazo de cento e vinte dias da decisão irrecorrível.

Estão corretas somente as afirmações:

(A) I, II e III;
(B) I, II e IV;
(C) I, III e IV;
(D) II, III e V;
(E) III, IV e V.

I: assertiva correta, uma vez que a Constituição Federal dispõe em seu art. 14, § 3º as condições necessárias a coexistirem àquele cidadão que se pretende candidatar-se a um cargo eletivo. Dentre as condicionantes é possível encontrar o pleno exercício dos direitos políticos. A Constituição também cuidou de elencar as principais causas de inelegibilidade, certamente por se tratarem das mais perversas ao ordenamento que se inaugurava nos idos de 1988, porém, cuidou de dispor, no art. 14, § 9º, que Lei Complementar disporia sobre outras situações de inelegibilidade, o que abriu azo à edição da LC 64/1990 e suas alterações, em especial a LC 135/2010 (Lei do Ficha Limpa). Desta forma, a LC 64/1990 trouxe procedimento próprio à impugnação ao pedido de registro de candidatura, inclusive enumerando tantas outras hipóteses não trazidas pela Constituição Federal, visando tal procedimento de impugnação, excluir do pleito eleitoral todos aqueles que não possuam as condições de elegibilidade e aqueles que tragam ao seu desabono causas de inelegibilidades; **II:** assertiva correta, vez que se consubstancia no objetivo da Constituição Federal, sendo esta complementada pelos procedimentos da LC 64/1990. A depender do momento do processo eleitoral que se encontre o candidato, a medida será a impugnação ou a cassação do diploma do candidato averiguado; **III:** assertiva correta, pois o prazo para a impugnação será o de 5 dias após o registro de candidatura ou de 15 após a diplomação, a depender do caso. Em ambas situações, tratando-se das causas elencadas pela legislação. Caso não impugnada no tempo estabelecido, o direito precluirá, salvo na hipótese da matéria versar sobre matéria de ordem constitucional; **IV:** assertiva incorreta, vez que os legitimados estão elencados no art. 3º da LC 64/1990, sendo eles qualquer candidato, partido político, coligação ou ao Ministério Público; **V:** assertiva incorreta, pois a competência será do Tribunal Superior Eleitoral, conforme art. 22, "j" do Código Eleitoral.

Gabarito "A"

(Ministério Público/RN – 2009 – CESPE) Com relação aos recursos apresentados em processos eleitorais contra decisões da justiça eleitoral, assinale a opção correta.

(A) Os recursos são, em regra, preclusivos.
(B) O conhecimento do recurso pelo tribunal tem efeito suspensivo.
(C) Em caso de inelegibilidade, não deve ser conhecido recurso contra expedição de diploma.
(D) Recurso somente é submetido ao plenário do tribunal após manifestação escrita do MP, sob pena de nulidade da decisão.
(E) Recurso contra decisão que denega habeas corpus é de competência exclusiva do STF.

De fato a única alternativa correta é apresentada pela assertiva "A", vez que em consonância com o que dispõe o art. 26-C da LC 64/1990.

Gabarito "A"

(Ministério Público/MS – 2013 – FADEMS) Assinale a alternativa incorreta, sobre a forma de escolha e sobre os profissionais que integram os Tribunais Regionais Eleitorais, na condição de juízes, segundo previsão constitucional:

(A) os TRE's compor-se-ão (dentre outros) de dois juízes dentre os Desembargadores do Tribunal de Justiça.
(B) os TRE's compor-se-ão (dentre outros) de um juiz do Tribunal Regional Federal com sede na Capital do Estado ou no Distrito Federal, ou, não havendo, de juiz federal, escolhido, em qualquer caso, pelo Tribunal Regional Federal respectivo.

(C) os TRE's compor-se-ão (dentre outros) de dois juízes, dentre juízes de direito, escolhidos pelo Tribunal de Justiça.

(D) os TRE's compor-se-ão (dentre outros), por nomeação, pelo Presidente da República, após listas tríplices encaminhadas pela OAB e aprovadas pelo Tribunal de Justiça, de dois juízes dentre seis advogados de notável saber jurídico e idoneidade moral.

(E) deverá haver eleição, pelo voto secreto, quanto à indicação dos juízes da classe dos desembargadores do Tribunal de Justiça, bem como quanto aos juízes da classe dos juízes de direito escolhidos pelo Tribunal de Justiça.

A: assertiva correta, conforme o art. 120, § 1º, I, "a", da CF; **B:** assertiva correta, conforme art. 120, § 1º, II, da CF; **C:** assertiva correta, conforme art. 120, § 1º, "b", da CF; **D:** incorreta, devendo ser assinalada, uma vez que o art. 120, § 1º, III, da CF dispõe que a lista sêxtupla será composta por advogados indicados pelo Tribunal de Justiça do Estado correspondente; **E:** correta, conforme art. 120, § 1º, I, "a" e "b", da CF.

Gabarito "D"

(Ministério Público/AM – 2005) Sobre o Ministério Público Eleitoral é correto afirmar:

(A) Compete ao Procurador-Geral de Justiça indicar ao Procurador Regional Eleitoral, Promotor de Justiça para oficiar perante zona eleitoral, pelo prazo mínimo de dois anos, permitida uma recondução.

(B) As atribuições de Corregedor Regional Eleitoral, em cada Estado, são exercidas pelo Corregedor-Geral do Ministério Público.

(C) Cabe ao partido político, coligação, candidato e ao Ministério Público Eleitoral representar diretamente ao Juiz Presidente da Junta Eleitoral, relatando fatos e indicando provas, indícios e circunstâncias, pedindo abertura de investigação judicial para apurar abuso do poder econômico, nas eleições municipais.

(D) A interposição de recurso contra diplomação interposto pelo autor da representação, impede a atuação do Ministério Público Eleitoral no mesmo sentido.

A: assertiva incorreta, pois a indicação ocorre apenas quando não há promotor de justiça que oficie perante a zona eleitoral, ou há impedimento ou recusa justificada – art. 79, parágrafo único, da LC 75/1993; **B:** assertiva incorreta. O Corregedor Regional é um dos desembargadores do TRE – art. 26 do Código Eleitoral; **C:** assertiva correta (arts. 22 e 24 da LI e arts. 35, V, e 237, § 2º, do Código Eleitoral); **D:** assertiva incorreta, pois não há esse impedimento – art. 22, parágrafo único, da LI.

Gabarito "C"

(Ministério Público/AM – 2008 – CESPE) Com relação à composição e às atribuições do TSE, conforme definição constitucional e legal, assinale a opção correta.

(A) O corregedor-geral eleitoral deve ser um ministro oriundo do MPF.

(B) O procurador-geral deve ser um ministro indicado pelo STJ.

(C) O vice-presidente do TSE deve sempre ser ministro do STF.

(D) O MPF deve indicar dois ministros do TSE.

(E) As reuniões do TSE devem ser secretas, salvo deliberação em contrário da maioria dos seus integrantes.

A: assertiva incorreta, pois o Corregedor-Geral será escolhido pelo TSE dentre seus membros – art. 17 do Código Eleitoral; **B:** assertiva incorreta. A função de Procurador-Geral junto ao TSE é exercida pelo Procurador-Geral da República – art. 18 do Código Eleitoral; **C:** assertiva correta. Art. 17 do Código Eleitoral; **D:** assertiva incorreta, pois não há essa indicação – art. 16 do Código Eleitoral; **E:** assertiva incorreta, vez que as sessões são públicas – art. 19 do Código Eleitoral.

Gabarito "C"

(Ministério Público/ES – 2010 – CESPE – adaptada) Assinale a opção correta acerca do MPF.

(A) O procurador regional eleitoral poderá ser reconduzido ao cargo, em caso de necessidade de serviço, por mais de uma vez.

(B) Caso membro do MPF decida candidatar-se a cargo eletivo previsto em lei, durante o período entre a escolha como candidato a cargo eletivo em convenção partidária e a véspera do registro da candidatura na Justiça Eleitoral, o afastamento do exercício de suas funções será facultativo e sem remuneração.

(C) O procurador regional eleitoral pode ser destituído, antes do término do mandato, por decisão exclusiva do Procurador-Geral eleitoral.

(D) As funções eleitorais do MPF perante os juízes e as juntas eleitorais são exercidas pelo procurador regional eleitoral.

(E) O Procurador Regional eleitoral, juntamente com o seu substituto, deve ser designado para um mandato de dois anos pelo procurador-geral eleitoral. Sua escolha ocorre entre os procuradores regionais da República no Estado e no DF, ou, onde não os houver, entre os procuradores da República substitutos.

A: assertiva incorreta, pois o procurador regional eleitoral poderá ser reconduzido apenas uma vez ao cargo – art. 76, § 1º, da LC 75/1993; **B:** assertiva correta, conforme o art. 204, IV, "a", da LC 75/1993; **C:** assertiva incorreta, pois a destituição do procurador regional eleitoral, antes do término do mandato, poderá ocorrer por iniciativa do Procurador-Geral Eleitoral, mas dependerá da anuência da maioria absoluta do Conselho Superior do Ministério Público Federal – art. 76, § 2º, da LC 75/1993; **D:** assertiva incorreta, pois as funções eleitorais perante o juiz e a junta eleitorais serão exercidas pelo promotor eleitoral (membro do Ministério Público Estadual local) – art. 78 da LC 75/1993; **E:** assertiva incorreta, pois o Procurador da República deve ser vitalício (não simples substituto), para que possa ser nomeado excepcionalmente Procurador Regional Eleitoral (na falta de procuradores regionais) – art. 76, *caput*, da LC 75/1993. Obs.: a questão havia sido anulada, por incongruência entre o enunciado e as alternativas, razão pela qual foi adaptada.

Gabarito "B"

(Ministério Público/MG – 2012 – CONSULPLAN) O Ministério Público Eleitoral exerce suas funções perante os órgãos da Justiça Eleitoral, incumbindo-lhe atuar nas causas de sua competência, velar pela fiel observância da legislação eleitoral e partidária e promover a ação penal nos casos de crimes eleitorais. Assim, assinale a alternativa INCORRETA:

(A) O Promotor de Justiça, no exercício de suas funções eleitorais, atua na primeira instância e perante o Tribunal Regional Eleitoral e poderá, ainda, ser designado pelo Procurador-Geral Eleitoral, por necessidade de serviço, para oficiar, sob sua coordenação, perante o Tribunal Superior Eleitoral.

(B) O Promotor de Justiça, no exercício de suas funções eleitorais, tem atribuição para propor ação de investigação judicial eleitoral (AIJE), a qual poderá ser ajuizada até a data da diplomação dos eleitos e intervirá como autor ou *custos legis* nas representações por propaganda eleitoral ilícita.

(C) O Promotor de Justiça, no exercício de suas funções eleitorais, tem atribuição para propor, no prazo de quinze dias contados da diplomação, a ação de impugnação ao mandato eletivo, que tramitará em segredo de justiça e será instruída com provas do abuso do poder econômico, corrupção ou fraude.

(D) O Promotor de Justiça, no exercício de suas funções eleitorais, tem atribuição para propor ação de impugnação de registro de candidatura no prazo de cinco dias, contados da publicação do pedido do registro.

De fato, apenas a alternativa "A" apresenta resposta incorreta, devendo ser assinalada, uma vez que perante o Tribunal Regional Eleitoral atuará o Procurador Regional, conforme disciplina o art. 27 do Código Eleitoral.

Gabarito "A"

(Ministério Público/MT – 2012 – UFMT) Segundo a Constituição Federal de 1988, antes do final do seu mandato, o Procurador-Geral da República pode ser destituído pelo Presidente da República. Para que isso ocorra, o Senado Federal precisa emitir autorização

(A) por maioria simples.

(B) por maioria de dois terços de seus componentes.

(C) por maioria de três quintos de seus componentes.

(D) por maioria absoluta.

(E) por maioria de três quartos de seus integrantes.

De fato a única alternativa correta é encontrada na assertiva "D", vez que em acordo com o que dispõe o art. 52, XI, da CF.

Gabarito "D"

(Ministério Público/PB – 2010) Considere as proposições abaixo, assinalando, em seguida, a alternativa correta:

I. As Zonas Eleitorais não são órgãos da Justiça Eleitoral.

II. Para cada Zona Eleitoral somente pode haver uma Junta Eleitoral.

III. Desde a diplomação, é vedado ao parlamentar contratar com pessoa jurídica de direito público, autarquia, empresa pública, sociedade de economia mista ou empresa do serviço público, ainda que o contrato estabeleça cláusulas uniformes.

(A) Todas as proposições estão erradas.

(B) Todas as proposições estão corretas.

(C) Estão erradas apenas as proposições II e III.

(D) Estão erradas apenas as proposições I e II.

(E) Somente a proposição II está errada.

I: assertiva correta, conforme o art. 118, IV, da CF; II: assertiva incorreta, pois o art. 37 do Código Eleitoral dispõe que poderão ser organizadas tantas Juntas quantas permitir o número de juízes de direito que gozem das garantias do art. 95 da CF, mesmo que não sejam juízes eleitorais; III: assertiva incorreta, uma vez que o art. 54, I, "a", da CF, o qual dispõe sobre tal proibição, prevê, em sua parte final, a exceção justamente de contratos com cláusulas uniformes.

Gabarito "C"

(Ministério Público/PB – 2010) Considere as proposições abaixo, assinalando, em seguida, a alternativa correta:

I. As Zonas Eleitorais não são órgãos da Justiça Eleitoral.

II. Para cada Zona Eleitoral somente pode haver uma Junta Eleitoral.

III. Desde a diplomação, é vedado ao parlamentar contratar com pessoa jurídica de direito público, autarquia, empresa pública, sociedade de economia mista ou empresa do serviço público, ainda que o contrato estabeleça cláusulas uniformes.

(A) Todas as proposições estão erradas.

(B) Todas as proposições estão corretas.

(C) Estão erradas apenas as proposições II e III.

(D) Estão erradas apenas as proposições I e II.

(E) Somente a proposição II está errada.

I: assertiva correta, pois a zona eleitoral é uma delimitação geográfica do Estado, não órgão da Justiça Eleitoral – ver art. 23, VIII, do Código Eleitoral; II: assertiva incorreta, pois poderão ser organizadas tantas Juntas quantas permitir o número de juízes de direito, mesmo que não sejam juízes eleitorais – art. 37 do Código

Eleitoral; **III:** assertiva incorreta, pois não há vedação no caso de contrato com cláusulas uniformes – art. 54, I, "a", da CF.

Gabarito "C"

(Ministério Público/RO – 2008 – CESPE) Acerca da organização e do funcionamento da Justiça Eleitoral e do Ministério Público Eleitoral, assinale a opção correta.

(A) O Procurador-Geral da República acumula o cargo de Procurador-Geral eleitoral.

(B) Juiz eleitoral irmão de candidato a vereador na circunscrição poderá permanecer no cargo caso tenha sido nomeado antes da convenção partidária que indicou o candidato.

(C) Advogado indicado pelo STF ocupará a vice--presidência do TSE.

(D) Todos os tribunais eleitorais terão, no mínimo, um integrante indicado pelo MP.

(E) O mandato dos juízes eleitorais, inclusive no TSE, é de três anos, vedada a recondução.

A: assertiva correta (art. 18 do Código Eleitoral); **B:** assertiva incorreta, pois isso não é possível – art. 14, § 3º, do Código Eleitoral; **C:** assertiva incorreta. A vice-presidência do TSE é ocupada por Ministro do STF – art. 17 do Código Eleitoral; **D:** assertiva incorreta, pois não há essa previsão – arts. 16 e 25, ambos do Código Eleitoral; **E:** assertiva incorreta, pois o mandato é de 2 anos, permitida uma única recondução – art. 14 do Código Eleitoral.

Gabarito "A"

(Ministério Público/RN – 2004) O promotor eleitoral é o membro do Ministério Público local que oficia junto ao juízo incumbido do serviço eleitoral de cada Zona. Na inexistência do promotor de justiça que oficie perante a Zona Eleitoral, é correto afirmar que:

(A) O Procurador Regional Eleitoral indicará outro membro;

(B) O Procurador-Geral da República, como chefe do Ministério Público Eleitoral, indicará um Procurador Regional;

(C) O chefe do Ministério Público local indicará ao Procurador Regional Eleitoral o substituto a ser designado;

(D) O Procurador Regional Eleitoral designará um promotor *ad hoc* para a respectiva Zona Eleitoral;

(E) O Presidente do Tribunal Regional Eleitoral designará um promotor de justiça para a respectiva Zona Eleitoral.

O chefe do Ministério Público local indicará substituto ao Procurador Regional Eleitoral quando não houver Promotor de Justiça que oficie perante a zona eleitoral, ou houver impedimento ou recusa justificada – art. 79, parágrafo único, da LC 75/1993.

Gabarito "C"

(Ministério Público/SP – 2012 – VUNESP) Nos termos da Constituição Federal de 1988, são órgãos da Justiça Eleitoral:

(A) O Tribunal Superior Eleitoral, os Tribunais Regionais Eleitorais, os Juízes e Promotores Eleitorais e as Seções Eleitorais.

(B) O Tribunal Superior Eleitoral, os Tribunais Regionais Eleitorais, os Juízes Eleitorais, os Cartórios Eleitorais e as Seções Eleitorais.

(C) O Supremo Tribunal Federal, o Tribunal Superior Eleitoral, os Tribunais Regionais Eleitorais, as Zonas Eleitorais e as Juntas Eleitorais.

(D) O Tribunal Superior Eleitoral, os Tribunais Regionais Eleitorais, as Zonas Eleitorais e as Juntas Eleitorais.

(E) O Tribunal Superior Eleitoral, os Tribunais Regionais Eleitorais, os Juízes Eleitorais e as Juntas Eleitorais.

De fato, a única alternativa correta é apresentada pela assertiva "E", pois descreve os órgãos componentes da Justiça Eleitoral conforme se verifica na leitura do disposto no art. 118, I a IV, da CF.

Gabarito "E"

(Analista – TREMG – 2012 – CONSULPLAN) A Justiça Eleitoral brasileira completa 81 anos de existência em 2013. Suas competências, atribuições, estruturação e composição são peculiares. No que tange à composição e à organização de nossos Tribunais Eleitorais, assinale a alternativa correta.

(A) A presidência dos Tribunais Regionais Eleitorais pode ser exercida por qualquer de seus membros, mediante eleição secreta.

(B) Composto por sete Ministros, o Tribunal Superior Eleitoral é sempre presidido por um Ministro oriundo do Supremo Tribunal Federal.

(C) Pelo menos dois dos Ministros do Tribunal Superior Eleitoral devem ser Juízes de carreira, um indicado pelo Supremo Tribunal Federal e outro pelo Superior Tribunal de Justiça.

(D) Em observância ao chamado "quinto constitucional", integra o Tribunal Superior Eleitoral um Promotor de Justiça ou um Procurador da República indicado pelo Conselho Nacional do Ministério Público.

(E) Nos Tribunais Regionais Eleitorais, há sempre sete membros, dos quais um advogado, nomeado pelo Governador do Estado, e um Promotor de Justiça, indicado pelo Procurador Regional Eleitoral ao Procurador-Geral de Justiça.

A: assertiva incorreta, uma vez que o art. 26 do Código Eleitoral dispõe que o Presidente e o Vice-Presidente do Tribunal Regional serão eleitos por este dentre os três desembargadores do Tribunal de Justiça; **B:** assertiva correta, já que o art. 17 do Código Eleitoral disciplina que o Tribunal Superior Eleitoral elegerá para seu presidente um dos Ministros do Supremo Tribunal Federal, cabendo ao outro a vice--presidência; **C:** assertiva incorreta, uma vez que o art. 119 da CF e art. 16 do Código Eleitoral, não dispõem sobre esta possibilidade; **D:** assertiva incorreta, por falta de previsão legal, na Justiça Eleitoral não há a figura do representante do Ministério Público, ocorrendo apenas quanto a nomeação de advogados, como observamos nos arts. 119, II, da CF e 16, II, do Código Eleitoral; **E:** assertiva incorreta, muito embora haja a previsão de que advogados ocupem o cargo de juiz junto ao TRE mediante nomeação pelo Presidente da República (e não pelo Governador do Estado), conforme art. 120, § 1º, III, da CF, inexiste previsão Constitucional, ou infraconstitucional, acerca do representante do Ministério Público.

Gabarito "B".

(Analista – TREMG – 2012 – CONSULPLAN) Sobre os órgãos da Justiça Eleitoral, assinale a alternativa correta.

(A) O Tribunal Superior Eleitoral, composto por sete juízes, todos magistrados de carreira, tem sede em Brasília e jurisdição em todo o País.

(B) Não podem fazer parte do Tribunal Superior Eleitoral cidadãos que tenham entre si parentesco, ainda que por afinidade, até o terceiro grau, excluindo-se neste caso o que tiver sido escolhido por último.

(C) Dos sete juízes que compõem o Tribunal Superior Eleitoral, três são escolhidos entre os Ministros do Supremo Tribunal Federal, que serão necessariamente eleitos e nomeados Presidente, Vice-Presidente e Corregedor Eleitoral.

(D) Os juízes do Tribunal Superior Eleitoral e dos Tribunais Regionais Eleitorais, salvo motivo justificado, servirão por dois anos, no mínimo, e nunca por mais de dois biênios consecutivos, sendo os substitutos escolhidos na mesma ocasião e pelo mesmo processo, em número igual para cada categoria.

(E) Além do Tribunal Superior Eleitoral e dos Tribunais Regionais Eleitorais, também são órgãos da Justiça Eleitoral os Juízes Eleitorais, que devem ser juízes de direito, designados pelos Tribunais Regionais Eleitorais para exercer a jurisdição eleitoral em determinada zona eleitoral, as Juntas Eleitorais, da qual é presidente o Juiz Eleitoral, e o Ministério Público Eleitoral.

A: assertiva incorreta, uma vez que o art. 119 da CF, ao tratar da formação do Tribunal Superior Eleitoral, dispõe que este será formado por três juízes dentre os Ministros do Supremo Tribunal Federal, dois juízes dentre os Ministros do Superior Tribunal de Justiça e de dois juízes dentre seis advogados de notável saber jurídico e idoneidade moral indicados pelo STF e nomeados pelo Presidente da República; **B:** assertiva correta, conforme dispõe o § 1º do art. 16 do Código Eleitoral; **C:** assertiva incorreta, pois, muito embora 3 dos juízes sejam escolhidos dentre os Ministros do Supremo Tribunal Federal, o parágrafo único do art. 119 da CF, dispõe que o Tribunal Superior Eleitoral elegerá seu Presidente e o Vice-Presidente dentre os Ministros do Supremo Tribunal Federal, e o Corregedor Eleitoral dentre os Ministros do Superior Tribunal de Justiça; **D:** assertiva incorreta. O art. 118 da CF dispõe sobre quais são os órgãos da Justiça Eleitoral, sendo por certo que o Ministério Público Eleitoral não está arrolado dentre eles, pois se trata de instituição permanente, essencial à função jurisdicional do Estado, incumbindo-lhe a defesa da ordem jurídica, do regime democrático e dos interesses sociais e individuais indisponíveis, nos exatos termos do que dispõe o art. 127 da CF.

Gabarito "B".

(Analista – TREMG – 2012 – CONSULPLAN) Na organização interna dos Tribunais Regionais Eleitorais atuam magistrados de diversas origens, sendo que um deles será eleito Presidente do Tribunal. Consoante as normas constitucionais, tal cargo será ocupado por

(A) *Juiz de Direito*, eleito pelo Tribunal de Justiça.

(B) *Juiz Federal*, por indicação do Tribunal Federal.

(C) *Ministro*, oriundo do Superior Tribunal de Justiça.

(D) *Advogado*, indicado pelo Presidente da República.

(E) *Desembargador*, dentre os integrantes do Tribunal Eleitoral.

A única alternativa correta está na assertiva "E". Dispõe o § 2º do art. 120 da CF que o "Tribunal Regional Eleitoral elegerá seu Presidente e o Vice-Presidente- dentre os desembargadores". Reproduzindo o Texto Constitucional, o art. 26 do Código Eleitoral dispõe que o "Presidente e o Vice-Presidente do Tribunal Regional serão eleitos por este dentre os três desembargadores do Tribunal de Justiça". A assertiva "E", a única correta, apresenta semelhança com o Texto Constitucional, ao mencionar simplesmente que o Presidente do TRE será um desembargador, sendo que o termo seguinte "dentre os integrantes do Tribunal Eleitoral" não tem outra função a não ser confundir o candidato, vejamos: se o examinador está questionando quem será o presidente do Tribunal Regional Eleitoral, por óbvio que ele será escolhido dentre aqueles que já o compõe. Sendo assim, o termo "integrantes do Tribunal Eleitoral", diz o óbvio na intenção de confundir "Tribunal Eleitoral" com "Tribunal de Justiça" e acabar atrapalhando o candidato.

Gabarito "E".

(Analista – TREMG – 2012 – CONSULPLAN) Na organização da Justiça Eleitoral atuam magistrados titulares e magistrados substitutos. É correto afirmar que os magistrados

(A) titulares e substitutos são escolhidos em número igual e na mesma ocasião.

(B) titulares são nomeados concomitantemente para atuar em mandato de dois anos, com recondução livre.

(C) titulares e os magistrados substitutos não são protegidos pelas garantias da magistratura por atuar em área especial.

(D) titulares podem ser reconduzidos, por mais de dois biênios, como magistrados substitutos a qualquer tribunal eleitoral.

(E) titulares e substitutos atuam, ao mesmo tempo, em sessões conjuntas convocadas pelo presidente do tribunal eleitoral.

A: assertiva correta, pois em plena conformidade com o art. 10 da Lei Orgânica da Magistratura Nacional, LC 35/1979, e art. 15 do Código Eleitoral ao dispor que os substitutos dos membros efetivos dos Tribunais Eleitorais serão escolhidos, na mesma ocasião e pelo mesmo processo, em número igual para cada categoria; **B:** assertiva incorreta, uma vez que o citado art. 10 da LC 35/1979, além do art. 14 do Código Eleitoral, dispõem sobre a possibilidade de até dois biênios consecutivos; **C:** assertiva incorreta, vez que aos magistrados caberá perceber as garantias estampadas no art. 95 da CF, como bem sugere os arts. 32 e 37 do Código Eleitoral; **D:** assertiva incorreta, vez que encontramos vedação expressa no art. 14 do Código Eleitoral; **E:** assertiva incorreta, vez que o art. 32 do Código Eleitoral nos orienta que a jurisdição de cada uma das zonas eleitorais é conferida a um juiz de direito em efetivo exercício, sendo que apenas na sua falta atuará o seu substituto legal que goze das prerrogativas do art. 95 da CF.

Gabarito "A"

(Analista – TRE/AC – 2010 – FCC) A respeito da composição dos órgãos da Justiça Eleitoral, é correto afirmar que

(A) um terço dos cargos do Tribunal Superior Eleitoral será reservado para advogados e membros do Ministério Público Federal.

(B) os Desembargadores dos Tribunais de Justiça dos Estados poderão integrar o Tribunal Superior Eleitoral no cargo de livre nomeação do Presidente da República.

(C) integram o Tribunal Superior Eleitoral três juízes nomeados pelo Presidente da República dentre Ministros do Superior Tribunal de Justiça.

(D) integram o Tribunal Superior Eleitoral três juízes dentre Ministros do Supremo Tribunal Federal, escolhidos mediante eleição e pelo voto secreto.

(E) o Corregedor Eleitoral será nomeado pelo Presidente da República dentre os membros do Tribunal Superior Eleitoral.

A: assertiva incorreta – o TSE será composto por, no mínimo, sete membros, sendo três dentre Ministros do STF, dois dentre Ministros do STJ e dois dentre seis advogados de notável saber jurídico, indicados pelo STF – art. 119 da CF; **B:** assertiva incorreta. Dentre os integrantes oriundos do Poder Judiciário, apenas ministros do STF ou do STJ poderão ser indicados para compor o TSE e mediante eleição pelo voto secreto – art. 119, I, "a" e "b", da CF; **C:** assertiva incorreta – o TSE será composto por dois (não três) juízes dentre os Ministros do STJ e mediante eleição pelo voto secreto – art. 119, I, "b", da CF; **D:** assertiva correta – art. 119, I, "a", da CF, **E:** assertiva incorreta – o corregedor eleitoral será eleito dentre os Ministros do Superior Tribunal de Justiça – art. 119, parágrafo único, da CF.

Gabarito "D"

(Analista – TRE/CE – 2012 – FCC) Pedro tem 32 anos de idade. Mesmo preenchidos os demais requisitos legais, NÃO poderá, em razão da sua idade, candidatar-se, dentre outros, ao cargo de

(A) Prefeito Municipal.

(B) Governador de Estado.

(C) Deputado Federal.

(D) Deputado Estadual.

(E) Senador.

A: assertiva incorreta, a idade mínima é de 21 anos (art. 14, § 3º, VI, "c" da CF); B: incorreta, a idade mínima é de 30 anos (art. 14, § 3º, VI, "b", da CF/88); C: incorreta, a idade mínima é de 21 anos (art. 14, § 3º, VI, "c", da CF); **D:** assertiva incorreta, a idade mínima é de 21 anos (art. 14, § 3º, VI, "c", da CF); **E:** assertiva correta, a idade mínima é de 35 anos (art. 14, § 3º, VI, "c", da CF).

Gabarito "E"

(Analista – TRE/CE – 2012 – FCC) A nomeação dos membros das Juntas Eleitorais e a designação das respectivas sedes compete ao

(A) Corregedor Regional Eleitoral e ao Juiz Eleitoral, respectivamente.

(B) Juiz Eleitoral da Zona Eleitoral correspondente, após aprovação do Ministério Público.

(C) Tribunal Regional Eleitoral e ao Juiz Eleitoral, respectivamente.

(D) Superior Tribunal Eleitoral e ao Tribunal Regional Eleitoral, respectivamente.

(E) Presidente do Tribunal Regional Eleitoral, após a aprovação desse órgão.

A competência para ambos os atos é somente dos Tribunais Regionais Eleitorais (art. 30, V, do Código Eleitoral).

Gabarito "E"

(Analista – TRE/MG – 2005 – FCC) Fazem parte da composição dos Tribunais Regionais Eleitorais:

(A) dois Juízes do Tribunal Regional Federal com sede na Capital do Estado ou no Distrito Federal, ou, não havendo, dois Juízes Federais, escolhidos, em qualquer caso, pelo Tribunal Regional Federal respectivo.

(B) dois Juízes, dentre seis advogados de notável saber jurídico e idoneidade moral, indicados pelo Tribunal de Justiça e nomeados pelo Presidente da República.

(C) três Juízes, dentre os desembargadores do Tribunal de Justiça, mediante eleição pelo voto secreto.

(D) três Juízes, dentre Juízes de Direito, escolhidos pelo Tribunal de Justiça e nomeados pelo Presidente da República.

(E) um Presidente e um Vice-Presidente, eleitos dentre seus integrantes.

A: assertiva incorreta – art. 120, § 1º, II, da CF – não são dois, mas **um juiz** do Tribunal Regional Federal a integrar o Tribunal Regional Eleitoral; **B:** assertiva correta – art. 120, § 1º, III, da CF; **C:** assertiva incorreta – art. 120, § 1º, I, "a", da CF – são **dois juízes** dentre desembargadores do TJ eleitos mediante voto secreto; **D:** assertiva incorreta – art. 120, § 1º, I, "b", da CF – são dois juízes dentre juízes de direito, escolhidos pelo Tribunal de Justiça. Não são nomeados pelo Presidente da República; **E:** assertiva incorreta – art. 120, § 2º, da CF – O Presidente e o Vice-Presidente do Tribunal Regional Eleitoral serão eleitos dentre os desembargadores.

Gabarito "B"

(Analista – TRE/MG – 2005 – FCC) Compete privativamente aos Tribunais Regionais Eleitorais

(A) constituir as Juntas Eleitorais e designar a respectiva sede e jurisdição.
(B) expedir títulos eleitorais e conceder transferência de eleitor.
(C) dividir a Zona em Seções Eleitorais.
(D) expedir diploma aos eleitos para cargos municipais.
(E) fixar as diárias do respectivo Corregedor Regional em diligência fora da sede.

A: assertiva correta – art. 30, V, do Código Eleitoral; B: assertiva incorreta. A competência é dos juízes eleitorais – art. 35, IX, do Código Eleitoral; C: assertiva incorreta – a competência é dos juízes eleitorais – art. 35, X, do Código Eleitoral; D: assertiva incorreta, pois a competência é das Juntas Eleitorais – art. 40, IV, do Código Eleitoral; E: assertiva incorreta, a competência é do Tribunal Superior Eleitoral – art. 23, X, do Código Eleitoral.

Gabarito "A"

(Analista – TRE/MG – 2005 – FCC) A respeito da composição dos órgãos da Justiça Eleitoral, é correto afirmar que

(A) o Tribunal Superior Eleitoral elegerá seu Presidente, o Vice-Presidente e o Corregedor Eleitoral dentre quaisquer de seus membros, pelo voto secreto.
(B) três juízes do Tribunal Superior Eleitoral serão nomeados pelo Presidente da República dentre os Ministros do Supremo Tribunal Federal.
(C) dois juízes do Tribunal Superior Eleitoral serão nomeados pelo Presidente da República dentre seis ministros do Superior Tribunal de Justiça, indicados pelo Supremo Tribunal Federal.
(D) as Juntas Eleitorais compor-se-ão de um Juiz de Direito, que será o seu Presidente, e de dois a quatro cidadãos de notória idoneidade.
(E) dois juízes dos Tribunais Regionais Eleitorais serão nomeados pelo Governador do respectivo Estado, dentre seis advogados de notável saber jurídico e idoneidade moral, indicados pelo Tribunal de Justiça.

A: assertiva incorreta – o Presidente e o Vice-presidente do Tribunal Superior Eleitoral são eleitos dentre os Ministros do STF, e o Corregedor Eleitoral, dentre os Ministros do STJ – art. 119, parágrafo único, da CF; B: assertiva incorreta – três juízes dentre os Ministros do STF são eleitos por voto e não por nomeação do Presidente da República – art. 119, I, "a", da CF; C: assertiva incorreta, pois dois juízes dentre Ministros do STJ são eleitos por voto e não por nomeação do Presidente da República – art. 119, I, "b", da CF; D: correta – art. 36 do Código Eleitoral; E: assertiva incorreta, pois dois juízes são escolhidos dentre seis advogados de notável saber jurídico e idoneidade moral, indicados pelo Tribunal de Justiça e nomeados pelo Presidente da República.

Gabarito "D"

(Analista – TRE/MG – 2005 – FCC) A competência para processar e julgar originariamente os crimes eleitorais cometidos pelos Juízes Eleitorais é

(A) do Corregedor Regional da Justiça Eleitoral.
(B) do Superior Tribunal Eleitoral.
(C) das Juntas Eleitorais.
(D) do Corregedor Geral da Justiça Eleitoral.
(E) do Tribunal Regional Eleitoral.

A competência é do Tribunal Regional, conforme dispõe o art. 29, I, "d", do Código Eleitoral.

Gabarito "E"

(Analista – TRE/MS – 2007 – FCC) João é agente policial. José desempenha cargo de confiança do Executivo. Paulo pertence ao serviço eleitoral. Pedro é advogado militante na região. Podem ser nomeados membros das Juntas Eleitorais, APENAS

(A) Paulo.
(B) Paulo e Pedro.
(C) João e Paulo.
(D) José e Pedro.
(E) Pedro.

A: assertiva incorreta – vedação art. 36, § 3º, IV, do Código Eleitoral; B: assertiva incorreta – vedação art. 36, § 3º, III e IV, do Código Eleitoral; C: incorreta – vedação art. 36, § 3º, III, do Código Eleitoral; D: incorreta – vedação art. 36, § 3º, III do Código Eleitoral, embora Pedro possa; E: assertiva correta – Pedro pode ser membro das Juntas Eleitorais, visto que sobre ele não recai qualquer vedação legal.

Gabarito "E"

(Analista – TRE/PB – 2007 – FCC) A respeito do Tribunal Superior Eleitoral, é correto afirmar que

(A) elegerá o Corregedor Eleitoral dentre os Ministros do Superior Tribunal de Justiça que o compõem.
(B) compor-se-á no mínimo de 6 membros escolhidos dentre os Ministros do Supremo Tribunal Federal e do Superior Tribunal de Justiça.
(C) escolherá o seu Presidente e o Vice-Presidente mediante eleição e pelo voto secreto, dentre quaisquer de seus integrantes.
(D) compor-se-á de 6 membros, todos escolhidos e nomeados pelo Presidente da República.
(E) não tem caráter permanente, posto que funciona somente durante o período eleitoral até o julgamento do último recurso.

A: assertiva correta – art. 119, parágrafo único, da CF; B: assertiva incorreta – art. 119 da CF; C: assertiva incorreta – o presidente do TSE deverá ser um dos ministros do STF – art. 119, parágrafo único, da CF; D: assertiva incorreta – art. 119 da CF; E: incorreta – a investidura dos juízes dos órgãos da Justiça Eleitoral é por tempo certo, mas o Tribunal é permanente.

Gabarito "A"

(Analista – TRE/PB – 2007 – FCC) Dentre outros casos, cabe recurso especial das decisões dos Tribunais Regionais quando

(A) versarem sobre expedição de diplomas nas eleições federais.
(B) forem proferidas contra expressa disposição de lei.
(C) denegarem *habeas corpus*.
(D) versarem sobre expedição de diplomas nas eleições estaduais.
(E) denegarem mandado de segurança.

A: assertiva incorreta – recurso ordinário – art. 276, II, "a", do Código Eleitoral; **B:** assertiva correta – recurso especial – art. 276, I, "a", do Código Eleitoral; **C:** assertiva incorreta – recurso ordinário – art. 276, II, "b", do Código Eleitoral; **D:** assertiva incorreta – recurso ordinário – art. 276, II, "a", do Código Eleitoral; **E:** assertiva incorreta – art. 276, II, "b", do Código Eleitoral.

Gabarito "B"

(Analista – TRE/PE – 2004 – FCC) Considere as afirmativas:

I. A composição dos órgãos colegiados da Justiça Eleitoral no Brasil é híbrida, integrando-os juízes de outros tribunais, advogados e membros do Ministério Público.

II. As Juntas Eleitorais são órgãos colegiados de primeira instância, gozando seus membros, no exercício de suas funções, as plenas garantias da magistratura de carreira, inclusive a inamovibilidade.

III. São irrecorríveis as decisões do Tribunal Superior Eleitoral, salvo as que contrariarem a Constituição Federal.

Está correto o que se afirma APENAS em

(A) I.
(B) I e II.
(C) I e III.
(D) II.
(E) II e III.

I: assertiva incorreta – não há membros do Ministério Público integrantes da Justiça Eleitoral. Eles atuam junto a ela, mas seus membros não podem ser eleitos juízes, dada a falta de previsão legal – arts. 119 e 120 da CF e 32 e 36 do Código Eleitoral. **II:** assertiva correta – art. 121, § 1º, da CF; **III:** assertiva incorreta – também são passíveis de recurso junto ao TSE as denegatórias de *habeas corpus* e de mandado de segurança – art. 121, § 3º, da CF.

Gabarito "D"

(Analista – TRE/PE – 2004 – FCC) NÃO cabe recurso ordinário das decisões dos Tribunais Regionais Eleitorais que

(A) julgarem ação de impugnação de pedido de registro de candidatura.
(B) denegarem *habeas data* ou mandado de segurança.
(C) concederem *habeas corpus* ou mandado de segurança.
(D) julgarem ação de impugnação de mandato eletivo.
(E) julgarem investigação judicial eleitoral.

A: assertiva incorreta – caberá recurso ordinário – art. 121, § 4º, III, da CF; **B:** assertiva incorreta – caberá recurso ordinário – art. 121, § 4º, V, da CF; **C:** assertiva correta – em caso de concessão de *Habeas corpus* ou Mandado de Segurança não caberá recurso; **D:** assertiva incorreta – art. 276, II, "a", do Código Eleitoral; **E:** assertiva incorreta – art. 265 do Código Eleitoral.

Gabarito "C"

(Analista – TRE/PI – 2009 – FCC) Lauro é Ministro do Superior Tribunal de Justiça; Maria é Desembargadora do Tribunal de Justiça do Estado; e Mário é advogado de notável saber jurídico e idoneidade moral. Nesse caso, preenchidos os demais requisitos legais,

(A) Lauro pode vir a integrar o Tribunal Superior Eleitoral; Maria pode vir a integrar o Tribunal Regional Eleitoral do respectivo Estado; e Mário pode vir a integrar tanto o Tribunal Superior Eleitoral, como o Tribunal Regional Eleitoral.
(B) Lauro pode vir a integrar o Tribunal Regional Eleitoral; Maria pode vir a integrar o Tribunal Superior Eleitoral; e Mário pode vir a integrar somente o Tribunal Regional Eleitoral.
(C) Lauro pode vir a integrar o Tribunal Superior Eleitoral; Maria e Mário podem vir a integrar tanto o Tribunal Superior Eleitoral, como o Tribunal Regional Eleitoral.
(D) Lauro, Maria e Mário podem vir a integrar tanto o Tribunal Superior Eleitoral, como o Tribunal Regional Eleitoral.
(E) Lauro pode vir a integrar o Tribunal Superior Eleitoral; Maria pode vir a integrar o Tribunal Superior Eleitoral; e Mário pode vir a integrar somente o Tribunal Regional Eleitoral.

Só poderão ser ministros do Tribunal Superior Eleitoral ministros do STF, do STJ e advogados de notável saber jurídico e idoneidade moral nomeados pelo Presidente da República e escolhidos pelo STF. Logo, Maria, por ser desembargadora (e não ministra de uma das cortes citadas e não ser advogada), não poderá ser ministra do TSE, o que torna incorretas as assertivas "B", "C", "D" e "E".

Gabarito "A"

(Analista – TRE/PI – 2009 – FCC) Compete aos Tribunais Regionais Eleitorais

(A) processar e julgar originariamente os crimes eleitorais cometidos pelos juízes que os integram.
(B) processar e julgar originariamente a suspeição e impedimento aos juízes que os integram.
(C) dividir a Zona Eleitoral em Seções Eleitorais.
(D) nomear os membros das Mesas Receptoras.
(E) exercer a ação pública e promovê-la até o final.

A: assertiva incorreta – é competência do Tribunal Superior Eleitoral – art. 22, I, "d", do Código Eleitoral; **B:** assertiva correta – art. 29, I, "c", do Código Eleitoral; **C:** assertiva incorreta – é competência dos juízes eleitorais – art. 35, X, do Código Eleitoral; **D:** assertiva incorreta – é competência dos juízes eleitorais – art. 35, XIV, do Código Eleitoral; **E:** assertiva incorreta, pois é competência do Ministério Público Eleitoral, na medida em que o Poder Judiciário não inicia ação – princípio da inércia da jurisdição – art. 2º do CPC.

Gabarito "B".

(Analista – TRE/RN – 2005 – FCC) Compete aos Tribunais Regionais Eleitorais processar e julgar originariamente

(A) os conflitos de jurisdição criminal entre juízes de diferentes Estados.

(B) os crimes eleitorais ou comuns cometidos pelos juízes do próprio Tribunal.

(C) os crimes comuns cometidos por membros de Mesa Receptora de votos.

(D) os *habeas corpus* em matéria eleitoral relativos a atos de Ministros de Estado.

(E) a suspeição, em matéria criminal, dos membros do próprio Tribunal.

A: assertiva incorreta – competência do STJ – art. 105, I, "d", da CF; **B:** assertiva incorreta – competência do TSE – art. 22, I, "d", do Código Eleitoral; **C:** assertiva incorreta – se os crimes comuns forem conexos com os crimes eleitorais (art. 35, II, do Código Eleitoral; se não forem conexos, seguem as regras comuns de competência da jurisdição penal; **D:** assertiva incorreta – competência do TSE – art. 22, I, "e", do Código Eleitoral (a Res. do SF nº 132, de 07 de dezembro de 1984, suspendeu, por inconstitucionalidade, nos termos da decisão definitiva proferida pelo STF, a execução da locução "ou mandado de segurança" constante dessa alínea); **E:** assertiva correta – art. 29, I, "c", do Código Eleitoral.

Gabarito "E".

(Analista – TRE/RS – 2010 – FCC) O juiz oriundo da classe dos advogados com notável saber jurídico e idoneidade moral integrante do Tribunal Superior Eleitoral

(A) não pode ser eleito para o cargo de Corregedor Eleitoral.

(B) pode ser eleito apenas para o cargo de Presidente desse Tribunal.

(C) pode ser eleito apenas para o cargo de Vice-Presidente desse Tribunal.

(D) pode ser eleito para os cargos de Presidente ou Vice-Presidente desse Tribunal.

(E) pode ser eleito apenas para os cargos de Presidente desse Tribunal e de Corregedor Eleitoral.

A: assertiva correta – só poderá ser eleito para o cargo de Corregedor Eleitoral um dentre os Ministros do Superior Tribunal de Justiça – art. 119, parágrafo único, da CF; **B:** assertiva incorreta – só um membro do STF pode ser presidente do TSE – art. 119, parágrafo único, da CF; **C:** assertiva incorreta – só um membro do STF pode ser vice-presidente do TSE – art. 119, parágrafo único, da CF; **D:** assertiva incorreta – art. 119, parágrafo único, da CF; **E:** assertiva incorreta – art. 119, parágrafo único, da CF.

Gabarito "A".

(Analista – TRE/SE – 2007 – FCC) Os Tribunais Regionais Eleitorais dentre outras situações,

(A) são compostos por juízes escolhidos pelo Presidente da República dentre Desembargadores do Tribunal de Justiça do respectivo Estado e advogados.

(B) não têm caráter permanente e só são compostos por ocasião de cada eleição.

(C) têm a atribuição de diplomar os Prefeitos Municipais e Vereadores eleitos dentro dos respectivos Estados.

(D) elegerão seu Presidente e Vice-Presidente dentre os Desembargadores que o compõem.

(E) têm sede na capital de cada Região da Federação, podendo existir mais de um para cada Estado e para o Distrito Federal.

Art. 26 do Código Eleitoral.

Gabarito "D".

(Analista – TRE/SE – 2007 – FCC) Dentre outros, fazem parte da composição do Tribunal Superior Eleitoral dois juízes

(A) entre seis advogados de notório saber jurídico e idoneidade moral, indicados pelo Superior Tribunal de Justiça.

(B) escolhidos entre os Desembargadores dos Tribunais de Justiça dos Estados, escolhidos pelo Presidente da República.

(C) escolhidos mediante eleição e pelo voto secreto, entre os Ministros do Superior Tribunal de Justiça.

(D) escolhidos entre os Ministros do Supremo Tribunal Federal e nomeados por livre escolha do Presidente da República.

(E) federais, escolhidos pelos Tribunais Regionais Federais e nomeados pelo Presidente da República.

Art. 119, I, "b", da CF.

Gabarito "C".

(Analista – TRE/SE – 2007 – FCC) Dentre outras atribuições, compete aos Tribunais Regionais Eleitorais

(A) processar e julgar originariamente os crimes eleitorais e os comuns que lhe forem conexos cometidos pelos Juízes do próprio Tribunal Regional Eleitoral.

(B) julgar os recursos interpostos das decisões dos Juízes Eleitorais que concederem ou denegarem *habeas corpus* ou mandado de segurança.

(C) fornecer aos que não votaram por motivo justificado um certificado que os isente das sanções legais.

(D) processar e julgar originariamente os conflitos de jurisdição entre Tribunais Regionais e Juízes Eleitorais de Estados diferentes.

(E) providenciar para a solução das ocorrências que se verificarem nas Mesas Receptoras.

A: assertiva incorreta – competência do TSE – art. 22, I, "d", do Código Eleitoral; B: assertiva correta – art. 29, II, "b", do Código Eleitoral; C: assertiva incorreta – competência dos juízes eleitorais – art. 35, XVIII, do Código Eleitoral; D: assertiva incorreta – competência do TSE – art. 22, I, "b", do Código Eleitoral; E: assertiva incorreta – competência dos juízes eleitorais – art. 35, XVI, do Código Eleitoral.

Gabarito "B".

(Analista – TRE/SP – 2006 – FCC) Tício é Juiz do Tribunal Regional Federal com sede em São Paulo e poderá vir a integrar o

(A) Tribunal Superior Eleitoral, se for escolhido pelo Tribunal Superior Eleitoral.

(B) Tribunal Superior Eleitoral, se for escolhido pelo Tribunal Regional Federal a que pertence.

(C) Tribunal Superior Eleitoral, se for nomeado pelo Presidente da República.

(D) Tribunal Regional Eleitoral de São Paulo, se for nomeado pelo Presidente da República.

(E) Tribunal Regional Eleitoral de São Paulo, se for escolhido pelo Tribunal Regional Federal a que pertence.

Afora a hipótese de nomeação pelo Presidente da República de advogados de notável saber jurídico e idoneidade moral, só poderão ser indicados como Ministros do TSE juízes do STF ou do STJ, nos termos do art. 119, I, da CF, o que torna incorretas as assertivas "A", "B" e "C", visto que Tício é desembargador do TRF. A assertiva "D" está incorreta, pois a escolha para membro do TRE dentre os juízes é feita por eleição – art. 120, § 1º, II, da CF.

Gabarito "E".

(Analista – TRE/SP – 2006 – FCC) Integram a composição do Tribunal Superior Eleitoral dois juízes, dentre seis advogados de notável saber jurídico e idoneidade moral, indicados

(A) pelo Superior Tribunal de Justiça e escolhidos, mediante eleição e pelo voto secreto, pelo Supremo Tribunal Federal.

(B) pela Ordem dos Advogados do Brasil e escolhidos, mediante eleição e pelo voto secreto, pelo Supremo Tribunal Federal.

(C) pela Ordem dos Advogados do Brasil e nomeados pelo Presidente da República.

(D) pelo Supremo Tribunal Federal e nomeados pelo Presidente da República.

(E) pela Ordem dos Advogados do Brasil e escolhidos, mediante eleição e pelo voto secreto, pelo Superior Tribunal de Justiça.

Art. 119, II, da CF.

Gabarito "D".

(Analista – TRE/SP – 2006 – FCC) Compete aos Tribunais Regionais Eleitorais

(A) expedir títulos eleitorais e conceder transferência de eleitor.

(B) processar e julgar originariamente o registro e o cancelamento do registro dos diretórios municipais de partidos políticos.

(C) dividir a Zona em Seções Eleitorais.

(D) expedir diploma aos eleitos para cargos municipais.

(E) nomear os membros das Mesas Receptoras.

A: assertiva incorreta – competência do juiz eleitoral – art. 35, IX, do Código Eleitoral; B: assertiva correta – art. 29, I, "a", do Código Eleitoral; C: assertiva incorreta – competência do juiz eleitoral – art. 35, X, do Código Eleitoral; D: assertiva incorreta – competência da Junta Eleitoral – art. 40, IV, do Código Eleitoral; E: assertiva incorreta – competência do juiz eleitoral – art. 35, XIV, do Código Eleitoral.

Gabarito "B".

(Analista – TRE/SP – 2006 – FCC) A competência para processar e julgar originariamente o registro e o cancelamento do registro de candidatos a membros do Congresso Nacional é

(A) das Juntas Eleitorais.

(B) do Tribunal Superior Eleitoral.

(C) do Tribunal Regional Eleitoral.

(D) do Corregedor-Geral da Justiça Eleitoral.

(E) do Procurador-Regional Eleitoral.

Art. 29, I, "a", do Código Eleitoral.

Gabarito "C".

(Analista – TRE/SP – 2006 – FCC) Considere as assertivas a respeito da composição dos órgãos da Justiça Eleitoral:

I. Integram o Tribunal Superior Eleitoral três juízes, escolhidos mediante eleição e pelo voto secreto, dentre os Ministros do Supremo Tribunal Federal.

II. O Tribunal Superior Eleitoral elegerá o Corregedor Eleitoral dentre os Ministros do Supremo Tribunal Federal.

III. Integram os Tribunais Regionais Eleitorais três juízes, dentre juízes de direito, nomeados pelo Governador do Estado.

IV. O Tribunal Regional Eleitoral elegerá seu Presidente e o Vice-Presidente dentre os Desembargadores que o integram.

Está correto o que se afirma APENAS em

(A) I, II e IV.

(B) I e IV.

(C) II e III.

(D) II, III e IV.

(E) III e IV.

I: assertiva correta – art. 119, I, "a", da CF; II: assertiva incorreta – o TSE elegerá o Corregedor-Geral dentre os ministros do STJ – art. 119, parágrafo único, da CF; **III:** assertiva incorreta – art. 120, § 1º, "b", da CF; **IV:** assertiva correta – art. 120, § 2º, da CF.

Gabarito "B"

(Analista – TRE/TO – 2011 – FCC) De acordo com a Constituição Federal, podem vir a integrar tanto o Tribunal Superior Eleitoral, como o Tribunal Regional Eleitoral do Estado de Tocantins,

(A) Juízes de Direito da Justiça Estadual do Estado de Tocantins.

(B) Advogados de notável saber jurídico e idoneidade moral militantes no Estado de Tocantins.

(C) Ministros do Supremo Tribunal Federal.

(D) Ministros do Superior Tribunal de Justiça.

(E) Desembargadores do Tribunal de Justiça do Estado de Tocantins.

Art. 119, II c/c art. 120, II, da CF – apenas advogados de notável saber jurídico e idoneidade moral poder vir a compor tanto o Tribunal Superior Eleitoral como o Tribunal Regional Eleitoral. Os juízes estaduais e os desembargadores do Tribunal de Justiça do Estado só podem compor os Tribunais Regionais Eleitorais (art. 120, I, "a" e "b", da CF) e os Ministros do STJ e do STF só podem compor o Tribunal Superior Eleitoral (art. 119, I, "a" e "b", da CF).

Gabarito "?"

(Analista – TRE/TO – 2011 – FCC) O Tribunal Superior Eleitoral

(A) elegerá obrigatoriamente seu Corregedor-Geral dentre os Ministros do Supremo Tribunal Federal.

(B) elegerá obrigatoriamente seu Corregedor-Geral dentre os Advogados de notável saber jurídico e idoneidade moral.

(C) compor-se-á, no mínimo, de onze membros, escolhidos, dentre outros, por nomeação do Presidente da República, três juízes dentre seis advogados de notável saber jurídico e idoneidade moral, indicados pelo Supremo Tribunal Federal.

(D) compor-se-á, no mínimo, de sete membros, escolhidos, dentre outros, mediante eleição, pelo voto secreto, dois juízes dentre os Ministros do Superior Tribunal de Justiça.

(E) compor-se-á, no mínimo, de onze membros, escolhidos, dentre outros, mediante eleição, pelo voto secreto, dois juízes dentre os Ministros do Supremo Tribunal Federal.

A: assertiva incorreta. O Corregedor-Geral será eleito pelo TSE dentre os Ministros do STJ – art. 119, parágrafo único, da CF; **B:** assertiva incorreta. O Corregedor-Geral será eleito pelo TSE dentre os Ministros do STJ – art. 119, parágrafo único, da CF; **C:** assertiva incorreta: sua composição será de, no mínimo, sete membros e serão escolhidos, dentre outros, dois juízes dentre seis advogados de notável saber jurídico e idoneidade moral, indicados pelos STF – art. 119, II, da CF; **D:** assertiva correta: art. 119 da CF; **E:** assertiva incorreta. Sua composição será de, no mínimo, sete membros e serão escolhidos, dentre outros, dois juízes dentre seis advogados de notável saber jurídico e idoneidade moral, indicados pelos STF – art. 119, II, da CF.

Gabarito "D"

(Analista – TRE/TO – 2011 – FCC) Os membros das Juntas Eleitorais serão nomeados sessenta dias antes das eleições

(A) depois da aprovação do Tribunal Regional Eleitoral, pelo Presidente deste.

(B) pelo Juiz de Direito da respectiva Zona Eleitoral, independentemente de qualquer aprovação.

(C) pelo Juiz de Direito da respectiva Zona Eleitoral, após aprovação dos partidos políticos.

(D) pelo Presidente do Tribunal Superior Eleitoral, após indicação do Tribunal Regional Eleitoral a que pertencer.

(E) pelo escrivão eleitoral indicado pelo Tribunal Regional Eleitoral a que pertencer.

Os membros das juntas eleitorais serão nomeados pelo presidente do Tribunal Regional Eleitoral, conforme dispõe o art. 36, § 1º, do Código Eleitoral.

Gabarito "A"

(Analista – TRE/TO – 2011 – FCC) A requisição de força federal necessária ao cumprimento de decisão do Tribunal Regional Eleitoral compete ao

(A) próprio Tribunal Regional Eleitoral.

(B) Tribunal Superior Eleitoral.

(C) Presidente do respectivo Tribunal Regional Eleitoral.

(D) Governador do respectivo Estado.

(E) Procurador Regional Eleitoral.

Conforme determina o art. 23, XIV, do Código Eleitoral, a competência é do Tribunal Superior Eleitoral.

Gabarito "B"

(Analista – TRE/TO – 2011 – FCC) Compete aos Tribunais Regionais Eleitorais, dentre outras atribuições, processar e julgar originariamente

(A) a suspeição e o impedimento do Procurador-Geral Eleitoral.

(B) os conflitos de jurisdição entre Juízes Eleitorais do respectivo Estado e de outro Estado da Federação.

(C) a suspeição ou impedimento aos membros do próprio Tribunal Regional Eleitoral.

(D) o registro de candidatos à Presidente e Vice-Presidente da República.

(E) os crimes eleitorais e os comuns que lhes forem conexos cometidos pelos juízes do próprio Tribunal Regional Eleitoral.

A: assertiva incorreta: trata-se de competência do TSE – art. 22, I, "c", do Código Eleitoral; **B:** assertiva incorreta: trata-se de competência do TSE – art. 22, I, "b", do Código Eleitoral; **C:** assertiva correta: art. 29, I, "c", do Código Eleitoral; **D:** assertiva incorreta: trata-se de competência do TSE – art. 22, I, "a", do Código Eleitoral; **E:** assertiva incorreta: trata-se de competência do TSE – art. 22, I, "d", do Código Eleitoral.

Gabarito "C"

(Analista – TRE/AL – 2004 – CESPE) Em cada um dos itens seguintes, é apresentada uma situação hipotética acerca da validade das decisões do Tribunal Superior Eleitoral (TSE) no que se refere ao quórum de presença e de votos para a aprovação de matérias, seguida de uma assertiva a ser julgada.

(1) Em uma sessão de julgamento de cassação de registro de um partido político, estavam presentes 90% dos membros do TSE. Nessa situação, a matéria poderia ser aprovada por 70% dos membros do tribunal.

(2) No exame de matéria que importava a interpretação do Código Eleitoral em face da Constituição Federal, havia 80% dos membros do TSE presentes à sessão. Nessa situação, a deliberação deveria ser tomada pela unanimidade dos membros presentes.

(3) Em sessão de julgamento de perda de diploma, estavam presentes 80% dos membros do TSE. Nessa situação, a matéria poderia ser aprovada por 60% dos membros do tribunal.

1: assertiva incorreta. Como regra, o TSE delibera por maioria de votos, com a presença da maioria de seus membros (art. 19, *caput*, do Código Eleitoral).Todavia, as decisões do TSE referentes à cassação de registro de políticos, à interpretação do Código Eleitoral em face da Constituição, como quaisquer outros recursos que importem anulação geral, só poderão ser tomadas com a presença de todos os seus membros – art. 19, parágrafo único, do Código Eleitoral. **2:** assertiva incorreta. Decisões do TSE referentes à cassação de registro de políticos, à interpretação do Código Eleitoral em face da Constituição, como quaisquer outros recursos que importem anulação geral, só poderão ser tomadas com a presença de todos os seus membros – art. 19, parágrafo único, do Código Eleitoral. **3:** assertiva incorreta. Decisões do TSE referentes à cassação de registro de políticos, à interpretação do Código Eleitoral em face da Constituição, como quaisquer outros recursos que importem anulação geral, só poderão ser tomadas com a presença de todos os seus membros – art. 19, parágrafo único, do Código Eleitoral.

Gabarito 1E, 2E, 3E

(Analista – TRE/AL – 2004 – CESPE) Julgue os itens a seguir, relativos à competência originária do TRE de Alagoas (TRE/AL).

(1) O TRE/AL é competente para julgar originariamente o registro do diretório municipal de um partido novo.

(2) O registro de candidatura para presidente da República é julgado originariamente por todos os TREs, entre eles, portanto, o TRE/AL.

(3) Um candidato a prefeito municipal de Arapiraca – AL precisa ter o registro de sua candidatura apreciado pelo TRE/AL, que, assim, exercerá sua competência originária.

(4) Se ocorrer conflito de competência entre dois juízes eleitorais de dois municípios limítrofes, um localizado em Pernambuco e outro, em Alagoas, a corte competente para examinar originariamente o conflito será o TRE/AL, caso a matéria chegue primeiramente a este tribunal e não ao TRE de Pernambuco.

(5) A arguição de suspeição de um dos membros do TRE/AL é julgada originariamente por essa corte.

(6) Caso houvesse processo criminal contra juiz eleitoral de determinado município, por alegada prática de crime eleitoral, competiria ao TRE da respectiva unidade federativa processar e julgar originariamente referido magistrado quanto ao crime de que fosse acusado.

1: assertiva correta. Art. 29, I, "a", do Código Eleitoral; **2:** assertiva incorreta. A competência é do TSE – art. 22, I, "a", do Código Eleitoral; **3:** assertiva incorreta. A competência é dos juízes eleitorais – art. 35, XII, do Código Eleitoral; **4:** assertiva incorreta. A competência é do TSE – art. 22, I, "b", do Código Eleitoral; **5:** assertiva correta. Art. 29, I, "c", do Código Eleitoral; **6:** assertiva correta. Art. 29, I, "d", do Código Eleitoral.

Gabarito 1C, 2E, 3E, 4E, 5C, 6C

(Analista – TRE/BA – 2010 – CESPE) Quanto aos órgãos da justiça eleitoral, julgue os itens seguintes.

(1) As juntas eleitorais não são consideradas órgãos da justiça eleitoral, constituindo-se em mera divisão regional realizada pelo juiz que a preside.

(2) A aprovação do afastamento de juízes dos tribunais regionais eleitorais é de competência do TSE.

(3) Compete privativamente ao TSE julgar os conflitos de competência de juízes eleitorais de determinado estado.

1: assertiva incorreta. Art. 118 da CF; **2:** assertiva correta. Art. 23, IV, do Código Eleitoral; **3:** assertiva incorreta. Trata-se de competência dos Tribunais Regionais Eleitorais – art. 29, I, "b", do Código Eleitoral.

Gabarito 1E, 2C, 3E

(Analista – TRE/GO – 2008 – CESPE) A respeito da Justiça Eleitoral, assinale a opção incorreta.

(A) Os membros dos tribunais eleitorais, os juízes de direito e os integrantes das juntas eleitorais, no exercício de suas funções, e no que lhes for aplicável, gozarão de plenas garantias e serão inamovíveis.

(B) A competência da justiça eleitoral deverá ser fixada em lei complementar, à qual incumbe dispor sobre sua organização.

(C) Os tribunais regionais eleitorais, com sede na capital dos estados e no Distrito Federal, são compostos de, no mínimo, sete juízes, com cinco deles indicados entre os desembargadores e dois entre os juízes de direito.

(D) As juntas eleitorais, como órgãos colegiados de primeira instância, são constituídas 60 dias antes da eleição.

A: assertiva correta – art. 121, § 1º, da CF; **B:** assertiva correta – art. 121 da CF; **C:** assertiva incorreta – art. 120 da CF; **D:** assertiva correta – art. 36, § 1º, do Código Eleitoral.

Gabarito "C"

(Analista – TRE/GO – 2008 – CESPE) Quanto aos órgãos da Justiça Eleitoral, assinale a opção correta.

(A) O TSE compõe-se, em seu todo, de juízes da magistratura de carreira nomeados pelo presidente da República dentre os ministros do Supremo Tribunal Federal e do Superior Tribunal de Justiça.

(B) O TSE elegerá seu presidente, vice-presidente e corregedor entre os ministros do Supremo Tribunal Federal.

(C) Os membros dos tribunais regionais eleitorais de cada estado da Federação serão nomeados pelos governadores, após indicação do respectivo tribunal de justiça.

(D) Os juízes dos tribunais eleitorais, salvo motivo justificado, servirão por dois anos, no mínimo, e nunca por mais de dois biênios consecutivos.

A: assertiva incorreta – art. 119 da CF; **B:** assertiva incorreta – art. 120, § 2º, da CF; **C:** assertiva incorreta – art. 120 da CF; **D:** assertiva correta – art. 121, § 2º, da CF.

Gabarito "D"

(Analista – TRE/GO – 2008 – CESPE) A respeito da composição e atribuição das juntas eleitorais, julgue os itens a seguir.

I. Os membros das juntas eleitorais serão nomeados pelo presidente do TSE, depois da aprovação do respectivo Tribunal Regional Eleitoral.

II. Os servidores que integram o serviço eleitoral não podem ser nomeados membros das juntas eleitorais, escrutinadores ou auxiliares.

III. As juntas eleitorais são órgãos colegiados de primeira instância, sendo compostos por um juiz de direito, que atua como presidente, e dois ou quatro cidadãos de notória idoneidade.

IV. As zonas eleitorais podem ter mais de uma junta, limitadas ao número máximo de cinco juntas por município.

Estão certos apenas os itens

(A) I e III.

(B) I e IV.

(C) II e III.

(D) II e IV.

I: assertiva incorreta – os membros das juntas eleitorais são nomeados pelo presidente do TRE respectivo – art. 36, § 1º, do Código Eleitoral; **II:** assertiva correta – art. 36, § 3º, IV, do Código Eleitoral; **III:** correta – art. 36, *caput*, do Código Eleitoral; **IV:** assertiva incorreta. Poderão haver tantas juntas quantas permitir o número de juízes de direito – art. 37 do Código Eleitoral.

Gabarito "C"

(Analista – TRE/MA – 2009 – CESPE) Considerando a hipótese de que Antônio seja juiz federal e se candidate a juiz do TRE de determinada unidade da Federação, assinale a opção correta.

(A) É possível a pretensão de Antônio, desde que a sua indicação seja do STJ.

(B) É impossível a pretensão de Antônio, pois juiz de primeira instância não integra TRE.

(C) É impossível a pretensão de Antônio, pois juiz ou desembargador de TRF não integra TRE.

(D) Uma única vaga de TRE é destinada a juiz de TRF, onde houver.

(E) Desde que a indicação de Antônio seja do STF, é possível a pretensão desse magistrado.

De fato a única alternativa correta é a "D", pois de acordo com o que estabelece o art. 120, § 1º, II, da CF.

Gabarito "D"

(Analista – TRE/MT – 2005 – CESPE) No Brasil, o Poder Judiciário conta com uma estrutura autônoma, um ramo especializado, destinado a dizer o direito nas lides eleitorais. Cabe à justiça eleitoral julgar os processos eleitorais e também organizar a eleição, do ponto de vista administrativo. Nesse sentido, a Constituição Federal e o Código Eleitoral estatuem os critérios para a organização da justiça eleitoral e a definição de sua competência. A esse respeito, assinale a opção correta.

(A) A Constituição Federal determina que lei ordinária disporá sobre a organização e a competência dos tribunais, dos juízes de direito e das juntas eleitorais.

(B) O vice-presidente do Tribunal Regional Eleitoral será necessariamente um desembargador indicado pelo presidente do tribunal de justiça do estado respectivo.

(C) É vedada a recondução de juízes de tribunais eleitorais.

(D) Os substitutos dos membros efetivos dos tribunais eleitorais são escolhidos na mesma ocasião e pelo mesmo processo, em número igual para cada categoria.

(E) O presidente da República indica três dos seis advogados escolhidos pelo Supremo Tribunal Federal para ministros do TSE.

A: assertiva incorreta – lei complementar disporá sobre a organização e competência dos tribunais, dos juízes de direito e das juntas eleitorais – art. 121 da CF; **B:** assertiva incorreta – o vice-presidente do Tribunal Regional Eleitoral será eleito pelo próprio tribunal – art. 120, § 2º, da CF; **C:** assertiva incorreta – art. 121, § 2º, da CF; **D:** assertiva correta – art. 121, § 2º, da CF; **E:** assertiva incorreta – art. 119, II, da CF.

Gabarito "D"

(Analista – TRE/RJ – 2012 – CESPE) Os tribunais regionais eleitorais (TREs) são órgãos da Justiça Federal presentes nos Estados e no Distrito Federal. Acerca da competência desses tribunais, julgue os itens subsequentes.

(1) A competência do TRE para julgamento de recurso interposto contra decisão proferida por juiz eleitoral do respectivo estado em mandado de segurança restringe-se à hipótese de denegação da ordem.

(2) Compete privativamente aos TREs a elaboração de seus próprios regimentos internos.

(3) Compete ao TRE processar e julgar, originariamente, conflitos de jurisdição entre juízes eleitorais do respectivo Estado.

1: assertiva incorreta, pois compete privativamente aos Tribunais Regionais Eleitorais processar e julgar originariamente o *habeas corpus* ou mandado de segurança, em matéria eleitoral, contra ato de autoridades que respondam perante os Tribunais de Justiça por crime de responsabilidade e, em grau de recurso, os denegados ou concedidos pelos juízes eleitorais (art. 29, I, "e", do Código Eleitoral); **2:** assertiva correta (art. 30, I, do Código Eleitoral); **3:** assertiva correta (art. 29, I, "b", do Código Eleitoral).

Gabarito 1E, 2C, 3C

(Analista – TRE/SC – 2005 – FAPEU) Assinale a alternativa CORRETA. O Tribunal Regional Eleitoral de Santa Catarina -TRE/SC, compõe-se:

(A) de dois Juízes eleitos dentre os desembargadores do Tribunal de Justiça; de dois Juízes eleitos dentre os juízes de direito, escolhidos pelo Tribunal de Justiça; de um Juiz Federal escolhido pelo Tribunal Regional Federal; e de dois Juízes nomeados pelo Presidente da República, dentre seis advogados de notável saber jurídico e idoneidade moral, indicados pelo Tribunal de Justiça.

(B) de dois Juízes eleitos dentre os desembargadores do Tribunal de Justiça; de dois Juízes eleitos dentre os juízes de direito, escolhidos pelo Tribunal de Justiça; de um Juiz Federal escolhido pelo Tribunal Regional Federal; e de dois Juízes nomeados pelo Presidente da República dentre seis advogados com reputação ilibada e idoneidade moral, dispensado o notável saber jurídico, indicados pelo Tribunal de Justiça.

(C) de um Juiz eleito dentre os desembargadores do Tribunal de Justiça e nomeado pelo Governador do Estado; de dois Juízes eleitos dentre os juízes de direito, escolhidos pelo Tribunal de Justiça; de um Juiz Federal escolhido pelo Tribunal Regional Federal; e de dois Juízes nomeados pelo Presidente da República, dentre seis advogados de notável saber jurídico e idoneidade moral, indicados pelo Tribunal de Justiça.

(D) de três Juízes eleitos dentre os desembargadores do Tribunal de Justiça; de dois Juízes eleitos dentre os juízes de direito, escolhidos pelo Tribunal de Justiça; e de dois Juízes nomeados pelo Presidente da República, dentre seis advogados de notável saber jurídico e idoneidade moral, indicados pelo Tribunal de Justiça.

A composição dos Tribunais Regionais Eleitorais se dá de acordo com o que reza o art. 120 da CF, portanto, a alternativa "A" é a púnica correta.

Gabarito "A"

(Procurador da República – 18º) A justiça eleitoral:

(A) é constituída pelo Tribunal Superior Eleitoral, pelos Tribunais Regionais Eleitorais e pelos Juízes e Juntas Eleitorais em todo o País, compostos os Tribunais exclusivamente de Ministros do Supremo Tribunal Federal, do Superior Tribunal de Justiça e de Juízes Federais;

(B) tem competência para realizar o alistamento eleitoral, o registro de partidos políticos e respectivos diretórios, o processo e julgamento do registro de candidaturas e das impugnações por inelegibilidade, a fiscalização da propaganda eleitoral, o processo e julgamento de crimes eleitorais (ressalvada a competência do Supremo Tribunal Federal e do Superior Tribunal de Justiça), as representações por abuso de poder econômico e de autoridade em matéria eleitoral, os recursos contra a diplomação e a ação de impugnação de mandato eletivo, dentre outras;

(C) deve decretar a perda do mandato do Deputado ou Senador, que sofrer condenação criminal em sentença transitada em julgado;

(D) somente realiza consulta prévia, mediante plebiscito, às populações diretamente interessadas, para criação, incorporação, fusão ou desmembramento de Municípios, se devidamente autorizada pelo Governador do Estado e os Prefeitos Municipais;

A: assertiva incorreta, uma vez que os Tribunais da Justiça Eleitoral não são exclusivamente compostos por Ministros do STF, possuindo formação estampada nos arts. 119 e seguintes da Constituição Federal; **B:** assertiva correta, com fundamento na Constituição Federal, Código Eleitoral e legislação extravagante; **C:** assertiva incorreta, vez que o art. 55, VI, da CF define que perderá o mandato o senador ou deputado que sofrer condenação criminal em sentença transitada em julgado. O § 2º do referido dispositivo orienta que a perda do mandato será decidida pela Câmara dos Deputados ou pelo Senado Federal, por voto secreto e maioria absoluta, mediante provocação da respectiva Mesa ou de partido político representado no Congresso Nacional, assegurada ampla defesa; **D:** assertiva incorreta, uma vez que não haverá autorização pelo Governador do Estado ou Prefeitos municipais. O art. 18, § 4º, da CF dispõe que a criação, a incorporação, a fusão e o desmembramento de Municípios, far-se-ão por lei estadual, dentro do período determinado por Lei Complementar Federal, e dependerão de consulta prévia, mediante plebiscito, às populações dos Municípios envolvidos, após divulgação dos Estudos de Viabilidade Municipal, apresentados e publicados na forma da lei.

Gabarito "B"

(Procurador da República – 23º) Considerando as seguintes assertivas:

I. Os Tribunais Regionais Eleitorais podem decidir as ações em que se discute inelegibilidade de candidato sem a presença de todos os seus membros;

II. Entre as condições de elegibilidade inclui-se a prova de que o candidato teve aprovadas suas contas relativas ao exercício de cargo ou função pública;

III. Os juízes eleitorais podem negar registro de candidatos, mesmo que tal pedido não tenha sido impugnado.

Pode-se afirmar que:

(A) I e II estão certas

(B) I e III estão certas

(C) II e III estão certas

(D) todas estão certas

I: assertiva correta, uma vez que apenas é exigido julgamento com a presença de todos os membros na situação do art. 19 do Código Eleitoral, quando do julgamento perante o Tribunal Superior Eleitoral das situações ali previstas; II: assertiva incorreta, vez que as condições de elegibilidade encontram-se estampadas no art. 14, § 3º, da CF, sendo elas a nacionalidade brasileira; o pleno exercício dos direitos políticos; o alistamento eleitoral; o domicílio eleitoral na circunscrição; a filiação partidária; regulamento e as idades mínimas para cada cargo pretendido; III: assertiva correta, caso seja verificada pelo juiz eleitoral não estar presentes ou comprovados os requisitos trazidos pelo art. 11 da Lei 9.504/1997.

Gabarito "B"

(Procurador da República – 25º) A representação por captação de sufrágio, com base no ilícito previsto no artigo 41-a da lei das eleições (Lei 9.504/1997), que objetive cassar nas eleições gerais o registro ou o diploma de candidato à reeleição ao governo do estado, deve ser ajuizada perante:

(A) o Juiz Eleitoral do município onde ocorreram os fatos, haja vista que nesse caso não há prerrogativa de foro;

(B) o Tribunal Regional Eleitoral;

(C) o Tribunal Superior Eleitoral;

(D) o Superior Tribunal de Justiça, haja vista a prerrogativa de foro dos Governadores prevista na Constituição.

A única alternativa correta é apresentada pela assertiva "B", uma vez que trata-se de competência do Tribunal Regional Eleitoral, conforme art. 29, I, "a" do Código Eleitoral.

Gabarito "B"

CAPÍTULO 4

DOS PARTIDOS POLÍTICOS

4.1. CONCEITO E NATUREZA JURÍDICA

Os partidos políticos são pessoas jurídicas de direito privado, tendo sua existência garantida pela Constituição Federal ao longo do art. 17, que dispõe ser livre a criação, fusão, incorporação e extinção de partidos políticos, devendo ser resguardados a soberania nacional, o regime democrático, o pluripartidarismo, os direitos fundamentais da pessoa humana e a observação de alguns preceitos, quais sejam: caráter nacional, proibição de recebimento de recursos financeiros de entidade ou governo estrangeiros, prestação de contas à Justiça Eleitoral e funcionamento parlamentar de acordo com a lei.

José Afonso da Silva complementa a conceituação ao lecionar que "O partido político é uma forma de agremiação de um grupo social que se propõe organizar, coordenar e instrumentar a vontade popular com o fim de assumir o poder para realizar seu programa de governo".[1]

Os arts. 14, § 3º, V e 17, da CF foram devidamente regulamentados pela entrada em vigor da Lei dos Partidos Políticos, Lei 9.096/1995, que trouxe disposições específicas quanto à organização, funcionamento, filiação, fusão, incorporação e extinção, além de outros temas práticos como a formação das convenções partidárias.

4.1.1. Garantias

Como aventado, a Lei dos Partidos Políticos reproduz os preceitos e garantias trazidos pela própria Constituição Federal, classificando-o de pessoa jurídica de direito privado, destinado a assegurar, no interesse do regime democrático, a autenticidade do sistema representativo e a defender os direitos fundamentais definidos na Constituição Federal.

---

1. SILVA, José Afonso da. **Curso de direito constitucional positivo**. 36. ed. São Paulo: Método, 2013, p. 396.

O Texto Constitucional garante ao partido político devidamente registrado a *Autonomia* para definir sua estrutura interna, organização e funcionamento.

Assegura-se também a *Liberdade* de criação, fusão, incorporação e extinção. Também, o direito de participação no Fundo Partidário bem como acesso gratuito à rádio e Televisão.

Alexandre de Moraes leciona que "A Constituição Federal assegura aos partidos políticos autonomia para definir sua estrutura interna, organização e funcionamento, devendo seus estatutos estabelecer normas de fidelidade e disciplina partidárias, sendo vedada a utilização pelos partidos políticos de organização paramilitar".[2]

Neste mesmo sentido, complementando acerca desta autonomia garantida aos partidos, no intento claro de conceder-lhes força e menor interferência de controle do poder público, Michel Temer afirma que "tentar criar (ou fortalecer) partidos políticos sólidos, comprometidos com determinada ideologia político-administrativa, uma vez que o partido há de ser o canal condutor a ser percorrido por certa parcela da opinião pública para chegar ao governo e aplicar o seu programa".[3]

Ou seja, a Constituição Federal, através do pluripartidarismo e, principalmente, pela garantia de autonomia de estruturação e regulamentação interna, associados à liberdade de criação, fusão, incorporação e extinção, fortalece sobremaneira a agremiação política por si só, afastando, como mencionado, possibilidades de controle pelo poder público (censura, obstrução das atividades etc.) que se reflete também nas inúmeras outras garantias ao longo do Texto Constitucional e legislação infraconstitucional acerca do direito de reunião, imunidade tributária, titularidade de importantes mecanismos e remédios legislativos, acesso gratuito aos meios de comunicação, fundo partidário etc.

É assim que Miguel Reale também evidencia esta verdadeira importância em se efetivar o exercício da soberania popular (entenda-se aqui como a cidadania propriamente) através dos partidos políticos:

"enquanto na Europa vive-se a crise da democracia dos partidos, partidos de massa que se revelam incapazes de satisfatoriamente aglutinar os segmentos sociais, de se fazerem intérpretes das aspirações concretas, veículos impróprios para efetiva participação política, no Brasil é mister iniciar a obra da ligação entre a Sociedade Civil e o Estado pelo fortalecimento dos partidos políticos."[4]

No entanto, a liberdade garantida pela Constituição Federal não deve ser interpretada como algo amplamente irrestrita. Trata-se de uma liberdade relativa, uma vez que é necessário obedecer ao regramento Constitucional de aspecto limitador consonante a todo ordenamento e dispositivos sensíveis, estampado pelo próprio art. 17 da CF. Vejamos os destaques e sublinhados:

Art. 17. É *livre* a criação, fusão, incorporação e extinção de partidos políticos, *resguardados* a *soberania nacional, o regime democrático, o pluripartidarismo, os direitos fundamentais da pessoa humana* e observados os seguintes preceitos:

---

2. MORAES, Alexandre de. **Direito constitucional**. 7. ed. São Paulo: Atlas, 2000. p. 250.
3. TEMER, Michel. **Constituição e política**. São Paulo: Malheiros, 1994. p. 16.
4. REALE JR, Miguel. **Casos de direito constitucional**. p. 113, São Paulo: Ed. RT, 1992.

I – *caráter nacional*;

II – proibição de *recebimento de recursos financeiros de entidade ou governo estrangeiros ou de subordinação a estes*;

III – prestação de contas *à Justiça Eleitoral*;

IV – funcionamento parlamentar de acordo com a lei.

§ 1º É assegurada aos partidos políticos autonomia para definir sua estrutura interna, organização e funcionamento e para adotar os critérios de escolha e o regime de suas coligações eleitorais, sem obrigatoriedade de vinculação entre as candidaturas em âmbito nacional, estadual, distrital ou municipal, devendo seus estatutos estabelecer normas de disciplina e fidelidade partidária.

§ 2º Os partidos políticos, após adquirirem personalidade jurídica, na forma da lei civil, registrarão seus estatutos no Tribunal Superior Eleitoral.

§ 3º Os partidos políticos têm direito a recursos do *fundo partidário* e *acesso gratuito ao rádio e à televisão*, na forma da lei.

§ 4º É vedada a utilização pelos partidos políticos de *organização paramilitar*.

IMPORTANTE:

Pela legislação específica, o partido político assume a condição de pessoa jurídica após devidamente registrado na forma da lei civil (registro de pessoas jurídicas). Posteriormente, procede-se o registro junto ao Tribunal Superior Eleitoral, pois somente assim garantirá a exclusividade quanto ao nome, siglas, símbolos, bem como a participação do processo eleitoral, bem como participar na divisão do Fundo Partidário, acesso gratuito ao rádio e televisão, tudo conforme regulamentado e disposto pela própria legislação (Lei 9.096/1995).

Destaque-se, reiteradamente, que o simples registro conforme a lei civil não garante a exclusividade no uso do nome, siglas e símbolos do partido que se origina. É imprescindível à efetividade de sua finalidade existencial como agremiação política, o devido registro junto ao TSE.

Importante esclarecer que somente é admitido o registro do estatuto do partido político que tenha caráter nacional, ou seja, aquele que possua o apoio de eleitores de pelo menos meio por cento dos votos dados na última eleição geral para a Câmara dos Deputados, não computados os votos em branco e os nulos, distribuídos por um terço, ou mais, dos Estados, com um mínimo de um décimo por cento do eleitorado que haja votado em cada um deles.

4.2. DA ORGANIZAÇÃO E FUNCIONAMENTO DOS PARTIDOS POLÍTICOS

4.2.1. Da criação e do registro dos partidos políticos

Conforme exposto inicialmente, a futura da agremiação adquirirá personalidade jurídica com o registro conforme legislação civil. Tal registro se dará através de trâmite iniciado com requerimento dirigido ao cartório competente do Registro Civil das Pessoas Jurídicas, da Capital Federal, devendo ser subscrito (assinaturas) pelos seus fundadores, em número nunca inferior a cento e um, com domicílio eleitoral em, no mínimo, um terço dos Estados, e será acompanhado de:

I – cópia autêntica da ata da reunião de fundação do partido;

II – exemplares do Diário Oficial que publicou, no seu inteiro teor, o programa e o estatuto;

III – relação de todos os fundadores com o nome completo, naturalidade, número do título eleitoral com a Zona, Seção, Município e Estado, profissão e endereço da residência. Também deverá ser indicado o nome e função dos dirigentes provisórios e a respectiva sede do partido na Capital Federal.

Cumpridas as formalidades documentais (apresentação dos documentos elencados), o registro será devidamente efetivado pelo Oficial Registrador, expedindo-se a competente certidão de inteiro teor.

Com a personalidade jurídica adquirira na forma da lei, a agremiação busca o apoiamento mínimo previsto no § 1º do art. 7º da Lei 9.096/1995, e realiza os atos necessários para a constituição definitiva de seus órgãos e designação dos dirigentes, na forma do seu estatuto.

Estabelecida a constituição e a designação de dirigentes, será promovido o registro do estatuto do partido junto ao Tribunal Superior Eleitoral. Importante esclarecer que o requerimento de registro será procedido pelos dirigentes designados, devendo ser acompanhado de:

I – exemplar autenticado do inteiro teor registrado junto ao cartório civil competente;

II – certidão do registro civil da pessoa jurídica;

III – certidões dos cartórios eleitorais que comprovem ter o partido obtido o apoiamento mínimo de eleitores a que se refere o § 1º do art. 7º da Lei 9.096/1995 (o apoiamento será comprovado mediante lista de assinaturas, onde conterá o nome e o número do respectivo título eleitoral, em listas organizadas para cada Zona Eleitoral, sendo que tanto a veracidade das respectivas assinaturas quanto o número dos títulos listados serão atestados pelo Escrivão Eleitoral.

Após o protocolo junto ao TSE, de todos os documentos elencados e descrito, no prazo de 48 horas, serão os autos distribuídos a um Relator que, após ouvida a Procuradoria-Geral (prazo de 10 dias para manifestações), em até 10 dias poderá determinar diligências a serem cumpridas. Não sendo necessárias, ou mesmo após serem cumpridas, no prazo de 30 dias, o TSE registrará o estatuto do novo partido.

Com o devido registro, todas as alterações relativas a ele deverão ser registradas na mesma ordem: primeiro no registro civil e posteriormente junto ao Tribunal (TSE).

Quanto à constituição de seus órgãos de direção, nomes dos respectivos integrantes, bem como as alterações que forem promovidas, deverá ser requerida a anotação nos seguintes órgãos:

I – no Tribunal Superior Eleitoral, dos integrantes dos órgãos de âmbito nacional;

II – nos Tribunais Regionais Eleitorais, dos integrantes dos órgãos de âmbito estadual, municipal ou zonal.

A partir do devido registro junto ao TSE a agremiação poderá, então, credenciar delegados perante cada instância da Justiça Eleitoral, que a representará de acordo com a jurisdição que exerçam, nos termos do parágrafo único do art. 11 da Lei dos Partidos Políticos.

4.2.1.1. Da filiação partidária

A filiação partidária é uma das condições de elegibilidade dispostas no § 3º do art. 14, da CF. Não se trata de um direito prerrogativa daquele que pretende exercer seus direitos políticos passivos (ser votado), mas sim de uma cogência Constitucional, uma vez que no Brasil não se admite a candidatura avulsa, mas sim partidária.

O art. 16 da Lei dos Partidos Políticos dispõe que para filiar-se a uma agremiação política é necessário que o cidadão (assim considerado aquele devidamente alistado junto à Justiça Eleitoral – possui o título de eleitor) tenha em pleno gozo seus direitos políticos.

Esta seria a única condicionante legal que não as contidas no próprio estatuto partidário, que pelo princípio da autonomia de sua organização interna, garantida pela Constituição Federal, é quem estipulará condições de deferimento da filiação do eleitor.

A filiação partidária pode ocorrer objetivamente por duas razões: afinidade com os ideais e bandeiras defendidos pelo respectivo partido político ou intenção de concorrer a cargo público eletivo, e então a filiação esgotaria o preenchimento de uma das condições de elegibilidade, como já suscitado.

Na segunda hipótese, intenção de concorrer a cargo público eletivo, é necessário que o referido deferimento do pedido de filiação feito pelo cidadão/eleitor seja pretérito em pelo menos um ano anterior ao pleito pretendido. Importante também destacar que será possível observar previsão estatutária condicionando um lapso temporal maior que a prevista na legislação, no entanto, eventual alteração deste prazo não poderá se dar durante o ano eleitoral.

Antecipando a questão das fusões e incorporações de partidos políticos, destaca-se que o tempo de filiação será somado (tempo de filiação em partido antigo + tempo de filiação em novo partido), para fins desta exigência temporal.

Com relação aos efeitos jurídicos oriundos da filiação partidária, devemos observar os seguintes prazos a serem cumpridos pelo partido político, conforme exposto no art. 19 da Lei dos Partidos Políticos: "Na segunda semana dos meses de abril e outubro de cada ano, o partido, por seus órgãos de direção municipais, regionais ou nacional, deverá remeter, aos juízes eleitorais, para arquivamento, publicação e cumprimento dos prazos de filiação partidária para efeito de candidatura a cargos eletivos, a relação dos nomes de todos os seus filiados, da qual constará a data de filiação, o número dos títulos eleitorais e das seções em que estão inscritos."

A intenção do dispositivo é criar mecanismos que afastem a ocorrência (ou mesmo a identificação) de pluralidade de filiações partidárias.

Ocorre que, com o advento da minirreforma eleitoral (Lei 12.891/2013), a questão encontra maior clareza quanto à solução, vez que caso o partido omita a devida comunicação à Justiça Eleitoral, e por alguma razão (denúncia ou por ofício) identifique-se a filiação plural, proceder-se-á com o cancelamento das antigas e manter-se-á a mais recente, diferentemente do que ocorreria anteriormente, quando todas as filiações seriam consideradas inexistentes.

O dispositivo inaugurado pela minirreforma eleitoral beneficia o eleitor que procede com a filiação atual com vistas a concorrer a um cargo público, pois atento ao prazo de um ano a possuir a filiação deferida, não terá prejudicado o exercício do seu direito político passivo.

A filiação partidária subsistirá até que o cidadão expresse sua intenção de desfiliação mediante requerimento protocolado junto ao órgão de direção municipal do partido e ao juiz eleitoral que, independentemente de resposta, será considerado extinto (o vínculo) após 2 dias da data de protocolo.

A filiação junto à agremiação também encontrará fim na ocorrência de qualquer das hipóteses estabelecidas no art. 22 da Lei dos Partidos Políticos:

"I – morte;

II – perda dos direitos políticos;

III – expulsão;

IV – outras formas previstas no estatuto, com comunicação obrigatória ao filiado em processo de exclusão, no prazo de quarenta e oito horas da decisão;

V – filiação a outro partido, desde que a pessoa comunique o fato ao juiz da respectiva Zona Eleitoral."

Percebe-se a última hipótese (filiação a outro partido político) como outra inserção trazida pela minirreforma eleitoral (Lei 12.891/2013). Nesta ocasião o candidato/eleitor filia-se a novo partido político e comunica o juiz eleitoral da respectiva zona eleitoral a que pertença sua inscrição eleitoral.

IMPORTANTE:

Relembrando que caso o filiado deixe de proceder com a comunicação de filiação a novo partido político e, na ocasião de "descoberta" desta circunstância de dualidade de filiações, a Justiça Eleitoral determinará o cancelamento da filiação mais antiga, permanecendo válida a mais recente.

Anteriormente à minirreforma eleitoral (Lei 12.891/2013), na ocorrência desta situação, ambas filiações eram canceladas. Esta postura terminava por prejudicar o candidato que se filiava a um novo partido e simplesmente desconsiderava uma filiação anterior, pouco se importava com esse fato, ou mesmo, em razão de problemas de comunicação interna do partido, não tinha cancelada sua filiação (e claro, na dificuldade de se comprovar que o filiado assim tivesse requerido), inviabilizando o preenchimento de todas as condições de elegibilidade, dentre elas, a filiação, pois determinava-se o cancelamento de todas que fossem identificadas (pluralidade).

4.2.1.2. Da fidelidade partidária

A Constituição Federal de 1988 estabelece a autonomia dos partidos políticos para criarem seus próprios estatutos, onde poderão dispor sobre sua organização, funcionamento e fidelidade partidária.

O TSE tem solidificado entendimento no sentido de que os partidos e coligações têm o direito de preservar a vaga do candidato obtida pelo sistema eleitoral proporcional, caso este venha a se filiar a outro partido ou externe votação contrária às diretrizes recomendadas, no interregno de seu mandato, sem que haja razão legítima justificante.

A perda do mandato do candidato eleito será requerida junto ao TSE, para o Legislativo Federal, e ao TRE para o Legislativo Estadual e Municipal.

A Resolução TSE 22.610/2007 estabelece situações em que a mudança de partido pelo candidato eleito ou mesmo a votação contrária às diretrizes partidárias poderão ser justificadas.

Conforme o § 1º do art. 1º da Resolução TSE 22.610/2007, considera-se justa causa a incorporação ou fusão do partido, a criação de novo partido, a mudança substancial ou o desvio reiterado do programa partidário e a grave discriminação pessoal.

4.2.2. Da fusão, incorporação e extinção dos partidos políticos

4.2.2.1. Extinção

A Lei 9.096/1995 também cuidou de dispor acerca de situações em que se dará o cancelamento (extinção) do registro de partidos políticos junto ao Ofício Civil e ao Tribunal Superior Eleitoral. Isso ocorrerá ao partido político que, na forma e disposição de seu estatuto, venha a se dissolver, incorporar ou se fundir a outro.

Também se dará nos casos onde o Tribunal Superior Eleitoral, após o trânsito definitivo de decisão neste sentido, quando comprovado que respectivo partido tenha recebido (ou esteja recebendo) recursos financeiros de origem estrangeira, esteja subordinado a entidade ou governo estrangeiro, não tenha prestado contas no termo da legislação eleitoral (não ocorrendo o cancelamento do registro civil e do estatuto do partido quando a omissão for dos órgãos partidários regionais ou municipais: arts. 30 ao 37 da Lei dos Partidos Políticos), que mantenha organização paramilitar, obedecendo sempre o regular processamento das apurações e ampla defesa.

O processamento de cancelamento (processo de cancelamento de registro de partido político) tem como legitimados qualquer eleitor (entende-se aquele devidamente alistado junto a Justiça Eleitoral), representante de partido político e Procurador-Geral Eleitoral, através de denúncia e representação (no caso do Procurador--Geral Eleitoral).

Importante ainda destacar o disposto nos §§ 3º a 6º do art. 28 da Lei 9.096/1995, ao dizer que o partido político, em nível nacional, não sofrerá a suspensão das cotas do Fundo Partidário, nem qualquer outra punição como consequência de atos praticados por órgãos regionais ou municipais, sendo que as despesas realizadas por órgãos partidários municipais ou estaduais ou por candidatos majoritários nas respectivas circunscrições devem ser assumidas e pagas exclusivamente pela esfera partidária correspondente, exceto na ocorrência de acordo expresso com órgão de outra esfera partidária. Não há, portanto, solidariedade entre as esferas partidárias.

4.2.2.2. Fusão e incorporação

A fusão ou incorporação de partidos políticos (dois ou mais) se dará mediante decisão de seus respectivos órgãos nacionais de deliberação, sendo obedecidas as respectivas regras:

Fusão:

I – os órgãos de direção dos partidos elaborarão projetos comuns de estatuto e programa;

II – os órgãos nacionais de deliberação dos partidos em processo de fusão votarão em reunião conjunta, por maioria absoluta, os projetos, e elegerão o órgão de direção nacional que promoverá o registro do novo partido.

Neste caso, a existência do novo partido originado terá início com o registro junto ao Ofício Civil competente da Capital Federal (devendo ser acompanhado pelo estatuto e do programa com suas respectivas atas).

Incorporação:

No caso de incorporação, observada a lei civil, caberá ao partido incorporando deliberar por maioria absoluta de votos (50% + 1 dos filiados), em seu órgão nacional de deliberação, sobre a adoção do estatuto e do programa de outra agremiação.

Neste caso, o instrumento respectivo deve ser levado ao Ofício Civil competente, que deve, então, cancelar o registro do partido incorporado a outro.

Em atenção à redação trazida pela Lei 12.875/2013, havendo fusão ou incorporação, devem ser somados exclusivamente os votos dos partidos fundidos ou incorporados obtidos na última eleição geral para a Câmara dos Deputados, para efeito da distribuição dos recursos do Fundo Partidário e do acesso gratuito ao rádio e à televisão.

Por fim, o novo estatuto ou instrumento de incorporação deve ser levado a registro e averbado, respectivamente, no Ofício Civil e no Tribunal Superior Eleitoral.

4.3. DAS FINANÇAS E CONTABILIDADE DOS PARTIDOS

4.3.1. Da prestação de contas

Assim como em uma pessoa jurídica (empresas, microempresas etc.), o partido político deverá manter escrituração contábil com o fito de tornar transparente a origem de receitas e destinação de despesas declaradas e necessárias à sua manutenção, o que será exercido por seus órgãos diretivos (nacional, regional e municipal).

Este dispositivo, entre outros intentos, visa manter fiscalização sobre a vedação expressa do partido receber, direta ou indiretamente, sob qualquer forma ou pretexto, contribuição ou auxílio pecuniário ou estimável em dinheiro, inclusive através de publicidade de qualquer espécie, procedente de entidade ou governo estrangeiros, autoridade ou órgãos públicos (ressalvadas as dotações referidas no art. 38 da Lei dos Partidos Políticos), autarquias, empresas públicas ou concessionárias de serviços públicos, sociedades de economia mista e fundações instituídas em virtude de lei e para cujos recursos concorram órgãos ou entidades governamentais, entidade de classe ou sindical. (art. 31 da Lei dos Partidos Políticos).

A manutenção de escrituração contábil, além de cumprir com a obrigação estabelecida pela legislação, viabilizará o cumprimento do disposto do art. 32 da referida legislação, qual seja, o de enviar, anualmente, à Justiça Eleitoral, o balanço contábil do exercício findo, até o dia 30 de abril do ano seguinte, devendo-se observar a competência de cada órgão, ou seja, o balanço contábil do órgão nacional será enviado ao Tribunal Superior Eleitoral, o dos órgãos estaduais aos Tribunais Regionais Eleitorais e o dos órgãos municipais aos Juízes Eleitorais.

A Justiça Eleitoral (cada órgão em seu respectivo âmbito de atuação e competência) procederá, então, com a publicação dos balanços informados (imprensa oficial ou fixação em cartório). A partir deste ato inicia-se também o prazo de 15 dias para que os demais partidos possam examinar as contas apresentadas. Findo este prazo inicial, inicia-se um novo prazo de 5 dias para eventual impugnação, relato de fatos, indicação de provas e pedir abertura de investigação para apuração de irregularidades que violem a legislação ou estatuto relativo ao partido declarante das contas anuais ou mensais (se durante o ano eleitoral).

A exigência de envio dos balancetes obedecerá a uma assiduidade diferenciada durante o ano em que ocorra eleições, quando será enviados durante os quatro meses anteriores e os dois posteriores ao pleito.

Referidos balanços conterão, em sua apresentação perante a Justiça Eleitoral, os itens elencados pelo art. 33 da Lei dos Partidos Políticos, são eles:

"I – discriminação dos valores e destinação dos recursos oriundos do fundo partidário;

II – origem e valor das contribuições e doações;

III – despesas de caráter eleitoral, com a especificação e comprovação dos gastos com programas no rádio e televisão, comitês, propaganda, publicações, comícios, e demais atividades de campanha;

IV – discriminação detalhada das receitas e despesas."

A Justiça Eleitoral, portanto, exercerá a devida fiscalização (e poderá requisitar, para tanto, técnicos peritos do Tribunal de Contas da União e Estados – inserido pela minirreforma eleitoral) com base na escrituração contábil e a prestação de contas do partido e das despesas de campanha eleitoral.

Deste modo, o legislador intencionou possibilitar a identificação da origem das receitas e destinação das despesas (como dito anteriormente), através da análise formal dos documentos apresentados.

Importante destacar alteração trazida pela minirreforma eleitoral (Lei 12.891/2013) que inseriu a expressão no § 1º do art. 34 da Lei dos Partidos Políticos: "sendo vedada a análise das atividades político-partidárias ou qualquer interferência em sua autonomia."

Ainda que o dispositivo transfigure-se dentro do princípio da autonomia do partido político, fere sobremaneira a fiscalização lisa e efetiva pela Justiça Eleitoral.

No entanto, manteve intacto o art. 35 que dispõe que o TSE e os Tribunais Regionais Eleitorais, na situação de denúncia fundamentada por iniciativa de filiado ou delegado de partido, representação do Procurador-Geral ou Regional Eleitoral, bem como por iniciativa do Corregedor, determinarão o exame da escrituração do partido e a apuração de qualquer ato que viole as prescrições legais ou estatutárias a que, em matéria financeira, aquele ou seus filiados estejam sujeitos, podendo, inclusive, determinar a quebra de sigilo bancário das contas dos partidos para o esclarecimento ou apuração de fatos vinculados à denúncia.

Após a apresentação das contas, fim dos prazos de exame e manifestação dos demais partidos políticos, se constatada a ocorrência de violação de normas legais ou estatutárias, ficará o partido sujeito às sanções preceituadas nos incs. I ao VI do art. 36 da Lei dos Partidos Políticos, tais como:

I – suspensão do recebimento das quotas do fundo partidário até que o esclarecimento seja aceito pela Justiça Eleitoral;

II – suspensão na participação do fundo partidário por um ano;

III – suspensão por dois anos na participação do fundo partidário e aplicação de multa.

Por outro verte, a falta de prestação de contas ou sua desaprovação ensejará a suspensão de novas cotas do Fundo Partidário, além de sujeitar os responsáveis às penas legais, nos termos do que dispõe os parágrafos do art. 37 da Lei dos Partidos Políticos.

Dessas decisões, quanto à desaprovação (em parte ou total) das contas prestada pelas agremiações, caberá recurso para os Tribunais Regionais Eleitorais ou TSE, a depender do caso, que serão recebidos com efeito suspensivo.

IMPORTANTE:

A minirreforma eleitoral, Lei 12.891/2013, também inseriu dispositivo a destacar expressamente acerca da solidariedade entre partidos e candidatos no tocante à propaganda partidária, vejamos:

"Art. 241. Toda propaganda eleitoral será realizada sob a responsabilidade dos partidos e por eles paga, imputando-lhes solidariedade nos excessos praticados pelos seus candidatos e adeptos.

Parágrafo único. A solidariedade prevista neste artigo é restrita aos candidatos e aos respectivos partidos, não alcançando outros partidos, mesmo quando integrantes de uma mesma coligação."

Cabe destacar que a solidariedade inferida, no caso de coligações partidárias, está adstrita apenas ao candidato e respectivo partido político, não atingindo a todos os demais partidos componentes da coligação. Também, é de se renovar atenção ao fato de que não haverá responsabilidade criminal entre partido e candidato, por simples inexistência de previsão legal.

4.4. DO ACESSO GRATUITO AO RÁDIO E À TELEVISÃO

Dispõe o § 2º do art. 7º da Lei dos Partidos Políticos que "só o partido que tenha registrado seu estatuto no Tribunal Superior Eleitoral pode participar do processo eleitoral, receber recursos do Fundo Partidário e ter acesso gratuito ao rádio e à televisão". Já conhecemos o procedimento de efetivo registro de uma agremiação e suas condições de existência (registros, prestações de contas etc.), agora, adentraremos a um dos principais direitos dos partidos políticos, a utilização gratuita do rádio e televisão, vez que trazem consequências diretas ao objetivo primário, qual seja, o de eleger seus candidatos aos cargos públicos eletivos.

Tamanha é a importância reservada ao acesso a esses meios de comunicação que a legislação cuidou uma maneira de proibir que estas veiculações fossem pagas, evitando, assim, propiciar melhores condições àqueles partidos que possuíssem melhores condições financeiras (abuso do poder econômico). Desta forma, a Lei 9.096/1995 dispôs que a propaganda partidária, realizada como intuito de angariar novos filiados, seja gratuita, devendo ser realizada entre às 19 horas e 30 minutos e 22 horas, objetivando: a) difusão dos programas partidários; b) transmissão de mensagens partidárias aos seus filiados (eventos, programas e relacionados à vida partidária); c) divulgação da posição partidária com relação a temas políticos comunitários (art. 45 da Lei dos Partidos Políticos).

O § 1º do art. 45 da Lei dos Partidos Políticos dispõe sobre as vedações às propaganda políticas, não podendo: a) conter participação de filiado a partido que não seja o veiculador da propaganda; b) conter divulgação de propaganda de candidato a cargo eletivo e à defesa pessoal de outros partidos; c) utilizar imagens ou cenas incorretas ou incompletas, efeitos ou quaisquer outros recursos que distorçam ou falseiem os fatos ou a sua comunicação.

O não atendimento das disposições contidas na legislação pelo partido acarretará na cassação do direito de transmissão no semestre seguinte, quando a infração ocorrer nas transmissões em bloco. Também, a cassação de tempo equivalente a 5 vezes ao da inserção ilícita, no semestre seguinte.

A titularidade da representação a que dará causa tais sanções caberá somente a partido político, sendo julgada pelo Tribunal Superior Eleitoral (veiculação nacional) ou pelos Tribunais Regionais Eleitorais (veiculação estadual, correspondente aos Tribunais respectivos). O prazo de oferecimento da representação se encerrará no último dia do semestre em que o programa em questão for transmitido. No caso de programa veiculado nos últimos 30 dias do semestre, o prazo se estenderá por 15 dias do novo semestre.

Das decisões procedentes, que vierem a cassar o direito de transmissão de propaganda partidária, caberá recurso ao TSE (quando iniciado perante os Tribunais Regionais).

4.4.1. Das transmissões e inserções

As emissoras de rádio e televisão, portanto, estarão obrigadas a realizar a transmissão gratuita de suas programações (em bloco ou inserções), dentro dos limites e formas estabelecidos pela legislação, ficando a cargo de cada agremiação (órgãos de direção respectiva, a depender da abrangência da veiculação: nacional ou regional) a responsabilidade e iniciativa.

As transmissões se darão em bloco ou inserções, em cadeia nacional ou estadual. No caso das inserções obedecerão à limitação de, no mínimo, 30 segundos e, no máximo, 1 minuto, durante os intervalos de programação normal das emissoras.

Aos partidos caberá requerer com antecedência mínima de 15 dias (a ordem de protocolo dos requerimentos será determinante a esclarecer a prioridade dos horários intentados, dentre a limitação da legislação – das 19h30min às 22h), através de seus órgãos nacionais, a ser autorizado pelo TSE (âmbito nacional) e TREs (âmbito regional), que, por sua vez, fará a requisição dos horários às emissoras.

Com advento da minirreforma eleitoral fixou-se o prazo de entrega do material (propaganda partidária) de áudio e vídeo às emissoras, devendo obedecer à antecedência mínima de 12 horas. No caso das emissoras de rádio, referida mídia poderá ser enviada por meio eletrônico (internet, por exemplo).

A minirreforma também trouxe a vedação de veiculação de inserções idênticas no mesmo intervalo de programação, exceto se o número de inserções de que dispuser o partido exceder os intervalos disponíveis, sendo vedada a transmissão em sequência para o mesmo partido político.

Cada partido regularmente em funcionamento tem direito:

a) à realização de um programa, em cadeia nacional e de um programa, em cadeia estadual em cada semestre, com a duração de vinte minutos cada;

b) a utilização do tempo total de quarenta minutos, por semestre, para inserções de trinta segundos ou um minuto, nas redes nacionais, e de igual tempo nas emissoras estaduais.

4.5. QUADRO SINÓTICO

1. Conceito:

– Um dos instrumentais ao exercício dos direitos políticos passivos ou negativos;

– **Pessoa jurídica de direito privado** (devendo ser registrado no Cartório de Registros de Pessoas Jurídicas da Capital Federal e posteriormente junto ao TSE – veremos o procedimento adiante).

– Definição da Lei 9.096/1995 (Lei dos partidos políticos – LPP):

"Art. 1º. O partido político, **pessoa jurídica de direito privado**, destina-se a assegurar, no interesse do regime democrático, a autenticidade do sistema representativo e a defender os direitos fundamentais definidos na Constituição Federal."

– **Podemos dizer**: O partido político não é o único meio de exercício da cidadania, pois:

a) O exercício dos **direitos políticos ativos** não necessita obrigatoriamente da filiação partidária, como o ato de votar, o apoio à lei de iniciativa popular e etc.);

b) O partido político perfaz-se como condição de elegibilidade inafastável (filiação partidária – art. 14, § 3º, II, da CF).

Deste modo, pode-se concluir que o partido político é instrumental inafastável ao exercício dos **direitos políticos passivos**;

2. Partidos políticos na Constituição Federal de 1988

– art. 17 da CF (adotado o Princípio da Liberdade de organização);

2.1 Obrigações constitucionais:

– Os estatutos dos partidos devem estabelecer normas de disciplina e fidelidade partidária;

– Após adquirirem personalidade Jurídica, devem registrar seus estatutos junto ao Tribunal Superior Eleitoral;

– Sem o referido registro (Civil e junto ao TSE), não fazem jus às garantias constitucionais conferidas aos partidos políticos;

2.2 Garantias constitucionais:

– A Constituição Federal de 1988 adotou o Princípio da Liberdade de Organização, vez que concede:

a) **Autonomia** para definir sua estrutura interna, organização e funcionamento; (**Importante:** art. 20 da LPP – Estatuto do Partido Político pode prever prazo maior para filiação aos que pretendem concorrer a cargos eletivos);

b) **Autonomia** para adotar critérios de escolha e o regime de suas coligações eleitorais (não há obrigatoriedade da verticalização das coligações).

Podemos concluir:

– A autonomia dos partidos políticos não é absoluta, restringe-se à organização, estrutura interna e funcionamento;

– A obrigação de ter que dispor sobre **disciplina partidária** e **fidelidade partidária**, é revestida de autonomia, pois apenas determina-se que o tema seja contido no estatuto, além do mais, garante ao partido maiores ferramentas e liberdade para punir o filiado transgressor ou infiel;

– A autonomia dos partidos políticos limita-se às vedações e observâncias necessárias contidas no art. 17 da CF.

2.2 "Limitações" à autonomia dos partidos políticos:

– Não há *plena autonomia* aos partidos políticos (em sua criação).

– **Devem ser resguardados:**

a) a soberania nacional;

b) o regime democrático;

c) o pluripartidarismo;

d) os direitos fundamentais da pessoa humana.

– **Devem ser observados:**

a) caráter nacional;

b) proibição aos recursos financeiros de *entidade* ou *governos estrangeiros* ou de *subordinação a estes*;

c) prestação de contas à Justiça Eleitoral;

d) funcionamento parlamentar de acordo com a lei.

– **É vedado:**

a) É vedada a utilização pelos partidos políticos de organização paramilitar.

3. Registro do partido político (arts. 8º ao 11 da LPP)

a) Requerimento de registro ao Cartório de Registro Civil das PJs da Capital Federal;

– Deve conter assinatura de seus fundadores: *mínimo de 101 cidadãos* com domicílio eleitoral em pelo menos 1/3 dos Estados.

– Com o registro, o Partido Político adquire personalidade jurídica.

b) Requerimento de registro ao TSE comprovando o apoiamento mínimo de eleitores (*0,5% dos votos válidos dados na última eleição geral para a Câmara dos Deputados*) distribuídos por 1/3 ou mais de Estados.

– O apoiamento deve ser distribuído na proporção mínima de 0,10% do eleitorado em cada um dos Estados;

– Após ouvido o PGE, não havendo diligências (juntada de documentos), em 30 dias o estatuto será registrado;

– As alterações programáticas ou estatutárias, após registradas no Ofício Civil competente, devem ser encaminhadas, para o mesmo fim, ao Tribunal Superior Eleitoral.

– Art. 7º, § 2º da LPP: "Só o partido que tenha registrado seu estatuto no Tribunal Superior Eleitoral pode *participar* do processo eleitoral, *receber recursos do Fundo Partidário* e *ter acesso gratuito ao rádio e à televisão*, nos termos fixados nesta Lei."

– O Partido Político comunicará à Justiça Eleitoral a constituição de seus órgãos de direção e os nomes dos respectivos integrantes, obedecendo a seguinte competência:

I – no **TSE**, dos integrantes dos órgãos de âmbito nacional;

II – nos **TREs**, dos integrantes dos órgãos de âmbito estadual, municipal ou zonal.

4. Fidelidade partidária

a) **A Constituição Federal de 1988** não prevê perda de mandato em razão de infidelidade partidária, contudo remete aos Partidos Políticos que disponham em seus estatutos normas de disciplina e fidelidade partidária (art. 17, § 1º, da CF);

b) **Consulta TSE 1.398/2007** declarou que: os partidos políticos e coligações partidárias podem preservar a vaga obtida pelo sistema eleitoral proporcional através de eleito que venha a pedir cancelamento ou transferência de filiação partidária, salvo razão legítima que justifique a conduta;

c) **o TSE editou a Resolução 22.610/2007** que disciplina o processo de perda de cargo eletivo e de justificação de desfiliação partidária;

d) O Partido Político interessado pode pedir, na Justiça Eleitoral, a decretação da perda de cargo eletivo em decorrência de desfiliação partidária sem justa causa;

e) Considera-se **justa causa** a incorporação ou fusão do partido, a criação de novo partido, a mudança substancial ou o desvio reiterado do programa partidário e a grave discriminação pessoal;

f) **Legitimados** ao pedido de decretação da perda de cargo eletivo: Partido Político interessado, Ministério Público Eleitoral e aqueles que tiverem interesse jurídico;

g) O **TSE** é **competente** para processar e julgar pedido relativo a mandato federal. Nos demais casos, a **competência** é do **TRE** do respectivo Estado.

4.6. JURISPRUDÊNCIA SELECIONADA

EMENTA: PARTIDOS POLÍTICOS E REGIME DEMOCRÁTICO. COLIGAÇÕES PARTIDÁRIAS. NATUREZA JURÍDICA, FINALIDADE E PRERROGATIVAS JURÍDICO-ELEITORAIS. AS COLIGAÇÕES PARTIDÁRIAS *COMO INSTRUMENTOS DE VIABILIZAÇÃO* DO ACESSO DAS MINORIAS AO PODER POLÍTICO E DO FORTALECIMENTO DA REPRESENTATIVIDADE *DOS PEQUENOS* PARTIDOS POLÍTICOS. A QUESTÃO DA SUCESSÃO DOS SUPLENTES: *SUPLENTE DO PARTIDO* OU *SUPLENTE DA COLIGAÇÃO PARTIDÁRIA*? PRETENDIDA MODIFICAÇÃO DE PRÁTICA INSTITUCIONAL CONSOLIDADA, *NO ÂMBITO* DA JUSTIÇA ELEITORAL E DA CÂMARA DOS DEPUTADOS, *HÁ VÁRIAS DÉCADAS.* POSTULAÇÃO CAUTELAR. INSTÂNCIA DE DELIBAÇÃO QUE SE DEVE PAUTAR POR CRITÉRIOS FUNDADOS EM JUÍZO PRUDENCIAL. ADOÇÃO DA TÉCNICA DA *PROSPECTIVE OVERRULING* EM HIPÓTESES QUE IMPLIQUEM REVISÃO *SUBSTANCIAL* DE PADRÕES JURISPRUDENCIAIS. PRETENSÃO MANDAMENTAL QUE OBJETIVA PROMOVER VERDADEIRA *RUPTURA DE PARADIGMA.* AS MÚLTIPLAS FUNÇÕES DA JURISPRUDÊNCIA. *A QUESTÃO DA PREVISIBILIDADE* DAS DECISÕES JUDICIAIS. SEGURANÇA JURÍDICA E PRINCÍPIO DA CONFIANÇA: POSTULADOS INERENTES AO ESTADO DEMOCRÁTICO DE DIREITO. MEDIDA CAUTELAR INDEFERIDA. MS 30380-MC/DF. RELATOR: Min. Celso de Mello. (Inform. STF 621) **(g.n)**

Vacância de Mandato e Justa Causa para Desfiliação Partidária – 1

O reconhecimento de justa causa para a desfiliação partidária permite que o parlamentar **desfiliado** continue no **exercício do mandato**, mas não transfere ao novo partido o direito de **sucessão** à vaga **na hipótese de vacância**. Com base nesse entendimento, o Tribunal denegou mandado de segurança impetrado por partido político contra ato do Presidente da Câmara dos Deputados que indeferira pedido do impetrante no sentido de **ser dada a posse ao primeiro suplente de Deputado Federal, a ele filiado, que falecera no curso do mandato.** Na espécie, o **parlamentar falecido fora eleito por outra agremiação partidária**, tendo obtido do Tribunal Superior Eleitoral – TSE o reconhecimento da existência **de justa causa para sua transferência** para o partido impetrante. Alegava o partido impetrante que possuiria direito líquido e certo de manter a vaga, tendo em conta esse reconhecimento, salientando que a vaga decorrera do falecimento do titular e não em função de infidelidade partidária. **STF, MS 27.938/DF, Pleno, j. 11.03.2010, rel. Min. Joaquim Barbosa, *DJe* 30.04.2010.** (MS-27938) **(g.n)**

Vacância de Mandato e Justa Causa para Desfiliação Partidária – 2

Reportou-se à orientação firmada pela Corte no julgamento dos Mandados de Segurança 26602/DF, 26603/DF e 26604/DF (*DJe* de 17.10.2008), no sentido de que a observância do dever de **fidelidade partidária é condição para o exercício de mandato eleitoral.** Relembrou-se que, conforme essa orientação, **no sistema de eleições proporcionais, o exercício de mandato eletivo não é direito pessoal do candidato, mas está vinculado à lealdade a agremiação**. Afirmou-se que, como a Corte decidira que **a fidelidade partidária é requisito para a manutenção do exercício do mandato eletivo, pois o resultado favorável em eleição proporcional depende da sigla, todo e qualquer candidato deveria permanecer fiel ao partido**. Ponderou-se que a justa causa para a desfiliação permitiria que o mandato continuasse a ser exercido, mas não garantiria ao candidato, por mais famoso que fosse, como no caso, carregar ao novo partido relação que fora aferida no momento da eleição. Observou-se que, se fosse feita a distinção em razão do potencial para angariar votos, candidatos de grande fama transfeririam a sua vaga para o novo partido, enquanto candidatos menos expressivos não teriam a mesma sorte. **Asseverou-se que o exame da fidelidade partidária para fins de sucessão no caso de vacância no cargo deveria ser aferido no momento em que ocorresse a eleição.** Registrou-se, ademais, que o sistema brasileiro seria desprovido de mecanismos que permitissem ao eleitor confirmar a sua aderência ao candidato ou à linha adotada pelo partido no curso do mandato, não havendo votos de confiança ou de reafirmação intercorrentes no curso do mandato parlamentar. Aduziu-se que, do ponto de vista eleitoral, o parâmetro utilizado pelo cidadão somente poderia ser colhido nas urnas, no momento em que o candidato fosse eleito ou buscasse a sua reeleição. Afirmou-se que, de fato, ao ser eleito, a relação de fidelidade partidária escaparia ao domínio completo do candidato, pois passaria a ser comungada em maior ou menor extensão por seus eleitores. **Concluiu-se que presumir que a justa causa permitiria a manutenção do mandato não implicaria dizer, entretanto, que a Constituição autorizaria a transferência da vaga ao novo partido, pois, como a troca de partidos não é submetida ao crivo do eleitor, o novo vínculo de fidelidade partidária não receberia legitimidade democrática inequívoca para sua perpetuação e, assim, não haveria a transferência da vaga à nova sigla.** Outro precedente citado: ADI 3999/DF (*DJe* de 17.04.2009). **STF, MS 27.938/DF, Pleno, j. 11.03.2010, rel. Min. Joaquim Barbosa, *DJe* 30.04.2010 (MS-27938).** (Inform. STF 578) **(g.n)**

EMENTA: AÇÃO DIRETA DE INCONSTITUCIONALIDADE. RESOLUÇÕES DO TRIBUNAL SUPERIOR ELEITORAL 22.610/2007 e 22.733/2008. DISCIPLINA DOS PROCEDIMENTOS DE JUSTIFICAÇÃO DA DESFILIAÇÃO PARTIDÁRIA E DA PERDA DO CARGO ELETIVO. FIDELIDADE PARTIDÁRIA.

1. Ação direta de inconstitucionalidade ajuizada contra as Resoluções 22.610/2007 e 22.733/2008, **que disciplinam a perda do cargo eletivo e o processo de justificação da desfiliação partidária**. 2. Síntese das violações constitucionais arguidas. Alegada contrariedade do art. 2º da Resolução ao art. 121 da CF, que ao atribuir a competência para examinar os pedidos de **perda de cargo eletivo por infidelidade partidária ao TSE e aos Tribunais Regionais Eleitorais, teria contrariado a reserva de lei complementar para definição das competências de Tribunais, Juízes e Juntas Eleitorais (art. 121 da CF).** Suposta usurpação de competência do Legislativo e do Executivo para dispor sobre matéria eleitoral (arts. 22, I, 48 e 84, IV, da CF), em virtude de o art. 1º da Resolução disciplinar de maneira inovadora a perda do cargo eletivo. Por estabelecer normas de caráter processual, como a forma da petição inicial e das provas (art. 3º), o prazo para a resposta e as consequências da revelia (art. 3º, *caput* e parágrafo único), os requisitos e direitos da defesa (art. 5º), o julgamento antecipado da lide (art. 6º), a disciplina e o ônus da prova (art. 7º, *caput* e parágrafo único do art. 8º), a Resolução também teria violado a reserva prevista nos arts. 22, I, 48 e 84, IV da CF. Ainda segundo os requerentes, o texto impugnado discrepa da orientação firmada pelo Supremo Tribunal Federal nos precedentes que inspiraram a Resolução, no que se refere **à atribuição ao Ministério Público eleitoral e ao terceiro interessado para, ante a omissão do Partido Político, postular a perda do cargo eletivo (art. 1º, § 2º).** Para eles, a criação de n**ova atribuição ao MP por resolução dissocia-se da necessária reserva de lei em sentido estrito (arts. 128, § 5º e 129, IX, da CF).** Por outro lado, o suplente não estaria autorizado a postular, em nome próprio, a aplicação da sanção que assegura a fidelidade partidária, uma vez que o mandato "pertenceria" ao Partido.) Por fim, dizem os requerentes que o ato impugnado invadiu competência legislativa, violando o princípio da separação dos poderes (arts. 2º, 60, § 4º, III, da CF). 3. O Supremo Tribunal Federal, por ocasião do julgamento dos Mandados de Segurança 26.602, 26.603 e 26.604 reconheceu **a existência do dever constitucional de observância do princípio da fidelidade partidária.** Ressalva do entendimento então manifestado pelo ministro-relator. 4. Não faria sentido a Corte reconhecer a existência de um direito constitucional sem prever um instrumento para assegurá-lo. 5. As resoluções impugnadas surgem em contexto excepcional e transitório, tão somente como mecanismos para salvaguardar a observância da fidelidade partidária enquanto o Poder Legislativo, órgão legitimado para resolver as tensões típicas da matéria, não se pronunciar. 6. São constitucionais as Resoluções 22.610/2007 e 22.733/2008 do Tribunal Superior Eleitoral. Ação direta de inconstitucionalidade conhecida, mas julgada improcedente. **STF, ADI N. 3.999-7/DF, Pleno, j. 12.11.2008, rel. Min. Joaquim Barbosa, *DJe* 17.04.2009.** (Inform. STF 542) **(g.n)**

Fidelidade Partidária e Perda de Mandato
A Turma desproveu agravo de instrumento interposto por parlamentar contra decisão da Presidência do Tribunal Superior Eleitoral – TSE que não admitira o processamento de recurso extraordinário o qual impugnava acórdão que consubstanciara a perda de mandato do ora agravante em virtude de desfiliação partidária sem justa causa. Sustentava-se, no caso, **que o TSE desrespeitara diversos preceitos inscritos na Constituição, tais como aqueles que contemplam a democracia representativa, a divisão funcional do poder, o princípio da legalidade, a inafastabilidade do controle jurisdicional, a vedação da retroatividade e intangibilidade de situações definitivamente consolidadas, a preservação da segurança jurídica, a proibição de instituição de tribunais de exceção, a reserva constitucional de lei complementar, a taxatividade do rol definidor das hipóteses de perda de mandato, a usurpação da competência legislativa do Congresso Nacional, a garantia do devido processo legal e o direito à plenitude de defesa.** Preliminarmente, reconheceu-se a competência das Turmas do STF para processar e julgar recursos extraordinários e respectivos incidentes de agravos de instrumento quando interpostos, como na espécie, contra o TSE, conforme disposto no art. 9º, III, do Regimento Interno do STF – RISTF. Em seguida, registrou-se, também, que a apreciação de agravo de instrumento independe de pauta, por efeito de expressa norma regimental (art. 83, § 1º, III) e que incabível sustentação oral em tal pleito. Salientou-se, outrossim, que, no fundo, o que se buscava era refutar as decisões do TSE sob a alegação da inconstitucionalidade da resolução daquela Corte a respeito da matéria. Ocorre, todavia, que o Plenário **do STF confirmou a constitucionalidade das Resoluções 22.610/2007 e 22.733/2008**, ambas do TSE, entendendo-as compatíveis com a Constituição (ADI 3999/DF e ADI 4086/DF, j. 12.11.2008). Enfatizou-se, ainda, que essas resoluções foram editadas pelo TSE a partir de recomendações feitas pelo próprio STF (MS 26602/DF, *DJe* de 17.10.2008; MS 26603/DF, *DJe* de 19.12.2008; e MS 26604/DF, *DJe* de 03.10.2008). Por derradeiro, deliberou-se a imediata execução dos acórdãos emanados do TSE, independentemente de publicação do acórdão consubstanciador do julgamento do presente agravo de instrumento. **STF, AI 733.387/DF, 2ª T., j. 16.12.2008, rel. Min. Celso de Mello.** (AI-733387) (Inform. STF 533) **(g.n)**

Resoluções do TSE: Infidelidade Partidária e Perda do Cargo Eletivo
O Tribunal, por maioria, julgou improcedente pedido formulado em duas ações diretas de inconstitucionalidade, a primeira ajuizada contra a Resolução 22.610/2007, pelo Partido Social Cristão – PSC, e a segunda, também contra a Resolução 22.733/2008, pelo Procurador-Geral da República, ambas do Tribunal Superior Eleitoral – TSE, as quais **disciplinam o**

processo de perda de cargo eletivo em decorrência de desfiliação partidária sem justa causa, bem como de justificação de desfiliação partidária. Preliminarmente, o Tribunal, por maioria, conheceu das ações. Vencido, no ponto, o Min. Marco Aurélio que delas não conhecia por reputar não se estar diante de atos normativos abstratos e autônomos. No mérito, julgaram-se válidas as resoluções impugnadas até que o Congresso Nacional disponha sobre a matéria. Considerou-se a orientação fixada pelo Supremo no julgamento dos Mandados de Segurança 26602/DF (*DJe* de 17.10.2008), 26603/DF (j. 04.10.2007) e 26604/DF (*DJe* 03.10.2008), no sentido de **reconhecer aos partidos políticos o direito de postular o respeito ao princípio da fidelidade partidária perante o Judiciário, e de, a fim de conferir-lhes um meio processual para assegurar concretamente as consequências decorrentes de eventual desrespeito ao referido princípio, declarar a competência do TSE para dispor sobre a matéria durante o silêncio do Legislativo.** Asseverou-se que de pouco adiantaria a Corte admitir a existência de um dever, qual seja, a fidelidade partidária, mas não colocar à disposição um mecanismo ou um instrumental legal para garantir sua observância. Salientando que a ausência do mecanismo leva a quadro de exceção, interpretou-se a adequação das resoluções atacadas ao art. 23, IX, do Código Eleitoral, este interpretado conforme a Constituição Federal. **Concluiu-se que a atividade normativa do TSE recebeu seu amparo da extraordinária circunstância de o Supremo ter reconhecido a fidelidade partidária como requisito para permanência em cargo eletivo e a ausência expressa de mecanismo destinado a assegurá-lo.** Vencidos os Ministros Marco Aurélio e Eros Grau, que julgavam procedente o pleito, ao fundamento de que as citadas resoluções seriam inconstitucionais, haja vista não caber ao TSE dispor normas senão tendo em vista a execução do Código Eleitoral e da legislação eleitoral, que não trataram da perda de cargo eletivo em razão de infidelidade partidária, e, ainda, porque avançam sobre áreas normativas expressamente atribuídas, pela Constituição, à lei. **ADI 3.999-7/DF, Pleno, j. 12.11.2008, rel. Min. Joaquim Barbosa,** *DJe* **17.04.2009 (ADI-3999); ADI 4.086-3/DF, Pleno, j. 12.11.2008, rel. Min. Joaquim Barbosa,** *DJe* **17.04.2009.** (ADI-4086) (Inform. STF 528) **(g.n)**

Infidelidade Partidária e Vacância de Mandato – 1
O Tribunal julgou, em conjunto, três mandados de segurança impetrados pelo Partido da Social Democracia Brasileira – PSDB, pelo Partido Popular Socialista – PPS e pelo Partido Democratas – DEM (antigo Partido da Frente Liberal – PFL), em face de ato do Presidente da Câmara dos Deputados que indeferira requerimento por eles formulado – no sentido **de declarar a vacância dos mandatos exercidos por Deputados Federais que se desfiliaram dessas agremiações partidárias** –, sob o fundamento de não figurar a hipótese de mudança de filiação partidária entre aquelas expressamente previstas no § 1º do art. 239 do Regimento Interno da Câmara dos Deputados ("Art. 239. A declaração de renúncia do Deputado ao mandato deve ser dirigida por escrito à Mesa, e independe de aprovação da Câmara, mas somente se tornará efetiva e irretratável depois de lida no expediente e publicada no Diário da Câmara dos Deputados. § 1º Considera-se também haver renunciado: I – o Deputado que não prestar compromisso no prazo estabelecido neste Regimento; II – o Suplente que, convocado, não se apresentar para entrar em exercício no prazo regimental."). **(g.n)**

Infidelidade Partidária e Vacância de Mandato – 2
Relativamente ao mandado de segurança impetrado pelo PSDB, de relatoria do Min. Celso de Mello, o Tribunal, por maioria, indeferiu o *writ*. Na espécie, a impetração mandamental fora motivada pela resposta dada pelo Tribunal Superior Eleitoral – TSE à Consulta 1.398/DF na qual **reconhecera que os partidos políticos e as coligações partidárias têm o direito de preservar a vaga obtida pelo sistema eleitoral proporcional, se, não ocorrendo razão legítima que o justifique, registrar-se o cancelamento de filiação partidária ou a transferência para legenda diversa, do candidato eleito por outro partido.** Entendeu-se correta a tese acolhida pelo TSE. Inicialmente, expôs-se sobre a essencialidade dos partidos políticos no processo de poder e na **conformação do regime democrático, a importância do postulado da fidelidade partidária**, o alto significado das relações entre o mandatário eleito e o cidadão que o escolhe, o **caráter eminentemente partidário do sistema proporcional e as relações de recíproca dependência entre o eleitor, o partido político e o representante eleito.** Afirmando que o caráter partidário das vagas é extraído, diretamente, da norma constitucional que prevê o sistema proporcional (CF, art. 45, *caput*: "A Câmara dos Deputados compõe-se de representantes do povo, eleitos, pelo sistema proporcional, em cada Estado, em cada Território e no Distrito Federal."), e que, **nesse sistema, a vinculação entre candidato e partido político prolonga-se depois da eleição**, considerou-se que o ato de infidelidade, seja ao partido político, seja ao próprio cidadão-eleitor, mais do que um desvio ético-político, representa, quando não precedido de uma justa razão, uma inadmissível ofensa ao princípio democrático e ao exercício legítimo do poder, na medida em que migrações inesperadas não apenas causam surpresa ao próprio corpo eleitoral e as agremiações partidárias de origem, privando-as da representatividade por elas conquistadas nas urnas, mas **acabam por acarretar um arbitrário desequilíbrio de forças no Parlamento, vindo, em fraude à vontade popular e afronta ao próprio sistema eleitoral proporcional, a tolher, em razão da súbita redução numérica, o exercício pleno da oposição política. (g.n)**

Infidelidade Partidária e Vacância de Mandato – 3
Asseverou-se que o direito reclamado pelos partidos políticos afetados pela infidelidade partidária não surgiria da resposta que o TSE dera à Consulta 1.398/DF, mas representaria emanação direta da própria Constituição que a esse direito conferiu realidade e deu suporte legitimador, notadamente em face dos fundamentos e dos princípios estruturantes em que se apoia **o Estado Democrático de Direito (CF, art. 1º, I, II e V)**. Ressaltou-se não se tratar de imposição, ao parlamentar infiel, de sanção de perda de mandato, por mudança de partido, a qual não configuraria ato ilícito, não incidindo, por isso, o art. 55 da CF, mas **de reconhecimento de inexistência de direito subjetivo autônomo ou de expectativa de direito autônomo à manutenção pessoal do cargo, como efeito sistêmico-normativo da realização histórica da hipótese de desfiliação ou transferência injustificada, entendida como ato culposo incompatível com a função representativa do ideário político em cujo nome o parlamentar foi eleito**. Aduziu-se que, em face de situações excepcionais aptas a legitimar o voluntário desligamento partidário – a mudança significativa de orientação programática do partido e a comprovada perseguição política –, haver-se-á de assegurar, ao parlamentar, **o direito de resguardar a titularidade do mandato legislativo, exercendo, quando a iniciativa não for da própria agremiação partidária, a prerrogativa de fazer instaurar, perante o órgão competente da Justiça Eleitoral, procedimento no qual, em observância ao princípio do devido processo legal (CF, art. 5º, LIV e LV), seja a ele possível demonstrar a ocorrência dessas justificadoras de sua desfiliação partidária**. Afastou-se a alegação de que o Supremo estaria usurpando atribuições do Congresso Nacional, por competir a ele, guardião da Constituição, interpretá-la e, de seu texto, extrair a máxima eficácia possível. De igual modo, rejeitou-se a assertiva de que o prevalecimento da tese consagrada pelo TSE desconstituiria todos os atos administrativos e legislativos para cuja formação concorreram parlamentares infiéis, tendo em conta a possibilidade da adoção da teoria do agente estatal de fato. Diante da mudança substancial da jurisprudência da Corte acerca do tema, que vinha sendo no sentido da inaplicabilidade do princípio da fidelidade partidária aos parlamentares empossados, e atento ao princípio da segurança jurídica, reputou-se necessário estabelecer um marco temporal a delimitar o início da eficácia do pronunciamento da matéria em exame. No ponto, fixou-se a data em que o TSE apreciara a Consulta 1.398/DF, ou seja, 27.03.2007, ao fundamento de que, a partir desse momento, tornara-se veemente a possibilidade de revisão jurisprudencial, especialmente por ter intervindo, com votos concorrentes, naquele procedimento, três Ministros do Supremo. No caso concreto, entretanto, verificou-se que todos os parlamentares desligaram-se do partido de origem, pelo qual se elegeram, e migraram para outras agremiações partidárias, em datas anteriores à apreciação daquela consulta. **(g.n)**

Infidelidade Partidária e Vacância de Mandato – 4
Os Ministros Eros Grau, Ricardo Lewandowski e Joaquim Barbosa indeferiram a ordem por fundamentos diversos. O Min. Eros Grau considerou haver dúvida razoável a comprometer a liquidez e certeza do direito alegado pelo impetrante, haja vista que os parlamentares teriam informado que deixaram os quadros do partido por mudança do ideário da agremiação e de perseguições políticas internas, cuja apuração demandaria adequada instrução probatória, incabível na via eleita. Aduziu, ademais, não encontrar, na Constituição Federal, tendo em conta o disposto no seu art. 55, seus incs. e §§ 2º e 3º, preceito do qual se pudesse extrair a afirmação da **competência do Presidente da Câmara dos Deputados para declarar a vacância e convocar os suplentes, sem prévia manifestação do Plenário ou da Mesa dessa Casa Legislativa, e após o pleno exercício, pelos parlamentares, de ampla defesa, aos quais, ainda que não se aplicassem aqueles dispositivos, acudiria o previsto no art. 5º, LV, da CF**. Ressaltou, ainda, que a Constituição não prescreve a perda de mandato ao parlamentar que solicite cancelamento de filiação partidária ou, eleito por uma legenda, transfira-se para outra. No ponto, esclareceu que a **EC 1/1969 estabelecia o princípio da fidelidade partidária, o qual veio a ser suprimido pela EC 25/1985, não o tendo adotado a vigente Constituição, que, no rol taxativo de causas de perda de mandato elencadas no seu art. 55, não inseriu a desfiliação partidária.** Concluiu que a criação de hipótese de perda de mandato parlamentar pelo Judiciário, fazendo as vezes de Poder Constituinte derivado, afrontaria os valores fundamentais do Estado de Direito. **(g.n)**

Infidelidade Partidária e Vacância de Mandato – 5
O Min. Ricardo Lewandowski levou em conta as peculiaridades do caso, e os princípios da segurança jurídica e da proteção da confiança, bem como do devido processo legal, da ampla defesa e do contraditório. **Confirmando a assertiva de que a EC 25/1985 suprimira a sanção de perda de mandato por infidelidade partidária, aduziu que a mudança de partidos, no caso, ocorrera de forma coerente com a jurisprudência até então firmada pela Corte, e alertou sobre os sérios problemas que poderiam advir da adoção do entendimento do TSE retroativamente**. Também entendeu não haver direito líquido e certo, diante da necessidade de dilação probatória, com observância do devido processo legal, acerca dos motivos da desfiliação. O Min. Joaquim Barbosa, de início, asseverou, tendo em vista o disposto no art. 45 da CF, que **o titular derradeiro do poder é o povo, em nome do qual agem os representantes**, razão por que afirmou **ter dificuldade em admitir, como decidira o TSE, que a fonte de legitimidade de todo o poder estivesse nos**

partidos, pois isso levaria ao alijamento do eleitor do processo de manifestação de sua vontade soberana. No mais, manifestou-se no mesmo sentido dos votos divergentes quanto à ausência de direito líquido e certo e de previsão constitucional da sanção de perda de mandato, frisando, por fim, a impossibilidade de retroação da decisão ante o princípio da segurança jurídica. Vencidos os Ministros Carlos Britto e Marco Aurélio, que concediam a ordem tal como requerida, estabelecendo, como marco temporal para aplicação do princípio da fidelidade partidária, a atual legislatura, iniciada em fevereiro de 2007. Alguns precedentes citados: MS 20927/DF (*DJU* 15.04.1994); ADI 1063/DF (*DJU* 25.06.2001); ADI 1407/DF (*DJU* 1°.02.2001); ADI 1351/DF (*DJU* 30.07.2007). **(g.n)**

Infidelidade Partidária e Vacância de Mandato – 6
Quando ao *mandamus* impetrado pelo DEM, de relatoria da Min. Cármen Lúcia, o Tribunal, por maioria, na linha da orientação firmada no MS 26603/DF, concedeu parcialmente a ordem, para o efeito de determinar ao **Presidente da Câmara dos Deputados que remeta ao TSE o pedido de declaração de vacância do posto ocupado por uma deputada federal, litisconsorte** passiva, cujos documentos trazidos aos autos demonstram ter ela se desfiliado em data subsequente à fixada como marco temporal para a prevalência de atos cobertos pelo **princípio da segurança jurídica**, a fim de que aquela Corte, após adotar resolução disciplinadora do procedimento de justificação, decida sobre a matéria. Vencidos os Ministros Eros Grau, Ricardo Lewandowski e Joaquim Barbosa, que denegavam totalmente a ordem, e os Ministros Carlos Britto e Marco Aurélio que a concediam em maior extensão, todos com base nos fundamentos de seus votos expendidos naquele *writ*. **(g.n)**

Infidelidade Partidária e Vacância de Mandato – 7
No que se refere ao mandado de segurança impetrado pelo PPS, de relatoria do Min. Eros Grau, o Tribunal, por maioria, também na linha da orientação firmada no MS 26603/DF, indeferiu o *writ*. O Min. Eros Grau, relator, assim como o fizeram os Ministros Ricardo Lewandowski e Joaquim Barbosa, reafirmaram os fundamentos de seus votos naquele mandado de segurança. Vencidos os Ministros Carlos Britto e Marco Aurélio, que com base nas mesmas razões expostas no referido *writ*, concediam a ordem tal como requerida. **MS 26.602-3/DF, Pleno, j. 03 e 04.10.2007, rel. Min. Eros Grau, DJe 17.10.2008.** (MS-26602) **MS 26.603-1/DF, Pleno, j. 03 e 04.10.2007, rel. Min. Celso de Mello, DJe 19.12.2008.** (MS-26603) **MS 26.604-0/DF, Pleno, j. 03 e 04.10.2007, rel. Min. Cármen Lúcia, DJe 03.10.2008.** (MS-26604) (Inform. STF 482)

Legislação Eleitoral: Direito à Informação e Princípio da Anterioridade – 1
O Tribunal julgou procedente, em parte, pedido formulado em três ações diretas ajuizadas pelo Partido Social Cristão – PSC, pelo Partido Democrático Trabalhista – PDT e pelo Partido da Frente Liberal – PFL, para declarar a inconstitucionalidade do art. 35-A da Lei 11.300/2006, que dispõe sobre propaganda, financiamento e prestação de contas das despesas com campanhas eleitorais, alterando a Lei 9.504/1997. Preliminarmente, afastaram-se as alegações de inépcia da inicial, porquanto a deficiência na sua fundamentação não impedira que o tema jurídico estivesse claro, e de **ilegitimidade passiva do Presidente da República,** dado que os autores impugnaram, sustentando **ofensa ao art. 16 da CF**, a lei por ele sancionada, embora invocando, de forma transversa, a Resolução TSE 22.205/2006. No ponto, ressaltou-se que a ação abrangeria também, implicitamente, a resolução, haja vista ter ela conferido aplicabilidade imediata a diversos dispositivos da Lei 11.300/2006, superando o óbice temporal imposto à legislação eleitoral. **(g.n)**

Legislação Eleitoral: Direito à Informação e Princípio da Anterioridade – 2
Quanto ao mérito, considerou-se, inicialmente, que os artigos impugnados aos quais a resolução deu **aplicabilidade imediata não ofendem o princípio da anterioridade da lei eleitoral, inscrito no art. 16 da CF** (*"A lei que alterar o processo eleitoral entrará em vigor na data de sua publicação, não se aplicando à eleição que ocorra até um ano da data de sua vigência"*), já que **não alteram o processo eleitoral propriamente dito, e sim estabelecem regras de caráter eminentemente procedimental que visam promover maior equilíbrio entre os partidos políticos e os candidatos.** No que tange aos arts. 17-A, 18, e 47, § 3°, da Lei 11.300/2006, não contemplados pela resolução, julgou-se improcedente, da mesma forma, o argumento de violação ao art. 16 da CF, tendo em conta que os primeiros dependem de regulamentação ainda inexistente e o último teve sua eficácia protraída no tempo. Por outro lado, entendeu-se que o art. 35-A da Lei 11.300/2006, também não previsto na resolução, ao vedar a divulgação de pesquisas eleitorais por qualquer meio de comunicação, a partir do décimo quinto dia anterior até às dezoito horas do dia do pleito, violou o direito à informação garantido pela Constituição Federal. Asseverou-se que a referida proibição, além de estimular a divulgação de boatos e dados apócrifos, provocando manipulações indevidas que levariam ao descrédito do povo no processo eleitoral, seria, à luz dos princípios da razoabilidade e da proporcionalidade, inadequada, desnecessária e desproporcional quando confrontada com o objetivo pretendido pela legislação eleitoral que é, em última análise, o de **permitir que o cidadão, antes de votar, forme sua convicção da maneira mais ampla e livre possível**. O Min. Eros Grau fez ressalva quanto aos fundamentos concernentes aos princípios da razoabilidade e da proporcionalidade. **ADI 3.741-2/DF, Pleno, j. 06.09.2006, rel. Min. Ricardo Lewandowski,**

DJ 23.02.2007. (ADI-3741). **ADI 3742/DF, rel. Min. Ricardo Lewandowski, 6.9.2006.** (ADI-3742). **ADI 3743/DF, rel. Min. Ricardo Lewandowski, 6.9.2006.** (ADI-3743) (Inform. STF 439) **(g.n)**

EC 52/2006: "Verticalização" e Princípio da Anualidade – 1

O Tribunal, por maioria, julgou procedente pedido formulado em ação direta ajuizada pelo Conselho Federal da Ordem dos Advogados do Brasil para declarar a inconstitucionalidade do art. 2º da EC 52/2006, que alterou a redação do art. 17, § 1º, da CF, para inserir em seu texto, no que se refere à disciplina relativa às **coligações partidárias eleitorais, a regra da não obrigatoriedade de vinculação entre as candidaturas em âmbito nacional, estadual, distrital ou municipal, e determinou a aplicação dos efeitos da referida Emenda "***às eleições que ocorrerão no ano de 2002***".** Inicialmente, tendo em conta que a requerente demonstrara de forma suficiente como a inovação impugnada teria infringido a Constituição Federal, afastou-se a preliminar da Advocacia-Geral da União quanto à ausência de fundamentação da pretensão exposta na inicial. Rejeitou-se, da mesma maneira, a alegação de que a regra inscrita no art. 2º da EC teria por objeto as eleições realizadas no ano de 2002, uma vez que, se essa fosse a finalidade da norma, certamente dela constaria a forma verbal pretérita. **Também não se acolheu o argumento de que a aludida referência às eleições já consumadas em 2002 serviria para contornar a imposição disposta no art. 16 da CF, visto que, se a alteração tivesse valido nas eleições passadas, não haveria razão para se analisar a ocorrência do lapso de um ano entre a data da vigência dessa inovação normativa e as próximas eleições (CF: "***Art. 16. A lei que alterar o processo eleitoral entrará em vigor na data de sua publicação, não se aplicando à eleição que ocorra até um ano da data de sua vigência.***").** ADI 3.685-8/DF, Pleno, j. 22.03.2006, rel. Min. Ellen Gracie, *DJ* 10.08.2006. (ADI-3685) **(g.n)**

EC 52/2006: "Verticalização" e Princípio da Anualidade – 2

Quanto ao mérito, afirmou-se, de início, **que o princípio da anterioridade eleitoral, extraído da norma inscrita no art. 16 da CF, consubstancia garantia individual do cidadão-eleitor – detentor originário do poder exercido por seus representantes eleitos (CF, art. 1º, parágrafo único)** – e protege o processo eleitoral. Asseverou-se que esse princípio contém elementos que o caracterizam como uma garantia fundamental oponível inclusive à atividade do legislador constituinte derivado (CF, arts. 5º, § 2º, e 60, § 4º, IV), e que sua transgressão viola os direitos individuais da **segurança jurídica (CF, art. 5º,** *caput***) e do devido processo legal (CF, art. 5º, LIV).** Com base nisso, salientando-se que a temática das coligações está ligada ao processo eleitoral e que a alteração a ela concernente interfere na correlação das forças políticas e no equilíbrio das posições de partidos e candidatos e, portanto, da própria competição, entendeu-se que a norma impugnada afronta o art. 60, § 4º, IV, c/c art. 5º, LIV e § 2º, todos da CF. Por essa razão, deu-se interpretação conforme à Constituição, no sentido de que o § 1º do art. 17 da CF, com a redação dada pela EC 52/2006, **não se aplica às eleições de 2006, remanescendo aplicável a estas a redação original do mesmo artigo.** Vencidos, nessa parte, os Ministros Marco Aurélio e Sepúlveda Pertence que julgavam o pedido improcedente, sendo que o Min. Marco Aurélio entendeu prejudicada a ação, no que diz respeito à segunda parte do art. 2º, da referida Emenda, quanto à expressão *"aplicando-se às eleições que ocorrerão no ano de 2002"*. **ADI 3.685-8/DF, Pleno, j. 22.03.2006, rel. Min. Ellen Gracie,** *DJ* **10.08.2006.** (ADI-3685) (Inform. STF 420) **(g.n)**

4.7. QUESTÕES COMENTADAS

(Ministério Público/AM – 2008 – CESPE) A Lei nº 9.504/1997, ao dispor acerca da escolha e do registro de candidaturas às eleições para os cargos proporcionais, estabelece diversos critérios, como o percentual máximo de candidatos que os partidos podem lançar e a proporção de candidatos em razão de gênero. Quanto a esse tema, assinale a opção correta.

(A) Em uma câmara municipal que tenha 10 integrantes, o número de candidatos de cada partido poderá ser, no máximo, de vinte candidatos.

(B) Em uma câmara municipal que tenha 10 integrantes, cada coligação poderá ter, no máximo, vinte candidatos.

(C) Em uma assembleia legislativa que conte com 24 integrantes, o número total de candidatos de uma coligação será, no máximo, de 48.

(D) Decorrido o prazo para registro de candidaturas, caso não se apresentem mulheres que queiram ser candidatas, o partido poderá preencher todas as candidaturas com homens.

(E) Caso o estatuto do partido seja omisso, cabe à Justiça Eleitoral definir as normas para a escolha de seus candidatos.

O partido não coligado pode lançar número de candidatos correspondente a uma vez e meia (150%) a quantidade de vagas no Legislativo. A coligação pode lançar o dobro de candidatos, em relação ao número de vagas. Nos Estados em que a Assembleia contar com até 20 vagas, os partidos não coligados poderão lançar o dobro de candidatos e as coligações poderão lançar esse número acrescido de mais 50%, para as eleições para a Câmara dos Deputados, e para a Câmara Distrital ou para a Assembleia Legislativa. Finalmente, nesses totais deve haver um mínimo de 30% de candidatos de cada sexo – art. 10, *caput*, e §§ 1º a 3º, da LE.

Gabarito "B"

(Ministério Público/CE – 2011 – FCC) A Constituição Federal assegura que é livre a criação, fusão, incorporação e extinção de partidos políticos, resguardados a soberania nacional, o regime democrático, o pluripartidarismo, os direitos fundamentais da pessoa humana. No plano de sua estrutura interna é correto afirmar:

(A) As coligações eleitorais poderão dispor sobre a organização e funcionamento dos partidos políticos e adotar os critérios de escolha de candidaturas, com obrigatoriedade de vinculação entre as candidaturas em âmbito nacional, estadual, distrital ou municipal.

(B) É assegurada aos partidos políticos autonomia para definir sua estrutura interna, organização e funcionamento e para adotar os critérios de escolha e o regime de suas coligações eleitorais, sem obrigatoriedade de vinculação entre as candidaturas em âmbito nacional, estadual, distrital ou municipal, devendo seus estatutos estabelecer normas de disciplina e fidelidade partidária.

(C) Os partidos políticos e as coligações partidárias são livres para definir sua organização e funcionamento e para adotar os critérios de escolha de candidaturas avulsas, sem obrigatoriedade de vinculação entre as candidaturas em âmbito nacional, estadual, distrital ou municipal, devendo seus estatutos estabelecer normas de disciplina e fidelidade partidária.

(D) É assegurada aos partidos políticos autonomia para definir as condições de alistamento e elegibilidade, organização e funcionamento e para adotar os critérios de escolha e o regime de suas coligações eleitorais, sem obrigatoriedade de vinculação entre as candidaturas em âmbito nacional, estadual, distrital ou municipal, devendo seus estatutos estabelecer normas de disciplina e fidelidade partidária.

(E) É assegurada aos partidos políticos autonomia para definir sua organização e funcionamento e para adotar os critérios de escolha de filiados e o regime de suas coligações eleitorais, bem como obrigatoriedade de vinculação entre as candidaturas em âmbito nacional, estadual, distrital ou municipal, vedado aos seus estatutos estabelecer normas de disciplina e fidelidade partidária.

De fato a alternativa "B" representa o disposto ao longo do art. 17, § 1º, da CF, consubstanciando-se em transcrição do que disposto naquele.

Gabarito "B"

(Ministério Público/CE – 2011 – FCC) O registro dos candidatos a vereador

(A) deve ser feito junto ao Tribunal Regional Eleitoral da unidade da Federação respectiva até 4 (quatro) meses antes da eleição.

(B) deve ser feito perante qualquer juízo eleitoral onde o partido ao qual estiver filiado o candidato possua diretório devidamente registrado.

(C) far-se-á sempre em chapa única e indivisível, ainda que resulte a indicação de aliança de partidos.

(D) deve ser feito no juízo eleitoral até 6 (seis) meses antes da eleição, desde que filiado a partido político na circunscrição em que concorrer.

(E) deve ser dirigido ao Tribunal Regional Eleitoral nos casos em que o partido político não possuir diretório devidamente registrado na circunscrição em que se realizar a eleição.

De fato a única alternativa correta é exposta pela assertiva "D", uma vez que de acordo como que dispõe o art. 87, parágrafo único e art. 94, ambos do Código Eleitoral.

Gabarito "D"

(Ministério Público/ES – 2010 – CESPE) Assinale a opção correta a respeito de partidos políticos.

(A) O exame da prestação de contas dos órgãos partidários tem caráter jurisdicional.

(B) Do total do fundo partidário, 1% é destinado, em partes iguais, a todos os partidos que tenham seus estatutos registrados no Tribunal Superior Eleitoral e 99% são distribuídos aos partidos na proporção dos votos obtidos na última eleição geral para a Câmara dos Deputados.

(C) A responsabilidade, incluindo a civil e a trabalhista, entre qualquer órgão partidário municipal, estadual ou nacional, é solidária ante o caráter nacional dos partidos políticos.

(D) Os recursos do fundo partidário recebidos por partido político, nos termos da lei, são créditos penhoráveis para pagamento de débitos de natureza trabalhista.

(E) A sanção de suspensão do repasse de novas quotas do fundo partidário, devido à desaprovação total ou parcial da prestação de contas de partido, deve ser aplicada necessariamente pelo período de doze meses. Caso a prestação de contas não seja julgada, pelo juízo ou tribunal competente, após cinco anos de sua apresentação, a sanção de suspensão não poderá ser aplicada.

A: assertiva correta, conforme o art. 34 da Lei dos Partidos Políticos – LPP (Lei 9.096/1995); **B:** assertiva incorreta, pois o art. 41, I e II, da LPP foi declarado inconstitucional pelo STF – ver ADI 1.351/DF e ADI 1.354/DF; **C:** assertiva incorreta, pois a responsabilidade, inclusive civil, cabe exclusivamente ao órgão partidário municipal, estadual ou nacional que tiver dado causa ao não cumprimento da obrigação, à violação de direito, o dano a outrem ou a qualquer ato ilícito, excluída a solidariedade de outros órgãos de direção partidária – art. 15-A da LPP; **D:** assertiva incorreta, pois os recursos recebidos do fundo partidário são absolutamente impenhoráveis – art. 649, XI, do CPC; **E:** assertiva incorreta, pois a sanção deverá ser aplicada de forma proporcional e razoável, pelo período de 1 mês a 12 meses – art. 37, § 3º, da LPP.

Gabarito "A"

(Ministério Público/GO – 2010) A filiação partidária é condição indispensável para a elegibilidade. Visando candidatar-se, um nacional filiou-se ao partido político A, mas no ano seguinte, desentendendo-se com os correligionários, filiou-se ao partido político B, sem qualquer comunicação ao partido A ou ao juiz eleitoral. Consultando o Cadastro Eleitoral, foi verificada a dupla filiação e cientificados os representantes dos partidos políticos A e B e o nacional duplamente filiado, sem que nenhuma das partes se manifestasse. Diante disto:

(A) Prevalece a primeira filiação, uma vez que era válida no momento de sua realização.

(B) Prevalece a segunda filiação, uma vez que indica a manifestação última da vontade do filiado.

(C) As duas filiações são consideradas nulas, uma vez que é vedada a dupla filiação.

(D) Cometeu o nacional o crime do art. 320 do Código Eleitoral, que reza: "Inscrever-se o eleitor, simultaneamente, em 2 (dois) ou mais partidos".

De fato a alternativa "C" é a única correta, uma vez que a Lei 9.096/1995 prescreve, no parágrafo único do art. 22 que quem se filia a outro partido deve fazer comunicação ao partido e ao juiz de sua respectiva Zona Eleitoral, para cancelar sua filiação; se não o fizer no dia imediato ao da nova filiação, fica configurada dupla filiação, sendo ambas consideradas nulas para todos os efeitos.

Gabarito "C"

(Ministério Público/MA – 2002) Dadas as assertivas abaixo:

I. O partido político tem autonomia para definir sua estrutura interna, organização e funcionamento.

II. É livre a criação, fusão e extinção de partidos políticos.

III. O partido político é pessoa jurídica de direito privado.

IV. O partido político adquire a sua personalidade jurídica com o registro na forma da lei civil.

V. Após registrar seus estatutos no Tribunal Superior Eleitoral, os partidos políticos podem receber recursos de entidades ou governo estrangeiros.

VI. É vedado ao partido político ministrar instrução militar ou paramilitar.

É correto afirmar:

(A) Todas as alternativas estão certas.

(B) Apenas as alternativas I e II estão certas.

(C) Todas estão erradas.

(D) Apenas a alternativa V está errada.

(E) Apenas as alternativas V e VI estão erradas.

I: assertiva correta. Art. 17, § 1º, da CF; **II:** assertiva correta. Art. 17, caput, da CF; **III:** assertiva correta. Art. 44, V, do CC/2002; **IV:** assertiva correta. Arts. 44, V, e 45, ambos do CC/2002; **V:** assertiva incorreta, pois não é possível o recebimento de recursos de entidades ou de governos estrangeiros – art. 17, II, da CF; **VI:** assertiva correta. Art. 17, § 4º, da CF.

Gabarito "D"

(Ministério Público/PI – 2012 – CESPE) Com relação às disposições constitucionais e legais acerca dos partidos políticos, assinale a opção correta.

(A) Organização da sociedade civil constituída como pessoa jurídica de direito público, o partido político destina-se a assegurar, no interesse do regime democrático, a autenticidade do sistema representativo e a defender os direitos fundamentais.

(B) A prestação de contas dos partidos políticos à Justiça Eleitoral é feita por meio do envio do balanço contábil do exercício findo até 30 de abril do ano seguinte, e, em anos eleitorais, por meio do envio de balancetes mensais durante os quatro meses anteriores e os dois meses posteriores ao pleito.

(C) No Brasil, é livre a criação, a fusão, a incorporação e a extinção de partidos políticos, desde que resguardados os objetivos fundamentais do país e observados preceitos como caráter nacional e cooperação entre os povos para o progresso da humanidade.

(D) O caráter nacional dos partidos políticos é garantido com a vinculação das candidaturas, em âmbito estadual, distrital ou municipal, às escolhas e ao regime das coligações eleitorais estabelecidas pela direção partidária nacional.

(E) Os partidos políticos, após adquirirem personalidade jurídica com o registro de seus estatutos no TSE, possuem autonomia para definir sua estrutura interna, organização e funcionamento na forma da lei civil.

A: assertiva incorreta, uma vez que os partidos políticos são considerados pessoas jurídicas de direito privado, como preceitua o art. 44, V, do CC/2002 e também em atenção ao que dispõe o art. 1º da Lei 9.096/1995; B: assertiva correta, conforme art. 32 da Lei 9.096/1995; C: assertiva incorreta, uma vez que o art. 2º da Lei 9.096/1995 dispõe que é livre a criação, fusão, incorporação e extinção de partidos políticos cujos programas respeitem a soberania nacional, o regime democrático, o pluripartidarismo e os direitos fundamentais da pessoa humana; D: assertiva incorreta, uma vez que o art. 5º da Lei 9.096/1995 dispõe que a ação do partido tem caráter nacional e é exercida de acordo com seu estatuto e programa, sem subordinação a entidades ou governos estrangeiros; E: assertiva incorreta, uma vez que o art. 7º da Lei 9.096/1995 dispõe que o partido político adquire a personalidade jurídica com o registro na forma da lei civil, só então deverá registrar seu estatuto junto ao TSE, situação onde passará a ter a autonomia garantida.

Gabarito "B"

(Ministério Público/RN – 2009 – CESPE) Os partidos políticos, no sistema constitucional brasileiro e nos termos da Lei dos Partidos Políticos (Lei nº 9.096/1995) e da Lei Eleitoral (Lei nº 9.504/1997), constituem pessoa jurídica de direito privado e são elementos fundamentais da democracia brasileira. Com relação à disciplina do funcionamento dessas organizações, assinale a opção correta.

(A) Conforme imposição da Lei dos Partidos, o diretório nacional de partido político é composto por 101 pessoas.

(B) Não se permitem coligações partidárias na eleição majoritária para senador.

(C) Na mesma eleição, pode um partido fazer coligações distintas para governador e para deputado estadual.

(D) A verticalização é imposta pela lei partidária e se aplica, no que couber, às eleições municipais.

(E) Compete aos partidos políticos organizar estrutura paramilitar para a proteção de seus candidatos.

De fato a única alternativa contendo a resposta correta é a assertiva "C", uma vez que em consonância com o que dispõe o art. 6º da Lei 9.504/1997 ou seja, que é facultado aos partidos políticos, dentro da mesma circunscrição, celebrar coligações para eleição majoritária, proporcional, ou para ambas, podendo, neste último caso, formar-se mais de uma coligação para a eleição proporcional dentre os partidos que integram a coligação para o pleito majoritário. Neste sentindo, vale trazer a conhecimento que nas eleições federais e estaduais, circunscrição será respectivamente o País e o Estado, como restou claro pelo Ministro Marco Aurélio em julgado perante o TSE, RESPE 11.991/MS, Cl. 4ª, j. 29.07.1994, rel. Min. Marco Aurélio).

Gabarito "C"

(Ministério Público/RN – 2004) Julgue as assertivas abaixo, assinalando a alternativa correta:

I. A substituição de candidato, nas eleições majoritárias, deverá ser feita por decisão da maioria absoluta dos órgãos executivos de direção dos partidos coligados, não podendo o substituto ser filiado a partido diverso do candidato substituído;

II. Nas eleições proporcionais, a substituição de candidato só se efetivará se o novo pedido for apresentado até 60 dias antes do pleito;

III. É obrigatória, no caso de eleição majoritária, e facultativa, no caso de eleição proporcional, a substituição de candidato que for considerado inelegível, renunciar ou falecer após o termo final do prazo do registro ou, ainda, tiver seu registro indeferido ou cancelado;

IV. Para concorrer ao cargo de vereador, o eleitor deverá estar filiado ao respectivo partido, pelo menos, seis meses antes da data fixada para as eleições;

V. Nas eleições proporcionais, contam-se como válidos apenas os votos dados a candidatos regularmente inscritos e às legendas partidárias, excluindo-se os votos brancos e os nulos.

(A) I e II estão corretas:
(B) I e IV estão corretas;
(C) II e V estão corretas;
(D) III e IV estão corretas;
(E) III e V estão corretas.

I: assertiva incorreta. É possível que o substituto seja de qualquer dos partidos coligados, desde que o partido do candidato substituído renuncie ao direito de preferência – art. 13, § 2º, da LE; II: assertiva correta. Art. 13, § 3º, da LE; III: assertiva incorreta. A substituição é sempre facultativa – art. 13, caput, da LE; IV: assertiva incorreta. O prazo mínimo de filiação é de 1 ano antes do pleito, podendo ser fixado prazo maior pelo estatuto do partido – arts. 18 e 20 da LPP; V: assertiva correta. Art. 5º da LE.

Gabarito "C"

(Ministério Público/SE – 2010 – CESPE) Assinale a opção correta quanto à disciplina legal dos partidos políticos.

(A) Como entidade de direito privado, para participar das eleições, o partido político deve registrar seus estatutos no registro civil de pessoas jurídicas de qualquer cidade brasileira.

(B) O partido adquire personalidade jurídica na forma da lei civil e registra seus estatutos no TSE.

(C) Admite-se o registro de partido que comprove o apoiamento do número bastante de eleitores, desde que distribuído em pelo menos cinco unidades da Federação.

(D) O partido político tem direito à propaganda partidária após participar de, pelo menos, uma eleição.

(E) A exclusão de filiado das listas partidárias depende de autorização judicial específica.

A: assertiva incorreta, pois o requerimento do registro de partido político deve ser dirigido ao cartório competente do Registro Civil das Pessoas Jurídicas da Capital Federal – art. 8º da LPP; **B:** assertiva correta, pois reflete exatamente o disposto no art. 17, § 2º, da CF e no art. 7º da LPP; **C:** assertiva incorreta, pois o apoiamento de eleitores deve se dar em pelo menos um terço dos Estados e DF, ou seja, em, pelo menos, 9 deles – art. 7º, § 1º, da LPP; **D:** assertiva incorreta, pois o partido político registrado no TSE tem direito à realização de propaganda – art. 48 da LPP; **E:** assertiva incorreta, pois a filiação partidária pode ser cancelada pelo partido na forma do seu estatuto, independentemente de autorização judicial – art. 22, III e IV, da LPP.

Gabarito "B".

(Ministério Público/RR – 2012 – CESPE) A respeito da disciplina constitucional e legal das coligações partidárias, assinale a opção correta.

(A) Partidos coligados nas eleições proporcionais podem apoiar formalmente candidatos diferentes para a chefia do Poder Executivo.

(B) Nas eleições gerais, uma coligação partidária para a eleição do presidente da República impõe coerência nas coligações para a eleição de governador de estado.

(C) São vedadas coligações diferenciadas para prefeito e para vereador.

(D) Partido que lança candidato a prefeito deve repetir a mesma coligação para vereador.

(E) Um partido que lança candidato a prefeito não pode coligar-se, para a eleição de vereador, com outro partido que tenha candidato majoritário nessa eleição.

De fato a única alternativa correta é apresentada pela assertiva "E", uma vez que reproduz o teor da Resolução TSE 23.260/2010 que inteligência que "1. Somente se admite a pluralidade de coligações para a eleição proporcional. Na eleição majoritária, é admissível a formação de uma só coligação. 2. Os partidos que compuserem coligação para a eleição majoritária só poderão formar coligações entre si para a eleição proporcional."

Gabarito "E".

(Ministério Público/SE – 2010 – CESPE) Acerca das finanças e da contabilidade dos partidos políticos, assinale a opção correta.

(A) O partido pode receber recursos de governos estrangeiros, desde que o Brasil mantenha relações diplomáticas regulares com os países de origem desses recursos.

(B) As entidades sindicais somente podem auxiliar partidos políticos mediante publicidade partidária em seus meios de comunicação institucionais.

(C) O diretório nacional é solidariamente responsável pelas obrigações assumidas pelos diretórios estaduais.

(D) O exame da prestação de contas dos órgãos partidários tem caráter jurisdicional.

(E) O recurso do partido contra decisão sobre prestação de contas tem apenas efeito devolutivo.

A: assertiva incorreta, pois o partido jamais pode receber recursos de governos estrangeiros – art. 17, II, da CF e art. 31, I, da LPP; **B:** assertiva incorreta, pois é vedado receber, direta ou indiretamente, sob qualquer forma ou pretexto, contribuição ou auxílio pecuniário ou estimável em dinheiro, inclusive através de publicidade de qualquer espécie, procedente de entidade de classe ou sindical – art. 31, IV, da LPP; **C:** assertiva incorreta, pois, nos termos do art. 15-A da LPP, a responsabilidade, inclusive civil e trabalhista, cabe exclusivamente ao órgão partidário municipal, estadual ou nacional que tiver dado causa ao não cumprimento da obrigação, à violação de direito, a dano a outrem ou a qualquer ato ilícito, excluída a solidariedade de outros órgãos de direção partidária; **D:** assertiva correta, conforme o art. 34 da LPP; **E:** assertiva incorreta, pois o recurso tem efeito suspensivo – art. 37, § 4º, da LPP.

Gabarito "D".

(Ministério Público/AM – 2008 – CESPE) A Lei nº 9.504/1997, ao dispor acerca da escolha e do registro de candidaturas às eleições para os cargos proporcionais, estabelece diversos critérios, como o percentual máximo de candidatos que os partidos podem lançar e a proporção de candidatos em razão de gênero. Quanto a esse tema, assinale a opção correta.

(A) Em uma câmara municipal que tenha 10 integrantes, o número de candidatos de cada partido poderá ser, no máximo, de vinte candidatos.

(B) Em uma câmara municipal que tenha 10 integrantes, cada coligação poderá ter, no máximo, vinte candidatos.

(C) Em uma assembleia legislativa que conte com 24 integrantes, o número total de candidatos de uma coligação será, no máximo, de 48.

(D) Decorrido o prazo para registro de candidaturas, caso não se apresentem mulheres que queiram ser candidatas, o partido poderá preencher todas as candidaturas com homens.

(E) Caso o estatuto do partido seja omisso, cabe à justiça eleitoral definir as normas para a escolha de seus candidatos.

O partido não coligado pode lançar número de candidatos correspondente a uma vez e meia (150%) a quantidade de vagas no Legislativo. A coligação pode lançar o dobro de candidatos, em relação ao número de vagas. Nos Estados em que a Assembleia contar com até 20 vagas, os partidos não coligados poderão lançar o dobro de candidatos e as coligações poderão lançar esse número acrescido de mais 50%, para as eleições para a Câmara dos Deputados, e para a Câmara Distrital ou para a Assembleia Legislativa. Finalmente, nesses totais deve haver um mínimo de 30% de candidatos de cada sexo – art. 10, *caput*, e §§ 1º a 3º, da LE.

Gabarito "B".

(Ministério Público/CE – 2011 – FCC) A Constituição Federal assegura que é livre a criação, fusão, incorporação e extinção de partidos políticos, resguardados a soberania nacional, o regime democrático, o pluripartidarismo, os direitos fundamentais da pessoa humana. No plano de sua estrutura interna é correto afirmar:

(A) As coligações eleitorais poderão dispor sobre a organização e funcionamento dos partidos políticos e adotar os critérios de escolha de candidaturas, com obrigatoriedade de vinculação entre as candidaturas em âmbito nacional, estadual, distrital ou municipal.

(B) É assegurada aos partidos políticos autonomia para definir sua estrutura interna, organização e funcionamento e para adotar os critérios de escolha e o regime de suas coligações eleitorais, sem obrigatoriedade de vinculação entre as candidaturas em âmbito nacional, estadual, distrital ou municipal, devendo seus estatutos estabelecer normas de disciplina e fidelidade partidária.

(C) Os partidos políticos e as coligações partidárias são livres para definir sua organização e funcionamento e para adotar os critérios de escolha de candidaturas avulsas, sem obrigatoriedade de vinculação entre as candidaturas em âmbito nacional, estadual, distrital ou municipal, devendo seus estatutos estabelecer normas de disciplina e fidelidade partidária.

(D) É assegurada aos partidos políticos autonomia para definir as condições de alistamento e elegibilidade, organização e funcionamento e para adotar os critérios de escolha e o regime de suas coligações eleitorais, sem obrigatoriedade de vinculação entre as candidaturas em âmbito nacional, estadual, distrital ou municipal, devendo seus estatutos estabelecer normas de disciplina e fidelidade partidária.

(E) É assegurada aos partidos políticos autonomia para definir sua organização e funcionamento e para adotar os critérios de escolha de filiados e o regime de suas coligações eleitorais, bem como obrigatoriedade de vinculação entre as candidaturas em âmbito nacional, estadual, distrital ou municipal, vedado aos seus estatutos estabelecer normas de disciplina e fidelidade partidária.

A alternativa "B" reproduz o disposto no art. 17, § 1º, da CF, norma que confere autonomia aos partidos políticos, destacando-se a não obrigatoriedade de vinculação entre candidaturas nos diferentes entes federativos, o que impede a chamada "verticalização obrigatória", resultante de interpretação da Resolução 20.993/2002 do TSE. Antes da EC 52/2006, entendia-se que as coligações estaduais, por exemplo, eram obrigadas a seguir as orientações das coligações nacionais.

Gabarito "B".

(Ministério Público/CE – 2011 – FCC) O registro dos candidatos a vereador

(A) deve ser feito junto ao Tribunal Regional Eleitoral da unidade da Federação respectiva até 4 (quatro) meses antes da eleição.

(B) deve ser feito perante qualquer juízo eleitoral onde o partido ao qual estiver filiado o candidato possua diretório devidamente registrado.

(C) far-se-á sempre em chapa única e indivisível, ainda que resulte a indicação de aliança de partidos.

(D) deve ser feito no juízo eleitoral até 6 (seis) meses antes da eleição, desde que filiado a partido político na circunscrição em que concorrer.

(E) deve ser dirigido ao Tribunal Regional Eleitoral nos casos em que o partido político não possuir diretório devidamente registrado na circunscrição em que se realizar a eleição.

De fato a única alternativa correta é exposta pela assertiva "D", uma vez que de acordo com o que dispõe o art. 87, parágrafo único e art. 94, ambos do Código Eleitoral.

Gabarito "D".

(Ministério Público/ES – 2010 – CESPE) Assinale a opção correta a respeito de partidos políticos.

(A) O exame da prestação de contas dos órgãos partidários tem caráter jurisdicional.

(B) Do total do fundo partidário, 1% é destinado, em partes iguais, a todos os partidos que tenham seus estatutos registrados no Tribunal Superior Eleitoral e 99% são distribuídos aos partidos na proporção dos votos obtidos na última eleição geral para a Câmara dos Deputados.

(C) A responsabilidade, incluindo a civil e a trabalhista, entre qualquer órgão partidário municipal, estadual ou nacional, é solidária ante o caráter nacional dos partidos políticos.

(D) Os recursos do fundo partidário recebidos por partido político, nos termos da lei, são créditos penhoráveis para pagamento de débitos de natureza trabalhista.

(E) A sanção de suspensão do repasse de novas quotas do fundo partidário, devido à desaprovação total ou parcial da prestação de contas de partido, deve ser aplicada necessariamente pelo período de doze meses. Caso a prestação de contas não seja julgada, pelo juízo ou tribunal competente, após cinco anos de sua apresentação, a sanção de suspensão não poderá ser aplicada.

A: assertiva correta, conforme o art. 34 da Lei dos Partidos Políticos – LPP (Lei 9.096/1995); B: assertiva incorreta, pois o art. 41, I e II, da LPP foi declarado inconstitucional pelo STF – ver ADI 1.351/DF e ADI 1.354/DF; C: assertiva incorreta, pois a responsabilidade, inclusive civil, cabe exclusivamente ao órgão partidário municipal, estadual ou nacional que tiver dado causa ao não cumprimento da obrigação, à violação de direito, ao dano a outrem ou a qualquer ato ilícito, excluída a solidariedade de outros órgãos de direção partidária – art. 15-A da LPP; D: assertiva incorreta, pois os recursos recebidos do fundo partidário são absolutamente impenhoráveis – art. 649, XI, do CPC; E: assertiva incorreta, pois a sanção deverá ser aplicada de forma proporcional e razoável, pelo período de 1 mês a 12 meses – art. 37, § 3º, da LPP.

Gabarito "A"

(Ministério Público/GO – 2010) A filiação partidária é condição indispensável para a elegibilidade. Visando candidatar-se, um nacional filiou-se ao partido político A, mas no ano seguinte, desentendendo-se com os correligionários, filiou-se ao partido político B, sem qualquer comunicação ao partido A ou ao juiz eleitoral. Consultando o Cadastro Eleitoral, foi verificada a dupla filiação e cientificados os representantes dos partidos políticos A e B e o nacional duplamente filiado, sem que nenhuma das partes se manifestasse. Diante disto:

(A) Prevalece a primeira filiação, uma vez que era válida no momento de sua realização.

(B) Prevalece a segunda filiação, uma vez que indica a manifestação última da vontade do filiado.

(C) As duas filiações são consideradas nulas, uma vez que é vedada a dupla filiação.

(D) Cometeu o nacional o crime do artigo 320 do CE, que reza: "Inscrever-se o eleitor, simultaneamente, em 2 (dois) ou mais partidos".

De fato a alternativa "C" é a única correta, uma vez que a Lei 9.096/1995 prescreve, no parágrafo único do art. 22, que quem se filia a outro partido deve fazer comunicação ao partido e ao juiz de sua respectiva Zona Eleitoral, para cancelar sua filiação; se não o fizer no dia imediato ao da nova filiação, fica configurada dupla filiação, sendo ambas consideradas nulas para todos os efeitos.

Gabarito "C"

(Ministério Público/MA – 2002) Dadas as assertivas abaixo:

I. O partido político tem autonomia para definir sua estrutura interna, organização e funcionamento.

II. É livre a criação, fusão e extinção de partidos políticos.

III. O partido político é pessoa jurídica de direito privado.

IV. O partido político adquire a sua personalidade jurídica com o registro na forma da lei civil.

V. Após registrar seus estatutos no Tribunal Superior Eleitoral, os partidos políticos podem receber recursos de entidades ou governo estrangeiros.

VI. É vedado ao partido político ministrar instrução militar ou paramilitar.

É correto afirmar:

(A) Todas as alternativas estão certas.

(B) Apenas as alternativas I e II estão certas.

(C) Todas estão erradas.

(D) Apenas a alternativa V está errada.

(E) Apenas as alternativas V e VI estão erradas.

I: assertiva correta. Art. 17, § 1º, da CF; II: assertiva correta. Art. 17, caput, da CF; III: assertiva correta. Art. 44, V, do CC/2002; IV: assertiva correta. Arts. 44, V, e 45, ambos do CC/2002; V: assertiva incorreta. Não é possível o recebimento de recursos de entidades ou de governos estrangeiros – art. 17, II, da CF; VI: assertiva correta. Art. 17, § 4º, da CF.

Gabarito "D"

(Ministério Público/PI – 2012 – CESPE) Com relação às disposições constitucionais e legais acerca dos partidos políticos, assinale a opção correta.

(A) Organização da sociedade civil constituída como pessoa jurídica de direito público, o partido político destina-se a assegurar, no interesse do regime democrático, a autenticidade do sistema representativo e a defender os direitos fundamentais.

(B) A prestação de contas dos partidos políticos à justiça eleitoral é feita por meio do envio do balanço contábil do exercício findo até 30 de abril do ano seguinte, e, em anos eleitorais, por meio do envio de balancetes mensais durante os quatro meses anteriores e os dois meses posteriores ao pleito.

(C) No Brasil, é livre a criação, a fusão, a incorporação e a extinção de partidos políticos, desde que resguardados os objetivos fundamentais do país e observados preceitos como caráter nacional e cooperação entre os povos para o progresso da humanidade.

(D) O caráter nacional dos partidos políticos é garantido com a vinculação das candidaturas, em âmbito estadual, distrital ou municipal, às escolhas e ao regime das coligações eleitorais estabelecidas pela direção partidária nacional.

(E) Os partidos políticos, após adquirirem personalidade jurídica com o registro de seus estatutos no TSE, possuem autonomia para definir sua estrutura interna, organização e funcionamento na forma da lei civil.

A: assertiva incorreta, uma vez que os partidos políticos são considerados pessoas jurídicas de direito privado, como preceitua o art. 44, V, CC/2002 e também em atenção ao que dispõe o art. 1º da Lei 9.096/1995; **B:** assertiva correta, conforme art. 32, § 3º, da Lei 9.096/1995; **C:** assertiva incorreta, uma vez que o art. 2º da Lei 9.096/1995 dispõe que é livre a criação, fusão, incorporação e extinção de partidos políticos cujos programas respeitem a soberania nacional, o regime democrático, o pluripartidarismo e os direitos fundamentais da pessoa humana; **D:** assertiva incorreta, uma vez que o art. 5º da Lei 9.096/1995 dispõe que a ação do partido tem caráter nacional e é exercida de acordo com seu estatuto e programa, sem subordinação a entidades ou governos estrangeiros; **E:** assertiva incorreta, uma vez que o art. 7º da Lei 9.096/1995 dispõe que o partido político adquire a personalidade jurídica com o registro na forma da lei civil, só então deverá registrar seu estatuto junto ao TSE, situação onde passará a ter a autonomia garantida.

Gabarito "B".

(Ministério Público/RN – 2009 – CESPE) Os partidos políticos, no sistema constitucional brasileiro e nos termos da Lei dos Partidos Políticos (Lei nº 9.096/1995) e da Lei Eleitoral (Lei nº 9.504/1997), constituem pessoa jurídica de direito privado e são elementos fundamentais da democracia brasileira. Com relação à disciplina do funcionamento dessas organizações, assinale a opção correta.

(A) Conforme imposição da Lei dos Partidos, o diretório nacional de partido político é composto por 101 pessoas.

(B) Não se permitem coligações partidárias na eleição majoritária para senador.

(C) Na mesma eleição, pode um partido fazer coligações distintas para governador e para deputado estadual.

(D) A verticalização é imposta pela lei partidária e se aplica, no que couber, às eleições municipais.

(E) Compete aos partidos políticos organizar estrutura paramilitar para a proteção de seus candidatos.

De fato a única alternativa contendo a resposta correta é a assertiva "C", uma vez que em consonância com o que dispõe o art. 6º da Lei 9.504/1997 ou seja, que é facultado aos partidos políticos, dentro da mesma circunscrição, celebrar coligações para eleição majoritária, proporcional, ou para ambas, podendo, neste último caso, formar-se mais de uma coligação para a eleição proporcional dentre os partidos que integram a coligação para o pleito majoritário. Neste sentindo, vale trazer a conhecimento que nas eleições federais e estaduais, circunscrição será respectivamente o País e o Estado, como restou claro pelo Ministro Marco Aurélio em julgado perante o TSE (TSE, RESPE 11.991/MS, Cl. 4ª, j. 29.07.1994, rel. Min. Marco Aurélio).

Gabarito "C".

(Ministério Público/SE – 2010 – CESPE) Assinale a opção correta quanto à disciplina legal dos partidos políticos.

(A) Como entidade de direito privado, para participar das eleições, o partido político deve registrar seus estatutos no registro civil de pessoas jurídicas de qualquer cidade brasileira.

(B) O partido adquire personalidade jurídica na forma da lei civil e registra seus estatutos no TSE.

(C) Admite-se o registro de partido que comprove o apoiamento do número bastante de eleitores, desde que distribuído em pelo menos cinco unidades da Federação.

(D) O partido político tem direito à propaganda partidária após participar de, pelo menos, uma eleição.

(E) A exclusão de filiado das listas partidárias depende de autorização judicial específica.

A: assertiva incorreta, pois o requerimento do registro de partido político deve ser dirigido ao cartório competente do Registro Civil das Pessoas Jurídicas da Capital Federal – art. 8º da LPP; **B:** assertiva correta, pois reflete exatamente o disposto no art. 17, § 2º, da CF e no art. 7º da LPP; **C:** assertiva incorreta, pois o apoiamento de eleitores deve se dar em pelo menos um terço dos Estados e DF, ou seja, em pelo menos 9 deles – art. 7º, § 1º, da LPP; **D:** assertiva incorreta, já que o partido político registrado no TSE tem direito à realização de propaganda – art. 49, I, da LPP; **E:** assertiva incorreta, pois a filiação partidária pode ser cancelada pelo partido na forma do seu estatuto, independentemente de autorização judicial – art. 22, III e IV, da LPP.

Gabarito "B".

(Ministério Público/RR – 2012 – CESPE) A respeito da disciplina constitucional e legal das coligações partidárias, assinale a opção correta.

(A) Partidos coligados nas eleições proporcionais podem apoiar formalmente candidatos diferentes para a chefia do Poder Executivo.

(B) Nas eleições gerais, uma coligação partidária para a eleição do presidente da República impõe coerência nas coligações para a eleição de governador de estado.

(C) São vedadas coligações diferenciadas para prefeito e para vereador.

(D) Partido que lança candidato a prefeito deve repetir a mesma coligação para vereador.

(E) Um partido que lança candidato a prefeito não pode coligar-se, para a eleição de vereador, com outro partido que tenha candidato majoritário nessa eleição.

De fato a única alternativa correta é apresentada pela assertiva "E", uma vez que reproduz o teor da Resolução TSE 23.260/2010 que inteligência que "1. Somente se admite a pluralidade de coligações para a eleição proporcional. Na eleição majoritária, é admissível a formação de uma só coligação. 2. Os partidos que compuserem coligação para a eleição majoritária só poderão formar coligações entre si para a eleição proporcional".

Gabarito "E".

(Ministério Público/SE – 2010 – CESPE) Acerca das finanças e da contabilidade dos partidos políticos, assinale a opção correta.

(A) O partido pode receber recursos de governos estrangeiros, desde que o Brasil mantenha relações diplomáticas regulares com os países de origem desses recursos.

(B) As entidades sindicais somente podem auxiliar partidos políticos mediante publicidade partidária em seus meios de comunicação institucionais.

(C) O diretório nacional é solidariamente responsável pelas obrigações assumidas pelos diretórios estaduais.

(D) O exame da prestação de contas dos órgãos partidários tem caráter jurisdicional.

(E) O recurso do partido contra decisão sobre prestação de contas tem apenas efeito devolutivo.

A: assertiva incorreta, pois o partido jamais pode receber recursos de governos estrangeiros – art. 17, II, da CF e art. 31, I, da LPP; B: assertiva incorreta, pois é vedado receber, direta ou indiretamente, sob qualquer forma ou pretexto, contribuição ou auxílio pecuniário ou estimável em dinheiro, inclusive através de publicidade de qualquer espécie, procedente de entidade de classe ou sindical – art. 31, IV, da LPP; C: assertiva incorreta, pois, nos termos do art. 15-A da LPP, a responsabilidade, inclusive civil e trabalhista, cabe exclusivamente ao órgão partidário municipal, estadual ou nacional que tiver dado causa ao não cumprimento da obrigação, à violação de direito, a dano a outrem ou a qualquer ato ilícito, excluída a solidariedade de outros órgãos de direção partidária; D: assertiva correta, conforme o art. 34 da LPP; E: assertiva incorreta, pois o recurso tem efeito suspensivo – art. 37, § 4º, da LPP.

Gabarito "D"

(Analista – TREMG – 2012 – CONSULPLAN) A Resolução TSE 22.610/2007 disciplina o processo de perda de cargo eletivo em decorrência de desfiliação partidária sem justa causa e de justificação de desfiliação partidária. Essa Resolução nasceu de consultas formuladas junto ao Tribunal Superior Eleitoral a respeito dos efeitos da infidelidade partidária. Sua constitucionalidade já foi reconhecida pelo Supremo Tribunal Federal. Imagine-se que determinado Senador da República, representante do Estado de Minas Gerais, deixa, injustificadamente, o partido pelo qual se elegeu e, a seguir, filia-se a uma outra entidade partidária. Inconformado, seu partido de origem almeja reaver o mandato. Na hipótese, de conformidade com a Resolução TSE 22.610/2007, será competente para receber e examinar a pretensão do partido pelo qual se elegera o Senador, o

(A) Senado Federal.
(B) Supremo Tribunal Federal.
(C) Tribunal Superior Eleitoral.
(D) Tribunal Regional Eleitoral de Minas Gerais.
(E) Tribunal Regional Eleitoral do Distrito Federal.

De fato, a única alternativa correta é encontrada na assertiva "B", uma vez que o art. 2º da Resolução TSE 22.610/2007 dispõe que o "Tribunal Superior Eleitoral é competente para processar e julgar pedido relativo a mandato federal; nos demais casos, é competente o tribunal eleitoral do respectivo Estado".

Gabarito "B"

(Analista – TREMG – 2012 – CONSULPLAN) Atualmente, há cerca de 30 partidos políticos regularmente registrados e em funcionamento no Brasil. Trata-se de pessoas jurídicas de direito privado que desempenham importante papel no concerto democrático. A respeito das regras aplicáveis aos partidos políticos, assinale a alternativa correta.

(A) Os recursos do Fundo Partidário são distribuídos, de forma paritária, aos órgãos nacionais de todos os partidos.

(B) É expressamente vedado ao partido político ministrar instrução militar ou paramilitar e adotar uniforme para seus membros.

(C) O partido político, após adquirir personalidade jurídica, registra seu estatuto no Tribunal Regional Eleitoral do Estado em que funcionar sua sede.

(D) Diante do interesse público inerente a sua atuação, ao partido político não se assegura autonomia para definir sua estrutura interna, organização e funcionamento, que são inteiramente delimitados pela Justiça Eleitoral.

(E) É livre a criação, fusão e incorporação de partidos políticos cujos programas respeitem a soberania nacional, o regime democrático, o pluripartidarismo e os direitos fundamentais da pessoa humana. A extinção de um partido, no entanto, depende de aprovação do Congresso Nacional.

A: assertiva incorreta, pois a distribuição do Fundo obedecerá o fator de 5% em proporção igualitária, a todos os partidos com estatutos registrados junto ao TSE, e 95% do total do Fundo Partidário serão distribuídos a eles na proporção dos votos obtidos na última eleição geral para a Câmara dos Deputados, conforme o art. 41-A da Lei 9.096/1995 (Incluído pela Lei 12.875/2013; Vide também ADINS 1.351-3 e 1.354-8); B: assertiva correta, conforme art. 6º, Lei 9.096/1995; C: assertiva incorreta, uma vez que, após adquirir personalidade jurídica, na forma do Código Civil, o partido deverá registrar seu estatuto perante o Tribunal Superior Eleitoral, conforme disciplina o art. 7º da Lei 9.096/1995; D: assertiva incorreta, uma vez que uma das garantias inerentes às agremiações partidárias é a autonomia para definir sua estrutura interna, organização e funcionamento, conforme estampado no art. 3º da Lei 9.096/1995 e art. 17, § 1º da CF; E: assertiva incorreta, vez que tanto a Lei 9.096/1995 (art. 2º) quanto a Constituição Federal (art. 17, § 1º) preveem a liberdade de criação, fusão, incorporação e extinção dos partidos políticos.

Gabarito "B"

(Analista – TREMG – 2012 – CONSULPLAN) A respeito da filiação partidária, de acordo com a legislação atualmente em vigor, é correto afirmar que

(A) apenas as pessoas maiores e capazes, em pleno gozo de seus direitos políticos, podem se filiar a partido político.

(B) o cancelamento imediato da filiação partidária verificasse somente nos casos de morte, perda dos direitos políticos e expulsão.

(C) é proibido ao partido político estabelecer, em seu estatuto, prazos de filiação partidária superiores aos previstos na lei, com vistas a candidatura a cargos eletivos.

(D) para concorrer a cargo eletivo, o eleitor deverá estar filiado ao respectivo partido pelo menos um ano antes da data fixada para as eleições, majoritárias ou proporcionais.

(E) se um eleitor, já filiado em um partido político, quiser se filiar em outro, basta que o requeira ao novo partido, desde que atenda às suas regras estatutárias, sendo cancelada a filiação anterior automaticamente.

A: assertiva incorreta, uma vez que o art. 16 da Lei 9.096/1995 não fala em maioridade ou capacidade, mas sim que só pode filiar-se a partido o eleitor que estiver no "pleno gozo de seus direitos políticos"; **B:** assertiva incorreta, uma vez que o art. 22 da Lei 9.096/1995 dispõe que, além das possibilidades trazidas pela assertiva, outros casos poderão ser previstos nos próprios estatutos das agremiações políticas, em sintonia com o que dispõe o princípio da autonomia dos partidos políticos estampado no § 1º do art. 17 da CF; **C:** assertiva incorreta, uma vez que esta possibilidade encontra guarida no art. 20 da Lei 9.096/1995, havendo apenas a ressalva de que os prazos de filiação partidária, fixados no estatuto do partido, com vistas à candidatura a cargos eletivos, não podem ser alterados no ano da eleição; **D:** assertiva correta, conforme dispõe o art. 18 da Lei 9.096/1995; **E:** assertiva incorreta, pois o art. 21 da Lei 9.096/1995 disciplina que para desligar-se do partido, o filiado deverá fazer comunicação escrita ao órgão de direção municipal e ao Juiz Eleitoral da Zona em que for inscrito, sendo que após 2 dias do protocolo deste documento, o vínculo com o partido torna-se extinto para os fins desejados.

Gabarito "D".

(Analista – TREMG – 2012 – CONSULPLAN) Segundo o Art. 31 da Lei 9.096, de 1995, é vedado ao partido receber, direta ou indiretamente, sob qualquer forma ou pretexto, contribuição ou auxílio pecuniário ou estimável em dinheiro, inclusive através de publicidade de qualquer espécie, procedente de pessoas ou entidades enumeradas em seus incisos. Assinale, dentre as hipóteses a seguir, aquela em que a contribuição ou auxílio pecuniário ou estimável em dinheiro recebido pelo partido político NÃO contraria a vedação legal prevista no citado dispositivo legal.

(A) O partido político recebe doações de um Governador de Estado, que pretende, assim que possível, filiar-se a ele.

(B) O partido político recebe contribuição estimável em dinheiro de Concessionária de Serviços de Energia Elétrica.

(C) O partido político recebe valores doados por um cidadão dos Estados Unidos da América, que tem amigos brasileiros filiados ao partido.

(D) O partido político recebe doação do governo da Alemanha para a formação do seu fundo partidário, porque se alinha à ideologia do governo do citado país.

(E) O partido político recebe auxílio pecuniário do Sindicato dos Servidores Públicos Municipais, que entendeu por bem contribuir para a campanha dos candidatos do partido.

A: assertiva incorreta, conforme o art. 31, II, da Lei 9.096/1995; **B:** assertiva incorreta, conforme art. 31, III, da Lei 9.096/1995; **C:** assertiva correta, uma vez que se trata de doação realizada por um particular, não se encontrando na vedação expressa contida no art. 31, I, da Lei 9.096/1995; **D:** assertiva incorreta, dada a vedação do art. 31, I, da Lei 9.096/1995; **E:** assertiva incorreta, conforme vedação expressa no art. 31, IV, da Lei 9.096/1995.

Gabarito "C".

(Analista – TRE/RJ – 2012 – CESPE) Com base no disposto no Código Eleitoral (Lei nº 4.737/1965) acerca do cancelamento e da exclusão do alistamento eleitoral, julgue os itens a seguir.

(1) No processo de exclusão de alistamento eleitoral, a defesa pode ser realizada pelo próprio interessado, por outro eleitor ou, ainda, por delegado de partido.

(2) Ressalvada a hipótese de falecimento, a partir da instauração do processo de exclusão, o eleitor, preventivamente, já não poderá votar. Busca-se, com isso, evitar que seja computado como válido o voto passível de ser anulado posteriormente no caso de sentença final que determine a exclusão do referido eleitor.

1: assertiva correta (art. 73 do Código Eleitoral); **2:** assertiva incorreta, pois durante o processo até a exclusão pode o eleitor votar validamente (art. 72 do Código Eleitoral).

Gabarito 1C; 2E.

(Analista – TSE – 2006 – CESPE) Professores e servidores da rede pública de ensino de vários estados brasileiros decidiram fundar o Partido pelo Progresso da Educação Nacional (PPEN). Ivan, em pleno gozo de seus direitos políticos, tendo-se identificado com as propostas do partido e pretendendo concorrer ao cargo eletivo de deputado federal, procurou o PPEN para filiar-se. Com referência a essa situação hipotética e com base na Lei 9.096/1995, assinale a opção incorreta.

(A) Os fundadores do PPEN devem ser domiciliados em, no mínimo, nove unidades federativas do Brasil, a fim de formularem pedido de requerimento do partido no Registro Civil das Pessoas Jurídicas.

(B) O registro do estatuto do PPEN no Registro Civil das Pessoas Jurídicas assegura a exclusividade de sua denominação, sua sigla e seus símbolos em âmbito nacional.

(C) Para concorrer ao cargo de deputado federal, Ivan deve filiar-se ao PPEN pelo menos um ano antes da data das eleições.

(D) Se, na forma de seu estatuto, o PPEN se fundir com outro partido, será cancelado seu registro perante o Registro Civil das Pessoas Jurídicas.

A: assertiva correta – art. 8º da Lei 9.096/1995; B: assertiva incorreta, devendo ser assinalada, visto que o artigo art. 7º, § 3º, da Lei 9.096/1995 estabelece que somente o registro do estatuto no **Tribunal Superior Eleitoral** assegura a exclusividade da sua denominação, sigla e símbolos, de modo que o mero registro do estatuto no Registro Civil das Pessoas Jurídicas não tem o condão de produzir tal efeito; C: assertiva correta – art. 18 da Lei 9.096/1995; D: assertiva correta – art. 27 da Lei 9.096/1995.

Gabarito "B"

(Analista – TRE/AC – 2010 – FCC) O requerimento de registro de partido político deve ser subscrito pelos seus fundadores, em número nunca inferior a

(A) cento e um, com domicílio eleitoral em, no mínimo, um terço dos Estados.

(B) duzentos e um, com domicílio eleitoral em, no mínimo, dois terços dos Estados.

(C) trezentos e um, com domicílio eleitoral em, no mínimo, um quinto dos Estados.

(D) quatrocentos e um, com domicílio eleitoral em, no mínimo, um sexto dos Estados.

(E) quinhentos e um, com domicílio eleitoral em, no mínimo, metade dos Estados.

De fato a alternativa "A" é a única correta, de acordo com o art. 8º da Lei 9.096/1995.

Gabarito "A"

(Analista – TRE/AC – 2010 – FCC) A respeito da fusão, incorporação e extinção dos partidos políticos, considere:

I. O Tribunal Superior Eleitoral, após o trânsito em julgado de decisão, determinará o cancelamento do registro civil e do estatuto do partido contra o qual fique provado estar recebendo recursos de procedência estrangeira.

II. O partido político, em nível nacional, sofrerá suspensão das cotas do fundo partidário como consequência de atos praticados por órgãos regionais ou municipais.

III. A falta de prestação, na forma da lei, das devidas contas à Justiça Eleitoral não se inclui dentre as causas de cancelamento do registro e do estatuto do partido.

Está correto o que se afirma APENAS em

(A) I.
(B) I e II.
(C) I e III.
(D) II e III.
(E) III.

I: assertiva correta – art. 28, I, da Lei 9.096/1995; II: assertiva incorreta – art. 28, § 3º da Lei 9.096/1995; III: assertiva incorreta – art. 37 da Lei 9.096/1995.

Gabarito "A"

(Analista – TRE/AL – 2010 – FCC) O registro do estatuto no Tribunal Superior Eleitoral NÃO é requisito para o Partido Político

(A) assegurar a exclusividade da sua denominação.
(B) poder participar do processo eleitoral.
(C) receber recursos do Fundo Partidário.
(D) ter acesso gratuito ao rádio e à televisão, na forma da lei.
(E) definir sua estrutura interna, organização e funcionamento.

Segundo o § 2º do art. 7º da Lei 9.096/1995, só o partido que tenha registrado seu estatuto no Tribunal Superior Eleitoral poder participar do processo eleitoral, receber recursos do Fundo Partidário e ter acesso gratuito ao rádio e à televisão. A *contrario sensu*, portanto, o registro do estatuto no TSE não será requisito apenas na hipótese prevista no item E.

Gabarito "E"

(Analista – TRE/AM – 2010 – FCC) A respeito da criação e do registro dos Partidos Políticos, considere:

I. O partido político que já tenha adquirido personalidade jurídica através do registro no cartório competente do Registro Civil e das Pessoas Jurídicas da Capital Federal poderá participar do processo eleitoral, ter acesso gratuito ao rádio e à televisão, mas não receberá recursos do Fundo Partidário.

II. Só é admitido o registro do estatuto de partido político que tenha caráter nacional.

III. O registro do estatuto no Tribunal Superior Eleitoral assegura a exclusividade da sua denominação, sigla e símbolos.

IV. O requerimento de registro de partido político, dirigido ao cartório competente do Registro Civil e das Pessoas Jurídicas, da Capital Federal, deve ser subscrito pelos seus fundadores, em número nunca inferior a cento e um, com domicílio eleitoral em, no mínimo, um terço dos Estados.

Está correto o que se afirma APENAS em

(A) II, III e IV.
(B) I, II e IV.
(C) I, II e III.
(D) I e IV.
(E) II e III.

I: assertiva incorreta – só o partido que tenha registrado seu estatuto no Tribunal Superior Eleitoral pode participar do processo eleitoral, receber recursos do Fundo Partidário e ter acesso gratuito ao rádio e à televisão – art. 7º, § 2º, da Lei 9.096/1995; II: assertiva correta – art. 7º, § 1º, da Lei 9.096/1995; III: assertiva correta – art. 7º, § 3º, da Lei 9.096/1995; IV: assertiva correta: art. 8º da Lei 9.096/1995.

Gabarito "A"

(Analista – TRE/AM – 2010 – FCC) A respeito da filiação partidária é INCORRETO afirmar que

(A) quem se filia a outro partido deve fazer comunicação ao partido e ao Juiz de sua respectiva Zona Eleitoral, para cancelar sua filiação.

(B) considera-se deferida, para todos os efeitos, a filiação partidária, com o atendimento das regras estatutárias do partido.

(C) é facultado aos partidos políticos estabelecer, em seu estatuto, prazos de filiação partidária inferiores aos previstos em lei, com vistas a candidaturas a cargos eletivos.

(D) os prazos de filiação partidária, fixados no estatuto do partido, com vistas a candidatura a cargos eletivos, não podem ser alterados no ano da eleição.

(E) para desligar-se do partido, o filiado faz comunicação escrita ao órgão de direção municipal e ao Juiz Eleitoral da Zona em que for inscrito.

A: assertiva correta – art. 22, parágrafo único, da Lei 9.096/1995; B: assertiva correta – art. 17 da Lei 9.096/1995; C: assertiva incorreta, devendo ser assinalada, pois a lei faculta aos partidos o estabelecimento de prazos superiores (e não inferiores) aos previstos em lei – art. 20 da Lei 9.096/1995; D: assertiva correta – art. 20, parágrafo único, da Lei 9.096/1995; E: assertiva correta – art. 21 da Lei 9.096/1995.

Gabarito "C"

(Analista – TRE/AM – 2010 – FCC) A respeito do Fundo Partidário, é correto afirmar que

(A) não pode ser constituído por doações de pessoas físicas ou jurídicas, mas somente por dotações orçamentárias da União.

(B) a Justiça Eleitoral não pode investigar a aplicação dos recursos oriundos do Fundo Partidário, em razão da autonomia administrativa dos partidos políticos.

(C) os partidos políticos não necessitam prestar contas à Justiça Eleitoral das despesas realizadas com o Fundo Partidário.

(D) serão destinados pelos partidos políticos, no mínimo 20% do total recebido, para a criação e manutenção de instituto ou fundação de pesquisa e de doutrinação e educação política.

(E) os recursos dele oriundos, até 80%, podem ser aplicados no pagamento de pessoal.

A: assertiva incorreta – art. 38, III, da Lei 9.096/1995; B: assertiva incorreta – art. 44, § 2º, da Lei 9.096/1995; C: assertiva incorreta – art. 44, § 1º, da Lei 9.096/1995; D: assertiva correta – art. 44, IV, da Lei 9.096/1995; E: assertiva incorreta – o limite máximo é de 50% (cinquenta por cento), nos termos dados pela Lei 12.034/2009.

Gabarito "D"

(Analista – TRE/AP – 2011 – FCC) A perda dos direitos políticos

(A) não impede a filiação partidária, mas apenas a votação em convenções.

(B) não impede a filiação partidária, mas apenas a disputa de cargo eletivo.

(C) impede a filiação partidária.

(D) só impede a filiação partidária se houver prévia decisão nesse sentido dos órgãos de direção do partido.

(E) só impede a filiação partidária se houver dispositivo expresso nesse sentido no estatuto do partido.

O art. 16 da Lei 9.096/1995 reza: "só pode filiar-se a partidos o eleitor que estiver no pleno gozo de seus direitos políticos."

Gabarito "C"

(Analista – TRE/BA – 2003 – FCC) João era filiado ao Partido Alfa. Posteriormente, filiou-se ao Partido Beta, deixando de comunicar a nova filiação ao Juiz da respectiva Zona Eleitoral e ao Partido ao qual era anteriormente filiado. Seis meses depois foi descoberta a ocorrência. Nesse caso,

(A) apenas a filiação ao Partido Alfa é nula.

(B) apenas a filiação ao Partido Beta é nula.

(C) ambas as filiações são nulas.

(D) o interessado deverá optar por uma das duas filiações.

(E) a segunda filiação só será válida se tiver havido concordância do Partido Alfa.

O art. 22, parágrafo único, da Lei 9.096/1995 estabelece a obrigatoriedade de comunicação ao partido e ao juiz da respectiva zona eleitoral para cancelamento de filiação já no dia imediato ao da nova filiação. A violação a essa determinação configurará dupla filiação, "sendo ambas consideradas nulas para todos os efeitos". Logo, as assertivas "A", "B", "D" e "E" estão incorretas.

Gabarito "C"

(Analista – TRE/BA – 2003 – FCC) Quanto aos Partidos Políticos é INCORRETO afirmar que

(A) observada a lei civil, no caso de incorporação, cabe ao Partido, incorporando deliberar por maioria absoluta de votos, em seu órgão nacional de deliberação, sobre a adoção do estatuto e do programa de outra agremiação.

(B) fica cancelado, junto ao Ofício Cível e ao Tribunal Superior Eleitoral, o registro do Partido que, na forma de seu estatuto, se dissolva, se incorpore, ou venha a se fundir a outro.

(C) o Partido está obrigado a enviar, anualmente, ao Ministério Público Eleitoral, o balanço contábil do exercício findo, até o dia 30 de abril do ano seguinte.

(D) o Partido Político, em nível nacional, não sofre a suspensão das quotas do Fundo Partidário, nem qualquer outra punição, como consequência de atos praticados por órgãos regionais ou municipais.

(E) somente o registro do estatuto do Partido no Tribunal Superior Eleitoral assegura a exclusividade da sua denominação, sigla e símbolos, vedada a utilização por outros Partidos de variações que venham a induzir a erro ou confusão.

A: assertiva correta – art. 29, § 2º, da Lei 9.096/1995; B: assertiva correta – art. 27 da Lei 9.096/1995; C: assertiva incorreta, devendo ser assinalada – art. 32 da Lei 9.096/1995 (o Partido está obrigado a enviar, anualmente, à Justiça Eleitoral, o balanço contábil do exercício findo); D: assertiva correta: art. 37, § 2º, da Lei 9.096/1995 – "a sanção é aplicada exclusivamente à esfera partidária responsável pela irregularidade"; E: assertiva correta – art. 7º, § 3º, da Lei 9.096/1995.

Gabarito "C"

(Analista – TRE/BA – 2003 – FCC) Considere as afirmações relativas aos Partidos Políticos.

I. O Partido Político é pessoa jurídica de direito público, destina-se a assegurar, no interesse do regime democrático, a autenticidade do sistema representativo e a defender os direitos fundamentais definidos na Constituição Federal.

II. É assegurada ao Partido Político autonomia para definir sua estrutura interna, organização e funcionamento.

III. O requerimento de registro de Partido Político, dirigido ao cartório competente do Registro Civil das Pessoas Jurídicas da Capital Federal deve ser subscrito por seus fundadores, em número nunca inferior a 100, com domicílio eleitoral em, no mínimo, 5 Estados.

Está correto APENAS o que se afirma em

(A) II e III.
(B) I e III.
(C) I e II.
(D) II.
(E) I.

I: assertiva incorreta – art. 1º da Lei 9.096/1995 – é pessoa jurídica de direito privado; II: assertiva correta – art. 3º da Lei 9.096/1995; III: assertiva incorreta – art. 8º, caput, da Lei 9.096/1995 – o requerimento de registro de partidos políticos deve ser subscrito por seus fundadores, em número **nunca inferior a 101**, com domicílio eleitoral em, no mínimo, **um terço dos Estados**.

Gabarito "D"

(Analista – TRE/CE – 2012 – FCC) Os partidos políticos

(A) podem desenvolver campanhas publicitárias pagas por entidades estrangeiras.

(B) são obrigados a conservar os documentos comprobatórios de suas prestações de contas por, pelo menos, cinco anos.

(C) não podem impugnar as prestações de contas de outros partidos, função que cabe exclusivamente à Justiça Eleitoral.

(D) podem ser mantidos por entidade de classe ou sindical, desde que os respectivos diretores sejam diferentes.

(E) não estão obrigados, no ano em que ocorrem eleições, a enviar à Justiça Eleitoral nem balanço anual, nem balancetes mensais.

A: assertiva incorreta (art. 31, I, da Lei 9.096/1995); B: assertiva correta (art. 34, IV, da Lei 9.096/1995); C: assertiva incorreta (art. 35, parágrafo único, da Lei 9.096/1995); D: assertiva incorreta (art. 31, IV, da Lei 9.096/1995); E: assertiva incorreta (art. 32, caput e § 3º, da Lei 9.096/1995).

Gabarito "B"

(Analista – TRE/CE – 2012 – FCC) A respeito da propaganda partidária, considere:

I. A propaganda partidária paga no rádio e na televisão só é permitida no ano em que não se realizarem eleições.

II. A divulgação de propaganda de candidatos a cargos eletivos só pode ser feita durante a propaganda partidária gratuita no rádio e na televisão até o dia 5 de julho do ano da eleição.

III. A propaganda partidária gratuita no rádio e na televisão será feita através de transmissões em bloco, em cadeia nacional ou estadual, ou em inserções de trinta segundos e um minuto, no intervalo da programação normal das emissoras.

Está correto o que se afirma APENAS em

(A) III.
(B) I e II.
(C) I e III.
(D) II e III.
(E) II.

I: assertiva incorreta, a propaganda partidária, no rádio e na televisão, fica restrita aos horários gratuitos disciplinados na LPP, com proibição de propaganda paga (art. 45, § 6º, da Lei 9.096/1995); II: assertiva incorreta – é vedada a divulgação de propaganda de candidatos a cargos eletivos e a defesa de interesses pessoais ou de outros partidos (art. 45, § 1º, II, da Lei 9.096/1995); III: assertiva correta (art. 46, § 1º, da Lei 9.096/1995).

Gabarito "A"

(Analista – TRE/MG – 2005 – FCC) Os partidos políticos

(A) podem adotar uniformes para seus membros, mas lhes é vedado ministrar instrução militar ou paramilitar.

(B) só adquirem personalidade jurídica após o registro de seus estatutos no Tribunal Regional Eleitoral competente.

(C) atuam de acordo com o seu estatuto e programa e podem ser subordinados a entidades estrangeiras.

(D) têm autonomia para definir sua estrutura interna, órgãos e funcionamento, e só podem ter caráter nacional.

(E) têm acesso gratuito ao rádio e à televisão, independentemente do registro de seus estatutos no Tribunal Superior Eleitoral, e podem receber recurso do fundo partidário.

A: assertiva incorreta – vedação prevista no art. 6º da Lei 9.096/1995; B: assertiva incorreta – os partidos políticos adquirem personalidade jurídica após o registro no Registro Civil de Pessoas Jurídicas – art. 8º, § 3º, da Lei 9.096/1995; C: assertiva incorreta – art. 5º da Lei 9.096/1995; D: assertiva correta – art. 3º c/c art. 5º da Lei 9.096/1995; E: assertiva incorreta – art. 7º, § 2º, da Lei 9.096/1995.

Gabarito "D".

(Analista – TRE/MG – 2005 – FCC) Quem, sendo filiado a um partido político, se filia a outro, deve fazer comunicação ao partido e ao Juiz da sua respectiva Zona Eleitoral, para cancelar sua filiação; se não o fizer no dia imediato ao da nova filiação, fica configurada dupla filiação e

(A) será intimado pela Justiça Eleitoral para optar por uma delas.

(B) será considerada nula a segunda filiação.

(C) será considerada nula a primeira filiação.

(D) ambas serão consideradas nulas para todos os efeitos.

(E) ambas serão consideradas válidas, mas não poderá disputar cargos eletivos.

No caso de coexistência partidária, prevalecerá apenas uma, ou seja, a mais recente, conforme o art. 22, parágrafo único, da Lei 9.096/1995.

Gabarito "D".

(Analista – TRE/MS – 2007 – FCC) A respeito da filiação partidária, é correto afirmar que

(A) se considera deferida, para todos os efeitos, a filiação partidária, com o atendimento das regras estatutárias.

(B) pode filiar-se a partido político o eleitor que não estiver no pleno gozo de seus direitos políticos, só não podendo candidatar-se a cargo eletivo.

(C) para concorrer a cargo eletivo, o eleitor deverá estar filiado ao respectivo partido pelo menos 6 meses antes da data fixada para as eleições.

(D) é facultado ao partido político estabelecer, em seu estatuto, prazos de filiação partidária inferiores aos previstos em lei, com vistas à candidaturas a cargos eletivos.

(E) os prazos de filiação partidária fixados no estatuto do partido político, com vistas à candidatura a cargos eletivos, podem ser alterados no ano da eleição.

A: assertiva correta – art. 17 da Lei 9.096/1995; B: assertiva incorreta: art. 16 da Lei 9.096/1995; C: assertiva incorreta – o eleitor que desejar concorrer a cargo eletivo deve estar filiado ao respectivo partido há pelo menos um ano antes da data fixada para as eleições – art. 18 da Lei 9.096/1995; D: assertiva incorreta – os partidos políticos poderão prever em seus estatutos prazos de filiação partidária **superiores** (e não inferiores) aos previstos em lei com vistas a candidaturas a cargos eletivos – art. 20 da Lei 9.096/1995; E: assertiva incorreta – os prazos de filiação partidária não poderão ser alterados no ano da eleição – art. 20, parágrafo único, da Lei 9.096/1995.

Gabarito "A".

(Analista – TRE/PB – 2007 – FCC) O partido político que receber, direta ou indiretamente, sob qualquer forma ou pretexto, contribuição ou auxílio pecuniário ou estimável em dinheiro, inclusive através de publicidade de qualquer espécie procedente de entidade de classe ou sindical, ficará sujeito à suspensão da participação no Fundo Partidário

(A) definitiva e permanente.

(B) por dois anos.

(C) por um ano.

(D) por cinco anos.

(E) até o próximo pleito.

A única alternativa que contempla o previsto no art. 31, IV, c/c art. 36, II, da Lei 9.096/1995 é a "C".

Gabarito "C".

(Analista – TRE/PE – 2004 – FCC) Paulo era filiado ao Partido Alfa. Filiou-se ao Partido Beta, sem comunicar o seu desligamento ao Partido Alfa e ao Juiz Eleitoral da Zona em que era eleitor. Um mês depois, filiou-se ao partido Gama, também sem fazer as devidas comunicações. Nesse caso,

(A) apenas a primeira filiação é válida.

(B) apenas a terceira filiação é válida.

(C) apenas a segunda filiação é válida.

(D) a segunda e a terceira filiações são válidas.

(E) as três filiações são nulas.

De fato a alternativa "E" é a única correta, pois de acordo com o art. 22, parágrafo único, da Lei 9.096/1995.

Gabarito "E".

(Analista – TRE/PI – 2009 – FCC) O partido político

(A) pode ter caráter estadual ou municipal, desde que exerça suas atividades de acordo com seu estatuto e seu programa.

(B) adquire personalidade jurídica com o registro de seu estatuto no Tribunal Superior Eleitoral.

(C) tem direito à exclusividade da sua denominação, sigla e símbolos, independentemente do registro no Tribunal Superior Eleitoral.

(D) tem autonomia para definir sua estrutura interna, mas a sua organização é regulamentada pela Justiça Eleitoral.

(E) é pessoa jurídica de direito privado e as pessoas a ele filiadas têm iguais direitos e deveres.

A: assertiva incorreta – só é admitido o registro de partido político de caráter nacional – art. 17 da CF e art. 7°, § 1°, da Lei 9.096/1995; **B:** assertiva incorreta – os partidos políticos adquirem personalidade jurídica de direito privado com o registro de seus atos constitutivos no Registro Civil de Pessoas Jurídicas – art. 7° da Lei 9.096/1995 c/c art. 17, § 2°, da CF; **C:** assertiva incorreta – o direito à exclusividade da sua denominação, sigla e símbolos depende do registro no Tribunal Superior Eleitoral – art. 7°, § 3°, da Lei 9.096/1995; **D:** assertiva incorreta – art. 3° c/c art. 15, IV, da Lei 9.096/1995; **E:** assertiva correta – art. 1° c/c art. 4° da Lei 9.096/1995.

Gabarito "E"

(Analista – TRE/PI – 2009 – FCC) Tício filiou-se ao partido político Alpha. Posteriormente, filiou-se ao partido político Beta, sem comunicar ao partido Alpha nem ao Juiz de sua Zona Eleitoral. Nesse caso,

(A) as duas filiações serão consideradas nulas para todos os efeitos.

(B) somente a segunda filiação será considerada nula para todos os efeitos.

(C) somente a primeira filiação será considerada nula para todos os efeitos.

(D) o eleitor será chamado perante a Justiça Eleitoral para optar por um dos referidos partidos.

(E) caberá ao Juiz Eleitoral indicar, após ouvir o interessado, a que partido político passará a pertencer.

Art. 22, parágrafo único, da Lei 9.096/1995.

Gabarito "A"

(Analista – TRE/PR – 2012 – FCC) Em exame da prestação de contas anual do partido Gama, foi constatado o recebimento de recursos de origem não esclarecida. Nesse caso,

(A) o partido será punido com multa igual ao valor dos recursos e terá suas atividades suspensas até que o esclarecimento seja feito.

(B) o partido será punido com multa igual ao dobro do valor dos recursos de origem não esclarecida.

(C) ficará suspenso o recebimento pelo partido das quotas do Fundo Partidário por um ano.

(D) ficará suspenso o recebimento pelo partido das quotas do Fundo Partidário até que o esclarecimento seja aceito pela Justiça Eleitoral.

(E) ficará suspenso o recebimento das quotas do Fundo Partidário por dois anos e o partido será punido com multa de dez salários mínimos.

A alternativa "D" está de acordo com o art. 36, I, da Lei 9.096/1995, portanto, correta.

Gabarito "D"

(Analista – TRE/RS – 2010 – FCC) A respeito da filiação partidária, é INCORRETO afirmar:

(A) Para concorrer a cargo eletivo, o eleitor deverá estar filiado ao respectivo partido pelo menos um ano antes da data fixada para as eleições, majoritárias ou proporcionais.

(B) O prazos de filiação partidária fixados no estatuto do partido, com vistas a candidatura a cargos eletivos, não podem ser alterados no ano da eleição.

(C) Considera-se deferida, para todos os efeitos, a filiação partidária, com o deferimento do pedido pelo Tribunal Regional Eleitoral.

(D) Para desligar-se do partido, o filiado faz comunicação escrita ao órgão de direção municipal e ao Juiz Eleitoral da Zona em que for inscrito.

(E) Se o estatuto do partido estabelecer outros casos de cancelamento da filiação partidária além dos previstos em lei deve obrigatoriamente comunicar ao atingido no prazo de 48 horas da decisão.

A: assertiva correta – art. 18 da Lei 9.096/1995; **B:** assertiva correta – art. 20, parágrafo único, da Lei 9.096/1995; **C:** assertiva incorreta, devendo ser assinalada – art. 17 da Lei 9.096/1995; **D:** assertiva correta – art. 21 da Lei 9.096/1995; **E:** assertiva correta – art. 22, IV, da Lei 9.096/1995.

Gabarito "C"

(Analista – TRE/RS – 2010 – FCC) Os partidos políticos, observados os limites legais, podem receber auxílio pecuniário ou estimável em dinheiro, inclusive através de publicidade de qualquer espécie, procedente de

(A) empresas públicas.

(B) entidade estrangeira.

(C) autarquias.

(D) pessoa jurídica de direito privado.

(E) entidade de classe.

A: assertiva incorreta – art. 31, III, da Lei 9.096/1995; **B:** assertiva incorreta – art. 31, I, da Lei 9.096/1995; **C:** assertiva incorreta – art. 31, III, da Lei 9.096/1995; **D:** assertiva correta – não há qualquer previsão legal vedando o recebimento de auxílio pecuniário ou estimável em dinheiro por pessoa jurídica de direito privado; **E:** assertiva incorreta – art. 31, IV, da Lei 9.096/1995.

Gabarito "D"

(Analista – TRE/SP – 2006 – FCC) Os partidos políticos

(A) podem receber recursos do Fundo Partidário, mesmo que não tenham registrado seus estatutos no Tribunal Superior Eleitoral.

(B) são pessoas jurídicas de direito público, pois se destinam a assegurar os direitos fundamentais definidos na Constituição Federal.

(C) podem ser subordinados a entidades estrangeiras, desde que seus estatutos respeitem a soberania nacional.

(D) não podem ministrar instrução paramilitar, mas podem adotar uniformes para seus membros.

(E) têm autonomia para definir sua estrutura interna, organização e funcionamento, e seus estatutos devem ter caráter nacional.

A: assertiva incorreta – art. 7º, § 2º, da Lei 9.096/1995; B: assertiva incorreta – são pessoas jurídicas de direito privado – art. 1º da Lei 9.096/1995; C: assertiva incorreta – art. 5º da Lei 9.096/1995; D: assertiva incorreta – art. 6º da Lei 9.096/1995; E: assertiva correta – art. 3º c/c art. 5º da Lei 9.096/1995.

Gabarito "E".

(Analista – TRE/SP – 2006 – FCC) Quem se filia a outro partido deve fazer comunicação ao partido e ao juiz de sua respectiva Zona Eleitoral, para cancelar sua filiação; se não o fizer no dia imediato ao da nova filiação, fica configurada dupla filiação e

(A) será considerada nula apenas a segunda filiação.

(B) ambas serão consideradas nulas para todos os efeitos.

(C) será considerada nula apenas a primeira filiação.

(D) ambas serão consideradas válidas, até um ano antes das eleições.

(E) o eleitor deverá optar por uma delas no prazo de 60 dias.

Segundo preceitua o parágrafo púnico do art. 22 da Lei 9.096/1995, havendo coexistência de filiações, prevalecerá apenas a mais recente delas, devendo as demais serem canceladas, por ordem da Justiça Eleitoral.

Gabarito "B".

(Analista – TRE/TO – 2011 – FCC) De acordo com a Lei 9.096/1995, os partidos políticos

(A) não poderão promover alterações programáticas ou estatutárias após o registro de seu estatuto no Tribunal Superior Eleitoral.

(B) poderão, depois de autorização diplomática, subordinarem-se a entidade estrangeira.

(C) poderão incorporar-se um ao outro por decisão de seus órgãos nacionais de deliberação.

(D) poderão manter organização paramilitar.

(E) poderão receber recursos financeiros de procedência estrangeira.

A: assertiva incorreta, pois as alterações programáticas ou estatutárias, após registradas no Ofício Civil competentes, devem ser encaminhadas, para o mesmo fim, ao Tribunal Superior Eleitoral – art. 10 da Lei 9.096/1995; B: assertiva incorreta: a ação do partido ter caráter nacional e é exercida de acordo com seu estatuto ou programa, sem subordinação a entidades ou governos estrangeiros – art. 5º da Lei 9.096/1995; C: assertiva correta: art. 29 da Lei 9.096/1995; D: assertiva incorreta: é vedado ao partidos político ministrar instrução militar ou paramilitar – art. 6º da Lei 9.096/1995; E: assertiva incorreta: art. 31, I, da Lei 9.096/1995.

Gabarito "C".

(Analista – TRE/TO – 2011 – FCC) É livre a criação, fusão, incorporação e extinção de partidos políticos, cujos programas NÃO estão obrigados a respeitar

(A) o pluripartidarismo.

(B) a soberania nacional.

(C) o regime democrático.

(D) as orientações políticas do Presidente da República.

(E) os direitos fundamentais da pessoa humana.

Conforme reza o art. 1º da Lei 9.096/1995, o partido político destina-se a assegurar o interesse do regime democrático, defender os direitos fundamentais e a autenticidade do sistema representativo, portanto, não se submete às orientações políticas do Presidente da República.

Gabarito "D".

(Analista – TRE/TO – 2011 – FCC) A respeito da fusão e incorporação de partidos políticos, considere:

I. Na hipótese de fusão, a existência legal do novo partido tem início com o registro dos estatutos do novo partido no Tribunal Superior Eleitoral.

II. No caso de incorporação, o instrumento respectivo deve ser levado ao Ofício Civil competente, que deve, então, cancelar o registro do partido incorporado a outro.

III. Adotados o estatuto e o programa do partido incorporador, realizar-se-á, em reunião conjunta dos órgãos nacionais de deliberação, a eleição do novo órgão de direção nacional.

Está correto o que se afirma APENAS em

(A) I.

(B) I e II.

(C) I e III.

(D) II e III.

(E) III.

I: assertiva incorreta: na hipótese de fusão, a existência legal do novo partido tem início com o registro, no Ofício Civil competente da Capital Federal, do estatuto e do programa, cujo requerimento deve ser acompanhado das atas das decisões dos órgãos competentes – art. 29, § 4º, da Lei 9.096/1995; II: assertiva correta: art. 29, § 5º, da Lei 9.096/1995; III: assertiva correta: art. 29, § 3º, da Lei 9.096/1995.

Gabarito "D".

(Analista – TRE/AL – 2004 – CESPE) No que se refere aos partidos políticos, julgue os itens seguintes.

(1) No sistema político brasileiro, é admissível a fusão entre dois partidos; não se admite, porém, a incorporação de um partido por outro.

(2) É proibido a um partido político brasileiro atuar como instituição paramilitar, o que não o impede de se utilizar de uma organização dessa natureza para a consecução de suas finalidades.

1: assertiva incorreta, pois tanto a fusão como a incorporação de partidos é possível – art. 27 da Lei 9.096/1995; 2: assertiva incorreta, pois em desacordo com o art. 6º da Lei 9.096/1995.

Gabarito 1E, 2E.

(Analista – TRE/BA – 2010 – CESPE) Acerca das regras concernentes à filiação partidária, julgue os itens a seguir.

(1) O cidadão que pretende concorrer a cargo eletivo poderá mudar de partido no ano do pleito, desde que ainda não tenha havido a convenção do partido com a finalidade de escolher seus respectivos candidatos.

(2) A lei limita o acesso dos órgãos de direção nacional dos partidos políticos às informações de seus filiados constantes do cadastro eleitoral, como forma de assegurar a privacidade dos eleitores e dos candidatos, ainda que em relação aos partidos que se encontram filiados.

1: assertiva incorreta. Art. 18 da Lei n° 9.096/1995; **2:** assertiva incorreta, pois contrária ao art. 19, § 3°, da Lei 9.096/1995.

Gabarito 1E, 2E

(Analista – TRE/BA – 2010 – CESPE) Alguns partidos políticos realizaram, em uma mesma circunscrição, coligação para a eleição proporcional. Cientes da força de um dos candidatos, esses partidos decidiram, por maioria, adotar como denominação da coligação o nome desse candidato. Um dos partidos que compõe a coligação não aceitou e irá atuar de forma isolada. Acerca dessa situação hipotética, julgue os itens subsequentes.

(1) Não há impedimento na legislação para que a coligação adote como denominação o nome de um dos candidatos. Por isso, não assiste razão ao partido que resolveu agir de forma isolada.

(2) Um partido político não tem legitimidade para atuar de forma isolada no processo eleitoral após ter participado da convenção. Assim, mesmo que tenha questionada a validade da coligação, não poderá agir de forma isolada.

(3) Durante o processo eleitoral, os partidos políticos que compõem uma coligação funcionam como um só partido político frente à justiça eleitoral, devendo designar representante com atribuições de presidente de partido.

1: assertiva incorreta. A denominação da coligação não poderá coincidir, incluir ou fazer referência a nome ou número de candidato, nem conter pedido de voto para partido político – art. 6°, § 1°-A, da Lei 9.504/1997, incluído pela Lei 12.034/2009; Incorreta: **2:** assertiva incorreta. O partido político coligado somente possui legitimidade para atuar de forma isolada no processo eleitoral quando questionar a validade da própria coligação, durante o período compreendido entre a data da convenção e o termo final do prazo para a impugnação do registro de candidatos – art. 6°, § 4°, da Lei 9.504/1997, com a redação dada pela Lei 12.034/2009; **3:** assertiva correta. Art. 6°, § 1°, da Lei 9.504/1997.

Gabarito 1E, 2E, 3C

(Analista – TRE/BA – 2010 – CESPE) Considerando as disposições constitucionais acerca de partidos políticos e o papel dessas instituições para o regime democrático nos termos da Lei dos Partidos e da legislação brasileira, conforme a interpreta a Justiça Eleitoral, julgue os seguintes itens.

(1) É vedada a mudança de partido, impondo-se a perda do mandato, conforme o entendimento do TSE, por configurar infidelidade partidária, ainda quando o mandatário pretenda fundar novo ente partidário.

(2) É permitida a mudança de partido, sem perda de mandato, para quem demonstre a justa causa da mudança, como a perseguição por motivos políticos.

(3) A perda de mandato por infidelidade partidária decorre de interpretação da Justiça Eleitoral, promovida pelo TSE, pois a Lei dos Partidos não é específica quanto a essa questão.

1: assertiva incorreta. Art. 22, parágrafo único, da Lei 9.096/1995; **2:** assertiva correta. Art. 1°, § 1°, da Resolução TSE 22.610/2007; Correta: **3:** assertiva correta. A Lei 9.096/1995 não dispõe a respeito, de modo que coube ao TSE, através da Resolução 22.610/2007, estabelecer normas sobre o processo de perda de cargo eletivo e justificação de desfiliação partidária.

Gabarito 1E, 2C, 3C

(Analista – TRE/BA – 2010 – CESPE) Uma das mazelas do processo eleitoral brasileiro é o alto custo das campanhas eleitorais, elevado mesmo quando comparado ao de países com maior desenvolvimento econômico. Para mitigar essa situação, foi promulgada a chamada Lei da Minirreforma Eleitoral. A respeito desse assunto, julgue os itens subsequentes.

(1) Nas eleições brasileiras, é vedada a propaganda eleitoral em *outdoors*.

(2) Admite-se a realização de showmícios, desde que os artistas não sejam remunerados.

1: assertiva correta. Art. 39, § 8°, da Lei 9.504/1997; **2:** assertiva incorreta. É proibida a realização de showmício e de avento assemelhado para promoção de candidatos, bem como a apresentação, remunerada ou não, de artistas com a finalidade de animar comício e reunião eleitoral – art. 39, § 7°, da Lei 9.504/1997.

Gabarito 1C, 2E

(Analista – TRE/BA – 2010 – CESPE) Considerando que um candidato a cargo eletivo, em razão de propaganda política irregular, teve imputada pela Justiça Eleitoral sanção consistente na aplicação de multa, julgue os itens subsequentes.

(1) A execução coercitiva da referida multa não dispensa a sua prévia inscrição em dívida ativa, ainda que requerida no mesmo juízo.

(2) Qualquer parte interessada no processo eleitoral que resultou na aplicação da multa tem legitimidade para promover a sua execução.

(3) Eventual ação a ser ajuizada com a pretensão de discutir a anulação da sanção imputada deve ser

processada perante a Justiça Federal da seção judiciária do domicílio do executado.

(4) Na hipótese de a multa não superar a quantia de R$ 100,00, o responsável pela sua execução poderá deixar de propor a cobrança judicial do débito.

1: assertiva correta. A multa eleitoral constitui dívida ativa não tributária e deve ser cobrada judicialmente por ação executiva na forma prevista na Lei 6.830/1980 – art. 367 do Código Eleitoral; **2:** assertiva incorreta. Compete à Procuradoria-Geral da União(visto tratar-se de multa de natureza não tributária) promover a execução das multas eleitorais – art. 9º, § 3º, da LC 73/1993; **3:** assertiva incorreta. Súmula 374 do STJ: "Compete à Justiça Eleitoral processar e julgar a ação para anular débito decorrente de multa eleitoral"; **4:** assertiva correta. Tendo em vista que as multas eleitorais são encaminhadas para inscrição na dívida ativa da União, elas passam a seguir o regramento utilizado para a cobrança judicial dos executivos fiscais federais em geral, que em regra não propõe ações para cobrança de valores inferiores a R$ 10.000,00 (dez mil reais), nos termos do art. 1º, II, da Portaria MF 49/2004.

Gabarito 1C, 2E, 3E, 4C

(Analista – TRE/GO – 2008 – CESPE) Acerca dos partidos políticos, é correto afirmar que

(A) têm autonomia para escolher livremente seus candidatos, mas não para estabelecer as regras relativas à estrutura, organização e disciplina que regem as agremiações partidárias.

(B) podem requerer a exclusão de qualquer eleitor inscrito ilegalmente e assumir a defesa do eleitor cuja exclusão esteja sendo promovida.

(C) após adquirirem personalidade jurídica, na forma da lei civil, registrarão seus estatutos no tribunal regional eleitoral do estado em que estão sediados.

(D) têm direito a recursos do fundo partidário, bem como a propaganda gratuita no rádio, televisão, jornais e revistas impressas.

A: assertiva incorreta – art. 3º da Lei 9.096/1995; **B:** assertiva correta – art. 66, II, do Código Eleitoral c/c 27, II, da Resolução 21.538/2003; **C:** assertiva incorreta – o registro deve ser feito junto ao Tribunal Superior Eleitoral – art. 7º da Lei 9.096/1995; **D:** assertiva incorreta – só tem direito o partido registrado junto ao TSE – art. 7º, § 2º, da Lei 9.096/1995.

Gabarito "B"

(Analista – TRE/MA – 2006 – CESPE) A respeito da lei que dispõe sobre os partidos políticos, assinale a opção correta.

(A) Prestadas as contas pelos órgãos de direção partidária, a Justiça Eleitoral não pode determinar diligências necessárias à complementação de informações ou ao saneamento de irregularidades encontradas.

(B) A desaprovação das contas prestadas à Justiça Eleitoral implica a suspensão de novas cotas do fundo partidário, independentemente do trânsito em julgado da decisão.

(C) Um dos requisitos para caracterização do caráter nacional do partido político é a comprovação do apoiamento de eleitores correspondente a, pelo menos, meio por cento dos votos recebidos na última eleição geral para a Câmara dos Deputados, não computados os votos em branco e os nulos.

(D) O partido registrado no TSE tem assegurada a realização de um programa em cadeia nacional de rádio e televisão, em cada semestre, com a duração de 20 minutos.

(E) Na propaganda partidária gratuita, gravada ou ao vivo, efetuada mediante transmissão por rádio e televisão, admite-se a divulgação de propaganda de candidatos a cargos eletivos, visto que esse tipo de propaganda se destina exatamente a difundir os programas partidários, a transmitir mensagens aos filiados sobre a execução do programa partidário, dos eventos com este relacionados e das atividades congressuais do partido e a divulgar a posição do partido em relação a temas político-comunitários.

A: assertiva incorreta – art. 37, § 1º, da Lei 9.096/1995; **B:** assertiva incorreta – art. 37 da Lei 9.096/1995; **C:** assertiva correta – art. 7º, § 1º, da Lei 9.096/1995; **D:** assertiva incorreta – a duração da transmissão prevista em lei é de 2 minutos – art. 48 da Lei 9.096/1995; **E:** assertiva incorreta – art. 45, § 1º, II, da Lei 9.096/1995.

Gabarito "C"

(Analista – TRE/MA – 2006 – CESPE) Acerca do funcionamento de partidos políticos, assinale a opção correta.

(A) O partido político com estatuto registrado no TSE pode utilizar gratuitamente prédios públicos para a realização de reuniões ou convenções, embora órgão da administração pública direta e indireta ou fundação mantida com recursos provenientes do poder público e concessionários ou permissionários de serviço público estejam proibidos de fazer doação a partido político em dinheiro ou estimável em dinheiro, direta ou indiretamente, inclusive por meio de publicidade de qualquer espécie.

(B) É vedado a partido político receber, direta ou indiretamente, doação em dinheiro ou estimável em dinheiro, inclusive por meio de publicidade de qualquer espécie, procedente de entidade ou governo estrangeiro, podendo, no entanto, candidato receber doação de organização não governamental estrangeira.

(C) Entidade de classe ou sindical pode fazer doação a partido político em dinheiro ou estimável em dinheiro, direta ou indiretamente, inclusive por meio de publicidade.

(D) O partido que descumprir as normas referentes à arrecadação e à aplicação de recursos fixadas na lei eleitoral perderá o direito ao recebimento da quota do fundo partidário do ano correspondente ao descumprimento.

(E) As transgressões pertinentes à origem de valores pecuniários que atentem contra a liberdade de voto somente serão apuradas mediante investigações realizadas pelo Ministério Público Eleitoral.

A: assertiva correta – art. 8º, § 2º c/c art. 24, III, da Lei 9.504/1997; **B:** assertiva incorreta – art. 24, VII, da Lei 9.504/1997; **C:** assertiva incorreta – art. 24, VII, da Lei 9.504/1997; **D:** assertiva incorreta – o partido perderá o direito ao recebimento da quota do Fundo Partidário do ano seguinte – art. 25 da Lei 9.504/1997; **E:** assertiva incorreta. Serão apuradas mediante investigações jurisdicionais realizadas pelo Corregedor Geral e Corregedor Regional Eleitoral.

Gabarito "A"

(Analista – TRE/PA – 2005 – CESPE) Quanto aos partidos políticos, assinale a opção correta.

(A) O requerimento do registro deve ser subscrito pelos fundadores do partido político, em número nunca inferior a 101, com domicílio eleitoral em, no mínimo, um terço dos Estados, e será acompanhado de relação de todos os fundadores com o nome completo, naturalidade, profissão, endereço residencial e número do título eleitoral, com especificação da zona, seção, município e estado.

(B) A obtenção da personalidade jurídica do partido depende de comprovação do apoiamento mínimo de eleitores.

(C) A prova do apoiamento mínimo de eleitores é feita por meio de assinaturas em listas organizadas para cada zona eleitoral, que devem ser acompanhadas de cópia do respectivo título eleitoral do subscritor.

(D) A aquisição da personalidade jurídica assegura a exclusividade da denominação, da sigla e dos símbolos do partido político, vedada a utilização, por outros partidos, de variações que venham a induzir erro ou confusão.

(E) O partido tem de comunicar ao juízo da zona eleitoral a constituição dos órgãos de direção de âmbito municipal ou zonal e os nomes dos respectivos integrantes, bem como as alterações que forem promovidas, para anotação.

A: assertiva correta – art. 8º da Lei 9.096/1995; **B:** assertiva incorreta – o apoiamento de eleitores é requisito para o registro do estatuto no Tribunal Superior Eleitoral, mas não para obtenção da personalidade jurídica – art. 7º, § 1º, da Lei 9.096/1995; **C:** assertiva incorreta. A prova do apoiamento mínimo de eleitores é feita por meio de suas assinaturas, com menção ao respectivo título de eleitor, em listas organizadas para cada Zona, sendo a veracidade das respectivas assinaturas e o nº de títulos atestados pelo Escrivão Eleitoral – art. 9º, § 1º, da Lei 9.096/1995; **D:** assertiva incorreta – só o registro do estatuto do partido no Tribunal Superior Eleitoral assegura exclusividade da denominação, da sigla e dos símbolos do partido político – art. 7º, § 3º, da Lei 9.096/1995; **E:** assertiva incorreta – a comunicação dos integrantes dos órgãos de âmbito estadual, municipal ou zonal é feita junto aos Tribunais Regionais Eleitorais – art. 10, parágrafo único, II, da Lei 9.096/1995.

Gabarito "A"

(Analista – TRE/RJ – 2012 – CESPE) A respeito dos partidos políticos, julgue os itens seguintes.

(1) A desaprovação parcial das contas prestadas pelo partido político acarreta a suspensão de recebimento de novas cotas do fundo partidário.

(2) Somente depois de adquirirem personalidade jurídica na forma da lei civil e de registrarem seus estatutos no Tribunal Superior Eleitoral, os partidos políticos poderão participar do processo eleitoral, receber recursos do fundo partidário e ter acesso gratuito ao rádio e à televisão, nos termos da lei.

(3) O Tribunal Superior Eleitoral determinará, após decisão judicial transitada em julgado, o cancelamento do registro civil e do estatuto de partido político que, comprovadamente, não houver prestado, nos termos da lei, as devidas contas à justiça eleitoral.

(4) Propaganda partidária gratuita, gravada ou ao vivo, poderá ser veiculada a qualquer hora do dia ou da noite.

(5) Na casa legislativa, o integrante de bancada partidária atua livremente, não estando subordinado às diretrizes estabelecidas em estatuto pelos órgãos de direção do partido político a que ele estiver filiado.

1: assertiva correta, a falta de prestação de contas ou sua desaprovação total ou parcial, implica a suspensão de novas quotas do fundo partidário e sujeita os responsáveis às penas da lei (art. 37 da Lei 9.096/1995); **2:** assertiva correta (art. 7º, caput e § 2º, da Lei 9.096/1995); **3:** assertiva incorreta, a falta de prestação de contas ou sua desaprovação total ou parcial, implica a suspensão de novas quotas do fundo partidário e sujeita os responsáveis às penas da lei, não sendo possível ao Poder Judiciário determinar o cancelamento do registro civil e do estatuto de partido político, cuja extinção é livre (art. 2º c/c art. 37, ambos da Lei 9.096/1995); **4:** assertiva incorreta, a propaganda partidária gratuita, gravada ou ao vivo, efetuada mediante transmissão por rádio e televisão será realizada entre as dezenove horas e trinta minutos e as vinte e duas horas (art. 45, caput, da Lei 9.096/1995); **5:** assertiva incorreta, na Casa Legislativa, o integrante da bancada de partido deve subordinar sua ação parlamentar aos princípios doutrinários e programáticos e às diretrizes estabelecidas pelos órgãos de direção partidários, na forma do estatuto (art. 24 da Lei 9.096/1995).

Gabarito 1C, 2C, 3E, 4E, 5E

(Analista – TRE/PR – 2004 – ESAG) Leia com atenção os enunciados abaixo.

I. As normas para a escolha e substituição dos candidatos e para a formação de coligações serão estabelecidas no estatuto partidário.

II. As convenções partidárias para escolha de candidatos e deliberação sobre coligações deverão ser realizadas no período de 1º a 30 de junho do ano da eleição.

III. Para concorrer às eleições, o candidato deverá possuir domicílio eleitoral na respectiva circunscrição pelo prazo de, pelo menos, um ano antes do pleito, devendo estar filiado ao partido, com filiação deferida, pelo mesmo prazo.

IV. É obrigatório aos partidos políticos fixar, em seus estatutos, como condição de elegibilidade, prazo mínimo de filiação superior a um ano.

Assinale a alternativa correta.

(A) Somente os enunciados I e II estão corretos.

(B) Os enunciados I, II, III e IV estão corretos.

(C) Somente os enunciados I e III estão corretos.

(D) Somente os enunciados I, II e III estão corretos.

I: assertiva correta – art. 15, VI, da Lei 9.096/1995 e art. 7º da Lei 9.504/1997; II: assertiva incorreta – o período de que fala a lei é de 12 a 30 de junho – art. 8º da Lei 9.504/1997; III: assertiva correta: art. 9º da Lei 9.504/1997; IV: assertiva incorreta – não se trata de uma obrigação, mas de uma faculdade dos partidos políticos – art. 20 da Lei 9.096/1995.

Gabarito "C"

(Analista – TRE/SC – 2005 – FAPEU) Analise as alternativas abaixo, relativas aos partidos políticos, e assinale a INCORRETA.

(A) Têm autonomia para fixar em seu programa seus objetivos políticos e para estabelecer sua estrutura interna, organização e funcionamento, devendo seu estatuto fixar as normas de fidelidade e disciplina partidárias.

(B) Devem ter caráter estadual, sendo vedada a criação de partidos de base apenas municipal.

(C) O seu estatuto deve conter as condições de escolha de seus candidatos a cargos e funções eletivas.

(D) Somente pode filiar-se o eleitor que estiver em pleno gozo de seus direitos políticos.

A: assertiva correta – art. 3º da Lei 9.096/1995; B: assertiva incorreta, devendo ser assinalada, pois deverá ter caráter nacional – art. 7º, § 1º, da Lei 9.096/1995; C: assertiva correta – art. 15, VI, da Lei 9.096/1995; D: assertiva correta – art. 16 da Lei 9.096/1995.

Gabarito "B"

(Analista – TRE/SC – 2005 – FAPEU) Assinale a alternativa CORRETA. O partido político:

(A) é pessoa jurídica de direito público, com a finalidade de assegurar o regime democrático e defender os direitos fundamentais definidos na Constituição Federal.

(B) é pessoa jurídica de direito privado, que se destina a dar autenticidade ao sistema representativo democrático e a defender os direitos fundamentais fixados na Carta Constitucional.

(C) adquire personalidade jurídica após o registro de seu estatuto no Tribunal Superior Eleitoral.

(D) pode participar do processo eleitoral, mesmo que não tenha registrado seu estatuto no Tribunal Superior Eleitoral, e receber recursos do Fundo Partidário.

A: assertiva incorreta – os partidos políticos são pessoas jurídicas de direito privado – art. 1º da Lei 9.096/1995; B: assertiva correta – art. 1º da Lei 9.096/1995; C: assertiva incorreta – art. 7º c/c art. 8º da Lei 9.096/1995; D: assertiva incorreta – art. 7º, § 2º, da Lei 9.096/1995.

Gabarito "B"

(Analista – TRE/SC – 2005 – FAPEU) Assinale a alternativa INCORRETA.

(A) É vedada a filiação partidária dos membros da magistratura.

(B) Para concorrer a cargo eletivo, o eleitor deverá estar filiado ao partido político pelo qual concorre pelo menos um ano antes da data fixada para as eleições, majoritárias ou proporcionais.

(C) É proibida a atividade político-partidária de servidor da Justiça Eleitoral.

(D) Os prazos de filiação partidária, fixados no estatuto do partido, superiores aos da Justiça Eleitoral, podem ser alterados no ano da eleição.

A: assertiva correta – aos juízes é vedado dedicar-se à atividade político-partidária – art. 95, parágrafo único, III, da CF; B: assertiva correta – art. 9º da Lei 9.504/1997; C: assertiva correta – art. 366 do Código Eleitoral; D: incorreta, devendo ser assinalada, vez que contraria ao art. 20, parágrafo único, da Lei 9.096/1995.

Gabarito "D"

(Procurador da República – 13º) Os partidos políticos:

(A) adquirem personalidade jurídica mediante registro no Tribunal Superior Eleitoral;

(B) são pessoas jurídicas de Direito privado;

(C) obtêm registro provisório junto ao Tribunal Superior Eleitoral, pelo período de doze meses, prorrogável por igual prazo;

(D) podem, incondicionalmente, registrar seus membros como candidatos a qualquer cargo eletivo.

A: assertiva incorreta, uma vez que o art. 7º da Lei 9.096/1995 dispõe que o partido político, após adquirir personalidade jurídica na forma da lei civil, registra seu estatuto no Tribunal Superior Eleitoral. O procedimento de registro do partido está disciplinado pelos arts. 8º ao 11 da Lei 9.096/1995; B: assertiva correta, conforme art. 1º da Lei 9.096/1995; C: assertiva incorreta, por inexistir tal previsão legal; D: assertiva incorreta, vez que o art. 18 da Lei 9.096/1995 dispõe que para concorrer a cargo eletivo, o eleitor deverá estar filiado ao respectivo partido pelo menos um ano antes da data fixada para as eleições, majoritárias ou proporcionais.

Gabarito "B"

(Procurador da República – 14º) O registro de candidato, nas eleições majoritárias ou proporcionais:

I. poderá ser impugnado, em petição fundamentada, por Partido Político, Coligação ou Ministério Público;

II. será cassado se, antes da eleição, for julgada procedente representação contra o candidato beneficiado por abuso de poder econômico ou de poder de autoridade;

III. poderá ser impugnado por inelegibilidade ou por falta de alguma das condições de elegibilidade;

IV. não mais poderá ser impugnado após exaurido o prazo legal, restando preclusa a matéria, salvo se se tratar de inelegibilidade de natureza constitucional.

Analisando as assertivas acima, pode-se afirmar que:

(A) apenas as de números I, III e IV estão corretas;
(B) estão corretas as de números I e II;
(C) somente as de números II; III e IV estão corretas;
(D) todas estão corretas.

I: assertiva correta, conforme art. 3º da LC 64/1990; II: assertiva correta, conforme art. 15 da LC 64/1990; III: assertiva correta, conforme art. 3º da LC 64/1990; IV: assertiva correta, em atenção ao prazo estabelecido no art. 3º da LC 64/1990, bem como possibilidade prevista no art. 14, §§ 10 e 11, da CF.

Gabarito "D"

(Procurador da República – 14º) De acordo com a constituição federal e a lei de regência vigente, os partidos políticos:

(A) adquirem personalidade jurídica ao registrar seus atos constitutivos no Cartório de Registro Civil, passando a ter plena capacidade para funcionamento, podendo promover a filiação partidária, organizar diretórios, registrar candidatos e participar de eleições majoritárias e proporcionais;

(B) após adquirirem personalidade jurídica, nos termos da lei civil, devem obter, preenchidos os requisitos legais, o registro no Tribunal Superior Eleitoral para adquirir capacidade jurídica para funcionamento, devendo, para tanto, comprovar o seu caráter nacional mediante o apoiamento de eleitores correspondentes a, pelo menos, meio por cento dos votos dados na ultima eleição para a Câmara dos Deputados, não computados os votos em branco e os nulos, distribuídos por um terço, ou mais, dos Estados, com um mínimo de um décimo por cento do eleitorado que haja cotado em cada um deles;

(C) tendo em vista a autonomia constitucional para definir sua estrutura interna, organização e funcionamento, não precisam registrar diretórios municipais ou estaduais na Justiça Eleitoral, nem encaminhar à mesma fichas de filiação partidária ou os nomes de seus delegados;

(D) podem fundir-se ou incorporarem-se livremente independentemente de qualquer procedimento ou registro perante a Justiça Eleitoral, tendo em vista a liberdade de associação para fins lícitos e sua autonomia constitucional.

A: assertiva incorreta, vez que o art. 7º da Lei 9.096/1995 dispõe que o partido político, após adquirir personalidade jurídica na forma da lei civil, registra seu estatuto no Tribunal Superior Eleitoral, conforme procedimentos a serem obedecidos e regulares efeitos contidos nos arts. 8º ao 11 da Lei 9.066/1995; **B:** assertiva correta, conforme art. 7º e § 3º do art. 8º, ambos da Lei 9.096/1995; **C:** assertiva incorreta, vez que o art. 10, parágrafo único, II, da Lei 9.096/1995 e o art. 19 da Lei 9.096/1995 dispõem, respectivamente, sobre a necessidade de registro (no caso de diretórios estaduais e municipais, junto ao TRE) bem como sobre o encaminhamento das fichas de filiação partidária e nomes de seus delegados (art. 11, parágrafo único Lei 9.096/1995); **D:** assertiva incorreta, em atenção ao que dispõe o art. 2º da Lei 9.096/1995 e do disciplinado pelo art. 29 da Lei 9.096/1995 o procedimento a ser adotado pelos partidos que pretendam a fusão ou incorporação.

Gabarito "B"

(Procurador da República – 15º) Os partidos políticos:

(A) adquirem sua personalidade jurídica mediante registro no Tribunal Superior Eleitoral;

(B) podem ser criados livremente, tendo em vista o regime democrático e a liberdade de associação para fins lícitos assegurada pela Constituição;

(C) têm autonomia para definir sua estrutura interna, organização e funcionamento, devendo seus estatutos estabelecer normas de fidelidade e disciplina partidárias;

(D) têm acesso gratuito ao rádio e à televisão, na forma da lei, e, para assegurar a isonomia na competição eleitoral, direito a recursos do fundo partidário e permissão para receber ajuda financeira de entidades ou governos estrangeiros visando a combater o abuso do poder econômico.

A: assertiva incorreta, vez que a personalidade jurídica do partido político é adquirida com seu registro civil e só após dá-se seu registro junto ao TSE (art. 7º da Lei 9.096/1995) conforme previsto no art. 8º e seguintes da Lei 9.906/1995; **B:** assertiva incorreta, vez que o art. 2º dispõe sobre a liberdade na criação, incorporação, fusão e extinção dos partidos políticos cujos programas respeitem a soberania nacional, o regime democrático, o pluripartidarismo e os direitos fundamentais da pessoa humana; **C:** assertiva correta, conforme arts. 3º e 15, ambos da Lei 9.096/1995; **D:** assertiva incorreta, vez que a Constituição Federal veda expressamente o recebimento de recursos financeiros de entidade ou governo estrangeiros, como se observa no art. 17, II.

Gabarito "C"

(Procurador da República – 16º) No processo de registro de candidatos:

(A) é facultado ao Partido Político ou à Coligação substituir candidato que for considerado inelegível, renunciar ou falecer após o termo final do prazo do registro ou, ainda, tiver seu registro indeferido ou cancelado;

(B) nas eleições majoritárias, o pedido de registro, por inexistir voto de legenda como nas eleições proporcionais, dispensa a prova da filiação partidária;

(C) nas eleições proporcionais, o candidato indicará as variações nominais com que deseja ser registrado, devendo a Justiça Eleitoral, em caso de homonímia, decidir sempre em favor do que primeiro solicitou o registro;

(D) no caso de coligação partidária para as eleições proporcionais, independentemente do número de Partidos Políticos que a integrem, poderão ser registrados candidatos até o triplo do número de lugares a preencher.

A: assertiva correta, conforme art. 13 da Lei 9.504/1997; **B:** assertiva incorreta, vez que os documentos exigidos para o registro de candidatura encontram-se elencados no art. 11 da Lei 9.504/1997, especificamente o § 1º, III do referido artigo, dispõe sobre a prova da filiação partidária; **C:** assertiva incorreta. O art. 12 da Lei 9.096/1995 dispõe que o candidato às eleições proporcionais indicará, no pedido de registro, além de seu nome completo, as variações nominais com que deseja ser registrado, até o máximo de três opções, conforme orientações no dispositivo. Em caso de homonímia seguir-se-á regramento próprio conforme prevê os incisos do § 1º do referido art. 12; **D:** assertiva incorreta, vez que o art. 10, § 1º da Lei 9.504/1997 dispõe que poderão ser registrados candidatos até o dobro do número de lugares a preencher, nesta circunstância trazida pela assertiva.

Gabarito "A"

(Procurador da República – 17º) A autonomia dos partidos políticos, assegurada pela Constituição:

(A) implica a sua absoluta independência, decorrente de sua personalidade jurídica adquirida na forma da lei civil, cabendo-lhes tão somente no período eleitoral registrar seus candidatos na Justiça Eleitoral;

(B) permite, todavia, que o Tribunal Superior Eleitoral examine e decida sobre questões *interna corporis*, desde que de forma isonômica para todos os Partidos registrados naquela Corte Superior;

(C) é análoga à autonomia universitária, sendo quem durante as eleições, está submetida ao crivo da Justiça Eleitoral;

(D) é para definir sua estrutura interna, organização e funcionamento, devendo seus estatutos estabelecerem normas de fidelidade e disciplina partidárias.

A única alternativa correta é apresentada pela assertiva "D". Importante notar que o art. 3º da Lei 9.096/1995 dispõe que é assegurada, ao partido político, autonomia para definir sua estrutura interna, organização e funcionamento. Não significa compreender absoluta independência, uma vez que existem obrigações e vedações previstas pela legislação, como o art. 6º da referida lei, por exemplo, bem como o disposto no art. 15, determinando que o Estatuto do partido deve conter, entre outras (elencadas nos incisos do dispositivo), normas sobre fidelidade e disciplina partidárias.

Gabarito "D"

(Procurador da República – 18º) Os partidos políticos:

(A) são livremente criados, observada apenas a liberdade de associação para fins lícitos, sendo-lhes assegurada plena autonomia para definir sua estrutura interna, organização e funcionamento;

(B) ao adquirirem personalidade jurídica, na forma da lei civil, estão desde logo habilitados a registrar candidaturas e participar de eleições;

(C) têm direito a recursos do fundo partidário e acesso gratuito ao rádio e à televisão, na forma da lei, mesmo se não registrados os seus estatutos no Tribunal Superior Eleitoral;

(D) devem estabelecer, nos seus estatutos normas de fidelidade e disciplina partidárias e gozam de autonomia para definir sua estrutura interna, organização e funcionamento.

A: assertiva incorreta, vez que o art. 2º da Lei 9.096/1995 dispõe que é livre a criação, fusão, incorporação e extinção de partidos políticos cujos programas respeitem a soberania nacional, o regime democrático, o pluripartidarismo e os direitos fundamentais da pessoa humana; **B:** assertiva incorreta, vez que após o registro na forma da lei civil, os partidos políticos deverão proceder com o registro perante o TSE, conforme art. 7º, § 2º e procedimento previsto no art. 9º, ambos da Lei 9.096/1995; **C:** assertiva incorreta, vez que o art. 7º, § 2º da Lei 9.096/1995 dispõe que somente o partido que tenha registrado seu estatuto no Tribunal Superior Eleitoral pode participar do processo eleitoral, receber recursos do Fundo Partidário e ter acesso gratuito ao rádio e à televisão, nos termos fixados na legislação; **D:** assertiva correta, conforme arts. 3º e 15, V, ambos da Lei 9.096/1995.

Gabarito "D"

(Procurador da República – 20º) Os partidos políticos:

I. devem ter caráter estadual, vedada a criação de partidos de base apenas municipal;

II. têm assegurada autonomia para definir sua estrutura interna, organização e funcionamento, devendo seus estatutos estabelecer normas de fidelidade e disciplina partidárias;

III. após adquirirem personalidade jurídica, na forma da lei eleitoral, devem registrar seus estatutos no cartório de registro civil e o seu diretório nacional no Tribunal Superior Eleitoral;

IV. são instituições, com personalidade jurídica adquirida na forma da lei civil, cujo funcionamento independe de qualquer registro junto à justiça Eleitoral tendo em vis sua autonomia assegurada pela Constituição.

Analisando-se as asserções acima, pode-se afirmar que:

(A) apenas as de números II e IV estão corretas;

(B) somente a de número II está correta;

(C) estão corretas apenas a de números I e III;

(D) está correta apenas a de número IV.

I: assertiva incorreta, em atenção ao que dispõe o art. 17, I, da CF ao dispor como preceitos necessários à livre criação, fusão, incorporação e extinção de partidos políticos, que possuam: a) caráter nacional; b) proibição de recebimento de recursos financeiros de entidade ou governo estrangeiros ou de subordinação a estes; c) prestação de contas à Justiça Eleitoral; d) funcionamento parlamentar de acordo com a lei; **II:** assertiva correta, conforme art. 3º e art. 15, V, ambos da Lei 9.096/1995; **III:** assertiva incorreta, vez que a personalidade jurídica é adquirida com o registro perante o cartório de registro civil e só depois é realizada o registro junto ao TSE, nos termos do que dispõe o art. 9º da Lei 9.096/1995; **IV:** assertiva incorreta, vez que trata-se de pessoa jurídica de direito privado, destina-se a assegurar, no interesse do regime democrático, a autenticidade do sistema representativo e a defender os direitos fundamentais definidos na Constituição Federal (art. 1º). Não obstante, somente o partido que tenha registrado seu estatuto no Tribunal Superior Eleitoral pode participar do processo eleitoral, receber recursos do Fundo Partidário e ter acesso gratuito ao rádio e à televisão, nos termos fixados na Lei 9.096/1995.

Gabarito "B".

(Procurador da República – 21º) Aos partidos políticos:

(A) é assegurada autonomia para definir sua estrutura interna, organização e funcionamento, devendo seus estatutos ser registrados no Tribunal Superior Eleitoral;

(B) é assegurada autonomia para funcionamento e participação nas eleições independentemente de registro na Justiça Eleitoral, por terem personalidade jurídica de direito privado adquirida na forma da lei civil;

(C) tendo em vista sua autonomia, para definir sua estrutura interna, organização e funcionamento, assegurada pela Constituição Federal, é permitido terem caráter apenas estadual ou municipal;

(D) considerando a liberdade de associação para fins lícitos, é assegurada plena autonomia para funcionamento nas eleições federais, estaduais e municipais independentemente de registro no TSE e acesso gratuito ao rádio e à televisão, não se subordinando a qualquer controle pela Justiça Eleitoral.

A: assertiva correta, conforme art. 3º e art. 7º, § 2º da Lei 9.096/1995; **B:** assertiva incorreta, vez que é necessário que seja registrado junto ao TSE para que possa participar do processo eleitoral; **C:** assertiva incorreta, em atenção ao que dispõe o art. 17, I, da CF ao dispor como preceitos necessários à livre criação, fusão, incorporação e extinção de partidos políticos, que possuam a) caráter nacional; b) proibição de recebimento de recursos financeiros de entidade ou governo estrangeiros ou de subordinação a estes; c) prestação de contas à Justiça Eleitoral; d) funcionamento parlamentar de acordo com a lei; **D:** assertiva incorreta, vez que o art. 7º, § 2º, da Lei 9.096/1995, dispõe que somente o partido que tenha registrado seu estatuto no Tribunal Superior Eleitoral pode participar do processo eleitoral, receber recursos do Fundo Partidário e ter acesso gratuito ao rádio e à televisão, nos termos fixados na Lei 9.096/1995.

Gabarito "A".

(Procurador da República – 26º) Quanto aos partidos políticos *correto* afirmar que:

(A) apenas tem direito a cotas do fundo partidário e à propaganda partidária gratuita no rádio e na televisão o partido que, em cada eleição para a Câmara dos Deputados obtenha o apoio de, no mínimo, cinco por cento dos votos apurados, não computados os brancos e os nulos, distribuídos em, pelo menos, um terço dos Estados, com um mínimo de dois por cento do total de cada um deles;

(B) não sendo os partidos pessoas jurídicas de direito público não cabe mandado de segurança contra os atos de seus representantes ou de seus órgãos;

(C) na propaganda partidária gratuita no rádio e na televisão os partidos poderão difundir seus programas partidários, divulgar a sua posição em relação a temas político-comunitários, bem como divulgar a propaganda de seus candidatos a cargos eletivos;

(D) poderão estabelecer em seus estatutos, com vista a candidatura a cargos eletivos, prazos de filiação partidária superiores aos previstos na lei.

A: assertiva incorreta, pois o art. 7º, § 2º, da Lei 9.096/1995 dispõe que somente o partido que tenha registrado seu estatuto no Tribunal Superior Eleitoral pode participar do processo eleitoral, receber recursos do Fundo Partidário e ter acesso gratuito ao rádio e à televisão, sendo esta a única condição prevista na Lei 9.096/1995; **B:** assertiva incorreta, vez que a Lei 12.016/2009 dispõe, em seu art. 1º, que conceder-se-á mandado de segurança para proteger direito líquido e certo, não amparado por *habeas corpus* ou *habeas data*, sempre que, ilegalmente ou com abuso de poder, qualquer pessoa física ou jurídica sofrer violação ou houver justo receio de sofrê-la por parte de autoridade, seja de que categoria for e sejam quais forem as funções que exerça. O § 1º do referido artigo complementa ao definir que equiparam-se às autoridades, para os efeitos da referida Lei, os representantes ou órgãos de partidos políticos; **C:** assertiva incorreta, vez que a veiculação de propaganda de seus candidatos a cargos eletivos encontra expressa vedação no art. 45, § 1º, II, da Lei 9.096/1995, vez que a propaganda partidária não confunde-se com a eleitoral, possuindo cada qual um regramento próprio; **D:** assertiva correta, conforme dispõe o art. 20 da Lei 9.096/1995.

Gabarito "D".

(Procurador da República – 25º) Relativamente aos partidos políticos, assinale a alternativa *correta*:

I. possuem personalidade jurídica de direito privado;

II. mesmo sendo-lhes assegurada autonomia para definirem sua estrutura interna, organização e funcionamento, o ordenamento jurídico lhes impõe, entre outros comandos, que seus estatutos estabeleçam normas de disciplina e fidelidade partidária;

III. devem ter caráter nacional, sendo-lhes vedado o caráter regional, mesmo que suas ações se direcionem a um terço, ou mais, dos Estados.

Das proposições acima

(A) apenas as alternativas I e II estão corretas;

(B) apenas as alternativas I e III estão corretas;

(C) apenas as alternativas II e III estão corretas;

(D) todas as alternativas estão corretas.

I: assertiva correta, conforme art. 1º da Lei 9.096/1995; **II:** assertiva correta, conforme art. 15, II, da Lei 9.096/1995; **III:** assertiva correta, art. 17 da CF, bem como art. 5º e art. 7º, I, ambos da Lei 9.096/1995.

Gabarito "D".

CAPÍTULO 5

DA CONVENÇÃO PARTIDÁRIA E PEDIDO DE REGISTRO DE CANDIDATURA

5.1. CONVENÇÃO PARTIDÁRIA

Convenção Partidária é a reunião realizada dentro do prazo estipulado pela legislação eleitoral com o fito de esclarecer sobre eventuais coligações a serem formadas no pleito eleitoral que se aproxima, bem como escolher os candidatos, dentre os filiados assim pretende, que concorreram aos cargos públicos eletivos que estiverem em curso.

O Texto Constitucional dá aos partidos também autonomia para dispor em seus estatutos sobre critérios de escolha e regime de suas coligações, bem como sobre a fidelidade partidária. Estatutos estes que deverão ser registrados no TSE (art. 17, § 2º, da CF).

Aos partidos é garantido acesso aos recursos do fundo partidário e acesso gratuito ao radio e à televisão, nos moldes dos arts. 240 e seguintes do Código Eleitoral, bem como do disposto no art. 7º, § 2º, da Lei 9.096/1995.

Como no Brasil as eleições obedecem a três distintos âmbitos (municipal, regional/estadual, nacional), da mesma forma se darão as convenções, que escolherão candidatos aos cargos, respectivamente:

Convenções Municipais: Prefeito, Vice-Prefeito, Vereador e coligações municipais;

Convenções Regionais/Estaduais: Governador, Vice-Governador, Senador, Deputado Federal, Deputado Estadual, Deputado Distrital e coligações regionais/estaduais;

Convenções Nacionais: Presidente, Vice-Presidente da República e coligação nacional.

Para a realização das Convenções Partidárias (em todos os âmbitos acima definidos) é permitido o uso de prédios públicos, devendo o partido comunicar ao responsável pelo prédio com uma antecedência mínima de 72 horas, necessário para que efetivamente o espaço seja disponibilizado, além de garantir precedência no pedido.

Cada partido disporá em seu próprio estatuto regras específicas de como se dará a escolha dos seus candidatos em convenção, sendo que uma obrigação comum a todos partidos é quanto à filiação de no mínimo um ano (e correspondente domicílio eleitoral na localidade), podendo cada partido dispor de prazo maior, desde que não o faça durante o ano eleitoral. Nesta ocorrência, o novo prazo será obedecido apenas às eleições seguintes.

Como se verá no capítulo específico, neste período compreendido entre os 15 dias antecedentes à realização da convenção (o prazo conta-se a partir da data definida por cada partido a realizar sua convenção, e não do prazo geral para que elas ocorram, atualmente, de 12 a 30 de junho do ano eleitoral), podemos observar uma das formas de propaganda política, ou seja, a propaganda intrapartidária, especificamente voltada à captação de votos internos ao partido, com vistas à escolha em convenção.

Um dos aspectos diferenciadores das demais formas de propaganda política é a vedação ao uso de rádio, televisão e jornal. Há a vedação de uso de *outdoors*, porém, já não é uma característica diferenciadora, nem mesmo novidade, em termos de propaganda política no Brasil.

IMPORTANTE: A Resolução TSE 23.405/2014 dispõe sobre a escolha e o registro de candidatos nas eleições de 2014. Ainda que não esteja esclarecido acerca da aplicação ou não da minirreforma eleitoral (Lei 12.891/2013), que alterou o período de realização das convenções partidárias (antes deveriam ocorrer de 10 a 30 de junho. Com a nova lei, de 12 a 30 de junho), a Resolução TSE 23.405/2014 dispõe que as Convenções Partidárias ocorrerão entre 10 e 30 de junho do ano de 2014, conforme se verifica no art. 10. Vejamos:

"CAPÍTULO III

DAS CONVENÇÕES

Art. 10. As convenções destinadas a deliberar sobre a escolha dos candidatos e a formação de coligações serão realizadas no período de 10 a 30 de junho de 2014, obedecidas as normas estabelecidas no estatuto partidário, lavrando-se a respectiva ata e a lista de presença em livro aberto e rubricado pela Justiça Eleitoral (Lei nº 9.504/1997, arts. 7º, *caput*, e 8º, *caput*).

§ 1º Em caso de omissão do estatuto sobre normas para escolha e substituição dos candidatos e para a formação de coligações, caberá ao órgão de direção nacional do partido político estabelecê-las, publicando-as no Diário Oficial da União até 8 de abril de 2014, e encaminhando-as ao Tribunal Superior Eleitoral antes da realização das convenções (Lei 9.504/1997, art. 7º, § 11 e Lei 9.096/1995, art. 10).

§ 2º Para a realização das convenções, os partidos políticos poderão usar gratuitamente prédios públicos, responsabilizando-se por danos causados com a realização do evento (Lei 9.504/1997, art. 8º, § 2º).

§ 3º Para os efeitos do § 21 deste artigo, os partidos políticos deverão comunicar por escrito ao responsável pelo local, com antecedência mínima de 72 horas, a intenção de ali realizar a convenção; na hipótese de coincidência de datas, será observada a ordem de protocolo das comunicações."

5.1.1. Coligações Partidárias

As coligações partidárias são expressão de acordos (anteriormente chamados de alianças) realizados entre partidos políticos como forma de melhor se organizarem e se apresentarem diante dos pleitos eleitorais. Possuem um objetivo claro de eleger maior número de candidatos que compuserem a "chapa", formada por essa fusão momentânea dos partidos. Politicamente são uma estratégia prática, tendo em vista a formação de base governamental.

Carlos Mário da Silva Velloso e Walber de Moura Agra definem coligações partidárias como sendo o

"fruto de dois ou mais partidos políticos para concorrer a determinado pleito eleitoral. (...) sua formação é de mera faculdade dos partidos políticos; elas devem ser feitas na mesma circunscrição eleitoral; podem se formar para eleições majoritárias, proporcionais ou ambas, simultaneamente; possuem denominação própria. (...) É de essência da coligação que ela funcione como uma única agremiação. Desde quando coligados, os partido políticos abdicam da sua própria individualidade para a formação de um só ente, não podendo haver diferenciação que forneça tratamento privilegiado a qualquer das agremiações que dela fazem parte. A coligação não é um simples amontoado de partidos políticos, mas a junção de dois ou mais que fazem um só, ainda que provisoriamente."[1]

Fica nítido a noção de unicidade entre as agremiações que venham a compor uma coligação, ainda que esta junção revista-se de certa limitação existencial, vez que muitas vezes são renovadas a cada pleito, não sendo necessário, aliás contrário ao cenário político eleitoral, a sua manutenção intacta. Óbvio que as coligações se formam e são dissolvidas a depender de um conjunto amplo de interesses e estratégias de cunho governamental e político (campanha eleitoral e pontos ideológicos).

Com a minirreforma eleitoral (Lei 12.891/2013) observamos que o prazo para a realização das convenções partidárias foi reduzido. Antes era de 10 a 30 de junho do ano eleitoral. Com a minirreforma o prazo passou a ser de 12 a 30 de junho do ano eleitoral

Cabe relembrar que em razão de verdadeira campanha eleitoral (intrapartidária) que ocorre neste período, a legislação eleitoral permite a realização de campanha com vistas a esta escolha de candidatos em convenção, sendo permitida nos 15 últimos dias que antecederem a reunião da agremiação neste sentido (art. 36, § 1º da Lei 9.504/97), sendo vedada a utilização de rádio, televisão, jornais e *outdoor*.

---

1. VELLOSO, Carlos Mário da Silva; AGRA, Walber de Moura. **Elementos de direito eleitoral**. 2. ed. São Paulo: Saraiva, 2010. p. 116-119.

Os estatutos dos partidos disporão sobre normas para a escolha dos candidatos a cargos eletivos, bem como para a formação de eventual coligação.

Para a realização das convenções de escolha de candidatos, os partidos políticos poderão usar gratuitamente prédios públicos, responsabilizando-se por danos causados com a realização do evento.

Aos detentores de mandato de Deputado Federal, Estadual ou Distrital, ou de Vereador, e aos que tenham exercido esses cargos em qualquer período da legislatura que estiver em curso, é assegurado o registro de candidatura para o mesmo cargo pelo partido a que estejam filiados, independentemente do que se decidir nas convenções partidárias (Vide ADIN 2.530-9/DF, Pleno, j. 24.04.2002, rel. Min. Sydney Sanches, *DJ* 21.11.2003).

Após escolha dos candidatos em convenção, deverá ser registrada a respectiva ata em livro aberto, rubricada pela Justiça Eleitoral e publicado em até 24 horas em qualquer meio de comunicação (responsabilidade do partido ou coligação, e não da Justiça Eleitoral).

5.2. PEDIDO DE REGISTRO DE CANDIDATO

O exercício do direito político passivo só poderá ser exercido por aquele cidadão que reunir as condições de elegibilidade, que não incorrer em qualquer hipótese de inelegibilidade e que cumpra as formalidades do registro de sua candidatura junto à Justiça Eleitoral. O procedimento para o Registro de Candidatura encontra-se devidamente regulado pelos arts. 10 a 16-B da Lei 9.504/1997).

Com o objetivo de atestar tais requisitos (condições de elegibilidade e inexistência de impedimentos – inelegibilidades), o cidadão deverá autorizar seu partido ou coligação a proceder com a instauração do pedido de Registro de Candidatura (RCAN) através de documento escrito e assinado.

Trata-se de ação de jurisdição voluntária, sendo dado ao Juízo ou Tribunal Eleitoral conhecer *ex officio* acerca de todas as questões envolvidas (condições de elegibilidade, inexistência de hipóteses de inelegibilidade e formalidades).

A minirreforma eleitoral alterou questões formais quanto ao pedido de registro de candidatura de candidato, vez que tornou dispensável a apresentação de alguns documentos antes considerados obrigatórios. Trata-se de uma interessante adequação à realidade e análise de necessidade de um formalismo que não mais trazia função.

A Lei 12.891/2013 inseriu o § 13 no art. 11 da Lei 9.504/1997, determinando que fica dispensada a apresentação pelo partido, coligação ou candidato de documentos produzidos a partir de informações detidas pela Justiça Eleitoral, entre eles os indicados nos incs. III, V e VI do § 1º daquele artigo, quais sejam a prova de filiação partidária, cópia do título eleitoral e certidão de quitação eleitoral.

De fato são documentos que inevitavelmente constam de cada inscrição eleitoral encontrada no sistema da Justiça Eleitoral, sendo mera redundância (salvo situações onde se verifique inconsistências de informações) a apresentação obrigatória.

5.2.1. Rito do pedido de registro

Partido Político ou Coligação realiza o RRC (Requerimento de Registro de Candidatura) até o dia 05 de julho do ano eleitoral. Após, é publicado edital com todos os pedidos realizados. Com a publicação inicia-se o prazo de 5 dias para impugnação que se dará através da Ação de Impugnação de Registro de Candidatura (AIRC).

Independentemente de impugnação, poderá o juiz requerer realização de diligências a ser cumprida em 72 h. No prazo de 5 dias, a contar da publicação do edital (contendo a publicação dos pedidos de registro de candidatura), o representante do Ministério Público poderá requisitar diligências.

Atenção:

Juiz Eleitoral → determina diligências

Ministério Público → requisita diligências

Determinadas diligências pela Justiça Eleitoral e não cumpridas, acarreta-se o indeferimento do Requerimento de Registro de Candidatura. Diante do cumprimento das diligências, os autos (RRC) irão à conclusão para julgamento.

A decisão deverá ser uniforme, no caso de ter sido impugnado o edital (situação de Requerimento procedido pelo partido ou coligação, onde há pluralidade de candidatos com inscrição conjunta).

IMPORTANTE: Se o partido político ou coligação venha a deixar de realizar o RCC de determinado candidato, poderá ele requerer no prazo de 48 horas a partir da publicação do Edital.

5.2.2. Número de candidatos por partido ou coligação

a) Nas eleições majoritárias: Titular e seu vice, aos chefes do executivo, e o candidato a senador e seus 2 suplentes;

b) Nas eleições proporcionais: Cada partido poderá registrar até 150% do número de lugares a preencher em cada cargo;

No caso de coligação, independentemente do número de partidos que a integrem, poderão ser registrados candidatos até o dobro do número de lugares a preencher. Em Estados onde o número de cadeiras para a Câmara dos Deputados não ultrapassar 20, cada partido poderá registrar candidatos até o dobro de vagas, e havendo coligação, estes números poderão ser acrescidos de até mais 50%.

Cada partido ou coligação preencherá o mínimo de 30% (trinta por cento) e o máximo de 70% (setenta por cento) para candidaturas de cada sexo;

O legislador intentou garantir a participação da mulher no pleito eleitoral, como candidata a cargos eletivos.

Nesta intenção a minirreforma eleitoral, Lei 12.891/2013 inseriu o art. 93-A à Lei 9.504/1997, que autoriza o TSE a requisitar até 10 minutos diários, no período de 1º de março e 30 de junho dos anos eleitorais, para realizar propaganda, em rádio e TV, visando ao incentivo à igualdade de gênero e à participação feminina.

IMPORTANTE: E se o partido/agremiação não alcançar a porcentagem estabelecida?

A doutrina e jurisprudência construíram duas posições:

A) Indeferimento do Registro de Candidaturas, vez que a norma intenciona garantir a participação obrigatória de ambos os sexos;

B) Possibilidade de se completar o número de candidatos faltantes com os de sexo oposto;

A Lei 12.034/2009 excluiu a obrigatoriedade de preenchimento deste requisito, colocando fim à discussão. Caso não haja preenchimento, as vagas permanecerão vazias, não sendo possível preencher com candidatos do sexto oposto.

5.2.3. Substituição de candidatos

Antes do dia da eleição é possível realizar a substituição de candidatos, nas seguintes hipóteses:

a) Indeferimento do pedido de registro;

b) Cassação do registro em razão de inelegibilidade apurada por abuso de poder econômico ou político;

c) Cancelamento do registro em razão de expulsão do partido;

d) Renúncia;

e) Falecimento;

A substituição deverá ser requerida até 10 dias contados do fato ou da notificação da decisão judicial que ensejou a substituição.

5.2.3.1. Cargo majoritário

O pedido de substituição poderá ser feito até 20 dias antes da eleição (Lei 12.891/2013 que alterou o § 3º do art. 13 da Lei 9.504/1997). Se a substituição ocorrer após a preparação das urnas, o substituto concorrerá com o nome, número e fotografia do substituído.

A substituição não poderá ocorrer em segundo turno, salvo se o substituído for o "vice", conforme entendimento do TSE (TSE: Ac 20.141, j. 26.03.1998, rel. Min. José Eduardo Rangel de Alckmin; Ac 14.340, j. 12.05.1994, rel. Min. Torquato Lorena Jardim).

5.2.3.2. Cargo proporcional

A substituição ao candidato a cargo eletivo pelo sistema proporcional deverá observar todas as formalidades exigidas para o registro (será feito novo pedido de registro).

O novo pedido deverá ser apresentado até 20 dias antes do pleito e dentro do prazo decadencial de 10 dias (a contar do fato ou da notificação de decisão judicial que venha a ensejar a substituição) – (Lei 12.891/2013 que alterou o § 3º do art. 13 da Lei 9.504/1997).

IMPORTANTE:

– As substituições deverão seguir a regra dos percentuais de 30% e 70% entre cada sexo;

– Exceção ao prazo de 20 dias, inserido pela minirreforma eleitoral (Lei 12.891/2013) é o caso de falecimento do candidato, onde a substituição poderá ocorrer a qualquer tempo, seja para eleições majoritárias ou proporcionais, não havendo distinção na regra.

E a Candidatura Nata?

O § 1º do art. 8º da Lei das Eleições dispõe que:

"Art. 8º. A escolha dos candidatos pelos partidos e a deliberação sobre coligações deverão ser feitas no período de 12 a 30 de junho do ano em que se realizarem as eleições, lavrando-se a respectiva ata em livro aberto, rubricado pela Justiça Eleitoral, publicada em 24 (vinte e quatro) horas em qualquer meio de comunicação.

§ 1º Aos detentores de mandato de Deputado Federal, Estadual ou Distrital, ou de Vereador, e aos que tenham exercido esses cargos em qualquer período da legislatura que estiver em curso, é assegurado o registro de candidatura para o mesmo cargo pelo partido a que estejam filiados."

Ou seja, àqueles detentores de mandato eletivo, dentre os elencados no § 1º, que desejassem a reeleição, não dependeriam de aprovação de seus nomes nas convenções dos respectivos partidos, bastando que exercessem direito líquido e certo de registrar-se à candidatura a partir da comprovação do exercício contínuo do mandato anterior ao pleito.

Ocorre que referido dispositivo foi objeto da ADI 2.530-9/DF, estando temporariamente suspensa. Referida Ação Direta de Inconstitucionalidade foi proposta pela Procuradoria-Geral da República, que alegou em síntese se tratar de uma nítida afronta àquela autonomia partidária, vez que cria verdadeira exceção à possibilidade de se verificar em algum estatuto de partido político disposição diversa, qual seja, quanto à escolha dos nomes em convenção partidária.

Desta forma, garantir ao detentor de mandato que exercesse o direito de reeleger-se ao mesmo cargo (lembrando que restringe-se aos cargos enumerados no § 1º) independentemente de escolha em convenção partidária, seria garantir uma relevante interferência do poder público (através de legislação infraconstitucional, especificamente a Lei das Eleições) à autonomia da agremiação, garantida pela Constituição Federal.

Reitera-se que a questão ainda não foi apreciada no mérito, sendo que a decisão de se suspender referido dispositivo normativo fora dado em caráter liminar, como se verifica na Ementa em situação do julgamento:

"Direito constitucional e eleitoral: candidatura nata. Princípio da isonomia entre os pré-candidatos. Autonomia dos partidos políticos. Ação direta de inconstitucionalidade do § 1º do art. 8º da Lei 9.504, de 30 de setembro de 1997, segundo o qual: '§ 1º – aos detentores de mandato de deputado federal, estadual ou distrital, ou de vereador, e aos que tenham exercido esses cargos em qualquer período da legislatura que estiver em curso, é assegurado o registro de candidatura para o mesmo cargo pelo partido a que estejam filiados'. Alegação de ofensa aos arts. 5º, 'caput', e 17 da Constituição Federal. Pedido de medida cautelar de suspensão da norma impugnada. Plausibilidade jurídica da ação, reconhecida, por maioria (8 votos x 1), sendo 3, com base em ambos os princípios (da isonomia art. 5º, 'caput' e da autonomia partidária: art. 17) e 5, apenas, com apoio nesta última. 'Periculum in mora' também presente. cautelar deferida."

(STF, MC na ADI 2530-9/DF, Pleno, j. 24.04.2002, rel. Min. Sydney Sanches, DJ 21.11.2003, Ement nº 2133-02)

5.3. QUADRO SINÓTICO

1. Convenção partidária (arts. 7º ao 9º da Lei 9.504/1997)

– É a reunião ou assembleia formada pelos filiados de um partido político, onde serão escolhidos os candidatos que concorrerão às eleições, bem como será decidido sobre a possibilidade de integração a uma eventual coligação partidária;

– A escolha dos candidatos pelos partidos e a deliberação sobre coligações deverão ser feitas no período de 12 a 30 de junho do ano em que se realizarem as eleições (alteração trazida pela minirreforma eleitoral – Lei 12.891/2013), lavrando-se a respectiva ata em livro aberto, rubricado pela Justiça Eleitoral, publicada em 24h em qualquer meio de comunicação.

– Os estatutos dos partidos disporão sobre normas para a escolha dos candidatos a cargos eletivos, bem como para a formação de eventual coligação;

IMPORTANTE:

– Para a realização das convenções de escolha de candidatos, os partidos políticos poderão usar gratuitamente prédios públicos, responsabilizando-se por danos causados com a realização do evento;

2. Registro de candidatura (arts. 10 ao 16 da Lei 9.504/1997)

– O exercício do direito político passivo só poderá ser exercido por aquele cidadão que reunir as condições de elegibilidade, que não incorrer em qualquer hipótese de inelegibilidade e que cumpra as formalidades do registro de sua candidatura junto à Justiça Eleitoral;

– Com o objetivo de aferir tais requisitos, o cidadão deverá autorizar seu partido ou coligação a proceder com a instauração do pedido de Registro de Candidatura (RCAN);

– **Natureza Jurídica do RCAN**: Ação de jurisdição voluntária, sendo dado ao Juízo ou Tribunal Eleitoral conhecer *ex officio* acerca de todas as questões envolvidas (condições de elegibilidade, inexistência de hipóteses de inelegibilidade e formalidades);

2.1 Rito do Registro

– Partido Político ou Coligação realiza o RRC (Requerimento de Registro de Candidatura) até o dia 05 de julho do ano eleitoral;

– Após, é publicado edital com todos os pedidos realizados. Com a publicação inicia-se o prazo de 5 dias para impugnação (AIRC);

– Independentemente de impugnação, poderá o juiz requerer realização de diligências a ser cumprida em 72h;

Observação: No prazo de 5 dias, a contar da publicação do Edital, o Ministério Público poderá requisitar diligências;

– Não cumpridas as diligências determinadas, acarreta o indeferimento do RRC;

– Cumpridas as diligências, os autos irão para conclusão e julgamento;

– A decisão deverá ser uniforme, no caso de ter sido impugnado o edital;

IMPORTANTE:

– Se o Partido Político ou Coligação venha a deixar de realizar o RCC de determinado candidato, poderá ele requerer no prazo de 48 horas a partir da publicação do Edital;

Síntese do trâmite:

a) Partido Político/Coligação Realiza RRC;

b) Publicação Edital

– Prazo de 5 dias: Impugnação / Requisição de diligências pelo MP;

– Prazo de 48h: Pedido de Registro individual, se o caso;

c) Juiz determina diligências;

– Diligências não cumpridas = Indeferimento

– Diligências cumpridas = Autos para conclusão

d) Autos conclusos para decisão (natureza declaratória);

– Se existir impugnação, deverá a decisão ser homogênea;

2.2 Documentos necessários ao RCC (art. 11, § 1º, da Lei 9.504/1997)

– Cópia da Ata de Convenção do Partido;

– Autorização do candidato por escrito;

– **Prova de filiação partidária;**

– Declaração de Bens assinada;

– **Cópia do Título Eleitoral;**

– **Certidão de quitação Eleitoral;**

– Certidões Criminais da Justiça (Estadual e Federal);

– Fotografia;

– Propostas defendidas (Chefes do Executivo);

IMPORTANTE: *Lei 9.504/1997, art. 11, § 13. Fica dispensada a apresentação de documentos produzidos a partir de informações detidas pela Justiça Eleitoral, entre eles os indicados nos incs. III, V e VI do § 1º deste artigo. (§ Incluído pela Lei 12.891, de 2013)*

3. Número de candidatos por partido ou coligação

a) Nas eleições majoritárias: Titular e seu vice, aos Chefes do Executivo, e o candidato a senador e seus 2 suplentes;

b) Nas eleições proporcionais: Cada partido poderá registrar até 150% do número de lugares a preencher em cada cargo;

– No caso de coligação, independentemente do número de partidos que a integrem, poderão ser registrados candidatos até o dobro do número de lugares a preencher;

– Em Estados onde o número de cadeiras para a Câmara dos Deputados não ultrapassar 20, cada partido poderá registrar candidatos até o dobro de vagas, e havendo coligação, estes números poderão ser acrescidos de até mais 50%.

IMPORTANTE:

– Cada partido ou coligação preencherá o mínimo de 30% (trinta por cento) e o máximo de 70% (setenta por cento) para candidaturas de cada sexo;

Observação: O legislador intentou garantir a participação da mulher no pleito eleitoral, como candidata a cargos eletivos;

– Nesta intenção a Lei 12.891/2013 inseriu o art. 93-A, que autoriza o TSE a requisitar até 10 minutos diários, no período de 1º de março e 30 de junho dos anos eleitorais, para realizar propaganda, em rádio e TV, visando ao incentivo à igualdade de gênero e à participação feminina.

Curiosidade: Nas eleições de 2010 foi constatado que aproximadamente 52% do eleitorado era do gênero feminino.

IMPORTANTE:

– E se o partido/agremiação não alcançar a porcentagem estabelecida?

A doutrina e jurisprudência construíram duas posições:

A) Indeferimento do Registro de Candidaturas, vez que a norma intenciona garantir a participação obrigatória de ambos os sexos;

B) Possibilidade de se completar o nº de candidatos faltantes com os de sexo oposto;

– A Lei 12.034/2009 excluiu a obrigatoriedade de preenchimento deste requisito, colocando fim à discussão. Caso não haja preenchimento, as vagas permanecerão vazias, não sendo possível preencher com candidatos do sexto oposto;

Antes da Lei 12.034/09	Depois da Lei 12.034/09
cada partido ou coligação reservar (...)	cada partido ou coligação preencherá (...)

4. Substituição de candidatos

– Antes do dia da eleição é possível realizar a substituição de candidatos, nas seguintes hipóteses:

a) Indeferimento do pedido de registro;

b) Cassação do registro em razão de Inelegibilidade apurada por abuso de poder econômico ou político;

c) Cancelamento do registro em razão de expulsão do partido;

d) Renúncia;

e) Falecimento;

– A substituição deverá ser requerida até 10 dias contados do fato ou da notificação da decisão judicial que ensejou a substituição;

4.1 Candidato majoritário

– O pedido de substituição poderá ser feito até 20 dias antes da eleição (Lei 12.891/2013 que alterou o § 3º do art. 13 da Lei 9.504/1997);

– Se a substituição ocorrer após a preparação das urnas, o substituto concorrerá com o nome, número e fotografia do substituído;

– A substituição não poderá ocorrer em segundo turno, salvo se o substituído for o "vice", conforme entendimento do TSE (TSE: Ac 20.141, j. 26.03.1998, rel. Min. José Eduardo Rangel de Alckmin; Ac 14.340, j. 12.05.1994, rel. Min. Torquato Lorena Jardim).

4.2 Candidato proporcional

– A substituição ao candidato a cargo eletivo pelo sistema proporcional deverá observar todas as formalidades exigidas para o registro (será feito novo pedido de registro);

– O novo pedido deverá ser apresentado até 20 dias antes do pleito e dentro do prazo decadencial de 10 dias (a contar do fato ou da notificação de decisão judicial que venha a ensejar a substituição) – (Lei 12.891/2013 que alterou o § 3º do art. 13 da Lei 9.504/1997);

IMPORTANTE: As substituições deverão seguir a regra dos percentuais de 30% e 70% entre cada sexo.

5.4. JURISPRUDÊNCIA SELECIONADA

Min. Dias Toffoli, 14.12.2011. (Inform. STF 647)
Lei da "Ficha Limpa" e art. 16 da CF – 1
A **Lei Complementar 135/2010** – que altera a **Lei Complementar 64/90**, que estabelece, de acordo com o § 9º do art. 14 da CF, casos de inelegibilidade, prazos de cessação e determina outras providências, para incluir **hipóteses** de **inelegibilidade** que visam a **proteger** a **probidade administrativa** e a **moralidade** no **exercício do mandato – não se aplica às eleições gerais de 2010**. Essa a conclusão do Plenário ao prover, por maioria, recurso extraordinário em que discutido o indeferimento do registro de candidatura do recorrente ao cargo de deputado estadual nas eleições de 2010, ante sua condenação por improbidade administrativa, nos termos do art. 1º, I, "l", da LC 64/1990, com redação dada pela LC 135/2010 ["*Art. 1º São inelegíveis: I – para qualquer cargo: ... l) os que forem condenados à suspensão dos direitos políticos, em decisão transitada em julgado ou proferida por órgão judicial colegiado, por ato doloso de improbidade administrativa que importe lesão ao patrimônio público e enriquecimento ilícito, desde a condenação ou o trânsito em julgado até o transcurso do prazo de 8 (oito) anos após o cumprimento da pena*"]. Preliminarmente, reconheceu-se a repercussão geral da questão constitucional relativa à incidência da norma vergastada às eleições de 2010, em face do **princípio da anterioridade eleitoral (CF, art. 16)**. Tendo em conta que já assentada por esta Corte a repercussão geral concernente à alínea "k" do mesmo diploma, aduziu-se que igual tratamento deveria ser conferido à alínea "l" que, embora aborde o tema com nuança diferenciada, ambas fariam parte da mesma lei, cuja aplicabilidade total fora contestada. **STF, RE 633.703/MG, Plenário, j. 23.03.2011, rel. Min. Gilmar Mendes, DJe 18.11.2011.** (RE-633703) **(g.n)**

Ação cautelar e efeito suspensivo a RE não interposto
Em face da relevância e urgência da questão, a 2ª Turma negou provimento a agravo regimental interposto de decisão deferitória de medida liminar em ação cautelar, na qual atribuído efeito suspensivo a acórdão do TSE que indeferira o registro de candidatura da **agravada, sem que recurso extraordinário tivesse sido interposto. A questão constitucional discutida nos autos consistiria em saber se o § 7º do art. 14 da CF** ("§ 7º – São inelegíveis, no território de jurisdição do titular, o cônjuge e os parentes consanguíneos ou afins, até o segundo grau ou por adoção, do Presidente da República, de Governador de Estado ou Território, do Distrito Federal, de Prefeito ou de quem os haja substituído dentro dos seis meses anteriores ao pleito, salvo se já titular de mandato eletivo e candidato à reeleição") alcançaria, ou não, o cônjuge supérstite quando o falecimento tivesse ocorrido no curso do mandato, com regular sucessão do vice-prefeito. Na espécie, a requerente, prefeita eleita em 2008 e reeleita em 2012, fora afastada de seu mandato em 2013, pelo TSE, em face de impugnação de coligação partidária adversária, ora agravante. Posteriormente, **fora ela mantida no cargo em face de liminar na presente ação**. Neste recurso, a agravante alega que: a) não seria admissível a cautelar, nos termos dos Enunciados 634 e 635 da Súmula da Corte, porquanto proposta antes da interposição do recurso extraordinário; e b) não haveria plausibilidade do direito arguido na ação cautelar, porque em confronto com os termos da Súmula Vinculante 18. Reconheceu-se risco de dano irreparável e plausibilidade do direito invocado pela prefeita. Asseverou-se que a cassação da liminar, neste momento, **resultaria indesejável alternância na chefia do Poder Executivo municipal, com graves prejuízos à segurança jurídica, à paz social e à prestação de serviços públicos essenciais**. Pontuou-se que a morte do detentor do mandato, no curso deste, tornaria distinta a situação em análise daquelas que levaram o TSE e o STF a firmar jurisprudência no sentido de que a dissolução da sociedade ou do vínculo conjugal não afastaria a inelegibilidade do cônjuge. Observou-se que a circunstância descrita nos autos não se enquadraria no teor da **Súmula Vinculante 18**, uma vez que o referido verbete teria cuidado da dissolução da sociedade conjugal por separação de fato, para fins de vedar ao cônjuge a possibilidade de burlar e fraudar o dispositivo constitucional da inelegibilidade, por meio de separações fictícias que garantissem um terceiro mandato inconstitucional. Registrou-se, ademais, ser distinta a dissolução do vínculo conjugal por morte, matéria não tratada na Súmula Vinculante 18. Por fim, realçou-se que a prefeita constituíra novo núcleo familiar.

AgRg na MC na AC 3.298/PB, 2ª T., j. 24.04.2013, rel. Min. Teori Zavascki. (AC-3298) (Inform. STF 703) (g.n)
EMENTA: REGISTRO DE CANDIDATURA. LEI COMPLEMENTAR Nº 135, DE 04 DE JUNHO DE 2010. A QUESTÃO DE SUA APLICABILIDADE IMEDIATA. INCIDÊNCIA, *NA ESPÉCIE*, RELATIVAMENTE ÀS ELEIÇÕES DE 2010, DO POSTULADO DA ANTERIORIDADE ELEITORAL (CF, ART. 16), QUE SUSPENDE, PELO PERÍODO DE 01 (UM) ANO, O INÍCIO DA EFICÁCIA DA "*LEI QUE ALTERAR O PROCESSO ELEITORAL*". ENTENDIMENTO DO RELATOR AMPLAMENTE EXPOSTO EM VOTOS PROFERIDOS NO JULGAMENTO PLENÁRIO DO RE 630.147/DF E DO RE 631.102/PA. PRESUNÇÃO CONSTITUCIONAL DE INOCÊNCIA: UM DIREITO FUNDAMENTAL QUE ASSISTE A QUALQUER PESSOA (ADPF 144/DF, REL. MIN. CELSO DE MELLO). PRERROGATIVA ESSEN-

CIAL, **IMPREGNADA** DE EFICÁCIA IRRADIANTE, **ESPECIALMENTE** AMPARADA, **EM TEMA** DE DIREITOS POLÍTICOS, **PELA CLÁUSULA TUTELAR** INSCRITA NO ART. 15, III, DA CARTA POLÍTICA, **QUE EXIGE**, PARA EFEITO *DE VÁLIDA* SUSPENSÃO DAS DIMENSÕES (*ATIVA* E *PASSIVA*) DA CIDADANIA, **O TRÂNSITO EM JULGADO** DA CONDENAÇÃO CRIMINAL. **O ALTO SIGNIFICADO** POLÍTICO-SOCIAL **E O VALOR JURÍDICO** DA EXIGÊNCIA DA COISA JULGADA. **IMPOSSIBILIDADE** DE LEI COMPLEMENTAR, **MESMO** QUE FUNDADA **NO § 9º DO ART. 14** DA CF, **TRANSGREDIR** A PRESUNÇÃO DE INOCÊNCIA, **PELO FATO** DE REFERIDA ESPÉCIE NORMATIVA **QUALIFICAR-SE** COMO ATO *HIERARQUICAMENTE SUBORDINADO* À **AUTORIDADE DO** TEXTO **E DOS** PRINCÍPIOS CONSTITUCIONAIS. **DECISÃO** DO E. TRIBUNAL SUPERIOR ELEITORAL **QUE DENEGOU** REGISTRO DE CANDIDATURA, **SOB O FUNDAMENTO DA MERA EXISTÊNCIA**, *CONTRA O CANDIDATO*, DE CONDENAÇÃO PENAL **EMANADA** DE ÓRGÃO COLEGIADO, **EMBORA QUESTIONADA** ESTA EM SEDE RECURSAL EXTRAORDINÁRIA. **CONSEQUENTE INEXISTÊNCIA** DO TRÂNSITO EM JULGADO **DE REFERIDA** CONDENAÇÃO CRIMINAL. **PRESENÇA**, *NA ESPÉCIE*, **DOS REQUISITOS** AUTORIZADORES **DO EXERCÍCIO** DO PODER GERAL DE CAUTELA. **MEDIDA CAUTELAR DEFERIDA**. AC 2763-MC/RO. RELATOR: Min. Celso de Mello. (Inform. STF 616) **(g.n)**

Processo eleitoral e legitimidade do Ministério Público
Não deve ser conferida interpretação amplíssima ao art. 127 da CF, porquanto o legislador pode conformar a atuação do Ministério Público, em especial **para recorrer**. Com base nessa orientação, a 2ª Turma manteve decisão do Ministro Teori Zavascki, que negou provimento a recurso extraordinário com agravo. Discutia-se a legitimidade do Ministério Público Eleitoral para recorrer, com base no aludido dispositivo constitucional, em hipótese na qual o Tribunal Superior Eleitoral – TSE possui entendimento sedimentado no sentido da **carência de legitimidade** para se questionar **posterior deferimento de registro de candidatura quando não anteriormente impugnado seja pelo candidato, pelo partido político, pela coligação ou pelo Ministério Público Eleitoral, salvo quando se tratar de matéria constitucional**. No presente agravo regimental, o Ministério Público Eleitoral reiterou o argumento de possibilidade de apresentação de recursos pelo *parquet* nas situações em que cabível a intervenção ministerial na defesa da ordem democrática, da ordem jurídica e dos interesses sociais e individuais indisponíveis, independentemente de a instituição figurar como parte no processo específico. A Turma ratificou a manifestação do relator, que ressaltou, na decisão agravada, que, **embora o art. 127 da CF conferisse legitimação ao Ministério Público**, não o faria de forma irrestrita em toda e qualquer **situação**. Ademais, a questão situar-se-ia no âmbito de processo eleitoral, regido por normas infraconstitucionais pertinentes, de maneira que a ofensa à Constituição seria reflexa. Assim, se adotada a interpretação pleiteada pelo órgão ministerial, o legislador não poderia sequer fixar prazo para recurso ou formas de o mencionado órgão atuar em juízo.
STF, AgRg no RE com Ag 757.179 /MG, 2ª T., j. 10.09.2013, rel. Min. Teori Zavascki (ARE-757179) (Inform. STF 719) (g.n)

Vícios nas contas de ex-prefeito e ofensa à Constituição
A 1ª Turma iniciou julgamento de agravo regimental em agravo de instrumento no qual se discute a admissibilidade, ou não, de recurso extraordinário para impugnar julgado que considerara o agravante inelegível em razão de irregularidades nas contas prestadas. No caso, o Tribunal Superior Eleitoral – TSE rejeitara pedido de registro de candidatura de ex-prefeito por reputar insanáveis as irregularidades das contas, tendo em vista à não aplicação de percentual mínimo da receita de impostos na manutenção e desenvolvimento do ensino. Alega o agravante que o TSE tem jurisprudência no sentido da impossibilidade de se afirmar, no âmbito de recurso especial eleitoral, se os vícios que ensejaram a rejeição de contas seriam, ou não, insanáveis. Argui que, para a apreciação do recurso que interpusera perante o Supremo, **não há que se proceder à análise de fatos ou de provas, ou mesmo de normas infraconstitucionais, senão dos comandos constitucionais que devem ser aplicados à espécie**. O Min. Dias Toffoli, relator, manteve a decisão agravada e desproveu o recurso, ao fundamento de que a discussão configuraria ofensa meramente reflexa à Constituição. Após, pediu vista dos autos o Min. Marco Aurélio. **STF, AI 747402/BA, rel. Min. Dias Toffoli, 27.9.2011.** (AI-747402) (Inform. STF 642) **(g.n)**

Lei da "Ficha Limpa": inelegibilidade e renúncia – 1
O Plenário, ante o empate na votação, manteve acórdão do Tribunal Superior Eleitoral – TSE que, ao enfatizar a aplicabilidade imediata das alterações introduzidas pela LC 135/2010, concluíra pela **inelegibilidade de candidato a cargo de Senador da República**. O acórdão impugnado assentara a **inelegibilidade do candidato para as eleições que se realizassem durante o período remanescente do mandato para o qual ele fora eleito e para os 8 anos subsequentes ao término da legislatura, nos termos da alínea k do inciso I do art. 1º da LC 64/1990**, acrescentado pela aludida **LC 135/2010** ["Art. 1º São inelegíveis: I – para qualquer cargo: ... k) o Presidente da República, o Governador de Estado e do Distrito Federal, o Prefeito, os membros do Congresso Nacional, das Assembleias Legislativas, da Câmara Legislativa, das Câmaras Mu-

nicipais, que renunciarem a seus mandatos desde o oferecimento de representação ou petição capaz de autorizar a abertura de processo por infringência a dispositivo da Constituição Federal, da Constituição Estadual, da Lei Orgânica do Distrito Federal ou da Lei Orgânica do Município, para as eleições que se realizarem durante o período remanescente do mandato para o qual foram eleitos e nos 8 (oito) anos subsequentes ao término da legislatura."]. **Considerara o fato de o candidato ter renunciado a mandato de igual natureza, em 2001, após o oferecimento de representação capaz de autorizar a abertura de processo por infração a dispositivo da Constituição. Na espécie, passados 9 anos da data da renúncia e tendo sido o candidato eleito, nesse ínterim, Deputado Federal, por duas vezes, a ele fora negado o registro de sua candidatura às eleições de 03.10.2010.** No presente recurso extraordinário, alegava-se ofensa: a) ao princípio da anualidade eleitoral (CF, art. 16); b) aos princípios da segurança jurídica e da irretroatividade das leis (CF, art. 5º, XXXVI); c) ao art. 14, § 9º, da CF, pois a cláusula de inelegibilidade em questão não se amoldaria aos **pressupostos constitucionais autorizadores de novas hipóteses** de **inelegibilidade** e d) ao princípio da presunção de inocência ou de **não culpabilidade** (CF, art. 5º, LVII). STF, RE 631.102/PA, Plenário, j. 27.10.2010, rel. Min. Joaquim Barbosa, *DJe* 20.06.2011. (RE-631102) **(g.n)**

Lei da "Ficha Limpa": inelegibilidade e renúncia – 2
O Min. Joaquim Barbosa, relator, na linha do voto proferido no julgamento do RE 630147/DF – em que reconhecida a repercussão geral da matéria –, desproveu o recurso. Inicialmente, salientou que apreciaria o caso a partir da perspectiva de valorização da **moralidade e da probidade no trato da coisa pública, sob uma ótica de proteção dos interesses públicos e não dos puramente individuais.** Em passo seguinte, rejeitou a assertiva de ofensa ao **art. 16 da CF. Afirmou que a norma adversada não se inseriria no campo temático de processo eleitoral e que a "Lei de Inelegibilidade" não se qualificaria como lei de processo eleitoral.** Consignou que as **condições de elegibilidade seriam examinadas na data do registro da candidatura**, sendo que a lei em comento fora publicada antes do período fixado para a realização das convenções partidárias, de modo a inexistir surpresa ou quebra ao **princípio da isonomia** para os partidos políticos. Repeliu, de igual maneira, o argumento de ofensa ao art. 5º, XXXVI, da CF, ao fundamento de que a referida lei complementar não teria **aplicação retroativa,** mas concedera efeitos futuros a fatos desabonadores praticados no passado. Enfatizou que retroação ocorreria se os cargos exercidos posteriormente à renúncia do recorrente tivessem sido declarados nulos. No que concerne ao art. 14, § 9º, da CF, assinalou **haver expectativa do corpo eleitoral de que os parlamentares não venham a renunciar**, configurando **a renúncia um ato desabonador** do candidato, o qual demonstraria não se preocupar com seu eleitorado. Ademais, registrou que a norma em comento teria dado concretude à **opção constitucional pela avaliação da vida pregressa do candidato.** Por fim, relativamente ao art. 5º, LVII, da CF, **asseverou que inelegibilidade não seria pena ou punição e não caracterizaria repercussão prática da culpa ou do dolo do agente político, mas uma reprovação prévia, anterior e prejudicial às eleições, por comportamento objetivamente descrito como contrário às normas de organização política.** Acompanharam o relator os Ministros Carmen Lúcia, Ricardo Lewandowski, Ayres Britto e Ellen Gracie. STF, RE 631.102/PA, Plenário, j. 27.10.2010, rel. Min. Joaquim Barbosa, *DJe* 20.06.2011. (RE-631102) **(g.n)**

Convocação de suplente e coligação – 3
Realçou-se que essa instituição criada pela fusão temporária de algumas agremiações formaria **quociente partidário próprio.** Destacou-se, também, que a **figura jurídica nascida com a coalizão transitória, estabelecida desde as convenções partidárias**, não findaria seus efeitos no dia do pleito ou, menos ainda, os apagaria de sua existência quando esgotada a sua finalidade inicial. Ressaltou-se, no ponto, que o Tribunal Superior Eleitoral – TSE **admite a atuação das coligações após a apuração do resultado das eleições**, a exemplo do reconhecimento de sua legitimidade para pedir recontagem de votos e para ajuizar ação de impugnação de mandato. Frisou-se, ainda, que a suplência ficaria estabelecida no momento da proclamação dos resultados, com a definição dos candidatos eleitos, **conforme o cálculo dos quocientes das coligações, e que não poderia haver mudança na regra do jogo após as eleições, no que concerne aos suplentes, de modo a desvirtuar a razão de ser das coligações.** Enfatizou-se, não obstante, as reiteradas práticas da Justiça Eleitoral por todo País, no sentido de que o resultado das eleições levaria em conta os quocientes das coligações e dos partidos, quando estes tiverem atuado isoladamente. **STF, MS 30.260/DF, Plenário, j. 27.04.2011, rel. Min. Cármen Lúcia, *DJe* 30.08.2011.** (MS-30260) **STF, MS 30.272/MG, Plenário, j. 27.04.2011, rel. Min. Cármen Lúcia, *DJe* 30.08.2011.** (MS-30272) **(g.n)**

5.5. QUESTÕES COMENTADAS

(Ministério Público/PB – 2010) Analise as assertivas abaixo e assinale a alternativa que sobre elas contenha o devido julgamento:

I. De acordo com entendimento pacífico do Tribunal Superior Eleitoral, não se exige do militar da ativa a condição de elegibilidade referente à necessidade de filiação partidária há pelo menos um ano da data das eleições, bastando o pedido de registro de candidatura, após prévia escolha em convenção partidária.

II. A suspensão dos direitos políticos, decorrente de condenação criminal transitada em julgado, cessa com o cumprimento ou a extinção da pena, desde que o condenado se reabilite ou, em sendo o caso, comprove a reparação dos danos causados pelo ilícito penal.

III. A investigação judicial eleitoral julgada antes da eleição possui os efeitos de inelegibilidade e cassação do registro e, eventualmente, desde que fundamentado na captação ou gastos ilícitos de recursos para fins eleitorais, a negação do diploma.

(A) Todas as assertivas estão corretas.
(B) Apenas as assertivas I e III estão corretas.
(C) Todas as assertivas estão erradas.
(D) Apenas as assertivas II e III estão corretas.
(E) Apenas a assertiva III está correta.

I: assertiva correta, conforme a jurisprudência do TSE – ver RESPE 20.285/AM, j. 19.09.2002, rel. Min. José Paulo Sepúlveda Pertence; II: assertiva incorreta, pois, nos casos dos crimes indicados no art. 1º, I, "e", da LI, a inelegibilidade vai até 8 anos após o cumprimento da pena; III: assertiva correta, conforme o art. 1º, I, "j", da LI.

Gabarito "B"

(Ministério Público/RN – 2009 – CESPE) Pedro, com nove anos de serviço, é militar alistável e teve o seu nome aprovado em convenção partidária para ser candidato a deputado estadual. Nessa situação hipotética, Pedro

(A) deve ser afastado do serviço militar.
(B) deve ser agregado, podendo retornar ao serviço militar após a eleição.
(C) perderá o cargo apenas se for eleito e empossado.
(D) deve ser afastado temporariamente, podendo retornar ao cargo após o fim do mandato.
(E) pode permanecer no serviço militar com todos os direitos.

De fato, o art. 98, II, do Código Eleitoral dispõe que nesta situação, uma vez cumprido mais de 5 anos de atividade, o militar será afastado, temporariamente, do serviço ativo, como agregado, para tratar de interesse particular.

Gabarito "A"

(Ministério Público/RR – 2008 – CESPE) A Lei Eleitoral institui as condutas vedadas aos agentes públicos durante o processo eleitoral. Conforme um analista, elas "deveriam ter a serventia de impedir o uso da máquina administrativa em benefício daqueles que, sem obrigatoriedade de desincompatibilização, disputam a renovação de seus mandatos de prefeito, governador e presidente da República". Lauro Barreto. In: *Condutas vedadas aos agentes públicos pela Lei das Eleições e suas implicações processuais*. Bauru: Edipro, 2006, p.12.

Considerando as disposições da Lei Eleitoral 9.504/1997 a respeito das condutas vedadas aos agentes públicos, julgue os itens seguintes.

(1) É permitido ao prefeito municipal ceder imóvel de propriedade do município para a realização de convenção de partido político para a escolha de candidato à prefeitura.

(2) A Lei Eleitoral, ao dispor sobre as condutas vedadas, admite que servidores públicos municipais atuem em comitês de campanha de partidos, desde que o façam após o horário de expediente.

(3) Pode o prefeito, durante a campanha eleitoral, nomear servidores públicos, especialmente para cargos em comissão, bem como exonerá-los.

(4) Pode o prefeito convocar cadeia de rádio e televisão para anúncio de seu posicionamento político quanto à eleição, se este for controverso.

(5) É permitida a revisão geral da remuneração dos servidores públicos do município, por iniciativa do prefeito, desde que o percentual não ultrapasse o da inflação do ano da eleição.

1: assertiva correta. É possível ceder ou usar bens públicos exclusivamente para a realização de convenções partidárias – art. 73, I, in fine, da LE. 2: assertiva correta. A vedação refere-se apenas ao horário de expediente normal – art. 73, III, da LE; 3: assertiva correta. A vedação às nomeações nos três meses anteriores ao pleito até a posse do eleito não se aplica aos cargos em comissão – art. 73, V, a, da LE; 4: assertiva incorreta. É vedado o pronunciamento em cadeia de rádio ou de televisão fora do programa eleitoral gratuito, nos três meses antes do pleito – art. 73, VI, "c", da LE. Ademais, anúncio de posicionamento político não é motivo para convocação de cadeia de rádio e televisão, qualquer que seja o período (mesmo não eleitoral), podendo configurar improbidade administrativa – art. 11 da Lei 8.429/1992. 5: assertiva correta. Art. 73, VIII, da LE.

Gabarito 1C, 2C, 3C, 4E, 5C

(Ministério Público/RR – 2012 – CESPE) Constitui conduta vedada aos agentes públicos durante campanhas eleitorais

(A) ceder imóvel público para a realização de convenção partidária.
(B) ceder servidor público para comitê de campanha eleitoral.

(C) exonerar ocupante de cargo de livre provimento.

(D) nomear assessor de órgãos da Presidência da República.

(E) fazer pronunciamento em cadeia de rádio e televisão, ainda que em caso de necessidade pública.

De fato a única alternativa, assertiva B, encontra respaldo na disposição contida no art. 73, III, da Lei 9.504/1997.

Gabarito "B"

(Ministério Público/SP – 2011) Analise as seguintes assertivas com relação ao direito de resposta assegurado pela legislação eleitoral a candidato, partido ou coligação atingidos, ainda que de forma indireta, por conceito, imagem ou afirmação caluniosa, difamatória, injuriosa ou sabidamente inverídica, difundidos por qualquer veículo de comunicação social:

I. o direito de resposta é assegurado a partir do dia 5 de julho do ano eleitoral;

II. quando se tratar da programação normal das emissoras de rádio e televisão, o prazo para pedir o exercício do direito de resposta à Justiça Eleitoral é de 24 horas;

III. o candidato ofendido que usar o tempo concedido sem responder aos fatos veiculados na ofensa terá subtraído tempo idêntico do seu programa eleitoral;

IV. no caso de ofensa veiculada em órgão da imprensa escrita, a resposta deverá ser divulgada no mesmo dia da semana em que ocorreu a ofensa;

V. no horário eleitoral gratuito, o ofendido usará, para a resposta, tempo nunca inferior a um minuto.

Está correto apenas o que se afirma em

(A) I e II.

(B) I e IV.

(C) II e V.

(D) III e IV.

(E) III e V.

I: assertiva incorreta, pois o direito de resposta é assegurado a partir da escolha dos candidatos em convenção – art. 58, *caput*, da LE; II: assertiva incorreta, pois é de 48 horas o prazo para o pedido de resposta, no caso de programação normal das emissoras de rádio e televisão – art. 58, § 1º, II, da LE; III: assertiva correta, no caso de direito de resposta relativo ao horário eleitoral gratuito – art. 58, § 3º, III, "f", da LE; IV: assertiva incorreta, pois a divulgação da resposta ocorrerá em até 48 horas após a decisão, em regra, ou na próxima vez que circular, no caso de veículo com periodicidade superior a 48 horas. A resposta poderá ser feita no mesmo dia da semana em que a ofensa foi divulgada, ainda que fora das 48 horas, por solicitação do ofendido – art. 58, § 3º, I, "b" e "c", da LE; V: assertiva correta, pois o ofendido usará, para resposta, tempo igual ao da ofensa, mas nunca inferior a 1 minuto – art. 58, § 3º, III, "a", da LE.

Gabarito "E"

(Ministério Público/ES – 2010 – CESPE – adaptada) Assinale a opção correta acerca do MPF.

(A) O procurador regional eleitoral poderá ser reconduzido ao cargo, em caso de necessidade de serviço, por mais de uma vez.

(B) Caso membro do MPF decida candidatar-se a cargo eletivo previsto em lei, durante o período entre a escolha como candidato a cargo eletivo em convenção partidária e a véspera do registro da candidatura na Justiça Eleitoral, o afastamento do exercício de suas funções será facultativo e sem remuneração.

(C) O procurador regional eleitoral pode ser destituído, antes do término do mandato, por decisão exclusiva do procurador-geral eleitoral.

(D) As funções eleitorais do MPF perante os juízes e as juntas eleitorais são exercidas pelo procurador regional eleitoral.

(E) O procurador regional eleitoral, juntamente com o seu substituto, deve ser designado para um mandato de dois anos pelo procurador-geral eleitoral. Sua escolha ocorre entre os procuradores regionais da República no estado e no DF, ou, onde não os houver, entre os procuradores da República substitutos.

A: assertiva incorreta, pois o procurador regional eleitoral poderá ser reconduzido apenas uma vez ao cargo – art. 76, § 1º, da LC 75/1993; **B:** assertiva correta, conforme o art. 204, IV, *a*, da LC 75/1993; **C:** assertiva incorreta, pois a destituição do procurador regional eleitoral antes do término do mandato poderá ocorrer por iniciativa do procurador-geral eleitoral, mas dependerá da anuência da maioria absoluta do Conselho Superior do Ministério Público Federal – art. 76, § 2º, da LC 75/1993; **D:** assertiva incorreta, pois as funções eleitorais perante o juiz e a junta eleitorais serão exercidas pelo promotor eleitoral (membro do Ministério Público Estadual local) – art. 78 da LC 75/1993; **E:** assertiva incorreta, pois o Procurador da República deve ser vitalício (não simples substituto), para que possa ser nomeado excepcionalmente procurador regional eleitoral (na falta de procuradores regionais) – art. 76, *caput*, da LC 75/1993. Obs.: a questão havia sido anulada, por incongruência entre o enunciado e as alternativas, razão pela qual foi adaptada.

Gabarito "B"

(Ministério Público/RO – 2008 – CESPE) Acerca da organização e do funcionamento da Justiça Eleitoral e do Ministério Público Eleitoral, assinale a opção correta.

(A) O procurador-geral da República acumula o cargo de procurador-geral eleitoral.

(B) Juiz eleitoral irmão de candidato a vereador na circunscrição poderá permanecer no cargo caso tenha sido nomeado antes da convenção partidária que indicou o candidato.

(C) Advogado indicado pelo STF ocupará a vice-presidência do TSE.

(D) Todos os tribunais eleitorais terão, no mínimo, um integrante indicado pelo MP.

(E) O mandato dos juízes eleitorais, inclusive no TSE, é de três anos, vedada a recondução.

A: assertiva correta. Art. 18 do Código Eleitoral; **B:** assertiva incorreta, pois isso não é possível – art. 14, § 3º, do Código Eleitoral; **C:** assertiva incorreta. A vice-presidência do TSE é ocupada por Ministro do STF – art. 17 do Código Eleitoral; **D:** assertiva incorreta, pois não há essa previsão – arts. 16 e 25, § 2º, ambos do Código Eleitoral; **E:** assertiva incorreta, pois o mandato é de 2 anos, permitida uma única recondução – art. 14 do Código Eleitoral.

Gabarito "A"

(Ministério Público/RS – 2009) João Alberto, escolhido candidato à vereança na convenção de seu partido, em dado município do interior do Estado, prometeu a um grupo determinado de eleitores – em reunião realizada na sede da associação comunitária dos ferroviários – que, uma vez eleito, garantiria a eles vaga em sua assessoria, utilizando-se de cargos em comissão de que seu futuro gabinete poderia dispor. Tal fato se deu antes do encaminhamento do pedido do registro da candidatura, e tinha por escopo obter os votos daqueles eleitores.

Com base nesses dados, é correto afirmar que

(A) a ação do candidato constitui captação ilícita de sufrágio, prevista no art. 41-A, da Lei 9.504/1997, capaz de levar a cassação de registro ou mesmo do diploma em caso da eleição do candidato.

(B) em não se tendo certeza quanto a sua eleição, o crime não se poderia configurar em caso de insucesso eleitoral.

(C) o fato não se caracteriza como crime eleitoral porque praticado em período anterior ao registro da candidatura.

(D) o candidato, pela simples promessa levada a cabo, cometeu, em tese, o crime de corrupção eleitoral (art. 299 do Código Eleitoral).

(E) Nenhuma das alternativas propostas está correta em face do ordenamento vigente.

A: assertiva incorreta, pois a captação de sufrágio tipificada pelo art. 41-A da LE refere-se ao período entre o registro da candidatura (não antes, como no caso descrito na assertiva) e o dia da eleição; **B**, **C**, **D** e **E**: a conduta de João Alberto, ainda antes do registro da candidatura e mesmo sem ter certeza da eleição, implica, em tese, crime previsto no art. 299 do Código Eleitoral, *in verbis*: "dar, oferecer, prometer, solicitar ou receber, para si ou para outrem, dinheiro, dádiva, ou qualquer outra vantagem, para obter ou dar voto e para conseguir ou prometer abstenção, ainda que a oferta não seja aceita."

Gabarito "D"

(Ministério Público/RS – 2009) João Alberto, escolhido candidato à vereança na convenção de seu partido, em dado município do interior do Estado, prometeu a um grupo determinado de eleitores – em reunião realizada na sede da associação comunitária dos ferroviários – que, uma vez eleito, garantiria a eles vaga em sua assessoria, utilizando-se de cargos em comissão de que seu futuro gabinete poderia dispor. Tal fato se deu antes do encaminhamento do pedido do registro da candidatura, e tinha por escopo obter os votos daqueles eleitores.

Com base nesses dados, é correto afirmar que

(A) a ação do candidato constitui captação ilícita de sufrágio, prevista no art. 41-A, da Lei 9.504/1997, capaz de levar a cassação de registro ou mesmo do diploma em caso da eleição do candidato.

(B) em não se tendo certeza quanto a sua eleição, o crime não se poderia configurar em caso de insucesso eleitoral.

(C) o fato não se caracteriza como crime eleitoral porque praticado em período anterior ao registro da candidatura.

(D) o candidato, pela simples promessa levada a cabo, cometeu, em tese, o crime de corrupção eleitoral (art. 299 do Código Eleitoral).

(E) Nenhuma das alternativas propostas está correta em face do ordenamento vigente.

De fato a única alternativa correta é a apresentada pela assertiva "D", vez que basta a conduta para a caracterização do crime, nos exatos termos que dispõe o referido art. 299 do Código Eleitoral.

Gabarito "D"

(Ministério Público/BA – 2005) Assinale a alternativa correta:

(A) A propaganda eleitoral somente é permitida após o dia 5 de julho do ano da eleição; contudo, ao postulante ao cargo eletivo é permitida a realização, na quinzena anterior à escolha pelo partido, de propaganda intrapartidária com vista à indicação de seu nome, vedado o uso de rádio, televisão e *outdoor*.

(B) A propaganda eleitoral exercida nos termos da legislação eleitoral poderá ser objeto de multa, decorrente do exercício do poder de polícia do Município, para a preservação das praças, viadutos e do patrimônio público, bem como para preservar a limpeza da cidade e a fachada do patrimônio histórico.

(C) A partir da escolha de candidatos em convenção, é assegurado o direito de resposta somente a candidato (e não aos partidos políticos e as coligações) que tiver sido atingido, ainda que de forma indireta, por conceito, imagem ou afirmação caluniosa, difamatória, injuriosa ou sabidamente inverídica, difundidos por qualquer meio de comunicação social.

(D) As correspondências e as despesas postais não são considerados gastos eleitorais e, portanto, sujeitos a registro e aos limites da lei, ao contrário do que ocorre com a confecção de material impresso, propaganda e publicidade e despesas com transporte e deslocamento.

(E) O agente público, servidor ou não, está proibido de beneficiar qualquer candidato, partido ou coligação, com bens móveis ou imóveis pertencentes à administração direta ou indireta de qualquer das Entidades Federativas, até mesmo para a realização de convenção partidária.

A: assertiva correta. Art. 36, *caput* e § 1º, da LE; B: assertiva incorreta, pois a propaganda realizada nos termos da lei não pode ser objeto de multa nem cerceada sob a alegação do exercício do poder de polícia – art. 41 da LE; C: assertiva incorreta. O direito de resposta é reconhecido em favor não apenas de candidatos, mas também de partidos e coligações – art. 58 da LE; D: assertiva incorreta. Todos esses são gastos sujeitos à legislação eleitoral – art. 26 da LE; E: assertiva incorreta, pois é possível ceder ou usar bens públicos exclusivamente para a realização de convenções partidárias – art. 73, I, *in fine*, da LE.

Gabarito "A".

(Ministério Público/RR – 2012 – CESPE) Constitui conduta vedada aos agentes públicos durante campanhas eleitorais

(A) ceder imóvel público para a realização de convenção partidária.

(B) ceder servidor público para comitê de campanha eleitoral.

(C) exonerar ocupante de cargo de livre provimento.

(D) nomear assessor de órgãos da Presidência da República.

(E) fazer pronunciamento em cadeia de rádio e televisão, ainda que em caso de necessidade pública.

De fato a única alternativa, assertiva "B", encontra respaldo na disposição contida no art. 73, III, da Lei 9.504/1997.

Gabarito "B".

(Ministério Público/AM – 2008 – CESPE) A Lei 9.504/1997, ao dispor acerca da escolha e do registro de candidaturas às eleições para os cargos proporcionais, estabelece diversos critérios, como o percentual máximo de candidatos que os partidos podem lançar e a proporção de candidatos em razão de gênero. Quanto a esse tema, assinale a opção correta.

(A) Em uma câmara municipal que tenha 10 integrantes, o número de candidatos de cada partido poderá ser, no máximo, de vinte candidatos.

(B) Em uma câmara municipal que tenha 10 integrantes, cada coligação poderá ter, no máximo, vinte candidatos.

(C) Em uma assembleia legislativa que conte com 24 integrantes, o número total de candidatos de uma coligação será, no máximo, de 48.

(D) Decorrido o prazo para registro de candidaturas, caso não se apresentem mulheres que queiram ser candidatas, o partido poderá preencher todas as candidaturas com homens.

(E) Caso o estatuto do partido seja omisso, cabe à Justiça Eleitoral definir as normas para a escolha de seus candidatos.

O partido não coligado pode lançar número de candidatos correspondente a uma vez e meia (150%) a quantidade de vagas no legislativo. A coligação pode lançar o dobro de candidatos, em relação ao número de vagas. Nos Estados em que a Assembleia contar com até 20 vagas, os partidos não coligados poderão lançar o dobro de candidatos e as coligações poderão lançar esse número acrescido de mais 50%, para as eleições para a Câmara dos Deputados, e para a Câmara Distrital ou para a Assembleia Legislativa. Finalmente, nesses totais deve haver um mínimo de 30% de candidatos de cada sexo – art. 10, *caput*, e §§ 1º a 3º, da LE.

Gabarito "B".

(Analista – TREMG – 2012 – CONSULPLAN) Em outubro de 2014, o eleitorado brasileiro voltará às urnas para escolher representantes, a saber: Presidente da República, Governadores, Senadores, Deputados Federais e Estaduais. Os futuros candidatos deverão registrar suas candidaturas oportunamente. Só assim, seus nomes serão submetidos à vontade popular. Os candidatos ao cargo de Deputado Federal devem formular o pedido de registro de candidatura junto ao(à)

(A) Câmara dos Deputados.

(B) Tribunal Regional Eleitoral.

(C) Supremo Tribunal Federal.

(D) Tribunal Superior Eleitoral.

(E) Zona Eleitoral de seu domicílio.

De fato, a única assertiva correta é apresentada pela alternativa "B", uma vez que o art. 29 do Código Eleitoral dispõe que compete aos Tribunais Regionais processar e julgar originariamente o registro de candidatos a Governador, Vice-Governadores, e membro do Congresso Nacional e das Assembleias Legislativas, sendo assim, considerando o cargo de Deputado Federal como constante entre os membros do Congresso Nacional, deverá o candidato ao cargo de Deputado Federal requerer seu registro junto ao Tribunal Regional Eleitoral de seu estado.

Gabarito "B".

(Analista – TREMG – 2012 – CONSULPLAN) O Ministério Público Eleitoral desempenha importantes atribuições na defesa do regime democrático. Atua de diversas formas, nas fases do processo eleitoral. Em relação às atribuições do Ministério Público (MP), assinale a alternativa correta, de acordo com a legislação vigente e a jurisprudência do Tribunal Superior Eleitoral.

(A) Nos processos de registro de candidaturas, o MP deve necessariamente emitir parecer, mas não é legitimado a impugnar candidaturas.

(B) O MP é legitimado, juntamente com candidatos, partidos e coligações, a ajuizar representação por propaganda eleitoral irregular.

(C) A atuação do MP no processo penal eleitoral é supletiva, já que a legitimação para deflagrar ações penais eleitorais é, por primazia, dos próprios candidatos.

(D) O MP deve ser previamente ouvido nos casos de abertura de investigação judicial eleitoral, cuja iniciativa é limitada a candidatos, afastada a legitimação ativa de partidos políticos.

(E) Nos casos de desfiliação partidária sem justa causa (infidelidade partidária), a legitimação ativa é do MP e, apenas na sua inércia, surge a legitimação subsidiária dos partidos políticos para a perda do cargo eletivo.

A: assertiva incorreta, uma vez que o Ministério Público é expressamente legitimado para impugnar candidaturas conforme dispõe o art. 3º da LC 64/1090; **B:** assertiva correta, pois em pleno acordo com o que dispõe o art. 22 da LC 64/1990 além de entendimento do STF através da ADI 4.617/DF, Pleno, j. 19.06.2013, rel. Min. Luiz Fux, ao tratar especificamente da legitimidade do Ministério Público para apresentar representação na Justiça Eleitoral contra eventuais irregularidades na propaganda partidária gratuita, atuando na defesa da ordem jurídica e do regime democrático; **C:** assertiva incorreta, uma vez que todas as infrações trazidas pelo Código Eleitoral são de natureza pública (ação penal pública incondicionada), como bem dispõe o art. 355 e seguintes do Código Eleitoral; **D:** assertiva incorreta, pois o art. 22 da LC 64/1990 dispõe que qualquer partido político, coligação, candidato ou Ministério Público Eleitoral poderá representar à Justiça Eleitoral, diretamente ao Corregedor-Geral ou Regional, relatando fatos e indicando provas, indícios e circunstâncias e pedir abertura de investigação judicial; **E:** assertiva incorreta, uma vez que caberá ao partido político requerer perante a Justiça Eleitoral a decretação da perda de mandato. Subsidiariamente, quando o partido político não formular o pedido dentro de 30 (trinta) dias da desfiliação, pode fazê-lo, em nome próprio, nos 30 (trinta) subsequentes, quem tenha interesse jurídico (o 1º suplente) ou o Ministério Público eleitoral, conforme disciplina o art. 1º da Resolução TSE 22.610/2007.

Gabarito "B".

(Analista – TSE – 2006 – CESPE) Júlio, domiciliado em Brasília – DF, é oficial do Exército há cerca de 12 anos e pretende candidatar-se ao cargo de senador nas próximas eleições. Paulo e Manoel são seus suplentes partidários. A partir dessa situação hipotética e com fulcro nas disposições do Código Eleitoral e da Lei 9.504/1997, assinale a opção incorreta.

(A) O registro da candidatura de Júlio deverá ser requerido ao TRE-DF.

(B) Os registros de Paulo e Manoel far-se-ão concomitantemente com o registro de Júlio.

(C) O partido político de Júlio deverá requerer seu registro até o dia 5 de julho do ano da eleição.

(D) No ato do registro da candidatura, Júlio passará automaticamente para a inatividade.

A: assertiva correta. Art. 89, II, do Código Eleitoral – os candidatos a senador, bem como a deputado federal, governador e vice-governador serão registrados nos Tribunais Regionais Eleitorais; **B:** assertiva correta. Art. 91, § 1º, do Código Eleitoral: especificamente em se tratando de registro para candidato a senador, far-se-á concomitantemente o registro dos suplentes partidários; **C:** assertiva correta. Art. 11 da Lei 9.504/1997; **D:** assertiva incorreta, devendo ser assinalada. Art. 98, II, do Código Eleitoral: ao se candidatar militar alistável com 5 anos ou mais de serviço ele deve ser afastado temporariamente do serviço ativo, "como agregado, para tratar de interesse particular".

Gabarito "D".

(Analista – TRE/AC – 2010 – FCC) O pedido de registro de candidatura deverá ser instruído, dentre outros documentos, com certidão de quitação eleitoral. No que concerne às multas aplicadas pela Justiça Eleitoral, serão

(A) considerados quites os candidatos que tenham comprovado o pagamento do débito até o trânsito em julgado da decisão que, por esse motivo, indeferir o registro.

(B) considerados quites os candidatos que, até a formalização do pedido de registro de candidatura, tenham comprovado o parcelamento da dívida regularmente cumprido.

(C) consideradas todas as multas impostas, inclusive aquelas cuja decisões estejam ainda pendentes de recurso.

(D) considerados devedores os que tendo pago as multas que lhes couber individualmente não pagarem as multas impostas concomitantemente a outros candidatos em razão do mesmo fato.

(E) considerados devedores os candidatos definitivamente condenados, que tenham efetuado o pagamento do débito, pelo período de até seis meses após a quitação.

A: assertiva incorreta – art. 11, § 8º, I, da Lei 9.504/1997; **B:** assertiva correta – art. 11, § 8º, da Lei 9.504/1997; **C:** assertiva incorreta – art. 11, § 7º, da Lei 9.504/1997; **D:** assertiva incorreta – art. 11, § 8º, II, da Lei 9.504/1997; **E:** assertiva incorreta – art. 11, § 8º, I, da Lei 9.504/1997.

Gabarito "B".

(Analista – TRE/AL – 2010 – FCC) A respeito da impugnação do registro de candidatura é correto afirmar:

(A) A impugnação por parte de partido político ou coligação impede a ação do Ministério Público no mesmo sentido.

(B) A impugnação do pedido de registro do candidato poderá ser feita, em petição fundamentada, por partido político ou coligação, não podendo ser formulada por outro candidato.

(C) O prazo para impugnação é de 5 dias, contados da publicação do pedido de registro do candidato.

(D) O impugnante especificará, desde logo, os meios de prova com que pretende demonstrar a veracidade do alegado, sendo vedada a produção de prova testemunhal.

(E) Quando se tratar de candidato a Deputado Federal, a arguição de inelegibilidade será feita perante o Tribunal Superior Eleitoral.

A: assertiva incorreta – art. 3º, § 1º, da LC 64/1990; **B:** assertiva incorreta – art. 3º, *caput*, da LC 64/1990; **C:** assertiva correta – art. 3º da LC 64/1990; **D:** assertiva incorreta – poderá arrolar testemunhas, até um máximo de 6 – art. 3º, § 3º, da LC 64/1990.

Gabarito "C"

(Analista – TRE/AP – 2011 – FCC) Paulo e Pedro não foram indicados pela convenção de seu partido político para disputarem cargos de Deputado Estadual. Como as indicações da convenção não alcançaram o número máximo de vagas, os órgãos de direção do partido indicaram, posteriormente, somente o nome de Paulo, sem, no entanto, preencher a totalidade das vagas. Nesse caso, o pedido de registro da candidatura de Pedro só poderá ser feito

(A) se o mesmo também vier a ser indicado pelos órgãos de direção dentro do prazo legal.

(B) se for realizada nova convenção até o final do mês de julho do ano das eleições.

(C) pelo próprio interessado, pessoalmente, independentemente de indicação pelos órgãos de direção do partido.

(D) pelo próprio interessado, pessoalmente, se obtiver apoio de, pelo menos, um quinto dos filiados.

(E) pelo próprio interessado, pessoalmente, como candidatura avulsa, se pedir o cancelamento da sua filiação partidária.

De fato, a alternativa "A" é a única que está de acordo com o art. 10, § 5º, da Lei 9.504/1997.

Gabarito "A"

(Analista – TRE/AP – 2011 – FCC) João foi escolhido pela Convenção do Partido a que pertence para concorrer ao cargo de Deputado Estadual, embora tenha 20 anos de idade. Nesse caso, o pedido de registro de sua candidatura, desde que preenchidos os demais requisitos legais,

(A) só deverá ser deferido, se João vier a completar 21 anos até a data do pleito.

(B) deverá ser indeferido, porque o candidato a Deputado Estadual deve possuir 21 anos completos na data do pedido de registro da candidatura.

(C) só deverá ser deferido, se João vier a completar 21 anos até a data da posse.

(D) deverá ser indeferido, porque é de 30 anos a idade mínima para o cargo de Deputado Estadual.

(E) deverá ser deferido, porque é de 18 anos a idade mínima para o cargo de Deputado Estadual.

Art. 11, § 2º, da Lei 9.504/1997 – "a idade mínima constitucionalmente estabelecida como condição de elegibilidade é verificada tendo por referência a data da posse".

Gabarito "C"

(Analista – TRE/BA – 2003 – FCC) Paulo é Senador eleito pelo Partido Alfa, está encerrando seu mandato e é candidato à reeleição. Para as eleições majoritárias destinadas à renovação de duas vagas no Senado Federal, inclusive a sua, Paulo terá

(A) o direito de conservar o mesmo número que lhe foi atribuído no pleito anterior e com o qual concorreu.

(B) seu número obrigatoriamente sorteado na Convenção Partidária, com a dezena do Partido, entre as unidades de 1 ou 2.

(C) seu número obrigatoriamente sorteado na Convenção Partidária, com a dezena do Partido, entre as unidades de 1 a 10.

(D) seu número obrigatoriamente sorteado na Convenção Partidária, com a dezena do Partido, entre as centenas de 11 a 99.

(E) seu número obrigatoriamente sorteado na Convenção Partidária, com a dezena do Partido, entre as unidades de 101 a 299.

A alternativa "A" é a única correta, vez que de acordo com o art. 15, § 1º, da Lei 9.504/1997 que estabelece que "fica assegurado aos candidatos o direito de manter os números que lhe foram atribuídos na eleição anterior para o mesmo cargo". Logo, em sendo caso de candidatura à reeleição, não se realiza sorteio, o que torna incorretas as assertivas "B", "C", "D" e "E".

Gabarito "A"

(Analista – TRE/BA – 2003 – FCC) Se a convenção para escolha de candidatos não indicar o número máximo a que o Partido tem direito e não tiver sido celebrada Coligação, as vagas remanescentes poderão ser preenchidas

(A) pelos mais antigos dentre os integrantes da convenção.

(B) pelo órgão de direção do Partido.

(C) por nova convenção.

(D) por livre escolha do candidato ao Governo do Estado.

(E) por livre escolha dos 10 filiados de maior antiguidade no Partido.

A única alternativa que está correta é a "B", vez que está de acordo com o determinado no art. 10, § 5º, da Lei 9.504/1997.

Gabarito "B"

(Analista – TRE/BA – 2003 – FCC) Nas unidades da Federação em que o número de lugares a preencher para a Câmara dos Deputados for superior a 20, as Coligações para as eleições proporcionais, independentemente do número de Partidos que as integrarem, poderão registrar candidatos, em relação ao número de lugares a preencher, até

(A) 250%.

(B) 225%.

(C) 150%.

(D) o dobro.

(E) o triplo.

Art. 10, § 1º, da Lei 9.504/1997 c/c Resp 20.046/1997. No caso de coligação, o acréscimo de até mais de 50% (cinquenta por cento) a que se refere o § 1º incide sobre "até o dobro das respectivas vagas" (Resp 20.046/1997 – rel. Min. Nilson Naves).

Gabarito "D".

(Analista – TRE/BA – 2003 – FCC) José da Silva é Deputado Estadual e está encerrando seu mandato, no qual concorreu com seu nome completo e às variações "Silva" e "Grandão". É candidato à reeleição. Decorrido o período de registro de candidaturas constatou-se a existência de outro candidato, de outro Partido, de nome Pedro Costa, que indicou como variação nominal o mesmo apelido "Grandão". Nesse caso, a Justiça Eleitoral

(A) deferirá o uso da variação nominal "Grandão" ao candidato Pedro Costa, ficando José da Silva impedido de fazer propaganda com essa mesma variação.

(B) deferirá o uso da variação nominal "Grandão" ao candidato José da Silva, ficando Pedro Costa impedido de fazer propaganda com essa mesma variação.

(C) notificará os dois candidatos para que, em dois dias, cheguem a acordo sobre os nomes a serem usados e, não havendo acordo, deferirá ambos os registros apenas com os respectivos nomes e sobrenomes.

(D) notificará os dois candidatos para que, em dois dias, cheguem a acordo sobre os nomes a serem usados e, não havendo acordo, deferirá o uso da variação nominal "Grandão" àquele que tiver protocolado o pedido de registro em primeiro lugar.

(E) notificará os dois candidatos para que, em dois dias, cheguem a acordo sobre os nomes a serem usados e, não havendo acordo, deferirá o uso da variação nominal "Grandão" ao mais velho.

Segundo o art. 12 da Lei 9.504/1997, o candidato a eleições proporcionais (como é o caso da disputa para deputado estadual) deverá indicar no período de registro, além se seu nome completo, variações nominais com que deseja ser registrado, até o máximo de 3 (três) opções). Em casos de homonímia, a Justiça Eleitoral assegura, nos termos do inc. II do art. 12 citado, que o candidato que na data máxima prevista para o registro esteja exercendo mandato eletivo (como é o caso de José da Silva), ou o tenha exercido nos últimos quatro anos, ou que nesse mesmo prazo tenha se candidatado com um dos nomes que indicou, tenha deferido seu uso no registro, ficando outros candidatos impedidos de fazer propaganda com esse mesmo nome. Logo, temos que: **A:** assertiva incorreta – o art.12, § 1º, II, impede que outros candidatos façam uso do nome já registrado por outro candidato em exercício de mandato eletivo; **B:** assertiva correta – art. 12, § 1º, II, da Lei 9.504/1997; **C:** assertiva incorreta – art. 12, § 1º, IV, da Lei 9.504/1997 – aplica-se aos casos de homonímia em que as demais regras de preferência estabelecidas nos incisos anteriores do § 1º do art. 12 da Lei 9.504/1997 não resolvem a questão, o que, como visto, não é a hipótese; **D** e **E:** assertivas incorretas, pois não há previsão legal.

Gabarito "B".

(Analista – TRE/MG – 2005 – FCC) A respeito das coligações, é correto afirmar que

(A) o pedido de registro de candidatos só pode ser subscrito pelo representante da coligação, que terá atribuições equivalentes às de presidente de partido político, no que se refere ao processo eleitoral.

(B) podem inscrever-se, na chapa da coligação, candidatos filiados a qualquer partido político dela integrante, desde que observada a proporcionalidade com o número de partidos coligados.

(C) a coligação, na propaganda para eleição majoritária, usará, obrigatoriamente, sob sua denominação, as legendas de todos os partidos políticos que a integram.

(D) a coligação terá denominação própria, mas não terá obrigações de partido político no que se refere ao processo eleitoral, as quais serão exercidas exclusivamente pelos partidos que a integram.

(E) a coligação será representada perante a Justiça Eleitoral somente pela pessoa designada como representante pelos partidos integrantes da coligação, não podendo indicar delegados para exercerem essa atribuição.

A: assertiva incorreta – o pedido de registro dos candidatos deve ser subscrito pelos presidentes dos partidos coligados, por seus delegados, pela maioria dos membros dos respectivos órgãos executivos de direção ou por representante da coligação – art. 6º, § 3º, II, da Lei 9.504/1997; **B:** assertiva incorreta – não existe a necessidade de observância da proporcionalidade para inscrição de candidatos na chapa da coligação – art. 6º da Lei 9.504/1997; **C:** assertiva correta – art. 6º, § 2º, da Lei 9.504/1997; **D:** assertiva incorreta – a coligação terá de funcionar como um só partido no relacionamento com a Justiça Eleitoral e no trato dos interesses partidários – art. 6º, § 1º, da Lei 9.504/1997; **E:** assertiva incorreta – a coligação também poderá ser representada por delegados indicados pelos partidos que a compõe – art. 6º, § 3º, IV, da Lei 9.504/1997.

Gabarito "C".

(Analista – TRE/MS – 2007 – FCC) O Partido Político "X" formulou requerimento de registro do candidato Luiz, indicado na respectiva convenção, para o cargo de Deputado Estadual, mas este, 45 dias antes do pleito, veio a falecer. Nesse caso, o Partido Político

(A) poderá substituir o candidato Luiz, desde que obedeça o critério de escolha previsto no estatuto do partido.

(B) poderá substituir o candidato Luiz por qualquer outro filiado que preencha os demais requisitos legais para registro de candidatura.

(C) não poderá substituir o candidato Luiz porque o falecimento ocorreu em prazo inferior a 60 dias antes do pleito.

(D) só poderá substituir o candidato Luiz se o nome do substituto for aprovado em outra convenção partidária.

(E) poderá substituir o candidato Luiz por outro filiado indicado na respectiva convenção partidária e que não tenha completado a documentação necessária em tempo de formular o pedido de registro.

O art. 13 da Lei 9.504/1997 faculta ao partido ou coligação substituir candidato que for considerado inelegível, renunciar ou falecer após o término do prazo de registro, ou, ainda, tiver seu registro indeferido ou cancelado. Todavia, para eleições proporcionais (como é o caso, visto que o candidato falecido concorria para deputado estadual), o § 3º do art. 13 estabelece que a substituição só se efetivará se o pedido for apresentado até 60 dias antes do pleito. Como o enunciado da questão fala que o falecimento ocorreu 45 dias antes do pleito, temos que não poderá ocorrer substituição, o que torna incorretas as assertivas "A", "B", "D" e "E".

Gabarito "C"

(Analista – TRE/MS – 2007 – FCC) Em relação à coligação, é correto afirmar que

(A) cada partido integrante da coligação será representado perante o Tribunal Regional Eleitoral por um único delegado por ele nomeado.

(B) na chapa da coligação não poderão inscrever-se candidatos filiados a qualquer partido político dela integrante.

(C) a coligação não funciona como partido político no relacionamento com a Justiça Eleitoral e no trato dos interesses interpartidários.

(D) na propaganda para eleição majoritária, cada partido usará, obrigatoriamente, sob sua denominação, as legendas de todos os partidos que a integram.

(E) na propaganda para eleição proporcional, é obrigatória a utilização das legendas de todos os partidos que integram a coligação.

A: assertiva incorreta – a coligação poderá ser representada também por delegados indicados pelos partidos que a compõe – art. 6º, § 3º, IV, da Lei 9.504/1997; B: assertiva incorreta – art. 6º, § 3º, I, da Lei 9.504/1997; C: assertiva incorreta – a coligação deve funcionar como um só partido no relacionamento com a Justiça Eleitoral e no trato dos interesses partidários – art. 6º, § 1º, da Lei 9.504/1997; D: assertiva correta – art. 6º, § 2º, primeira parte da Lei 9.504/1997; E: assertiva incorreta – cada partido usará apenas sua legenda sob o nome da coligação – art. 6º, § 2º, da Lei 9.504/1997.

Gabarito "D"

(Analista – TRE/MS – 2007 – FCC) Do número de vagas que poderá registrar para a Câmara dos Deputados, Assembleias Legislativas e Câmaras Municipais, cada Partido Político ou Coligação deverá ser

(A) o mínimo de 20% e o máximo de 60% para candidaturas de cada sexo.

(B) o mínimo de 30% e o máximo de 70% para candidaturas de cada sexo.

(C) o mínimo de 10% para candidaturas do sexo feminino, sem limite máximo.

(D) até 50% para as candidaturas de cada sexo.

(E) o mínimo de 10% para candidaturas do sexo masculino, sem limite máximo.

A única alternativa que contém a porcentagem certa é a "B", pois está de acordo com o art. 10, § 3º, da Lei 9.504/1997.

Gabarito "B"

(Analista – TRE/BA – 2010 – CESPE) Com relação ao registro da candidatura, julgue o próximo item.

(1) A lei permite que o próprio candidato requeira o registro perante a justiça eleitoral, caso seu partido ou coligação não o faça.

A assertiva está correta, vez que obedece ao disposto no art. 11, § 4º, da Lei 9.504/1997.

Gabarito 1C

(Analista – TRE/MT – 2005 – CESPE) De acordo com o disposto na Lei Eleitoral a respeito das convenções e do registro de candidaturas, julgue os itens subsequentes.

I. É vedada a utilização de prédios públicos para a realização de convenções partidárias, ressalvada a hipótese de aluguel, observado o preço de mercado.

II. Em estado cuja assembleia legislativa tem 24 deputados, cada partido pode, sem coligação, lançar até 48 candidatos a deputado estadual.

III. Os prazos mínimos de domicílio eleitoral e filiação partidária são, respectivamente, de seis meses de residência documentada e de um ano de filiação registrada.

IV. É vedada a expulsão de candidato de seu partido, após a homologação do seu nome pela convenção partidária.

V. O número de pessoas do sexo masculino que compõem a lista de candidatos deve ser de, no mínimo, 30% do total de candidatos.

Estão certos apenas os itens

(A) I e III.

(B) I e IV.

(C) II e III.

(D) II e V.

(E) IV e V.

I: assertiva incorreta – os partidos políticos poderão usar gratuitamente prédios públicos para a realização de convenções partidárias – art. 8º, § 2º, da Lei 9.504/1997; II: assertiva correta – art. 10, ca-

put, da Lei 9.504/1997; **III:** assertiva incorreta – os prazos mínimos de domicílio eleitoral e filiação partidária são de um ano – art. 9º da Lei 9.504/1997; **IV:** assertiva incorreta – art. 14 da Lei 9.504/1997; **V:** assertiva correta – art. 10, § 3º, da Lei 9.504/1997.

Gabarito "D".

(Analista – TRE/PE – 2004 – FCC) Mário deseja disputar na convenção partidária indicação para candidatura ao cargo de Deputado Estadual. Todavia, o estatuto do Partido permitia o voto por procuração e seu principal adversário detinha procurações que representavam 60% dos filiados. Não tendo logrado, por isso, obter a indicação, recorreu à Justiça Eleitoral, pleiteando a anulação da convenção. A Justiça Eleitoral

(A) pode anular a convenção pois o processo de votação estabelecido pelo estatuto do Partido implicou violação da liberdade de escolha pelo voto.

(B) não poderá interferir no processo de escolha de candidatos porque se trata de questão interna do Partido, disciplinada por seu estatuto.

(C) pode anular a convenção porque o voto por procuração não está previsto na legislação eleitoral.

(D) pode anular a convenção, porque a permissão do voto por procuração implicou em quebra de sigilo.

(E) pode anular a convenção porque a escolha de candidatos ficou concentrada na mão de uma só pessoa.

As normas para escolha e substituição dos candidatos e para a formação de coligações serão estabelecidas no estatuto do partido – art. 7º da Lei 9.504/1997.

Gabarito "B".

(Analista – TRE/PE – 2004 – FCC) É INCORRETO afirmar que a coligação partidária

(A) implicará na obrigatoriedade dos Partidos que a integram de apresentarem pelo menos um candidato às eleições proporcionais.

(B) terá denominação própria, devendo funcionar como um só Partido no relacionamento com a Justiça Eleitoral e no trato dos interesses partidários.

(C) usará, obrigatoriamente, sob a sua denominação, na propaganda para a eleição majoritária, as legendas de todos os partidos que a compõem.

(D) será representada perante a Justiça Eleitoral por um representante designado pelos Partidos que a compõem ou delegados por estes indicados.

(E) poderá inscrever candidatos de qualquer Partido dela integrante, sem necessidade de proporcionalidade com o número de Partidos coligados.

A: assertiva incorreta – é a assertiva a ser assinalada por exclusão, visto que não há previsão legal de que os partidos sejam obrigados a indicar candidatos; **B:** assertiva correta – art. 6º, § 1º, da Lei 9.504/1997; **C:** assertiva correta – art. 6º, § 2º, da Lei 9.504/1997; **D:** assertiva correta – art. 6º, § 3º, IV, da Lei 9.504/1997; **E:** assertiva correta – art. 6º, I, da Lei 9.504/1997.

Gabarito "A".

(Analista – TRE/PE – 2004 – FCC) Se o Partido ou Coligação não registrar determinado candidato escolhido em convenção, este

(A) poderá fazê-lo perante a Justiça Eleitoral até as 19 horas do dia 5 de julho do ano das eleições.

(B) poderá fazê-lo perante a Justiça Eleitoral até as 19 horas do dia 7 de julho do ano das eleições.

(C) perderá o direito de concorrer às eleições, pois o requerimento de registro é privativo do Partido ou Coligação.

(D) deverá recorrer ao Diretório Nacional do Partido a que pertence no prazo de 48 horas contados do encerramento do prazo para registro.

(E) deverá recorrer à convenção partidária que o indicou no prazo de 5 dias contados do encerramento do prazo para registro.

Art. 11, § 4º, da Lei 9.504/1997 – Segundo o *caput* do art. 11, os partidos e coligações solicitarão à Justiça Eleitoral o registro de seus candidatos até às dezenove horas do dia 5 de julho do ano em que se realizarem as eleições. Caso o partido ou coligação não efetue esse registro, o § 4º abre a possibilidade desse registro ser feito pelos próprios candidatos dentro de 48 horas após o término do prazo estabelecido no *caput*, ou seja, até 19 horas do dia 7 de julho do ano das eleições.

Gabarito "B".

(Analista – TRE/PI – 2009 – FCC) A coligação

(A) não implicará em unidade partidária, conservando, cada partido dela integrante, sua autonomia no relacionamento com a Justiça Eleitoral e no trato dos interesses partidários.

(B) usará, obrigatoriamente, na propaganda para a eleição proporcional, sob a sua denominação, as legendas de todos os partidos que a integram.

(C) formará chapa na qual poderão inscrever-se candidatos filiados a qualquer partido político dela integrante.

(D) terá denominação própria, que não poderá ser a junção de todas as siglas dos partidos que a integram.

(E) poderá ser formada para a eleição majoritária ou para a proporcional, jamais para ambas, ainda que em circunscrições eleitorais diferentes.

A: assertiva incorreta – a coligação deve funcionar como um só partido no relacionamento com a Justiça Eleitoral e no trato dos interesses interpartidários – art. 6º, § 1º, da Lei 9.504/1997; **B:** assertiva incorreta – nas eleições proporcionais, cada partido usará apenas sua legenda sob o nome da coligação – art. 6º, § 2º, da Lei 9.504/1997; **C:** assertiva correta – art. 6º, § 3º, I, da Lei 9.504/1997; **D:** assertiva incorreta – a coligação terá denominação própria, que poderá ser a junção de todas as siglas dos partidos que a integram – art. 6º, § 1º, da Lei 9.504/1997; **E:** assertiva incorreta – os partidos poderão celebrar coligação para eleição majoritária, proporcional ou para ambas – art. 6º da Lei 9.504/1997.

Gabarito "C"

(Analista – TRE/RN – 2005 – FCC) Considere as proposições a respeito da impugnação de registro de candidatura.

I. Caberá a qualquer candidato, partido político, coligação ou ao Ministério Público, no prazo de 5 dias contados da publicação de pedido de registro de candidato, impugná-lo em petição fundamentada.

II. A impugnação por parte de candidato, partido político ou coligação impede a ação do Ministério Público no mesmo sentido.

III. O impugnante pode arrolar, se for o caso, até 3 testemunhas para confirmarem a veracidade do alegado.

IV. A partir da data em que terminar o prazo para impugnação, passará a correr, após devida notificação, o prazo de 7 dias para que o candidato, partido ou coligação possa contestá-la.

Está correto o que se afirma APENAS em

(A) I e II.
(B) I e IV.
(C) I, II e III.
(D) II, III e IV.
(E) II e IV.

I: assertiva correta – art. 3º da LC 64/1990; **II:** assertiva incorreta – art. 3º, § 1º, da LC 64/1990; **III:** assertiva incorreta – art. 3º, § 3º, da LC 64/1990; **IV:** assertiva correta – art. 4º da LC 64/1990.

Gabarito "B"

(Analista – TRE/RN – 2005 – FCC) Para concorrer às eleições, o candidato deverá possuir domicílio eleitoral na respectiva circunscrição pelo prazo de, pelo menos, um ano antes do pleito e estar com a filiação deferida pelo partido no mesmo prazo. Havendo fusão ou incorporação de partidos após o referido prazo,

(A) será considerada, para efeito de filiação partidária, a data da fusão ou incorporação do partido.

(B) será considerada, para efeito de filiação partidária, a data de filiação do candidato ao partido de origem.

(C) os candidatos dos partidos fundidos ou incorporados só poderão concorrer às eleições proporcionais.

(D) os candidatos dos partidos fundidos ou incorporados só poderão concorrer às eleições majoritárias.

(E) nenhum dos partidos resultantes da fusão ou incorporação poderá concorrer às eleições.

A única alternativa que está de acordo com o art. 9º, parágrafo único, da Lei 9.504/1997 é a "B".

Gabarito "B"

(Analista – TRE/SE – 2007 – FCC) Considere as afirmativas abaixo a respeito da impugnação de registro de candidatura.

I. Caberá a qualquer candidato e a partido político, coligação ou ao Ministério Público, no prazo de 10 dias, contados da publicação do pedido de registro do candidato, impugná-lo em petição fundamentada.

II. A partir da data em que terminar o prazo para impugnação, passará a correr, após devida notificação, o prazo de 7 dias para que o candidato, partido político ou coligação possa contestá-la.

III. A impugnação, por parte do candidato, partido político ou coligação, não impede a ação do Ministério Público no mesmo sentido.

IV. O impugnante poderá arrolar, até no máximo de 5 testemunhas, especificando os meios de prova com que pretende demonstrar a veracidade do alegado.

Está correto o que se afirma APENAS em

(A) I e II.
(B) I, II e III.
(C) II e III.
(D) II, III e IV.
(E) III e IV.

I: assertiva incorreta – o prazo para impugnação do registro de candidatura é de 5 dias – art. 3º da LC 64/1990; **II:** assertiva correta – art. 4º da LC 64/1990; **III:** assertiva correta – art. 3º, § 1º, da LC 64/1990; **IV:** assertiva incorreta – o impugnante poderá arrolar até o máximo de 6 testemunhas – art. 3º, § 3º, da LC 64/1990.

Gabarito "C"

(Analista – TRE/SE – 2007 – FCC) Não poderá impugnar o registro de candidato o representante do Ministério Público que, nos

(A) quatro anos anteriores, tenha disputado cargo eletivo, integrado diretório de partido ou exercido atividade político-partidária.

(B) quatro anos anteriores, tenha disputado cargo eletivo ou que, nos oito anos anteriores, tenha integrado diretório de partido ou exercido atividade político-partidária.

(C) oito anos anteriores, tenha disputado cargo eletivo, integrado diretório de partido ou exercido atividade político-partidária.

(D) oito anos anteriores, tenha disputado cargo eletivo ou que, nos quatro anos anteriores, tenha integrado diretório de partido ou exercido atividade político-partidária.

(E) dez anos anteriores, tenha disputado cargo eletivo, integrado diretório de partido ou exercido atividade político-partidária.

Art. 3º, § 2º, da LC 64/1990.

Gabarito "A"

(Analista – TRE/SP – 2006 – FCC) As coligações

(A) usarão, na propaganda para as eleições proporcionais, obrigatoriamente, as legendas de todos os partidos que a integram.

(B) não poderão nomear delegados perante o Juiz Eleitoral, nem perante o Tribunal Regional Eleitoral.

(C) devem funcionar como um só partido no relacionamento com a Justiça Eleitoral e no trato dos interesses intrapartidários.

(D) terão denominação própria que não poderá consistir na junção de todas as siglas dos partidos que a integram.

(E) usarão, na propaganda para eleição majoritária, apenas a sua denominação, vedada a indicação das legendas dos partidos que a integram.

A: assertiva incorreta – na propaganda para eleições majoritárias, cada partido usará apenas sua legenda sob o nome da coligação – art. 6º, § 2º, da Lei 9.504/1997; **B:** assertiva incorreta – art. 6º, IV, "a" e "b", da Lei 9.504/1997; **C:** assertiva correta – art. 6º, § 1º, da Lei 9.504/1997; **D:** assertiva incorreta – art. 6º, § 1º, da Lei Lei 9.504; **E:** assertiva incorreta – art. 6º, § 2º, da Lei 9.504/1997.

Gabarito "C"

(Analista – TRE/SP – 2012 – FCC) Num determinado município, a convenção partidária realizada no último dia do prazo legal deliberou a respeito da formação de coligação, deliberação esta contrária às diretrizes legitimamente estabelecidas pelo órgão de direção nacional, que, por isso, anulou a deliberação e todos os atos dela decorrentes. Em vista disso, houve necessidade de escolha de candidatos. Nesse caso, observadas as demais exigências legais,

(A) deverá ser realizada nova convenção partidária para esse fim nos quinze dias posteriores à anulação.

(B) deverá ser realizada nova convenção partidária para esse fim nos trinta dias posteriores à anulação da deliberação.

(C) o partido ficará sem candidatos para esse pleito eleitoral, por já ter esgotado o prazo legal para realização das convenções.

(D) o pedido de registro de novos candidatos deverá ser apresentado à Justiça Eleitoral nos dez dias seguintes à deliberação relativa à anulação.

(E) o pedido de registro de candidatos só poderá ser feito por estes pessoalmente, diretamente à Justiça Eleitoral, nos quinze dias seguintes ao ato de anulação.

A única alternativa correta é a "D", conforme o art. 7º, § 4º, c/c art. 13, ambos da Lei 9.504/1997.

Gabarito "D"

(Analista – TRE/TO – 2011 – FCC) As propostas defendidas pelo candidato

(A) devem instruir o pedido de registro de candidatura a Deputado Estadual.

(B) devem instruir o pedido de registro de candidatura a Prefeito, Governador de Estado e Presidente da República.

(C) devem instruir o pedido de registro de candidatura a Vereador.

(D) não se incluem dentre os documentos que devem instruir o registro de qualquer candidatura.

(E) devem instruir o pedido de registro de candidatura a Deputado Federal e Senador.

Trata-se de exigência trazida pela Lei 12.034/2009, que acresceu o inc. IX ao art. 11 da Lei das Eleições estabelecendo a obrigatoriedade de que o pedido de registro dos candidatos a Prefeito, Governador do Estado ou a Presidente da República venham instruídos com as propostas por ele defendidas – Art. 11, § 1º, IX, da Lei 9.504/1997.

Gabarito "B"

(Analista – TRE/TO – 2011 – FCC) Se o registro do candidato estiver *sub judice*, ele

(A) poderá efetuar todos os atos relativos à campanha eleitoral, enquanto estiver sob essa condição.

(B) não poderá utilizar o horário gratuito na televisão.

(C) não poderá utilizar o horário gratuito no rádio.

(D) não terá seu nome mantido na urna eletrônica enquanto estiver sob essa condição.

(E) os votos a ele atribuídos não terão validade se não ocorrer o deferimento do seu registro até a proclamação do resultado das eleições.

A assertiva "A está em consonância com o disposto no art. 16-A da Lei 9.504/1997, portanto, correta.

Gabarito "A"

(Analista – TRE/TO – 2011 – FCC) A denominação da coligação poderá

(A) fazer referência ao nome de candidato da integrante.

(B) coincidir com o nome de candidato da integrante.

(C) ser a junção de todas as siglas dos partidos que a integram.

(D) incluir o número de candidato da integrante.

(E) conter pedido de voto para partido político.

A: assertiva incorreta: art. 6º, § 1º-A, da Lei 9.504/97; **B:** assertiva incorreta: art. 6º, § 1º-A, da Lei 9.504/1997; **C:** assertiva correta:

art. 6º, § 1º, da Lei 9.504/1997; **D:** assertiva incorreta: art. 6º, § 1º-A, da Lei 9.504/1997; **E:** assertiva incorreta: art. 6º, § 1º-A, da Lei 9.504/1997.

Gabarito "C"

(Analista – TRE/TO – 2011 – FCC) No caso das convenções partidárias não indicarem o número máximo de candidatos previstos em lei,

(A) o preenchimento das vagas remanescentes será feito através da votação da maioria dos candidatos indicados na convenção.

(B) o preenchimento das vagas remanescentes dependerá da realização de nova convenção.

(C) os partidos concorrerão apenas com os candidatos indicados na convenção.

(D) os órgãos de direção dos partidos respectivos poderão preencher as vagas remanescentes até sessenta dias antes do pleito.

(E) os filiados aos partidos políticos poderão livremente inscrever-se até atingir o número máximo permitido.

Art. 10, § 5º, da Lei 9.504/1997.

Gabarito "D"

(Analista – TRE/TO – 2011 – FCC) Tício pretende candidatar-se a Deputado Estadual e completará a idade mínima constitucional de 21 anos no ano em que se realizam as eleições. Nesse caso, Tício só terá o registro de sua candidatura deferido e só poderá concorrer ao pleito se completar 21 anos até a data

(A) do registro da candidatura.

(B) da posse.

(C) da convenção partidária.

(D) da proclamação dos eleitos.

(E) da diplomação.

De fato, Tício deverá estar com a idade mínima constitucionalmente exigida na data de sua posse, conforme o art. 11, § 2º, da Lei 9.504/1997.

Gabarito "B"

(Analista – TRE/AL – 2004 – CESPE) No que se refere ao registro de candidatos, julgue os itens que se seguem.

(1) Para concorrer a certo cargo de eleição proporcional, o postulante tem de ser registrado como candidato por um partido político, ao qual deve estar filiado na circunscrição em que pretende concorrer.

(2) Se o candidato for registrado no diretório estadual do partido, admite-se que ele se candidate a vereador em mais de um município na mesma eleição.

(3) É admitido o registro de um mesmo candidato aos cargos de prefeito e de vereador, desde que em municípios diferentes.

1: assertiva correta. Art. 87 c/c art. 88, parágrafo único, do Código Eleitoral; **2:** assertiva incorreta. Art. 88 do Código Eleitoral; **3:** assertiva incorreta. Art. 88 do Código Eleitoral.

Gabarito 1C, 2E, 3E

(Analista – TRE/BA – 2010 – CESPE) Um candidato ao cargo de deputado estadual, que está com o registro *sub judice*, continua praticando atos de campanha e grava um programa eleitoral a ser veiculado no horário eleitoral gratuito. A respeito dessa situação hipotética, julgue os itens que seguem.

(1) O fato de esse candidato estar com o registro *sub judice* não o impede de praticar atos relativos à campanha e utilizar-se do horário eleitoral gratuito.

(2) Caso o registro desse candidato permaneça *sub judice* no dia da eleição, seu nome será mantido na urna eletrônica, mas a validade dos votos a ele atribuídos fica condicionada ao deferimento do registro de sua candidatura.

(3) Se o registro desse candidato permanecer *sub judice* no dia da eleição e o seu registro não for deferido, o cômputo dos votos será mantido em benefício do seu respectivo partido ou da coligação.

1: assertiva correta. Art. 16-A da Lei 9.504/1997; **2:** assertiva correta. Art. 16-A da Lei 9.504/1997; **3:** assertiva incorreta. Os votos atribuídos ao candidato cujo registro esteja *sub judice* só poderão ser utilizados em benefício do partido ou coligação se o registro do candidato for deferido – art. 16-A, parágrafo único, da Lei 9.504/1997.

Gabarito 1C, 2C, 3E

(Analista – TRE/PA – 2005 – CESPE) No que se refere ao registro de candidatos, assinale a opção correta.

(A) O pedido de registro dos candidatos deve ser subscrito pelos presidentes dos partidos coligados, por seus delegados, pela maioria dos membros dos respectivos órgãos executivos de direção ou por representante da coligação, que possui atribuições equivalentes às de presidente de partido político, no trato dos interesses e na representação da coligação, no que se refere ao processo eleitoral, e deve ser designado pelos partidos dela integrantes.

(B) Cada partido poderá registrar candidatos para a Câmara dos Deputados, Câmara Legislativa, assembleias legislativas e câmaras municipais no percentual de até 200% do número de lugares a preencher.

(C) No caso de coligação para as eleições proporcionais, independentemente do número de partidos que a integrem, poderão ser registrados candidatos para a Câmara dos Deputados, Câmara Legislativa, assembleias legislativas e câmaras municipais no percentual de até 300% do número de lugares a preencher.

(D) O cancelamento do registro do candidato que, até a data da eleição, for expulso do partido, em processo em que lhe seja assegurada ampla defesa e sejam observadas as normas estatutárias, será decretado de ofício pela Justiça Eleitoral.

(E) É facultado ao partido ou coligação substituir candidato que for considerado inelegível, renunciar ou falecer após o termo final do prazo do registro ou, ainda, que tiver seu registro indeferido ou cancelado, contudo a substituição só se efetivará se o novo pedido for apresentado até 45 dias antes do pleito.

A: assertiva correta – art. 6º, § 3º, III, da Lei 9.504/1997; **B:** assertiva incorreta – até 150% do número de lugares a preencher – art. 10 da Lei 9.504/1997; **C:** assertiva incorreta – poderão ser registrados candidatos até o dobro do número de lugares a preencher – art. 10, § 1º, da Lei 9.504/1997; **D:** assertiva incorreta – o cancelamento do registro do candidato será decretado pela Justiça Eleitoral após solicitação do partido – art. 14, parágrafo único, da Lei 9.504/1997; **E:** assertiva incorreta – se as eleições forem majoritárias não há prazo para a substituição – art. 13, § 3º, da Lei 9.504/1997.

Gabarito "A"

(Analista – TJ/MT – 2008 – VUNESP) Somente podem concorrer às eleições candidatos registrados por partidos. Nenhum registro será admitido fora do período de

(A) 30 dias antes da eleição.
(B) 45 dias antes da eleição.
(C) 3 meses antes da eleição.
(D) 6 meses antes da eleição.
(E) 1 ano antes da eleição.

Nenhum registro será admitido fora do prazo estabelecido no art. 87, parágrafo único, do Código Eleitoral, ou seja, 6 meses.

Gabarito "D"

(Magistratura/ES – 2011 – CESPE) No que se refere à impugnação de registro de candidatura, competência para julgamento, procedimentos, prazos e efeitos recursais no âmbito da LC 64/1990 e alterações posteriores, assinale a opção correta.

(A) Terminado o prazo para impugnação, depois da devida, notificação, o candidato, o partido político ou a coligação dispõe do prazo de dez dias para contestá-la, podendo juntar documentos, indicar rol de testemunhas e requerer a produção de provas, inclusive documentais, que se encontrarem em poder de terceiros, de repartições públicas ou em procedimentos judiciais ou administrativos.

(B) Na impugnação dos pedidos de registro de candidatos a eleições municipais, o juiz eleitoral formará sua convicção pela livre apreciação da prova – atendendo aos fatos e às circunstâncias constantes dos autos, ainda que não alegados pelas partes, e mencionando na decisão os que motivaram seu convencimento – e apresentará a sentença em cartório três dias após a conclusão dos autos; a partir desse momento, passa a correr o prazo de três dias para a interposição de recurso para o TRE.

(C) Tratando-se de registro a ser julgado originariamente por TRE, o pedido de registro, com ou sem impugnação, será julgado em três dias após a publicação da pauta; na sessão do julgamento, que poderá se realizar em até duas reuniões seguidas, feito o relatório, facultada a palavra às partes e ouvido o procurador regional, o relator proferirá o seu voto e serão tomados os dos demais juízes.

(D) Transitada em julgado ou publicada a decisão proferida por juiz que declarar a inelegibilidade de candidato, será negado registro a esse candidato, ou o registro será cancelado, se já feito, ou o diploma será declarado nulo, se já expedido; não sendo apresentado recurso, a decisão deverá ser comunicada, de imediato, ao MP eleitoral e ao órgão da justiça eleitoral competente para o registro de candidatura e expedição de diploma do réu.

(E) O registro do candidato pode ser impugnado em petição fundamentada, no prazo de cinco dias contados da publicação do seu pedido, por qualquer cidadão, ou, ainda, por partido político, coligação ou pelo MP.

De fato a única resposta correta encontra-se na assertiva "B", pois em conformidade com o que dispõe o art. 7º, parágrafo único, da LC 64/1990 c/c art. 8º da mesma legislação específica.

Gabarito "B"

(Magistratura/GO – 2007) Marque a alternativa correta. Joaquim teve indeferido seu registro de candidatura a Deputado Federal. Inconformado, recorreu ao TSE, que não apreciou seu recurso antes do dia da eleição, não sendo, portanto, nessa data, candidato registrado. Como seu nome constou da urna eletrônica, recebeu considerável votação. Esses votos:

(A) serão contados para seu partido, embora coligado.
(B) serão nulos.
(C) serão contados para Joaquim, caso seu recurso venha a ser provido.
(D) serão contados para a coligação, e não para o seu partido.

Conforme o art. 16-A da Lei 9.504/1997, o candidato cujo registro esteja *sub judice* poderá efetuar todos os atos relativos à campanha eleitoral, inclusive utilizar o horário eleitoral gratuito no rádio e na televisão e ter seu nome mantido na urna eletrônica enquanto estiver sob essa condição, ficando a validade dos votos a ele atribuídos condicionada ao deferimento de seu registro por instância superior. Desta forma, atribui-se à assertiva "B" a resposta correta.

Gabarito "B"

(Magistratura/GO – 2005) Assinale a alternativa incorreta:

(A) a lei de inelegibilidades prevê "investigação judicial", de competência da Justiça Eleitoral, para apurar uso indevido, desvio ou abuso do poder econômico ou do poder de autoridade, ou utilização indevida de veículos ou meios de comunicação social, em benefício de candidato ou partido político, podendo resultar, dentre outras consequências, a cassação do registro de candidatura;

(B) as Juntas Eleitorais são órgãos da Justiça Eleitoral, assim como os Juízes Eleitorais;

(C) são irrecorríveis as decisões do Tribunal Superior Eleitoral, salvo as que contrariarem a Constituição Federal e as denegatórias de *habeas corpus* ou mandado de segurança;

(D) sempre que a lei não fixar prazo especial, o recurso eleitoral deverá ser interposto em 05 (cinco) dias da publicação do artigo, resolução ou despacho.

A única alternativa que apresenta-se como incorreta, devendo ser assinalada, é a assertiva "D", uma vez que o art. 258 do Código Eleitoral dispõe que sempre que a lei não fixar prazo especial, o recurso deverá ser interposto em três dias da publicação do ato, resolução ou despacho.

Gabarito "D"

(Magistratura/GO – 2005) Os prazos para recurso contra decisão sobre o exercício do direito de resposta, contra diplomação, ação de impugnação de mandato e impugnação ao registro de candidatura é de, respectivamente:

(A) 24 (vinte e quatro) horas; 03 (três), 15 (quinze) e 05 (cinco) dias;

(B) 03 (três) dias; 15 (quinze), 15 (quinze) e 05 (cinco) dias;

(C) 03 (três) dias; 24 (vinte e quatro) horas; 05 (cinco) e 15 (quinze) dias;

(D) 05 (cinco), 15 (quinze) dias; 24 (vinte e quatro) horas e 03 (três) dias.

O prazo de recurso na ocasião do pedido de direito de resposta será o de 24 horas, conforme dispõe o art. 58, § 5º, da Lei 9.504/1997, contra a diplomação, encontra regulamentação no art. 41-A, § 4º, da Lei 9.504/1997, na ação de impugnação de mandato e registro de candidatura é respectivamente encontrado nos art. 14, § 10, da CF e art. 3º da LC 64/1990.

Gabarito "A"

(Analista – TRE/AC – 2010 – FCC) A respeito da substituição de candidatos, é INCORRETO afirmar que

(A) a escolha do substituto far-se-á na forma estabelecida no estatuto do partido a que pertencer o substituído.

(B) nas eleições proporcionais, a substituição só se efetivará se o novo pedido for apresentado até sessenta dias antes do pleito.

(C) é vedado ao partido ou coligação substituir candidato que tiver o seu registro indeferido ou cancelado.

(D) o registro deverá ser requerido até dez dias contados do fato ou da notificação ao partido da decisão judicial que deu origem à substituição.

(E) é facultado ao partido ou coligação substituir candidato que for considerado inelegível, renunciar ou falecer após o termo final do prazo do registro.

A: assertiva correta – art. 13, § 1º, da Lei 9.504/1997; **B:** assertiva correta – art. 13, § 3º, da Lei 9.504/1997; **C:** assertiva incorreta, devendo ser assinalada – art. 13, *caput*, da Lei 9.504/1997; **D:** assertiva correta – art. 13, § 1º, da Lei 9.504/1997; **E:** assertiva correta – art. 13, *caput*, da Lei 9.504/1997.

Gabarito "C"

CAPÍTULO 6

FINANCIAMENTOS DE CAMPANHAS ELEITORAIS

6.1. INTRODUÇÃO

Um dos temas mais polêmicos do Direito Eleitoral é o financiamento de campanhas eleitorais, uma vez que trata dos recursos financeiros empregados pelos candidatos com vistas à captação de votos e da origem destas finanças, de maneira mais focada.

É questão proporcional afirmar que quanto maior for o número de eleitores, maior será o valor necessário a se despender em campanhas eleitorais, vez que os gastos não se estancam apenas em profissionais de publicidade e *marketing* político (que invariavelmente resulta em largas fatias orçamentárias dentro da campanha), mas também gastos com pessoal, material impresso ("santinho"), despesas de locomoção, locações etc.

A necessidade cada vez maior de um investimento alto em campanhas eleitorais reflete a imaturidade política da sociedade, já que tais investimentos trazem retorno significativo às campanhas. Demonstramos a nós mesmos que votamos no candidato melhor "construído".

Quanto ao financiamento de campanha eleitoral, no Brasil adota-se o sistema misto, onde tanto Poder Público quanto o setor privado contribuem para o financiamento das campanhas eleitorais: Financiamento Público e Financiamento Privado.

6.2. FINANCIAMENTO PÚBLICO

O art. 79 da Lei das Eleições determina que o financiamento de campanhas eleitorais com recursos públicos seja disciplinado por lei específica. Muito embora referida lei ainda não exista, é possível identificar relevante contribuição suportada pelo erário público, saber:

a) **O Fundo Partidário** (art. 38 da Lei Orgânica dos Partidos Políticos – LOPP) recebe multas e penalidades pecuniárias aplicadas pela Justiça Eleitoral, recursos financeiros destinados por lei e dotações orçamentárias da União. O Fundo Partidário visa primeiramente a fazer frente às despesas cotidianas da agremiação, no entanto, é inequívoco que também façam frente às campanhas eleitorais;

b) Às emissoras de Rádio e Tv é assegurado o direito de compensação fiscal pela cessão do horário partidário e eleitoral gratuito (art. 45 c/c art. 52, parágrafo único, da LOPP e art. 99 da Lei das Eleições). A propaganda partidária (diferente da eleitoral), ainda que vise a divulgar ideais da agremiação, inegavelmente acaba por projetar indiretamente a imagem de seus membros, tornando-se um importante mecanismo de promoção;

c) Imunidade Fiscal dos Partidos Políticos (art. 150, VI, *c*, da CF/1988);

6.3. FINANCIAMENTO PRIVADO

Impera o princípio da transparência, garantindo aos eleitores a possibilidade de conhecer a origem dos recursos utilizados nas campanhas políticas.

A possibilidade de financiamento privado sempre foi questionada, vez que impensável que haja uma doação desta natureza sem que se almeje um retorno de vantagem a qualquer tempo, em especial no se tratar de doações feitas por pessoa jurídica (ADIn 4.650, em que o Conselho Federal da Ordem dos Advogados do Brasil questiona dispositivos da atual legislação que disciplina o financiamento de partidos políticos e campanhas eleitorais – Leis 9.096/1995 e 9.504/1997 – Recomenda-se a leitura da inicial e votos. Disponível para pesquisa no site do Supremo Tribunal Federal em: [http://www.stf.jus.br/portal/jurisprudencia]).

Interessantíssima crítica, também levantada pela Ordem dos Advogados do Brasil em ocasião da ADIn 4.650, reside na acertada lição de André Marrenco, vejamos:

"A arrecadação de fundos financeiros para custear campanhas eleitorais adquiriu um lugar central na competição eleitoral das democracias contemporâneas, com consequências para o equilíbrio da competição e geração de oportunidades responsáveis pela alimentação de redes de compromissos entre partidos, candidatos e financiadores privados, interessados no retorno de seu investimento, sob a forma de acesso a recursos públicos ou tratamento privilegiado em contratos ou regulamentação pública. Dessa forma, a conexão, – incremento nos custos de campanha eleitoral arrecadação financeira tratamento privilegiado aos investidores eleitorais nas decisões sobre fundos e políticas públicas passou a constituir fonte potencial para a geração de corrupção nas instituições públicas. De um lado, partidos e candidatos buscando fontes para sustentar caras campanhas eleitorais, e de outro, empresários de setores dependentes de decisões governamentais, como bancos e construção civil."[1]

---

1. MARRENCO, André. Financiamento de campanhas eleitorais. In: AVRITZER, Leonardo; BIGNOTTO, Newton; GUIMARÃES, Juarez; STARLING, Heloisa Maria Murgel (orgs.). **Corrupção**: *ensaios e críticas*. Belo Horizonte: UFMG, 2008. p. 381.

No mesmo sentido, o Ministro do Supremo Tribunal Federal, Luís Roberto Barroso, compreende que *"a conjugação de campanhas milionárias e financiamento privado tem produzido resultados desastrosos para a autenticidade do processo eleitoral e para a transparência das relações entre o Poder Público e os agentes econômicos"*.[2]

Referida ADIn 4.650, excelente fonte de leitura em suas peças disponíveis na rede, encontra-se em trâmite, muito embora o atual placar de votações indique pela procedência vitoriosa à Ordem dos Advogados do Brasil.

Por esta razão, toda arrecadação de recursos submete-se a um complexo regramento legal, visando a afastar o abuso de poder econômico nas eleições. A cada eleição, até 10 de junho, lei fixará os limites dos gastos de campanha para os cargos em disputa. Não sendo editada referida lei, caberá a cada partido político fixar o limite de gastos, comunicando à Justiça Eleitoral, que dará a essas informações ampla publicidade.

Despesas da campanha eleitoral serão realizadas sob a responsabilidade dos partidos, ou de seus candidatos. No pedido de registro de candidatura, os partidos políticos e coligações informarão os valores máximos de gastos que farão por cargo eletivo em cada eleição a que concorrerem, observados os limites estabelecidos, sendo possível a retificação dos limites de gastos, a ser feito por meio de requerimento ao juiz eleitoral, justificadamente (Res. TSE 22.715/2012, art. 2º, § 5º; Res. TSE 23.217/2010, art. 2º, § 6º).

O gasto de recursos além dos valores declarados sujeita o responsável ao pagamento de multa no valor de 5 a 10 vezes a quantia em excesso.

Em até 10 dias da escolha dos candidatos em convenção, será constituído os comitês financeiros dos partidos, a quem caberá arrecadar recursos e aplicá-los nas campanhas eleitorais.

O candidato fará, diretamente ou por intermédio de pessoa por ele designada, a administração financeira de sua campanha, usando recursos repassados pelo comitê, inclusive os relativos à cota do Fundo Partidário, recursos próprios ou doações de pessoas físicas ou jurídicas.

Observação: No caso de pessoa designada, ambos serão solidários pela veracidade das informações, bem como deverão assinar conjuntamente a prestação de contas; Candidatos e Comitês Financeiros estão obrigados à inscrição no CNPJ, cuja numeração será fornecida pela Justiça Eleitoral até 3 dias após o recebimento do pedido de registro;

Para registro de todos os movimentos financeiros da campanha, é obrigatória a abertura de conta bancária específica.

O banco abrirá a conta no prazo de 3 dias, sendo vedado condicionar a abertura a depósito mínimo ou cobrar taxas de manutenção, além de serem (os bancos) obrigados a identificar, nos extratos bancários das contas correntes, o CPF ou o CNPJ do doador. (Inserido pela minirreforma eleitoral – art. 22, § 1º, I, da Lei 12.891/2013)

---

2. BARROSO, Luis Roberto Barroso. A reforma política: uma proposta de sistema de governo, eleitoral e partidário para o Brasil. Disponível em: [http://www.luisrobertobarroso.com.br/wp-content/uploads/2010/12/Relat%C3%B3rio-Reforma-Pol%C3%ADtica-OAB.pdf]. Acesso em: 13.06.2014.

EXCEÇÃO: Casos de candidatura para Prefeito e Vereador em Municípios onde não haja agência bancária, bem como aos casos de candidatura para Vereador em Municípios com menos de vinte mil eleitores.

Importante: O uso de recursos para pagamentos de gastos eleitorais que não provenham da conta específica implicará a desaprovação da prestação de contas. Comprovado abuso de poder econômico, será cancelado o registro da candidatura ou cassado o diploma, se já houver sido outorgado.

6.3.1. Doações de pessoa física

É permitida a doação de dinheiro (ou estimáveis em dinheiro) por pessoa física, sendo necessário obedecer à limitação de até 10% dos rendimentos auferidos no ano anterior à eleição. Exceção quanto às doações estimáveis em dinheiro, especificamente quanto à utilização de bens móveis ou imóveis de propriedade do doador, desde que não ultrapasse o valor de R$ 50.000,00.

Ainda, a todo eleitor é permitido realizar gastos em apoio a candidato de sua preferência, até o equivalente a 1.000 UFIRs, não sujeitos à contabilização, salvo se reembolsados pelo comitê ou candidato. É também permitido ao candidato o uso de recursos próprios ao valor máximo de gastos estabelecido pelo seu partido.

Toda e qualquer doação a candidato específico ou a partido deverá ser feita mediante recibo, inclusive quando na utilização de recursos próprios do candidato (art. 23 da Res. TSE 21.609/2004);

MEIOS DE DOAÇÃO

Somente poderão ser efetuadas na conta corrente específica, podendo ser através de:

a) cheques cruzados e nominais ou transferência eletrônica de depósitos;

b) depósitos em espécie devidamente identificados (banco deve identificar CPF/CNPJ do doador – cf. inc. II, inserido no § 1º do art. 22 da Lei 9.504/1997 pela Lei 12.891/2013);

c) mecanismo disponível em site, permitindo inclusive o uso de cartão de crédito;

Para todas as situações permitidas pela legislação, deverá SEMPRE ser identificado o doador (CPF ou CNPJ) e emitido recibo eleitoral para cada doação realizada.

6.3.2. Doações de pessoa jurídica

Ainda em discussão (ADIn 4.650), porém é ainda vigente em nosso ordenamento a possibilidade de doações por pessoa jurídica, sendo limitadas a 2% do faturamento bruto do ano anterior à eleição. A doação acima do teto permitido enseja a punição da PJ com multa de 5 a 10 vezes o valor da quantia em excesso, além de sujeitá-lo à proibição de participar de licitações públicas e de celebrar contratos com o Poder Público durante 5 anos.

A doação acima do teto também expõe o candidato à responsabilização por abuso de poder econômico.

6.3.3. Doações irregulares

O art. 81 da Lei 9.504/1997 dispõe sobre as doações e contribuições de pessoas jurídicas para campanhas eleitorais, determinando que estas poderão ser feitas somente a partir do registro dos comitês financeiros dos partidos ou coligações.

As doações e contribuições feitas por pessoas jurídicas serão limitadas ao valor de até 2% do faturamento bruto do ano anterior ao pleito eleitoral, sendo que, caso venha a extrapolar, a pessoa jurídica poderá ser multada de 5 a 10 vezes o valor que ultrapassar o limite legal.

Outra imposição sancionatória prevista na lei a que poderá estar sujeita a pessoa jurídica é a proibição de participação em licitações públicas e a celebração de contratos com o Poder Público pelo interregno de 5 anos, sanção esta a ser aplicada pela Justiça Eleitoral por meio de processo no qual será garantida a ampla defesa.

Também aqui observaremos o rito do art. 22 da LC 64/1990, inclusive com a previsão de recurso contra as decisões proferidas no prazo de 3 dias a contar da publicação no Diário Oficial.

6.3.4. Realização de eventos para angariar fundos

Eficiente fonte de recursos financeiros para campanha (Jantares, almoços e semelhantes). Deverá ser comunicada à Justiça Eleitoral com antecedência de 5 dias, para que possa providenciar a fiscalização, caso necessário. Considera-se que houve doação, sendo que as quantias obtidas deverão ser depositadas na conta específica.

6.3.5. Fontes vedadas (art. 24 da Lei das Eleições)

É vedado ao partido e candidato receber doação de qualquer forma, dinheiro ou estimável em dinheiro, daqueles elencados no art. 24 da Lei das Eleições. Alguns deles:

a) entidade ou governo estrangeiro;

b) qualquer órgão da administração pública (direta/ indireta/ fundação) mantida com recursos públicos;

c) concessionário ou permissionário de serviço público;

d) entidade de classe ou sindical;

e) PJ sem fins lucrativos que receba recursos do exterior;

f) entidades beneficentes, religiosas e esportivas;

g) ONGs que recebam recursos públicos;

IMPORTANTE: O partido que descumprir as normas referentes à arrecadação e aplicação de recursos perderá o direito ao recebimento da quota do Fundo Partidário do ano seguinte, sem prejuízo de responderem os candidatos beneficiados por abuso do poder econômico.

As doações mediante cartão de crédito somente poderão ser realizadas por pessoa física, vedado o seu parcelamento (art. 23, III, da Lei 9.504/1997).

Lembrando que são vedadas doações por meio de *cartões de crédito corporativos ou empresarial* (incluem-se os cartões de pagamento utilizados por empresas privadas e por órgãos da administração pública direta e indireta de todas as esferas).

6.4. GASTOS ELEITORAIS

O art. 26 da Lei 9.504/1997 elenca os gastos eleitorais sujeitos a registro pelo comitê financeiro ou próprio candidato. Entre os principais gastos, a confecção de material gráfico, aluguel de imóveis, despesas com transporte e deslocamento de candidato e pessoal a serviço da campanha etc.

Admite-se complementação do extenso rol trazido pelo art. 26, dada a dinâmica de uma campanha eleitoral a cada novo pleito que se aproxima, muito embora a legislação tenha se empenhado em restringir qualquer possibilidade de vantagem a partidos que possuam melhores condições financeiras (e consequente abuso do poder econômico em vantagem eleitoral).

6.5. IMPORTANTES ALTERAÇÕES (MINIRREFORMA ELEITORAL 2013 – LEI 12.891/2013)

a) A minirreforma estabelece um limite de 10% da receita obtida para gastos com alimentação e 20% para gastos com aluguel de veículos;

b) Gastos com passagens aéreas serão comprovados apenas com a apresentação da fatura emitida por agência de viagem (Dispositivo vetado pela Presidência da República, pois a proposta levaria a uma redução do controle e da transparência na prestação de contas de recursos do Fundo Partidário utilizados com passagens aéreas.)

c) Cabos eleitorais: fixa limitação à contratação de cabos eleitorais pagos (serviços de militância e mobilização de rua, exceto simpatizantes):

i. Municípios com até 30.000 eleitores: até 1% do eleitorado;

ii. Municípios com mais de 30.000 eleitores: acrescenta-se a possibilidade de 01 pessoa para cada 1.000 eleitores que excederem o número de 30.000.

iii. Presidente da República e Senador: em cada Estado, o número estabelecido para o Município com o maior número de eleitores;

iv. Outras regras específicas para cada cargo a ser concorrido: art. 100-A, § 1º, Lei 9.504/1997.

6.6. PRESTAÇÃO DE CONTAS (ARTS. 28 AO 32 DA LEI DAS ELEIÇÕES)

A prestação de contas está disposta ao longo dos arts. 28 ao 32 da Lei das Eleições, a Lei 9.504/97, sendo também complementada em especificidades pela atualíssima Resolução TSE 23.406/2014, que dispõe sobre a arrecadação e os gastos de recursos por partidos políticos, candidatos e comitês financeiros e, ainda, sobre a prestação de contas nas Eleições de 2014.

A Prestação de Contas será feita pelo comitê financeiro ou próprio candidato, contendo os extratos das contas bancárias e relação identificada de cheques recebidos.

Os partidos políticos, as coligações e os candidatos são obrigados, durante a campanha eleitoral, a divulgar, pela internet, nos dias 6 de agosto e 6 de setembro, relatório discriminando os recursos que tenham recebido para financiamento da campanha eleitoral, e os gastos que realizarem, em sítio criado pela Justiça Eleitoral para esse fim.

As prestações de contas serão encaminhadas até o 30º dia posterior as eleições. Em caso de 2º turno, conta-se da data em que se realizar, sob pena de impedir a diplomação.

A Justiça Eleitoral verificará a regularidade das contas de campanha, decidindo:

I – pela aprovação, quando estiverem regulares;

II – pela aprovação com ressalvas, quando verificadas falhas que não lhes comprometam a regularidade;

III – pela desaprovação, quando verificadas falhas que lhes comprometam a regularidade;

IV – pela não prestação, quando não apresentadas as contas após a notificação emitida pela Justiça Eleitoral, na qual constará a obrigação expressa de prestar as suas contas, no prazo de setenta e duas horas.

A decisão que julgar as contas dos candidatos eleitos será publicada em sessão até 8 (oito) dias antes da diplomação.

Comprovados captação ou gastos ilícitos de recursos, para fins eleitorais, será negado diploma ao candidato, ou cassado, se já houver sido outorgado (prazo de 3 dias para recurso);

Eventuais sobras de recursos eleitorais (caso existam) deverão ser declaradas na prestação de contas e posteriormente será dividida entre os partidos da coligação.

Candidatos ou partidos deverão conservar documentação relativa às contas até 180 dias após a diplomação, ou, havendo pendência de julgamento relativo a elas, até a decisão final.

IMPORTANTE: Com a minirreforma eleitoral (Lei 12.891/2013) fica dispensado de comprovação na prestação de contas: cessão de bens móveis, no valor de até R$ 4.000,00 por cedente. Também fica dispensada da prestação de contas as doações entre candidatos, partidos ou comitês financeiros, decorrentes do uso comum tanto de sedes quanto de materiais de propaganda eleitoral.

6.7. REPRESENTAÇÃO E RECLAMAÇÕES RELATIVAS À ARRECADAÇÃO E AOS GASTOS DE RECURSOS E CONTRA CAPTAÇÃO IRREGULAR DE SUFRÁGIO

6.7.1. Representação

A Resolução TSE 23.193/2009 dispõe sobre procedimento da representação específica em razão de abusos previstos pela Lei 9.504/1997:

Art. 20. As representações que visarem à apuração das hipóteses previstas nos arts. 30-A, 41-A, 73 e 81 da Lei 9.504/1997 observarão o rito estabelecido pelo art. 22 da Lei Complementar 64/1990, sem prejuízo da competência regular do Corregedor Eleitoral.

Parágrafo único. As representações de que trata o caput deste artigo poderão ser ajuizadas até a data da diplomação, exceto as do art. 30-A e do art. 81 da Lei 9.504/1997, que poderão ser propostas, respectivamente, no prazo de 15 dias e no de 180 dias a partir da diplomação." (Parágrafo com redação alterada pela Resolução TSE 23.267, de 18.05.2010).

6.7.2. Reclamações

O art. 30-A da Lei 9.504/1997 disciplina que qualquer partido político ou coligação poderá representar à Justiça Eleitoral, no prazo de 15 dias a contar da diplomação, pedindo início de investigação judicial para que sejam apuradas condutas relativas às arrecadações e gastos de recursos financeiros que estejam em desacordo com as determinações legais contidas no referido texto legal.

A lei também dispõe que será obedecido o mesmo procedimento detalhado no item das investigações judiciais, orientadas pelas regras do art. 22 da LC 64/1990.

Caso venha a ser comprovada a captação ou gastos ilícitos dos recursos financeiros de campanha, será negado o diploma ao candidato representado, ou, caso já tenha lhe sido outorgado o diploma, este será cassado. A contar da data de publicação da decisão sobre a cassação ou impossibilidade de diplomação, caberá recurso no prazo de 3 dias.

Importante mencionar que o art. 31 da Lei 9.504/97 (alterado pela Lei 12.891/13) dispõe que se, ao final da campanha, ocorrer sobra de recursos financeiros, esta deve ser declarada na prestação de contas e, após julgados todos os recursos, transferida ao partido, obedecendo aos seguintes critérios:

I – no caso de candidato a Prefeito, Vice-Prefeito e Vereador, esses recursos deverão ser transferidos para o órgão diretivo municipal do partido na cidade onde ocorreu a eleição, o qual será responsável exclusivo pela identificação desses recursos, sua utilização, contabilização e respectiva prestação de contas perante o juízo eleitoral correspondente;

II – no caso de candidato a Governador, Vice-Governador, Senador, Deputado Federal e Deputado Estadual ou Distrital, esses recursos deverão ser transferidos para o órgão diretivo regional do partido no Estado onde ocorreu a eleição ou no Distrito Federal, se for o caso, o qual será responsável exclusivo pela identificação desses recursos, sua utilização, contabilização e respectiva prestação de contas perante o Tribunal Regional Eleitoral correspondente;

III – no caso de candidato a Presidente e Vice-Presidente da República, esses recursos deverão ser transferidos para o órgão diretivo nacional do partido, o qual será responsável exclusivo pela identificação desses recursos, sua utilização, contabilização e respectiva prestação de contas perante o Tribunal Superior Eleitoral;

IV – o órgão diretivo nacional do partido não poderá ser responsabilizado nem penalizado pelo descumprimento do disposto neste artigo por parte dos órgãos diretivos municipais e regionais.

Parágrafo único. As sobras de recursos financeiros de campanha serão utilizadas pelos partidos políticos, devendo tais valores ser declarados em suas prestações de contas perante a Justiça Eleitoral, com a identificação dos candidatos.

6.7.3. Impugnações contra a diplomação

O art. 14, § 10, da CF/1988 dispõe que o mandato eletivo poderá ser impugnado junto à Justiça Eleitoral no prazo de até 15 dias (a contar da diplomação) por petição instruída com as provas de abuso de poder econômico, corrupção ou fraude.

A ação de impugnação de mandato tramitará em segredo de Justiça, sem prejuízo de que o autor responda, na forma da lei, se a acusação for temerária ou de manifesta má-fé.

O art. 3º da LC 64/1990 disciplina o trâmite da ação, que comportará arrolamento de testemunhas e produção de provas (inclusive documentais).

O art. 4º da LC 64/1990 dispõe que será de 7 dias o prazo para a contestação do candidato, partido ou coligação, após a devida notificação.

A competência obedecerá às seguintes regras:

a) impugnação de mandato de Prefeito, Vice-Prefeito ou Vereador: a ação será processada e julgada perante o juízo eleitoral de primeiro grau;

b) impugnação de mandato de Governador, Vice-Governador, Senador, Deputado Federal, Deputado Estadual e Deputado Distrital: a ação será processada e julgada perante o Tribunal Regional Eleitoral da circunscrição;

c) impugnação de mandato do Presidente da República e Vice-Presidente da República: a ação será processada e julgada perante o Tribunal Superior Eleitoral.

6.7.4. Investigações judiciais eleitorais (LC 64/1990)

Nos casos em que sejam verificadas transgressões pertinentes à origem de doações, abuso do poder econômico ou político, de forma que venham a ameaçar a liberdade do voto, haverá apuração mediante investigações jurisdicionais, conforme dispõe o art. 19 e seguintes da LC 64/1990, como forma de manter a lisura dos certames eleitorais de influências de abuso do poder econômico ou mesmo de exercício de cargo ou função na administração (direta, indireta e fundacional).

As representações, que darão ensejo ao início das investigações de que trata o parágrafo anterior, serão promovidas pelos legalmente legitimados, quais sejam, o candidato, qualquer partido político ou coligação partidária, bem como o Ministério Público, instruindo o documento com indicação de provas (máximo de 6 testemunhas), indícios e circunstâncias que evidenciem as infrações descritas pelo art. 22 da LC 64/1990.

A representação será proposta perante o juiz eleitoral da seção, no caso de eleições municipais (art. 24 da LC 64/1990), perante o corregedor regional do TRE, quando nas eleições para deputados (federal e estadual), senadores e governador, e perante o corregedor geral do TSE, quando diante de eleições presidenciais.

Em posse da representação devidamente instruída, o corregedor/juiz determinará que seja notificado o representado para que apresente sua defesa e rol de testemunhas (como ao representante, é permitido o máximo de 6) no prazo de 5 dias, caso entenda cabível a representação.

De modo contrário, indeferirá o pedido de abertura da investigação jurisdicional, caso entenda não ser o caso de representação ou entender faltar algum dos requisitos legais. Neste caso, caberá ao interessado renová-la perante o Tribunal, que terá o prazo de 24 horas para resolver a questão.

Diante da demora ou recusa no recebimento da representação pelo Tribunal, poderá o interessado encaminhar-se diretamente ao Tribunal Superior Eleitoral, nos moldes do art. 22, III, da LC 64/1990.

Considerando a notificação ao representado, findo o prazo mencionado, em ato uno serão inquiridas as testemunhas arroladas (pelo representante e representado), as quais devem comparecer em local designado independentemente de intimação. Seguido a isso, nos 3 dias subsequentes, o corregedor/juiz procederá às diligências necessárias para forma seu convencimento (oitiva de terceiros e testemunhas referidos pelas partes).

Encerrado o prazo probatório, as partes poderão apresentar alegações finais, como também o Ministério Público, e então os autos seguirão conclusos ao corregedor/juiz para apresentação do relatório conclusivo dos fatos. Tal relatório será encaminhado ao Tribunal competente para inclusão imediata em pauta para julgamento na primeira sessão a ocorrer, concedendo vistas para manifestação do Procurador Eleitoral pelo prazo de 48 horas acerca do relatório. No caso de eleições municipais, o juiz eleitoral prolatará sentença.

Caso a sentença do juiz eleitoral venha a versar sobre hipótese de inelegibilidade apurada durante a investigação jurisdicional, caberá recurso inominado ao Tribunal Regional Eleitoral. No caso de decisão a ser proferida pelo TRE, o recurso cabível será o Recurso Ordinário ao TSE (art. 121, § 4º, III, da CF/1988).

Ao fim, julgada procedente a representação que deu início à investigação, mesmo que o representado tenha sido eleito, será declarada sua inelegibilidade para os próximos 8 anos e consequente cassação do atual registro. Será também determinado o encaminhamento dos autos ao Ministério Público, para que promova ação criminal diante dos fatos apurados de abuso do poder econômico, desvio ou abuso de poder de autoridade ou meios de comunicação.

6.8. QUADRO SINÓTICO

1. Financiamento de campanha eleitoral: considerações iniciais

– Um dos temas mais polêmicos do Direito Eleitoral, uma vez que trata dos recursos financeiros empregados pelos candidatos com vistas à captação de votos;

– Quanto maior o número de eleitores, maior o valor necessário a se despender em campanhas eleitorais;

– A necessidade cada vez maior de um investimento alto em campanhas eleitorais reflete a imaturidade política da sociedade, já que tais investimentos trazem retorno;

– No Brasil adota-se o sistema misto, onde tanto Poder Público quanto o setor privado contribuem ao financiamento das campanhas eleitorais;

– Nosso objeto de estudo: O Financiamento Público e Financiamento Privado das campanhas eleitorais.

2. Financiamento público

– O art. 79 da Lei das Eleições determina que o financiamento de campanhas eleitorais com recursos públicos seja disciplinado por lei específica;

– Referida lei ainda não existe, porém é possível identificar relevante contribuição suportada pelo erário público:

a) O Fundo Partidário (art. 38 da Lei Orgânica dos Partidos Políticos – LOPP) recebe multas e penalidades pecuniárias aplicadas pela Justiça Eleitoral, recursos financeiros destinados por lei e dotações orçamentárias da União;

b) Às emissoras de Rádio e TV é assegurado o direito de compensação fiscal pela cessão do horário partidário e eleitoral gratuito (art. 45 c/c art. 52, parágrafo único, da LOPP e art. 99 da Lei das Eleições);

c) Imunidade Fiscal dos Partidos Políticos (art. 150, VI, *c*, da CF/1988).

IMPORTANTE:

– O Fundo Partidário visa primeiramente a fazer frente às despesas cotidianas da agremiação, no entanto, é inequívoco que também façam frente às campanhas eleitorais;

– A propaganda partidária (diferente da eleitoral) visa a divulgar ideais da agremiação. Porém, não deixa de projetar a imagem de seus membros, tornando-se um importante mecanismo de promoção.

3. Financiamento privado

– Impera o princípio da transparência, garantindo aos eleitores a possibilidade de conhecer a origem dos recursos utilizados nas campanhas políticas;

– Possibilidade de financiamento privado é questionada, vez que impensável existir uma doação desta natureza sem almejo de retorno vantajoso;

– Por esta razão, toda a arrecadação de recursos submete-se ao complexo regramento legal, visando a afastar o abuso de poder econômico nas eleições;

– A cada eleição, até 10 de junho, lei fixará os limites dos gastos de campanha para os cargos em disputa;

– Não sendo editada, referida lei, caberá a cada partido político fixar o limite de gastos, comunicando à Justiça Eleitoral, que dará a essas informações ampla publicidade;

– Despesas da campanha eleitoral serão realizadas sob a responsabilidade dos partidos, ou de seus candidatos;

– No pedido de registro de candidatura, os partidos políticos e coligações informarão os valores máximos de gastos que farão por cargo eletivo em cada eleição a que concorrerem, observados os limites estabelecidos;

– É possível a retificação dos limites de gastos, a ser feito através de requerimento ao juiz eleitoral, justificadamente (Res. TSE 22.715/2012, art. 2º, § 5º; Res. TSE 23.217/2010, art. 2º, § 6º);

– O gasto de recursos além dos valores declarados sujeita o responsável ao pagamento de multa no valor de 5 a 10 vezes a quantia em excesso;

– Em até 10 dias da escolha dos candidatos em convenção, serão constituídos os comitês financeiros dos partidos;

– Caberá aos comitês financeiros arrecadar recursos e aplicá-los nas campanhas eleitorais;

– O candidato fará, diretamente ou por intermédio de pessoa por ele designada, a administração financeira de sua campanha, usando recursos repassados pelo comitê, inclusive os relativos à cota do Fundo Partidário, recursos próprios ou doações de pessoas físicas ou jurídicas;

Observação: No caso de pessoa designada, ambos serão solidários pela veracidade das informações, bem como deverão assinar conjuntamente a prestação de contas;

– Candidatos e Comitês Financeiros estão obrigados à inscrição no CNPJ, cuja numeração será fornecida pela Justiça Eleitoral até 3 dias após o recebimento do pedido de registro;

– É **obrigatória** a abertura de conta bancária específica para registro de todos os movimentos financeiros de campanha;

– O banco abrirá a conta no prazo de 3 dias, sendo **vedado** condicionar a abertura a depósito mínimo ou cobrar taxas de manutenção;

– identificar, nos extratos bancários das contas correntes, o CPF ou o CNPJ do doador. (Disposição inserida na Lei 9.504/1997 pela minirreforma eleitoral – Lei 12.891/2013).

EXCEÇÃO: Casos de candidatura para Prefeito e Vereador em Municípios onde não haja agência bancária, bem como os casos de candidatura para Vereador em Municípios com menos de vinte mil eleitores.

– O uso de recursos para pagamentos de gastos eleitorais que não provenham da conta específica implicará a desaprovação da prestação de contas;

– Comprovado abuso de poder econômico, será cancelado o registro da candidatura ou cassado o diploma, se já houver sido outorgado;

3.1 Doações de pessoa física

– É permitida a doação de dinheiro (ou estimáveis em dinheiro) por pessoa física, sendo necessário obedecer à limitação de até 10% dos rendimentos auferidos no ano anterior à eleição;

– Exceção quanto às doações estimáveis em dinheiro, especificamente quanto à utilização de bens móveis ou imóveis de propriedade do doador, desde que não ultrapasse o valor de R$ 50.000,00;

– A todo eleitor é permitido realizar gastos em apoio a candidato de sua preferência, até o equivalente a 1.000 UFIRs, não sujeitas à contabilização, salvo se reembolsadas pelo comitê ou candidato;

– É permitido ao candidato o uso de recursos próprios ao valor máximo de gastos estabelecido pelo seu partido;

IMPORANTE: Toda e qualquer doação a candidato específico ou a partido deverá ser feita mediante recibo, inclusive quando na utilização de recursos próprios do candidato (art. 23 da Res. TSE 21.609/2004);

MEIOS DE DOAÇÃO:

– Somente poderão ser efetuadas na conta corrente específica, podendo ser através de:

a) cheques cruzados e nominais ou transferência eletrônica de depósitos;

b) depósitos em espécie devidamente identificados (banco deve identificar CPF/CNPJ do doador – Inserido pela Lei 12.891/2013);

c) mecanismo disponível em site, permitindo inclusive o uso de cartão de crédito.

– Deverá **SEMPRE** ser identificado o doador e emitido recibo eleitoral para cada doação realizada;

3.2 Doações de pessoa jurídica

– Serão limitadas a 2% do faturamento bruto do ano anterior à eleição;

– A doação acima do teto permitido enseja a punição da PJ com multa de 5 a 10 vezes o valor da quantia em excesso, além de sujeitá-la à proibição de participar de licitações públicas e de celebrar contratos com o Poder Público durante 5 anos;

– A doação acima do teto também expõe o candidato à responsabilização por abuso de poder econômico.

3.3 Realização de eventos para angariar fundos

– Eficiente fonte de recursos financeiros para campanha (jantares, almoços e semelhantes);

– Deverá ser comunicada a JE com antecedência de 5 dias, para que possa providenciar a fiscalização, caso necessário;

– Considera-se que houve doação, sendo que as quantias obtidas deverão ser depositadas na conta específica.

4. Fontes vedadas (art. 24 da Lei das Eleições)

– É vedado ao partido e ao candidato receber doação de qualquer forma, dinheiro ou estimável em dinheiro, daqueles elencados no art. 24 da Lei das Eleições. Alguns deles:

– entidade ou governo estrangeiro;

– qualquer órgão da administração pública (direta/ indireta/ fundação) mantido com recursos públicos;

– concessionário ou permissionário de serviço público;

– entidade de classe ou sindical;

– PJ sem fins lucrativos que receba recursos do exterior.

– entidades beneficentes, religiosas e esportivas;

– ONGs que recebam recursos públicos.

IMPORTANTE:

– O partido que descumprir as normas referentes à arrecadação e aplicação de recursos perderá o direito ao recebimento da quota do Fundo Partidário do ano seguinte, sem prejuízo de responderem os candidatos beneficiados por abuso do poder econômico;

– As doações mediante cartão de crédito somente poderão ser realizadas por pessoa física, vedado o seu parcelamento (Lei 9.504/1997, art. 23, III);

– São vedadas doações por meio de cartões de crédito corporativos ou empresarial (incluem-se os cartões de pagamento utilizados por empresas privadas e por órgãos da administração pública direta e indireta de todas as esferas).

5. Gastos eleitorais

– O art. 26 da Lei das Eleições elenca os gastos eleitorais sujeitos a registro pelo comitê financeiro ou próprio candidato;

– Entre os principais gastos estão a confecção de material gráfico, o aluguel de imóveis, as despesas com transporte e deslocamento de candidato e pessoal a serviço da campanha etc.;

– Admite-se complementação do extenso rol trazido pelo art. 26 da Lei das Eleições, dada a dinâmica de uma campanha eleitoral.

6. Prestação de contas (arts. 28 ao 32 da Lei das Eleições)

– Será feita pelo comitê financeiro ou próprio candidato, contendo os extratos das contas bancárias e relação identificada de cheques recebidos;

– Os partidos políticos, as coligações e os candidatos são obrigados, durante a campanha eleitoral, a divulgar, pela internet, nos dias 6 de agosto e 6 de setembro, relatório discriminando os recursos que tenham recebido para financiamento da campanha eleitoral, e os gastos que realizarem, em sítio criado pela Justiça Eleitoral para esse fim;

– As prestações de contas serão encaminhadas até o 30º dia posterior as eleições; em caso de 2º turno, conta-se da data em que se realizar, **sob pena de impedir a diplomação**;

– A Justiça Eleitoral verificará a regularidade das contas de campanha, decidindo:

I – pela aprovação, quando estiverem regulares;

II – pela aprovação com ressalvas, quando verificadas falhas que não lhes comprometam a regularidade;

III – pela desaprovação, quando verificadas falhas que lhes comprometam a regularidade;

IV – pela não prestação, quando não apresentadas as contas após a notificação emitida pela Justiça Eleitoral, na qual constará a obrigação expressa de prestar as suas contas, no prazo de setenta e duas horas.

IMPORTANTE:

– A decisão que julgar as contas dos candidatos eleitos será publicada em sessão até 8 (oito) dias antes da diplomação.

6.1 Alteração trazida pela minirreforma eleitoral (Lei 12.891/2013)

– Art. 30 da Lei das Eleições:

*§ 6º Ficam também **dispensadas de comprovação** na prestação de contas:*

I – a cessão de bens móveis, limitada ao valor de R$ 4.000,00 (quatro mil reais) por pessoa cedente;

IMPORTANTE:

– Comprovados captação ou gastos ilícitos de recursos, para fins eleitorais, será negado diploma ao candidato, ou cassado, se já houver sido outorgado (prazo de 3 dias para recurso);

– Eventuais sobras de recursos eleitorais (caso existam) deverão ser declaradas na prestação de contas e, posteriormente, será dividida entre os partidos da coligação;

– Candidatos ou partidos deverão conservar documentação relativa às contas até 180 dias após a diplomação, ou, havendo pendência de julgamento relativo às contas, até a decisão final.

6.9. JURISPRUDÊNCIA SELECIONADA

ADIn e financiamento de campanha eleitoral – 1
O Plenário iniciou julgamento de ação direta de inconstitucionalidade proposta contra os **arts. 23, §1º, I e II; 24; e 81, *caput* e § 1º, da Lei 9.504/1997 (Lei das Eleições), que tratam de doações a campanhas eleitorais por pessoas físicas e jurídicas**. A ação questiona, ainda, a constitucionalidade dos arts. 31; 38, III; 39, *caput* e § 5º, da Lei 9.096/1995 (Lei Orgânica dos Partidos Políticos), que **regulam a forma e os limites em que serão efetivadas as doações aos partidos políticos**. O Ministro Luiz Fux, relator, julgou procedente o pedido para declarar a inconstitucionalidade das normas impugnadas. Destacou haver **três enfoques** na presente ação: o primeiro, relativo à **possibilidade de campanha política ser financiada por doação de pessoa jurídica; o segundo, quanto aos valores e aos limites de doações às campanhas; e o terceiro, referente ao debate sobre o financiamento com recursos do próprio candidato**. Na sequência, mencionou dados colacionados em audiência pública realizada sobre o tema, nos **quais demonstrado o aumento de gastos em campanhas eleitorais**. Enfatizou, no ponto, a **crescente influência do poder econômico sobre o processo político em decorrência do aumento dos gastos de candidatos de partidos políticos durante campanhas eleitorais**. Registrou que, em 2002, os candidatos gastaram 798 milhões de reais, ao passo que, em 2012, os valores superaram 4,5 bilhões de reais, com aumento de 471% de gastos. Explicitou que, no Brasil, o gasto seria da ordem de R$ 10,93 *per capita*; na França, R$ 0,45; no Reino Unido, R$ 0,77; e na Alemanha, R$ 2,21. Comparado proporcionalmente ao PIB, o Brasil estaria no topo do *ranking* dos países que mais gastariam em campanhas eleitorais. **Destacou que 0,89% de toda a riqueza gerada no País seria destinada a financiar candidaturas de cargos representativos, a superar os Estados Unidos da América, que gastariam 0,38% do PIB.**
ADIn 4.650/DF, rel. Min. Luiz Fux, j. 11 e 12.12.2013. (g.n)

ADIn e financiamento de campanha eleitoral – 2
Em seguida, o relator refutou as preliminares de: a) ilegitimidade ativa *ad causam* do Conselho Federal da Ordem dos Advogados do Brasil; b) não conhecimento da ação por impossibilidade jurídica do pedido no sentido de que o STF instaurasse nova disciplina sobre o tema versado pelas normas atacadas, bem assim de que impusesse ao Poder Legislativo alteração de norma vigente; e c) inadequação da via eleita, ao argumento de que haveria, em um único processo, pedido de ação direta de inconstitucionalidade cumulado com ação direta de inconstitucionalidade por omissão. No tocante a tais assertivas, destacou que as normas questionadas revelar-se-iam **aptas a figurar como objeto de controle concentrado de constitucionalidade**, porquanto consistiriam em preceitos primários, gerais e abstratos. Além disso, sublinhou que as impugnações veiculadas denotariam que o legislador teria se excedido no tratamento dispensado ao financiamento de campanha. Assim, o exame da alegada ofensa à Constituição decorreria de ato comissivo e não omissivo. Observou, também, que o **STF seria a sede própria para o presente debate. Pontuou que reforma política deveria ser tratada nas instâncias políticas majoritárias, porém, isso não significaria deferência cega do juízo constitucional em relação às opções políticas feitas pelo legislador**. Frisou que os atuais critérios adotados pelo legislador no tocante ao financiamento das campanhas eleitorais não **satisfariam as condições necessárias para o adequado funcionamento das instituições democráticas**, porque **não dinamizariam** seus elementos nucleares, tais como o **pluralismo político, a igualdade de chances e a isonomia formal entre os candidatos**. Inferiu ser necessária cautela ao se outorgar competência para reforma do atual sistema àqueles diretamente interessados no resultado dessa alteração. Aduziu não pretender defender progressiva transferência de poderes decisórios das instituições legislativas para o Poder Judiciário, o que configuraria processo de **juristocracia**, incompatível com o regime democrático. **Acentuou que, embora a Constituição não contivesse tratamento específico e exaustivo no que concerne ao financiamento de campanhas eleitorais, isso não significaria que teria, nessa matéria, outorgado um cheque em branco ao legislador, que o habilitasse a adotar critério que melhor aprouvesse.**
ADIn 4.650/DF, rel. Min. Luiz Fux, j. 11 e 12.12.2013. (g.n)

ADIn e financiamento de campanha eleitoral – 3
No mérito, o Ministro Luiz Fux **julgou inconstitucional o modelo brasileiro de financiamento de campanhas eleitorais por pessoas naturais baseado na renda, porque dificilmente haveria concorrência equilibrada entre os participantes nesse processo político**. Sinalizou ser **fundamental que a legislação disciplinadora do processo eleitoral, da atividade dos partidos políticos ou de seu financiamento, do acesso aos meios de comunicação, do uso de propaganda, dentre outros, não negligenciasse a ideia de igualdade de chances, sob pena de a concorrência entre as agremiações se tornar algo ficcional com comprometimento do próprio processo democrático**. De igual maneira concluiu pela inconstitucionalidade das normas no que tange ao **uso de recursos próprios por parte dos candidatos**. Avaliou que essa **regra perpetuaria a desigualdade**, ao conferir poder político incomparavelmente maior aos ricos do que aos pobres.
ADIn 4.650/DF, rel. Min. Luiz Fux, j. 11 e 12.12.2013. (g.n)

ADIn e financiamento de campanha eleitoral – 4

Quanto à autorização de doações em **campanhas eleitorais por pessoa jurídica,** o relator entendeu que esse modelo **não se mostraria adequado ao regime democrático em geral e à cidadania, em particular.** Ressalvou que o exercício de cidadania, em sentido estrito, pressuporia três modalidades de atuação física: o *jus sufragius*, que seria o direito de votar; o *jus honorum*, que seria o direito de ser votado; e o **direito de influir na formação da vontade política por meio de instrumentos de democracia direta como o plebiscito, o referendo e a iniciativa popular de leis.** Destacou que essas modalidades **seriam inerentes às pessoas naturais e, por isso, o desarrazoado de sua extensão às pessoas jurídicas.** Sinalizou que, conquanto pessoas jurídicas pudessem defender bandeiras políticas, humanísticas ou causas ambientais, não significaria sua indispensabilidade no campo político, a investir **vultosas quantias em campanhas eleitorais.** Perfilhou entendimento de que **a participação de pessoas jurídicas apenas encareceria o processo eleitoral sem oferecer, como contrapartida, a melhora e o aperfeiçoamento do debate.** Apontou que o **aumento dos custos de campanhas não corresponderia ao aprimoramento do processo político, com a pretendida veiculação de ideias e de projetos pelos candidatos.** Lembrou que, ao contrário, nos termos do que debatido nas audiências públicas, **os candidatos que tivessem despendido maiores recursos em suas campanhas possuiriam maior êxito nas eleições.**

ADIn 4.650/DF, rel. Min. Luiz Fux, j. 11 e 12.12.2013. **(g.n)**

ADIn e financiamento de campanha eleitoral – 5

Ponderou que a exclusão das doações por **pessoas jurídicas** não teria efeito adverso sobre a **arrecadação dos fundos** por parte dos candidatos aos cargos políticos. Rememorou que todos os partidos políticos teriam **acesso ao fundo partidário e à propaganda eleitoral gratuita nos veículos de comunicação, a proporcionar aos candidatos e as suas legendas, meios suficientes para promoverem suas campanhas.** Repisou que o princípio da liberdade de expressão, no aspecto político, teria como finalidade estimular a ampliação do **debate público,** a permitir que os indivíduos conhecessem **diferentes plataformas e projetos políticos.** Acentuou que a excessiva participação **do poder econômico no processo político desequilibraria a competição eleitoral,** a igualdade política entre candidatos, de modo a repercutir na formação do quadro representativo. Observou que, em um ambiente cujo êxito dependesse mais dos recursos despendidos em campanhas do que das plataformas políticas, seria de se presumir que **considerável parcela da população ficasse desestimulada a disputar os pleitos eleitorais.**

ADIn 4.650/DF, rel. Min. Luiz Fux, j. 11 e 12.12.2013. **(g.n)**

ADIn e financiamento de campanha eleitoral – 6

Com relação aos mecanismos de controle dos **financiamentos de campanha,** rechaçou a afirmação da Presidência da República no sentido de que a discussão acerca da **doação por pessoa jurídica deveria se restringir aos instrumentos de fiscalização.** Aduziu que, defender que a questão da doação por pessoa jurídica se restrinja aos mecanismos de controle e transparência dos gastos seria **insuficiente para amainar o cenário em que o poder político mostrar-se-ia atraído pelo poder econômico. Ressaltou que a possibilidade de que as empresas continuassem a investir elevadas quantias — não contabilizadas (caixa dois) — nas campanhas eleitorais não constituiria empecilho para que o STF declarasse a desfuncionalidade do atual modelo.** Assinalou a inconstitucionalidade dos critérios de doação a campanhas por pessoas jurídicas, sob o enfoque da **isonomia** entre elas, haja vista que o art. 24 da Lei das Eleições não estende essa faculdade a toda espécie de pessoa jurídica. Enfatizou que o aludido preceito estabelece rol de entidades que não poderiam realizar doações em dinheiro ou estimáveis em dinheiro a candidatos ou a partidos políticos, a exemplo das **associações de classe e sindicais, bem como entidades integrantes do terceiro setor.** Realçou, como resultado desse impedimento, que as empresas privadas — cuja maioria se destina à atividade lucrativa — seriam as protagonistas em doações entre as pessoas jurídicas, em detrimento das entidades **sem fins lucrativos** e dos **sindicatos,** a desaguar em ausência de **equiparação** entre elas. Entendeu, ademais, que a decisão deveria produzir seus efeitos ordinários, *ex tunc*, com salvaguarda apenas das situações concretas já consolidadas até o momento. Aduziu inexistir ofensa à segurança jurídica, porque a própria legislação eleitoral excepcionaria o princípio da anualidade (Lei das Eleições: "Art. 17-A. *A cada eleição caberá à lei, observadas as peculiaridades locais, fixar até o dia 10 de junho de cada ano eleitoral ...*"). Reputou que, por ser facultado ao legislador alterar **regramento** de **doações** para campanhas eleitorais no próprio ano da eleição, seria ilógico pugnar pela modulação de efeitos por ofensa à regra da anualidade.

ADIn 4.650/DF, rel. Min. Luiz Fux, j. 11 e 12.12.2013. **(g.n)**

ADIn e financiamento de campanha eleitoral – 7

Feitas essas considerações, o Ministro Luiz Fux julgou procedente o pleito para: declarar a inconstitucionalidade parcial sem redução de texto do art. 24 da Lei 9.504/1997, na parte em que autoriza, *a contrario sensu,* a **doação por pessoas jurídicas a campanhas eleitorais**, com eficácia *ex tunc*, salvaguardadas as situações concretas consolidadas até o presente momento, e **declarar a inconstitucionalidade do art. 24, parágrafo único, e do art. 81,** *caput* **e § 1º, da Lei 9.507/1994,** também com eficácia *ex tunc*, salvaguardadas as situações concretas consolidadas

até o momento. Declarar, ainda, a inconstitucionalidade parcial sem redução de texto do art. 31 da Lei 9.096/1995, na parte em que autoriza, *a contrario sensu*, a realização de doações por pessoas jurídicas a partidos políticos, e declarar **a inconstitucionalidade das expressões** *"ou pessoa jurídica"*, constante no art. 38, III, **e** *"e jurídicas"*, inserta no art. 39, *caput* e § 5º, todos da Lei 9.096/1995, com eficácia **ex tunc,** salvaguardadas as situações concretas consolidadas até o presente momento. Da mesma forma, votou pela declaração de inconstitucionalidade, sem pronúncia de nulidade, do art. 23, § 1º, I e II, da Lei 9.504/1997, e do art. 39, § 5º, da Lei 9.096/1995, **com exceção da expressão "e jurídicas", devidamente examinada no tópico relativo à doação por pessoas jurídicas, com a manutenção da eficácia dos aludidos preceitos pelo prazo de 24 meses.** Recomendou ao Congresso Nacional a edição de um novo marco normativo de financiamento de campanhas, dentro do prazo razoável de 24 meses, observados os seguintes parâmetros: a) o **limite a ser fixado para doações a campanha eleitoral ou a partidos políticos por pessoa natural, deverá ser uniforme e em patamares que não comprometam a igualdade de oportunidades entre os candidatos nas eleições;** b) idêntica orientação deverá nortear a atividade legiferante na regulamentação para o **uso de recursos próprios pelos candidatos;** e c) **em caso de não elaboração da norma pelo Congresso Nacional, no prazo de 18 meses, será outorgado ao TSE a competência para regular, em bases excepcionais, a matéria.**
ADIn 4.650/DF, rel. Min. Luiz Fux, j. 11 e 12.12.2013. (g.n)

ADIn e financiamento de campanha eleitoral – 8
Em antecipação de voto, o Ministro Joaquim Barbosa, Presidente, acompanhou a manifestação do relator, exceto quanto à modulação de efeitos. Aduziu que a questão proposta não se reduziria à indagação sobre **eventual ofensa ao princípio republicano pela permissão conferida às pessoas jurídicas de fazerem doações financeiras a candidatos ou a partidos políticos em virtude de suposto enfraquecimento da necessária separação entre o espaço público e o privado**. Destacou que também estaria em discussão saber se os critérios de **limitação das doações por pessoas naturais ofenderiam o princípio da igualdade por exacerbar as desigualdades políticas.** Registrou que a eleição popular seria a pedra de toque do funcionamento democrático e dos sistemas representativos contemporâneos. Acentuou que a formação do Estado moderno seria permeada por um processo de rompimento com a **patrimonialização do poder** e que o seu viés econômico não mais deveria condicionar o exercício do poder político. Consignou que, no âmbito eleitoral, a Constituição (art. 14, § 9º) estabelece como **dever do Estado a proteção da normalidade e da legitimidade das eleições contra a influência do poder econômico, de modo a impedir que o resultado das eleições fosse norteado pela lógica do dinheiro e garantir que o valor político das ideias apresentadas pelo candidato não dependesse do valor econômico.** Em consequência, assentou que **a permissão dada às empresas de contribuírem para o financiamento de campanhas eleitorais de partidos políticos seria inconstitucional**. Realçou que o financiamento de campanha poderia representar para as empresas uma maneira de acesso ao campo político, pelo conhecido "toma lá, dá cá".
ADIn 4.650/DF, rel. Min. Luiz Fux, j. 11 e 12.12.2013. (g.n)

ADIn e financiamento de campanha eleitoral – 9
Na assentada de 12.12.2013, também em antecipação de voto, o Ministro Dias Toffoli perfilhou o entendimento adotado pelo relator. No entanto, sinalizou que se pronunciaria sobre a modulação dos efeitos em momento oportuno. Frisou que a análise do tema seria de alto relevo político e social, tendo em conta a **importância da sistemática do financiamento eleitoral para o Estado Democrático de Direito e para a lisura e a normalidade do pleito, na construção de um processo eleitoral razoavelmente equânime entre os candidatos, com a livre escolha dos representantes políticos pelos cidadãos**. Ressaltou que não se objetivaria, com o julgamento, substituir-se ao Poder Legislativo na opção política por determinados sistemas ou modelos de financiamento do processo eleitoral. Observou, além disso, **que estariam envolvidas na questão as cláusulas pétreas referentes aos princípios constitucionais do Estado Democrático de Direito e da República (art. 1º,** *caput***), da cidadania (art. 1º, II), da soberania popular (art. 1º, parágrafo único, e art. 14,** *caput***), da isonomia (art. 5º,** *caput***, e art. 14,** *caput***) e da proteção da normalidade e da legitimidade das eleições contra a influência do poder econômico (art. 14, § 9º)**. Asseverou que o **STF, no exercício da jurisdição constitucional, deveria atuar como garante das condições e da regularidade do processo democrático, restabelecendo o exercício da cidadania mediante regras constitucionais de financiamento eleitoral, de modo a preservar o Estado Democrático de Direito, a soberania popular e a livre e igual disputa democrática, exercida, exclusivamente, por seus atores — eleitor, candidato e partido político —, com igualdade de chances**. Reputou, **no tocante ao exercício da soberania popular, que o cidadão, pessoa física, seria o único constitucionalmente legitimado a exercitá-la e que o momento do voto seria a ocasião em que haveria a perfeita consumação do princípio da igualdade, em que todos os cidadãos — ricos, pobres, de qualquer raça, orientação sexual, credo — seriam formal e materialmente iguais entre si**. Consignou, por outro lado, **inexistir** comando ou princípio constitucional que **justificasse a participação de pessoas jurídicas no processo elei-**

toral brasileiro, em qualquer fase ou forma, já que não poderiam exercer a soberania pelo voto direto e secreto. Assim, admitir que as pessoas jurídicas pudessem financiar o processo eleitoral seria violar a soberania popular. Considerou que o financiamento de campanhas eleitorais por pessoas jurídicas implicaria evidente influência do poder econômico sobre as eleições, a qual estaria expressamente vedada no art. 14, § 9º, da CF. Admiti-lo significaria possibilitar a quebra da igualdade jurídica nas disputas eleitorais e o desequilíbrio no pleito. Após fazer retrospecto histórico sobre a **influência do poder econômico nas práticas eleitorais no Brasil,** concluiu que o **financiamento eleitoral por pessoas jurídicas representaria uma reminiscência dessas práticas oligárquicas e da participação hipertrofiada do poder privado na realidade eleitoral pátria, em direta afronta às cláusulas pétreas da Constituição.**
ADIn 4.650/DF, rel. Min. Luiz Fux, j. 11 e 12.12.2013. (g.n)

ADIn e financiamento de campanha eleitoral – 10
Em antecipação de voto, o Ministro Roberto Barroso acompanhou integralmente o relator. Destacou, de início, que a discussão não envolveria simples reflexão sobre financiamento de campanha política e participação de pessoas jurídicas nessa atividade. Afirmou que a questão posta em debate diria respeito ao **momento vivido pela democracia brasileira e às relações entre a sociedade civil, a cidadania e a classe política.** Mencionou que a temática perpassaria o princípio da separação dos Poderes, assim como o papel desempenhado por cada um deles nos últimos **25 anos de democracia no País.** Aduziu que o Poder Legislativo estaria no centro da controvérsia relativa ao financiamento de campanhas, haja vista se tratar do fórum, por excelência, da tomada de decisões políticas. Observou que **o grande problema do modelo político vivido atualmente seria a dissintonia entre a classe política e a sociedade civil, com o afastamento de ambas, decorrente da centralidade que o dinheiro adquirira no processo eleitoral pátrio. Assinalou o aspecto negativo de o interesse privado aparecer travestido de interesse público.** Registrou, ainda, que o sistema eleitoral brasileiro possuiria viés antidemocrático e antirrepublicano em virtude da conjugação de dois fatores: o sistema eleitoral proporcional com lista aberta somado à possibilidade de financiamento privado por empresas. Realçou que o seu voto pela inconstitucionalidade das normas não significaria **condenação genérica da participação de pessoas jurídicas no financiamento eleitoral.** Consistiria, ao revés, declaração específica no modelo em vigor nos dias atuais, porquanto ofensivo ao princípio democrático, na medida em que desigualaria as pessoas e os candidatos pelo poder aquisitivo ou pelo poder de financiamento. Salientou que **a ideia subjacente à democracia seria a igualdade, ou seja, uma pessoa, um voto.**

Consignou não vislumbrar que o único modelo democrático de financiamento eleitoral fosse aquele que proibisse a participação de pessoas jurídicas. Contudo, no atual modelo brasileiro, considerou antirrepublicano, antidemocrático e, em certos casos, contrário à moralidade pública o financiamento privado de campanha. Asseverou que, embora a reforma política não pudesse ser feita pelo STF, este desempenharia duas grandes funções: a contramajoritária (ao assentar a inconstitucionalidade de lei aprovada por pessoas escolhidas pelas maiorias políticas) e a representativa (ao concretizar anseios da sociedade que estariam paralisados no processo político majoritário). Propôs, por conseguinte, um diálogo institucional com o Congresso Nacional no sentido do barateamento do custo das eleições, uma vez que não bastaria coibir esse tipo de financiamento. Citou a existência de propostas em trâmite na Casa Legislativa pela votação em lista (voto em lista fechada ou preordenada) e o voto distrital majoritário. Após, o julgamento foi suspenso pelo pedido de vista formulado pelo Ministro Teori Zavascki na sessão anterior.
ADIn 4.650/DF, rel. Min. Luiz Fux, j. 11 e 12.12.2013. (Inform. STF 732) **(g.n)**

Crime eleitoral: prestação de contas e falsidade ideológica – 1
O Plenário iniciou julgamento de inquérito em que se imputa a Deputado Federal a suposta prática do crime descrito **no art. 350 do Código Eleitoral** (*"Omitir, em documento público ou particular, declaração que dele devia constar, ou nele inserir ou fazer inserir declaração falsa ou diversa da que devia ser escrita, para fins eleitorais: Pena – reclusão até cinco anos e pagamento de 5 a 15 dias-multa, se o documento é público, e reclusão até três anos e pagamento de 3 a 10 dias-multa se o documento é particular."*), na forma do art. 29 do CP. Na espécie, o denunciado subscrevera documento — apresentado pelo então presidente do diretório regional de partido político ao qual filiado — referente à nova prestação de contas do ano de 2004, após a Coordenadoria de Controle Interno do Tribunal Regional Eleitoral não haver aprovado a anterior. Aduz o órgão acusador que tal fato ocorrera mediante a **substituição de livros contábeis, o que não estaria previsto na legislação e configuraria o aludido crime**. O Min. Dias Toffoli, relator, rejeitou a peça acusatória. Afirmou não ter sido suficientemente comprovado o dolo do agente, uma vez que seguida a orientação de advogados e contadores no sentido de realizar a substituição dos livros sem, entretanto, retirar os originais, que teriam continuado à disposição da justiça eleitoral. O Min. Gilmar Mendes acompanhou o relator e enfatizou que, haja vista o fato de os **novos livros terem sido encaminhados, na aludida prestação de contas, juntamente com os originais, não se poderia inferir a intenção do denunciado de praticar o falso e que, no caso, estar-se-ia a criar modalidade culposa**

do crime. Em divergência, o Min. Marco Aurélio recebeu a denúncia. Entendeu que a confecção de livros novos, a conter informações diversas das existentes nos originais, configuraria o crime de falso. Reputou que tal procedimento teria ocorrido para dar contornos de legitimidade às irregularidades verificadas pela justiça eleitoral, inserindo-se elementos que não poderiam, àquela altura e daquela forma, constar dos registros fiscais. Após, pediu vista dos autos o Min. Ricardo Lewandowski. Inq 2.559/MG, rel. Min. Dias Toffoli, j. 31.03.2011. (Inform. STF 621) **(g.n)**

Crime eleitoral: prestação de contas e falsidade ideológica – 2
Em conclusão, o Plenário, por maioria, rejeitou denúncia oferecida contra Deputado Federal, pela suposta prática do crime descrito no **art. 350 do Código Eleitoral** (*"Omitir, em documento público ou particular, declaração que dele devia constar, ou nele inserir ou fazer inserir declaração falsa ou diversa da que devia ser escrita, para fins eleitorais: Pena – reclusão até cinco anos e pagamento de 5 a 15 dias-multa, se o documento é público, e reclusão até três anos e pagamento de 3 a 10 dias-multa se o documento é particular"*), na forma do art. 29 do CP. Na espécie, o denunciado subscrevera documento — apresentado pelo então presidente do diretório regional de partido político ao qual filiado — referente à nova prestação de contas do ano de 2004, após a Coordenadoria de Controle Interno do Tribunal Regional Eleitoral não haver aprovado a anterior. **Aduzia o órgão acusador que esse fato ocorrera mediante a substituição de livros contábeis, o que não estaria previsto na legislação e configuraria o aludido crime** — v. Informativo 621. Afirmou-se não ter sido **suficientemente comprovado o dolo do agente, uma vez que seguida a orientação de advogados e contadores no sentido de realizar a substituição dos livros sem, entretanto, retirar os originais, que teriam continuado à disposição da justiça eleitoral.** O Min. Celso de Mello ressaltou que ocorrera, no caso, uma causa **excludente de culpabilidade**, visto que o agente teria incidido em erro de proibição. O Min. Cezar Peluso, Presidente, por seu turno, afirmou que o crime em questão careceria de elemento objetivo do tipo, pois a denúncia não descrevera em que medida as declarações, do primeiro ou do segundo livro, não corresponderiam à realidade. Reputou, assim, que não se poderia supor que o segundo possuiria informações falsas. Vencidos os Ministros Marco Aurélio, Ricardo Lewandowski e Ayres Britto, que recebiam a denúncia. Entendiam que a confecção de livros novos, a conter informações diversas das existentes nos originais, configuraria o crime de falso. Frisavam que esse procedimento teria ocorrido para dar contornos de legitimidade às irregularidades verificadas pela justiça eleitoral, inserindo-se elementos que não poderiam, àquela altura e daquela forma, constar dos registros fiscais. Inq 2.559/MG, rel. Min. Dias Toffoli, j. 18.08.2011. (Inform. STF 636) **(g.n)**

6.10. QUESTÕES COMENTADAS

(Ministério Público/AC – 2008) Assinale a assertiva correta.

(A) os candidatos a prefeitos de todos os municípios do Brasil devem abrir conta bancária específica para fins de registro de movimentação financeira da campanha.

(B) a prestação de contas dos candidatos às eleições proporcionais é feita exclusivamente pelo comitê financeiro.

(C) é nula a doação depositada em dinheiro.

(D) os comitês financeiros podem ser criados em até 10 dias após o registro da candidatura.

A: incorreta, uma vez que a determinação não se restringe aos candidatos a prefeito, mas sim obrigatório para todos os candidatos e partidos políticos abrir conta bancária específica para registrar todo o movimento financeiro da campanha, conforme art. 22 da Lei 9.504/1997; B: incorreta, vez que o art. 28, § 2°, da Lei 9.504/1997 dispõe que poderá ser feita tanto pelo comitê financeiro quanto pelo próprio candidato; C: incorreta, uma vez que autorizada nos termos do art. 23 da Lei 9.504/1997. Porém, a mesma legislação, no art. 24 veda a doação em dinheiro, ou estimável em dinheiro, de pessoas ou entidades enumeradas ao longo dos incisos; D: correta, de acordo com o art. 19 da Lei 9.504/1997.

Gabarito "C"

(Ministério Público/AM – 2008 – CESPE) Considerando que a Lei 9.504/1997 estipula diversos critérios, restrições e limites ao financiamento das campanhas eleitorais, assinale a opção correta.

(A) Nas eleições proporcional ou majoritária, pessoa física pode doar a candidatos até 10% de seus rendimentos brutos auferidos no ano anterior ao da eleição.

(B) As doações realizadas por pessoa jurídica limitam-se a 10% do seu faturamento bruto no ano anterior ao da eleição.

(C) Pessoa jurídica que deseje doar recursos a candidatos a governador deve doar igualmente a todos os candidatos, sem discriminação de qualquer natureza.

(D) Pessoa física somente pode doar recursos a candidatos de um mesmo partido ou a candidatos que integram a mesma coligação.

(E) O responsável legal pelas finanças da campanha é o tesoureiro indicado à justiça eleitoral pelo partido ou pela coligação.

A: correta (art. 23, § 1°, I, da Lei das Eleições); B: para as pessoas jurídicas, o limite é de dois por cento do faturamento bruto do ano anterior à eleição – art. 81, § 1°, LE; C e D: incorreta. Não há essas restrições – arts. 23 e 81 da Lei 9.504/1997; E: incorreta. O candidato é sempre responsável pelas finanças da campanha, solidariamente com a pessoa por ele indicada para essa função (tesoureiro), se houver – arts. 20 e 21 da Lei 9.504/1997.

Gabarito "A"

(Ministério Público/CE – 2011 – FCC) É vedado, a partido e candidato, receber direta ou indiretamente doação em dinheiro ou estimável em dinheiro, inclusive por meio de publicidade de qualquer espécie, procedente de

(A) entidade ou governo estrangeiro; concessionário ou permissionário de serviço público; entidade de utilidade pública; entidades beneficentes e religiosas; entidades esportivas.

(B) organizações da sociedade civil de interesse público; pessoa jurídica sem fins lucrativos que receba recursos do exterior; indústria de material bélico; universidades privadas de qualquer natureza.

(C) organizações não governamentais que recebam recursos públicos; concessionário ou permissionário de serviço público; consórcio de empresas administradora de bens de capital; instituições bancárias e financeiras.

(D) cooperativas cujos cooperados não sejam concessionários ou permissionários de serviços públicos; pessoa física inscrita em dívida ativa do poder público; entidade ou classe sindical.

(E) órgão da Administração Pública direta e indireta ou fundação mantida com recursos provenientes do Poder Público; instituições bancárias, financeiras ou administradora de valores; entidade de direito privado que receba, na condição de beneficiária, contribuição compulsória em virtude de disposição legal.

De fato, a alternativa A comporta a única correta, uma vez que em plena consonância com o que disciplina o art. 24 e incisos, da Lei 9.504/1997.

Gabarito "A"

(Ministério Público/MG – 2010.1) Sobre a arrecadação e a aplicação de recursos por candidatos e comitês financeiros e prestação de contas nas eleições municipais, é INCORRETO afirmar que

(A) é obrigatório para o partido e para os candidatos abrir conta bancária específica para registrar todo o movimento financeiro da campanha.

(B) são vedadas quaisquer doações em dinheiro, bem como de troféus, prêmios, ajudas de qualquer espécie feitas por candidato, entre o registro e a eleição, a pessoas físicas ou jurídicas.

(C) o uso de recursos financeiros para pagamentos de gastos eleitorais que não provenham da conta bancária específica implicará a desaprovação da prestação de contas do partido político ou candidato, sem, contudo, implicar cancelamento do registro da candidatura ou cassação do diploma, se já houver sido outorgado.

(D) é vedado a partido e candidato receber direta ou indiretamente doação em dinheiro ou estimável em dinheiro, inclusive por meio de publicidade de qualquer espécie, procedente de, entre outros, órgãos da administração pública direta ou indireta ou fundação mantida com recurso proveniente do Poder Público.

(E) todas estão incorretas.

A: correta, pois a obrigatoriedade de conta bancária específica é prevista no art. 22 da Lei das Eleições – LE (Lei 9.504/1997); **B:** correta, pois a vedação consta do art. 23, § 5º, da Lei 9.504/1997; **C:** incorreta (devendo ser assinalada), pois, se for comprovado abuso de poder econômico, será cancelado o registro da candidatura ou cassado o diploma, se já houver sido outorgado – art. 22, § 3º, da Lei 9.504/1997; **D:** correta, pois a vedação é prevista expressamente no art. 24, II, da Lei 9.504/1997; **E:** como visto, há diversas assertivas corretas.

Gabarito "C"

(Ministério Público/GO – 2005) Em relação às prestações de contas dos candidatos às eleições, marque a alternativa incorreta:

(A) as prestações de contas dos candidatos às eleições serão feitas por intermédio dos comitês financeiros, exceto no caso das eleições proporcionais que poderão ser feitas também pelos próprios candidatos

(B) o prazo para encaminhamento das prestações de contas vai até o trigésimo dia posterior à data das eleições

(C) a inobservância do prazo para encaminhamento das prestações de contas não impede a diplomação, impedindo tão somente a posse

(D) a decisão que julgar as contas dos candidatos, eleitos ou não, será publicada em sessão até oito dias antes da diplomação

A: correta (art. 28, §§ 1º e 2º, da Lei 9.504/1997); **B:** correta (art. 29, III e IV, da Lei 9.504/1997); **C:** incorreta, devendo ser assinalada. A inobservância do prazo, enquanto perdurar, impede a diplomação e, por consequência, a posse – art. 29, § 2º, da Lei 9.504/1997; **D:** correta (art. 30, § 1º, da Lei 9.504/1997).

Gabarito "C"

(Ministério Público/GO – 2005) A respeito das normas gerais das eleições, previstas pela Lei 9.504/1997, é correto afirmar:

(A) é obrigatório, apenas, em municípios com mais de trinta mil eleitores, aos partidos políticos e candidatos a abertura de conta bancária específica para registro das movimentações financeiras de campanha, devendo a prestação de contas ser realizada diretamente à Justiça Eleitoral.

(B) as doações em dinheiro realizadas por pessoas físicas, após instituídos os comitês financeiros, ficarão limitadas a 50% (cinquenta por cento) dos rendimentos líquidos auferidos no ano anterior às eleições.

(C) é facultado ao partido político e ao candidato receber indiretamente doação em valor estimável em dinheiro, por meio de publicidade de qualquer espécie, procedente de permissionário de serviço público.

(D) os candidatos que descumprirem as normas referentes à arrecadação e aplicação de recurso fixados na Lei 9.504/1997, que indiquem prejuízos ou quebra dos princípios básicos que regem o pleito eleitoral, perderão o direito ao recebimento da quota do fundo partidário.

A: incorreta. A conta bancária específica é obrigatória, exceto na eleição para Prefeito e vereador em município onde não haja agência bancária ou na eleição para vereador em município com menos de 20 mil eleitores – art. 22, § 2º, da Lei das Eleições; **B:** incorreta. O limite é de 10% do rendimento bruto auferido no ano anterior ao da eleição (não 50% e não do rendimento líquido) – art. 23, § 1º, I, da Lei 9.504/1997; **C:** incorreta. Isso é proibido – art. 24, III, da Lei 9.504/1997; **D:** art. 25 da Lei 9.504/1997.

Gabarito "D"

(Ministério Público/MS – 2013 – FADEMS) Assinale a alternativa incorreta, relativamente aos temas do registro de candidatura e da prestação de contas, conforme eles são regulados pela Lei Federal 9.504/1997, após suas seguidas alterações legislativas:

(A) o pedido de registro deve ser instruído, dentre outros documentos, com a certidão de quitação eleitoral, que abrangerá exclusivamente: a plenitude do gozo dos direitos políticos, o regular exercício do voto, o atendimento a convocações da Justiça Eleitoral para auxiliar os trabalhos relativos ao pleito, a inexistência de multas aplicadas, em caráter definitivo, pela Justiça Eleitoral e não remitidas, e a aprovação das contas de campanha eleitoral.

(B) o pedido de registro deve ser instruído, dentre outros documentos, com a certidão de quitação eleitoral, que abrangerá exclusivamente: a plenitude do gozo dos direitos políticos, o regular exercício do voto, o atendimento a convocações da Justiça Eleitoral para auxiliar os trabalhos relativos ao pleito, a inexistência de multas aplicadas, em caráter definitivo, pela Justiça Eleitoral e não remitidas, e a apresentação de contas de campanha eleitoral.

(C) a Justiça Eleitoral verificará a regularidade das contas de campanha, decidindo (dentre outras situações) pela aprovação com ressalvas, quando verificadas falhas que não lhes comprometam a regularidade.

(D) a Justiça Eleitoral verificará a regularidade das contas de campanha, decidindo (dentre outras situações) pela desaprovação, quando verificadas falhas que lhes comprometam a regularidade.

(E) a Justiça Eleitoral verificará a regularidade das contas de campanha, decidindo (dentre outras situações) pela não prestação, quando não apresentadas as contas após a notificação emitida pela própria Justiça Eleitoral, na qual constará a obrigação expressa de prestar as suas contas, no prazo de 72 horas.

A: incorreta, devendo ser assinalada. A assertiva apresenta falha ao mencionar "aprovação de contas da campanha eleitoral", pois conforme dispõe o art. 11, § 1º, da Lei das Eleições (Lei 9.504/1997) é necessária apenas a apresentação das referidas contas. Importante destacar que com as alterações trazidas pela Minirreforma Eleitoral (Lei 12.891/2013), especificamente o § 13° do art. 1° da Lei das Eleições, fica dispensada a apresentação pelo partido, coligação ou candidato de documentos produzidos a partir de informações detidas pela justiça Eleitoral, entre eles os indicados nos incisos III, V e VI do art. 11, § 1º, Lei das Eleições. São eles, respectivamente: prova de filiação partidária, cópia do título eleitoral ou certidão, fornecida pelo cartório eleitoral, de que o candidato é eleitor na circunscrição ou requereu sua inscrição ou transferência de domicílio no prazo legal, certidão de quitação eleitoral.; B: incorreta, em razão das alterações trazidas pela Minirreforma Eleitoral, analisada na assertiva anterior, não é mais obrigatória a apresentação de alguns documentos (é obrigatório o preenchimento da condição), vez se tratar de documentos produzidos a partir de informações detidas pela própria Justiça Eleitoral, conforme disposto no art. 11, § 1º, da Lei das Eleições (Lei 9.504/1997); C: correta, conforme art. 30, II, da Lei das Eleições; D: correta, conforme art. 30, III, da Lei das Eleições; E: correta, conforme art. 30, IV, da Lei das Eleições.

Gabarito "A" e "B"

(Ministério Público/AC – 2008) Assinale a assertiva correta.

(A) os candidatos a prefeitos de todos os municípios do Brasil devem abrir conta bancária específica para fins de registro de movimentação financeira da campanha.

(B) a prestação de contas dos candidatos às eleições proporcionais é feita exclusivamente pelo comitê financeiro.

(C) é nula a doação depositada em dinheiro.

(D) os comitês financeiros podem ser criados em até 10 dias após o registro da candidatura.

A: incorreta, uma vez que a determinação não se restringe aos candidatos a prefeito, mas sim obrigatório para todos os candidatos e partidos políticos abrir conta bancária específica para registrar todo o movimento financeiro da campanha, conforme art. 22 da Lei 9.504/1997. Cabe mencionar que o § 2º do art. 22 da Lei das Eleições estabelece a não exigibilidade de abertura de conta bancária nos casos de candidatura para Prefeito e Vereador em Municípios onde não haja agência de instituição financeira, bem como na candidatura para Edil em município com menos de 20.000 eleitores; B: incorreta, vez que o art. 28, § 2°, da Lei 9.504/1997 dispõe que poderá ser feita tanto pelo comitê financeiro quanto pelo próprio candidato; C: incorreta, uma vez que autorizada nos termos do art. 23 da Lei 9.504/1997. Porém, a mesma legislação, no art. 24, veda a doação em dinheiro, ou estimável em dinheiro, de pessoas ou entidades enumeradas ao longo dos incisos; D: correta, de acordo com o art. 19 da Lei 9.504/1997.

Gabarito "D"

(Ministério Público/MG – 2010.1) Sobre a arrecadação e a aplicação de recursos por candidatos e comitês financeiros e prestação de contas nas eleições municipais, é INCORRETO afirmar que

(A) é obrigatório para o partido e para os candidatos abrir conta bancária específica para registrar todo o movimento financeiro da campanha.

(B) são vedadas quaisquer doações em dinheiro, bem como de troféus, prêmios, ajudas de qualquer espécie feitas por candidato, entre o registro e a eleição, a pessoas físicas ou jurídicas.

(C) o uso de recursos financeiros para pagamentos de gastos eleitorais que não provenham da conta bancária específica implicará a desaprovação da prestação de contas do partido político ou candidato, sem, contudo, implicar cancelamento do registro da candidatura ou cassação do diploma, se já houver sido outorgado.

(D) é vedado a partido e candidato receber direta ou indiretamente doação em dinheiro ou estimável em dinheiro, inclusive por meio de publicidade de qualquer espécie, procedente de, entre outros, órgãos da administração pública direta ou indireta ou fundação mantida com recurso proveniente do Poder Público.

(E) todas estão incorretas.

A: correta, pois a obrigatoriedade de conta bancária específica é prevista no art. 22 da Lei das Eleições – LE (Lei 9.504/1997); B: correta, pois a vedação consta do art. 23, § 5°, da Lei 9.504/1997; C: incorreta (devendo ser assinalada), pois, se for comprovado abuso de poder econômico, será cancelado o registro da candidatura ou cassado o diploma, se já houver sido outorgado – art. 22, § 3°, da Lei 9.504/1997; D: correta, pois a vedação é prevista expressamente no art. 24, II, da Lei 9.504/1997; E: como visto, há diversas assertivas corretas.

Gabarito "C"

(Ministério Público/GO – 2005) Em relação às prestações de contas dos candidatos às eleições, marque a alternativa incorreta:

(A) as prestações de contas dos candidatos às eleições serão feitas por intermédio dos comitês financeiros, exceto no caso das eleições proporcionais que poderão ser feitas também pelos próprios candidatos.

(B) o prazo para encaminhamento das prestações de contas vai até o trigésimo dia posterior à data das eleições.

(C) a inobservância do prazo para encaminhamento das prestações de contas não impede a diplomação, impedindo tão somente a posse.

(D) a decisão que julgar as contas dos candidatos, eleitos ou não, será publicada em sessão até oito dias antes da diplomação.

A: correta (art. 28, §§ 1º e 2º, da Lei 9.504/1997); B: correta (art. 29, III e IV, da Lei 9.504/1997); C: incorreta, devendo ser assinalada. A inobservância do prazo, enquanto perdurar, impede a diplomação e, por consequência, a posse – art. 29, § 2º, da Lei 9.504/1997; **D:** incorreta (art. 30, § 1º, da Lei 9.504/1997).

Gabarito "C"

(Ministério Público/GO – 2005) A respeito das normas gerais das eleições, previstas pela Lei 9.504/1997, é correto afirmar:

(A) é obrigatório, apenas, em municípios com mais de trinta mil eleitores, aos partidos políticos e candidatos a abertura de conta bancária específica para registro das movimentações financeiras de campanha, devendo a prestação de contas ser realizada diretamente à Justiça Eleitoral.

(B) as doações em dinheiro realizadas por pessoas físicas, após instituídos os comitês financeiros, ficarão limitadas a 50% (cinquenta por cento) dos rendimentos líquidos auferidos no ano anterior às eleições.

(C) é facultado ao partido político e ao candidato receber indiretamente doação em valor estimável em dinheiro, por meio de publicidade de qualquer espécie, procedente de permissionário de serviço público.

(D) os candidatos que descumprirem as normas referentes à arrecadação e aplicação de recurso fixados na Lei 9.504/1997, que indiquem prejuízos ou quebra dos princípios básicos que regem o pleito eleitoral, perderão o direito ao recebimento da quota do fundo partidário.

A: incorreta. A conta bancária específica é obrigatória, exceto na eleição para Prefeito e vereador em município onde não haja agência bancária ou na eleição para vereador em município com menos de 20 mil eleitores – art. 22, § 2º, da Lei 9.504/1997; **B:** incorreta. O limite é de 10% do rendimento bruto auferido no ano anterior ao da eleição (não 50% e não do rendimento líquido) – art. 23, § 1º, I, da Lei 9.504/1997; **C:** incorreta. Isso é proibido – art. 24, III, da Lei 9.504/1997; **D:** correta (art. 25 da Lei 9.504/1997).

Gabarito "D"

(Analista – TRE/GO – 2008 – CESPE) Quanto a financiamento e prestação de contas das despesas com campanhas eleitorais, é correto afirmar que

(A) as prestações de contas dos candidatos, tanto às eleições majoritárias quanto às proporcionais, deverão ser feitas pelo próprio candidato.

(B) qualquer eleitor poderá realizar gastos em apoio a candidato de sua preferência, nos valores e limites que julgar adequados, devendo o candidato favorecido prestar contas na forma disciplinada pela justiça eleitoral.

(C) é permitido, a partido e a candidato, receber doação em dinheiro, ou estimável em dinheiro, de entidade de classe ou sindical, até a quantia equivalente a 1.000 UFIR.

(D) comprovada a captação ou gasto ilícito de recursos para fins eleitorais, será negado diploma ao candidato, ou cassado, se já houver sido outorgado.

A: incorreta. Nas eleições majoritárias, as prestações de contas serão feitas por intermédio do comitê financeiro e nas proporcionais, pelo comitê financeiro ou pelo candidato (art. 28, §§ 1º e 2º, da Lei 9.504/1997); **B:** incorreta. Até a quantia de 1.000 UFIR, os gastos não estão sujeitos a contabilização, desde que não reembolsados (art. 27 da Lei 9.504/1997); **C:** incorreta. É vedado receber, direta ou indiretamente, doação em dinheiro ou valor estimável em dinheiro, procedente de entidade de classe ou sindical (art. 24, VI, da Lei 9.504/1997); **D:** correta (art. 30-A, § 2º, da Lei 9.504/1997).

Gabarito "D"

(Analista – TSE – 2006 – CESPE) Ametista é candidata a vereadora em um município que possui cerca de dezenove mil eleitores. Como não dispõe de recursos próprios, a campanha eleitoral de Ametista será financiada por terceiros. Considerando a situação hipotética apresentada e com base nas normas da Lei 9.504/1997, assinale a opção incorreta.

(A) As doações à campanha de Ametista, feitas por pessoas físicas, deverão ser limitadas a 10% dos rendimentos brutos auferidos no ano anterior à eleição.

(B) O partido político de Ametista deverá comunicar ao respectivo TRE os valores máximos de gastos com sua campanha, no ato do pedido de registro da candidatura.

(C) Despesas com o transporte ou deslocamento de Ametista, quando em campanha, são consideradas gastos eleitorais.

(D) Ametista é a única responsável pela veracidade das informações financeiras e contábeis de sua campanha.

A: correta (art. 23, § 1º, I, da Lei 9.504/1997); **B:** correta (art. 18 da Lei 9.504/1997); **C:** correta (art. 26, IV, da Lei 9.504/1997); **D:** incorreta (devendo ser assinalada). O candidato a cargo eletivo fará, diretamente ou por intermédio de pessoa por ele designada, a administração financeira de sua campanha. Destarte, a menos que a candidata Ametista faça diretamente a administração financeira de sua campanha, o art. 21 da Lei 9.504/1997 estabelece que o candidato é solidariamente responsável pela veracidade das informações financeiras e contábeis de sua campanha, juntamente com a pessoa indicada para sua administração (art. 20 da Lei 9.504/1997).

Gabarito "D"

(Analista – TRE/SP – 2012 – FCC) O comitê financeiro do partido Alpha, tendo cumprido as exigências eleitorais e recebido seu número de registro de CNPJ, iniciou a arrecadação de recursos financeiros à campanha eleitoral. Pretendem fazer doações:

I. cooperativa não beneficiada com recursos públicos, composta por cooperados que não são concessionários ou permissionários de serviço público.

II. entidade esportiva privada, sem participação em campeonatos das divisões principais.

III. sindicato representativo de categoria profissional patronal de âmbito estadual.

IV. pessoa jurídica sem fins lucrativos que não recebe recurso do exterior.

Dentre os pretendentes, o comitê financeiro do partido Alpha NÃO poderá receber doações das entidades indicadas em

(A) I e II.
(B) I e III.
(C) I e IV.
(D) II e III.
(E) II e IV.

I: Podem fazer doações cooperativas não beneficiadas com recursos públicos e compostas por cooperados que não são concessionários ou permissionários de serviços públicos (art. 24, parágrafo único, da Lei 9.504/1997); II: Não podem fazer doações entidades esportivas, de qualquer natureza (art. 24, IX, da Lei 9.504/1997); III: Não podem fazer doações entidades de classe ou sindical (art. 24, VI, da Lei 9.504/1997); IV: Podem fazer doações pessoas jurídicas sem fins lucrativos que não receba recursos do exterior (art. 24, VII, da Lei 9.504/1997).

Gabarito "D"

(Procurador da República – 25º) Conforme a legislação atual sobre arrecadação e aplicação dos recursos nas campanhas eleitorais, assinale a alternativa correta:

(A) é vedado a candidato receber doação para a campanha de entidade esportiva, independentemente dela receber ou não recursos públicos;

(B) é vedado a candidato receber doação para a campanha de empresa comercial pelo simples fato desta estar recebendo pagamentos da administração pública em decorrência do cumprimento de regular contrato de fornecimento de bens e serviços firmado após licitação, mesmo ela não sendo concessionária ou permissionária de serviço público e não incidindo em outra hipótese de vedação legal;

(C) as despesas com transporte ou deslocamento de candidato e de pessoal a serviço das candidaturas não são considerados gastos eleitorais, não estão sujeitos a registro e não precisam ser declarados na prestação de contas do candidato;

(D) para registrar o movimento financeiro de sua campanha o candidato deverá exclusivamente utilizar suas contas bancárias pessoais, registradas com o seu CPF (Cadastro de Pessoa Física), ou a conta bancária do respectivo partido político.

A: correta, conforme art. 24, IX, da Lei 9.504/1997; B: incorreta, pois o art. 81 da Lei 9.504/97 atenta sobre a possibilidade de doações para fins eleitorais por pessoa jurídica, atendidos os limites trazidos pelos parágrafos do mesmo artigo; C: incorreta, vez que o art. 26, IV, da Lei 9.504/1997 dispõe que despesas com transporte ou deslocamento de candidato e de pessoal a serviço das candidaturas, devendo estar discriminada na prestação de contas do candidato; D: incorreta, uma vez que o art. 22 da Lei 9.504/1997 dispõe que é obrigatório para o partido e para os candidatos abrir conta bancária específica a fim de registrar todo o movimento financeiro da campanha, não sendo possível fazê-lo por meio de contas pessoais, ainda que do próprio candidato, evitando-se o abuso econômico e a lisura no registro de todo movimento financeiro, que se dará pela referida conta bancária específica.

Gabarito "A"

(Magistratura/MG – 2012 – VUNESP) É correto afirmar que a propaganda eleitoral pela internet

(A) será sempre gratuita, se feita por meio de *sites* dos candidatos e partidos políticos.

(B) será admitida somente se for propaganda paga e se feita por meio de *sites* de pessoas jurídicas de direito privado, *blogs* e congêneres.

(C) poderá ser feita de forma gratuita, desde que assegurada igualdade de tratamento a candidatos, partidos e coligações, em *sites* oficiais e da Administração Pública indireta, em todos os níveis federativos.

(D) será sempre gratuita.

De fato a única alternativa correta é apresentada pela assertiva "D" ao dispor em conformidade com o que preceitua o art. 57-C, *caput*, da Lei 9.504/1997: "Na internet, é vedada a veiculação de qualquer tipo de propaganda eleitoral paga."

Gabarito "D"

(Magistratura/MG – 2012 – VUNESP) É correto afirmar que a prestação de contas de campanha integra o conceito de "quitação eleitoral", para fins de registro de candidatura, nas seguintes condições, à luz da mais recente jurisprudência do Tribunal Superior Eleitoral (p. ex., Agravo Regimental em Recurso Especial Eleitoral 339.082):

(A) não basta que o candidato tenha apresentado a prestação de contas de campanha eleitoral anterior, sendo exigida a sua aprovação pela Justiça Eleitoral.

(B) nem mesmo a aprovação das contas pela Justiça Eleitoral, com ressalvas, permite a obtenção do registro da candidatura.

(C) basta que o candidato tenha apresentado a prestação de contas de campanha eleitoral anterior, independentemente de sua aprovação pela Justiça Eleitoral.

(D) não basta que o candidato tenha apresentado a prestação de contas de campanha eleitoral anterior, sendo exigida a sua aprovação pela Justiça Eleitoral, mas o indeferimento fica condicionado à impugnação ao pedido do registro, a ser formulada por quem de direito.

Conforme a jurisprudência indicada no próprio enunciado, qual seja, o Agravo Regimental em Recurso Especial Eleitoral 339.082, o TSE expressa entendimento de que basta a apresentação da prestação de contas de campanha eleitoral anterior, não sendo prescindível sua aprovação pela Justiça Eleitoral. Tal assertiva é encontrada na alternativa "C".

Gabarito "C"

(Magistratura/PA – 2012 – CESPE) Com relação à arrecadação e à aplicação de recursos nas campanhas eleitorais, às vedações inerentes e às sanções, bem como à propaganda eleitoral em geral, assinale a opção correta.

(A) É proibida a colocação de cavaletes, bonecos, cartazes, mesas para distribuição de material de campanha e bandeiras ao longo das vias públicas, ainda que móveis e não dificultem ou impeçam o trânsito de pessoas e veículos.

(B) O candidato a cargo eletivo deve, diretamente ou por intermédio de pessoa por ele designada, administrar a parte financeira de sua campanha, sendo ele, entretanto, o único responsável pela veracidade das informações financeiras e contábeis relativas à campanha.

(C) É vedado a partido e a candidato receber, direta ou indiretamente, doação de dinheiro procedente de cooperativas, ainda que os cooperados não sejam concessionários ou permissionários de serviços públicos ou as cooperativas não sejam beneficiadas com recursos públicos.

(D) No caso de descumprimento das normas referentes à arrecadação e aplicação de recursos fixadas na legislação, o partido perderá o direito ao recebimento da quota do fundo partidário do ano seguinte, e, se for o caso, os candidatos beneficiados responderão por abuso do poder econômico.

(E) É permitida a fixação de placas, estandartes, faixas e assemelhados, utilizados para a veiculação de propaganda eleitoral, em árvores e jardins localizados em áreas públicas, bem como em muros, cercas e tapumes divisórios, desde que não lhes cause dano.

A: incorreta, uma vez que a prática é permitida, desde que móveis e não atrapalhem o trânsito de pessoas e veículos, conforme art. 37, § 6°, da Lei 9.504/1997; B: incorreta, pois os arts. 20 e 21 da Lei 9.504/1997 dispõem sobre a solidariedade entre candidato e a pessoa por ele indicada para administrar a finanças da campanha, na responsabilidade das informações prestadas; C: incorreta, uma vez que se trata de uma exceção permissiva contida no art. 24, parágrafo único, da Lei 9.504/1997; D: correta, em atenção ao que dispõe o art. 25 da Lei 9.504/1997; E: incorreta, vez que a conduta é proibida pelo art. 37 da Lei 9.504/1997.

Gabarito "D"

(Magistratura/PI – 2011 – CESPE) Relativamente à arrecadação e à aplicação de recursos nas campanhas eleitorais, assinale a opção correta.

(A) As taxas cobradas pelas credenciadoras de cartão de crédito, embora devam ser lançadas na prestação de contas de candidatos, de partidos políticos e de comitês financeiros, não são consideradas despesas de campanha eleitoral.

(B) Registrado na justiça eleitoral, o limite de gastos dos candidatos não poderá ser alterado.

(C) Salvo os recursos próprios aplicados em campanha, todas as demais doações a candidato, a comitê financeiro ou a partido político devem ser realizadas mediante recibo eleitoral.

(D) Os candidatos a vice e a suplentes não podem ser responsabilizados no caso de extrapolação do limite máximo de gastos fixados para os respectivos titulares.

(E) Doações mediante cartão de crédito somente podem ser realizadas por pessoa física, vedados o parcelamento e o uso de cartões emitidos no exterior, corporativos ou empresariais.

A: incorreta, pois as taxas cobradas devem ser consideradas como despesas de campanha, conforme art. art. 12, parágrafo único, da Res. TSE 23.216/2010; B: incorreta, pois o art. 5° da Resolução TSE 21.609/2004 dispõe que após informado à Justiça Eleitoral, o limite de gastos dos candidatos só poderá ser alterado com a devida autorização do juiz eleitoral, mediante solicitação justificada, em caso de fato superveniente e imprevisível com impacto na campanha eleitoral; C: incorreta, pois em confronto com o art. 23 da Resolução TSE 21.609/2004, o qual prescreve que toda doação a candidato ou a comitê financeiro, inclusive os recursos próprios aplicados na campanha, deverá fazer-se mediante recibo eleitoral (Lei 9.504/1997, art. 23, § 2°); D: incorreta, uma vez que os valores máximos de gastos relativos à candidatura de vice e suplente estarão incluídos naqueles pertinentes à candidatura do titular e serão informados pelo partido político a que forem filiados os candidatos. Os candidatos a vice e a suplentes são solidariamente responsáveis no caso de extrapolação do limite máximo de gastos fixados para os respectivos titulares, conforme inteligência dos arts. 20 e 21 da Lei 9.504/1997, art. 4°, § 2°, Res. TSE 21.609/2004 e Instrução Normativa Conjunta RFB/TSE 1.019, de 10 de março de 2010; E: correta, uma vez que em plena harmonia com o que dispõe os arts. 2° e 3° da Res. TSE 23.216/2010.

Gabarito "E"

(Magistratura/RJ – 2011 – VUNESP) Sobre a movimentação de recursos financeiros durante a campanha eleitoral, assinale a alternativa correta.

(A) O Ministério Público não possui legitimidade para o ingresso da ação por captação ou gasto ilícito de recurso para fins eleitorais, em vista da ausência de previsão no art. 30-A da Lei 9.504, de 1997.

(B) Diversamente do que ocorre com a captação ilícita de sufrágio, a procedência da ação por captação ou gasto ilícito de recurso para fins eleitorais implica apenas na cassação do registro do candidato.

(C) A falta de abertura de conta bancária específica não é fundamento para a rejeição de contas de campanha eleitoral desde que, por outros meios, se possa demonstrar sua regularidade.

(D) Para acolhimento da ação por captação ou gasto ilícito de recurso para fins eleitorais, estribada no art. 30-A da Lei 9.504, de 1997, é preciso avaliar a proporcionalidade da sanção em relação à gravidade da conduta.

A: incorreta, uma vez que a legitimidade resta estabelecida nos arts. 17, 50 e 55 da Res. TSE 23.376/2012; B: incorreta, uma vez que o parágrafo único do art. 17 da Res. TSE 23.376/2012 dispõe que comprovado o abuso do poder econômico, será cancelado o registro da candidatura ou cassado o diploma, se já houver sido outorgado (Lei 9.504/1997, art. 22, § 3º), sem prejuízo de outras sanções previstas em lei; C: incorreta, uma vez que ao contrário é o que dispõe o art. 17 da Res. TSE 23.376/2012; D: correta, uma vez que em consonância com o que dispõe o art. 51, § 4º, da Res. TSE 23.376/2012.

Gabarito "D"

CAPÍTULO 7

PROPAGANDA ELEITORAL

7.1. INTRODUÇÃO

A princípio é necessário estabelecermos algumas diferenciações quanto à propaganda política, podendo ser subdividas em propaganda partidária, propaganda intrapartidária, propaganda institucional e propaganda eleitoral.

Encontramos tratamento específico do tema no Código Eleitoral (arts. 240 ao 256), na Lei das Eleições (Lei 9.504/1997) nos arts. 36 ao 57-I e, atualmente, na Resolução TSE 23.404/2014, que dispõe sobre propaganda eleitoral e condutas ilícitas em campanha eleitoral nas Eleições de 2014.

Propaganda Política:

a) Propaganda Partidária:

Realizada fora de período pré-eleitoral, visa a difundir e divulgar os ideais da agremiação política com o intuito de atrair mais militantes e simpatizantes. É regulamentada pela Lei 9.096/1995 (Lei dos Partidos Políticos);

b) Propaganda Eleitoral:

Realizada em momento pré-eleitoral, dentro da limitação disposta pela legislação (Lei 9.504/1997), com vistas à angariar maior número de votos. Regulamentada pela Lei 9.504/1997 (Lei das Eleições);

c) Propaganda Intrapartidária:

É aquela realizada antes da convenção partidária (situação onde os candidatos que concorrerão ao pleito sequente serão escolhidos). O art. 36, § 1º, da Lei 9.504/1997 dispõe que a Propaganda Intrapartidária é permitida nos 15 dias que antecedem a convenção, vedado o uso de rádio, televisão e *outdoor*;

d) Propaganda Institucional:

Aquela realizada pela Administração, divulgando de maneira honesta, verídica e objetiva seus atos e feitos, sendo o objetivo INFORMAR A POPULAÇÃO. Deve ser custeada com recursos públicos. Cabe destacar que é proibida a propaganda institucional nos 3 meses que antecedem o pleito, salvo em caso de grave e urgente necessidade pública, assim reconhecida pela Justiça Eleitoral (calamidades públicas, desastres naturais etc.);

Diferentemente da propaganda partidária, a propaganda eleitoral tem o objetivo de captação de votos do eleitorado com vistas às eleições, trazendo aos cidadãos as razões que levaram um candidato ou outro a dedicar-se a uma candidatura, anexando informações que engrandeçam a figura pessoal do candidato, seus feitos, sua história, de modo que convença o eleitorado que ele é o melhor e mais preparado a ocupar determinado cargo.

> Conforme dispõe art. 242 do Código Eleitoral "*A propaganda, qualquer que seja a sua forma ou modalidade, mencionará sempre a legenda partidária e só poderá ser feita em língua nacional, não devendo empregar meios publicitários destinados a criar, artificialmente, na opinião pública, estados mentais, emocionais ou passionais*".

O Código Eleitoral também dispõe, nos artigos seguintes, que a realização de qualquer ato de propaganda eleitoral (ou partidária), em recinto aberto ou fechado, não dependerá de autorização ou licença da polícia. Porém, o candidato ou partido político deverá comunicar com antecedência de 24 horas para que seja garantida prioridade no uso do local em detrimento de qualquer outro candidato ou partido que também intente realizar o evento na mesma data e lugar. No caso da prévia comunicação, além de garantir a preferência, a autoridade policial estará apta a tomar as devidas e necessárias garantias para a realização do ato, tráfego local e orientações e medidas quanto aos serviços públicos que o evento possa vir a afetar (disposições do art. 245 do Código Eleitoral; art. 39 da Lei 9.504/1997).

O art. 244, I e II, do Código Eleitoral e o art. 39, §§ 3º e 5º, da Lei 9.504/1997 asseguram aos partidos políticos o direito de, independentemente de licença de autoridade pública e pagamento de qualquer valor:

a) fazer inscrever, na fachada de suas sedes e dependências, o nome que os designe, pela forma que melhor lhes parecer;

b) instalar e fazer funcionar, no período compreendido entre o início da propaganda eleitoral e a véspera da eleição, das 8 horas às 22 horas, alto-falantes ou amplificadores de som nos locais referidos, assim como em veículos seus ou à sua disposição em território nacional;

c) comercializar material de divulgação institucional, desde que não contenha nome e número de candidato, bem como cargo em disputa.

Quanto aos famosos folhetos ou "santinhos", como são popularmente conhecidos, ou quaisquer outros impressos que possam ser utilizados, deverão ser editados sob a responsabilidade de cada partido, coligação ou do próprio candidato, independente de licença municipal e autorização da Justiça Eleitoral (art. 38 da Lei 9.504/1997). Porém, é obrigatório que se faça inscrever no material impresso o número de CNPJ ou do CPF do responsável pela confecção, bem como de quem o contratou e a respectiva informação de número de tiragem.

Importante observação é feita com relação aos candidatos que estejam com a candidatura sendo discutida judicialmente, situação em que também fazem jus ao tempo de rádio e televisão, bem como divulgar material, promover e participar de eventos normalmente, conforme dispõe o art. 16 da Res. TSE 22.718/2008.

7.2. IMPORTANTES ALTERAÇÕES TRAZIDAS PELA MINIRREFORMA ELEITORAL (LEI 12.891/2013)

A minirreforma eleitoral (Lei 12.891/2013), que objetivou em sua essência reduzir as possibilidades de abuso de poder econômico nas campanhas eleitorais, trouxe significativas alterações quanto às propagandas eleitorais, tais como:

7.2.1. Inserções idênticas

Proibição de veiculação de inserções idênticas no mesmo intervalo de programação e transmissão em sequência para o mesmo partido;

7.2.2. Entrega de mídias

As mídias contendo as propagandas devem ser entregues com antecedência mínima de 6 horas do horário previsto para o início da transmissão, no caso dos programas em rede; 12 horas do horário previsto para o início da transmissão, no caso das inserções. No caso das mídias correspondentes às inserções em rádio poderão ser enviadas eletronicamente, assim como na propaganda partidária.

7.2.3. Uso de cavaletes e bonecos

A nova legislação alterou o § 6º, art. 37, da Lei 9.504/1997, tornando proibido o uso de cavaletes e bonecos nas ruas, mesmo que não atrapalhem o tráfego de carros e pessoas, independentemente se móveis, sendo permitido apenas o uso de bandeiras e mesas para distribuição de material de campanha, mantendo para este a necessidade de mobilidade e não embaraço do trânsito de pedestres e veículos;

7.2.4. Adesivos

Possibilidade de distribuição de adesivos no tamanho máximo de 50 cm x 40 cm, não caracterizando brinde;

7.2.5. Propaganda em veículos

Em razão de incidentes ocorridos após a propagação dos "carros adesivados", a propaganda em veículos poderá ser feita somente com adesivos *microperfurados* até a extensão total do para-brisa traseiro e, em outras posições, poderá ser utilizado o adesivo com a dimensão máxima de 50 cm x 40 cm.

7.2.6. Entrevistas, programas, encontros e debates

Autorização de participação de filiados ou de pré-candidatos em entrevistas, programas, encontros ou debates no rádio, na televisão e na Internet. A minirreforma excluiu a expressão *"desde que não haja pedido de votos"*, até então presente no inc. I do art. 36-A da Lei 9.504/1997, e inseriu a possibilidade de cobertura pelos meios de comunicação social, inclusive a internet;

7.2.7. Convocação de redes de radiodifusão

Embora tenha ocorrido a supressão de uma possibilidade de propaganda antecipada (item anterior), a minirreforma estabeleceu que será considerada propaganda eleitoral antecipada a convocação de redes de radiodifusão, por parte do presidente da República, dos presidentes da Câmara dos Deputados, do Senado Federal e do STF, para divulgação de atos que denotem propaganda política ou ataques a partidos políticos e seus filiados ou instituições.

7.2.8. Comícios

Permite a realização de comícios e a utilização de aparelhagens de sonorização fixas no horário compreendido entre as 8h e as 24h. Exceção ao comício de encerramento da campanha, que poderá ser prorrogado por mais 2 h.

7.2.9. Uso de redes sociais: Permite expressamente a campanha nas redes sociais

– Tipificação da conduta de contratar grupo de pessoas com o fito de emitir mensagens ou comentários na Internet para ofender a honra ou denegrir a imagem de candidato, partido ou coligação;

Pena aos Contratantes: Detenção de 2 a 4 anos e multa de R$ 15.000,00 a R$ 50.000,00;

Pena aos Contratados: Detenção de 6 meses a 1 ano, com alternativa de prestação de serviços à comunidade, e pagamento de multa de R$ 5.000,00 a R$ 30.000,00.

Aqui observamos a interessante adequação da norma à realidade vivenciada pela sociedade brasileira (mundial, de modo geral. Mas em destaque a brasileira por se tratar de pano de fundo de nosso objeto de estudo). A cada eleição observamos verdadeiro linchamento moral de candidatos. Há um grande equívoco pela busca de discussões pessoais em detrimento de discussões acerca de planos de governo, posicionamentos sobre assuntos relevantes e etc.

Atualmente no Brasil é inegável que as redes sociais exercem uma importantíssima função de propagação massiva de informação. Exemplo disso temos aos montes.

No entanto, a minirreforma eleitoral encontra aqui um ponto positivo e louvável. Ainda somos carentes de uma legislação que venha a comportar o trato humano por trás dos computadores, especificamente quando em ambiente virtual.

Certo que o Código Penal e a rica (e extensa) legislação extravagante criminal cuidam de tratar de crimes contra a honra, fraudes, extorsões etc. Porém, há diversas outras "*subcondutas*" (assim considerando aquelas que nos conotem como de menor complexidade quanto ao ato de exercício) que não são abrangidas por todo protetivo já existente.

Reflexo desta afirmação se verifica nas recentes legislações como a "Lei Carolina Dieckmann", o "Marco Civil da Internet", as disposições contidas no § 3º do art. 57-D e nos §§ 1º e 2º do art. 57-H, ambos da Lei das Eleições, inseridas pela minirreforma eleitoral (Lei 12.891/2013), entre outros exemplos que poderíamos destacar.

Assim, concluindo uma reflexão sobre esta nova inserção normativa, entendo que foi acertada e positiva, somando pontos a favor de uma discussão política pouco mais cidadã, madura e consciente, evitando por parte a excessiva e repugnante desconstrução da cidadania e da política, por parte de candidatos e cidadãos rasos em conduta.

Promoção da igualdade de gênero: Autoriza o TSE a requisitar até 10 min. diários, no período de 1º de março a 30 de junho dos anos eleitorais, para realizar propaganda (Rádio e Tv) visando ao incentivo à igualdade de gênero e à participação feminina na política.

Cabos eleitorais: Fixa limitação à contratação de cabos eleitorais pagos (serviços de militância e mobilização de rua, exceto simpatizantes):

Municípios com até 30.000 eleitores: até 1% do eleitorado;

Municípios com mais de 30.000 eleitores: acrescenta-se a possibilidade de 01 pessoa para cada 1.000 eleitores que excederem o número de 30.000.

Presidente da República e Senador: em cada Estado, o número estabelecido para o Município com o maior número de eleitores; Outras regras específicas para cada cargo a ser concorrido: Art. 100-A, § 1º, Lei 9.504/1997.

Fiscais de eleição: Não havia limitação. A minirreforma impõe a limitação, para o acompanhamento no dia votação, o credenciamento de, no máximo, 2 fiscais de cada partido ou coligação por seção eleitoral (§ 4º do art. 65 da Lei 9.504/1997).

Coligações – As multas decorrentes de propaganda eleitoral será solidária entre o candidato e seu respectivo partido, isentando os demais partidos caso haja composição de coligação (§ 5º do art. 6º da Lei 9.504/1997);

Minitrios elétricos: Permissão de circulação de carros de som e minitrios como meio de propaganda eleitoral, desde que observado o limite de 80 db, medido a 7m de distância do veículo;

I – Carro de Som: veículo automotor que usa equipamento de som com potência nominal de amplificação de, no máximo, 10.000w;

II – Minitrio: veículo automotor que usa equipamento de som com potência nominal de amplificação maior que 10.000w e até 20.000w;

III – Trio-elétrico: A partir de 20.000w. A utilização dos trios-elétricos permanece proibida pela legislação, não houve alteração.

7.2.10. Pesquisas eleitorais

Muito embora as pesquisas eleitorais não conotem diretamente como uma verte da propaganda eleitoral, registramos sua conceituação neste espaço justamente pela grande importância e reflexo que traz a este cenário.

A Lei das Eleições, Lei 9.504/1997, cuidou de tratar sobre pesquisas eleitorais ao longo dos arts. 33 e 35. Não obstante o Tribunal Superior Eleitoral, dentro das atribuições que lhe conferem o art. 23, IX, do Código Eleitoral, e o art. 105 da Lei 9.504 (vide Fontes do Direito Eleitoral, no início da obra), editou a Resolução 23.400/2014, que dispõe sobre pesquisas eleitorais para as eleições de 2014.

Conforme a legislação específica, a partir de 1º de janeiro de 2014, as entidades e empresas que realizarem pesquisas de opinião pública relativas às eleições ou aos candidatos, para conhecimento público, são obrigadas, para cada pesquisa, a registrar no Tribunal Eleitoral ao qual compete fazer o registro dos candidatos, na seguinte ordem:

I – aos Tribunais Regionais Eleitorais, nas eleições federais e estaduais;

II – ao Tribunal Superior Eleitoral, na eleição presidencial.

IMPORTANTE: Nas pesquisas que envolvam a eleição presidencial e as eleições federais e estaduais, deverá ser realizado o respectivo registro tanto no Tribunal Regional respectivo como no Tribunal Superior Eleitoral.

Referido registro deverá ser realizado com no mínimo 5 (cinco) dias de antecedência da divulgação, contendo as seguintes informações:

a) quem contratou a pesquisa;

b) valor e origem dos recursos despendidos no trabalho;

c) metodologia e período de realização da pesquisa;

d) plano amostral e ponderação quanto a sexo, idade, grau de instrução e nível econômico do entrevistado, área física de realização do trabalho, margem de erro e nível de confiança;

e) sistema interno de controle e verificação, conferência e fiscalização da coleta de dados e do trabalho de campo;

f) questionário completo aplicado ou a ser aplicado;

g) nome de quem pagou pela realização do trabalho;

h) nome do estatístico responsável pela pesquisa e o número de seu registro no Conselho Regional de Estatística competente;

i) o registro da empresa junto a Justiça Eleitora, para que seja possível o registro obrigatório da pesquisa através do Sistema de Registro de Pesquisas Eleitorais, em ambiente eletrônico (internet);

j) indicação do Estado ou Unidade da Federação, bem como dos cargos aos quais se refere a pesquisa.

Interessantes apontamentos trazidos pela Resolução 23.400/2014 dizem respeito a todo registro dever ser realizado através de um sistema *on line*, facilitando a busca de informação e fiscalização da veracidade. Também atenta, a referida Resolução, para a permissão de que as empresas ou entidades utilizem dispositivos eletrônicos na coleta de dados, tais como *tablets* e similares (inclui-se o uso de *smartphones*, *notebooks*, *netbooks* etc.), que poderão ser auditados a qualquer tempo pela Justiça Eleitoral.

Importante mencionar que a partir do dia 10 de julho de 2014 todos os nomes que tenham se submetido ao pedido de registro de candidatura deverão constar obrigatoriamente das pesquisas, através de relação de candidatos a ser apresentado ao cidadão entrevistado.

7.2.10.1. Da divulgação dos resultados das pesquisas

As empresas e entidades que cumprirem as exigências determinadas pela Resolução 23.400/2014 e realizarem a coleta de dados de pesquisa eleitoral, no ato de sua divulgação de resultados, deverão ainda cumprir com a informação obrigatória dos seguintes dados:

I – o período de realização da coleta de dados;

II – a margem de erro;

III – o nível de confiança;

IV – o número de entrevistas;

V – o nome da entidade ou empresa que a realizou e, se for o caso, de quem a contratou;

VI – o número de registro da pesquisa.

Importante mencionar que tal divulgação poderá ocorrer a qualquer tempo, salvo a relativa ao levantamento de intenções de voto realizado no dia das eleições, que somente poderá ocorrer:

I – nas eleições relativas à escolha de Deputados Estaduais e Federais, Senador e Governador, a partir das 17 (dezessete) horas do horário local.

II – na eleição para a Presidência da República, tão logo encerrado, em todo o território nacional, o pleito.

No caso de utilização destes resultados durante a campanha eleitoral, em horário gratuito, deverá o candidato, partido ou coligação informar todos os dados obrigatórios acima elencados, não sendo obrigatória a menção aos concorrentes, desde que o modo de apresentação dos resultados não induza o eleitor a erro quanto ao desempenho do candidato em relação aos demais.

Eventual falta de atendimento aos pontos destacados, além de outras provenientes do art. 33 da Lei das Eleições, ensejará a impugnação do registrou ou da própria divulgação de pesquisas eleitorais perante o Tribunal competente, cabendo legitimação ao Ministério Público Eleitoral, aos candidatos, aos partidos políticos e às coligações, que será autuada como Representação.

IMPORTANTE:

Acerca da divulgação de pesquisas fraudulentas ou mesmo não atentas às cogências legais ensejará a punição com penas restritivas de liberdade e pecuniária, como se verifica dos arts. 19 e seguintes da Res. TSE 23.400/2014:

"Art. 19. A divulgação de pesquisa fraudulenta constitui crime, punível com detenção de 6 meses a 1 ano e multa no valor de R$ 53.205,00 (cinquenta e três mil e duzentos e cinco reais) a R$ 106.410,00 (cento e seis mil e quatrocentos e dez reais) (Lei 9.504/1997, art. 33, § 4º).

Art. 20. O não cumprimento do disposto no art. 34 da Lei 9.504/1997 ou a prática de qualquer ato que vise retardar, impedir ou dificultar a ação fiscalizadora dos partidos políticos constitui crime, punível com detenção de 6 meses a 1 ano, com a alternativa de prestação de serviços à comunidade pelo mesmo prazo, e multa no valor de R$ 10.641,00 (dez mil e seiscentos e quarenta e um reais) a R$ 21.282,00 (vinte e um mil e duzentos e oitenta e dois reais) (Lei 9.504/1997, art. 34, § 2º).

Parágrafo único. A comprovação de irregularidade nos dados publicados sujeita os responsáveis às penas mencionadas no caput, sem prejuízo da obrigatoriedade de veiculação dos dados corretos no mesmo espaço, local, horário, página, caracteres e outros elementos de destaque, de acordo com o veículo usado (Lei 9.504/1997, art. 34, § 3º).

Art. 21. Pelos crimes definidos nos arts. 33, § 4º, e 34, §§ 2º e 3º, da Lei 9.504/1997, podem ser responsabilizados penalmente os representantes legais da empresa ou entidade de pesquisa e do órgão veiculador (Lei 9.504/1997, art. 35)."

A Lei das Eleições, ao tratar do tema, traz as seguinte disposições, cabendo-nos reproduzi-las e destacar:

"**Das Pesquisas e Testes Pré-Eleitorais**

Art. 33. As entidades e empresas que realizarem pesquisas de opinião pública relativas às eleições ou aos candidatos, para conhecimento público, são obrigadas, para cada pesquisa, a registrar, junto à Justiça Eleitoral, até cinco dias antes da divulgação, as seguintes informações:

I – quem contratou a pesquisa;

II – valor e origem dos recursos despendidos no trabalho;

III – metodologia e período de realização da pesquisa;

IV – plano amostral e ponderação quanto a sexo, idade, grau de instrução, nível econômico e área física de realização do trabalho a ser executado, intervalo de confiança e margem de erro; (Redação dada pela Lei 12.891/2013.)

V – sistema interno de controle e verificação, conferência e fiscalização da coleta de dados e do trabalho de campo;

VI – questionário completo aplicado ou a ser aplicado;

VII – nome de quem pagou pela realização do trabalho e cópia da respectiva nota fiscal. (Redação dada pela Lei 12.891/2013.)

§ 1º As informações relativas às pesquisas serão registradas nos órgãos da Justiça Eleitoral aos quais compete fazer o registro dos candidatos.

§ 2º A Justiça Eleitoral afixará no prazo de vinte e quatro horas, no local de costume, bem como divulgará em seu sítio na internet, aviso comunicando o registro das informações a que se refere este artigo, colocando-as à disposição dos partidos ou coligações com candidatos ao pleito, os quais a elas terão livre acesso pelo prazo de 30 (trinta) dias.

§ 3º A divulgação de pesquisa sem o prévio registro das informações de que trata este artigo sujeita os responsáveis a multa no valor de cinquenta mil a cem mil UFIR.

§ 4º A divulgação de pesquisa fraudulenta constitui crime, punível com detenção de seis meses a um ano e multa no valor de cinquenta mil a cem mil UFIR.

§ 5º É vedada, no período de campanha eleitoral, a realização de enquetes relacionadas ao processo eleitoral. (Incluído pela Lei 12.891/2013.)

Art. 34. (VETADO.)

§ 1º Mediante requerimento à Justiça Eleitoral, os partidos poderão ter acesso ao sistema interno de controle, verificação e fiscalização da coleta de dados das entidades que divulgaram pesquisas de opinião relativas às eleições, incluídos os referentes à identificação dos entrevistadores e, por meio de escolha livre e aleatória de planilhas individuais, mapas ou equivalentes, confrontar e conferir os dados publicados, preservada a identidade dos respondentes.

§ 2º O não cumprimento do disposto neste artigo ou qualquer ato que vise a retardar, impedir ou dificultar a ação fiscalizadora dos partidos constitui crime, punível com detenção, de seis meses a um ano, com a alternativa de prestação de serviços à comunidade pelo mesmo prazo, e multa no valor de dez mil a vinte mil UFIR.

§ 3º A comprovação de irregularidade nos dados publicados sujeita os responsáveis às penas mencionadas no parágrafo anterior, sem prejuízo da obrigatoriedade da veiculação dos dados corretos no mesmo espaço, local, horário, página, caracteres e outros elementos de destaque, de acordo com o veículo usado.

Art. 35. Pelos crimes definidos nos arts. 33, § 4º e 34, §§ 2º e 3º, podem ser responsabilizados penalmente os representantes legais da empresa ou entidade de pesquisa e do órgão veiculador."

7.3. ABUSOS E O DIREITO DE RESPOSTA

O art. 58 da Lei 9.504/1997 dispõe que a partir da escolha do candidato nas convenções, será assegurado o direito de resposta ao candidato, partido ou coligação que tenham sido atingidos, ainda que de forma indireta, por conceito, imagem ou afirmação caluniosa, difamatória, injuriosa ou sabidamente inverídica, difundidos por qualquer veículo de comunicação social.

O procedimento, de natureza judicial, consiste numa maneira de proteger candidatos, partidos e coligações.

Quanto à competência para o processamento, temos o seguinte esboço:

a) Eleições municipais (Prefeito, Vice-Prefeito e Vereador) – Juiz eleitoral de primeira instância;

b) Eleições estaduais (Governador, Vice-Governador, Senador, Deputado Estadual, Federal e Distrital) – Será julgado perante o TRE;

c) Eleições Presidenciais (Presidente e Vice-Presidente) – Julgamento perante o TSE.

O ofendido (candidato, partido ou coligação), poderá pleitear o exercício do direito de resposta à Justiça Eleitoral nos seguintes prazos, a partir da veiculação ofensiva:

PRAZO	MATÉRIA ENVOLVIDA
24 horas	Horário eleitoral gratuito
48 horas	Programação normal das emissoras de rádio e televisão
72 horas	Órgão de imprensa escrita

Ao receber o pedido, o ofensor será imediatamente notificado para que em 24 horas apresente sua defesa. A decisão deverá ser prolatada no prazo máximo de 72 horas a contar da data do pedido.

A cada caso de pedido (matéria envolvida, conforme a tabela acima), serão observadas regras especificas:

a) Veiculação realizada por órgão da imprensa escrita:

O pedido de direito de resposta deverá ser instruído com cópia do exemplar da publicação e o texto a ser utilizado como resposta. Sendo deferido o pedido pela Justiça Eleitoral, a divulgação da resposta previamente informada pelo ofendido será divulgada no mesmo veículo de comunicação, mesmo espaço, local, página, tamanho, caracteres e quaisquer outros elementos que venham a realçar de maneira semelhante, tal qual a publicação ofensiva, no prazo de até 48 horas após a decisão assim determinando.

Caso o meio de veiculação seja de periodicidade maior do que 48 horas, a resposta será publicada na primeira vez que circular.

A lei faculta ao ofendido que solicite a divulgação de sua resposta a ser inserida em publicação no mesmo dia da semana em que a ofensa foi inicialmente publicada, mesmo que isso venha a ofender o prazo de 48 horas imposto pela lei.

Caso as circunstâncias de publicação venham a inviabilizar a reparação dentro dos prazos estabelecidos pela lei e elencados acima, a Justiça Eleitoral poderá determinar a imediata divulgação da resposta, devendo o ofensor, em todos os casos, comprovar nos autos a distribuição dos exemplares, quantidade impressa e raio de abrangência da distribuição.

b) Em programação normal das emissoras de rádio e televisão

A Justiça Eleitoral, recebido o pedido pelo ofendido, notificará imediatamente a emissora (responsável pela reprodução do material ofensivo) para que entregue cópias das gravações, a serem devolvidas após a decisão final.

Deferido o pedido de direito de resposta, o espaço para a mesma ser dada será de até 48 horas (a contar da decisão que a autorizou), em tempo igual ao conferido à matéria ofensiva, porém limitado ao mínimo de 1 minuto.

c) No horário eleitoral gratuito

A regra traz semelhança com a hipótese anterior, uma vez que o ofendido também terá direito de usar o tempo de resposta proporcional ao utilizado durante a ofensa. Não poderá, também, ser um tempo inferior a um minuto, com a diferença de que o tempo utilizado será "descontado" do horário destinado ao partido ou coligação responsável pela ofensa.

A resposta será veiculada no mesmo horário que fora veiculada a matéria ofensiva.

Importante observação se dá quanto ao tempo subtraído do horário eleitoral do partido ou coligação ofensora. Este tempo será utilizado pelo ofendido como forma de garantir-lhe o direito de resposta.

Sendo assim, o ofendido deve, necessariamente, utilizar a concessão do espaço para veiculação de sua resposta, pois, caso contrário, poderá ter subtraído tempo idêntico de seu horário, além de multa.

d) Em propaganda eleitoral na internet

Deferido o pedido de direito de resposta, este será exercido no mesmo veículo, espaço, local, horário, página eletrônica, tamanho, caracteres e tantos quantos forem outros elementos que vieram a realçar no momento da ofensa.

Este procedimento deverá ser tomado pelo ofensor no prazo de até 48 horas, a contar da entrega da mídia física (resposta) pelo ofendido.

A resposta do ofendido deverá ficar disponível no ambiente *online* pelo menos o dobro do tempo em que a mensagem ofensiva permaneceu no ar, sendo que eventuais custos com a publicação e divulgação da resposta correrão por conta do responsável pela ofensa.

De todas as decisões serão cabíveis recursos às instâncias superiores no prazo de 24 horas a contar da data de publicação.

Os pedidos de direito de resposta (também as representações por propaganda irregular) terão preferência em relação aos demais processos em curso na Justiça Eleitoral (art. 58-A da Lei 9.504/1997).

7.4. QUADRO SINÓTICO

1. Introdução

– **Propaganda Política**: diferente da propaganda de cunho mercadológico; possui o intento de interferir na decisão de cunho político; regulamentada por legislação; veiculada gratuitamente na Rádio e Televisão; divide-se em:

a) **Propaganda Eleitoral**: realizada em momento pré-eleitoral, com vistas a angariar maior número de votos; regulamentada pela Lei 9.504/1997 (Lei das Eleições) e Resolução TSE 23.400/2014.

b) **Propaganda Partidária**: Realizada fora de período pré-eleitoral, visa a difundir e a divulgar os ideais da agremiação política com o intuito de atrair mais militantes e simpatizantes; é regulamentada pela Lei 9.096/1995 (Lei dos Partidos Políticos);

c) **Propaganda Intrapartidária:** É aquela realizada antes da convenção partidária (situação em que se escolhem os candidatos que irão concorrer às eleições). O art. 36, § 1º da Lei 9.504/1997 dispõe que a Propaganda Intrapartidária é permitida nos 15 dias que antecedem a convenção, vedado o uso de rádio, televisão e outdoor;

b) **Propaganda Institucional**: Aquela realizada pela Administração, divulgando de maneira honesta, verídica e objetiva seus atos e feitos, sendo o objetivo INFORMAR A POPULAÇÃO; deve ser custeada com recursos públicos;

– É proibida a propaganda institucional nos 3 meses que antecedem o pleito, salvo em caso de grave e urgente necessidade pública, assim reconhecida pela Justiça Eleitoral;

2. Propaganda eleitoral

– É uma das mais poderosas ferramentas eleitorais, que tem por natureza o objetivo de conquistar o eleitor por meio de técnicas de argumentação e contraponto de propostas entre os candidatos;

– Pode ser compreendido como todo mecanismo de divulgação de um candidato destinado a convencer o eleitor a conceder-lhe o voto;

– Através do conteúdo da propaganda eleitoral os participantes do pleito (candidatos) buscam conquistar o apoio do cidadão, tentando convencê-lo de que as propostas defendidas são as melhores dentre os concorrentes ao cargo pretendido;

– Somente é permitida a partir do dia 5 de julho do ano eleitoral;

2.1 Propaganda eleitoral lícita, ilícita e irregular

Propaganda lícita é toda aquela realizada dentro do que regula a legislação quanto aos prazos, conteúdo e limites (Lei das Eleições);

Propaganda irregular é aquela que venha ferir dispositivos da legislação em vigor, mas sem configurar um crime eleitoral. Ex.: Propaganda extemporânea, realizada antes do dia 5 de Julho do ano eleitoral;

Propaganda ilícita é aquela que se realiza afrontando dispositivos da legislação em vigor e que se configura como crime eleitoral. Ex.: Propaganda extemporânea, realizada antes do dia 5 de julho do ano eleitoral, trazendo conteúdo injurioso contra outro candidato;

2.2 Considerações gerais

– Código Eleitoral: arts. 240 ao 256;

– Lei das Eleições: arts. 36 ao 57-I;

– No 2º semestre do ano da eleição, não será veiculada a propaganda partidária gratuita prevista em lei, nem permitido qualquer tipo de propaganda política paga no rádio e na televisão.

– Na propaganda dos candidatos a **cargo majoritário**, deverão constar, também, o nome dos candidatos a vice ou a suplentes de Senador, de modo claro e legível, em tamanho não inferior a 10% (dez por cento) do nome do titular.

A) Propaganda em Bens Públicos /Uso Comum e Particulares

– Nos bens cujo uso dependa de cessão ou permissão do Poder Público, ou que a ele pertençam, e nos de uso comum, é vedada a veiculação de propaganda de qualquer natureza;

– **Bens de uso comum**: Os definidos no Código Civil (rios, mares, estradas, ruas e praças) e também aqueles a que a população em geral tem acesso (cinemas, clubes, lojas, centros comerciais, templos, ginásios, estádios, **ainda que de propriedade privada**);

– Em bens particulares a propaganda não depende de autorização ou licença, desde que não excedam a 4m² e que não contrariem a legislação;– **DEVEM SER espontânea e gratuita;**

– Nas dependências do Poder Legislativo, a veiculação de propaganda eleitoral fica a critério da Mesa Diretora;

– Dispõe o § 6º, art. 37, Lei das Eleições: É permitida a colocação de mesas para distribuição de material de campanha e a utilização de bandeiras ao longo das vias públicas, desde que **móveis** e que não dificultem o bom andamento do trânsito de pessoas e veículos. (Redação dada pela Lei 12.891/2013 – minirreforma eleitoral);

Mobilidade: caracteriza-se com a colocação e a retirada dos meios de propaganda entre as 6h e 22h do dia;

B) Material Impresso

– Todo material impresso de campanha eleitoral deverá conter o número de CNPJ ou CPF do responsável pela confecção, bem como de quem a contratou, e a respectiva tiragem;

– Independe da obtenção de licença municipal e de autorização da Justiça Eleitoral a distribuição de impressos;

C) Comícios, showmícios e eventos assemelhados

– A realização de qualquer ato de propaganda eleitoral em recinto aberto ou fechado, não depende de licença da polícia.

– O candidato/partido/coligação deverá fazer a comunicação à autoridade policial com até 24h de antecedência para garantir prioridade na localidade e a necessária segurança à realização do ato, bem como garantir seja mantida a ordem no tráfego e prestação de serviços públicos;

– O uso de alto-falantes ou amplificadores (móveis) de som é permitido entre as **8h e 24h**, com exceção do comício de encerramento da campanha, que poderá ser prorrogado por mais **2 (duas) horas** (Redação do § 4º do art. 39 da Lei das Eleições – Alterado pela Minirreforma Eleitoral).

– É **vedado** o uso de alto-falantes ou amplificadores em distância inferior a 200m:

a) das sedes dos Poderes (Executivo, Legislativo, Judiciário) e estabelecimentos militares;

b) dos hospitais e casas de saúde;

c) das escolas, bibliotecas públicas, igrejas e teatros, **quando em funcionamento;**

– A realização de comícios e **a utilização de aparelhagem de sonorização fixa** são permitidas no horário compreendido entre as 8h e as 24h;

IMPORTANTE:

– É **vedada** na campanha eleitoral a confecção, utilização, distribuição por comitê, candidato, ou com a sua autorização, de camisetas, chaveiros, bonés, canetas, brindes, cestas básicas ou quaisquer outros bens ou materiais que possam proporcionar vantagem ao eleitor;

– É **proibida** a realização de showmícios, bem como a apresentação, remunerada ou não, de artistas com a finalidade de animar comício e reunião eleitoral;

– É **vedada** a propaganda eleitoral mediante *outdoors*, sujeitando-se à multa a empresa responsável, os partidos, coligações e candidatos;

– É **vedada** a utilização de trios elétricos em campanhas eleitorais, **exceto** para a sonorização de comícios.

IMPORTANTE:

Minitrios elétricos: Permissão de circulação de carros de som e **minitrios** como meio de propaganda eleitoral, desde que observado o limite de 80 db, medido a 7m de distância do veículo (Autorização inaugurada pela minirreforma eleitoral – Lei 12.891/2013);

Carro de Som: veículo automotor que usa equipamento de som com potência nominal de amplificação de, no máximo, 10.000w;

Minitrio: veículo automotor que usa equipamento de som com potência nominal de amplificação maior que 10.000w e até 20.000w;

Trio elétrico: A partir de 20.000w. A utilização dos trios elétricos permanece proibida pela legislação, não houve alteração.

D) Propaganda Eleitoral no dia das Eleições

– É permitida, no dia das eleições, a manifestação individual e silenciosa pelo uso de bandeiras, broches, dísticos e adesivos, salvo aos servidores da Justiça Eleitoral em serviço e fiscais partidários (que apenas poderão ser identificados por crachá, contendo nome e sigla do partido);

– É vedada a aglomeração de pessoas com vestes padronizadas (em favor de candidato ou partido), de modo a caracterizar manifestação coletiva;

3. Propaganda eleitoral na imprensa

– São permitidas, até a antevéspera das eleições, a divulgação paga, na imprensa escrita, e a reprodução na internet do jornal impresso;

– Até 10 anúncios por veículo, em datas diversas, para cada candidato, no espaço máximo, por edição, de 1/8 de página de jornal padrão e de 1/4 de página de revista ou tabloide;

– Deverá constar do anúncio, de forma visível, o valor pago pela inserção;

4. Propaganda eleitoral no rádio e na televisão

– Restringe-se ao horário gratuito, sendo vedada a veiculação paga.

– Deverá utilizar a Linguagem de Sinais (LIBRAS) ou legenda;

– A partir do resultado da convenção, é vedado às emissoras transmitir programa apresentado ou comentado por candidato escolhido em convenção;

– É facultada a transmissão, por emissora de rádio ou televisão, de debates sobre as eleições majoritária ou proporcional (regras contidas no art. 46 da Lei das Eleições);

– As emissoras de rádio e de televisão reservarão, nos 45 dias anteriores à antevéspera das eleições, horário destinado à divulgação, em rede, da propaganda eleitoral gratuita (art. 47 da Lei das Eleições);

4.1 Divisão dos horários em rádio e televisão

– 1/3, igualitariamente;

– 2/3, proporcionalmente ao número de representantes na Câmara dos Deputados, considerado, no caso de coligação, o resultado da soma dos eleitos por ela;

– Em caso de **2º turno**, a propaganda terá início a partir de 48h da proclamação dos resultados do 1º turno e até a antevéspera da eleição, sendo concedido **tempo igual** de 10 min. a cada candidato (Exceção à divisão dos tempos);

– Não é admitido qualquer tipo de censura prévia nos programas eleitorais gratuitos.

– É vedada a veiculação de propaganda que possa degradar ou ridicularizar candidatos, sujeitando-se o partido ou coligação infratores à perda do direito à veiculação de propaganda no horário eleitoral gratuito do dia seguinte;

– É incluir no horário destinado aos candidatos às eleições proporcionais propaganda das candidaturas a eleições majoritárias, ou vice-versa, **ressalvada** a utilização, durante a exibição do programa, de legendas com referência aos candidatos majoritários, ou, ao fundo, de cartazes ou fotografias desses candidatos

– É facultada a inserção de depoimento de candidatos a eleições proporcionais no horário da propaganda das candidaturas majoritárias e vice-versa, registrados sob o mesmo partido ou coligação, desde que o depoimento consista exclusivamente em pedido de voto ao candidato que cedeu o tempo;

– As disposições aplicam-se às emissoras de televisão que operam em VHF e UHF e os canais de televisão por assinatura sob a responsabilidade do Senado Federal, da Câmara dos Deputados, das Assembleias Legislativas, da Câmara Legislativa do Distrito Federal ou das Câmaras Municipais. (Tv Senado, Tv Câmara etc.)

5. Internet

– É permitida após o dia 5 de julho do ano da eleição, a ser realizada das seguintes formas:

a) em site do candidato/partido/coligação, com endereço eletrônico comunicado à Justiça Eleitoral e hospedado, direta ou indiretamente, em provedor estabelecido no País;

b) Por mensagens eletrônicas para endereços cadastrados **gratuitamente** pelo candidato, partido ou coligação;

c) por meio de *blogs*, redes sociais, sítios de mensagens instantâneas e assemelhados, cujo conteúdo seja gerado ou editado por candidatos, partidos ou coligações ou de iniciativa de qualquer pessoa natural (pessoa física);

IMPORTANTE: Na internet, é vedada a veiculação de qualquer tipo de propaganda eleitoral paga.

IMPORTANTE: É vedada, ainda que gratuitamente, a veiculação de propaganda eleitoral na internet, em sites:

a) de pessoas jurídicas, com ou sem fins lucrativos;

b) oficiais ou hospedados por órgãos ou entidades da administração pública direta ou indireta da União, dos Estados, do Distrito Federal e dos Municípios;

"Art. 57-D. É livre a manifestação do pensamento, vedado o anonimato durante a campanha eleitoral, por meio da rede mundial de computadores – internet, assegurado o direito de resposta, nos termos das alíneas a, b e c do inc. IV do § 3º do art. 58 e do 58-A, e por outros meios de comunicação interpessoal mediante mensagem eletrônica."

5.1 Mala direta (*mailing*)

– São vedadas às pessoas relacionadas no art. 24 da Lei das Eleições (sobretudo órgãos da Administração Pública, organizações representativas e religiosas) a utilização, doação ou cessão de seu cadastro eletrônico, em favor de candidatos, partidos ou coligações;

– É proibida a venda de cadastro de endereços eletrônicos;

IMPORTANTE: As mensagens eletrônicas enviadas por candidato, partido ou coligação, por qualquer meio, deverão dispor de mecanismo que permita seu descadastramento pelo destinatário, obrigado o remetente a providenciá-lo no prazo de 48h, sob pena de multa;

6. Do direito de resposta

Art. 58. A partir da escolha de candidatos em convenção, é assegurado o direito de resposta a candidato, partido ou coligação atingidos, ainda que de forma indireta, por conceito, imagem ou afirmação caluniosa, difamatória, injuriosa ou sabidamente inverídica, difundidos por qualquer veículo de comunicação social.

– O ofendido poderá reclamar o exercício do direito de resposta à Justiça Eleitoral nos seguintes prazos, contados a partir da veiculação da ofensa:

I – 24h, quando se tratar do horário eleitoral gratuito;

II – 48h, quando se tratar da programação normal das emissoras de rádio e televisão;

III – 72h, quando se tratar de órgão da imprensa;

6.1 Em órgão da imprensa escrita:

a) o pedido deverá ser instruído com um exemplar da publicação e o texto para resposta;

b) deferido o pedido, a divulgação da resposta dar-se-á no mesmo veículo, espaço, local, página, tamanho, caracteres e outros elementos de realce usados na ofensa, em até 48h após a decisão;

Observação 1: Quando a periodicidade do veículo for superior a 48h, na primeira edição que suceder.

Observação 2: O ofendido poderá solicitar que seja feito no mesmo dia da semana, ainda que seja em prazo superior a 48 horas (jornais impressos de domingo possuem mais leitores).

Observação 3: A Justiça Eleitoral poderá determina a imediata divulgação da resposta, caso os prazos venham inviabilizar o exercício do direito de resposta.

6.2 Em programação normal das emissoras de rádio e de televisão

– Recebido o pedido, a Justiça Eleitoral notificará imediatamente o responsável pela emissora que veiculou a ofensa para que entregue em 24h cópia da mídia;

– Deferido o pedido, a resposta será dada em até 48h após a decisão, em tempo igual ao da ofensa, porém nunca inferior a 1 min;

6.3 Em horário eleitoral gratuito

– Para o exercício do direito de resposta, será utilizado tempo igual ao da ofensa veiculada, nunca inferior a 1min;

– Será utilizado o horário destinado ao partido ou coligação responsável pela ofensa, devendo necessariamente dirigir-se aos fatos nela veiculados (sob pena de descaracterizar a RESPOSTA, o que acarretaria a subtração de igual tempo do ofendido, em seu programa);

– Se o tempo reservado aos ofensores seja inferior a 1 min a resposta será levada ao ar tantas vezes quantas sejam necessárias para a sua complementação;

6.4 Em propaganda eleitoral na internet

– Deferido o pedido, a divulgação da resposta dar-se-á no mesmo veículo, espaço, local, horário, página eletrônica, tamanho, caracteres e outros elementos de realce usados na ofensa, em até 48h horas após a entrega da mídia física com a resposta do ofendido;

– A resposta ficará disponível para acesso por pelo menos o dobro do tempo em que a ofensa permaneceu disponível;

– Os custos de veiculação da resposta correrão por conta do responsável pela propaganda original;

– Se o prazo de resposta for inviabilizado em razão da data de ocorrência da ofensa, a Justiça Eleitoral determinará o horário de divulgação da resposta, ainda que nas 48h anteriores ao pleito, de modo a não ensejar tréplica;

IMPORTANTE:

– Os pedidos de direito de resposta e as representações por propaganda eleitoral irregular em rádio, televisão e internet tramitarão preferencialmente em relação aos demais processos em curso na Justiça Eleitoral.

7.5. JURISPRUDÊNCIA SELECIONADA

AgRg. no Ag no RE 654.680-DF
RELATOR: MIN. LUIZ FUX
Ementa: AGRAVO REGIMENTAL NO RECURSO EXTRAORDINÁRIO COM AGRAVO. ELEITORAL. CARACTERIZAÇÃO DE PROPAGANDA ELEITORAL ANTECIPADA. MATÉRIA INFRACONSTITUCIONAL. OFENSA REFLEXA. REEXAME DO CONJUNTO FÁTICO-PROBATÓRIO. IMPOSSIBILIDADE. INCIDÊNCIA DA SÚMULA 279 DO STF. VIOLAÇÃO AOS PRINCÍPIOS DA AMPLA DEFESA E DO CONTRADITÓRIO. MATÉRIA COM REPERCUSSÃO GERAL REJEITADA PELO PLENÁRIO DO STF NO ARE 748.371. CONTROVÉRSIA DE ÍNDOLE INFRACONSTITUCIONAL. ALEGADA VIOLAÇÃO AO ART. 93, IX, DA CF/1988. INEXISTÊNCIA.

1. A **propaganda eleitoral antecipada**, quando controvertida a sua configuração, demanda a análise de normas infraconstitucionais e o reexame do conjunto fático-probatório dos autos. Precedente: AgRg no Ag no RE 713.446, 2.ª T., rel. Min. Ellen Gracie, *DJe* 11.09.2009.

2. O recurso extraordinário não se presta ao exame de questões que demandam revolvimento do contexto fático-probatório dos autos, em face da incidência da Súmula 279 do STF que dispõe, *verbis*: "Para simples reexame de prova não cabe recurso extraordinário".

3. Os **princípios da ampla defesa, do contraditório, do devido processo legal e dos limites da coisa julgada**, quando debatidos sob a ótica infraconstitucional, não revelam repercussão geral apta a tornar o apelo extremo admissível, consoante decidido pelo Plenário virtual do STF, na análise do Ag no RE 748.371, da Relatoria do Min. Gilmar Mendes.

4. **A decisão judicial tem que ser fundamentada (art. 93, IX [da CF/1988])**, ainda que sucintamente, sendo prescindível que a mesma se funde na tese suscitada pela parte. Precedente: Repercussão Geral na QO no AI 791.292, Pleno, rel. Min. Gilmar Mendes, *DJe* 13.08.2010.

5. *In casu*, o acórdão recorrido assentou: "Eleições 2010. Propaganda Eleitoral antecipada. **Discurso proferido em evento comemorativo do dia do trabalhador. Intempestividade precoce.** 1. Não é precoce o recurso interposto contra decisão monocrática antes da intimação pessoal da Advocacia-Geral da União, quando o inteiro teor da decisão já estava disponível nos autos e havia sido publicado no Diário da Justiça Eletrônico. Preliminar de intempestividade rejeitada, **por unanimidade**. 2. Ao interromper o encadeamento temático de sua fala, o representado atraiu a atenção dos ouvintes para a representada, **incluindo seu nome dentro do raciocínio de ser necessário dar continuidade aos feitos do seu governo. Propaganda eleitoral antecipada caracterizada.** Decisão por maioria, com ressalva de entendimento do relator. 3. Nos termos do art. 367, 1, do Código Eleitoral, na imposição e cobrança de qualquer multa, salvo no caso das condenações criminais, o valor do arbitramento deve considerar, principalmente, a condição econômica do eleitor. A **multa fixada dentro dos limites legais não ofende os princípios da proporcionalidade e razoabilidade.** Valor mantido por maioria. 4. As reportagens de jornal e os comentários de sítios da Internet que noticiam o evento não traduzem apenas o conteúdo do discurso, mas a percepção da interpretação dos que o divulgam, a qual – por mais respeitável que seja – não pode servir como base para a aplicação de sanção. De outro modo, se estaria punindo não o fato, mas a interpretação a ele emprestada por terceiros. 5. **Nos discursos proferidos de forma improvisada não é possível presumir o prévio conhecimento do beneficiário por não ter ele o acesso prévio ao que será dito pelo autor da propaganda. Decisão por maioria, com ressalva do relator".**

6. Agravo regimental **DESPROVIDO**. (Inform. STF 729) **(g.n)**

ADI e financiamento de campanha eleitoral – 5

Ponderou que a **exclusão das doações por pessoas jurídicas não teria efeito adverso sobre a arrecadação dos fundos por parte dos candidatos aos cargos políticos.** Rememorou que todos os partidos políticos teriam acesso ao fundo partidário e à propaganda eleitoral gratuita nos veículos de comunicação, a proporcionar aos candidatos e as suas legendas, **meios suficientes para promoverem suas campanhas**. Repisou que o princípio da **liberdade de expressão,** no aspecto político, teria como finalidade **estimular a ampliação do debate público,** a permitir que os indivíduos conhecessem **diferentes plataformas e projetos políticos**. Acentuou que a **excessiva participação do poder econômico no processo político desequilibraria a competição eleitoral, a igualdade política entre candidatos, de modo a repercutir na formação do quadro representativo.** Observou que, em um ambiente cujo êxito dependesse mais dos recursos despendidos em campanhas do que das plataformas políticas, seria de se presumir que **considerável parcela da população ficasse desestimulada a disputar os pleitos eleitorais.**

ADIn 4.650/DF, rel. Min. Luiz Fux, j. 11 e 12.12.2013. **(g.n)**

Simulador de Urna Eletrônica

Aplicando o entendimento firmado pela Corte no sentido de que a proibição do **uso de simuladores de urnas eletrônicas não ofende à Constituição**, mas **constitui meio idôneo para a preservação da higidez do processo eleitoral,** o Tribunal, por maioria, julgou improcedente pedido formulado em ação direta ajuizada pelo Partido Humanista da Solidariedade – PHS contra a Resolução 118/2000, do TRE do Estado do Rio Grande do Sul, que, no seu art. 2°, veda a **utilização de equipamentos similares às urnas eletrônicas como veículo de propaganda eleitoral**. Vencido o Min. Marco Aurélio que julgava procedente o pedido por considerar que tais aparelhos, **quando inexistente tentativa de fraudar as eleições, têm por escopo o treinamento do eleitor**. Precedentes citados: ADIn 2.283/RJ (*DJU* 20.06.2006); ADIn 2.269/RN (*DJU* 19.04.2006); ADIn 2.267/AM (*DJU* 13.9.2002).

ADIn 2.280/RS, rel. Min. Joaquim Barbosa, j. 27.09.2006. (Inform. STF 442) **(g.n)**

Simulador de Urna Eletrônica e Proibição – 1

O Tribunal, por maioria, julgou procedente, em parte, pedidos formulados em duas ações diretas ajuizadas pelo Partido Humanista da Solidariedade – PHS para declarar a inconstitucionalidade da expressão *"ficando o infrator sujeito ao disposto no art. 347 do Código Eleitoral"*, constante do art. 3° da Resolução 518/2000, do TRE do Estado do Rio de Janeiro, e do art 2° da Resolução 6/2000, do TRE do Estado de Pernambuco, que **proíbem a utilização de simuladores de urnas eletrônicas como veículo de propaganda eleitoral**. Reportando-se ao que decidido no julgamento da ADIn 2.267/AM (*DJU* 13.09.2002), considerou-se que, **ante a possibilidade de indução fraudulenta de eleitores, seria legítima a atuação da Justiça especializada, de molde a garantir a higidez do processo eleitoral, assegurando a observância dos princípios da isonomia e da liberdade do voto**. Por outro lado, entendeu-se que a norma impugnada, ao prever cominação penal ao infrator da mencionada proibição, violou a competência privativa da União para legislar sobre direito penal (CF/1988, art. 22, I). Vencidos os Ministros Marco Aurélio e Cezar Peluso que julgavam os pedidos integralmente procedentes, ao fundamento de **ser incabível a vedação por mera conjectura de fraude**, e o Ministro Eros Grau que os julgava integralmente improcedentes, por considerar constitucional inclusive a previsão da sanção penal.

ADIn 2283/RJ, rel. Min. Gilmar Mendes e ADIn 2.278/PE, rel. Min. Eros Grau, rel. p/ ac. Min. Joaquim Barbosa, j. 15.02.2006. **(g.n)**

Simulador de Urna Eletrônica e Proibição – 2

Na linha do que decidido nas ações diretas acima mencionadas quanto à legalidade da vedação do uso de simulador de urna eletrônica como veículo de propaganda, por constituir meio de **preservação da higidez do processo eleitoral**, o Tribunal, por maioria, julgou improcedente pedido formulado em ação direta ajuizada pelo Partido Humanista da Solidariedade – PHS contra o art. 3° da Resolução 1/2000, do TRE do Estado do Rio Grande do Norte. Vencidos os Ministros Marco Aurélio e Cezar Peluso que julgavam o pedido integralmente procedente, mantendo o entendimento exposto nas referidas ações.

ADIn 2269/RN, rel. Min. Eros Grau, j. 15.02.2006. **(g.n)**

Crime Eleitoral contra a Honra e Legitimidade

A calúnia, a difamação e a injúria tipificam crimes eleitorais quando ocorrem em propaganda eleitoral ou visando a fins de propaganda eleitoral (Código Eleitoral, arts. 324, 325 e 326). Com base nesse entendimento, o Tribunal, por ilegitimidade ativa, rejeitou queixa-crime ajuizada contra Deputado Federal, na qual se lhe imputava a prática dos crimes de calúnia e difamação (Lei 5.250/1967, arts. 20 e 21 c/c o art. 23, II), **em concurso formal, que teriam ocorrido durante a transmissão de programa eleitoral gratuito. Considerou-se que a hipótese dos autos configuraria crime eleitoral, perseguível por ação penal pública, nos termos do art. 355 do Código Eleitoral.** Salientou-se, ademais, que, nos crimes eleitorais cometidos por meio da imprensa, do rádio ou da televisão, aplicam-se exclusivamente as normas desse Código e as remissões a outra lei nele contempladas.

Inq 2.188/BA, rel. Min. Sepúlveda Pertence, j. 06.09.2006. (Inform. STF 439) **(g.n)**

7.6. QUESTÕES COMENTADAS

(Ministério Público/ES – 2010 – CESPE) Assinale a opção correta referente à legislação aplicável à propaganda eleitoral.

(A) É vedada a veiculação de propaganda eleitoral na Internet, em sítio do partido, ainda que gratuitamente.

(B) A veiculação de propaganda eleitoral com qualquer dimensão em bens particulares, por meio da fixação de faixas, placas, cartazes, pinturas ou inscrições, independe da obtenção de licença municipal e de autorização da justiça eleitoral.

(C) É vedada a utilização de trios elétricos para a sonorização de comícios eleitorais.

(D) O direito de resposta a propagandas eleitorais veiculadas por meio de comunicação interpessoal mediante mensagem eletrônica não é legalmente assegurado.

(E) No anúncio de propaganda eleitoral veiculado na imprensa escrita, deve constar, de forma visível, o valor pago pela inserção.

A: incorreta, pois a propaganda em sítio do partido na internet é permitida, nos termos do art. 57-B, II, da Lei 9.504/1997; **B**: incorreta, pois a possibilidade de propaganda em bens particulares sem autorização ou licença restringe-se a faixas, placas, cartazes etc. de até 4 m² (art. 37, § 2º, da Lei 9.504/1997); **C**: incorreta, pois a vedação de trios elétricos não se aplica à sonorização de comícios (art. 39, § 10, da Lei 9.504/1997); **D**: incorreta, pois há previsão legal nesse sentido (art. 57-D da Lei 9.504/1997); **E**: correta, nos termos do art. 43, § 1º, da Lei 9.504/1997.

Gabarito "E"

(Ministério Público/MA – 2002) Nas afirmações abaixo quantas estão corretas?

I. A representação por propaganda eleitoral contra os candidatos a cargo eletivo federal, estadual e distrital é julgada pelo Tribunal Regional Eleitoral através do seu Pleno.

II. É competente para intentar representação por propaganda irregular, exclusivamente, o partido político, a coligação ou o candidato.

III. O prazo para recurso em caso de reclamação por propaganda irregular é de 03 (três) dias.

IV. O julgamento da representação por propaganda antecipada na eleição presidencial deve ser do Tribunal Regional Eleitoral.

V. O juiz eleitoral pode, de ofício, usando o poder de polícia, aplicar multa por propaganda irregular.

VI. Nas eleições municipais, quando a circunscrição abranger mais de uma zona eleitoral, o Tribunal Regional Eleitoral designará um juiz para apreciar as reclamações referentes à propaganda eleitoral.

(A) Todas estão corretas.
(B) Todas estão erradas.
(C) Apenas a V está correta.
(D) Apenas a VI está correta.
(E) Apenas a III está errada.

I: incorreto. O pleno do TRE julga o recurso interposto contra a decisão dos juízes auxiliares – art. 96, § 4º, da Lei 9.504/1997; **II**: incorreto. A competência não é exclusiva (o MP pode promover a representação) – art. 96, caput, da Lei 9.504/1997 e art. 72 da LC 75/1993; **III**: incorreto. O prazo é de 24 horas (art. 96, § 8º, da Lei 9.504/1997); **IV**: incorreto. A competência é do TSE, na hipótese (art. 96, III, da Lei 9.504/1997); **V**: incorreto. Isso não é possível – Súmula 18 do TSE; VI: correto (art. 96, § 2º, da Lei 9.504/1997).

Gabarito "D"

(Ministério Público/MG – 2010.1 – adaptada) Concebe-se por propaganda eleitoral um conjunto de técnicas de divulgação de ideias e informações, cujo objetivo é influenciar pessoas a tomar decisões em disputa eleitoral, devendo ser respeitado, sempre e, precipuamente, o princípio da igualdade dos candidatos. Nesses termos, é INCORRETO

(A) A propaganda eleitoral somente é permitida após o dia 5 de julho do ano da eleição, sendo certo que no segundo semestre do ano da eleição, não será veiculada propaganda partidária gratuita prevista em lei nem permitido qualquer tipo de propaganda política paga no rádio e na televisão.

(B) Nos bens cujo uso dependa de cessão ou permissão do Poder Público, ou que a ele pertençam, e nos de uso comum, inclusive postes de iluminação pública e sinalização de tráfego, viadutos, passarelas, pontes, paradas de ônibus e outros equipamentos urbanos, é permitida a veiculação de propaganda, apenas a fixação de placas, estandartes, faixas e assemelhados.

(C) Independe da obtenção de licença municipal e de autorização da Justiça Eleitoral a veiculação de propaganda eleitoral pela distribuição de folhetos, volantes e outros impressos, os quais devem ser editados sob a responsabilidade do partido, coligação ou candidato.

(D) A realização de qualquer ato de propaganda partidária ou eleitoral, em recinto aberto ou fechado, não depende de licença da polícia, porém deverá comunicar à autoridade policial em, no mínimo, 24 horas de antecedência à realização do evento, a fim de que seja garantida a realização do ato e ao funcionamento do tráfego e dos serviços públicos que o evento possa afetar.

(E) A realização de comícios e a utilização de aparelhagem de sonorização fixa são permitidas no horário compreendido entre as 8 (oito) e as 24 (vinte e quatro) horas.

A: correta, pois reflete exatamente o disposto no art. 36, *caput* e § 2º, da Lei 9.504/1997; **B:** incorreta (devendo ser assinalada), pois nos bens cujo uso dependa de cessão ou permissão do Poder Público, ou que a ele pertençam, e nos de uso comum, inclusive postes de iluminação pública e sinalização de tráfego, viadutos, passarelas, pontes, paradas de ônibus e outros equipamentos urbanos, é vedada a veiculação de propaganda de qualquer natureza, inclusive pichação, inscrição a tinta, fixação de placas, estandartes, faixas, cavaletes e assemelhados (art. 37 da Lei 9.504/1997); **C:** correta, pois reflete exatamente o disposto no art. 38, *caput*, da Lei 9.504/1997; **D:** correta, pois é o que dispõe o art. 39, *caput* e § 2º, da Lei 9.504/1997; **E:** correta, conforme o art. 39, § 4º, da Lei 9.504/1997. Obs.: a questão foi adaptada, pois a pergunta referia-se, erroneamente, à assertiva correta.

Gabarito "B"

(Ministério Público/MG – 2007) Assinale a única alternativa CORRETA, no que diz respeito à Lei Complementar 64/1990 e às Leis 9.504/1997 e 11.300/2006.

(A) Em ano de eleições municipais, nos 3 (três) meses que antecedem ao pleito, é vedado ao Chefe do Executivo local a nomeação ou exoneração de cargos em comissão.

(B) Qualquer cidadão, candidato, partido político, coligação ou o Ministério Público poderão impugnar registro de candidatura, com fundamento na LC 64/1990.

(C) A veiculação de propaganda eleitoral, através de *outdoors*, é permitida, contudo, somente após a realização de sorteio pela Justiça Eleitoral.

(D) Nos postes de iluminação pública, viadutos, pontes e passarelas, é vedada a veiculação de propaganda eleitoral, sendo esta permitida nos bens de uso comum.

(E) A realização de propaganda eleitoral em recinto aberto independe de autorização da autoridade policial.

A: incorreta, pois a vedação não se aplica aos cargos em comissão – art. 73, V, "a", da Lei 9.504/1997; **B:** incorreta, pois não é qualquer cidadão que detém essa legitimidade, apenas candidatos, partidos políticos, coligações e o Ministério Público – art. 3º da LC 64/1990; **C:** incorreta, pois, atualmente, é vedada a propaganda eleitoral por meio de *outdoors* – art. 39, § 8º, da Lei 9.504/1997; **D:** incorreta, já que a vedação inclui todos os bens de uso comum – art. 37 da Lei 9.504/1997; **E:** correta, pois a propaganda eleitoral (seja em recinto aberto ou fechado) não depende de licença policial – art. 39 da Lei 9.504/1997.

Gabarito "E"

(Ministério Público/MG – 2011) Analise as seguintes assertivas a respeito da propaganda eleitoral.

I. É permitida, no dia das eleições, a manifestação individual e silenciosa da preferência do eleitor por partido político, coligação ou candidato, revelada exclusivamente pelo uso de bandeiras, broches, dísticos e adesivos.

II. É permitida na campanha eleitoral a confecção, utilização, distribuição por comitê, candidato, ou com a sua autorização, de camisetas, chaveiros, bonés, canetas, brindes, cestas básicas ou quaisquer outros bens ou materiais que possam proporcionar vantagem ao eleitor.

III. É permitida a realização de showmício e de evento assemelhado para promoção de candidatos, bem como a apresentação, remunerada ou não, de artistas com a finalidade de animar comício ou reunião eleitoral.

IV. Serão permitidos, até às vinte e duas horas do dia que antecede a eleição, a distribuição de material gráfico, caminhada, carreata, passeata ou carro de som que transite pela cidade divulgando *jingles* ou mensagens de candidatos.

Pode-se concluir que somente estão **CORRETAS** as assertivas

(A) I e II.
(B) II e III.
(C) III e IV.
(D) I e IV.

I: correta, conforme art. 39-A da Lei 9.504/1997; **II:** incorreta, uma vez que o art. 39, § 6º, da Lei 9.504/1997 proíbe expressamente este tipo de propaganda eleitoral; **III:** incorreta, vez que é expressamente proibido pelo art. 39, § 7º, da Lei 9.504/1997; **IV:** correta, conforme disposição contida no art. 39, § 9º, da Lei 9.504/1997.

Gabarito "D"

(Ministério Público/MG – 2005) Assinale a única alternativa **CORRETA**, no que diz respeito à legislação que baliza as eleições para os diversos cargos no país.

(A) É livre a realização de pesquisas de opinião pública relativas às eleições ou candidatos, para conhecimento público, bastando, para tanto, a prévia comunicação aos partidos políticos, candidatos e coligações, até 5 (cinco) dias úteis da divulgação de seus resultados.

(B) É vedada, em qualquer hipótese, a divulgação, pelos candidatos, de propaganda intrapartidária, em data anterior ao dia 05 de julho do ano da eleição.

(C) É possível a veiculação de propaganda eleitoral em bens públicos, desde que observados alguns requisitos estipulados pela legislação eleitoral.

(D) É permitida a veiculação de propaganda eleitoral em bens particulares, desde que previamente comunicada à Justiça Eleitoral.

(E) Nos 3 (três) meses que antecedem ao pleito, é vedada, em qualquer hipótese, a veiculação de publicidade institucional dos atos, programas, obras e serviços dos entes públicos, da administração direta e indireta, da União, Estados e Municípios.

A: incorreta, uma vez que as regras estabelecidas para a realização e divulgação de pesquisas eleitorais encontram-se ao longo do art. 33 e seguintes da Lei 9.504/1997; **B:** incorreta, já que o art. 36, § 1º, da Lei 9.504/1997 autoriza que ao postulante a candidatura a cargo eletivo é permitida a realização, na quinzena anterior à escolha pelo partido, de propaganda intrapartidária com vista à indicação de seu nome, vedado o uso de rádio, televisão e outdoor; **C:** correta, conforme art. 37, § 6º, da Lei 9.504/1997; **D:** incorreta, a veiculação de propaganda em bens particulares não depende de licença municipal e de autorização da Justiça Eleitoral para a veiculação de propaganda eleitoral por meio da fixação de faixas, placas, cartazes, pinturas ou inscrições, desde que não excedam a 4m² (quatro metros quadrados) e que não contrariem a legislação eleitoral – art. 37, § 2º, da Lei 9.504/1997; **E:** incorreta, uma vez que o próprio dispositivo proibitivo traz exceções, quais sejam, situações de grave e urgente necessidade pública.

Gabarito "C"

(Ministério Público/MS – 2009) No que toca ao direito de resposta no contexto do processo eleitoral, assinale a opção correta.

(A) Não há direito de resposta do ofendido em propaganda eleitoral na internet.

(B) A resposta será veiculada no horário destinado ao partido ou coligação responsável pela ofensa, devendo necessariamente dirigir-se aos fatos nela veiculados, e em tempo nunca inferior a um minuto.

(C) No contexto das normas que regem o processo eleitoral, o direito de resposta de candidato, partido ou coligação atingidos por informação inverídica e ofensiva a sua imagem ou honra, veiculada por qualquer meio de comunicação social, somente está assegurado após o início da propaganda eleitoral gratuita no rádio e na televisão.

(D) No horário eleitoral gratuito, somente terão direito de resposta candidato, partido ou coligação ofendidos.

(E) No horário eleitoral gratuito, o ofendido usará, para a resposta, tempo em dobro ao da ofensa.

De fato a única alternativa correta é encontrada na assertiva **B**, em conformidade com o que dispõe o art. 58, III, "b", da Lei 9.504/1997.

Gabarito "B"

(Ministério Público/GO – 2005) Assinale a alternativa incorreta:

(A) a propaganda eleitoral somente será permitida após o dia 05 de julho do ano da eleição.

(B) a realização de qualquer ato de propaganda partidária ou eleitoral, em recinto aberto ou fechado, não depende de licença da polícia.

(C) em bens particulares, independe de obtenção de licença municipal e de autorização da Justiça Eleitoral, a veiculação de propaganda eleitoral por meio de faixas, placas, cartazes, pinturas ou inscrições.

(D) depende de obtenção de licença municipal e de autorização da Justiça Eleitoral a veiculação de propaganda pela distribuição de folhetos volantes ou impressos, após o período permitido de sua divulgação, sob pena de responsabilidade exclusiva do candidato.

A: correta (art. 36 da Lei 9.504/1997); **B:** correta (art. 39 da Lei 9.504/1997); **C:** correta (art. 37, § 2º, da Lei 9.504/1997); **D:** incorreta, devendo ser assinalada. Não há previsão de licença municipal ou autorização judicial, até porque a propaganda eleitoral não é permitida fora do período legalmente fixado – arts. 36, *caput*, e 38 da Lei 9.504/1997.

Gabarito "D"

(Ministério Público/PR – 2009) Sobre o tema *propaganda eleitoral*, assinale a alternativa *correta*:

(A) a propaganda eleitoral mediante *outdoors* é admissível, desde que após o dia 5 de julho do ano da eleição.

(B) no dia da eleição, constitui infração administrativa a divulgação de qualquer espécie de propaganda de partidos políticos ou de seus candidatos, mediante publicações, cartazes, camisas, bonés, broches ou dísticos em vestuário.

(C) constitui crime o uso, na propaganda eleitoral, de símbolos, frases ou imagens, associadas ou semelhantes às empregadas por órgão de governo, empresa pública ou sociedade de economia mista.

(D) a realização de comícios, de *showmícios* e de eventos assemelhados para promoção de candidatos é permitida no horário compreendido entre as 8 (oito) e as 24 (vinte e quatro) horas.

(E) nos postes de iluminação pública e sinalização de tráfego, viadutos, passarelas, pontes, paradas de ônibus e outros equipamentos urbanos, é permitida a veiculação de propaganda eleitoral, desde que não lhes cause dano e não dificulte ou impeça o uso ou o bom andamento do tráfego.

A: incorreta, pois é vedada a propaganda eleitoral mediante *outdoor* – art. 39, § 8º, da Lei 9.504/1997; **B:** incorreta, pois é permitida, no dia das eleições, a manifestação individual e silenciosa da preferência do eleitor por partido político, coligação ou candidato, revelada exclusivamente pelo uso de bandeiras, broches, dísticos e adesivos – art. 39-A da Lei 9.504/1997; **C:** correta, pois o crime é previsto no art. 40 da Lei 9.504/1997; **D:** incorreta, pois é vedada a realização de *showmícios* em qualquer horário – art. 39, § 7º, da Lei 9.504/1997; **E:** incorreta, pois é completamente vedada a propaganda eleitoral de qualquer natureza em bens de uso comum do povo, inclusive postes de iluminação pública e sinalização de tráfego, viadutos, passarelas, pontes, paradas de ônibus e outros equipamentos urbanos – art. 37 da Lei 9.504/1997.

Gabarito "C"

(Ministério Público/RJ – 2011) Em eleições para o cargo eletivo de Prefeito Municipal, o candidato de oposição, durante a propaganda eleitoral gratuita na televisão, faz críticas veementes à administração do Prefeito atual, afirmando que este priorizou a urbanização da cidade e a construção de praças, em vez de aplicar a verba na melhoria dos serviços de saúde e educação. O Prefeito, também candidato ao cargo eletivo, ingressa em juízo com pedido de reconhecimento de direito de resposta. O Promotor Eleitoral deve:

(A) opinar pela concessão do direito de resposta através dos mesmos meios utilizados para a propaganda, uma vez que houve ofensa à honra do atual Prefeito;

(B) opinar pela não concessão do direito de resposta, mas oferecer denúncia pela prática de crime eleitoral pelo candidato que perpetrou as ofensas;

(C) devolver os autos sem manifestação, diante da ausência de atribuição para o feito, por tratar-se de contenda pessoal entre os candidatos, a ser dirimida no juízo cível;

(D) opinar pela concessão do direito de resposta e pela aplicação da exceção da verdade, ajuizando ação de investigação judicial eleitoral em face do Prefeito caso se comprove que este desviou as verbas destinadas à saúde e à educação;

(E) opinar pela não concessão do direito de resposta, eis que a mera crítica ao desempenho do administrador por seus equívocos não caracteriza ofensa à honra, mas atitude aceitável dos opositores políticos num regime democrático.

De fato, a única alternativa correta é encontrada na assertiva **E**, vez que inerente ao ocupante de cargo de tamanha estirpe que esteja diante de críticas quanto à sua postura administrativa, desta forma, resta evidente não ter sido ultrapassado o direito de crítica e da livre manifestação, no mesmo entender solidificado do TSE (Representações TSE 352.972, 348.723, 350.459, 354.611 e 354.793).

Gabarito "E".

(Ministério Público/RO – 2008 – CESPE) Quanto às restrições impostas pela Lei Eleitoral – Lei 9.504/1997 – ao Poder Executivo em função da proximidade de eleições, assinale a opção correta.

(A) É vedado ao presidente da República usar cadeia nacional de rádio e TV no ano em que ocorrem eleições municipais.

(B) No ano eleitoral, deputados e senadores são proibidos de divulgar seu mandato com materiais custeados pela Casa Legislativa, ainda que limitados à sua cota.

(C) O uso de avião oficial pelo presidente candidato a eleição presidencial é permitido, inclusive em campanha eleitoral, condicionado a ressarcimento.

(D) O descumprimento por agente público das condutas vedadas pode implicar inelegibilidade, mas não configura improbidade.

(E) Nos três meses que antecedem o pleito, é vedado ao Presidente da República realizar transferências voluntárias de recursos aos estados e municípios destinadas ao pagamento de obrigação formal preexistente relativa a obras em andamento.

A: incorreta. As vedações referem-se à esfera em que ocorre a eleição (municipal), não impedindo, em princípio, que o Presidente da República faça pronunciamento em rede nacional – art. 73, VI, "c", da Lei 9.504/1997; **B:** incorreta. Se não há excesso em relação à cota fixada pelos regimentos e normas internas, não há vedação – art. 73, II, da Lei 9.504/1997; **C:** correta (arts. 73, § 2º, e 76, § 1º, ambos da Lei 9.504/1997); **D:** incorreta. A prática de conduta vedada caracteriza ato de improbidade administrativa – art. 73, § 7º, da Lei 9.504/1997; **E:** incorreta. A vedação não se aplica em caso de obrigação formal preexistente relativa a obra em andamento – art. 73, VI, "a", da Lei 9.504/1997.

Gabarito "C".

(Ministério Público/RR – 2008 – CESPE) A Lei Eleitoral instituiu as condutas vedadas aos agentes públicos durante o processo eleitoral. Conforme um analista, elas "deveriam ter a serventia de impedir o uso da máquina administrativa em benefício daqueles que, sem obrigatoriedade de desincompatibilização, disputam a renovação de seus mandatos de prefeito, governador e presidente da República". Lauro Barreto. **Condutas vedadas aos agentes públicos pela Lei das Eleições e suas implicações processuais**. Bauru: Edipro, 2006. p.12.

Considerando as disposições da Lei Eleitoral 9.504/1997 a respeito das condutas vedadas aos agentes públicos, julgue os itens seguintes.

(1) É permitido ao prefeito municipal ceder imóvel de propriedade do município para a realização de convenção de partido político para a escolha de candidato à prefeitura.

(2) A Lei Eleitoral, ao dispor sobre as condutas vedadas, admite que servidores públicos municipais atuem em comitês de campanha de partidos, desde que o façam após o horário de expediente.

(3) Pode o prefeito, durante a campanha eleitoral, nomear servidores públicos, especialmente para cargos em comissão, bem como exonerá-los.

(4) Pode o prefeito convocar cadeia de rádio e televisão para anúncio de seu posicionamento político quanto à eleição, se este for controverso.

(5) É permitida a revisão geral da remuneração dos servidores públicos do município, por iniciativa do prefeito, desde que o percentual não ultrapasse o da inflação do ano da eleição.

1: correto. É possível ceder ou usar bens públicos exclusivamente para a realização de convenções partidárias – art. 73, I, *in fine*, da Lei 9.504/1997. **2:** correto. A vedação refere-se apenas ao horário de expediente normal – art. 73, III, da Lei 9.504/1997. **3:** correto. A vedação às nomeações nos três meses anteriores ao pleito até a posse do eleito não se aplica aos cargos em comissão – art. 73, V, "a", da Lei 9.504/1997. **4:** incorreto. É vedado o pronunciamento em cadeia de rádio ou de televisão fora do programa eleitoral gratuito, nos três meses antes do pleito – art. 73, VI, "c", da Lei 9.504/1997. Ademais, anúncio de posicionamento político não é motivo para convocação de cadeia de rádio e televisão, qualquer que seja o período (mesmo não eleitoral), podendo configurar improbidade administrativa – art. 11 da Lei 8.429/1992. **5:** correto (art. 73, VIII, da Lei 9.504/1997).

Gabarito 1C, 2C, 3C, 4E, 5C.

(Ministério Público/RR – 2012 – CESPE) Constitui conduta vedada aos agentes públicos durante campanhas eleitorais

(A) ceder imóvel público para a realização de convenção partidária.

(B) ceder servidor público para comitê de campanha eleitoral.

(C) exonerar ocupante de cargo de livre provimento.

(D) nomear assessor de órgãos da Presidência da República.

(E) fazer pronunciamento em cadeia de rádio e televisão, ainda que em caso de necessidade pública.

De fato, a única alternativa correta, a assertiva **B**, encontra respaldo na disposição contida no art. 73, III, da Lei 9.504/1997.

Gabarito "B"

(Ministério Público/RR – 2012 – CESPE) Assinale a opção correta com base na disciplina legal do direito de resposta durante o processo eleitoral.

(A) O direito de resposta vincula-se a eventuais ofensas proferidas no horário eleitoral gratuito.

(B) Em caso de ofensa veiculada por trinta segundos, em rádio ou TV, a resposta terá de durar um minuto, no mínimo.

(C) Em caso de ofensa à honra de partido ou coligação, o prazo para peticionar direito de resposta é de cinco dias.

(D) O tempo usado para o exercício do direito de resposta será acrescido ao tempo geral da propaganda.

(E) O direito de resposta restringe-se ao caso de a afirmação caluniosa ser veiculada por adversário eleitoral.

De fato a alternativa correta é representada pela assertiva **B**, uma vez que em plena consonância com o que dispõe o art. 58, § 3º, II, "c", da Lei 9.504/1997, ou seja, independentemente do tempo de veiculação da ofensa veiculada, o direito de resposta concedido nunca será menor do que um minuto.

Gabarito "B"

(MINISTÉRIO PÚBLICO/SE – 2010 – CESPE) A legislação eleitoral brasileira permite a propaganda eleitoral a partir de determinada data e proíbe a propaganda eleitoral antecipada. Conforme tais normas, constitui propaganda antecipada, ainda que não exista pedido formal de voto,

(A) a participação do pré-candidato em entrevistas e debates no rádio e na televisão para expor seu projeto político.

(B) a realização, pelo partido político, de seminário em local fechado para tratar de plano de governo.

(C) a divulgação das prévias partidárias pelos instrumentos de comunicação do partido.

(D) a divulgação de debate legislativo de que tome parte um pré-candidato.

(E) a divulgação do nome de pessoa vinculado a cargo em disputa.

A: incorreta, pois, nesse caso, somente se houver pedido de voto será considerada propaganda eleitoral antecipada – art. 36-A, I, da Lei 9.504/1997; **B** e **C:** incorretas, pois não há propaganda antecipada, nesses casos, independentemente de haver pedido de voto – art. 36-A, II e III, da Lei 9.504/1997; **D:** incorreta, pois a divulgação do debate legislativo somente será considerada propaganda eleitoral antecipada se houver menção a possível candidatura ou pedido de votos ou de apoio eleitoral – art. 36-A, IV, da Lei 9.504/1997; **E:** correta. Essa é a alternativa a ser indicada, pois se trata de propaganda eleitoral antecipada – art. 36 da Lei 9.504/1997.

Gabarito "E"

(Ministério Público/SE – 2010 – CESPE) Para conter o uso da máquina pública nas eleições, a legislação eleitoral institui as chamadas condutas vedadas aos agentes públicos, servidores ou não. Condutas vedadas são aquelas que tendem a afetar a igualdade de oportunidades entre os candidatos nos pleitos eleitorais. Conforme a Lei 9.504/1997, constitui conduta vedada

(A) o parlamentar divulgar o mandato usando recursos da Casa Legislativa, seguindo a disciplina do respectivo regimento interno.

(B) o governador ceder servidor público licenciado para trabalhar em comitê eleitoral de candidato ou partido.

(C) o ministro determinar a exoneração de servidor ocupante de função comissionada.

(D) o prefeito fazer pronunciamento, nos três meses anteriores à eleição, em cadeia de rádio e televisão para esclarecimento dos eleitores quanto ao pleito.

(E) o servidor ceder imóvel público para a realização de convenção partidária destinada a escolher os candidatos e a coligação.

A: incorreta, pois, se a divulgação do mandato se dá nos termos do respectivo regimento interno, não há vedação da conduta – art. 73, II, da Lei 9.504/1997; **B:** incorreta, pois, se o servidor ou empregado estiver licenciado, não há vedação à sua cessão – art. 73, III, da Lei 9.504/1997; **C:** incorreta, pois a vedação não se aplica à dispensa ou exoneração do servidor de função de confiança ou de cargo em comissão – art. 73, V, "a", da Lei 9.504/1997; **D:** incorreta, pois não cabe ao prefeito fazer esclarecimentos em rádio e televisão quanto ao pleito. A vedação seria afastada apenas se, a critério da justiça eleitoral, o pronunciamento tratasse de matéria urgente, relevante e característica das funções do governo, o que não é o caso – art. 73, VI, c, da Lei 9.504/1997; **E:** incorreta, pois a cessão de bens móveis e imóveis exclusivamente para a realização de convenção partidária é admitida – art. 73, I, da Lei 9.504/1997.

Gabarito "D"

(Ministério Público/SE – 2010 – CESPE) A legislação eleitoral brasileira regula o transporte e a alimentação dos eleitores residentes nas áreas rurais, visando coibir o abuso do poder econômico ou administrativo no dia da eleição. A esse respeito, assinale a opção correta quanto à disciplina legal da matéria.

(A) Veículos e embarcações militares devem ser usados com prioridade no transporte gratuito dos eleitores das áreas rurais.

(B) A cessão de veículo de particulares à justiça eleitoral é relevante serviço público, sem necessidade de ressarcimento.

(C) Os partidos políticos devem fornecer refeições aos eleitores, como entes privados em colaboração com a justiça eleitoral.

(D) As deficiências do transporte coletivo constituem justificativa bastante para o não comparecimento do eleitor à seção eleitoral.

(E) O transporte dos eleitores deve ser feito no âmbito do território do município.

A: incorreta, pois os veículos e as embarcações de uso militar não ficam à disposição da justiça eleitoral para o transporte gratuito de eleitores em zonas rurais – art. 1º, *caput*, da Lei 6.091/1974; B: incorreta, pois, se houver requisição de veículos e embarcações particulares, serão priorizados os de aluguel. De qualquer forma, haverá pagamento dos serviços requisitados – art. 2º da Lei 6.091/1974; C: incorreta, pois somente a justiça eleitoral poderá, quando imprescindível, em face da absoluta carência de recursos de eleitores da zona rural, fornecer-lhes refeições, correndo, nesta hipótese, as despesas por conta do Fundo Partidário – art. 8º da Lei 6.091/1974. É facultado aos partidos fiscalizar o fornecimento de refeições aos eleitores – art. 9º da Lei 6.091/1974; D: incorreta, pois a indisponibilidade ou as deficiências do transporte não eximem o eleitor do dever de votar – art. 6º da Lei 6.091/1974; E: correta, pois o transporte de eleitores somente será feito dentro dos limites territoriais do respectivo município e quando das zonas rurais para as mesas receptoras distar pelo menos dois quilômetros – art. 4º, § 1º, da Lei 6.091/1974.

Gabarito "E"

(Ministério Público/SP – 2011) Analise as seguintes assertivas com relação ao direito de resposta assegurado pela legislação eleitoral a candidato, partido ou coligação atingidos, ainda que de forma indireta, por conceito, imagem ou afirmação caluniosa, difamatória, injuriosa ou sabidamente inverídica, difundidos por qualquer veículo de comunicação social:

I. o direito de resposta é assegurado a partir do dia 5 de julho do ano eleitoral;

II. quando se tratar da programação normal das emissoras de rádio e televisão, o prazo para pedir o exercício do direito de resposta à Justiça Eleitoral é de 24 horas;

III. o candidato ofendido que usar o tempo concedido sem responder aos fatos veiculados na ofensa terá subtraído tempo idêntico do seu programa eleitoral;

IV. no caso de ofensa veiculada em órgão da imprensa escrita, a resposta deverá ser divulgada no mesmo dia da semana em que ocorreu a ofensa;

V. no horário eleitoral gratuito, o ofendido usará, para a resposta, tempo nunca inferior a um minuto.

Está correto apenas o que se afirma em

(A) I e II.
(B) I e IV.
(C) II e V.
(D) III e IV.
(E) III e V.

I: incorreta, pois o direito de resposta é assegurado a partir da escolha dos candidatos em convenção – art. 58, *caput*, da Lei 9.504/1997; II: incorreta, pois é de 48 horas o prazo para o pedido de resposta, no caso de programação normal das emissoras de rádio e televisão – art. 58, § 1º, II, da Lei 9.504/1997; III: correta, no caso de direito de resposta relativo ao horário eleitoral gratuito – art. 58, § 3º, III, "f", da Lei 9.504/1997; IV: incorreta, pois a divulgação da resposta ocorrerá em até 48 horas após a decisão, em regra, ou na próxima vez que circular, no caso de veículo com periodicidade superior a 48 horas. A resposta poderá ser feita no mesmo dia da semana em que a ofensa foi divulgada, ainda que fora das 48 horas, por solicitação do ofendido – art. 58, § 3º, I, "b" e "c", da Lei 9.504/1997; V: correta, pois o ofendido usará, para resposta, tempo igual ao da ofensa, mas nunca inferior a 1 minuto – art. 58, § 3º, III, "a", da Lei 9.504/1997.

Gabarito "E"

(Ministério Público/SP – 2012 – VUNESP) A legislação estabelece que é vedada a veiculação de propaganda eleitoral, de qualquer natureza, nos bens cujo uso dependa de cessão ou permissão do Poder Público, ou que a ele pertençam e nos de uso comum. Para fins eleitorais, são bens de uso comum:

(A) Aqueles a que a população em geral tem acesso, excluindo-se a propriedade privada que é garantida pela Constituição Federal de 1988.

(B) Os assim definidos no Código Civil e também aqueles a que a população em geral tem acesso, tais como cinemas, clubes, lojas, centros comerciais, templos, ginásios, estádios, ainda que de propriedade privada.

(C) As árvores e os jardins localizados em áreas públicas, bem como os muros, cercas e tapumes divisórios de propriedades privadas.

(D) Os de uso comum do povo e os de uso especial, tais como rios, mares, estradas, ruas, jardins, praças, escolas e demais logradouros previstos no Estatuto da Cidade (Lei Federal 10.257/2001).

(E) Os assim definidos pela Lei Federal 10.406/2002.

De fato, a única alternativa correta é a apresentada pela assertiva **B**, vez que em consonância com o que disciplina o art. 37, § 4º da Lei 9.504/1997, ao dispor que bens de uso comum, para fins eleitorais, são os assim definidos pela Lei 10.406, de 10 de janeiro de 2002 – Código Civil e também aqueles a que a população em geral tem acesso, tais como cinemas, clubes, lojas, centros comerciais, templos, ginásios, estádios, ainda que de propriedade privada.

Gabarito "B"

(Ministério Público/ES – 2010 – CESPE) Assinale a opção correta referente à legislação aplicável à propaganda eleitoral.

(A) É vedada a veiculação de propaganda eleitoral na Internet, em sítio do partido, ainda que gratuitamente.

(B) A veiculação de propaganda eleitoral com qualquer dimensão em bens particulares, por meio da fixação de faixas, placas, cartazes, pinturas ou inscrições, independe da obtenção de licença municipal e de autorização da justiça eleitoral.

(C) É vedada a utilização de trios elétricos para a sonorização de comícios eleitorais.

(D) O direito de resposta a propagandas eleitorais veiculadas por meio de comunicação interpessoal mediante mensagem eletrônica não é legalmente assegurado.

(E) No anúncio de propaganda eleitoral veiculado na imprensa escrita, deve constar, de forma visível, o valor pago pela inserção.

A: incorreta, pois a propaganda em sítio do partido na internet é permitida, nos termos dos arts. 57-A a 57-C, II, da Lei 9.504/1997; B: incorreta, pois a possibilidade de propaganda em bens particulares sem autorização ou licença restringe-se a faixas, placas, cartazes etc. de até 4 m² (art. 37, § 2º, da Lei 9.504/1997); C: incorreta, pois a vedação de trios elétricos não se aplica à sonorização de comícios – art. 39, § 10, da Lei 9.504/1997; D: incorreta, pois há previsão legal nesse sentido (art. 57-D da Lei 9.504/1997); E: correta, nos termos do art. 43, § 1º, da Lei 9.504/1997.

Gabarito "E"

(Analista – TREMG – 2012 – CONSULPLAN) A propaganda eleitoral, indispensável ao regime democrático, é norteada pelo princípio da igualdade entre os candidatos. Nos últimos anos, tem crescido o papel da Internet e das redes sociais na divulgação de candidaturas e na difusão de nomes, projetos e programas. Mas as práticas nem sempre se mostram afinadas com as regras legais sobre o tema e podem constituir infrações eleitorais. Em relação à propaganda eleitoral pela Internet, assinale a alternativa correta, de acordo com a legislação atualmente em vigor.

(A) Pode ser realizada em qualquer época de um ano eleitoral.

(B) É vedada a veiculação de qualquer tipo de propaganda eleitoral paga.

(C) Não pode ser realizada por meio de mensagens eletrônicas para endereços cadastrados por candidato, partido ou coligação.

(D) Admite-se a difusão de propaganda eleitoral em sítios de pessoas naturais ou de pessoas jurídicas, desde que sem fins lucrativos.

(E) Ainda que o conteúdo seja gerado por candidatos ou partidos, é proibida a propaganda por meio de blogs ou redes sociais nos três meses que antecederem ao pleito.

A: incorreta, pois o art. 57-A da Lei 9.504/1997, dispõe que apenas será permitido a partir do dia 5 de julho do ano eleitoral; B: correta, conforme art. 57-C da Lei 9.504/1997; C: incorreta, visto que autorizado expressamente pelo dispositivo contido no art. 57-B, III, Lei 9.504/1997; D: incorreta, vez que expressamente proibido pelo art. 57-C, § 1º, da Lei 9.504/1997; E: incorreta, pois o art. 57-B, IV, da Lei 9.504/1997 dispõe sobre a permissão de que candidato, partido, coligações ou qualquer indivíduo, obedecido o prazo previsto no art. 57-A, caput, da Lei 9.504/1997.

Gabarito "C"

(Analista – TREMG – 2012 – CONSULPLAN) A propaganda política eleitoral é autorizada e regulamentada pela Lei 9.504, de 1997, que estabelece limites e possibilidades para sua realização. Acerca da propaganda eleitoral antecipada, segundo a Lei 9.504/1997, marque a afirmativa correta.

(A) Não será considerada propaganda eleitoral antecipada a realização de prévias partidárias e sua divulgação à população em geral, pelos instrumentos de comunicação.

(B) Não será considerada propaganda eleitoral antecipada a divulgação de atos de parlamentares e debates legislativos, desde que não se mencione a possível candidatura, ou se faça pedido de votos ou de apoio eleitoral.

(C) A propaganda eleitoral somente é permitida após o dia 5 de julho do ano da eleição, no entanto, ao postulante à candidatura a cargo eletivo, é permitida a realização, a qualquer tempo antes da escolha pelo partido, de propaganda intrapartidária com vista à indicação de seu nome, vedado o uso de rádio, televisão e *outdoor*.

(D) A realização de encontros, seminários ou congressos, em ambiente fechado e as expensas dos partidos políticos, para tratar da organização dos processos eleitorais, planos de governos ou alianças partidárias visando às eleições, se realizadas antes do mês que antecede a escolha dos candidatos pelos partidos políticos, será considerada propaganda eleitoral antecipada.

(E) Será considerada propaganda eleitoral antecipada a participação de filiados a partidos políticos ou de pré-candidatos em entrevistas, programas, encontros ou debates no rádio, na televisão e na Internet, com a exposição de plataformas e projetos políticos, ainda que não haja pedido de votos, observado pelas emissoras de rádio e de televisão o dever de conferir tratamento isonômico.

A: correta, conforme art. 36-A, III, da Lei 9.504/1997; B: correta, conforme art. 36-A, IV, Lei 9.504/97; C: incorreta. A assertiva é acertada quanto ao limite temporal, como disciplina o art. 36 da Lei 9.504/1997, no entanto, ao postulante à candidatura a cargo eletivo é permitida a realização de propaganda intrapartidária com vista à indicação de seu nome apenas na quinzena anterior à escolha pelo partido, vedado o uso de rádio, televisão e outdoor (art. 36, § 1º, da Lei 9.504/1997); **D:** incorreta, conforme art. 36-A, II, da Lei 9.504/1997; **E:** correta, conforme art. 36-A, I, da Lei 9.504/1997.

Gabarito "C" e "E". (Questão Anulada pela organizadora por conter duas afirmativas corretas)

(Analista – TREMG – 2012 – CONSULPLAN) Em relação à propaganda política eleitoral, assinale a alternativa correta, de acordo com o que dispõe a Lei 9.504, de 1997.

(A) Nas árvores e nos jardins localizados em áreas públicas, bem como em muros, cercas e tapumes divisórios, somente é permitida a colocação de propaganda eleitoral que não lhes cause dano.

(B) Depende da obtenção de licença municipal e de autorização da Justiça Eleitoral a veiculação de propaganda eleitoral pela distribuição de folhetos, volantes e outros impressos, os quais devem ser editados sob a responsabilidade do partido, coligação ou candidato.

(C) É permitida, no dia do pleito, até o término do horário de votação, a aglomeração de pessoas portando vestuário padronizado, bem como os instrumentos de propaganda, como bandeiras, broches, dísticos e adesivos, com ou sem utilização de veículos, desde que silenciosa.

(D) Em cinemas, clubes, lojas, centros comerciais, templos, ginásios, estádios, desde que de propriedade privada, é permitida a veiculação de propaganda política eleitoral, devendo ser espontânea e gratuita, sendo vedado qualquer tipo de pagamento em troca de espaço para esta finalidade.

(E) Em bens particulares, independe de obtenção de licença municipal e de autorização da Justiça Eleitoral a veiculação de propaganda eleitoral por meio da fixação de faixas, placas, cartazes, pinturas ou inscrições, desde que não excedam a 4 m² (quatro metros quadrados) e que não contrariem a legislação eleitoral.

A: incorreta, de acordo com o que dispõe o § 5º do art. 37 da Lei 9.504/1997; **B:** incorreta, uma vez que o art. 38 da Lei 9.504/1997 dispõe que não depende de licença municipal ou autorização esta modalidade de propaganda; **C:** incorreta, pois esta postura encontra expressa vedação no § 1º do art. 39-A da Lei 9.504/1997; **D:** incorreta. O art. 37 da Lei 9.504/1997 dispõe sobre a proibição de qualquer tipo de propaganda nos bens onde o uso dependa de cessão ou permissão do poder público, além dos considerados bens de uso comum. Por seu turno, o § 4º do dispositivo esclarece que bens de uso comum são aqueles elencados pelo Código Civil e também os que a população em geral tem acesso, tais como cinemas, clubes, lojas, centros comerciais, templos, ginásios, estádios, ainda que de propriedade privada. Ocorre que o § 1º deste dispositivo, esclarece que *"Em bens particulares, independe de obtenção de licença municipal e de autorização da Justiça Eleitoral a veiculação de propaganda eleitoral por meio da fixação de faixas, placas, cartazes, pinturas ou inscrições, desde que não excedam a 4m² (quatro metros quadrados) e que não contrariem a legislação eleitoral(...)"*. Deste modo, ainda que haja a permissão de veiculação de propaganda eleitoral em bens particulares, o dispositivo permissivo traz exceção aos casos onde haja conflito com a legislação eleitoral. Tomando a premissa certa de que os bens elencados na assertiva são considerados bens de uso comum, com atenção ao que nos esclareceu o citado § 4º, art. 37 do Diploma, haveria então uma contrariedade, no exato termo do que prevê a exceção do também citado § 1º do art. 37 da Lei 9.504/1997; **E:** correta, conforme art. 37, § 1º, da Lei 9.504/1997.

Gabarito "E".

(Analista – TREMG – 2012 – CONSULPLAN) A partir da escolha de candidatos em convenção, é assegurado o direito de resposta a candidato, partido ou coligação atingidos, ainda que de forma indireta, por conceito, imagem ou afirmação caluniosa, difamatória, injuriosa ou sabidamente inverídica, difundidos por qualquer veículo de comunicação social. O ofendido, ou seu representante legal, poderá pedir o exercício do direito de resposta à Justiça Eleitoral nos seguintes prazos, contados a partir da veiculação da ofensa, a saber:

(A) Vinte e quatro horas, quando se tratar do horário eleitoral gratuito ou da programação normal das emissoras de rádio e televisão, e setenta e duas horas, quando se tratar de órgão da imprensa escrita.

(B) Vinte e quatro horas, quando se tratar do horário eleitoral gratuito e da programação normal das emissoras de rádio e televisão, e quarenta e oito horas, quando se tratar de órgão da imprensa escrita.

(C) Quarenta e oito horas, quando se tratar do horário eleitoral gratuito e da programação normal das emissoras de rádio e televisão, e setenta e duas horas, quando se tratar de órgão da imprensa escrita.

(D) Vinte e quatro horas, quando se tratar do horário eleitoral gratuito, quarenta e oito horas, quando se tratar da programação normal das emissoras de rádio e televisão, e setenta e duas horas, quando se tratar de órgão da imprensa escrita.

(E) Vinte e quatro horas, quando se tratar da programação normal das emissoras de rádio e televisão, quarenta e oito horas, quando se tratar do horário eleitoral gratuito, e setenta e duas horas, quando se tratar de órgão da imprensa escrita.

A única assertiva correta é apresentada pela alternativa "**D**", uma vez que conforme art. 58, § 1º, I ao III, Lei 9.504/1997, ou seja, os prazos serão respectivamente de 24h quando se tratar de horário eleitoral gratuito, 48 h quando programação normal das emissoras e 72h quando órgão de imprensa escrita.

Gabarito "D".

(Analista – TRE/AL – 2010 – FCC) A propaganda

(A) exercida nos termos da legislação eleitoral não poderá ser objeto de multa nem cerceada sob alegação do exercício do poder de polícia.

(B) eleitoral através de carreata é permitida no dia das eleições, desde que não dificulte o acesso dos eleitores aos locais de votação.

(C) eleitoral através de alto-falantes é permitida no dia das eleições até cem metros dos locais de votação.

(D) eleitoral no rádio e na televisão só é gratuita no horário definido pela Justiça Eleitoral, devendo, no restante da programação, ser paga pelos partidos ou coligações.

(E) partidária gratuita prevista em lei não poderá ser veiculada no primeiro semestre do ano da eleição.

A: correta (art. 41, *caput*, da Lei 9.504/1997); B: incorreta. Tal conduta constitui crime (art. 39 § 5º, da Lei 9.504/1997); C: incorreta. Esta conduta também é prevista como crime (art. 39, § 5º, da Lei 9.504/1997); D: incorreta. A propaganda eleitoral no rádio e na televisão restringe-se ao horário definido na Lei 9.504/1997, sendo vedada a veiculação de propaganda paga (art. 44 da Lei 9.504/1997); E: incorreta – no segundo semestre (e não no primeiro) não será veiculada a propaganda partidária gratuita prevista em lei (art. 36, § 2º, da Lei 9.504/1997).

Gabarito "A"

(Analista – TRE/AL – 2010 – FCC) A partir de 1º de julho do ano da eleição é permitido às emissoras de rádio e televisão, em sua programação normal e noticiário,

(A) veicular propaganda política ou difundir opinião favorável ou contrária a candidato, partido, coligação, a seus órgãos ou representantes.

(B) divulgar debates políticos entre candidatos.

(C) dar tratamento privilegiado a candidato, partido ou coligação.

(D) divulgar nome de programa que se refira a candidato escolhido em convenção, ainda quando preexistente, inclusive se coincidente com o nome do candidato ou com a variação nominal por ele adotada.

(E) usar trucagem, montagem ou outro recurso de áudio ou de vídeo que, de qualquer forma, degradem ou ridicularizem candidato, partido ou coligação.

A: incorreta – art. 45, III, da Lei 9.504/1997; B: correta – art. 46 da Lei 9.504/1997; C: incorreta – art. 45, IV, da Lei 9.504/1997; D: incorreta – art. 45, VI, da Lei 9.504/1997; E: incorreta – art. 45, II, da Lei 9.504/1997.

Gabarito "B"

(Analista – TRE/AP – 2011 – FCC) No que concerne à propaganda eleitoral gratuita no rádio e na televisão, é correto afirmar:

(A) Se houver segundo turno, a propaganda eleitoral gratuita no rádio e na televisão será dividida em dois períodos diários de vinte minutos, sendo que o tempo de cada período será dividido entre os candidatos proporcionalmente aos votos obtidos no primeiro turno.

(B) Os debates sobre as eleições majoritária ou proporcional deverão ser veiculados dentro do horário eleitoral gratuito definido em lei.

(C) Poderá ser utilizado, no tempo reservado ao partido, comercial ou propaganda com o objetivo de promover marca ou produto.

(D) A emissora não autorizada a funcionar pelo poder competente poderá, para propiciar ampla informação ao eleitorado, veicular a propaganda eleitoral gratuita.

(E) Independentemente da veiculação de propaganda eleitoral gratuita no horário definido nesta Lei, é facultada a transmissão, por emissora de rádio ou televisão, de debates sobre as eleições majoritária ou proporcional

A: incorreta. O tempo de cada período diário será dividido igualitariamente entre os candidatos – art. 49, § 2º, da Lei 9.504/1997; B: incorreta. Independentemente da veiculação de propaganda eleitoral gratuita no horário definido nesta Lei, é facultada a transmissão, por emissora de rádio ou televisão, de debates sobre as eleições majoritária ou proporcional – art. 46 da Lei 9.504/1997; C: incorreta (art. 44, § 2º, da Lei 9.504/1997); D: incorreta (art. 45, § 3º, da Lei 9.504/1997); E: correta (art. 46 da Lei 9.504/1997).

Gabarito "E"

(Analista – TRE/BA – 2003 – FCC) A propaganda eleitoral somente é permitida

(A) a partir do pedido de registro do candidato.

(B) a partir da homologação do pedido de registro da candidatura.

(C) a partir da convenção partidária.

(D) após o dia 5 de julho do ano da eleição.

(E) 48 horas após a convenção partidária.

A resposta correta é dada por exclusão: as assertivas A, B e E não têm previsão legal; a assertiva C fala em "a partir da convenção partidária", quando o art. 240 do Código Eleitoral fala em "escolha pela convenção", pois pode haver convenção sem que haja escolha do candidato, pelos mais variados motivos. Logo, a resposta correta é a "D", cujo embasamento está previsto no art. 36 da Lei 9.504/1997.

Gabarito "D"

(Analista – TRE/BA – 2003 – FCC) É facultada a transmissão, por emissora de rádio ou televisão, de debates sobre as eleições majoritárias ou proporcionais, observando regras, dentre as quais se inclui,

(A) a presença de um mesmo candidato à eleição proporcional, a mais de um debate da mesma emissora, será vedada.

(B) os debates deverão fazer parte de programação previamente estabelecida pela emissora, a quem caberá a escolha do dia, fazendo-se obrigatoriamente mediante sorteio a escolha da ordem da fala de cada candidato.

(C) a realização de debate sem a presença de algum Partido, será admitida, desde que o veículo de comunicação responsável comprove havê-lo convidado com antecedência mínima de 15 dias da realização do debate.

(D) a apresentação dos debates, nas eleições majoritárias, poderá ser feita em grupos, estando presentes, no mínimo, 5 candidatos.

(E) a participação, nos debates, de candidatos dos Partidos com representação no Senado Federal, será assegurada.

A: correta (art. 46, § 2º, da Lei 9.504/1997); B: incorreta. O art. 46, III, da Lei 9.504/1997 admite acordo entre o partido e coligações sobre a ordem de fala nos debates; C: incorreta. O art. 46, § 1º, estabelece a necessidade de comprovação do convite para o debate com antecedência mínima de 72 (setenta e duas) horas e não de quinze dias; D: incorreta. Art. 46, I, "b" – nas eleições majoritárias, lei exige somente três (e não cinco) candidatos para que a apresentação dos debates possa ser feita em grupos; E: incorreta. O art. 46, caput, da Lei 9.504/1997 assegura a participação nos debates de candidatos dos partidos com representação na Câmara dos Deputados e não no Senado Federal.

Gabarito "A"

(Analista – TRE/BA – 2003 – FCC) A respeito da propaganda eleitoral, pode-se afirmar que

(A) é permitida a realização de carreatas no dia das eleições.

(B) a realização de comício em recinto aberto depende de autorização da Polícia Militar.

(C) é vedada a propaganda eleitoral paga na imprensa escrita, em qualquer espaço, com ou sem fotografia.

(D) durante o mês de julho do ano da eleição, é vedada às emissoras de rádio a divulgação de programa apresentado por pré-candidato às eleições proporcionais.

(E) a partir de 1º de julho do ano da eleição, é vedada às emissoras de televisão a divulgação de programa, ainda que preexistente, que se refira a candidato escolhido em convenção.

A: incorreta. O art. 240 parágrafo único, do Código Eleitoral proíbe qualquer propaganda política desde 48 horas antes até as 24 horas depois das eleições; B: incorreta (art. 245 do Código Eleitoral c/c art. 39 da Lei 9.504/1997); C: incorreta (art. 43 da Lei 9.504/1997 – permite a propaganda eleitoral paga até a antevéspera das eleições); D: incorreta (art. 45, § 1º, da Lei 9.504/1997); E: correta (art. 45, § 1º, da Lei 9.504/1997).

Gabarito "E"

(Analista – TRE/PE – 2004 – FCC) Na propaganda eleitoral gratuita no rádio e na televisão, a Justiça Eleitoral poderá

(A) cortar mensagens ofensivas à moral e aos bons costumes.

(B) impedir a reapresentação de programa ofensivo à honra de candidato.

(C) censurar previamente programas de partidos que infringirem com frequência a legislação eleitoral.

(D) deferir direito de resposta a candidato ofendido por tempo igual ao da ofensa, mas nunca inferior a 2 minutos.

(E) suspender o exercício do direito de resposta até o julgamento do recurso interposto contra a decisão que o deferir.

A: incorreta (art. 53 da Lei 9.504/1997); B: correta – art. 53, § 2º, da Lei 9.504/1997; C: incorreta (art. 53, caput, da Lei 9.504/1997); D: incorreta. O direito de resposta nesse caso nunca será inferior a um minuto – art. 58, § 3º, II, "c", da Lei 9.504/1997; E: incorreto (art. 257 do Código Eleitoral).

Gabarito "B"

(Analista – TRE/PE – 2004 – FCC) Dos programas de rádio e televisão destinados à propaganda eleitoral gratuita de cada Partido ao primeiro turno das eleições poderá participar qualquer pessoa

(A) mesmo a este não filiada, desde que sem remuneração.

(B) filiada a outro Partido, desde que sem remuneração.

(C) a este filiada, com ou sem remuneração.

(D) participante de pesquisa eleitoral, desde que identificada.

(E) participante de consulta popular de natureza eleitoral, desde que identificada.

Qualquer cidadão não filiado a outra agremiação partidária ou a partido integrante de outra coligação poderá participar dos programas de rádio e de televisão destinados à propaganda eleitoral gratuita, desde que não seja remunerada para tanto (art. 54 da Lei 9.504/1997).

Gabarito "A"

(Analista – TRE/PA – 2005 – CESPE) A respeito da propaganda partidária e eleitoral, assinale a opção correta.

(A) A propaganda de candidatos a cargos eletivos somente é permitida após a respectiva escolha pela convenção, mas é permitida a realização, na quinzena anterior à escolha pelo partido, de propaganda intrapartidária para indicação do nome do candidato, vedado o uso de rádio, televisão e outdoor.

(B) É vedada, desde 48 horas antes até 24 horas depois da eleição, qualquer propaganda política mediante radiodifusão, televisão, comícios ou reuniões públicas, mas, em caso de deferimento de direito de resposta, se a ofensa ocorrer em dia e hora que inviabilizem a reparação antes do prazo estabelecido, a resposta será divulgada nos horários que a justiça eleitoral determinar, ainda que nas 48 horas anteriores ao pleito, em termos e forma previamente aprovados, de modo a não ensejar tréplica.

(C) A realização de propaganda partidária ou eleitoral em recinto aberto depende de licença da autoridade policial, a ser requerida por candidato, partido ou coligação promotora do ato e expedida em, no mínimo, 24 horas antes da realização do evento.

(D) O funcionamento de alto-falantes ou amplificadores de som somente é permitido entre as 8 horas e as 22 horas, sendo vedados a instalação e o uso desses equipamentos em distância inferior a 500 metros das sedes dos poderes Executivo e Legislativo da União, dos estados, do Distrito Federal e dos municípios, das sedes dos tribunais judiciais, dos quartéis e outros estabelecimentos militares, de hospitais e casas de saúde, de escolas, bibliotecas públicas, igrejas e teatros, quando em funcionamento.

(E) É permitido às emissoras de rádio e televisão veicular ou divulgar filmes, novelas, minisséries ou qualquer outro programa com alusão ou crítica a candidato ou partido político, inclusive, programas jornalísticos ou debates políticos em sua programação normal e noticiário, mesmo no período da propaganda eleitoral gratuita, que se inicia em 1º de julho e termina 48 horas antes das eleições.

A: incorreta. A propaganda eleitoral só é permitida após o dia 05 de julho do ano da eleição – art. 36, § 1º, da Lei 9.504/1997; B: correta (art. 240, parágrafo único, do Código Eleitoral c/c art. 58, § 4º, da Lei 9.504/1997); C: incorreta. A realização de propaganda partidária ou eleitoral em recinto aberto ou fechado não depende de licença da polícia, nos termos do art. 39 da Lei 9.504/1997, o qual exige, todavia, que o candidato, partido ou coligação promotora do ato faça a devida comunicação à autoridade policial em, no mínimo, 24 horas antes de sua realização, de modo a garantir, segundo a prioridade do evento, o direito contra quem tencione usar o local no mesmo dia (art. 39, § 1º, da Lei 9.504/1997); D: incorreta. A lei veda a instalação e o uso de alto-falantes e amplificadores de som em distância inferior a 200 metros (e não 500) – art. 39, § 3º, da Lei 9.504/1997; E: incorreta (art. 45, V, da Lei 9.504/1997).

Gabarito "B"

(Analista – TRE/PR – 2004 – ESAG) Leia com atenção os enunciados abaixo.

I. A propaganda, qualquer que seja a sua forma ou modalidade, mencionará sempre a legenda partidária e só poderá ser feita em língua nacional, não devendo empregar meios publicitários destinados a criar, artificialmente na opinião pública, estados mentais, emocionais ou passionais.

II. Na propaganda para eleição majoritária, a coligação poderá usar, sob sua denominação, as legendas de todos os partidos que a integram; na propaganda para a eleição proporcional, cada partido usará apenas sua legenda sob o nome da coligação.

III. Fazer propaganda eleitoral, qualquer que seja sua forma, em língua estrangeira é crime previsto no Código Eleitoral, com pena de detenção de três a seis meses e pagamento de 30 a 60 dias-multa.

IV. Calúnia, difamação e injúria na propaganda eleitoral constituem crimes previstos no Código Eleitoral, sendo assegurado, ainda, direito de resposta e reparação do dano moral a quem for ofendido.

Assinale a alternativa correta.

(A) Somente os enunciados I, III e IV estão corretos.
(B) Somente os enunciados II, III e IV estão corretos.
(C) Somente os enunciados I, II e III estão corretos.
(D) Os enunciados I, II, III e IV estão corretos.

I: correta (art. 242 do Código Eleitoral); II: incorreta. Não se trata de uma faculdade ("poderá"), mas de um dever (art. 6º, § 2º, da Lei 9.504/1997); III: correta (art. 335 do Código Eleitoral); IV: correta (art. 5º, V, da CF/1988).

Gabarito "A"

(Analista – TRE/RS – 2010 – FCC) A propaganda partidária gratuita, efetuada mediante transmissão por rádio e televisão,

(A) só poderá ser feita em bloco, com a duração de 30 minutos, em cadeia nacional ou estadual.
(B) será feita por iniciativa e responsabilidade das emissoras de rádio e de televisão.
(C) não permite a defesa de interesses pessoais ou de outros partidos políticos.
(D) através de cadeias, tanto nacional ou estaduais, não depende de prévia autorização da Justiça Eleitoral.
(E) não exclui a propaganda paga, que pode ser feita em qualquer horário, a critério de cada emissora.

A: incorreta. As transmissões serão em bloco, em cadeia nacional ou estadual, e em inserções de trinta segundos e um minuto, no intervalo da programação normal das impressoras (art. 46, § 1º, da Lei 9.096/1995); B: incorreta. As emissoras de rádio e de televisão estão obrigadas a realizar, para os partidos políticos, transmissões gratuitas em âmbito nacional e estadual na forma descrita na legislação, mas sob iniciativa e responsabilidade dos órgãos de direção dos partidos (art. 46, caput, da Lei 9.096/1995); C: correta (art. 45, § 1º, II, da Lei 9.096/1995); D: incorreta (art. 46, § 1º, da Lei 9.096/1995); E: incorreta. A propaganda partidária, no rádio e na televisão, fica restrita aos horários gratuitos disciplinados na lei, com proibição da propaganda paga (art. 45, § 6º, da Lei 9.096/1995).

Gabarito "C"

(Analista – TRE/RS – 2010 – FCC) A respeito da propaganda eleitoral em geral, é correto afirmar:

(A) É permitida a propaganda através de outdoors, cabendo aos partidos políticos e coligações a distribuição entre seus candidatos, dos espaços que lhes couberem.

(B) A realização de qualquer ato de propaganda eleitoral em recinto aberto depende de licença da polícia e de comunicação à Justiça Eleitoral.

(C) A realização de comícios é permitida em qualquer horário e local, não podendo sofrer qualquer restrição.

(D) É vedada, no dia das eleições, a manifestação mesmo individual e silenciosa da preferência do eleitor por partido político, coligação ou candidato, revelada exclusivamente pelo uso de bandeiras, broches, dísticos e adesivos.

(E) A propaganda exercida nos termos da legislação eleitoral não poderá ser objeto de multa nem cerceada sob alegação do exercício do poder de polícia.

A: incorreta (art. 39, § 8º, da Lei 9.504/1997); **B:** incorreta (art. 39 da Lei 9.504/1997); **C:** incorreta (art. 39, § 4º, da Lei 9.504/1997); **D:** incorreta (art. 39-A da Lei 9.504/1997); **E:** correta (art. 41 da Lei 9.504/1997).

Gabarito "E".

(Analista – TRE/SP – 2012 – FCC) Pedro é radialista e titular de um programa numa emissora da cidade. Tendo sido escolhido candidato a Prefeito Municipal pela convenção de seu partido, adotou variação nominal coincidente com o nome do seu programa. Em tal situação, a partir de 1º de julho do ano da eleição, a emissora de rádio, em sua programação normal,

(A) poderá divulgar o nome do programa, porque não é o mesmo que o do candidato.

(B) poderá divulgar o nome do programa, porque já existia antes da convenção partidária.

(C) poderá divulgar o nome do programa, desde que não difunda opinião favorável ao candidato.

(D) só poderá divulgar o nome do programa se não for apresentado ou comentado pelo candidato.

(E) não poderá divulgar o nome do programa, por expressa vedação legal.

Art. 45, VI, da Lei 9.504/1997.

Gabarito "E".

(Analista – TRE/SP – 2012 – FCC) Antes do dia 5 de julho do ano da eleição, os Deputados Federais abaixo indicados praticaram as seguintes condutas:

I. Paulus participou de congressos, em ambiente fechado e às expensas dos partidos políticos, para tratar da organização dos processos eleitorais.

II. Petrus divulgou debates legislativos, sem mencionar possível candidatura e sem formular pedido de votos ou de apoio eleitoral.

III. Cicerus divulgou atos parlamentares, mencionando possível candidatura e formulando pedido de apoio eleitoral.

IV. Lucius participou de entrevista realizada pela Rádio da Cidade, com exposição de plataforma eleitoral e projetos políticos, formulando pedido de votos.

Serão consideradas propaganda eleitoral antecipada SOMENTE as condutas de

(A) Cicerus e Lucius.

(B) Paulus e Petrus.

(C) Paulus e Lucius.

(D) Petrus e Cicerus.

(E) Paulus e Cicerus.

I: não é considerada propaganda eleitoral antecipada a realização de encontros, seminários ou congressos, em ambiente fechado e a expensas dos partidos políticos, para tratar da organização dos processos eleitorais, planos de governos ou alianças partidárias visando às eleições (art. 36-A, II, da Lei 9.504/1997); **II:** não é considerada propaganda eleitoral antecipada a divulgação de atos de parlamentares e debates legislativos, desde que não se mencione a possível candidatura, ou se faça pedido de votos ou de apoio eleitoral (art. 36-A, IV, da Lei 9.504/1997); **III:** restou caracterizada a realização de propaganda eleitoral, pois não poderia ter mencionado a possível candidatura, tampouco ter feito pedido de votos (art. 36-A, IV, da Lei 9.504/1997); **IV:** restou caracterizada a realização de propaganda eleitoral, pois ainda que tivesse participado de entrevista no rádio, inclusive com a exposição da plataforma eleitoral e projetos políticos, não poderia ter feito pedido de votos (art. 36-A, I, da Lei 9.504/1997).

Gabarito "A".

(Analista – TRE/TO – 2011 – FCC) A propaganda eleitoral

(A) através da realização de *showmício* e de evento assemelhado para promoção de candidato, bem como a apresentação, remunerada ou não, de artistas com a finalidade de animar comício ou reunião eleitoral é permitida até às 22 horas do dia que antecede a eleição.

(B) através da utilização de trios elétricos é vedada para a sonorização de comícios.

(C) através da distribuição de material gráfico, caminhada, carreata, passeata ou carro de som que transite pela cidade divulgando *jingles* ou mensagens de candidatos é permitida até às 22 horas do dia que antecede a eleição.

(D) é absolutamente vedada no dia da eleição, não podendo o eleitor utilizar broches e adesivos.

(E) através de *outdoors* submete-se a prévio sorteio de local a ser feito pela Justiça Eleitoral.

A: incorreta. É proibida a realização de *showmício* e de evento assemelhado para promoção de candidatos, bem como a apresentação, remunerada ou não, de artistas com a finalidade de animar comício e reunião eleitoral – art. 39, § 7º, da Lei 9.504/1997; **B:** incorreta. Como regra, a utilização de trios elétricos é vedada, exceto para a sonorização de comícios – art. 39, § 10, da Lei 9.504/1997; **C:** correta (art. 39, § 9º, da Lei 9.504/1997); **D:** incorreta. É permitida, no dia das eleições, a manifestação individual e silenciosa da preferência do eleitor por partido político, coligação ou candidato, revelada exclusivamente pelo uso de bandeiras, broches, dísticos e adesivos – art. 39-A da Lei 9.504/1997; **E:** incorreta. É vedada a propaganda eleitoral mediante *outdoors* – art. 39, § 8º, da Lei 9.504/1997.

Gabarito "C".

(Analista – TRE/TO – 2011 – FCC) É permitida a veiculação de propaganda eleitoral através de

(A) faixas e estandartes em cinemas, clubes e lojas.

(B) faixas em postes de iluminação pública e sinalização de tráfego.

(C) inscrição a tinta em paradas e ônibus, passarelas e pontes.

(D) faixas em árvores e jardins localizados em áreas públicas, desde que não lhes cause danos.

(E) distribuição de folhetos editados sob a responsabilidade de partido, coligação ou candidato.

A: incorreta. Para fins eleitorais, são considerados bens de uso comum aqueles a que a população em geral tem acesso, tais como cinemas, clubes e lojas, sendo vedada a veiculação de propaganda de qualquer natureza, inclusive pichação, inscrição a tinta, fixação de placas, estandartes, faixas e assemelhados (art. 37, caput e §4º da Lei 9.504/1997); **B:** incorreta (art. 37 da Lei 9.504/1997); **C:** incorreta (art. 37 da Lei 9.504/1997); **D:** incorreta. Nas árvores e nos jardins em áreas públicas, bem como muros, cercas e tapumes divisórios, não é permitida a colocação de propaganda eleitoral de qualquer natureza, mesmo que não lhes cause danos – art. 37, § 5º, da Lei 9.504/1997; **E:** correta (art. 38 da Lei 9.504/1997).

Gabarito "E"

(Analista – TRE/SC – 2005 – FAPEU) Assinale a alternativa CORRETA.

A legislação eleitoral e as instruções do Tribunal Superior Eleitoral, no dia das eleições, inclusive, permitem:

(A) a divulgação de pesquisas eleitorais, desde que previamente registradas na Justiça Eleitoral até 5 (cinco) dias antes da divulgação.

(B) a distribuição de material de propaganda política, volantes e outros impressos.

(C) o fornecimento de transporte e alimentação aos eleitores.

(D) o uso de alto-falantes e amplificadores de som ou a promoção de comício ou carreata.

A: correta (art. 33 da Lei 9.504/1997). Há que se atentar aqui para o fato de que a Lei 11.300/2006 inseriu na Lei 9.504/1997 o art. 35-A, que passou a vedar a divulgação de pesquisas eleitorais por qualquer meio de comunicação a partir do 15º dia anterior até as 18 horas do dia do pleito. Esse novo artigo, todavia, foi declarado inconstitucional pelo STF nas Ações Diretas de Inconstitucionalidade 3.741-2, 3.742-1 e 3.743-9, de modo que não mais possui vigência; **B:** incorreta (art. 39, § 6º, da Lei 9.504/1997 e art. 48, II, da Res. 21.610/2004 TSE); **C:** incorreta (arts. 1º, § 2º, e 5º da Lei 6.091/1974); **D:** incorreta (art. 39, § 5º, I, da Lei 9.504/1997).

Gabarito "A"

(Procurador da República – 13º) Tratando-se de propaganda eleitoral, pode-se dizer que a legislação eleitoral vigente:

(A) veda a doação em dinheiro diretamente aos candidatos;

(B) permite a doação em dinheiro diretamente aos candidatos, com limitações temporais e de quantidade;

(C) permite a doação em dinheiro diretamente aos candidatos, sem limitações;

(D) permite a doação em dinheiro apenas aos partidos políticos.

A: incorreta, vez que a doação direta a candidato é permitida, no entanto, deverá ser feita obedecidas as condições estabelecidas no art. 23, § 4º, I a III, da Lei 9.504/1997, bem como respeitados os limites temporais e de quantidade (arts. 23, § 1º, e art. 81, da Lei 9.504/1997); **B:** correta, conforme art. 23 da Lei 9.504/1997. Importante notar que a assertiva apresenta-se desatualizada especificamente quanto à afirmação de existir limitação temporal pela Legislação Específica. O art. 23 continha a expressão "a partir do registro dos comitês financeiros", que foi retirada pela Lei 12.034/2009. Segundo a doutrina, era uma expressão inócua, constituindo um preciosismo da norma, porque feitas as indicações em convenção, e abertas as contas bancárias, os candidatos e partidos políticos já podem receber doações para a campanha eleitoral; **C:** incorreta, vez que as limitações impostas encontram-se elencadas na própria Lei 9.504/1997, sobretudo nos arts. 17 ao 27 e no art. 81, todos daquela lei; **D:** incorreta, vez que é possível a doação em dinheiro diretamente aos candidatos, como se observa no art. 23, § 2º, da Lei 9.504/1997.

Gabarito "B"

(Procurador da República – 19º) A propaganda eleitoral:

(A) no ano da eleição, somente é permitida após o dia 5 de julho, com exceção da propaganda paga pela imprensa escrita, que pode ser feita desde o início do ano até o dia das eleições, dentro dos espaços fixados em lei para cada candidato, partido ou coligação, considerando a liberdade de informação jornalística e a vedação da censura;

(B) mediante a realização de comícios é permitida em qualquer horário, salvo no dia das eleições, no qual pode ser distribuído material de propaganda política;

(C) por meio de *outdoors* pode ser feita livremente mediante contratação com as empresa de publicidade;

(D) restringe-se, no rádio e na televisão, ao horário gratuito, definido na lei das eleições, vedada a veiculação de propaganda paga e facultada a realização de debates entre os candidatos, com observância das normas na mesma lei estabelecidas.

A: incorreta, uma vez que o art. 36 da Lei 9.504/1997 dispõe que a propaganda eleitoral somente é permitida após o dia 5 de julho do ano da eleição, não havendo qualquer exceção quanto à imprensa escrita; **B:** incorreta. Primeiro, o art. 39, § 4º da Lei 9.504/1997 dispõe que a realização de comícios e a utilização de aparelhagem de sonorização fixa são permitidas no horário compreendido entre as 8 (oito) e as 24 (vinte e quatro) horas; segundo, no dia das eleições apenas é permitida a manifestação individual e silenciosa da preferência do eleitor por partido político, coligação ou candidato, revelada exclusivamente pelo uso de bandeiras, broches, dísticos e adesivos. A distribuição de materiais é considerada boca de urna, conduta esta tipificada pelo art. 39, § 5º, II da Lei 9.504/1997; **C:** incorreta, vez que a propaganda através de *outdoors* é vedada expressamente pelo art. 39, § 8º da Lei 9.504/1997, sujeitando-se a empresa responsável, os partidos, coligações e candidatos à imediata retirada da propaganda irregular e ao pagamento de multa; **D:** correta, conforme art. 44 da Lei 9.504/1997.

Gabarito "D"

(Procurador da República – 22º) Em tema de propaganda eleitoral:

I. Difamar alguém, na propaganda eleitoral, ou visando a fins de propaganda, constitui crime eleitoral de ação penal pública incondicionada e que permite ao ofendido demandar, no juízo cível, a reparação do dano moral, respondendo por este o ofensor e, solidariamente, o seu Partido, quando responsável por ação ou omissão, além de quem quer que, favorecido pelo crime, haja de qualquer modo contribuído para ele.

II. Nas dependências do Poder Legislativo é expressamente vedada a realização de propaganda eleitoral, ficando sujeito o seu autor à pena de multa, prevista na lei eleitoral, e o beneficiário, se comprovado o seu prévio conhecimento, à cassação do registro.

III Ao postulante a candidatura a cargo eletivo, não podendo veicular propaganda eleitoral, é permitido, entretanto, na quinzena anterior à escolha pelo Partido Político, realizar propaganda intrapartidária com vista à indicação de seu nome, sendo-lhe vedado, para tanto, o uso do rádio e da televisão, mas admitida a utilização de outdoors, desde que apenas nas cercanias do local da realização da convenção partidária.

IV De acordo com o entendimento mais recente do Tribunal Superior Eleitoral, julgada procedente representação em face da realização de propaganda em prol de pretenso candidato a cargo eletivo em programa de propaganda partidária gratuita, além da pena de cassação do direito de transmissão a que faria jus, no semestre seguinte, o Partido Político, é de ser aplicada, também, a pena de multa prevista na legislação eleitoral em razão da propaganda eleitoral extemporânea realizada.

Analisando-se as assertivas acima, pode-se afirmar que:

(A) estão corretas as de números I, II e III;

(B) somente estão corretas as de números I e IV;

(C) todas as assertivas estão corretas;

(D) apenas a de número IV está correta.

I: correta, conforme arts. 325 e 355, ambos do Código Eleitoral; **II:** incorreta, vez que o art. 37, § 3º, da Lei 9.504/1997 dispõe que nas dependências do Poder Legislativo, a veiculação de propaganda eleitoral fica a critério da Mesa Diretora; **III:** incorreta, vez que o art. 36, § 1º, da Lei 9.504/1997 dispõe que ao postulante a candidatura a cargo eletivo é permitida a realização, na quinzena anterior à escolha pelo partido, de propaganda intrapartidária com vista à indicação de seu nome, vedado o uso de rádio, televisão e *outdoor*; **IV:** correta, conforme jurisprudência do TSE (Acórdão de 03.05.2011 na Representação 1.132-40, rel. Min. Hamilton Carvalhido).

Gabarito "B"

(Procurador da República – 24º) No estado democrático de direito há necessidade de tutela jurídica da propaganda eleitoral com o estabelecimento de prerrogativas e limitações. No regime jurídico da propaganda eleitoral:

(A) É permitida a propaganda em todo o ano das eleições para os partidos políticos, os quais podem usar do espaço partidário no rádio e televisão para divulgar seus pré-candidatos, porém, os candidatos só podem fazer propaganda após aprovação em convenção partidária.

(B) Não é possível a utilização de camisetas com divulgação de candidatos, outdoors (cartazes explorados comercialmente) e amplificadores de som.

(C) Além da atividade jurisdicional a Justiça Eleitoral exerce o poder de polícia, sendo vedada a censura e desnecessária a prévia autorização para o ato de propaganda.

(D) Apenas o candidato pode sofrer sanção eleitoral por propaganda ilícita, desde que haja prévio conhecimento mediante a devida intimação para providenciar a sua retirada.

A: incorreta. O art. 36 da Lei 9.504/1997 dispõe que a propaganda eleitoral só será permitida após o dia 5 de julho do ano da eleição; **B:** incorreta, pois apenas encontra-se vedação à utilização de *outdoors*, conforme art. 39, § 8º, da Lei 9.504/1997; **C:** correta, conforme art. 41, § 2º, da Lei 9.504/1997; **D:** incorreta, vez que o partido e coligação também serão responsabilizados, como se observa, a título exemplificativo, no que dispõe o art. 39, § 8º, da Lei 9.504/1997.

Gabarito "C"

(Procurador da República – 26º) Assinale a alternativa correta:

(A) a propaganda eleitoral somente é permitida após 5 (cinco) de julho do ano da eleição e apenas pode ser veiculada pelos candidatos que já tenham obtido da justiça eleitoral o deferimento do registro de suas candidaturas;

(B) a veiculação de propaganda eleitoral em bens particulares deve ser espontânea e gratuita, sendo vedado qualquer tipo de pagamento em troca de espaço para esta finalidade;

(C) a realização de comícios eleitorais em locais públicos depende de licença do poder público municipal, a fim de que este garanta o direito contra quem tencione usar o local no mesmo dia e horário, bem como para que sejam tomadas as providências necessárias à garantia da realização do ato e ao funcionamento do tráfego e dos serviços públicos que o evento possa afetar;

(D) a partir de 10 de julho do ano da eleição é vedado às emissoras de rádio e televisão, em sua programação normal, transmitir programa apresentado ou comentado por candidato escolhido em convenção, exceto se o programa for preexistente.

A: incorreta, uma vez que o art. 36 da Lei 9.504/1997 dispõe que a propaganda eleitoral somente é permitida após o dia 5 de julho do ano da eleição, não havendo qualquer menção a necessidade de deferimento do registro de candidaturas, até porque, a data de 5 de julho (ano de eleições) é o prazo máximo para o pedido de registro das candidaturas daqueles que disputarão as eleições no mesmo ano. No entanto, antes deste prazo, há previsão autorizativa do § 1º do referido artigo que dispõe que ao postulante a candidatura a cargo eletivo é permitida a realização, na quinzena anterior à escolha pelo partido, de propaganda intrapartidária com vista à indicação de seu nome, vedado o uso de rádio, televisão e *outdoor*; **B:** correta, conforme art. 37, § 8º, da Lei 9.504/1997; **C:** incorreta, vez que independe de licença, conforme art. 39 da Lei 9.504/1997, respeitadas as necessárias diligências previstas no mesmo artigo, a fim de se manter a ordem pública; **D:** incorreta, vez que o art. 45, § 1º, da Lei 9.504/1997 dispõe que, a partir do resultado da convenção, é vedado às emissoras transmitir programa apresentado ou comentado por candidato escolhido em convenção.

Gabarito "B".

(Procurador da República – 26º) Relativamente à propaganda eleitoral na internet, é correto afirmar que:

(A) é permitida a divulgação paga de propaganda eleitoral em jornais, ficando entretanto vedada a reprodução na internet da edição do jornal impresso que conter essas propagandas;

(B) é permitida por meio de *blogs*, redes sociais, sítios de mensagens instantâneas e assemelhados, cujo conteúdo seja gerado ou editado por candidatos, partidos ou coligações ou de iniciativa de qualquer pessoa natural;

(C) é permitida a sua veiculação, desde que gratuitamente, em sítios de pessoas jurídicas sem fim lucrativos;

(D) a lei eleitoral não prevê direito de resposta relativamente à propaganda eleitoral divulgada na internet, devendo os interessados ingressar na justiça comum para coibir eventuais excessos de liberdade de opinião.

A: incorreta, conforme permissivo contido no art. 43 da Lei 9.504/1997; **B:** correta, conforme disposto no art. 57-B, IV, da Lei 9.504/1997; **C:** incorreta, vez que se trata de vedação expressa contida no art. 57-C, § 1º, I, da Lei 9.504/1997; **D:** incorreta, vez que o direito de resposta, com relação à propaganda eleitoral realizada pela internet, encontra previsão no art. 57-D da Lei 9.504/1997.

Gabarito "B".

(Procurador da República – 25º) A veiculação de propaganda eleitoral em lojas e estabelecimentos comerciais, nas quais a população em geral tem acesso:

(A) é permitida, na medida que em bens particulares a propaganda eleitoral independe de obtenção de licença municipal e de autorização da Justiça Eleitoral;

(B) é permitida, por meio da fixação de faixas, placas, cartazes, pinturas ou inscrições, desde que não excedam a quatro metros quadrados;

(C) é permitida, desde que espontânea e gratuita, sendo vedado qualquer tipo de pagamento em troca de espaço para esta finalidade;

(D) é vedada a veiculação de propaganda de qualquer natureza nesses estabelecimentos.

De fato a alternativa "D" é a única correta, vez que estabelecimentos comerciais e lojas, ainda que se perfaçam propriedade particular, são considerados bens de uso público, conforme se depreende do § 4º do art. 37 da Lei 9.504/1997. O *caput* do referido artigo é taxativo quanto à veiculação de propaganda eleitoral de qualquer natureza nestes estabelecimentos.

Gabarito "D".

(Magistratura/CE – 2012 – CESPE) Assinale a opção correta acerca da propaganda eleitoral.

(A) A comprovação do cumprimento das determinações da justiça eleitoral relacionadas a propaganda de candidato a prefeito realizada em desconformidade com o disposto na norma geral das eleições somente pode ser apresentada à comissão designada pelo TRE da respectiva circunscrição.

(B) Quando o material impresso veicular propaganda conjunta de diversos candidatos, os gastos relativos a cada um deles deverão constar na respectiva prestação de contas, ou apenas naquela do candidato que houver arcado com os custos.

(C) A realização de comícios e a utilização de aparelhagem de sonorização fixa somente são permitidas no horário compreendido entre as oito e as vinte e duas horas.

(D) A veiculação da propaganda partidária gratuita prevista em lei somente é permitida após o dia cinco de julho do ano da eleição.

(E) É facultativa a inserção dos dados dos candidatos a vice nas propagandas dos candidatos a cargo majoritário.

A única alternativa correta é encontrada na assertiva "**B**", uma vez que, com atenção ao disposto no art. 38, § 2º, da Lei 9.504/1997, quando o material impresso veicular propaganda conjunta de diversos candidatos, os gastos relativos a cada um deles deverão constar na respectiva prestação de contas, ou apenas naquela relativa ao que houver arcado com os custos.

Gabarito "B".

(Magistratura/MA – 2008 – IESIS) Acerca do processamento dos pedidos de direito de resposta é correto afirmar:

(A) Os pedidos de resposta formulados por terceiro, em relação ao que foi manifestado no horário eleitoral gratuito, serão examinados pela Justiça Comum.

(B) Quando a ofensa for veiculada em órgão da imprensa escrita, o pedido deverá ser feito no prazo de três dias, a contar da data constante da edição do periódico.

(C) Quando a ofensa for proferida em programação normal das emissoras de rádio e de televisão, o pedido, com a transcrição do trecho considerado ofensivo ou inverídico, deverá ser feito no prazo de setenta e duas horas, contado a partir da veiculação do ataque.

(D) Quando a ofensa ocorrer no horário eleitoral gratuito, o pedido deverá ser feito no prazo de 24 horas, contado a partir da veiculação.

A: incorreta, pois os pedidos de direito de resposta deverão ser formulados pelo ofendido ou seu representante legal, perante a justiça eleitoral, conforme art. 58, § 1º, da Lei 9.504/1997; **B:** incorreta, pois o prazo é de 72 horas a partir da data de veiculação da ofensa, conforme art. 58 da Lei 9.504/1997; **C:** incorreta, pois o prazo é de 48 horas, conforme art. 58, § 1º, II, da Lei 9.504/1997; **D:** correta, pois de acordo com o que dispõe o art. 58, § 1º, I, da Lei 9.504/1997.

Gabarito "D"

(Magistratura/ES – 2011 – CESPE) Ainda a respeito das normas legais que regulamentam as eleições, assinale a opção correta.

(A) É permitida a veiculação de propaganda eleitoral, como, por exemplo, inscrição a tinta e fixação de placas, em bens de uso comum, como postes de iluminação pública e sinalização de tráfego e paradas de ônibus.

(B) No dia das eleições, a manifestação individual e silenciosa da preferência do eleitor por partido político, coligação ou candidato, revelada exclusivamente pelo uso de bandeiras, broches, dísticos e adesivos, é permitida, mas a aglomeração de pessoas portando vestuário padronizado, bem como os instrumentos de propaganda referidos anteriormente, de modo a caracterizar manifestação coletiva, com ou sem a utilização de veículos, é proibida, até o término do horário de votação.

(C) As despesas com transporte ou deslocamento de candidato e de pessoal a serviço das candidaturas bem como o pagamento de cachê de artistas ou animadores de eventos relacionados a campanha eleitoral são considerados gastos eleitorais, sujeitos a registro e aos limites fixados na Lei das Eleições.

(D) Partidos políticos, coligações e candidatos são obrigados, durante a campanha eleitoral, a divulgar, pela Internet, em sítio especificamente criado pela justiça eleitoral, relatório discriminado dos recursos em dinheiro ou estimáveis em dinheiro que tenham recebido para financiamento da campanha eleitoral, com indicação dos nomes dos doadores e dos respectivos valores doados, e dos gastos que realizarem.

(E) É vedada a divulgação de pesquisas eleitorais, por qualquer meio de comunicação, no período compreendido entre o décimo quinto dia anterior ao dia das eleições e as dezoito horas do dia do pleito.

A: incorreta, de acordo com a proibição contida no art. 37 da Lei 9.504/1997; **B:** correta, conforme art. 39-A, § 1º, Lei 9.504/1997; **C:** incorreta, uma vez que o art. 38, § 7º, da Lei 9.504/1997 proíbe a realização de *showmícios* com a participação remunerada ou não de artistas; **D:** incorreta, pois a divulgação restringe-se aos dias 6 de agosto e 6 de setembro, conforme disciplina o art. 28, § 4º, da Lei 9.504/1997; **E:** incorreta, pois o art. 43 da Lei 9.504/1997 disciplina que são permitidas, até a antevéspera das eleições, a divulgação paga, na imprensa escrita, e a reprodução na internet do jornal impresso, de até 10 (dez) anúncios de propaganda eleitoral, por veículo, em datas diversas, para cada candidato, no espaço máximo, por edição, de 1/8 (um oitavo) de página de jornal padrão e de 1/4 (um quarto) de página de revista ou tabloide.

Gabarito "B"

(Magistratura/MT – 2006 – VUNESP) Sobre a propaganda partidária, é correto afirmar que

(A) a propaganda de candidatos a cargos eletivos somente é permitida após a indicação do nome do candidato para a convenção.

(B) a realização de qualquer ato de propaganda partidária ou eleitoral, em recinto aberto, não depende de licença da polícia.

(C) é vedada, desde 72 horas antes até 48 horas depois das eleições, qualquer propaganda política mediante radiodifusão, televisão, comícios ou reuniões públicas.

(D) é assegurado aos partidos políticos registrados o direito de fazer inscrever, na fachada de suas sedes e dependências, o nome que os designe, pela forma que melhor lhes parecer, desde que mediante a licença da autoridade pública e de pagamentos das contribuições.

A: incorreta, pois disciplina o art. 36 da Lei 9.504/1997 que a propaganda eleitoral somente é permitida após o dia 5 de julho do ano da eleição; **B:** correta, conforme o art. 39 da Lei 9.504/1997; **C:** incorreta, as proibições encontram-se elencadas no art. 39, § 5º, Lei 9.504/1997, bem como a referida lei, especificamente no art. 39-A, § 1º, torna consignado que a proibição abrange período até o fim do pleito; **D:** incorreta, de acordo com as limitações impostas pelo art. 37, § 2º, da Lei 9.504/1997.

Gabarito "B"

CAPÍTULO 8

SISTEMAS ELEITORAIS

8.1. INTRODUÇÃO

Podemos conceituar *Sistemas Eleitorais* como sendo um conjunto de técnicas, métodos e procedimentos a serem empregados na realização das eleições.

José Jairo Gomes leciona que *Sistemas Eleitorais* podem ser conceituados como *"a estrutura complexa e dinamicamente ordenada. Nesse prisma, sistema eleitoral é o complexo de procedimentos empregados na realização das eleições, ensejando a representação do povo no poder estatal. (...) Tem por função a organização das eleições e a conversão de votos em mandatos"*.[1]

Pinto Ferreira complementa ao dizer que são *"diversas técnicas que permitem a melhor representação, como o modo de emissão do voto, os procedimentos de apresentação do candidato, os registros de candidatos, os recursos eleitorais, a designação dos eleitos na forma dos votos emitidos, a divisão territorial do País em circunscrições, distritos, zonas e seções eleitorais"*.[2]

Pela premissa que já conhecemos dos capítulos anteriores acerca do modelo democrático adotado pela Constituição Federal, e mais, pela compreensão clara que temos que o exercício desta cidadania se dá efetivamente pela participação popular na governança do Estado (e que por sua vez se dá pelas eleições), estamos diante de um conjunto procedimental que visa a regular esta participação cidadã-democrata, buscando sempre a lisura das eleições através de métodos e procedimentos que assegurem a vontade soberana.

No Brasil, podemos identificar duas espécies de sistemas eleitorais, o majoritário e o proporcional, que veremos em detalhes a seguir.

---

1. GOMES, José Jairo. **Direito eleitoral**. 8. ed. São Paulo: Atlas, 2012. p. 109.
2. FERREIRA, Pinto. **Comentários à Constituição brasileira**. São Paulo: Saraiva, 1989. vol. 1, p. 398.

8.2. MAJORITÁRIO

No sistema majoritário, considera-se vencedor do pleito eleitoral aquele candidato que obtiver maioria dos votos. No caso de eleições que se resolvam em apenas um turno (Senadores e Prefeitos em Municípios com menos de 200 mil eleitores), será necessário que o vencedor possua a maioria simples dos votos, ou seja, que o vencedor possua a maioria dos votos, ainda que os candidatos vencidos, juntos, possuam votação superior ao vencedor.

Nas eleições para Prefeito em cidades que possuam mais de 200 mil eleitores, ou nas eleições para Governador (de Estado ou do Distrito Federal) e Presidente da República, será adotado o sistema majoritário de maioria absoluta, situação onde observamos a necessidade de apuração de 50% + 1 de todos os votos válidos em favor de um candidato para que seja então definido o vencedor da eleição.

Caso não seja atingido o valor necessário para definição de vencedor, será realizada nova eleição (2º turno) no último domingo do mês de outubro, onde constarão nas urnas os dois candidatos mais bem votados em primeiro turno. Será considerado vencedor, então, aquele que obtiver maioria simples dos votos válidos (arts. 29, II e 77, da CF/1988 e arts. 2º e 3º da Lei 9.504/1997).

8.3. PROPORCIONAL

No sistema proporcional, a ser adotado nas eleições para os cargos de Vereador, Deputado Estadual, Deputado Distrital e Deputado Federal, não encontraremos a mesma sistemática das maiorias (simples ou absoluta), mas sim regras específicas trazidas pelos arts. 105 a 113 do Código Eleitoral.

Podemos classificar 5 passos para que cheguemos até os vencedores de um pleito no sistema proporcional. Abaixo, exemplificaremos com informações fictícias as eleições no sistema proporcional (Vereadores) do Município de Cachoeira Paulista/SP.

1º Passo: Votos Válidos

O primeiro passo é verificar qual o número de votos válidos obtidos na eleição analisada. Para isso, devemos ter em mãos o número total de eleitores que compareceram às urnas, subtraindo deste valor os votos nulos e brancos.

Votos Válidos = (Número de Eleitores Presentes) − (Votos Brancos) − (Votos Nulos)

Na hipótese criada, estimemos que tenham comparecido às urnas 18.000 eleitores, sendo que os votos brancos totalizam 200 e os nulos, 500. Sendo assim:

Votos Válidos = 18.000 − 200 − 500

Votos Válidos = 17.300

2º Passo: Quociente Eleitoral

O segundo passo é descobrir o *quociente eleitoral*, obtido a partir da divisão dos votos válidos (1º passo) pelo número de cadeiras a serem ocupadas pelos vereadores. Quanto ao município de Cachoeira Paulista, admitamos que existam 13 cadeiras na Câmara Municipal, o que geraria a seguinte fórmula e consequente resultado:

Quociente Eleitoral = (Votos Válidos)/(Número de cadeiras)

Quociente Eleitoral = 17.300/13

Quociente Eleitoral=1.330,76 = 1330,76 = 1.331*

*Observação: de acordo com o que dispõe o art. 106 do Código Eleitoral, despreza-se a fração, se igual ou inferior a 0,5 (cinco décimos), ou arredonda-se para 1,0, se superior. Por esta razão, no exemplo, o quociente eleitoral será de 1.331.

3º Passo: Quociente Partidário

O terceiro passo é a determinação do quociente partidário, o qual será obtido através da divisão realizada entre o total da votação obtida por cada partido ou coligação (votos nominais + votos de legenda) e o quociente eleitoral (2º passo). Abaixo, tabela demonstrativa:

PARTIDOS/COLIGAÇÕES	VOTOS TOTAIS (NOMINAIS + LEGENDA)	QUOCIENTE ELEITORAL (1.331)	QUOCIENTE PARTIDÁRIO*
PA/PB	8.000	8.000/1.331	6,01 = 6
PC	5.300	5.300/1.331	3,98 = 3
PD/PE	3.000	3.000/1.331	2,25 = 2
PF	1.000	1.000/1.331	0,75 = 0**

* Observação: o art. 107 do Código Eleitoral determina que a fração deverá ser desprezada, não havendo a regra do arredondamento, como ocorre na obtenção do quociente eleitoral.

** Observação: de acordo com o § 2º do art. 109 do Código Eleitoral, o partido político que não conseguir alcançar o quociente eleitoral (no caso, de 1.331) não concorrerá com a distribuição de cadeiras disponíveis a serem preenchidas. No exemplo, o Partido PF ficou 331 votos atrás do necessário para atingir o quociente eleitoral determinado no pleito.

Importante: o art. 108 do Código Eleitoral dispõe que estarão eleitos tantos candidatos registrados por um partido/coligação quantos o quociente partidário obtido indicar, na ordem da votação nominal que cada um recebeu.

Deste modo, até o momento podemos compilar as informações e estabelecer o seguinte número de eleitos por partido/coligação, vejamos:

PARTIDO/COLIGAÇÃO	NÚMERO DE CANDIDATOS ELEITOS
PA/PB	6
PC	3
PD/PE	2
PF	0

4º Passo: Sobras Eleitorais (Regra da Maior Média – MM)

Analisando a tabela acima é possível constatar que o quociente partidário determina o número de cadeiras a serem ocupadas por cada partido/coligação, dentre as disponíveis em determinado município.

O município de Cachoeira Paulista permaneceria então com duas de suas cadeiras desocupadas, vez que a soma dos quocientes partidários totaliza 11 ocupações (6 + 3 + 2 + 0).

O art. 109 do Código Eleitoral dispõe sobre as *sobras eleitorais*, trazendo uma regra de distribuição dos lugares não preenchidos.

O inc. I do referido art. 109, Código Eleitoral, determina que será dividido o número de *votos válidos* de cada partido/coligação pelo *número de lugares* por ele obtido mais um. Àquele partido/coligação que obtiver maior média caberá um dos lugares a preencher.

Este procedimento será adotado até que se esgotem as vagas que inicialmente tenham "*sobrado*". Vejamos as tabelas demonstrativas:

PARTIDOS/ COLIGAÇÕES	VOTOS TOTAIS (NOMINAIS + LEGENDA)	Nº DE CADEIRAS PREENCHIDAS + 1	1ª MAIOR MÉDIA (MM)*
PA/PB	8.000	6 + 1 = 7	1.142,85
PC	5.300	3 + 1 = 4	1.325,00
PD/PE	3.000	2 + 1 = 3	1.000,00
X PF**	1.000	0	0

* Observação: neste caso, conforme Resolução TSE 16.844/1990, será analisada a fração até sua 14ª casa. Em razão da distância entre os valores, apenas foram atribuídas duas casas decimais.

** Observação: em razão de não ter atingido o Quociente Eleitoral, o partido "PF" não entrará no procedimento de determinação da maior média.

No exemplo, podemos verificar que a 1ª maior média foi encontrada na apuração dos valores obtidos pelo partido "PC". Sendo assim, a primeira cadeira (dentre as duas que sobraram) caberá a ele.

Porém, mesmo assim, ainda restará mais uma cadeira a ser preenchida. Em alguns casos, pode ocorrer de ainda restarem muitas.

Nosso exemplo pautou-se por permitir somente duas, apenas para elucidação do procedimento a ser adotado.

Vejamos como será obtida a segunda maior média:

PARTIDOS/ COLIGAÇÕES	VOTOS TOTAIS (NOMINAIS + LEGENDA)	Nº DE CADEIRAS PREENCHIDAS + 1	1ª MAIOR MÉDIA (MM)
PA/PB	8.000	6 + 1 = 7	1.142,85
PC	5.300	4 + 1 = 5	1.060,00
PD/PE	3.000	2 + 1 = 3	1.000,00

Pela distribuição das sobras, na hipotética eleição municipal de Cachoeira Paulista/SP, obtivemos o seguinte cenário final, após apurações:

PARTIDO/COLIGAÇÃO	NÚMERO DE CANDIDATOS ELEITOS
PA/PB	7
PC	4
PD/PE	2
PF	0

Na apuração da segunda maior média (e nas seguintes, caso seja necessário ao preenchimento de maior número de cadeiras que venham a sobrar após a apuração do quociente partidário) será feito o mesmo procedimento, devendo ser tomado o cuidado de inserir ao partido anteriormente beneficiado com uma cadeira o seu novo *"Número de Cadeiras Preenchidas + 1"*.

Em caso de empate no critério da maior média, observaremos a seguinte regra:

a) Entre candidatos do mesmo partido/coligação: aplica-se a regra disposta pelo art. 110 do Código Eleitoral, cabendo ao candidato mais idoso a cadeira que sobrar.

b) Entre candidatos de partidos/coligações distintos: serão aplicados os critérios, respectivamente, da maior média (com análise da fração até a 14ª casa decimal), maior votação do partido/coligação, maior número de votos nominais (ao candidato) e, por fim, o critério do art. 110 do Código Eleitoral (candidato mais idoso).

Importante observação dá-se nos casos dispostos pelos arts. 112 e 113 do Código Eleitoral. No caso de afastamento ou cassação de candidatos eleitos pelo sistema proporcional, serão convocados os suplentes, que são os candidatos mais votados sob a mesma legenda e que não foram eleitos efetivamente.

Caso haja suplentes com votações semelhantes, será observado o critério de idade, sendo beneficiado o candidato de idade mais avançada.

Poderá haver também a situação onde não serão encontrados suplentes por quaisquer razões (falecimento do suplente antes de assumir, partido com candidato único etc.). Nestes casos, serão realizadas novas eleições, salvo quando faltarem menos de nove meses para o fim do mandato em pauta (art. 113 do Código Eleitoral dispõe o referido prazo de 9 meses; art. 56, § 2º, da CF/1988 dispõe o prazo de 15 meses).

8.4. QUADRO SINÓTICO

1. Introdução

– Conjunto de técnicas que garantem a melhor representação, como o modo de emissão do voto, os procedimentos de apresentação do candidato, os registros de candidato, os recursos eleitorais, a designação dos eleitos na fora dos votos emitidos, a divisão territorial do país em circunscrição, distritos, zonas e seções eleitorais;

– Visa a proporcionar a captação eficiente, segura e imparcial da vontade popular democraticamente manifestada, de forma que os mandatos sejam conferidos e exercidos com legitimidade;

– Existem 3 sistemas tradicionais: **Majoritário**, **Proporcional** e Misto;

– CF/1988 adotou apenas o Majoritário e o Proporcional;

2. Sistema majoritário

– Funda-se no princípio da representação da maioria;

– Por este sistema, o candidato que receber a maioria dos votos válidos é considerado vencedor do certame;

– Maioria pode ser **Absoluta** ou **Relativa**

a) Maioria absoluta: Considera-se a metade dos votos válidos dos votantes de um pleito + 1.

– Caso o número de votos válidos seja ímpar, considera-se o primeiro número inteiro acima da fração;

Exemplo:

Número de votantes: 30.000; Votos Válidos: 25.003

Maioria Absoluta= ½ dos Votos Válidos + 1, portanto, 12.501,5 votos

– Considera-se 12.502 votos a definir a maioria absoluta;

b) Maioria relativa: Diferentemente da maioria relativa, considera-se eleito o candidato que atingir a maior votação.

– No Brasil, o sistema adotado nas eleições para cargos de chefia do Executivo (Presidente; Governador; Prefeito) e Senador é o Majoritário.

– Em cidades com menos de 200 mil eleitores e nas eleições para Senador o resultado define-se por aquele que atingir maioria dos votos (maioria relativa ou absoluta, indiferente);

– Em cidades com **mais de 200 mil eleitores** e nas eleições **Presidenciais** e para **Governo** do Estado e DF, será conferido o 2º turno de votações entre os dois candidatos mais votados, a ser realizado no último domingo de Outubro;

– O candidato só será vencedor em primeiro turno se obtiver Maioria Absoluta de votos;

3. Sistema proporcional

– Este sistema visa a distribuir com equidade as vagas existentes nas Casas Legislativas, possibilitando a representação de grupos minoritários;

– É possível votar diretamente no candidato, o que resulta em voto indireto ao partido político, como também é possível votar tão somente no Partido (voto de legenda);

– Sistema adotado nas eleições para as Casas Legislativas: Câmara dos Deputados, Assembleias Legislativas, Câmara de Vereadores e Câmara Legislativa (no caso do Distrito Federal);

– Podemos classificar **5 passos** para que cheguemos até os vencedores de um pleito no sistema proporcional. A seguir, exemplo com informações fictícias quanto às eleições para a Câmara de Vereadores de Cachoeira Paulista/SP.

1º Passo: Votos válidos

– Para se obter o número de votos válidos em uma eleição é necessário verificar o número de eleitores presentes, descontando dele os votos nulos e os votos em branco;

Número Eleitores Presentes – Votos Brancos e Votos Nulos

Votos válidos

– Na hipótese criada, estimamos que tenham comparecido às urnas 18.000 eleitores sendo que os votos brancos totalizam 200 votos e os nulos, 500. Sendo assim:

Votos Válidos = 18.000 – 200 – 500

Votos Válidos= 17.300

2º Passo: Quociente eleitoral

– Próximo passo é obter o **quociente eleitoral**, que é resultado da divisão dos **votos válidos** pelo **número de cadeiras** (vagas) a serem ocupadas pelos vereadores.

– Cachoeira Paulista possui 13 cadeiras, sendo assim:

Quociente Eleitoral = (Votos Válidos)/(Número de cadeiras)

Quociente Eleitoral = 17.300/13

Quociente Eleitoral=1330,76 = 1.331

Observação: Art. 106 do Código Eleitoral dispõe que se deve desprezar a fração, se igual ou inferior a 0,5 (cinco décimos), ou arredondá-la para 1,0 se superior. Por esta razão, no exemplo, o Quociente Eleitoral será de 1.331.

3º Passo: Quociente partidário

– É necessário, então, determinar o **Quociente Partidário,** resultado da divisão entre o **total da votação por partido ou coligação** (votos nominais + votos de legenda) e o quociente eleitoral. Abaixo, tabela exemplificativa:

PARTIDOS/ COLIGAÇÕES	VOTOS TOTAIS (NOMINAIS + LEGENDA)	QUOCIENTE ELEITORAL (1.331)	QUOCIENTE PARTIDÁRIO
PA/PB	8.000	8.000/1.331	6,01 = 6
PC	5.300	5.300/1.331	3,98 = 3
PD/PE	3.000	3.000/1.331	2,25 = 2
PF	1.000	1.000/1.331	0,75 = 0**

Observação 1: O art. 107 do Código Eleitoral determina que a fração deverá ser desprezada, **não havendo a regra do arredondamento,** como no Quociente Eleitoral.

Observação 2:

– De acordo com o § 2º do art. 109 do Código Eleitoral, o Partido Político que não conseguir alcançar o **Quociente Eleitoral** (no caso do exemplo, 1.331) não concorrerá com a distribuição de cadeiras disponíveis a serem preenchidas. No exemplo, o Partido PF ficou 331 votos aquém do necessário para atingir o Quociente Eleitoral determinado no pleito.

Importante:

– O art. 108 do Código Eleitoral dispõe que estarão eleitos tantos candidatos registrados por um Partido/Coligação quantos o quociente partidário obtido indicar, na ordem da votação nominal que cada um recebeu.

4º Passo: Sobras eleitorais (Regra da Maior Média)

– A soma dos Quocientes Partidários obtidos (no exemplo de Cachoeira Paulista) resulta em 11 eleitos, na distribuição indicada pela tabela;

– Ainda restam 2 cadeiras a serem preenchidas;

– O art. 109 do Código Eleitoral dispõe sobre as **Sobras Eleitorais**, trazendo a seguinte regra de distribuição:

a) Será dividido o Número de **Votos Válidos de cada Partido/Coligação** pelo **Número de lugares ocupados + 1;**

b) Ao Partido/Coligação que obtiver maior média caberá um dos lugares a preencher. Este procedimento será adotado até que se esgotem as vagas que inicialmente tenham "sobrado". No exemplo de Cachoeira Paulista, serão avaliadas 2 Maiores Médias, vejamos:

1ª Maior Média:

PARTIDOS/ COLIGAÇÕES	VOTOS TOTAIS (NOMINAIS + LEGENDA)	Nº DE CADEIRAS PREENCHIDAS + 1	1ª MAIOR MÉDIA (MM)*
PA/PB	8.000	6 + 1 = 7	1.142,85
PC	5.300	3 + 1 = 4	1.325,00
PD/PE	3.000	2 + 1 = 3	1.000,00
PF**	1.000	0	0

2ª Maior Média

PARTIDOS/ COLIGAÇÕES	VOTOS TOTAIS (NOMINAIS + LEGENDA)	Nº DE CADEIRAS PREENCHIDAS + 1	1ª MAIOR MÉDIA (MM)
PA/PB	8.000	7	1.142,85
PC	5.300	5	1.060,00
PD/PE	3.000	3	1.000,00

– Na apuração da 2ª Maior Média (e nas demais, se necessário) seguir-se-á o mesmo procedimento, devendo sempre inserir ao partido anteriormente beneficiado com uma cadeira o seu novo *"Número de Cadeiras Preenchidas + 1".*

– O preenchimento dos lugares com que cada Partido ou coligação for contemplado far-se-á segundo a ordem de votação recebida por seus candidatos (critério majoritário);

Observação: Para obtenção da Maior Média, conforme Resolução TSE 16.844/1990, será analisada a fração até sua 14ª casa, se necessário;

E se empatar? Em caso de empate no critério da Maior Média, observaremos a seguinte regra:

a) Entre candidatos do mesmo partido/coligação: Aplica-se a regra disposta pelo art. 110 do Código Eleitoral, cabendo ao candidato mais idoso a cadeira em sobra.

Observação 1: Neste caso, conforme Resolução TSE 16.844/1990, será analisada a fração até sua 14ª casa. Em razão da distância entre os valores, apenas foram atribuídas duas casas decimais no exemplo da Câmara dos Vereadores de Cachoeira Paulista.

Observação 2: Em razão de não ter atingido o Quociente Eleitoral, o partido "PF" não entrará no procedimento de determinação da maior média;

IMPORTANTE 1:

Exceção ao sistema proporcional:

– Dispõe o art. 111 do Código Eleitoral que se nenhum Partido ou coligação alcançar o quociente eleitoral, considerar-se-ão eleitos, até serem preenchidos todos os lugares, os candidatos mais votados.

IMPORTANTE 2:

– No caso de afastamento ou cassação de candidatos eleitos pelo Sistema Proporcional, serão convocados seus **suplentes**, que são os candidatos mais votados sob a mesma legenda (e não coligação, ainda que pertença a ela) e que não foram eleitos;

– Em caso de empate entre os suplentes, será observado o critério de idade, sendo beneficiado o candidato de idade mais avançada;

– Não havendo suplentes a preencher vaga, serão realizadas novas eleições, salvo quando faltarem menos de 9 meses para o fim do mandato em questão;

ATENÇÃO: O art. 56, § 2º, da CF/1988 dispõe o prazo de **15 meses**, para os cargos de Deputados e Senadores.

8.5. JURISPRUDÊNCIA SELECIONADA

Vacância de Mandato e Justa Causa para Desfiliação Partidária – 2

Reportou-se à orientação firmada pela Corte no julgamento dos Mandados de Segurança 26.602/DF, 26.603/DF e 26.604/DF (*DJe* 17.10.2008), no sentido de que a observância do dever de fidelidade partidária é condição para o exercício de mandato eleitoral. Relembrou-se que, conforme essa orientação, no sistema de eleições proporcionais, o exercício de mandato eletivo não é direito pessoal do candidato, mas está vinculado à lealdade a agremiação. Afirmou-se que, como a Corte decidira que **a fidelidade partidária é requisito para a manutenção do exercício do mandato eletivo, pois o resultado favorável em eleição proporcional depende da sigla, todo e qualquer candidato deveria permanecer fiel ao partido.** Ponderou-se que a justa causa para a desfiliação permitiria que o mandato continuasse a ser exercido, mas não garantiria ao candidato, por mais famoso que fosse, como no caso, carregar ao novo partido relação que fora aferida no momento da eleição. Observou-se que, se fosse feita a distinção em razão do potencial para angariar votos, candidatos de grande fama transfeririam a sua vaga para o novo partido, enquanto **candidatos menos expressivos não teriam a mesma sorte.** Asseverou-se que o exame da **fidelidade partidária para fins de sucessão no caso de vacância no cargo deveria ser aferido no momento em que ocorresse a eleição.** Registrou-se, ademais, que o sistema brasileiro seria desprovido de mecanismos que permitissem ao eleitor confirmar a sua aderência ao candidato ou à linha adotada pelo partido no curso do mandato, não havendo votos de confiança ou de reafirmação intercorrentes no curso do mandato parlamentar. Aduziu-se que, **do ponto de vista eleitoral, o parâmetro utilizado pelo cidadão somente poderia ser colhido nas urnas, no momento em que o candidato fosse eleito ou buscasse a sua reeleição.** Afirmou-se que, de fato, ao ser eleito, a relação de fidelidade partidária escaparia ao domínio completo do candidato, pois passaria a ser comungada em maior ou menor extensão por seus eleitores. Concluiu-se que presumir que a justa causa permitiria a manutenção do mandato não implicaria dizer, entretanto, que a Constituição autorizaria a transferência da vaga ao novo partido, pois, como a troca de partidos não é submetida ao crivo do eleitor, o novo vínculo de fidelidade partidária não receberia legitimidade democrática inequívoca para sua perpetuação e, assim, não haveria a transferência da vaga à nova sigla. Outro precedente citado: ADIn 3.999/DF (*DJe* 17.4.2009). (Inform. STF 578) **(g.n)**

Infidelidade Partidária e Vacância de Mandato – 2

Relativamente ao mandado de segurança impetrado pelo PSDB, de relatoria do Min. Celso de Mello, o Tribunal, por maioria, indeferiu o *writ*. Na espécie, a impetração mandamental fora motivada pela resposta dada pelo Tribunal Superior Eleitoral – TSE à Consulta 1.398/DF na qual reconhecera que os partidos políticos e as coligações partidárias têm o direito de preservar a vaga obtida pelo **sistema eleitoral proporcional**, se, não ocorrendo razão legítima que o justifique, registrar-se ou o cancelamento de filiação partidária ou a transferência para legenda diversa, do candidato eleito por outro partido. Entendeu-se correta a tese acolhida pelo TSE. Inicialmente, **expôs-se sobre a essencialidade dos partidos políticos no processo de poder e na conformação do regime democrático, a importância do postulado da fidelidade partidária, o alto significado das relações entre o mandatário eleito e o cidadão que o escolhe, o caráter eminentemente partidário do sistema proporcional e as relações de recíproca dependência entre o eleitor, o partido político e o representante eleito**. Afirmando que o caráter partidário das vagas é extraído, diretamente, da norma constitucional que prevê o sistema proporcional (CF/1988, art. 45, *caput*: "*A Câmara dos Deputados compõe-se de representantes do povo, eleitos, pelo sistema proporcional, em cada Estado, em cada Território e no Distrito Federal.*"), e que, **nesse sistema, a vinculação entre candidato e partido político prolonga-se depois da eleição,** considerou-se que o ato de infidelidade, seja ao partido político, seja ao próprio cidadão-eleitor, mais do que um desvio ético-político, representa, quando não precedido de uma justa razão, uma inadmissível ofensa ao princípio democrático e ao exercício legítimo do poder, na medida em que migrações inesperadas não apenas causam surpresa ao próprio corpo eleitoral e às agremiações partidárias de origem, privando-as da representatividade por elas conquistada nas urnas, mas acabam por acarretar um arbitrário desequilíbrio de forças no Parlamento, vindo, em fraude à vontade popular e afronta ao próprio sistema eleitoral proporcional, a tolher, em razão da súbita redução numérica, o exercício pleno da oposição política. **(g.n)**

Infidelidade Partidária e Vacância de Mandato – 3

Asseverou-se que o direito reclamado pelos partidos políticos afetados pela infidelidade partidária não surgiria da resposta que o TSE dera à Consulta 1.398/DF, mas representaria emanação direta da própria Constituição que a esse direito conferiu realidade e deu suporte legitimador, notadamente em face dos fundamentos e dos princípios estruturantes em que se apoia **o Estado Democrático de Direito (CF/1988, art. 1º, I, II e V)**. Ressaltou-se não se tratar **de impo-**

sição, ao parlamentar infiel, de sanção de perda de mandato, por mudança de partido, a qual não configuraria ato ilícito, não incidindo, por isso, o art. 55 da CF/1988, mas de reconhecimento de inexistência de direito subjetivo autônomo ou de expectativa de direito autônomo à manutenção pessoal do cargo, como efeito sistêmico-normativo da realização histórica da hipótese de desfiliação ou transferência injustificada, entendida como ato culposo incompatível com a função representativa do ideário político em cujo nome o parlamentar foi eleito. Aduziu-se que, em face de situações excepcionais aptas a legitimar o voluntário desligamento partidário — a mudança significativa de orientação programática do partido e a comprovada perseguição política —, haver-se-á de assegurar, ao parlamentar, o direito de resguardar a titularidade do mandato legislativo, exercendo, quando a iniciativa não for da própria agremiação partidária, a prerrogativa de fazer instaurar, **perante o órgão competente da Justiça Eleitoral, procedimento no qual, em observância ao princípio do devido processo legal (CF/1988, art. 5º, LIV e LV), seja a ele possível demonstrar a ocorrência dessas justificadoras de sua desfiliação partidária.** Afastou-se a alegação de que o Supremo estaria usurpando atribuições do Congresso Nacional, por competir a ele, guardião da Constituição, interpretá-la e, de seu texto, extrair a máxima eficácia possível. De igual modo, rejeitou-se a assertiva de que o prevalecimento da tese consagrada pelo TSE desconstituiria todos os atos administrativos e legislativos para cuja formação concorreram parlamentares infiéis, tendo em conta a possibilidade da adoção da teoria do agente estatal de fato. Diante da mudança substancial da jurisprudência da Corte acerca do tema, que vinha sendo no sentido da inaplicabilidade do princípio da fidelidade partidária aos parlamentares empossados, e atento ao princípio da segurança jurídica, reputou-se necessário estabelecer um marco temporal a delimitar o início da eficácia do pronunciamento da matéria em exame. No ponto, fixou-se a data em que o TSE apreciara a Consulta 1.398/DF, ou seja, 27.03.2007, ao fundamento de que, a partir desse momento, tornara-se veemente a possibilidade de revisão jurisprudencial, especialmente por ter intervindo, com votos concorrentes, naquele procedimento, três Ministros do Supremo. No caso concreto, entretanto, verificou-se que todos os parlamentares desligaram-se do partido de origem, pelo qual se elegeram, e migraram para outras agremiações partidárias, em datas anteriores à apreciação daquela consulta. **(g.n)**

Infidelidade Partidária e Vacância de Mandato – 4
Os Ministros Eros Grau, Ricardo Lewandowski e Joaquim Barbosa indeferiram a ordem por fundamentos diversos. O Min. Eros Grau considerou haver dúvida razoável a comprometer a liquidez e certeza do direito alegado pelo impetrante, haja vista que os parlamentares teriam informado que **deixaram os quadros do partido por mudança do ideário da agremiação e de perseguições políticas internas, cuja apuração demandaria adequada instrução probatória, incabível na via eleita**. Aduziu, ademais, não encontrar, na Constituição Federal, tendo em conta o disposto no seu art. 55, seus incisos e §§ 2º e 3º, preceito do qual se pudesse extrair a afirmação **da competência do Presidente da Câmara dos Deputados para declarar a vacância e convocar os suplentes, sem prévia manifestação do Plenário ou da Mesa dessa Casa Legislativa, e após o pleno exercício, pelos parlamentares, de ampla defesa, aos quais, ainda que não se aplicassem aqueles dispositivos, acudiria o previsto no art. 5º, LV, da CF/1988**. Ressaltou, ainda, que a Constituição não prescreve a perda de mandato ao parlamentar que solicite cancelamento de **filiação partidária** ou, eleito por uma legenda, transfira-se para outra. No ponto, esclareceu que **a Emenda Constitucional 1/1969 estabelecia o princípio da fidelidade partidária, o qual veio a ser suprimido pela Emenda Constitucional 25/85, não o tendo adotado a vigente Constituição, que, no rol taxativo de causas de perda de mandato elencadas no seu art. 55, não inseriu a desfiliação partidária**. Concluiu que a criação de hipótese de perda de mandato parlamentar pelo Judiciário, fazendo as vezes de Poder Constituinte derivado, afrontaria os valores fundamentais do Estado de Direito. **(g.n)**

Infidelidade Partidária e Vacância de Mandato – 5
O Min. Ricardo Lewandowski levou em conta as peculiaridades do caso, e os princípios da segurança jurídica e da proteção da confiança, bem como do devido processo legal, da ampla defesa e do contraditório. Confirmando a assertiva de que a EC 25/1985 suprimira **a sanção de perda de mandato** por **infidelidade partidária**, aduziu que a **mudança de partidos**, no caso, ocorrera de forma **coerente** com a jurisprudência até então firmada pela Corte, e alertou sobre os sérios problemas que poderiam advir da adoção do entendimento do TSE retroativamente. Também entendeu não haver direito líquido e certo, diante da necessidade de dilação probatória, com observância do devido processo legal, acerca dos motivos da desfiliação. O Min. Joaquim Barbosa, de início, asseverou, tendo em vista o disposto no art. 45 da CF/1988, que o titular derradeiro do poder é o povo, em nome do qual agem os representantes, razão por que afirmou ter dificuldade em admitir, como decidira o TSE, que **a fonte de legitimidade de todo o poder estivesse nos partidos, pois isso levaria ao alijamento do eleitor do processo de manifestação de sua vontade soberana**. No mais, manifestou-se no mesmo sentido dos votos divergentes quanto à ausência de direito líquido e certo e de previsão constitucional da sanção de perda de mandato, frisando, por fim, a impossibilidade de retroação da decisão ante o princípio da segurança jurídica. Vencidos os Ministros Carlos Britto e Marco

Aurélio, que concediam a ordem tal como requerida, estabelecendo, como marco temporal para aplicação do princípio da fidelidade partidária, a atual legislatura, iniciada em fevereiro de 2007. Alguns precedentes citados: MS 20.927/DF (*DJU* 15.04.1994); ADIn 1.063/DF (*DJU* 25.06.2001); ADIn 1.407/DF (*DJU* 1º.02.2001); ADIn 1.351/DF (*DJU* 30.07.2007). **(g.n)**

Infidelidade Partidária e Vacância de Mandato – 6
Quando ao *mandamus* impetrado pelo DEM, de relatoria da Min. Cármen Lúcia, o Tribunal, por maioria, na linha da orientação firmada no MS 26.603/DF, concedeu parcialmente a ordem, para o efeito de determinar ao Presidente da Câmara dos Deputados que **remeta ao TSE o pedido de declaração de vacância** do posto ocupado por uma deputada federal, litisconsorte passiva, cujos documentos trazidos aos autos demonstram ter ela se desfiliado em data subsequente à fixada como marco temporal para a prevalência de atos cobertos pelo princípio da segurança jurídica, a fim de que aquela Corte, após adotar resolução disciplinadora do procedimento de justificação, decida sobre a matéria. Vencidos os Ministros Eros Grau, Ricardo Lewandowski e Joaquim Barbosa, que denegavam totalmente a ordem, e os Ministros Carlos Britto e Marco Aurélio que a concediam em maior extensão, todos com base nos fundamentos de seus votos expendidos naquele *writ*. **(g.n)**

Infidelidade Partidária e Vacância de Mandato – 7
No que se refere ao mandado de segurança impetrado pelo PPS, de relatoria do Min. Eros Grau, o Tribunal, por maioria, também na linha da orientação firmada no MS 26.603/DF, indeferiu o *writ*. O Min. Eros Grau, relator, assim como o fizeram os Ministros Ricardo Lewandowski e Joaquim Barbosa, reafirmaram os fundamentos de seus votos naquele mandado de segurança. Vencidos os Ministros Carlos Britto e Marco Aurélio, que com base nas mesmas razões expostas no referido *writ*, concediam a ordem tal como requerida. MS 26.602/DF, rel. Min. Eros Grau, j. 03 e 04.10.2007. MS 26.603/DF, rel. Min. Celso de Mello, 03 e 04.10.2007. MS 26.604/DF, rel. Min. Cármen Lúcia, j. 03 e 04.10.2007. (Inform. STF 482) **(g.n)**

Infidelidade Partidária e Vacância de Mandato – 2
Relativamente ao mandado de segurança impetrado pelo PSDB, de relatoria do Min. Celso de Mello, o Tribunal, por maioria, indeferiu o *writ*. Na espécie, a impetração mandamental fora motivada pela resposta dada pelo Tribunal Superior Eleitoral – TSE à Consulta 1.398/DF na qual reconhecera que os **partidos políticos e as coligações partidárias têm o direito de preservar a vaga obtida pelo sistema eleitoral proporcional**, se, não ocorrendo razão legítima que o justifique, registrar-se ou o cancelamento de filiação partidária ou a transferência para legenda diversa, do candidato eleito por outro partido. Entendeu-se correta a

tese acolhida pelo TSE. Inicialmente, expôs-se sobre **a essencialidade dos partidos políticos no processo de poder e na conformação do regime democrático, a importância do postulado da fidelidade partidária**, o **alto significado das relações entre o mandatário eleito e o cidadão que o escolhe**, o **caráter eminentemente partidário do sistema proporcional** e as relações de recíproca dependência entre o eleitor, o partido político e o representante eleito. Afirmando que o **caráter partidário das vagas é extraído, diretamente, da norma constitucional que prevê o sistema proporcional** (CF/1988, art. 45, *caput: "A Câmara dos Deputados compõe-se de representantes do povo, eleitos, pelo sistema proporcional, em cada Estado, em cada Território e no Distrito Federal."*), e que, nesse sistema, a **vinculação entre candidato e partido político prolonga-se depois da eleição, considerou-se que o ato de infidelidade, seja ao partido político, seja ao próprio cidadão-eleitor, mais do que um desvio ético-político, representa, quando não precedido de uma justa razão, uma inadmissível ofensa ao princípio democrático** e ao **exercício legítimo do poder**, na medida em que migrações inesperadas não apenas causam surpresa ao próprio corpo eleitoral e as agremiações partidárias de origem, privando-as da representatividade por elas conquistada nas urnas, mas acabam por acarretar um arbitrário desequilíbrio de forças no Parlamento, vindo, em fraude à vontade popular e afronta ao próprio sistema eleitoral proporcional, a tolher, em razão da súbita redução numérica, o exercício pleno da oposição política. **(g.n)**

Legislação Eleitoral: Direito à Informação e Princípio da Anterioridade – 2
Quanto ao mérito, considerou-se, inicialmente, que os artigos impugnados aos quais a resolução deu aplicabilidade imediata não ofendem o princípio da anterioridade da lei eleitoral, inscrito no **art. 16 da CF/1988 (*"A lei que alterar o processo eleitoral entrará em vigor na data de sua publicação, não se aplicando à eleição que ocorra até um ano da data de sua vigência"*)**, já que não alteram o processo eleitoral propriamente dito, e sim estabelecem regras de caráter eminentemente procedimental que visam promover maior equilíbrio entre os partidos políticos e os candidatos. No que tange aos arts. 17-A, 18, e 47, § 3º, da Lei 11.300/2006, não contemplados pela resolução, julgou-se improcedente, da mesma forma, o argumento de violação ao art. 16 da CF, tendo em conta que os primeiros dependem de regulamentação ainda inexistente e o último teve sua **eficácia protraída** no tempo. Por outro lado, entendeu-se que o art. 35-A da Lei 11.300/2006, também não previsto na resolução, ao vedar a divulgação de pesquisas eleitorais por qualquer meio de comunicação, a partir do décimo quinto dia anterior até às dezoito horas do dia do pleito, violou o direito à informação garantido pela Constituição Federal. Asseverou-se que a referida

proibição, além de **estimular a divulgação de boatos e dados apócrifos, provocando manipulações indevidas que levariam ao descrédito do povo no processo eleitoral**, seria, à luz dos princípios da razoabilidade e da proporcionalidade, inadequada, desnecessária e desproporcional quando confrontada com o objetivo pretendido pela legislação eleitoral que é, em última análise, o de permitir que o cidadão, antes de votar, forme sua convicção da maneira mais ampla e livre possível. O Min. Eros Grau fez ressalva quanto aos fundamentos concernentes aos princípios da razoabilidade e da proporcionalidade. ADIn 3.741/DF, rel. Min. Ricardo Lewandowski, j. 06.09.2006. (ADI-3741). ADIn 3.742/DF, rel. Min. Ricardo Lewandowski, j. 06.09.2006; ADIn 3.743/DF, rel. Min. Ricardo Lewandowski, j. 06.09.2006. (Inform. STF 439) **(g.n)**

Partidos Políticos e Cláusula de Barreira – 2
Entendeu-se que os dispositivos impugnados violam o art. 1º, V, que prevê como um dos **fundamentos da República o pluralismo político; o art. 17, que estabelece ser livre a criação, fusão, incorporação e extinção de partidos políticos, resguardados a soberania nacional, o regime democrático, o pluripartidarismo, os direitos fundamentais da pessoa humana**; e o art. 58, § 1º, que assegura, na constituição das Mesas e das comissões permanentes ou temporárias da Câmara dos Deputados e do Senado Federal, a **representação proporcional dos partidos ou dos blocos parlamentares que participam da respectiva Casa**, todos da CF/1988. Asseverou-se, relativamente ao inc. IV do art. 17 da CF/1988, que a previsão quanto à competência do legislador ordinário para **tratar do funcionamento parlamentar** não deve ser tomada a ponto de esvaziar-se os princípios constitucionais, notadamente o revelador do **pluripartidarismo**, e inviabilizar, por completo, esse funcionamento, acabando com as bancadas dos partidos minoritários e impedindo os respectivos deputados de comporem a Mesa Diretiva e as comissões. Considerou-se, ainda, sob o ângulo da **razoabilidade**, serem **inaceitáveis os patamares de desempenho e a forma de rateio concernente à participação no Fundo Partidário e ao tempo disponível para a propaganda partidária adotados pela lei.** Por fim, ressaltou-se que, no Estado Democrático de Direito, a nenhuma maioria é dado tirar ou **restringir os direitos e liberdades fundamentais da minoria**, tais como a liberdade de se expressar, de se organizar, de denunciar, de discordar e de se fazer representar nas decisões que influem nos destinos da sociedade como um todo, enfim, de participar plenamente da vida pública.

ADIn 1.351/DF e ADIn 1.354/DF, rel. Min. Marco Aurélio, j. 07.12.2006. (Inform. STF 451) **(g.n)**

8.6. QUESTÕES COMENTADAS

(Ministério Público/AM – 2008 – CESPE) A CF e o Código Eleitoral, ao tratarem das eleições para os diferentes cargos do Poder Legislativo, determinam que o sistema eleitoral brasileiro

(A) seja sempre proporcional, de listas abertas.

(B) seja distrital ou majoritário nas eleições municipais.

(C) varie de acordo com a circunscrição do pleito.

(D) seja, em regra, proporcional, de lista fechada.

(E) ocorra no sistema majoritário nas eleições para o Senado Federal.

O sistema proporcional com listas abertas aplica-se às eleições para a Câmara dos Deputados, para as Assembleias Legislativas, Câmara Distrital e para as Câmaras de Vereadores – arts. 45, 27, § 1º, e 32, § 3º, todos da CF/1988 e art. 84 do Código Eleitoral. A eleição do Presidente, dos Senadores, dos Governadores e dos Prefeitos segue o sistema majoritário – arts. 28, 29, I, 46, e 77, todos da CF/1988.
Gabarito "E"

(Ministério Público/RN – 2009 – CESPE) O sistema eleitoral brasileiro, proporcional de listas abertas, contempla o quociente eleitoral e o partidário. Com relação a esse assunto, assinale a opção correta.

(A) O quociente partidário é definido pela divisão do número total de votos válidos pelo número de lugares a preencher.

(B) Somente partido ou coligação que alcançar o quociente eleitoral participa do rateio das sobras, se houver.

(C) São realizadas novas eleições caso nenhum partido ou coligação alcance o quociente eleitoral.

(D) Os votos de legenda conferidos aos partidos são contados apenas para o cálculo do quociente partidário, mas descartados para o cálculo do quociente eleitoral.

(E) Não há distinção entre quociente eleitoral e quociente partidário, em termos práticos.

A: incorreta, uma vez que de acordo com o art. 107 do Código Eleitoral o quociente partidário é obtido a partir da divisão do número de votos válidos dados sob a mesma legenda ou coligação de legenda pelo quociente eleitoral, desprezada a fração; **B:** correta, conforme disposto no art. 109, § 2º, do Código Eleitoral; **C:** incorreta, vez que o art. 111 do Código Eleitoral prevê que se nenhum Partido ou coligação alcançar o quociente eleitoral, considerar-se-ão eleitos, até serem preenchidos todos os lugares, os candidatos mais votados; **D:** incorreta, uma vez que tomada a premissa trazida pelo art. 5º da Lei 9.504/1997 ao dispor que nas eleições proporcionais, contam-se como válidos apenas os votos dados a candidatos regularmente inscritos e às legendas partidárias. Desta forma, de conhecimento que para determinar-se o quociente eleitoral dividi-se o número de votos válidos apurados pelo número de lugares a preencher em cada circunscrição eleitoral, depreende-se a imprescindibilidade da contagem dos votos de legenda para o cálculo tanto do quociente partidário como do eleitoral; **E:** incorreta, uma vez que se trata de quocientes distintos, inclusive é de verificar-se que para obtenção do quociente partidário é preciso ter esclarecido o quociente eleitoral, como bem se observa da regra exposta pelo art. 107 do Código Eleitoral.
Gabarito "B"

(Ministério Público/RR – 2008 – CESPE) De 1935 até agora, o sistema brasileiro para a eleição de deputados e vereadores traz essa característica que tanto o distingue dos modelos proporcionais empregados em todo o mundo: a escolha uninominal, pelos eleitores, a partir de listas apresentadas pelos partidos. Sessenta e tantos anos decorridos da introdução desse modelo de escolha uninominal no Brasil – desde a reforma trazida ao Código de 1932 e pela Lei 48/1935 –, somam-se as queixas de políticos e estudiosos contra a experiência, no dizer de Giusti Tavares, "singular e estranha". Walter C. Porto. **A mentirosa urna**. São Paulo: Martins Fontes, 2004. p. 121 (com adaptações). A partir das informações do texto acima, julgue os itens que se seguem, acerca do sistema eleitoral brasileiro nas eleições para deputado e vereador.

(1) No sistema proporcional de lista aberta, o eleitor, ao votar em um candidato, contribui para a eleição de todos os demais candidatos do mesmo partido.

(2) Conforme as regras brasileiras, o voto conferido a um candidato é unipessoal e intransferível, e, por essa razão, não pode colaborar na eleição de outro candidato.

(3) No caso de coligações, o voto conferido à legenda de um partido cujo único candidato tenha sido excluído da eleição pela justiça é computado para a coligação.

(4) O candidato a vereador mais votado em uma cidade é eleito, independentemente do desempenho dos demais candidatos da mesma legenda.

(5) De acordo com o princípio da fidelidade partidária, é nulo o voto conferido a candidato a vereador filiado a partido de coligação oposta à do candidato em quem o mesmo eleitor votou para prefeito.

1: A assertiva é verdadeira. No sistema proporcional de lista aberta (adotado para deputados federais, estaduais e distritais, e para vereadores), todos os votos dados a candidatos do partido ou da coligação (além dos votos dados diretamente às legendas) são somados para apuração do quociente partidário (= votos conseguidos pelo partido ou pela coligação ÷ pelo quociente eleitoral), que determinará o número de vagas a serem preenchidas pela legenda (arts. 107 a 109 do Código Eleitoral); **2:** A assertiva é falsa. No sistema proporcional de lista aberta, todos os votos dados a candidatos do partido ou da coligação (além dos votos dados diretamente às legendas) são somados para apuração do quociente partidário (= votos conseguidos pelo partido ou pela coligação ÷ pelo quociente eleitoral), que determinará o número de vagas a serem preenchidas pela legenda (arts. 107

a 109 do Código Eleitoral); **3:** correto (arts. 175, § 4°, e 176, ambos do Código Eleitoral); **4:** incorreto. A eleição no sistema proporcional depende do desempenho da legenda, necessariamente, pois as vagas são preenchidas com base no quociente partidário (= votos conseguidos pelo partido ou pela coligação ÷ pelo quociente eleitoral). Se o partido não atingir o mínimo de votos correspondente ao quociente eleitoral (= número de votos válidos ÷ número de vagas), nenhum de seus candidatos será eleito, ainda que tenha sido o vereador mais votado da cidade (arts. 106, 107, 108 e 109, § 2°, todos do Código Eleitoral); **5:** incorreto. Não há essa vinculação.

Gabarito 1E, 2C, 3C, 4E, 5E

(Ministério Público/SC – 2008)

I. Será considerado eleito o candidato a Presidente ou a Governador que obtiver a maioria absoluta de votos, não computados os em brancos e os nulos.

II. Se nenhum candidato alcançar a maioria absoluta na primeira votação, far-se-á nova eleição no último domingo de outubro, concorrendo os dois candidatos mais votados, e considerando-se eleito o que obtiver a maioria dos votos válidos.

III. Se, antes de realizado o segundo turno, ocorrer morte, desistência ou impedimento legal de candidato, convocar-se-á o respectivo vice para concorrer ao pleito.

IV. O impedimento legal ocorrerá sempre que houver declaração de inelegibilidade, com trânsito em julgado, por parte do órgão competente da Justiça Eleitoral, superveniente ao registro da candidatura.

V. Nas eleições proporcionais, contam-se como válidos apenas os votos dados a candidatos regularmente inscritos e às legendas partidárias.

(A) apenas I, II e IV estão corretos.
(B) apenas III, IV e V estão corretos.
(C) apenas I, II, IV e V estão corretos.
(D) apenas II, III, e IV estão corretos.
(E) Todos estão corretos.

I: correta, conforme o art. 77, § 2°, da CF/1988; **II:** correta, pois essa é a regra para a eleição de Presidente, Governador e Prefeito em município com mais de 200 mil eleitores – art. 77, § 3°, da CF e arts. 2°, § 1°, e 3°, § 2°, ambos da Lei 9.504/1997; **III:** incorreta, pois, nessa hipótese, convoca-se o candidato seguinte, mais bem votado – art. 2°, § 2°, da Lei 9.504/1997; **IV:** correta, mas, com a Lei da Ficha Limpa (LC 135/2010), é importante lembrar que não é mais necessário o trânsito em julgado, bastando a publicação da decisão proferida por órgão colegiado que declarar a inelegibilidade do candidato, para que o registro da candidatura seja cancelado – art. 15 da Lei da Inelegibilidade – LI (LC 64/1990); **V:** correta, conforme o art. 5° da Lei 9.504/1997.

Gabarito "C"

(Analista – TRE/MA – 2009 – CESPE) Considerando-se uma eleição para o Senado Federal na qual são disputadas duas vagas, como as que ocorrerão em 2010, assinale a opção correta, segundo a disciplina das leis eleitorais.

(A) A eleição para o Senado Federal, nesse caso, combina o sistema majoritário com o proporcional.
(B) Devem ser eleitos os dois candidatos que receberem mais votos.
(C) Os votos dos candidatos de cada partido ou coligação devem ser somados para que se definam os eleitos.
(D) Os eleitos devem ser definidos de acordo com o sistema eleitoral proporcional adotado no Brasil.
(E) Devem ser eleitos os dois candidatos do mesmo partido ou coligação do candidato a governador que vencer as eleições.

Na eleição para o Senado Federal adotar-se-á o princípio majoritário. Logo, devem ser eleitos dois candidatos que receberem mais votos – arts. 46 da CF/1988 e 83 da CE

Gabarito "B"

(Procurador da República – 14°) As eleições, segundo a constituição, são realizadas:

I. pelo sistema proporcional para Deputados Federais, Deputados Estaduais e Vereadores, salvo no Distrito Federal em que os Deputados são eleitos pelo sistema distrital;

II. segundo o princípio majoritário para o Senado Federal, para Presidente da República, Governadores de Estados e Prefeitos Municipais, havendo, em qualquer caso, segundo turno, se nenhum dos candidatos alcançar maioria absoluta na primeira votação, não computados os votos brancos e os nulos;

III. pelo sistema distrital misto para Deputados Federais e Estaduais, sendo metade das vagas preenchidas pelo voto proporcional em todo o Estado e a outra metade pelo voto majoritário em cada distrito;

IV. somente se lhes aplicando a lei que altere o processo eleitoral vigente há mais de um ano antes da data de sua realização.

Analisando as asserções acima, pode-se afirmar que:

(A) somente as de números I e II estão corretas;
(B) as de números II, III e IV estão corretas;
(C) apenas a de número IV está correta;
(D) as de números I, II e IV estão corretas.

I: incorreta, uma vez que a eleição para a Câmara dos Deputados, Assembleias Legislativas e Câmaras Municipais, obedecerá ao princípio da representação proporcional, na forma do que dispõe o art. 84 do Código Eleitoral; **II:** incorreta, em atenção ao que dispõe o art. 2°, § 1° e art. 3°, § 2°, da Lei 9.504/1997; **III:** incorreta, pois como exposto no comentário da assertiva I, a eleição para a Câmara dos Deputados e Assembleias Legislativas obedecerá ao sistema proporcional, conforme art. 84 do Código Eleitoral; **IV:** correta, conforme o princípio da anualidade eleitoral estampado pelo art. 16 da CF/1988.

Gabarito "C"

(Procurador da República – 15º) De acordo com a Constituição da República, as eleições devem ser realizadas:

I. para o Senado Federal segundo o princípio majoritário e para a Câmara dos Deputados pelo sistema proporcional;

II. em dois turnos, para Presidente da República e para Governador de Estado, se nenhum candidato alcançar maioria absoluta dos votos na primeira votação, não computados os em brancos e os nulos;

III. em datas diversas para Prefeito, Vice-Prefeito e Vereadores, devendo o número destes ser fixado pela lei orgânica do Município segundo os critérios que adotar, respeitada a autonomia municipal;

IV. nas datas fixadas pela Justiça Eleitoral e sob sua supervisão, sendo obrigatoriamente fiscalizadas por organizações não governamentais para assegurar a lisura e o caráter democrático do processo eleitoral, segundo padrões estabelecidos em tratados e convenções internacionais.

Analisando as assertivas acima, pode-se afirmar que:

(A) todas estão corretas;

(B) as de números I, II e III estão corretas:

(C) apenas as de números I e II estão corretas;

(D) somente as de números II e IV estão corretas.

A: I: correta, conforme arts. 83 e 84 do Código Eleitoral; II: correta, pois de acordo com o art. 2º, § 1º, da Lei 9.504/1997; III: Incorreta, uma vez que eleição para prefeito, vice-prefeito e vereadores ocorrerá simultaneamente, conforme dispõe o art. 1º, § 1º, II, da Lei 9.504/1997; IV: incorreta, vez que a data da realização das eleições é estampada pelo art. 1º da Lei 9.504/1997. Não obstante, os partidos e coligações poderão fiscalizar todas as fases do processo de votação e apuração das eleições e o processamento eletrônico da totalização dos resultados, conforme art. 66 da Lei 9.504/1997.

Gabarito "C"

(Procurador da República – 17º) No sistema eleitoral brasileiro:

(A) Deputados Federais e Senadores são eleitos pelo sistema proporcional e distrital misto, respectivamente;

(B) somente há segundo turno nas eleições presidenciais se nenhum candidato obtiver a maioria absoluta dos votos, computados os em branco e nulos;

(C) não há segundo turno nas eleições para Governadores dos Estados, salvo as a Constituição Estadual assim o estabelecer;

(D) Senadores são eleitos segundo o princípio majoritário e Deputados Federais, Estaduais e Distritais, pelo sistema proporcional.

A: incorreta, vez que a eleição dos Deputados se dará pelo sistema proporcional (art. 84 do Código Eleitoral) e as eleições dos senadores, pelo sistema majoritário (art. 83 do Código Eleitoral); B: incorreta, pois o art. 2º da Lei 9.504/1997 dispõe que não se contabilizará os votos nulos e brancos; C: incorreta. vez que o art. 2º, § 1º, da Lei 9.504/1997 dispõe que se nenhum candidato alcançar maioria absoluta na primeira votação, far-se-á nova eleição no último domingo de outubro, concorrendo os dois candidatos mais votados, e considerando-se eleito o que obtiver a maioria dos votos válidos; D: correta, conforme arts. 83 e 84 do Código Eleitoral, respectivamente.

Gabarito "D"

(Procurador da República – 18º) As eleições:

(A) para o Senado Federal e para a Câmara dos Deputados realizam-se, respectivamente segundo o princípio majoritário e pelo sistema proporcional;

(B) para Presidente da República e Governadores de Estados, realizadas pelo sistema majoritário, terão segundo turno, se nenhum candidato obtiver a maioria absoluta dos votos válidos no primeiro, computados os votos em branco e os nulos, legítima expressão da vontade popular;

(C) para a Câmara dos Deputados e as Assembleias Legislativas, realizam-se pelo voto distrital misto, sendo majoritárias relativamente à metade das vagas e proporcionais quanto às demais, mediante lista fechada elaborada pelos Partidos Políticos;

(D) pelo sistema proporcional, para Deputados Federais e Estaduais, não admitem coligações partidárias, considerando-se a desfiguração delas resultantes para os votos de legenda.

A: correta, conforme arts. 83 e 84 do Código Eleitoral; B: incorreta, vez que não serão computados, para efeito das eleições de Presidente da República e Governadores de Estado, os votos brancos e nulos, ao que prevê o art. 2º da Lei 9.504/1997; C: incorreta, já que a eleição para a Câmara dos Deputados, Assembleias Legislativas e Câmaras Municipais obedecerá ao princípio da representação proporcional na forma do que dispõe o art. 84 do Código Eleitoral; D: incorreta, vez que a previsão das coligações partidárias vem estampada no art. 6º da Lei 9.504/1997.

Gabarito "A"

(Procurador da República – 21º) As eleições:

(A) para o Legislativo federal, estadual e municipal são realizadas sempre pelo sistema proporcional;

(B) para o Executivo federal e estadual são realizadas segundo o princípio majoritário, sendo adotado o sistema distrital misto para o Executivo municipal;

(C) para o Executivo municipal, na hipótese de nenhum candidato alcançar a maioria absoluta dos votos na primeira votação, não computados os em branco e os nulos, haverá segundo turno em qualquer Município;

(D) para o Legislativo são realizadas pelo sistema proporcional para Deputados Federais, Estaduais e Vereadores, observando-se o princípio majoritário para Senadores.

A: incorreta, vez que a eleição para Senadores obedece ao sistema majoritário, como bem dispõe o art. 84 do Código Eleitoral; **B:** incorreta, pois o sistema para todos os cargos de Chefia do Executivo (Presidente, Governadores, Prefeitos e respectivos vices) dar-se-á pelo sistema majoritário, conforme art. 2º e 3º da Lei 9.504/1997; **C:** incorreta, vez que a hipótese só ocorrerá para Municípios com mais de 200 mil eleitores, conforme art. 3º, § 2º, da Lei 9.504/1997; **D:** correta, conforme arts. 83 e 84 do Código Eleitoral.

Gabarito "D".

(Magistratura/MG – 2012 – VUNESP) A propaganda eleitoral poderá ser iniciada a partir da(o)

(A) escolha do candidato pela convenção partidária (art. 240 do Código Eleitoral).

(B) escolha do candidato pela convenção partidária, desde que sejam modalidades de propaganda previstas pelo Código Eleitoral (art. 240 do Código Eleitoral).

(C) dia 5 de julho do ano da eleição, desde que sejam modalidades de propaganda previstas pela Lei das Eleições (art. 36, *caput*, da Lei 9.504/1997).

(D) dia 5 de julho do ano da eleição (art. 36, *caput*, da Lei 9.504/1997 – Lei das Eleições).

De fato, a única resposta correta é a apresentada pela assertiva "D", uma vez que dispõe o *caput* do art. 36 da Lei 9.504/1997 ser permitida a propaganda eleitoral somente após o dia 5 de julho do ano da eleição.

Gabarito "D".

(Magistratura/MG – 2012 – VUNESP) É correto afirmar que o candidato com pedido de registro *sub judice*

(A) poderá prosseguir a campanha eleitoral.

(B) poderá prosseguir a campanha eleitoral, exceto a participação na propaganda pelo rádio e TV (horário gratuito), conforme recente interpretação jurisprudencial do Tribunal Superior Eleitoral.

(C) poderá prosseguir a campanha eleitoral, exceto a divulgação da propaganda pela internet, conforme recente interpretação jurisprudencial do Tribunal Superior Eleitoral.

(D) não poderá prosseguir a campanha eleitoral.

De fato, a única resposta correta é encontrada na assertiva "A", uma vez que de acordo com o disposto no art. 16-A, *caput*, da Lei 9.504/1997: "O candidato cujo registro esteja *sub judice* poderá efetuar todos os atos relativos à campanha eleitoral, inclusive utilizar o horário eleitoral gratuito no rádio e na televisão e ter seu nome mantido na urna eletrônica enquanto estiver sob essa condição, ficando a validade dos votos a ele atribuídos condicionada ao deferimento de seu registro por instância superior".

Gabarito "A".

CAPÍTULO 9

CRIMES ELEITORAIS E O PROCESSO PENAL NOS CRIMES ELEITORAIS

9.1. INTRODUÇÃO

De maneira geral, são condutas que ofendem os princípios resguardados pela legislação eleitoral e, em especial, os bens jurídicos protegidos pela lei penal eleitoral.

Nas lições de Joel Cândido aprendemos que *"crime eleitoral é todo o comportamento voluntário de agente pessoa física que cause danos a bens jurídicos eleitorais ou a direitos políticos alheios, ou exponha esses bens ou direitos a perigo direto, concreto e eminente, contrariando comando expresso previsto em legislação eleitoral penal"*.[1]

Pinto Ferreira leciona que *"crime eleitoral é uma conduta antissocial, eticamente reprovável, punível por lei, abrangendo-o como fato positivo e fato jurídico, como fenômeno real e ente normativo"*.[2]

Sinteticamente, os crimes eleitorais estão previstos nos seguintes diplomas:

a) Código Eleitoral – arts. 289 a 354;

b) Lei das Eleições (Lei 9.504/1997) – arts. 33, § 4º; 34, §§ 2º e 3º; 39, § 5º; 40; 68, § 2º; 72; 87, § 4º; 91, parágrafo único;

c) Lei de Inelegibilidades (LC 64/1990) – art. 25;

d) Leis esparsas, como a lei que trata dos transportes dos eleitores em dia de eleição – Lei 6.091/1974, art. 11.

---

1. CÂNDIDO, Joel J. **Direito penal eleitoral e processo penal eleitoral**. São Paulo: Edipro, 2006. p. 47
2. PINTO FERREIRA. **Código Eleitoral comentado**. São Paulo: Saraiva, 1997. p. 414.

9.2. CONSIDERAÇÕES GERAIS

Importante notarmos as seguintes considerações gerais sobre os crimes eleitorais:

a) Sempre que não for indicado grau mínimo, este será de 15 dias para a pena de detenção e de um 1 ano para a de reclusão;

b) Quando a lei determina a agravação ou atenuação da pena sem mencionar o *quantum*, o juiz fixará entre 1/5 e 1/3, guardados os limites da pena cominada ao crime;

c) A pena de multa (fixada em "dias-multa") será fixada entre o mínimo, 1 (um) dia-multa, e no máximo, 300 (trezentos) dias-multa; O montante do "dia-multa" será fixado em vista das condições do condenado, não podendo ser inferior ao salário-mínimo diário da região, nem superior ao valor de um salário-mínimo mensal;

d) Nos crimes eleitorais cometidos por meio da imprensa, rádio ou da televisão, aplicam-se exclusivamente as normas do Código Eleitoral e as remissões a outra lei nele contempladas.

e) São considerados membros e funcionários da Justiça Eleitoral: os magistrados; cidadãos que temporariamente integram órgãos da Justiça Eleitoral; cidadãos nomeados para as mesas ou Juntas Apuradoras; funcionários requisitados pela Justiça Eleitoral; quem, embora transitoriamente ou sem remuneração, exerça cargo, emprego ou função pública; quem exerça cargo, emprego ou função em entidade paraestatal ou em sociedade de economia mista.

9.3. CLASSIFICAÇÃO DOS CRIMES ELEITORAIS

Podemos encontrar na doutrina especializada diversos parâmetros classificatórios dos tipos penais eleitorais. Abordaremos neste escrito posicionamento clássico de Nelson Hungria, porém, também retrataremos uma divisão estabelecida com base na própria divisão contida em cada diploma legal, sugerida por Roberto Moreira de Almeida em suas lições, tratado na seguinte perspectiva objetiva:

CLASSIFICAÇÃO SEGUNDO NELSON HUNGRIA	ARTIGOS DO CÓDIGO ELEITORAL
Propaganda eleitoral abusiva	322 ao 337
Corrupção Eleitoral	299
Fraude Eleitoral	289 ao 291; 302; 307; 309; 310; 312; 317; 337; 339; 340; 348; 349; 352; 353; 354.
Coação Eleitoral	300 e 301
Aproveitamento econômico da ocasião Eleitoral	303 e 304
Irregularidade no/contra o serviço público eleitoral	Demais crimes eleitorais do Código Eleitoral + art. 1º da Lei 6.091/1974 (Lei do Fornecimento Gratuito de Transporte, em dias de eleição); art. 25 da LC 64/1990 (Lei das Inelegibilidades – hipóteses infraconstitucionais).

CLASSIFICAÇÃO DE ORDEM NORMATIVA	DIPLOMA LEGAL
Crimes Eleitorais propriamente ditos	Código Eleitoral
Crimes Eleitorais relativos ao fornecimento de transporte gratuito (dias de eleição)	Lei 6.091/1974 (Lei do Fornecimento Gratuito de Transporte, em dias de eleição)
Crimes Eleitorais-Inelegibilidades	LC 64/1990
Crimes Eleitorais contidos na Lei das Eleições (Lei 9.504/1997)	Lei 9.504/1997 (Lei das Eleições/ Lei Geral das Eleições)

Com se verifica na leitura de cada preceito legal indicado nas classificações, os crimes eleitorais (que tutelam nosso objeto de estudo) possuem transcrições que não se limitam a único texto normativo.

Abordar sistematicamente cada uma das tipificações demandaria um estudo paralelo e reservado aos penalistas, destacando com muito mais propriedade cada peculiaridade e características próprias do tipo.

No entanto, a partir da reprodução de cada dispositivo, será destacado núcleos de importância e distinção. Conheçamos cada um dos crimes a partir de uma divisão firmada pela *classificação normativa* (conforme tabela acima):

9.3.1. Crimes eleitorais propriamente ditos

Art. 289. Inscrever-se fraudulentamente eleitor:
Pena – Reclusão até cinco anos e pagamento de cinco a 15 dias-multa.

Art. 290 Induzir alguém a se inscrever eleitor com infração de qualquer dispositivo deste Código.
Pena – Reclusão até 2 anos e pagamento de 15 a 30 dias-multa.

Art. 291. Efetuar o juiz, fraudulentamente, a inscrição de alistando.
Pena – Reclusão até 5 anos e pagamento de cinco a quinze dias-multa.

Art. 292. Negar ou retardar a autoridade judiciária, sem fundamento legal, a inscrição requerida:
Pena – Pagamento de 30 a 60 dias-multa.

Art. 293. Perturbar ou impedir de qualquer forma o alistamento:
Pena – Detenção de 15 dias a seis meses ou pagamento de 30 a 60 dias-multa.

Art. 294. (Revogado pela Lei 8.868, de 14.04.1994.)

Art. 295. Reter título eleitoral contra a vontade do eleitor:
Pena – Detenção até dois meses ou pagamento de 30 a 60 dias-multa.

Art. 296. Promover desordem que prejudique os trabalhos eleitorais:
Pena – Detenção até dois meses e pagamento de 60 a 90 dias-multa.

Art. 297. Impedir ou embaraçar o exercício do sufrágio:
Pena – Detenção até seis meses e pagamento de 60 a 100 dias-multa.

Art. 298. Prender ou deter eleitor, membro de mesa receptora, fiscal, delegado de partido ou candidato, com violação do disposto no art. 236 [do Código Eleitoral][3]:
Pena – Reclusão até quatro anos.

Art. 299. Dar, oferecer, prometer, solicitar ou receber, para si ou para outrem, dinheiro, dádiva, ou qualquer outra vantagem, para obter ou dar voto e para conseguir ou prometer abstenção, ainda que a oferta não seja aceita:
Pena – reclusão até quatro anos e pagamento de cinco a quinze dias-multa.

Art. 300. Valer-se o servidor público da sua autoridade para coagir alguém a votar ou não votar em determinado candidato ou partido:
Pena – detenção até seis meses e pagamento de 60 a 100 dias-multa.
Parágrafo único. Se o agente é membro ou funcionário da Justiça Eleitoral e comete o crime prevalecendo-se do cargo a pena é agravada.

Art. 301. Usar de violência ou grave ameaça para coagir alguém a votar, ou não votar, em determinado candidato ou partido, ainda que os fins visados não sejam conseguidos:
Pena – reclusão até quatro anos e pagamento de cinco a quinze dias-multa.

Art. 302. Promover, no dia da eleição, com o fim de impedir, embaraçar ou fraudar o exercício do voto a concentração de eleitores, sob qualquer forma, inclusive o fornecimento gratuito de alimento e transporte coletivo:
Pena – reclusão de quatro a seis anos e pagamento de 200 a 300 dias-multa.

Art. 303. Majorar os preços de utilidades e serviços necessários à realização de eleições, tais como transporte e alimentação de eleitores, impressão, publicidade e divulgação de matéria eleitoral.
Pena – pagamento de 250 a 300 dias-multa.

Art. 304. Ocultar, sonegar açambarcar ou recusar no dia da eleição o fornecimento, normalmente a todos, de utilidades, alimentação e meios de transporte, ou conceder exclusividade dos mesmos a determinado partido ou candidato:
Pena – pagamento de 250 a 300 dias-multa.

---

3. Código Eleitoral: *Art. 236. Nenhuma autoridade poderá, desde 5 (cinco) dias antes e até 48 (quarenta e oito) horas depois do encerramento da eleição, prender ou deter qualquer eleitor, salvo em flagrante delito ou em virtude de sentença criminal condenatória por crime inafiançável, ou, ainda, por desrespeito a salvo-conduto.*
§ 1º Os membros das mesas receptoras e os fiscais de partido, durante o exercício de suas funções, não poderão ser detidos ou presos, salvo o caso de flagrante delito; da mesma garantia gozarão os candidatos desde 15 (quinze) dias antes da eleição.
§ 2º Ocorrendo qualquer prisão o preso será imediatamente conduzido à presença do juiz competente que, se verificar a ilegalidade da detenção, a relaxará e promoverá a responsabilidade do coator.

Art. 305. Intervir autoridade estranha à mesa receptora, salvo o juiz eleitoral, no seu funcionamento sob qualquer pretexto:

Pena – detenção até seis meses e pagamento de 60 a 90 dias-multa.

Art. 306. Não observar a ordem em que os eleitores devem ser chamados a votar:

Pena – pagamento de 15 a 30 dias-multa.

Art. 307. Fornecer ao eleitor cédula oficial já assinalada ou por qualquer forma marcada:

Pena – reclusão até cinco anos e pagamento de 5 a 15 dias-multa.

Art. 308. Rubricar e fornecer a cédula oficial em outra oportunidade que não a de entrega da mesma ao eleitor.

Pena – reclusão até cinco anos e pagamento de 60 a 90 dias-multa.

Art. 309. Votar ou tentar votar mais de uma vez, ou em lugar de outrem:

Pena – reclusão até três anos.

Art. 310. Praticar, ou permitir membro da mesa receptora que seja praticada, qualquer irregularidade que determine a anulação de votação, salvo no caso do art. 311:

Pena – detenção até seis meses ou pagamento de 90 a 120 dias-multa.

Art. 311. Votar em seção eleitoral em que não está inscrito, salvo nos casos expressamente previstos, e permitir, o presidente da mesa receptora, que o voto seja admitido:

Pena – detenção até um mês ou pagamento de 5 a 15 dias-multa para o eleitor e de 20 a 30 dias-multa para o presidente da mesa.

Art. 312. Violar ou tentar violar o sigilo do voto:

Pena – detenção até dois anos.

Art. 313. Deixar o juiz e os membros da Junta de expedir o boletim de apuração imediatamente após a apuração de cada urna e antes de passar à subsequente, sob qualquer pretexto e ainda que dispensada a expedição pelos fiscais, delegados ou candidatos presentes:

Pena – pagamento de 90 a 120 dias-multa.

Parágrafo único. Nas seções eleitorais em que a contagem for procedida pela mesa receptora incorrerão na mesma pena o presidente e os mesários que não expedirem imediatamente o respectivo boletim.

Art. 314. Deixar o juiz e os membros da Junta de recolher as cédulas apuradas na respectiva urna, fechá-la e lacrá-la, assim que terminar a apuração de cada seção e antes de passar à subsequente, sob qualquer pretexto e ainda que dispensada a providência pelos fiscais, delegados ou candidatos presentes:

Pena – detenção até dois meses ou pagamento de 90 a 120 dias-multa.

Parágrafo único. Nas seções eleitorais em que a contagem dos votos for procedida pela mesa receptora incorrerão na mesma pena o presidente e os mesários que não fecharem e lacrarem a urna após a contagem.

Art. 315. Alterar *nos mapas ou nos boletins de apuração a votação obtida por qualquer candidato ou lançar nesses documentos votação que não corresponda às cédulas apuradas:*

Pena – reclusão até cinco anos e pagamento de 5 a 15 dias-multa.

Art. 316. Não receber ou não mencionar *nas atas da eleição ou da apuração os* protestos *devidamente formulados ou deixar de remetê-los à instância superior:*

Pena – reclusão até cinco anos e pagamento de 5 a 15 dias-multa.

Art. 317. Violar *ou tentar violar o* sigilo *da urna ou dos invólucros.*

Pena – reclusão de três a cinco anos.

Art. 318. Efetuar *a mesa receptora a* contagem *dos votos da urna quando qualquer eleitor houver votado sob impugnação (art. 190):*[4]

Pena – detenção até um mês ou pagamento de 30 a 60 dias-multa.

Art. 319. *Subscrever o eleitor* mais de uma ficha *de registro de um ou mais partidos:*

Pena – detenção até 1 mês ou pagamento de 10 a 30 dias-multa.

Art. 320. *Inscrever-se o eleitor, simultaneamente, em dois ou mais partidos:*

Pena – pagamento de 10 a 20 dias-multa.

Art. 321. *Colher a assinatura do eleitor em mais de uma ficha de registro de partido:*

Pena – detenção até dois meses ou pagamento de 20 a 40 dias-multa.

Art. 322. *(Revogado pela Lei 9.504, de 30.09.1997.)*

Art. 323. Divulgar*, na* propaganda*, fatos que sabe* inverídicos*, em relação a partidos ou candidatos e capazes de exercerem* influência *perante o eleitorado:*

Pena – detenção de dois meses a um ano, ou pagamento de 120 a 150 dias-multa.

Parágrafo único. A pena é agravada se o crime é cometido pela imprensa, rádio ou televisão.

Art. 324. Caluniar *alguém, na* propaganda eleitoral*, ou* visando fins de propaganda*, imputando-lhe falsamente fato definido como crime:*

Pena – detenção de seis meses a dois anos, e pagamento de 10 a 40 dias-multa.

§ 1º Nas mesmas penas incorre quem, sabendo falsa a imputação, a propala ou divulga.

---

4. Código Eleitoral: *"Art. 190. Não será efetuada a contagem dos votos pela mesa se esta não se julgar suficientemente garantida, ou se qualquer eleitor houver votado sob impugnação, devendo a mesa, em um ou outro caso, proceder na forma determinada para as demais, das zonas em que a contagem não foi autorizada."*

§ 2º A prova da verdade do fato imputado exclui o crime, mas não é admitida:

I – se, constituindo o fato imputado crime de ação privada, o ofendido, não foi condenado por sentença irrecorrível;

II – se o fato é imputado ao Presidente da República ou chefe de governo estrangeiro;

III – se do crime imputado, embora de ação pública, o ofendido foi absolvido por sentença irrecorrível.

Art. 325. Difamar alguém, na propaganda eleitoral, ou visando a fins de propaganda, imputando-lhe fato ofensivo à sua reputação:

Pena – detenção de três meses a um ano, e pagamento de 5 a 30 dias-multa.

Parágrafo único. A exceção da verdade somente se admite se ofendido é funcionário público e a ofensa é relativa ao exercício de suas funções.

Art. 326. Injuriar alguém, na propaganda eleitoral, ou visando a fins de propaganda, ofendendo-lhe a dignidade ou o decoro:

Pena – detenção até seis meses, ou pagamento de 30 a 60 dias-multa.

§ 1º O juiz pode deixar de aplicar a pena:

I – se o ofendido, de forma reprovável, provocou diretamente a injúria;

II – no caso de retorsão imediata, que consista em outra injúria.

§ 2º Se a injúria consiste em violência ou vias de fato, que, por sua natureza ou meio empregado, se considerem aviltantes:

Pena – detenção de três meses a um ano e pagamento de 5 a 20 dias-multa, além das penas correspondentes à violência prevista no Código Penal.

Art. 327. As penas cominadas nos arts. 324, 325 e 326, aumentam-se de um terço, se qualquer dos crimes é cometido:

I – contra o Presidente da República ou chefe de governo estrangeiro;

II – contra funcionário público, em razão de suas funções;

III – na presença de várias pessoas, ou por meio que facilite a divulgação da ofensa.

Art. 328 e Art. 329. (Revogados pela Lei 9.504, de 30.09.1997.)

Art. 330. Nos casos dos arts. 328 e 329, se o agente repara o dano antes da sentença final, o juiz pode reduzir a pena.

Art. 331. Inutilizar, alterar ou perturbar meio de propaganda devidamente empregado:

Pena – detenção até seis meses ou pagamento de 90 a 120 dias-multa.

Art. 332. Impedir o exercício de propaganda:

Pena – detenção até seis meses e pagamento de 30 a 60 dias-multa.

Art. 333 (Revogado pela Lei 9.504, de 30.09.1997.)

Art. 334. Utilizar organização comercial de vendas, distribuição de mercadorias, prêmios e sorteios para propaganda ou aliciamento de eleitores:

Pena – detenção de seis meses a um ano e cassação do registro se o responsável for candidato.

Art. 335. Fazer propaganda, qualquer que seja a sua forma, em língua estrangeira:

Pena – detenção de três a seis meses e pagamento de 30 a 60 dias-multa.

Parágrafo único. Além da pena cominada, a infração ao presente artigo importa na apreensão e perda do material utilizado na propaganda.

Art. 336. Na sentença que julgar ação penal pela infração de qualquer dos arts. 322, 323, 324, 325, 326, 328, 329, 331, 332, 333, 334 e 335, deve o juiz verificar, de acordo com o seu livre convencionamento, se diretório local do partido, por qualquer dos seus membros, concorreu para a prática de delito, ou dela se beneficiou conscientemente.

Parágrafo único. Nesse caso, imporá o juiz ao diretório responsável pena de suspensão de sua atividade eleitoral por prazo de 6 a 12 meses, agravada até o dobro nas reincidências.

Art. 337. Participar, o estrangeiro ou brasileiro que não estiver no gozo dos seus direitos políticos, de atividades partidárias, inclusive comícios e atos de propaganda em recintos fechados ou abertos:

Pena – detenção até seis meses e pagamento de 90 a 120 dias-multa.

Parágrafo único. Na mesma pena incorrerá o responsável pelas emissoras de rádio ou televisão que autorizar transmissões de que participem os mencionados neste artigo, bem como o diretor de jornal que lhes divulgar os pronunciamentos.

Art. 338. Não assegurar o funcionário postal a prioridade prevista no art. 239:

Pena – Pagamento de 30 a 60 dias-multa.

Art. 339 – Destruir, suprimir ou ocultar urna contendo votos, ou documentos relativos à eleição:

Pena – reclusão de dois a seis anos e pagamento de 5 a 15 dias-multa.

Parágrafo único. Se o agente é membro ou funcionário da Justiça Eleitoral e comete o crime prevalecendo-se do cargo, a pena é agravada.

Art. 340. Fabricar, mandar fabricar, adquirir, fornecer, ainda que gratuitamente, subtrair ou guardar urnas, objetos, mapas, cédulas ou papéis de uso exclusivo da Justiça Eleitoral:

Pena – reclusão até três anos e pagamento de 3 a 15 dias-multa.

Parágrafo único. Se o agente é membro ou funcionário da Justiça Eleitoral e comete o crime prevalecendo-se do cargo, a pena é agravada.

Art. 341. Retardar a publicação ou não publicar, o diretor ou qualquer outro funcionário de órgão oficial federal, estadual, ou municipal, as decisões, citações ou intimações da Justiça Eleitoral:

Pena – detenção até um mês ou pagamento de 30 a 60 dias-multa.

Art. 342. Não apresentar o órgão do Ministério Público, no prazo legal, denúncia ou deixar de promover a execução de sentença condenatória:

Pena – detenção até dois meses ou pagamento de 60 a 90 dias-multa.

Art. 343. Não cumprir o juiz o disposto no § 3º do Art. 357:[5]

Pena – detenção até dois meses ou pagamento de 60 a 90 dias-multa.

Art. 344. Recusar ou abandonar o serviço eleitoral sem justa causa:

Pena – detenção até dois meses ou pagamento de 90 a 120 dias-multa.

Art. 345. Não cumprir a autoridade judiciária, ou qualquer funcionário dos órgãos da Justiça Eleitoral, nos prazos legais, os deveres impostos por este Código, se a infração não estiver sujeita a outra penalidade:

Pena – pagamento de trinta a noventa dias-multa.

Art. 346. Violar o disposto no Art. 377:

Pena – detenção até seis meses e pagamento de 30 a 60 dias-multa.

Parágrafo único. Incorrerão na pena, além da autoridade responsável, os servidores que prestarem serviços e os candidatos, membros ou diretores de partido que derem causa à infração.

Art. 347. Recusar alguém cumprimento ou obediência a diligências, ordens ou instruções da Justiça Eleitoral ou opor embaraços à sua execução:

Pena – detenção de três meses a um ano e pagamento de 10 a 20 dias-multa.

Art. 348. Falsificar, no todo ou em parte, documento público, ou alterar documento público verdadeiro, para fins eleitorais:

Pena – reclusão de dois a seis anos e pagamento de 15 a 30 dias-multa.

§ 1º Se o agente é funcionário público e comete o crime prevalecendo-se do cargo, a pena é agravada.

§ 2º Para os efeitos penais, equipara-se a documento público o emanado de entidade paraestatal inclusive Fundação do Estado.

---

5. Código Eleitoral: *"Art. 357. Verificada a infração penal, o Ministério Público oferecerá a denúncia dentro do prazo de 10 (dez) dias.*
   (...)
   § 3º Se o órgão do Ministério Público não oferecer a denúncia no prazo legal representará contra ele a autoridade judiciária, sem prejuízo da apuração da responsabilidade penal."

Art. 349. Falsificar, no todo ou em parte, documento particular ou alterar documento particular verdadeiro, para fins eleitorais:

Pena – reclusão até cinco anos e pagamento de 3 a 10 dias-multa.

Art. 350. Omitir, em documento público ou particular, declaração que dele devia constar, ou nele inserir ou fazer inserir declaração falsa ou diversa da que devia ser escrita, para fins eleitorais:

Pena – reclusão até cinco anos e pagamento de 5 a 15 dias-multa, se o documento é público, e reclusão até três anos e pagamento de 3 a 10 dias-multa se o documento é particular.

Parágrafo único. Se o agente da falsidade documental é funcionário público e comete o crime prevalecendo-se do cargo ou se a falsificação ou alteração é de assentamentos de registro civil, a pena é agravada.

Art. 351. Equipara-se a documento (348, 349 e 350) para os efeitos penais, a fotografia, o filme cinematográfico, o disco fonográfico ou fita de ditafone a que se incorpore declaração ou imagem destinada à prova de fato juridicamente relevante.

Art. 352. Reconhecer, como verdadeira, no exercício da função pública, firma ou letra que o não seja, para fins eleitorais:

Pena – reclusão até cinco anos e pagamento de 5 a 15 dias-multa se o documento é público, e reclusão até três anos e pagamento de 3 a 10 dias-multa se o documento é particular.

Art. 353. Fazer uso de qualquer dos documentos falsificados ou alterados, a que se referem os arts. 348 a 352:

Pena – a cominada à falsificação ou à alteração.

Art. 354. Obter, para uso próprio ou de outrem, documento público ou particular, material ou ideologicamente falso para fins eleitorais:

Pena – a cominada à falsificação ou à alteração.

9.3.2. Crimes eleitorais relativos ao fornecimento de transporte gratuito (Lei 6.091/1974)

Art. 11. Constitui crime eleitoral:

I – descumprir, o responsável por órgão, repartição ou unidade do serviço público, o dever imposto no art. 3º, ou prestar, informação inexata que vise a elidir, total ou parcialmente, a contribuição de que ele trata:

Pena – detenção de quinze dias a seis meses e pagamento de 60 a 100 dias-multa;

II – desatender à requisição de que trata o art. 2º:

Pena – pagamento de 200 a 300 dias-multa, além da apreensão do veículo para o fim previsto;

III – descumprir a proibição dos arts. 5º, 8º e 10º;

Pena – reclusão de quatro a seis anos e pagamento de 200 a 300 dias-multa (art. 302 do Código Eleitoral);

IV – obstar, por qualquer forma, a prestação dos serviços previstos nos arts. 4º e 8º desta Lei, atribuídos à Justiça Eleitoral:

Pena – reclusão de 2 (dois) a 4 (quatro) anos;

V – utilizar em campanha eleitoral, no decurso dos 90 (noventa) dias que antecedem o pleito, veículos e embarcações pertencentes à União, Estados, Territórios, Municípios e respectivas autarquias e sociedades de economia mista:

Pena – cancelamento do registro do candidato ou de seu diploma, se já houver sido proclamado eleito.

Parágrafo único. O responsável, pela guarda do veículo ou da embarcação, será punido com a pena de detenção, de 15 (quinze) dias a 6 (seis) meses, e pagamento de 60 (sessenta) a 100 (cem) dias-multa.

9.3.3. Crimes eleitorais – Inelegibilidades (LC 64/1990)

Art. 25. Constitui crime eleitoral a arguição de inelegibilidade, ou a impugnação de registro de candidato feito por interferência do poder econômico, desvio ou abuso do poder de autoridade, deduzida de forma temerária ou de manifesta má-fé:

Pena – detenção de 6 (seis) meses a 2 (dois) anos, e multa de 20 (vinte) a 50 (cinquenta) vezes o valor do Bônus do Tesouro Nacional (BTN) e, no caso de sua extinção, de título público que o substitua.

9.3.4. Crimes Eleitorais contidos na Lei das Eleições (Lei 9.504/1997)

Art. 33. (...)

§ 4º A divulgação de pesquisa fraudulenta constitui crime, punível com detenção de seis meses a um ano e multa no valor de cinquenta mil a cem mil UFIR.

Art. 34. (...)

§ 1º Mediante requerimento à Justiça Eleitoral, os partidos poderão ter acesso ao sistema interno de controle, verificação e fiscalização da coleta de dados das entidades que divulgaram pesquisas de opinião relativas às eleições, incluídos os referentes à identificação dos entrevistadores e, por meio de escolha livre e aleatória de planilhas individuais, mapas ou equivalentes, confrontar e conferir os dados publicados, preservada a identidade dos respondentes.

§ 2º O não cumprimento do disposto neste artigo ou qualquer ato que vise a retardar, impedir ou dificultar a ação fiscalizadora dos partidos constitui crime, punível com detenção, de seis meses a um ano, com a alternativa de prestação de serviços à comunidade pelo mesmo prazo, e multa no valor de dez mil a vinte mil UFIR.

§ 3º A comprovação de irregularidade nos dados publicados sujeita os responsáveis às penas mencionadas no parágrafo anterior, sem prejuízo da obrigatoriedade da

veiculação dos dados corretos no mesmo espaço, local, horário, página, caracteres e outros elementos de destaque, de acordo com o veículo usado.

Art. 35. *Pelos crimes definidos nos arts. 33, § 4º e 34, §§ 2º e 3º, podem ser responsabilizados penalmente os representantes legais da empresa ou entidade de pesquisa e do órgão veiculador.*

Art. 39. (...)

§ 5º *Constituem crimes, no dia da eleição, puníveis com detenção, de seis meses a um ano, com a alternativa de prestação de serviços à comunidade pelo mesmo período, e multa no valor de cinco mil a quinze mil UFIR:*

I – *o uso de alto-falantes e amplificadores de som ou a promoção de comício ou carreata;*

II – *a arregimentação de eleitor ou a propaganda de boca de urna;*

III – *a divulgação de qualquer espécie de propaganda de partidos políticos ou de seus candidatos. (Redação dada pela Lei 12.034/2009.)*

Art. 40. *O uso, na propaganda eleitoral, de símbolos, frases ou imagens, associadas ou semelhantes às empregadas por órgão de governo, empresa pública ou sociedade de economia mista constitui crime, punível com detenção, de seis meses a um ano, com a alternativa de prestação de serviços à comunidade pelo mesmo período, e multa no valor de dez mil a vinte mil UFIR.*

Art. 57-H. *Sem prejuízo das demais sanções legais cabíveis, será punido, com multa de R$ 5.000,00 (cinco mil reais) a R$ 30.000,00 (trinta mil reais), quem realizar propaganda eleitoral na internet, atribuindo indevidamente sua autoria a terceiro, inclusive a candidato, partido ou coligação.*

§ 1º *Constitui crime a contratação direta ou indireta de grupo de pessoas com a finalidade específica de emitir mensagens ou comentários na internet para ofender a honra ou denegrir a imagem de candidato, partido ou coligação, punível com detenção de 2 (dois) a 4 (quatro) anos e multa de R$ 15.000,00 (quinze mil reais) a R$ 50.000,00 (cinquenta mil reais).*

§ 2º *Igualmente incorrem em crime, punível com detenção de 6 (seis) meses a 1 (um) ano, com alternativa de prestação de serviços à comunidade pelo mesmo período, e multa de R$ 5.000,00 (cinco mil reais) a R$ 30.000,00 (trinta mil reais), as pessoas contratadas na forma do § 1º.*

Art. 68. *O boletim de urna, segundo modelo aprovado pelo Tribunal Superior Eleitoral, conterá os nomes e os números dos candidatos nela votados.*

§ 1º *O Presidente da Mesa Receptora é obrigado a entregar cópia do boletim de urna aos partidos e coligações concorrentes ao pleito cujos representantes o requeiram até uma hora após a expedição.*

§ 2º *O descumprimento do disposto no parágrafo anterior constitui crime, punível com detenção, de um a três meses, com a alternativa de prestação de serviço à comunidade pelo mesmo período, e multa no valor de 1.000 (um mil) a 5.000 (cinco mil) UFIR.*

Art. 70. O Presidente de Junta Eleitoral que deixar de receber ou de mencionar em ata os protestos recebidos, ou ainda, impedir o exercício de fiscalização, pelos partidos ou coligações, deverá ser imediatamente afastado, além de responder pelos crimes previstos na Lei 4.737, de 15 de julho de 1965 – Código Eleitoral.

Art. 72. Constituem crimes, puníveis com reclusão, de cinco a dez anos:

I – obter acesso a sistema de tratamento automático de dados usado pelo serviço eleitoral, a fim de alterar a apuração ou a contagem de votos;

II – desenvolver ou introduzir comando, instrução, ou programa de computador capaz de destruir, apagar, eliminar, alterar, gravar ou transmitir dado, instrução ou programa ou provocar qualquer outro resultado diverso do esperado em sistema de tratamento automático de dados usados pelo serviço eleitoral;

III – causar, propositadamente, dano físico ao equipamento usado na votação ou na totalização de votos ou a suas partes.

Art. 87. Na apuração, será garantido aos fiscais e delegados dos partidos e coligações o direito de observar diretamente, a distância não superior a um metro da mesa, a abertura da urna, a abertura e a contagem das cédulas e o preenchimento do boletim.

§ 1º O não atendimento ao disposto no caput enseja a impugnação do resultado da urna, desde que apresentada antes da divulgação do boletim.

§ 2º Ao final da transcrição dos resultados apurados no boletim, o Presidente da Junta Eleitoral é obrigado a entregar cópia deste aos partidos e coligações concorrentes ao pleito cujos representantes o requeiram até uma hora após sua expedição.

§ 3º Para os fins do disposto no parágrafo anterior, cada partido ou coligação poderá credenciar até três fiscais perante a Junta Eleitoral, funcionando um de cada vez.

§ 4º O descumprimento de qualquer das disposições deste artigo constitui crime, punível com detenção de um a três meses, com a alternativa de prestação de serviços à comunidade pelo mesmo período e multa, no valor de 1.000 (um mil) a 5.000 (cinco mil) UFIR.

Art. 91. Nenhum requerimento de inscrição eleitoral ou de transferência será recebido dentro dos 150 (cento e cinquenta) dias anteriores à data da eleição.

Parágrafo único. A retenção de título eleitoral ou do comprovante de alistamento eleitoral constitui crime, punível com detenção, de um a três meses, com a alternativa de prestação de serviços à comunidade por igual período, e multa no valor de 5.000 (cinco mil) a 10.000 (dez mil) UFIR.

Art. 94. Os feitos eleitorais, no período entre o registro das candidaturas até 5 (cinco) dias após a realização do segundo turno das eleições, terão prioridade para a participação do Ministério Público e dos Juízes de todas as Justiças e instâncias, ressalvados os processos de habeas corpus e mandado de segurança.

§ 1º É defeso às autoridades mencionadas neste artigo deixar de cumprir qualquer prazo desta Lei, em razão do exercício das funções regulares.

9.3.5. Dos crimes contra a honra: Código Penal x Código Eleitoral

Relevante alerta deve ser dado quanto aos **crimes contra a honra**, trazidos pelo Código Eleitoral (Calúnia – art. 324; Difamação – art. 325; Injúria – art. 326), uma vez que se distancia daqueles crimes, de mesma classificação, contidos no Código Penal (art. 138, 139 e 140, respectivamente), dada a especificidade do assunto e peculiaridade entre cada codificação. Vejamos a preceituação no Código Penal e posterior análise na codificação especializada eleitoral:

Calúnia

Art. 138. Caluniar alguém, imputando-lhe falsamente fato definido como crime:

Pena – detenção, de seis meses a dois anos, e multa.

§ 1º Na mesma pena incorre quem, sabendo falsa a imputação, a propala ou divulga.

§ 2º É punível a calúnia contra os mortos.

Difamação

Art. 139. Difamar alguém, imputando-lhe fato ofensivo à sua reputação:

Pena – detenção, de três meses a um ano, e multa.

Injúria

Art. 140. Injuriar alguém, ofendendo-lhe a dignidade ou o decoro:

Pena – detenção, de um a seis meses, ou multa.

No caso dos previstos no Código Eleitoral, o ato deve ter ocorrido na propaganda eleitoral ou visando a fins de propaganda, como se observa da leitura dos arts. 324, 325 e 326, em nossos grifos:

"Art. 324. Caluniar alguém, na propaganda eleitoral, ou visando fins de propaganda, imputando-lhe falsamente fato definido como crime:

Pena – detenção de seis meses a dois anos, e pagamento de 10 a 40 dias-multa.

§ 1º Nas mesmas penas incorre quem, sabendo falsa a imputação, a propala ou divulga.

§ 2º A prova da verdade do fato imputado exclui o crime, mas não é admitida:

I – se, constituindo o fato imputado crime de ação privada, o ofendido, não foi condenado por sentença irrecorrível;

II – se o fato é imputado ao Presidente da República ou chefe de governo estrangeiro;

III – se do crime imputado, embora de ação pública, o ofendido foi absolvido por sentença irrecorrível.

Art. 325. Difamar alguém, na propaganda eleitoral, ou visando a fins de propaganda, imputando-lhe fato ofensivo à sua reputação:

Pena – detenção de três meses a um ano, e pagamento de 5 a 30 dias-multa.

Parágrafo único. A exceção da verdade somente se admite se ofendido é funcionário público e a ofensa é relativa ao exercício de suas funções.

Art. 326. Injuriar alguém, na propaganda eleitoral, ou visando a fins de propaganda, ofendendo-lhe a dignidade ou o decoro:

Pena – detenção até seis meses, ou pagamento de 30 a 60 dias-multa."

Deste modo, embora conotem como idênticos em primeira análise, podemos perceber a diferença até mesmo pela tutela que se objetiva em cada Diploma.

Ainda que guardem natureza de crimes contra a honra, o que logicamente nos guiaria ao estudo da ação penal privada, no caso dos crimes do Código Eleitoral, a ação penal será sempre **pública incondicionada**, conforme dispõe o art. 355 deste Código, visto anteriormente.

"Art. 355. As infrações penais definidas neste Código são de ação pública."

Importante: Não obstante a regra exposta do art. 355 do Código Eleitoral, haverá possibilidade da ação penal privada subsidiária à pública. Ou seja, diante da inércia do membro do Ministério Público Eleitoral o ofendido, ou seu representante legal, poderá propor ação penal eleitoral privada subsidiária da pública.

9.4. DO PROCESSO DAS INFRAÇÕES (ARTS. 355 AO 364 DO CÓDIGO ELEITORAL)

Qualquer cidadão que venha a tomar conhecimento de infrações penais, daquelas previstas no Código Eleitoral, deverá comunicá-las ao juiz eleitoral da zona correspondente, podendo ser feita a notícia do eventual crime por escrito ou oralmente.

Na última possibilidade, a autoridade judicial reduzirá a termo, colhendo assinaturas do cidadão e de duas testemunhas, e remeterá o documento ao Ministério Público.

O Ministério Público, caso julgue necessário, requisitará maiores esclarecimentos às autoridades ou funcionários que possam fornecê-los.

Contrariamente, caso seja verificada a ocorrência da infração penal, o Ministério Público oferecerá denúncia dentro do prazo legal de 10 dias, a qual conterá a exposição do fato criminoso com todas as suas circunstâncias, a qualificação do acusado ou esclarecimentos pelos quais se possa identificá-lo, a classificação do crime e, quando necessário, o rol das testemunhas.

Poderá também o órgão ministerial requerer o arquivamento da comunicação de fato criminoso, caso em que poderá o juiz competente, considerando improcedentes as razões que motivaram o requerimento do arquivamento, remeter a comunicação feita (documentalmente ou reduzida a termo, nas condições legais impostas) ao Procurador Regional Eleitoral para que então possa:

a) oferecer denúncia, caso se convença da existência da infração penal;

b) designe outro representante ministerial para que então ofereça a denúncia;

c) ou até mesmo que insista no pedido de arquivamento, situação em que o juiz acatará.

A denúncia será rejeitada caso o fato comunicado não venha a constituir conduta criminosa, estiver extinta a punibilidade ou ocorrer ilegitimidade da parte ou faltar condição da ação para o prosseguimento do feito.

Recebida a denúncia, o infrator será citado e terá o prazo de 10 dias para que proceda a sua defesa e arrole testemunhas, sendo que serão designados pelo juiz dia e hora para seu depoimento pessoal, sendo que será determinada a notificação do Ministério Público.

Ouvidas as testemunhas (acusação e defesa) e realizadas as eventuais diligências requeridas pelo Ministério Público (deferidas ou ordenadas pelo juiz), haverá prazo de 5 dias para que as partes apresentem alegações finais.

Após as alegações finais, os autos serão remetidos à conclusão em até 48 horas, para que, no prazo de 10 dias, seja proferida sentença, cabendo recurso ao Tribunal Regional no prazo de 10 dias.

Na situação de interposição de recurso e posterior confirmação de sentença condenatória, os autos serão baixados imediatamente à instância original para que seja iniciada a execução, que terá início no prazo de 5 dias a contar da data de vista dos autos pelo representante ministerial.

Em todo o processo e julgamento dos crimes relacionados será aplicado, subsidiariamente, o Código de Processo Penal.

IMPORTANTE:

A Resolução TSE 23.396/2014, com a alteração trazida pela Resolução TSE 23.424/2014 (especificamente alterando o art. 8º da Resolução TSE 23.396/2014), dispõe acerca da apuração dos crimes eleitorais, relativa e especificamente às eleições de 2014. Entre outras disposições, a Resolução esclarece que o Departamento de Polícia Federal ficará à disposição da Justiça Eleitoral sempre que houver eleições, gerais ou parciais, em qualquer parte do Território Nacional, exercendo com prioridade sobre suas atribuições regulares, a função de polícia judiciária em matéria eleitoral, limitada às instruções e requisições dos Tribunais e Juízes Eleitorais.

9.4.1. Resolução TSE 23.396/2014

"O Tribunal Superior Eleitoral, usando das atribuições que lhe conferem o art. 23, IX, do Código Eleitoral e o art. 105 da Lei 9.504, de 30 de setembro de 1997, resolve expedir a seguinte instrução:

CAPÍTULO 1

DA POLÍCIA JUDICIÁRIA ELEITORAL

Art. 1º O Departamento de Polícia Federal ficará à disposição da Justiça Eleitoral sempre que houver eleições, gerais ou parciais, em qualquer parte do Território Nacional (Decreto-Lei 1.064/1968).

Art. 2º A Polícia Federal exercerá, com prioridade sobre suas atribuições regulares, a função de polícia judiciária em matéria eleitoral, limitada às instruções e requisições dos Tribunais e Juízes Eleitorais.

Parágrafo único. Quando no local da infração não existirem órgãos da Polícia Federal, a Polícia do respectivo Estado terá atuação supletiva.

CAPÍTULO II
DA NOTÍCIA-CRIME ELEITORAL

Art. 3º Qualquer pessoa que tiver conhecimento da existência de infração penal eleitoral deverá, verbalmente ou por escrito, comunicá-la ao Juiz Eleitoral (Código Eleitoral, art. 356).

Art. 4º Verificada a sua incompetência, o Juízo Eleitoral determinará a remessa dos autos ao Juízo competente (CPP, art. 69).

Art. 5º Quando tiver conhecimento da prática da infração penal eleitoral, a autoridade policial deverá informá-la imediatamente ao Juízo Eleitoral competente, a quem poderá requerer as medidas que entender cabíveis, observadas as regras relativas a foro por prerrogativa de função.

Art. 6º Recebida a notícia-crime, o Juiz Eleitoral a encaminhará ao Ministério Público Eleitoral ou, quando necessário, à polícia, com requisição para instauração de inquérito policial (Código Eleitoral, art. 356, § 1º).

Art. 7º As autoridades policiais e seus agentes deverão prender quem for encontrado em flagrante delito pela prática de infração eleitoral, salvo quando se tratar de crime de menor potencial ofensivo, comunicando imediatamente o fato ao Juiz Eleitoral, ao Ministério Público Eleitoral e à família do preso ou à pessoa por ele indicada (CPP, art. 306, caput).

§ 1º Em até 24 horas após a realização da prisão, será encaminhado ao Juiz Eleitoral o auto de prisão em flagrante e, caso o autuado não informe o nome de seu advogado, cópia integral para a Defensoria Pública (CPP, art. 306, § 1º).

§ 2º No mesmo prazo de até 24 horas após a realização da prisão, será entregue ao preso, mediante recibo, a nota de culpa, assinada pela autoridade policial, com o motivo da prisão, o nome do condutor e os nomes das testemunhas (CPP, art. 306, § 2º).

§ 3º A apresentação do preso ao Juiz Eleitoral, bem como os atos subsequentes, observarão o disposto no art. 304 do CPP.

§ 4º Ao receber o auto de prisão em flagrante, o Juiz Eleitoral deverá fundamentadamente (CPP, art. 310):

I – relaxar a prisão ilegal; ou

II – converter a prisão em flagrante em preventiva, quando presentes os requisitos constantes do art. 312 do CPP e se revelarem inadequadas ou insuficientes as medidas cautelares diversas da prisão; ou

III – conceder liberdade provisória, com ou sem fiança.

§ 5º Se o juiz verificar, pelo auto de prisão em flagrante, que o agente praticou o fato nas condições constantes dos incs. I a III do art. 23 do CP, poderá, fundamentadamente, conceder ao acusado liberdade provisória, mediante termo de comparecimento a todos os atos processuais, sob pena de revogação (CPP, art. 310, parágrafo único).

§ 6º Ausentes os requisitos que autorizam a decretação da prisão preventiva, o Juiz Eleitoral deverá conceder liberdade provisória, impondo, se for o caso, as medidas cautelares previstas no art. 319, observados os critérios constantes do art. 282, ambos do CPP (CPP, art. 321).

§ 7º A fiança e as medidas cautelares serão aplicadas pela autoridade competente com a observância das respectivas disposições do Código de Processo Penal.

§ 8º Quando a infração for de menor potencial ofensivo, a autoridade policial elaborará termo circunstanciado de ocorrência e providenciará o encaminhamento ao Juiz Eleitoral.

CAPITULO III
DO INQUÉRITO POLICIAL ELEITORAL

Art. 8º O inquérito policial eleitoral somente será instaurado mediante requisição do Ministério Público Eleitoral ou determinação da Justiça Eleitoral, salvo a hipótese de prisão em flagrante. (inserido pela Resolução TSE 23.424/2014.)

Art. 9º Se o indiciado tiver sido preso em flagrante ou preventivamente, o inquérito policial eleitoral será concluído em até 10 dias, contado o prazo a partir do dia em que se executar a ordem de prisão (CPP, art. 10).

§ 1º Se o indiciado estiver solto, o inquérito policial eleitoral será concluído em até 30 dias, mediante fiança ou sem ela (CPP, art. 10).

§ 2º A autoridade policial fará minucioso relatório do que tiver sido apurado e enviará os autos ao Juiz Eleitoral (CPP, art. 10, § 1º).

§ 3º No relatório, poderá a autoridade policial indicar testemunhas que não tiverem sido inquiridas, mencionando o lugar onde possam ser encontradas (CPP, art. 10, § 2º).

§ 4º Quando o fato for de difícil elucidação, e o indiciado estiver solto, a autoridade policial poderá requerer ao Juiz Eleitoral a devolução dos autos, para ulteriores diligências, que serão realizadas no prazo marcado pelo Juiz Eleitoral (CPP, art. 10, § 3º).

Art. 10. O Ministério Público Eleitoral poderá requerer novas diligências, desde que necessárias à elucidação dos fatos.

Parágrafo único. Se o Ministério Público Eleitoral considerar necessários maiores esclarecimentos e documentos complementares ou outros elementos de convicção, deverá requisitá-los diretamente de quaisquer autoridades ou funcionários que possam fornecê-los, ressalvadas as informações submetidas à reserva jurisdicional (Código Eleitoral, art. 356, § 2º).

Art. 11. Quando o inquérito for arquivado por falta de base para o oferecimento da denúncia, a autoridade policial poderá proceder a nova investigação se de outras provas tiver notícia, desde que haja nova requisição, nos termos dos artigos 5º e 6º desta resolução.

Art. 12. Aplica-se subsidiariamente ao inquérito policial eleitoral as disposições do Código de Processo Penal, no que não houver sido contemplado nesta resolução.

Art. 13. A ação penal eleitoral observará os procedimentos previstos no Código Eleitoral, com a aplicação obrigatória dos arts. 395, 396, 396-A, 397 e 400 do CPP, com redação dada pela Lei 11.971, de 2008. Após esta fase, aplicar-se-ão os arts. 359 e seguintes do Código Eleitoral.

Art. 14. Esta resolução entra em vigor na data de sua publicação.

Brasília, 17 de dezembro de 2013.

MINISTRO MARCO AURÉLIO – PRESIDENTE

MINISTRO DIAS TOFFOLI – RELATOR

MINISTRO GILMAR MENDES

MINISTRA LAURITA VAZ

MINISTRO JOÃO OTÁVIO DE NORONHA

MINISTRO HENRIQUE NEVES DA SILVA

MINISTRA LUCIANA LÓSSIO"

9.4.2. Princípios importantes da ação penal eleitoral

Quanto ao processamento (processo penal eleitoral), é de grande importância destacarmos os seguintes princípios, elencados como de importância destacada aos demais, também atribuídos às outras matérias processuais que não apenas a área eleitoral:

a) Ao Ministério Público Eleitoral aplica-se o *Princípio da Indisponibilidade/ Indesistibilidade da ação penal*. No Código de Processo Penal encontramos tal princípio expresso pelo art. 42, além do art. 576, também do Código de Processo Penal, relativo à impossibilidade de desistência em ocasião de interposição recursal.

"Art. 42. O Ministério Público não poderá desistir da ação penal."

"Art. 576. O Ministério Público não poderá desistir de recurso que haja interposto."

b) Quanto ao Ministério Público, verificamos que na ocorrência de todos os requisitos legais, estará obrigado a propor a devida Ação Penal. Trata-se do *Princípio da Obrigatoriedade*. Na sua inércia, caberá ao indivíduo atuar privadamente (ação penal privada subsidiária da pública), além de existir tipificação penal desta conduta (inércia) no próprio Código Eleitoral, art. 342, refletindo sua grande expressão de importância ao tutelar a lisura de todo o processo eleitoral:

"Art. 342. Não apresentar o órgão do Ministério Público, no prazo legal, denúncia ou deixar de promover a execução de sentença condenatória:

Pena – detenção até dois meses ou pagamento de 60 a 90 dias-multa."

c) A ação penal eleitoral deverá ser proposta em face de todos os infratores identificados como transgressores da norma pré-estabelecida. Eventual exclusão de um dos infratores resultará na possibilidade de, a qualquer tempo, aditar à denúncia. Trata-se do *Princípio da Indivisibilidade*.

9.5. DAS CONDUTAS VEDADAS AOS AGENTES PÚBLICOS EM CAMPANHAS ELEITORAIS (ART. 73 DA LEI DAS ELEIÇÕES)

Visando a proteger a igualdade de oportunidades entre candidatos, é PROIBIDO aos Agentes Públicos algumas condutas. Algumas das condutas vedadas ao Agente Público em benefício de candidato, partido ou coligação:

a) ceder ou usar bens móveis ou imóveis pertencentes à administração pública (Direta/Indireta/Fundação), ressalvada a realização de convenção partidária;

b) usar materiais ou serviços, custeados pelos Governos ou Casas Legislativas, que excedam as prerrogativas consignadas nos regimentos e normas dos órgãos que integram;

c) fazer ou permitir uso promocional de distribuição gratuita de bens e serviços de caráter social custeados ou subvencionados pelo Poder Público (Ex.: Dentaduras, remédios etc.);

d) nomear, contratar ou de qualquer forma admitir, demitir sem justa causa, suprimir ou readaptar vantagens ou por outros meios dificultar ou impedir o exercício funcional e, ainda, *ex officio*, remover, transferir ou exonerar servidor público, na circunscrição do pleito, nos três meses que o antecedem e até a posse dos eleitos, sob pena de nulidade de pleno direito, ressalvados:

I. a nomeação ou exoneração de cargos em comissão e designação ou dispensa de funções de confiança;

II. a nomeação para cargos do Poder Judiciário, do Ministério Público, dos Tribunais ou Conselhos de Contas e dos órgãos da Presidência da República;

III. a nomeação dos aprovados em concursos públicos homologados até o início daquele prazo;

IV. a nomeação ou contratação necessária à instalação ou ao funcionamento inadiável de serviços públicos essenciais, com prévia e expressa autorização do Chefe do Poder Executivo;

V. a transferência ou remoção *ex officio* de militares, policiais civis e de agentes penitenciários;

IMPORTANTE: Reputa-se Agente Público quem exerce, ainda que transitoriamente ou sem remuneração, por eleição, nomeação, designação, contratação ou qualquer outra forma de investidura ou vínculo, mandato, cargo, emprego ou função nos órgãos ou entidades da administração pública direta, indireta, ou fundacional.

9.6. QUADRO SINÓTICO

1. Considerações gerais

– São **condutas** que ofendem os princípios resguardados pela legislação eleitoral e, em especial, os bens jurídicos protegidos pela lei penal eleitoral. São considerados membros e funcionários da Justiça Eleitoral:

a) os magistrados;

b) cidadãos que temporariamente integram órgãos da Justiça Eleitoral;

c) cidadão nomeados para as mesas ou Juntas Apuradoras;

d) funcionários requisitados pela Justiça Eleitoral;

e) quem, embora transitoriamente ou sem remuneração, exerça cargo, emprego ou função pública;

f) quem exerça cargo, emprego ou função em entidade paraestatal ou em sociedade de economia mista.

2. Os crimes eleitorais estão previstos nas seguintes legislações:

a) Código Eleitoral – arts. 289 a 354;

b) Lei das Eleições – arts. 33, § 4º; 34, §§ 2º e 3º; 39, § 5º; 40; 68, § 2º; 72; 87, § 4º; 91, parágrafo único;

c) Lei de Inelegibilidades – art. 25;

d) Leis esparsas, como a lei que trata dos transportes dos eleitores em dia de eleição – Lei 6.091/1974, art. 11.

– Sempre que não for indicado grau mínimo, este será de 15 dias para a pena de detenção e de um 1 ano para a de reclusão;

– Quando a lei determina a agravação ou atenuação da pena sem mencionar o *quantum*, o juiz fixará entre 1/5 e 1/3 guardados os limites da pena cominada ao crime;

– A pena de multa (fixada em "dias-multa") será fixada entre o mínimo, 1 (um) dia-multa e, no máximo, 300 (trezentos) dias-multa. O montante do "dia-multa" será fixado em vista das condições do condenado, não podendo ser inferior ao salário-mínimo diário da região, nem superior ao valor de um salário-mínimo mensal;

– Nos crimes eleitorais cometidos por meio da imprensa, rádio ou da televisão, aplicam-se exclusivamente as normas do Código Eleitoral e as remissões a outra lei nele contempladas.

2.1 Alguns dos crimes eleitorais previstos no Código Eleitoral (CE)

A) Corrupção – art. 299 do Código Eleitoral.

Constitui crime, punível com reclusão de até 4 (quatro) anos e pagamento de 5 (cinco) a 15 (quinze) dias-multa, dar, oferecer, prometer, solicitar ou receber, para si ou para outrem, dinheiro, dádiva, ou qualquer outra vantagem, para obter ou dar voto e para conseguir ou prometer abstenção, ainda que a oferta não seja aceita.

B) Coação ou ameaça – art. 301 do Código Eleitoral

Constitui crime, punível com até 4 (quatro) anos de reclusão e pagamento de 5 (cinco) a 15 (quinze) dias-multa, o uso de violência ou grave ameaça para coagir alguém a votar, ou não votar, em determinado candidato ou partido, ainda que os fins visados não sejam conseguidos.

C) Transporte e alimentação – art. 302 do Código Eleitoral e art. 11 da Lei 6.091/1974

Constitui crime, punível com reclusão de 4 (quatro) a 6 (seis) anos e pagamento de 200 (duzentos) a 300 (trezentos) dias-multa, a concentração de eleitores visando o fornecimento de refeições no dia da eleição e o transporte desde o dia anterior até o posterior à eleição.

D) Crimes contra a honra

Calúnia – art. 324 do Código Eleitoral

Difamação – art. 325 do Código Eleitoral

Injúria – art. 326 do Código Eleitoral

– O ato deve ter ocorrido na propaganda eleitoral ou visando a fins de propaganda;

IMPORTANTE: embora sejam crimes contra a honra, a Ação Penal será sempre PÚBLICA INCONDICIONADA. No entanto, haverá possibilidade da Ação Penal Privada, porém subsidiária à Pública, nos termos do art. 355 do Código Eleitoral combinado com o art. 5°, LIX da Constituição Federal.

3. Do processo das infrações

– Qualquer cidadão que venha a tomar conhecimento de infrações penais deverá comunicá-las ao juiz eleitoral da zona correspondente, podendo ser feita por **escrito** ou **oralmente**;

– Verificada a ocorrência da infração penal, o MP oferecerá denúncia dentro do prazo legal de 10 dias;

– Poderá o MP requerer o arquivamento da comunicação de fato criminoso, caso em que poderá o juiz, considerando improcedente as razões que motivaram a requisição do arquivamento, remeter a comunicação feita ao Procurador Regional Eleitoral;

– O Procurador Regional Eleitoral (PRE) poderá então:

a) oferecer denúncia, caso se convença da existência da infração penal;

b) designe outro representante Ministerial para que então ofereça a denúncia;

c) ou até mesmo que insista no pedido de arquivamento, situação em que o juiz acatará;

Observação: Dispositivos semelhantes ao que dispõe o Código de Processo Penal, nos arts. 28 e seguintes (Ação Penal).

– A denúncia será **rejeitada** caso o fato não constitua crimes, estiver extinta a punibilidade, for manifesta a ilegitimidade da parte ou faltar condição exigida pela lei para o exercício da ação penal;

– **Recebida** a denúncia, o infrator será citado e terá o prazo de 10 dias para que proceda com sua defesa;

– Poderá o infrator arrolar testemunhas, sendo que será designado pelo juiz dia e hora para seu depoimento pessoal, intimando-se o Ministério Público;

– Ouvidas as testemunhas (acusação e defesa) e realizadas as eventuais diligencias requeridas pelo Ministério Público (deferidas ou ordenadas pelo juiz), haverá prazo de 5 dias para que as partes apresentem alegações finais;

– Após as alegações finais, os autos serão remetidos à conclusão em até 48 horas, para que, no prazo de 10 dias, seja proferida sentença, cabendo recurso ao Tribunal Regional no prazo de 10 dias;

– Na situação de interposição de recurso e posterior confirmação de sentença condenatória (considerando esta hipótese), os autos serão baixados imediatamente à instância original para que seja iniciada a execução de sentença, a ter início no prazo de 5 dias a contar da data de vista dos autos pelo representante Ministerial;

– Em todo o processo e julgamento dos crimes relacionados será aplicado, subsidiariamente, o Código de Processo Penal.

4. Das condutas vedadas aos agentes públicos em campanhas eleitorais (art. 73 da Lei das Eleições)

Visando a proteger a igualdade de oportunidades entre candidatos, é PROIBIDO aos Agentes Públicos algumas condutas.

IMPORTANTE: Reputa-se Agente Público quem exerce, ainda que transitoriamente ou sem remuneração, por eleição, nomeação, designação, contratação ou qualquer outra forma de investidura ou vínculo, mandato, cargo, emprego ou função nos órgãos ou entidades da administração pública direta, indireta, ou fundacional.

a) a nomeação ou exoneração de cargos em comissão e designação ou dispensa de funções de confiança;

b) a nomeação para cargos do Poder Judiciário, do Ministério Público, dos Tribunais ou Conselhos de Contas e dos órgãos da Presidência da República;

c) a nomeação dos aprovados em concursos públicos homologados até o início daquele prazo;

d) a nomeação ou contratação necessária à instalação ou ao funcionamento inadiável de serviços públicos essenciais, com prévia e expressa autorização do Chefe do Poder Executivo;

e) a transferência ou remoção *ex officio* de militares, policiais civis e de agentes penitenciários.

RELEMBRANDO: Reputa-se Agente Público quem exerce, ainda que transitoriamente ou sem remuneração, por eleição, nomeação, designação, contratação ou qualquer outra forma de investidura ou vínculo, mandato, cargo, emprego ou função nos órgãos ou entidades da administração pública direta, indireta, ou fundacional;

9.7. JURISPRUDÊNCIA SELECIONADA

CRIME ELEITORAL: PRESTAÇÃO DE CONTAS E FALSIDADE IDEOLÓGICA – 1

O Plenário iniciou *julgamento* de inquérito em que se imputa a Deputado Federal a suposta prática do crime descrito no art. 350 do Código Eleitoral (*"Omitir, em documento público ou particular, declaração que dele devia constar, ou nele inserir ou fazer inserir declaração falsa ou diversa da que devia ser escrita, para fins eleitorais: Pena – reclusão até cinco anos e pagamento de 5 a 15 dias-multa, se o documento é público, e reclusão até três anos e pagamento de 3 a 10 dias-multa se o documento é particular."*), na forma do art. 29 do CP. Na espécie, o denunciado subscrevera documento — apresentado pelo então presidente do diretório regional de partido político ao qual filiado — referente à nova prestação de contas do ano de 2004, após a Coordenadoria de Controle Interno do Tribunal Regional Eleitoral não haver aprovado a anterior. Aduz o órgão acusador que tal fato ocorrera mediante a substituição de livros contábeis, o que não estaria previsto na legislação e configuraria o aludido crime. O Min. Dias Toffoli, relator, rejeitou a peça acusatória. Afirmou não ter sido suficientemente comprovado o dolo do agente, uma vez que seguida a orientação de advogados e contadores no sentido de realizar a substituição dos livros sem, entretanto, retirar os originais, que teriam continuado à disposição da justiça eleitoral. O Min. Gilmar Mendes acompanhou o relator e enfatizou que, haja vista o fato de os novos livros terem sido encaminhados, na aludida prestação de contas, juntamente com os originais, não se poderia inferir a intenção do denunciado de praticar o falso e que, no caso, estar-se-ia a criar modalidade culposa do crime. Em divergência, o Min. Marco Aurélio recebeu a denúncia. Entendeu que a confecção de livros novos, a conter informações diversas das existentes nos originais, configuraria o crime de falso. Reputou que tal procedimento teria ocorrido para dar contornos de legitimidade às irregularidades verificadas pela justiça eleitoral, inserindo-se elementos que não poderiam, àquela altura e daquela forma, constar dos registros fiscais. Após, pediu vista dos autos o Min. Ricardo Lewandowski. Inq 2.559/MG, rel. Min. Dias Toffoli, j. 31.03.2011. (Inform. STF 621) **(g.n)**

CRIME ELEITORAL: PRESTAÇÃO DE CONTAS E FALSIDADE IDEOLÓGICA – 2

Em conclusão, o Plenário, por maioria, rejeitou denúncia oferecida contra Deputado Federal, pela suposta prática do crime descrito no art. 350 do Código Eleitoral (*"Omitir, em documento público ou particular, declaração que dele devia constar, ou nele inserir ou fazer inserir declaração falsa ou diversa da que devia ser escrita, para fins eleitorais: Pena – reclusão até cinco anos e pagamento de 5 a 15 dias-multa, se o documento é público, e reclusão até três anos e pagamento de 3 a 10 dias-multa se o documento é particular"*), na forma do art. 29 do CP. Na espécie, o denunciado subscrevera documento — apresentado pelo então presidente do diretório regional de partido político ao qual filiado — referente à nova prestação de contas do ano de 2004, após a Coordenadoria de Controle Interno do Tribunal Regional Eleitoral não haver aprovado a anterior. Aduzia o órgão acusador que esse fato ocorrera mediante a substituição de livros contábeis, o que não estaria previsto na legislação e configuraria o aludido crime — v. Informativo 621. Afirmou-se não ter sido suficientemente comprovado o dolo do agente, uma vez que seguida a orientação de advogados e contadores no sentido de realizar a substituição dos livros sem, entretanto, retirar os originais, que teriam continuado à disposição da justiça eleitoral. O Min. Celso de Mello ressaltou **que ocorrera, no caso, uma causa excludente de culpabilidade, visto que o agente teria incidido em erro de proibição**. O Min. Cezar Peluso, Presidente, por seu turno, afirmou que **o crime em questão careceria de elemento objetivo do tipo, pois a denúncia não descrevera em que medida as declarações, do primeiro ou do segundo livro, não corresponderiam à realidade. Reputou, assim, que não se poderia supor que o segundo possuiria informações falsas.** Vencidos os Ministros Marco Aurélio, Ricardo Lewandowski e Ayres Britto, que recebiam a denúncia. Entendiam **que a confecção de livros novos, a conter informações diversas das existentes nos originais, configuraria o crime de falso. Frisavam que esse procedimento teria ocorrido para dar contornos de legitimidade às irregularidades verificadas pela justiça eleitoral, inserindo-se elementos que não poderiam, àquela altura e daquela forma, constar dos registros fiscais.** Inq 2.559/MG, rel. Min. Dias Toffoli, j. 18.08.2011. (Inform. STF 636) **(g.n)**

Inq 2.008/MG
RELATOR: MIN. CEZAR PELUSO
EMENTA: INQUÉRITO POLICIAL. Parlamentar. Deputado federal. Crime eleitoral. Corrupção eleitoral. Art. 299 do Código Eleitoral. Não ocorrência de abordagem direta a eleitores, com o objetivo de lhes obter promessa de voto a candidato do indiciado. Falta de prova de dolo específico. Atipicidade reconhecida pelo Procurador-Geral da República. Arquivamento determinado. Determina-se arquivamento de inquérito policial para apuração do delito de corrupção eleitoral, quando não há prova de abordagem direta de eleitores, com o objetivo de lhes

obter promessa de voto a candidato do indiciado, cujo dolo específico tampouco se provou. (Inform. STF 440) **(g.n)**

CRIME ELEITORAL CONTRA A HONRA E LEGITIMIDADE

A calúnia, a difamação e a injúria tipificam crimes eleitorais quando ocorrem em propaganda eleitoral ou visando a fins de propaganda eleitoral (Código Eleitoral, arts. 324, 325 e 326). Com base nesse entendimento, o Tribunal, por ilegitimidade ativa, rejeitou queixa-crime ajuizada contra Deputado Federal, na qual se lhe imputava a **prática dos crimes de calúnia e difamação (Lei 5.250/1967, arts. 20 e 21, c/c o art. 23, II), em concurso formal, que teriam ocorrido durante a transmissão de programa eleitoral gratuito. Considerou-se que a hipótese dos autos configuraria crime eleitoral, perseguível por ação penal pública, nos termos do art. 355 do Código Eleitoral.** Salientou-se, ademais, que, nos crimes eleitorais cometidos por meio da imprensa, do rádio ou da televisão, aplicam-se exclusivamente as normas desse Código e as remissões a outra lei nele contempladas.

Inq 2.188/BA, rel. Min. Sepúlveda Pertence, j. 06.09.2006. (Inform. STF 439) **(g.n)**

9.8. QUESTÕES COMENTADAS

(Ministério Público/AC – 2008) No processo penal eleitoral,

(A) o rito é comum.

(B) a instrução criminal possui processamento específico.

(C) em não sendo recebida a denúncia, o recurso cabível é o de apelação.

(D) não há interrogatório do réu.

De fato a única alternativa correta é encontrada na assertiva "**D**", pois o art. 359 do Código Eleitoral dispõe que, recebida a denúncia e citado o infrator, terá este o prazo de 10 (dez) dias para contestá-la, podendo juntar documentos que ilidam a acusação e arrolar as testemunhas que tiver, não contemplando interrogatório do réu.

Gabarito "D"

(Ministério Público/ES – 2005) Com relação aos crimes eleitorais é INCORRETO afirmar:

(A) Nos crimes eleitorais cometidos por meio da imprensa, do rádio ou da televisão, aplicam-se exclusivamente as normas do Código Eleitoral e as remissões a outra lei, nele contempladas.

(B) Verificada a infração penal, o Ministério Público oferecerá a denúncia dentro do prazo de 10 (dez) dias.

(C) Nos crimes de calúnia, injúria e difamação (arts. 323, 324 e 325 do Código Eleitoral) somente se procede mediante queixa. Procede-se mediante representação do ofendido se este for funcionário público e a ofensa é relativa ao exercício de suas funções.

(D) Sempre que o Código Eleitoral não indicar o grau mínimo, entende-se que será ele de quinze dias para a pena de detenção e de um ano para a de reclusão.

(E) Se o órgão do Ministério Público não oferecer a denúncia no prazo legal, representará contra ele a autoridade judiciária, sem prejuízo da apuração da responsabilidade penal.

A: correta (art. 288 do Código Eleitoral); **B:** correta (art. 357 do Código Eleitoral); **C:** incorreta, devendo ser assinalada. Os crimes eleitorais são de ação pública (art. 355 do Código Eleitoral), embora o TSE admita a ação privada subsidiária em virtude de esta modalidade ter sido elevada à condição de cláusula pétrea da CF/1988, como modo de as pessoas exercerem o controle da atividade estatal, no caso, do Ministério Público. – ver TSE, REsp Eleitoral 21.295/SP; **D:** correta (art. 284 do Código Eleitoral); **E:** correta (art. 357, § 3º, do Código Eleitoral).

Gabarito "C"

(Ministério Público/MG – 2012 – CONSULPLAN) Analise as seguintes assertivas em relação aos crimes eleitorais, previstos no Código Eleitoral, e assinale a alternativa CORRETA:

(A) Os crimes eleitorais são de ação penal pública condicionada à representação do ofendido.

(B) Os crimes eleitorais praticados por Governadores de Estado e do Distrito Federal são de competência do Tribunal Superior Eleitoral.

(C) Os crimes eleitorais praticados por prefeitos municipais são processados e julgados pelo Tribunal Regional Federal.

(D) Os crimes eleitorais praticados por juízes eleitorais são processados e julgados pelo Tribunal Regional Eleitoral.

De fato a única alternativa correta é encontrada na assertiva "**D**", vez que todas as autoridades que possuem foro por prerrogativa de função no Tribunal de Justiça, serão processadas e julgadas pelo Tribunal Regional Eleitoral quando praticarem crimes eleitorais. Esse é o caso, por exemplo, dos Juízes, Promotores e Prefeitos.

Gabarito "D"

(Ministério Público/GO – 2010) Não constitui crime eleitoral:

(A) Fazer propaganda, qualquer que seja a sua forma, em língua estrangeira.

(B) Não apresentar o órgão do Ministério Público, no prazo legal, denúncia ou deixar de promover a execução de sentença condenatória.

(C) Colher assinatura do eleitor em mais de uma ficha de registro de partido.

(D) Colocar cartazes, para fins de propaganda eleitoral, em muros, fachadas ou qualquer logradouro público.

De fato a única alternativa correta é apresentada pela assertiva "**D**", vez que o art. 37, § 6º, da Lei 9.504/1997 dispõe que é permitida a colocação de cavaletes, bonecos, cartazes, mesas para distribuição de material de campanha e bandeiras ao longo das vias públicas, desde que móveis e que não dificultem o bom andamento do trânsito de pessoas e veículos.

Gabarito "D"

(Ministério Público/MS – 2011 – FADEMS) Analise as assertivas a seguir.

I. É cabível a ação penal privada subsidiária no âmbito da Justiça Eleitoral, por tratar-se de garantia constitucional, prevista na CF/1988, art. 5º, LIX.

II. A denúncia nos crimes eleitorais deve ser oferecida no prazo de quinze dias, aplicando-se na hipótese o disposto no art. 46 do CPP.

III. Não apresentar o órgão do Ministério Público, no prazo legal, denúncia ou deixar de promover a execução de sentença condenatória, será punido com detenção até 2 meses ou pagamento de 60 a 90 dias-multa.

IV. No processo-crime eleitoral, o juiz, ao receber a denúncia, designará dia e hora para o depoimento pessoal do acusado, ordenando a citação deste a notificação do Ministério Público.

V. Discordando o juiz eleitoral do pedido de arquivamento formulado pelo Ministério Público Eleitoral, o inquérito deverá ser remetido ao Procurador-Geral de Justiça, que designará outro Promotor para oferecer denúncia, ou insistirá no arquivamento, ao qual só então estará o magistrado obrigado a atender (art. 357, § 1º, do Código Eleitoral).

(A) todos os itens estão corretos;

(B) somente os itens I, III e IV estão incorretos;

(C) somente os itens II, IV e V estão incorretos;

(D) somente os itens I, III e IV estão corretos;

(E) todos os itens estão incorretos.

I: correta, conforme o art. 5º, LIX, da CF/1988; II: incorreta, pois o prazo para denúncia por crime eleitoral é de 10 dias (art. 357 do Código Eleitoral); III: correta, pois a omissão é tipificada e apenada na forma do art. 342 do Código Eleitoral; IV: correta, conforme o art. 359 do Código Eleitoral; V: incorreta, pois, ao discordar do arquivamento, o juiz fará remessa de comunicação ao procurador regional (não ao Procurador-Geral) – art. 357, § 1º, do Código Eleitoral.

Gabarito "D"

(Ministério Público/PR – 2009) Relativamente a *crimes eleitorais*, assinale a alternativa *INCORRETA*:

(A) as modalidades de crimes eleitorais previstas no Código Eleitoral admitem algumas figuras culposas.

(B) se a falsificação de documento público, a falsificação de documento particular ou a falsidade ideológica forem praticadas para fins eleitorais, o agente respectivo não responde por crime comum, previsto no Código Penal, mas por prática de crime eleitoral, em razão de tipificação específica de cada um daqueles crimes no Código Eleitoral (Lei 4.737/1965).

(C) os crimes contra a honra, praticados na propaganda eleitoral, ou visando a fins de propaganda, tipificados nos arts. 324 a 326 do Código Eleitoral (Lei 4.737/1965), admitem, em tese, a incidência de causas de aumento de pena especiais.

(D) as modalidades de crimes eleitorais estão previstas no Código Eleitoral (Lei 4.737/1965) e em legislação eleitoral especial.

(E) os crimes previstos no Código Eleitoral contam com procedimento especial previsto na própria Lei 4.737/1965.

A: incorreta (devendo ser assinalada), pois o Código Eleitoral não prevê crime na modalidade culposa – ver o art. 18, parágrafo único, do CP, segundo o qual, salvo os casos expressos em lei, ninguém pode ser punido por fato previsto como crime, senão quando o pratica dolosamente; B: correta, conforme os arts. 348 e 349 do Código Eleitoral; C: correta, pois as hipóteses de aumento das penas são previstas no art. 327 do Código Eleitoral; D: correta, pois, além dos crimes previstos no CE, há também aqueles da Lei das Eleições (Lei 9.504/1997, arts. 68, § 2º, 72, 87, § 4º, etc.) e da Lei da Inelegibilidade – LI (LC 64/1990 – art. 25), por exemplo; E: correta, pois o CE prevê o processo das infrações penais em seus arts. 355 a 364.

Gabarito "A"

(Ministério Público/PR – 2008) Analise os enunciados abaixo e assinale a alternativa correta:

I. O crime formal de corrupção eleitoral tipificado no art. 299 do Código Eleitoral, contrariamente ao que ocorre no Código Penal, abrange tanto a corrupção ativa (nas modalidades de dar, oferecer e prometer) quanto a corrupção passiva (solicitar e receber).

II. Crimes eleitorais, sob o aspecto formal, e em decorrência do princípio da reserva legal, são apenas aquelas condutas consideradas típicas e definidas no Código Eleitoral.

III. Caracterizando-se a propaganda eleitoral como uma das formas de liberdade de pensamento e de liberdade de expressão, representa um direito a ser resguardado, mas pressupõe, de outro lado, em relação ao eleitor, o direito de não receber informações distorcidas, falsas, irreais. Este constitui o bem jurídico tutelado pelo art. 323 do Código Eleitoral, que erige à condição de delito "divulgar, na propaganda, fatos que sabe inverídicos, em relação a candidatos e capazes de exercerem influência perante o eleitorado".

IV. A regra legal disciplina que a ação penal eleitoral é pública (incondicionada), cabendo, segundo entendimento do Tribunal Superior Eleitoral, a ação penal privada subsidiária no âmbito da Justiça Eleitoral, por tratar-se de garantia constitucional, prevista no art. 5º, LIX, da CF. É inadmissível a ação penal pública condicionada à representação do ofendido, em virtude do interesse público que envolve a matéria eleitoral.

V. As decisões do Tribunal Superior Eleitoral são irrecorríveis, salvo as que contrariem a Constituição Federal e as denegatórias de *habeas corpus* ou mandado de segurança.

(A) todas as alternativas estão corretas.

(B) todas as alternativas estão incorretas.

(C) apenas a alternativa II está incorreta.

(D) apenas a alternativa III está incorreta.

(E) as alternativas II e IV estão incorretas.

I: correto (art. 299 do Código Eleitoral); II: incorreto. Há condutas tipificadas em outras leis (*v.g.* art. 90 da Lei 9.504/1997); III: correto (art. 323 do Código Eleitoral); IV: correto. Os crimes eleitorais são de ação pública – art. 355 do Código Eleitoral, mas o TSE admite a ação privada subsidiária – ver RESPE 21.295/SP-TSE; V: correto (art. 22, parágrafo único, c/c art. 281, ambos do Código Eleitoral).

Gabarito "C"

(Ministério Público/PR – 2011) Sobre crimes eleitorais, assinale a alternativa incorreta:

(A) os crimes previstos na Lei 4.737/1965 (Código Eleitoral) e na Lei 9.504/1997 (Lei das Eleições) são todos de ação penal pública incondicionada;

(B) a transação penal e a suspensão condicional do processo, como institutos despenalizadores previstos na Lei 9.099/1995, possuem restrições para sua aplicação relativamente aos crimes eleitorais;

(C) a Lei 4.737/1965 (Código Eleitoral) prevê figura típica criminal que pode ser praticada exclusivamente por membros do Ministério Público;

(D) as penas privativas de liberdade cominadas aos crimes previstos na Lei 4.737/1965 (Código Eleitoral) e na Lei 9.504/1997 (Lei das Eleições) aparecem, em cada um dos diplomas legais, sob as formas de detenção e reclusão;

(E) a divulgação de pesquisa pré-eleitoral sem o prévio registro perante a Justiça Eleitoral constitui infração eleitoral punível com multa, e a divulgação de pesquisa pré-eleitoral fraudulenta constitui crime punível com pena privativa de liberdade e multa.

A: correta, conforme o art. 355 do Código Eleitoral e o art. 90 da LE; B: incorreta (devendo ser assinalada), pois não há essa restrição; C: correta (ver art. 342 do Código Eleitoral); D: correta, conforme os arts. 289 a 354 do Código Eleitoral e os arts. 33, § 4º, 34, § 2º, 39, § 5º, da Lei das Eleições, entre outros; E: correta, conforme o art. 33, §§ 3º e 4º, da LE.

Gabarito "B"

(Ministério Público/RN – 2009 – CESPE) Com relação ao papel do Ministério Público Eleitoral nos processos relativos a crimes eleitorais, assinale a opção correta.

(A) Ocorrendo infração penal, o MP deve agir de acordo com o delito, e sua ação depende de representação do ofendido.

(B) Não são admitidas denúncias verbais, devendo a comunicação do delito ser subscrita por eleitor da mesma circunscrição em que ocorre a eleição.

(C) As infrações penais tipificadas no Código Eleitoral são de ação pública.

(D) Verificada infração penal, o MP conduz investigação reservada e propõe a ação caso o candidato acusado seja eleito.

(E) A inação do MP, quando provocado, é punida com o imediato afastamento do promotor responsável das lides eleitorais.

A: incorreta, uma vez que o art. 355 do Código Eleitoral dispõe que todas as infrações por ele definidas trata-se de ação penal pública, não sendo necessário representação; B: incorreta, pois o art. 356, § 1º, do Código Eleitoral admite esta possibilidade; C: correta, conforme art. 355 do Código Eleitoral; D: incorreta, vez que o art. 357 do Código Eleitoral dispõe que verificada a infração penal, o Ministério Público oferecerá a denúncia dentro do prazo de 10 (dez) dias; E: incorreta, pois o art. 357, § 3º, do Código Eleitoral disciplina que se o órgão do Ministério Público não oferecer a denúncia no prazo legal representará contra ele a autoridade judiciária, sem prejuízo da apuração da responsabilidade penal.

Gabarito "C"

(Ministério Público/RN – 2009 – CESPE) Com relação às disposições legais inscritas no Código Eleitoral e aos crimes eleitorais, assinale a opção correta.

(A) Juiz de direito, ainda que não seja juiz eleitoral, pode ser considerado, para efeitos penais, membro da justiça eleitoral, caso colabore com as eleições.

(B) A liberdade de expressão assegurada aos candidatos exclui os crimes contra a honra do processo eleitoral.

(C) Cidadãos estrangeiros podem participar do processo eleitoral brasileiro, desde que autorizados por partido político regularmente registrado.

(D) O abandono do serviço eleitoral por mesário implica a prática de mera infração administrativa.

(E) É admitida a prova da verdade na hipótese de crime de calúnia contra chefe de Estado estrangeiro.

A: correta, já que o art. 283, § 1º, do Código Eleitoral dispõe que se considera funcionário público, para os efeitos penais, além dos indicados no presente artigo, quem, embora transitoriamente ou sem remuneração, exerce cargo, emprego ou função pública; B: incorreta, uma vez que previstas as condutas contra a honra nos arts. 242, IX e 324, ambos do Código Eleitoral; C: incorreta, pois o art. 14, § 2º, da CF/1988 dispõe que não podem alistar-se como eleitores os estrangeiros e, durante o período do serviço militar obrigatório, os conscritos; D: incorreta, vez que o art. 344 do Código Eleitoral traz a tipificação da recusa ou o abandono do serviço eleitoral sem justa causa, dispondo com pena a detenção até dois meses ou pagamento de 90 a 120 dias-multa; E: incorreta, uma vez que o art. 324, § 2º, II, do Código Eleitoral disciplina sobre a não admissão da prova da verdade nestas circunstancias.

Gabarito "A"

(Ministério Público/RN – 2004) Constituem crimes eleitorais, exceto:

(A) O uso de alto-falantes e amplificadores de som no dia da eleição;

(B) O uso, na propaganda eleitoral, de imagens associadas às empregadas pelos órgãos de governo;

(C) Impedir o exercício de propaganda;

(D) Fazer pronunciamento fora do horário eleitoral gratuito, em cadeia de rádio ou televisão;

(E) Tentar violar o sigilo da urna ou dos invólucros.

A: incorreta (art. 39, § 5º, I, da LE); B: incorreta (art. 40 da LE); C: incorreta (art. 332 do Código Eleitoral); D: correta. A conduta não é tipificada como crime, embora possa, caso realizada nos três meses anteriores ao pleito, dar ensejo à multa, à cassação de registro ou diploma e às sanções relativas à improbidade administrativa – art. 73, VI, "c", e §§ 4º a 7º, da LE; **E:** incorreta (art. 317 do Código Eleitoral).

Gabarito "D"

(Ministério Público/RO – 2010 – CESPE) A respeito dos crimes eleitorais e do processo penal eleitoral, assinale a opção correta.

(A) Os recursos especiais relativos aos processos criminais eleitorais de competência originária dos TREs devem ser interpostos no prazo de três dias perante o presidente do tribunal recorrido.

(B) Para efeitos penais, o cidadão que integra temporariamente órgãos da justiça eleitoral e o cidadão nomeado para compor as mesas receptoras ou juntas apuradoras não são considerados membros nem funcionários da justiça eleitoral.

(C) Na instrução dos processos criminais eleitorais, poderão ser inquiridas até cinco testemunhas arroladas pela acusação e cinco arroladas pela defesa, independentemente de o crime ser apenado com multa, detenção ou reclusão.

(D) O fato de o órgão do MP não apresentar, no prazo legal, denúncia de crime eleitoral configura crime apenado com detenção de até um mês e multa.

(E) Tratando-se de crimes eleitorais, cabe apelação, no prazo de cinco dias, das sentenças definitivas de condenação ou absolvição proferidas por juiz singular, sendo de oito dias o prazo para oferecimento das razões.

A: correta, conforme o art. 276, § 1º, do Código Eleitoral; **B:** incorreta, pois o cidadão é considerado, nesse caso, funcionário da justiça eleitoral, para fins penais (art. 283, II e III, do Código Eleitoral); **C:** incorreta, pois o número de testemunhas na instrução é, em regra, de até 8 para acusação e mesmo número para a defesa – art. 401 do CPP. Ver art. 532 do CPP; **D:** incorreta, pois a pena para a omissão é de até 2 meses de detenção ou pagamento de multa (art. 342 do Código Eleitoral); **E:** incorreta, pois o prazo é de 10 dias (art. 362 do Código Eleitoral).

Gabarito "A"

(Ministério Público/RS – 2009) João Alberto, escolhido candidato à vereança na convenção de seu partido, em dado município do interior do Estado, prometeu a um grupo determinado de eleitores – em reunião realizada na sede da associação comunitária dos ferroviários – que, uma vez eleito, garantiria a eles vaga em sua assessoria, utilizando-se de cargos em comissão de que seu futuro gabinete poderia dispor. Tal fato se deu antes do encaminhamento do pedido do registro da candidatura, e tinha por escopo obter os votos daqueles eleitores.

Com base nesses dados, é correto afirmar que

(A) a ação do candidato constitui captação ilícita de sufrágio, prevista no art. 41-A, da Lei 9.504/1997, capaz de levar a cassação de registro ou mesmo do diploma em caso da eleição do candidato.

(B) em não se tendo certeza quanto a sua eleição, o crime não se poderia configurar em caso de insucesso eleitoral.

(C) o fato não se caracteriza como crime eleitoral porque praticado em período anterior ao registro da candidatura.

(D) o candidato, pela simples promessa levada a cabo, cometeu, em tese, o crime de corrupção eleitoral (art. 299 do Código Eleitoral).

(E) Nenhuma das alternativas propostas está correta em face do ordenamento vigente.

A: incorreta, pois a captação de sufrágio tipificada pelo art. 41-A da LE refere-se ao período entre o registro da candidatura (não antes, como no caso descrito na assertiva) e o dia da eleição; **B, C, D** e **E:** a conduta de João Alberto, ainda antes do registro da candidatura e mesmo sem ter certeza da eleição, implica, em tese, crime previsto no art. 299 do Código Eleitoral – dar, oferecer, prometer, solicitar ou receber, para si ou para outrem, dinheiro, dádiva, ou qualquer outra vantagem, para obter ou dar voto e para conseguir ou prometer abstenção, ainda que a oferta não seja aceita.

Gabarito "D"

(Ministério Público/RS – 2009) João Alberto, escolhido candidato à vereança na convenção de seu partido, em dado município do interior do Estado, prometeu a um grupo determinado de eleitores - em reunião realizada na sede da associação comunitária dos ferroviários – que, uma vez eleito, garantiria a eles vaga em sua assessoria, utilizando-se de cargos em comissão de que seu futuro gabinete poderia dispor. Tal fato se deu antes do encaminhamento do pedido do registro da candidatura, e tinha por escopo obter os votos daqueles eleitores.

Com base nesses dados, é correto afirmar que

(A) a ação do candidato constitui captação ilícita de sufrágio, prevista no art. 41-A da Lei 9.504/1997, capaz de levar a cassação de registro ou mesmo do diploma em caso da eleição do candidato.

(B) em não se tendo certeza quanto a sua eleição, o crime não se poderia configurar em caso de insucesso eleitoral.

(C) o fato não se caracteriza como crime eleitoral porque praticado em período anterior ao registro da candidatura.

(D) o candidato, pela simples promessa levada a cabo, cometeu, em tese, o crime de corrupção eleitoral (art. 299 do Código Eleitoral).

(E) Nenhuma das alternativas propostas está correta em face do ordenamento vigente.

De fato a única alternativa correta é a apresentada pela assertiva **D**, vez que basta a conduta para a caracterização do crime, nos exatos termos que dispõe o referido art. 299 do Código Eleitoral.

Gabarito "D"

(Ministério Público/SP – 2012 – VUNESP) Em relação ao Ministério Público Eleitoral, é correto afirmar:

(A) Se o órgão do Ministério Público, ao invés de apresentar a denúncia, requerer o arquivamento da investigação de infração penal eleitoral, o juiz, no caso de considerar improcedentes as razões invocadas, fará remessa do pedido ao Procurador-Geral de Justiça.

(B) Ouvidas as testemunhas da acusação e da defesa e praticadas as diligências requeridas pelo Ministério Público, o Juiz Eleitoral encerrará a instrução e abrirá vista ao Promotor Eleitoral para que, no prazo de 48 (quarenta e oito) horas, apresente as alegações finais.

(C) Verificada a infração penal eleitoral, o Ministério Público oferecerá a denúncia dentro de 10 (dez) dias.

(D) As funções de Procurador-Geral Eleitoral, perante o Tribunal Superior Eleitoral, serão exercidas pelo Procurador-Geral da República e, perante os Tribunais Regionais Eleitorais dos Estados, pelos Procuradores-Gerais de Justiça.

(E) O Promotor Eleitoral será o membro do Ministério Público Federal que oficie junto ao Juízo incumbido do serviço eleitoral de cada Zona.

A: incorreta, pois o art. 357, § 1º, do Código Eleitoral dispõe que se o órgão do Ministério Público, ao invés de apresentar a denúncia, requerer o arquivamento da comunicação, o juiz, no caso de considerar improcedentes as razões invocadas, fará remessa da comunicação ao Procurador Regional, e este oferecerá a denúncia, designará outro Promotor para oferecê-la, ou insistirá no pedido de arquivamento, ao qual só então estará o juiz obrigado a atender; **B:** incorreta, uma vez que a disposição correta do art. 360 do Código Eleitoral é no sentido de que ouvidas as testemunhas da acusação e da defesa e praticadas as diligências requeridas pelo Ministério Público e deferidas ou ordenadas pelo juiz, abrir-se-á o prazo de 5 (cinco) dias a cada uma das partes – acusação e defesa – para alegações finais; **C:** correta, conforme art. 357, caput, do Código Eleitoral; **D:** incorreta, vez que dispõe o art. 27 do Código Eleitoral que servirá como Procurador Regional junto a cada Tribunal Regional Eleitoral o Procurador da República no respectivo Estado e, onde houver mais de um, aquele que for designado pelo Procurador Geral da República; **E:** incorreta, uma vez que funcionará como membro do Ministério Público eleitoral o promotor de justiça local (membro do Ministério Público estadual), conforme art. 79 da LC 75/1993 ao dispor que o Promotor Eleitoral será o membro do Ministério Público local que oficie junto ao Juízo incumbido do serviço eleitoral de cada Zona.

Gabarito "C"

(Ministério Público/PR – 2013 – X) Assinale a alternativa correta:

(A) Sempre que Código Eleitoral não indicar o grau mínimo da pena abstratamente prevista, entende-se que será ele de seis meses para a pena de detenção e de um ano para a de reclusão. Quando determinada a agravação ou atenuação da pena sem mencionar o "quantum", deve o juiz fixá-lo entre um quinto e um terço, guardados os limites da pena cominada ao crime;

(B) Sempre que Código Eleitoral não indicar o grau mínimo da pena abstratamente prevista, entende-se que será ele de seis meses para a pena de detenção e de um ano para a de reclusão. Quando determinada a agravação ou atenuação da pena sem mencionar o *quantum*, deve o juiz fixá-lo entre um terço e um sexto, guardados os limites da pena cominada ao crime;

(C) Sempre que Código Eleitoral não indicar o grau mínimo da pena abstratamente prevista, entende-se que será ele de quinze dias para a pena de detenção e de um ano para a de reclusão. Quando determinada a agravação ou atenuação da pena sem mencionar o "quantum", deve o juiz fixá-lo entre um terço até a metade, guardados os limites da pena cominada ao crime;

(D) Sempre que Código Eleitoral não indicar o grau mínimo da pena abstratamente prevista, entende-se que será ele de quinze dias para a pena de detenção e de um ano para a de reclusão. Quando determinada a agravação ou atenuação da pena sem mencionar o *quantum*, deve o juiz fixá-lo entre um quinto e um terço, guardados os limites da pena cominada ao crime;

(E) Sempre que Código Eleitoral não indicar o grau mínimo da pena abstratamente prevista, entende-se que será ele de seis meses. Quando determinada a agravação ou atenuação da pena sem mencionar o *quantum*, deve o juiz fixá-lo entre um terço e um sexto, guardados os limites da pena cominada ao crime.

A alternativa "D" é a única correta, uma vez que o art. 284 do Código Eleitoral dispõe que sempre que não for indicado o grau mínimo, entende-se que será ele de quinze dias para a pena de detenção e de um ano para a de reclusão. No mesmo sentido, o art. 285 do Código Eleitoral dispõe que quando a lei determina a agravação ou atenuação da pena sem mencionar o *quantum*, deve o juiz fixá-lo entre um quinto e um terço, guardados os limites da pena cominada ao crime.

Gabarito "D"

(Ministério Público/PR – 2013 – X) Em matéria eleitoral, assinale a alternativa incorreta:

(A) Cabe ação penal subsidiária da pública em crime eleitoral;

(B) Segundo entendimento do Tribunal Superior Eleitoral, para a configuração do crime de corrupção eleitoral previsto no art. 299 do Código Eleitoral, não se exige pedido expresso de voto, bastando a comprovação da finalidade de obter o voto;

(C) Não existem crimes eleitorais de ação penal pública condicionada à representação;

(D) A improcedência da ação de investigação judicial eleitoral obsta a propositura de ação penal quando tratarem dos mesmos fatos;

(E) Em matéria de crimes eleitorais há possibilidade de aplicação dos institutos da transação penal e da suspensão condicional do processo.

A: correta. A ação penal privada subsidiária à ação penal pública foi elevada à condição de garantia constitucional, prevista no art. 5º, LIX, da CF/1988. Desta forma, como a própria Constituição não dispõs sobre qualquer restrição quanto à aplicação da ação penal privada subsidiária à pública, nos casos previstos na legislação eleitoral (crimes eleitorais), é admitida a intervenção particular em consonância com o art. 29 do CPP e art. 364 do Código Eleitoral; **B:** correta, segundo o entendimento do TSE a corrupção eleitoral é crime formal e não depende do alcance do resultado para que se consuma. Descabe, assim, perquirir o momento em que se efetivou o pagamento pelo voto, ou se o voto efetivamente beneficiou o candidato corruptor. Essa é a mensagem do legislador, ao enumerar a promessa entre as ações vedadas ao candidato ou a outrem, que atue em seu nome (art. 299, *caput*, do Código Eleitoral); **C:** correta, uma vez que o art. 355 do Código Eleitoral dispõe que as infrações penais definidas neste Código são de ação pública; **D:** incorreta, devendo ser assinalada, conforme o parágrafo único do art. 358 do Código Eleitoral, ao dispor que a rejeição da denúncia não obstará ao exercício da ação penal, desde que promovida por parte legítima ou satisfeita a condição; **E:** correta, conforme art. 76 e 89 da Lei 9.099/1995 e art. 77 do CP.

Gabarito "D"

(Analista – TREMG – 2012 – CONSULPLAN) Os crimes eleitorais estão tipificados não apenas no Código Eleitoral, mas também na Lei das Eleições, na Lei das Inelegibilidades, entre outras normas. No dia do pleito, para que a manifestação do eleitorado seja a mais livre possível, há certas restrições impostas pela legislação. Determinadas condutas podem caracterizar a prática de crime. Especificamente sobre o chamado crime de "boca de urna" e demais práticas delitivas no dia da eleição, assinale a alternativa correta.

(A) O uso de alto-falantes e de amplificadores de som só é admitido à distância mínima de 200 metros dos locais de votação.

(B) A distribuição de material gráfico só é autorizada até as 8 horas da manhã do dia da eleição, antes do início do processo de votação.

(C) A "boca de urna" constitui crime inafiançável, cujos autores não podem ser beneficiados com transação penal, em virtude das elevadas penas aplicáveis.

(D) Admite-se a manifestação individual e silenciosa da preferência do eleitor por partido político ou candidato, desde que revelada, exclusivamente, pelo uso de bandeiras, broches, dísticos e adesivos.

(E) Para a realização de comício ou carreata, o candidato, partido ou coligação responsável pelo ato deve comunicar à autoridade policial, no mínimo, 24 horas antes, a fim de que seja assegurada, segundo a prioridade do aviso, o direito contra quem pretenda usar o local no horário do dia da votação.

A: incorreta, pois o art. 39, § 5º, I, da Lei 9.504/1997 dispõe sobre o crime de uso de alto-falante no dia das eleições, independentemente da distância que mantenha dos locais de votação, bastando o uso para que configure o crime; **B:** incorreta, pois o art. 39, § 9º, da Lei 9.504/1997 dispõe que "até as vinte e duas horas do dia que antecede a eleição, serão permitidos distribuição de material gráfico, caminhada, carreata, passeata ou carro de som que transite pela cidade divulgando jingles ou mensagens de candidatos; **C:** incorreta, pois o crime de boca de urna, capitulado pelo art. 39, § 5º, II, da Lei 9.504/1997 é punível com pena de detenção, de seis meses a um ano, com a alternativa de prestação de serviços à comunidade pelo mesmo período, e multa no valor de cinco mil a quinze mil UFIR; **D:** correta, conforme art. 39-A da Lei 9.504/1997; **E:** incorreta, uma vez que o art. 39, § 9º, da Lei 9.504/1997 dispõe que somente até as vinte e duas horas do dia que antecede a eleição é que serão permitidas carreatas que transitem pela cidade divulgando a campanha de candidatos.

Gabarito "C"

(Analista – TRE/AM – 2010 – FCC) Se o órgão do Ministério Público, recebendo comunicação de infração penal eleitoral, ao invés de apresentar a denúncia, requerer o arquivamento, o Juiz, no caso de considerar improcedentes as razões invocadas,

(A) fará a remessa da comunicação ao Procurador Regional Eleitoral.

(B) recorrerá de ofício ao Tribunal Regional Eleitoral competente.

(C) instaurará a ação penal através de Portaria.

(D) intimará o órgão do Ministério Público a oferecer denúncia, sob pena de desobediência.

(E) permitirá ao autor da comunicação que ajuíze a ação penal privada.

Na hipótese apresentada, o juiz fará remessa da comunicação ao Procurador Regional e este oferecerá a denúncia, designará outro Promotor para oferecê-la, ou insistirá no pedido de arquivamento, ao qual só então estará o juiz obrigado a atender (art. 357, § 1º, do Código Eleitoral).

Gabarito "A"

(Analista – TRE/AM – 2010 – FCC) NÃO constitui crime eleitoral:

(A) tentar votar mais de uma vez.

(B) reter título eleitoral contra a vontade do eleitor.

(C) permitir o Presidente da Mesa Receptora que o eleitor vote sem estar de posse de seu título eleitoral.

(D) tentar violar o sigilo do voto.

(E) votar em lugar de outrem.

A: incorreta (art. 309 CE); **B:** incorreta (art. 295 do Código Eleitoral); **C:** correta. O Supremo Tribunal Federal acabou entendendo, na medida cautelar proposta na ADIn 4.467, proposta em face do art. 91-A da Lei 9.504/1997, com a redação que lhe foi dada pela Lei 12.034/2009 (a chamada minirreforma eleitoral) e que estabelece a obrigatoriedade de apresentação do título de eleitor e de documento com fotografia no momento da votação, que apenas a ausência de apresentação de documento oficial com foto pode impedir o eleitor de votar, razão pela qual não há qualquer ilegalidade na hipótese prevista no item C; **D:** incorreta (art. 312 do Código Eleitoral); **E:** incorreta (art. 309 do Código Eleitoral).

Gabarito "C"

(Analista – TRE/AP – 2011 – FCC) NÃO é crime eleitoral

(A) impedir ou embaraçar o exercício do sufrágio.

(B) prender eleitor em flagrante delito no dia da eleição.

(C) reter título eleitoral contra a vontade do eleitor.

(D) fazer propaganda, qualquer que seja a sua forma, em língua estrangeira.

(E) inutilizar, alterar ou perturbar meio de propaganda devidamente empregado.

A: incorreta (art. 297 do Código Eleitoral); **B:** correta. O tipo penal previsto no art. 298 do Código Eleitoral estabelece ser crime eleitoral "prender ou deter eleitor, membro de mesa receptora, fiscal, delegado de partido ou candidato com violação do disposto no art. 236 CE". O artigo mencionado, por sua vez, determina que nenhuma autoridade poderá, desde cinco dias antes até 48 (quarenta e oito) horas depois do encerramento da eleição, prender ou deter qualquer eleitor, salvo em flagrante delito ou em virtude de sentença criminal condenatória por crime inafiançável, ou, ainda, por desrespeito a salvo-conduto. Assim sendo, em leitura sistemática, podemos considerar que prender eleitor em flagrante delito no dia da eleição não é crime eleitoral (art. 236 c/c art. 298 do Código Eleitoral); **C:** incorreta (art. 295 do Código Eleitoral); **D:** incorreta (art. 335 do Código Eleitoral); **E:** incorreta (art. 331 do Código Eleitoral).

Gabarito "B"

(Analista – TRE/BA – 2003 – FCC) O processo penal eleitoral tem início

(A) apenas por queixa-crime oferecida por qualquer eleitor regularmente alistado na circunscrição em que tiver ocorrido a infração penal.

(B) apenas por queixa-crime oferecida por Partido Político ou Coligação.

(C) apenas por denúncia do Ministério Público.

(D) apenas por queixa-crime oferecida pelo ofendido ou por quem tenha qualidade para representá-lo.

(E) por denúncia do Ministério Público ou por queixa-crime oferecida pelo ofendido ou por quem tenha qualidade para representá-lo, se a denúncia não for apresentada no prazo legal.

Os crimes eleitorais são de ação pública, eles são, como regra, oferecidos por meio de denúncia pelo Ministério Público. Todavia, o art. 30 do CPP estabelece que caberá ao ofendido ou a quem tenha qualidade para representá-lo a ação privada nos crimes de ação pública, nos termos do art. 29 do CPP, quando a ação pública não for intentada pelo Ministério Público no prazo legal. Temos, portanto, que: se os crimes eleitorais são de ação pública não caberá apenas queixa-crime, pois a regra é a denúncia pelo Ministério Público (o que exclui as assertivas "**A**", "**B**" e "**D**") e, de todo modo, se não

oferecida no prazo legal, poderá ser proposta também pelo ofendido ou por quem tenha a qualidade para representá-lo, o que elimina a assertiva "**C**".

Gabarito "E"

(Analista – TRE/MG – 2005 – FCC) O candidato Alvius, na propaganda eleitoral, chamou o candidato Betus de "*ladrão*", sem descrever ou mencionar o fato em que se baseou para formular tal ofensa. Assim procedendo, Alvius

(A) cometeu o crime eleitoral de injúria.

(B) cometeu o crime eleitoral de calúnia.

(C) cometeu o crime eleitoral de difamação.

(D) não cometeu nenhum delito, em razão da liberdade de expressão.

(E) só terá cometido crime eleitoral se o ofendido for funcionário público.

A: correta. Não houve, no caso narrado, a falsa imputação de fato definido como crime, mas mera ofensa à dignidade ou decoro do ofendido, razão pela qual temos configurado o crime eleitoral de injúria (art. 326 do Código Eleitoral); **B:** incorreta. Como já dito, não há, no caso, imputação de fato definido como crime (art. 324 do Código Eleitoral); **C:** incorreta. Falta o fato ofensivo à reputação (art. 325 do Código Eleitoral); **D:** incorreta, pois o delito tem previsão típica no art. 326 do Código Eleitoral; **E:** incorreta. O art. 326 do Código Eleitoral fala em "injuriar alguém", de modo que não é necessário que o sujeito passivo da infração penal seja funcionário público.

Gabarito "A"

(Analista – TRE/MG – 2005 – FCC) A respeito do processo das infrações penais relativas à prática de crimes eleitorais, é correto afirmar que,

(A) verificada a infração penal, o Ministério Público oferecerá a denúncia no prazo de 15 dias.

(B) das decisões finais de condenação ou absolvição, cabe recurso para o Tribunal Regional, a ser interposto no prazo de 10 dias.

(C) oferecida a denúncia, o acusado será citado para oferecer defesa preliminar no prazo de 5 dias.

(D) recebida a denúncia, o réu ou seu defensor terá o prazo de 5 dias para apresentação de defesa prévia, podendo arrolar testemunhas.

(E) se o juiz não fixar prazo diverso, a defesa deverá apresentar suas alegações finais em 3 dias.

A: incorreta. A denúncia deve ser oferecida no prazo de 10 dias (art. 357 do Código Eleitoral); **B:** correta (art. 362 do Código Eleitoral); **C:** incorreta (art. 359, parágrafo único, do Código Eleitoral); **D:** incorreta (art. 359 do Código Eleitoral); **E:** incorreta. O prazo é de 5 dias (art. 360 do Código Eleitoral).

Gabarito "B"

(Analista – TRE/PB – 2007 – FCC) No processo das infrações penais eleitorais, observar-se-ão os prazos de

(A) 8 dias para oferecimento de denúncia pelo órgão do Ministério Público, 5 dias para oferecimento de alegações escritas e arrolamento de testemunhas pelo réu ou seu defensor e 10 dias para cada uma das partes para oferecimento de alegações finais.

(B) 15 dias para oferecimento de denúncia pelo órgão do Ministério Público, 3 dias para oferecimento de alegações escritas e arrolamento de testemunhas pelo réu ou seu defensor e 8 dias para cada uma das partes para oferecimento de alegações finais.

(C) 5 dias para oferecimento de denúncia pelo órgão do Ministério Público, 5 dias para oferecimento de alegações escritas e arrolamento de testemunhas pelo réu ou seu defensor e 10 dias para cada uma das partes para oferecimento de alegações finais.

(D) 3 dias para oferecimento de denúncia pelo órgão do Ministério Público, 3 dias para oferecimento de alegações escritas e arrolamento de testemunhas pelo réu ou seu defensor e 3 dias para cada uma das partes para oferecimento de alegações finais.

(E) 10 dias para oferecimento de denúncia pelo órgão do Ministério Público, 10 dias para oferecimento de alegações escritas e arrolamento de testemunhas pelo réu ou seu defensor e 5 dias para cada uma das partes para oferecimento de alegações finais.

Os prazos para oferecimento da denúncia, de alegações escritas e de alegações finais estão previstos, respectivamente, nos arts. 357, 359 e 360, parágrafo único, do Código Eleitoral.

Gabarito "E"

(Analista – TRE/PE – 2004 – FCC) Considere as afirmativas:

I. A ação penal no Direito Eleitoral brasileiro é sempre pública e só poderá ser intentada por denúncia do Ministério Público.

II. Os Partidos Políticos podem intervir como assistentes do Ministério Público no processo penal eleitoral.

III. Recebida a denúncia, o juiz mandará citar o réu para interrogatório, concedendo-lhe o prazo de 10 dias para oferecer contestação.

IV. No processo penal eleitoral aplica-se o princípio da identidade física do juiz, devendo a ação penal ser julgada pelo juiz que concluiu a instrução.

Está correto APENAS o que se afirma em

(A) I, II e III.
(B) I, II e IV.
(C) II.
(D) II e III.
(E) III.

I: incorreta. A ação penal eleitoral é pública, mas caberá a propositura de ação privada pelo ofendido ou quem o represente em caso de não propositura da denúncia pelo MP no prazo legal (art. 5º, LIX, da CF/1988 e art. 355 do Código Eleitoral); II: incorreta. Não há previsão legal específica nesse sentido, de modo que incidem as regras gerais sobre assistência do CPP; III: correta (art. 359, parágrafo único, do Código Eleitoral); IV: incorreta – não há previsão legal nesse sentido.

Gabarito "E"

(Analista – TRE/PR – 2012 – FCC) A respeito dos crimes eleitorais, considere:

I. Abandonar o serviço eleitoral, mesmo por justa causa.

II. Oferecer dinheiro para conseguir abstenção, ainda que a oferta não seja aceita.

III. Usar de grave ameaça para coagir alguém a votar em determinado partido, ainda que os fins visados não sejam conseguidos.

IV. Intervir o Juiz Eleitoral no funcionamento da Mesa Receptora.

Constituem crimes eleitorais as condutas descritas APENAS em

(A) I e IV.
(B) II e III.
(C) II e IV.
(D) III e IV.
(E) I, II e III.

I: incorreta (art. 344 do Código Eleitoral); II: correta (art. 299 do Código Eleitoral); III: correta (art. 301 do Código Eleitoral); IV: não se trata de qualquer conduta tipificada como crime em lei.

Gabarito "B"

(Analista – TRE/RN – 2005 – FCC) No processo penal eleitoral,

(A) apresentada a denúncia, o réu será citado para apresentar defesa preliminar e arrolar até 3 testemunhas, sendo que, após a inquirição das mesmas, o juiz decidirá se recebe ou não a denúncia.

(B) apresentada a denúncia, o réu será citado para, pessoalmente ou através de seu defensor, oferecer defesa preliminar no prazo de 10 dias, após o que o juiz decidirá se recebe ou não a denúncia.

(C) recebida a denúncia, o réu será citado para interrogatório, seguindo-se o prazo de 3 dias, que correrá em cartório, para oferecimento de defesa prévia, pessoalmente ou através de seu defensor.

(D) apresentada a denúncia, o réu será citado para interrogatório e apresentará, pessoalmente ou por seu defensor, defesa preliminar no prazo de 15 dias, após o que o juiz decidirá se recebe ou não a denúncia.

(E) recebida a denúncia, colhido o depoimento pessoal do acusado e feita a citação, este terá o prazo de 10 dias para, pessoalmente ou através de seu defensor, oferecer alegações escritas e arrolar testemunhas.

Art. 359, parágrafo único, do Código Eleitoral.

Gabarito "E".

(Analista – TRE/RN – 2005 – FCC) Recebendo um inquérito policial relativo à infração penal eleitoral, o órgão do Ministério Público, ao invés de apresentar denúncia, requereu o arquivamento. O Juiz Eleitoral, considerando improcedentes as razões invocadas, ordenou a remessa dos autos ao Procurador Regional Eleitoral, que, no entanto, insistiu no pedido de arquivamento. Nesse caso, o Juiz Eleitoral

(A) remeterá os autos ao Ministério Público Estadual para oferecimento de denúncia.

(B) poderá baixar Portaria para instauração de ação penal pela infração penal em questão.

(C) ordenará a intimação da vítima para, querendo, oferecer queixa-crime, instaurando a ação penal privada.

(D) estará obrigado, mesmo contra a sua convicção, a atender e a determinar o arquivamento dos autos.

(E) devolverá os autos ao Procurador Regional Eleitoral que designará outro Promotor Eleitoral para oferecer denúncia.

Se o procurador regional insistir no arquivamento de um inquérito policial, o juiz estará obrigado a atender (art. 357, § 1º, do Código Eleitoral).

Gabarito "D".

(Analista – TRE/SE – 2007 – FCC) O órgão do Ministério Público, ao invés de apresentar a denúncia, requereu o arquivamento da comunicação. O Juiz, considerando improcedentes as razões invocadas, fez a remessa da comunicação ao Procurador Regional que insistiu no pedido de arquivamento. Nesse caso, o Juiz

(A) encaminhará os autos à Corregedoria Regional.

(B) poderá instaurar a ação penal através de Portaria.

(C) estará obrigado a atender.

(D) remeterá os autos ao Tribunal Regional Eleitoral.

(E) notificará a vítima para oferecer ação penal privada subsidiária.

Se o procurador regional insistir no arquivamento de um inquérito policial, o juiz estará obrigado a atender (art. 357, § 1º, do Código Eleitoral).

Gabarito "C".

(Analista – TRE/SE – 2007 – FCC) A respeito dos recursos em matéria eleitoral, considere as afirmativas abaixo.

I. Sempre que a lei não fixar prazo especial, o recurso deverá ser interposto em 3 (três) dias da publicação do ato, resolução ou despacho.

II. Das decisões dos Tribunais Regionais Eleitorais que denegarem *habeas corpus* ou mandado de segurança cabe recurso ordinário para o Tribunal Superior Eleitoral.

III. Denegado o Recurso Especial pelo Presidente do Tribunal Regional Eleitoral, o recorrente poderá interpor, dentro de 10 (dez) dias, agravo de instrumento.

IV. O Presidente do Tribunal Regional Eleitoral não poderá negar seguimento ao agravo de instrumento contra a decisão denegatória de Recurso Especial, ainda que interposto fora de prazo

Está correto o que se afirma APENAS em

(A) I, II e IV.

(B) I, II e III.

(C) I, III e IV.

(D) II e III.

(E) III e IV.

I: correta (art. 258 do Código Eleitoral); **II:** correta (art. 276, II, "b", do Código Eleitoral); **III:** incorreta. O prazo para interposição do agravo de instrumento é de 03 dias (art. 279 do Código Eleitoral); **IV:** correta (art. 279, § 5º, do Código Eleitoral).

Gabarito "A".

(Analista – TRE/SP – 2006 – FCC) A respeito do processo das infrações penais definidas no Código Eleitoral brasileiro, é correto afirmar:

(A) Se o órgão do Ministério Público não oferecer a denúncia no prazo legal, a comunicação de infração penal será arquivada.

(B) Verificada a infração penal, o Ministério Público oferecerá a denúncia dentro do prazo de 10 dias.

(C) Recebida a denúncia, o réu ou seu defensor terá o prazo de 3 dias para oferecer alegações escritas e arrolar testemunhas.

(D) Ouvidas as testemunhas da acusação e da defesa, abrir-se-á o prazo de 10 dias a cada uma das partes para alegações finais.

(E) Das decisões finais de condenação ou absolvição cabe recurso para o Tribunal Regional Eleitoral a ser interposto no prazo de 5 dias.

A: incorreta (art. 357, § 1º, do Código Eleitoral); **B:** correta (art. 357, *caput*, do Código Eleitoral); **C:** incorreta. O prazo para oferecer alegações escritas e arrolar testemunhas é de 05 dias (art. 360 do Código Eleitoral); **E:** incorreta. O prazo é de 10 dias (art. 362 do Código Eleitoral).

Gabarito "B".

(Analista – TRE/AL – 2004 – CESPE) Quanto aos crimes eleitorais, julgue os itens subsequentes.

(1) Divulgar, na propaganda eleitoral, fatos que sabe serem inverídicos sobre candidato, ainda que o assunto não tenha capacidade de gerar qualquer influência perante o eleitorado, constitui crime eleitoral.

(2) O crime de difamação eleitoral em propaganda eleitoral somente ocorre se o ofendido for candidato na eleição à qual se destina aquela propaganda.

(3) O crime de injúria eleitoral somente é cometido se a ação for praticada em propaganda eleitoral.

1: incorreto. O tipo penal exige que os fatos inverídicos divulgados sejam capazes de exercer influência perante o eleitorado (art. 323 do Código Eleitoral); **2:** incorreto. O tipo penal fala em "difamar alguém", o que significa que o sujeito passivo pode ser ou não candidato – art. 325 do Código Eleitoral; **3:** incorreto. O artigo estabelece como conduta típica "injuriar alguém, na propaganda eleitoral, **ou visando a fins de propaganda**", de modo que a ação pode ser praticada em outras situações e não somente em propaganda eleitoral (art. 326 do Código Eleitoral).

Gabarito 1F, 2E, 3E

(Analista – TRE/PA – 2005 – CESPE) Acerca do processo penal eleitoral, assinale a opção incorreta.

(A) As infrações penais definidas no Código Eleitoral são de ação pública.

(B) Todo cidadão que tiver conhecimento de infração penal tipificada no Código Eleitoral deverá comunicá-la ao juiz eleitoral da zona onde o crime se verificou.

(C) Quando a comunicação do crime for verbal, mandará a autoridade judicial reduzi-la a termo, assinado pelo apresentante e por duas testemunhas, e a remeterá ao Ministério Público Eleitoral.

(D) Se, ao analisar a comunicação do crime, o Ministério Público julgar necessários esclarecimentos adicionais e documentos complementares ou outros elementos de convicção, deverá requisitá-los diretamente de quaisquer autoridades ou funcionários que possam fornecê-los.

(E) O procurador regional eleitoral que receber do juiz comunicação que fora inicialmente arquivada pelo Ministério Público não pode insistir na promoção do arquivamento em razão da natureza jurídica do bem jurídico tutelado pelo direito penal eleitoral.

A: correta (art. 355 do Código Eleitoral); **B:** correta (art. 356 do Código Eleitoral); **C:** correta (art. 356, § 1º, do Código Eleitoral); **D:** correta (art. 356, § 2º, do Código Eleitoral); **E:** incorreta (art. 357, § 1º, do Código Eleitoral).

Gabarito "E"

(Analista – TJ/MT – 2008 – VUNESP) As infrações penais definidas no Código Eleitoral são de ação

(A) privada condicionada.

(B) privada incondicionada.

(C) pública.

(D) administrativa discricionária do Estado.

(E) administrativa vinculada do Estado.

As ações penais atinentes aos crimes eleitorais são de iniciativa pública, conforme prescreve o art. 355 do Código Eleitoral.

Gabarito "C"

(Analista – TRE/AM – 2010 – FCC) É vedado aos agentes públicos, servidores ou não, na circunscrição do pleito, nos três meses que o antecedem e até a posse dos eleitos,

(A) a nomeação para cargos dos Tribunais de Contas.

(B) a transferência *ex officio* de agentes penitenciários.

(C) a nomeação para cargos em comissão.

(D) a transferência *ex officio* de policiais civis.

(E) a remoção de servidores públicos em geral.

A: incorreta (art. 73, V, "b", da Lei 9.504/1997); **B:** incorreta (art. 73, V, "e", da Lei 9.504/1997); **C:** incorreta (art. 73, V, "a", da Lei 9.504/1997); **D:** incorreta (art. 73, V, "e", da Lei 9.504/1997); **E:** correta (art. 73, "v", da Lei 9.504/1997).

Gabarito "E"

(Analista – TRE/BA – 2003 – FCC) Pedro foi nomeado para o cargo de médico do serviço de saúde do Estado, para o qual foi aprovado em concurso público. Essa nomeação será legal, se tiver ocorrida no prazo de 3 meses que antecede o pleito eleitoral até a posse dos eleitos,

(A) mesmo que o concurso público tenha sido homologado durante esse prazo.

(B) desde que o concurso público já estivesse aberto quando do início desse prazo.

(C) desde que o concurso público tenha sido homologado antes desse prazo.

(D) desde que a proclamação do resultado do concurso público tenha ocorrido antes desse prazo, ainda que a homologação tenha ocorrido depois.

(E) desde que o concurso público tenha sido homologado, no mínimo, até 6 meses antes desse prazo.

A: incorreto (art. 73, V, "c", da Lei 9.504/1997 – não pode ser durante); **B:** incorreto (art. 73, V, "c", da Lei 9.504/1997 – a partir dos três meses que antecedem ao pleito não pode); **C:** correto (art. 73, V, "c", da Lei 9.504/1997); **D:** incorreto (art. 73, V, "c", da Lei 9.504/1997); **E:** incorreto (art. 73, V, da Lei 9.504/1997 – a lei só exige 3 meses).

Gabarito "C"

(Analista – TRE/RS – 2010 – FCC) Nos três meses que antecedem as eleições, é

(A) vedada a designação ou dispensa de funções de confiança.

(B) vedada a distribuição gratuita de bens, valores ou benefícios por parte da Administração Pública nos casos de calamidade pública.

(C) vedada a nomeação ou exoneração de cargos em comissão.

(D) permitida a nomeação para cargos dos órgãos da Presidência da República.

(E) permitida a contratação de shows artísticos pagos com recursos públicos na realização de inaugurações.

A: incorreta (art. 73, V, "a", da Lei 9.504/1997); B: incorreta (art. 73, § 10, da Lei 9.504/1997); C: incorreta (art. 73, V, "a", da Lei 9.504/1997); D: correta (art. 73, V, "b", da Lei 9.504/1997); E: incorreta (art. 75 da Lei 9.504/1997).

Gabarito "D".

(Analista – TRE/SE – 2007 – FCC) Inclui-se dentre as condutas vedadas aos agentes públicos em campanha eleitoras eleitorais:

(A) nomear os aprovados em concursos públicos homologados até o início do prazo de três meses que antecedem o pleito.

(B) exonerar servidores públicos de cargos em comissão, bem como designar ou dispensar de funções de confiança.

(C) nomear servidores públicos para cargos do Poder Judiciário, do Ministério Público, dos Tribunais ou Conselheiros de Contas e dos órgãos da Presidência da República.

(D) fazer pronunciamento em cadeia de rádio ou televisão, fora do horário eleitoral gratuito, quando não se tratar de matéria urgente, relevante e característica das funções de governo.

(E) transferir ou remover ex officio militares, policiais civis ou agentes penitenciários.

A: incorreta. Exceção prevista no art. 73, V, "c", da Lei 9.504/1997; B: incorreta. Exceção prevista no art. 73, V, "a", da Lei 9.504/1997; C: incorreta. Exceção prevista no art. 73, V, "b", da Lei 9.504/1997; D: correta. Conduta vedada aos agentes públicos em campanhas eleitorais – art. 73, VI, "c", da Lei 9.504/1997; E: incorreta. Exceção prevista no art. 73, V, "e", da Lei 9.504/1997.

Gabarito "D".

(Analista – TRE/MA – 2006 – CESPE) Assinale a opção que contém conduta vedada aos agentes públicos, nos pleitos eleitorais, durante a campanha eleitoral.

(A) Ceder servidor público ou empregado da administração direta ou indireta federal, estadual ou municipal do Poder Executivo, ou usar de seus serviços, para atuação em comitês de campanha eleitoral de candidato, partido político ou coligação, durante o horário de expediente normal, ainda que o servidor ou empregado esteja licenciado.

(B) Nomear ou exonerar pessoas de cargos em comissão e designá-las ou dispensá-las de funções de confiança, na circunscrição do pleito, nos três meses que antecedem o pleito eleitoral até a posse dos eleitos, sob pena de nulidade de pleno direito.

(C) Realizar, antes dos três meses que antecedem o pleito, despesas com publicidade dos órgãos públicos federais, estaduais ou municipais, ou das respectivas entidades da administração indireta, que excedam a média dos gastos nos três últimos anos que antecedem o pleito ou do último ano imediatamente anterior à eleição, prevalecendo o limite maior.

(D) Fazer, na circunscrição do pleito, revisão geral da remuneração dos servidores públicos ainda que não exceda a recomposição da perda de seu poder aquisitivo ao longo do ano da eleição, após 5 de julho e até a posse dos eleitos.

(E) Fazer, nos três meses que antecedem o pleito, pronunciamento em cadeia de rádio e televisão, fora do horário eleitoral gratuito, salvo quando, a critério da justiça eleitoral, tratar-se de matéria urgente, relevante e pertinente às funções de governo.

A: incorreta. É possível no caso de servidor ou empregado licenciado (art. 73, III, da Lei 9.504/1997); B: incorreta (art. 73, V, "a", da Lei 9.504/1997); C: incorreta. O erro está na expressão "antes dos 3 meses" (art. 73, VII, da Lei 9.504/1997); D: incorreta. Não há proibição se não exceder a recomposição da perda de seu poder aquisitivo ao longo da eleição (art 73, VI, "c", da Lei 9.504/1997).

Gabarito "E".

(Analista – TRE/SC – 2005 – FAPEU) Assinale a alternativa CORRETA. A veiculação de propaganda pelos agentes públicos é sabidamente vedada nos três meses que antecedem o pleito. Exceção à regra é:

(A) a veiculação de publicidade de atos, programas, obras, serviços e campanhas dos entes públicos quando "contiverem conteúdo educativo, informativo ou de orientação social", conforme assegurado no art. 387 da Constituição Federal.

(B) a publicidade autorizada anteriormente aos três meses que antecedem o pleito eleitoral.

(C) pronunciamentos em cadeia de rádio e televisão, fora do horário eleitoral gratuito, de matéria relevante, a critério da autoridade pública federal, estadual ou municipal.

(D) a realização de campanhas publicitárias, em caso de grave e urgente necessidade pública, assim reconhecida pela Justiça Eleitoral.

Art. 73, VI, "b", da Lei 9.504/1997.

Gabarito "D".

(Analista – TRE/SC – 2005 – FAPEU) Assinale a alternativa CORRETA. É proibido aos agentes públicos, servidores ou não, nos 180 (cento e oitenta) dias que antecedem o pleito eleitoral:

(A) fazer, na circunscrição do pleito, revisão geral de remuneração dos servidores públicos que exceda a recomposição da perda de seu poder aquisitivo ao longo do ano.

(B) realizar a transferência voluntária de recursos da União aos Estados e Municípios, sob pena de nulidade do pleito.

(C) autorizar a publicidade institucional de atos, programas e obras, serviços e campanhas dos órgãos públicos federais, estaduais ou municipais, ou das respectivas entidades da administração indireta.

(D) nomear ou exonerar ocupantes de cargo em comissão, bem como designar ou dispensar de funções de confiança.

A: correta (art. 73, VIII, da Lei 9.504/1997); **B:** incorreta. A vedação de que trata a assertiva existe somente nos 03 meses que antecedem ao pleito (art. 73, VI, "a", da Lei 9.504/1997); **C:** incorreta (art. 73, VI, "b", da Lei 9.504/1997); **D:** incorreta. A nomeação ou exoneração de ocupantes de cargos em comissão, bem como a designação ou dispensa de funções de confiança é sempre possível pela própria natureza de tais funções. Logo, não há qualquer vedação quanto à sua ocorrência durante o período que antecede as eleições (art. 73, V, "a", da Lei 9.504/1997).

Gabarito "A"

(Procurador da República – 17º) Os crimes eleitorais:

(A) nas hipóteses de abuso do poder econômico ou de autoridade, incluem a responsabilidade criminal do beneficiário, ainda que nenhuma participação tenha tido na prática do delito;

(B) são suscetíveis de ação penal pública incondicionada promovida pelo Ministério Público;

(C) considerando sua condição deletéria do regime democrático, são sempre processados e julgados no Tribunal Superior Eleitoral;

(D) conforme a gravidade, podem ter como pena, além da privação ou restrição da liberdade, a cassação dos direitos políticos.

A única alternativa que apresenta resposta correta é a "B", vez que em consonância com o que dispõe o art. 355 do Código Eleitoral ao estabelecer, que infrações penais definidas no Código Eleitoral são de ação pública incondicionada.

Gabarito "B"

(Procurador da República – 18º) Os crimes eleitorais, definidos no Código Eleitoral:

(A) são processados e julgados sempre pela Justiça Eleitoral;

(B) são crimes de ação penal pública;

(C) são crimes de ação penal privada, conforme o interesse dos candidatos ofendidos ou dos respectivos Partidos Políticos;

(D) se praticados por Governadores de Estados, Deputados Federais e Senadores, são processados e julgados pelo Tribunal Superior Eleitoral.

A: incorreta, uma vez que cabe ao Supremo Tribunal Federal (STF) e ao Superior Tribunal de Justiça (STJ), respectivamente, julgar as infrações penais comuns e os crimes de responsabilidade dos Membros dos Tribunais Superiores (TSE e outros), e dos Membros dos Tribunais Regionais Eleitorais, como bem dispõe os arts. 102, I, "c", e art. 105, I, "a", ambos da CF/1988. Importante esclarecer que apenas para fins de competência, os crimes eleitorais são considerados crimes comuns; **B:** correta, conforme art. 355 do Código Eleitoral; **C:** incorreta, uma vez que os crimes eleitorais definidos pelo Código Eleitoral são crimes de ação penal pública, conforme dispõe o art. 355 do Código Eleitoral; contudo, o art. 357, § 4º, do Código Eleitoral, em consonância com art. 5º, LIX da CF/1988, prevê a possibilidade de ação penal privada subsidiária da pública (TSE, REsp Eleitoral 21.295/SP); **D:** incorreta, vez que caberá ao STJ julgar os crimes eleitorais cometidos por Governadores de Estado (art. 105, I, "a", da CF/1988) e ao STF, os crimes eleitorais cometidos por membros do Congresso Nacional (art. 102, I, "b", da CF/1988).

Gabarito "B"

(Procurador da República – 19º) Os crimes eleitorais:

(A) como crimes comuns, e não políticos, são processados e julgados pela Justiça comum dos Estados e não pela Justiça Eleitoral, salvo se praticados por Deputados Federais, Senadores ou pelo Presidente da República, hipóteses em que a competência é do Tribunal Superior Eleitoral;

(B) são de ação penal pública incondicionada, a cargo do Ministério Público Eleitoral, devendo as polícias judiciárias, os órgãos da receita federal, estadual e municipal, e os Tribunais e órgãos de contas auxiliarem na sua apuração, nos termos da lei, com prioridade sobre suas atribuições regulares;

(C) serão processados e julgados nos termos do Código Eleitoral, não se lhes aplicando as normas gerais do Código Penal nem, como lei subsidiária ou supletiva, o Código de Processo Penal;

(D) são processados e julgados pelo Tribunal Regional Federal respectivo, se cometidos por prefeito municipal.

A: incorreta, vez que o art. 35, II, do Código Eleitoral dispõe sobre a competência do Juiz Eleitoral em processar e julgar os crimes eleitorais e os comuns que lhe forem conexos, ressalvada a competência originária do Tribunal Superior e dos Tribunais Regionais; **B:** correta, conforme art. 355 do Código Eleitoral e art. 94, § 3º, da Lei 9.504/1997; **C:** incorreta, uma vez que o art. 364 do Código Eleitoral dispõe que no processo e julgamento dos crimes eleitorais e dos comuns que lhes forem conexos, assim como nos recursos e na execução, que lhes digam respeito, aplicar-se-á, como lei subsidiária ou supletiva, o Código de Processo Penal; **D:** incorreta, em atenção ao que dispõe a Súmula 702 do STF: "A competência do Tribunal de Justiça para julgar prefeitos restringe-se aos crimes de competência da justiça comum estadual; nos demais casos, a competência originária caberá ao respectivo tribunal de segundo grau." Deste modo, a competência para processar e julgar prefeito municipal por crime eleitoral será do Tribunal Regional Eleitoral respectivo.

Gabarito "B"

(Procurador da República – 20º) Constitui captação de sufrágio, vedada por lei:

(A) as promessas de campanha eleitoral de caráter demagógico e sem fundamento em dados reais;

(B) a veiculação de propaganda eleitoral ilícita, captada pelos eleitores visando a induzi-los a erro na avaliação de fatos públicos e notórios

(C) o candidato doar, oferecer, prometer, ou entregar, ao eleitor, com o fim de obter-lhe o voto, bem ou vantagem pessoal de qualquer natureza, inclusive emprego ou função publica, desde o registro da candidatura até o dia da eleição, inclusive, ressalvado o disposto no art. 26 e seu incisos da lei das eleições;

(D) a captação, por escuta telefônica ilegal durante a campanha eleitoral, de informações de conversas com candidatos adversários sobre o sufrágio dos eleitores.

De fato a alternativa "**C**" é a única correta, vez que de acordo com o capitulado no art. 41-A da Lei 9.504/1997.

Gabarito "C"

(Procurador da República – 20º) Os crimes eleitorais:

(A) são de ação penal publica condicionada a representação do candidato ou do respectivo Partido Político;

(B) praticados pelos governadores de Estados, Senadores e Deputados Federais, são processados e julgados pelo Tribunal Superior Eleitoral;

(C) são, por definição, crimes políticos, sujeitos a julgamento em recurso ordinário pelo Supremo Tribunal Federal;

(D) são de ação penal publica incondicionada.

A única alternativa correta é apresentada pela assertiva D, em atenção ao que dispõe o art. 355 do Código Eleitoral.

Gabarito "D"

(Procurador da República – 22º) A pena mínima aplicável ao crime de uso de documento particular falsificado ou alterado para fins eleitorais, é:

(A) de 2 (dois) meses de reclusão;

(B) de 6 (seis) meses de reclusão;

(C) de 1 (um) ano de reclusão;

(D) a mesma pena mínima cominada para o crime de falsificação de documento público, para fins eleitorais.

A alternativa "C" é a única correta. O crime é o tipificado pelo art. 349 do Código Eleitoral, contudo a pena prevista é a de até 5 anos de reclusão. Neste aspecto, não havendo pena mínima fixada, importante notar o que dispõe o art. 284 do mesmo Código: "sempre que este Código não indicar o grau mínimo, entende-se que será ele de quinze dias para a pena de detenção e de um ano para a de reclusão."

Gabarito "C"

(Procurador da República – 25º) Assinale a alternativa correta:

(A) verificada a conexão entre crime comum e crime eleitoral, a competência para processar e julgar ambos os delitos é da Justiça Comum;

(B) os crimes previstos no Código Eleitoral admitem, em regra, tanto a forma dolosa quanto a culposa;

(C) como a legislação eleitoral não prevê delitos específicos contra a honra, os crimes de calúnia, difamação, e injúria praticados na propaganda eleitoral devem ser denunciados com base nos tipos e penas respectivamente previstos no Código Penal para aquelas condutas (arts. 138, 139 e 140 do CP), agindo nesse caso o Ministério Público mediante representação do ofendido e sendo competente a Justiça Comum;

(D) os crimes eleitorais são de ação penal pública incondicionada.

A: incorreta, conforme art. 35, II, do Código Eleitoral; B: incorreta, vez que segundo o parágrafo único do art. 18 do Código Penal, salvo os casos expressos em lei, ninguém pode ser punido por fato previsto como crime, senão quando o pratica dolosamente. Neste caso, aplica-se a parte geral do Código Penal, visto que ela é de observância obrigatória à parte especial deste e a todas as leis penais extravagantes, se nestas não houver disposição em contrário; C: incorreta, vez que referidas condutas encontram-se capituladas nos arts. 324, 325 e 326 do Código Eleitoral. Os crimes eleitorais são de ação pública incondicionada, mesmo aqueles definidos pelos citados arts. 324 a 325 do Código Eleitoral, sendo todos crimes dolosos (não há crimes culposos). Insta notar que apenas existirá, além da prevista no art. 355 do Código Eleitoral, a ação penal privada subsidiária da pública, por força do art. 5º, LIX, da CF/1988. (TSE, REsp Eleitoral 21.295/SP: cabimento de ação penal privada subsidiária no âmbito da Justiça Eleitoral, por tratar-se de garantia constitucional, prevista na CF/1988, art. 5º, LIX. Inadmissibilidade da ação penal pública condicionada à representação do ofendido, em virtude do interesse público que envolve a matéria eleitoral); D: correta, conforme art. 355 do Código Eleitoral.

Gabarito "D"

(Procurador da República – 25º) Candidato a prefeito municipal, em município com aproximadamente dois mil eleitores, que não ocupa cargo público e se utilizando de recursos privados, em data anterior ao pedido de registro de sua candidatura, distribui dinheiro durante o ano eleitoral à metade do referido eleitorado, mediante pedido expresso de voto. Com esses elementos de prova e confirmada a candidatura, em qual dos ilícitos abaixo sua conduta deverá ser enquadrada com o objetivo de ser processado e cassado o registro de sua candidatura:

(A) conduta vedada, de que trata o art. 73 da Lei das Eleições (Lei 9.504/1997);

(B) captação ilícita de sufrágio, de que trata o art. 41-A da Lei das Eleições (Lei 9.504/1997);

(C) abuso de poder econômico, de que tratam o art. 14, § 10, da Constituição Federal, e os arts. 19 e 22 da Lei Complementar 64/1990;

(D) em nenhum dos ilícitos eleitorais acima, pois a cassação do registro de candidato só poderá ocorrer em face de ilícitos eleitorais praticados após o requerimento de registro da respectiva candidatura ser protocolado perante a Justiça Eleitoral.

De fato a alternativa "C" é a única correta. O Enunciado elucida o clássico exemplo de abuso do poder econômico, repudiado pelo nosso ordenamento e reprimido pelos procedimentos previstos nos arts. 19 e 22 da LC 64/1990, bem como com previsão de Ação de Impugnação de Mandato Eletivo estampado no art. 14, §§ 10 e 11, da CF/1988.

Gabarito "C"

(Procurador da República – 19º) Aos agentes públicos, nas campanhas eleitorais:

(A) são vedadas condutas tendentes a afetar a igualdade de oportunidades entre candidatos nos pleitos eleitorais, especificadas na lei das eleições;

(B) é permitido autorizar a publicidade institucional de programas de governo durante a realização do pleito eleitoral se entenderem ser de relevante interesse público;

(C) é vedado nomear para cargos do Poder Judiciário, do Ministério Público, dos Tribunais ou Conselhos de Contas e dos órgãos da Presidência da República, nos três meses que antecedem o pleito e até a posse dos eleitos, sob pena de nulidade de pleno direito;

(D) é vedado permitir o uso de imóvel pertencente à administração pública para a realização de convenção partidária.

A: correta, conforme art. 73 da Lei 9.504/1997; B: incorreta, conforme art. 73, VI, "b", da Lei 9.504/1997; C: incorreta, conforme art. 73, V, "b", da Lei 9.504/1997; D: incorreta, conforme art. 73, I, da Lei 9.504/1997.

Gabarito "A"

(Procurador da República – 20º) São condutas vedadas aos agentes públicos nas campanhas eleitorais:

I. a publicidade institucional de governo nos seis meses anteriores ao pleito;

II. aquelas tendentes a afetar a igualdade de oportunidade entre candidatos nos pleitos eleitorais, especificadas na lei das eleições;

III. a nomeação para cargos em comissão ou dos aprovados me concursos públicos homologados nos seis meses que antecedem as eleições;

IV. ceder ou usar, em benefício de candidato, partido político ou coligação, bens movei ou imóveis pertencentes a administração direta ou indireta da União, dos Estados, do Distrito Federal, do Territórios e dos Municípios, ressalvada a realização de convenção partidária.

Analisando-se as assertivas acima, pode-se afirmar que:

(A) todas estão corretas.

(B) estão corretas somente as de números II e IV;

(C) apenas as de números I e III estão corretas;

(D) todas estão erradas.

I: incorreta, vez que a vedação à conduta recai sobre os três meses anteriores ao pleito, conforme art. 73, VI, "b", da Lei 9.504/1997; II: correta, conforme art. 73 da Lei 9.504/1997; III: incorreta, conforme art. 73, V, "a", da Lei 9.504/1997; IV: correta, conforme art. 73, I, da Lei 9.504/1997.

Gabarito "B"

(Procurador da República – 21º) É vedado aos agentes públicos nas campanhas eleitorais:

I. ceder bens móveis ou imóveis pertencentes à administração direta ou indireta a partido político para realização de convenção partidária;

II. realizar, nos três meses que antecedem o pleito, transferência voluntária de recursos da União Federal aos Estados e Municípios, e dos Estados aos Municípios, sob pena de nulidade de pleno direito, em qualquer hipótese;

III. autorizar, nos três meses anteriores ao pleito, publicidade institucional dos atos, programas, obras, serviços e campanhas dos órgãos públicos federais, estaduais ou municipais, ou das respectivas entidades da administração indireta, salvo em caso de grave e urgente necessidade pública, assim reconhecida pela Justiça Eleitoral, e com exceção da propaganda de produtos e serviços que tenham concorrência no mercado;

IV. realizar, em ano eleitoral, mesmo antes dos três meses que antecedem o pleito, despesas com publicidade dos órgãos públicos federais, estaduais ou municipais, ou das respectivas entidades da administração indireta, que excedam a média dos gastos nos três últimos anos anteriores à eleição ou do último ano imediatamente a ela anterior.

Analisando-se as asserções acima, pode-se afirmar que:

(A) somente as de números I e II estão corretas;

(B) apenas as de números II, III e IV estão corretas;

(C) todas estão corretas;

(D) estão corretas as de números III e IV.

I: incorreta, vez que a proibição contida no art. 73, I, da Lei 9.504/1997 não atinge, expressamente, a realização de convenções partidárias; II: incorreta, conforme art. 73, VI, "a", da Lei 9.504/1997; III: correta, conforme art. 73, VI, "b", da Lei 9.504/1997; IV: correta, conforme art. 73, VII, da Lei 9.504/1997.

Gabarito "D"

(Procurador da República – 25º) Dirigente de órgão público municipal, atendendo a pedido de candidato à vereança, faz com que os servidores a ele subordinados, no mês que antecede às eleições e durante o horário de trabalho, usem as linhas telefônicas do órgão para fazer ligações telefônicas a inúmeros eleitores, pedindo o voto para o referido candidato. Com esses elementos, <u>assinale qual das medidas judiciais</u>

abaixo deverá o ministério público eleitoral ajuizar para buscar tanto a cassação do registro ou do diploma do candidato como a aplicação de pena de multa ao agente público responsável:

(A) representação por captação ilícita de sufrágio, de que trata o art. 41-A da Lei das Eleições (Lei 9.504/1997);

(B) representação por arrecadação ou gastos ilícitos de campanha, de que trata o art. 30-A, § 2°, da Lei das Eleições (Lei 9.504/1997);

(C) representação por conduta vedada, de que trata o art. 73 da Lei das Eleições (Lei 9.504/1997);

(D) ação de investigação judicial eleitoral para apurar o uso indevido de meio de comunicação social, de que trata o art. 22 da Lei Complementar 64/1990.

A alternativa "C" é a única correta, pois em consonância com a previsão de representação à conduta vedada prevista no art. 73, § 12, da Lei 9.504/1997, devendo ser obedecido o rito do art. 22 da LC 64/1990, podendo ser ajuizada até a data da diplomação.

Gabarito "C"

(Magistratura/CE – 2012 – CESPE) Assinale a opção correta acerca dos crimes eleitorais previstos no Código Eleitoral, na Lei Complementar 64/1990, nas Leis 9.504/1997 e 12.034/2009.

(A) Causar, propositadamente, dano físico ao equipamento utilizado na votação ou na totalização de votos ou a suas partes constitui crime punível com detenção.

(B) Constitui crime eleitoral punível com reclusão a arguição de inelegibilidade de candidato feita por interferência do poder econômico, deduzida de forma temerária ou de manifesta má-fé.

(C) A não observância da ordem em que os eleitores devem ser chamados a votar configura crime eleitoral punível com multa.

(D) A não expedição, imediatamente após o encerramento da votação, do boletim de urna pelo juiz de junta eleitoral configura crime, salvo se constatado defeito da urna ou se dispensada a expedição pelos fiscais, delegados e candidatos presentes.

(E) De acordo com a Lei 12.034/2009, constitui crime a divulgação, no dia da eleição, de qualquer espécie de propaganda de candidato, bem como a manifestação individual e silenciosa do eleitor, mediante o uso de bandeiras, broches ou adesivos, a favor de candidato ou partido político.

A: incorreta, uma vez que o art. 72, III, da Lei 9.504/1997 dispõe que para esta conduta típica descrita caberá pena de reclusão; **B:** incorreta, uma vez que o art. 25 da LC 64/1990 dispõe que para tal figura típica caberá pena de detenção nos limites impostos; **C:** correta, conforme disposição do art. 306 do Código Eleitoral; **D:** incorreta, já que o art. 179, § 9°, do Código Eleitoral não prevê qualquer exceção à conduta típica, especificamente ao dispor que a não expedição do boletim imediatamente após a apuração de cada urna e antes de se passar à subsequente, sob qualquer pretexto, constitui o crime previsto no art. 313 do mesmo Código; **E:** incorreta, vez que a assertiva faz menção exatamente à permissiva trazida pela Lei 12.034/2009, especificamente o art. 39-A Lei 9.504/1997, ao dispor que é permitida, no dia das eleições, a manifestação individual e silenciosa da preferência do eleitor por partido político, coligação ou candidato, revelada exclusivamente pelo uso de bandeiras, broches, dísticos e adesivos.

Gabarito "C"

(Magistratura/GO – 2005) Caso o tipo penal, em matéria eleitoral, seja omisso no *quantum*, a pena mínima aplicável será de:

(A) 45 (quarenta e cinco) dias para os crimes punidos com detenção e 01 (um) ano para os punidos com reclusão;

(B) 15 (quinze) dias para os crimes punidos com detenção e 01 (um) ano para os punidos com reclusão;

(C) 60 (sessenta) dias para os crimes punidos com detenção e 06 (seis) meses para os punidos com reclusão;

(D) 30 (trinta) dias para os crimes punidos com detenção e 01 (um) ano para os punidos com reclusão.

Em consonância com o que dispõe o art. 284 do Código Eleitoral sempre que o código não indicar o grau mínimo, entende-se que será ele de quinze dias para a pena de detenção e de um ano para a de reclusão.

Gabarito "B"

(Magistratura/GO – 2005) A expedição de salvo-conduto em favor de eleitor na iminência de sofrer violência em sua liberdade de votar é da competência:

(A) do juiz ou promotor de justiça eleitoral;

(B) apenas do juiz titular da zona eleitoral respectiva;

(C) do juiz eleitoral ou do presidente da mesa receptora de votos;

(D) da autoridade policial local.

De fato, a única alternativa correta encontra-se na assertiva "C", uma vez que o art. 235 do Código Eleitoral dispõe que o juiz eleitoral, ou o presidente da mesa receptora, pode expedir salvo-conduto com a cominação de prisão por desobediência até 5 (cinco) dias, em favor do eleitor que sofrer violência, moral ou física, na sua liberdade de votar, ou pelo fato de haver votado.

Gabarito "C"

(Magistratura/MA – 2008 – IESIS) Assinale a alternativa correta:

(A) É de cinco dias o prazo do recurso contra sentença condenatória ou absolutória, em feitos por crimes eleitorais.

(B) Sendo omisso o próprio tipo, de crimes previstos no Código Eleitoral, presume-se que a pena mínima de detenção é de quinze dias e a de reclusão é de um ano.

(C) Os crimes de calúnia, injúria e difamação na propaganda eleitoral são de ação pública condicionada a representação.

(D) A competência para julgamento dos prefeitos municipais por crimes eleitorais é do Tribunal de Justiça do respectivo estado, por expressa disposição constitucional.

A: incorreta, uma vez que o art. 258 do Código Eleitoral dispõe que o prazo genérico será de 3 dias, a menos que lei especial venha a regular prazo específico, como, por exemplo, o art. 96, § 8º, da Lei 9.504/1997; **B:** correta, em consonância com o que dispõe o art. 284 do Código Eleitoral que enfrenta o tema disciplinando que sempre que o código não indicar o grau mínimo, entende-se que será ele de quinze dias para a pena de detenção e de um ano para a de reclusão; **C:** incorreta, uma vez que o art. 355 do Código Eleitoral dispõe que todos os crimes previstos em suas capitulações correspondem a crimes de ação penal pública, não havendo qualquer especificação sobre condicionantes; **D:** incorreta, uma vez que a competência a que se refere a assertiva não engloba os crimes eleitorais, os quais ficarão a cargo da justiça eleitoral.

Gabarito "B".

(Magistratura/PA – 2012 – CESPE) No que concerne à representação por captação ilícita de sufrágio, aos crimes eleitorais e ao processo penal eleitoral, assinale a opção correta.

(A) As infrações penais definidas no Código Eleitoral são, em regra, de ação pública, com exceção dos denominados crimes eleitorais contra a honra de candidatos, partidos ou coligações, aos quais se aplica subsidiariamente o Código Penal.

(B) Admite-se, para o crime consistente na difamação de alguém durante a propaganda eleitoral, por meio da imputação de fato ofensivo à reputação da pessoa, exceção da verdade, se o ofendido for funcionário público e a ofensa não for relativa ao exercício de suas funções.

(C) Tratando-se do crime de escrever, assinalar ou fazer pinturas em muros, fachadas ou qualquer bem de uso comum do povo, para fins de propaganda eleitoral, empregando-se qualquer tipo de tinta, piche, cal ou produto semelhante, o juiz poderá reduzir a pena do agente que repare o dano antes da sentença final.

(D) Se o juiz se convencer de que o diretório local de determinado partido tenha concorrido para a prática do crime de inutilizar, alterar ou perturbar meio de propaganda devidamente empregado, ou que o partido tenha se beneficiado conscientemente da referida propaganda, ao diretório será imposta pena de multa.

(E) Em decorrência da liberdade de escolha do eleitor, na representação pela captação ilícita de sufrágio prevista na Lei 9.504/1997, não se afere a potencialidade lesiva da conduta, bastando a prova da captação, ainda que envolva apenas um eleitor.

Estamos diante de uma clara necessidade de simples comprovação do ato repugnado, qual seja, a captação ilícita de sufrágio, não prescindo de aferição acerca da potencialidade lesiva da conduta, bastando que seja comprovada a conduta, como bem se infere na leitura dos dispositivos dos arts. 30-A, § 2º e 41-A, da Lei 9.504/1997.

Gabarito "E".

(Magistratura/RJ – 2011 – VUNESP) No que se refere à captação ilícita de sufrágio, assinale a alternativa correta.

(A) De acordo com a Lei Eleitoral e a atual redação da Lei das Inelegibilidades, as cominações podem compreender a imposição de multa, a cassação do registro ou do diploma e a inelegibilidade octonal.

(B) Para sua configuração, é necessária a aferição da potencialidade de o evento provocar desequilíbrio na disputa eleitoral.

(C) O termo final para o ajuizamento da ação é o dia da eleição, inclusive.

(D) Para sua configuração, é necessária a demonstração de que o ato tenha sido praticado pelo candidato beneficiário da conduta ilícita.

A única resposta correta encontra-se na assertiva "**A**", tendo em vista os dispositivos verificados no art. 1º, I, "j", da LC 64/1990 c/c arts. 30-A, § 2º e 41-A, da Lei 9.504/1997.

Gabarito "A".

CAPÍTULO 10

AÇÕES E RECURSOS ELEITORAIS

10.1. INTRODUÇÃO

Grande equívoco surge quando confundimos dois conceitos de nomenclaturas muito próximas: Processo Eleitoral e Processo contencioso Eleitoral.

Conforme já abordamos anteriormente, *processo eleitoral* corresponde a um complexo de atos que identificamos desde o período de filiação partidária (com a antecedência mínima), convenções, registro de candidaturas, até a final prestação de contas (pela classificação que abordamos, de Sepúlveda Pertence, fases pré-eleitoral, eleitoral e pós-eleitoral).

Processo Contencioso Eleitoral, por outro lado, corresponde ao processo jurisdicional. Nos dizeres de José Jairo Gomes: "Trata-se da relação jurídica processual instaurada entre as partes e o Estado-juiz com vistas à resolução de lide eleitoral".[1]

Serão competentes para processar e julgar as ações e recursos eleitorais os órgãos da Justiça Eleitoral, nas limitações de competência que já identificamos quando tratamos da composição dos órgãos desta justiça especializada.

Os objetos jurídicos tutelados são a legitimidade e a tranquilidade das eleições, coibindo-se a utilização do poder econômico, fraude, corrupção ou abuso de poder.

Os prazos da Justiça Eleitoral são contínuos e peremptórios (não se suspendem nem se interrompem, além de, uma vez perdidos, não podem ser restituídos).

De maneira especial e pontual destacamos algumas ações processuais eleitorais, ressaltando as principais características e peculiaridades:

---
1. GOMES, José Jairo. **Direito eleitoral**. 8. ed. São Paulo: Atlas, 2012. p. 465.

10.2. AÇÃO DE IMPUGNAÇÃO DE REGISTRO DE CANDIDATURA – AIRC

Legislação

A Ação de Impugnação de Registro de Candidatura, também chamada por AIRC, está prevista pelos arts. 3º a 17 da LC 64/1990.

Finalidade

A finalidade é o indeferimento do pedido de registro dos candidatos que não possuam condições de elegibilidade ou possuam algum impedimento em razão de ocorrência de hipóteses de inelegibilidade.

Por exemplo, podemos citar a falta de domicílio eleitoral na circunscrição por tempo mínimo de 1 ano; inelegibilidade em razão de parentesco; inexistência de documentos obrigatórios ao Pedido de Registro de Candidatura (lembrando das exceções de obrigatoriedade trazidas pela Lei 12.891/2013);

Rito

Arts. 3º e ss. da LC 64/1990.

Competência

Dependerá do cargo pretendido:

a) Juízes Eleitorais – Eleições Municipais;

b) TRE – Eleições Estaduais (Governador, Deputados Estaduais/Federais/Distritais, Senadores);

c) TSE – Eleições Presidenciais.

Prazo

5 dias – prazo decadencial, conta-se da publicação do registro do candidato. Ocorre preclusão da matéria não impugnada, salvo se tratar de matéria constitucional (art. 259 do Código Eleitoral).

Legitimidade Ativa:

a) Pré-candidato escolhido em convenção partidária;

b) Coligação Partidária;

c) Ministério Público Eleitoral;

d) Partido Político;

e) eleitor;

f) qualquer cidadão poderá no prazo de 5 (cinco) dias contados da publicação do edital sobre o pedido de registro ingressar com notícia de inelegibilidade ao juiz ou Tribunal competente.

Legitimidade Passiva

Pré-candidato escolhido em convenção partidária e que requereu o registro de candidatura.

Consequências

a) Negação ao registro de candidatura;

b) Cancelamento do registro de candidatura, se acaso já obtido e não diplomado;

c) Anulação do diploma do eleito ou suplente se já diplomado;

d) Afastamento imediato do cargo eletivo, acaso já iniciado o exercício.

Recurso:

3 dias, ao Tribunal (art. 8º, 11 a 13, da LC 64/1990).

10.3. REPRESENTAÇÃO PARA INSTAURAÇÃO DE AÇÃO DE INVESTIGAÇÃO JUDICIAL ELEITORAL – AIJE

Legislação

Arts. 1º, I, *d* e *h*, e 19, além dos arts. 22 e ss., da LC 64/1990;

Finalidade

A AIJE visa a apurar condutas realizadas com abuso de poder – econômico ou político, este último, no exercício ou função de cargo ou emprego na administração direta ou indireta – que tragam influência a normalidade e a legitimidade das eleições.

Rito

AIJE: art. 22 da LC 64/1990;

Competência:

LC 64/1990:

a) Corregedor-Geral Eleitoral: na eleição para Presidente e Vice-Presidente da República;

b) Corregedor-Regional Eleitoral: quando se tratar de eleições para Governador e Vice-Governador; Senadores; Deputados Estaduais/Federais/Distritais.

Prazo

Até a diplomação;

Legitimidade Ativa

a) Ministério Público;

b) Candidato;

c) Partido Político;

d) Coligação;

Legitimidade Passiva

a) Candidato: que praticou ou foi beneficiado pelo abuso de poder;

b) Terceiros: que praticaram o abuso de poder para benefício de candidato, partido político ou coligação.

Consequências

Art. 22, XIV, da LC 64/1990:

a) declaração de inelegibilidade;

b) cassação de registro ou diploma;

Recurso

3 dias (art. 258, 264 e 265 do Código Eleitoral).

10.4. RECURSO CONTRA EXPEDIÇÃO DE DIPLOMA – RCED

Legislação

Previsto pelo art. 262 do Código Eleitoral. Importante mencionar que em razão da minirreforma eleitoral (Lei 12.891/2013), as hipóteses de interposição do RCED foram reduzidas, mantendo-se apenas nos casos de inelegibilidade superveniente ou de natureza constitucional e de falta de condição de elegibilidade.

Finalidade

Visa a desconstituir o pronunciamento judicial que deferiu a homologação do resultado das eleições em razão de inelegibilidade ou incompatibilidade de candidato, e erro na contagem de votos e de quociente eleitoral;

Rito

Arts. 265 e ss. do Código Eleitoral;

Consequências

Cassação do diploma do candidato eleito ou suplente, podendo ainda ser aplicada multa nos termos do art. 41-A da Lei 9.504/1997, se a decisão reconhecer tal prática;

Competência

O RCED será sempre interposto perante o órgão que diplomou o candidato, onde será processado, mas julgado pela instância superior a ele;

IMPORTANTE: Não cabe RCED contra candidatos a Presidente e Vice-Presidente da República.

Prazo

3 dias, a contar da sessão da diplomação;

Legitimidade Ativa:

a) Ministério Público;

b) Candidato;

c) Partido político;

d) Coligação;

Constitui litisconsórcio necessário entre o candidato e seu partido político.

Legitimidade Passiva

Candidatos eleitos e os suplentes, desde que diplomados.

Consequência

Cassação do diploma (art. 262 do Código Eleitoral).

Recursos

a) Eleições Federais e Estaduais: Recurso Ordinário (art. 276, II, a, do Código Eleitoral);

b) Eleições Municipais: Recurso Inominado;

IMPORTANTE 1: Art. 216 do Código Eleitoral: *"Enquanto o Tribunal Superior não decidir o recurso interposto contra a expedição do diploma, poderá o diplomado exercer o mandato em toda a sua plenitude".*

IMPORTANTE 2: A minirreforma eleitoral (Lei 12.891/2013) alterou as hipóteses de cabimento do Recurso Contra a Expedição de Diploma, restringindo o objeto para *"casos de inelegibilidade superveniente ou de natureza constitucional e de falta de condição de elegibilidade"*, conforme nova redação do art. 262 do Código Eleitoral.

10.5. AÇÃO DE IMPUGNAÇÃO DE MANDATO ELETIVO – AIME

Legislação

Art. 14, §§ 10 e 11, da CF/1988;

Finalidade

Desconstituir a diplomação, que tem a função de declarar a validade de todo o procedimento havido no período eleitoral com relação ao cargo específico, em garantia da normalidade e legitimidade do exercício do poder de sufrágio popular contra a prática de abuso do poder econômico, corrupção ou fraude durante o processo eleitoral;

Rito

Previsto na LC 64/1990, referente à AIRC, mais célere, alterado pela Resolução TSE 21.634/2004.

Competência

a) Eleição para Presidente da República: TSE;

b) Eleições para Governador e Vice-Governador, inclusive do Distrito Federal, Deputados Federais e Estaduais e Senadores: TRE;

c) Eleições Municipais: Juízes Eleitorais.

Prazo de interposição

Até 15 dias após a diplomação, conforme a Constituição Federal.

Legitimidade Ativa

a) Ministério Público;

b) Partido político ou Coligação;

c) Candidato.

Observação: Eleitor, não possui legitimidade para propor AIME (TSE, REsp Eleitoral 11.835/PR, j. 09.06.1994, rel. Torquato Lorena Jardim, *DJ* 29.07.1994);

Legitimidade Passiva

Diplomados.

Consequências

Desconstituição do mandato como consequência do reconhecimento do ilícito eleitoral ou do benefício indevido obtido nas urnas.

Nesta ação não se decreta a inelegibilidade, salvo se ocorrer julgamento em conjunto com a AIJE.

Recurso

Recurso inominado, a ser interposto no prazo de 3 dias.

IMPORTANTE:

Posicionamento dominante do TSE entende que as decisões de impugnação de mandato eletivo que desconstituírem a diplomação do impugnado produzem efeitos imediatos, sem a necessidade de se aguardar o trânsito em julgado, afastando a aplicação do previsto pelo art. 216 do Código Eleitoral.

10.6. PRINCIPAIS DISPOSIÇÕES DA LEI 6.091/1974

A Lei 6.091/1974, recepcionada pela Constituição Federal, dispõe acerca do funcionamento gratuito de transporte durante os dias de eleição àqueles eleitores residentes em áreas localizadas nas zonas rurais.

Pela legislação, todos os veículos e embarcações, devidamente abastecidos e tripulados, pertencentes à União, Estados, Territórios e Municípios e suas respectivas autarquias e sociedades de economia mista, excluídos os de uso militar, ficarão à disposição da Justiça Eleitoral para o transporte gratuito de eleitores em zonas rurais, em dias de eleição, devendo ser requisitados (pela Justiça Eleitoral) aos respectivos órgãos com anterioridade de 15 dias às eleições.

A exceção prevista comportará aqueles veículos e embarcações que se justificarem a uso indispensável à manutenção de serviço público ininterrupto. Caso ainda seja insuficiente o número de veículos e embarcações, o Fundo Partidário arcará com a despesa referente à locação de quantos outros forem necessários.

Para fins das possibilidades acima descritas, com anterioridade de 50 dias ao pleito, os responsáveis por todas as repartições, órgãos e unidades do serviço público federal, estadual e municipal oficiarão à Justiça Eleitoral, informando o número, a espécie e lotação dos veículos e embarcações de sua propriedade, e justificando, se for o caso, a ocorrência da exceção (indisponibilidade em razão de serviço público ininterrupto).

Importante destacar que o transporte de eleitores, nos moldes que se alinhou pela legislação, apenas ocorrerá dentro dos limites físicos (territoriais) do município, na situação onde os locais de votação correspondentes manter distância superior a 2 quilômetros.

A Justiça Eleitoral ficará incumbida de publicar os horários e locais em que os transportes (que estarão identificados com dizeres "a serviço da justiça eleitoral") irão sair, inclusive, informando a cada partido político.

A legislação ainda dispõe que nenhum veículo ou embarcação poderá fazer transporte de eleitores desde o dia anterior até o posterior à eleição, salvo:

I – a serviço da Justiça Eleitoral;

II – coletivos de linhas regulares e não fretados;

III – de uso individual do proprietário, para o exercício do próprio voto e dos membros da sua família;

IV – o serviço normal de veículos de aluguel, sem finalidade eleitoral.

Importante observação é feita pelo art. 6º da legislação ao dispor que a indisponibilidade de veículo ou embarcação ou mesmo a deficiência do transporte a que esta lei visa garantir, não eximirá o dever de votar, sendo que, na impossibilidade, haverá o cidadão que justificar-se sob pena de multa.

A Lei 6.091/1974 intenta, entre outras coisas, afastar que o fornecimento de transporte seja custeado pelos candidatos, partidos ou coligações, afetando sobremaneira a liberdade e a lisura do exercício do sufrágio.

Por esta razão também consta disposição sobre expressa vedação de que qualquer pessoa (inclusive, candidatos, partidos ou coligações) forneça transporte ou alimentação aos eleitores da zona urbana, o que será feito pela Justiça Eleitoral e custeado pelo Fundo Partidário, sempre que necessário.

Em razão da importância dispensada à questão enfrentada pela legislação, será permitido aos partidos exercer fiscalização nos locais onde houver transporte e fornecimento de refeições a eleitores.

Em razão do protetivo expresso pela legislação, há ainda a tipificação de condutas reprimidas, elencadas a partir do art. 11 da Lei 6.091/74:

I – descumprir, o responsável por órgão, repartição ou unidade do serviço público, o dever imposto no art. 3º, ou prestar, informação inexata que vise a elidir, total ou parcialmente, a contribuição de que ele trata:

Pena – detenção de quinze dias a seis meses e pagamento de 60 a 100 dias-multa;

II – desatender à requisição de que trata o art. 2º:

Pena – pagamento de 200 a 300 dias-multa, além da apreensão do veículo para o fim previsto;

III – descumprir a proibição dos arts. 5º, 8º e 10º;

Pena – reclusão de quatro a seis anos e pagamento de 200 a 300 dias-multa (art. 302 do Código Eleitoral);

IV – obstar, por qualquer forma, a prestação dos serviços previstos nos arts. 4º e 8º desta Lei, atribuídos à Justiça Eleitoral:

Pena – reclusão de 2 (dois) a 4 (quatro) anos;

V – utilizar em campanha eleitoral, no decurso dos 90 (noventa) dias que antecedem o pleito, veículos e embarcações pertencentes à União, Estados, Territórios, Municípios e respectivas autarquias e sociedades de economia mista:

Pena – cancelamento do registro do candidato ou de seu diploma, se já houver sido proclamado eleito.

10.7. QUADRO SINÓTICO

1. Considerações gerais

Nas ações e recursos eleitorais serão competentes os órgãos da Justiça Eleitoral.

Os prazos da Justiça Eleitoral são contínuos e peremptórios (não se suspendem nem se interrompem, além de, uma vez perdidos, não podem ser restituídos).

2. Ação de Impugnação de Registro de Candidatura (AIRC)

Legislação: arts. 3º a 17º da LC 64/1990;

Rito: arts. 3º e ss. da LC 64/1990.

Competência: é determinada em razão do cargo pretendido:

a) Juízes eleitorais – Eleições Municipais;

b) TRE – Eleições Estaduais (Governador, Deputados Estaduais/Federais/Distritais, Senadores);

c) TSE – Eleições Presidenciais.

Prazo: 5 dias (prazo decadencial, conta-se da publicação do registro do candidato. Ocorre preclusão da matéria não impugnada, salvo se tratar de matéria constitucional).

Legitimidade ativa: pré-candidato escolhido em convenção partidária; Coligação Partidária; Ministério Público Eleitoral; Partido Político; qualquer cidadão poderá no prazo de 5 (cinco) dias contados da publicação do edital sobre o pedido de registro ingressar com notícia de inelegibilidade ao juiz ou Tribunal competente.

Legitimidade passiva: pré-candidato escolhido em convenção partidária e que requereu o registro de candidatura.

3. Representações e reclamações

Legislação: Lei 9.504/1997, Resolução TSE 23.367/2011.

Rito: Seguirão o rito do art. 96 da Lei 9.504/1997 e Resolução TSE 23.367/2011.

Competência: O juiz eleitoral competente para julgar o pedido de Registro de Candidatura.

Prazo: Propaganda Irregular ou Antecipada: até a eleição; Propaganda eleitoral gratuita no rádio e na televisão: até 48 da divulgação.

Legitimidade Ativa: partido político, coligação, candidato ou pelo MP (Lei das Eleições, art. 96, *caput* e I).

Legitimidade Passiva: todos que contribuíram com a conduta ilícita: partidos, coligações, candidatos, veículos de comunicação social, terceiros etc.

4. Representação para instauração de Ação de Investigação Judicial Eleitoral – AIJE

Legislação: LC 64/1990, art. 1º, I, *d* e *h*, e 19, além dos arts. 22 e ss.

Rito: AIJE: art. 22 da LC 64/1990.

Competência: LC 64/1990:

a) Corregedor-Geral Eleitoral: na eleição para Presidente e Vice-Presidente da República;

b) Corregedor-Regional Eleitoral: quando se tratar de eleições para Governador e Vice-Governador; Senadores; Deputados (E/F/D);

Prazo: até a diplomação.

Legitimidade Ativa: a) MP; **b)** Candidato; **c)** Partido Político; **d)** Coligação.

Legitimidade Passiva: a) Candidato: que praticou ou foi beneficiado pelo abuso de poder; **b)** Terceiros: que praticaram o abuso de poder para benefício de candidato, partido político ou coligação.

5. Recurso Contra Expedição de Diploma (RCED)

Legislação: arts. 216, 262, 265, 266 e 267 do Código Eleitoral.

Rito: arts 265 e ss. do Código Eleitoral.

Competência: O RCED será sempre interposto perante o órgão que diplomou o candidato, no qual será processado, mas julgado pela instância superior àquele.

– IMPORTANTE: Não cabe RCED contra candidatos a Presidente e Vice-Presidente da República.

Prazo: 3 dias, a contar da sessão da diplomação.

Legitimidade Ativa: MP; candidato; partido político; coligação.

Legitimidade Passiva: Candidatos eleitos e os suplentes, desde que diplomados.

6. Ação de Impugnação de Mandato Eletivo (AIME)

Legislação: CF/1988, art. 14, §§ 10 e 11.

Rito: Previsto na LC 64/1990, referente à AIRC, mais célere, alterado pela Resolução TSE 21.634/2004.

Competência:

a) Eleição para Presidente da República: TSE;

b) Eleições para Governador e Vice-Governador, inclusive do DF, deputados federais e estaduais e senadores: Tribunais Regionais Eleitorais;

c) Eleições Municipais: Juízes Eleitorais.

Prazo de interposição: Até 15 dias após a diplomação, conforme a CF/1988.

Legitimidade Ativa: a) MP; **b)** partido político ou coligação; e **c)** candidato.

OBSERVAÇÃO: Eleitor não possui legitimidade para propor AIME (TSE, REsp Eleitoral 11.835/PR, j. 09.06.1994, rel. Torquato Lorena Jardim, *DJ* 29.07.1994).

Legitimidade Passiva: Diplomados.

10.8. JURISPRUDÊNCIA SELECIONADA

RELATOR: MIN. RICARDO LEWANDOWSKI
EMENTA: MANDADO DE SEGURANÇA. **CASSAÇÃO DE DIPLOMA DE SENADOR COM FUNDAMENTO NO ART. 41-A DA LEI 9.504/1997.** RECUSA DO SENADO FEDERAL EM DAR CUMPRIMENTO À DECISÃO DA JUSTIÇA ELEITORAL. INADMISSIBILIDADE. SEGURANÇA CONCEDIDA. I – **Cassado o mandato do parlamentar com fundamento no art. 41-A da Lei 9.504/1997, deve a decisão ser cumprida de imediato, salvo se atribuído efeito suspensivo a eventual recurso.** II – **Comunicada a decisão à Mesa do Senado Federal, cabe a esta declarar a perda do mandato do parlamentar cassado, dando posse ao substituto legal.** (Inform. STF 570) **(g.n)**

Recursos contra a Expedição de Diplomas e Competência – 1

O Tribunal, por maioria, negou referendo à decisão do Min. Eros Grau que concedera liminar em arguição de descumprimento de preceito fundamental, da qual relator, proposta pelo Partido Democrático Trabalhista – PDT contra o Tribunal Superior Eleitoral – TSE, em razão de **decisões judiciais que reconheceram a competência originária desse tribunal para processar e julgar recursos contra a expedição de diplomas decorrentes de eleições federais e estaduais. A liminar fora concedida para o efeito de sobrestar o julgamento de qualquer recurso contra a expedição de diploma ou feitos correlatos por aquela Corte, até a decisão do mérito desta ADPF.** Sustenta o arguente que essas decisões contrariam o disposto nos incs. LIII, LIV e LV do art. 5º, além dos textos dos inc. III e IV do § 4º do art. 121, todos da CF/1988, visto que o encaminhamento de recursos ao TSE pressuporia **a existência de decisão do tribunal regional competente, resultando vedada à Corte Especial a impugnação do diploma quando não observado esse procedimento.** Afirma, ainda, violação do princípio do juiz natural, uma vez que as ações de que se trata haveriam de ser propostas nos tribunais regionais, e que a apreciação direta da impugnação do diploma pelo TSE consubstanciaria supressão da garantia do duplo grau de jurisdição ordinária. Alega, por fim, a inexistência de outro meio processual eficaz para sanar a lesividade apontada. MC em **ADPF 167/DF, rel. Min. Eros Grau, j. 30.09.2009 e 1º.10.2009. (g.n)**

Recursos contra a Expedição de Diplomas e Competência – 2

O Tribunal, por maioria, admitiu a ação. Rejeitaram-se, de início, as preliminares quanto ao não cabimento da ADPF suscitadas pelo Min. Carlos Britto. Entendeu-se **mostrar-se passível de veiculação em sede de ADPF a interpretação judicial alegadamente violadora de preceitos fundamentais e de não ser necessária para o cabimento da ADPF autônoma a demonstração da existência de controvérsia judicial sobre a questão discutida**. O Min. Marco Aurélio, no ponto, referiu-se à condição inscrita no art. 3º, V, da Lei 9.882/1999 (*"Art. 3º A petição inicial deverá conter:... V – se for o caso, a comprovação da existência de controvérsia judicial relevante sobre a aplicação do preceito fundamental que se considera violado."*). O Min. Celso de Mello, por sua vez, aduziu que o fato de a orientação do TSE impugnada nesta ação não ser controvertida na jurisprudência daquela Corte, mas antes reiterada e consolidada, em nada afetaria a alegação de suposta violação a preceitos fundamentais contida na petição inicial, isso porque o partido arguente não fundamentaria o seu pleito numa suposta insegurança jurídica decorrente de oscilação jurisprudencial do TSE, e sim sustentaria, na linha do que também colocado pelo Min. Eros Grau, relator, que a orientação questionada ofenderia normas constitucionais não apenas definidoras da competência da Justiça Eleitoral, mas postulados impregnados de caráter fundamental, tais como o do juiz natural, da representação popular e do respeito ao devido processo eleitoral. MC na **ADPF 167/DF, rel. Min. Eros Grau, j. 30.09.2009 e 1º.10.2009. (g.n)**

Recursos contra a Expedição de Diplomas e Competência – 3

Reputou-se, ademais, devidamente observado o **princípio da subsidiariedade**, por não haver outro meio eficaz de sanar a lesividade sustentada aos preceitos fundamentais. Nessa parte, o Min. Marco Aurélio observou que — quanto à alegação de que se poderia interpor recurso extraordinário servido por ajuizamento de medida cautelar que lhe pudesse imprimir efeito suspensivo —, tendo em conta o fato de a jurisprudência do TSE estar sedimentada há 40 anos — no sentido de ser da sua competência julgar os recursos manejados contra a expedição, pelos Tribunais Regionais Eleitorais, de diplomas de investiduras em cargos eletivos de natureza estadual e federal —, o TSE não imprimiria, considerada uma cautelar, a eficácia suspensiva ao apelo extremo interposto. Registrou, ainda, a **jurisprudência pacífica do TSE, presente o art. 216 do Código Eleitoral (***"Enquanto o Tribunal Superior não decidir o recurso interposto contra a expedição do diploma, poderá o diplomado exercer o mandato em toda a sua plenitude"***), segundo a qual, havendo pronunciamento cessando a jurisdição do TSE, tem-se o afastamento do cargo**. O Min. Celso de Mello, afirmando que a subsidiariedade não deve ser analisada tendo como foco um determinado processo específico, mas sim a tutela da ordem jurídica de forma global, verificou inexistir no ordenamento processual qualquer outro meio para sanar a suposta lesão a preceito fundamental apontada pelo partido arguente, muito menos no âmbito da fiscalização abstrata de constitucionalidade. O Min. Gilmar Mendes,

Presidente, ao perfilhar essas manifestações, lembrou que a Corte firmou orientação, a partir do julgamento da ADPF 33/PA (*DJU* 16.12.2005), relativamente à leitura que se faz do art. 4º, § 1º, da Lei 9.882/1999, no sentido de que **não é a simples existência de um meio outro que afasta a utilização da ADPF, porque ela, como processo objetivo, visa sanar, de uma vez por todas, a lesão causada pelo Poder Público. Assim, a existência de mecanismos eventuais de proteção de caráter individual não elidiria a utilização da ADPF.** Quanto a essas preliminares, ficaram vencidos integralmente o suscitante e os Ministros Cezar Peluso e Ellen Gracie que consideravam não haver controvérsia jurídica relevante ou preceito fundamental envolvido e também não estar atendido o princípio da subsidiariedade. Vencido, ainda, o Min. Joaquim Barbosa, parcialmente, que apenas não vislumbrava a existência da controvérsia jurídica. **ADPF 167 Referendo em MC/DF, rel. Min. Eros Grau, 30.09.2009 e 1º.10.2009. (g.n)**

Recursos contra a Expedição de Diplomas e Competência – 4

Em seguida, o Tribunal, de igual modo, afastou a preliminar de não conhecimento suscitada pelo Advogado Geral da União por ausência de procuração com poderes especiais e específicos para o ajuizamento da ADPF. Não obstante fazendo menção à orientação jurisprudencial da Corte acerca da matéria, no sentido de que **são necessários poderes específicos para o ajuizamento da ADPF (QO na ADIn 2.187/BA, *DJU* 27.06.2000 e ADPF 110/RJ, *DJU* 28.06.2007),** afastou-se sua aplicação ao caso sob análise, concedeu-se o prazo de 5 dias para a complementação dos elementos faltantes na procuração apresentada nos autos e deliberou-se prosseguir no exame do referendo da cautelar, mormente diante do conhecimento de que o procurador seria de fato o representante da agremiação e, salientando a seriedade da controvérsia, a fim de permitir que o Tribunal cumprisse a finalidade para a qual se reunira pela segunda vez.

Vencidos, relativamente a essa questão, os Ministros Marco Aurélio, Eros Grau, relator, Joaquim Barbosa e Cezar Peluso, que, com base no art. 13 do CPC ("*Verificando a incapacidade processual ou a irregularidade da representação das partes, o juiz, suspendendo o processo, marcará prazo razoável para ser sanado o defeito.*"), determinavam a baixa dos autos em diligência para que fosse devidamente cumprida a regularização da representação processual antes de se prosseguir com o julgamento. MC na **ADPF 167/DF, rel. Min. Eros Grau, j. 30.09.2009 e 1º.10.2009. (g.n)**

Recursos contra a Expedição de Diplomas e Competência – 5

Quanto ao referendo da cautelar, reputou-se não estarem presentes os requisitos autorizadores da sua concessão. Não se vislumbrou a plausibilidade jurídica do pedido, considerada **a jurisprudência pacífica, em torno de 4 décadas, assentando a competência originária do TSE para o julgamento dos recursos contra a expedição de diplomas decorrentes de eleições federais e estaduais**. Também se entendeu que o *periculum in mora*, no caso, militaria no sentido inverso, já que, se fossem paralisados os julgamentos em trâmite e devolvidos os processos para os Tribunais Regionais Eleitorais, **haveria grande probabilidade de esses processos não terminarem no curso da duração dos respectivos mandatos**. Além disso, a manutenção da liminar geraria considerável insegurança jurídica. Vencidos, quanto ao referendo, os Ministros Eros Grau, relator, Cezar Peluso e Gilmar Mendes, que referendavam a cautelar integralmente, asseverando a razoabilidade jurídica da pretensão, e o Min. Marco Aurélio, que a referendava em menor extensão, para que os processos que hoje estão originariamente no TSE fossem remetidos aos Tribunais Regionais Eleitorais para que ocorresse a sequência pelos regionais e a interposição, se assim decidissem os prejudicados, do recurso ordinário para o TSE. MC na **ADPF 167/ DF, rel. Min. Eros Grau, j. 30.09.2009 e 1º.10.2009.** (Inform. STF 561) **(g.n)**

10.9. QUESTÕES COMENTADAS

(Ministério Público/BA – 2010) A ação de impugnação de mandato eletivo:

(A) Não pode ser ajuizada pelo Ministério Público, por falta de previsão legal.

(B) Depende de prova pré-constituída.

(C) Pode ser ajuizada antes ou depois da eleição.

(D) Não pode ser ajuizada por conduta vedada aos agentes públicos.

(E) Segue o rito ordinário do CPC, por falta de previsão constitucional.

A: incorreta, pois se aplica o art. 22 da LC 64/1990 em relação à legitimidade ativa para a Ação de Impugnação de Mandato Eletivo – AIME – prevista no art. 14, § 10, da CF/1988, podendo ser ajuizada por partido político, coligação, candidato ou Ministério Público Eleitoral – ver REsp Eleitoral 11.835/PR-TSE; **B:** incorreta. A AIME deve ser instruída com provas de abuso do poder econômico, corrupção ou fraude, mas o TSE tem entendimento de que não se trata de prova pré-constituída, sendo exigidos apenas indícios idôneos do cometimento desses ilícitos – ver RESPE 16.257/PE-TSE; **C:** incorreta, pois a AIME serve exatamente para impugnar o mandato eletivo (após a eleição, portanto), devendo ser ajuizada até 15 dias após a diplomação – art. 14, § 10, da CF/1988; **D:** essa é a melhor alternativa, pois a AIME refere-se especificamente a casos de abuso do poder econômico, corrupção ou fraude (art. 14, § 10, da CF/1988) e não, especificamente, a condutas vedadas aos agentes públicos (art. 73 da Lei 9.504/1997), para as quais cabe a Representação prevista no art. 30-A da Lei 9.504/1997; **E:** incorreta, pois a AIME segue o rito da LC 64/1990, embora a cassação de mandato tenha efeito imediato (não se aplica o art. 15 da Lei de Inelegibilidade).

Gabarito "D"

(Ministério Público/ES – 2010 – CESPE) Em relação à diplomação, ao registro de candidaturas e à impugnação, assinale a opção correta.

(A) O eleitor em regular situação eleitoral, o MP, qualquer candidato, partido político e coligação têm legitimidade para oferecer impugnação de registro de candidatura.

(B) Caso um indivíduo requeira o cancelamento do registro do seu nome como candidato, o presidente de tribunal eleitoral ou o juiz, conforme o caso, deve dar ciência imediata do ocorrido ao partido que tenha feito a inscrição, ao qual ficará ressalvado o direito de substituir por outro o nome cancelado, observadas todas as formalidades exigidas para o registro e desde que o novo pedido seja apresentado até sessenta dias antes do pleito.

(C) Considerando que, das quinhentos e treze cadeiras da Câmara dos Deputados, o estado do Espírito Santo tenha direito a preencher dez cadeiras, então, para concorrer a elas, cada partido pode registrar até vinte candidatos a cargo de deputado federal e, cada coligação, até trinta candidatos para esse mesmo cargo.

(D) As propostas defendidas pelo candidato não constituem documentação obrigatória à instrução de pedido de registro de candidatura para governador de estado.

(E) Na hipótese de o partido ou a coligação não requererem o registro de seus candidatos, estes poderão fazê-lo perante a justiça eleitoral nas quarenta e oito horas seguintes ao encerramento do prazo previsto em lei, qual seja, dezenove horas do dia cinco de julho do ano eleitoral.

A: incorreta, pois o eleitor, que não seja candidato, não tem legitimidade ativa para a impugnação do pedido de registro – art. 3º da LC 64/1990; **B:** incorreta, pois o prazo de 60 dias antes do pleito, para substituição do candidato, aplica-se apenas às eleições proporcionais, não às majoritárias – art. 101, §§ 1º e 2º, do Código Eleitoral e art. 13, § 3º, da Lei 9.504/1997; **C:** correta, pois, nos termos do art. 10, § 2º, da Lei 9.504/1997, nas unidades da Federação em que o número de lugares a preencher para a Câmara dos Deputados não exceder de vinte, cada partido poderá registrar candidatos a Deputado Federal e a Deputado Estadual ou Distrital até o dobro das respectivas vagas. Havendo coligação, estes números poderão ser acrescidos de até mais cinquenta por cento; **D:** incorreta, pois o documento com as propostas defendidas pelos candidatos a Prefeito, Governador e Presidente deve instruir o pedido de registro da candidatura – art. 11, § 1º, IX, da Lei 9.504/1997; **E:** incorreta, pois o prazo de 48 horas para os candidatos requererem o registro, no caso de omissão do partido ou coligação, é contado a partir da publicação da lista dos candidatos pela Justiça Eleitoral – art. 11, § 4º, da Lei 9.504/1997.

Gabarito "C"

(Ministério Público/GO – 2010) Assinale a alternativa correta:

(A) No processo de registro de candidatos, o partido que não o impugnou não tem legitimidade para recorrer da sentença que o deferiu, salvo se se cuidar de matéria constitucional.

(B) Das decisões das juntas eleitorais não cabem recursos.

(C) Enquanto o Tribunal Superior não decidir o recurso interposto contra a expedição do diploma, não poderá o diplomado exercer o mandato em toda sua plenitude.

(D) Sempre que a lei não fixar prazo especial, o recurso deverá ser interposto em 5 (cinco) dias da publicação do ato, resolução ou despacho.

A: correta, uma vez que não se consubstanciará como parte na impugnação ao registro de candidatura, conforme lhe atribui legitimidade o art. 3º da LC 64/1990. Importante mencionar a Súmula 11 do TSE, a saber: "No processo de registro de candidatos, o partido que não o impugnou não tem legitimidade para recorrer da sentença que o deferiu, salvo se se cuidar de matéria constitucional"; **B:** incorreta, uma vez que o art. 265 do Código Eleitoral dispõe que dos atos, resoluções ou despachos dos juízes ou juntas eleitorais caberá recurso para o Tribunal Regional; **C:** incorreta, uma vez que o art. 216 do Código Eleitoral dispõe que enquanto o Tribunal Superior não decidir o recurso interposto contra a expedição do diploma, poderá o diplomado exercer o mandato em toda a sua plenitude; **D:** incorreta, uma vez que o art. 264 do Código Eleitoral fixa o prazo em 3 dias.

Gabarito "A".

(Ministério Público/MA – 2002) Em relação à Ação Rescisória Eleitoral é correto afirmar:

(A) É admitida no prazo de 30 (trinta) dias perante o juiz eleitoral.

(B) É admitida no prazo de 120 (cento e vinte) dias perante Tribunal Regional Eleitoral.

(C) É admitida no prazo de 180 (cento e oitenta dias) perante o Tribunal Superior Eleitoral.

(D) Não é admitida na Justiça Eleitoral em nenhuma hipótese, em razão do princípio da celeridade.

(E) É admitida somente em casos de inelegibilidade.

Admite-se Ação Rescisória Eleitoral proposta no TSE nos casos de inelegibilidade, desde que intentada dentro de 120 dias da decisão irrecorrível, possibilitando-se o exercício do mandato eletivo até o seu trânsito em julgado – art. 22, I, "j", do Código Eleitoral.

Gabarito "E".

(Ministério Público/MA – 2002) Dadas as proposições:

I. No processo de registro de candidatura, se o Ministério Público não impugnou não tem legitimidade para recorrer da sentença que o indeferiu.

II. Pode ser objeto de recurso contra a expedição de diploma inelegibilidade de natureza constitucional não arguida no momento do registro da candidatura.

III. Na impugnação de registro de candidatura e no recurso contra a diplomação, a atuação de partido político ou coligação impede a ação do Ministério Público no mesmo sentido.

IV. Proposta a ação para desconstituir a decisão que rejeitou as contas do candidato, anteriormente à ação de impugnação de registro de candidatura, fica suspensa a inelegibilidade.

V. O rito da ação constitucional de impugnação de mandato eletivo, segundo entendimento doutrinário e jurisprudencial, é o ordinário.

VI. Enquanto o Tribunal Superior não decidir o recurso interposto contra a expedição do diploma poderá o diplomado exercer o mandato em toda a sua plenitude.

É correto afirmar:

(A) Todas as alternativas estão corretas.

(B) As alternativas I e III estão corretas.

(C) Todas as alternativas estão incorretas.

(D) As alternativas II, IV, V e VI estão corretas.

(E) Somente as alternativas III e V estão corretas.

I: incorreto. Se o MP pretende recorrer do indeferimento, é porque entende viável o registro, razão pela qual não teria sentido exigir que tivesse previamente impugnado esse mesmo registro – ver Súmula 11 do TSE, que veda recurso contra deferimento (não indeferimento) do registro por partido que não o impugnou anteriormente (salvo no caso de matéria constitucional); **II:** correto. Não há preclusão quanto à matéria constitucional – art. 259, *in fine*, do Código Eleitoral, ver TSE, Recurso Contra Expedição de Diploma 667/CE; **III:** incorreto. Não há impedimento à atuação do Ministério Público – arts. 3º, § 1º e 22, parágrafo único, ambos da LC 64/1990; **IV:** correto. Ver TSE, REsp Eleitoral 33.799/BA; **V:** correto. O TSE fixou o entendimento de que se aplica à ação de impugnação de mandato eletivo (art. 14, § 10, da CF/1988) o rito da LC 64/1990 (não do CPC) – ver Resolução TSE 21.634/2004 e TSE, ED no REsp Eleitoral/CE; **VI:** correto (art. 216 do Código Eleitoral).

Gabarito "D".

(Ministério Público/MA – 2009) Assinale a alternativa **INCORRETA**.

(A) Não sendo aceita ou homologada a transação ou suspensão condicional do processo, ou sendo revogado o benefício, o processo seguirá em seus ulteriores termos nos moldes previstos no processo criminal eleitoral, com depoimento pessoal do acusado e citação para contestar em dez (10) dias. As citações e intimações seguirão o disposto no Código de Processo Penal. A citação deve ser feita diretamente ao acusado, mas também se admite seja feita ao seu representante legal.

(B) As sentenças no processo eleitoral devem ser proferidas no prazo de dez (10) dias. Das decisões finais de condenação ou absolvição cabe recurso para o Tribunal Regional, a ser interposto no prazo de dez (10) dias. Os prazos relativos às representações da Lei Eleitoral são contínuos e peremptórios, não se suspendendo aos sábados, domingos e feriados, desde a data do encerramento do prazo para registro de candidatos e a proclamação dos eleitos, inclusive em segundo turno.

(C) Os feitos eleitorais, no período entre o registro das candidaturas até cinco dias após a realização do segundo turno das eleições, terão prioridade para a participação do Ministério Público e dos Juízes de todas as Justiças e instâncias, ressalvados os processos de habeas corpus e mandado de segurança, sendo defeso às mencionadas autoridades deixar de cumprir qualquer prazo legal em razão do exercício das funções regulares, sob pena de crime de responsabilidade sujeito a anotação funcional para efeito de promoção na carreira.

(D) No processamento das representações, reclamações e pedidos de resposta previstos na Lei das Eleições, o prazo para o representante apresentar defesa é de 48 horas, exceto quando se tratar de pedido de resposta, cujo prazo será de vinte e quatro (24) horas. Apresentada a resposta ou decorrido o respectivo prazo, é de vinte e quatro (24) horas o prazo para o Ministério Público emitir parecer. Findo o prazo, com ou sem parecer do Ministério Público, o juiz dever decidir no prazo de vinte e quatro (24) horas, exceto quando se tratar de pedido de resposta, cuja decisão deverá ser proferida no prazo máximo de setenta e duas setenta (72) horas da data em que for protocolado o pedido.

(E) A inobservância dos prazos previstos para as decisões da autoridade judiciária constitui crime eleitoral e sujeitará a autoridade judiciária às penas previstas no Código Eleitoral.

A: incorreta, conforme o art. 89, § 7º, da Lei 9.099/1995 e arts. 359 e ss. do Código Eleitoral; **B:** correta, conforme os arts. 361 e 362 do Código Eleitoral e art. 16 da LC 64/1990; **C:** correta, conforme o art. 94 da Lei 9.504/1997; **D:** correta, conforme os arts. 96, §§ 5º e 7º, e 58, § 2º, da Lei 9.504/1997; **E:** correta, conforme o art. 345 do Código Eleitoral e o art. 58, § 7º, da Lei 9.504/1997.

Gabarito "A"

(Ministério Público/PB – 2010) São incorretas as seguintes asserções, exceto:

(A) A demonstração da potencialidade lesiva é necessária tanto para a prova do abuso do poder econômico, como para a comprovação da captação ilícita de sufrágio.

(B) É assente no Supremo Tribunal Federal o entendimento de que as sanções de cassação do registro ou do diploma previstas na Lei Federal 9.504/1997 constituem novas hipóteses de inelegibilidade.

(C) A prova pré-constituída é exigida, tanto para a propositura da Ação de Impugnação de Mandato Eletivo, quanto para o Recurso contra a Diplomação.

(D) Declarada a nulidade de mais da metade dos votos válidos no pleito majoritário, a realização de novas eleições municipais, nos últimos dois anos do quadriênio mandatício, deve ocorrer na forma indireta, esclarecendo-se que, para a caracterização de tal percentual, dever-se-ão somar aos votos nulificados por terem sido atribuídos a candidatos inelegíveis os votos nulos decorrentes de expressa vontade do eleitor.

(E) Durante o período eleitoral, é permitido aos agentes públicos usar serviços custeados pelos Governos e Casas Legislativas, desde que não excedam as prerrogativas consignadas nos regimentos e normas dos órgãos que integram.

A: incorreta, pois a demonstração da potencialidade lesiva é exigida apenas para a prova do abuso do poder econômico, mas não para a comprovação de captação ilícita de sufrágio (= compra de votos) – ver TSE, Recurso Contra Expedição de Diploma 774/SP, e RO 1.461/GO; **B:** incorreta. É o oposto, pois o STF entende que as sanções de cassação de registro ou de diploma, previstas no art. 41-A da Lei 9.504/1997, não constituem novas hipóteses de inelegibilidade, até porque não foram veiculadas por lei complementar federal. Por essa razão, a captação ilícita de sufrágio é apurada por meio de representação processada de acordo com o art. 22, I a XIII, da LC 64/1990, que não se confunde com a ação de investigação judicial eleitoral – AIJE, nem com a ação de impugnação de mandato eletivo – AIME, pois não implica a declaração de inelegibilidade, mas apenas a cassação do registro ou do diploma – ver ADIn 3.592/DF; **C:** incorreta. A ação de impugnação de mandato deve ser instruída com provas de abuso do poder econômico, corrupção ou fraude – art. 14, § 10, da CF/1988, mas o TSE tem entendimento no sentido de que não se trata de prova pré-constituída, sendo exigidos apenas indícios idôneos do cometimento desses ilícitos – ver REsp Eleitoral 16.257/PE. No caso do recurso contra expedição de diploma, não há, tampouco, o requisito da prova pré-constituída – ver Recurso Contra Expedição de Diploma 767/SP; **D:** incorreta, pois "a nulidade dos votos dados a candidato inelegível não se confunde com os votos nulos decorrentes de manifestação apolítica do eleitor, a que se refere o art. 77, § 2º, da CF/1988, e nem a eles se somam, para fins de novas eleições" TSE, AgRg no REsp Eleitoral 35.888/AM. Ver também o art. 224 do Código Eleitoral, e o art. 81, § 1º, da CF/1988, aplicável a eleições municipais e estaduais, conforme o AgRg em REsp Especial 27.104/PI; **E:** correta, pois o uso de materiais ou serviços somente será considerado conduta vedada se exceder as prerrogativas consignadas nos regimentos e normas dos órgãos respectivos – art. 73, II, da Lei 9.504/1997.

Gabarito "E"

(Ministério Público/GO – 2005) Contra decisão cível do juiz eleitoral cabe:

(A) apelação cível eleitoral.

(B) agravo de instrumento eleitoral, em se tratando de decisão interlocutória.

(C) recurso inominado.

(D) recurso de revista eleitoral.

Cabe recurso inominado – art. 29, II, "a", do Código Eleitoral.

Gabarito "C"

(Ministério Público/GO – 2005) Assinale a alternativa incorreta:

(A) os partidos políticos ou coligações não estão legitimados à propositura da ação de investigação judicial eleitoral, restando a legitimação exclusiva do Ministério Público.

(B) a ação de impugnação de pedido de registro de candidatura poderá discutir fatos que tenham envolvimento com o candidato, até a data do registro de sua candidatura, não podendo ser manejada antes de se efetivar o registro.

(C) o recurso contra diplomação poderá ter como causa de pedir fatos ocorridos antes e depois da eleição, porém só poderá ser manejada após a diplomação.

(D) a ação de investigação judicial eleitoral poderá apurar fatos que envolvam o candidato antes do registro de sua candidatura até a eleição, importando a sua decisão, antes da eleição, em decretação de inelegibilidade e cassação de seu registro, nos termos do art. 22, XIV, da Lei Complementar 64/1990.

A: incorreta (devendo ser assinalada). Qualquer partido político, coligação, candidato ou o Ministério Público Eleitoral poderá pedir abertura de investigação judicial – art. 22 da LC 64/1990; **B**: correta (art. 3º da LC 64/1990); **C**: correta, conforme art. 262 do Código Eleitoral. A Lei 12.891/2013 modificou o art. 262, assim dispondo: "O recurso contra expedição de diploma caberá somente nos casos de inelegibilidade superveniente ou de natureza constitucional e de falta de condição de elegibilidade"; **D**: correta, conforme art. 22 da LC 64/1990. Quanto ao cabimento das ações eleitorais, ver TSE, RO 1.540/PA.

Gabarito "A".

(Ministério Público/RJ – 2011) Com relação às ações, aos recursos e a outras medidas judiciais eleitorais, analise as seguintes afirmações:

I. A ação de impugnação de pedido de registro de candidatura se fundamenta na ausência de condições de elegibilidade com relação àquele que pretende o registro, ou na presença de causas que o tornem inelegível.

II. A prática de atos que configurem abuso de poder econômico em benefício de candidato pode ensejar o ajuizamento de investigação judicial eleitoral, bem como de ação de impugnação de mandato eletivo, cada qual em seu momento oportuno.

III. As causas de inelegibilidade não suscitadas em sede de ação de impugnação de pedido de registro de candidatura sujeitam-se, como regra, à preclusão, ressalvadas aquelas que versem sobre matéria de ordem constitucional, as quais ainda podem ser suscitadas, juntamente com as causas de inelegibilidade supervenientes, em sede de recurso contra a diplomação.

IV. As ações de impugnação de pedido de registro de candidatura e de investigação judicial eleitoral podem ser propostas por quaisquer candidatos, eleitores, partidos políticos ou coligações, bem como pelo Ministério Público Eleitoral.

V. Ao Tribunal Superior Eleitoral e aos Tribunais Regionais Eleitorais compete o processo e julgamento de ação rescisória de seus próprios julgados, nos casos de inelegibilidade, desde que intentada no prazo de cento e vinte dias da decisão irrecorrível.

Estão corretas somente as afirmações:

(A) I, II e III;
(B) I, II e IV;
(C) I, III e IV;
(D) II, III e V;
(E) III, IV e V.

I: correta, uma vez que a Constituição Federal dispõe em seu art. 14, § 3º, as condições necessárias a coexistirem àquele cidadão que se pretende candidatar-se a um cargo eletivo. Dentre as condicionantes é possível encontrar o pleno exercício dos direitos políticos. A Constituição também cuidou de elencar as principais causas de inelegibilidade, certamente por se tratar das mais perversas ao ordenamento que se inaugurava nos idos de 1988, porém cuidou de dispor no art. 14, § 9º, que Lei Complementar disporia sobre outras situações de inelegibilidade, o que abriu azo à edição da LC 64/1990 e suas alterações, em especial a 135/2010 (Lei do Ficha Limpa). Desta forma, a LC 64/1990 trouxe procedimento próprio à impugnação ao pedido de registro de candidatura, inclusive enumerando tantas outras hipóteses não trazidas pela Constituição Federal, visando, tal procedimento de impugnação, a excluir do pleito eleitoral todos aqueles que não possuam as condições de elegibilidade e aqueles que tragam ao seu desabono causas de inelegibilidades; **II**: correta, vez que se consubstancia no objetivo da Constituição Federal, sendo esta complementada pelos procedimentos da LC 64/1990. A depender do momento do processo eleitoral que se encontre o candidato, a medida será a impugnação ou a cassação do diploma do candidato averiguado; **III**: correta, pois o prazo para a impugnação será o de 5 dias após o registro de candidatura ou de 15 após a diplomação, a depender do caso. Em ambas as situações, tratando-se das causas elencadas pela legislação. Caso não impugnada no tempo estabelecido, o direito precluirá, salvo na hipótese da matéria versar sobre matéria de ordem constitucional (art. 259 do Código Eleitoral); **IV**: incorreta, vez que os legitimados estão elencados no art. 3º da LC 64/1990, sendo eles qualquer candidato, partido político, coligação ou ao Ministério Público; **V**: incorreta, pois a competência será do Tribunal Superior Eleitoral, conforme art. 22, "j", do Código Eleitoral.

Gabarito "A".

(Ministério Público/RR – 2012 – CESPE) Acerca da impugnação do mandado eletivo após a proclamação dos resultados e a respeito dos recursos eleitorais, assinale a opção correta.

(A) Das decisões dos juízes eleitorais cabe recurso à junta eleitoral.

(B) Proclamado o resultado pela justiça eleitoral, o candidato tem direito subjetivo à posse, e a sua eleição não mais pode ser impugnada.

(C) O recurso apresentado contra a diplomação do candidato eleito tem efeito suspensivo.

(D) Admite-se recurso interposto fora do prazo apenas em relação a matéria constitucional.

(E) Cabe recurso contra a expedição do diploma no caso de erro de fato quanto à determinação do quociente eleitoral.

A: incorreta, uma vez que caberá recurso ao Tribunal Regional Eleitoral, conforme art. 29, II, "a", do Código Eleitoral; **B**: incorreta, vez que o art. 216 do Código Eleitoral assegura ao Candidato o diploma, a posse e o exercício das funções, porém, admite que haja em trâmite recurso contra sua diplomação; **C**: incorreta, em atenção ao que dispõe o art. 216 do Código Eleitoral. Pode-se afirmar que o efeito suspensivo é garantido em benefício do candidato, vez que o Código Eleitora, pelo dispositivo invocado, permite que lhe seja conferido o diploma, sua posse e por conseguinte o livre exercício de seu cargo.

Gabarito "E".

(Ministério Público/PR – 2013) Quanto à matéria eleitoral, assinale a alternativa ***incorreta***:

(A) Sempre que a lei não fixar prazo especial, o recurso deverá ser interposto em cinco dias da publicação do ato, resolução ou despacho;

(B) Por disposição expressa de lei, os recursos eleitorais não têm efeito suspensivo;

(C) Cabe recurso contra a expedição de diploma no caso de inelegibilidade ou incompatibilidade de candidato;

(D) Dos atos, resoluções ou despachos dos juízes ou juntas eleitorais caberá recurso ao Tribunal Regional Eleitoral;

(E) O recurso contra a expedição de diploma deve ser interposto no prazo de três dias.

A: incorreta, uma vez que o art. 258 do Código Eleitoral dispõe que sempre que a lei não fixar prazo especial, o recurso deverá ser interposto em três dias da publicação do ato, resolução ou despacho; **B:** correta, conforme art. 257 do Código Eleitoral; **C:** incorreta, pois em razão da minirreforma eleitoral (Lei 12.891/2013) o art. 262 do Código Eleitoral passou a dispor que o Recurso contra a Expedição de Diploma caberá somente nos casos de inelegibilidade superveniente ou de natureza constitucional e de falta de condição de elegibilidade; **D:** correta, conforme art. 29, II, "a", do Código Eleitoral; **E:** correta, conforme art. 264 do Código Eleitoral.

Gabarito "A e C" (Questão com duas respostas em razão das alterações trazidas pela minirreforma).

(Procurador da República – 13º) Cabe recurso ordinário para o Tribunal Superior Eleitoral das decisões dos tribunais regionais eleitorais, quando estas versarem sobre:

(A) inelegibilidade de Prefeito Diplomado;

(B) expedição de diploma a Deputado Estadual;

(C) perda de mandato de Vereador;

(D) divergência na interpretação de lei entre dois ou mais Tribunais Eleitorais.

De fato, a alternativa "B" é a única correta, vez que se coaduna com o previsto no art. 121, § 4º, III, da CF/1988 e, especificamente, com o art. 276, II, "a", do Código Eleitoral.

Gabarito "B".

(Procurador da República – 13º) Tratando-se de representação contra candidato a prefeito, antes das eleições, por abuso de poder econômico, pode-se dizer que:

(A) ela se confunde com o recurso contra a expedição de diploma;

(B) julgada procedente, após a eleição do candidato representado, serve ela de fundamento para a ação constitucional de impugnação de mandato eletivo;

(C) não julgada até a diplomação do candidato representado, não cabe ação constitucional de impugnação do mandato;

(D) não julgada até a diplomação do candidato representado, não cabe recurso contra a expedição de diploma.

De fato, a alternativa "B" é a única correta, vez que o art. 14, §§ 10 e 11, da CF/1988 dispõe sobre a Ação de Impugnação de Mandato Eletivo ou Ação Constitucional de Impugnação de Mandato Eletivo. Referido dispositivo ilustra que a Constituição define as três hipóteses que autorizam a impugnação de um mandato eletivo: o abuso do poder econômico, a fraude e a corrupção, bastando a potencialidade comprovada, a que se presta a representação procedente, para desequilibrar a disputa, não sendo necessário comprovação da efetiva interferência.

Gabarito "B".

(Procurador da República – 14º) Das decisões dos tribunais regionais eleitorais:

I. cabe recurso ordinário para o Tribunal Superior Eleitoral, nas hipóteses de inelegibilidade ou expedição de diplomas nas eleições federais, estaduais e municipais, e ainda quando denegarem *habeas corpus*, mandado de segurança, *habeas data* ou mandado se injunção;

II. cabe recurso especial para o Tribunal Superior Eleitoral, se proferidas contra expressa disposição da lei ou da Constituição e ainda em casos de divergência jurisprudencial entre dois ou mais Tribunais Eleitorais;

III. não cabe recurso ordinário ou especial para o Tribunal Superior Eleitoral se se tratar de questões de fato, envolvendo produção de provas, salvo se houver ofensa à Constituição, hipótese em que caberá ainda recurso extraordinário para o Supremo Tribunal Federal;

IV. não há recurso especial para o Tribunal Superior Eleitoral para simples reexame de provas ou se a matéria não tiver sido objeto de prequestionamento na Corte de origem.

Analisando as asserções acima, pode-se afirmar que:

(A) as de números I e II estão corretas;

(B) estão corretas as de números III e IV;

(C) todas estão corretas;

(D) apenas as de números II e IV estão corretas.

I: incorreta, pois em conformidade com o que dispõe o art. 276, II, do Código Eleitoral, as decisões dos Tribunais Regionais Eleitorais são terminativas, salvo nas hipóteses previstas (incisos I e II do referido artigo). Caberá recurso ordinário, ao Tribunal Superior Eleitoral: a) quando versarem sobre expedição de diplomas nas eleições federais e estaduais; b) quando denegarem *habeas corpus* ou mandado de segurança; **II:** correta, conforme art. 276, I, "a" e "b", do Código Eleitoral; **III:** incorreta, vez que sempre que ocorrer as situações trazidas pelo art. 276, I e II, caberá os respectivos recursos. No entanto, nas decisões que venham a postar-se como ato contrário à Constituição Federal, caberá recurso extraordinário, nos termos do que dispõe o art. 281 do Código Eleitoral; **IV:** correta, vez que as hipóteses de cabimento do recurso estão arroladas no art. 276, I, do Código Eleitoral.

Gabarito "D".

(Procurador da República – 14º) O mandato eletivo poderá ser invalidado:

(A) por meio de recurso contra a expedição do diploma, se concedido em manifesta contradição

com a prova dos autos, nas hipóteses de votação viciada de falsidade, fraude e coação;
(B) por representação julgada procedente cominando ao candidato a sanção de inelegibilidade após a eleição;
(C) por meio de ação de impugnação de mandato, proposta no prazo de quinze contados da diplomação, que tramitará em segredo de justiça, instruída com provas de abuso de poder econômico, corrupção ou fraude;
(D) através de ação popular por corrupção e improbidade administrativa do candidato eleito, já empossado e no exercício do cargo, ou ainda pelo voto da maioria dos eleitores da circunscrição eleitoral que o elegeu.

A: incorreta, vez que referido recurso presta-se a combater a expedição do diploma e não o mandato eletivo, como bem se observa no art. 216 do Código Eleitoral; B: incorreta, muito embora a procedência da representação resulte em inelegibilidade (se dentre as hipóteses elencadas na LC 64/1990), a invalidação do mandato eletivo se dará por meio da Ação de Impugnação de Mandato Eletivo, conforme previsto no art. 14, §§ 10 e 11, da CF/1988; C: correta, vez que em consonância com o que dispõe o art. 14, §§ 10 e 11, da CF/1988; D: incorreta, pois a ação que se presta a invalidar o mandato eletivo é encontrada no dispositivo contido no art. 14, §§ 10 e 11, da Constituição Federal.

Gabarito "C"

(Procurador da República – 15º) Na justiça eleitoral:
I. enquanto o Tribunal Superior não decidir o recurso interposto contra a diplomação, poderá o diplomado exercer o mandato em toda sua plenitude;
II. a ação de impugnação de mandato eletivo por corrupção, fraude ou abuso do poder econômico poderá ser proposta no prazo de quinze dias contados da diplomação;
III. os recursos têm sempre efeito suspensivo, salvo quando se discutir matéria constitucional;
IV. compete privativamente ao Ministério Público, como *custos legis*, impugnar registros de candidaturas nas hipóteses de inelegibilidades.

Analisando as asserções acima, pode-se afirmar que:
(A) todas estão corretas;
(B) apenas as de números II e III estão corretas;
(C) estão corretas apenas as de números I e II;
(D) somente as de números III e IV estão corretas.

I: correta, conforme dispõe o art. 216 do Código Eleitoral; II: correta, conforme art. 14, §§ 10 e 11, da CF/1988; III: incorreta, uma vez que o art. 257 do Código Eleitoral dispõe que os recursos eleitorais não terão efeito suspensivo; IV: incorreta, vez que o art. 3º da LC 64/1990 dispõe que caberá a qualquer candidato, a partido político, coligação ou ao Ministério Público, no prazo de 5 (cinco) dias, contados da publicação do pedido de registro do candidato, impugná-los em petição fundamentada.

Gabarito "C"

(Procurador da República – 17º) As decisões do tribunal superior eleitoral:
(A) são irrecorríveis em matéria eleitoral e partidária, e ainda relativamente a inelegibilidades constitucionais;
(B) são suscetíveis de recurso extraordinário para o Supremo Tribunal Federal se contrariarem a Constituição ou de recurso ordinário para aquela Corte Suprema se denegatórias de *habeas corpus* ou mandado de segurança;
(C) pressupõem o voto da maioria absoluta dos seus membros para conferir efeito vinculante às súmulas de sua jurisprudência consolidada;
(D) são proferidas em sessão pública se relativa a registros de candidaturas e em sessão secreta nos casos de cassação de mandatos por abuso de poder de autoridade.

De fato a alternativa "B" é a única correta, pois em conformidade com o disposto no art. 281 do Código Eleitoral, ao dispor que são irrecorríveis as decisões do Tribunal Superior, salvo as que declararem a invalidade de lei ou ato contrário à Constituição Federal e as denegatórias de *habeas corpus* ou mandado de segurança, das quais caberá recurso ordinário para o Supremo Tribunal Federal, interposto no prazo de 3 (três) dias.

Gabarito "B"

(Procurador da República – 19º) A ação de impugnação de mandato eletivo:
(A) poderá ser proposta pelo Ministério Público ou pelo Partido Político ou candidato antes da diplomação, com base nas provas obtidas na investigação judicial por abuso de poder político ou econômico, promovida nos termos da lei das inelegibilidades;
(B) não poderá tramitar em segredo de justiça considerando os princípios da publicidade e da transparência no processo eleitoral;
(C) será sempre proposta perante o Tribunal Superior Eleitoral, nas hipóteses de invalidação de mandatos de Deputados Federais, Senadores e do Presidente da República, devendo sê-lo perante o Superior Tribunal de Justiça se se tratar de Governadores de Estados;
(D) poderá ser proposta ante a Justiça Eleitoral no prazo de quinze dias contados da diplomação, instruída a ação com provas de abuso do poder econômico, corrupção ou fraude.

A: incorreta, uma vez que referida ação possui o prazo de 15 dias após a diplomação do candidato, conforme art. 14, §§ 10 e 11, da CF/1988; B: incorreta, pois o art. 14, § 11, da CF/1988 dispõe que o tramitará em segredo de justiça; C: incorreta, vez que a competência será sempre da Justiça Eleitoral, conforme preceitua o art. 14, § 10, da CF/1988; D: correta, conforme art. 14, §§ 10 e 11, da CF/1988.

Gabarito "D"

(Procurador da República – 20º) Das decisões do tribunal superior eleitoral:

(A) não cabe recurso para qualquer outro Tribunal, salvo recurso extraordinário para o Supremo Tribunal Federal, nas hipóteses de contrariedade à Constituição da República, e recurso ordinário para aquela Suprema Corte de decisões denegatórias de *habeas corpus* ou mandado de segurança;

(B) podem ser interpostos recursos especiais ou extraordinários para o Superior Tribunal de justiça ou para o Supremo Tribunal Federal, conforme o caso, se houver, respectivamente, violação de tratado ou lei federal ou da Constituição Federal;

(C) são cabíveis apenas embargos declaratórios, ou ainda ação rescisória em matéria de inelegibilidade, por serem irrecorríveis e terminativas em matéria eleitoral, inclusive de natureza constitucional;

(D) tem legitimidade para recorrer ao Supremo Tribunal Federal apenas o Ministério Público, por lhe incumbir, de acordo com a Constituição, a defesa do regime democrático.

De fato, a alternativa "**A**" é a única correta, uma vez que em conformidade com o disposto no art. 281 do Código Eleitoral, segundo o qual são irrecorríveis as decisões do Tribunal Superior, salvo as que declararem a invalidade de lei ou ato contrário à Constituição Federal e as denegatórias de *habeas corpus* ou mandado de segurança, das quais caberá recurso ordinário para o Supremo Tribunal Federal, interposto no prazo de 3 (três) dias.

Gabarito "A"

(Procurador da República – 21º) A impugnação do registro de candidatura pode ser feita:

(A) nas hipóteses de inelegibilidade, apenas pelo Ministério Público;

(B) em petição fundamentada, por candidato, partido político, coligação ou pelo Ministério Público;

(C) somente no prazo de 5(cinco) dias contados do registro, sob pena de preclusão mesmo se se tratar de inelegibilidade constitucional;

(D) por qualquer eleitor, desde que filiado a partido político.

De fato, a alternativa "**B**" é a única correta, vez que em conformidade com o art. 3º da LC 64/1990, que dispõe que caberá a qualquer candidato, a partido político, coligação ou ao Ministério Público, no prazo de 5 (cinco) dias, contados da publicação do pedido de registro do candidato, impugná-lo em petição fundamentada.

Gabarito "B"

(Procurador da República – 21º) A impugnação do mandato eletivo:

(A) somente pode ocorrer até a diplomação, mediante representação por abuso do poder econômico junto à Justiça Eleitoral;

(B) pode ser feita a qualquer tempo desde que se trate de abuso de poder político, econômico, corrupção ou fraude, incidindo a hipótese de *recall;*

(C) pode ser feita ante a Justiça Eleitoral, no prazo de quinze dias contados da diplomação, instruída a ação com provas de abuso do poder econômico, corrupção ou fraude;

(D) poderá ocorrer somente se houver antes recurso contra a expedição do diploma, afastando a preclusão, nos casos de abuso do poder econômico, corrupção ou fraude.

A: incorreta, vez que o art. 14, § 10, da CF/1988 dispõe que será proposta a referida ação nos 15 dias após a diplomação; **B:** incorreta, uma vez que o prazo é o de 15 dias a contar da diplomação, conforme art. 14, § 10, da CF/1988; **C:** correta, conforme art. 14, §10, da CF/1988; **D:** incorreta, vez que o art. 14, §§ 10 e 11, da CF/1988 não condiciona a ação ao prévio recurso contra a expedição do diploma, sendo necessário apenas o cumprimento das obrigações contidas no referido dispositivo;

Gabarito "C"

(Procurador da República – 22º) Nas eleições municipais de 2004, o juiz eleitoral recebeu do cartório ação de impugnação de registro de candidatura no dia 02/08/2004, segunda-feira, tendo o magistrado devolvido os autos, com sentença julgando procedente a impugnação, no dia 04/08/2004, quarta-feira, diante de tal situação indaga-se: quando ocorreu o termo final do prazo para a interposição de recurso para o tribunal regional eleitoral?

(A) dia 07 de agosto de 2004 (Sábado);

(B) dia 08 de agosto de 2004 (Domingo);

(C) dia 09 de agosto de 2004 (Segunda-feira);

(D) no 3º (terceiro) dia da publicação da sentença por edital, em cartório.

Importante que enfrentemos a questão em análise pontual: **A:** no caso em testilha, o juízo sentenciou em 02 dias após a impugnação. Neste ponto, importante notar o que dispõe o art. 8º da LC 64/1990 ("Nos pedidos de registro de candidatos a eleições municipais, o Juiz Eleitoral apresentará a sentença em cartório 3 (três) dias após a conclusão dos autos, passando a correr deste momento o prazo de 3 (três) dias para a interposição de recurso para o Tribunal Regional Eleitoral."), e também a Súmula 10 do TSE " No processo de registro de candidatos, quando a sentença for entregue em cartório antes de três dias contados da conclusão ao juiz, o prazo para o recurso ordinário, salvo intimação pessoal anterior, só se conta do termo final daquele tríduo." Deste modo, o prazo apenas terá início, independentemente da data da sentença, em 05.08.2004, em atenção à data de recebimento dos autos em conclusão (02.08.2004), o art. 8º da LC 64/1990 e a Súmula 10 TSE; **B:** A contagem de prazos no Direito Eleitoral, quando estipulada em dias, segue a regra do art. 184 do CPC, ou seja, computa-se os prazos excluindo o dia do começo e incluindo o dia do vencimento. Dessa forma, no caso do enunciado, excluímos o dia 05.08 (fim do tríduo, segundo a súmula citada) e incluímos os 03 dias (prazo para o recurso conforme art. 8º, *in fine,* LC 64/1990), ou seja, o prazo para interposição de Recurso ao TRE terá seu termo em 08.08.2004 (domingo), que mesmo sendo domingo, por se tratar de prazo atinente à Justiça Eleitoral, obedecemos ao que disciplina o art. 16 da LC 64/1990, ao dispor que os prazos a que se referem o art. 3º e ss. da LC 64/1990 (como é este o caso) são peremptórios e contínuos e correm em secretaria ou Cartório e, a partir da data do encerramento do prazo para registro de candidatos, não se suspendem aos sábados, domingos e feriados. Desta forma, a resposta correta encontra-se na alternativa "**B**".

Gabarito "B"

(Procurador da República – 24º) A ação de investigação judicial eleitoral:

(A) Tem o mesmo procedimento da ação de impugnação ao pedido de registro de candidatura e pode ser proposta pelo Ministério Público eleitoral, por candidato ou por partido político.

(B) O abuso de poder político leva à inelegibilidade por três anos e à remessa de peças ao Ministério Público Eleitoral para propositura da ação de impugnação de mandato eletivo ou recurso contra a diplomação. Já o abuso de poder econômico, leva á cassação imediata do registro ou do diploma, além da inelegibilidade.

(C) Visa assegurar a legitimidade e normalidade das eleições, impedindo os efeitos nocivos do abuso de poder. Para aplicação da sanção de inelegibilidade há necessidade de potencialidade do ato ilícito para distorcer a vontade do eleitor e alterar o resultado do pleito.

(D) Tem o escopo de assegurar a igualdade de oportunidades no pleito eleitoral, sendo utilizada pelo Ministério Público como valioso instrumento de atuação e gera a inelegibilidade do responsável pelo ato ilícito e do candidato beneficiado, por três anos, a contar do trânsito em julgado do processo.

A alternativa correta é encontrada na assertiva "**C**". Emprestando conceituação de Carlos Mário da Silva Velloso e Walber de Moura Agra, trazemos ainda maior clareza acerca da Ação de Investigação Judicial Eleitoral (AIJE), que tem por objetivo impedir e apurar a prática de atos que possam afetar a igualdade dos candidatos em uma eleição, nos casos de abuso do poder econômico, abuso do poder político ou de autoridade e utilização indevida dos meios de comunicação social, penalizando com a declaração de inelegibilidade quantos hajam contribuído para a prática do ato.

Gabarito "C"

(Procurador da República – 24º) Na ação de impugnação de mandato eletivo:

(A) Adota-se o procedimento ordinário do CPC e pode ter como causa de pedira ausência de condição de elegibilidade.

(B) Observa-se o procedimento da ação de investigação judicial eleitoral, objetivando assegurar a normalidade e legitimidade das eleições.

(C) É possível, ao contrário da ação de investigação judicial eleitoral, a propositura até 15 dias depois da diplomação e o Ministério Público tem legitimidade ativa.

(D) Atinge-se o registro e consequentemente o mandato eletivo, diante dos postulados de legitimidade e igualdade das eleições, havendo litisconsórcio passivo necessário do candidato a vice-prefeito.

A: incorreta, vez que o rito de tramitação da AIME (Ação de Impugnação de Mandato Eletivo) será aquele descrito no art. 3º a 16 da LC 64/1990; **B:** incorreta, o procedimento será aquele rito previsto no art. 3º a 16 da LC 64/1990; **C:** correta, conforme art. 14, §§ 10 e 11, da CF/1988; **D:** incorreta, uma vez que a ação de impugnação é combativo específico ao mandato eletivo, no interregno preclusivo de 15 dias após a diplomação. A doutrina defende o litisconsórcio passivo necessário, uma vez que, ainda que o vice não tenha realizado conduta tipifica como ilícita para fins da AIME, obviamente que foi beneficiado pela conduta de outros que agiam com seu consentimento.

Gabarito "C"

(Procurador da República – 25º) Relativamente à ação de impugnação de registro de candidatura, assinale a alternativa errada:

(A) uma de suas hipóteses de cabimento é atacar a incidência de causa de inelegibilidade de candidato;

(B) a competência para processar e julgar impugnação contra registro de candidatura ao Senado Federal pertence ao Tribunal Regional Eleitoral onde foi requerida o referido registro;

(C) a impugnação, por parte do candidato, partido político ou coligação, não impede a ação do Ministério Público Eleitoral no mesmo sentido;

(D) pode ser ajuizada desde a publicação do registro da candidatura do candidato até o dia da eleição.

De fato a alternativa "**D**" é a única errada, pois o art. 3º da LC 64/1990 dispõe que caberá a qualquer candidato, a partido político, coligação ou ao Ministério Público, no prazo de 5 (cinco) dias, contados da publicação do pedido de registro do candidato, impugná-lo em petição fundamentada.

Gabarito "D"

(Magistratura/BA – 2012 – CESPE) Com relação ao que dispõe o Código Eleitoral acerca das possibilidades de anulação do pleito eleitoral e de convocação de novas eleições, assinale a opção correta.

(A) Para uma eleição ser anulada, de modo a ensejar novo pleito, exige-se a anulação, pela justiça eleitoral, de mais da metade dos votos.

(B) A convocação de nova eleição pela justiça eleitoral restringe-se ao caso de ser impossível definir um vencedor para o pleito.

(C) Não é permitida a anulação de eleição municipal na qual tenha comparecido mais da metade dos eleitores da circunscrição.

(D) Deve ser anulada a eleição em que os votos invalidados por fraude ou compra de votos, somados aos votos nulos dos eleitores, superar a metade do número de votantes.

(E) Apenas os eleitores podem anular um processo eleitoral, mediante o voto em branco ou nulo, quando estes votos, somados, alcançarem mais da metade do número de eleitores que compareceram ao pleito.

A: correta, conforme dispõe o art. 19, parágrafo único, do Código Eleitoral; B: incorreta, vez que existem outras situações onde novas eleições poderão ser determinadas, como por exemplo, art. 2º, § 1º, da Lei 9.504/1997 e art. 224, § 1º, do Código Eleitoral; C: incorreta, uma vez latentes fatos permissivos de nova eleição, ela poderá ocorrer; D: incorreta, já que se refere ao disposto no art. 224 do Código Eleitoral, que disciplina que se a nulidade atingir a mais de metade dos votos do país nas eleições presidenciais, do Estado nas eleições federais e estaduais ou do município nas eleições municipais, julgar-se-ão prejudicadas as demais votações e o Tribunal marcará dia para nova eleição dentro do prazo de 20 (vinte) a 40 (quarenta) dias, se tratando das nulidades previstas nos arts. 221 e 222 do mesmo código; E: incorreta, considerados os argumentos da assertiva anterior, a nulidade corresponde aos tipos previstos nos arts. 221 e 222 do Código Eleitoral e não essencialmente aos votos nulos.

Gabarito "A"

(Magistratura/CE – 2012 – CESPE) No que se refere a registro de candidatura e sua impugnação, assinale a opção correta.

(A) O juiz eleitoral deve apresentar em cartório, em até dez dias após a conclusão dos autos, a sentença relativa a pedidos de registro de candidatos a eleições municipais.

(B) O pedido de registro do candidato e sua impugnação são processados nos próprios autos dos processos dos candidatos e são julgados em uma só decisão.

(C) O candidato cujo registro esteja *sub judice* poderá efetuar todos os atos relativos à campanha eleitoral, e seu nome será mantido na urna eletrônica enquanto ele estiver sob essa condição, desde que seu recurso seja recebido no efeito suspensivo.

(D) As impugnações do pedido de registro de candidatura e as questões referentes a homonímias e notícias de inelegibilidade devem ser processadas em autos apartados.

(E) Encerrado o prazo da dilação probatória para a impugnação de registro de candidatura, as partes, inclusive o MP, poderão apresentar alegações em prazo sucessivo, a começar pelo impugnante.

A única alternativa correta é encontrada na assertiva "B". A ação de impugnação de registro de candidatura, no tocante à sua natureza, perfaz-se como um incidente no processo de registro do candidato, que pode ser compreendido como principal em relação a ela. Porém, não é de obstar a possibilidade de que a impugnação seja apensada aos autos do registro de candidatura, uma vez que a única proibição é que se instaure um processo autônomo para solver questão que deve ser julgada simultaneamente, dada a inegável natureza incidental da demanda impugnativa.

Gabarito "B"

(Magistratura/DF – 2011) De acordo com o Código Eleitoral, é correto afirmar:

(A) A declaração de nulidade não poderá ser requerida pela parte que lhe deu causa nem a ela aproveitar;

(B) Mesmo manifestamente protelatórios e assim declarados na decisão que os rejeitar, os embargos de declaração suspendem o prazo para a interposição de outros recursos;

(C) O diplomado não poderá exercer o mandato, em toda a sua plenitude, enquanto o Tribunal Superior não decidir o recurso interposto contra a expedição do diploma;

(D) Compete ao Tribunal Superior Eleitoral julgar, em grau de recurso ordinário, a ação rescisória, nos casos de inelegibilidade, desde que intentada dentro de 120 (cento e vinte) dias de decisão irrecorrível de mérito dos Tribunais Regionais Eleitorais.

A: correta, em acordo com o que dispõe o art. 219, parágrafo único, do Código Eleitoral; B: incorreta, uma vez que se trata exatamente de exceção à possibilidade de suspensão de prazo para interposição de outros recursos, exceção esta reconhecida pelo art. 275, § 4º, do Código Eleitoral; C: incorreta, uma vez que o art. 216 do Código Eleitoral dispõe que enquanto o Tribunal Superior não decidir o recurso interposto contra a expedição do diploma, poderá o diplomado exercer o mandato em toda a sua plenitude; D: incorreta, uma vez que a competência é do Tribunal Superior Eleitoral, como bem se evidencia na leitura do art. 22, I, "j", do Código Eleitoral.

Gabarito "A"

(Magistratura/DF – 2008) Analise as seguintes proposições:

I. O prazo para interposição do recurso, das decisões terminativas do Tribunal Regional Eleitoral, para o Tribunal Superior Eleitoral, quando forem proferidas contra expressa disposição de lei, ou quando denegarem *habeas corpus* ou mandado de segurança, não envolvendo matéria de direito comum, é de 5 (cinco) dias.

II. Todas as infrações penais previstas no Código Eleitoral, inclusive os crimes contra a honra (calúnia, difamação e injúria), são de ação pública.

III. O Juiz Eleitoral ou o Promotor de Justiça Eleitoral poderá expedir salvo-conduto com a cominação de prisão por desobediência até 5 (cinco) dias em favor do eleitor que sofrer violência moral ou física, na sua liberdade de votar.

IV. Os votos recebidos por candidato não registrado, que se encontrava *sub judice*, eis que indeferido o pedido de registro antes da eleição, decisão confirmada pela instância superior, serão computados para seu partido.

Correto(s) o(s) seguinte(s) item(ns):
- (A) I.
- (B) II.
- (C) I e IV.
- (D) Todos estão corretos.

I: incorreta, pois o art. 276, § 1º, do Código Eleitoral fixa o prazo em 3 dias a contar da publicação; **II:** correta, pois assim dispõe o art. 355 do Código Eleitoral; **III:** incorreta, pois o art. 235 do Código Eleitoral dispõe que o juiz eleitoral, ou o presidente da mesa receptora, pode expedir salvo-conduto com a cominação de prisão por desobediência até 5 (cinco) dias, em favor do eleitor que sofrer violência, moral ou física, na sua liberdade de votar, ou pelo fato de haver votado; **IV:** incorreta, pois o art. 16-A da Lei 9.504/1997 esclarece que os votos ficaram adstritos, o seu cômputos, ao deferimento do registro.

Gabarito "B"

(Magistratura/ES – 2011 – CESPE) No que se refere a impugnação de registro de candidatura, competência para julgamento, procedimentos, prazos e efeitos recursais no âmbito da Lei Complementar 64/1990 e alterações posteriores, assinale a opção correta.

- (A) Terminado o prazo para impugnação, depois da devida, notificação, o candidato, o partido político ou a coligação dispõe do prazo de dez dias para contestá-la, podendo juntar documentos, indicar rol de testemunhas e requerer a produção de provas, inclusive documentais, que se encontrarem em poder de terceiros, de repartições públicas ou em procedimentos judiciais ou administrativos.
- (B) Na impugnação dos pedidos de registro de candidatos a eleições municipais, o juiz eleitoral formará sua convicção pela livre apreciação da prova — atendendo aos fatos e às circunstâncias constantes dos autos, ainda que não alegados pelas partes, e mencionando na decisão os que motivaram seu convencimento — e apresentará a sentença em cartório três dias após a conclusão dos autos; a partir desse momento, passa a correr o prazo de três dias para a interposição de recurso para o TRE.
- (C) Tratando-se de registro a ser julgado originariamente por TRE, o pedido de registro, com ou sem impugnação, será julgado em três dias após a publicação da pauta; na sessão do julgamento, que poderá se realizar em até duas reuniões seguidas, feito o relatório, facultada a palavra às partes e ouvido o procurador regional, o relator proferirá o seu voto e serão tomados os dos demais juízes.
- (D) Transitada em julgado ou publicada a decisão proferida por juiz que declarar a inelegibilidade de candidato, será negado registro a esse candidato, ou o registro será cancelado, se já feito, ou o diploma será declarado nulo, se já expedido; não sendo apresentado recurso, a decisão deverá ser comunicada, de imediato, ao MP eleitoral e ao órgão da justiça eleitoral competente para o registro de candidatura e expedição de diploma do réu.
- (E) O registro do candidato pode ser impugnado em petição fundamentada, no prazo de cinco dias contados da publicação do seu pedido, por qualquer cidadão, ou, ainda, por partido político, coligação ou pelo MP.

De fato a única resposta correta encontra-se na assertiva "**B**", pois em conformidade com o que dispõe o art. 7º, parágrafo único, da LC 64/1990 c/c art. 8º da mesma legislação específica.

Gabarito "B"

(Magistratura/GO – 2007) Marque a alternativa correta. Caberá recurso das decisões dos Tribunais Regionais Eleitorais somente quando:

- (A) versarem sobre inelegibilidade ou expedição de diplomas nas eleições federais ou estaduais.
- (B) ocorrer divergência na interpretação de resolução entre dois ou mais tribunais eleitorais.
- (C) versarem sobre inelegibilidade ou expedição de diplomas nas eleições estaduais ou municipais.
- (D) anularem diplomas ou decretarem a perda de mandatos eletivos estaduais ou municipais.

A única resposta correta encontra-se na assertiva "**A**", uma vez que de acordo com o que dispõe o art. 276, II, "a", Código Eleitoral, sendo que, em regra, as decisões dos Tribunais Regionais Eleitorais são terminativas, com exceções previstas no art. 276 do Código Eleitoral.

Gabarito "A"

(Magistratura/GO – 2007) Marque a alternativa correta. Joaquim teve indeferido seu registro de candidatura a Deputado Federal. Inconformado, recorreu ao TSE, que não apreciou seu recurso antes do dia da eleição, não sendo, portanto, nessa data, candidato registrado. Como seu nome constou da urna eletrônica, recebeu considerável votação. Esses votos:

- (A) serão contados para seu partido, embora coligado.
- (B) serão nulos.
- (C) serão contados para Joaquim, caso seu recurso venha a ser provido.
- (D) serão contados para a coligação, e não para o seu partido.

Conforme o art. 16-A da Lei 9.504/1997, o candidato cujo registro esteja *sub judice* poderá efetuar todos os atos relativos à campanha eleitoral, inclusive utilizar o horário eleitoral gratuito no rádio e na televisão e ter seu nome mantido na urna eletrônica enquanto estiver sob essa condição, ficando a validade dos votos a ele atribuídos condicionada ao deferimento de seu registro por instância superior. Desta forma, atribui-se à assertiva "**B**" a resposta correta.

Gabarito "B"

(Magistratura/GO – 2007) Marque a alternativa correta. Estando de posse das provas necessárias, o Promotor Eleitoral de certo município pretende interpor

Recurso contra a Diplomação do candidato a Prefeito eleito e recém diplomado. Esse recurso:

(A) deverá ser interposto perante o Juízo da Zona Eleitoral respectiva, onde será processado e julgado.

(B) deverá ser interposto perante o Tribunal Regional Eleitoral, pelo Procurador Regional Eleitoral, onde será processado e julgado.

(C) deverá ser interposto perante o Juízo da Zona Eleitoral respectiva, onde será processado, mas será remetido ao Tribunal Regional Eleitoral para julgamento.

(D) deverá ser interposto perante o Juízo da Zona Eleitoral respectiva, que o remeterá imediatamente ao Tribunal Regional Eleitoral, a fim de ser processado e julgado.

O julgamento do recurso contra a diplomação, em se tratando de eleição municipal, é da competência exclusiva do Tribunal Regional Eleitoral. O juiz de 1º grau tem apenas as funções de recebimento e instalação do contraditório, devendo remeter os autos ao depois para o Tribunal, a quem cabe decidir a lide, sendo nula a sentença proferida naquela instância (Recurso Contra Expedição de Diploma 23/MS, j. 29.04.2002, rel. Janete Lima Miguel, DJ 03.05.2002, p. 088). Sendo assim, a única resposta correta é encontrada na assertiva "C".

Gabarito "C"

(Magistratura/GO – 2007) Marque a alternativa correta. Ação de impugnação de mandato eletivo proposta contra Prefeito, que seja julgada procedente, tem como consequência:

(A) a declaração da nulidade dos votos que lhe foram dados e a convocação de nova eleição.

(B) a declaração da nulidade dos votos que lhe foram dados, que deverão ser somados aos votos nulos, só devendo ser convocada nova eleição se o resultado dessa soma for superior a 50% dos votos.

(C) a declaração da nulidade dos votos que lhe foram dados, aos quais não deverão ser somados os votos nulos, não se convocando nova eleição, mas sim o segundo colocado para ser diplomado e empossado no cargo de Prefeito, caso os votos declarados nulos não sejam superiores a 50%.

(D) apenas a perda do mandato eletivo, com a posse de seu Vice-Prefeito eleito.

De fato a única alternativa correta encontra-se na assertiva "C" vez que em consonância com o art. 224 do Código Eleitoral, bem como Resolução TSE 22.992.

Gabarito "C"

(Magistratura/GO – 2005) Assinale a alternativa incorreta:

(A) a lei de inelegibilidades prevê "investigação judicial", de competência da Justiça Eleitoral, para apurar uso indevido, desvio ou abuso do poder econômico ou do poder de autoridade, ou utilização indevida de veículos ou meios de comunicação social, em benefício de candidato ou partido político, podendo resultar, dentre outras consequências, a cassação do registro de candidatura;

(B) as Juntas Eleitorais são órgãos da Justiça Eleitoral, assim como os Juízes Eleitorais;

(C) são irrecorríveis as decisões do Tribunal Superior Eleitoral, salvo as que contrariarem a Constituição Federal e as denegatórias de *habeas corpus* ou mandado de segurança;

(D) sempre que a lei não fixar prazo especial, o recurso eleitoral deverá ser interposto em 05 (cinco) dias da publicação do artigo, resolução ou despacho.

A única alternativa que se apresenta como incorreta, de fato, é a assertiva "D", uma vez que o art. 258 do Código Eleitoral dispõe que sempre que a lei não fixar prazo especial, o recurso deverá ser interposto em três dias da publicação do ato, resolução ou despacho.

Gabarito "D"

(Magistratura/GO – 2005) Os prazos para recurso contra decisão sobre o exercício do direito de resposta, contra diplomação, ação de impugnação de mandato e impugnação ao registro de candidatura é de, respectivamente:

(A) 24 (vinte e quatro) horas; 03 (três), 15 (quinze) e 05 (cinco) dias;

(B) 03 (três) dias; 15 (quinze), 15 (quinze) e 05 (cinco) dias;

(C) 03 (três) dias; 24 (vinte e quatro) horas; 05 (cinco) e 15 (quinze) dias;

(D) 05 (cinco), 15 (quinze) dias; 24 (vinte e quatro) horas e 03 (três) dias.

O prazo de recurso na ocasião do pedido de direito de resposta será o de 24 horas, conforme dispõe o art. 58, § 5º, da Lei 9.504/1997; contra a diplomação, encontra regulamentação no art. 41-A, § 4º, da Lei 9.504/1997; na ação de impugnação de mandato e registro de candidatura é respectivamente encontrado nos art. 14, § 10, da CF/1988 e art. 3º da LC 64/1990.

Gabarito "A"

(Magistratura/MA – 2008 – IESIS) Assinale a alternativa correta:

(A) A escolha de candidatos deve se dar, a qualquer tempo, por convenção partidária, ainda que suplementar, na hipótese de substituição de candidatura.

(B) A ação de impugnação de mandato eletivo corre em segredo de justiça, mas a sessão de julgamento nos Tribunais Eleitorais é pública.

(C) Em recurso contra a diplomação não há necessidade de citação do candidato eleito como vice, que mantém relação jurídica subordinada à do candidato eleito como titular do cargo.

(D) A ação de impugnação de mandato eletivo por captação ilícita de sufrágio sujeita o réu à cassação do diploma e multa.

A: incorreta, uma vez que o art. 13, II, da CF/1988 c/c art. 8º da Lei 9.504/1997 dispõem que a escolha dos candidatos pelos partidos e a deliberação sobre coligações deverão ser feitas no período de 10 a 30 de junho do ano em que se realizarem as eleições, lavrando-se a respectiva ata em livro aberto e rubricado pela Justiça Eleitoral; B: correta, pois o art. 14, § 11, da CF/1988 dispõe que a ação de impugnação de mandato tramitará em segredo de justiça, respondendo o autor, na forma da lei, se temerária ou de manifesta má-fé; C: incorreta, pois é necessário que se proceda a citação do vice. O candidato a Vice-Prefeito ou Vice-Prefeito eleito deve integrar a relação processual sempre que estiver sujeito a ser alcançado pelos efeitos da decisão judicial pretendida. Se a citação do Vice não é requerida até o termo final do prazo estabelecido para a propositura da ação, não mais poderá ser promovida, porque configurada estará a decadência (Recurso Contra Expedição de Diploma 31/ES, j. 14.04.2010, rel. Dair José Bregunce de Oliveira, DJe 23.04.2010, p. 4-5); D: incorreta, uma vez que poderá estar sujeito à cassação do diploma (Se já expedido) ou do registro, bem como multa e inelegibilidade pelo interregno de 8 anos, conforme art. 1º, I, "j", da LC 64/1990.

Gabarito "B"

(Magistratura/MG – 2012 – VUNESP) Com relação ao recurso contra a expedição de diploma, previsto pelo art. 262 do Código Eleitoral, é correto afirmar, à luz de doutrina predominante e jurisprudência do Tribunal Superior Eleitoral (notadamente o MS 3.100/MA, DJ 07.02.2003), que tem natureza de

(A) recurso, quando interposto perante os Tribunais Regionais Eleitorais ou o Tribunal Superior Eleitoral, nas eleições submetidas às respectivas competências, porque, nesses casos, haverá efetivo duplo grau de jurisdição. Nas eleições municipais, tem natureza de ação constitutiva negativa do ato de diplomação, não caracterizado o duplo grau de jurisdição.

(B) recurso, quando interposto perante os Tribunais Regionais Eleitorais ou o Tribunal Superior Eleitoral, nas eleições submetidas às respectivas competências, porque, nesses casos, adota-se critério "orgânico", segundo o qual basta haver a denominação "tribunal" para o ato possuir natureza recursal. Nas eleições municipais, tem natureza de ação constitutiva negativa do ato de diplomação, porque não se aplica o referido critério "orgânico".

(C) recurso em todas as hipóteses, haja vista a intenção do legislador em atribuir tal natureza independentemente do órgão da Justiça Eleitoral perante o qual é interposto.

(D) ação constitutiva negativa do ato de diplomação, levando-se em conta a natureza administrativa do ato da diplomação.

De fato a alternativa encontrada na assertiva "D" traz a única resposta correta, vez que em consonância com o julgamento indicado no enunciado, ao expressar entendimento de que tanto a proclamação dos resultados da eleição quanto a diplomação dos eleitos são atos de administração eleitoral, e não de jurisdição. Por isso mesmo, observa-se que o chamado "recurso contra expedição de diplomação", antes de ser um recurso, é, na verdade, uma ação constitutiva negativa do ato administrativo da diplomação, nos termos do julgamento apresentado pelo enunciado (TSE, MS 3.100/MA, rel. Min. Sepúlveda Pertence, DJ 07.02.2003).

Gabarito "D"

(Magistratura/PA – 2012 – CESPE) Assinale a opção correta a respeito da impugnação de registro de candidatura.

(A) Qualquer candidato, partido político ou coligação, bem como o MP possuem legitimidade ativa para impugnar solicitação de registro de candidatura, até cinco dias depois da publicação do pedido.

(B) É do juiz eleitoral a competência originária para o julgamento da arguição de inelegibilidade de candidatos aos cargos de prefeito, vice-prefeito, vereador, conselheiro tutelar e juiz de paz.

(C) Decorrido o prazo para a contestação, as testemunhas, independentemente de notificação judicial, devem comparecer para inquirição, por iniciativa das partes que as tiverem arrolado.

(D) O prazo para que partido político ou coligação ofereça contestação é de quatro dias, contados a partir do primeiro dia após a impugnação da candidatura.

(E) É do tribunal regional eleitoral a competência originária para o julgamento da arguição de inelegibilidade de candidatos aos cargos de presidente da República, senador da República, governador de estado e do DF, deputado federal, deputado estadual e deputado distrital.

A: correta, o art. 3º da LCC 64/1990 disciplina que caberá a qualquer candidato, a partido político, coligação ou ao Ministério Público, no prazo de 5 (cinco) dias, contados da publicação do pedido de registro do candidato, impugná-lo em petição fundamentada; B: incorreta, pois o art. 8º da LC 64/1990 dispõe ser de competência originária do juiz eleitoral para o julgamento da arguição de inelegibilidade para as eleições municipais; C: incorreta, uma vez que o art. 22, V, da LC 64/1990 dispõe que findo o prazo da notificação, com ou sem defesa, abrir-se-á prazo de 5 (cinco) dias para inquirição, em uma só assentada, de testemunhas arroladas pelo representante e pelo representado, até o máximo de 6 (seis) para cada um, as quais comparecerão independentemente de intimação; D: incorreta, uma vez que o prazo será de 05 dias, conforme se depreende da leitura do art. 22, I, "a", da LC 64/1990; E: incorreta, uma vez que a competência será do Tribunal Superior Eleitoral, como disciplina o art. 2º, parágrafo único, I, da LC 64/1990.

Gabarito "A"

ANEXO I

Principais Peças Práticas

1. AÇÃO DE IMPUGNAÇÃO DE REGISTRO DE CANDIDATURA – AIRC

1.1. Modelo 1

EXCELENTÍSSIMO SENHOR JUIZ ELEITORAL DA... ZONA ELEITORAL-...

Autos do Processo de RRC: [Número]

Impugnante:

Impugnado:

COLIGAÇÃO PARTIDÁRIA, [qualificação], por seu representante legal [nome e qualificação do representante legal], vem respeitosamente perante V. Exa., com fundamento no art. 3º, *caput*, da LC 64/1990, propor a presente

AÇÃO DE IMPUGNAÇÃO DE PEDIDO DE REGISTRO DE CANDIDATURA

em desfavor de **[nome e qualificação],** postulante a candidato ao cargo de [especificar o cargo] do Município de [nome município/estado], filiado ao Partido [sigla e nome do partido], conforme RRC em apenso, em razão dos fatos e fundamentações a seguir expostas:

1. DOS FATOS

No dia 05 de julho deste ano, o Partido Político/Coligação do Impugnado o incluiu na relação dos pré-candidatos escolhidos em convenções partidárias, conforme se constata pelo RRC (Requerimento de Registro de Candidatura) em apenso.

Verificando a documentação apresentada, constata-se que o Impugnado [razões da impugnação: falta de condições de elegibilidade/ hipóteses de inelegibilidade] teve suas contas públicas desaprovadas pelo Tribunal de Contas do Município..., conforme documentos em apenso, especificamente cópias integrais dos autos do processo nº....

A decisão da Egrégia Corte de Contas deixa clara a insanabilidade da irregularidade das Contas Públicas do Impugnado, vindo a constituir decisão irrecorrível em nível administrativo.

2. DO DIREITO

2.1 Inelegibilidade em face do [*hipótese elencada na LC 64/1990, pelo exemplo adotado*]

Dispõe o art. [*dispositivo*] da LC 64/1990 :

(...)

[Doutrina]

[Jurisprudência]

Neste mesmo sentido, dado o entendimento de respeitável doutrina, aliado ao posicionamento de nossos Tribunais, data máxima vênia, intenta o devido reconhecimento por este R. Juízo.

3. CONCLUSÃO

Diante de todo o exposto, requer digne-se V. Exa. a determinar a citação (notificação) do Impugnado para, querendo, contestar a presente ação;

Seja ao final julgada procedente a presente Ação de Impugnação de Registro de Candidatura, ocasionando no indeferimento do pedido de registro de candidatura feito pelo Impugnado, posta a presença da inelegibilidade prevista pelo [dispositivo] da LC 64/1990, conforme exposto e fundamentado.

Protesta provar o alegado por todos meios em direito admitidos, especialmente depoimentos pessoal e a juntada de documentos.

Nesses Termos,

Pede Deferimento.

[Local], [dia] de [mês] de [ano].

[Assinatura Advogado]

[Número de Inscrição na OAB]

1.2 Modelo 2

EXCELENTÍSSIMO SENHOR JUIZ ELEITORAL DA... ZONA ELEITORAL-...

Autos do Processo de RRC: [Número]

COLIGAÇÃO PARTIDÁRIA "X", [qualificação], através de seu representante legal, [Nome e qualificação completa], que esta subscreve, vem respeitosamente perante V. Exa. propor a presente

AÇÃO DE IMPUGNAÇÃO AO PEDIDO DE REGISTRO DE CANDIDATURA

Em face de **CANDIDATO "Z",** [inscrito sob o nº [número] pelo Partido/Coligação "X" [Nome], já devidamente qualificado nos autos do RRC epigrafado, com fundamento no art. 3º da LC 64/1990, pelos fatos e fundamentos a serem encarados.

1. DOS FATOS

O Partido/Coligação [Nome], requereu o registro de candidatura de "CANDIDATO Z" ao cargo de [Especificar cargo], com vistas às eleições [abrangência das eleições e ano], conforme se verifica em documentação anexa aos autos do RRC e publicação de relação nominal de candidatos constante do Edital do Diário de Justiça Eletrônico [Número de edição e data da publicação].

[Descrição complementar dos fatos. Por exemplo: falta de condição de elegibilidade; ocorrência de hipóteses de inelegibilidade]

2. DO DIREITO

Dispõe o [dispositivo legal] acerca das [condições de elegibilidade/hipóteses de inelegibilidade]:

[Reproduzir dispositivos]

[Doutrina]

[Jurisprudência]

3. DO PEDIDO

Expostas as razões e fundamentos, observa-se que o Impugnado [não preencheu os requisitos/ incorre nas hipóteses de inelegibilidade] estampados na legislação eleitoral, maculando, assim, o exercício de seu direito político passivo, concedendo-lhe o status de incapacidade eleitoral passiva.

Assim, Requer digne-se V. Exa. a determinar:

a) Seja regularmente notificado o Impugnado para, querendo, possa contestar a presente ação nos termos do art. 4º e seguintes da LC 64/1990, observando-se o contraditório e a ampla defesa;

b) Seja, ao fim, julgado totalmente procedente a presente Ação, com o consequente indeferimento do Pedido de Registro de Candidatura epigrafado, pelas razões já sustentadas;

Protesta provar o alegado por todos meios em direito admitidos, especialmente depoimentos pessoal e a juntada de documentos.

Nesses Termos,

Pede Deferimento.

[Local], [dia] de [mês] de [ano].

[Assinatura Advogado]

[Número de Inscrição na OAB]

2. REPRESENTAÇÃO ELEITORAL PARA INSTAURAÇÃO DE AÇÃO DE INVESTIGAÇÃO JUDICIAL ELEITORAL

EXCELENTÍSSIMO SENHOR JUIZ ELEITORAL DA... ZONA ELEITORAL-...

COLIGAÇÃO PARTIDÁRIA "X", [qualificação], através de seu representante legal, [Nome e qualificação completa], que esta subscreve, vem respeitosamente perante V. Exa. apresentar

REPRESENTAÇÃO

em face de **CANDIDATO "Y" [Nome e qualificação completa]**, com fundamento no art. 96 e seguinte da Lei 9.504/1997 c.c art. 22 e seguintes da LC 64/1990, pela prática dos seguintes fatos elencados e descritos:

1. DOS FATOS

[Descrição dos fatos com data, horário, localidade e descrição]

2. DO DIREITO

Conforme se depreende, o Representado incorreu diretamente o dispositivo contido na legislação, especificamente *[inserir dispositivo, doutrina e jurisprudência acerca do caso objetivo]*

3. PEDIDO

Desta forma, inequívoco o descumprimento do disposto no [Dispositivo legal], e assim sendo, Requer digne-se V. Exa. a determinar:

a) A citação do Representado para oferecer defesa no prazo de cinco dias, nos termos do art. 22, inciso I, alínea "a", da Lei Complementar nº 64/1990;

b) Seja declarada a inelegibilidade do Representado, aplicando-lhe sanção de inelegibilidade pelo prazo 08 (oito) anos, com espeque no art. 22, inciso XIV, da LC nº 64/1990;

c) Seja cassado o registro do Representado, candidato às eleições [especificar quais eleições e localidade], proibindo-se consequentemente a sua diplomação caso eleito, com supedâneo no art. 22, inciso XIV, da LC nº 64/1990 c.c. o § 5º, do art. 73, da Lei nº 9.504/1997;

Protesta provar o alegado por todos meios em direito admitidos, especialmente depoimentos pessoal e a juntada de documentos.

Nesses Termos,

Pede Deferimento.

[Local], [dia] de [mês] de [ano].

[Assinatura Advogado]

[Número de Inscrição na OAB]

3. RECURSO CONTRA EXPEDIÇÃO DE DIPLOMA

EXMO. SR. DR. JUIZ PRESIDENTE DO TRIBUNAL REGIONAL ELEITORAL DE ....

COLIGAÇÃO PARTIDÁRIA "X", [qualificação], através de seu representante legal, [Nome e qualificação completa], através de seu advogado e bastante procurador que esta subscreve, vem respeitosamente perante V. Exa. interpor o presente

RECURSO CONTRA EXPEDIÇÃO DE DIPLOMA

em face de **CANDIDATO "Y" [Nome e qualificação completa]**, pelos fatos e fundamentos aduzidos e com fundamento no art. 262 do Código Eleitoral

Requer a V. Exa. que receba o presente recurso, com as razões anexas e documentais que acosta a esta, para julgamento em grau de recurso, que se requer nesta oportunidade.

Nesses Termos,

Pede Deferimento.

[Local], [dia] de [mês] de [ano].

[Assinatura do Advogado]

[Número de Inscrição na OAB]

> **EGRÉGIO TRIBUNAL SUPERIOR ELEITORAL**
>
> **RECORRENTES:** [Informar]
>
> **RECORRIDOS:** [Informar]
>
> **COLIGAÇÃO PARTIDÁRIA "X"**, [qualificação], vem respeitosamente, através do advogado que a esta subscreve (Procurações anexas), irresignados *augusta venia permissa*, com a r. decisão do Tribunal Regional Eleitoral *[identificar Tribunal de Origem]* que diplomou como Deputado Federal o cidadão *[nome do candidato; especificar numeração de campanha, coligação, partido]* com fundamento no art. 262 do Código Eleitoral, interpor o presente
>
> **RECURSO CONTRA EXPEDIÇÃO DE DIPLOMA**
>
> para o colendo Tribunal Superior Eleitoral, requerendo a V.Ex.ª que cumpridas as formalidades legais faça os autos subirem à superior instância, com as razões em anexo.
>
> **RAZÕES RECURSAIS**
>
> Colenda Corte,
>
> Eméritos julgadores
>
> **1. DOS FATOS**
>
> Em [data], o candidato a deputado federal *[nome do candidato, partido e coligação]*, registrado sob o nº *[identificar]* (Doc.01), *[descrever os fatos]*
>
> **2. DO DIREITO**
>
> Acerca do assunto, o Código Eleitoral, Lei nº 4.737, de 15/07/1965, dispõe de modo assertivo que *[reproduzir e destacar a legislação cabível ao caso]*.
>
> *[inserir doutrina e jurisprudência acerca do caso objetivo]*
>
> **3. DOS PEDIDOS**
>
> Isso posto e pelo mais que certamente será suprido pelos notórios conhecimentos jurídicos de Vossas Excelências Requer digne-se esta colenda Corte conhecer e prover o presente Recurso, também, *[especificar o pedido]*.
>
> Deste modo, encerra-se, tal medida, como única forma de se atingir a mais perfeita JUSTIÇA, como de costume se observa das brilhantes decisões proferidas por esta Corte.
>
> Nesses Termos,
>
> Pede Deferimento.
>
> [Local], [dia] de [mês] de [ano].
>
> [Assinatura do Advogado]
>
> [Número de Inscrição na OAB]

4. RECURSO INOMINADO ELEITORAL

> **EXCELENTÍSSIMO SENHOR JUIZ ELEITORAL DA... ZONA ELEITORAL-...**
>
> *Autos do Processo: [Número]*
>
> **COLIGAÇÃO PARTIDÁRIA**, [qualificação], por seu representante legal [nome e qualificação do representante legal], vem respeitosamente perante V. Exa., com supedâneo no artigo 265 e seguintes do Código Eleitoral, interpor o presente
>
> **RECURSO INOMINADO**
>
> na forma das razões anexas, com as quais espera que seja reformada a decisão do *Juízo a quo*. Acaso Vossa Excelência, nos termos do § 7º do art. 267 do CE, não reconsidere a sentença, seja o presente encaminhado ao Tribunal Regional Eleitoral *[especificar o Tribunal]*, para apreciação e julgamento.
>
> Nesses Termos,
>
> Pede e Aguarda Deferimento.
>
> [Local], [dia] de [mês] de [ano].
>
> [Assinatura do Advogado]
>
> [Número de Inscrição na OAB]

RAZÕES DA RECORRENTE

Processo [numeração e assunto]

Recorrente: COLIGAÇÃO PARTIDÁRIA

Recorrido: *[Nome Recorrido (titulares da Ação que ensejou o recurso)]*.

Excelentíssimo Relator,

Eméritos Julgadores.

1. Da tempestividade

É de importância destacar que o Recorrente foi intimado da sentença que se ataca em *[data]*.

Logo, tempestiva é a presente interposição, nos termos do artigo 258 do Código Eleitoral.

2. Do breve relatório dos autos

[relatório dos autos do processo]

3. Da fundamentação jurídica

[fundamentar em vista da tese escolhida a combater a sentença recorrida]

[indicar doutrina posicionando-se sobre o assunto]

[indicar jurisprudência sobre o assunto]

4. Do pedido

Ante o exposto e devidamente ponderado, requer se digne este Eg. Tribunal conhecer do presente recurso, para, no mérito, DAR-LHE PROVIMENTO para o fim de determinar *[reiterar o pedido objetivamente]*, por ser medida da mais pura e altaneira JUSTIÇA.

São os termos em que se espera deferimento.

[Local], *[dia]* de *[mês]* de *[ano]*.

[Assinatura do Advogado]

[Número de Inscrição na OAB]

5. RECURSO ORDINÁRIO ELEITORAL

EXCELENTÍSSIMO SENHOR DESEMBARGADOR PRESIDENTE DO TRIBUNAL REGIONAL ELEITORAL *[ESTADO]*

REF. *[Indicar referência]*

Autos do Processo: *[Número do Processo de Origem, indicando Tribunal originário]*

COLIGAÇÃO PARTIDÁRIA, já devidamente qualificada, vem diante a presença de Vossa Excelência, por seus procuradores, inconformado, *data maxima venia*, com o v. acórdão proferido pelo Eg. TRE/*[Estado]* que julgou *[procedente/improcedente]* em epígrafe, forte nos artigos 121, § 4º, III e IV, da Constituição Federal, e 276, II, 'a', do Código Eleitoral, interpor o presente

RECURSO ORDINÁRIO

para sua apreciação pelo Col. Tribunal Superior Eleitoral, pelas consistentes razões a seguir aduzidas.

TRIBUNAL SUPERIOR ELEITORAL

Recorrente: COLIGAÇÃO PARTIDÁRIA

Recorrido: *[Identificar Recorrido]*

I – TEMPESTIVIDADE RECURSAL

II – SÍNTESE FÁTICA

Trata-se de *[relatar o caso sucintamente, sem perder o objeto do que se pleiteia com o presente Recurso]*

III – OS FUNDAMENTOS DA DECISÃO RECORRIDA

[Preliminares, Vícios, Mérito etc.]

IV – CABIMENTO DO RECURSO

Para evitar que se alegue qualquer impropriedade no recurso, pede-se vênia para que seja demonstrada a adequação da via eleita.

[Legislação – artigos]
[Doutrina]
[Jurisprudência]

V – DO MÉRITO

[Legislação – artigos]
[Doutrina]
[Jurisprudência]

VI – DOS REQUERIMENTOS

Ante as razões acima expostas, requer seja o presente Recurso Ordinário para conhecê-lo e provê-lo no *[especificar pedido conforme o objeto do Recurso]*.

Nestes Termos, por ser esta a única medida para se alcançar a efetiva Justiça no caso em tela,

Pede Deferimento.

[Local], [dia] de [mês] de [ano].

[Assinatura do Advogado]

[Número de Inscrição na OAB]

ANEXO II

Resoluções TSE – Eleições 2014

RESOLUÇÃO Nº 23.390/2014

INSTRUÇÃO Nº 269-79.2013.6.00.0000 – CLASSE 19 – BRASÍLIA – DISTRITO FEDERAL

Relator: Ministro Dias Toffoli

Interessado: Tribunal Superior Eleitoral

Ementa:

Calendário Eleitoral (Eleições de 2014).

O Tribunal Superior Eleitoral, no uso das atribuições que lhe conferem o art. 23, IX, do Código Eleitoral e o art. 105 da Lei nº 9.504, de 30 de setembro de 1997, resolve expedir a seguinte instrução:

OUTUBRO DE 2013

5 de outubro – sábado

(1 ano antes)

1. Data até a qual todos os partidos políticos que pretendam participar das eleições de 2014 devem ter obtido registro de seus estatutos no Tribunal Superior Eleitoral (Lei nº 9.504/1997, art. 4º).

2. Data até a qual os que pretendam ser candidatos a cargo eletivo nas eleições de 2014 devem ter domicílio eleitoral na circunscrição na qual desejam concorrer (Lei nº 9.504/1997, art. 9º, *caput*).

3. Data até a qual os que pretendam ser candidatos a cargo eletivo nas eleições de 2014 devem estar com a filiação deferida no âmbito partidário, desde que o estatuto partidário não estabeleça prazo superior (Lei nº 9.504/1997, art. 9º, *caput* e Lei nº 9.096/1995, arts. 18 e 20, *caput*).

DEZEMBRO DE 2013

19 de dezembro – quinta-feira

1. Último dia para os Tribunais Eleitorais designarem os juízes auxiliares (Lei nº 9.504/1997, art. 96, § 3º).

JANEIRO DE 2014

1º de janeiro – quarta-feira

1. Data a partir da qual as entidades ou empresas que realizarem pesquisas de opinião pública relativas às eleições ou aos possíveis candidatos, para conhecimento público, ficam obrigadas a registrar, no tribunal ao qual compete fazer o registro das respectivas candidaturas, as informações previstas em lei e em instruções expedidas pelo Tribunal Superior Eleitoral (Lei nº 9.504/1997, art. 33, *caput* e § 1º).

2. Data a partir da qual fica proibida a distribuição gratuita de bens, valores ou benefícios por parte da Administração Pública, exceto nos casos de calamidade pública, de estado de emergência ou de programas sociais autorizados em lei e já em execução orçamentária no exercício anterior, casos em que o Ministério Público Eleitoral poderá promover o acompanhamento de sua execução financeira e administrativa (Lei nº 9.504/1997, art.73, § 10).

3. Data a partir da qual ficam vedados os programas sociais executados por entidade nominalmente vinculada a candidato ou por esse mantida, ainda que autorizados em lei ou em execução orçamentária no exercício anterior (Lei nº 9.504/1997, art. 73, § 11).

MARÇO DE 2014
5 de março – quarta-feira

1. Último dia para o Tribunal Superior Eleitoral expedir as instruções relativas às eleições de 2014, ressalvadas eventuais alterações que sejam necessárias para regulamentação do pleito (Lei nº 9.504/1997, art. 105, *caput*).

ABRIL DE 2014
5 de abril – sábado

1. Data a partir da qual todos os programas de computador de propriedade do Tribunal Superior Eleitoral, desenvolvidos por ele ou sob sua encomenda, utilizados nas urnas eletrônicas e nos computadores da Justiça Eleitoral para os processos de votação, apuração e totalização, poderão ter suas fases de especificação e de desenvolvimento acompanhadas por técnicos indicados pelos partidos políticos, pela Ordem dos Advogados do Brasil e pelo Ministério Público.

8 de abril – terça-feira
(180 dias antes)

1. Último dia para o órgão de direção nacional do partido político publicar, no Diário Oficial da União, as normas para a escolha e substituição de candidatos e para a formação de coligações, na hipótese de omissão do estatuto (Lei nº 9.504/1997, art. 7º, § 1º).

2. Data a partir da qual, até a posse dos eleitos, é vedado aos agentes públicos fazer, na circunscrição do pleito, revisão geral da remuneração dos servidores públicos que exceda a recomposição da perda de seu poder aquisitivo ao longo do ano da eleição (Lei nº 9.504/1997, art. 73, VIII e Resolução nº 22.252/2006).

MAIO DE 2014
7 de maio – quarta-feira
(151 dias antes)

1. Último dia para o eleitor requerer inscrição eleitoral ou transferência de domicílio (Lei nº 9.504/1997, art. 91, *caput*).

2. Último dia para o eleitor que mudou de residência dentro do Município pedir alteração no seu título eleitoral (Lei nº 9.504/1997, art. 91, *caput* e Resolução nº 20.166/1998).

3. Último dia para o eleitor com deficiência ou mobilidade reduzida solicitar sua transferência para Seção Eleitoral Especial (Lei nº 9.504/1997, art. 91, *caput* e Resolução nº 21.008/2002, art. 2º).

26 de maio – segunda-feira

1. Data a partir da qual é permitido ao postulante à candidatura a cargo eletivo realizar propaganda intrapartidária com vista à indicação de seu nome, vedado o uso de rádio, televisão e *outdoor*, observado o prazo de 15 dias que antecede a data definida pelo partido para a escolha dos candidatos (Lei nº 9.504/1997, art. 36, § 1º).

JUNHO DE 2014
5 de junho – quinta-feira

1. Último dia para a Justiça Eleitoral disponibilizar aos partidos políticos, na respectiva circunscrição, a relação de todos os devedores de multa eleitoral, a qual embasará a expedição das certidões de quitação eleitoral (Lei nº 9.504/1997, art. 11, § 9º).

10 de junho – terça-feira

1. Data a partir da qual é permitida a realização de convenções destinadas a deliberação sobre coligações e à escolha de candidatos (Lei nº 9.504/1997, art. 8º, *caput*).

2. Data a partir da qual é vedado às emissoras de rádio e de televisão transmitir programa apresentado ou comentado por candidato escolhido em convenção (Lei nº 9.504/1997, art. 45, § 1º).

3. Data a partir da qual os feitos eleitorais terão prioridade para a participação do Ministério Público e dos Juízes de todas as justiças e instâncias, ressalvados os processos de *habeas corpus* e mandado de segurança (Lei nº 9.504/1997, art. 94, *caput*).

4. Início do período para nomeação dos membros das Mesas Receptoras para o primeiro e eventual segundo turnos de votação (Resolução nº 21.726/2004).

5. Último dia para fixação, por lei, dos limites de gastos de campanha para os cargos em disputa (Lei nº 9.504/1997, art. 17-A).

6. Data a partir da qual é assegurado o exercício do direito de resposta ao candidato, ao partido político ou à coligação atingidos, ainda que de forma indireta, por conceito, imagem ou afirmação caluniosa, difamatória, injuriosa ou sabidamente inverídica, difundidos por qualquer veículo de comunicação social (Lei nº 9.504/1997, art. 58, *caput*).

7. Data a partir da qual, considerada a data efetiva da realização da respectiva convenção partidária, é permitida a formalização de contratos que gerem despesas e gastos com a instalação física de comitês financeiros de candidatos e de partidos políticos, desde que só haja o efetivo desembolso financeiro após a obtenção do número de registro de CNPJ do candidato ou do comitê financeiro e a abertura de conta bancária específica para a movimentação financeira de campanha e emissão de recibos eleitorais.

8. Data a partir da qual, observada a realização da convenção partidária, até a apuração final da eleição, não poderão servir como Juízes Eleitorais nos Tribunais Regionais, ou como Juiz Eleitoral, o cônjuge ou companheiro, parente consanguíneo ou afim, até o segundo grau, de candidato a cargo eletivo registrado na circunscrição (Código Eleitoral, art. 14, § 3º).

11 de junho – quarta-feira

1. Data a partir da qual, se não fixado por lei, caberá a cada partido político fixar o limite de gastos de campanha para os cargos em disputa, observando o que dispõe o art. 18 da Lei nº 9.504/1997, e comunicá-lo, no pedido de registro de seus candidatos, à Justiça Eleitoral, que dará a essas informações ampla publicidade (Lei nº 9.504/1997, art. 17-A).

30 de junho – segunda-feira

1. Último dia para a realização de convenções destinadas a deliberação sobre coligações e à escolha de candidatos a presidente e vice-presidente da República, governador e vice-governador, senador e respectivos suplentes, deputado federal, deputado estadual e distrital (Lei nº 9.504/1997, art. 8º, *caput*).

JULHO DE 2014

1º de julho – terça-feira

1. Data a partir da qual não será veiculada a propaganda partidária gratuita prevista na Lei nº 9.096/1995, nem será permitido nenhum tipo de propaganda política paga no rádio e na televisão (Lei nº 9.504/1997, art. 36,§ 2º).

2. Data a partir da qual é vedado às emissoras de rádio e de televisão, em programação normal e em noticiário (Lei nº 9.504/1997, art. 45, I, III, IV, V e VI):

I – transmitir, ainda que sob a forma de entrevista jornalística, imagens de realização de pesquisa ou de qualquer outro tipo de consulta popular de natureza eleitoral em que seja possível identificar o entrevistado ou em que haja manipulação de dados;

II – veicular propaganda política;

III – dar tratamento privilegiado a candidato, partido político ou coligação;

IV – veicular ou divulgar filmes, novelas, minisséries ou qualquer outro programa com alusão ou crítica a candidato ou partido político, mesmo que dissimuladamente, exceto programas jornalísticos ou debates políticos;

V – divulgar nome de programa que se refira a candidato escolhido em convenção, ainda quando preexistente, inclusive se coincidente com o nome de candidato ou com a variação nominal por ele adotada.

5 de julho – sábado

1. Último dia para os partidos políticos e coligações apresentarem no Tribunal Superior Eleitoral, até as dezenove horas, o requerimento de registro de candidatos a presidente e vice-presidente da República (Lei nº 9.504/1997, art. 11, *caput*).

2. Último dia para os partidos políticos e coligações apresentarem nos Tribunais Regionais Eleitorais, até as dezenove horas, o requerimento de registro de candidatos a governador e vice-governador, senador e respectivos suplentes, deputado federal, deputado estadual ou distrital (Lei nº 9.504/1997, art. 11, *caput*).

3. Data a partir da qual permanecerão abertas aos sábados, domingos e feriados as secretarias dos Tribunais Eleitorais, em regime de plantão (Lei Complementar nº 64/1990, art. 16).

4. Último dia para os Tribunais e Conselhos de Contas tornarem disponível à Justiça Eleitoral relação daqueles que tiveram suas contas relativas ao exercício de cargos ou funções públicas rejeitadas por irregularidade insanável e por decisão irrecorrível do órgão competente, ressalvados os casos em que a questão estiver sendo submetida à apreciação do Poder Judiciário, ou que haja sentença judicial favorável ao interessado (Lei nº 9.504/1997, art. 11, § 5º).

5. Data a partir da qual as intimações das decisões serão publicadas em sessão, secretaria ou cartório, certificando-se no edital e nos autos o horário, salvo nas representações previstas nos arts. 23, 30-A, 41-A, 73, 74, 75, 77 e nos §§ 2º e 3º do art. 81 da Lei 9.504/1997, cujas decisões continuarão a ser publicadas no Diário de Justiça Eletrônico (DJe).

6. Data a partir da qual são vedadas aos agentes públicos as seguintes condutas (Lei nº 9.504/1997, art. 73, V e VI, a):

I – nomear, contratar ou de qualquer forma admitir, demitir sem justa causa, suprimir ou readaptar vantagens ou por outros meios dificultar ou impedir o exercício funcional e, ainda, *ex officio*, remover, transferir ou exonerar servidor público, na circunscrição do pleito, até a posse dos eleitos, sob pena de nulidade de pleno direito, ressalvados os casos de:

a) nomeação ou exoneração de cargos em comissão e designação ou dispensa de funções de confiança;

b) nomeação para cargos do Poder Judiciário, do Ministério Público, dos Tribunais ou Conselhos de Contas e dos órgãos da Presidência da República;

c) nomeação dos aprovados em concursos públicos homologados até 5 de julho de 2014;

d) nomeação ou contratação necessária à instalação ou ao funcionamento inadiável de serviços públicos essenciais, com prévia e expressa autorização do chefe do Poder Executivo;

e) transferência ou remoção *ex officio* de militares, de policiais civis e de agentes penitenciários;

II – realizar transferência voluntária de recursos da União aos Estados e Municípios, e dos Estados aos Municípios, sob pena de nulidade de pleno direito, ressalvados os recursos destinados a cumprir obrigação formal preexistente para execução de obra ou de serviço em andamento e com cronograma prefixado, e os destinados a atender situações de emergência e de calamidade pública.

7. Data a partir da qual é vedado aos agentes públicos das esferas administrativas cujos cargos estejam em disputa na eleição (Lei nº 9.504/1997, art. 73, VI, *b* e *c*, e § 3º):

I – com exceção da propaganda de produtos e serviços que tenham concorrência no mercado, autorizar publicidade institucional dos atos, programas, obras, serviços e campanhas dos órgãos públicos federais e estaduais, ou das respectivas entidades da administração indireta, salvo em caso de grave e urgente necessidade pública, assim reconhecida pela Justiça Eleitoral;

II – fazer pronunciamento em cadeia de rádio e de televisão, fora do horário eleitoral gratuito, salvo quando, a critério da Justiça Eleitoral, tratar-se de matéria urgente, relevante e característica das funções de governo.

8. Data a partir da qual é vedada, na realização de inaugurações, a contratação de shows artísticos pagos com recursos públicos (Lei nº 9.504/1997, art. 75).

9. Data a partir da qual é vedado a qualquer candidato comparecer a inaugurações de obras públicas (Lei nº 9.504/1997, art. 77).

10. Data a partir da qual órgãos e entidades da Administração Pública direta e indireta deverão, quando solicitados, em casos específicos e de forma motivada pelos Tribunais Eleitorais, ceder funcionários pelo período de até 3 meses depois da eleição (Lei nº 9.504/1997, art. 94-A, II).

6 de julho – domingo

1. Data a partir da qual será permitida a propaganda eleitoral (Lei nº 9.504/1997, art. 36, *caput*).

2. Data a partir da qual os candidatos, os partidos ou as coligações podem fazer funcionar, das 8 às 22 horas, alto-falantes ou amplificadores de som, nas suas sedes ou em veículos (Lei nº 9.504/1997, art. 39, § 3º).

3. Data a partir da qual os candidatos, os partidos políticos e as coligações poderão realizar comícios e utilizar aparelhagem de sonorização fixa, das 8 às 24 horas (Lei nº 9.504/1997, art. 39, § 4º).

4. Data a partir da qual será permitida a propaganda eleitoral na internet, vedada a veiculação de qualquer tipo de propaganda paga (Lei nº 9.504/1997, art. 57-A e art. 57-C, *caput*).

5. Data a partir da qual, independentemente do critério de prioridade, os serviços telefônicos oficiais ou concedidos farão instalar, nas sedes dos diretórios devidamente registrados, telefones necessários, mediante requerimento do respectivo presidente e pagamento das taxas devidas (Código Eleitoral, art. 256, § 1º).

7 de julho – segunda-feira
(90 dias antes)

1. Último dia para os representantes dos partidos políticos, da Ordem dos Advogados do Brasil e do Ministério Público, interessados em assinar digitalmente os programas a serem utilizados nas eleições de 2014, entregarem à Secretaria de Tecnologia da Informação do Tribunal Superior Eleitoral programa próprio, para análise e posterior homologação.

2. Último dia para a Justiça Eleitoral realizar audiência com os interessados em firmar parceria para a divulgação dos resultados.

3. Último dia para o Tribunal Regional Eleitoral apresentar o esquema de distribuição e padrões tecnológicos e de segurança a serem adotados na disponibilização dos dados oficiais que serão fornecidos às entidades interessadas na divulgação dos resultados.

4. Último dia para o eleitor com deficiência ou mobilidade reduzida que tenha solicitado transferência para Seção Eleitoral Especial comunicar ao Juiz Eleitoral, por escrito, suas restrições e necessidades, a fim de que a Justiça Eleitoral, se possível, providencie os meios e recursos destinados a facilitar-lhe o exercício do voto (Resolução nº 21.008/2002, art. 3º).

5. Último dia para a Justiça Eleitoral encaminhar à Receita Federal os dados dos candidatos cujos pedidos de registro tenham sido requeridos até o dia 5 de julho para efeito de emissão do número de inscrição no CNPJ (Lei nº 9.504/1997, art. 22-A, § 1º).

8 de julho – terça-feira

1. Data a partir da qual os Tribunais Eleitorais devem convocar os partidos políticos e a representação das emissoras de televisão e de rádio para a elaboração de plano de mídia para uso da parcela do horário eleitoral gratuito a que tenham direito (Lei nº 9.504/1997, art. 52).

9 de julho – quarta-feira

1. Último dia para a Justiça Eleitoral fornecer aos candidatos, cujos pedidos de registro tenham sido requeridos pelos partidos políticos ou coligação, o número de inscrição no CNPJ (Lei nº 9.504/1997, art. 22-A, § 1º).

10 de julho – quinta-feira

1. Último dia para a Justiça Eleitoral publicar lista/edital dos pedidos de registro de candidatos apresentados pelos partidos políticos ou coligação até o dia 5 de julho (Código Eleitoral, art. 97).

2. Data a partir da qual o nome de todos aqueles que tenham solicitado registro de candidatura deverá constar das pesquisas realizadas mediante apresentação da relação de candidatos ao entrevistado.

12 de julho – sábado

1. Último dia para os candidatos, escolhidos em convenção, requererem seus registros perante o Tribunal Superior Eleitoral e Tribunais Regionais Eleitorais, até as 19 horas, caso os partidos políticos ou as coligações não os tenham requerido (Lei nº 9.504/1997, art. 11, § 4º).

14 de julho – segunda-feira

1. Último dia para a Justiça Eleitoral publicar lista/edital dos pedidos de registro individual de candidatos, escolhidos em convenção, cujos partidos políticos ou coligações não os tenham requerido (Código Eleitoral, art. 97 e Lei nº 9.504/1997, art. 11, § 4º).

2. Último dia para a Justiça Eleitoral encaminhar à Receita Federal os dados dos candidatos cujos pedidos de registro tenham sido apresentados pelos próprios candidatos, quando não requeridos pelos partidos políticos ou coligação, para efeito de emissão do número de inscrição no CNPJ (Lei nº 9.504/1997, art. 22-A, § 1º c.c. art. 11, § 4º).

3. Último dia para os partidos políticos constituírem os comitês financeiros, observado o prazo de 10 dias úteis após a escolha de seus candidatos em convenção (Lei nº 9.504/1997, art. 19, *caput*).

15 de julho – terça-feira

1. Data a partir da qual o eleitor que estiver ausente do seu domicílio eleitoral, em primeiro e/ou segundo turnos das eleições 2014, poderá requerer sua habilitação para votar em trânsito para presidente e vice-presidente da República, com a indicação da capital do Estado onde estará presente, de passagem ou em deslocamento (Código Eleitoral, art. 233-A).

16 de julho – quarta-feira

1. Último dia para a Justiça Eleitoral fornecer o número de inscrição no CNPJ aos candidatos que, escolhidos em convenção, tiveram que apresentar seus próprios pedidos de registro de candidatura (Lei nº 9.504/1997, art. 11, § 4º c.c o art. 22-A, § 1º).

19 de julho – sábado

1. Último dia para os partidos políticos registrarem os comitês financeiros, perante o Tribunal Superior Eleitoral e Tribunais Regionais Eleitorais encarregados do registro dos candidatos, observado o prazo de 5 dias após a respectiva constituição (Lei nº 9.504/1997, art. 19, § 3º).

27 de julho – domingo
(70 dias antes)

1. Último dia para que os títulos dos eleitores que requereram inscrição ou transferência estejam prontos para entrega (Código Eleitoral, art. 114, *caput*).

2. Último dia para a publicação, no órgão oficial do Estado, dos nomes das pessoas indicadas para compor as Juntas Eleitorais para o primeiro e eventual segundo turnos de votação (Código Eleitoral, art. 36, § 2º).

28 de julho – segunda-feira

1. Data a partir da qual os partidos políticos, os comitês financeiros e os candidatos poderão enviar à Justiça Eleitoral o primeiro relatório discriminado dos recursos em dinheiro ou estimáveis em dinheiro que tenham recebido para financiamento da campanha eleitoral e dos gastos que realizarem, para cumprimento do disposto no art. 28, § 4º, da Lei nº 9.504/1997.

30 de julho – quarta-feira
(67 dias antes)

1. Último dia para os partidos políticos impugnarem, em petição fundamentada, os nomes das pessoas indicadas para compor as Juntas Eleitorais, observado o prazo de 3 dias, contados da publicação do edital (Código Eleitoral, art. 36, § 2º).

31 de julho – quinta-feira

1. Data a partir da qual, até o dia do pleito, o Tribunal Superior Eleitoral poderá requisitar das emissoras de rádio e de televisão até 10 minutos diários, contínuos ou não, que poderão ser somados e usados em dias espaçados, para a divulgação de seus comunicados, boletins e instruções ao eleitorado, podendo, ainda, ceder, a seu juízo exclusivo, parte desse tempo para utilização por Tribunal Regional Eleitoral (Lei nº 9.504/1997, art. 93).

AGOSTO DE 2014

1º de agosto – sexta-feira
(65 dias antes)

1. Último dia para o Juiz Eleitoral anunciar a realização de audiência pública para a nomeação do presidente, primeiro e segundo mesários, secretários e suplentes que irão compor a Mesa Receptora (Código Eleitoral, arts. 35, XIV e 120).

2 de agosto – sábado

1. Último dia para que os partidos políticos, os comitês financeiros e os candidatos enviem à Justiça Eleitoral o primeiro relatório discriminado dos recursos em dinheiro ou estimáveis em dinheiro que tenham recebido para financiamento da campanha eleitoral e dos gastos que realizarem, para cumprimento do disposto no art. 28, § 4º, da Lei nº 9.504/1997.

4 de agosto – segunda-feira

1. Último dia para o partido político ou coligação comunicar à Justiça Eleitoral as anulações de deliberações decorrentes de convenção partidária (Lei nº 9.504/1997, art. 7º, § 3º).

Manual Completo de Direito Eleitoral 363

6 de agosto – quarta-feira

(60 dias antes)

1. Data em que será divulgado, pela rede mundial de computadores (internet), em sítio criado pela Justiça Eleitoral para esse fim, o primeiro relatório discriminado dos recursos em dinheiro ou estimáveis em dinheiro recebidos pelos partidos políticos, pelos comitês financeiros e pelos candidatos, para financiamento da campanha eleitoral e dos gastos realizados (Lei nº 9.504/1997, art. 28, § 4º).

2. Data a partir da qual é assegurada a prioridade postal aos partidos políticos para a remessa da propaganda de seus candidatos registrados (Código Eleitoral, art. 239).

3. Último dia para os órgãos de direção dos partidos políticos preencherem as vagas remanescentes para as eleições proporcionais, observados os percentuais mínimo e máximo para candidaturas de cada sexo, no caso de as convenções para a escolha de candidatos não terem indicado o número máximo previsto no *caput* e nos §§ 1º e 2º do art. 10 da Lei no 9.504/1997 (Lei nº 9.504/1997, art. 10, § 5º).

4. Último dia para o pedido de registro de candidatura às eleições proporcionais, na hipótese de substituição, observado o prazo de até 10 dias, contados do fato ou da decisão judicial que deu origem à substituição (Lei nº 9.504/1997, art. 13, §§ 1º e 3º).

5. Último dia para a designação da localização das mesas receptoras para o primeiro e eventual segundo turnos de votação (Código Eleitoral, arts. 35, XIII, e 135, *caput*).

6. Último dia para a nomeação dos membros das mesas receptoras para o primeiro e eventual segundo turnos de votação (Código Eleitoral, art. 35, XIV).

7. Último dia para a nomeação dos membros das Juntas Eleitorais para o primeiro e eventual segundo turnos de votação (Código Eleitoral, art. 36, § 1º).

8. Último dia para a publicação no jornal oficial, onde houver, e, não havendo, em cartório, das nomeações que o Juízo Eleitoral tiver feito, fazendo constar desta publicação a intimação dos mesários para constituírem as Mesas no dia e lugares designados, às 7 horas (Código Eleitoral, art. 120, § 3º).

9. Último dia para as empresas interessadas em divulgar os resultados oficiais das eleições solicitarem cadastramento à Justiça Eleitoral.

10. Último dia para o eleitor que estiver fora do seu domicílio eleitoral requerer a segunda via do título eleitoral em qualquer cartório eleitoral, esclarecendo se vai recebê-la na sua zona eleitoral ou naquela em que a requereu (Código Eleitoral, art. 53, § 4º).

9 de agosto – sábado

1. Último dia para os partidos políticos reclamarem da designação da localização das Mesas Receptoras para o primeiro e eventual segundo turnos de votação, observado o prazo de 3 dias, contados da publicação (Código Eleitoral, art. 135, § 7º).

11 de agosto – segunda-feira

1. Último dia para os partidos políticos reclamarem da nomeação dos membros das Mesas Receptoras, observado o prazo de 5 dias, contados da nomeação (Lei nº 9.504/1997, art. 63, *caput*).

2. Último dia para os membros das Mesas Receptoras recusarem a nomeação, observado o prazo de 5 dias da nomeação (Código Eleitoral, art. 120, § 4º).

12 de agosto – terça-feira

1. Último dia para os Tribunais Eleitorais realizarem sorteio para a escolha da ordem de veiculação da propaganda de cada partido político ou coligação no primeiro dia do horário eleitoral gratuito (Lei nº 9.504/1997, art. 50).

13 de agosto – quarta-feira

1. Último dia para o Juízo Eleitoral decidir sobre as recusas e reclamações contra a nomeação dos membros das Mesas Receptoras, observado o prazo de 48 horas da respectiva apresentação (Lei nº 9.504/1997, art. 63, *caput*).

16 de agosto – sábado

(50 dias antes)

1. Último dia para os partidos políticos recorrerem da decisão do Juiz Eleitoral sobre a nomeação dos membros da Mesa Receptora, observado o prazo de 3 dias, contados da publicação da decisão (Lei nº 9.504/1997, art. 63, § 1º).

2. Último dia para os responsáveis por todas as repartições, órgãos e unidades do serviço público oficiarem ao Juízo Eleitoral, informando o número, a espécie e a lotação dos veículos e embarcações de que dispõem para o primeiro e eventual segundo turnos de votação (Lei nº 6.091/1974, art. 3º).

19 de agosto – terça-feira
(47 dias antes)

1. Início do período da propaganda eleitoral gratuita no rádio e na televisão (Lei nº 9.504/1997, art. 47, *caput*).

2. Último dia para os Tribunais Regionais Eleitorais decidirem sobre os recursos interpostos contra a nomeação dos membros das Mesas Receptoras, observado o prazo de 3 dias da chegada do recurso no Tribunal (Lei nº 9.504/1997, art. 63, § 1º).

21 de agosto – quinta-feira
(45 dias antes)

1. Data em que todos os pedidos de registro de candidatos a governador, vice-governador, senador, suplentes e deputados federais, estaduais e distritais deverão estar julgados pelos Tribunais Regionais e publicadas as respectivas decisões (Lei nº 9.504/1997, art. 16, § 1º).

2. Data em que todos os pedidos de registro de candidatos a presidente e vice-presidente da República deverão estar julgados pelo Tribunal Superior Eleitoral e publicadas as respectivas decisões (Lei nº 9.504/1997, art. 16, § 1º).

3. Último dia para o eleitor que estiver ausente do seu domicílio eleitoral, em primeiro e/ou segundo turnos das eleições 2014, requerer sua habilitação para votar em trânsito para presidente e vice-presidente da República, com a indicação da capital do Estado onde estará presente, de passagem ou em deslocamento (Código Eleitoral, art. 233-A).

26 de agosto – terça-feira
(40 dias antes)

1. Último dia para os diretórios regionais dos partidos políticos indicarem integrantes da Comissão Especial de Transporte e Alimentação para o primeiro e eventual segundo turnos de votação (Lei nº 6.091/1974, art. 15).

28 de agosto – quinta-feira

1. Data a partir da qual os partidos políticos, os comitês financeiros e os candidatos poderão enviar à Justiça Eleitoral o segundo relatório discriminado dos recursos em dinheiro ou estimáveis em dinheiro que tenham recebido para financiamento da campanha eleitoral e dos gastos que realizarem, para cumprimento do disposto no art. 28, § 4º, da Lei nº 9.504/1997.

SETEMBRO DE 2014
1º de setembro – segunda-feira

1. Último dia para verificação das fotos e dados que constarão da urna eletrônica por parte dos candidatos, partidos políticos ou coligações (Resolução nº 23.373/2012, art. 71 e Resolução nº 23.221/2010, art. 61).

2 de setembro – terça-feira

1. Último dia para que os partidos políticos, os comitês financeiros e os candidatos enviem à Justiça Eleitoral o segundo relatório discriminado dos recursos em dinheiro ou estimáveis em dinheiro que tenham recebido para financiamento da campanha eleitoral e dos gastos que realizarem, para cumprimento do disposto no art. 28, § 4º, da Lei nº 9.504/1997.

3 de setembro – quarta-feira

1. Último dia para os candidatos, partidos políticos ou coligações substituírem a foto e/ou dados que serão utilizados na urna eletrônica (Resolução nº 23.373/2012, art. 71, § 3º e Resolução nº 23.221/2010, art. 61, § 3º e § 4º).

5 de setembro – sexta-feira
(30 dias antes)

1. Último dia para entrega dos títulos eleitorais resultantes dos pedidos de inscrição ou de transferência (Código Eleitoral, art. 69, *caput*).

2. Último dia para o Juízo Eleitoral comunicar ao Tribunal Regional Eleitoral os nomes dos escrutinadores e dos componentes da Junta Eleitoral nomeados e publicar, mediante edital, a composição do órgão (Código Eleitoral, art. 39).

3. Último dia para a instalação da Comissão Especial de Transporte e Alimentação (Lei nº 6.091/1974, art. 14).

4. Último dia para a requisição de veículos e embarcações aos órgãos ou unidades do serviço público para o primeiro e eventual segundo turnos de votação (Lei nº 6.091/1974, art. 3º, § 2º).

5. Último dia para os Tribunais Regionais Eleitorais designarem, em sessão pública, a comissão de auditoria para verificação do funcionamento das urnas eletrônicas, por meio de votação paralela (Resolução nº 21.127/2002, art. 3º, § 1º e Resolução nº 23.205/2010, art. 47).

6. Último dia para o Tribunal Superior Eleitoral convocar os partidos políticos, a Ordem dos Advogados do Brasil e o Ministério Público para a Cerimônia de Assinatura Digital e Lacração dos Sistemas a serem utilizados nas eleições de 2014.

6 de setembro – sábado

1. Data em que será divulgado, pela rede mundial de computadores (internet), em sítio criado pela Justiça Eleitoral para esse fim, o segundo relatório discriminado dos recursos em dinheiro ou estimáveis em dinheiro recebidos pelos partidos políticos, pelos comitês financeiros e pelos candidatos, para financiamento da campanha eleitoral e dos gastos realizados (Lei nº 9.504/1997, art. 28, § 4º).

8 de setembro – segunda-feira

1. Último dia para os partidos políticos oferecerem impugnação motivada aos nomes dos escrutinadores e aos componentes da Junta nomeados, constantes do edital publicado (Código Eleitoral, art. 39).

2. Último dia para os partidos políticos e coligações impugnarem a indicação de componente da comissão de auditoria para verificação do funcionamento das urnas eletrônicas, por meio de votação paralela, observado o prazo de 3 dias, contados da nomeação (Resolução nº 23.205/2010, art. 48 e Resolução nº 23.365/2011, art. 48).

10 de setembro – quarta-feira

1. Último dia para os partidos políticos, a Ordem dos Advogados do Brasil e o Ministério Público indicarem à Secretaria de Tecnologia da Informação do Tribunal Superior Eleitoral os técnicos que, como seus representantes, participarão da Cerimônia de Assinatura Digital e Lacração dos Sistemas a serem utilizados nas eleições de 2014.

15 de setembro – segunda-feira
(20 dias antes)

1. Último dia para o Tribunal Superior Eleitoral apresentar aos partidos políticos os programas de computador a serem utilizados nas eleições de 2014 (Lei nº 9.504/1997, art. 66, § 2º).

2. Último dia para a instalação da comissão de auditoria para verificação do funcionamento das urnas eletrônicas por meio de votação paralela (Resolução nº 21.127/2002, art. 6º).

3. Último dia para os Tribunais Regionais Eleitorais divulgarem, em edital, o local onde será realizada a votação paralela.

17 de setembro – quarta-feira

1. Último dia para o Tribunal Superior Eleitoral compilar, assinar digitalmente, gerar os resumos digitais (hash) e lacrar todos os programas-fonte, programas-executáveis, arquivos fixos, arquivos de assinatura digital e chaves públicas.

20 de setembro – sábado
(15 dias antes)

1. Data a partir da qual nenhum candidato poderá ser detido ou preso, salvo em flagrante delito (Código Eleitoral, art. 236, § 1º).

2. Último dia para a requisição de funcionários e instalações destinados aos serviços de transporte e alimentação de eleitores no primeiro e eventual segundo turnos de votação (Lei nº 6.091/1974, art. 1º, § 2º).

3. Data em que deverá ser divulgado o quadro geral de percursos e horários programados para o transporte de eleitores para o primeiro e eventual segundo turnos de votação (Lei nº 6.091/1974, art. 4º).

22 de setembro – segunda-feira

1. Último dia para os partidos políticos, as coligações, a Ordem dos Advogados do Brasil e o Ministério Público impugnarem os programas a serem utilizados nas eleições de 2014, por meio de petição fundamentada, observada a data de encerramento da Cerimônia de Assinatura Digital e Lacração dos Sistemas (Lei nº 9.504/1997, art. 66, § 3º).

23 de setembro – terça-feira

1. Último dia para a reclamação contra o quadro geral de percursos e horários programados para o transporte de eleitores no primeiro e eventual segundo turnos de votação (Lei nº 6.091/1974, art. 4º, § 2º).

25 de setembro – quinta-feira
(10 dias antes)

1. Último dia para o eleitor requerer a segunda via do título eleitoral dentro do seu domicílio eleitoral (Código Eleitoral, art. 52).

2. Último dia para o Juízo Eleitoral comunicar aos chefes das repartições públicas e aos proprietários, arrendatários ou administradores das propriedades particulares, a resolução de que serão os respectivos edifícios, ou parte deles, utilizados para o funcionamento das Mesas Receptoras no primeiro e eventual segundo turnos de votação (Código Eleitoral, art. 137).

3. Data a partir da qual os Tribunais Regionais Eleitorais informarão por telefone, na respectiva página da internet ou por outro meio de comunicação social, o que é necessário para o eleitor votar, vedada a prestação de tal serviço por terceiros, ressalvada a contratação de mão de obra para montagem de atendimento telefônico em ambiente supervisionado pelos Tribunais Regionais Eleitorais, assim como para a divulgação de dados referentes à localização de seções e locais de votação.

26 de setembro – sexta-feira

1. Último dia para o Juízo Eleitoral decidir as reclamações contra o quadro geral de percursos e horários para o transporte de eleitores, devendo, em seguida, divulgar, pelos meios disponíveis, o quadro definitivo (Lei nº 6.091/1974, art. 4º, §§ 3º e 4º).

30 de setembro – terça-feira
(5 dias antes)

1. Data a partir da qual e até 48 horas depois do encerramento da eleição nenhum eleitor poderá ser preso ou detido, salvo em flagrante delito, ou em virtude de sentença criminal condenatória por crime inafiançável, ou, ainda, por desrespeito a salvo-conduto (Código Eleitoral, art. 236, *caput*).

2. Último dia para que os representantes dos partidos políticos e coligações, da Ordem dos Advogados do Brasil e do Ministério Público interessados formalizem pedido ao Juízo Eleitoral para a verificação das assinaturas digitais, a ser realizada das 48 horas que antecedem o início da votação até o momento anterior à oficialização do sistema transportador nas Zonas Eleitorais.

OUTUBRO DE 2014
2 de outubro – quinta-feira
(3 dias antes)

1. Data a partir da qual o Juízo Eleitoral ou o Presidente da Mesa Receptora poderá expedir salvo-conduto em favor de eleitor que sofrer violência moral ou física na sua liberdade de votar (Código Eleitoral, art. 235, parágrafo único).

2. Último dia para a divulgação da propaganda eleitoral gratuita no rádio e na televisão (Lei nº 9.504/1997, art. 47, *caput*).

3. Último dia para propaganda política mediante reuniões públicas ou promoção de comícios e utilização de aparelhagem de sonorização fixa, entre as 8 e as 24 horas (Código Eleitoral, art. 240, parágrafo único e Lei nº 9.504/1997, art. 39, §§ 4º e 5º, I).

4. Último dia para a realização de debate no rádio e na televisão, admitida a extensão do debate cuja transmissão se inicie nesta data e se estenda até as 7 horas do dia 3 de outubro de 2014.

5. Último dia para o Juízo Eleitoral remeter ao Presidente da Mesa Receptora o material destinado à votação (Código Eleitoral, art. 133).

6. Último dia para os partidos políticos e coligações indicarem, perante os Juízos Eleitorais, o nome das pessoas autorizadas a expedir as credenciais dos fiscais e delegados que estarão habilitados a fiscalizar os trabalhos de votação durante o pleito eleitoral (Lei nº 9.504/1997, art. 65, § 3º).

3 de outubro – sexta-feira

(2 dias antes)

1. Último dia para a divulgação paga, na imprensa escrita, e a reprodução na internet do jornal impresso, de propaganda eleitoral (Lei nº 9.504/1997, art. 43).

2. Data em que o Presidente da Mesa Receptora que não tiver recebido o material destinado à votação deverá diligenciar para o seu recebimento (Código Eleitoral, art. 133, § 2º).

4 de outubro – sábado

(1 dia antes)

1. Último dia para entrega da segunda via do título eleitoral (Código Eleitoral, art. 69, parágrafo único).

2. Último dia para a propaganda eleitoral mediante alto-falantes ou amplificadores de som, entre as 8 e as 22 horas (Lei nº 9.504/1997, art. 39, §§ 3º e 5º, I).

3. Último dia, até as 22 horas, para a distribuição de material gráfico e a promoção de caminhada, carreata, passeata ou carro de som que transite pela cidade divulgando jingles ou mensagens de candidatos (Lei nº 9.504/1997, art. 39, § 9º).

4. Data em que a Comissão de Votação Paralela deverá promover, entre as 9 e as 12 horas, em local e horário previamente divulgados, os sorteios das Seções Eleitorais.

5. Último dia para o Tribunal Superior Eleitoral tornar disponível, em sua página da internet, a tabela de correspondências esperadas entre urna e seção.

6. Data em que, após as 12 horas, será realizada a oficialização do Sistema de Gerenciamento dos Tribunais e Zonas Eleitorais.

5 de outubro – domingo

DIA DAS ELEIÇÕES

(Lei nº 9.504/1997, art. 1º, *caput*)

1. Data em que se realiza a votação, observando-se, de acordo com o horário local:

Às 7 horas

Instalação da Seção Eleitoral (Código Eleitoral, art. 142).

Às 7:30 horas

Constatado o não comparecimento do Presidente da Mesa Receptora, assumirá a presidência o primeiro mesário e, na sua falta ou impedimento, o segundo mesário, um dos secretários ou o suplente, podendo o membro da Mesa Receptora que assumir a presidência nomear ad hoc, dentre os eleitores presentes, os que forem necessários para completar a Mesa (Código Eleitoral, art. 123, §§ 2º e 3º).

Às 8 horas

Início da votação (Código Eleitoral, art. 144).

A partir das 12 horas

Oficialização do Sistema Transportador.

Até as 15 horas

Horário final para a atualização da tabela de correspondência, considerando o horário local de cada Unidade da Federação.

Às 17 horas

Encerramento da votação (Código Eleitoral, arts. 144 e 153).

A partir das 17 horas

Emissão dos boletins de urna e início da apuração e da totalização dos resultados.

2. Data em que há possibilidade de funcionamento do comércio, com a ressalva de que os estabelecimentos que funcionarem neste dia deverão proporcionar efetivas condições para que seus funcionários possam exercer o direito/dever do voto (Resolução nº 22.963/2008).

3. Data em que é permitida a manifestação individual e silenciosa da preferência do eleitor por partido político, coligação ou candidato (Lei nº 9.504/1997, art. 39-A, *caput*).

4. Data em que é vedada, até o término da votação, a aglomeração de pessoas portando vestuário padronizado, bem como bandeiras, broches, dísticos e adesivos que caracterizem manifestação coletiva, com ou sem utilização de veículos (Lei nº 9.504/1997, art. 39-A, § 1º).

5. Data em que, no recinto das Seções Eleitorais e Juntas Apuradoras, é proibido aos servidores da Justiça Eleitoral, aos mesários e aos escrutinadores o uso de vestuário ou objeto que contenha qualquer propaganda de partido político, de coligação ou de candidato (Lei nº 9.504/1997, art. 39-A, § 2º).

6. Data em que, no recinto da cabina de votação, é vedado ao eleitor portar aparelho de telefonia celular, máquinas fotográficas, filmadoras, equipamento de radiocomunicação ou qualquer instrumento que possa comprometer o sigilo do voto, devendo ficar retidos na Mesa Receptora enquanto o eleitor estiver votando (Lei no 9.504/1997, art. 91-A, parágrafo único).

7. Data em que é vedado aos fiscais partidários, nos trabalhos de votação, o uso de vestuário padronizado, sendo-lhes permitido tão só o uso de crachás com o nome e a sigla do partido político ou coligação (Lei nº 9.504/1997, art. 39-A, § 3º).

8. Data em que deverá ser afixada, na parte interna e externa das Seções Eleitorais e em local visível, cópia do inteiro teor do disposto no art. 39-A da Lei nº 9.504/1997 (Lei nº 9.504/1997, art. 39-A, § 4º).

9. Data em que é vedada qualquer espécie de propaganda de partidos políticos ou de seus candidatos (Lei nº 9.504/1997, art. 39, § 5º, III).

10. Data em que serão realizados, das 8 às 17 horas, em cada Unidade da Federação, em um só local, designado pelo respectivo Tribunal Regional Eleitoral, os procedimentos, por amostragem, de votação paralela para fins de verificação do funcionamento das urnas sob condições normais de uso.

11. Data em que é permitida a divulgação de pesquisas, observadas as seguintes disposições:

I – as pesquisas realizadas em data anterior à data da eleição, para todos os cargos, poderão ser divulgadas a qualquer momento;

II – as pesquisas realizadas no dia da eleição relativas às eleições presidenciais poderão ser divulgadas após às 18 horas do horário de Brasília;

III – as pesquisas realizadas no dia da eleição, referentes aos demais cargos, poderão ser divulgadas a partir das 17 horas do horário local.

12. Data em que, havendo necessidade e desde que não se tenha dado início ao processo de votação, será permitida a carga em urna, desde que convocados os representantes dos partidos políticos ou coligações, do Ministério Público e da Ordem dos Advogados do Brasil para, querendo, participar do ato.

13. Data em que, constatado problema em uma ou mais urnas antes do início da votação, o Juiz Eleitoral poderá determinar a sua substituição por urna de contingência, substituir o cartão de memória de votação ou realizar nova carga, conforme conveniência, convocando-se os representantes dos partidos políticos ou coligações, do Ministério Público e da Ordem dos Advogados do Brasil para, querendo, participar do ato.

14. Data em que poderá ser efetuada carga, a qualquer momento, em urnas de contingência ou de justificativa.

15. Último dia para o partido político requerer o cancelamento do registro do candidato que dele for expulso, em processo no qual seja assegurada a ampla defesa, com observância das normas estatutárias (Lei nº 9.504/1997, art. 14).

16. Último dia para candidatos e comitês financeiros arrecadarem recursos e contraírem obrigações, ressalvada a hipótese de arrecadação com o fim exclusivo de quitação de despesas já contraídas e não pagas até esta data (Lei nº 9.504/1997, art. 29, § 3º).

6 de outubro – segunda-feira

(dia seguinte ao primeiro turno)

1. Data em que o Juízo Eleitoral é obrigado, até as 12 horas, sob pena de responsabilidade e multa, a transmitir ao Tribunal Regional Eleitoral e comunicar aos representantes dos partidos políticos e das coligações o número de eleitores que votaram em cada uma das seções sob sua jurisdição, bem como o total de votantes da Zona Eleitoral (Código Eleitoral, art. 156).

2. Data em que qualquer candidato, delegado ou fiscal de partido político e de coligação poderá obter cópia do relatório emitido pelo sistema informatizado de que constem as informações do número de eleitores que

votaram em cada uma das seções e o total de votantes da Zona Eleitoral, sendo defeso ao Juízo Eleitoral recusar ou procrastinar a sua entrega ao requerente (Código Eleitoral, art. 156, § 3º).

3. Data a partir da qual, decorrido o prazo de 24 horas do encerramento da votação (17 horas no horário local), é possível fazer propaganda eleitoral para o segundo turno (Código Eleitoral, art. 240, parágrafo único).

4. Data a partir da qual, decorrido o prazo de 24 horas do encerramento da votação (17 horas no horário local), será permitida a propaganda eleitoral para o segundo turno mediante alto-falantes ou amplificadores de som, entre as 8 e as 22 horas, bem como a promoção de comício ou utilização de aparelhagem de sonorização fixa, entre as 8 e as 24 horas (Código Eleitoral, art. 240, parágrafo único c.c. Lei nº 9.504/1997, art. 39, §§ 3º, 4º e 5º, I).

5. Data a partir da qual, decorrido o prazo de 24 horas do encerramento da votação (17 horas no horário local), será permitida a promoção de carreata e distribuição de material de propaganda política para o segundo turno (Código Eleitoral, art. 240, parágrafo único c.c. Lei nº 9.504/1997, art. 39, § 5º, I e III).

7 de outubro – terça-feira
(2 dias após o primeiro turno)

1. Término do prazo, às 17 horas, do período de validade de salvo-condutos expedidos pelo Juízo Eleitoral ou Presidente da Mesa Receptora (Código Eleitoral, art. 235, parágrafo único).

2. Término do período, após as 17 horas, em que nenhum eleitor poderá ser preso ou detido, salvo em flagrante delito, ou em virtude de sentença criminal condenatória por crime inafiançável, ou, ainda, por desrespeito a salvo-conduto (Código Eleitoral, art. 236, *caput*).

8 de outubro – quarta-feira
(3 dias após o primeiro turno)

1. Último dia para o mesário que abandonou os trabalhos durante a votação apresentar ao Juízo Eleitoral sua justificativa (Código Eleitoral, art. 124, § 4º).

2. Último dia para os Tribunais Regionais Eleitorais ou os Cartórios Eleitorais entregarem aos partidos políticos e coligações, quando solicitados, os relatórios dos boletins de urna que estiverem em pendência, sua motivação e a respectiva decisão, observado o horário de encerramento da totalização.

3. Último dia para a Justiça Eleitoral tornar disponível em sua página da internet os dados de votação especificados por Seção Eleitoral, assim como as tabelas de correspondências efetivadas, observado o horário de encerramento da totalização em cada Unidade da Federação.

9 de outubro – quinta-feira
(4 dias após o primeiro turno)

1. Último dia para os Tribunais Regionais Eleitorais divulgarem o resultado provisório da eleição para governador e vice-governador de Estado e do Distrito Federal.

2. Último dia para o Tribunal Superior Eleitoral divulgar o resultado provisório da eleição para presidente e vice-presidente da República.

11 de outubro – sábado
(15 dias antes do segundo turno)

1. Data a partir da qual nenhum candidato que participará do segundo turno de votação poderá ser detido ou preso, salvo no caso de flagrante delito (Código Eleitoral, art. 236, § 1º).

2. Data a partir da qual, nos Estados em que não houver votação em segundo turno, as Secretarias dos Tribunais Regionais Eleitorais, salvo as unidades responsáveis pela análise das prestações de contas, não mais permanecerão abertas aos sábados, domingos e feriados, e as decisões, salvo as referentes às prestações de contas de campanha, não mais serão publicadas em secretaria ou em sessão.

3. Data limite para o início do período de propaganda eleitoral gratuita, no rádio e na televisão, relativa ao segundo turno, observado o prazo final para a divulgação do resultado das eleições (Lei nº 9.504/1997, art. 49, *caput*).

21 de outubro – terça-feira
(5 dias antes do segundo turno)

1. Data a partir da qual e até 48 horas depois do encerramento da eleição nenhum eleitor poderá ser preso ou detido, salvo em flagrante delito, ou em virtude de sentença criminal condenatória por crime inafiançável, ou, ainda, por desrespeito a salvo-conduto (Código Eleitoral, art. 236, *caput*).

2. Último dia para que os representantes dos partidos políticos e coligações, da Ordem dos Advogados do Brasil e do Ministério Público interessados formalizem pedido ao Juízo Eleitoral para a verificação das assinaturas digitais, a ser realizada das 48 horas que antecedem o início da votação até o momento anterior à oficialização do sistema transportador nas Zonas Eleitorais.

23 de outubro – quinta-feira

(3 dias antes do segundo turno)

1. Início do prazo de validade do salvo-conduto expedido pelo Juízo Eleitoral ou Presidente da Mesa Receptora (Código Eleitoral, art. 235, parágrafo único).

2. Último dia para propaganda política mediante reuniões públicas ou promoção de comícios (Código Eleitoral, art. 240, parágrafo único e Lei nº 9.504/1997, art. 39, §§ 4º e 5º, I).

3. Último dia para o Juízo Eleitoral remeter ao Presidente da Mesa Receptora o material destinado à votação (Código Eleitoral, art. 133).

24 de outubro – sexta-feira

(2 dias antes do segundo turno)

1. Último dia para a divulgação da propaganda eleitoral gratuita do segundo turno no rádio e na televisão (Lei nº 9.504/1997, art. 49, *caput*).

2. Último dia para a divulgação paga, na imprensa escrita, de propaganda eleitoral do segundo turno (Lei nº 9.504/1997, art. 43, *caput*).

3. Último dia para a realização de debate, não podendo estender-se além do horário de meia-noite (Resolução nº 22.452/2006).

4. Data em que o Presidente da Mesa Receptora que não tiver recebido o material destinado à votação deverá diligenciar para o seu recebimento (Código Eleitoral, art. 133, § 2º).

25 de outubro – sábado

(1 dia antes do segundo turno)

1. Último dia para a propaganda eleitoral mediante alto-falantes ou amplificadores de som, entre as 8 e as 22 horas (Lei nº 9.504/1997, art. 39, §§ 3º e 5º, I).

2. Último dia, até as 22 horas, para a distribuição de material gráfico e a promoção de caminhada, carreata, passeata ou carro de som que transite pela cidade divulgando jingles ou mensagens de candidatos (Lei nº 9.504/1997, art. 39, § 9º).

3. Data em que a Comissão de Votação Paralela deverá promover, entre as 9 e as 12 horas, em local e horário previamente divulgados, os sorteios das Seções Eleitorais.

4. Último dia para o Tribunal Superior Eleitoral tornar disponível, na sua página da internet, a tabela de correspondências esperadas entre urna e seção.

26 de outubro – domingo

DIA DA ELEIÇÃO

(Lei nº 9.504/1997, art. 2º, § 1º)

1. Data em que se realiza a votação, observando-se, de acordo com o horário local:

Às 7 horas

Instalação da Seção Eleitoral (Código Eleitoral, art. 142).

Às 7:30 horas

Constatado o não comparecimento do Presidente da Mesa Receptora, assumirá a presidência o primeiro mesário e, na sua falta ou impedimento, o segundo mesário, um dos secretários ou o suplente, podendo o membro da Mesa Receptora que assumir a presidência nomear *ad hoc*, dentre os eleitores presentes, os que forem necessários para completar a Mesa (Código Eleitoral, art. 123, §§ 2º e 3º).

Às 8 horas

Início da votação (Código Eleitoral, art. 144).

Até as 15 horas

Horário final para a atualização da tabela de correspondência, considerando o horário local de cada Unidade da Federação.

Às 17 horas

Encerramento da votação (Código Eleitoral, arts. 144 e 153).

A partir das 17 horas

Emissão dos boletins de urna e início da apuração e da totalização dos resultados.

2. Data em que há possibilidade de funcionamento do comércio, com a ressalva de que os estabelecimentos que funcionarem neste dia deverão proporcionar efetivas condições para que seus funcionários possam exercer o direito/dever do voto (Resolução nº 22.963/2008).

3. Data em que é permitida a manifestação individual e silenciosa da preferência do eleitor por partido político, coligação ou candidato (Lei nº 9.504/1997, art. 39-A, *caput*).

4. Data em que é vedada, até o término da votação, a aglomeração de pessoas portando vestuário padronizado, bem como bandeiras, broches, dísticos e adesivos que caracterizem manifestação coletiva, com ou sem utilização de veículos (Lei nº 9.504/1997, art. 39-A, § 1º).

5. Data em que, no recinto das Seções Eleitorais e Juntas Apuradoras, é proibido aos servidores da Justiça Eleitoral, aos mesários e aos escrutinadores o uso de vestuário ou objeto que contenha qualquer propaganda de partido político, de coligação ou de candidato (Lei nº 9.504/1997, art. 39-A, § 2º).

6. Data em que, no recinto da cabina de votação, é vedado ao eleitor portar aparelho de telefonia celular, máquinas fotográficas, filmadoras, equipamento de radiocomunicação ou qualquer instrumento que possa comprometer o sigilo do voto, devendo ficar retidos na Mesa Receptora enquanto o eleitor estiver votando (Lei no 9.504/1997, art. 91-A, parágrafo único).

7. Data em que é vedado aos fiscais partidários, nos trabalhos de votação, o uso de vestuário padronizado, sendo-lhes permitido tão só o uso de crachás com o nome e a sigla do partido político ou coligação (Lei nº 9.504/1997, art. 39-A, § 3º).

8. Data em que deverá ser afixada, na parte interna e externa das Seções Eleitorais e em local visível, cópia do inteiro teor do disposto no art. 39-A da Lei nº 9.504/1997 (Lei nº 9.504/1997, art. 39-A, § 4º).

9. Data em que é vedada qualquer espécie de propaganda de partidos políticos ou de seus candidatos (Lei nº 9.504/1997, art. 39, § 5º, III).

10. Data em que serão realizados, das 8 às 17 horas, em cada Unidade da Federação, em um só local, designado pelo respectivo Tribunal Regional Eleitoral, os procedimentos, por amostragem, de votação paralela para fins de verificação do funcionamento das urnas sob condições normais de uso.

11. Data em que é permitida a divulgação de pesquisas, observadas as seguintes disposições:

I – as pesquisas realizadas em data anterior à data da eleição, para todos os cargos, poderão ser divulgadas a qualquer momento;

II – as pesquisas realizadas no dia da eleição relativas às eleições presidenciais poderão ser divulgadas após às 19 horas do horário de Brasília;

III – as pesquisas realizadas no dia da eleição, referentes aos demais cargos, poderão ser divulgadas a partir das 17 horas do horário local.

12. Data em que, havendo necessidade e desde que não se tenha dado início ao processo de votação, será permitida a carga em urna, desde que convocados os representantes dos partidos políticos ou coligações, do Ministério Público e da Ordem dos Advogados do Brasil para, querendo, participar do ato.

13. Data em que, constatado problema em uma ou mais urnas antes do início da votação, o Juiz Eleitoral poderá determinar a sua substituição por urna de contingência, substituir o cartão de memória de votação ou realizar nova carga, conforme conveniência, convocando-se os representantes dos partidos políticos ou coligações, do Ministério Público e da Ordem dos Advogados do Brasil para, querendo, participar do ato.

14. Data em que poderá ser efetuada carga, a qualquer momento, em urnas de contingência ou de justificativa.

15. Último dia para o partido político requerer o cancelamento do registro do candidato que dele for expulso, em processo no qual seja assegurada a ampla defesa, com observância das normas estatutárias (Lei nº 9.504/1997, art. 14).

16. Último dia para candidatos e comitês financeiros que disputam o segundo turno arrecadarem recursos e contraírem obrigações, ressalvada a hipótese de arrecadação com o fim exclusivo de quitação de despesas já contraídas e não pagas até esta data.

27 de outubro – segunda-feira

(dia seguinte ao segundo turno)

1. Data em que o Juízo Eleitoral é obrigado, até as 12 horas, sob pena de responsabilidade e multa, a transmitir ao Tribunal Regional Eleitoral e comunicar aos representantes dos partidos políticos e das coligações o número de eleitores que votaram em cada uma das seções sob sua jurisdição, bem como o total de votantes da Zona Eleitoral (Código Eleitoral, art. 156).

2. Data em que qualquer candidato, delegado ou fiscal de partido político e de coligação poderá obter cópia do relatório emitido pelo sistema informatizado de que constem as informações do número de eleitores que votaram em cada uma das seções e o total de votantes da Zona Eleitoral, sendo defeso ao Juízo Eleitoral recusar ou procrastinar a sua entrega ao requerente (Código Eleitoral, art. 156, § 3º).

28 de outubro – terça-feira

(2 dias após o segundo turno)

1. Término do prazo, às 17 horas, do período de validade de salvo-condutos expedidos pelo Juízo Eleitoral ou pelo Presidente da Mesa Receptora (Código Eleitoral, art. 235, parágrafo único).

2. Término do período, após as 17 horas, em que nenhum eleitor poderá ser preso ou detido, salvo em flagrante delito, ou em virtude de sentença criminal condenatória por crime inafiançável, ou, ainda, por desrespeito a salvo-conduto (Código Eleitoral, art. 236, *caput*).

29 de outubro – quarta-feira

(3 dias após o segundo turno)

1. Último dia para o mesário que abandonou os trabalhos durante a votação de 26 de outubro apresentar justificativa ao Juízo Eleitoral (Código Eleitoral, art. 124, § 4º).

31 de outubro – sexta-feira

(5 dias após o segundo turno)

1. Último dia em que os feitos eleitorais terão prioridade para a participação do Ministério Público e dos Juízes de todas as justiças e instâncias, ressalvados os processos de *habeas corpus* e mandado de segurança (Lei nº 9.504/1997, art. 94, *caput*).

2. Último dia para o encerramento dos trabalhos de apuração do segundo turno pelas Juntas Eleitorais.

3. Último dia para os Tribunais Regionais Eleitorais divulgarem o resultado da eleição para governador e vice-governador de estado e do Distrito Federal, na hipótese de segundo turno.

4. Último dia para o Tribunal Superior Eleitoral divulgar o resultado da eleição para presidente e vice-presidente da República, na hipótese de segundo turno.

NOVEMBRO DE 2014

4 de novembro – terça-feira

(30 dias após o primeiro turno)

1. Último dia para o mesário que faltou à votação de 5 de outubro apresentar justificativa ao Juízo Eleitoral (Código Eleitoral, art. 124).

2. Último dia para os candidatos, inclusive a vice e a suplentes, comitês financeiros e partidos políticos encaminharem à Justiça Eleitoral as prestações de contas referentes ao primeiro turno, salvo as dos candidatos que concorreram ao segundo turno das eleições (Lei nº 9.504/1997, art. 29, III e IV).

3. Último dia para encaminhamento da prestação de contas pelos candidatos às eleições proporcionais que optarem por fazê-lo diretamente à Justiça Eleitoral (Lei no 9.504/1997, art. 29, § 1º).

4. Último dia para os candidatos, os partidos políticos e as coligações, nos Estados onde não houve segundo turno, removerem as propagandas relativas às eleições, com a restauração do bem, se for o caso (Resolução no 22.718/2008, art. 78 e Resolução nº 23.191/2009, art. 89).

5. Último dia para o pagamento de aluguel de veículos e embarcações referente à votação de 5 de outubro, caso não tenha havido votação em segundo turno (Lei no 6.091/1974, art. 2º, parágrafo único).

6. Último dia para a proclamação dos candidatos eleitos em primeiro turno (Código Eleitoral, art. 198, *caput*).

16 de novembro – domingo

1. Data a partir da qual, nos Estados em que houver votação em segundo turno, as Secretarias dos Tribunais Regionais Eleitorais, exceto a do Tribunal Superior Eleitoral e as unidades responsáveis pela análise das prestações de contas em todas as instâncias, não mais permanecerão abertas aos sábados, domingos e feriados, e as decisões, salvo as referentes às prestações de contas de campanha, não mais serão publicadas em secretaria ou sessão.

25 de novembro – terça-feira
(30 dias após o segundo turno)

1. Último dia para os candidatos, os partidos políticos e as coligações, nos Estados onde houve segundo turno, removerem as propagandas relativas às eleições, com a restauração do bem, se for o caso (Resolução nº 22.622/2007).

2. Último dia para os candidatos, inclusive a vice e a suplentes, comitês financeiros e partidos políticos encaminharem à Justiça Eleitoral as prestações de contas dos candidatos que concorreram no segundo turno das eleições (Lei nº 9.504/1997, art. 29, IV).

3. Último dia para o pagamento do aluguel de veículos e embarcações referente às eleições de 2014, nos Estados onde tenha havido votação em segundo turno (Lei no 6.091/1974, art. 2º, parágrafo único).

4. Último dia para o mesário que faltou à votação de 26 de outubro apresentar justificativa ao Juízo Eleitoral (Código Eleitoral, art. 124).

5. Último dia para a proclamação dos candidatos eleitos em segundo turno (Código Eleitoral, art. 198, *caput*).

DEZEMBRO DE 2014

4 de dezembro – quinta-feira
(60 dias após o primeiro turno)

1. Último dia para o eleitor que deixou de votar nas eleições de 5 de outubro apresentar justificativa ao Juízo Eleitoral (Lei nº 6.091/1974, art. 7º).

2. Último dia para o Juízo Eleitoral responsável pela recepção dos requerimentos de justificativa, nos locais onde não houve segundo turno, assegurar o lançamento dessas informações no cadastro de eleitores, determinando todas as providências relativas à conferência obrigatória e digitação dos dados, quando necessário.

11 de dezembro – quinta-feira

1. Último dia para a publicação das decisões dos Tribunais Eleitorais que julgarem as contas dos candidatos eleitos (Lei nº 9.504/1997, art. 30, § 1º).

2. Último dia em que as unidades responsáveis pela análise das prestações de contas, em todas as instâncias, permanecerão abertas de forma extraordinária, não mais funcionando aos sábados, domingos e feriados.

19 de dezembro – sexta-feira

1. Último dia para a diplomação dos eleitos.

2. Data a partir da qual o Tribunal Superior Eleitoral não mais permanecerá aberto aos sábados, domingos e feriados, e as decisões não mais serão publicadas em secretaria ou em sessão (Resolução nº 22.971/2008).

3. Último dia de atuação dos juízes auxiliares (Lei nº 9.504/1997, art. 96, § 3º).

26 de dezembro – sexta-feira
(61 dias após o segundo turno)

1. Último dia para o eleitor que deixou de votar no dia 26 de outubro apresentar justificativa ao Juízo Eleitoral (Lei nº 6.091/1974, art. 7º).

2. Último dia para o Juízo Eleitoral responsável pela recepção dos requerimentos de justificativa, nos locais onde houve segundo turno, assegurar o lançamento dessas informações no cadastro de eleitores, determinando todas as providências relativas à conferência obrigatória e digitação dos dados, quando necessário.

31 de dezembro – quarta-feira

1. Data em que todas as inscrições dos candidatos e comitês financeiros na Receita Federal serão, de ofício, canceladas (Instrução Normativa Conjunta RFB/TSE nº 1019/2010, art. 7º).

JANEIRO DE 2015

13 de janeiro – terça-feira

1. Data a partir da qual não há mais necessidade de preservação e guarda dos documentos e materiais produzidos nas eleições de 2014, dos meios de armazenamento de dados utilizados pelos sistemas eleitorais, bem como das cópias de segurança dos dados, desde que não haja recurso envolvendo as informações neles contidas.

2. Data a partir da qual os sistemas utilizados nas eleições de 2014 poderão ser desinstalados, desde que não haja recurso envolvendo procedimentos a eles inerentes.

3. Último dia para os partidos políticos e coligações solicitarem os arquivos de log referentes ao Sistema Gerenciador de Dados, Aplicativos e Interface com a Urna Eletrônica.

4. Último dia para os partidos políticos e coligações solicitarem cópias dos boletins de urna e dos arquivos de log referentes ao Sistema de Totalização.

5. Último dia para os partidos políticos solicitarem formalmente aos Tribunais Regionais Eleitorais as informações relativas às ocorrências de troca de urnas.

6. Último dia para os partidos políticos ou coligação requererem cópia do Registro Digital do Voto.

7. Último dia para a realização, após as eleições, da verificação da assinatura digital e dos resumos digitais (hash).

16 de janeiro – sexta-feira

1. Data a partir da qual poderão ser retirados das urnas os lacres e cartões de memória de carga e realizada a formatação das mídias.

2. Data a partir da qual as cédulas e as urnas de lona, porventura utilizadas nas eleições de 2014, poderão ser, respectivamente inutilizadas e deslacradas, desde que não haja pedido de recontagem de votos ou recurso quanto ao seu conteúdo.

JUNHO DE 2015

17 de junho – quarta-feira

(180 dias após a diplomação)

1. Data até a qual os candidatos ou os partidos políticos deverão conservar a documentação concernente às suas contas, desde que não estejam pendentes de julgamento, hipótese na qual deverão conservá-la até a decisão final (Lei nº 9.504/1997, art. 32, *caput* e parágrafo único).

JULHO DE 2015

31 de julho – sexta-feira

1. Último dia para os Tribunais Regionais Eleitorais concluírem os julgamentos das prestações de contas de campanha eleitoral dos candidatos não eleitos.

MAIO DE 2016

5 de maio – quinta-feira

1. Data a partir da qual, até 4 de junho de 2016, deverão ser destruídos os lacres destinados às eleições de 2014 que não foram utilizados.

Brasília 21 de maio de 2013.

MINISTRA CÁRMEN LÚCIA – PRESIDENTE. MINISTRO DIAS TOFFOLI – RELATOR. MINISTRO MARCO AURÉLIO. MINISTRA LAURITA VAZ. MINISTRO CASTRO MEIRA. MINISTRO HENRIQUE NEVES DA SILVA. MINISTRA LUCIANA LÓSSIO.

RESOLUÇÃO Nº 23.396/2014

INSTRUÇÃO Nº 958-26.2013.6.00.0000 – CLASSE 19 – BRASÍLIA – DISTRITO FEDERAL

Relator: Ministro Dias Toffoli

Interessado: Tribunal Superior Eleitoral

Ementa:

Dispõe sobre a apuração de crimes eleitorais.

O Tribunal Superior Eleitoral, usando das atribuições que lhe conferem o artigo 23, inciso IX, do Código Eleitoral e o artigo 105 da Lei nº 9.504, de 30 de setembro de 1997, resolve expedir a seguinte instrução:

CAPÍTULO I
DA POLÍCIA JUDICIÁRIA ELEITORAL

Art. 1º O Departamento de Polícia Federal ficará à disposição da Justiça Eleitoral sempre que houver eleições, gerais ou parciais, em qualquer parte do Território Nacional (Decreto-Lei nº 1.064/68).

Art. 2º A Polícia Federal exercerá, com prioridade sobre suas atribuições regulares, a função de polícia judiciária em matéria eleitoral, limitada às instruções e requisições dos Tribunais e Juízes Eleitorais.

Parágrafo único. Quando no local da infração não existirem órgãos da Polícia Federal, a Polícia do respectivo Estado terá atuação supletiva.

CAPÍTULO II
DA NOTÍCIA-CRIME ELEITORAL

Art. 3º Qualquer pessoa que tiver conhecimento da existência de infração penal eleitoral deverá, verbalmente ou por escrito, comunicá-la ao Juiz Eleitoral (Código Eleitoral, art. 356).

Art. 4º Verificada a sua incompetência, o Juízo Eleitoral determinará a remessa dos autos ao Juízo competente (Código de Processo Penal, art. 69).

Art. 5º Quando tiver conhecimento da prática da infração penal eleitoral, a autoridade policial deverá informá-la imediatamente ao Juízo Eleitoral competente, a quem poderá requerer as medidas que entender cabíveis, observadas as regras relativas a foro por prerrogativa de função.

Art. 6º Recebida a notícia-crime, o Juiz Eleitoral a encaminhará ao Ministério Público Eleitoral ou, quando necessário, à polícia, com requisição para instauração de inquérito policial (Código Eleitoral, art. 356, § 1º).

Art. 7º As autoridades policiais e seus agentes deverão prender quem for encontrado em flagrante delito pela prática de infração eleitoral, salvo quando se tratar de crime de menor potencial ofensivo, comunicando imediatamente o fato ao Juiz Eleitoral, ao Ministério Público Eleitoral e à família do preso ou à pessoa por ele indicada (Código de Processo Penal, art. 306, *caput*).

§ 1º Em até 24 horas após a realização da prisão, será encaminhado ao Juiz Eleitoral o auto de prisão em flagrante e, caso o autuado não informe o nome de seu advogado, cópia integral para a Defensoria Pública (Código de Processo Penal, art. 306, § 1º).

§ 2º No mesmo prazo de até 24 horas após a realização da prisão, será entregue ao preso, mediante recibo, a nota de culpa, assinada pela autoridade policial, com o motivo da prisão, o nome do condutor e os nomes das testemunhas (Código de Processo Penal, art. 306, § 2º).

§ 3º A apresentação do preso ao Juiz Eleitoral, bem como os atos subsequentes, observarão o disposto no art. 304 do Código de Processo Penal.

§ 4º Ao receber o auto de prisão em flagrante, o Juiz Eleitoral deverá fundamentadamente (Código de Processo Penal, art. 310):

I – relaxar a prisão ilegal; ou

II – converter a prisão em flagrante em preventiva, quando presentes os requisitos constantes do art. 312 do Código de Processo Penal e se revelarem inadequadas ou insuficientes as medidas cautelares diversas da prisão; ou

III – conceder liberdade provisória, com ou sem fiança.

§ 5º Se o juiz verificar, pelo auto de prisão em flagrante, que o agente praticou o fato nas condições constantes dos incisos I a III do art. 23 do Código Penal, poderá, fundamentadamente, conceder ao acusado liberdade provisória, mediante termo de comparecimento a todos os atos processuais, sob pena de revogação (Código de Processo Penal, art. 310, parágrafo único).

§ 6º Ausentes os requisitos que autorizam a decretação da prisão preventiva, o Juiz Eleitoral deverá conceder liberdade provisória, impondo, se for o caso, as medidas cautelares previstas no art. 319, observados os critérios constantes do art. 282, ambos do Código de Processo Penal (Código de Processo Penal, art. 321).

§ 7º A fiança e as medidas cautelares serão aplicadas pela autoridade competente com a observância das respectivas disposições do Código de Processo Penal.

§ 8º Quando a infração for de menor potencial ofensivo, a autoridade policial elaborará termo circunstanciado de ocorrência e providenciará o encaminhamento ao Juiz Eleitoral.

CAPÍTULO III
DO INQUÉRITO POLICIAL ELEITORAL

Art. 8º O inquérito policial eleitoral somente será instaurado mediante determinação da Justiça Eleitoral, salvo a hipótese de prisão em flagrante.

Art. 9º Se o indiciado tiver sido preso em flagrante ou preventivamente, o inquérito policial eleitoral será concluído em até 10 dias, contado o prazo a partir do dia em que se executar a ordem de prisão (Código de Processo Penal, art. 10).

§ 1º Se o indiciado estiver solto, o inquérito policial eleitoral será concluído em até 30 dias, mediante fiança ou sem ela (Código de Processo Penal, art. 10).

§ 2º A autoridade policial fará minucioso relatório do que tiver sido apurado e enviará os autos ao Juiz Eleitoral (Código de Processo Penal, art. 10, § 1º).

§ 3º No relatório, poderá a autoridade policial indicar testemunhas que não tiverem sido inquiridas, mencionando o lugar onde possam ser encontradas (Código de Processo Penal, art. 10, § 2º).

§ 4º Quando o fato for de difícil elucidação, e o indiciado estiver solto, a autoridade policial poderá requerer ao Juiz Eleitoral a devolução dos autos, para ulteriores diligências, que serão realizadas no prazo marcado pelo Juiz Eleitoral (Código de Processo Penal, art. 10, § 3º).

Art. 10. O Ministério Público Eleitoral poderá requerer novas diligências, desde que necessárias à elucidação dos fatos.

Parágrafo único. Se o Ministério Público Eleitoral considerar necessários maiores esclarecimentos e documentos complementares ou outros elementos de convicção, deverá requisitá-los diretamente de quaisquer autoridades ou funcionários que possam fornecê-los, ressalvadas as informações submetidas à reserva jurisdicional (Código Eleitoral, art. 356, § 2º).

Art. 11. Quando o inquérito for arquivado por falta de base para o oferecimento da denúncia, a autoridade policial poderá proceder a nova investigação se de outras provas tiver notícia, desde que haja nova requisição, nos termos dos artigos 5º e 6º desta resolução.

Art. 12. Aplica-se subsidiariamente ao inquérito policial eleitoral as disposições do Código de Processo Penal, no que não houver sido contemplado nesta resolução.

Art. 13. A ação penal eleitoral observará os procedimentos previstos no Código Eleitoral, com a aplicação obrigatória dos artigos 395, 396, 396-A, 397 e 400 do Código de Processo Penal, com redação dada pela Lei nº 11.971, de 2008. Após esta fase, aplicar-se-ão os artigos 359 e seguintes do Código Eleitoral.

Art. 14. Esta resolução entra em vigor na data de sua publicação.

Brasília, 17 de dezembro de 2013.

MINISTRO MARCO AURÉLIO – PRESIDENTE. MINISTRO DIAS TOFFOLI – RELATOR. MINISTRO GILMAR MENDES. MINISTRA LAURITA VAZ. MINISTRO JOÃO OTÁVIO DE NORONHA. MINISTRO HENRIQUE NEVES DA SILVA. MINISTRA LUCIANA LÓSSIO.

RESOLUÇÃO Nº 23.398/2014

INSTRUÇÃO Nº 960-93.2013.6.00.0000 – CLASSE 19 – BRASÍLIA – DISTRITO FEDERAL

Relator: Ministro Dias Toffoli

Interessado: Tribunal Superior Eleitoral

Ementa:

Dispõe sobre representações, reclamações e pedidos de direito de resposta previstos na Lei nº 9.504/1997.

O Tribunal Superior Eleitoral, no uso das atribuições que lhe conferem o art. 23, inciso IX, do Código Eleitoral e o art. 105 da Lei nº 9.504, de 30 de setembro de 1997, resolve expedir a seguinte instrução:

CAPÍTULO I
DISPOSIÇÕES PRELIMINARES

Art. 1º A presente resolução disciplina o processamento das representações e reclamações previstas na Lei nº 9.504/1997, bem como os pedidos de direito de resposta, referentes às Eleições de 2014.

Parágrafo único. Os processos mencionados no *caput* serão autuados na classe processual Representação (Rp).

Art. 2º Os Tribunais Eleitorais designarão, até o dia 19 de dezembro de 2013, dentre os seus integrantes substitutos, três Juízes Auxiliares aos quais competirá a apreciação das representações e dos pedidos de direito de resposta (Lei nº 9.504/1997, art. 96, § 3º).

§ 1º A atuação dos Juízes Auxiliares encerrar-se-á com a diplomação dos eleitos.

§ 2º Caso o mandato de Juiz Auxiliar termine antes da diplomação dos eleitos, sem a sua recondução, o Tribunal Eleitoral designará novo Juiz, dentre os seus substitutos, para sucedê-lo.

§ 3º Após o prazo de que trata o § 1º, as representações e os pedidos de direito de resposta, ainda pendentes de julgamento, serão redistribuídos a um dos membros efetivos do respectivo Tribunal Eleitoral.

§ 4º A distribuição das representações previstas nesta resolução serão feitas equitativamente entre os Juízes Auxiliares, procedendo-se à compensação nos casos de prevenção ou impedimento.

§ 5º Nos casos de ausência, impedimento ou suspeição declarada pelo Juiz Auxiliar, os autos serão encaminhados para análise e decisão do Juiz Auxiliar que seja juiz substituto do Tribunal há mais tempo.

Art. 3º As representações poderão ser feitas por qualquer partido político, coligação, candidato ou pelo Ministério Público e deverão dirigir-se (Lei nº 9.504/1997, art. 96, *caput*, incisos II e III):

I – aos Tribunais Regionais Eleitorais, nas eleições federais, estaduais e distritais;

II – ao Tribunal Superior Eleitoral, na eleição presidencial.

Art. 4º A partir da escolha de candidatos em convenção, é assegurado o exercício do direito de resposta ao candidato, ao partido político ou à coligação atingidos, ainda que de forma indireta, por conceito, imagem ou afirmação caluniosa, difamatória, injuriosa ou sabidamente inverídica, difundidos por qualquer veículo de comunicação social (Lei nº 9.504/1997, art. 58, *caput*).

Art. 5º As representações e os pedidos de direito de resposta que digam respeito à propaganda eleitoral no rádio e televisão serão processadas e julgadas pelos Tribunais Eleitorais responsáveis pela distribuição e supervisão do horário eleitoral gratuito.

Parágrafo único. Nos processos previstos no *caput*, se o pedido versar sobre propaganda referente às eleições presidenciais, a ação deverá ser proposta no Tribunal Superior Eleitoral; eventuais representações e pedidos de direito de resposta propostos nos Tribunais Regionais Eleitorais, sobre os mesmos fatos, deverão aguardar decisão final do órgão superior.

CAPÍTULO II
DO PROCESSAMENTO DAS REPRESENTAÇÕES
Seção I
DISPOSIÇÕES GERAIS

Art. 6º As representações, subscritas por advogado ou por representante do Ministério Público, deverão ser apresentadas em 2 (duas) vias, de igual teor, salvo se protocolizadas por fac-símile ou petição eletrônica, e relatarão fatos, indicando provas, indícios e circunstâncias (Lei nº 9.504/1997, art. 96, § 1º).

Parágrafo único. As representações relativas à propaganda irregular serão instruídas com prova da autoria ou do prévio conhecimento do beneficiário, caso este não seja por ela responsável, observando-se o disposto no art. 40-B da Lei nº 9.504/1997.

Art. 7º As petições ou recursos relativos às representações serão admitidos, quando possível, por meio de petição eletrônica ou fac-símile, dispensado o encaminhamento do texto original, salvo se endereçados ao Supremo Tribunal Federal.

§ 1º A Secretaria Judiciária providenciará a impressão ou cópia dos documentos recebidos, que serão juntados aos autos.

§ 2º Os Tribunais Eleitorais tornarão públicos os números de fac-símile disponíveis e, se for o caso, o manual de utilização do serviço de petição eletrônica, mediante a afixação de aviso em quadro próprio e divulgação nos seus respectivos sítios da internet.

§ 3º Em qualquer hipótese, a correta transmissão dos dados e sua tempestividade serão de inteira responsabilidade do remetente.

§ 4º A mídia de áudio e/ou vídeo que instruir a petição deverá vir obrigatoriamente em 2 (duas) vias, acompanhada de 2 (duas) cópias das respectivas degravações, observado o formato.mp3,.aiff e.wav para as mídias de áudio;.wmv,.mpg,.mpeg ou.avi para as de vídeo digital; e VHS para fitas de vídeo.

§ 5º A tempestividade das peças enviadas por fac-símile será aferida pelo horário em que iniciada a transmissão, desde que seja ela ininterrupta. Ocorrendo a interrupção na transmissão, será considerado o horário do início da última transmissão válida.

§ 6º Em qualquer hipótese, a Secretaria Judiciária do Tribunal Eleitoral providenciará o protocolo da petição e certificará, nos autos, o horário da transmissão, bem como eventuais incidentes ocorridos.

Art. 8º Recebida a petição inicial, a Secretaria Judiciária do Tribunal Eleitoral notificará imediatamente o(s) representado(s), com a contrafé da petição inicial, e a degravação da mídia de áudio e/ou vídeo, quando houver, para, querendo, apresentar(em) defesa no prazo de 48 (quarenta e oito) horas (Lei nº 9.504/1997, art. 96, § 5º), exceto quando se tratar de pedido de direito de resposta, cujo prazo será de 24 (vinte e quatro) horas (Lei nº 9.504/1997, art. 58, § 2º).

§ 1º As notificações e as intimações do candidato, partido político ou coligação, serão encaminhadas para o número de fac-símile cadastrado no pedido de registro de candidatura (Lei nº 9.504/1997, art. 96-A).

§ 2º Na impossibilidade de transmitir a notificação inicial por fac-símile, essa será encaminhada para o endereço apontado na petição inicial ou para aquele indicado no pedido de registro de candidatura, por via postal (com aviso de recebimento), ou por Oficial de Justiça, ou, ainda, por servidor designado pelo Relator.

§ 3º O advogado do candidato, do partido político ou da coligação será notificado da existência do feito no mesmo prazo por fac-símile ou telegrama, considerando as informações indicadas na respectiva procuração – caso tenha sido arquivada na Secretaria Judiciária.

§ 4º Se houver pedido de medida liminar, os autos serão conclusos ao Relator, que o analisará imediatamente, procedendo-se em seguida à imediata notificação do representado, com o envio da contrafé da petição inicial e da decisão proferida.

§ 5º Não se incluem nas disposições deste artigo as representações tratadas no art. 22 desta resolução.

Art. 9º É facultado às emissoras de rádio, televisão e demais veículos de comunicação, inclusive provedores e servidores de internet, comunicar aos Tribunais Eleitorais o fac-símile por meio do qual receberão as notificações.

§ 1º Na hipótese de a faculdade a que se refere o *caput* deste artigo não ter sido exercida, o representante deverá indicar os meios pelos quais poderão ocorrer as notificações.

§ 2º Caso o representante não indique os meios para as notificações, o Relator ou seu substituto poderá abrir diligência para que o representante emende a inicial, no prazo de 24 (vinte e quatro) horas, sob pena de indeferimento liminar.

Art. 10. Nas hipóteses em que o representado não for candidato, partido político ou coligação, a notificação inicial será feita nesta ordem: por meio de fac-símile, no número indicado na forma do art. 9º, naquele já utilizado, com sucesso, pelo Tribunal, naquele indicado na inicial; ou no endereço físico informado pelo representante.

§ 1º Caso a petição inicial não indique nenhum dos meios citados no *caput* para a notificação, o Relator poderá abrir diligência para que o representante emende a inicial, no prazo de 24 (vinte e quatro) horas, sob pena de indeferimento.

§ 2º No caso de ser indicado apenas o endereço do representado, a notificação será feita por via postal (com Aviso de Recebimento), ou por Oficial de Justiça, ou, ainda, por servidor designado pelo Juiz Relator.

Art. 11. Constatado vício de representação processual das partes, o Juiz Relator determinará a respectiva regularização no prazo de 24 (vinte e quatro) horas (CPC, art. 13).

Parágrafo único. O disposto neste artigo não se aplica aos recursos de natureza extraordinária interpostos no Tribunal Superior Eleitoral ao Supremo Tribunal Federal.

Art. 12. As notificações, as comunicações, as publicações e as intimações serão feitas no horário das 10 às 19 horas, salvo se o Relator dispuser que se faça de outro modo ou em horário diverso.

Parágrafo único. As decisões de concessão de medida liminar serão comunicadas das 8 às 24 horas, salvo quando o Relator determinar horário diverso, iniciando o prazo para recurso:

I – da publicação em secretaria ou em sessão, caso a decisão seja proferida contra candidato, partido ou coligação; ou

II – da notificação do advogado do representado, nas hipóteses dos arts. 10 e 11 desta resolução, ou, quando não constituído procurador, da notificação do próprio representado.

Art. 13. Apresentada a defesa, ou decorrido o respectivo prazo, os autos serão encaminhados ao Ministério Público Eleitoral, quando esse não for parte processual, para emissão de parecer no prazo de 24 (vinte e quatro) horas, findo o qual, com ou sem parecer, serão imediatamente devolvidos ao Relator.

Art. 14. Transcorridos os prazos previstos no artigo anterior, o Juiz Relator decidirá e fará publicar a decisão em 24 (vinte e quatro) horas (Lei nº 9.504/1997, art. 96, § 7º), exceto quando se tratar de pedido de direito de resposta, cuja decisão deverá ser proferida e publicada no prazo máximo de 72 (setenta e duas) horas, contado da data em que for protocolado o pedido (Lei nº 9.504/1997, art. 58, § 2º).

Art. 15. No período entre 5 de julho de 2014 até as datas fixadas na Resolução do Calendário Eleitoral, as publicações dos atos judiciais serão feitas nas Secretarias Judiciárias – e poderão ser acessadas pelos murais eletrônicos, disponíveis nos sítios dos respectivos Tribunais Eleitorais – ou em sessão, por determinação do Juiz Relator, certificando-se no edital e nos autos o horário da publicação.

§ 1º Os acórdãos serão publicados exclusivamente em sessão de julgamento, devendo ser certificada nos autos a publicação.

§ 2º O Ministério Público será pessoalmente intimado dos despachos de natureza decisória e das decisões pela Secretaria Judiciária, mediante cópia, e dos acórdãos, em sessão de julgamento, quando nela publicados.

§ 3º Os atos judiciais serão publicados no Diário da Justiça Eletrônico:

I – quando o Relator assim o determinar;

II – quando não forem proferidos no período estabelecido no *caput*;

III – quando se referirem às representações reguladas na Seção IV deste Capítulo.

Seção II
DO DIREITO DE RESPOSTA

Art. 16. Os pedidos de direito de resposta serão relatados pelos Juízes Auxiliares encarregados da propaganda eleitoral.

Art. 17. Serão observadas, ainda, as seguintes regras no caso de pedido de direito de resposta relativo à ofensa veiculada:

I – em órgão da imprensa escrita:

a) o pedido deverá ser feito no prazo de 72 (setenta e duas) horas, a contar das 19 (dezenove) horas da data constante da edição em que veiculada a ofensa, salvo prova documental de que a circulação, no domicílio do ofendido, ocorreu após esse horário (Lei nº 9.504/1997, art. 58, § 1º, III);

b) o pedido deverá ser instruído com um exemplar da publicação e o texto da resposta (Lei nº 9.504/1997, art. 58, § 3º, I, *a*);

c) deferido o pedido, a resposta será divulgada no mesmo veículo, espaço, local, página, tamanho, caracteres e outros elementos de realce usados na ofensa, em até 48 (quarenta e oito) horas após a decisão ou, tratando-se de veículo com periodicidade de circulação maior do que 48 (quarenta e oito) horas, na primeira oportunidade em que circular (Lei nº 9.504/1997, art. 58, § 3º, I, *b*);

d) por solicitação do ofendido, a divulgação da resposta será feita no mesmo dia da semana em que a ofensa for divulgada, ainda que fora do prazo de 48 (quarenta e oito) horas (Lei nº 9.504/1997, art. 58, § 3º, I, *c*);

e) se a ofensa for produzida em dia e hora que inviabilizem sua reparação dentro dos prazos estabelecidos nas alíneas anteriores, a Justiça Eleitoral determinará a imediata divulgação da resposta (Lei nº 9.504/1997, art. 58, § 3º, I, *d*);

f) o ofensor deverá comprovar nos autos o cumprimento da decisão, mediante dados sobre a regular distribuição dos exemplares, a quantidade impressa e o raio de abrangência na distribuição (Lei nº 9.504/1997, art. 58, § 3º, I, *e*).

II – em programação normal das emissoras de rádio e de televisão:

a) o pedido, com a transcrição do trecho considerado ofensivo ou inverídico, deverá ser feito no prazo de 48 (quarenta e oito) horas, contado a partir da veiculação da ofensa (Lei nº 9.504/1997, art. 58, § 1º, II);

b) a Justiça Eleitoral, à vista do pedido, deverá notificar imediatamente o responsável pela emissora que realizou o programa, para que confirme data e horário da veiculação e entregue em 24 (vinte e quatro) horas, sob as penas do art. 347 do Código Eleitoral, cópia da fita da transmissão, que será devolvida após a decisão (Lei nº 9.504/1997, art. 58, § 3º, II, *a*);

c) o responsável pela emissora, ao ser notificado pela Justiça Eleitoral ou informado pelo representante, por cópia protocolada do pedido de resposta, preservará a gravação até a decisão final do processo (Lei nº 9.504/1997, art. 58, § 3º, II, *b*);

d) deferido o pedido, a resposta será dada em até 48 (quarenta e oito) horas após a decisão, em tempo igual ao da ofensa, nunca inferior a um minuto (Lei nº 9.504/1997, art. 58, § 3º, II, *c*).

III – no horário eleitoral gratuito:

a) o pedido deverá ser feito no prazo de 24 (vinte e quatro) horas, contado a partir da veiculação do programa (Lei nº 9.504/1997, art. 58, § 1º, I);

b) o pedido deverá especificar o trecho considerado ofensivo ou inverídico e ser instruído com a mídia da gravação do programa, acompanhada da respectiva degravação;

c) deferido o pedido, o ofendido usará, para a resposta, tempo igual ao da ofensa, porém nunca inferior a um minuto (Lei nº 9.504/1997, art. 58, § 3º, III, a);

d) a resposta será veiculada no horário destinado ao partido político ou coligação responsável pela ofensa, devendo dirigir-se aos fatos nela veiculados (Lei nº 9.504/1997, art. 58, § 3º, III, b);

e) se o tempo reservado ao partido político ou à coligação responsável pela ofensa for inferior a um minuto, a resposta será levada ao ar tantas vezes quantas forem necessárias para a sua complementação (Lei nº 9.504/1997, art. 58, § 3º, III, c);

f) deferido o pedido para resposta, a emissora geradora e o partido político ou a coligação atingidos deverão ser notificados imediatamente da decisão, na qual deverão estar indicados o período, diurno ou noturno, para a veiculação da resposta, sempre no início do programa do partido político ou coligação, e, ainda, o bloco de audiência, caso se trate de inserção (Lei nº 9.504/1997, art. 58, § 3º, III, d);

g) o meio de armazenamento com a resposta deverá ser entregue à emissora geradora até 36 horas após a ciência da decisão, para veiculação no programa subsequente do partido político ou da coligação em cujo horário se praticou a ofensa (Lei nº 9.504/1997, art. 58, § 3º, III, e);

h) se o ofendido for candidato, partido político ou coligação que tenha usado o tempo concedido sem responder aos fatos veiculados na ofensa, terá subtraído do respectivo programa eleitoral tempo idêntico; tratando-se de terceiros, ficarão sujeitos à suspensão de igual tempo em eventuais novos pedidos de resposta e à multa no valor de R$ 2.128,20 (dois mil cento e vinte e oito reais e vinte centavos) a R$ 5.320,50 (cinco mil trezentos e vinte reais e cinquenta centavos) (Lei nº 9.504/1997, art. 58, § 3º, III, f).

IV – em propaganda eleitoral pela internet:

a) o pedido poderá ser feito enquanto a ofensa estiver sendo veiculada, ou no prazo de 72 (setenta e duas) horas, contado da sua retirada espontânea;

b) a inicial deverá ser instruída com cópia impressa da página em que foi divulgada a ofensa e com a perfeita identificação de seu endereço na internet (URL);

c) deferido o pedido, a resposta será divulgada no mesmo veículo, espaço, local, horário, página eletrônica, tamanho, caracteres e outros elementos de realce usados na ofensa, em até 48 (quarenta e oito) horas após a entrega da mídia física com a resposta do ofendido (Lei nº 9.504/1997, art. 58, § 3º, IV, a);

d) a resposta ficará disponível para acesso pelos usuários do serviço de internet por tempo não inferior ao dobro em que esteve disponível a mensagem considerada ofensiva (Lei nº 9.504/1997, art. 58, § 3º, IV, b);

e) os custos de veiculação da resposta correrão por conta do responsável pela propaganda original (Lei nº 9.504/1997, art. 58, § 3º, IV, c).

§ 1º Se a ofensa ocorrer em dia e hora que inviabilizem sua reparação dentro dos prazos estabelecidos neste artigo, a resposta será divulgada nos horários que a Justiça Eleitoral determinar, ainda que nas 48 (quarenta e oito) horas anteriores ao pleito, em termos e forma previamente aprovados, de modo a não ensejar tréplica (Lei nº 9.504/1997, art. 58, § 4º).

§ 2º Quando se tratar de inserções, apenas as decisões comunicadas à emissora geradora até uma hora antes da geração ou do início do bloco poderão interferir no conteúdo a ser transmitido; após esse prazo, as decisões somente terão efeito na geração ou bloco seguintes.

§ 3º Caso a emissora geradora seja comunicada, entre a entrega do material e o horário de geração dos programas, de decisão proibindo trecho da propaganda, deverá aguardar a substituição do meio de armazenamento até o limite de uma hora antes do início do programa; no caso de o novo material não ser entregue, a emissora veiculará programa anterior, desde que não contenha propaganda já proibida pela Justiça Eleitoral.

§ 4º Caso o Relator determine a retirada de sítio da internet de material considerado ofensivo, o respectivo provedor responsável pela hospedagem deverá promover a imediata retirada, sob pena de responder na forma do art. 21 desta resolução, sem prejuízo do disposto no art. 461, § 4º, do Código de Processo Civil.

§ 5º O Relator, sempre que entender pertinente, poderá levar o feito diretamente ao Plenário, para julgamento, independentemente de decisão prévia, facultando aos procuradores das partes oportunidade de sustentação oral.

Art. 18. Os pedidos de direito de resposta formulados por terceiro, em relação ao que foi veiculado no horário eleitoral gratuito, serão examinados pela Justiça Eleitoral e deverão observar os procedimentos previstos na Lei nº 9.504/1997, naquilo que couber.

Art. 19. Quando o provimento do recurso resultar na cassação do direito de resposta já exercido, os Tribunais Eleitorais deverão observar o disposto nas alíneas f e g do inciso III do art. 17 desta resolução, para a restituição do tempo (Lei nº 9.504/1997, art. 58, § 6º).

Seção III
DAS PENALIDADES

Art. 20. A inobservância dos prazos previstos para a prolação das decisões tratadas nesta resolução sujeitará a autoridade judiciária às penas previstas no art. 345 do Código Eleitoral (Lei nº 9.504/1997, art. 58, § 7º).

Art. 21. O descumprimento, ainda que parcial, da decisão que reconhecer o direito de resposta, sujeitará o infrator ao pagamento de multa no valor de R$ 5.320,50 (cinco mil trezentos e vinte reais e cinquenta centavos) a R$ 15.961,50 (quinze mil novecentos e sessenta e um reais e cinquenta centavos), duplicada em caso de reiteração de conduta, sem prejuízo do disposto no art. 347 do Código Eleitoral (Lei nº 9.504/1997, art. 58, § 8º).

Seção IV
DAS REPRESENTAÇÕES ESPECIAIS

Art. 22. As representações que visem apurar as hipóteses previstas nos arts. 23, 30-A, 41-A, 73, 74, 75, 77 e 81 da Lei nº 9.504/1997 observarão o rito estabelecido pelo art. 22 da Lei Complementar nº 64/1990, sem prejuízo da competência regular do Corregedor Eleitoral.

§ 1º As representações de que trata o *caput* deste artigo poderão ser ajuizadas até a data da diplomação, exceto as do art. 30-A e dos arts. 23 e 81 da Lei nº 9.504/1997, que poderão ser propostas, respectivamente, no prazo de 15 (quinze) dias e no de 180 (cento e oitenta) dias a contar da diplomação.

§ 2º O juízo eleitoral do domicílio do doador será o competente para processar e julgar as representações por doação de recursos para campanha eleitoral acima dos limites legais previstos nos arts. 23 e 81 da Lei nº 9.504/1997.

Art. 23. No caso de a inicial indicar infração à Lei nº 9.504/1997 e também aos arts. 19 ou 22 da LC nº 64/1990, o Relator poderá determinar o desmembramento do feito, remetendo cópia integral à Corregedoria Eleitoral para apuração das transgressões referentes à LC nº 64/1990 (Resolução nº 21.166/2002).

Parágrafo único. Caso a representação, nas mesmas circunstâncias previstas no *caput*, seja inicialmente encaminhada ao Corregedor Eleitoral, este poderá determinar o desmembramento do feito, remetendo cópia integral para distribuição a um dos Juízes Auxiliares para apuração das infrações à Lei nº 9.504/1997.

Art. 24. Ao despachar a inicial, o Relator adotará as seguintes providências:

a) ordenará que se notifique o representado, encaminhando-lhe a segunda via da petição, acompanhada das cópias dos documentos, para que, no prazo de 5 (cinco) dias, ofereça defesa (LC nº 64/1990, art. 22, I, a);

b) determinará que se suspenda o ato que deu origem à representação, quando relevante o fundamento e do ato impugnado puder resultar na ineficácia da medida, caso seja julgada procedente (LC nº 64/1990, art. 22, I, b);

c) indeferirá desde logo a inicial, quando não for caso de representação ou lhe faltar algum requisito essencial (LC nº 64/1990, art. 22, I, c).

§ 1º No caso de representação instruída com imagem e/ou áudio, uma via da respectiva degravação será encaminhada juntamente com a notificação, devendo uma cópia da mídia e da degravação permanecer no processo e uma cópia da mídia ser mantida em secretaria, facultando-se às partes e ao Ministério Público, a qualquer tempo, requerer cópia, independentemente de autorização específica do Relator.

§ 2º O Relator, a requerimento das partes, do Ministério Público ou de ofício, poderá, em decisão fundamentada, limitar o acesso aos autos às partes, a seus representantes e ao Ministério Público.

§ 3º No caso de o Relator indeferir a representação, ou retardar-lhe a solução, poderá o interessado renová-la perante o Plenário do Tribunal, que a resolverá dentro de 24 (vinte e quatro) horas (LC nº 64/1990, art. 22, II).

§ 4º O interessado, quando não for atendido ou ocorrer demora, poderá levar o fato ao conhecimento do Tribunal Superior Eleitoral, a fim de que sejam tomadas as providências necessárias (LC nº 64/1990, art. 22, III).

§ 5º Sem prejuízo do disposto no § 3º deste artigo, da decisão que indeferir o processamento da representação caberá agravo regimental, no prazo de 3 (três) dias.

Art. 25. Feita a notificação, a Secretaria Judiciária do Tribunal juntará aos autos cópia autêntica do documento endereçado ao representado, bem como a prova da entrega ou da sua recusa em aceitá-la ou em dar recibo.

Art. 26. Se a defesa for instruída com documentos, a Secretaria Judiciária do Tribunal intimará o representante a se manifestar sobre eles, no prazo de 48 (quarenta e oito) horas.

Art. 27. Não sendo apresentada a defesa, ou apresentada sem a juntada de documentos, ou, ainda, decorrido o prazo para que o representante se manifeste sobre os documentos juntados, os autos serão imediatamente conclusos ao Relator, que designará, nos 5 (cinco) dias seguintes, data, hora e local para a realização, em única assentada, de audiência para oitiva de testemunhas arroladas (LC nº 64/1990, art. 22, V).

§ 1º As testemunhas deverão ser arroladas pelo representante, na inicial, e pelo representado, na defesa, com o limite de 6 (seis) para cada parte, sob pena de preclusão.

§ 2º As testemunhas deverão comparecer à audiência independentemente de intimação.

§ 3º Versando a representação sobre mais de um fato determinado, o Relator poderá, mediante pedido justificado da parte, admitir a oitiva de testemunhas acima do limite previsto no § 1º, desde que não ultrapassado o número de seis testemunhas para cada fato.

Art. 28. Ouvidas as testemunhas ou indeferida a oitiva, o Relator, nos 3 (três) dias subsequentes, procederá a todas as diligências que determinar, de ofício ou a requerimento das partes (LC nº 64/1990, art. 22, VI).

§ 1º Nesse mesmo prazo de 3 (três) dias, o Relator poderá, na presença das partes e do Ministério Público, ouvir terceiros, referidos pelas partes, ou testemunhas, como conhecedores dos fatos e circunstâncias que possam influir na decisão do feito (LC nº 64/1990, art. 22, VII).

§ 2º Quando qualquer documento necessário à formação da prova se achar em poder de terceiro, inclusive estabelecimento de crédito, oficial ou privado, o Relator poderá, ainda, no mesmo prazo, ordenar o respectivo depósito ou requisitar cópias (LC nº 64/1990, art. 22, VIII).

§ 3º Se o terceiro, sem justa causa, não exibir o documento ou não comparecer a juízo, o Relator poderá expedir contra ele mandado de prisão e instaurar processo por crime de desobediência (LC nº 64/1990, art. 22, VIII).

Art. 29. As decisões interlocutórias proferidas no curso da representação não são recorríveis de imediato, não precluem e deverão ser analisadas pelo Tribunal por ocasião do julgamento, caso assim requeiram as partes ou o Ministério Público.

Parágrafo único. Modificada a decisão interlocutória pelo Tribunal, somente serão anulados os atos que não puderem ser aproveitados, com a subsequente realização ou renovação dos que forem necessários.

Art. 30. Encerrado o prazo da dilação probatória, as partes, inclusive o Ministério Público, poderão apresentar alegações finais no prazo comum de 2 (dois) dias (LC nº 64/1990, art. 22, X).

Parágrafo único. Nas ações em que não for parte o Ministério Público Eleitoral, apresentadas as alegações finais, ou decorrido o prazo sem o seu oferecimento, os autos lhe serão remetidos para, querendo, se manifestar no prazo de 2 (dois) dias.

Art. 31. Findo o prazo para alegações finais ou para manifestação do Ministério Público, os autos serão conclusos ao Relator, no dia imediato, para elaboração de relatório conclusivo, no prazo de 3 (três) dias (LC nº 64/1990, art. 22, XI e XII).

Art. 32. Apresentado o relatório, os autos da representação serão encaminhados à Secretaria Judiciária do Tribunal, com pedido de inclusão incontinenti em pauta, para julgamento na primeira sessão subsequente (LC nº 64/1990, art. 22, XII).

Art. 33. Julgada a representação, o Tribunal providenciará a imediata publicação do acórdão no Diário da Justiça Eletrônico.

Parágrafo único. No caso de cassação de registro de candidato, antes da realização das eleições, o Relator ou Tribunal determinará a notificação do partido político ou da coligação pela qual concorre, encaminhando-lhe cópia da decisão ou acórdão, para os fins previstos no § 1º do art. 13 da Lei nº 9.504/1997, se para tanto ainda houver tempo.

Art. 34. Os recursos contra as decisões e acórdãos que julgarem as representações previstas nesta Seção deverão ser interpostos no prazo de 3 (três) dias contados da publicação no Diário da Justiça Eletrônico, observando-se o mesmo prazo para os recursos subsequentes, inclusive recurso especial e agravo, bem como as respectivas contrarrazões e respostas.

Seção V
DO RECURSO EM REPRESENTAÇÃO PARA O TRIBUNAL ELEITORAL

Art. 35. A decisão proferida por Juiz Auxiliar estará sujeita a recurso para o Plenário do Tribunal Eleitoral, no prazo de 24 (vinte e quatro) horas da publicação da decisão em secretaria ou em sessão, assegurado ao recorrido o oferecimento de contrarrazões, em igual prazo, a contar da sua notificação (Lei nº 9.504/1997, art. 96, §§ 4º e 8º).

§ 1º Oferecidas contrarrazões ou decorrido o respectivo prazo, os autos serão enviados ao Relator, o qual deverá apresentá-los em mesa para julgamento em 48 (quarenta e oito) horas, independentemente de publicação de pauta (Lei nº 9.504/1997, art. 96, § 9º), exceto quando se tratar de direito de resposta, cujo prazo será de 24 (vinte e quatro) horas, contado da conclusão dos autos (Lei nº 9.504/1997, art. 58, § 6º).

§ 2º Caso o Tribunal não se reúna no prazo previsto no § 1º, o recurso deverá ser julgado na primeira sessão subsequente.

§ 3º Só poderão ser apreciados os recursos relacionados até o início de cada sessão plenária.

§ 4º Ao advogado de cada parte é assegurado o uso da tribuna pelo prazo máximo de 10 (dez) minutos, para sustentação oral de suas razões.

§ 5º Os acórdãos serão publicados na sessão em que os recursos forem julgados, salvo determinação do Plenário ou disposição diversa prevista nesta resolução.

§ 6º Os embargos de declaração interrompem o prazo para a interposição de recursos subsequentes.

Seção VI
DO RECURSO ORDINÁRIO

Art. 36. Contra as decisões dos Tribunais Regionais Eleitorais caberá recurso ordinário, quando se pretenda a anulação, reforma, manutenção ou cassação da decisão que tenha ou possa ter reflexo sobre o registro ou o diploma.

§ 1º Interposto recurso ordinário, o(s) recorrido(s) será(ão) imediatamente intimado(s) para oferecer contrarrazões no prazo comum de 3 (três) dias, findo o qual, com ou sem apresentação, os autos serão conclusos ao Presidente do Tribunal, que determinará a remessa dos autos à instância superior.

§ 2º O recurso ordinário tramitará no Tribunal Superior Eleitoral de acordo com as regras previstas em seu Regimento Interno.

Seção VII
DO RECURSO ESPECIAL

Art. 37. Do acórdão de Tribunal Regional Eleitoral que contrariar expressa disposição de lei e/ou divergir da interpretação de lei de dois ou mais Tribunais Eleitorais, caberá recurso especial para o Tribunal Superior Eleitoral, no prazo de 3 (três) dias, a contar da publicação (Código Eleitoral, art. 276, I, *a* e *b* e § 1º), salvo se se tratar de pedido de direito de resposta cujo prazo será de 24 (vinte e quatro) horas (Lei nº 9.504/1997, art. 58, § 6º).

§ 1º Interposto o recurso especial, os autos serão conclusos ao Presidente do respectivo Tribunal, que, no prazo de 24 (vinte e quatro) horas, proferirá decisão fundamentada, admitindo ou não o recurso.

§ 2º Admitido o recurso especial, será assegurado ao(s) recorrido(s) o oferecimento de contrarrazões, no prazo comum de 3 (três) dias, contados da publicação em secretaria.

§ 3º Oferecidas as contrarrazões, ou decorrido o prazo sem o seu oferecimento, serão os autos imediatamente remetidos ao Tribunal Superior Eleitoral, inclusive por portador, se necessário.

§ 4º Não admitido o recurso especial, caberá agravo nos próprios autos para o Tribunal Superior Eleitoral, no prazo de 3 (três) dias, contados da publicação em secretaria.

§ 5º Interposto o agravo, será(ão) intimado(s) o(s) agravado(s) para oferecer resposta ao agravo e ao recurso especial, no prazo comum de 3 (três) dias, contados da publicação em secretaria.

§ 6º Recebido na Secretaria do Tribunal Superior Eleitoral, o recurso deverá ser autuado e distribuído na mesma data, devendo ser remetido ao Ministério Público para manifestação.

§ 7º O Relator, no Tribunal Superior Eleitoral, negará seguimento a pedido ou recurso intempestivo, manifestamente inadmissível ou improcedente, prejudicado ou em confronto com súmula ou com jurisprudência dominante do Tribunal Superior Eleitoral, do Supremo Tribunal Federal ou de Tribunal Superior (CPC, art. 557, *caput*, e RITSE, art. 36, § 6º); ou poderá dar provimento ao recurso especial se o acórdão recorrido estiver em manifesto confronto com súmula ou com jurisprudência dominante do Tribunal Superior Eleitoral, do Supremo Tribunal Federal ou de Tribunal Superior (CPC, art. 544, § 4º, e RITSE, art. 36, § 7º).

Art. 38. Quando se tratar de direito de resposta, o prazo para interposição do recurso especial será de 24 (vinte e quatro) horas, a contar da publicação em sessão, dispensado o juízo de admissibilidade, com a imediata intimação do(s) recorrido(s), em secretaria, para o oferecimento de contrarrazões no mesmo prazo comum (Lei nº 9.504/1997, art. 58, § 5º).

Seção VII
DO RECURSO EXTRAORDINÁRIO

Art. 39. Do acórdão do Tribunal Superior Eleitoral caberá recurso extraordinário para o Supremo Tribunal Federal, quando a decisão declarar a invalidade de lei ou contrariar a Constituição Federal, no prazo de 3 (três) dias, a contar da publicação (Código Eleitoral, art. 281, *caput*, e Constituição Federal, art. 121, § 3º).

§ 1º Interposto o recurso extraordinário, o(s) recorrido(s) será(ão) intimado(s) para apresentação de contrarrazões no prazo comum de 3 (três) dias.

§ 2º Nos casos em que o recurso extraordinário for interposto por meio de fac-símile, o original deverá ser juntado aos autos no prazo de 5 (cinco) dias.

§ 3º A intimação do Ministério Público Eleitoral e da Defensoria Pública dar-se-á por mandado e, para as demais partes, mediante publicação em secretaria.

§ 4º Apresentadas as contrarrazões ou transcorrido o respectivo prazo, os autos serão conclusos ao Presidente para juízo de admissibilidade.

§ 5º Da decisão de admissibilidade, serão intimados o Ministério Público Eleitoral e/ou Defensoria Pública, quando integrantes da lide, por cópia, e as demais partes mediante publicação em secretaria.

§ 6º Admitido o recurso e feitas as intimações, os autos serão remetidos imediatamente ao Supremo Tribunal Federal.

CAPÍTULO III
DISPOSIÇÕES FINAIS

Art. 40. Os pedidos de direito de resposta e as representações por propaganda eleitoral irregular em rádio, televisão, imprensa escrita e internet tramitarão preferencialmente em relação aos demais processos em curso na Justiça Eleitoral (Lei nº 9.504/1997, art. 58-A).

Art. 41. Os prazos relativos às representações serão contínuos e peremptórios, correm em secretaria, não se suspendendo aos sábados, domingos e feriados, entre 5 de julho de 2014 e as datas fixadas na Resolução do Calendário Eleitoral.

§ 1º Nesse período, os advogados, inclusive os que representarem as emissoras de rádio, televisão, provedores ou servidores de internet e demais veículos de comunicação, estarão dispensados da juntada de procuração em cada processo, se arquivarem, na Secretaria Judiciária, mandato genérico relativo às Eleições de 2014.

§ 2º O arquivamento de procuração genérica deverá ser sempre informado na inicial, na defesa e nos recursos apresentados pelo advogado, com a indicação do respectivo número de protocolo, e deverá ser certificada nos autos pela Secretaria Judiciária.

§ 3º O envio de petições, de recursos, e a prática de atos processuais em geral por meio eletrônico somente serão admitidos com o uso de assinatura eletrônica, na forma do art. 1º da Lei nº 11.419/2006, sendo obrigatório o credenciamento prévio no Poder Judiciário, conforme disciplinado pelo Tribunal Superior Eleitoral (Lei 11.419/2006, art. 2º, *caput*).

§ 4º O requisito de admissibilidade dos recursos pela instância superior será verificado a partir da certidão constante dos autos, sendo a parte interessada responsável pela verificação da existência da referida certidão.

Art. 42. A competência para o processamento e julgamento das representações previstas no art. 3º desta resolução não exclui o poder de polícia sobre a propaganda eleitoral, que somente poderá ser exercido pelos Juízes Eleitorais, pelos membros dos Tribunais Eleitorais e pelos Juízes Auxiliares designados.

§ 1º O poder de polícia sobre a propaganda eleitoral é restrito às providências necessárias para inibir ou fazer cessar práticas ilegais, vedada a censura prévia sobre o teor dos programas e matérias, jornalísticas ou de caráter meramente informativo, a serem veiculados na televisão, no rádio, na internet ou na imprensa escrita.

§ 2º No caso de condutas passíveis de sanção, o Juiz que tiver ciência do fato, após adotar as medidas cabíveis, cientificará o Ministério Público para as providências cabíveis.

§ 3º Os órgãos da administração, funcionários, agentes públicos, inclusive os da área de segurança, que tiverem ciência da prática de ilegalidade ou irregularidade relacionada à propaganda eleitoral, deverão comunicar o fato ao Ministério Público Eleitoral para a adoção das medidas cabíveis, as quais somente serão realizadas por ordem do juiz competente.

Art. 43. As decisões dos Juízes Auxiliares indicarão de modo preciso o que, na propaganda impugnada, deverá ser excluído ou substituído.

§ 1º Nas inserções de que trata o art. 51 da Lei nº 9.504/1997, as exclusões ou substituições determinadas observarão o tempo mínimo de 15 (quinze) segundos e os respectivos múltiplos.

§ 2º O teor da decisão será comunicado às emissoras de rádio e televisão, às empresas jornalísticas e aos provedores ou servidores de internet pela Secretaria Judiciária.

Art. 44. Da convenção partidária até a apuração final da eleição, não poderão servir como Juízes, nos Tribunais Eleitorais, ou como Juízes Auxiliares, o cônjuge ou companheiro, parente consanguíneo ou afim, até o segundo grau, de candidato a cargo eletivo registrado na circunscrição (Código Eleitoral, art. 14, § 3º).

Art. 45. O representante do Ministério Público que tiver sido filiado a partido político não poderá exercer funções eleitorais enquanto não decorridos 2 (dois) anos do cancelamento de sua filiação (Lei Complementar nº 75/1993, art. 80).

Art. 46. Ao Juiz Eleitoral que for parte em ações judiciais que envolvam determinado candidato é defeso exercer suas funções em processo eleitoral no qual o mesmo candidato seja interessado (Lei nº 9.504/1997, art. 95).

Parágrafo único. Se o candidato propuser ação contra Juiz que exerça função eleitoral, posteriormente ao pedido de registro de candidatura, o afastamento do magistrado somente decorrerá de declaração espontânea de suspeição ou da procedência da respectiva exceção.

Art. 47. Poderá o candidato, o partido político, a coligação ou o Ministério Público representar ao Tribunal Regional Eleitoral contra o Juiz Eleitoral que descumprir as disposições desta resolução ou der causa a seu descumprimento, inclusive quanto aos prazos processuais; neste caso, ouvido o representado em 24 (vinte e quatro) horas, o Tribunal ordenará a observância do procedimento que explicitar, sob pena de incorrer o Juiz em desobediência (Lei nº 9.504/1997, art. 97, *caput*).

§ 1º É obrigatório, para os membros dos Tribunais Eleitorais e para os representantes do Ministério Público, fiscalizar o cumprimento das disposições desta resolução pelos Juízes e Promotores Eleitorais das instâncias inferiores, determinando, quando for o caso, a abertura de procedimento disciplinar para apuração de eventuais irregularidades que verificarem (Lei nº 9.504/1997, art. 97, § 1º).

§ 2º No caso de descumprimento das disposições desta resolução por Tribunal Regional Eleitoral, a representação poderá ser feita ao Tribunal Superior Eleitoral, observado o disposto neste artigo (Lei nº 9.504/1997, art. 97, § 2º).

Art. 48. Os feitos eleitorais, no período entre 10 de junho e 31 de outubro de 2014, terão prioridade para a participação do Ministério Público e dos Juízes de todas as Justiças e instâncias, ressalvados os processos de *habeas corpus* e mandado de segurança (Lei nº 9.504/1997, art. 94, *caput*).

§ 1º É defeso às autoridades mencionadas neste artigo deixar de cumprir qualquer prazo desta resolução, em razão do exercício de suas funções regulares (Lei nº 9.504/1997, art. 94, § 1º).

§ 2º O descumprimento do disposto neste artigo constitui crime de responsabilidade e será objeto de anotação funcional para efeito de promoção na carreira (Lei nº 9.504/1997, art. 94, § 2º).

§ 3º Além das polícias judiciárias, os órgãos da Receita Federal, Estadual e Municipal, os Tribunais e os órgãos de contas auxiliarão a Justiça Eleitoral na apuração dos delitos eleitorais, com prioridade sobre suas atribuições regulares (Lei nº 9.504/1997, art. 94, § 3º).

Art. 49. Esta resolução entra em vigor na data de sua publicação.

Brasília, 17 de dezembro de 2013.

MINISTRO MARCO AURÉLIO – PRESIDENTE. MINISTRO DIAS TOFFOLI – RELATOR. MINISTRO GILMAR MENDES. MINISTRA LAURITA VAZ. MINISTRO JOÃO OTÁVIO DE NORONHA. MINISTRO HENRIQUE NEVES DA SILVA. MINISTRA LUCIANA LÓSSIO.

RESOLUÇÃO Nº 23.399/2014

INSTRUÇÃO Nº 962-63.2013.6.00.0000 – CLASSE 19 – BRASÍLIA – DISTRITO FEDERAL

Relator: Ministro Dias Toffoli

Interessado: Tribunal Superior Eleitoral

Ementa:

Dispõe sobre os atos preparatórios para as Eleições de 2014.

O Tribunal Superior Eleitoral, no uso das atribuições que lhe conferem o artigo 23, inciso IX, do Código Eleitoral e o artigo 105 da Lei nº 9.504, de 30 de setembro de 1997, resolve expedir a seguinte instrução:

TÍTULO I
DA PREPARAÇÃO DAS ELEIÇÕES
CAPÍTULO I
DISPOSIÇÕES PRELIMINARES

Art. 1º Serão realizadas eleições simultaneamente em todo o País em 5 de outubro de 2014, primeiro turno, e em 26 de outubro de 2014, segundo turno, onde houver, por sufrágio universal e voto direto e secreto (Constituição Federal, artigos 14, *caput*, 28 e 32, § 2º, Código Eleitoral, artigos 82 e 85, e Lei nº 9.504/1997, artigo 1º, parágrafo único, I).

Art. 2º As eleições para Presidente e Vice-Presidente da República, Governador e Vice-Governador de Estado e do Distrito Federal e para Senador da República obedecerão ao princípio majoritário (Constituição Federal, artigo 77, § 2º, e Código Eleitoral, artigo 83).

Parágrafo único. Se nenhum candidato aos cargos de Presidente da República e Governador de Estado e do Distrito Federal alcançar maioria absoluta na primeira votação, será feita nova eleição em 26 de outubro de 2014 (segundo turno), com os dois mais votados (Constituição Federal, artigo 77, § 3º, e Lei nº 9.504/1997, artigo 2º, § 1º).

Art. 3º As eleições para Deputado Federal, Estadual e Distrital obedecerão ao princípio da representação proporcional (Constituição Federal, artigo 45, *caput*, e Código Eleitoral, artigo 84).

Art. 4º Na eleição presidencial, a circunscrição será o País; nas eleições federais, estaduais e distritais, o respectivo Estado ou o Distrito Federal (Código Eleitoral, artigo 86).

Art. 5º O voto é obrigatório para os maiores de 18 anos e facultativo para os analfabetos, os maiores de 70 anos e os maiores de 16 e menores de 18 anos (Constituição Federal, artigo 14, § 1º, I e II).

Parágrafo único. Poderão votar os eleitores regularmente inscritos até 7 de maio de 2014 (Lei nº 9.504/1997, artigo 91, *caput*).

CAPÍTULO II
DOS SISTEMAS DE INFORMÁTICA

Art. 6º Nas eleições serão utilizados os sistemas informatizados desenvolvidos pelo Tribunal Superior Eleitoral ou sob sua encomenda, sendo o sistema eletrônico de votação utilizado em todas as seções eleitorais (Lei nº 9.504/1997, artigo 59, *caput*).

§ 1º Os sistemas de que trata o *caput* serão utilizados, exclusivamente, em equipamentos de posse da Justiça Eleitoral, observadas as especificações técnicas definidas pelo Tribunal Superior Eleitoral, à exceção de:

I – Divulgação de Resultados;

II – Divulgação de Candidatos;

III – JE-Connect;

IV – Candidaturas – módulo externo;

V – Prestação de Contas Eleitorais – módulo externo;

VI – Registro de Pesquisas Eleitorais.

§ 2º É vedada a utilização, pelos órgãos da Justiça Eleitoral, de qualquer outro sistema em substituição aos fornecidos pelo Tribunal Superior Eleitoral.

CAPÍTULO III
DOS ATOS PREPARATÓRIOS DA VOTAÇÃO
Seção I
Das Mesas Receptoras de Votos e de Justificativas

Art. 7º A cada seção eleitoral corresponde uma Mesa Receptora de Votos, salvo na hipótese de agregação (Código Eleitoral, artigo 119).

Parágrafo único. Os Tribunais Regionais Eleitorais poderão determinar a agregação de seções eleitorais visando à racionalização dos trabalhos eleitorais, desde que não importe qualquer prejuízo à votação.

Art. 8º Os Tribunais Regionais Eleitorais determinarão o recebimento das justificativas, no dia da eleição, por Mesas Receptoras de Votos, por Mesas Receptoras de Justificativas ou por ambas.

§ 1º Nos Estados onde não houver segundo turno de votação, é obrigatória a instalação de pelo menos uma Mesa Receptora de Justificativas por município.

§ 2º A critério dos Tribunais Regionais Eleitorais, poderá ser dispensado o uso de urna eletrônica para recebimento de justificativas.

§ 3º O Tribunal Regional Eleitoral que adotar mecanismo alternativo de captação de justificativa deverá regulamentar os procedimentos e divulgá-los amplamente ao eleitorado.

Art. 9º Constituirão as Mesas Receptoras de Votos e de Justificativas um presidente, um primeiro e um segundo mesários, dois secretários e um suplente (Código Eleitoral, artigo 120, *caput*).

§ 1º São facultadas aos Tribunais Regionais Eleitorais as dispensas do segundo secretário e do suplente, nas Mesas Receptoras de Votos, e a redução do número de membros das Mesas Receptoras de Justificativas para, no mínimo, dois.

§ 2º É facultada aos Tribunais Regionais Eleitorais a nomeação de eleitores para apoio logístico nos locais de votação, em número e pelo período que deliberarem, para atuar como auxiliares dos trabalhos eleitorais junto aos locais de votação e cumprir outras atribuições a critério do Juiz Eleitoral.

§ 3º Não poderão ser nomeados para compor as Mesas Receptoras de Votos e de Justificativas, bem como para atuar no apoio logístico nos locais de votação (Código Eleitoral, artigo 120, § 1º, I a IV, e Lei nº 9.504/1997, artigo 63, § 2º):

I – os candidatos e seus parentes, ainda que por afinidade, até o segundo grau, inclusive, e bem assim o cônjuge;

II – os membros de diretórios de partido político, desde que exerçam função executiva;

III – as autoridades e agentes policiais, bem como os funcionários no desempenho de cargos de confiança do Poder Executivo;

IV – os que pertencerem ao serviço eleitoral;

V – os eleitores menores de 18 anos.

§ 4º Para as Mesas que sejam exclusivamente Receptoras de Justificativas e para atuação como apoio logístico nos locais de votação, não se aplica a vedação do inciso IV do § 3º deste artigo.

§ 5º Na mesma Mesa Receptora de Votos, é vedada a participação de parentes em qualquer grau ou de servidores da mesma repartição pública ou empresa privada (Lei nº 9.504/1997, artigo 64).

§ 6º Não se incluem na proibição do parágrafo anterior os servidores de dependências diversas do mesmo Ministério, Secretaria de Estado, Secretaria de Município, autarquia ou fundação pública de qualquer ente federativo, nem de sociedade de economia mista ou empresa pública, nem os serventuários de cartórios judiciais e extrajudiciais diferentes.

§ 7º Os nomeados que não declararem a existência dos impedimentos referidos nos incisos I a IV do § 3º deste artigo incorrerão na pena estabelecida no artigo 310 do Código Eleitoral (Código Eleitoral, artigo 120, § 5º).

Art. 10. Os componentes das Mesas Receptoras de Votos serão nomeados, de preferência, entre os eleitores da própria seção eleitoral e, dentre estes, os diplomados em escola superior, os professores e os serventuários da Justiça (Código Eleitoral, artigo 120, § 2º).

§ 1º A convocação para os trabalhos eleitorais deve ser realizada, como regra, entre os eleitores pertencentes à Zona Eleitoral da autoridade judiciária convocadora, excepcionadas as situações de absoluta necessidade e mediante autorização do Juízo da inscrição, ainda que se trate de eleitor voluntário (Resolução-TSE nº 22.098/2005).

§ 2º A inobservância dos pressupostos descritos no parágrafo anterior poderá resultar na nulidade da convocação, impedindo a imposição de multa pela Justiça Eleitoral (Resolução-TSE nº 22.098/2005).

Art. 11. O Juiz Eleitoral nomeará, até 6 de agosto de 2014, ressalvada a hipótese prevista no artigo 21 desta resolução, os eleitores que constituirão as Mesas Receptoras de Votos e de Justificativas e os que atuarão como apoio logístico, fixando os dias, horários e lugares em que prestarão seus serviços, intimando-os por via postal ou outro meio eficaz que considerar necessário (Código Eleitoral, artigo 120, *caput* e § 3º).

§ 1º Os eleitores referidos no *caput* poderão apresentar recusa justificada à nomeação, em até 5 dias a contar de sua intimação, cabendo ao Juiz Eleitoral apreciar livremente os motivos apresentados, ressalvada a hipótese de fato superveniente que venha a impedir o trabalho do eleitor (Código Eleitoral, artigo 120, § 4º).

§ 2º A nomeação para membro de Mesa Receptora prevalecerá sobre a convocação para atuar como apoio logístico nos locais de votação, cabendo aos Tribunais Regionais Eleitorais disciplinar as exceções.

Art. 12. O Juiz Eleitoral fará publicar, até 6 de agosto de 2014, as nomeações a que se refere o artigo anterior (Código Eleitoral, artigo 120, § 3º):

I – no Diário da Justiça Eletrônico, nas capitais;

II – mediante afixação no átrio do cartório, nas demais localidades.

§ 1º Da composição da Mesa Receptora de Votos ou de Justificativas e dos eleitores nomeados para o apoio logístico, qualquer partido político ou coligação poderá reclamar ao Juiz Eleitoral, no prazo de 5 dias da publicação, devendo a decisão ser proferida em 2 dias (Lei nº 9.504/1997, artigo 63).

§ 2º Da decisão do Juiz Eleitoral caberá recurso para o Tribunal Regional Eleitoral, interposto dentro de 3 dias, devendo, em igual prazo, ser resolvido (Código Eleitoral, artigo 121, § 1º).

§ 3º Se o vício da nomeação resultar da incompatibilidade prevista no inciso I do § 3º do artigo 9º desta resolução, e o registro do candidato for posterior à nomeação do mesário, o prazo para reclamação será contado da publicação dos nomes dos candidatos registrados (Código Eleitoral, artigo 121, § 2º).

§ 4º Se o vício resultar de qualquer das proibições dos incisos II, III e IV do § 3º do mesmo artigo 9º desta resolução, e em virtude de fato superveniente, o prazo será contado a partir do ato da nomeação ou eleição (Código Eleitoral, artigo 121, § 2º).

§ 5º O partido político ou coligação que não reclamar contra as nomeações dos eleitores que constituirão as Mesas Receptoras de Votos e de Justificativas e dos que atuarão como apoio logístico não poderá arguir, sob esse fundamento, a nulidade da seção respectiva (Código Eleitoral, artigo 121, § 3º).

§ 6º Os eleitores que forem nomeados para constituir as Mesas Receptoras de Votos e de Justificativas e aqueles nomeados para apoio logístico serão sempre intimados a comparecer às 7 horas no dia da votação.

Art. 13. Os Juízes Eleitorais, ou quem estes designarem, deverão instruir os mesários e os convocados para apoio logístico sobre o processo de votação e de justificativa, em reuniões para esse fim convocadas com a necessária antecedência, ensejando o crime do artigo 347 do Código Eleitoral o não comparecimento injustificado, alcançando inclusive terceiros que, por qualquer meio, obstruam o cumprimento da ordem judicial (Código Eleitoral, artigos 122 e 347).

Art. 14. O membro da Mesa Receptora de Votos ou de Justificativas que não comparecer ao local em dia e hora determinados para a realização das eleições incorrerá em multa cobrada por meio de recolhimento de Guia de Recolhimento da União (GRU), se não apresentado justa causa ao Juiz Eleitoral em até 30 dias da data da eleição (Código Eleitoral, artigo 124, *caput*).

§ 1º Se o arbitramento e pagamento da multa não for requerido pelo mesário faltoso, a multa será arbitrada e cobrada na forma prevista no artigo 367 do Código Eleitoral (Código Eleitoral, artigo 124, § 1º).

§ 2º Se o mesário faltoso for servidor público ou autárquico, a pena será de suspensão de até 15 dias (Código Eleitoral, artigo 124, § 2º).

§ 3º As penas previstas neste artigo serão aplicadas em dobro se a Mesa Receptora deixar de funcionar por culpa dos faltosos, bem como ao membro que abandonar os trabalhos no decurso da votação sem justa causa apresentada ao Juiz Eleitoral, em até 3 dias após a ocorrência (Código Eleitoral, artigo 124, §§ 3º e 4º).

§ 4º O convocado para apoio logístico do local de votação que não comparecer aos locais e dias marcados para as atividades, inclusive ao treinamento, deverá apresentar justificativas ao Juiz Eleitoral em até 5 dias úteis.

Seção II
Dos Locais de Votação e de Justificativa

Art. 15. Os locais designados para o funcionamento das Mesas Receptoras, assim como a sua composição, serão publicados, até 6 de agosto de 2014, no Diário da Justiça Eletrônico, nas capitais, e no Cartório Eleitoral, nas demais localidades (Código Eleitoral, artigos 120, § 3º, e 135).

§ 1º A publicação deverá conter a seção, inclusive as agregadas, com a numeração ordinal e o local em que deverá funcionar, com a indicação da rua, número e qualquer outro elemento que facilite a sua localização pelo eleitor, bem como os nomes dos mesários nomeados para atuarem nas Mesas Receptoras e dos eleitores para atuarem como apoio logístico nos locais de votação (Código Eleitoral, artigos 120, § 3º, e 135, § 1º).

§ 2º Será dada preferência aos edifícios públicos, recorrendo-se aos particulares se faltarem aqueles em número e condições adequadas (Código Eleitoral, artigo 135, § 2º).

§ 3º A propriedade particular será obrigatória e gratuitamente cedida para esse fim (Código Eleitoral, artigo 135, § 3º).

§ 4º Para os fins previstos neste artigo, é expressamente vedado o uso de propriedade pertencente a candidato, membro de diretório de partido político, delegado de partido político ou de coligação, autoridade policial, bem como dos respectivos cônjuges e parentes, consanguíneos ou afins, até o segundo grau, inclusive (Código Eleitoral, artigo 135, § 4º).

§ 5º Não poderão ser localizadas seções eleitorais em fazenda, sítio ou qualquer propriedade rural privada, mesmo existindo no local prédio público, incorrendo o Juiz nas penas do artigo 312 do Código Eleitoral, em caso de infringência (Código Eleitoral, artigo 135, § 5º).

§ 6º Os Tribunais Regionais Eleitorais, nas capitais, e os Juízes Eleitorais, nas demais Zonas Eleitorais, farão ampla divulgação da localização das seções (Código Eleitoral, artigo 135, § 6º).

§ 7º Da designação dos locais de votação, qualquer partido político ou coligação poderá reclamar ao Juiz Eleitoral, dentro de 3 dias a contar da publicação, devendo a decisão ser proferida dentro de 48 horas (Código Eleitoral, artigo 135, § 7º).

§ 8º Da decisão do Juiz Eleitoral, caberá recurso ao Tribunal Regional Eleitoral, interposto dentro de 3 dias, devendo, no mesmo prazo, ser resolvido (Código Eleitoral, artigo 135, § 8º).

§ 9º Esgotados os prazos referidos nos §§ 7º e 8º deste artigo, não mais poderá ser alegada, no processo eleitoral, a proibição contida no seu § 5º (Código Eleitoral, artigo135, § 9º).

Art. 16. Até 25 de setembro de 2014, os Juízes Eleitorais comunicarão aos chefes das repartições públicas e aos proprietários, arrendatários ou administradores das propriedades particulares a resolução de que serão os respectivos edifícios, ou parte deles, utilizados para o funcionamento das Mesas Receptoras (Código Eleitoral, artigo 137).

Art. 17. No local destinado à votação, a Mesa Receptora ficará em recinto separado do público, devendo a urna estar na cabina de votação (Código Eleitoral, artigo 138).

Parágrafo único. O Juiz Eleitoral providenciará para que nos edifícios escolhidos sejam feitas as necessárias adaptações (Código Eleitoral, artigo 138, parágrafo único).

Seção III
Dos Locais Especiais de Votação e de Justificativa

Art. 18. Os Juízes Eleitorais, de acordo com o planejamento estabelecido pelos Tribunais Regionais Eleitorais, poderão também criar seções eleitorais em quartéis ou outra instituição policial indicada, a fim de que os policiais, de plantão ou em serviço no dia da eleição, possam exercer o direito de voto, observadas as normas eleitorais e, no que couber, o disposto nos artigos 15 a 17 desta resolução.

Art. 19. Os Juízes Eleitorais, sob a coordenação dos Tribunais Regionais Eleitorais, poderão criar seções eleitorais em estabelecimentos penais e em unidades de internação tratadas pelo Estatuto da Criança e do Adolescente, a fim de que os presos provisórios e os internados por ato infracional tenham assegurado o direito de voto.

§ 1º Para efeito do que dispõe esta seção, consideram-se:

I – presos provisórios aqueles que, apesar de recolhidos a estabelecimento de privação de liberdade, não possuam condenação criminal transitada em julgado;

II – internados por ato infracional aqueles maiores de 16 anos e menores de 21 submetidos à medida socioeducativa de internação ou à internação provisória;

III – estabelecimentos penais todos os locais onde haja presos provisórios recolhidos;

IV – unidades de internação todos os locais onde haja pessoas internadas por ato infracional.

§ 2º Só poderão votar nas seções eleitorais mencionadas no *caput* aqueles que nela se alistarem ou optarem por transferir o título eleitoral para essas seções.

Art. 20. Os serviços eleitorais de alistamento, revisão e transferência deverão ser realizados pelos servidores da Justiça Eleitoral, nos próprios estabelecimentos penais e nas unidades de internação, até o dia 7 de maio de 2014, em datas a serem definidas de comum acordo entre o Tribunal Regional Eleitoral e os administradores dos estabelecimentos e das unidades.

Parágrafo único. As datas escolhidas serão comunicadas, com antecedência mínima de 10 dias, aos Partidos Políticos; à Defensoria Pública; ao Ministério Público; ao Conselho Federal da Ordem dos Advogados do Brasil; aos Juízes responsáveis pela execução penal e pela medida socioeducativa de internação; à Secretaria de Justiça, Cidadania e Direitos Humanos ou congênere e aos órgãos responsáveis pela administração do sistema prisional e pelo sistema socioeducativo nos Estados e no Distrito Federal, para as medidas de segurança e outras que se fizerem necessárias.

Art. 21. Os membros das Mesas Receptoras de Votos e de Justificativas das seções eleitorais instaladas nos estabelecimentos penais e unidades de internação serão nomeados pelo Juiz Eleitoral, preferencialmente, dentre servidores dos Departamentos Penitenciários dos Estados, das Secretarias de Justiça, Cidadania e Direitos Humanos, de Defesa Social, de Assistência Social, do Ministério Público Federal e Estadual, das Defensorias Públicas dos Estados e da União, da Ordem dos Advogados do Brasil ou dentre outros cidadãos indicados pelos órgãos citados, que enviarão listagem ao Juízo Eleitoral do local de votação, até o dia 23 de abril de 2014, observadas as vedações constantes do § 1º do artigo 120 do Código Eleitoral e dos artigos 63, § 2º, e 64 da Lei nº 9.504/1997.

Parágrafo único. A Justiça Eleitoral deverá nomear os membros para compor as mesas receptoras a que se refere o *caput* até o dia 30 de abril de 2014.

Art. 22. Os membros nomeados para compor as mesas receptoras poderão transferir-se, até o dia 7 de maio de 2014, para a seção instalada no estabelecimento penal ou na unidade de internação em que forem prestar serviços à Justiça Eleitoral.

Parágrafo único. A faculdade prevista no *caput* também se aplica aos agentes penitenciários e aos demais servidores lotados no estabelecimento penal ou na unidade de internação.

Art. 23. Às seções eleitorais previstas no artigo 19 desta resolução não se aplica o disposto no artigo 141 do Código Eleitoral, respeitado sempre o sigilo do voto.

Art. 24. Até 7 de março de 2014, os Tribunais Regionais Eleitorais que optarem por criar as seções previstas no artigo 19 desta resolução deverão firmar convênio com os Órgãos Estaduais responsáveis pelos estabelecimentos penais e pelas unidades de internação, a fim de que os presos provisórios e os internos que tenham 16 anos completos até o dia da eleição possam exercer o direito de voto, observadas as normas eleitorais e, no que couber, o disposto nos artigos 15 a 17 desta resolução.

Parágrafo único. Os convênios deverão contemplar obrigatoriamente:

I – os locais de instalação das seções eleitorais;

II – a forma de obtenção de documentos de identificação dos presos provisórios e pessoas internadas;

III – garantia da segurança e integridade física dos servidores da Justiça Eleitoral, quando da realização dos procedimentos necessários à instalação das seções eleitorais;

IV – garantia do funcionamento da seção eleitoral;

V – indicação dos mesários;

VI – informação à Justiça Eleitoral sobre os estabelecimentos penais e unidades de internação, devendo constar: nome do estabelecimento, endereço, telefone, nome e contatos do administrador, relação com os nomes dos presos provisórios ou dos adolescentes internados, inclusive provisoriamente, e condições de segurança e lotação do estabelecimento, até o dia 25 de março de 2014.

Art. 25. As seções eleitorais poderão ser instaladas nos estabelecimentos penais e nas unidades de internação com, no mínimo, 50 eleitores aptos a votar.

Art. 26. O Tribunal Regional Eleitoral poderá definir a forma de recebimento de justificativa eleitoral nos estabelecimentos penais e nas unidades de internação onde não houver Mesa Receptora de Votos.

Art. 27. Aqueles que transferirem o título para a seção eleitoral do estabelecimento penal ou da unidade de internação e que na data das eleições não mais estiverem presos provisoriamente ou internados poderão votar nos respectivos estabelecimentos ou unidades ou, se assim não quiserem, deverão apresentar justificativa, observadas as normas pertinentes.

Art. 28. Fica impedido de votar o preso que, no dia da eleição, tiver contra si sentença penal condenatória com trânsito em julgado.

Parágrafo único. Na hipótese prevista no *caput*, os Juízos Criminais comunicarão o trânsito em julgado à Justiça Eleitoral para que seja consignado na folha de votação da respectiva seção eleitoral o impedimento ao exercício do voto do eleitor definitivamente condenado.

Art. 29. Após o pleito, as inscrições eleitorais transferidas para as seções eleitorais instaladas nos estabelecimentos penais e unidades de internação deverão ser automaticamente revertidas às seções eleitorais de origem.

Parágrafo único. Após a sua liberação pelo estabelecimento penal ou pela unidade de internação, as pessoas alistadas na forma do § 2º do artigo 19 poderão requerer à Justiça Eleitoral, observadas as normas e prazos aplicáveis à espécie, sua movimentação no cadastro eleitoral.

Art. 30. Será permitida a presença dos candidatos, na qualidade de fiscais natos, e de apenas um fiscal de cada partido político ou coligação nas seções eleitorais instaladas nos estabelecimentos penais e unidades de internação.

§ 1º O ingresso dos candidatos e dos fiscais dependerá da observância das normas de segurança do estabelecimento penal ou da unidade de internação.

§ 2º A presença dos fiscais, por motivo de segurança, ficará condicionada, excepcionalmente, ao credenciamento prévio perante a Justiça Eleitoral.

Art. 31. Competirá ao Juiz Eleitoral definir com o diretor do estabelecimento ou da unidade de internação a forma de veiculação da propaganda eleitoral no rádio e na televisão e o respectivo acesso aos eleitores, atendendo as recomendações do Juiz Corregedor, ou do Juiz responsável pela execução penal ou pela medida socioeducativa.

Seção IV
Do Voto em Trânsito

Art. 32. Os eleitores que não estiverem em seu domicílio eleitoral no primeiro e/ou no segundo turnos das Eleições de 2014 poderão votar para Presidente e Vice-Presidente da República em urnas especialmente instaladas nas capitais e nos municípios com mais de 200 mil eleitores (Código Eleitoral, artigo 233-A).

§ 1º Não serão instaladas Mesas Receptoras de Voto em Trânsito no exterior.

§ 2º Aos eleitores inscritos no exterior, em trânsito no território nacional, será oportunizado o cadastramento para o voto em trânsito no Brasil, para Presidente e Vice-Presidente da República.

Art. 33. Para votar em trânsito, o eleitor deverá habilitar-se perante a Justiça Eleitoral, no período de 15 de julho a 21 de agosto de 2014, com a indicação do local em que pretende votar.

§ 1º A habilitação do eleitor será realizada mediante a apresentação de documento oficial com foto.

§ 2º O eleitor poderá, pessoalmente, alterar ou cancelar a habilitação para votar em trânsito até o término do período indicado no *caput*.

§ 3º A habilitação para votar em trânsito somente será admitida para os eleitores que estiverem com situação regular no cadastro eleitoral.

Art. 34. O eleitor cadastrado para votar em trânsito estará desabilitado para votar na sua seção de origem e habilitado na seção instalada para este fim.

Art. 35. O eleitor que não comparecer à seção para votar em trânsito deverá justificar a sua ausência em qualquer Mesa Receptora de Justificativas, inclusive no seu domicílio eleitoral de origem, à exceção do município por ele indicado no requerimento de habilitação.

Art. 36. Caberá aos Tribunais Regionais Eleitorais cadastrarem, em aplicativo desenvolvido pelo Tribunal Superior Eleitoral, os locais onde poderão ser instaladas as urnas para recepção de voto em trânsito, denominadas "Mesas Receptoras de Voto em Trânsito (MVT)", até a véspera do início do prazo para habilitação.

Parágrafo único. A relação das Mesas Receptoras de Voto em Trânsito deverá ser publicada até 5 de setembro de 2014, no Diário da Justiça Eletrônico e no portal do Tribunal Superior Eleitoral, contendo, além da seção com a numeração ordinal, o local em que deverá funcionar, a indicação do endereço ou qualquer outro elemento que facilite a sua localização pelo eleitor.

Art. 37. A seção destinada à recepção do voto em trânsito deverá conter no mínimo cinquenta e no máximo seiscentos eleitores.

§ 1º Quando o número não atingir o mínimo previsto no *caput*, os eleitores habilitados deverão ser informados da impossibilidade de votar em trânsito no município por eles indicado.

§ 2º Na hipótese do parágrafo anterior, será cancelada a habilitação dos eleitores para votar em trânsito, podendo eles justificar a ausência ou votar na seção de origem.

Art. 38. Caberá ao Tribunal Superior Eleitoral totalizar os votos recebidos nas Mesas Receptoras de Voto em Trânsito.

Seção V
Do Voto no Exterior

Art. 39. Nas eleições para Presidente e Vice-Presidente da República, poderá votar o eleitor residente no exterior, desde que tenha requerido sua inscrição ao Juiz da Zona Eleitoral do Exterior até 7 de maio de 2014 (Código Eleitoral, artigo 225 e Lei nº 9.504/1997, artigo 91).

Art. 40. O cadastro dos eleitores residentes no exterior ficará sob a responsabilidade do Juiz da Zona Eleitoral do Exterior situada no Distrito Federal (Código Eleitoral, artigo 232).

Art. 41. O alistamento do eleitor residente no exterior será feito utilizando-se o Requerimento de Alistamento Eleitoral (RAE), devendo o eleitor comparecer às sedes das embaixadas e repartições consulares, com jurisdição sobre a localidade de sua residência, munido da seguinte documentação:

I – título eleitoral anterior ou certidão de quitação eleitoral;

II – documento de identidade ou documento emitido por órgãos controladores do exercício profissional, passaporte, carteira de trabalho, certidão de nascimento expedida no Brasil ou registrada em repartição diplomática brasileira ou certidão de casamento, desde que reconhecida pela lei brasileira;

III – certificado de quitação do serviço militar obrigatório, para os brasileiros do sexo masculino, maiores de 18 anos, que estiverem requerendo pela primeira vez o alistamento eleitoral.

§ 1º O passaporte que não contemple os dados reputados indispensáveis para individualização do eleitor, como filiação, somente será aceito na hipótese de ser acompanhado de outro documento que supra a informação.

§ 2º A Carteira Nacional de Habilitação (CNH), na hipótese de primeiro alistamento, deverá ser acompanhada de outro documento hábil que contenha informação sobre a nacionalidade do alistando.

§ 3º O chefe da missão diplomática ou repartição consular designará servidor para auxiliar no preenchimento dos formulários RAE, competindo-lhe verificar a correção das informações e colher a assinatura ou a aposição da impressão digital do eleitor, se este não souber assinar.

Art. 42. Os formulários RAE para o alistamento do eleitor no exterior serão fornecidos pelo Juiz da Zona Eleitoral do Exterior ao Ministério das Relações Exteriores, que os repassará às missões diplomáticas e às repartições consulares.

Art. 43. As missões diplomáticas e repartições consulares enviarão os formulários RAE para o alistamento dos eleitores no exterior preenchidos, separados e identificados à Divisão de Assistência Consular do Ministério das Relações Exteriores, por mala diplomática, que os encaminhará ao Cartório da Zona Eleitoral do Exterior, situado no Distrito Federal, até 16 de maio de 2014.

Art. 44. Compete à Zona Eleitoral do Exterior digitar os dados contidos nos formulários RAE para o alistamento dos eleitores no exterior até 13 de junho de 2014, para fins de processamento.

Art. 45. Os títulos dos eleitores residentes no exterior que requererem inscrição ou transferência serão emitidos e assinados pelo Juiz da Zona Eleitoral do Exterior até 5 de julho de 2014.

Art. 46. Os cadernos de votação para a eleição no exterior serão impressos pelo Tribunal Superior Eleitoral e encaminhados ao Tribunal Regional Eleitoral do Distrito Federal até 3 de setembro de 2014, o qual providenciará sua remessa às missões diplomáticas e repartições consulares.

Parágrafo único. Ao receber os títulos eleitorais e as folhas de votação, as missões diplomáticas ou repartições consulares comunicarão aos eleitores a hora e local da votação (Código Eleitoral, artigo 228, § 1º).

Art. 47. Todo o restante do material necessário à votação do eleitor no exterior será fornecido pelo Tribunal Regional Eleitoral do Distrito Federal, remetido por mala diplomática e entregue ao Presidente da Mesa Receptora de votos pelo menos 3 dias antes da realização da eleição.

Art. 48. Para votação e apuração dos votos consignados nas seções eleitorais instaladas no exterior, será observado o horário local.

Art. 49. Para que se organize uma seção eleitoral no exterior, é necessário que, na circunscrição sob a jurisdição da missão diplomática ou da repartição consular, haja, no mínimo, 30 eleitores inscritos (Código Eleitoral, artigo 226, *caput*).

§ 1º Se o número de eleitores inscritos for superior a 400, será instalada nova seção eleitoral.

§ 2º Quando o número de eleitores não atingir o mínimo previsto no *caput* deste artigo, os eleitores poderão votar na Mesa Receptora mais próxima, desde que localizada no mesmo país, de acordo com a comunicação que lhes for feita (Código Eleitoral, artigo 226, parágrafo único).

Art. 50. As seções eleitorais para o primeiro e segundo turnos de votação no exterior serão organizadas até 6 de agosto de 2014 e funcionarão nas sedes das embaixadas, em repartições consulares ou em locais em que funcionem serviços do governo brasileiro (Código Eleitoral, artigos 135 e 225, §§ 1º e 2º).

§ 1º O Tribunal Superior Eleitoral, excepcionalmente, poderá autorizar o funcionamento de seções eleitorais fora dos locais previstos neste artigo.

§ 2º O Ministério das Relações Exteriores comunicará ao Tribunal Regional Eleitoral do Distrito Federal, até 6 de agosto de 2014, a localização das seções que funcionarão no exterior, inclusive as agregadas.

Art. 51. Os integrantes das Mesas Receptoras para o primeiro e segundo turnos de votação no exterior serão nomeados pelo Tribunal Regional Eleitoral do Distrito Federal, até 6 de agosto de 2014, mediante proposta dos chefes de missão diplomática e das repartições consulares, que ficarão investidos das funções administrativas de Juiz Eleitoral (Código Eleitoral, artigos 120, *caput*, e 227, *caput*).

§ 1º Será aplicável às Mesas Receptoras de Votos localizadas no exterior o processo de composição e fiscalização partidária vigente para as que funcionarem no território nacional (Código Eleitoral, artigo 227, parágrafo único).

§ 2º Na impossibilidade de serem convocados para composição da Mesa Receptora de Votos eleitores com domicílio eleitoral no município da seção eleitoral, poderão integrá-la eleitores que, embora residentes no município, tenham domicílio eleitoral diverso.

Art. 52. Só poderá votar o eleitor cujo nome estiver incluído no cadastro de eleitores constante da respectiva urna eletrônica.

Parágrafo único. Nas seções que não utilizarem o voto eletrônico, somente será admitido a votar o eleitor cujo nome conste do caderno de votação da seção eleitoral.

Art. 53. A votação no exterior obedecerá aos procedimentos previstos para aquela que se realiza no território nacional, independentemente da utilização do voto eletrônico.

Art. 54. A cédula será confeccionada pelo Tribunal Regional Eleitoral do Distrito Federal, ou, quando autorizado, pelas missões diplomáticas ou repartições consulares, utilizando reprodução eletrônica ou impressão gráfica, conforme modelo oficial aprovado pelo Tribunal Superior Eleitoral.

Art. 55. Cada partido político ou coligação poderá nomear até dois delegados e dois fiscais junto a cada Mesa Receptora de Votos instalada no exterior, funcionando um de cada vez (Código Eleitoral, artigo 131).

Parágrafo único. A conferência das credenciais dos fiscais e dos delegados será feita pelo chefe da missão diplomática ou repartição consular do local onde funcionar a seção eleitoral.

Art. 56. A apuração dos votos nas seções eleitorais instaladas no exterior será feita pela própria Mesa Receptora.

Art. 57. A apuração dos votos nas seções eleitorais instaladas no exterior terá início após o encerramento da votação, observados os procedimentos para aquela que se realizará no território nacional.

Parágrafo único. Ao final da apuração da seção eleitoral e preenchido o boletim de urna, o chefe da missão diplomática ou repartição consular enviará, de imediato, o resultado ao Tribunal Regional Eleitoral do Distrito Federal, utilizando fac-símile ou qualquer outro meio eletrônico estabelecido pela Justiça Eleitoral.

Art. 58. Nas localidades no exterior onde não for utilizada a urna eletrônica, concluída a apuração, as cédulas serão recolhidas, no primeiro turno de votação, em envelope especial, e no segundo turno, à urna, os quais serão fechados e lacrados, não podendo ser reabertos até 13 de janeiro de 2015, salvo nos casos em que houver pedido de recontagem de votos ou recurso quanto ao seu conteúdo (Código Eleitoral, artigo 183).

Parágrafo único. O descumprimento do disposto no *caput*, sob qualquer pretexto, constitui crime previsto no artigo 314 do Código Eleitoral (Código Eleitoral, artigo 183, parágrafo único).

Art. 59. Após o primeiro turno de votação no exterior, o responsável pelos trabalhos remeterá, imediatamente, por mala diplomática, ao Tribunal Regional Eleitoral do Distrito Federal, envelope especial contendo as cédulas apuradas, o boletim de urna e o caderno de votação e, após o segundo turno, todo o material da eleição.

Art. 60. Compete ao chefe da missão diplomática ou repartição consular preparar e lacrar a urna para uso no segundo turno de votação.

CAPÍTULO IV
DA PREPARAÇÃO DAS URNAS

Art. 61. Após o fechamento do Sistema de Candidaturas e antes da geração das mídias, será emitido o relatório Ambiente de Votação pelo Sistema de Preparação, contendo os dados a serem utilizados para a preparação das urnas e totalização de resultados, que será assinado pelo Presidente do Tribunal Eleitoral ou por autoridade por ele designada.

§ 1º O relatório de que trata o *caput* deverá ser anexado à Ata Geral da Eleição.

§ 2º No período que abrange a Geração das Mídias poderão ser conferidas as assinaturas digitais dos programas utilizados neste processo, para fins de confirmação da sua originalidade.

Art. 62. Os Tribunais Regionais Eleitorais, de acordo com o planejamento estabelecido, determinarão a geração das mídias, por meio de sistema informatizado, utilizando-se dos dados das tabelas de:

I – partidos políticos e coligações;

II – eleitores;

III – seções com as respectivas agregações e Mesas Receptoras de Justificativas;

IV – candidatos aptos a concorrer à eleição, na data dessa geração, da qual constarão os números, os nomes indicados para urna e as correspondentes fotografias;

V – candidatos inaptos a concorrer à eleição, da qual constarão apenas os números, desde que não tenham sido substituídos por candidatos com o mesmo número.

§ 1º As mídias a que se refere o *caput* são cartões de memória de carga, cartões de memória de votação, mídias com aplicativos de urna e de gravação de resultado.

§ 2º Após o início da geração das mídias, não serão alterados nas urnas os dados de que tratam os incisos deste artigo, salvo por determinação do Presidente do Tribunal Eleitoral ou por autoridade por ele designada, ouvida a área de tecnologia da informação sobre a viabilidade técnica.

§ 3º Os partidos políticos, as coligações, o Ministério Público e a Ordem dos Advogados do Brasil poderão acompanhar a geração das mídias a que se refere o *caput*, para o que serão convocados, por edital publicado no Diário da Justiça Eletrônico, nas capitais, e afixado no átrio do Cartório Eleitoral, nas demais localidades, com a antecedência mínima de 2 dias.

§ 4º Na hipótese de a geração das mídias e a preparação das urnas não ocorrerem em ato contínuo, os cartões de memória de carga, ao final da geração, deverão ser acondicionados em envelopes lacrados, por Município ou Zona Eleitoral, conforme logística de cada Tribunal Regional Eleitoral.

§ 5º Os arquivos log referentes ao Sistema Gerenciador de Dados, Aplicativos e Interface com a urna eletrônica somente poderão ser solicitados pelos partidos políticos, coligações, Ministério Público e Ordem dos Advogados do Brasil à autoridade responsável pela geração das mídias nos locais de sua utilização até 13 de janeiro de 2015.

§ 6º os arquivos deverão ser fornecidos em sua forma original, mediante cópia, não submetida a tratamento.

Art. 63. Do procedimento de geração das mídias, deverá ser lavrada ata circunstanciada, assinada pelo Juiz Eleitoral ou autoridade designada pelo Tribunal Regional Eleitoral para esse fim, pelos representantes do Ministério Público, da Ordem dos Advogados do Brasil e pelos fiscais dos partidos políticos e coligações presentes.

§ 1º A ata de que trata o *caput* deverá registrar os seguintes dados:

I – identificação e versão dos sistemas utilizados;

II – data, horário e local de início e término das atividades;

III – nome e qualificação dos presentes;

IV – quantidade de cartões de memória de votação e de carga gerados.

§ 2º As informações requeridas nos incisos II a IV do parágrafo anterior deverão ser consignadas diariamente.

§ 3º Cópia da ata será afixada no local de geração das mídias, para conhecimento geral, mantendo-se a original arquivada sob a guarda do Juiz ou da autoridade responsável pelo procedimento.

Art. 64. Havendo necessidade de nova geração das mídias, os representantes do Ministério Público, da Ordem dos Advogados do Brasil e os fiscais dos partidos políticos e coligações deverão ser imediatamente convocados.

Art. 65. A autoridade ou comissão designada pelo Tribunal Regional Eleitoral, ou o Juiz, nas Zonas Eleitorais, em dia e hora previamente indicados em edital de convocação publicado no Diário da Justiça Eletrônico, nas capitais, e afixado no átrio do Cartório Eleitoral, nas demais localidades, com a antecedência mínima de 2 dias, na sua presença, na dos representantes do Ministério Público, da Ordem dos Advogados do Brasil, dos fiscais dos partidos políticos e coligações que comparecerem, determinará que:

I – as urnas de votação sejam preparadas e lacradas, utilizando-se o cartão de memória de carga, após o que serão inseridos o cartão de memória de votação e a mídia para gravação de arquivos, e, realizado o teste de funcionamento das urnas, serão identificadas as suas embalagens com a Zona Eleitoral, o Município e a Seção a que se destinam;

II – as urnas destinadas às Mesas Receptoras de Justificativas sejam preparadas e lacradas, utilizando-se o cartão de memória de carga, após o que serão inseridos o cartão de memória de votação e a mídia para gravação de arquivos, e, realizado o teste de funcionamento das urnas, as suas embalagens serão identificadas com o fim e o local a que se destinam;

III – as urnas de contingência sejam também preparadas e lacradas, utilizando-se o cartão de memória de carga, e, realizado o teste de funcionamento das urnas, as suas embalagens serão identificadas com o fim a que se destinam;

IV – sejam acondicionados, individualmente, em envelopes lacrados, os cartões de memória de votação para contingência;

V – sejam acondicionados em envelopes lacrados, ao final da preparação, os cartões de memória de carga;

VI – sejam acondicionadas em envelope lacrado as mídias de ajuste de data/hora;

VII – seja verificado se as urnas de lona, que serão utilizadas no caso de votação por cédula, estão vazias e, uma vez fechadas, sejam lacradas.

§ 1º Do edital de que trata o *caput* deverá constar o nome dos técnicos responsáveis pela preparação das urnas.

§ 2º Na hipótese de criação da comissão citada no *caput*, sua presidência será exercida por Juiz efetivo do Tribunal Regional Eleitoral e terá por membros, no mínimo, três servidores do quadro permanente.

§ 3º Os lacres referidos neste artigo serão assinados por Juiz Eleitoral, ou autoridade designada pelo Tribunal Regional Eleitoral, ou, no mínimo, por dois integrantes da comissão citada no parágrafo anterior e, ainda, pelos representantes do Ministério Público e da Ordem dos Advogados do Brasil e pelos fiscais dos partidos políticos e coligações presentes, vedado o uso de chancela.

§ 4º Antes de se lavrar a ata da cerimônia de carga, os lacres não utilizados deverão ser acondicionados em envelope lacrado e assinado pelos presentes.

§ 5º Os lacres assinados e não utilizados deverão ser destruídos, preservando-se as etiquetas de numeração, que deverão ser anexadas à ata da cerimônia.

Art. 66. Onde houver segundo turno, serão observados, na geração das mídias, no que couber, os procedimentos adotados para o primeiro turno, descritos nos artigos 62 e 63 desta resolução.

Art. 67. A preparação das urnas para o segundo turno dar-se-á por meio da inserção da mídia específica para gravação de arquivos nas urnas utilizadas no primeiro turno.

§ 1º Caso o procedimento descrito no *caput* não seja suficiente, serão observados os procedimentos previstos no artigo 65 desta resolução, no que couber, preservando-se o cartão de memória de votação utilizado no primeiro turno.

§ 2º Para fins do disposto no parágrafo anterior, poderá ser usado o cartão de memória de carga do primeiro turno, que deverá ser novamente lacrado, após a conclusão da preparação.

Art. 68. Após a lacração das urnas a que se refere o artigo 65 desta resolução, ficará facultado à Justiça Eleitoral realizar a conferência visual dos dados de carga constantes das urnas, mediante a ligação dos equipamentos, notificados o Ministério Público, a Ordem dos Advogados do Brasil, os partidos políticos e as coligações com antecedência mínima de 1 dia.

Art. 69. Eventual ajuste de horário ou calendário interno da urna, após a lacração a que se refere o artigo 65 desta resolução, será feito por meio da utilização de programa específico desenvolvido pelo Tribunal Superior Eleitoral, por técnico autorizado pelo Juiz Eleitoral, notificados os partidos políticos, coligações, Ministério Público e Ordem dos Advogados do Brasil, lavrando-se ata.

§ 1º A ata a que se refere o *caput* deverá ser assinada pelos presentes e conter os seguintes dados:

I – data, horário e local de início e término das atividades;

II – nome e qualificação dos presentes;

III – quantidade e identificação das urnas que tiveram o calendário ou o horário alterado.

§ 2º Ocorrendo a hipótese prevista no *caput*, as mídias de ajuste de data/hora utilizados em seu uso regular, em caso de contingência, serão novamente colocados em envelopes a serem imediatamente lacrados após o uso justificado.

§ 3º Cópia da ata será afixada no local onde se realizou o procedimento, mantendo-se a original arquivada no respectivo Cartório Eleitoral.

Art. 70. Na hipótese de ser constatado problema em uma ou mais urnas eletrônicas antes do dia da votação, o Juiz Eleitoral poderá determinar a substituição por urna de contingência, a substituição do cartão de memória de votação ou, ainda, a realização de nova carga, conforme conveniência, sendo convocados os representantes do Ministério Público, da Ordem dos Advogados do Brasil e dos partidos políticos e coligações para, querendo, participar do ato, que deverá, no que couber, obedecer ao disposto nos artigos 63 a 65 desta resolução.

Parágrafo único. Ocorrendo a hipótese prevista no *caput*, os lacres e os cartões de memória de carga utilizados para a intervenção serão novamente colocados em envelopes a serem imediatamente lacrados.

Art. 71. Durante o período de carga e lacração descrito no artigo 65 desta resolução, aos representantes do Ministério Público, da Ordem dos Advogados do Brasil, dos partidos políticos e das coligações será garantida a conferência dos dados constantes das urnas, inclusive para verificar se os programas carregados nas urnas são idênticos aos que foram lacrados (Lei nº 9.504/1997, artigo 66, § 5º).

§ 1º A conferência por amostragem será realizada em até 3% das urnas preparadas para cada Zona Eleitoral, observado o mínimo de uma urna por Zona, escolhidas pelos representantes do Ministério Público, da Ordem dos Advogados do Brasil, dos partidos políticos e das coligações, aleatoriamente entre as urnas de votação, as de justificativa e as de contingência.

§ 2º As urnas destinadas exclusivamente ao recebimento de justificativa e à contingência deverão ser certificadas quanto à ausência de dados relativos a eleitores e candidatos.

§ 3º As urnas destinadas a voto em trânsito deverão ser certificadas quanto à existência de dados apenas para a eleição presidencial.

Art. 72. No período que abrange o procedimento de carga e lacração, deverá ser realizado teste de votação acionado pelo Aplicativo de Verificação Pré-Pós em pelo menos uma urna por Zona Eleitoral.

§ 1º O teste de que trata o *caput* poderá ser realizado em uma das urnas escolhidas para a conferência prevista no artigo 71 desta resolução.

§ 2º Nas urnas submetidas ao teste de votação, serão realizadas nova carga e lacração, sendo permitida a reutilização do cartão de memória de votação, mediante nova gravação da mídia.

§ 3º No período a que se refere o *caput*, é facultada a conferência das assinaturas digitais dos programas.

§ 4º É obrigatória a impressão do relatório do resumo digital (hash) dos arquivos das urnas submetidas a teste e o seu fornecimento, mediante solicitação, aos representantes do Ministério Público, da Ordem dos Advogados do Brasil, dos partidos políticos e das coligações interessados para possibilitar a conferência dos programas carregados.

§ 5º Nos casos de teste de votação realizados para o segundo turno, a urna deverá ser novamente preparada conforme o disposto no artigo 65 desta resolução, preservando-se o cartão de memória de votação com os dados do primeiro turno, até 13 de janeiro de 2015, em envelope lacrado.

Art. 73. Os cartões de memória que apresentarem defeito durante a carga ou teste de votação não poderão ser reutilizados, devendo ser remetidos ao respectivo Tribunal Regional Eleitoral, no prazo e pelo meio por ele estabelecido.

Art. 74. Do procedimento de carga, lacração e conferência das urnas deverá ser lavrada ata circunstanciada, que será assinada pelo Juiz Eleitoral ou por autoridade designada pelo Tribunal Regional Eleitoral, pelos representantes do Ministério Público e da Ordem dos Advogados do Brasil e pelos fiscais dos partidos políticos e coligações presentes.

§ 1º A ata de que trata o *caput* deverá registrar os seguintes dados:

I – identificação e versão dos sistemas utilizados;

II – data, horário e local de início e término das atividades;

III – nome e qualificação dos presentes;

IV – quantidade de urnas preparadas para votação, contingência e justificativa;

V – quantidade e identificação das urnas submetidas à conferência e ao teste de votação, com o resultado obtido em cada uma delas;

VI – quantidade de cartões de memória de votação para contingência;

VII – quantidade de urnas de lona lacradas;

VIII – identificação de cartões de memória defeituosos.

§ 2º As informações requeridas nos incisos II a VIII do parágrafo anterior deverão ser consignadas diariamente.

§ 3º Todos os relatórios emitidos pelas urnas nos procedimentos de conferência e teste de votação, inclusive relatórios de hash e nova carga, devem ser anexados à ata de que trata o *caput*.

§ 4º Cópia da ata será afixada no local de carga, para conhecimento geral, arquivando-se a original no respectivo Cartório Eleitoral, juntamente com os extratos de carga emitidos pela urna.

Art. 75. Até a véspera da votação, o Tribunal Superior Eleitoral tornará disponível, em sua página da internet, a tabela de correspondências esperadas entre urna e seção.

Parágrafo único. A tabela a que se refere o *caput* poderá ser atualizada até às 16 horas do dia da eleição, considerando o horário de Brasília.

CAPÍTULO V
DO MATERIAL DE VOTAÇÃO E DE JUSTIFICATIVA

Art. 76. Os Juízes Eleitorais enviarão ao Presidente de cada Mesa Receptora de Votos e de Justificativas, no que couber, o seguinte material:

I – urna lacrada, podendo, a critério do Tribunal Regional Eleitoral, ser previamente entregue no local de votação ou no posto de justificativa por equipe designada pela Justiça Eleitoral;

II – lista contendo o nome e o número dos candidatos registrados, a qual deverá ser afixada em lugar visível, nos recintos das seções eleitorais;

III – cadernos de votação dos eleitores da seção contendo também a lista dos eleitores impedidos de votar;

IV – cabina de votação sem alusão a entidades externas;

V – formulário Ata da Mesa Receptora de Votos ou Ata da Mesa Receptora de Justificativas, conforme modelo fornecido pela Justiça Eleitoral;

VI – almofada para carimbo, visando à coleta da impressão digital do eleitor que não saiba ou não possa assinar;

VII – senhas para serem distribuídas aos eleitores após as 17 horas;

VIII – canetas esferográficas e papéis necessários aos trabalhos;

IX – envelopes para remessa à Junta Eleitoral dos documentos relativos à Mesa;

X – embalagem apropriada para acondicionar a mídia de resultado retirada da urna, ao final dos trabalhos;

XI – exemplar do Manual do Mesário, elaborado pela Justiça Eleitoral;

XII – formulários Requerimento de Justificativa Eleitoral;

XIII – envelope para acondicionar os formulários Requerimento de Justificativa Eleitoral;

XIV – cópias padronizadas do inteiro teor do disposto no artigo 39-A da Lei nº 9.504/1997, com material para afixação.

§ 1º O material de que trata este artigo deverá ser entregue mediante protocolo, acompanhado de relação, na qual o destinatário declarará o que e como recebeu, apondo sua assinatura (Código Eleitoral, artigo 133, § 1º).

§ 2º Os Presidentes das Mesas Receptoras que não tiverem recebido o material de que trata este artigo até 48 horas antes da votação, à exceção das urnas previamente entregues, deverão diligenciar para o seu recebimento (Código Eleitoral, artigo 133, § 2º).

CAPÍTULO VI
DA VOTAÇÃO
Seção I
Das Providências Preliminares

Art. 77. No dia marcado para a votação, às 7 horas, os componentes da Mesa Receptora verificarão se estão em ordem, no lugar designado, o material remetido pelo Juiz Eleitoral e a urna, bem como se estão presentes os fiscais dos partidos políticos e coligações (Código Eleitoral, artigo 142).

Art. 78. O Presidente da Mesa Receptora emitirá o relatório Zerésima da urna, que será assinado por ele, pelo primeiro secretário e pelos fiscais dos partidos políticos e coligações que o desejarem.

Art. 79. Os mesários substituirão o Presidente, de modo que haja sempre quem responda pessoalmente pela ordem e regularidade do processo eleitoral, cabendo-lhes, ainda, assinar a Ata da Mesa Receptora (Código Eleitoral, artigo 123, *caput*).

§ 1º O Presidente deverá estar presente ao ato de abertura e de encerramento das atividades, salvo por motivo de força maior, comunicando o impedimento ao Juiz Eleitoral pelo menos 24 horas antes da abertura dos trabalhos, ou imediatamente, aos mesários e secretários, se o impedimento se der no curso dos procedimentos de votação (Código Eleitoral, artigo 123, § 1º).

§ 2º Não comparecendo o Presidente até as 7h30, assumirá a presidência o primeiro mesário e, na sua falta ou impedimento, o segundo mesário, um dos secretários ou o suplente (Código Eleitoral, artigo 123, § 2º).

§ 3º Poderá o Presidente ou o membro da Mesa Receptora que assumir a presidência nomear *ad hoc*, entre os eleitores presentes, os membros que forem necessários para complementá-la, obedecidas as normas dos §§ 2º a 4º do artigo 9º desta resolução (Código Eleitoral, artigo 123, § 3º).

Art. 80. A integridade e o sigilo do voto são assegurados pelo uso de urna eletrônica e mediante o disposto nos incisos I a IV do artigo 103 do Código Eleitoral.

Parágrafo único. É nula a votação quando preterida formalidade essencial da integridade e do sigilo do voto (Código Eleitoral, artigo 220, IV).

Seção II
Das Atribuições dos Membros da Mesa Receptora

Art. 81. Compete ao Presidente da Mesa Receptora de Votos e da Mesa Receptora de Justificativas, no que couber (Código Eleitoral, artigo 127):

I – verificar as credenciais dos fiscais dos partidos políticos e coligações;

II – adotar os procedimentos para emissão do relatório Zerésima antes do início da votação;

III – autorizar os eleitores a votar ou a justificar;

IV – anotar o código de autenticação emitido pela urna nos campos apropriados do formulário Requerimento de Justificativa Eleitoral;

V – resolver imediatamente todas as dificuldades ou dúvidas que ocorrerem;

VI – manter a ordem, para o que disporá de força pública necessária;

VII – comunicar ao Juiz Eleitoral as ocorrências cujas soluções dele dependerem;

VIII – receber as impugnações dos fiscais dos partidos políticos e coligações concernentes à identidade do eleitor, fazendo-as consignar em ata;

IX – fiscalizar a distribuição das senhas;

X – zelar pela preservação da urna;

XI – zelar pela preservação da embalagem da urna;

XII – zelar pela preservação da cabina de votação;

XIII – zelar pela preservação da lista contendo os nomes e os números dos candidatos, disponível no recinto da seção, tomando providências para a imediata obtenção de nova lista, no caso de sua inutilização total ou parcial;

XIV – afixar, na parte interna e externa da seção, cópias do inteiro teor do disposto no artigo 39-A da Lei nº 9.504/1997.

Art. 82. Compete, ao final dos trabalhos, ao Presidente da Mesa Receptora de Votos e da Mesa Receptora de Justificativas, no que couber:

I – proceder ao encerramento da urna;

II – registrar o comparecimento dos mesários;

III – emitir as vias do boletim de urna;

IV – emitir o boletim de justificativa, acondicionando-o, juntamente com os requerimentos recebidos, em envelope próprio;

V – assinar todas as vias do boletim de urna e do boletim de justificativa com o primeiro secretário e fiscais dos partidos políticos e coligações presentes;

VI – afixar uma cópia do boletim de urna em local visível da seção;

VII – romper o lacre do compartimento da mídia de gravação de resultados da urna e retirá-la, após o que colocará novo lacre, por ele assinado;

VIII – desligar a urna;

IX – desconectar a urna da tomada ou da bateria externa;

X – acondicionar a urna na embalagem própria;

XI – anotar o não comparecimento do eleitor, fazendo constar do local destinado à assinatura, no caderno de votação, a observação "não compareceu";

XII – entregar uma das vias obrigatórias e demais vias extras do boletim de urna, assinadas, aos interessados dos partidos políticos, coligações, imprensa e Ministério Público, desde que as requeiram no momento do encerramento da votação;

XIII – remeter à Junta Eleitoral, mediante recibo em duas vias, com a indicação da hora de entrega, a mídia de resultado, acondicionada em embalagem lacrada, três vias do boletim de urna, o relatório Zerésima, o boletim de justificativa, os requerimentos de justificativa eleitoral, e o caderno de votação e a ata da Mesa Receptora.

Art. 83. Compete aos mesários, no que couber:

I – identificar o eleitor e entregar o comprovante de votação;

II – conferir o preenchimento dos requerimentos de justificativa eleitoral e dar o recibo;

III – cumprir as demais obrigações que lhes forem atribuídas.

Art. 84. Compete aos secretários (Código Eleitoral, artigo 128, I a III):

I – distribuir aos eleitores, às 17 horas, as senhas de entrada, previamente rubricadas ou carimbadas, segundo a ordem numérica;

II – lavrar a ata da Mesa Receptora, na qual anotarão, durante os trabalhos, as ocorrências que se verificarem;

III – observar, na organização da fila de votação, o disposto no artigo 85, §§ 2º e 3º, desta resolução;

IV – cumprir as demais obrigações que lhes forem atribuídas.

Seção III
Dos Trabalhos de Votação

Art. 85. O Presidente da Mesa Receptora de Votos, às 8 horas, declarará iniciada a votação (Código Eleitoral, artigo 143).

§ 1º Os membros da Mesa Receptora de Votos e os fiscais dos partidos políticos e coligações, munidos da respectiva credencial, deverão votar depois dos eleitores que já se encontravam presentes no momento da abertura dos trabalhos, ou no encerramento da votação (Código Eleitoral, artigo 143, § 1º).

§ 2º Terão preferência para votar os candidatos, os Juízes Eleitorais, seus auxiliares, os servidores da Justiça Eleitoral, os Promotores Eleitorais, os policiais militares em serviço, os eleitores maiores de 60 anos, os enfermos, os eleitores com deficiência ou com mobilidade reduzida e as mulheres grávidas e lactantes (Código Eleitoral, artigo 143, § 2º).

§ 3º A preferência garantida no parágrafo anterior considerará a ordem de chegada na fila de votação.

Art. 86. Só serão admitidos a votar os eleitores cujos nomes estiverem cadastrados na seção.

§ 1º Poderá votar o eleitor cujo nome não figure no caderno de votação, desde que os seus dados constem do cadastro de eleitores da urna.

§ 2º Para votar, o eleitor deverá apresentar documento oficial com foto que comprove sua identidade.

§ 3º São documentos oficiais para comprovação da identidade do eleitor:

I – carteira de identidade, passaporte ou outro documento oficial com foto de valor legal equivalente, inclusive carteira de categoria profissional reconhecida por lei;

II – certificado de reservista;

III – carteira de trabalho;

IV – carteira nacional de habilitação.

§ 4º Não será admitida a certidão de nascimento ou casamento como prova de identidade do eleitor no momento da votação.

§ 5º Não poderá votar o eleitor cujos dados não figurem no cadastro de eleitores da seção, constante da urna, ainda que apresente título de eleitor correspondente à seção e documento que comprove sua identidade, devendo, nessa hipótese, a Mesa Receptora de Votos registrar a ocorrência em ata e orientar o eleitor a comparecer ao Cartório Eleitoral a fim de regularizar a sua situação.

Art. 87. Existindo dúvida quanto à identidade do eleitor, mesmo que esteja portando título de eleitor e documento oficial, o Presidente da Mesa Receptora de Votos deverá interrogá-lo sobre os dados do título, documento oficial ou do caderno de votação; em seguida, deverá confrontar a assinatura constante desses documentos com aquela feita pelo eleitor na sua presença e fazer constar na ata os detalhes do ocorrido (Código Eleitoral, artigo 147).

§ 1º A impugnação à identidade do eleitor, formulada pelos membros da Mesa Receptora de Votos, pelos fiscais ou por qualquer eleitor, será apresentada verbalmente ou por escrito antes de ser admitido a votar (Código Eleitoral, artigo 147, § 1º).

§ 2º Se persistir a dúvida ou for mantida a impugnação, o Presidente da Mesa Receptora de Votos solicitará a presença do Juiz Eleitoral para decisão (Código Eleitoral, artigo 147, § 2º).

Art. 88. Na cabina de votação é vedado ao eleitor portar aparelho de telefonia celular, máquinas fotográficas, filmadoras, equipamento de radiocomunicação, ou qualquer instrumento que possa comprometer o sigilo do voto, devendo ficar retidos na Mesa Receptora enquanto o eleitor estiver votando (Lei nº 9.504/1997, artigo 91-A, parágrafo único).

Art. 89. Será permitido o uso de instrumentos que auxiliem o eleitor analfabeto a votar, os quais serão submetidos à decisão do Presidente da Mesa Receptora, não sendo a Justiça Eleitoral obrigada a fornecê-los (Lei n. 9.504/1997, artigo 89).

Art. 90. O eleitor com deficiência ou mobilidade reduzida, ao votar, poderá ser auxiliado por pessoa de sua confiança, ainda que não o tenha requerido antecipadamente ao Juiz Eleitoral.

§ 1º O Presidente da Mesa Receptora de Votos, verificando ser imprescindível que o eleitor com deficiência seja auxiliado por pessoa de sua confiança para votar, autorizará o ingresso dessa segunda pessoa, com o eleitor, na cabina, podendo esta, inclusive, digitar os números na urna.

§ 2º A pessoa que auxiliará o eleitor com deficiência não poderá estar a serviço da Justiça Eleitoral, de partido político ou de coligação.

§ 3º A assistência de outra pessoa ao eleitor com a deficiência de que trata este artigo deverá ser consignada em ata.

Art. 91. Para votar, serão assegurados ao eleitor com deficiência visual (Código Eleitoral, artigo 150, I a III):

I – a utilização do alfabeto comum ou do sistema braile para assinar o caderno de votação ou assinalar as cédulas, se for o caso;

II – o uso de qualquer instrumento mecânico que portar ou lhe for fornecido pela Mesa Receptora de Votos;

III – o uso do sistema de áudio, quando disponível na urna;

IV – o uso da marca de identificação da tecla número 5 da urna.

Art. 92. A votação será feita no número do candidato ou da legenda partidária, devendo o nome e a fotografia do candidato, assim como a sigla do partido político, aparecerem no painel da urna, com o respectivo cargo disputado (Lei nº 9.504/1997, artigo 59, § 1º).

§ 1º A urna eletrônica exibirá para o eleitor, primeiramente, os painéis referentes às eleições proporcionais e, em seguida, os referentes às eleições majoritárias, nesta ordem (Lei nº 9.504/1997, artigo 59, § 3º):

I – Deputado Estadual ou Distrital;

II – Deputado Federal;

III – Senador;

IV – Governador;

V – Presidente da República.

§ 2º Os painéis referentes aos candidatos a Senador, Governador e a Presidente da República exibirão, também, as fotos e os nomes dos respectivos candidatos a suplentes e a vice.

Art. 93. Serão observados, na votação, os seguintes procedimentos (Código Eleitoral, artigo 146):

I – o eleitor, ao apresentar-se na seção e antes de adentrar o recinto da Mesa Receptora de Votos, deverá postar-se em fila;

II – admitido a adentrar, o eleitor apresentará seu documento de identificação com foto à Mesa Receptora de Votos, o qual poderá ser examinado pelos fiscais dos partidos políticos e coligações;

III – o componente da Mesa localizará no cadastro de eleitores da urna e no caderno de votação o nome do eleitor e o confrontará com o nome constante no documento de identificação;

IV – não havendo dúvida sobre a identidade do eleitor, será ele convidado a apor sua assinatura ou impressão digital no caderno de votação;

V – em seguida, o eleitor será autorizado a votar;

VI – na cabina de votação, o eleitor indicará os números correspondentes aos seus candidatos;

VII – concluída a votação, serão restituídos ao eleitor os documentos apresentados, juntamente com o comprovante de votação.

§ 1º Na hipótese de o eleitor, após a identificação, recusar-se a votar ou apresentar dificuldade na votação eletrônica antes de confirmar o primeiro voto, deverá o Presidente da Mesa Receptora de Votos suspender a liberação de votação do eleitor por meio de código próprio.

§ 2º Ocorrendo a situação descrita no parágrafo anterior, o Presidente da Mesa reterá o comprovante de votação, assegurando ao eleitor o exercício do direito do voto até o encerramento da votação.

§ 3º Se o eleitor confirmar pelo menos um voto, deixando de concluir a votação para os outros cargos, o Presidente da Mesa o alertará para o fato, solicitando que retorne à cabina e a conclua; recusando-se o eleitor, deverá o Presidente da Mesa, utilizando-se de código próprio, liberar a urna a fim de possibilitar o prosseguimento da votação, sendo considerados nulos os outros votos não confirmados, e entregar ao eleitor o respectivo comprovante de votação.

§ 4º Na ocorrência de alguma das hipóteses descritas nos parágrafos anteriores, o fato será imediatamente registrado em ata.

Seção IV
Da Votação por Biometria

Art. 94. Nas seções eleitorais dos Municípios que utilizarem a biometria como forma de identificação do eleitor, aplica-se o disposto neste Capítulo VI desta resolução, no que couber, acrescido dos seguintes procedimentos:

I – o mesário digitará o número do título de eleitor;

II – aceito o número do título pelo sistema, o mesário solicitará ao eleitor que posicione o dedo polegar ou indicador sobre o sensor biométrico, para identificação;

III – havendo a identificação do eleitor por intermédio da biometria, o mesário o autorizará a votar, dispensando a assinatura do eleitor na folha de votação;

IV – caso não haja a identificação do eleitor por intermédio da biometria, o mesário repetirá o procedimento, por até oito vezes, observando as mensagens apresentadas pelo sistema no terminal do mesário;

V – na hipótese de não haver a identificação do eleitor por meio da biometria, o mesário adotará o disposto nos artigos 86 e 87 desta resolução, além de verificar a foto constante no caderno de votação;

VI – comprovada a identidade do eleitor, na forma do inciso anterior:

a) o eleitor assinará a folha de votação;

b) o mesário digitará código específico para habilitar o eleitor a votar;

c) o sistema coletará a impressão digital do mesário;

d) o mesário consignará o fato na Ata da Mesa Receptora e orientará o eleitor a comparecer posteriormente ao Cartório Eleitoral.

VII – o mesário deverá anotar na Ata da Mesa Receptora, no curso da votação, todos os incidentes relacionados com a identificação biométrica do eleitor, registrando as dificuldades verificadas e relatando eventos relevantes.

Seção V
Da Contingência na Votação

Art. 95. Na hipótese de falha na urna, em qualquer momento da votação, o Presidente da Mesa Receptora de Votos, à vista dos fiscais presentes, deverá desligar e religar a urna, digitando o código de reinício da votação.

§ 1º Persistindo a falha, o Presidente da Mesa Receptora de Votos solicitará a presença de equipe designada pelo Juiz Eleitoral, à qual incumbirá analisar a situação e adotar um ou mais dos seguintes procedimentos para a solução do problema:

I – reposicionar o cartão de memória de votação;

II – utilizar uma urna de contingência, remetendo a urna com defeito ao local designado pela Justiça Eleitoral;

III – utilizar o cartão de memória de contingência na urna de votação, acondicionando o cartão de memória de votação danificado em envelope específico e remetendo-o ao local designado pela Justiça Eleitoral.

§ 2º Os lacres rompidos durante os procedimentos deverão ser repostos e assinados pelo Juiz Eleitoral ou, na sua impossibilidade, pelos componentes da Mesa Receptora de Votos, bem como pelos fiscais dos partidos políticos e coligações presentes.

§ 3º A equipe designada pelo Juiz Eleitoral poderá realizar mais de uma tentativa, dentre as previstas neste artigo.

Art. 96. Para garantir o uso do sistema eletrônico, além do previsto no artigo anterior, poderá ser realizada carga de urna de seção, obedecendo, no que couber, o disposto nos artigos 65 e 74 desta resolução, desde que não tenha ocorrido votação naquela seção.

§ 1º O primeiro eleitor a votar será convidado a aguardar, junto à Mesa Receptora de Votos, até que o segundo eleitor conclua o seu voto.

§ 2º Na hipótese de ocorrer falha na urna que impeça a continuidade da votação eletrônica antes que o segundo eleitor conclua seu voto, esgotadas as possibilidades previstas no artigo anterior, deverá o primeiro eleitor votar novamente, em outra urna ou em cédulas, sendo o voto sufragado na urna danificada considerado insubsistente.

§ 3º Ocorrendo a situação descrita nos §§ 1º e 2º, será permitida a carga de urna para a respectiva seção.

Art. 97. Não havendo êxito nos procedimentos de contingência, a votação dar-se-á por cédulas até seu encerramento, adotando-se as seguintes providências:

I – retornar o cartão de memória de votação à urna defeituosa;

II – lacrar a urna defeituosa, enviando-a, ao final da votação, à Junta Eleitoral, com os demais materiais de votação;

III – lacrar a urna de contingência, que ficará sob a guarda da equipe designada pelo Juiz Eleitoral;

IV – colocar o cartão de memória de contingência em envelope específico, que deverá ser lacrado e remetido ao local designado pela Justiça Eleitoral, não podendo ser reutilizado.

Art. 98. Todas as ocorrências descritas nos artigos 95 a 97 desta resolução deverão ser consignadas na Ata da Mesa Receptora.

Art. 99. Uma vez iniciada a votação por cédulas, não se poderá retornar ao processo eletrônico de votação na mesma seção eleitoral.

Art. 100. É proibido realizar manutenção da urna eletrônica na seção eleitoral no dia da votação, salvo ajuste ou troca de bateria e de módulo impressor, ressalvados os procedimentos descritos no artigo 95 desta resolução.

Art. 101. As ocorrências de troca de urnas deverão ser comunicadas pelos Juízes Eleitorais aos Tribunais Regionais Eleitorais durante o processo de votação.

Parágrafo único. Os partidos políticos e as coligações poderão requerer formalmente aos Tribunais Regionais Eleitorais, até 13 de janeiro de 2015, as informações relativas a troca de urnas.

Seção VI
Da Votação por Cédulas de Uso Contingente

Art. 102. A forma de votação descrita nesta seção apenas será realizada na impossibilidade da utilização do sistema eletrônico de votação.

Parágrafo único. As cédulas de uso contingente serão confeccionadas em obediência ao modelo definido pelo Tribunal Superior Eleitoral.

Art. 103. Para os casos de votação por cédulas, o Juiz Eleitoral fará entregar ao Presidente da Mesa Receptora de Votos, mediante recibo, os seguintes materiais:

I – cédulas de uso contingente, destinadas à votação majoritária e à votação proporcional;

II – urna de lona lacrada;

III – lacre para a fenda da urna de lona, a ser colocado após a votação.

Art. 104. Serão observadas, na votação por cédulas, no que couber, as normas do artigo 93 desta resolução, e ainda o seguinte:

I – identificado, o eleitor será instruído sobre a forma de dobrar as cédulas após a anotação do voto, bem como a maneira de colocá-las na urna de lona;

II – entrega das cédulas abertas ao eleitor, devidamente rubricadas e numeradas, em séries de um a nove, pelos mesários (Código Eleitoral, artigo 127, VI);

III – o eleitor será convidado a se dirigir à cabina para indicar o número ou o nome dos candidatos de sua preferência e dobrar as cédulas;

IV – ao sair da cabina, o eleitor depositará as cédulas na urna de lona, fazendo-o de maneira a mostrar a parte rubricada ao mesário e aos fiscais dos partidos políticos e das coligações, para que verifiquem, sem nelas tocar, se não foram substituídas;

V – se as cédulas não forem as mesmas, o eleitor será convidado a voltar à cabina e a trazer o seu voto nas cédulas que recebeu; se não quiser retornar à cabina, será anotada na ata a ocorrência e, nesse caso, ficará o eleitor retido pela Mesa Receptora de Votos e à sua disposição até o término da votação, ou até que lhe devolva as cédulas rubricadas que dela recebeu;

VI – se o eleitor, ao receber as cédulas, ou durante o ato de votar, verificar que se acham rasuradas ou de algum modo viciadas, ou se ele, por imprudência, imprevidência ou ignorância, as inutilizar, estragar ou assinalar erradamente, poderá pedir outras ao mesário, restituindo-lhe as primeiras, que serão imediatamente inutilizadas à vista dos presentes e sem quebra do sigilo do que o eleitor nelas haja indicado;

VII – após o depósito das cédulas na urna de lona, o mesário devolverá o documento de identificação ao eleitor, entregando-lhe o comprovante de votação.

Art. 105. Além do previsto no artigo 115 desta resolução, o Presidente da Mesa Receptora de Votos tomará as seguintes providências, no que couber:

I – vedará a fenda da urna de lona com o lacre apropriado, rubricado por ele, pelos demais mesários e, facultativamente, pelos fiscais dos partidos políticos e das coligações presentes;

II – entregará a urna de lona, a urna eletrônica e os documentos da votação ao Presidente da Junta ou a quem for designado pelo Tribunal Regional Eleitoral, mediante recibo em duas vias, com a indicação de hora, devendo aqueles documentos ser acondicionados em envelopes rubricados por ele e pelos fiscais dos partidos políticos e coligações que o desejarem.

Seção VII
Dos Trabalhos de Justificativa

Art. 106. Os trabalhos das Mesas Receptoras de Justificativas terão início às 8 horas e terminarão às 17 horas do dia da eleição, caso não haja eleitores na fila.

Art. 107. Cada Mesa Receptora de Justificativas poderá funcionar com até três urnas.

Art. 108. O eleitor deverá comparecer aos locais destinados ao recebimento das justificativas com o formulário Requerimento de Justificativa preenchido, munido do número do título de eleitor e de documento de identificação, nos termos do § 3º do artigo 86 desta resolução.

§ 1º O eleitor deverá postar-se em fila única à entrada do recinto da Mesa e, quando autorizado, entregará o formulário preenchido com o número do título de eleitor e apresentará o documento de identificação ao mesário.

§ 2º Após a conferência do preenchimento do formulário e da verificação da identidade do eleitor, o número da inscrição eleitoral será digitado na urna e, em seguida, serão anotados o código de autenticação, a Unidade da Federação, a Zona Eleitoral e a Mesa Receptora de Justificativas da entrega do requerimento, nos campos próprios do formulário, e será restituído ao eleitor o seu documento e o comprovante de justificativa, autenticado com a rubrica do componente da Mesa.

§ 3º Quando verificada a impossibilidade do uso de urnas, será utilizado o processo manual de recepção de justificativas, com posterior digitação dos dados na Zona Eleitoral responsável pelo seu recebimento.

§ 4º Compete ao Juízo Eleitoral responsável pela recepção dos requerimentos de justificativa assegurar o lançamento dessas informações no cadastro de eleitores, até 4 de dezembro de 2014, com relação ao 1º turno, e até 26 de dezembro de 2014, com relação ao 2º turno, determinando todas as providências relativas à conferência obrigatória e digitação dos dados, quando necessário.

§ 5º O formulário preenchido com dados incorretos, que não permitam a identificação do eleitor, não será hábil para justificar a ausência na eleição.

§ 6º Os formulários Requerimento de Justificativa Eleitoral, após seu processamento, serão arquivados no Cartório responsável pela recepção das justificativas, até o próximo pleito, quando poderão ser descartados.

Art. 109. O formulário Requerimento de Justificativa Eleitoral será fornecido gratuitamente aos eleitores, nos seguintes locais:

I – Cartórios Eleitorais;

II – páginas da Justiça Eleitoral na internet;

III – locais de votação ou de justificativa, no dia da eleição;

IV – outros locais, desde que haja prévia autorização da Justiça Eleitoral.

Art. 110. O eleitor que deixar de votar por se encontrar ausente de seu domicílio eleitoral e não justificar a falta no dia da eleição poderá fazê-lo até 4 de dezembro de 2014, com relação ao primeiro turno e até 26 de dezembro de 2014, com relação ao segundo turno, por meio de requerimento formulado na Zona Eleitoral em que se encontrar o eleitor, devendo o respectivo Chefe de Cartório providenciar a sua remessa ao Juízo da Zona Eleitoral em que é inscrito.

§ 1º Para o eleitor inscrito no Brasil que se encontrar no exterior na data do pleito, o prazo de que trata o *caput* deste artigo será de 30 dias, contados do seu retorno ao País (Lei n. 6.091/1974, artigo 16, § 2º, e Resolução nº 21.538/2003, artigo 80, § 1º).

§ 2º O eleitor inscrito no Brasil que se encontre no exterior no dia do pleito e queira justificar a ausência antes do retorno ao Brasil deverá encaminhar justificativa de ausência de voto diretamente ao Cartório Eleitoral do município de sua inscrição, por meio dos Serviços de Postagens.

Art. 111. O eleitor inscrito no exterior, ausente do seu domicílio eleitoral na data do pleito, bem assim aquele que, mesmo presente, não comparecer à eleição, deverá justificar sua falta, mediante requerimento a ser encaminhado diretamente ao Juiz Eleitoral do Distrito Federal responsável pelo cartório eleitoral de sua inscrição, até 4 de dezembro de 2014, se a ausência ocorrer no primeiro turno, e até 26 de dezembro de 2014, relativa ao segundo turno.

§ 1º Ao eleitor inscrito no exterior será garantida ainda a possibilidade de encaminhar sua justificativa, respeitados os prazos assinalados no *caput*, às missões diplomáticas ou repartições consulares brasileiras localizadas no país em que estiver, que, em até 15 dias após o seu recebimento, a remeterá ao Ministério das Relações Exteriores para envio ao Tribunal Regional Eleitoral do Distrito Federal para processamento.

§ 2º Ao eleitor inscrito no Distrito Federal que se encontre no exterior no dia do pleito também será garantido o procedimento descrito no parágrafo anterior.

Art. 112. O eleitor inscrito no exterior que, estando obrigado a votar, não o fizer, ficará sujeito, além das penalidades previstas para o eleitor que não vota no território nacional, à proibição de requerer qualquer documento perante a repartição diplomática a que estiver subordinado, enquanto não se justificar (Código Eleitoral, artigo 231).

Seção VIII
Do Encerramento da Votação

Art. 113. O recebimento dos votos terminará às 17 horas do horário local, desde que não haja eleitores presentes na fila de votação da seção eleitoral (Código Eleitoral, artigo 144).

Art. 114. Às 17 horas do dia da votação, o Presidente da Mesa Receptora de Votos fará entregar as senhas a todos os eleitores presentes, começando pelo último da fila e, em seguida, os convidará a entregar seus documentos de identificação, para que sejam admitidos a votar (Código Eleitoral, artigo 153, *caput*).

Parágrafo único. A votação continuará na ordem decrescente das senhas distribuídas, sendo o documento de identificação devolvido ao eleitor logo que tenha votado (Código Eleitoral, artigo 153, parágrafo único).

Art. 115. Encerrada a votação, o Presidente da Mesa adotará as providências previstas no artigo 82 desta resolução e finalizará a Ata da Mesa Receptora de Votos, da qual constarão:

I – o nome dos membros da Mesa Receptora de Votos que compareceram;

II – as substituições e nomeações realizadas;

III – o nome dos fiscais que compareceram e dos que se retiraram durante a votação;

IV – a causa, se houver, do retardamento para o início da votação;

V – o número total, por extenso, dos eleitores da seção que compareceram e votaram, assim como dos que deixaram de comparecer, e da seção agregada, se houver;

VI – o motivo de não haverem votado eleitores que compareceram;

VII – os protestos e as impugnações apresentados, assim como as decisões sobre eles proferidas, tudo em seu inteiro teor;

VIII – a razão da interrupção da votação, se tiver havido, o tempo da interrupção e as providências adotadas;

IX – a ressalva das rasuras, emendas e entrelinhas porventura existentes nos cadernos e na Ata da Mesa Receptora de Votos, ou a declaração de não existirem.

§ 1º A comunicação de que trata o inciso VII do artigo 154 do Código Eleitoral será atendida pelas informações contidas no boletim de urna emitido após o encerramento da votação.

§ 2º A urna ficará permanentemente à vista dos interessados e sob a guarda de pessoa designada pelo Presidente da Junta Eleitoral até que seja determinado o seu recolhimento (Código Eleitoral, artigo 155, § 2º).

Art. 116. Os boletins de urna serão impressos em 5 vias obrigatórias e em até 15 vias adicionais.

Parágrafo único. A não expedição do boletim de urna imediatamente após o encerramento da votação, ressalvados os casos de defeito da urna, constitui o crime previsto no artigo 313 do Código Eleitoral (Código Eleitoral, artigo 179, § 9º).

Art. 117. Na hipótese de não ser emitido o boletim de urna por qualquer motivo, ou ser imprecisa ou ilegível a impressão, observado o disposto no artigo 100 desta resolução, o Presidente da Mesa Receptora de Votos tomará, à vista dos fiscais dos partidos políticos e coligações presentes, as seguintes providências:

I – desligará a urna;

II – desconectará a urna da tomada ou da bateria externa;

III – acondicionará a urna na embalagem própria;

IV – fará registrar na ata da Mesa Receptora de Votos a ocorrência;

V – comunicará o fato ao Presidente da Junta Eleitoral pelo meio de comunicação mais rápido;

VI – encaminhará a urna para a Junta Eleitoral, acompanhada dos fiscais dos partidos políticos e das coligações que o desejarem, para a adoção de medidas que possibilitem a impressão dos boletins de urna.

Art. 118. O Presidente da Junta Eleitoral ou quem for designado pelo Tribunal Regional Eleitoral tomará as providências necessárias para o recebimento das mídias com os arquivos e dos documentos da votação (Código Eleitoral, artigo 155, *caput*).

Art. 119. Os fiscais dos partidos políticos e das coligações poderão acompanhar a urna, bem como todo e qualquer material referente à votação, desde o início dos trabalhos até o seu encerramento.

Art. 120. Até as 12 horas do dia seguinte à votação, o Juiz Eleitoral é obrigado, sob pena de responsabilidade e multa, a comunicar ao Tribunal Regional Eleitoral e aos representantes dos partidos políticos e das coligações o número de eleitores que votaram em cada uma das seções sob sua jurisdição, bem como o total de votantes da Zona Eleitoral (Código Eleitoral, artigo 156, *caput*).

§ 1º A comunicação de que trata o *caput* será feita ao Tribunal Regional Eleitoral por meio da transmissão dos resultados apurados.

§ 2º Qualquer candidato, delegado ou fiscal de partido político e de coligação poderá obter cópia do relatório emitido pelo sistema informatizado de que constem as informações referidas no *caput*, sendo defeso ao Juiz Eleitoral recusar ou procrastinar a sua entrega ao requerente (Código Eleitoral, artigo 156, § 3º).

§ 3º Se houver retardamento na emissão do boletim de urna, o Juiz Eleitoral fará a comunicação mencionada no *caput* assim que souber do fato (Código Eleitoral, artigo 156, § 1º).

CAPÍTULO VII
DA FISCALIZAÇÃO PERANTE AS MESAS RECEPTORAS

Art. 121. Cada partido político ou coligação poderá nomear dois delegados para cada Município e dois fiscais para cada Mesa Receptora, atuando um de cada vez, mantendo-se a ordem no local de votação (Código Eleitoral, artigo 131, *caput*).

§ 1º O fiscal poderá acompanhar mais de uma seção eleitoral, no mesmo local de votação (Lei nº 9.504/1997, artigo 65, § 1º).

§ 2º Quando o município abranger mais de uma Zona Eleitoral, cada partido político ou coligação poderá nomear dois delegados para cada uma delas (Código Eleitoral, artigo 131, § 1º).

§ 3º A escolha de fiscal e delegado de partido político ou de coligação não poderá recair em menor de 18 anos ou em quem, por nomeação de Juiz Eleitoral, já faça parte da Mesa Receptora (Lei nº 9.504/1997, artigo 65, *caput*).

§ 4º As credenciais dos fiscais e delegados serão expedidas, exclusivamente, pelos partidos políticos e coligações, sendo desnecessário o visto do Juiz Eleitoral (Lei nº 9.504/1997, artigo 65, § 2º).

§ 5º Para efeito do disposto no parágrafo anterior, o presidente do partido político, o representante da coligação ou outra pessoa por eles indicada deverá informar aos Juízes Eleitorais o nome das pessoas autorizadas a expedir as credenciais dos fiscais e delegados (Lei nº 9.504/1997, artigo 65, § 3º).

§ 6º O fiscal de partido político ou de coligação poderá ser substituído no curso dos trabalhos eleitorais (Código Eleitoral, artigo 131, § 7º).

§ 7º O credenciamento de fiscais se restringirá aos partidos políticos e às coligações que participarem das eleições em cada Unidade da Federação.

Art. 122. Os candidatos registrados, os delegados e os fiscais de partido político ou de coligação serão admitidos pelas Mesas Receptoras a fiscalizar a votação, formular protestos e fazer impugnações, inclusive sobre a identidade do eleitor (Código Eleitoral, artigo 132).

Art. 123. No dia da votação, durante os trabalhos, aos fiscais dos partidos políticos e das coligações só é permitido que, em seus crachás, constem o nome e a sigla do partido político ou da coligação a que sirvam, vedada a padronização do vestuário (Lei nº 9.504/1997, artigo 39-A, § 3º).

Parágrafo único. O crachá deverá ter medidas que não ultrapassem dez centímetros de comprimento por cinco centímetros de largura, o qual conterá apenas o nome do fiscal e a indicação do partido político que represente, sem qualquer referência que possa ser interpretada como propaganda eleitoral.

CAPÍTULO VIII
DA POLÍCIA DOS TRABALHOS ELEITORAIS

Art. 124. Ao Presidente da Mesa Receptora e ao Juiz Eleitoral caberá a polícia dos trabalhos eleitorais (Código Eleitoral, artigo 139).

Art. 125. Somente poderão permanecer no recinto da Mesa Receptora os seus membros, os candidatos, um fiscal, um delegado de cada partido político ou coligação e, durante o tempo necessário à votação, o eleitor, mantendo-se a ordem no local de votação (Código Eleitoral, artigo 140, *caput*).

§ 1º O Presidente da Mesa Receptora, que é, durante os trabalhos, a autoridade superior, fará retirar do recinto ou do edifício quem não guardar a ordem e compostura devidas e estiver praticando qualquer ato atentatório à liberdade eleitoral (Código Eleitoral, artigo 140, § 1º).

§ 2º Salvo o Juiz Eleitoral e os técnicos por ele designados, nenhuma autoridade estranha à Mesa Receptora poderá intervir em seu funcionamento (Código Eleitoral, artigo 140, § 2º).

Art. 126. A força armada conservar-se-á a até cem metros da Seção Eleitoral e não poderá aproximar-se do lugar da votação ou nele adentrar sem ordem judicial ou do Presidente da Mesa Receptora, exceto nas Mesas Receptoras de Votos dos estabelecimentos penais e unidades de internação, respeitado o sigilo do voto (Código Eleitoral, artigo 141).

CAPÍTULO IX
DOS IMPRESSOS PARA A ELEIÇÃO
Seção I
Dos Formulários

Art. 127. Os modelos de formulários para as Eleições de 2014 serão definidos pelo Tribunal Superior Eleitoral.

Art. 128. Será de responsabilidade do Tribunal Superior Eleitoral a confecção dos seguintes formulários:

I – Caderno de Folhas de Votação para dois turnos: no tamanho 260x297mm, papel branco ou reciclado de 90g/m², impressão frente em off-set, na cor sépia e impressão de dados variáveis, na cor preta, contendo relação de eleitores impedidos de votar;

II – Caderno de Folhas de Votação para um turno: no tamanho 210x297mm, papel branco ou reciclado de 90g/m², impressão frente em off-set, na cor sépia e impressão de dados variáveis, na cor preta, contendo relação de eleitores impedidos de votar;

III – Requerimento de Justificativa Eleitoral: no tamanho 74x280mm, papel branco ou reciclado de 75g/m², impressão frente na cor sépia.

Art. 129. Será de responsabilidade dos Tribunais Regionais Eleitorais a confecção dos seguintes formulários:

I – Ata da Mesa Receptora de Votos: no formato A4, papel branco ou reciclado de 75g/m², impressão frente e verso na cor preta;

II – Ata da Mesa Receptora de Votos avulsa: no formato A4, papel branco ou reciclado de 75g/m², impressão frente e verso na cor preta;

III – Ata da Mesa Receptora de Justificativas: no formato A4, papel branco ou reciclado de 75g/m², impressão frente na cor preta.

Art. 130. Será de responsabilidade do Tribunal Regional Eleitoral do Distrito Federal, ou, quando autorizado, das missões diplomáticas ou repartições consulares, utilizando reprodução eletrônica ou impressão gráfica, a confecção dos formulários:

I – Ata da Eleição – Exterior: no formato A4, papel branco ou reciclado de 75g/m², impressão frente e verso, na cor preta e em via única;

II – Boletim de Urna – Exterior: no formato A5 ou A4, dependendo do número de candidatos para o cargo de Presidente da República, papel branco ou reciclado de 75g/m², na cor preta, impressão em três vias.

Art. 131. A distribuição dos formulários de que tratam os artigos 128 a 130 será realizada conforme planejamento estabelecido pelo respectivo Tribunal Regional Eleitoral.

Seção II
Das Cédulas Oficiais

Art. 132. Serão confeccionadas, exclusivamente pela Justiça Eleitoral, e distribuídas, conforme planejamento estabelecido pelo respectivo Tribunal Regional Eleitoral, cédulas a serem utilizadas por seção eleitoral que passar para o sistema de votação manual, após fracassadas todas as tentativas de votação em urna eletrônica.

Art. 133. A impressão das cédulas será feita em papel opaco, com tinta preta e em tipos uniformes de letras e números (Código Eleitoral, artigo 104, *caput*, e Lei nº 9.504/1997, artigo 83, *caput*).

Art. 134. Haverá duas cédulas distintas, uma de cor amarela, para a eleição majoritária, e outra de cor branca, para a eleição proporcional, a serem confeccionadas de maneira tal que, dobradas, resguardem o sigilo do voto sem que seja necessário o emprego de cola para fechá-las (Código Eleitoral, artigo 104, § 6º, e Lei nº 9.504/1997, artigos 83, § 1º, e 84).

Art. 135. A cédula terá espaços para que o eleitor escreva o nome ou o número do candidato escolhido, ou a sigla ou o número do partido político de sua preferência (Lei nº 9.504/1997, artigo 83, § 3º).

TÍTULO II
DA APURAÇÃO E TOTALIZAÇÃO DAS ELEIÇÕES
CAPÍTULO I
DAS PROVIDÊNCIAS PRELIMINARES
Seção I
Das Juntas Eleitorais

Art. 136. Em cada Zona Eleitoral haverá pelo menos uma Junta Eleitoral, composta por um Juiz de Direito, que será o Presidente, e por dois ou quatro cidadãos que atuarão como membros titulares, de notória idoneidade, convocados e nomeados pelo Tribunal Regional Eleitoral, por edital publicado no Diário da Justiça Eletrônico, até 6 de agosto de 2014 (Código Eleitoral, artigo 36, *caput* e § 1º).

§ 1º Até 10 dias antes da nomeação, os nomes das pessoas indicadas para compor as Juntas Eleitorais serão publicados no Diário da Justiça Eletrônico, podendo qualquer partido político ou coligação, no prazo de 3 dias, em petição fundamentada, impugnar as indicações (Código Eleitoral, artigo 36, § 2º).

§ 2º O Tribunal Regional Eleitoral poderá autorizar, excepcionalmente, a contagem de votos pelas Mesas Receptoras, designando os mesários como escrutinadores da Junta Eleitoral (Código Eleitoral, artigos 188 e 189).

Art. 137. Se necessário, poderão ser organizadas tantas Juntas Eleitorais quanto permitir o número de Juízes de Direito que gozem das garantias do artigo 95 da Constituição Federal, mesmo que não sejam Juízes Eleitorais (Código Eleitoral, artigo 37, *caput*).

Parágrafo único. Nas Zonas Eleitorais em que for organizada mais de uma Junta, ou quando estiver vago o cargo de Juiz Eleitoral ou estiver este impedido, o Presidente do Tribunal Regional Eleitoral, com a aprovação deste, designará Juízes de Direito da mesma ou de outras comarcas para presidirem as Juntas (Código Eleitoral, artigo 37, parágrafo único).

Art. 138. Ao Presidente da Junta Eleitoral será facultado nomear, dentre cidadãos de notória idoneidade, escrutinadores e auxiliares em número capaz de atender à boa marcha dos trabalhos (Código Eleitoral, artigo 38, *caput*).

§ 1º Até 5 de setembro de 2014, o Presidente da Junta Eleitoral comunicará ao Presidente do Tribunal Regional Eleitoral as nomeações que houver feito e as divulgará, por edital publicado no Diário da Justiça Eletrônico, na capital, ou afixado no átrio do Cartório, nas demais localidades, podendo qualquer partido político ou coligação oferecer impugnação motivada no prazo de 3 dias (Código Eleitoral, artigo 39, *caput*).

§ 2º O Presidente da Junta Eleitoral designará escrutinador para secretário-geral, competindo-lhe organizar e coordenar os trabalhos da Junta Eleitoral, lavrar as atas e tomar por termo ou protocolar os recursos, neles funcionando como escrivão (Código Eleitoral, artigo 38, § 3º, I e II).

Art. 139. Não podem ser nomeados membros das Juntas, escrutinadores ou auxiliares (Código Eleitoral, artigo 36, § 3º):

I – os candidatos e seus parentes, ainda que por afinidade, até o segundo grau, inclusive, e bem assim o cônjuge;

II – os membros de diretorias de partidos políticos devidamente registrados e cujos nomes tenham sido oficialmente publicados;

III – as autoridades e agentes policiais, bem como os funcionários no desempenho de cargos de confiança do Executivo;

IV – os que pertencerem ao serviço eleitoral.

Art. 140. Compete à Junta Eleitoral (Código Eleitoral, artigo 40, I a III):

I – apurar a votação realizada nas seções eleitorais sob sua jurisdição;

II – resolver as impugnações, dúvidas e demais incidentes verificados durante os trabalhos da apuração;

III – expedir os boletins de urna na impossibilidade de sua emissão normal nas seções eleitorais, com emprego dos sistemas de votação, de recuperação de dados ou de apuração.

Parágrafo único. O Presidente da Junta Eleitoral designará os responsáveis pela operação do Sistema de Apuração.

Art. 141. Compete ao auxiliar da Junta Eleitoral:

I – esclarecer as dúvidas referentes ao processo de apuração;

II – na hipótese da utilização do Sistema de Apuração:

a) esclarecer as dúvidas referentes às cédulas;

b) ler os números referentes aos candidatos e rubricar as cédulas com caneta vermelha.

Art. 142. Compete ao primeiro escrutinador da Junta Eleitoral, na hipótese de utilização do Sistema de Apuração:

I – proceder à contagem das cédulas, sem abri-las;

II – abrir as cédulas e nelas apor as expressões "em branco" ou "nulo", conforme o caso;

III – colher, nas vias dos boletins de urna emitidas, as assinaturas do Presidente e dos demais componentes da Junta Eleitoral e, se presentes, dos fiscais dos partidos políticos e das coligações e do representante do Ministério Público;

IV – entregar as vias do boletim de urna e a respectiva mídia gerada pela urna ao secretário-geral da Junta Eleitoral.

Art. 143. Compete ao segundo escrutinador e ao suplente, na hipótese de utilização do Sistema de Apuração, auxiliar na contagem dos votos e nos demais trabalhos da Junta Eleitoral.

Art. 144. Havendo necessidade, mais de uma Junta Eleitoral poderá ser instalada no mesmo local de apuração, mediante prévia autorização do Tribunal Regional Eleitoral, desde que fiquem separadas, de modo a acomodar, perfeitamente distinguidos, os trabalhos de cada uma delas.

Seção II
Da Fiscalização Perante as Juntas Eleitorais

Art. 145. Cada partido político ou coligação poderá credenciar, perante as Juntas Eleitorais, até três fiscais, que se revezarão na fiscalização dos trabalhos de apuração (Código Eleitoral, artigo 161, *caput*).

§ 1º As credenciais dos fiscais serão expedidas, exclusivamente, pelos partidos políticos ou coligações, e não necessitam de visto do Presidente da Junta Eleitoral (Lei nº 9.504/1997, artigo 65, § 2º).

§ 2º Para efeito do disposto no parágrafo anterior, os representantes dos partidos políticos ou das coligações deverão informar ao Presidente da Junta Eleitoral o nome das pessoas autorizadas a expedir as credenciais dos fiscais (Lei nº 9.504/1997, artigo 65, § 3º).

§ 3º Não será permitida, na Junta Eleitoral, a atuação concomitante de mais de um fiscal de cada partido político ou coligação (Código Eleitoral, artigo 161, § 2º).

§ 4º O credenciamento de fiscais restringir-se-á aos partidos políticos ou às coligações que participarem das eleições em cada Unidade da Federação.

Art. 146. Os fiscais dos partidos políticos e das coligações serão posicionados a distância não inferior a um metro de onde estiverem sendo desenvolvidos os trabalhos da Junta Eleitoral, de modo que possam observar diretamente qualquer procedimento realizado nas urnas eletrônicas e, na hipótese de apuração de cédulas:

I – a abertura da urna de lona;

II – a numeração sequencial das cédulas;

III – o desdobramento das cédulas;

IV – a leitura dos votos;

V – a digitação dos números no Sistema de Apuração.

CAPÍTULO II
DA APURAÇÃO DA VOTAÇÃO NA URNA ELETRÔNICA
Seção I
Do Registro dos Votos

Art. 147. Os votos serão registrados e contados eletronicamente nas seções eleitorais pelo Sistema de Votação da urna.

§ 1º À medida que sejam recebidos, os votos serão registrados individualmente e assinados digitalmente, resguardado o anonimato do eleitor.

§ 2º Após cada voto, haverá a assinatura digital do arquivo de votos, com aplicação do registro de horário, de maneira a impedir a substituição de votos.

Art. 148. Os votos registrados na urna que correspondam integralmente ao número de candidato apto serão computados como voto nominal e, antes da confirmação do voto, a urna apresentará as informações do nome, partido e a foto do respectivo candidato.

Art. 149. Nas eleições majoritárias, os votos registrados que não correspondam a número de candidato constante na urna eletrônica serão computados como nulos.

Parágrafo único. Na hipótese do *caput*, antes da confirmação do voto, a urna apresentará mensagem informando ao eleitor que, se confirmado o voto, ele será computado como nulo.

Art. 150. Nas eleições proporcionais, os votos registrados na urna que tenham os dois primeiros dígitos coincidentes com a numeração de partido válido, concorrente ao pleito, e os últimos dígitos correspondentes a candidato inapto antes da geração dos dados para carga da urna, de que trata o artigo 62 desta resolução, serão computados como nulos.

Parágrafo único. Na hipótese do *caput*, antes da confirmação do voto, a urna apresentará mensagem informando ao eleitor que, se confirmado o voto, ele será computado como nulo.

Art. 151. Nas eleições proporcionais, os votos registrados na urna que tenham os dois primeiros dígitos coincidentes com a numeração de partido válido, concorrente ao pleito, e os últimos dígitos não informados ou não correspondentes a candidato existente, serão computados para a legenda.

Parágrafo único. Na hipótese do *caput*, antes da confirmação do voto, a urna apresentará a informação do respectivo partido e mensagem alertando o eleitor que, se confirmado o voto, ele será computado para a legenda (Lei nº 9.504/1997, artigo 59, § 2º).

Art. 152. Ao final da votação, serão assinados digitalmente o arquivo de votos e o de boletim de urna, com aplicação do registro de horário, de forma a impossibilitar a substituição de votos e a alteração dos registros de início e término da votação.

Seção II
Dos Boletins Emitidos pela Urna

Art. 153. Os boletins de urna conterão os seguintes dados (Código Eleitoral, artigo 179):

I – a data da eleição;

II – a identificação do Município, da Zona Eleitoral e da Seção;

III – a data e o horário de encerramento da votação;

IV – o código de identificação da urna;

V – a quantidade de eleitores aptos;

VI– a quantidade de eleitores que compareceram;

VII – a votação individual de cada candidato;

VIII – os votos para cada legenda partidária;

IX – os votos nulos;

X – os votos em branco;

XI – a soma geral dos votos;

XII – quantidade de eleitores liberados por código nas urnas biométricas.

Art. 154. O boletim de urna fará prova do resultado apurado, podendo ser apresentado recurso à própria Junta Eleitoral, caso o número de votos constantes do resultado da apuração não coincida com os nele consignados.

CAPÍTULO III
DA APURAÇÃO DA VOTAÇÃO POR MEIO DE CÉDULAS
Seção I
Disposições Preliminares

Art. 155. A apuração dos votos das seções eleitorais em que houver votação em cédulas será processada com a utilização do Sistema de Apuração, imediatamente após o seu recebimento pela Junta Eleitoral, observados, no que couber, os procedimentos previstos nos artigos 159 a 187 do Código Eleitoral e o disposto nesta resolução.

Art. 156. Os membros, os escrutinadores e os auxiliares das Juntas Eleitorais somente poderão, no curso dos trabalhos, portar e utilizar caneta esferográfica de cor vermelha.

Seção II
Dos Procedimentos

Art. 157. A apuração dos votos das seções eleitorais que passarem à votação por cédulas, sempre à vista dos fiscais dos partidos políticos e coligações presentes, ocorrerá da seguinte maneira:

I – a equipe técnica designada pelo Presidente da Junta Eleitoral procederá à geração de mídia com os dados recuperados, contendo os votos colhidos pelo sistema eletrônico até o momento da interrupção havida, fará imprimir o boletim parcial de urna, em duas vias obrigatórias e até três vias opcionais, e as entregará ao secretário-geral da Junta Eleitoral;

II – o secretário-geral da Junta Eleitoral colherá a assinatura do Presidente e dos componentes da Junta e, se presentes, dos fiscais dos partidos políticos e coligações e do representante do Ministério Público, nas vias do boletim parcial de urna;

III – os dados contidos na mídia serão recebidos pelo Sistema de Apuração;

IV – em seguida, será iniciada a apuração das cédulas.

§ 1º No início dos trabalhos, será emitido o relatório Zerésima do Sistema de Apuração, que deverá ser assinado pelos fiscais dos partidos políticos e coligações que o desejarem e pelo secretário-geral da Junta Eleitoral, devendo fazer constar da ata, à qual será anexado.

§ 2º No início da apuração de cada seção, será emitido o relatório Zerésima da seção, do qual constará a informação de que não há votos registrados para aquela seção, adotando-se o mesmo procedimento do parágrafo anterior.

Art. 158. As urnas eletrônicas utilizadas para a apuração dos votos deste capítulo serão configuradas, para cada seção a ser apurada, com a identificação do município, da zona, da seção eleitoral, da Junta e do motivo da operação.

Art. 159. As Juntas Eleitorais deverão:

I – inserir a mídia com os dados parciais de votação na urna em que se realizará a apuração;

II – separar as cédulas majoritárias das proporcionais;

III – contar as cédulas, digitando essa informação na urna;

IV – iniciar a apuração no sistema eletrônico, obedecendo aos seguintes procedimentos:

a) desdobrar as cédulas, uma de cada vez, numerando-as sequencialmente;

b) ler os votos e apor, nas cédulas, as expressões "em branco" ou "nulo", se for o caso, colhendo-se a rubrica do secretário;

c) digitar no Sistema de Apuração o número do candidato ou legenda referente ao voto do eleitor.

V – gravar a mídia com os dados da votação da seção.

§ 1º As ocorrências relativas às cédulas somente poderão ser suscitadas nessa oportunidade (Código Eleitoral, artigo 174, § 4º).

§ 2º A Junta Eleitoral somente desdobrará a cédula seguinte após confirmação do registro da cédula anterior na urna.

§ 3º Os eventuais erros de digitação deverão ser corrigidos enquanto não for comandada a confirmação final do conteúdo da cédula.

Art. 160. Verificada a não correspondência entre o número sequencial da cédula em apuração e o apresentado pela urna, deverá a Junta Eleitoral proceder da seguinte maneira:

I – emitir o espelho parcial de cédulas;

II – comparar o conteúdo das cédulas com o do espelho parcial, a partir da última cédula até o momento em que se iniciou a incoincidência;

III – comandar a exclusão dos dados referentes às cédulas incoincidentes e retomar a apuração.

Parágrafo único. Havendo motivo justificado, a critério da Junta Eleitoral, a apuração poderá ser reiniciada, apagando-se todos os dados da seção até então registrados.

Art. 161. A incoincidência entre o número de votantes e o de cédulas apuradas não constituirá motivo de nulidade da votação, desde que não resulte de fraude comprovada (Código Eleitoral, artigo 166, § 1º).

Parágrafo único. Se a Junta Eleitoral entender que a incoincidência resulta de fraude, anulará a votação, fará a apuração em separado e recorrerá de ofício para o Tribunal Regional Eleitoral (Código Eleitoral, artigo 166, § 2º).

Art. 162. Concluída a contagem dos votos, a Junta Eleitoral providenciará a emissão de 2 vias obrigatórias e até 15 vias adicionais do boletim de urna.

§ 1º Os boletins de urna serão assinados pelo Presidente e demais componentes da Junta Eleitoral e, se presentes, pelos fiscais dos partidos políticos e coligações e pelo representante do Ministério Público.

§ 2º Apenas os boletins de urna poderão servir como prova posterior perante a Junta Eleitoral.

§ 3º A não expedição do boletim de urna imediatamente após a apuração de cada urna e antes de se passar à subsequente, sob qualquer pretexto, ressalvados os casos de defeito da urna, constitui o crime previsto no artigo 313 do Código Eleitoral (Código Eleitoral, artigo 179, § 9º).

Art. 163. O encerramento da apuração de uma seção consistirá na emissão do boletim de urna e na geração da mídia com os resultados.

Art. 164. Durante a apuração, na hipótese de defeito da urna instalada na Junta Eleitoral, o Presidente determinará nova apuração com emprego de outra urna.

Art. 165. Concluída a apuração de uma urna e antes de se passar à subsequente, as cédulas serão recolhidas, no primeiro turno de votação, em envelope especial, e, no segundo, à urna de lona, os quais serão fechados e lacrados, assim permanecendo até 13 de janeiro de 2015, salvo se houver pedido de recontagem ou recurso quanto ao seu conteúdo (Código Eleitoral, artigo 183, *caput*).

Parágrafo único. O descumprimento do disposto neste artigo, sob qualquer pretexto, constitui o crime previsto no artigo 314 do Código Eleitoral (Código Eleitoral, artigo 183, parágrafo único).

CAPÍTULO IV
DA TOTALIZAÇÃO DAS ELEIÇÕES
Seção I
Dos Sistemas de Totalização

Art. 166. A oficialização do Sistema de Gerenciamento nos Tribunais e Zonas Eleitorais ocorrerá após as 12 horas do dia anterior à eleição, por meio de senha própria, fornecida em envelope lacrado, que será aberto somente nessa oportunidade.

§ 1º Os representantes do Ministério Público, da Ordem dos Advogados do Brasil e os fiscais e delegados dos partidos políticos e coligações serão notificados por edital publicado no Diário da Justiça Eletrônico, na capital, ou no átrio do cartório, nas demais localidades, para participar do ato de que trata o *caput*.

§ 2º Após a oficialização do Sistema de Gerenciamento, à vista dos presentes, serão realizados os seguintes procedimentos:

I – emissão do relatório Espelho da Oficialização, que refletirá a situação dos candidatos na urna;

II – atualização das situações e dos dados alterados após o fechamento do Sistema de Candidaturas;

III – emissão do relatório Zerésima, com a finalidade de comprovar a inexistência de voto computado no sistema.

§ 3º Os documentos mencionados nos incisos I e III ficarão sob a guarda da autoridade competente para compor a Ata Geral das Eleições.

Art. 167. A oficialização do Sistema Transportador se dará, automaticamente, a partir das 12 horas do dia da eleição.

Art. 168. Se, no decorrer dos trabalhos, houver necessidade de reinicialização do Sistema de Gerenciamento, deverá ser utilizada senha própria, comunicando-se o fato aos partidos políticos, às coligações e ao Ministério Público.

Parágrafo único. Ocorrendo a hipótese prevista no *caput*, os relatórios emitidos pelo sistema e os dados anteriores à reinicialização serão tornados sem efeito.

Seção II
Dos Procedimentos na Junta Eleitoral

Art. 169. As Juntas Eleitorais procederão da seguinte forma:

I – receberão as mídias com os arquivos oriundos das urnas e providenciarão imediatamente a sua transmissão;

II – receberão os documentos da votação, examinando sua idoneidade e regularidade, inclusive quanto ao funcionamento normal da seção;

III – destinarão as vias do boletim recebidas, da seguinte forma:

a) uma via acompanhará a mídia de gravação dos arquivos, para posterior arquivamento no Cartório;

b) uma via será afixada no local de funcionamento da Junta Eleitoral.

IV – resolverão todas as impugnações e incidentes verificados durante os trabalhos de apuração;

V – providenciarão a recuperação dos dados constantes da urna, em caso de necessidade.

Art. 170. A autenticidade e a integridade dos arquivos contidos na mídia serão verificadas pelos sistemas eleitorais.

Art. 171. Detectada qualquer irregularidade na documentação referente à seção cuja mídia já tenha sido processada, o Presidente da Junta poderá excluir da totalização os dados recebidos.

Art. 172. A transmissão e a recuperação de dados de votação, bem como a reimpressão dos boletins de urna poderão ser efetuadas por técnicos designados pelo Presidente da Junta Eleitoral nos locais previamente definidos pelos Tribunais Regionais Eleitorais.

Art. 173. Havendo necessidade de recuperação dos dados da urna, serão adotados os seguintes procedimentos, na ordem em que se fizer adequada para a solução do problema:

I – geração de nova mídia a partir da urna utilizada na seção, com emprego do Sistema Recuperador de Dados;

II – geração de nova mídia a partir dos cartões de memória da urna utilizada na seção, por meio do Sistema Recuperador de Dados, em urna de contingência;

III – digitação dos dados constantes do boletim de urna no Sistema de Apuração.

§ 1º Os cartões de memória retirados de urnas de votação utilizados para recuperação de dados em urna de contingência deverão ser recolocados nas respectivas urnas de votação utilizadas nas seções.

§ 2º Os boletins de urna, impressos em duas vias obrigatórias e em até quinze opcionais, e o boletim de justificativa serão assinados pelo Presidente e demais integrantes da Junta Eleitoral e, se presentes, pelos fiscais dos partidos políticos e coligações e pelo representante do Ministério Público.

§ 3º As urnas de votação cujos lacres forem removidos para recuperação de dados deverão ser novamente lacradas.

§ 4º É facultado aos fiscais dos partidos políticos e coligações e ao representante do Ministério Público o acompanhamento da execução dos procedimentos previstos neste artigo, observado o disposto no artigo 146 desta resolução.

Art. 174. Verificada a impossibilidade de leitura da mídia gerada pelo Sistema de Apuração, o Presidente da Junta Eleitoral determinará, para a solução do problema, a realização de um dos seguintes procedimentos:

I – a geração de nova mídia, a partir da urna na qual a seção foi apurada;

II – a digitação, em nova urna, dos dados constantes do boletim de urna.

Art. 175. Nos casos de perda total ou parcial dos votos de determinada seção, a Junta Eleitoral poderá decidir:

I – pela não apuração da seção, se ocorrer perda total dos votos;

II – pelo aproveitamento dos votos recuperados, no caso de perda parcial, considerando o comparecimento dos eleitores, de modo a não haver divergência entre esse número e o total de votos.

Art. 176. Na hipótese de impossibilidade da transmissão de dados, a Junta Eleitoral providenciará a remessa da mídia ao ponto de transmissão de dados da Justiça Eleitoral mais próximo, para que se proceda à transmissão dos dados para a totalização.

Art. 177. A decisão da Junta Eleitoral que determinar a não instalação, a não apuração, a anulação e a apuração em separado da respectiva seção deverá ser registrada em opção própria do Sistema de Gerenciamento.

Art. 178. O Juízo Eleitoral providenciará, no prazo máximo de 1 dia, após a totalização final, a transmissão dos arquivos log das urnas e da imagem do boletim de urna.

Art. 179. Excepcionalmente, o Juiz Eleitoral poderá autorizar a retirada dos lacres da urna, a fim de possibilitar a recuperação de arquivos de urna.

§ 1º Os fiscais dos partidos políticos e coligações deverão ser convocados por edital, com 1 dia de antecedência, para que acompanhem os procedimentos previstos no *caput*.

§ 2º Concluído o procedimento de que trata o *caput*, a urna deverá ser novamente lacrada, mantendo os cartões de memória originais em seus respectivos compartimentos.

§ 3º Todos os procedimentos descritos neste artigo deverão ser registrados em ata.

Art. 180. Finalizado o processamento, o Presidente da Junta Eleitoral fará lavrar a Ata da Junta Eleitoral, em duas vias, as quais serão assinadas e rubricadas pelo Presidente e membros da Junta Eleitoral, e, se desejarem, pelo representante do Ministério Público, dos partidos políticos e das coligações.

§ 1º O relatório Resultado da Junta Eleitoral, disponível no Sistema de Gerenciamento, substituirá os mapas de apuração.

§ 2º Está dispensado o envio da Ata da Junta Eleitoral ao Tribunal Regional Eleitoral.

Seção III
Da Destinação dos Votos na Totalização

Art. 181. Serão válidos apenas os votos dados a candidatos regularmente inscritos e às legendas partidárias (Lei nº 9.504/1997, artigo 5º).

Parágrafo único. Na eleição proporcional, os votos dados a candidatos com registro deferido na data do pleito e indeferido posteriormente serão computados para a legenda (Código Eleitoral, artigo 175, § 4º, e Lei nº 9.504/1997, artigo 16-A, parágrafo único).

Art. 182. Serão nulos, para todos os efeitos, inclusive para a legenda:

I – os votos dados a candidatos inelegíveis ou não registrados (Código Eleitoral, artigo 175, § 3°, e Lei n° 9.504/1997, artigo 16-A);

II – os votos dados a candidatos com o registro indeferido, ainda que o respectivo recurso esteja pendente de apreciação;

III – os votos dados à partido ou coligação cujo Demonstrativo de Regularidade de Atos Partidários (DRAP) for indeferido, ainda que haja recurso pendente de apreciação.

Parágrafo único. A validade dos votos descritos nos incisos II e III ficará condicionada ao deferimento do registro (Lei n° 9.504/1997, artigo 16-A, parágrafo único).

Art. 183. Ocorrendo substituição de candidato ainda sem decisão transitada em julgado, os votos atribuídos ao substituído serão computados para o substituto.

Art. 184. Determina-se o quociente eleitoral dividindo-se o número de votos válidos apurados pelo número de lugares a preencher, desprezando-se a fração, se igual ou inferior a meio, ou arredondando-se para um, se superior (Código Eleitoral, artigo 106, *caput*).

Art. 185. Determina-se para cada partido político ou coligação o quociente partidário, dividindo-se pelo quociente eleitoral o número de votos válidos dados sob a mesma legenda ou coligação de legendas, desprezada a fração (Código Eleitoral, artigo 107).

Art. 186. Os lugares não preenchidos com a aplicação dos quocientes partidários serão distribuídos mediante observância das seguintes regras:

I – o número de votos válidos atribuídos a cada partido político ou coligação será dividido pelo número de lugares por eles obtidos mais um, cabendo ao partido político ou à coligação que apresentar a maior média um dos lugares a preencher (Código Eleitoral, artigo 109, I);

II – será repetida a operação para a distribuição de cada um dos lugares (Código Eleitoral, artigo 109, II);

III – no caso de empate de médias entre dois ou mais partidos políticos ou coligações, será considerado aquele com maior votação (Resolução-TSE n° 16.844/90);

IV – ocorrendo empate na média e no número de votos dados aos partidos políticos ou às coligações, prevalecerá, para o desempate, o número de votos nominais recebidos.

§ 1° O preenchimento dos lugares com que cada partido político ou coligação for contemplado se fará segundo a ordem de votação nominal de seus candidatos (Código Eleitoral, artigo 109, § 1°).

§ 2° Só poderão concorrer à distribuição dos lugares os partidos políticos ou as coligações que tiverem obtido quociente eleitoral (Código Eleitoral, artigo 109, § 2°).

§ 3° Em caso de empate na votação de candidatos e de suplentes de um mesmo partido político ou coligação, será eleito o candidato mais idoso (Código Eleitoral, artigo 110).

Art. 187. Se nenhum partido político ou coligação alcançar o quociente eleitoral, serão eleitos, até o preenchimento de todos os lugares, os candidatos mais votados (Código Eleitoral, artigo 111).

Art. 188. Nas eleições proporcionais, serão suplentes dos candidatos eleitos todos os demais candidatos do mesmo partido ou coligação que não forem eleitos, na ordem decrescente de votação (Código Eleitoral, artigo 112, I).

Seção IV
Da Comissão Apuradora

Art. 189. O Tribunal Regional Eleitoral, até a véspera das eleições, constituirá, com três de seus membros, presidida por um deles, uma Comissão Apuradora (Código Eleitoral, artigo 199, *caput*).

Art. 190. Os trabalhos da Comissão Apuradora poderão ser acompanhados por delegados dos partidos políticos e coligações, sem que, entretanto, neles intervenham com protestos, impugnações ou recursos (Código Eleitoral, artigo 199, § 4°).

Seção V
Das Atribuições dos Tribunais Regionais Eleitorais

Art. 191. Compete aos Tribunais Regionais Eleitorais (Código Eleitoral, artigo 197):

I – resolver as dúvidas não decididas e os recursos interpostos sobre a votação;

II – apurar as votações que haja validado em grau de recurso;

III – totalizar os votos na Unidade da Federação e, ao final, proclamar o resultado das eleições no âmbito da sua circunscrição;

IV – verificar o total de votos apurados, inclusive os em branco e os nulos, e determinar os quocientes eleitoral e partidário, bem como a distribuição das sobras e desempate de candidatos e médias;

V – proclamar os eleitos e expedir os respectivos diplomas;

VI – fazer a apuração parcial das eleições para Presidente e Vice-Presidente da República.

Art. 192. Finalizado o processamento, o responsável pela área de tecnologia da informação do Tribunal Regional Eleitoral providenciará a emissão do relatório Resultado da Totalização e o encaminhará, devidamente assinado, à Comissão Apuradora, para compor o Relatório Geral de Apuração de que trata o § 5º do artigo 199 do Código Eleitoral.

Parágrafo único. O relatório a que se refere o *caput* substituirá os mapas gerais de apuração.

Art. 193. A Comissão Apuradora apresentará ao Tribunal Regional Eleitoral, ao final dos trabalhos, o Relatório Geral de Apuração, do qual constarão, pelo menos, os seguintes dados (Código Eleitoral, artigo 199, § 5º):

I – as seções apuradas e a quantidade de votos apurados diretamente pelas urnas;

II – as seções apuradas pelo Sistema de Apuração, os motivos da utilização do Sistema de Apuração e a respectiva quantidade de votos;

III – as seções anuladas e as não apuradas, os motivos e a quantidade de votos anulados ou não apurados;

IV – as seções onde não houve votação e os motivos;

V – a votação de cada partido político, coligação e candidato nas eleições majoritária e proporcional;

VI – o quociente eleitoral, os quocientes partidários e a distribuição das sobras;

VII – a votação dos candidatos a Deputado Federal, Estadual e Distrital, na ordem da votação recebida;

VIII – a votação dos candidatos a Presidente da República, a Governador e a Senador, na ordem da votação recebida;

IX – as impugnações apresentadas às Juntas Eleitorais e como foram resolvidas, assim como os recursos que tenham sido interpostos.

Art. 194. O relatório a que se refere o artigo anterior desta resolução ficará na Secretaria do Tribunal Regional Eleitoral, pelo prazo de 3 dias, para exame pelos partidos políticos e coligações interessados, que poderão examinar, também, os documentos nos quais foi baseado, inclusive arquivo ou relatório gerado pelo sistema de votação ou totalização (Código Eleitoral, artigo 200, *caput*).

§ 1º Terminado o prazo previsto no *caput* deste artigo, os partidos políticos e coligações poderão apresentar reclamações, no prazo de 2 dias, as quais estas submetidas a parecer da Comissão Apuradora que, no prazo de 3 dias, apresentará aditamento ao relatório com a proposta das modificações que julgar procedentes ou com a justificação da improcedência das arguições (Código Eleitoral, artigo 200, § 1º).

§ 2º O Tribunal Regional Eleitoral, antes de aprovar o relatório da Comissão Apuradora, em 3 dias improrrogáveis julgará as reclamações não providas pela Comissão Apuradora e, se as deferir, devolverá o relatório a fim de que sejam feitas as alterações resultantes da decisão (Código Eleitoral, artigo 200, § 2º).

§ 3º Os prazos para análise e apresentação de reclamações sobre o relatório citados no *caput* e parágrafos anteriores somente começarão a ser contados após a disponibilização dos dados de votação especificados por seção eleitoral na página da Justiça Eleitoral na Internet, referida no artigo 207 desta resolução.

Art.195. De posse do relatório referido no artigo 193 desta resolução, o Tribunal Regional Eleitoral se reunirá para o conhecimento do total de votos apurados, devendo ser lavrada a Ata Geral das Eleições, que será assinada pelos seus membros e da qual constarão os dados consignados no Relatório Geral de Apuração.

Parágrafo único. Na mesma sessão, o Tribunal Regional Eleitoral proclamará o resultado definitivo das eleições no âmbito daquela circunscrição eleitoral, publicando-se, em Secretaria, a Ata Geral das Eleições.

Art. 196. O Tribunal Regional Eleitoral, verificando que os votos totalizados, ainda que parcialmente, demonstram a impossibilidade de que algum dos candidatos a Governador obtenha a maioria absoluta dos votos válidos na primeira votação, deverá proclamar imediatamente os resultados provisórios e, com base neles, dar início às providências relativas ao segundo turno.

Parágrafo único. A proclamação dos resultados definitivos para Senador, Deputado Federal, Estadual e Distrital se fará independentemente do disposto no *caput* deste artigo.

Seção VI
Das Atribuições do Tribunal Superior Eleitoral

Art. 197. O Tribunal Superior Eleitoral fará a totalização final da eleição para os cargos de Presidente e Vice-Presidente da República, com base nos dados transmitidos automaticamente pela rede de comunicação de dados da Justiça Eleitoral (Código Eleitoral, artigo 205).

Art. 198. Na sessão imediatamente anterior à data da realização das eleições, o Presidente do Tribunal Superior Eleitoral sorteará, entre os seus membros, o relator de cada grupo de Estados da Federação, ao qual serão distribuídos os respectivos recursos e documentos das eleições (Código Eleitoral, artigo 206).

Parágrafo único. A Secretaria de Tecnologia da Informação do Tribunal Superior Eleitoral emitirá o Relatório do Resultado da Totalização da eleição presidencial, com os resultados verificados nos Estados, no Distrito Federal, no exterior e na votação em trânsito que substituirá as folhas de apuração parcial e o mapa geral das respectivas circunscrições.

Art. 199. Cada relator terá o prazo de 5 dias para apresentar seu relatório, contendo, para cada circunscrição eleitoral, as seguintes conclusões (Código Eleitoral, artigo 207):

I – os totais dos votos válidos, nulos e em branco;

II – os votos apurados pelos Tribunais Regionais Eleitorais que devem ser anulados;

III – os votos anulados pelos Tribunais Regionais Eleitorais que devem ser computados como válidos;

IV – a votação de cada candidato;

V – o resumo das decisões dos Tribunais Regionais Eleitorais sobre as dúvidas e impugnações, bem como dos recursos que hajam sido interpostos para o Tribunal Superior Eleitoral, com as respectivas decisões e indicação das implicações sobre os resultados.

Art. 200. Apresentados os autos com o relatório de que trata o *caput* do artigo anterior desta resolução, no mesmo dia será publicado na Secretaria.

§ 1º Nos 2 dias seguintes à publicação, os candidatos, os partidos políticos e as coligações poderão ter vista dos autos na Secretaria e apresentar alegações ou documentos sobre o relatório, no prazo de 2 dias (Código Eleitoral, artigo 208).

§ 2º Findo esse prazo, serão os autos conclusos ao relator, que, em 2 dias, os apresentará a julgamento, que será previamente anunciado (Código Eleitoral, artigo 208, parágrafo único).

Art. 201. Na sessão designada, será o feito chamado a julgamento, independentemente de pauta e com preferência sobre qualquer outro processo (Código Eleitoral, artigo 209, *caput*).

§ 1º Se o relatório tiver sido impugnado, os partidos políticos e as coligações poderão, por até 15 minutos, sustentar oralmente as suas razões (Código Eleitoral, artigo 209, § 1º).

§ 2º Findos os debates, o relator proferirá seu voto; a seguir, votarão os demais Juízes, na ordem regimental.

§ 3º Se do julgamento resultarem alterações na apuração realizada pelo Tribunal Regional Eleitoral, o acórdão determinará à Secretaria que sejam feitas as modificações resultantes da decisão (Código Eleitoral, artigo 209, § 2º).

§ 4º Na hipótese do § 3º deste artigo, a área de tecnologia da informação do Tribunal Regional Eleitoral comunicará as modificações à Secretaria de Tecnologia da Informação do Tribunal Superior Eleitoral, para que se extraia do sistema de totalização o respectivo relatório atualizado e o encaminhe à Secretaria Judiciária para juntada aos autos.

Art. 202. Os relatórios de todos os grupos com as impugnações que tenham sido apresentadas serão autuados e distribuídos a um relator-geral, designado pelo Presidente (Código Eleitoral, artigo 210, *caput*).

Parágrafo único. Recebidos os autos, será aberta vista ao Procurador-Geral Eleitoral por 24 horas e, nas 48 horas seguintes, o relator apresentará à Corte o relatório final (Código Eleitoral, artigo 210, parágrafo único).

Art. 203. Aprovado o relatório final, o Tribunal Superior Eleitoral proclamará o resultado das eleições no País, publicando-se a decisão em Secretaria.

Art. 204. O Tribunal Superior Eleitoral, verificando que os votos totalizados, ainda que parcialmente, demonstram a impossibilidade de que algum dos candidatos a Presidente da República obtenha a maioria absoluta de votos válidos na primeira votação, deverá proclamar imediatamente o resultado provisório e, com base nele, dar início às providências relativas ao segundo turno.

CAPÍTULO V
DA FISCALIZAÇÃO DA TOTALIZAÇÃO

Art. 205. Aos candidatos, partidos políticos e coligações, à Ordem dos Advogados do Brasil e ao Ministério Público é garantido amplo direito de fiscalização dos trabalhos de transmissão e totalização de dados.

Parágrafo único. Nas instalações onde se desenvolverão os trabalhos de que trata o *caput*, será vedado o ingresso simultâneo de mais de um representante de cada partido político ou coligação, ou da Ordem dos Advogados do Brasil, os quais não poderão dirigir-se diretamente aos responsáveis pelos trabalhos.

Art. 206. Os partidos políticos e coligações concorrentes ao pleito poderão constituir sistema próprio de fiscalização, apuração e totalização dos resultados, contratando, inclusive, empresas de auditoria de sistemas que, credenciadas perante a Justiça Eleitoral, receberão os dados alimentadores do Sistema de Totalização (Lei nº 9.504/1997, artigo 66, § 7º).

§ 1º Os dados alimentadores do sistema serão os referentes aos candidatos, partidos políticos, coligações, municípios, zonas e seções, contidos em arquivos, e os boletins de urna.

§ 2º Os arquivos a que se refere o parágrafo anterior serão entregues aos interessados em meio de armazenamento de dados definido pela Justiça Eleitoral, desde que os requerentes forneçam as mídias.

Art. 207. Em até 3 dias após o encerramento da totalização em cada Unidade da Federação, o Tribunal Superior Eleitoral disponibilizará em sua página da internet os dados de votação especificados por seção eleitoral, assim como as tabelas de correspondências efetivadas.

Art. 208. Concluída a totalização, os Tribunais Regionais Eleitorais ou os Cartórios Eleitorais entregarão aos partidos políticos e às coligações, quando solicitados, o relatório dos boletins de urna que estiveram em pendência, sua motivação e a respectiva decisão.

Art. 209. Após a conclusão dos trabalhos de totalização e transmissão dos arquivos de log das urnas, os partidos políticos e coligações poderão solicitar aos Tribunais Eleitorais, até 13 de janeiro de 2015, cópias desses arquivos, dos espelhos de boletins de urna, dos arquivos de log referentes ao sistema de totalização e dos Registros Digitais dos Votos.

§ 1º O pedido de que trata o *caput* deste artigo deverá ser atendido no prazo máximo de 3 dias.

§ 2º Os arquivos deverão ser fornecidos em sua forma original, mediante cópia, não submetida a tratamento.

CAPÍTULO VI
DA DIVULGAÇÃO DOS RESULTADOS

Art. 210. Na divulgação dos resultados parciais ou totais das eleições, pela Justiça Eleitoral, deverá ser utilizado o sistema fornecido pelo Tribunal Superior Eleitoral.

§ 1º A divulgação será feita nas páginas da internet da Justiça Eleitoral, por outros recursos disponibilizados pelos Tribunais Eleitorais e pelas entidades cadastradas como parceiras da Justiça Eleitoral na divulgação dos resultados.

§ 2º Os resultados das votações para todos os cargos, incluindo os votos em branco, os nulos e as abstenções, serão divulgados na abrangência estadual e distrital, e para o cargo de Presidente da República, serão também divulgados na abrangência nacional, observado o seguinte:

I – os dados do resultado para o cargo de Presidente da República serão liberados somente a partir das 17 horas do fuso horário do Acre;

II – os dados de resultado para os demais cargos estarão disponíveis a partir das 17 horas do fuso horário da respectiva Unidade da Federação;

III – é facultado à Presidência do Tribunal Regional Eleitoral suspender a divulgação dos resultados da eleição de sua Unidade da Federação a qualquer momento;

IV – é facultado à Presidência do Tribunal Superior Eleitoral suspender a divulgação dos resultados da eleição para o cargo de Presidente da República a qualquer momento.

§ 3º A estatística dos resultados das eleições será publicada no sítio do Tribunal Superior Eleitoral em até 3 dias após a totalização final.

Art. 211. O Tribunal Superior Eleitoral definirá, até 7 de julho de 2014, o modelo de distribuição e os padrões tecnológicos e de segurança a serem adotados na disponibilização dos dados oficiais que serão fornecidos às entidades cadastradas, bem como os serviços e os níveis de qualidade dos serviços delas exigidos.

Art. 212. Até 7 de julho de 2014, a Justiça Eleitoral realizará audiência com os interessados em firmarem parceria na divulgação dos resultados para apresentar as definições do artigo anterior.

Art. 213. As entidades interessadas em divulgar os resultados oficiais das eleições deverão solicitar cadastramento nos órgãos da Justiça Eleitoral até 6 de agosto de 2014.

§ 1º Os pedidos de inscrição deverão ser dirigidos à Assessoria de Comunicação dos Tribunais Eleitorais para análise e aprovação.

§ 2º A Secretaria de Tecnologia da Informação do respectivo Tribunal Eleitoral, observada sua capacidade operacional de prestação de suporte técnico, poderá limitar o número de parceiros, priorizando-se, dentre as entidades aprovadas, a ordem cronológica das inscrições.

Art. 214. Os dados do resultado das eleições serão distribuídos pela Justiça Eleitoral às entidades parceiras da divulgação por meio de arquivo digital ou de programa de computador.

§ 1º Os dados de resultados estarão disponíveis de forma centralizada em Centro de Dados provido pelo Tribunal Superior Eleitoral no período de 5 a 8 de outubro de 2014, para o primeiro turno, e de 26 a 29 de outubro de 2014, para o segundo turno.

§ 2º Será de responsabilidade dos parceiros estabelecer infraestrutura de comunicação com o Centro de Dados provido pelo Tribunal Superior Eleitoral.

§ 3º Para estabelecimento da parceria, a entidade interessada deverá cumprir as seguintes exigências:

I – ser provedora de acesso à internet, empresa de telecomunicação, veículo de imprensa ou partido político com representação na Câmara Federal;

II – acatar as orientações, critérios e prazos determinados pelos órgãos da Justiça Eleitoral;

III – disponibilizar os resultados gratuitamente a qualquer interessado;

IV – divulgar os dados recebidos, informando a sua origem;

V – ter inscrição no Cadastro Nacional da Pessoa Jurídica (CNPJ) com situação regular na Secretaria da Receita Federal do Brasil;

VI – cadastrar-se na Justiça Eleitoral no prazo e nos moldes estabelecidos nesta resolução.

§ 4º As entidades inscritas como parceiros da divulgação deverão buscar os arquivos periodicamente à medida que esses sejam atualizados, em conformidade com os padrões a serem definidos pela Justiça Eleitoral.

Art. 215. Após o término do prazo de cadastramento e até 21 de agosto de 2014, será realizada audiência com os parceiros aprovados para tratar de assuntos de caráter técnico, visando esclarecer aos parceiros sobre os procedimentos e recursos tecnológicos utilizados na divulgação dos resultados.

Art. 216. É vedado às entidades cadastradas envolvidas na divulgação oficial de resultados promover qualquer alteração de conteúdo dos dados produzidos pela Justiça Eleitoral.

Art. 217. Na divulgação de resultados parciais ou totais das eleições, as entidades cadastradas não poderão majorar o preço de seus serviços em razão dos dados fornecidos pela Justiça Eleitoral.

Art. 218. O não cumprimento das exigências descritas neste Capítulo impedirá o acesso ou acarretará a desconexão do parceiro ao Centro de Dados provido pelo Tribunal Superior Eleitoral.

TÍTULO III
DA PROCLAMAÇÃO DOS ELEITOS E DA DIPLOMAÇÃO
CAPÍTULO I
DA PROCLAMAÇÃO DOS ELEITOS

Art. 219. Serão eleitos os candidatos a Presidente da República e a Governador de Estado e do Distrito Federal, aqueles que obtiverem a maioria de votos, não computados os votos em branco e os votos nulos (Constituição Federal, artigo 77, § 2º, e Lei nº 9.504/1997, artigo 2º, *caput*).

§ 1º Se nenhum candidato alcançar maioria absoluta na primeira votação, será feita nova eleição em 26 de outubro de 2014, concorrendo os dois candidatos mais votados, considerando-se eleito o que obtiver a maioria dos votos válidos (Lei nº 9.504/1997, artigo 2º, § 1º).

§ 2º Se, antes de realizado o segundo turno, ocorrer morte, desistência ou impedimento legal de um dos candidatos, será convocado, dentre os remanescentes, o de maior votação (Constituição Federal, artigo 77, § 4º, e Lei nº 9.504/1997, artigo 2º, § 2º).

§ 3º Se, na hipótese dos parágrafos anteriores, remanescer em segundo lugar mais de um candidato com a mesma votação, será qualificado o mais idoso (Constituição Federal, artigo 77, § 5º, e Lei nº 9.504/1997, artigo 2º, § 3º).

Art. 220. Será eleito Senador aquele que obtiver a maioria dos votos; ocorrendo empate, será qualificado o mais idoso (Constituição Federal, artigo 46, *caput*).

Parágrafo único. Cada Senador será eleito com dois suplentes (Constituição Federal, artigo 46, § 3º).

Art. 221. Serão eleitos pelo sistema proporcional, para a Câmara dos Deputados, Assembleias Legislativas e Câmara Legislativa, os candidatos mais votados de cada partido político ou coligação, na ordem da votação nominal, tantos quantos indicarem os quocientes partidários e o cálculo da distribuição das sobras (Código Eleitoral, artigo 108).

Art. 222. Nas eleições majoritárias, respeitado o disposto no § 1º do artigo 219 desta resolução, serão observadas, ainda, as seguintes regras para a proclamação dos resultados:

I – deve o Tribunal Eleitoral proclamar eleito o candidato que obteve a maioria dos votos válidos, não computados os votos em branco e os votos nulos, quando não houver candidatos com registro indeferido, ou, se houver, quando os votos dados a esses candidatos não forem superiores a 50% da votação válida;

II – não deve o Tribunal Eleitoral proclamar eleito o candidato que obteve a maioria da votação válida, quando houver votos dados a candidatos com registros indeferidos, mas com recursos ainda pendentes, cuja nulidade for superior a 50% da votação válida, o que poderá ensejar nova eleição, nos termos do artigo 224 do Código Eleitoral;

III – se a nulidade dos votos dados a candidatos com registro indeferido for superior a 50% da votação válida e se já houver decisão do Tribunal Superior Eleitoral indeferitória do pedido de registro, deverão ser realizadas novas eleições imediatamente; caso não haja, ainda, decisão do Tribunal Superior Eleitoral, não se realizarão novas eleições;

IV – se houver segundo turno e dele participar candidato que esteja *sub judice* e que venha a ter o seu registro indeferido posteriormente, caberá ao Tribunal Eleitoral verificar se, com a nulidade dos votos dados a esse candidato no primeiro turno, a hipótese é de realizar novo segundo turno, com os outros 2 candidatos mais votados no primeiro turno, ou de considerar eleito o mais votado no primeiro turno; se a hipótese for de realização de novo segundo turno, ele deverá ser realizado imediatamente, inclusive com a diplomação do candidato que vier a ser eleito.

Parágrafo único. Para fins de aplicação deste artigo, a validade da votação deve ser aferida levando-se em consideração o percentual de votos dados a todos os candidatos participantes do pleito, excluindo-se somente os votos brancos e os nulos.

CAPÍTULO II
DA DIPLOMAÇÃO

Art. 223. Os candidatos eleitos aos cargos de Presidente da República e Vice-Presidente da República receberão diplomas assinados pelo Presidente do Tribunal Superior Eleitoral; os eleitos aos demais cargos federais, estaduais e distritais, assim como os vices e suplentes, receberão diplomas assinados pelo Presidente do respectivo Tribunal Regional Eleitoral (Código Eleitoral, artigo 215, *caput*).

Parágrafo único. Dos diplomas deverão constar o nome do candidato, a indicação da legenda do partido ou da coligação sob a qual concorreu, o cargo para o qual foi eleito ou a sua classificação como suplente e, facultativamente, outros dados a critério da Justiça Eleitoral (Código Eleitoral, artigo 215, parágrafo único).

Art. 224. A diplomação de militar candidato a cargo eletivo implica a imediata comunicação à autoridade a que este estiver subordinado, para os fins do artigo 98 do Código Eleitoral (Código Eleitoral, artigo 218).

Art. 225. A expedição de qualquer diploma pela Justiça Eleitoral dependerá de prova de que o eleito esteja em dia com o serviço militar.

Art. 226. Não poderá ser diplomado nas eleições majoritárias ou proporcionais o candidato que estiver com o seu registro indeferido, ainda que *sub judice*.

Parágrafo único. Nas eleições majoritárias, se, à data da respectiva posse, não houver candidato diplomado, caberá ao Presidente do Poder Legislativo assumir e exercer o cargo, até que sobrevenha decisão favorável no processo de registro, ou, se já encerrado esse, realizem-se novas eleições com a posse dos eleitos.

Art. 227. Contra a expedição de diploma, caberá o recurso previsto no artigo 262 do Código Eleitoral, no prazo de 3 dias da diplomação.

Parágrafo único. Enquanto o Tribunal Superior Eleitoral não decidir o recurso interposto contra a expedição do diploma, poderá o diplomado exercer o mandato em toda a sua plenitude (Código Eleitoral, artigo 216).

Art. 228. O mandato eletivo poderá também ser impugnado perante a Justiça Eleitoral após a diplomação, no prazo de 15 dias, instruída a ação com provas de abuso do poder econômico, corrupção ou fraude (Constituição Federal, artigo 14, § 10).

§ 1º A ação de impugnação de mandato eletivo observará o procedimento previsto na Lei Complementar nº 64/1990 para o registro de candidaturas, com a aplicação subsidiária, conforme o caso, das disposições do Código de Processo Civil, e tramitará em segredo de justiça, respondendo o autor na forma da lei, se temerária ou de manifesta má-fé (Constituição Federal, artigo 14, § 11).

§ 2º A decisão proferida na ação de impugnação de mandato eletivo tem eficácia imediata, não se lhe aplicando a regra do artigo 216 do Código Eleitoral.

TÍTULO IV
DISPOSIÇÕES FINAIS

Art. 229. A Justiça Eleitoral, por meio de ampla campanha de esclarecimento, informará aos eleitores sobre como proceder para justificar a ausência às eleições.

Art. 230. Os Tribunais Regionais Eleitorais, a partir de 25 de setembro de 2014, informarão por telefone, na respectiva página da internet, ou outro meio, o que for necessário para que o eleitor vote, vedada a prestação de tal serviço por terceiros.

Parágrafo único. A vedação prevista no *caput* não se aplicará à contratação de mão de obra para montagem de central de atendimento telefônico em ambiente supervisionado pelos Tribunais Regionais Eleitorais, assim como para a divulgação de dados referentes à localização de seções e locais de votação.

Art. 231. Se, no dia designado para as eleições, deixarem de se reunir todas as Mesas Receptoras de Votos de um município e se matematicamente o eleitorado apto do município puder alterar a composição dos eleitos em alguma das eleições, o Presidente do Tribunal Regional Eleitoral determinará nova data para a votação relativa à eleição afetada, instaurando-se inquérito para a apuração das causas da irregularidade e punição dos responsáveis (Código Eleitoral, artigo 126).

Parágrafo único. A nova data para a votação deverá ser marcada dentro de 2 dias, para se realizar no prazo máximo de 30 dias.

Art. 232. Os eleitores nomeados para compor as Mesas Receptoras de Votos, de Justificativas, as Juntas Eleitorais, os convocados para atuarem como apoio logístico nos locais de votação e os demais requisitados para auxiliar nos trabalhos eleitorais, inclusive aqueles destinados a treinamento, preparação ou montagem de locais de votação, serão dispensados do serviço e terão direito à concessão de folga, mediante declaração expedida pelo Juiz Eleitoral ou pelo Tribunal Regional Eleitoral, sem prejuízo do salário, vencimento ou qualquer outra vantagem, pelo dobro dos dias de convocação (Lei nº 9.504/1997, artigo 98).

Art. 233. No dia da votação, poderá ser efetuada carga, a qualquer momento, em urnas para contingência ou justificativa, observado, no que couber, o disposto nos artigos 65, 70 e 74 desta resolução.

Art. 234. No dia determinado para a realização das eleições, as urnas serão utilizadas exclusivamente para votação oficial, recebimento de justificativas, contingências, apuração e votação paralela.

Art. 235. A partir do dia seguinte à votação, as urnas e os cartões de memória de carga deverão permanecer com os respectivos lacres até o dia 13 de janeiro de 2015.

§ 1º As urnas que apresentarem defeito no dia da eleição poderão ser encaminhadas para manutenção, preservados os cartões de memória.

§ 2º Decorrido o prazo de que cuida o *caput*, serão permitidas a retirada dos cartões de memória de votação e a formatação das mídias, de acordo com o procedimento definido pelo Tribunal Regional Eleitoral.

§ 3º Havendo recurso relativo à votação ou à apuração, o Tribunal Regional Eleitoral designará dia e hora para realização de audiência pública, intimando o partido ou coligação reclamante, o Ministério Público, a Ordem dos Advogados do Brasil e demais interessados, na qual será escolhida e separada uma amostra das urnas eletrônicas alcançadas pelo recurso.

I – As urnas eletrônicas que comporão a amostra serão sorteadas dentre todas aquelas que foram utilizadas na eleição ou a partir de delimitação a ser apontada pelo recorrente, hipóteses em que ficarão lacradas até o encerramento do processo de auditoria;

II – A quantidade de urnas que representará a amostra observará percentuais mínimos, descritos na relação seguinte:

a) até 1.000 – 69%;
b) de 1.001 a 1.500 – 52%;
c) de 1.501 a 2.000 – 42%;
d) de 2.001 a 3.000 – 35%;
e) de 3.001 a 4.000 – 27%;
f) de 4.001 a 5.000 – 21%;
g) de 5.001 a 7.000 – 18%;
h) de 7.001 a 9.000 – 14%;
i) de 9.001 a 12.000 – 11%;
j) de 12.001 a 15.000 – 8%;
k) de 15.001 a 20.000 – 7%;

l) de 20.001 a 30.000 – 5%;

m) de 30.001 a 40.000 – 3,5%;

n) acima de 40.000 – 3%.

§ 4º O partido ou coligação reclamante deverá indicar técnicos ou auditores próprios para acompanharem os trabalhos de auditoria, os quais serão realizados por servidores do quadro ou funcionários devidamente designados pela autoridade administrativa do órgão.

§ 5º O disposto no *caput* não se aplica às urnas de contingência não utilizadas e às urnas utilizadas em Mesas Receptoras de Justificativas.

Art. 236. Não havendo recurso contra a votação ou apuração, as urnas poderão a qualquer tempo ser ligadas para que seja verificado se foram preparadas como urna de contingência sem que tenham sido utilizadas para este fim ou como Mesas Receptoras de Justificativas, caso em que serão permitidos a retirada dos lacres e o aproveitamento em eventos posteriores.

Art. 237. Havendo necessidade de nova totalização após a diplomação, o Tribunal Eleitoral da circunscrição deverá proceder ao reprocessamento do resultado, bem como à nova diplomação, observado, no que couber, o disposto nesta resolução.

§ 1º Os partidos políticos e o Ministério Público deverão ser convocados por edital para acompanhamento do reprocessamento, com 2 dias de antecedência.

§ 2º Na hipótese de alteração na relação de eleitos e suplentes, os respectivos diplomas deverão ser confeccionados, cancelando-se os anteriormente emitidos para os candidatos cuja situação foi modificada.

Art. 238. A nulidade de qualquer ato não decretada de ofício pela Junta Eleitoral só poderá ser arguida por ocasião de sua prática, não mais podendo ser alegada, salvo se a arguição se basear em motivo superveniente ou de ordem constitucional (Código Eleitoral, artigo 223, *caput*).

§ 1º Caso ocorra em fase na qual não possa ser alegada no ato, a nulidade poderá ser arguida na primeira oportunidade subsequente que para tanto se apresentar (Código Eleitoral, artigo 223, § 1º).

§ 2º A nulidade fundada em motivo superveniente deverá ser alegada imediatamente, assim que se tornar conhecida, podendo as razões do recurso ser aditadas no prazo de 2 dias (Código Eleitoral, artigo 223, § 2º).

§ 3º A nulidade de qualquer ato baseada em motivo de ordem constitucional não poderá ser conhecida em recurso interposto fora do prazo; perdido o prazo numa fase própria, só em outra que se apresentar poderá ser arguida (Código Eleitoral, artigo 223, § 3º).

Art. 239. Se a nulidade atingir mais da metade dos votos do País, nas eleições presidenciais, ou do Estado, nas eleições federais e estaduais, as demais votações serão julgadas prejudicadas e o Tribunal Eleitoral marcará dia para nova eleição dentro do prazo de 20 a 40 dias (Código Eleitoral, artigo 224, *caput*).

§ 1º Se o Tribunal Regional Eleitoral, na área de sua competência, deixar de cumprir o disposto neste artigo, o Procurador Regional levará o fato ao conhecimento do Procurador-Geral, que providenciará, perante o Tribunal Superior Eleitoral, pedido de marcação imediata de nova eleição (Código Eleitoral, artigo 224, § 1º).

§ 2º Para os fins previstos no *caput*, em não sendo deferidos os pedidos de registro dos candidatos a cargo majoritário, os votos nulos dados a esses candidatos não se somam aos demais votos nulos resultantes da manifestação apolítica dos eleitores.

Art. 240. Poderá o candidato, o partido político, a coligação ou o Ministério Público reclamar ao Tribunal Regional Eleitoral contra o Juiz Eleitoral que descumprir as disposições desta resolução ou der causa a seu descumprimento, inclusive quanto aos prazos processuais; neste caso, ouvido o representado em 24 horas, o Tribunal ordenará a observância do procedimento que explicitar, sob pena de incorrer o Juiz em desobediência (Lei nº 9.504/1997, artigo 97, *caput*).

§ 1º É obrigatório, para os membros dos Tribunais Eleitorais e do Ministério Público, fiscalizar o cumprimento desta resolução e da Lei nº 9.504/1997 pelos Juízes e Promotores Eleitorais das instâncias inferiores, determinando, quando for o caso, a abertura de procedimento disciplinar para apuração de eventuais irregularidades que verificarem (Lei nº 9.504/1997, artigo 97, § 1º).

§ 2º No caso de descumprimento das disposições desta resolução e da Lei nº 9.504/1997 por Tribunal Regional Eleitoral, a representação poderá ser feita ao Tribunal Superior Eleitoral, observado o disposto neste artigo (Lei nº 9.504/1997, artigo 97, § 2º).

Art. 241. Esta resolução entra em vigor na data de sua publicação.

Brasília, 17 de dezembro de 2013.

MINISTRO MARCO AURÉLIO – PRESIDENTE. MINISTRO DIAS TOFFOLI – RELATOR. MINISTRO GILMAR MENDES. MINISTRA LAURITA VAZ. MINISTRO JOÃO OTÁVIO DE NORONHA. MINISTRO HENRIQUE NEVES DA SILVA. MINISTRA LUCIANA LÓSSIO.

RESOLUÇÃO Nº 23.400/2014
INSTRUÇÃO Nº 952-19.2013.6.00.0000 – CLASSE 19 – BRASÍLIA – DISTRITO FEDERAL
Relator: Ministro Dias Toffoli
Interessado: Tribunal Superior Eleitoral
Ementa:
Dispõe sobre pesquisas eleitorais para as Eleições de 2014.

O Tribunal Superior Eleitoral, no uso das atribuições que lhe conferem o art. 23, inciso IX, do Código Eleitoral e o art. 105 da Lei nº 9.504, de 30 de setembro de 1997, resolve expedir a seguinte instrução:

CAPÍTULO I
DISPOSIÇÕES PRELIMINARES

Art. 1º Esta resolução disciplina os procedimentos relativos ao registro e à divulgação de pesquisas de opinião pública para as eleições de 2014.

Art. 2º A partir de 1º de janeiro de 2014, as entidades e empresas que realizarem pesquisas de opinião pública relativas às eleições ou aos candidatos, para conhecimento público, são obrigadas, para cada pesquisa, a registrar no Tribunal Eleitoral ao qual compete fazer o registro dos candidatos, com no mínimo 5 (cinco) dias de antecedência da divulgação, as seguintes informações (Lei nº 9.504/1997, art. 33, *caput*, incisos I a VII, e § 1º):

I – quem contratou a pesquisa;

II – valor e origem dos recursos despendidos no trabalho;

III – metodologia e período de realização da pesquisa;

IV – plano amostral e ponderação quanto a sexo, idade, grau de instrução e nível econômico do entrevistado, área física de realização do trabalho, margem de erro e nível de confiança;

V – sistema interno de controle e verificação, conferência e fiscalização da coleta de dados e do trabalho de campo;

VI – questionário completo aplicado ou a ser aplicado;

VII – nome de quem pagou pela realização do trabalho;

VIII – nome do estatístico responsável pela pesquisa e o número de seu registro no Conselho Regional de Estatística competente (Decreto nº 62.497/68, art. 11);

IX – prova do cumprimento do art. 6º desta resolução;

X – indicação do Estado ou Unidade da Federação, bem como dos cargos aos quais se refere a pesquisa.

§ 1º A contagem do prazo de que cuida o *caput* far-se-á excluindo o dia do começo e incluindo o do vencimento.

§ 2º O registro de pesquisa será realizado via internet, e todas as informações de que trata este artigo deverão ser digitadas no Sistema de Registro de Pesquisas Eleitorais, disponível nos sítios dos Tribunais Eleitorais, com exceção do questionário de que trata o inciso VI, o qual deverá ser anexado no formato PDF (Portable Document Format).

§ 3º A Justiça Eleitoral não se responsabiliza por erros de digitação, de geração, de conteúdo ou de leitura dos arquivos anexados no Sistema de Registro de Pesquisas Eleitorais.

§ 4º O registro de pesquisa poderá ser realizado a qualquer tempo, independentemente do horário de funcionamento do Tribunal Eleitoral.

§ 5º Até o sétimo dia seguinte ao registro da pesquisa, será ele complementado com os dados relativos aos Municípios e bairros abrangidos pela pesquisa; na ausência de delimitação do bairro, será identificada a área em que foi realizada.

§ 6º As entidades e empresas deverão informar, no ato do registro, o valor de mercado das pesquisas que realizarão por iniciativa própria.

§ 7º O cadastramento eletrônico da documentação a que se refere o inciso IX deste artigo no Sistema de Registro de Pesquisas Eleitorais dispensa a sua apresentação a cada pedido de registro de pesquisa, sendo, entretanto, obrigatória a informação de qualquer alteração superveniente.

§ 8º As empresas ou entidades poderão utilizar dispositivos eletrônicos portáteis, tais como tablets e similares, para a realização da pesquisa, os quais poderão ser auditados, a qualquer tempo, pela Justiça Eleitoral.

Art. 3º A partir do dia 10 de julho de 2014, o nome de todos aqueles que tenham solicitado registro de candidatura deverá constar das pesquisas realizadas mediante apresentação da relação de candidatos ao entrevistado.

CAPÍTULO II
DO REGISTRO DAS PESQUISAS ELEITORAIS
Seção I
Do Sistema de Registro de Pesquisas Eleitorais

Art. 4º O registro de pesquisa será obrigatoriamente realizado por meio do Sistema de Registro de Pesquisas Eleitorais, disponível nos sítios dos Tribunais Eleitorais.

Art. 5º O pedido de registro de pesquisa deverá ser dirigido:

I – aos Tribunais Regionais Eleitorais, nas eleições federais e estaduais;

II – ao Tribunal Superior Eleitoral, na eleição presidencial.

§ 1º O registro das pesquisas que englobem, em uma mesma coleta de dados, a eleição presidencial e as eleições federais e estaduais, deverá ser realizado tanto no Tribunal Regional respectivo como no Tribunal Superior Eleitoral.

§ 2º Eventuais impugnações serão decididas pelas respectivas instâncias competentes.

Art. 6º Para a utilização do sistema, as entidades e empresas deverão cadastrar-se uma única vez perante a Justiça Eleitoral, por meio eletrônico, mediante o fornecimento das seguintes informações e documento eletrônico:

I – nome de pelo menos 1 (um) e no máximo 3 (três) dos responsáveis legais;

II – razão social ou denominação;

III – número de inscrição no Cadastro Nacional de Pessoas Jurídicas (CNPJ);

IV – número do registro da empresa responsável pela pesquisa no Conselho Regional de Estatística;

V – número de fac-símile e endereço em que poderão receber notificações;

VI – correio eletrônico;

VII – arquivo, no formato PDF, com a íntegra do contrato social, estatuto social ou inscrição como empresário, que comprove o regular registro.

§ 1º Não será permitido mais de um cadastro por número de inscrição no CNPJ.

§ 2º É de inteira responsabilidade da empresa ou entidade a manutenção de dados atualizados perante a Justiça Eleitoral, a legibilidade e a integridade do arquivo eletrônico previsto neste artigo.

Art. 7º O sistema permitirá que as empresas ou entidades responsáveis pela pesquisa façam alterações nos dados do registro previamente à sua efetivação.

Art. 8º Efetivado ou alterado o registro, será emitido recibo eletrônico que conterá:

I – resumo das informações; e

II – número de identificação da pesquisa.

§ 1º O número de identificação de que trata o inciso II deste artigo deverá constar da divulgação e da publicação dos resultados da pesquisa.

§ 2º Os Tribunais Eleitorais publicarão, até 24 (vinte quatro) horas após o cadastramento da pesquisa no Sistema de Registro de Pesquisas Eleitorais, aviso comunicando o registro de todas as informações dela constantes, colocando-as à disposição de qualquer interessado, que a elas terá livre acesso pelo prazo de 30 (trinta) dias (Lei nº 9.504/1997, art. 33, § 2º).

Art. 9º O Sistema de Registro de Pesquisas Eleitorais permitirá a alteração de dados após a sua efetivação, bem como o seu cancelamento, desde que não tenha se expirado o prazo de 5 (cinco) dias para a divulgação do resultado da pesquisa.

§ 1º Serão mantidos no sistema a data do registro e os históricos das alterações realizadas e do cancelamento, se for o caso.

§ 2º As alterações nos dados do registro da pesquisa implicarão a renovação do prazo previsto no art. 2º desta resolução, o qual passará a correr da data do recebimento das alterações, na forma do § 1º do art. 2º desta resolução.

§ 3º Realizado o registro da pesquisa, a cada operação de alteração, será gerado um novo número de identificação, e o sistema informará a nova data a partir da qual será permitida a divulgação da pesquisa.

§ 4º Não será permitida a alteração no campo correspondente à Unidade da Federação (UF), devendo, em caso de erro em relação a esse campo, a pesquisa ser cancelada pelo próprio usuário, sem prejuízo da apresentação de um novo registro.

Art. 10. Será livre o acesso à pesquisa registrada nos sítios dos Tribunais Eleitorais, cumpridas as exigências desta resolução.

Seção II
Da Divulgação dos Resultados

Art. 11. Na divulgação dos resultados de pesquisas, atuais ou não, serão obrigatoriamente informados:

I – o período de realização da coleta de dados;

II – a margem de erro;

III – o nível de confiança;

IV – o número de entrevistas;

V – o nome da entidade ou empresa que a realizou e, se for o caso, de quem a contratou;

VI – o número de registro da pesquisa.

Art. 12. As pesquisas realizadas em data anterior ao dia das eleições poderão ser divulgadas a qualquer momento, inclusive no dia das eleições, desde que respeitado o prazo previsto no art. 2º desta resolução e a menção às informações previstas no art. 11.

Art. 13. A divulgação de levantamento de intenção de voto efetivado no dia das eleições somente poderá ocorrer:

I – nas eleições relativas à escolha de Deputados Estaduais e Federais, Senador e Governador, a partir das 17 (dezessete) horas do horário local;

II – na eleição para a Presidência da República, após as 19 (dezenove) horas do horário de Brasília, no primeiro turno, e após as 20 (vinte) horas do horário de Brasília, no segundo turno.

Art. 14. Mediante requerimento ao Tribunal Eleitoral, os partidos políticos poderão ter acesso ao sistema interno de controle, verificação e fiscalização da coleta de dados das entidades e das empresas que divulgaram pesquisas de opinião relativas aos candidatos e às eleições, incluídos os referentes à identificação dos entrevistadores e, por meio de escolha livre e aleatória de planilhas individuais, mapas ou equivalentes, confrontar e conferir os dados publicados, preservada a identidade dos entrevistados (Lei nº 9.504/1997, art. 34, § 1º).

§ 1º Além dos dados de que trata o *caput*, poderá o interessado ter acesso ao relatório entregue ao solicitante da pesquisa e ao modelo do questionário aplicado para facilitar a conferência das informações divulgadas.

§ 2º A solicitação de que trata o *caput* deverá ser instruída com cópia da pesquisa disponível no sítio do respectivo Tribunal Eleitoral.

§ 3º Os requerimentos realizados nos termos deste artigo serão autuados na classe Petição (Pet) e serão distribuídos a um dos Juízes Auxiliares do Tribunal, que, examinando o pedido, sobre ele decidirá.

§ 4º Autorizado pelo Relator, a empresa responsável pela realização da pesquisa será intimada para disponibilizar o acesso aos documentos solicitados.

§ 5º Sendo de interesse do requerente e deferido o pedido, a empresa responsável pela pesquisa encaminhar-lhe-á os dados solicitados para o endereço eletrônico informado, ou por meio da mídia digital fornecida pelo requerente, no prazo de 2 (dois) dias, e, em igual prazo, permitirá o seu acesso, ou de representante por ele nomeado, à sede ou filial da empresa para o exame aleatório das planilhas, mapas ou equivalentes, em horário comercial, na forma definida pelo Relator do pedido.

§ 6º O requerente ficará responsável pelo fornecimento de mídia para acesso digital ou pelo custo de reprografia de eventuais cópias físicas das planilhas, mapas ou equivalentes que solicitar.

§ 7º As informações das pesquisas realizadas por meio de dispositivos eletrônicos portáteis de que trata o § 8º do art. 2º desta resolução, ressalvada a identificação dos entrevistados, deverão ser auditáveis e acessíveis no formato eletrônico.

Art. 15. Na divulgação de pesquisas no horário eleitoral gratuito, devem ser informados, com clareza, os dados especificados no art. 11 desta resolução, não sendo obrigatória a menção aos concorrentes, desde que o modo de apresentação dos resultados não induza o eleitor a erro quanto ao desempenho do candidato em relação aos demais.

Seção III
Das Impugnações

Art. 16. O Ministério Público Eleitoral, os candidatos, os partidos políticos e as coligações são partes legítimas para impugnar o registro e/ou a divulgação de pesquisas eleitorais perante o Tribunal competente, quando não atendidas as exigências contidas nesta resolução e no art. 33 da Lei nº 9.504/1997.

Art. 17. Havendo impugnação, o pedido de registro será autuado como Representação (Rp) e distribuído a um Relator, que determinará a notificação imediata do representado, por fac-símile ou no endereço informado pela empresa ou entidade no seu cadastro, para, querendo, apresentar defesa em 48 (quarenta e oito) horas (Lei nº 9.504/1997, art. 96, *caput* e § 5º).

§ 1º A petição inicial deverá ser instruída, sob pena de indeferimento, com cópia integral do registro da pesquisa disponível no sítio do respectivo Tribunal Eleitoral.

§ 2º Considerando a relevância do direito invocado e a possibilidade de prejuízo de difícil reparação, o Relator poderá determinar a suspensão da divulgação dos resultados da pesquisa impugnada ou a inclusão de esclarecimento na divulgação de seus resultados.

§ 3º A suspensão da divulgação da pesquisa será comunicada ao responsável por seu registro e ao respectivo contratante.

§ 4º As representações serão processadas e decididas na forma da resolução deste Tribunal que dispuser sobre as representações e pedidos de direito de resposta para as eleições de 2014.

CAPÍTULO III
DA PENALIDADE ADMINISTRATIVA

Art. 18. A divulgação de pesquisa sem o prévio registro das informações constantes do art. 2º desta resolução no Tribunal Eleitoral competente sujeita os responsáveis à multa no valor de R$ 53.205,00 (cinquenta e três mil e duzentos e cinco reais) a R$ 106.410,00 (cento e seis mil e quatrocentos e dez reais) (Lei nº 9.504/1997, art. 33, § 3º).

CAPÍTULO IV
DAS DISPOSIÇÕES PENAIS

Art. 19. A divulgação de pesquisa fraudulenta constitui crime, punível com detenção de 6 meses a 1 ano e multa no valor de R$ 53.205,00 (cinquenta e três mil e duzentos e cinco reais) a R$ 106.410,00 (cento e seis mil e quatrocentos e dez reais) (Lei nº 9.504/1997, art. 33, § 4º).

Art. 20. O não cumprimento do disposto no art. 34 da Lei nº 9.504/1997 ou a prática de qualquer ato que vise retardar, impedir ou dificultar a ação fiscalizadora dos partidos políticos constitui crime, punível com detenção de 6 meses a 1 ano, com a alternativa de prestação de serviços à comunidade pelo mesmo prazo, e multa no valor de R$ 10.641,00 (dez mil e seiscentos e quarenta e um reais) a R$ 21.282,00 (vinte e um mil e duzentos e oitenta e dois reais) (Lei nº 9.504/1997, art. 34, § 2º).

Parágrafo único. A comprovação de irregularidade nos dados publicados sujeita os responsáveis às penas mencionadas no *caput*, sem prejuízo da obrigatoriedade de veiculação dos dados corretos no mesmo espaço, local, horário, página, caracteres e outros elementos de destaque, de acordo com o veículo usado (Lei nº 9.504/1997, art. 34, § 3º).

Art. 21. Pelos crimes definidos nos arts. 33, § 4º, e 34, §§ 2º e 3º, da Lei nº 9.504/1997, podem ser responsabilizados penalmente os representantes legais da empresa ou entidade de pesquisa e do órgão veiculador (Lei nº 9.504/1997, art. 35).

CAPÍTULO V
DAS DISPOSIÇÕES FINAIS

Art. 22. O veículo de comunicação social arcará com as consequências da publicação de pesquisa não registrada, mesmo que esteja reproduzindo matéria veiculada em outro órgão de imprensa.

Art. 23. As penalidades previstas nesta resolução não obstam a eventual propositura de Ação de Investigação Judicial Eleitoral (AIJE), por abuso do poder econômico, ou de outras ações civis e penais cabíveis nos foros competentes.

Art. 24. É vedada, no período de campanha eleitoral, a realização de enquetes relacionadas ao processo eleitoral.

Parágrafo único. Entende-se por enquete ou sondagem a pesquisa de opinião pública que não obedeça às disposições legais e às determinações previstas nesta resolução.

Art. 25. Esta resolução entra em vigor na data de sua publicação.

Brasília, 17 de dezembro de 2013.

MINISTRO MARCO AURÉLIO – PRESIDENTE. MINISTRO DIAS TOFFOLI – RELATOR. MINISTRO GILMAR MENDES. MINISTRA LAURITA VAZ. MINISTRO JOÃO OTÁVIO DE NORONHA. MINISTRO HENRIQUE NEVES DA SILVA. MINISTRA LUCIANA LÓSSIO.

RESOLUÇÃO Nº 23.404/2014
INSTRUÇÃO Nº 127-41.2014.6.00.0000 – CLASSE 19 – BRASÍLIA – DISTRITO FEDERAL

Relator: Ministro Dias Toffoli

Interessado: Tribunal Superior Eleitoral

Ementa:

Dispõe sobre propaganda eleitoral e condutas ilícitas em campanha eleitoral nas Eleições de 2014.

O Tribunal Superior Eleitoral, no uso das atribuições que lhe conferem o artigo 23, inciso IX, do Código Eleitoral e o artigo 105 da Lei nº 9.504, de 30 de setembro de 1997, resolve expedir a seguinte instrução:

CAPÍTULO I
DISPOSIÇÕES PRELIMINARES

Art. 1º Esta resolução dispõe sobre a propaganda eleitoral e as condutas ilícitas praticadas em campanha eleitoral nas Eleições de 2014.

Art. 2º A propaganda eleitoral somente é permitida a partir de 6 de julho de 2014 (Lei nº 9.504/1997, art. 36, *caput* e § 2º).

§ 1º Ao postulante a candidatura a cargo eletivo, é permitida a realização, na quinzena anterior à escolha pelo partido político, de propaganda intrapartidária com vista à indicação de seu nome, inclusive mediante a fixação de faixas e cartazes em local próximo da convenção, com mensagem aos convencionais, vedado o uso de rádio, televisão e *outdoor* (Lei nº 9.504/1997, art. 36, § 1º).

§ 2º A propaganda de que trata o parágrafo anterior deverá ser imediatamente retirada após a respectiva convenção.

§ 3º A partir de 1º de julho de 2014, não será veiculada a propaganda partidária gratuita prevista na Lei nº 9.096/1995, nem será permitido qualquer tipo de propaganda política paga no rádio e na televisão (Lei nº 9.504/1997, art. 36, § 2º).

§ 4º A violação do disposto neste artigo sujeitará o responsável pela divulgação da propaganda e o beneficiário, quando comprovado o seu prévio conhecimento, à multa no valor de R$ 5.000,00 (cinco mil reais) a R$ 25.000,00 (vinte e cinco mil reais) ou equivalente ao custo da propaganda, se este for maior (Lei nº 9.504/1997, art. 36, § 3º).

Art. 3º Não será considerada propaganda eleitoral antecipada (Lei nº 9.504/1997, art. 36-A, incisos I a IV):

I – a participação de filiados a partidos políticos ou de pré-candidatos em entrevistas, programas, encontros ou debates no rádio, na televisão e na internet, inclusive com a exposição de plataformas e projetos políticos, desde que não haja pedido de votos, observado pelas emissoras de rádio e de televisão o dever de conferir tratamento isonômico;

II – a realização de encontros, seminários ou congressos, em ambiente fechado e a expensas dos partidos políticos, para tratar da organização dos processos eleitorais, planos de governos ou alianças partidárias visando às eleições;

III – a realização de prévias partidárias e sua divulgação pelos instrumentos de comunicação intrapartidária; ou

IV – a divulgação de atos de parlamentares e debates legislativos, desde que não se mencione a possível candidatura, ou se faça pedido de votos ou de apoio eleitoral.

Art. 4º É vedada, desde 48 horas antes até 24 horas depois da eleição, a veiculação de qualquer propaganda política no rádio ou na televisão – incluídos, entre outros, as rádios comunitárias e os canais de televisão que operam em UHF, VHF e por assinatura – e, ainda, a realização de comícios ou reuniões públicas, ressalvada a propaganda na internet (Código Eleitoral, art. 240, parágrafo único, e Lei nº 12.034/2009, art. 7º).

Parágrafo único. Não se aplica a vedação constante do *caput* à propaganda eleitoral veiculada gratuitamente na internet, no sítio eleitoral, blog, sítio interativo ou social, ou outros meios eletrônicos de comunicação do candidato, ou no sítio do partido ou coligação, nas formas previstas no art. 57-B da Lei nº 9.504/1997 (Lei nº 12.034/2009, art. 7º).

CAPÍTULO II
DA PROPAGANDA EM GERAL

Art. 5º A propaganda, qualquer que seja a sua forma ou modalidade, mencionará sempre a legenda partidária e só poderá ser feita em língua nacional, não devendo empregar meios publicitários destinados a criar, artificialmente, na opinião pública, estados mentais, emocionais ou passionais (Código Eleitoral, art. 242, *caput*, e Lei nº 10.436/2002, arts. 1º e 2º).

Parágrafo único. Sem prejuízo do processo e das penas cominadas, a Justiça Eleitoral adotará medidas para impedir ou fazer cessar imediatamente a propaganda realizada com infração do disposto neste artigo (Código Eleitoral, art. 242, parágrafo único).

Art. 6º É permitido ao partido político utilizar na propaganda eleitoral de seus candidatos em âmbito regional, inclusive no horário eleitoral gratuito, a imagem e a voz de candidato ou militante de partido político que integre a sua coligação em âmbito nacional (Lei nº 9.504/1997, art. 45, § 6º).

Art. 7º Na propaganda para eleição majoritária, a coligação usará, obrigatoriamente, sob a sua denominação, as legendas de todos os partidos políticos que a integram; na propaganda para eleição proporcional, cada partido político usará apenas a sua legenda sob o nome da coligação (Lei nº 9.504/1997, art. 6º, § 2º).

§ 1º Excepcionalmente nas inserções de 15" da propaganda gratuita no rádio para eleição majoritária, a propaganda deverá ser identificada pelo nome da coligação e do partido do candidato, dispensada a identificação dos demais partidos que integram a coligação.

§ 2º A denominação da coligação não poderá coincidir, incluir ou fazer referência a nome ou número de candidato, nem conter pedido de voto para partido político (Lei nº 9.504/1997, art. 6º, § 1º-A).

Art. 8º Da propaganda dos candidatos a Presidente da República, a Governador de Estado ou do Distrito Federal e a Senador, deverá constar, também, o nome dos candidatos a Vice-Presidente, a Vice-Governador e a suplentes de Senador, de modo claro e legível, em tamanho não inferior a 10% (dez por cento) do nome do titular (Lei nº 9.504/1997, art. 36, § 4º).

Art. 9º A realização de qualquer ato de propaganda partidária ou eleitoral, em recinto aberto ou fechado, não depende de licença da polícia (Lei nº 9.504/1997, art. 39, *caput*).

§ 1º O candidato, o partido político ou a coligação que promover o ato fará a devida comunicação à autoridade policial com, no mínimo, 24 horas de antecedência, a fim de que esta lhe garanta, segundo a prioridade do aviso, o direito contra quem pretenda usar o local no mesmo dia e horário (Lei nº 9.504/1997, art. 39, § 1º).

§ 2º A autoridade policial tomará as providências necessárias à garantia da realização do ato e ao funcionamento do tráfego e dos serviços públicos que o evento possa afetar (Lei nº 9.504/1997, art. 39, § 2º).

Art. 10. É assegurado aos partidos políticos e às coligações o direito de, independentemente de licença da autoridade pública e do pagamento de qualquer contribuição (Código Eleitoral, art. 244, I e II, e Lei nº 9.504/1997, art. 39, § 3º):

I – fazer inscrever, na fachada de suas sedes e dependências, o nome que os designe, pela forma que melhor lhes parecer;

II – fazer inscrever, na fachada dos seus comitês e demais unidades, o nome que os designe, da coligação ou do candidato, respeitado o tamanho máximo de 4m²;

III – instalar e fazer funcionar, no período compreendido entre o início da propaganda eleitoral e a véspera da eleição, das 8 às 22 horas, alto-falantes ou amplificadores de som, nos locais referidos, assim como em veículos seus ou à sua disposição, em território nacional, com a observância dos §§ 1º e 2º deste artigo e da legislação comum, inclusive em relação aos limites de volume sonoro;

IV – comercializar material de divulgação institucional, desde que não contenha nome e número de candidato, bem como cargo em disputa.

§ 1º São vedados a instalação e o uso de alto-falantes ou amplificadores de som em distância inferior a 200 metros, respondendo o infrator, conforme o caso, pelo emprego de processo de propaganda vedada e pelo abuso de poder (Lei nº 9.504/1997, art. 39, § 3º, I a III; Código Eleitoral, arts. 222 e 237; e Lei Complementar nº 64/1990, art. 22):

I – das sedes dos Poderes Executivo e Legislativo da União, dos Estados, do Distrito Federal e dos Municípios, das sedes dos órgãos judiciais, dos quartéis e de outros estabelecimentos militares;

II – dos hospitais e casas de saúde;

III – das escolas, bibliotecas públicas, igrejas e teatros, quando em funcionamento.

§ 2º Pode ser utilizada a aparelhagem de sonorização fixa e trio elétrico durante a realização de comícios no horário compreendido entre as 8 e as 24 horas (Lei nº 9.504/1997, art. 39, §§ 4º e 10).

§ 3º São vedadas na campanha eleitoral a confecção, utilização, distribuição por comitê, candidato, ou com a sua autorização, de camisetas, chaveiros, bonés, canetas, brindes, cestas básicas ou quaisquer outros bens ou materiais que possam proporcionar vantagem ao eleitor, respondendo o infrator, conforme o caso, pela prática de captação ilícita de sufrágio, emprego de processo de propaganda vedada e, se for o caso, pelo abuso de poder (Lei nº 9.504/1997, art. 39, § 6º; Código Eleitoral, arts. 222 e 237; e Lei Complementar nº 64/1990, art. 22).

§ 4º É proibida a realização de showmício e de evento assemelhado para promoção de candidatos e a apresentação, remunerada ou não, de artistas com a finalidade de animar comício e reunião eleitoral, respondendo o infrator pelo emprego de processo de propaganda vedada e, se for o caso, pelo abuso do poder (Lei nº 9.504/1997, art. 39, § 7º; Código Eleitoral, arts. 222 e 237; e Lei Complementar nº 64/1990, art. 22).

§ 5º A proibição de que trata o parágrafo anterior não se estende aos candidatos profissionais da classe artística – cantores, atores e apresentadores –, que poderão exercer a profissão durante o período eleitoral, desde que não tenha por finalidade a animação de comício e que não haja nenhuma alusão à candidatura ou à campanha eleitoral, ainda que em caráter subliminar ou dissimulado, sem prejuízo da proibição constante do art. 28, inciso V e § 1º, desta resolução.

§ 6º Até as 22 horas do dia que antecede a eleição, serão permitidos distribuição de material gráfico, caminhada, carreata, passeata ou carro de som que transite pela cidade divulgando jingles ou mensagens de candidatos, observados os limites impostos pela legislação comum (Lei nº 9.504/1997, art. 39, § 9º).

Art. 11. Nos bens cujo uso dependa de cessão ou permissão do poder público, ou que a ele pertençam, e nos de uso comum, inclusive postes de iluminação pública e sinalização de tráfego, viadutos, passarelas, pontes, paradas de ônibus e outros equipamentos urbanos, é vedada a veiculação de propaganda de qualquer natureza, inclusive pichação, inscrição a tinta, fixação de placas, estandartes, faixas e assemelhados (Lei nº 9.504/1997, art. 37, *caput*).

§ 1º Quem veicular propaganda em desacordo com o disposto no *caput* será notificado para, no prazo de 48 horas, removê-la e restaurar o bem, sob pena de multa no valor de R$ 2.000,00 (dois mil reais) a R$ 8.000,00 (oito mil reais), ou defender-se (Lei nº 9.504/1997, art. 37, § 1º).

§ 2º Bens de uso comum, para fins eleitorais, são os assim definidos pelo Código Civil e também aqueles a que a população em geral tem acesso, tais como cinemas, clubes, lojas, centros comerciais, templos, ginásios, estádios, ainda que de propriedade privada (Lei nº 9.504/1997, art. 37, § 4º).

§ 3º Nas árvores e nos jardins localizados em áreas públicas, bem como em muros, cercas e tapumes divisórios, não é permitida a colocação de propaganda eleitoral de qualquer natureza, mesmo que não lhes cause dano (Lei nº 9.504/1997, art. 37, § 5º).

§ 4º É permitida a colocação de cavaletes, bonecos, cartazes, mesas para distribuição de material de campanha e bandeiras ao longo das vias públicas, desde que móveis e que não dificultem o bom andamento do trânsito de pessoas e veículos (Lei nº 9.504/1997, art. 37, § 6º).

§ 5º A mobilidade referida no parágrafo anterior estará caracterizada com a colocação e a retirada dos meios de propaganda entre as 6 e as 22 horas (Lei nº 9.504/1997, art. 37, § 7º).

§ 6º Nas dependências do Poder Legislativo, a veiculação de propaganda eleitoral ficará a critério da Mesa Diretora (Lei nº 9.504/1997, art. 37, § 3º).

Art. 12. Em bens particulares, independe de obtenção de licença municipal e de autorização da Justiça Eleitoral a veiculação de propaganda eleitoral por meio da fixação de faixas, placas, cartazes, pinturas ou inscrições, desde que não excedam a 4m² e não contrariem a legislação eleitoral, sujeitando-se o infrator às penalidades previstas no § 1º do artigo anterior (Lei nº 9.504/1997, art. 37, § 2º).

§ 1º A justaposição de placas cuja dimensão exceda a 4m² caracteriza propaganda irregular, em razão do efeito visual único, ainda que a publicidade, individualmente, tenha respeitado o limite previsto no *caput* deste artigo.

§ 2º A veiculação de propaganda eleitoral em bens particulares deve ser espontânea e gratuita, sendo vedado qualquer tipo de pagamento em troca de espaço para esta finalidade (Lei nº 9.504/1997, art. 37, § 8º).

Art. 13. Independe da obtenção de licença municipal e de autorização da Justiça Eleitoral a veiculação de propaganda eleitoral pela distribuição de folhetos, volantes e outros impressos, os quais devem ser editados sob a responsabilidade do partido político, da coligação ou do candidato, sendo-lhes facultada, inclusive, a impressão em braile dos mesmos conteúdos, quando assim demandados (Lei nº 9.504/1997, art. 38, e Convenção sobre os Direitos das Pessoas com Deficiência, arts. 9, 21 e 29).

Parágrafo único. Todo material impresso de campanha eleitoral deverá conter o número de inscrição no Cadastro Nacional de Pessoas Jurídicas (CNPJ) ou o número de inscrição no Cadastro de Pessoas Físicas (CPF) do responsável pela confecção, bem como de quem a contratou, e a respectiva tiragem, respondendo o infrator pelo emprego de processo de propaganda vedada e, se for o caso, pelo abuso do poder (Lei nº 9.504/1997, art. 38, § 1º, Código Eleitoral, arts. 222 e 237, e Lei Complementar nº 64/1990, art. 22).

Art. 14. Não será tolerada propaganda, respondendo o infrator pelo emprego de processo de propaganda vedada e, se for o caso, pelo abuso de poder (Código Eleitoral, arts. 222, 237 e 243, I a IX, Lei nº 5.700/71 e Lei Complementar nº 64/1990, art. 22):

I – de guerra, de processos violentos para subverter o regime, a ordem política e social, ou de preconceitos de raça ou de classes;

II – que provoque animosidade entre as Forças Armadas ou contra elas, ou delas contra as classes e as instituições civis;

III – de incitamento de atentado contra pessoa ou bens;

IV – de instigação à desobediência coletiva ao cumprimento da lei de ordem pública;

V – que implique oferecimento, promessa ou solicitação de dinheiro, dádiva, rifa, sorteio ou vantagem de qualquer natureza;

VI – que perturbe o sossego público, com algazarra ou abuso de instrumentos sonoros ou sinais acústicos;

VII – por meio de impressos ou de objeto que pessoa inexperiente ou rústica possa confundir com moeda;

VIII – que prejudique a higiene e a estética urbana;

IX – que caluniar, difamar ou injuriar qualquer pessoa, bem como atingir órgãos ou entidades que exerçam autoridade pública;

X – que desrespeite os símbolos nacionais.

Art. 15. O ofendido por calúnia, difamação ou injúria, sem prejuízo e independentemente da ação penal competente, poderá demandar, no juízo cível, a reparação do dano moral, respondendo por este o ofensor e, solidariamente, o partido político deste, quando responsável por ação ou omissão, e quem quer que, favorecido pelo crime, haja de qualquer modo contribuído para ele (Código Eleitoral, art. 243, § 1º).

Art. 16. Aos Juízes Eleitorais designados pelos Tribunais Regionais Eleitorais, nas Capitais e nos Municípios onde houver mais de uma Zona Eleitoral, e aos Juízes Eleitorais, nas demais localidades, competirá julgar as reclamações sobre a localização dos comícios e tomar providências sobre a distribuição equitativa dos locais aos partidos políticos e às coligações (Código Eleitoral, art. 245, § 3º).

Art. 17. O candidato cujo registro esteja *sub judice* poderá efetuar todos os atos relativos à sua campanha eleitoral, inclusive utilizar o horário eleitoral gratuito para sua propaganda, no rádio e na televisão (Lei nº 9.504/1997, art. 16-A).

CAPÍTULO III
DA PROPAGANDA ELEITORAL EM *OUTDOOR*

Art. 18. É vedada a propaganda eleitoral por meio de *outdoors*, sujeitando-se a empresa responsável, os partidos, as coligações e os candidatos à imediata retirada da propaganda irregular e ao pagamento de multa no valor de R$ 5.320,50 (cinco mil trezentos e vinte reais e cinquenta centavos) a R$ 15.961,50 (quinze mil novecentos e sessenta e um reais e cinquenta centavos) (Lei nº 9.504/1997, art. 39, § 8º).

§ 1º As placas que excedam a 4m² ou que se assemelhem a *outdoor* e sejam comercializadas sujeitam-se à multa disposta no § 8º do art. 39 da Lei das Eleições.

§ 2º As placas que excedam a 4m² ou que se assemelhem a *outdoor* e não sejam comercializadas sujeitam-se à multa disposta no § 1º do art. 37 da Lei das Eleições.

CAPÍTULO IV
DA PROPAGANDA ELEITORAL NA INTERNET

Art. 19. É permitida a propaganda eleitoral na internet após o dia 5 de julho do ano da eleição (Lei nº 9.504/1997, art. 57-A).

Art. 20. A propaganda eleitoral na internet poderá ser realizada nas seguintes formas (Lei nº 9.504/1997, art. 57-B, incisos I a IV):

I – em sítio do candidato, com endereço eletrônico comunicado à Justiça Eleitoral e hospedado, direta ou indiretamente, em provedor de serviço de internet estabelecido no País;

II – em sítio do partido ou da coligação, com endereço eletrônico comunicado à Justiça Eleitoral e hospedado, direta ou indiretamente, em provedor de serviço de internet estabelecido no País;

III – por meio de mensagem eletrônica para endereços cadastrados gratuitamente pelo candidato, partido ou coligação;

IV – por meio de blogs, redes sociais, sítios de mensagens instantâneas e assemelhados, cujo conteúdo seja gerado ou editado por candidatos, partidos ou coligações ou de iniciativa de qualquer pessoa natural.

Art. 21. Na internet, é vedada a veiculação de qualquer tipo de propaganda eleitoral paga (Lei nº 9.504/1997, art. 57-C, *caput*).

§ 1º É vedada, ainda que gratuitamente, a veiculação de propaganda eleitoral na internet, em sítios (Lei nº 9.504/1997, art. 57-C, § 1º, I e II):

I – de pessoas jurídicas, com ou sem fins lucrativos;

II – oficiais ou hospedados por órgãos ou entidades da Administração Pública direta ou indireta da União, dos Estados, do Distrito Federal e dos Municípios.

§ 2º A violação do disposto neste artigo sujeita o responsável pela divulgação da propaganda e, quando comprovado seu prévio conhecimento, o beneficiário à multa no valor de R$ 5.000,00 (cinco mil reais) a R$ 30.000,00 (trinta mil reais) (Lei nº 9.504/1997, art. 57-C, § 2º).

Art. 22. É livre a manifestação do pensamento, vedado o anonimato durante a campanha eleitoral, por meio da rede mundial de computadores – internet, assegurado o direito de resposta, nos termos das alíneas a, b e c do inciso IV do § 3º do art. 58 e do art. 58-A da Lei nº 9.504/1997, e por outros meios de comunicação interpessoal mediante mensagem eletrônica (Lei nº 9.504/1997, art. 57-D, *caput*).

Parágrafo único. A violação do disposto neste artigo sujeitará o responsável pela divulgação da propaganda e, quando comprovado seu prévio conhecimento, o beneficiário à multa no valor de R$ 5.000,00 (cinco mil reais) a R$ 30.000,00 (trinta mil reais) (Lei nº 9.504/1997, art. 57-D, § 2º).

Art. 23. São vedadas às pessoas relacionadas no art. 24 da Lei nº 9.504/1997 a utilização, doação ou cessão de cadastro eletrônico de seus clientes, em favor de candidatos, partidos ou coligações (Lei nº 9.504/1997, art. 57-E, *caput*).

§ 1º É proibida a venda de cadastro de endereços eletrônicos (Lei nº 9.504/1997, art. 57-E, § 1º).

§ 2º A violação do disposto neste artigo sujeita o responsável pela divulgação da propaganda e, quando comprovado seu prévio conhecimento, o beneficiário à multa no valor de R$ 5.000,00 (cinco mil reais) a R$ 30.000,00 (trinta mil reais) (Lei nº 9.504/1997, art. 57-E, § 2º).

Art. 24. Aplicam-se ao provedor de conteúdo e de serviços multimídia que hospeda a divulgação da propaganda eleitoral de candidato, de partido ou de coligação as penalidades previstas nesta resolução, se, no prazo determinado pela Justiça Eleitoral, contado a partir da notificação de decisão sobre a existência de propaganda irregular, não tomar providências para a cessação dessa divulgação (Lei nº 9.504/1997, art. 57-F, *caput*).

§ 1º O provedor de conteúdo ou de serviços multimídia só será considerado responsável pela divulgação da propaganda se a publicação do material for comprovadamente de seu prévio conhecimento (Lei nº 9.504/1997, art. 57-F, parágrafo único).

§ 2º O prévio conhecimento de que trata o parágrafo anterior poderá, sem prejuízo dos demais meios de prova, ser demonstrado por meio de cópia de notificação, diretamente encaminhada e entregue pelo interessado ao provedor de internet, na qual deverá constar, de forma clara e detalhada, a propaganda por ele considerada irregular.

Art. 25. As mensagens eletrônicas enviadas por candidato, partido ou coligação, por qualquer meio, deverão dispor de mecanismo que permita seu descadastramento pelo destinatário, obrigado o remetente a providenciá-lo no prazo de 48 horas (Lei nº 9.504/1997, art. 57-G, *caput*).

§ 1º Mensagens eletrônicas enviadas após o término do prazo previsto no *caput* sujeitam os responsáveis ao pagamento de multa no valor de R$ 100,00 (cem reais), por mensagem (Lei nº 9.504/1997, art. 57-G, parágrafo único).

§ 2º É vedada a realização de propaganda via *telemarketing*, em qualquer horário (Constituição Federal, art. 5º, X e XI, e Código Eleitoral, art. 243, VI).

Art. 26. Sem prejuízo das demais sanções legais cabíveis, será punido, com multa de R$ 5.000,00 (cinco mil reais) a R$ 30.000,00 (trinta mil reais), quem realizar propaganda eleitoral na internet, atribuindo indevidamente sua autoria a terceiro, inclusive a candidato, partido ou coligação (Lei nº 9.504/1997, art. 57-H).

CAPÍTULO V
DA PROPAGANDA ELEITORAL NA IMPRENSA

Art. 27. São permitidas, até a antevéspera das eleições, a divulgação paga, na imprensa escrita, e a reprodução na internet do jornal impresso, de até 10 anúncios de propaganda eleitoral, por veículo de comunicação social, em datas diversas, para cada candidato, no espaço máximo, por edição, de 1/8 (um oitavo) de página de jornal padrão e de 1/4 (um quarto) de página de revista ou tabloide (Lei nº 9.504/1997, art. 43, *caput*).

§ 1º Deverá constar do anúncio, de forma visível, o valor pago pela inserção (Lei nº 9.504/1997, art. 43, § 1º).

§ 2º A inobservância do disposto neste artigo sujeita os responsáveis pelos veículos de divulgação e os partidos, coligações ou candidatos beneficiados à multa no valor de R$ 1.000,00 (mil reais) a R$ 10.000,00 (dez mil reais) ou equivalente ao da divulgação da propaganda paga, se este for maior (Lei nº 9.504/1997, art. 43, § 2º).

§ 3º Ao jornal de dimensão diversa do padrão e do tabloide, aplica-se a regra do *caput*, de acordo com o tipo de que mais se aproxime.

§ 4º Não caracterizará propaganda eleitoral a divulgação de opinião favorável a candidato, a partido político ou a coligação pela imprensa escrita, desde que não seja matéria paga, mas os abusos e os excessos, assim como as demais formas de uso indevido do meio de comunicação, serão apurados e punidos nos termos do art. 22 da Lei Complementar nº 64/1990.

§ 5º É autorizada a reprodução virtual das páginas do jornal impresso na internet, desde que seja feita no sítio do próprio jornal, independentemente do seu conteúdo, devendo ser respeitado integralmente o formato gráfico e o conteúdo editorial da versão impressa, atendido, nesta hipótese, o disposto no *caput* deste artigo.

§ 6º O limite de anúncios previsto no *caput* será verificado de acordo com a imagem ou nome do respectivo candidato, independentemente de quem tenha contratado a divulgação da propaganda.

CAPÍTULO VI
DA PROGRAMAÇÃO NORMAL E DO NOTICIÁRIO NO RÁDIO E NA TELEVISÃO

Art. 28. A partir de 1º de julho de 2014, é vedado às emissoras de rádio e televisão, em sua programação normal e noticiário (Lei nº 9.504/1997, art. 45, I a VI):

I – transmitir, ainda que sob a forma de entrevista jornalística, imagens de realização de pesquisa ou qualquer outro tipo de consulta popular de natureza eleitoral em que seja possível identificar o entrevistado ou em que haja manipulação de dados;

II – veicular propaganda política;

III – dar tratamento privilegiado a candidato, partido político ou coligação;

IV – veicular ou divulgar filmes, novelas, minisséries ou qualquer outro programa com alusão ou crítica a candidato ou partido político, mesmo que dissimuladamente, exceto programas jornalísticos ou debates políticos;

V – divulgar nome de programa que se refira a candidato escolhido em convenção, ainda quando preexistente, inclusive se coincidente com o nome do candidato ou o nome por ele indicado para uso na urna eletrônica, e, sendo o nome do programa o mesmo que o do candidato, fica proibida a sua divulgação, sob pena de cancelamento do respectivo registro.

§ 1º A partir do resultado da convenção, é vedado, ainda, às emissoras transmitir programa apresentado ou comentado por candidato escolhido em convenção (Lei nº 9.504/1997, art. 45, § 1º).

§ 2º Sem prejuízo do disposto no parágrafo único do art. 45 desta resolução, a inobservância do disposto neste artigo sujeita a emissora ao pagamento de multa no valor de R$ 21.282,00 (vinte e um mil duzentos e oitenta e dois reais) a R$ 106.410,00 (cento e seis mil quatrocentos e dez reais), duplicada em caso de reincidência (Lei nº 9.504/1997, art. 45, § 2º).

Seção I
DOS DEBATES

Art. 29. Os debates, transmitidos por emissora de rádio ou televisão, serão realizados segundo as regras estabelecidas em acordo celebrado entre os partidos políticos e a pessoa jurídica interessada na realização do evento, dando-se ciência à Justiça Eleitoral (Lei nº 9.504/1997, art. 46, § 4º).

§ 1º Para os debates que se realizarem no primeiro turno das eleições, serão consideradas aprovadas as regras que obtiverem a concordância de pelo menos 2/3 (dois terços) dos candidatos aptos no caso de eleição majoritária, e de pelo menos 2/3 (dois terços) dos partidos ou coligações com candidatos aptos, no caso de eleição proporcional (Lei nº 9.504/1997, art. 46, § 5º).

§ 2º São considerados aptos, para os fins previstos no parágrafo anterior, os candidatos filiados a partido político com representação na Câmara dos Deputados e que tenham requerido o registro de candidatura na Justiça Eleitoral.

§ 3º Julgado o registro, permanecem aptos apenas os candidatos com registro deferido ou, se indeferido, que esteja *sub judice*.

§ 4º Os debates transmitidos na televisão deverão utilizar a Língua Brasileira de Sinais (Libras) ou o recurso de legenda, observadas as regras técnicas aplicáveis.

Art. 30. Inexistindo acordo, os debates transmitidos por emissora de rádio ou televisão deverão obedecer às seguintes regras (Lei nº 9.504/1997, art. 46, I, a e b, II e III):

I – nas eleições majoritárias, a apresentação dos debates poderá ser feita:

a) em conjunto, estando presentes todos os candidatos a um mesmo cargo eletivo;

b) em grupos, estando presentes, no mínimo, 3 candidatos.

II – nas eleições proporcionais, os debates deverão ser organizados de modo que assegurem a presença de número equivalente de candidatos de todos os partidos políticos e coligações a um mesmo cargo eletivo, podendo desdobrar-se em mais de 1 dia;

III – os debates deverão ser parte de programação previamente estabelecida e divulgada pela emissora, fazendo-se mediante sorteio a escolha do dia e da ordem de fala de cada candidato.

§ 1º Na hipótese deste artigo, é assegurada a participação de candidatos dos partidos políticos com representação na Câmara dos Deputados, facultada a dos demais.

§ 2º Para efeito do disposto no parágrafo anterior, considera-se a representação de cada partido político na Câmara dos Deputados a resultante da eleição.

Art. 31. Em qualquer hipótese, deverá ser observado o seguinte:

I – é admitida a realização de debate sem a presença de candidato de algum partido político ou de coligação, desde que o veículo de comunicação responsável comprove tê-lo convidado com a antecedência mínima de 72 horas da realização do debate (Lei nº 9.504/1997, art. 46, § 1º);

II – é vedada a presença de um mesmo candidato a eleição proporcional em mais de um debate da mesma emissora (Lei nº 9.504/1997, art. 46, § 2º);

III – o horário destinado à realização de debate poderá ser destinado à entrevista de candidato, caso apenas este tenha comparecido ao evento (Acórdão nº 19.433, de 25.6.2002);

IV – no primeiro turno, o debate poderá se estender até as 7 horas do dia 3 de outubro de 2014 e, no caso de segundo turno, não poderá ultrapassar o horário de meia-noite do dia 24 de outubro de 2014 (Res.-TSE nº 23.390/2013).

Art. 32. O descumprimento do disposto nesta Seção sujeita a empresa infratora à suspensão, por 24 horas, da sua programação, com a transmissão, a cada 15 minutos, da informação de que se encontra fora do ar por desobediência à legislação eleitoral; em cada reiteração de conduta, o período de suspensão será duplicado (Lei nº 9.504/1997, art. 46, § 3º, e art. 56, § 1º e § 2º).

CAPÍTULO VII
DA PROPAGANDA ELEITORAL GRATUITA NO RÁDIO E NA TELEVISÃO

Art. 33. A propaganda eleitoral no rádio e na televisão se restringirá ao horário gratuito, vedada a veiculação de propaganda paga, respondendo o candidato, o partido político e a coligação pelo seu conteúdo (Lei nº 9.504/1997, art. 44).

§ 1º A propaganda eleitoral gratuita na televisão deverá utilizar a Linguagem Brasileira de Sinais (Libras) ou o recurso de legenda, que deverão constar obrigatoriamente do material entregue às emissoras (Lei nº 9.504/1997, art. 44, § 1º).

§ 2º No horário reservado para a propaganda eleitoral, não se permitirá utilização comercial ou propaganda realizada com a intenção, ainda que disfarçada ou subliminar, de promover marca ou produto (Lei nº 9.504/1997, art. 44, § 2º).

§ 3º Será punida, nos termos do § 1º do art. 37 da Lei nº 9.504/1997, a emissora que, não autorizada a funcionar pelo poder competente, veicular propaganda eleitoral (Lei nº 9.504/1997, art. 44, § 3º).

Art. 34. O Tribunal Superior Eleitoral e os Tribunais Regionais Eleitorais efetuarão, até 12 de agosto de 2014, sorteio para a escolha da ordem de veiculação da propaganda de cada partido político ou coligação no primeiro dia do horário eleitoral gratuito; a cada dia que se seguir, a propaganda veiculada por último, na véspera, será a primeira, apresentando-se as demais na ordem do sorteio (Lei nº 9.504/1997, art. 50).

Art. 35. As emissoras de rádio, inclusive as rádios comunitárias, as emissoras de televisão que operam em VHF e UHF e os canais de televisão por assinatura sob a responsabilidade do Senado Federal, da Câmara dos Deputados, das Assembleias Legislativas e da Câmara Legislativa do Distrito Federal reservarão, no período de 19 de agosto a 2 de outubro de 2014, horário destinado à divulgação, em rede, da propaganda eleitoral gratuita, a ser feita da seguinte forma (Lei nº 9.504/1997, art. 47, § 1º, I a V, *a* e *b*, e art. 57):

I – na eleição para Presidente da República, às terças e quintas-feiras e aos sábados:

a) das 7h às 7h25 e das 12h às 12h25, no rádio;

b) das 13h às 13h25 e das 20h30 às 20h55, na televisão.

II – nas eleições para Deputado Federal, às terças e quintas-feiras e aos sábados:

a) das 7h25 às 7h50 e das 12h25 às 12h50, no rádio;

b) das 13h25 às 13h50 e das 20h55 às 21h20, na televisão.

III – nas eleições para Governador de Estado e do Distrito Federal, às segundas, quartas e sextas-feiras:

a) das 7h às 7h20 e das 12h às 12h20, no rádio;

b) das 13h às 13h20 e das 20h30 às 20h50, na televisão.

IV – nas eleições para Deputado Estadual e Deputado Distrital, às segundas, quartas e sextas-feiras:

a) das 7h20 às 7h40 e das 12h20 às 12h40, no rádio;

b) das 13h20 às 13h40 e das 20h50 às 21h10, na televisão.

V – na eleição para Senador, às segundas, quartas e sextas-feiras:

a) das 7h40 às 7h50 e das 12h40 às 12h50, no rádio;

b) das 13h40 às 13h50 e das 21h10 às 21h20, na televisão.

Parágrafo único. Na veiculação da propaganda eleitoral gratuita, será considerado o horário de Brasília-DF.

Art. 36. O Tribunal Superior Eleitoral e os Tribunais Regionais Eleitorais distribuirão os horários reservados à propaganda de cada eleição entre os partidos políticos e as coligações que tenham candidato, observados os seguintes critérios (Lei nº 9.504/1997, art. 47, § 2º, I e II; Ac.-TSE nº 8.427, de 30.10.1986):

I – um terço, igualitariamente;

II – dois terços, proporcionalmente ao número de representantes na Câmara dos Deputados, considerado, no caso de coligação, o resultado da soma do número de representantes de todos os partidos políticos que a integrarem.

§ 1º Para efeito do disposto neste artigo, a representação de cada partido político na Câmara dos Deputados é a resultante da eleição, ressalvada a hipótese de criação de nova legenda, quando prevalecerá a representatividade política conferida aos parlamentares que migraram diretamente dos partidos pelos quais foram eleitos para o novo partido político, no momento de sua criação (Lei nº 9.504/1997, art. 47, § 3º; ADI nº 4430/DF, *DJe* de 19.9.2013).

§ 2º O número de representantes de partido político que tenha resultado de fusão ou a que se tenha incorporado outro corresponderá à soma dos representantes que os partidos políticos de origem possuíam na data mencionada no parágrafo anterior (Lei nº 9.504/1997, art. 47, § 4º).

§ 3º Se o candidato a Presidente, a Governador ou a Senador deixar de concorrer, em qualquer etapa do pleito, e não havendo substituição, será feita nova distribuição do tempo entre os candidatos remanescentes (Lei nº 9.504/1997, art. 47, § 5º).

§ 4º As coligações sempre serão tratadas como um único partido político.

§ 5º Para fins de divisão do tempo reservado à propaganda, não serão consideradas as frações de segundo, e as sobras que resultarem desse procedimento serão adicionadas no programa de cada dia ao tempo destinado ao último partido político ou coligação.

§ 6º Aos partidos políticos e às coligações que, após a aplicação dos critérios de distribuição referidos no *caput*, obtiverem direito a parcela do horário eleitoral inferior a 30 segundos será assegurado o direito de acumulá-lo para uso em tempo equivalente (Lei nº 9.504/1997, art. 47, § 6º).

§ 7º A Justiça Eleitoral, os representantes das emissoras de rádio e televisão e os representantes dos partidos políticos, por ocasião da elaboração do plano de mídia, compensarão sobras e excessos, respeitando-se o horário reservado para propaganda eleitoral gratuita.

Art. 37. Se houver segundo turno, as emissoras de rádio, inclusive as rádios comunitárias, as emissoras de televisão que operam em VHF e UHF e os canais de televisão por assinatura sob a responsabilidade do Senado Federal, da Câmara dos Deputados, das Assembleias Legislativas e da Câmara Legislativa do Distrito Federal reservarão, a partir de 48 horas da proclamação dos resultados do primeiro turno e até 24 de outubro de 2014, horário destinado à divulgação da propaganda eleitoral gratuita, dividido em dois períodos diários de 20 minutos para cada eleição, inclusive aos domingos, iniciando-se às 7h e às 12h, no rádio, e às 13h e às 20h30, na televisão, horário de Brasília-DF (Lei nº 9.504/1997, art. 49, *caput*).

§ 1º Em circunscrição onde houver segundo turno para Presidente e Governador, o horário reservado à propaganda deste se inicia imediatamente após o término do horário reservado ao primeiro (Lei nº 9.504/1997, art. 49, § 1º).

§ 2º O tempo de cada período diário será dividido igualitariamente entre os candidatos (Lei nº 9.504/1997, art. 49, § 2º).

Art. 38. Durante os períodos mencionados nos arts. 35 e 37 desta resolução, as emissoras de rádio, inclusive as rádios comunitárias, as emissoras de televisão que operam em VHF e UHF e os canais de televisão por assinatura sob a responsabilidade do Senado Federal, da Câmara dos Deputados, das Assembleias Legislativas e da Câmara Legislativa do Distrito Federal reservarão, ainda, 30 minutos diários, inclusive aos domingos, para a propaganda eleitoral gratuita, a serem usados em inserções de até 60 segundos, a critério do respectivo partido político ou coligação, assinadas obrigatoriamente pelo partido político ou coligação, e distribuídas, ao longo da programação veiculada entre as 8 horas e as 24 horas, nos termos do art. 36 desta resolução, obedecido o seguinte (Lei nº 9.504/1997, art. 51, I, III e IV e art. 57):

I – o tempo será dividido em partes iguais – 6 minutos para cada cargo – para a utilização nas campanhas dos candidatos às eleições majoritárias e proporcionais, bem como de suas legendas partidárias ou das que componham a coligação, quando for o caso;

II – a distribuição levará em conta os blocos de audiência entre as 8 horas e as 12 horas; as 12 horas e as 18 horas; as 18 horas e as 21 horas; as 21 horas e as 24 horas, de modo que o número de inserções seja dividido igualmente entre eles;

III – na veiculação das inserções, são vedadas: utilização de gravações externas, montagens ou trucagens, computação gráfica, desenhos animados e efeitos especiais, e a veiculação de mensagens que possam degradar ou ridicularizar candidato, partido político ou coligação.

§ 1º As inserções no rádio e na televisão serão calculadas à base de 30 segundos e poderão ser divididas em módulos de 15 segundos, ou agrupadas em módulos de 60 segundos, a critério de cada partido político ou coligação; em qualquer caso é obrigatória a identificação do partido político ou da coligação (Res.-TSE nº 20.698/2000).

§ 2º As emissoras de rádio e televisão deverão evitar a veiculação de inserções idênticas no mesmo intervalo da programação normal.

§ 3º Se houver segundo turno, o tempo diário reservado às inserções será de 30 minutos, sendo 15 minutos para campanha de Presidente da República e 15 minutos para campanha de Governador, divididos igualitariamente entre os candidatos; se, após proclamados os resultados, não houver segundo turno para Presidente da República, o tempo será integralmente destinado à eleição de Governador, onde houver (Res.-TSE nº 20.377, de 06.10.1998).

Art. 39. A partir do dia 8 de julho de 2014, o Tribunal Superior Eleitoral e os Tribunais Regionais Eleitorais convocarão os partidos políticos, e a representação das emissoras de televisão e de rádio para elaborarem o plano de mídia, nos termos do artigo anterior, para o uso da parcela do horário eleitoral gratuito a que tenham direito, garantida a todos participação nos horários de maior e menor audiência (Lei nº 9.504/1997, art. 52).

Parágrafo único. Caso os representantes dos partidos políticos e das emissoras não cheguem a acordo, a Justiça Eleitoral deverá elaborar o plano de mídia, utilizando o sistema desenvolvido pelo Tribunal Superior Eleitoral (Res.-TSE nº 21.725/2004).

Art. 40. Os partidos políticos e as coligações deverão apresentar mapas de mídia diários ou periódicos às emissoras, observados os seguintes requisitos (Res.-TSE nº 20.329, de 25.08.1998):

I – nome do partido político ou da coligação;

II – título ou número do filme a ser veiculado;

III – duração do filme;

IV – dias e faixas de veiculação;

V – nome e assinatura de pessoa credenciada pelos partidos políticos e pelas coligações para a entrega das fitas com os programas que serão veiculados.

§ 1º Sem prejuízo do prazo para a entrega das fitas, os mapas de mídia deverão ser apresentados até as 14 horas da véspera de sua veiculação.

§ 2º Para as transmissões previstas para sábados, domingos e segundas-feiras, os mapas deverão ser apresentados até as 14 horas da sexta-feira imediatamente anterior.

§ 3º As emissoras ficam eximidas de responsabilidade decorrente de transmissão de programa em desacordo com os mapas de mídia apresentados, quando não observado o prazo estabelecido nos §§ 1º e 2º deste artigo.

§ 4º Os partidos políticos e as coligações deverão comunicar ao Tribunal Superior Eleitoral, aos Tribunais Regionais Eleitorais e às emissoras, previamente, as pessoas autorizadas a apresentar o mapa de mídia e as fitas com os programas que serão veiculados, bem como informar o número de telefone em que poderão ser encontradas em caso de necessidade, devendo a substituição das pessoas indicadas ser feita com 24 horas de antecedência.

§ 5º As emissoras estarão desobrigadas do recebimento de mapas de mídia e material que não forem encaminhados pelas pessoas credenciadas.

§ 6º As emissoras deverão fornecer à Justiça Eleitoral, aos partidos políticos e às coligações, previamente, números de fac-símile, telefones, endereços e os nomes das pessoas responsáveis pelo recebimento de fitas e mapas de mídia, após a comunicação de que trata o § 4º deste artigo.

Art. 41. Os programas de propaganda eleitoral gratuita deverão ser gravados em meio de armazenamento compatível com as condições técnicas da emissora geradora.

§ 1º As gravações deverão ser conservadas pelo prazo de 20 dias depois de transmitidas pelas emissoras de até 1 quilowatt e pelo prazo de 30 dias pelas demais (Lei nº 4.11719/62, art. 71, § 3º, com alterações do Decreto--Lei nº 236, de 28.02.1967).

§ 2º As emissoras e os partidos políticos ou coligações acordarão, sob a supervisão do Tribunal Eleitoral, sobre a entrega das gravações, obedecida a antecedência mínima de 4 horas do horário previsto para o início da transmissão de programas divulgados em rede, e de 12 horas do início do primeiro bloco no caso de inserções, sempre no local da geração.

§ 3º A propaganda eleitoral a ser veiculada no programa de rádio que for ao ar às 7 horas deve ser entregue até as 22 horas do dia anterior.

§ 4º Em cada fita a ser encaminhada à emissora, o partido político ou a coligação deverá incluir a denominada claquete, na qual deverão estar registradas as informações constantes dos incisos I a IV do *caput* do artigo anterior, que servirão para controle interno da emissora, não devendo ser veiculada ou computada no tempo reservado para o programa eleitoral.

§ 5º A fita para a veiculação da propaganda eleitoral deverá ser entregue à emissora geradora pelo representante legal do partido ou da coligação, ou por pessoa por ele indicada, a quem será dado recibo após a verificação da qualidade técnica da fita.

§ 6º Caso o material e/ou o mapa de mídia não sejam entregues no prazo ou pelas pessoas credenciadas, as emissoras veicularão o último material por elas exibido, independentemente de consulta prévia ao partido político ou à coligação.

§ 7º Durante os períodos mencionados no § 1º deste artigo, as gravações ficarão no arquivo da emissora, mas à disposição da autoridade eleitoral competente, para servir como prova dos abusos ou dos crimes porventura cometidos.

§ 8º A inserção cuja duração ultrapasse o estabelecido no plano de mídia terá a sua parte final cortada.

§ 9º Na propaganda em bloco, as emissoras deverão cortar de sua parte final o que ultrapassar o tempo determinado e, caso a duração seja insuficiente, o tempo será completado pela emissora geradora com a veiculação dos seguintes dizeres: "Horário reservado à propaganda eleitoral gratuita – Lei nº 9.504/1997".

Art. 42. Não serão admitidos cortes instantâneos ou qualquer tipo de censura prévia nos programas eleitorais gratuitos (Lei nº 9.504/1997, art. 53, *caput*).

§ 1º É vedada a veiculação de propaganda que possa degradar ou ridicularizar candidatos, sujeitando-se o partido político ou a coligação infratores à perda do direito à veiculação de propaganda no horário eleitoral gratuito do dia seguinte ao da decisão (Lei nº 9.504/1997, art. 53, § 1º).

§ 2º Sem prejuízo do disposto no parágrafo anterior, a requerimento de partido político, coligação ou candidato, a Justiça Eleitoral impedirá a reapresentação de propaganda ofensiva à honra de candidato, à moral e aos bons costumes (Lei nº 9.504/1997, art. 53, § 2º).

§ 3º A reiteração de conduta que já tenha sido punida pela Justiça Eleitoral poderá ensejar a suspensão temporária do programa.

Art. 43. É vedado aos partidos políticos e às coligações incluir no horário destinado aos candidatos às eleições proporcionais propaganda das candidaturas a eleições majoritárias, ou vice-versa, ressalvada a utilização, durante a exibição do programa, de legendas com referência aos candidatos majoritários, ou, ao fundo, de cartazes ou fotografias desses candidatos (Lei nº 9.504/1997, art. 53-A, *caput*).

§ 1º É facultada a inserção de depoimento de candidatos a eleições proporcionais no horário da propaganda das candidaturas majoritárias e vice-versa, registrados sob o mesmo partido ou coligação, desde que o depoimento consista exclusivamente em pedido de voto ao candidato que cedeu o tempo (Lei nº 9.504/1997, art. 53-A, § 1º).

§ 2º É vedada a utilização da propaganda de candidaturas proporcionais como propaganda de candidaturas majoritárias e vice-versa (Lei nº 9.504/1997, art. 53-A, § 2º).

§ 3º O partido político ou a coligação que não observar a regra contida neste artigo perderá, em seu horário de propaganda gratuita, tempo equivalente no horário reservado à propaganda da eleição disputada pelo candidato beneficiado (Lei nº 9.504/1997, art. 53-A, § 3º).

Art. 44. Dos programas de rádio e televisão destinados à propaganda eleitoral gratuita de cada partido político ou coligação poderá participar, em apoio aos candidatos, qualquer cidadão não filiado a outro partido político ou a partido político integrante de outra coligação, sendo vedada a participação de qualquer pessoa mediante remuneração (Lei nº 9.504/1997, art. 54, *caput*).

Parágrafo único. No segundo turno das eleições, não será permitida, nos programas de que trata este artigo, a participação de filiados a partidos políticos que tenham formalizado apoio a outros candidatos (Lei nº 9.504/1997, art. 54, parágrafo único).

Art. 45. Na propaganda eleitoral gratuita, aplicam-se ao partido político, coligação ou candidato as seguintes vedações (Lei nº 9.504/1997, art. 55, *caput*, c/c o art. 45, I e II):

I – transmitir, ainda que sob a forma de entrevista jornalística, imagens de realização de pesquisa ou qualquer outro tipo de consulta popular de natureza eleitoral em que seja possível identificar o entrevistado ou em que haja manipulação de dados;

II – usar trucagem, montagem ou outro recurso de áudio ou vídeo que, de alguma forma, degradem ou ridicularizem candidato, partido político ou coligação, ou produzir ou veicular programa com esse efeito.

Parágrafo único. A inobservância do disposto neste artigo sujeita o partido político ou a coligação à perda de tempo equivalente ao dobro do usado na prática do ilícito, no período do horário gratuito subsequente, dobrada a cada reincidência, devendo, no mesmo período, exibir-se a informação de que a não veiculação do programa resulta de infração à Lei nº 9.504/1997 (Lei nº 9.504/1997, art. 55, parágrafo único).

Art. 46. Durante toda a transmissão pela televisão, em bloco ou em inserções, a propaganda deverá ser identificada pela legenda "propaganda eleitoral gratuita".

Parágrafo único. A identificação de que trata o *caput* é de responsabilidade dos partidos políticos e das coligações.

Art. 47. Competirá aos partidos políticos e às coligações distribuir entre os candidatos registrados os horários que lhes forem destinados pela Justiça Eleitoral.

Art. 48. Na divulgação de pesquisas no horário eleitoral gratuito devem ser informados, com clareza, o período de sua realização, a margem de erro e o nível de confiança, não sendo obrigatória a menção aos concorrentes, desde que o modo de apresentação dos resultados não induza o eleitor em erro quanto ao desempenho do candidato em relação aos demais.

CAPÍTULO VIII
DAS PERMISSÕES E VEDAÇÕES NO DIA DA ELEIÇÃO

Art. 49. É permitida, no dia das eleições, a manifestação individual e silenciosa da preferência do eleitor por partido político, coligação ou candidato, revelada exclusivamente pelo uso de bandeiras, broches, dísticos e adesivos (Lei nº 9.504/1997, art. 39-A, *caput*).

§ 1º São vedados, no dia do pleito, até o término do horário de votação, a aglomeração de pessoas portando vestuário padronizado e os instrumentos de propaganda referidos no *caput*, de modo a caracterizar manifestação coletiva, com ou sem utilização de veículos (Lei nº 9.504/1997, art. 39-A, § 1º).

§ 2º No recinto das seções eleitorais e juntas apuradoras, é proibido aos servidores da Justiça Eleitoral, aos mesários e aos escrutinadores o uso de vestuário ou objeto que contenha qualquer propaganda de partido político, de coligação ou de candidato (Lei nº 9.504/1997, art. 39-A, § 2º).

§ 3º Aos fiscais partidários, nos trabalhos de votação, só é permitido que, em seus crachás, constem o nome e a sigla do partido político ou coligação a que sirvam, vedada a padronização do vestuário (Lei nº 9.504/1997, art. 39-A, § 3º).

§ 4º No dia da eleição, serão afixadas cópias deste artigo em lugares visíveis nas partes interna e externa das seções eleitorais (Lei nº 9.504/1997, art. 39-A, § 4º).

§ 5º A violação dos §§ 1º a 3º deste artigo configurará divulgação de propaganda, nos termos do inciso III do § 5º do art. 39 da Lei nº 9.504/1997.

CAPÍTULO IX
DAS CONDUTAS VEDADAS AOS AGENTES PÚBLICOS EM CAMPANHA ELEITORAL

Art. 50. São proibidas aos agentes públicos, servidores ou não, as seguintes condutas tendentes a afetar a igualdade de oportunidades entre candidatos nos pleitos eleitorais (Lei nº 9.504/1997, art. 73, I a VIII):

I – ceder ou usar, em benefício de candidato, partido político ou coligação, bens móveis ou imóveis pertencentes à administração direta ou indireta da União, dos Estados, do Distrito Federal, dos Territórios e dos Municípios, ressalvada a realização de convenção partidária;

II – usar materiais ou serviços, custeados pelos governos ou casas legislativas, que excedam as prerrogativas consignadas nos regimentos e normas dos órgãos que integram;

III – ceder servidor público ou empregado da administração direta ou indireta federal, estadual ou municipal do Poder Executivo, ou usar de seus serviços, para comitês de campanha eleitoral de candidato, partido político ou coligação, durante o horário de expediente normal, salvo se o servidor ou o empregado estiver licenciado;

IV – fazer ou permitir uso promocional em favor de candidato, partido político ou coligação, de distribuição gratuita de bens e serviços de caráter social custeados ou subvencionados pelo Poder Público;

V – nomear, contratar ou de qualquer forma admitir, demitir sem justa causa, suprimir ou readaptar vantagens ou por outros meios dificultar ou impedir o exercício funcional e, ainda, *ex officio*, remover, transferir ou exonerar servidor público, na circunscrição do pleito, a partir de 5 de julho de 2014 até a posse dos eleitos, sob pena de nulidade de pleno direito, ressalvadas:

a) a nomeação ou exoneração de cargos em comissão e designação ou dispensa de funções de confiança;

b) a nomeação para cargos do Poder Judiciário, do Ministério Público, dos Tribunais ou conselhos de contas e dos órgãos da Presidência da República;

c) a nomeação dos aprovados em concursos públicos homologados até o início daquele prazo;

d) a nomeação ou contratação necessária à instalação ou ao funcionamento inadiável de serviços públicos essenciais, com prévia e expressa autorização do Chefe do Poder Executivo;

e) a transferência ou remoção *ex officio* de militares, policiais civis e de agentes penitenciários.

VI – a partir de 5 de julho de 2014 até a realização do pleito:

a) realizar transferência voluntária de recursos da União aos Estados e Municípios, e dos Estados aos Municípios, sob pena de nulidade de pleno direito, ressalvados os recursos destinados a cumprir obrigação formal preexistente para a execução de obra ou serviço em andamento e com cronograma prefixado, e os destinados a atender situações de emergência e de calamidade pública;

b) com exceção da propaganda de produtos e serviços que tenham concorrência no mercado, autorizar publicidade institucional dos atos, programas, obras, serviços e campanhas dos órgãos públicos ou das respectivas entidades da administração indireta, salvo em caso de grave e urgente necessidade pública, assim reconhecida pela Justiça Eleitoral;

c) fazer pronunciamento em cadeia de rádio e televisão fora do horário eleitoral gratuito, salvo quando, a critério da Justiça Eleitoral, tratar-se de matéria urgente, relevante e característica das funções de governo.

VII – realizar, em ano de eleição, antes do prazo fixado no inciso anterior, despesas com publicidade dos órgãos públicos ou das respectivas entidades da administração indireta, que excedam a média dos gastos nos 3 últimos anos que antecedem o pleito ou do último ano imediatamente anterior à eleição, prevalecendo o que for menor;

VIII – fazer, na circunscrição do pleito, revisão geral da remuneração dos servidores públicos que exceda a recomposição da perda de seu poder aquisitivo ao longo do ano da eleição, a partir de 8 de abril de 2014 até a posse dos eleitos.

§ 1º Reputa-se agente público, para os efeitos deste artigo, quem exerce, ainda que transitoriamente ou sem remuneração, por eleição, nomeação, designação, contratação ou qualquer outra forma de investidura ou vínculo, mandato, cargo, emprego ou função nos órgãos ou entidades da Administração Pública direta, indireta ou fundacional (Lei nº 9.504/1997, art. 73, § 1º).

§ 2º A vedação do inciso I deste artigo não se aplica ao uso, em campanha, de transporte oficial pelo Presidente da República, obedecido o disposto no art. 90 desta resolução, nem ao uso, em campanha, pelos candidatos à reeleição de Presidente e Vice-Presidente da República, de Governador e Vice-Governador de Estado e do Distrito Federal, de suas residências oficiais, com os serviços inerentes à sua utilização normal, para realização de contatos, encontros e reuniões pertinentes à própria campanha, desde que não tenham caráter de ato público (Lei nº 9.504/1997, art. 73, § 2º).

§ 3º As vedações do inciso VI, alíneas *b* e *c* deste artigo, aplicam-se apenas aos agentes públicos das esferas administrativas cujos cargos estejam em disputa na eleição (Lei nº 9.504/1997, art. 73, § 3º).

§ 4º O descumprimento do disposto neste artigo acarretará a suspensão imediata da conduta vedada, quando for o caso, e sujeitará os agentes responsáveis à multa no valor de R$ 5.320,50 (cinco mil trezentos e vinte reais e cinquenta centavos) a R$ 106.410,00 (cento e seis mil quatrocentos e dez reais), sem prejuízo de outras sanções de caráter constitucional, administrativo ou disciplinar fixadas pelas demais leis vigentes (Lei nº 9.504/1997, art. 73, § 4º, c/c o art. 78).

§ 5º Nos casos de descumprimento dos incisos do *caput* e do estabelecido no § 9º, sem prejuízo do disposto no § 4º deste artigo, o candidato beneficiado, agente público ou não, ficará sujeito à cassação do registro ou do diploma, sem prejuízo de outras sanções de caráter constitucional, administrativo ou disciplinar fixadas pelas demais leis vigentes (Lei nº 9.504/1997, art. 73, § 5º, c/c o art. 78).

§ 6º As multas de que trata este artigo serão duplicadas a cada reincidência (Lei nº 9.504/1997, art. 73, § 6º).

§ 7º As condutas enumeradas no *caput* caracterizam, ainda, atos de improbidade administrativa, a que se refere o art. 11, inciso I, da Lei nº 8.429/1992, e sujeitam-se às disposições daquele diploma legal, em especial às cominações do art. 12, inciso III (Lei nº 9.504/1997, art. 73, § 7º).

§ 8º Aplicam-se as sanções do § 4º deste artigo aos agentes públicos responsáveis pelas condutas vedadas e aos partidos políticos, às coligações e aos candidatos que delas se beneficiarem (Lei nº 9.504/1997, art. 73, § 8º).

§ 9º No ano em que se realizar eleição, fica proibida a distribuição gratuita de bens, valores ou benefícios por parte da Administração Pública, exceto nos casos de calamidade pública, de estado de emergência ou de programas sociais autorizados em lei e já em execução orçamentária no exercício anterior, casos em que o Ministério Público poderá promover o acompanhamento de sua execução financeira e administrativa (Lei nº 9.504/1997, art. 73, § 10).

§ 10. Nos anos eleitorais, os programas sociais de que trata o parágrafo anterior não poderão ser executados por entidade nominalmente vinculada a candidato ou por esse mantida (Lei nº 9.504/1997, art. 73, § 11).

Art. 51. A publicidade dos atos, programas, obras, serviços e campanhas dos órgãos públicos deverá ter caráter educativo, informativo ou de orientação social, dela não podendo constar nomes, símbolos ou imagens que caracterizem promoção pessoal de autoridades ou servidores públicos (Constituição Federal, art. 37, § 1º).

Parágrafo único. Configura abuso de autoridade, para os fins do disposto no art. 22 da Lei Complementar nº 64/1990, a infringência do disposto no *caput*, ficando o responsável, se candidato, sujeito ao cancelamento do registro de sua candidatura ou do diploma (Lei nº 9.504/1997, art. 74).

Art. 52. A partir de 5 de julho de 2014, na realização de inaugurações, é vedada a contratação de shows artísticos pagos com recursos públicos (Lei nº 9.504/1997, art. 75).

Parágrafo único. Nos casos de descumprimento do disposto neste artigo, sem prejuízo da suspensão imediata da conduta, o candidato beneficiado, agente público ou não, ficará sujeito à cassação do registro ou do diploma (Lei nº 9.504/1997, art. 75, parágrafo único).

Art. 53. É proibido a qualquer candidato comparecer, a partir de 5 de julho de 2014, a inaugurações de obras públicas (Lei nº 9.504/1997, art. 77, *caput*).

Parágrafo único. A inobservância do disposto neste artigo sujeita o infrator à cassação do registro ou do diploma (Lei nº 9.504/1997, art. 77, parágrafo único).

CAPÍTULO X
DISPOSIÇÕES PENAIS

Art. 54. Constituem crimes, no dia da eleição, puníveis com detenção de 6 meses a 1 ano, com a alternativa de prestação de serviços à comunidade pelo mesmo período, e multa no valor de R$ 5.320,50 (cinco mil trezentos e vinte reais e cinquenta centavos) a R$ 15.961,50 (quinze mil novecentos e sessenta e um reais e cinquenta centavos) (Lei nº 9.504/1997, art. 39, § 5º, I a III):

I – o uso de alto-falantes e amplificadores de som ou a promoção de comício ou carreata;

II – a arregimentação de eleitor ou a propaganda de boca de urna;

III – a divulgação de qualquer espécie de propaganda de partidos políticos ou de seus candidatos.

Art. 55. Constitui crime, punível com detenção de 6 meses a 1 ano, com a alternativa de prestação de serviços à comunidade pelo mesmo período, e multa no valor de R$ 10.641,00 (dez mil seiscentos e quarenta e um reais) a R$ 21.282,00 (vinte e um mil duzentos e oitenta e dois reais), o uso, na propaganda eleitoral, de símbolos, frases ou imagens, associadas ou semelhantes às empregadas por órgão de governo, empresa pública ou sociedade de economia mista (Lei nº 9.504/1997, art. 40).

Art. 56. Constitui crime, punível com detenção de 2 meses a 1 ano ou pagamento de 120 a 150 dias-multa, divulgar, na propaganda, fatos que se sabem inverídicos, em relação a partidos ou a candidatos, capazes de exercerem influência perante o eleitorado (Código Eleitoral, art. 323, *caput*).

Parágrafo único. A pena é agravada se o crime é cometido pela imprensa, rádio ou televisão (Código Eleitoral, art. 323, parágrafo único).

Art. 57. Constitui crime, punível com detenção de 6 meses a 2 anos e pagamento de 10 a 40 dias-multa, caluniar alguém, na propaganda eleitoral ou visando fins de propaganda, imputando-lhe falsamente fato definido como crime (Código Eleitoral, art. 324, *caput*).

§ 1º Nas mesmas penas incorre quem, sabendo falsa a imputação, a propala ou a divulga (Código Eleitoral, art. 324, § 1º).

§ 2º A prova da verdade do fato imputado exclui o crime, mas não é admitida (Código Eleitoral, art. 324, § 2º, I a III):

I – se, constituindo o fato imputado crime de ação privada, o ofendido não foi condenado por sentença irrecorrível;

II – se o fato é imputado ao Presidente da República ou a chefe de governo estrangeiro;

III – se do crime imputado, embora de ação pública, o ofendido foi absolvido por sentença irrecorrível.

Art. 58. Constitui crime, punível com detenção de 3 meses a 1 ano e pagamento de 5 a 30 dias-multa, difamar alguém, na propaganda eleitoral ou visando a fins de propaganda, imputando-lhe fato ofensivo à sua reputação (Código Eleitoral, art. 325, *caput*).

Parágrafo único. A exceção da verdade somente se admite se o ofendido é funcionário público e a ofensa é relativa ao exercício de suas funções (Código Eleitoral, art. 325, parágrafo único).

Art. 59. Constitui crime, punível com detenção de até 6 meses ou pagamento de 30 a 60 dias-multa, injuriar alguém, na propaganda eleitoral ou visando a fins de propaganda, ofendendo-lhe a dignidade ou o decoro (Código Eleitoral, art. 326, *caput*).

§ 1º O Juiz pode deixar de aplicar a pena (Código Eleitoral, art. 326, § 1º, I e II):

I – se o ofendido, de forma reprovável, provocou diretamente a injúria;

II – no caso de retorsão imediata que consista em outra injúria.

§ 2º Se a injúria consiste em violência ou em vias de fato, que, por sua natureza ou meio empregado, se considerem aviltantes, a pena será de detenção de 3 meses a 1 ano e pagamento de 5 a 20 dias-multa, além das penas correspondentes à violência, previstas no Código Penal (Código Eleitoral, art. 326, § 2º).

Art. 60. As penas cominadas nos arts. 57, 58 e 59 desta resolução serão aumentadas em um terço, se qualquer dos crimes for cometido (Código Eleitoral, art. 327, I a III):

I – contra o Presidente da República ou chefe de governo estrangeiro;

II – contra funcionário público, em razão de suas funções;

III – na presença de várias pessoas, ou por meio que facilite a divulgação da ofensa.

Art. 61. Constitui crime, punível com detenção de até 6 meses ou pagamento de 90 a 120 dias-multa, inutilizar, alterar ou perturbar meio de propaganda devidamente empregado (Código Eleitoral, art. 331).

Art. 62. Constitui crime, punível com detenção de até 6 meses e pagamento de 30 a 60 dias-multa, impedir o exercício de propaganda (Código Eleitoral, art. 332).

Art. 63. Constitui crime, punível com detenção de 6 meses a 1 ano e cassação do registro se o responsável for candidato, utilizar organização comercial de vendas, distribuição de mercadorias, prêmios e sorteios para propaganda ou aliciamento de eleitores (Código Eleitoral, art. 334).

Art. 64. Constitui crime, punível com detenção de 3 a 6 meses e pagamento de 30 a 60 dias-multa, fazer propaganda, qualquer que seja a sua forma, em língua estrangeira (Código Eleitoral, art. 335).

Parágrafo único. Além da pena cominada, a infração ao presente artigo importa a apreensão e a perda do material utilizado na propaganda (Código Eleitoral, art. 335, parágrafo único).

Art. 65. Constitui crime, punível com detenção de até 6 meses e pagamento de 90 a 120 dias-multa, participar o estrangeiro ou brasileiro que não estiver no gozo dos seus direitos políticos de atividades partidárias, inclusive comícios e atos de propaganda em recintos fechados ou abertos (Código Eleitoral, art. 337, *caput*).

Parágrafo único. Na mesma pena incorrerá o responsável pelas emissoras de rádio ou televisão que autorizar transmissões de que participem as pessoas mencionadas neste artigo, bem como o diretor de jornal que lhes divulgar os pronunciamentos (Código Eleitoral, art. 337, parágrafo único).

Art. 66. Constitui crime, punível com o pagamento de 30 a 60 dias-multa, não assegurar o funcionário postal a prioridade prevista no art. 239 do Código Eleitoral (Código Eleitoral, art. 338).

Art. 67. Constitui crime, punível com reclusão de até 4 anos e pagamento de 5 a 15 dias-multa, dar, oferecer, prometer, solicitar ou receber, para si ou para outrem, dinheiro, dádiva, ou qualquer outra vantagem, para obter ou dar voto e para conseguir ou prometer abstenção, ainda que a oferta não seja aceita (Código Eleitoral, art. 299).

Art. 68. Aplicam-se às condutas criminais reproduzidas nesta resolução as regras gerais do Código Penal (Código Eleitoral, art. 287 e Lei nº 9.504/1997, art. 90, *caput*).

Art. 69. As infrações penais aludidas nesta resolução são puníveis mediante ação pública, e o processo seguirá o disposto nos arts. 357 e seguintes do Código Eleitoral (Código Eleitoral, art. 355 e Lei nº 9.504/1997, art. 90, *caput*).

Art. 70. Na sentença que julgar ação penal pela infração decorrente da prática de quaisquer das condutas criminais previstas nos arts. 56, 57, 58, 59, 61, 62, 63 e 64 desta resolução, deve o Juiz verificar, de acordo com o seu livre convencimento, se o diretório local do partido político, por qualquer dos seus membros, concorreu para a prática de delito, ou dela se beneficiou conscientemente (Código Eleitoral, art. 336, *caput*).

Parágrafo único. Nesse caso, o Juiz imporá ao diretório responsável pena de suspensão de sua atividade eleitoral pelo prazo de 6 a 12 meses, agravada até o dobro nas reincidências (Código Eleitoral, art. 336, parágrafo único).

Art. 71. Todo cidadão que tiver conhecimento de infração penal prevista na legislação eleitoral deverá comunicá-la ao Juiz da Zona Eleitoral onde ela se verificou (Código Eleitoral, art. 356, *caput*).

§ 1º Quando a comunicação for verbal, mandará a autoridade judicial reduzi-la a termo, assinado pelo comunicante e por duas testemunhas, e remeterá ao órgão do Ministério Público local, que procederá na forma do Código Eleitoral (Código Eleitoral, art. 356, § 1º).

§ 2º Se o Ministério Público julgar necessários maiores esclarecimentos e documentos complementares ou outros elementos de convicção, deverá requisitá-los diretamente de quaisquer autoridades ou funcionários que possam fornecê-los (Código Eleitoral, art. 356, § 2º).

Art. 72. Para os efeitos das infrações previstas na Lei nº 9.504/1997 e reproduzidas nesta resolução, respondem penalmente pelos partidos políticos e pelas coligações os seus representantes legais (Lei nº 9.504/1997, art. 90, § 1º).

Art. 73. Nos casos de reincidência no descumprimento dos arts. 54 e 55 desta resolução, as penas pecuniárias serão aplicadas em dobro (Lei nº 9.504/1997, art. 90, § 2º).

CAPÍTULO XI
DISPOSIÇÕES FINAIS

Art. 74. A representação relativa à propaganda irregular deve ser instruída com prova da autoria ou do prévio conhecimento do beneficiário, caso este não seja por ela responsável (Lei nº 9.504/1997, art. 40-B).

§ 1º A responsabilidade do candidato estará demonstrada se este, intimado da existência da propaganda irregular, não providenciar, no prazo de 48 horas, sua retirada ou regularização e, ainda, se as circunstâncias e as peculiaridades do caso específico revelarem a impossibilidade de o beneficiário não ter tido conhecimento da propaganda (Lei nº 9.504/1997, art. 40-B, parágrafo único).

§ 2º A intimação de que trata o parágrafo anterior poderá ser realizada por candidato, partido político, coligação, Ministério Público ou pela Justiça Eleitoral, por meio de comunicação feita diretamente ao responsável ou beneficiário da propaganda, com prova de recebimento, devendo dela constar a precisa identificação da propaganda apontada como irregular.

Art. 75. A comprovação do cumprimento das determinações da Justiça Eleitoral relacionadas a propaganda realizada em desconformidade com o disposto na Lei nº 9.504/1997 poderá ser apresentada no Tribunal Superior Eleitoral, no caso de candidatos a Presidente e Vice-Presidente da República, nas sedes dos respectivos Tribunais Regionais Eleitorais, no caso de candidatos a Governador, Vice-Governador, Deputado Federal, Senador da República, Deputados Estadual e Distrital (Lei nº 9.504/1997, art. 36, § 5º).

Parágrafo único. A comprovação de que trata o *caput* poderá ser apresentada diretamente ao Juiz Eleitoral que determinou a regularização ou a retirada da propaganda eleitoral.

Art. 76. A propaganda exercida nos termos da legislação eleitoral não poderá ser objeto de multa nem cerceada sob alegação do exercício do poder de polícia ou de violação de postura municipal, casos em que se deve proceder na forma prevista no art. 40 da Lei nº 9.504/1997 (Lei nº 9.504/1997, art. 41, *caput*).

§ 1º O poder de polícia sobre a propaganda eleitoral será exercido pelos Juízes Eleitorais e pelos Juízes designados pelos Tribunais Regionais Eleitorais (Lei nº 9.504/1997, art. 41, § 1º).

§ 2º O poder de polícia se restringe às providências necessárias para inibir práticas ilegais, vedada a censura prévia sobre o teor dos programas e matérias jornalísticas a serem exibidos na televisão, no rádio, na internet e na imprensa escrita (Lei nº 9.504/1997, art. 41, § 2º).

§ 3º No caso de condutas sujeitas a penalidades, o Juiz Eleitoral delas cientificará o Ministério Público, para os fins previstos nesta resolução.

Art. 77. Ressalvado o disposto no art. 26 e incisos da Lei nº 9.504/1997, constitui captação ilegal de sufrágio o candidato doar, oferecer, prometer ou entregar ao eleitor, com o fim de obter-lhe o voto, bem ou vantagem pessoal de qualquer natureza, inclusive emprego ou função pública, desde o registro da candidatura até o dia da eleição, inclusive, sob pena de multa de R$ 1.064,10 (mil e sessenta e quatro reais e dez centavos) a R$ 53.205,00 (cinquenta e três mil duzentos e cinco reais) e cassação do registro ou do diploma, observado o procedimento previsto nos incisos I a XIII do art. 22 da Lei Complementar nº 64/1990 (Lei nº 9.504/1997, art. 41-A).

§ 1º Para a caracterização da conduta ilícita, é desnecessário o pedido explícito de votos, bastando a evidência do dolo, consistente no especial fim de agir (Lei nº 9.504/1997, art. 41-A, § 1º).

§ 2º As sanções previstas no *caput* aplicam-se contra quem praticar atos de violência ou grave ameaça a pessoa, com o fim de obter-lhe o voto (Lei nº 9.504/1997, art. 41-A, § 2º).

§ 3º A representação prevista no *caput* poderá ser ajuizada até a data da diplomação (Lei nº 9.504/1997, art. 41-A, § 3º).

Art. 78. Ninguém poderá impedir a propaganda eleitoral nem inutilizar, alterar ou perturbar os meios lícitos nela empregados, bem como realizar propaganda eleitoral vedada por lei ou por esta resolução (Código Eleitoral, art. 248).

Art. 79. A requerimento do interessado, a Justiça Eleitoral adotará as providências necessárias para coibir, no horário eleitoral gratuito, a propaganda que se utilize de criação intelectual sem autorização do respectivo autor ou titular.

Parágrafo único. A indenização pela violação do direito autoral deverá ser pleiteada perante a Justiça Comum.

Art. 80. É vedada a utilização de artefato que se assemelhe a urna eletrônica como veículo de propaganda eleitoral (Res.-TSE nº 21.161/2002).

Art. 81. As disposições desta resolução aplicam-se às emissoras de rádio e de televisão comunitárias, às emissoras de televisão que operam em VHF e UHF, aos provedores de internet e aos canais de televisão por assinatura sob a responsabilidade do Senado Federal, da Câmara dos Deputados, das Assembleias Legislativas, da Câmara Legislativa do Distrito Federal ou das Câmaras Municipais (Lei nº 9.504/1997, art. 57 e art. 57-A).

Parágrafo único. Aos canais de televisão por assinatura não compreendidos no *caput*, será vedada a veiculação de qualquer propaganda eleitoral, salvo a retransmissão integral do horário eleitoral gratuito e a realização de debates, observadas as disposições legais.

Art. 82. As emissoras de rádio e televisão terão direito à compensação fiscal pela cessão do horário gratuito previsto nesta resolução (Lei nº 9.504/1997, art. 99).

Art. 83. A requerimento de partido político, coligação, candidato ou do Ministério Público, a Justiça Eleitoral poderá determinar a suspensão, por 24 horas, da programação normal de emissora de rádio ou televisão ou do acesso a todo o conteúdo informativo dos sítios da internet, quando deixarem de cumprir as disposições da Lei nº 9.504/1997, observado o rito do art. 96 dessa mesma lei (Lei nº 9.504/1997, arts. 56 e 57-I).

§ 1º No período de suspensão, a emissora transmitirá, a cada 15 minutos, a informação de que se encontra fora do ar, e o responsável pelo sítio na internet informará que se encontra temporariamente inoperante, ambos por desobediência à lei eleitoral (Lei nº 9.504/1997, art. 56, § 1º, e art. 57-I, § 2º).

§ 2º A cada reiteração de conduta, o período de suspensão será duplicado (Lei nº 9.504/1997, art. 56, § 2º, e art. 57-I, § 1º).

Art. 84. O Tribunal Superior Eleitoral poderá requisitar das emissoras de rádio e televisão, no período compreendido entre 31 de julho de 2014 e o dia do pleito, até 10 minutos diários, contínuos ou não, que poderão ser somados e usados em dias espaçados, para a divulgação de seus comunicados, boletins e instruções ao eleitorado (Lei nº 9.504/1997, art. 93).

Parágrafo único. O Tribunal Superior Eleitoral, a seu juízo exclusivo, poderá ceder parte do tempo referido no *caput* para utilização por Tribunal Regional Eleitoral.

Art. 85. As autoridades administrativas federais, estaduais e municipais proporcionarão aos partidos políticos e às coligações, em igualdade de condições, as facilidades permitidas para a respectiva propaganda (Código Eleitoral, art. 256).

Parágrafo único. A partir de 6 de julho de 2014, independentemente do critério de prioridade, os serviços telefônicos, oficiais ou concedidos, farão instalar, nas sedes dos diretórios nacionais, regionais e municipais devidamente registrados, telefones necessários, mediante requerimento do respectivo Presidente e pagamento das taxas devidas (Código Eleitoral, art. 256, § 1º).

Art. 86. O serviço de qualquer repartição Federal, Estadual ou Municipal, autarquia, fundação pública, sociedade de economia mista, entidade mantida ou subvencionada pelo poder público, ou que realize contrato com este, inclusive o respectivo prédio e suas dependências, não poderá ser utilizado para beneficiar partido político ou coligação (Código Eleitoral, art. 377, *caput*).

Parágrafo único. O disposto no *caput* será tornado efetivo, a qualquer tempo, pelo órgão competente da Justiça Eleitoral, conforme o âmbito nacional, regional ou municipal do órgão infrator, mediante representação fundamentada de autoridade pública, de representante partidário ou de qualquer eleitor (Código Eleitoral, art. 377, parágrafo único).

Art. 87. Aos partidos políticos e às coligações é assegurada a prioridade postal a partir de 6 de agosto de 2014, para a remessa de material de propaganda de seus candidatos (Código Eleitoral, art. 239).

Art. 88. No prazo de até 30 dias após a eleição, os candidatos, os partidos políticos e as coligações deverão remover a propaganda eleitoral, com a restauração do bem em que fixada, se for o caso.

Parágrafo único. O descumprimento do que determinado no *caput* sujeitará os responsáveis às consequências previstas na legislação comum aplicável.

Art. 89. O material da propaganda eleitoral gratuita deverá ser retirado das emissoras 60 dias após a respectiva divulgação, sob pena de sua destruição.

Art. 90. O ressarcimento das despesas com o uso de transporte oficial pelo Presidente da República e sua comitiva em campanha ou evento eleitoral será de responsabilidade do partido político ou da coligação a que esteja vinculado (Lei nº 9.504/1997, art. 76, *caput*).

§ 1º O ressarcimento de que trata este artigo terá por base o tipo de transporte usado e a respectiva tarifa de mercado cobrada no trecho correspondente, ressalvado o uso do avião presidencial, cujo ressarcimento corresponderá ao aluguel de uma aeronave de propulsão a jato do tipo táxi aéreo (Lei nº 9.504/1997, art. 76, § 1º).

§ 2º Serão considerados como integrantes da comitiva de campanha eleitoral todos os acompanhantes que não estiverem em serviço oficial.

§ 3º No transporte do Presidente em campanha ou evento eleitoral, serão excluídas da obrigação de ressarcimento as despesas com o transporte dos servidores indispensáveis à sua segurança e atendimento pessoal, que não podem desempenhar atividades relacionadas com a campanha, bem como a utilização de equipamentos, veículos e materiais necessários à execução daquelas atividades, que não podem ser empregados em outras.

§ 4º O Vice-Presidente da República, o Governador ou o Vice-Governador de Estado ou do Distrito Federal em campanha eleitoral não poderão utilizar transporte oficial, que, entretanto, poderá ser usado exclusivamente pelos servidores indispensáveis à sua segurança e atendimento pessoal, sendo-lhes vedado desempenhar atividades relacionadas com a campanha.

§ 5º No prazo de 10 dias úteis da realização da eleição, em primeiro turno, ou segundo, se houver, o órgão competente de controle interno procederá *ex officio* à cobrança dos valores devidos nos termos dos §§ 1º ao 4º deste artigo (Lei nº 9.504/1997, art. 76, § 2º).

§ 6º A falta do ressarcimento, no prazo estipulado, implicará a comunicação do fato ao Ministério Público Eleitoral, pelo órgão de controle interno (Lei nº 9.504197, art. 76, § 3º).

Art. 91. Na fixação das multas de natureza não penal, o Juiz Eleitoral deverá considerar a condição econômica do infrator, a gravidade do fato e a repercussão da infração, sempre justificando a aplicação do valor acima do mínimo legal.

Parágrafo único. A multa pode ser aumentada até dez vezes, se o juiz, ou Tribunal considerar que, em virtude da situação econômica do infrator, é ineficaz, embora aplicada no máximo (Código Eleitoral, art. 367, § 2º).

Art. 92. Esta resolução entra em vigor na data de sua publicação.

Brasília, 27 de fevereiro de 2014.

MINISTRO MARCO AURÉLIO, PRESIDENTE – MINISTRO DIAS TOFFOLI, RELATOR – MINISTRO GILMAR MENDES – MINISTRA LAURITA VAZ – MINISTRO JOÃO OTÁVIO DE NORONHA – MINISTRO HENRIQUE NEVES DA SILVA – MINISTRA LUCIANA LÓSSIO.

RESOLUÇÃO Nº 23.405/2014

INSTRUÇÃO Nº 126-56.2014.6.00.0000 – CLASSE 19 – BRASÍLIA – DISTRITO FEDERAL

Relator: Ministro Dias Toffoli

Interessado: Tribunal Superior Eleitoral

Ementa:

Dispõe sobre a escolha e o registro de candidatos nas Eleições de 2014.

O Tribunal Superior Eleitoral, no uso das atribuições que lhe conferem o artigo 23, inciso IX, do Código Eleitoral e o artigo 105 da Lei nº 9.504, de 30 de setembro de 1997, resolve expedir a seguinte instrução:

CAPÍTULO I
DAS ELEIÇÕES

Art. 1º Esta resolução disciplina os procedimentos relativos à escolha e ao registro de candidatos nas Eleições de 2014.

Art. 2º Serão realizadas, simultaneamente em todo o País, no dia 5 de outubro de 2014, eleições para Presidente e Vice-Presidente da República, Governador e Vice-Governador de Estado e do Distrito Federal, Senador e respectivos suplentes, Deputado Federal, Deputado Estadual e Deputado Distrital (Lei nº 9.504/1997, art. 1º, parágrafo único, I).

Parágrafo único. Na eleição para Senador, a representação de cada Estado e do Distrito Federal será renovada por um terço (Constituição Federal, art. 46, § 2º).

CAPÍTULO II
DOS PARTIDOS POLÍTICOS E DAS COLIGAÇÕES

Art. 3º Poderá participar das eleições o partido político que, até 5 de outubro de 2013, tenha registrado seu estatuto no Tribunal Superior Eleitoral e tenha, até a data da convenção partidária, órgão de direção constituído na circunscrição do pleito, devidamente anotado no Tribunal Eleitoral competente (Lei nº 9.504/1997, art. 4º, e Lei nº 9.096/1995, art. 10, parágrafo único, II, e Resolução TSE nº 23.282/2010, arts. 27 e 30).

Art. 4º É assegurada aos partidos políticos autonomia para adotar os critérios de escolha e o regime de suas coligações eleitorais, sem obrigatoriedade de vinculação entre as candidaturas em âmbito nacional, estadual ou distrital (Constituição Federal, art. 17, § 1º).

Art. 5º É facultado aos partidos políticos, dentro da mesma circunscrição, celebrar coligações para eleição majoritária, proporcional, ou para ambas, podendo, neste último caso, formar-se mais de uma coligação para a eleição proporcional dentre os partidos que integram a coligação para o pleito majoritário (Lei nº 9.504/1997, art. 6º, *caput*).

Art. 6º Na chapa da coligação para as eleições proporcionais, podem inscrever-se candidatos filiados a qualquer partido político dela integrante, em número sobre o qual deliberem, observado o art. 19 desta resolução (Lei nº 9.504/1997, art. 6º, § 3º, I).

Art. 7º A coligação terá denominação própria, que poderá ser a junção de todas as siglas dos partidos políticos que a integram, sendo a ela atribuídas as prerrogativas e obrigações de partido político no que se refere ao processo eleitoral, devendo funcionar como um só partido no relacionamento com a Justiça Eleitoral e no trato dos interesses interpartidários (Lei nº 9.504/1997, art. 6º, § 1º).

§ 1º A denominação da coligação não poderá coincidir, incluir ou fazer referência a nome ou a número de candidato, nem conter pedido de voto para partido político (Lei nº 9.504/1997, art. 6º, § 1º-A).

§ 2º Os Tribunais Eleitorais decidirão sobre denominações idênticas de coligações, observadas, no que couber, as regras constantes desta resolução relativas à homonímia de candidatos.

Art. 8º Na formação de coligações devem ser observadas ainda as seguintes normas (Lei nº 9.504/1997, art. 6º, § 3º, III e IV):

I – os partidos políticos integrantes de coligação devem designar um representante, que terá atribuições equivalentes às de presidente de partido político no trato dos interesses e na representação da coligação, no que se refere ao processo eleitoral;

II – a coligação será representada perante a Justiça Eleitoral pela pessoa designada na forma do inciso I deste artigo, ou por delegados indicados pelos partidos que a compõem, podendo nomear até:

a) quatro delegados perante o Tribunal Regional Eleitoral;

b) cinco delegados perante o Tribunal Superior Eleitoral.

Art. 9º Durante o período compreendido entre a data da convenção e o termo final do prazo para a impugnação do registro de candidatos, o partido político coligado somente possui legitimidade para atuar de forma isolada no processo eleitoral quando questionar a validade da própria coligação (Lei nº 9.504/1997, art. 6º, § 4º).

CAPÍTULO III
DAS CONVENÇÕES

Art. 10. As convenções destinadas a deliberar sobre a escolha dos candidatos e a formação de coligações serão realizadas no período de 10 a 30 de junho de 2014, obedecidas as normas estabelecidas no estatuto partidário, lavrando-se a respectiva ata e a lista de presença em livro aberto e rubricado pela Justiça Eleitoral (Lei nº 9.504/1997, arts. 7º, *caput*, e 8º, *caput*).

§ 1º Em caso de omissão do estatuto sobre normas para escolha e substituição dos candidatos e para a formação de coligações, caberá ao órgão de direção nacional do partido político estabelecê-las, publicando-as no Diário Oficial da União até 8 de abril de 2014, e encaminhando-as ao Tribunal Superior Eleitoral antes da realização das convenções (Lei nº 9.504/1997, art. 7º, § 1º e Lei nº 9.096/1995, art. 10).

§ 2º Para a realização das convenções, os partidos políticos poderão usar gratuitamente prédios públicos, responsabilizando-se por danos causados com a realização do evento (Lei nº 9.504/1997, art. 8º, § 2º).

§ 3º Para os efeitos do § 2º deste artigo, os partidos políticos deverão comunicar por escrito ao responsável pelo local, com antecedência mínima de 72 horas, a intenção de ali realizar a convenção; na hipótese de coincidência de datas, será observada a ordem de protocolo das comunicações.

Art. 11. As convenções partidárias previstas no artigo anterior sortearão, em cada circunscrição, o número com o qual cada candidato concorrerá, consignando na ata o resultado do sorteio, observado o que dispõem os arts. 15 e 16 desta resolução (Código Eleitoral, art. 100, § 2º).

Art. 12. Se, na deliberação sobre coligações, a convenção partidária de nível inferior se opuser às diretrizes legitimamente estabelecidas pelo órgão de direção nacional, nos termos do respectivo estatuto, poderá esse órgão anular a deliberação e os atos dela decorrentes (Lei nº 9.504/1997, art. 7º, § 2º).

§ 1º As anulações de deliberações dos atos decorrentes de convenção partidária, na condição acima estabelecida, deverão ser comunicadas à Justiça Eleitoral até 4 de agosto de 2014 (Lei nº 9.504/1997, art. 7º, § 3º).

§ 2º Se da anulação decorrer a necessidade de escolha de novos candidatos, o pedido de registro deverá ser apresentado à Justiça Eleitoral nos 10 dias seguintes à deliberação de que trata o *caput* deste artigo, observado o disposto no art. 61 desta resolução (Lei nº 9.504/1997, art. 7º, § 4º).

CAPÍTULO IV
DOS CANDIDATOS

Art. 13. Qualquer cidadão pode pretender investidura em cargo eletivo, respeitadas as condições constitucionais e legais de elegibilidade e incompatibilidade, desde que não incida em quaisquer das causas de inelegibilidade (Código Eleitoral, art. 3º e LC nº 64/1990, art. 1º).

§ 1º São condições de elegibilidade, na forma da lei (Constituição Federal, art. 14, § 3º, I a VI, *a, b* e *c*):

I – a nacionalidade brasileira;

II – o pleno exercício dos direitos políticos;

III – o alistamento eleitoral;

IV – o domicílio eleitoral na circunscrição;

V – a filiação partidária;

VI – a idade mínima de:

a) trinta e cinco anos para Presidente e Vice-Presidente da República e Senador;

b) trinta anos para Governador e Vice-Governador de Estado e do Distrito Federal;

c) vinte e um anos para Deputado Federal, Deputado Estadual ou Distrital.

§ 2º A idade mínima constitucionalmente estabelecida como condição de elegibilidade é verificada tendo por referência a data da posse (Lei nº 9.504/1997, art. 11, § 2º).

Art. 14. Para concorrer às eleições, o candidato deverá possuir domicílio eleitoral na respectiva circunscrição, no mínimo desde o dia 5 de outubro de 2013, e estar com a filiação deferida pelo partido político na mesma data, podendo o estatuto partidário estabelecer prazo superior (Lei nº 9.504/1997, art. 9º e Lei nº 9.096/1995, arts. 18 e 20).

Parágrafo único. Havendo fusão ou incorporação de partidos políticos após o prazo estabelecido no *caput*, será considerada, para efeito de filiação partidária, a data de filiação do candidato ao partido político de origem (Lei nº 9.504/1997, art. 9º, parágrafo único).

CAPÍTULO V
DO NÚMERO DOS CANDIDATOS E DAS LEGENDAS PARTIDÁRIAS

Art. 15. Aos partidos políticos fica assegurado o direito de manter os números atribuídos à sua legenda na eleição anterior, e aos candidatos, nesta hipótese, o direito de manter os números que lhes foram atribuídos na eleição anterior para o mesmo cargo (Lei nº 9.504/1997, art. 15, § 1º).

§ 1º Os detentores de mandato de Deputado Federal, Estadual ou Distrital que não queiram fazer uso da prerrogativa de que trata o *caput,* poderão requerer novo número ao órgão de direção de seu partido, independentemente do sorteio a que se refere o § 2º do art. 100 do Código Eleitoral (Lei nº 9.504/1997, art. 15, § 2º).

§ 2º Aos candidatos de partidos políticos resultantes de fusão, será permitido:

I – manter os números que lhes foram atribuídos na eleição anterior para o mesmo cargo, desde que o número do novo partido político coincida com aquele ao qual pertenciam;

II – manter, para o mesmo cargo, os dois dígitos finais dos números que lhes foram atribuídos na eleição anterior para a Câmara dos Deputados e os três dígitos para as Assembleias Legislativas e Câmara Distrital, quando o número do novo partido político não coincidir com aquele ao qual pertenciam, desde que outro candidato não tenha preferência sobre o número que vier a ser composto.

§ 3º Os candidatos de coligações, nas eleições majoritárias, serão registrados com o número da legenda do respectivo partido e, nas eleições proporcionais, com o número da legenda do respectivo partido acrescido do número que lhes couber, observado o disposto no § 1º (Lei nº 9.504/1997, art. 15, § 3º).

Art. 16. A identificação numérica dos candidatos observará os seguintes critérios (Lei nº 9.504/1997, art. 15, I a III):

I – os candidatos aos cargos de Presidente da República e Governador concorrerão com o número identificador do partido político ao qual estiverem filiados;

II – os candidatos ao cargo de Senador concorrerão com o número identificador do partido político ao qual estiverem filiados, seguido de um algarismo à direita;

III – os candidatos ao cargo de Deputado Federal concorrerão com o número identificador do partido político ao qual estiverem filiados, acrescido de dois algarismos à direita;

IV – os candidatos aos cargos de Deputado Estadual ou Distrital concorrerão com o número identificador do partido político ao qual estiverem filiados, acrescido de três algarismos à direita.

CAPÍTULO VI
DO REGISTRO DOS CANDIDATOS
Seção I
Do Número de Candidatos a Serem Registrados

Art. 17. Não é permitido registro de um mesmo candidato para mais de um cargo eletivo (Código Eleitoral, art. 88, *caput*).

Art. 18. Cada partido político ou coligação poderá requerer registro de (Constituição Federal, art. 46, §§ 1º a 3º e Código Eleitoral, art. 91, *caput* e § 1º):

a) um candidato a Presidente da República com seu respectivo Vice;

b) um candidato a Governador em cada Estado e no Distrito Federal, com seus respectivos Vices;

c) um candidato ao Senado Federal em cada Unidade da Federação, com dois suplentes.

Art. 19. Cada partido político poderá requerer o registro de candidatos para a Câmara dos Deputados, Câmara Legislativa e Assembleias Legislativas até 150% (cento e cinquenta por cento) do número de lugares a preencher (Lei nº 9.504/1997, art. 10, *caput*).

§ 1º No caso de coligação para as eleições proporcionais, independentemente do número de partidos políticos que a integrem, poderão ser registrados candidatos até o dobro do número de lugares a preencher (Lei nº 9.504/1997, art. 10, § 1º).

§ 2º Nas Unidades da Federação em que o número de lugares a preencher para a Câmara dos Deputados não exceder a 20 (vinte), cada partido político poderá requerer o registro de candidatos a Deputado Federal e a Deputado Estadual ou Distrital até o dobro das respectivas vagas; havendo coligação, poderá ser requerido até 300% (trezentos por cento) do número de vagas (Lei nº 9.504/1997, art. 10, § 2º; Res.-TSE nº 20.046, de 09.12.1997).

§ 3º O partido político, concorrendo por si ou coligado, observada a limitação estabelecida no *caput* e no § 1º deste artigo, poderá requerer o registro de até 100 candidatos ao cargo de Deputado Federal, em decorrência do disposto no inciso II do art. 15 da Lei nº 9.504/1997.

§ 4º No cálculo do número de lugares previsto no *caput* e no § 2º deste artigo, será sempre desprezada a fração, se inferior a meio, e igualada a um, se igual ou superior (Lei nº 9.504/1997, art. 10, § 4º).

§ 5º Do número de vagas resultante das regras previstas neste artigo, cada partido político ou coligação preencherá o mínimo de 30% (trinta por cento) e o máximo de 70% (setenta por cento) para candidaturas de cada sexo (Lei nº 9.504/1997, art. 10, § 3º).

§ 6º No cálculo de vagas previsto no § 5º deste artigo, qualquer fração resultante será igualada a um no cálculo do percentual mínimo estabelecido para um dos sexos e desprezada no cálculo das vagas restantes para o outro sexo (Ac.-TSE nº 22.764/2004).

§ 7º O cálculo dos percentuais de candidatos para cada sexo terá como base o número de candidaturas efetivamente requeridas pelo partido ou coligação e deverá ser observado nos casos de vagas remanescentes ou de substituição.

§ 8º O deferimento do Demonstrativo de Regularidade de Atos Partidários (DRAP) ficará condicionado à observância do disposto nos parágrafos anteriores, atendidas as diligências referidas no artigo 36 desta resolução.

§ 9º No caso de as convenções para a escolha de candidatos não indicarem o número máximo de candidatos previsto no *caput* e nos §§ 1º e 2º deste artigo, os órgãos de direção dos respectivos partidos políticos poderão preencher as vagas remanescentes, requerendo o registro até 6 de agosto de 2014 (Lei nº 9.504/1997, art. 10, § 5º).

Seção II
Do Pedido de Registro

Art. 20. Os partidos políticos e as coligações solicitarão aos Tribunais Eleitorais o registro de seus candidatos até as 19 horas do dia 5 de julho de 2014 (Lei nº 9.504/1997, art. 11, *caput)*.

Art. 21. Os candidatos a Presidente e Vice-Presidente da República serão registrados no Tribunal Superior Eleitoral; os candidatos a Governador e Vice-Governador, Senador e respectivos suplentes, e a Deputado Federal, Estadual ou Distrital serão registrados nos Tribunais Regionais Eleitorais (Código Eleitoral, art. 89, I e II).

§ 1º O registro de candidatos a Presidente e Vice-Presidente e a Governador e Vice-Governador se fará sempre em chapa única e indivisível, ainda que resulte na indicação de coligação (Código Eleitoral, art. 91, *caput*).

§ 2º O registro de candidatos a Senador se fará com o dos dois respectivos suplentes em chapa única e indivisível (Constituição Federal, art. 46, § 3º; Código Eleitoral, art. 91, § 1º).

Art. 22. O pedido de registro deverá ser apresentado obrigatoriamente em meio magnético gerado pelo Sistema de Candidaturas – Módulo Externo (CANDex), desenvolvido pelo Tribunal Superior Eleitoral, acompanhado das vias impressas dos formulários Demonstrativo de Regularidade de Atos Partidários (DRAP) e Requerimento de Registro de Candidatura (RRC), emitidos pelo sistema e assinados pelos requerentes.

§ 1º O CANDex poderá ser obtido nos sítios eletrônicos do Tribunal Superior Eleitoral e dos Tribunais Regionais Eleitorais, ou, diretamente, nos próprios Tribunais Eleitorais, desde que fornecidas pelos interessados as respectivas mídias.

§ 2º Na hipótese de inobservância do disposto no § 5º do art. 19 desta resolução, a geração do meio magnético pelo CANDex será precedida de um aviso sobre o descumprimento dos percentuais de candidaturas para cada sexo.

§ 3º O pedido de registro será subscrito pelo presidente do diretório nacional ou regional, ou da respectiva comissão diretora provisória, ou por delegado autorizado.

§ 4º Na hipótese de coligação, o pedido de registro dos candidatos deverá ser subscrito pelos presidentes dos partidos políticos coligados, ou por seus delegados, ou pela maioria dos membros dos respectivos órgãos executivos de direção, ou por representante da coligação designado na forma do inciso I do art. 8º desta resolução (Lei nº 9.504/1997, art. 6º, § 3º, II).

§ 5º Os subscreventes nos §§ 3º e 4º deverão informar, no Sistema CANDex, os números de seu título eleitoral e de seu CPF.

§ 6º Com o requerimento de registro, o partido político ou a coligação fornecerá, obrigatoriamente, o número de fac-símile e o endereço completo nos quais receberá intimações e comunicados e, no caso de coligação, deverá indicar, ainda, o nome da pessoa designada para representá-la perante a Justiça Eleitoral, nos termos do art. 6º, § 3º, IV, *b* e *c,* da Lei nº 9.504/1997.

§ 7º As intimações e os comunicados a que se refere o parágrafo anterior deverão ser realizados por fac-símile e, apenas quando não for possível ou quando houver determinação do Relator, por via postal com Aviso de Recebimento, por Carta de Ordem ou por Oficial de Justiça.

Art. 23. Na hipótese de o partido político ou a coligação não requerer o registro de seus candidatos, estes poderão fazê-lo no prazo máximo de 48 horas seguintes à publicação da lista dos candidatos pelo Tribunal Eleitoral competente para receber e processar os pedidos de registro, apresentando o formulário Requerimento de Registro de Candidatura Individual (RRCI), na forma prevista no artigo anterior, com as informações e documentos previstos nos arts. 26 e 27 desta resolução (Lei nº 9.504/1997, art. 11, § 4º).

Parágrafo único. Caso o partido político ou a coligação não tenha apresentado o formulário Demonstrativo de Regularidade de Atos Partidários (DRAP), o respectivo representante da agremiação será intimado, pelo Tribunal Eleitoral competente, para fazê-lo no prazo de 72 horas; apresentado o DRAP sem candidato, será formado o processo principal nos termos do inciso I do art. 34 desta resolução.

Art. 24. O formulário Demonstrativo de Regularidade de Atos Partidários (DRAP) deve ser preenchido com as seguintes informações:

I – nome e sigla do partido político;

II – nome da coligação, se for o caso, e as siglas dos partidos políticos que a compõem;

III – data da(s) convenção(ões);

IV – cargos pleiteados;

V – nome do representante da coligação e de seus delegados, nos termos do art. 8º desta resolução;

VI – fac-símile, telefones e endereço completo do partido ou coligação;

VII – lista dos nomes, números e cargos pleiteados pelos candidatos;

VIII – valores máximos de gastos que o partido político fará por cargo eletivo em cada eleição a que concorrer, observando-se que:

a) será considerado para cada candidato o valor máximo de gastos indicado pelo seu partido para o respectivo cargo;

b) no caso de coligação proporcional, cada partido político que a integra fixará o seu valor máximo de gastos por cargo (Lei nº 9.504/1997, art. 18, *caput* e § 1º);

c) nas candidaturas de vices e suplentes, os valores máximos de gastos serão incluídos naqueles pertinentes às candidaturas dos titulares e serão informados pelo partido político a que estes forem filiados.

Art. 25. A via impressa do formulário Demonstrativo de Regularidade de Atos Partidários (DRAP) deve ser apresentada ao Tribunal Eleitoral competente com a cópia da ata da convenção digitada, assinada e acompanhada da lista de presença dos convencionais com as respectivas assinaturas (Lei nº 9.504/1997, arts. 8º, *caput*, e art. 11, § 1º, I).

Art. 26. O formulário Requerimento de Registro de Candidatura (RRC) conterá as seguintes informações:

I – autorização do candidato (Código Eleitoral, art. 94, § 1º, II; Lei nº 9.504/1997, art. 11, § 1º, II);

II – número de fac-símile no qual o candidato receberá intimações, notificações e comunicados da Justiça Eleitoral;

III – endereço no qual o candidato poderá eventualmente receber intimações, notificações e comunicados da Justiça Eleitoral;

IV – dados pessoais: título de eleitor, nome completo, data de nascimento, Unidade da Federação e Município de nascimento, nacionalidade, sexo, cor ou raça, estado civil, ocupação, número da carteira de identidade com o órgão expedidor e a Unidade da Federação, número de registro no Cadastro de Pessoa Física (CPF), endereço completo e números de telefone;

V – dados do candidato: partido político, cargo pleiteado, número do candidato, nome para constar da urna eletrônica, se é candidato à reeleição, qual cargo eletivo ocupa e a quais eleições já concorreu.

Art. 27. O formulário de Requerimento de Registro de Candidatura (RRC) será apresentado com os seguintes documentos:

I – declaração atual de bens, preenchida no Sistema CANDex e assinada pelo candidato (Lei nº 9.504/1997, art. 11, § 1º, IV);

II – certidões criminais fornecidas (Lei nº 9.504/1997, art. 11, § 1º, VII):

a) pela Justiça Federal de 1º e 2º graus da circunscrição na qual o candidato tenha o seu domicílio eleitoral;

b) pela Justiça Estadual ou do Distrito Federal de 1º e 2º graus da circunscrição na qual o candidato tenha o seu domicílio eleitoral;

c) pelos Tribunais competentes, quando os candidatos gozarem de foro especial.

III – fotografia recente do candidato, obrigatoriamente em formato digital e anexada ao CANDex, preferencialmente em preto e branco, observado o seguinte (Lei nº 9.504/1997, art. 11, § 1º, VIII):

a) dimensões: 161 x 225 pixels (L x A), sem moldura;

b) profundidade de cor: 8bpp em escala de cinza;

c) cor de fundo: uniforme, preferencialmente branca;

d) características: frontal (busto), trajes adequados para fotografia oficial e sem adornos, especialmente aqueles que tenham conotação de propaganda eleitoral ou que induzam ou dificultem o reconhecimento pelo eleitor;

IV – comprovante de escolaridade;

V – prova de desincompatibilização, quando for o caso;

VI – propostas defendidas pelos candidatos a Presidente da República e a Governador de Estado ou do Distrito Federal, nas eleições majoritárias (Lei nº 9.504/1997, art. 11, § 1º, IX);

VII – cópia de documento oficial de identificação.

§ 1º Os requisitos legais referentes a filiação partidária, domicílio eleitoral, quitação eleitoral e inexistência de crimes eleitorais serão aferidos com base nas informações constantes dos bancos de dados da Justiça Eleitoral, sendo dispensada a apresentação de documentos comprobatórios pelos requerentes (Lei nº 9.504/1997, art. 11, § 1º, III, V, VI e VII).

§ 2º Quando as certidões criminais a que se refere o inciso II do *caput* deste artigo forem positivas, o Requerimento de Registro de Candidatura (RRC) também deverá ser instruído com as respectivas certidões de objeto e pé atualizadas de cada um dos processos indicados.

§ 3º Os documentos de que tratam os incisos II e VI e o parágrafo anterior deste artigo deverão ser apresentados em uma via impressa e em outra digitalizada e anexada ao CANDex.

§ 4º A ausência do comprovante de escolaridade a que se refere o inciso IV do *caput* poderá ser suprida por declaração de próprio punho, podendo a exigência de alfabetização do candidato ser comprovada por outros meios, desde que individual e reservadamente.

§ 5º Se a fotografia de que trata o inciso III do *caput* não estiver nos moldes exigidos, o Relator determinará a apresentação de outra, e, caso não seja suprida a falha, o registro deverá ser indeferido.

§ 6º A quitação eleitoral de que trata o § 1º deste artigo abrangerá exclusivamente a plenitude do gozo dos direitos políticos, o regular exercício do voto, o atendimento a convocações da Justiça Eleitoral para auxiliar os trabalhos relativos ao pleito, a inexistência de multas aplicadas, em caráter definitivo, pela Justiça Eleitoral e não remitidas, e a apresentação de contas de campanha eleitoral (Lei nº 9.504/1997, art. 11, § 7º).

§ 7º Para fins de expedição da certidão de quitação eleitoral, serão considerados quites aqueles que (Lei nº 9.504/1997, art. 11, § 8º, I e II):

I – condenados ao pagamento de multa, tenham comprovado o pagamento ou o cumprimento regular do parcelamento da dívida;

II – pagarem a multa que lhes couber individualmente, excluindo-se qualquer modalidade de responsabilidade solidária, mesmo quando imposta concomitantemente a outros candidatos e em razão do mesmo fato.

§ 8º A Justiça Eleitoral divulgará aos partidos políticos, na respectiva circunscrição, até 5 de junho de 2014, a relação de todos os devedores de multa eleitoral, a qual embasará a expedição das certidões de quitação eleitoral (Lei nº 9.504/1997, art. 11, § 9º).

§ 9º As condições de elegibilidade e as causas de inelegibilidade devem ser aferidas no momento da formalização do pedido de registro da candidatura, ressalvadas as alterações, fáticas ou jurídicas, supervenientes ao registro que afastem a inelegibilidade (Lei nº 9.504/1997, art. 11, § 10).

§ 10. A Justiça Eleitoral observará, no parcelamento da dívida a que se refere o § 7º deste artigo, as regras de parcelamento previstas na legislação tributária federal (Lei nº 9.504/1997, art. 11, § 11).

Art. 28. Os formulários e todos os documentos que acompanham o pedido de registro são públicos e podem ser livremente consultados pelos interessados, que poderão obter cópia de suas peças, respondendo pelos respectivos custos e pela utilização que derem aos documentos recebidos (Lei nº 9.504/1997, art. 11, § 6º).

Art. 29. O candidato será identificado pelo nome escolhido para constar na urna e pelo número indicado no pedido de registro.

Art. 30. O nome indicado, que será também utilizado na urna eletrônica, terá no máximo 30 caracteres, incluindo-se o espaço entre os nomes, podendo ser o prenome, sobrenome, cognome, nome abreviado, apelido ou nome pelo qual o candidato é mais conhecido, desde que não se estabeleça dúvida quanto a sua identidade, não atente contra o pudor e não seja ridículo ou irreverente.

§ 1º O candidato que, mesmo depois de intimado, não indicar o nome que deverá constar da urna eletrônica, concorrerá com seu nome próprio, o qual, no caso de homonímia ou de excesso de caracteres, será adaptado pelo Juiz Relator no julgamento do pedido de registro.

§ 2º Não será permitido, na composição do nome a ser inserido na urna eletrônica, o uso de expressão e/ou siglas pertencentes a qualquer órgão da administração pública direta, indireta federal, estadual, distrital e municipal.

Art. 31. Verificada a ocorrência de homonímia, a Justiça Eleitoral procederá atendendo ao seguinte (Lei nº 9.504/1997, art. 12, § 1º, I a V):

I – havendo dúvida, poderá exigir do candidato prova de que é conhecido pela opção de nome indicada no pedido de registro;

II – ao candidato que, até 5 de julho de 2014, estiver exercendo mandato eletivo, ou o tenha exercido nos últimos quatro anos, ou que, nesse mesmo prazo, se tenha candidatado com o nome que indicou, será deferido o seu uso, ficando outros candidatos impedidos de fazer propaganda com o mesmo nome;

III – ao candidato que, por sua vida política, social ou profissional, seja identificado pelo nome que tiver indicado, será deferido o seu uso, ficando outros candidatos impedidos de fazer propaganda com o mesmo nome;

IV – tratando-se de candidatos cuja homonímia não se resolva pelas regras dos incisos II e III deste artigo, a Justiça Eleitoral deverá notificá-los para que, em 2 dias, cheguem a acordo sobre os respectivos nomes a serem usados;

V – não havendo acordo no caso do inciso IV deste artigo, a Justiça Eleitoral registrará cada candidato com o nome e sobrenome constantes do pedido de registro.

§ 1º A Justiça Eleitoral poderá exigir do candidato prova de que é conhecido por determinado nome por ele indicado, quando seu uso puder confundir o eleitor (Lei nº 9.504/1997, art. 12, § 2º).

§ 2º A Justiça Eleitoral indeferirá todo pedido de nome coincidente com nome de candidato à eleição majoritária, salvo para candidato que esteja exercendo mandato eletivo ou o tenha exercido nos últimos quatro anos, ou que, nesse mesmo prazo, tenha concorrido em eleição com o nome coincidente (Lei nº 9.504/1997, art. 12, § 3º).

§ 3º Não havendo preferência entre candidatos que pretendam o registro da mesma variação nominal, será deferido o do que primeiro o tenha requerido (Súmula-TSE nº 4).

Art. 32. No caso de ser requerido pelo mesmo partido político mais de um pedido de registro de candidatura com o mesmo número para o respectivo cargo, inclusive nos casos de dissidência partidária interna, a Secretaria Judiciária procederá à inclusão de todos os pedidos no Sistema de Candidaturas, certificando a ocorrência em cada um dos pedidos.

Parágrafo único. Na hipótese prevista no *caput*, serão observadas as seguintes regras:

I – os pedidos de registro serão distribuídos ao mesmo Relator para processamento e julgamento em conjunto;

II – serão inseridos na urna eletrônica apenas os dados do candidato vinculado ao DRAP que tenha sido julgado regular.

Seção III
Do Processamento do Pedido de Registro

Art. 33. Apresentados os pedidos de registro das candidaturas, a Secretaria providenciará:

I – a leitura, no Protocolo, dos arquivos magnéticos gerados pelo Sistema CANDex, com os dados constantes dos formulários do Requerimento de Registro de Candidatura (RRC) e Demonstrativo de Regularidade de Atos Partidários (DRAP), emitindo um recibo de protocolo para o candidato e outro a ser encartado nos autos;

II – a publicação de edital contendo os pedidos de registro para ciência dos interessados, no *Diário da Justiça Eletrônico*(Código Eleitoral, art. 97, § 1º).

§ 1º Após confirmação da leitura, os dados serão encaminhados automaticamente pelo Sistema de Candidaturas à Receita Federal, para fornecimento do número de registro no CNPJ.

§ 2º Da publicação do edital previsto no inciso II deste artigo, correrá:

I – o prazo de 48 horas para que o candidato escolhido em convenção requeira individualmente o registro de sua candidatura, caso o partido político e/ou a coligação não o tenha requerido, na forma prevista no art. 23 desta resolução (Lei nº 9.504/1997, art. 11, § 4º);

II – o prazo de 5 dias para a impugnação dos pedidos de registro de candidatura requeridos pelos partidos políticos e/ou coligações (LC nº 64/1990, art. 3º).

§ 3º Decorrido o prazo a que se refere o inciso I do parágrafo anterior e havendo pedido(s) individual(is) de registro de candidatura, será publicado novo edital, passando a correr, para esse(s) pedido(s), o prazo de impugnação previsto no inciso II do parágrafo anterior.

Art. 34. Na autuação dos pedidos de registro de candidaturas, serão adotados os seguintes procedimentos:

I – o formulário Demonstrativo de Regularidade de Atos Partidários (DRAP) e os documentos que o acompanham receberão um só número de protocolo e constituirão o processo principal dos pedidos de registro de candidatura;

II – cada formulário Requerimento de Registro de Candidatura (RRC) e os documentos que o acompanham receberão um só número de protocolo e constituirão o processo individual de cada candidato.

§ 1º Os pedidos de registro para os cargos majoritários de uma mesma chapa deverão ser apensados, processados e julgados conjuntamente, podendo, a critério do Presidente do Tribunal, serem autuados em um único processo.

§ 2º O apensamento dos processos subsistirá ainda que eventual recurso tenha por objeto apenas uma das candidaturas.

§ 3º Os processos dos candidatos serão vinculados ao principal, referido no inciso I deste artigo.

Art. 35. Encerrado o prazo de impugnação ou, se for o caso, o de contestação, a Secretaria Judiciária informará, para apreciação do Relator:

I – no processo principal (DRAP):

a) a comprovação da situação jurídica do partido político na circunscrição e da convenção realizada;

b) a legitimidade do subscritor para representar o partido político ou coligação;

c) o valor máximo de gastos de campanha;

d) a observância dos percentuais a que se refere o § 5º do art. 19 desta resolução.

II – nos processos dos candidatos (RRCs e RRCIs):

a) a regularidade do preenchimento do formulário Requerimento de Registro de Candidatura (RRC);

b) a verificação das condições de elegibilidade descritas no art. 13 desta resolução.

Parágrafo único. A informação prevista no inciso II abrangerá a regularidade da documentação.

Art. 36. Havendo qualquer falha ou omissão no pedido de registro e no DRAP que possa ser suprida pelo candidato, partido político ou coligação, inclusive no que se refere à inobservância dos percentuais previstos no § 5º do art. 19 desta resolução, o Relator converterá o julgamento em diligência para que o vício seja sanado, no prazo de 72 horas, contado da respectiva intimação a ser realizada por fac-símile ou outras formas previstas nesta resolução (Lei nº 9.504/1997, art. 11, § 3º).

Seção IV
Das Impugnações

Art. 37. Caberá a qualquer candidato, a partido político, a coligação ou ao Ministério Público Eleitoral, no prazo de 5 dias, contados da publicação do edital relativo ao pedido de registro, impugná-lo em petição fundamentada (LC nº 64/1990, art. 3º, *caput*).

§ 1º A impugnação, por parte do candidato, do partido político ou da coligação, não impede a ação do Ministério Público Eleitoral no mesmo sentido (LC nº 64/1990, art. 3º, § 1º).

§ 2º Não poderá impugnar o registro de candidato o representante do Ministério Público Eleitoral que, nos dois anos anteriores, tenha disputado cargo eletivo, integrado diretório de partido político ou exercido atividade político-partidária (LC nº 75/1993, art. 80).

§ 3º O impugnante especificará, desde logo, os meios de prova com que pretende demonstrar a veracidade do alegado, arrolando testemunhas, se for o caso, no máximo de seis (LC nº 64/1990, art. 3º, § 3º).

Art. 38. Terminado o prazo para impugnação, o candidato, o partido político ou a coligação serão notificados para, no prazo de 7 dias, contestá-la ou se manifestar sobre a notícia de inelegibilidade, juntar documentos, indicar rol de testemunhas e requerer a produção de outras provas, inclusive documentais, que se encontrarem em poder de terceiros, de repartições públicas ou em procedimentos judiciais ou administrativos, salvo os processos que estiverem tramitando em segredo de justiça (LC nº 64/1990, art. 4º).

Art. 39. Decorrido o prazo para contestação, se não se tratar apenas de matéria de direito e a prova protestada for relevante, o Relator designará os 4 dias seguintes para inquirição das testemunhas do impugnante e do impugnado, as quais comparecerão por iniciativa das partes que as tiverem arrolado, após notificação judicial. (LC nº 64/1990, art. 5º, *caput*).

§ 1º As testemunhas do impugnante e do impugnado serão ouvidas em uma só assentada (LC nº 64/1990, art. 5º, § 1º).

§ 2º Nos 5 dias subsequentes, o Relator procederá a todas as diligências que determinar, de ofício ou a requerimento das partes (LC nº 64/1990, art. 5º, § 2º).

§ 3º No prazo de que trata o parágrafo anterior, o Relator poderá ouvir terceiros referidos pelas partes ou testemunhas, como conhecedores dos fatos e circunstâncias que possam influir na decisão da causa (LC nº 64/1990, art. 5º, § 3º).

§ 4º Quando qualquer documento necessário à formação da prova se achar em poder de terceiro, o Relator poderá, ainda, no mesmo prazo de 5 dias, ordenar o respectivo depósito (LC nº 64/1990, art. 5º, § 4º).

§ 5º Se o terceiro, sem justa causa, não exibir o documento ou não comparecer a juízo, poderá o Relator expedir mandado de prisão e instaurar processo por crime de desobediência (LC nº 64/1990, art. 5º, § 5º).

Art. 40. Encerrado o prazo da dilação probatória, as partes, inclusive o Ministério Público Eleitoral, poderão apresentar alegações no prazo comum de 5 dias, sendo os autos conclusos ao Relator, no dia imediato, para julgamento pelo Tribunal (LC nº 64/1990, arts. 6º e 7º, *caput*).

Art. 41. Qualquer cidadão no gozo de seus direitos políticos poderá, no prazo de 5 dias, contados da publicação do edital relativo ao pedido de registro, dar notícia de inelegibilidade ao Juízo Eleitoral competente, mediante petição fundamentada, apresentada em duas vias.

§ 1º A Secretaria Judiciária procederá à juntada de uma via aos autos do pedido de registro do candidato a que se refere a notícia e encaminhará a outra via ao Ministério Público Eleitoral.

§ 2º No que couber, será adotado na instrução da notícia de inelegibilidade o procedimento previsto para as impugnações.

Art. 42. O candidato cujo registro esteja *sub judice* poderá efetuar todos os atos relativos à campanha eleitoral, inclusive utilizar o horário eleitoral gratuito no rádio e na televisão e ter seu nome mantido na urna eletrônica enquanto estiver sob essa condição.

Art. 43. A declaração de inelegibilidade do candidato à Presidência da República e aos Governos Estaduais e do Distrito Federal não atingirá o candidato a Vice-Presidente ou Vice-Governador, assim como a destes não atingirá aqueles.

Parágrafo único. Reconhecida a inelegibilidade, e sobrevindo recurso, a validade dos votos atribuídos à chapa que esteja *sub judice* no dia da eleição fica condicionada ao deferimento do respectivo registro (LC nº 64/1990, art. 18; Lei nº 9.504/1997, art. 16-A).

Seção V
Do Julgamento dos Pedidos de Registro pelos Tribunais Regionais Eleitorais

Art. 44. O pedido de registro será indeferido, ainda que não tenha havido impugnação, quando o candidato for inelegível ou não atender a qualquer das condições de elegibilidade.

Parágrafo único. Constatada qualquer das situações previstas no *caput*, o juiz, antes de decidir, determinará a intimação prévia do interessado para que se manifeste no prazo de 72 horas.

Art. 45. O pedido de registro do candidato, a impugnação, a notícia de inelegibilidade e as questões relativas à homonímia serão processadas nos próprios autos dos processos dos candidatos e serão julgados em uma só decisão.

Art. 46. O julgamento do processo principal (DRAP) precederá ao dos processos individuais de registro de candidatura, devendo o resultado daquele ser certificado nos autos destes.

Parágrafo único. O indeferimento definitivo do DRAP implica o prejuízo dos pedidos de registros de candidatura individuais a ele vinculados, inclusive aqueles já deferidos.

Art. 47. Os pedidos de registro das chapas majoritárias serão julgados em uma única decisão por chapa, com o exame individualizado de cada uma das candidaturas, e somente serão deferidos se todos os candidatos forem considerados aptos, não podendo ser deferidos os registros sob condição.

Parágrafo único. Se o Relator indeferir o registro, deverá especificar qual dos candidatos não preenche as exigências legais e apontar o óbice existente, podendo o candidato, o partido político ou a coligação, por sua conta e risco, recorrer da decisão ou, desde logo, indicar substituto ao candidato que não for considerado apto, na forma dos arts. 61 e 62 desta resolução.

Art. 48. O Tribunal formará sua convicção pela livre apreciação da prova, atendendo aos fatos e às circunstâncias constantes dos autos, ainda que não alegados pelas partes, mencionando, na decisão, os que motivaram seu convencimento (LC nº 64/1990, art. 7º, parágrafo único).

Art. 49. O pedido de registro, com ou sem impugnação, será julgado no prazo de 3 dias após a conclusão dos autos ao Relator, independentemente de publicação em pauta (LC nº 64/1990, art. 13, *caput*).

§ 1º Caso o Tribunal não se reúna no prazo previsto no *caput* deste artigo, o feito será julgado na primeira sessão subsequente.

§ 2º Só poderão ser apreciados em sessão de julgamento os processos relacionados até o seu início.

Art. 50. Na sessão de julgamento, feito o relatório, será facultada a palavra às partes e ao Ministério Público pelo prazo regimental (LC nº 64/1990, art. 11, *caput*, c/c art. 13, parágrafo único).

§ 1º Havendo pedido de vista, o julgamento deverá ser retomado na sessão seguinte.

§ 2º Proclamado o resultado, o Tribunal se reunirá para a lavratura do acórdão, no qual serão indicados o direito, os fatos e as circunstâncias, com base nos fundamentos do voto proferido pelo Relator ou do voto proferido pelo vencedor (LC nº 64/1990, art. 11, § 1º).

§ 3º Terminada a sessão, será lido e publicado o acórdão, passando a correr dessa data o prazo para a interposição dos recursos cabíveis.

§ 4º O Ministério Público será pessoalmente intimado dos acórdãos, em sessão de julgamento, quando nela publicados.

§ 5º O Ministério Público Eleitoral poderá recorrer ainda que não tenha oferecido impugnação ao pedido de registro.

Art. 51. Caberão os seguintes recursos para o Tribunal Superior Eleitoral, no prazo de 3 dias, em petição fundamentada (LC nº 64/1990, art. 11, § 2º):

I – recurso ordinário, quando versar sobre inelegibilidade (Constituição Federal, art. 121, § 4º, III);

II – recurso especial, quando versar sobre condições de elegibilidade (Constituição Federal, art. 121, § 4º, I e II).

Parágrafo único. O recorrido será notificado em Secretaria para apresentar contrarrazões, no prazo de 3 dias (LC nº 64/1990, art. 12, *caput*).

Art. 52. Apresentadas as contrarrazões ou transcorrido o respectivo prazo, e dispensado o juízo prévio de admissibilidade do recurso, os autos serão imediatamente remetidos ao Tribunal Superior Eleitoral, inclusive por portador, correndo as despesas do transporte, nesse último caso, por conta do recorrente (LC nº 64/1990, art. 8º, § 2º, c/c art. 12, parágrafo único).

Parágrafo único. A Secretaria do Tribunal Regional Eleitoral comunicará, imediatamente, à Secretaria do Tribunal Superior Eleitoral, por fac-símile ou correio eletrônico, a remessa dos autos, indicando o meio, a data e, se houver, o número do conhecimento.

Art. 53. Após decidir sobre os pedidos de registro e determinar o fechamento do Sistema de Candidaturas, os Tribunais Eleitorais publicarão no *Diário da Justiça Eletrônico* a relação dos nomes dos candidatos e respectivos números com os quais concorrerão nas eleições, inclusive daqueles cujos pedidos indeferidos se encontrem em grau de recurso.

Art. 54. Todos os pedidos originários de registro, apresentados até o dia 5 de julho de 2014, inclusive os impugnados, devem estar julgados e as respectivas decisões publicadas até o dia 5 de agosto de 2014.

Seção VI
Do Julgamento dos Pedidos de Registro pelo Tribunal Superior Eleitoral

Art. 55. Aplicam-se ao julgamento dos pedidos de registro dos candidatos a Presidente e Vice-Presidente da República requeridos perante o Tribunal Superior Eleitoral, as disposições previstas na seção anterior, no que couber.

Seção VII
Do Julgamento dos Recursos pelo Tribunal Superior Eleitoral

Art. 56. Recebido os autos na Secretaria do Tribunal Superior Eleitoral, serão autuados e distribuídos na mesma data, abrindo-se vista ao Ministério Público Eleitoral pelo prazo de 2 dias (LC nº 64/1990, art. 14 c/c art. 10, *caput*).

Parágrafo único. Findo o prazo, com ou sem parecer, os autos serão enviados ao Relator, que os apresentará em mesa para julgamento, em 3 dias, independentemente de publicação em pauta (LC nº 64/1990, art. 14 c/c art. 10, parágrafo único).

Art. 57. Na sessão de julgamento, feito o relatório, será facultada a palavra às partes e ao Ministério Público pelo prazo de 10 minutos (LC nº 64/1990, art. 11, *caput*).

§ 1º Havendo pedido de vista, o julgamento deverá ser retomado na sessão seguinte.

§ 2º Proclamado o resultado, o Tribunal se reunirá para a lavratura do acórdão, no qual serão indicados o direito, os fatos e as circunstâncias, com base nos fundamentos contidos no voto do Relator ou no do primeiro voto vencedor (LC nº 64/1990, art. 11, § 1º).

§ 3º Terminada a sessão, será lido e publicado o acórdão, passando a correr dessa data o prazo de 3 dias para a interposição de recurso (LC nº 64/1990, art. 11, § 2º).

§ 4º O Ministério Público será pessoalmente intimado dos acórdãos, em sessão de julgamento, quando nela publicados.

§ 5º O Ministério Público Eleitoral poderá recorrer ainda que não tenha oferecido impugnação ao pedido de registro.

Art. 58. Interposto recurso extraordinário, a parte recorrida será intimada para apresentação de contrarrazões no prazo de 3 dias.

§ 1º O prazo para contrarrazões corre em Secretaria.

§ 2º A intimação do Ministério Público Eleitoral e da Defensoria Pública se dará por mandado e, para as demais partes, mediante publicação em Secretaria.

§ 3º Apresentadas as contrarrazões ou transcorrido o respectivo prazo, os autos serão conclusos ao Presidente para juízo de admissibilidade.

§ 4º Da decisão de admissibilidade, serão intimados o Ministério Público Eleitoral e/ou a Defensoria Pública, quando integrantes da lide, por cópia, e as demais partes mediante publicação em Secretaria.

§ 5º Admitido o recurso e feitas as intimações, os autos serão remetidos imediatamente ao Supremo Tribunal Federal.

Art. 59. Todos os recursos sobre pedido de registro de candidatos deverão estar julgados pelo Tribunal Superior Eleitoral e publicadas as respectivas decisões até 21 de agosto de 2014 (Lei nº 9.504/1997, art. 16, § 1º).

CAPÍTULO VII
DA SUBSTITUIÇÃO DE CANDIDATOS E DO CANCELAMENTO DE REGISTRO

Art. 60. O partido político poderá requerer, até a data da eleição, o cancelamento do registro do candidato que dele for expulso, em processo no qual seja assegurada a ampla defesa, com observância das normas estatutárias (Lei nº 9.504/1997, art. 14).

Art. 61. É facultado ao partido político ou à coligação substituir candidato que tiver seu registro indeferido, inclusive por inelegibilidade, cancelado ou cassado, ou, ainda, que renunciar ou falecer após o termo final do prazo do registro (Lei nº 9.504/1997, art. 13, *caput*; LC nº 64/1990, art. 17; Código Eleitoral, art. 101, § 1º).

§ 1º A escolha do substituto será feita na forma estabelecida no estatuto do partido político a que pertencer o substituído, devendo o pedido de registro ser requerido até 10 dias contados do fato ou da notificação do partido da decisão judicial que deu origem à substituição (Lei nº 9.504/1997, art. 13, § 1º).

§ 2º A substituição poderá ser requerida até 20 dias antes do pleito, exceto no caso de falecimento, quando poderá ser solicitada mesmo após esse prazo, observado em qualquer hipótese o prazo previsto no parágrafo anterior.

§ 3º Nas eleições majoritárias, se o candidato for de coligação, a substituição deverá ser feita por decisão da maioria absoluta dos órgãos executivos de direção dos partidos políticos coligados, podendo o substituto ser filiado a qualquer partido dela integrante, desde que o partido político ao qual pertencia o substituído renuncie ao direito de preferência (Lei nº 9.504/1997, art. 13, § 2º).

§ 4º Se ocorrer a substituição de candidatos a cargo majoritário após a geração das tabelas para elaboração da lista de candidatos e preparação das urnas, o substituto concorrerá com o nome, o número e, na urna eletrônica, com a fotografia do substituído, computando-se àquele os votos a este atribuídos.

§ 5º Na hipótese de substituição, caberá ao partido político e/ou coligação do substituto dar ampla divulgação ao fato para esclarecimento do eleitorado, sem prejuízo da divulgação também por outros candidatos, partidos políticos e/ou coligações e, ainda, pela Justiça Eleitoral, inclusive nas próprias Seções Eleitorais, quando determinado ou autorizado pela autoridade eleitoral competente.

§ 6º Nas eleições proporcionais, a substituição só se efetivará se o novo pedido for apresentado até o dia 6 de agosto de 2014, observado o prazo previsto no § 1º deste artigo (Lei nº 9.504/1997, art. 13, § 3º; Código Eleitoral, art. 101, § 1º).

§ 7º Não será admitido o pedido de substituição de candidatos às eleições proporcionais quando não forem respeitados os limites mínimo e máximo das candidaturas de cada sexo previstos no § 5º do art. 19 desta resolução.

§ 8º O ato de renúncia, datado e assinado, deverá ser expresso em documento com firma reconhecida por tabelião ou por duas testemunhas, e o prazo para substituição será contado da publicação da decisão que a homologar.

§ 9º A renúncia ao registro de candidatura, homologada por decisão judicial, impede que o candidato renunciante volte a concorrer para o mesmo cargo na mesma eleição.

Art. 62. O pedido de registro de substituto, assim como o de novos candidatos, deverá ser apresentado por meio do Requerimento de Registro de Candidatura (RRC), contendo as informações e documentos previstos nos arts. 26 e 27 desta resolução, dispensada a apresentação daqueles já existentes nas respectivas Secretarias, certificando-se a sua existência em cada um dos pedidos.

Art. 63. Os Tribunais Eleitorais deverão, de ofício, cancelar automaticamente o registro de candidato que venha a falecer, quando tiverem conhecimento do fato, cuja veracidade deverá ser comprovada.

CAPÍTULO VIII
DA AUDIÊNCIA DE VERIFICAÇÃO E VALIDAÇÃO DE DADOS E FOTOGRAFIA

Art. 64. Decididos todos os pedidos de registro, os partidos políticos, as coligações e os candidatos serão notificados, por edital, publicado no *Diário da Justiça Eletrônico*, para a audiência de verificação das fotografias e dos dados que constarão da urna eletrônica, a ser realizada até 1º de setembro de 2014, anteriormente ao fechamento do Sistema de Candidaturas.

§ 1º O candidato poderá nomear procurador para os fins deste artigo, devendo a procuração ser individual e conceder poderes específicos para a validação dos dados, dispensado o reconhecimento de firma.

§ 2º Na ausência do candidato ou do respectivo procurador, o presidente do partido, caso não haja coligação, o representante da coligação ou seus delegados poderão verificar os dados dos candidatos.

§ 3º Sujeitam-se à validação a que se refere o *caput* o nome para urna, o cargo, o número, o partido, o sexo e a fotografia.

§ 4º Na hipótese de rejeição de quaisquer dos dados previstos no parágrafo anterior, o candidato ou seu procurador será intimado na audiência para apresentar, no prazo de 2 dias, os dados a serem alterados, em petição que será submetida à apreciação do Relator.

§ 5º A alteração da fotografia somente será deferida quando constatado que a definição da foto digitalizada poderá dificultar o reconhecimento do candidato, devendo ser substituída no prazo e nos moldes previstos no parágrafo anterior.

§ 6º Se o novo dado não atender aos requisitos previstos nesta resolução, o requerimento será indeferido, permanecendo o candidato com o anteriormente apresentado.

§ 7º O não comparecimento dos interessados ou de seus representantes implicará aceite tácito, não podendo ser suscitada questão relativa a problemas de exibição em virtude da má qualidade da foto apresentada.

§ 8º Da audiência de verificação será lavrada ata, consignando as ocorrências e manifestações dos interessados.

CAPÍTULO IX
DISPOSIÇÕES FINAIS

Art. 65. Serão divulgados, no sítio eletrônico do Tribunal Superior Eleitoral, dados e documentos dos registros de candidaturas.

Art. 66. As estatísticas referentes aos registros de candidaturas serão publicadas no sítio eletrônico do Tribunal Superior Eleitoral.

Art. 67. Transitada em julgado ou publicada a decisão proferida por órgão colegiado que declarar a inelegibilidade do candidato, será negado o seu registro, ou cancelado, se já tiver sido feito, ou declarado nulo o diploma, se já expedido (LC nº 64/1990, art. 15, *caput*).

Parágrafo único. A decisão a que se refere o *caput*, independentemente da apresentação de recurso, deverá ser comunicada, de imediato, ao Ministério Público Eleitoral e ao órgão da Justiça Eleitoral competente para o registro de candidatura e expedição de diploma do réu (LC nº 64/1990, art. 15, parágrafo único).

Art. 68. Constitui crime eleitoral a arguição de inelegibilidade ou a impugnação de registro de candidato feita por interferência do poder econômico, desvio ou abuso do poder de autoridade, deduzida de forma temerária ou de manifesta má-fé, incorrendo os infratores na pena de detenção de 6 meses a 2 anos e multa (LC nº 64/1990, art. 25).

Art. 69. Os processos de registro de candidaturas terão prioridade sobre quaisquer outros, devendo a Justiça Eleitoral adotar as providências necessárias para o cumprimento dos prazos previstos nesta resolução, inclusive com a realização de sessões extraordinárias e a convocação dos Juízes Suplentes pelos Tribunais, sem prejuízo da eventual aplicação do disposto no art. 97 da Lei nº 9.504/1997 e de representação ao Conselho Nacional de Justiça (Lei nº 9.504/1997, art. 16, § 2º).

Art. 70. Os prazos a que se refere esta resolução são peremptórios e contínuos, correndo em Secretaria, e não se suspenderão aos sábados, domingos e feriados, entre 5 de julho de 2014 e as datas fixadas no calendário eleitoral (LC nº 64/1990, art. 16).

Parágrafo único. Os Tribunais Eleitorais divulgarão o horário de seu funcionamento para o período previsto no *caput*, que não poderá ser encerrado antes das 19 horas locais.

Art. 71. Da homologação da respectiva convenção partidária até a apuração final da eleição, não poderão servir como Juízes nos Tribunais Eleitorais, ou como Juiz Eleitoral, o cônjuge ou companheiro, parente consanguíneo legítimo ou ilegítimo, ou afim, até o segundo grau, de candidato a cargo eletivo registrado na circunscrição (Código Eleitoral, art. 14, § 3º).

Art. 72. Não poderá servir como escrivão eleitoral, sob pena de demissão, o membro de diretório de partido político, nem o candidato a cargo eletivo, seu cônjuge e parente consanguíneo ou afim até o segundo grau (Código Eleitoral, art. 33, § 1º).

Art. 73. A filiação a partido político impede o exercício de funções eleitorais por membro do Ministério Público até dois anos do seu cancelamento (LC nº 75/1993, art. 80).

Art. 74. Ao Juiz Eleitoral que seja parte em ações judiciais que envolvam determinado candidato é defeso exercer suas funções em processo eleitoral no qual o mesmo candidato seja interessado (Lei nº 9.504/1997, art. 95).

Parágrafo único. Se o candidato propuser ação contra Juiz que exerce função eleitoral, posteriormente ao registro da candidatura, o afastamento do magistrado somente decorrerá de declaração espontânea de suspeição ou da procedência da respectiva exceção.

Art. 75. Os feitos eleitorais, no período entre 10 de junho e 31 de outubro de 2014, terão prioridade para a participação do Ministério Público e dos Juízes de todas as justiças e instâncias, ressalvados os processos de *habeas corpus* e mandado de segurança (Lei nº 9.504/1997, art. 94, *caput*).

§ 1º É defeso às autoridades mencionadas neste artigo deixar de cumprir qualquer prazo desta resolução em razão do exercício de suas funções regulares (Lei nº 9.504/1997, art. 94, § 1º).

§ 2º O descumprimento do disposto neste artigo constitui crime de responsabilidade e será objeto de anotação funcional para efeito de promoção na carreira (Lei nº 9.504/1997, art. 94, § 2º).

§ 3º Além das polícias judiciárias, os órgãos da Receita Federal, Estadual e Municipal, os Tribunais e os órgãos de contas auxiliarão a Justiça Eleitoral na apuração dos delitos eleitorais, com prioridade sobre suas atribuições regulares (Lei nº 9.504/1997, art. 94, § 3º).

Art. 76. As petições ou recursos relativos aos procedimentos disciplinados nesta resolução serão admitidos, quando possível, por fac-símile, dispensado o encaminhamento do texto original, salvo quando endereçados ao Supremo Tribunal Federal, ocasião em que deverão ser juntados aos autos no prazo de 5 dias.

Art. 77. Os prazos contados em horas poderão ser transformados em dias.

Art. 78. Esta resolução entra em vigor na data de sua publicação.

Brasília, 27 de fevereiro 2014.

MINISTRO MARCO AURÉLIO, PRESIDENTE – MINISTRO DIAS TOFFOLI, RELATOR – MINISTRO GILMAR MENDES – MINISTRA LAURITA VAZ – MINISTRO JOÃO OTÁVIO DE NORONHA – MINISTRO HENRIQUE NEVES DA SILVA – MINISTRA LUCIANA LÓSSIO.

RESOLUÇÃO Nº 23.406/2014

INSTRUÇÃO Nº 957-41.2013.6.00.0000 – CLASSE 19 – BRASÍLIA – DISTRITO FEDERAL

Relator: Ministro Dias Toffoli

Interessado: Tribunal Superior Eleitoral

Ementa:

Dispõe sobre a arrecadação e os gastos de recursos por partidos políticos, candidatos e comitês financeiros e, ainda, sobre a prestação de contas nas Eleições de 2014.

O Tribunal Superior Eleitoral, no uso das atribuições que lhe conferem o artigo 23, inciso IX, do Código Eleitoral e o artigo 105 da Lei nº 9.504, de 30 de setembro de 1997, resolve expedir a seguinte instrução:

TÍTULO I
DA ARRECADAÇÃO E APLICAÇÃO DE RECURSOS
CAPÍTULO I
DISPOSIÇÕES GERAIS

Art. 1º Esta resolução disciplina os procedimentos a serem adotados na arrecadação e nos gastos de recursos por partidos políticos, candidatos e comitês financeiros em campanha eleitoral, bem com a prestação de contas e de informações à Justiça Eleitoral.

Art. 2º Os candidatos, os partidos políticos e os comitês financeiros poderão arrecadar recursos para custear as despesas de campanhas destinadas às Eleições de 2014.

§ 1º Para os partidos políticos que optarem por realizar, direta e exclusivamente, a arrecadação e aplicação de recursos de campanha, não será necessária a constituição de comitê financeiro, exceto para eleição de Presidente da República.

§ 2º Os órgãos partidários municipais que doarem recursos nas campanhas eleitorais deverão observar o disposto no capítulo VI desta resolução.

Art. 3º A arrecadação de recursos de qualquer natureza e a realização de gastos de campanha por partidos políticos, comitês financeiros e candidatos deverão observar os seguintes requisitos:

I – requerimento do registro de candidatura ou do comitê financeiro;

II – inscrição no Cadastro Nacional da Pessoa Jurídica (CNPJ);

III – abertura de conta bancária específica destinada a registrar a movimentação financeira de campanha;

IV – emissão de recibos eleitorais.

SEÇÃO I
DO LIMITE DE GASTOS

Art. 4º Até 10 de junho de 2014, caberá à lei a fixação do limite máximo dos gastos de campanha para os cargos em disputa (Lei nº 9.504/1997, art. 17-A).

§ 1º Na hipótese de não ser editada lei até a data estabelecida no *caput*, os partidos políticos, por ocasião do registro de candidatura, informarão os valores máximos de gastos na campanha, por cargo eletivo (Lei nº 9.504/1997, art. 17-A).

§ 2º Havendo coligação em eleições proporcionais, cada partido político que a integra fixará, para os seus candidatos, o valor máximo de gastos de que trata este artigo (Lei nº 9.504/1997, art. 18, § 1º).

§ 3º Os valores máximos de gastos da candidatura de vice ou suplentes serão incluídos nos pertinentes à candidatura do titular e serão informados pelo partido político a que for filiado o titular.

§ 4º Os candidatos a vice e a suplentes são solidariamente responsáveis pela extrapolação do limite máximo de gastos fixados pelos respectivos titulares.

§ 5º O gasto de recursos, além dos limites estabelecidos nos termos deste artigo, sujeita os responsáveis ao pagamento de multa no valor de cinco a dez vezes a quantia em excesso, a qual deverá ser recolhida no prazo de 5 dias úteis, contados da intimação da decisão judicial, podendo os responsáveis responder, ainda, por abuso do poder econômico, na forma do art. 22 da Lei Complementar nº 64/1990 (Lei nº 9.504/1997, art. 18, § 2º), sem prejuízo de outras sanções cabíveis.

§ 6º Depois de registrado, o limite de gastos dos candidatos só poderá ser alterado com a autorização do Relator do respectivo processo, mediante solicitação justificada, com base na ocorrência de fatos supervenientes e imprevisíveis, cujo impacto sobre o financiamento da campanha eleitoral inviabilize o limite de gastos fixado previamente, nos termos do § 1º.

§ 7º O pedido de alteração de limite de gastos a que se refere o parágrafo anterior, devidamente fundamentado, será:

I – encaminhado à Justiça Eleitoral pelo partido político a que está filiado o candidato cujo limite de gastos se pretende alterar;

II – protocolado e juntado aos autos do processo de registro de candidatura, para apreciação e julgamento pelo Relator.

§ 8º Deferida a alteração, serão atualizadas as informações constantes do Sistema de Registro de Candidaturas (CAND).

§ 9º Enquanto não autorizada a alteração do limite de gastos prevista no § 6º, deverá ser observado o limite anteriormente registrado.

§ 10. Não será admitida a alteração do limite após a realização do pleito, salvo em decorrência da realização de segundo turno.

SEÇÃO II
DA CONSTITUIÇÃO E REGISTRO DE COMITÊS FINANCEIROS

Art. 5º Até 10 dias úteis após a escolha de seus candidatos em convenção, observado o disposto no § 1º do art. 2º desta resolução, os diretórios nacional e estadual poderão constituir, conforme o caso, comitês financeiros, com a finalidade de arrecadar recursos e aplicá-los nas campanhas eleitorais, podendo optar pela criação de (Lei nº 9.504/1997, art. 19, *caput*):

I – um único comitê que compreenda todas as eleições de determinada circunscrição; ou

II – um comitê para cada eleição em que o partido apresente candidato próprio, na forma descrita a seguir:

a) comitê financeiro nacional para presidente da República;

b) comitê financeiro estadual ou distrital para governador;

c) comitê financeiro estadual ou distrital para senador;

d) comitê financeiro estadual ou distrital para deputado federal;

e) comitê financeiro estadual ou distrital para deputado estadual ou distrital.

§ 1º Na eleição presidencial, é obrigatória a criação de comitê financeiro nacional e facultativa a de comitês estaduais ou distrital (Lei nº 9.504/1997, art. 19, § 2º).

§ 2º Os comitês financeiros serão constituídos por tantos membros quantos forem indicados pelo partido, sendo obrigatória a designação de, no mínimo, um presidente e um tesoureiro.

§ 3º Não será admitida a constituição de comitê financeiro de coligação partidária.

Art. 6º Os comitês financeiros deverão ser registrados, até 5 dias após sua constituição, perante o Tribunal Eleitoral responsável pelo registro dos candidatos (Lei nº 9.504/1997, art. 19, § 3º).

Art. 7º O pedido de registro do comitê financeiro, se constituído, deverá ser instruído com os seguintes documentos:

I – Requerimento de Registro do Comitê Financeiro (RRCF), contendo:

a) relação nominal de seus membros, com as suas funções, os números de inscrição no Cadastro de Pessoas Físicas (CPF), correio eletrônico, e a indicação de, no mínimo, presidente e tesoureiro;

b) número de telefone (fac-símile) e endereço, por meio dos quais os membros do comitê financeiro poderão receber notificações, intimações e comunicados da Justiça Eleitoral.

II – ata da reunião, lavrada pelo partido político, na qual foi deliberada a sua constituição, com data e especificação do tipo de comitê criado, nos termos dos incisos I e II do art. 5º;

III – comprovante de regularidade, perante o Cadastro de Pessoas Físicas, do presidente e do tesoureiro do comitê financeiro, nos termos de Instrução Normativa Conjunta do Tribunal Superior Eleitoral e da Receita Federal do Brasil.

Parágrafo único. O requerimento de registro a que se refere o inciso I deverá ser apresentado obrigatoriamente em meio eletrônico gerado pelo Sistema de Registro do Comitê Financeiro (SRCF), impresso e assinado pelo presidente e tesoureiro.

Art. 8º Examinada a documentação de que trata o art. 7º, o Relator, se for o caso, poderá determinar o cumprimento de diligências para a obtenção de informações e documentos adicionais e/ou a complementação dos dados apresentados, assinalando prazo não superior a 72 horas, sob pena de indeferimento do pedido do registro do comitê financeiro.

Parágrafo único. Verificada a regularidade da documentação, o Relator determinará o registro do comitê financeiro e a guarda da documentação para subsidiar a análise da prestação de contas.

Art. 9º O comitê financeiro do partido político, se constituído, tem por atribuições (Lei nº 9.504/1997, arts. 19, 28, §§ 1º e 2º, e 29):

I – arrecadar e aplicar recursos de campanha eleitoral;

II – fornecer aos candidatos orientação sobre os procedimentos de arrecadação e aplicação de recursos e sobre as respectivas prestações de contas de campanhas eleitorais;

III – encaminhar à Justiça Eleitoral as prestações de contas de candidatos às eleições majoritárias, inclusive as de vice e de suplentes;

IV – encaminhar à Justiça Eleitoral a prestação de contas dos candidatos às eleições proporcionais, caso estes não o façam diretamente.

Parágrafo único. Na hipótese de não ser constituído comitê financeiro, conforme o disposto no § 1º do art. 2º, as atribuições a que se refere este artigo serão assumidas pelo partido político.

SEÇÃO III
DOS RECIBOS ELEITORAIS

Art. 10. Deverá ser emitido recibo eleitoral de toda e qualquer arrecadação de recursos para a campanha eleitoral, financeiros ou estimáveis em dinheiro, inclusive quando se tratar de recursos próprios.

Parágrafo único. Os recibos eleitorais deverão ser emitidos concomitantemente ao recebimento da doação, ainda que estimável em dinheiro.

Art. 11. Os candidatos, partidos políticos e comitês financeiros deverão imprimir recibos eleitorais diretamente do Sistema de Prestação de Contas Eleitorais (SPCE), mediante prévia autorização obtida no Sistema de Recibos Eleitorais (SRE), disponível na página da internet do Tribunal Superior Eleitoral, no link Eleições 2014.

Parágrafo único: Depois de autorizada a emissão de recibos eleitorais, a concessão de nova permissão ficará condicionada à prévia inclusão da informação no Sistema de Recibos Eleitorais relativa à utilização dos anteriormente autorizados, com a identificação do CPF/CNPJ do doador, valor e data das doações realizadas ou, ainda os dados relativos à sua inutilização.

SEÇÃO IV
DA CONTA BANCÁRIA

Art. 12. É obrigatória para os partidos políticos, comitês financeiros e candidatos a abertura de conta bancária específica, na Caixa Econômica Federal, no Banco do Brasil ou em outra instituição financeira com carteira comercial reconhecida pelo Banco Central do Brasil, para registrar todo o movimento financeiro de campanha eleitoral, vedado o uso de conta bancária preexistente (Lei nº 9.504/1997, art. 22, *caput*).

§ 1º A conta bancária específica será denominada "Doações para Campanha".

§ 2º A conta bancária deverá ser aberta:

a) pelo candidato e pelo comitê financeiro no prazo de 10 (dez) dias a contar da concessão do CNPJ pela Receita Federal do Brasil; e

b) pelos partidos políticos a partir de 1º de janeiro de 2014 e até 5 de julho de 2014.

§ 3º A obrigação prevista neste artigo deverá ser cumprida pelos partidos políticos, pelos comitês financeiros e pelos candidatos, mesmo que não ocorra arrecadação e/ou movimentação de recursos financeiros, observado o disposto no § 2º.

§ 4º Os candidatos a vice e a suplentes não serão obrigados a abrir conta bancária específica, mas, se o fizerem, os respectivos extratos bancários deverão compor a prestação de contas dos titulares.

Art. 13. Os candidatos e comitês financeiros deverão abrir conta bancária distinta e específica para que haja o recebimento e a utilização de recursos oriundos do Fundo Partidário, na hipótese de repasse dessa espécie de recursos.

Art. 14. A conta bancária deverá ser aberta mediante a apresentação dos seguintes documentos:

I – para candidatos e comitês financeiros:

a) Requerimento de Abertura de Conta Bancária Eleitoral (Race), disponível na página da internet dos tribunais eleitorais;

b) comprovante de inscrição no CNPJ para as eleições, disponível na página da internet da Receita Federal do Brasil (www.receita.fazenda.gov.br).

II – para partidos políticos:

a) Requerimento de Abertura de Conta Eleitoral de Partidos (Racep), disponível na página da internet dos tribunais eleitorais;

b) comprovante da respectiva inscrição no CNPJ da Receita Federal do Brasil, a ser impresso mediante consulta à página daquele órgão na internet (www.receita.fazenda.gov.br);

c) certidão de composição partidária, disponível na página da internet do TSE (www.tse.jus.br).

§ 1º A conta bancária específica de campanha eleitoral deve ser identificada conforme regulamentação específica do Banco Central do Brasil.

§ 2º Na hipótese de abertura de nova conta bancária para movimentação de recursos do Fundo Partidário por candidato ou comitê financeiro, na mesma agência bancária na qual foi aberta a conta original de campanha, será dispensada a apresentação dos documentos dispostos no *caput*.

Art. 15. Os partidos políticos deverão providenciar a abertura da conta "Doações para Campanha" utilizando o CNPJ próprio já existente.

§ 1º Os partidos políticos devem manter, em sua escrituração, contas contábeis específicas para o registro das movimentações financeiras dos recursos destinados às campanhas eleitorais, a fim de permitir a segregação desses recursos de quaisquer outros e a identificação de sua origem.

§ 2º O partido político que aplicar recursos do Fundo Partidário na campanha eleitoral deverá fazer a movimentação financeira diretamente na conta bancária estabelecida no art. 43 da Lei nº 9.096, de 1995, vedada a transferência desses recursos para a conta "Doações para Campanha".

Art. 16. Os bancos são obrigados a acatar, no prazo de até 3 dias, o pedido de abertura de conta específica de qualquer candidato, partido político ou comitê financeiro, sendo-lhes vedado condicioná-la a depósito mínimo e a cobrança de taxas e/ou outras despesas de manutenção (Lei nº 9.504/1997, art. 22, § 1º).

Parágrafo único. Os bancos somente aceitarão, nas contas abertas para uso em campanha, depósitos/créditos de origem identificada pelo nome ou razão social e respectivo número de inscrição no CPF ou CNPJ.

Art. 17. As instituições financeiras que procederem à abertura de conta bancária específica para a campanha eleitoral de 2014 fornecerão mensalmente aos órgãos da Justiça Eleitoral os extratos eletrônicos do movimento financeiro para fins de instrução dos processos de prestação de contas dos candidatos, partidos políticos e dos comitês financeiros (Lei nº 9.504/1997, art. 22).

§ 1º Os extratos eletrônicos serão padronizados e fornecidos conforme normas específicas do Banco Central do Brasil e deverão compreender o registro da movimentação financeira entre a data da abertura e a do encerramento da conta bancária.

§ 2º Os extratos bancários previstos neste artigo serão enviados pelas instituições financeiras mensalmente, até o trigésimo dia do mês seguinte ao que se referem.

Art. 18. A movimentação de recursos financeiros fora das contas específicas de que trata os arts. 12 e 13 implicará a desaprovação das contas.

CAPÍTULO II

DA ARRECADAÇÃO

SEÇÃO I

DAS ORIGENS DOS RECURSOS

Art. 19. Os recursos destinados às campanhas eleitorais, respeitados os limites previstos nesta Resolução, somente serão admitidos quando provenientes de:

I – recursos próprios dos candidatos;

II – doações financeiras ou estimáveis em dinheiro, de pessoas físicas ou de pessoas jurídicas;

III – doações de partidos políticos, comitês financeiros ou de outros candidatos;

IV – recursos próprios dos partidos políticos, desde que identificada a sua origem;

V – recursos provenientes do Fundo de Assistência Financeira aos Partidos Políticos (Fundo Partidário), de que trata o art. 38 da Lei nº 9.096/1995;

VI – receitas decorrentes da:

a) comercialização de bens e/ou serviços realizada diretamente pelo candidato, comitê financeiro ou pelo partido;

b) promoção de eventos realizados diretamente pelos candidatos, comitês financeiros ou pelo partido;

c) aplicação financeira dos recursos de campanha.

Parágrafo único. A utilização de recursos próprios dos candidatos é limitada a 50% do patrimônio informado à Receita Federal do Brasil na Declaração de Imposto de Renda da Pessoa Física referente ao exercício anterior ao pleito (arts. 548 e 549 do Código Civil).

SEÇÃO II
DA APLICAÇÃO DOS RECURSOS

Art. 20. As doações recebidas pelos partidos políticos, inclusive aquelas auferidas em anos anteriores ao da eleição, poderão ser aplicadas nas campanhas eleitorais de 2014, desde que observados os seguintes requisitos:

I – identificação da sua origem e escrituração contábil individualizada das doações recebidas;

II – observância das normas estatutárias e dos critérios definidos pelos respectivos órgãos de direção nacional, os quais devem ser fixados e encaminhados ao Tribunal Superior Eleitoral até 5 de julho de 2014 (Lei nº 9.096/1995, art. 39, § 5º).

III – transferência para a conta específica de campanha do partido político, antes de sua destinação ou utilização, respeitados os limites legais impostos a tais doações, tendo por base o ano anterior ao da eleição, ressalvados os recursos do Fundo Partidário, cuja utilização deverá observar o disposto no § 2º do art. 15;

IV – identificação do beneficiário.

§ 1º Os critérios definidos no inciso II deverão ser endereçados à Presidência do Tribunal Superior Eleitoral, que fará ampla divulgação das informações.

§ 2º Os recursos auferidos nos anos anteriores deverão ser identificados como reserva ou saldo de caixa nas prestações de contas anuais da agremiação, que deverão ser apresentadas até 30 de abril de 2014.

§ 3º O beneficiário de transferência cuja origem seja considerada fonte vedada pela Justiça Eleitoral responde solidariamente em suas contas pela irregularidade, cujas consequências serão aferidas por ocasião do julgamento de suas próprias contas.

Art. 21. Os partidos políticos poderão aplicar nas campanhas eleitorais os recursos do Fundo Partidário, observado o disposto no art. 44 da Lei nº 9.096, de 1995, e no art. 13 desta resolução, inclusive aqueles recebidos em exercícios anteriores, por meio de doações a candidatos e a comitês financeiros, devendo manter escrituração contábil que identifique o destinatário dos recursos ou o seu beneficiário.

SEÇÃO III
DAS DOAÇÕES

Art. 22. As doações, inclusive pela internet, feitas por pessoas físicas e jurídicas somente poderão ser realizadas mediante:

I – cheques cruzados e nominais, transferência bancária, boleto de cobrança com registro, cartão de crédito ou cartão de débito;

II – depósitos em espécie, devidamente identificados com o CPF ou CNPJ do doador;

III – doação ou cessão temporária de bens e/ou serviços estimáveis em dinheiro.

Art. 23. Os bens e/ou serviços estimáveis em dinheiro doados por pessoas físicas e jurídicas devem constituir produto de seu próprio serviço, de suas atividades econômicas e, no caso dos bens permanentes, deverão integrar o patrimônio do doador.

§ 1º Tratando-se de bens estimáveis em dinheiro fornecidos pelo próprio candidato, esses deverão integrar o seu patrimônio em período anterior ao pedido de registro da respectiva candidatura.

§ 2º Partidos políticos, comitês financeiros e candidatos podem doar entre si bens ou serviços estimáveis em dinheiro, ainda que não constituam produto de seus próprios serviços ou de suas atividades.

§ 3º O disposto no parágrafo anterior não se aplica quando a doação for realizada para suas próprias campanhas.

Art. 24. Para arrecadar recursos pela internet, o candidato, partido político e o comitê financeiro deverão tornar disponível mecanismo em página eletrônica, observados os seguintes requisitos:

a) identificação do doador pelo nome ou razão social e CPF ou CNPJ;

b) emissão de recibo eleitoral para cada doação realizada, dispensada a assinatura do doador;

c) utilização de terminal de captura de transações para as doações por meio de cartão de crédito e de cartão de débito.

§ 1º As doações por meio de cartão de crédito ou cartão de débito somente serão admitidas quando realizadas pelo titular do cartão.

§ 2º Eventuais estornos, desistências ou não confirmação da despesa do cartão serão informados pela administradora ao beneficiário e à Justiça Eleitoral.

Art. 25. As doações de que trata esta Seção ficam limitadas (Lei nº 9.504/1997, art. 23, § 1º, I e II, § 7º, e art. 81, § 1º):

I – a 10% dos rendimentos brutos auferidos por pessoa física, no ano-calendário anterior à eleição, excetuando-se as doações estimáveis em dinheiro relativas à utilização de bens móveis ou imóveis de propriedade do doador ou da prestação de serviços próprios, desde que o valor da doação não ultrapasse R$ 50.000,00 (cinquenta mil reais), apurados conforme o valor de mercado;

II – a 2% do faturamento bruto auferido por pessoa jurídica, no ano-calendário anterior à eleição;

III – ao valor máximo do limite de gastos estabelecido na forma do art. 4º desta resolução, caso o candidato utilize recursos próprios.

§ 1º É vedada a realização de doações por pessoas jurídicas que tenham iniciado ou retomado as suas atividades no ano-calendário de 2014, em virtude da impossibilidade de apuração dos limites de doação constantes do inciso II do *caput*.

§ 2º A doação acima dos limites fixados neste artigo sujeita o infrator ao pagamento de multa no valor de 5 a 10 vezes a quantia em excesso, sem prejuízo de responder o candidato por abuso do poder econômico, nos termos do art. 22 da Lei Complementar nº 64/1990 (Lei nº 9.504/1997, arts. 23, § 3º, e 81, § 2º).

§ 3º Além do disposto no parágrafo anterior, a pessoa jurídica que ultrapassar o limite de doação fixado no inciso II deste artigo estará sujeita à proibição de participar de licitações públicas e de celebrar contratos com o poder público pelo período de até 5 anos, por decisão da Justiça Eleitoral, em processo no qual seja assegurada a ampla defesa (Lei nº 9.504/1997, art. 81, § 3º).

§ 4º A verificação dos limites de doação observará as seguintes disposições:

I – O Tribunal Superior Eleitoral, após a consolidação das informações sobre os valores doados e apurados até 31.12.2014, as encaminhará à Receita Federal do Brasil até 10.01.2015;

II – a Receita Federal do Brasil fará o cruzamento dos valores doados com os rendimentos de pessoa física e faturamento da pessoa jurídica e, apurando indício de excesso, fará, até 31.03.2015, a devida comunicação ao Ministério Público Eleitoral, a quem incumbirá propor representação, solicitando a quebra do sigilo fiscal ao juiz eleitoral competente.

§ 5º A comunicação a que se refere o inciso II do § 4º restringe-se à identificação nominal, seguida do respectivo número de inscrição no CPF ou CNPJ, Município e UF fiscal do domicílio do doador, resguardado o respectivo sigilo dos rendimentos da pessoa física, do faturamento da pessoa jurídica e do possível excesso apurado.

§ 6º para os municípios nos quais houver mais de uma Zona Eleitoral, a comunicação a que se refere o inciso II do § 4º deverá incluir também a Zona Eleitoral correspondente ao domicílio do doador.

Art. 26. As doações entre partidos políticos, comitês financeiros e candidatos deverão ser realizadas mediante recibo eleitoral e não estarão sujeitas aos limites impostos nos incisos I e II do art. 25.

§ 1º As doações previstas no *caput*, caso oriundas de recursos próprios do candidato, deverão respeitar o limite legal estabelecido no inciso I do art. 25.

§ 2º Os empréstimos contraídos pela pessoa física do candidato serão considerados doação de recursos próprios se aplicados na campanha eleitoral, devendo estar respaldados por documentação idônea e observar o limite estabelecido no parágrafo único do art. 19.

§ 3º As doações referidas no *caput* devem identificar o CPF ou CNPJ do doador originário, devendo ser emitido o respectivo recibo eleitoral para cada doação.

SEÇÃO IV
DA COMERCIALIZAÇÃO DE BENS E/OU SERVIÇOS E/OU DA PROMOÇÃO DE EVENTOS

Art. 27. Para a comercialização de bens e/ou serviços e/ou a promoção de eventos que se destinem a arrecadar recursos para campanha eleitoral, o candidato, o partido político ou o comitê financeiro deverão:

I – comunicar a sua realização, formalmente e com antecedência mínima de 5 (cinco) dias úteis, à Justiça Eleitoral, que poderá determinar a sua fiscalização;

II – manter, à disposição da Justiça Eleitoral, a documentação necessária à comprovação de sua realização.

§ 1º Os valores arrecadados constituem doação e estão sujeitos aos limites legais e à emissão de recibos eleitorais.

§ 2º O montante bruto dos recursos arrecadados deverá, antes de sua utilização, ser depositado na conta bancária específica.

§ 3º Para a fiscalização de eventos, prevista no inciso I do *caput*, a Justiça Eleitoral poderá nomear, entre seus servidores, fiscais *ad hoc*, devidamente credenciados para a sua atuação.

§ 4º As despesas e gastos relativos à realização do evento deverão ser comprovadas por documentação idônea e pelos respectivos recibos eleitorais, mesmo quando provenientes de doações de terceiros, em espécie, bens ou serviços estimados em dinheiro.

SEÇÃO V
DAS FONTES VEDADAS

Art. 28. É vedado a candidato, partido político e comitê financeiro receber, direta ou indiretamente, doação em dinheiro ou estimável em dinheiro, inclusive por meio de publicidade de qualquer espécie, procedente de (Lei nº 9.504/1997, art. 24, I a XI):

I – entidade ou governo estrangeiro;

II – órgão da administração pública direta e indireta ou fundação mantida com recursos provenientes do poder público;

III – concessionário ou permissionário de serviço público;

IV – entidade de direito privado que receba, na condição de beneficiária, contribuição compulsória em virtude de disposição legal;

V – entidade de utilidade pública;

VI – entidade de classe ou sindical;

VII – pessoa jurídica sem fins lucrativos que receba recursos do exterior;

VIII – entidades beneficentes e religiosas;

IX – entidades esportivas;

X – organizações não governamentais que recebam recursos públicos;

XI – organizações da sociedade civil de interesse público;

XII – sociedades cooperativas de qualquer grau ou natureza, cujos cooperados sejam concessionários ou permissionários de serviços públicos ou que estejam sendo beneficiados com recursos públicos (Lei nº 9.504/1997, art. 24, parágrafo único).

XIII – cartórios de serviços notariais e de registros.

§ 1º Os recursos recebidos por candidato, partido ou comitê financeiro que sejam oriundos de fontes vedadas deverão ser transferidos ao Tesouro Nacional, por meio de Guia de Recolhimento da União (GRU), por quem os receber, tão logo sejam identificados, observando-se o limite de até 5 dias após o trânsito em julgado da decisão que julgar as contas de campanha.

§ 2º O respectivo comprovante de recolhimento poderá ser apresentado juntamente em qualquer fase da prestação de contas ou até o dia útil seguinte ao limite do prazo previsto no § 1º, sob pena de encaminhamento das informações à Procuradoria-Geral da Fazenda Nacional para fins de cobrança.

§ 3º A transferência de recursos recebidos de fontes vedadas para outros diretórios partidários, comitês financeiros e candidatos não isenta os donatários da obrigação prevista no § 1º.

§ 4º A devolução ou o recolhimento ao Erário de recursos recebidos de fonte vedada não impede eventual declaração da insanabilidade das contas, considerados os elementos do caso concreto.

SEÇÃO VI
DOS RECURSOS DE ORIGEM NÃO IDENTIFICADA

Art. 29. Os recursos de origem não identificada não poderão ser utilizados pelos candidatos, partidos políticos e comitês financeiros e deverão ser transferidos ao Tesouro Nacional, por meio de Guia de Recolhimento da União (GRU), tão logo seja constatada a impossibilidade de identificação, observando-se o prazo de até 5 dias após o trânsito em julgado da decisão que julgar as contas de campanha.

§ 1º A falta de identificação do doador e/ou a informação de números de inscrição inválidos no CPF ou no CNPJ caracterizam o recurso como de origem não identificada.

§ 2º O respectivo comprovante de recolhimento poderá ser apresentado em qualquer fase da prestação de contas ou até o dia útil seguinte ao término do prazo previsto no *caput* deste artigo, sob pena de encaminhamento das informações à Procuradoria-Geral da Fazenda Nacional para fins de cobrança.

SEÇÃO VII
DA DATA LIMITE PARA A ARRECADAÇÃO E DESPESAS

Art. 30. Os candidatos, partidos políticos e comitês financeiros poderão arrecadar recursos e contrair obrigações até o dia da eleição.

§ 1º Após o prazo fixado no *caput*, é permitida a arrecadação de recursos exclusivamente para a quitação de despesas já contraídas e não pagas até o dia da eleição, as quais deverão estar integralmente quitadas até o prazo para entrega da prestação de contas à Justiça Eleitoral.

§ 2º Eventuais débitos de campanha não quitados até a data fixada para a apresentação da prestação de contas poderão ser assumidos pelo partido político (Lei nº 9.504/1997, art. 29, § 3º e Código Civil, art. 299):

a) por decisão do seu órgão nacional de direção partidária, com apresentação de cronograma de pagamento e quitação que não ultrapasse o prazo fixado para a prestação de contas da eleição subsequente para o mesmo cargo; e

b) com anuência expressa dos credores.

§ 3º No caso do disposto no parágrafo anterior, o órgão partidário da respectiva circunscrição eleitoral passará a responder por todas as dívidas solidariamente com o candidato, hipótese em que a existência do débito não poderá ser considerada como causa para a rejeição das contas (Lei nº 9.504/1997, art. 29, § 4º).

§ 4º Os valores arrecadados para a quitação dos débitos de campanha a que se refere o § 2º devem:

I – observar os requisitos da Lei nº 9.504/1997 quanto aos limites legais de aplicação e às fontes lícitas de arrecadação;

II – transitar necessariamente pela conta "Doações para Campanha" do partido político, a qual somente poderá ser encerrada após a quitação de todos os débitos;

III – constar da prestação de contas anual do partido político até a integral quitação dos débitos, conforme o cronograma do pagamento e quitação apresentado por ocasião da assunção da dívida.

§ 5º As despesas já contraídas e não pagas até a data a que se refere o *caput* deverão ser comprovadas por documento fiscal hábil, idôneo ou por outro meio de prova permitido, emitido na data da realização da despesa.

CAPÍTULO III
DOS GASTOS ELEITORAIS
SEÇÃO I
DISPOSIÇÕES PRELIMINARES

Art. 31. São gastos eleitorais, sujeitos a registro e aos limites fixados (Lei nº 9.504/1997, art. 26):

I – confecção de material impresso de qualquer natureza e tamanho;

II – propaganda e publicidade direta ou indireta, por qualquer meio de divulgação;

III – aluguel de locais para a promoção de atos de campanha eleitoral;

IV – despesas com transporte ou deslocamento de candidato e de pessoal a serviço das candidaturas;

V – correspondências e despesas postais;

VI – despesas de instalação, organização e funcionamento de comitês e serviços necessários às eleições;

VII – remuneração ou gratificação de qualquer espécie paga a quem preste serviços a candidatos, partidos políticos e comitês financeiros;

VIII – montagem e operação de carros de som, de propaganda e de assemelhados;

IX – realização de comícios ou eventos destinados à promoção de candidatura;

X – produção de programas de rádio, televisão ou vídeo, inclusive os destinados à propaganda gratuita;

XI – realização de pesquisas ou testes pré-eleitorais;

XII – custos com a criação e inclusão de páginas na internet;

XIII – multas aplicadas, até as eleições, aos candidatos, partidos políticos e comitês financeiros por infração do disposto na legislação eleitoral;

XIV – doações para partidos políticos, comitês financeiros ou outros candidatos;

XV – produção de jingles, vinhetas e slogans para propaganda eleitoral.

§ 1º As multas a que se refere o inciso XIII deste artigo não podem ser quitadas com recursos do Fundo Partidário.

§ 2º As multas aplicadas por propaganda antecipada deverão ser arcadas pelos responsáveis e não serão computadas como despesas de campanha, ainda que aplicadas a quem venha a se tornar candidato.

§ 3º Os gastos eleitorais de natureza financeira só poderão ser efetuados por meio de cheque nominal ou transferência bancária, ressalvadas as despesas de pequeno valor.

§ 4º Consideram-se de pequeno valor as despesas individuais que não ultrapassem o limite de R$ 400,00 (quatrocentos reais).

§ 5º Para o pagamento de despesas de pequeno valor, candidatos, partidos políticos e comitês financeiros poderão constituir reserva individual em dinheiro (Fundo de Caixa), em montante a ser aplicado por todo o período da campanha eleitoral, observado o trânsito prévio desses recursos na conta bancária específica, devendo ser mantida a documentação correspondente para fins de fiscalização.

§ 6º O valor da reserva a que se refere o parágrafo anterior não deve ser superior a 2% do total das despesas realizadas ou a R$ 100.000,00 (cem mil reais), o que for menor.

§ 7º Os pagamentos de pequeno valor realizados por meio do Fundo de Caixa não dispensam a respectiva comprovação por meio de documentos fiscais hábeis, idôneos ou por outros permitidos pela legislação tributária, emitidos na data da realização da despesa.

§ 8 º Candidatos a vice e/ou suplente não poderão constituir o Fundo de Caixa.

§ 9º Todo material impresso de campanha eleitoral deverá conter o número de inscrição no Cadastro Nacional da Pessoa Jurídica (CNPJ) ou o número de inscrição no Cadastro de Pessoas Físicas (CPF) do responsável pela confecção, bem como de quem a contratou, e a respectiva tiragem (Lei nº 9.504/1997, art. 38, § 1º).

§ 10. Quando o material impresso veicular propaganda conjunta de diversos candidatos, os gastos relativos a cada um deles deverão constar da respectiva prestação de contas ou apenas daquela relativa ao que houver arcado com as despesas (Lei nº 9.504/1997, art. 38, § 2º).

§ 11. Os gastos efetuados por candidato em benefício de partido político, comitê financeiro ou outro candidato constituem doações estimáveis em dinheiro e serão computados no limite de gastos de campanha.

§ 12. O pagamento dos gastos eleitorais contraídos pelos candidatos será de sua responsabilidade, cabendo aos comitês financeiros e aos partidos políticos responder apenas pelos gastos que realizarem.

§ 13. Os gastos destinados à preparação da campanha e instalação física de comitês de campanha de candidatos e de partidos políticos poderão ser contratados a partir de 10 de junho de 2014, considerada a data efetiva da realização da respectiva convenção partidária, desde que devidamente formalizados e que o desembolso financeiro ocorra apenas após a obtenção do número de registro no CNPJ, a abertura de conta bancária específica para a movimentação financeira de campanha e a emissão de recibos eleitorais.

§ 14. Os gastos eleitorais efetivam-se na data da sua contratação, independentemente da realização do seu pagamento, observado o disposto no § 13.

Art. 32. Com a finalidade de apoiar candidato de sua preferência, qualquer eleitor poderá realizar pessoalmente gastos totais até o valor de R$ 1.064,10 (mil e sessenta e quatro reais e dez centavos), não sujeitos à contabilização, desde que não reembolsados, hipótese em que o documento fiscal deverá ser emitido em nome do eleitor (Lei nº 9.504/1997, art. 27).

Parágrafo único. Bens e serviços entregues ou prestados ao candidato não representam os gastos de que trata o *caput* e caracterizam doação, sujeitando-se às regras do art. 25 desta resolução.

TÍTULO II
DA PRESTAÇÃO DE CONTAS
CAPÍTULO I
DA OBRIGAÇÃO DE PRESTAR CONTAS

Art. 33. Deverão prestar contas à Justiça Eleitoral:

I – o candidato;

II – os diretórios partidários, nacional e estaduais, em conjunto com seus respectivos comitês financeiros, se constituídos.

§ 1º O candidato fará, diretamente ou por intermédio de pessoa por ele designada, a administração financeira de sua campanha (Lei nº 9.504/1997, art. 20).

§ 2º O candidato é solidariamente responsável com a pessoa indicada no parágrafo anterior pela veracidade das informações financeiras e contábeis de sua campanha (Lei nº 9.504/1997, art. 21).

§ 3º O candidato elaborará a prestação de contas, que será encaminhada ao respectivo Tribunal Eleitoral, diretamente por ele ou por intermédio do partido político ou do comitê financeiro, no prazo estabelecido no art. 38 desta resolução, abrangendo, se for o caso, o vice e os suplentes, em conformidade com os respectivos períodos de composição da chapa.

§ 4º O candidato e o profissional de contabilidade responsável deverão assinar a prestação de contas, sendo obrigatória a constituição de advogado.

§ 5º O candidato que renunciar à candidatura, dela desistir, for substituído ou tiver o seu registro indeferido pela Justiça Eleitoral deverá prestar contas correspondentes ao período em que participou do processo eleitoral, mesmo que não tenha realizado campanha.

§ 6º Se o candidato falecer, a obrigação de prestar contas, referente ao período em que realizou campanha, será de responsabilidade de seu administrador financeiro ou, na sua ausência, no que for possível, da respectiva direção partidária.

§ 7º A ausência de movimentação de recursos de campanha, financeiros ou estimáveis em dinheiro, não isenta o candidato, o partido político e o comitê financeiro do dever de prestar contas na forma estabelecida nesta resolução.

Art. 34. Observado o disposto no art. 35, para os efeitos desta resolução, a prestação de contas dos comitês financeiros será feita conjuntamente com a prestação de contas da direção do partido político que o constituiu.

Parágrafo único. O presidente e o tesoureiro do partido político e do comitê financeiro são responsáveis pela veracidade das informações relativas à prestação de contas do partido e dos comitês financeiros, devendo assinar todos os documentos que a integram e encaminhá-la à Justiça Eleitoral no prazo legal.

Art. 35. Sem prejuízo da prestação de contas anual prevista na Lei nº 9.096, de 1995, os diretórios nacional e estadual do partido político deverão prestar contas dos recursos arrecadados e aplicados exclusivamente em campanha da seguinte forma:

I – o diretório partidário estadual deverá encaminhar a prestação de contas ao respectivo Tribunal Regional Eleitoral;

II – o diretório partidário nacional deverá encaminhar a prestação de contas ao Tribunal Superior Eleitoral.

CAPÍTULO II
DO PRAZO E DA AUTUAÇÃO DA PRESTAÇÃO DE CONTAS

Art. 36. Os candidatos e os diretórios nacional e estaduais dos partidos políticos são obrigados a entregar à Justiça Eleitoral, no período de 28 de julho a 2 de agosto e de 28 de agosto a 2 de setembro, as prestações de contas parciais, com a discriminação dos recursos em dinheiro ou estimáveis em dinheiro para financiamento da campanha eleitoral e dos gastos que realizaram, detalhando doadores e fornecedores, as quais serão divulgadas pela Justiça Eleitoral na internet nos dias 6 de agosto e 6 de setembro, respectivamente (Lei nº 9.504/1997, art. 28, § 4º, e Lei nº 12.527/2011).

§ 1º A ausência de prestação de contas parcial caracteriza grave omissão de informação, que poderá repercutir na regularidade das contas finais.

§ 2º A prestação de contas parcial que não corresponda à efetiva movimentação de recursos ocorrida até a data da sua entrega, caracteriza infração grave, a ser apurada no momento do julgamento da prestação de contas final.

§ 3º Após o prazo previsto no *caput*, será admitida apenas a retificação das contas na forma do disposto no § 2º do art. 50 desta resolução.

§ 4º Caso os candidatos e partidos políticos não encaminhem as prestações de contas parciais constantes do *caput*, a Justiça Eleitoral divulgará os saldos financeiros, a débito e a crédito, dos extratos bancários encaminhados pelas instituições financeiras, nos termos do art. 17.

§ 5º A divulgação dos dados previstos no parágrafo anterior não supre a obrigação da apresentação das contas parciais.

Art. 37. Após a divulgação da primeira prestação de contas parcial de que trata o artigo anterior, a unidade técnica responsável pelo exame das contas encaminhará os dados ao Presidente do Tribunal, para que seja determinada sua autuação e distribuição.

§ 1º O Relator poderá determinar o imediato início da análise das contas apresentadas a ser realizada pela unidade técnica responsável, nos termos do § 3º do art. 33 desta resolução.

§ 2º A segunda prestação de contas parcial e a prestação de contas final serão juntadas ao processo iniciado com a primeira prestação de contas parcial.

Art. 38. As prestações de contas finais de candidatos e de partidos políticos, incluídas as de seus respectivos comitês financeiros, deverão ser prestadas à Justiça Eleitoral até 4 de novembro de 2014 (Lei nº 9.504/1997, art. 29, III).

§ 1º O candidato que disputar o segundo turno deverá apresentar as contas referentes aos dois turnos até 25 de novembro de 2014 (Lei nº 9.504/1997, art. 29, IV).

§ 2º O partido político que tenha candidato participando do segundo turno, ainda que coligado, deverá encaminhar também, no prazo fixado no § 1º, a prestação de contas, incluídas as contas de seus respectivos comitês financeiros, com a arrecadação e a aplicação dos recursos da campanha eleitoral.

§ 3º Findos os prazos fixados neste artigo sem que as contas tenham sido prestadas, a Justiça Eleitoral notificará, no prazo máximo de 5 (cinco) dias, os partidos políticos e os candidatos, inclusive vice e suplentes, da obrigação de prestá-las, no prazo de 72 horas, após o que, permanecendo a omissão, serão elas julgadas como não prestadas (Lei nº 9.504/1997, art. 30, IV).

CAPÍTULO III
DAS SOBRAS DE CAMPANHA

Art. 39. Constituem sobras de campanha:

I – a diferença positiva entre os recursos arrecadados e os gastos realizados em campanha;

II – os bens e materiais permanentes adquiridos ou recebidos pela campanha.

§ 1º As sobras de campanhas eleitorais serão transferidas ao órgão partidário, na circunscrição do pleito, devendo o comprovante de transferência ser juntado à prestação de contas do responsável pelo recolhimento, sem prejuízo dos respectivos lançamentos na contabilidade do partido.

§ 2º As sobras financeiras de recursos oriundos do Fundo Partidário deverão ser restituídas ao partido político para depósito na conta bancária destinada à movimentação de recursos dessa natureza.

§ 3º As sobras financeiras de origem diversa da prevista no § 2º devem ser depositadas na respectiva conta bancária do partido.

CAPÍTULO IV
DA ELABORAÇÃO E APRESENTAÇÃO DAS CONTAS

Art. 40. A prestação de contas, ainda que não haja movimentação de recursos financeiros ou estimáveis em dinheiro, será composta:

I – pelas seguintes informações:

a) qualificação do candidato, dos responsáveis pela administração de recursos do candidato, do partido político ou comitê financeiro;

b) recibos eleitorais emitidos;

c) recursos arrecadados, com a identificação das doações recebidas, financeiras ou estimáveis em dinheiro, e daqueles oriundos da comercialização de bens e/ou serviços e da promoção de eventos;

d) receitas estimáveis em dinheiro, descrevendo:

1. o bem recebido, informando a quantidade, o valor unitário e a avaliação pelos preços praticados no mercado, com a identificação da fonte de avaliação;

2. o serviço prestado, informando a avaliação realizada em conformidade com os preços habitualmente praticados pelo prestador, sem prejuízo da apuração dos preços praticados pelo mercado, caso o valor informado seja inferior a estes.

e) doações efetuadas a partidos políticos, a comitês financeiros e a candidatos;

f) receitas e despesas, especificando-as, e as eventuais sobras ou dívidas de campanha;

g) despesas efetuadas;

h) comercialização de bens e/ou serviços e/ou da promoção de eventos, discriminando o período de realização, o valor total auferido, o custo total, as especificações necessárias à identificação da operação e a identificação dos adquirentes dos bens ou serviços;

i) despesas pagas após a eleição, discriminando as obrigações assumidas até a data do pleito e pagas após essa data;

j) conciliação bancária, com os débitos e os créditos ainda não lançados pela instituição bancária, a qual deverá ser apresentada quando houver diferença entre o saldo financeiro do demonstrativo de receitas e despesas e o saldo bancário registrado em extrato, de forma a justificá-la;

II – e pelos seguintes documentos:

a) extratos da conta bancária aberta em nome do candidato, partido político ou comitê financeiro, inclusive da conta aberta para movimentação de recursos do Fundo Partidário, quando for o caso, nos termos exigidos pelo inciso III do art. 3º desta resolução, demonstrando a movimentação financeira ou a sua ausência, em sua forma definitiva, contemplando todo o período de campanha, vedada a apresentação de extratos sem validade legal, adulterados, parciais, ou que omitam qualquer movimentação financeira;

b) comprovantes de recolhimento (depósitos/transferências) à respectiva direção partidária das sobras financeiras de campanha;

c) cópia do contrato firmado com instituição financeira ou administradora de cartão de crédito, com o respectivo extrato das operações realizadas, se for o caso;

d) documentos fiscais que comprovem a regularidade dos gastos eleitorais realizados com recursos do Fundo Partidário, na forma do art. 31 desta resolução;

e) declaração firmada pela direção partidária comprovando o recebimento das sobras de campanha constituídas por bens e/ou materiais permanentes, quando houver;

f) termo de assunção de dívida, nos termos do art. 30, § 2º, desta resolução;

g) instrumento de mandato para constituição de advogado para a prestação de contas.

§ 1º Para subsidiar o exame das contas prestadas, a Justiça Eleitoral poderá requerer a apresentação dos seguintes documentos:

a) documentos fiscais e outros legalmente admitidos, que comprovem a regularidade dos gastos eleitorais;

b) canhotos dos recibos eleitorais;

c) outros elementos que comprovem a movimentação realizada em campanha.

§ 2º A comprovação de despesas relativa ao transporte aéreo e hospedagem do candidato e das pessoas que trabalham em prol da sua campanha poderão ser comprovadas mediante a apresentação das respectivas faturas emitidas pelas agências de viagem, desde que, concomitantemente, seja apresentado:

I – prova de que o beneficiário participa da campanha eleitoral e a viagem foi realizada para atender propósitos da campanha;

II – bilhete da passagem, acompanhado dos comprovantes de embarque ou declaração de embarque emitida pela companhia responsável pelo transporte;

III – nota fiscal emitida pelo estabelecimento hoteleiro com identificação do hóspede.

Art. 41. Para a elaboração da prestação de contas, deverá ser utilizado o Sistema de Prestação de Contas Eleitorais (SPCE), disponibilizado na página da Justiça Eleitoral, na internet.

Art. 42. A prestação de contas será encaminhada à Justiça Eleitoral em meio eletrônico pela internet, na forma deste artigo.

§ 1º Recebidas na base de dados da Justiça Eleitoral as informações de que trata o inciso I do art. 40, o sistema emitirá o Extrato da Prestação de Contas, certificando a entrega eletrônica, que deverá ser impresso, assinado e, juntamente com os documentos a que se refere o inciso II do mesmo artigo, protocolizado no órgão competente para julgar as contas até o prazo fixado no art. 38.

§ 2º Apenas após a certificação de que o número de controle do Extrato da Prestação de Contas é idêntico àquele constante na base de dados da Justiça Eleitoral, será gerado o recibo de entrega.

§ 3º Ausente o número de controle no Extrato da Prestação de Contas, ou sendo divergente daquele constante da base de dados da Justiça Eleitoral, o SPCE emitirá aviso com a informação de impossibilidade técnica de sua recepção, fazendo-se necessária a sua reapresentação, sob pena de serem as contas julgadas não prestadas.

Art. 43 Apresentadas as contas finais, a Justiça Eleitoral disponibilizará os respectivos dados em página da internet e determinará a imediata publicação de edital para que qualquer partido político, candidato ou coligação, bem como o Ministério Público as impugne no prazo de 3 (três) dias.

§ 1º A impugnação à prestação de contas deverá ser formulada em petição fundamentada dirigida ao Relator, que, ao recebê-la, abrirá vista ao prestador das contas para manifestação no prazo de 3 dias.

§ 2º A não apresentação de impugnação não obsta a análise das contas pelos órgãos técnicos, nem impede a atuação do Ministério Público Eleitoral como custos legis.

SEÇÃO I
DA COMPROVAÇÃO DA ARRECADAÇÃO DE RECURSOS E DA REALIZAÇÃO DE GASTOS

Art. 44. A comprovação dos recursos financeiros arrecadados será feita mediante a apresentação dos canhotos de recibos eleitorais emitidos e dos extratos bancários das contas de que tratam os arts. 12 e 13.

§ 1º A comprovação da ausência de movimentação de recursos financeiros deverá ser efetuada mediante a apresentação dos correspondentes extratos bancários ou de declaração firmada pelo gerente da instituição financeira.

§ 2º Havendo indício de recurso recebido de fonte vedada apurado durante o exame, incumbe ao prestador de contas comprovar a regularidade da origem dos recursos.

Art. 45. A receita estimada, oriunda de doação/cessão de bens e/ou serviços estimáveis em dinheiro ao candidato, ao partido político e ao comitê financeiro deverá ser comprovada por intermédio de:

I – documento fiscal emitido pela pessoa jurídica doadora e termo de doação por ele firmado;

II – documentos fiscais emitidos em nome do doador ou termo de doação por ele firmado, quando se tratar de doação feita por pessoa física;

III – termo de cessão, ou documento equivalente, quando se tratar de bens pertencentes ao cedente, pessoa física ou jurídica, cedidos temporariamente ao partido político, comitê financeiro ou candidato, acompanhado da respectiva comprovação da propriedade.

Art. 46. A documentação fiscal relacionada aos gastos eleitorais realizados pelos candidatos, partidos políticos e comitês financeiros deverá ser emitida em nome destes, inclusive com a identificação do número de inscrição no CNPJ, observada a exigência de apresentação, em original ou cópia, da correspondente nota fiscal ou recibo, este último apenas nas hipóteses permitidas pela legislação fiscal.

Art. 47. No caso de utilização de recursos financeiros próprios, a Justiça Eleitoral poderá exigir do candidato a apresentação de documentos comprobatórios da respectiva origem.

CAPÍTULO V
DA ANÁLISE E JULGAMENTO DAS CONTAS

Art. 48. Para efetuar o exame das contas, a Justiça Eleitoral poderá requisitar técnicos do Tribunal de Contas da União, dos Estados e dos Tribunais e Conselhos de Contas dos Municípios, pelo tempo que for necessário, bem como servidores ou empregados públicos do Município, ou nele lotados, ou, ainda, pessoas idôneas da comunidade, devendo a escolha recair preferencialmente entre aqueles que possuírem formação técnica compatível, com ampla e imediata publicidade de cada requisição (Lei nº 9.504/1997, art. 30, § 3º).

§ 1º Para a requisição de técnicos e outros colaboradores prevista nesta resolução, devem ser observados os impedimentos aplicáveis aos integrantes de Mesas Receptoras de Votos, previstos nos incisos de I a III do § 1º do art. 120 do Código Eleitoral.

§ 2º As razões de impedimento apresentadas pelos técnicos requisitados serão submetidas à apreciação da Justiça Eleitoral e somente poderão ser alegadas até 5 (cinco) dias a contar da designação, salvo na hipótese de motivos supervenientes.

Art. 49. Havendo indício de irregularidade na prestação de contas, a Justiça Eleitoral poderá requisitar diretamente, ou por delegação, informações adicionais, bem como determinar diligências para a complementação dos dados ou para o saneamento das falhas (Lei nº 9.504/1997, art. 30, § 4º).

§ 1º As diligências mencionadas no *caput* devem ser cumpridas no prazo de 72 horas, a contar da intimação, que deverá ser especificamente dirigida:

I – na hipótese de prestação de contas de candidato à eleição majoritária, ao titular, ao vice e ao suplente, ainda que substituídos; e

II – nas demais hipóteses, ao candidato, ou quando se tratar de prestação de contas de partido político, ao presidente e tesoureiro da agremiação partidária e dos respectivos comitês.

§ 2º Na fase de exame técnico, inclusive de contas parciais, o titular da unidade técnica responsável pelo exame das contas poderá promover circularizações, fixando o prazo máximo de 72 horas para cumprimento.

§ 3º Determinada a diligência, decorrido o prazo do seu cumprimento sem manifestação, ou tendo sido prestadas informações, ainda que insuficientes, ou apresentados dados incapazes de sanear os indícios de irregularidade, será emitido parecer técnico conclusivo acerca das contas, salvo na hipótese de se considerar necessária a expedição de nova diligência.

§ 4º O Relator poderá, em decisão fundamentada, de ofício ou por provocação do órgão técnico, do Ministério Público ou do impugnante, determinar a quebra dos sigilos fiscal e bancário do candidato, dos partidos políticos, dos doadores ou dos fornecedores da campanha.

Art. 50. A retificação das contas, parciais ou final, somente será permitida, sob pena de ser considerada inválida:

I – na hipótese de cumprimento de diligências que implicar a alteração das peças inicialmente apresentadas;

II – voluntariamente, na ocorrência de erro material, detectado antes do pronunciamento técnico que aponte a falha.

§ 1º Em qualquer hipótese, a retificação das contas obriga à apresentação de justificativas e, quando cabível, de documentos que comprovem a alteração realizada.

§ 2º Não será admitida a retificação da primeira prestação de contas parcial após o prazo inicial fixado para a apresentação da segunda parcial e, desta última, após o prazo inicial fixado para a prestação de contas final.

§ 3º Considerada inválida a retificação, a unidade técnica registrará no parecer técnico conclusivo de que trata o § 3º do artigo anterior, a fim de que, por ocasião do julgamento, seja determinada a exclusão das informações retificadas na base de dados da Justiça Eleitoral.

Art. 51. Emitido parecer técnico conclusivo pela existência de irregularidades e/ou impropriedades sobre as quais não se tenha dado oportunidade de manifestação ao prestador de contas, a Justiça Eleitoral o notificará para, querendo, manifestar-se no prazo de 72 horas, a contar da notificação.

Parágrafo único. O disposto neste artigo também será aplicável quando o Ministério Público Eleitoral apresentar parecer pela rejeição das contas por motivo que não tenha sido anteriormente identificado ou considerado pelo órgão técnico.

Art. 52. Erros formais e materiais corrigidos ou tidos como irrelevantes no conjunto da prestação de contas não ensejam a sua desaprovação e a aplicação de sanção (Lei nº 9.504/1997, art. 30, §§ 2º e 2º-A).

Art. 53. O Ministério Público Eleitoral terá vista dos autos da prestação de contas, devendo emitir parecer no prazo de 48 horas.

Art. 54. A Justiça Eleitoral verificará a regularidade das contas, decidindo (Lei nº 9.504/1997, art. 30, *caput*):

I – pela aprovação, quando estiverem regulares;

II – pela aprovação com ressalvas, quando verificadas falhas que não lhes comprometam a regularidade;

III – pela desaprovação, quando constatadas falhas que comprometam a sua regularidade;

IV – pela não prestação, quando:

a) não apresentadas, as informações e os documentos de que trata o art. 40 desta resolução;

b) não reapresentada a prestação de contas, nos termos previstos no § 3º do art. 42 e no § 3º do art. 49 desta resolução;

c) apresentadas as contas desacompanhadas de documentos que possibilitem a análise dos recursos arrecadados e dos gastos realizados na campanha, cuja falta não seja suprida no prazo de 72 horas, contado da notificação do responsável.

§ 1º Julgadas não prestadas, mas posteriormente apresentadas, as contas não serão objeto de novo julgamento, sendo considerada a sua apresentação apenas para fins de divulgação e de regularização no Cadastro Eleitoral ao término da legislatura, nos termos do inciso I do art. 58.

§ 2º Na hipótese do parágrafo anterior, as contas apresentadas serão submetidas a exame técnico tão somente para verificação de eventual existência de recursos de fontes vedadas, de origem não identificada e da ausência de comprovação ou irregularidade na aplicação de recursos oriundos do Fundo Partidário, com posterior encaminhamento ao Ministério Público.

§ 3º O partido político, por si ou por intermédio de comitê financeiro, que tiver as suas contas desaprovadas por descumprimento às normas referentes à arrecadação e aos gastos de recursos fixadas na Lei nº 9.504, de 1997, ou nesta resolução, perderá o direito ao recebimento da quota do Fundo Partidário do ano seguinte ao trânsito em julgado da decisão, sem prejuízo de os candidatos beneficiados responderem por abuso do poder econômico ou por outras sanções cabíveis (Lei nº 9.504/1997, art. 25).

§ 4º A sanção de suspensão do repasse de novas quotas do Fundo Partidário, por desaprovação total ou parcial da prestação de contas do candidato, deverá ser aplicada de forma proporcional e razoável, pelo período de 1 mês a 12 meses, ou por meio do desconto, do valor a ser repassado, na importância apontada como irregular, não podendo ser aplicada a sanção de suspensão caso a prestação de contas não seja julgada após 5 (cinco) anos de sua apresentação (Lei nº 9.504/1997, art. 25, parágrafo único).

§ 5º Os Tribunais Regionais Eleitorais, quando aplicarem as sanções previstas no parágrafo anterior, deverão registrar a decisão no Sistema de Informações de Contas Eleitorais e Partidárias (SICO).

Art. 55. A decisão que julgar as contas do candidato às eleições majoritárias abrangerá as de vice e as de suplentes, ainda que substituídos.

Parágrafo único. Se, no prazo legal, o titular não prestar contas, vice e suplentes, ainda que substituídos, poderão fazê-lo separadamente, no prazo de 72 horas contado da notificação de que trata o art. 38, hipótese em que terão suas contas julgadas independentemente das contas do titular, salvo se o titular, em igual prazo, apresentar as suas contas, hipótese na qual os respectivos processos serão apensados e examinados em conjunto.

Art. 56. A Justiça Eleitoral decidirá pela regularidade das contas do partido político, que abrangerá a movimentação realizada pelos seus respectivos comitês financeiros.

Parágrafo único. Na hipótese de infração às normas legais, os dirigentes partidários e/ou do comitê financeiro poderão ser responsabilizados pessoalmente, em processos específicos a serem instaurados nos foros competentes.

Art. 57. A decisão que julgar as contas dos candidatos eleitos será publicada em até 8 dias antes da diplomação (Lei nº 9.504/1997, art. 30, § 1º).

Parágrafo único. Na hipótese de gastos irregulares de recursos do Fundo Partidário ou da ausência de sua comprovação, a decisão que julgar as contas determinará a devolução do valor correspondente ao Tesouro Nacional, no prazo de 5 dias após o seu trânsito em julgado, sob pena de remessa dos autos à Procuradoria-Geral da Fazenda Nacional para fins de cobrança.

Art. 58. A decisão que julgar as contas eleitorais como não prestadas acarretará:

I – ao candidato, o impedimento de obter a certidão de quitação eleitoral até o final da legislatura, persistindo os efeitos da restrição após esse período até a efetiva apresentação das contas;

II – ao partido político, a perda do direito ao recebimento da quota do Fundo Partidário, nos termos dos §§ 3º e 4º do art. 54 desta resolução.

Art. 59. Desaprovadas as contas, a Justiça Eleitoral remeterá cópia de todo o processo ao Ministério Público Eleitoral para os fins previstos no art. 22 da Lei Complementar nº 64, de 1990 (Lei nº 9.504/1997, art. 22, § 4º).

Art. 60. A inobservância do prazo para encaminhamento das prestações de contas impedirá a diplomação dos eleitos, enquanto perdurar a omissão (Lei nº 9.504/1997, art. 29, § 2º).

Art. 61. A Justiça Eleitoral divulgará os nomes dos candidatos que não apresentaram as contas referentes às campanhas e encaminhará cópia dessa relação ao Ministério Público Eleitoral.

Parágrafo único. Após o recebimento da prestação de contas pelo SPCE na base de dados da Justiça Eleitoral, será feito, no cadastro eleitoral, o registro relativo à apresentação da prestação de contas, com base nas informações inseridas no sistema.

SEÇÃO I
DOS RECURSOS

Art. 62. Do acórdão do Tribunal Regional Eleitoral caberá recurso especial para o Tribunal Superior Eleitoral, nas hipóteses previstas nos incisos I e II do § 4º do art. 121 da Constituição Federal, no prazo de 3 dias, a contar da publicação no Diário da Justiça eletrônico (Lei nº 9.504/1997, art. 30, § 6º).

Art. 63. São irrecorríveis as decisões do Tribunal Superior Eleitoral, salvo as que contrariarem a Constituição.

CAPÍTULO VI
DA PRESTAÇÃO DE INFORMAÇÕES PELOS DIRETÓRIOS MUNICIPAIS

Art. 64. No prazo fixado para as prestações de contas parciais e final, os órgãos partidários municipais prestarão informações à Justiça Eleitoral sobre a aplicação de recursos que eventualmente realizarem para as campanhas eleitorais.

§ 1º Para os fins do *caput* deste artigo, os órgãos partidários municipais devem utilizar o SPCE.

§ 2º Os órgãos partidários municipais estarão sujeitos, no que couber, às regras de aplicação de recursos previstas nesta resolução, devendo:

I – manter a documentação comprobatória das operações realizadas;

II – fornecer documentos e informações aos órgãos partidários hierarquicamente superiores, para atendimento de eventuais diligências realizadas pela Justiça Eleitoral.

§ 3º As informações referidas no parágrafo anterior:

I – não serão objeto de julgamento específico pelo Juiz Eleitoral;

II – poderão ser utilizadas para subsidiar o exame das contas de campanha;

III – serão examinadas por ocasião do julgamento da prestação de contas anual subsequente.

Art. 65. As informações a serem prestadas pelos órgãos partidários municipais, de que trata o art. 64, serão encaminhadas à Justiça Eleitoral em meio eletrônico pela internet.

§ 1º Recebidas as informações na base de dados da Justiça Eleitoral, o sistema emitirá o Resumo das Informações de Diretórios Municipais Relativas à Campanha Eleitoral de 2014, certificando a entrega eletrônica, que deverá ser impresso, assinado e protocolizado no Juízo Eleitoral respectivo.

§ 2º Apenas após a certificação de que o número de controle do Resumo das Informações de Diretórios Municipais Relativas à Campanha Eleitoral de 2014 é idêntico àquele constante da base de dados da Justiça Eleitoral, será gerado o recibo de entrega.

§ 3º Ausente o número de controle no Resumo das Informações de Diretórios Municipais Relativas à Campanha Eleitoral de 2014, ou sendo divergente daquele constante da base de dados da Justiça Eleitoral, o SPCE emitirá aviso com a informação de impossibilidade técnica de sua recepção, fazendo-se necessária a sua reapresentação.

CAPÍTULO VII
DA FISCALIZAÇÃO

Art. 66. Durante todo o processo eleitoral, a Justiça Eleitoral poderá fiscalizar a arrecadação e aplicação de recursos, visando subsidiar a análise das prestações de contas.

§ 1º A fiscalização a que alude o *caput* será:

I – precedida de autorização do Relator do processo ou, se não houver, do Presidente do Tribunal, que designará, entre os servidores da Justiça Eleitoral, fiscais *ad hoc*, devidamente credenciados para sua atuação;

II – registrada no SPCE para confronto com as informações lançadas na prestação de contas.

§ 2º Na hipótese de a fiscalização ocorrer em Município diferente da sede do Tribunal, o Relator do processo ou, se não houver, o Presidente do Tribunal poderá solicitar ao juiz da respectiva circunscrição eleitoral que designe servidor da zona eleitoral para exercer a referida fiscalização.

Art. 67. Os órgãos e entidades da administração pública direta e indireta deverão fornecer informações na área de sua competência, quando solicitados pela Justiça Eleitoral, para esclarecer casos específicos.

CAPÍTULO VIII
DAS DISPOSIÇÕES FINAIS

Art. 68. Até 180 dias após a diplomação, os candidatos, os partidos políticos e os comitês financeiros conservarão a documentação concernente às suas contas (Lei nº 9.504/1997, art. 32, *caput*).

Parágrafo único. Estando pendente de julgamento qualquer processo judicial relativo às contas eleitorais, a documentação a elas concernente deverá ser conservada até a decisão final (Lei nº 9.504/1997, art. 32, parágrafo único).

Art. 69. O Ministério Público Eleitoral, os candidatos, os partidos políticos e os comitês financeiros poderão acompanhar o exame das prestações de contas.

Parágrafo único. No caso de acompanhamento por partidos políticos, será exigida a indicação expressa e formal de seu representante, respeitado o limite de um por partido político, em cada circunscrição.

Art. 70. Os doadores e os fornecedores poderão, no curso da campanha, prestar informações, diretamente à Justiça Eleitoral, sobre doações em favor de candidatos, partidos políticos e de comitês financeiros e, ainda, sobre gastos por eles efetuados.

§ 1º Para encaminhar as informações, será necessário o cadastramento prévio nas páginas da internet dos Tribunais Eleitorais.

§ 2º A apresentação de informações falsas sujeitará o infrator às penas previstas nos arts. 348 e seguintes do Código Eleitoral, sem prejuízo das demais sanções cabíveis.

Art. 71. Ressalvados os sigilos impostos pela legislação vigente, os processos de prestação de contas são públicos e podem ser consultados, após autorização da Justiça Eleitoral, por qualquer interessado, que poderá obter cópia de suas peças e documentos, respondendo pelos respectivos custos de reprodução e pela utilização que deles fizer, desde que as referidas consultas não obstruam os trabalhos de análise das respectivas contas.

Art. 72. Na hipótese de dissidência partidária, qualquer que seja o julgamento a respeito da legitimidade da representação, o candidato, o partido político e o comitê financeiro dissidentes estão sujeitos às normas de arrecadação e aplicação de recursos desta resolução, devendo apresentar a sua respectiva prestação de contas à Justiça Eleitoral para exame de regularidade.

Parágrafo único. Nessa hipótese, a responsabilidade pela regularidade das contas recai pessoalmente sobre os respectivos dirigentes e candidato dissidentes, em relação às suas próprias contas.

Art. 73. A partir do registro da candidatura até 15 dias contados da diplomação, qualquer partido político ou coligação poderá representar à Justiça Eleitoral relatando fatos e indicando provas, e pedir a abertura de investigação judicial para apurar condutas em desacordo com a legislação relativas à arrecadação e gastos de recursos.

§ 1º Na apuração de que trata este artigo, aplicar-se-á o procedimento previsto no art. 22 da Lei Complementar nº 64, de 18 de maio de 1990, no que couber.

§ 2º Comprovados captação ou gastos ilícitos de recursos, para fins eleitorais, será negado diploma ao candidato, ou cassado, se já houver sido outorgado.

§ 3º O ajuizamento da representação de que trata este artigo não obsta, nem suspende o julgamento da prestação de contas a ser realizado nos termos desta resolução.

§ 4º As decisões que julgarem as contas nos termos desta resolução não vinculam os Tribunais na análise da representação de que trata este artigo.

Art. 74. Será dada ampla divulgação dos dados e informações estatísticas relativos às prestações de contas recebidas pela Justiça Eleitoral.

Art. 75. Esta resolução entra em vigor na data de sua publicação.

Brasília, 27 de fevereiro de 2014.

MINISTRO MARCO AURÉLIO, PRESIDENTE – MINISTRO DIAS TOFFOLI, RELATOR – MINISTRO GILMAR MENDES – MINISTRA LAURITA VAZ – MINISTRO JOÃO OTÁVIO DE NORONHA – MINISTRO HENRIQUE NEVES DA SILVA – MINISTRA LUCIANA LÓSSIO.

RESOLUÇÃO Nº 23.424/2014

INSTRUÇÃO Nº 958-26.2013.6.00.0000 – CLASSE 19 – BRASÍLIA – DISTRITO FEDERAL

Relator: Ministro Dias Toffoli

Interessado: Tribunal Superior Eleitoral

Requerente: Ministério Público Eleitoral

Ementa:

Altera o art. 8º da Resolução-TSE nº 23.396, de 17 de dezembro de 2013, que dispõe sobre a apuração de crimes eleitorais.

O Tribunal Superior Eleitoral, usando das atribuições que lhe confere o artigo 23, inciso IX, do Código Eleitoral, resolve:

Art. 1º Alterar a redação do art. 8º da Resolução nº 23.396, de 17.12.2013, que passa a ser a seguinte:

Art. 8º O inquérito policial eleitoral somente será instaurado mediante requisição do Ministério Público Eleitoral ou determinação da Justiça Eleitoral, salvo a hipótese de prisão em flagrante.

Art. 2º Esta resolução entra em vigor na data de sua publicação.

Brasília, 27 de maio de 2014.

MINISTRO DIAS TOFFOLI – PRESIDENTE E RELATOR – MINISTRO GILMAR MENDES – MINISTRO TEORI ZAVASCKI – MINISTRA LAURITA VAZ – MINISTRO JOÃO OTÁVIO DE NORONHA – MINISTRO HENRIQUE NEVES DA SILVA – MINISTRA LUCIANA LÓSSIO

BIBLIOGRAFIA

ALMEIDA, Roberto Moreira de. **Curso de direito eleitoral**. 8. ed. Salvador: Jurispodivm, 2014.

ARISTÓTELES. **Política**. Trad. Mário da Gama Kury. Brasília: EUNB, c1985. 317p.

BARROSO, Luís Roberto. **A reforma política**: uma proposta de sistema de governo, eleitoral e partidário para o Brasil. Disponível em: [http://www.luisrobertobarroso.com.br/wp-content/uploads/2010/12/Relat%C3%B3rio-Reforma-Pol%C3%ADtica-OAB.pdf]. Acesso em: 13.06.2014.

BOBBIO, Norberto. **O futuro da democracia: uma defesa das regras do jogo**. Rio de Janeiro: Paz e Terra, 1986.

BONAVIDES, Paulo. **Ciência política**. 17.ed. São Paulo: Malheiros Editores, 2010.

CANDIDO, Joel José. **Direito eleitoral brasileiro**. 13.ed.Bauru: Edipro, 2008.

_____. **Direito penal eleitoral & processo penal eleitoral**. São Paulo: Edipro, 2006.

CANOTILHO, J.J. Gomes. **Direito constitucional**. 6.ed. rev. Coimbra: Coimbra Editora, 1991.

CERQUEIRA, Thales Tácito; CERQUEIRA, Camila Albuquerque. **Direito eleitoral esquematizado**. 1.ed. São Paulo: Saraiva, 2010.

CHALITA, Gabriel. **Vale do Paraíba: política & sociedade**. São Paulo: Vale Livros, 1993.

_____. **Vida para sempre jovem**. São Paulo: Siciliano, 1992. .

_____. **Vivendo a filosofia**. 3.ed. São Paulo: Ática, 2007.

FERREIRA, Pinto. **Comentários à Constituição brasileira**. São Paulo: Saraiva, 1989. vol. 1.

GOMES, José Jairo. **Direito eleitoral**. 8.ed. São Paulo: Editora Atlas, 2012.

HABERMAS, Jürgen. **Direito e democracia: entre facticidade e validade**. 1997, vol. II.

HOBBES, Thomas. **O leviatã**. São Paulo: Nova Cultural, 1991.

LAZZARINI, Álvaro. **Poder polícia eleitoral, a força policial**. Disponível em: [http://www.lexml.gov.br/urn/urn:lex:br:rede.virtual.bibliotecas:artigo.revista:2002;1000671463]. Acesso em: 11.07.2014.

LENZA, Pedro. **Direito constitucional esquematizado**. 12. ed. São Paulo: Saraiva, 2008.

MARQUES, José Frederico. **Da competência em matéria penal**. rev., atual e complementada por José Renato Nalini e Ricardo Dip. Campinas: Millenium, 2000 (Edição histórica e tiragem controlada).

MARRENCO, André. **Financiamento de campanhas eleitorais**. In: AVRITZER, Leonardo; BIGNOTTO Newton; GUIMARÃES, Juarez e STARLING, Heloisa Maria Murgel (orgs.). **Corrupção: ensaios e críticas**. Belo Horizonte: Editora UFMG, 2008.

MAZZILLI, Hugo Nigro. **Doutrina e comentário** "atividade político-partidária e o Ministério Público". ano 4. n. 43. São Paulo: Síntese Editora, set. 2000.

MORAES, Alexandre de. **Direito constitucional**. 7. ed. São Paulo: Atlas, 2000.

NALINI, José Renato. **Ética da magistratura**. 3. ed. São Paulo: Ed. RT, 2012.

_____. **Ética geral e profissional**. 10. ed. São Paulo: Ed. RT, 2013.

NUCCI, Guilherme de Souza. **Manual de processo penal e execução penal**. 8. ed. 2. tir., rev., atual. e ampl. São Paulo: Ed. RT, 2011.

PINHO, Cristiano Vilela de; CAETANO, Flávio Crocce Caetano; GOMES, Wilton Luis da Silva. **Elementos do direito eleitoral**. São Paulo: Ed. Suplegraf, 2010.

REALE JR, Miguel. **Casos de direito constitucional**. São Paulo: Ed. RT, 1992.

_____. **Lições preliminares de direito**. 21. ed. rev. e aum. São Paulo: Saraiva, 1994.

SILVA, José Afonso da. **Curso de direito constitucional positivo**. 36. ed. São Paulo: Ed. Malheiros, 2013.

STOCO, Rui; STOCO, Leandro de Oliveira. **Legislação eleitoral interpretada. Doutrina e jurisprudência**. 3. ed. São Paulo: Ed. RT, 2010.

TEMER, Michel. **Constituição e política**. São Paulo: Malheiros, 1994.

TOFFOLI, José Antônio Dias. Breves considerações sobre a fraude ao direito eleitoral. **Revista Brasileira de Direito Eleitoral – RBDE**. ano1. n. 1. Belo Horizonte: Ed. Fórum, jul./dez. 2009.